PRÉCIS

DE LA

GÉOGRAPHIE

UNIVERSELLE.

TOME VI.

PARIS. — IMPRIMERIE DE BOURGOGNE ET MARTINET,
rue Jacob, 30.

PRÉCIS
DE LA
GÉOGRAPHIE
UNIVERSELLE

OU

DESCRIPTION DE TOUTES LES PARTIES DU MONDE
SUR UN PLAN NOUVEAU
D'APRÈS LES GRANDES DIVISIONS NATURELLES DU GLOBE;

PRÉCÉDÉE

DE L'HISTOIRE DE LA GÉOGRAPHIE CHEZ LES PEUPLES ANCIENS ET MODERNES,
ET D'UNE THÉORIE GÉNÉRALE DE LA GÉOGRAPHIE MATHÉMATIQUE,
PHYSIQUE ET POLITIQUE;

ACCOMPAGNÉE

DE CARTES, DE TABLEAUX ANALYTIQUES, SYNOPTIQUES, STATISTIQUES ET ÉLÉMENTAIRES,
ET D'UNE TABLE ALPHABÉTIQUE DES NOMS DE LIEUX, DE MONTAGNES,
DE RIVIÈRES, ETC.;

PAR MALTE-BRUN.

CINQUIÈME ÉDITION

REVUE, CORRIGÉE, MISE DANS UN NOUVEL ORDRE, ET AUGMENTÉE
DE TOUTES LES NOUVELLES DÉCOUVERTES,

PAR M. J.-J.-N. HUOT,

Membre de plusieurs Sociétés savantes
nationales et étrangères; continuateur de cet ouvrage, et l'un des collaborateurs
de l'Encyclopédie méthodique et de l'Encyclopédie moderne, etc.

TOME SIXIÈME.

DESCRIPTION DES DEUX AMÉRIQUES, OCÉANIE.
TABLE GÉNÉRALE.

PARIS
AU BUREAU DES PUBLICATIONS ILLUSTRÉES,
RUE DU BATTOIR SAINT-ANDRÉ-DES-ARTS, 19.

1845.

AVERTISSEMENT DU CONTINUATEUR.

Quatorze années, disions-nous dans notre édition précédente, se sont à peine écoulées depuis que Malte-Brun a publié la description de l'Amérique, et déjà son travail a vieilli : les Etats-Unis anglo-américains ont reculé les limites de leur immense territoire; les anciennes possessions des Espagnols sur ce continent sont devenues des républiques plus ou moins importantes; une colonie portugaise a résisté au mouvement démocratique, et est devenue un empire qui tient un rang considérable parmi les Etats de l'Amérique méridionale; enfin, l'île de Saint-Domingue s'est affanchie complétement du joug des blancs, et, sous le nom de ***République d'Haïti***, prouve au monde civilisé que la race noire n'est pas plus qu'une autre faite pour l'esclavage.

De si grands changements politiques n'ont pas été sans influence sur les mœurs des habitants de ces contrées. Le travail de Malte-Brun a donc dû subir d'importantes modifications qui ont été nécessairement augmentées de tout ce que les voyageurs récents nous ont appris de plus que leurs devanciers.

Fidèle à la marche que nous avons suivie dans les volumes précédents, nous ne nous sommes point écarté du simple rôle de correcteur et de continuateur d'un ouvrage qui a place son auteur au rang de nos savants les plus distingués et de nos écrivains les plus élégants : le disciple a respecté, autant qu'il était possible, l'œuvre du maître. Nous avons conservé de l'Amérique de Malte-Brun tout ce qui n'était pas en contradiction avec ce que l'on sait aujourd'hui sur ce vaste continent et ses dépendances; mais nous y avons ajouté beaucoup.

Les monuments antiques ont attiré notre attention; nous avons décrit ceux qui nous ont paru les plus remarquables.

La Confédération anglo-américaine méritait, par le rôle important qu'elle joue aujourd'hui dans la balance des Etats, des développements considérables, que nous avons pu donner à l'aide des matériaux qui nous ont été fournis par M. le général ***Cass***, chargé d'affaires des Etats-Unis à Paris.

La relation de l'expédition française au Mexique, rédigée par MM. ***Blanchard*** et ***Dauzats***, nous a fourni des renseignements récents sur les Etats-Unis mexicains.

Nous avons consacré un nouveau Livre à l'histoire et à la description d'une République nouvellement fondée, celle du Texas, sur laquelle M. ***Mackintosh***, envoyé de cet Etat à Paris, nous a donné plusieurs renseignements.

A

Nous avons consulté avec fruit pour l'Amérique septentrionale les travaux publiés par MM. *Basil-Hall*, *Warden*, *Ramon de la Sagra*, *Poussin*, *Milbert* et *de Tocqueville*.

Les ouvrages de MM. *Mollien*, *Thompson*, *Ferdinand Denis*, *Eschwege*, de *Saint-Hilaire*, du *prince Maximilien Wied de Neuwied*, nous ont procuré de nombreux matériaux sur l'Amérique méridionale. Nous avons emprunté à l'intéressant voyage de M. Alc. d'Orbigny de nouveaux détails, principalement sur les indigènes de cette partie du continent américain.

Une des plus intéressantes parties du travail de Malte-Brun que nous aurions désiré pouvoir rectifier, c'est ce qui concerne les langues des indigènes de l'Amérique méridionale; mais nous ne pouvions que remonter aux mêmes sources que celles auxquelles il a puisé, faute de matériaux meilleurs. Il n'en eût pas été de même si l'importante publication de M. Alc. d'Orbigny, qui a bien voulu nous éclairer sur ce point, avait été plus avancée.

L'Océanie avait déjà éprouvé de notre part de nombreuses corrections et additions dans les précédentes éditions ; mais nous y avons fait encore d'importantes améliorations. Cette partie du monde a été explorée dans tous les sens par un grand nombre de navigateurs ; plusieurs îles ou archipels déjà connus ou nouvellement découverts ont été le sujet de descriptions intéressantes. Les voyages des capitaines de la marine française, *Freycinet*, *Duperrey* et *Dumont d'Urville*; ceux des Anglais *Beechey*, *King* et *Sturt*, ont contribué à augmenter considérablement la liste des îles connues. Aux faits dont ils ont enrichi la géographie il faut encore ajouter ceux qui nous ont mieux fait connaître les productions de quelques unes de ces îles et les mœurs de leurs habitants.

Nous devons plusieurs de ces connaissances aux savants qui accompagnaient, comme officiers de santé, les divers bâtiments explorateurs dont nous venons de citer les commandants. Au premier rang se placent MM. *Lesson*, *Quoy*, *Gaymar*, *Garnot* et *Gaudichot*. D'autres savants, sans autre mission que leur zèle pour la science, ont aussi contribué à enrichir la géographie : de ce nombre se trouve M. *Domeny de Rienzi*, qui a bien voulu nous communiquer quelques uns des matériaux qu'il a rassemblés pour sa Description de l'Océanie. D'autres encore ont, par des descriptions spéciales, agrandi le domaine de nos connaissances sur cette partie du monde qu'un savant français a proposé de désigner sous le nom de *Monde maritime*. Ainsi à côté de *Marsden*, l'historien de Soumâtra; de *Raffles*, qui a fait connaître les mœurs et les richesses de Java; de *Crawfurt*, qui a si bien décrit la Malaisie ; de M. *T. Comyn*, qui a donné une statistique des Philippines, se placent le comte de *Hogendorp*, qui a publié en 1830 des détails fort intéressants sur une partie de l'Océanie occidentale ; le révérend *William Yat*, qui a donné une relation de la Nouvelle-Zélande, qu'il a parcourue comme missionnaire; M. *Meerenhout*, d'Anvers, qui, pendant de longs voyages, a étudié sous de nouveaux points de vue la langue et la religion des différents peuples de l'Océanie; enfin M. *Cunningham*, qui a savamment résumé tous les travaux faits jusqu'en 1833 sur la Nouvelle-Hollande ou l'Australie.

Cette dernière contrée, ainsi que la Nouvelle-Zélande, a vu s'accroître d'une manière si remarquable les colonies fondées par l'Angleterre, que nous avons dû compulser les différents journaux anglais pour avoir l'état actuel de ces établissements.

A l'aide de ces nombreux matériaux nous aurions pu étendre beaucoup plus la description de l'Océanie; mais nous avons pensé qu'en triplant le travail de Malte-Brun, quant à la contenance totale de notre description, tout en supprimant beaucoup de détails erronés, nous avions suffisamment accompli le devoir que nous nous sommes imposé. Toutefois nous n'avons point voulu défigurer son travail : ainsi, tout en adoptant les nouvelles divisions proposées par M. Dumont d'Urville, nous avons toujours eu soin de rappeler les anciennes; nous avons même porté le scrupule jusqu'à conserver des noms d'archipels que plusieurs savants géographes ont cru devoir changer. Nous aurions craint, par de nouvelles dénominations, de jeter de la confusion dans la géographie d'une partie du monde que les navigateurs des différentes nations semblent s'être plu à embrouiller. Toutefois nous avons eu le soin d'indiquer la synonymie nouvelle, surtout lorsqu'elle nous paraissait de nature à être adoptée.

PRÉCIS
DE
LA GÉOGRAPHIE
UNIVERSELLE.

AMÉRIQUE.

LIVRE CENT SOIXANTE-QUINZIÈME.

Description de l'Amérique. — Considérations générales.—Orographie et géologie de l'Amérique. — Origine des Americains.

« Deux fois déjà l'histoire des découvertes géographiques nous a conduit sur les rivages du Nouveau-Monde ; nous y avons suivi les navigateurs de la Scandinavie ([1]), et, après avoir vu disparaître ou s'obscurcir les notions qu'ils avaient recueillies, nous avons de nouveau accompagné l'immortel Colomb dans ce continent qui aurait dû porter son nom ([2]). Notre marche descriptive nous y ramène. Nous allons parcourir les diverses régions de cette partie du monde ; mais, conformément à notre méthode, nous jetterons d'abord un coup d'œil sur sa physionomie générale, ainsi que sur la race d'hommes qui l'habite.

» L'esprit de système a exagéré tantôt les similitudes et tantôt les différences qu'on a cru observer entre l'Amérique et l'ancien continent. Les formes extérieures du Nouveau-Monde nous frappent, il est vrai, au premier coup d'œil, par le contraste apparent qu'elles présentent avec l'ancien. L'immense île que forment l'Asie, l'Afrique et l'Europe, offre un ovale dont le grand axe est très incliné vers l'équateur ; le contour en est assez également interrompu de deux côtés par des golfes ou des méditerranées ; les fleuves découlent de toutes parts dans une proportion à peu près égale. L'Amérique présente, au contraire, une figure allongée, découpée, indéfinissable, mais dont le côté le mieux marqué présente une courbe à plusieurs courbures, dirigée presque dans le sens des deux pôles ; deux grandes péninsules sont liées ensemble par un long isthme qui, soit par sa forme, soit par la nature des roches primitives qui le composent, ne ressemble en rien à l'isthme entre l'Afrique et l'Asie ; les grands golfes, les méditerranées d'Amérique ont leur ouverture du côté oriental ; le côté opposé offre un rivage uni, et ne présente qu'aux deux extrémités quelques *dentelures ;* enfin, les grands fleuves coulent presque exclusivement vers l'océan Atlantique.

» Ces différences réelles disparaissent cependant, ou perdent du moins leur importance, lorsqu'en contemplant l'ensemble du

([1]) Voyez notre vol. I, p. 204-206. — ([2]) *Ibid.*, p. 260 et suiv.

globe [1], on s'aperçoit que l'Amérique n'est qu'une continuation de la ceinture de terres élevées qui, sous les noms de plateau de Cafrerie, d'Arabie, de Perse, de Mongolie, forment le dos de l'ancien continent, et qui, à peine interrompues au détroit de Bering, forment également les monts Rocheux ou Colombiens, le plateau du Mexique et la grande chaîne des Andes. Cette ceinture de montagnes et de plateaux, semblable à un anneau écroulé et retombé sur sa planète, présente, généralement parlant, une pente plus rapide et plus courte du côté du bassin du grand Océan que du côté des océans Atlantique et Glacial. Voilà le grand fait commun à l'un et l'autre continent, et dans lequel les différences secondaires s'absorbent. »

Les montagnes du Nouveau-Monde peuvent se diviser en cinq systèmes, dont deux appartiennent à l'Amérique septentrionale et trois à l'Amérique méridionale.

1° Le *système Orégo-Mexicain*, commençant à l'extrémité la plus septentrionale de l'Amérique, et se terminant vers le golfe de Darien, se divise en deux groupes : le *groupe occidental*, comprenant la *Cordillère du Nouveau-Cornouailles* et celle de la *Californie;* le *groupe oriental*, comprenant les monts *Orégon* ou *montagnes Rocheuses*, les monts *Ozarks*, la *Cordillère du Nouveau-Mexique*, celle de *Durango*, celle d'*Oaxaca* et de *Mexico*, celles de *Guatimala*, de *Veragua* et de *Costa-Rica*.

2° Le *système Alleghanyen* est formé de plusieurs chaînes réunies comme un seul groupe.

3° Le *système Ando-Péruvien* pourrait être considéré comme formé de quatre groupes qui seraient, à proprement parler, les quatre grandes divisions adoptées par M. de Humboldt : 1° les *Cordillères de la Nouvelle-Grenade;* 2° les *Andes du Pérou;* 3° les *Andes du Chili et du Potosi;* 4° les *Andes Patagoniques*. Les nœuds ou points de jonction de chacune de ces divisions déterminent la limite naturelle de chaque groupe.

4° Le *système Parimien* se compose de plusieurs chaînes dont la plus importante est la *Sierra-Parime*.

5° Le *système Brésilien* s'étend sur le côté oriental de l'Amérique, depuis le 4e degré de latitude méridionale jusqu'à l'embouchure du Rio-de-la-Plata [1].

Esquissons la constitution géognostique de ces montagnes. Les nombreuses observations du major Long ont fait connaître celle de l'Amérique septentrionale. Le mont *Saint-Elie*, dont la cime volcanique est couverte de neige, forme un des points les plus septentrionaux de la longue chaîne granitique qui borde les côtes occidentales de l'océan Pacifique jusqu'à la pointe de la Californie, et qui, par une chaîne transversale, se rattache aux montagnes Rocheuses. Les *montagnes Rocheuses* appartiennent aux différentes roches de cristallisation, c'est-à-dire aux terrains primordiaux. Le calcaire s'y montre rarement; le granit et les roches qui l'accompagnent paraissent y dominer. Depuis le cours de la rivière de la Paix, sous le 56e parallèle, jusqu'à celui du Missouri, on a peu examiné la constitution physique de ces montagnes; il est cependant probable que dans cette région on retrouve les mêmes roches que dans celles qui lui succèdent au sud. A partir des montagnes Noires s'étend, vers l'orient et le midi, un immense désert dont le diamètre moyen est de plus de 200 lieues; toute sa surface est couverte d'un sable granitique. Sur le revers opposé des montagnes Rocheuses, on traverse un désert presque aussi considérable, jusqu'au pied des montagnes de la Nouvelle-Californie. Près de l'embouchure de la *rivière Plate*, qui porte ses eaux au Missouri, on remarque des roches calcaires en couches horizontales qui vont se rattacher à la chaîne des monts Ozarks. Au sud de la rivière de l'Arkansas, le désert n'offre plus que des sables fins qui forment de petites buttes ondulées, comme si ce terrain avait été occupé jadis par les eaux d'un lac immense. Les collines de grès micacé et de poudingues qui s'élèvent au bas des montagnes Rocheuses sont séparées des masses granitiques par une zone de roches micacées dont les couches sont fort inclinées. Les grès de ces collines renferment des animaux marins et des plantes. Plus on s'approche des montagnes Rocheuses, plus ces grès deviennent

(1) Voyez les diverses *Mappemondes* dans notre Atlas.

(1) Voyez notre article MONTAGNES dans l'*Encyclopédie moderne*, et l'article SYSTÈME DE MONTAGNES, dans l'*Encyclopédie méthodique*. J. H.

ferrugineux ; ils sont couverts de dépôts argileux et schisteux dans lesquels on trouve souvent de la houille. Près des sources de la rivière Canadienne on reconnaît un grand nombre de roches d'origine ignée, qui forment des buttes et des collines ; les grès argileux qui les environnent contiennent des lits de gypse et de sel gemme. Le plateau qui unit l'extrémité méridionale des montagnes Rocheuses avec les monts Ozarks est composé aussi de roches primordiales.

On retrouve dans ces dernières montagnes des grès micacés et des roches quartzeuses alternant avec des calcaires de transition, c'est-à-dire appartenant aux *terrains de sédiment infra-inférieurs*, sillonnés par des filons plombifères. Un calcaire moins ancien succède à ces roches dont la série repose sur le granit que l'on aperçoit çà et là dans quelques endroits.

La triple chaîne de l'*Alleghany*, qui s'étend du sud-ouest au nord-est, depuis le 34e parallèle jusqu'à l'embouchure du fleuve Saint-Laurent, offre, à partir de son extrémité méridionale, une longue suite de montagnes de grès qui se termine à une région de schistes ardoisiers et de marnes bleues, à laquelle succèdent, jusque vers le fleuve Saint-Laurent, diverses roches granitiques. Entre le 41e et le 42e parallèle, on remarque, sur plusieurs points de la chaîne, des masses basaltiques et d'autres produits ignés. Les dépôts que supportent celles-ci sont en couches inclinées d'environ 45 degrés. Les roches appartenant aux *terrains de sédiment inférieurs*, tels que les gypses, les calcaires et les grès houillers, forment une zone qui s'étend jusqu'aux environs du lac Michigan. Les pentes qui se dirigent des monts Alleghanys vers l'océan Atlantique et le golfe du Mexique, ainsi que les terrains que traverse le Missisipi depuis sa réunion avec le Missouri, sont couverts de dépôts d'alluvion et de transport.

La continuation méridionale des montagnes Rocheuses traverse le Mexique, où des roches porphyriques, trachytiques et basaltiques la constituent en grande partie et forment les majestueux colosses volcaniques des Andes.

« Les montagnes du Mexique renferment des filons de métaux précieux dont la richesse est telle que jusqu'à présent on peut les considérer comme inépuisables. C'est surtout entre le 21e et le 24e parallèle que ces métaux sont le plus abondants. »

Les quatre groupes du système *Ando-Péruvien* présentent des caractères qui le distinguent du précédent. Suivant M. de Humboldt, il se montre partout déchiré par des crevasses ; s'il y existe des plaines élevées de 2,700 à 3,000 mètres, comme dans l'ancien royaume de Quito et plus au nord dans la province de Pastos, elles ne sont pas comparables en étendue à celles de la Nouvelle-Espagne : ce sont plutôt des vallées longitudinales, limitées par deux branches de la grande Cordillère des Andes. Au Mexique, au contraire, c'est le dos même des montagnes qui forme le plateau. Au Pérou, les cimes les plus élevées constituent la crête des Andes ; au Mexique, ces mêmes cimes, moins élevées, sont dispersées sur le plateau.

La Cordillère se divise en trois chaînes parallèles depuis le 7e degré au nord de l'équateur jusque vers le 2e. Au sud des précédentes, les Andes ne forment qu'un seul dos jusqu'au 6e parallèle ; là elles se séparent en deux chaînes dont les sommets les plus élevés, rangés sur deux files, composent une double crête. Leurs cimes colossales sont au nombre des plus hautes du globe. Vers le 11e degré, les Andes se divisent en trois chaînes irrégulières qui vont se terminer sur la rive droite de l'Amazone. Les *Andes du Chili* et du *Potosi* occupent une largeur moyenne d'environ 45 lieues. Elles renferment un grand nombre de volcans dont une quinzaine se font remarquer par des éruptions continuelles, tandis que d'autres, plus nombreux encore, lancent par intervalles d'épais nuages de fumée. Les *Andes Patagoniques* sont encore peu connues ; elles sont beaucoup moins élevées que les précédentes ; leurs plus hautes cimes ne dépassent guère 1,500 à 1,800 toises ; leur extrémité méridionale, jusque vers le cap *Pilar*, n'en atteint que 200, et s'abaisse de plus en plus jusqu'au détroit de Magellan. On y connaît aussi plusieurs volcans.

Le granit se montre à découvert à la base des Andes, sur les côtes du grand Océan. Tantôt il supporte le gneiss, et tantôt alterne avec lui. Il est, ainsi que les roches qui l'accompagnent, en couches inclinées vers le nord-ouest, ce qui indique la direction imprimée à la force volcanique qui souleva les montagnes qu'elles forment. Ces granits renferment souvent des couches de calcaire et de schiste; ils sont ordinairement surmontés de roches d'origine ignée, telles que des basaltes, des porphyres et des phonolithes, dont les profils, bizarrement taillés, ressemblent de loin à des édifices en ruine. Au pied de ces montagnes reposent diverses masses de grès et des dépôts de débris agglomérés sur lesquels s'appuient des calcaires anciens, des gypses et d'autres roches. Enfin on trouve çà et là des dépôts d'alluvion renfermant des ossements d'animaux gigantesques qui n'existent plus.

Ces montagnes sont traversées par des filons de divers métaux, principalement de fer et d'argent. Les mêmes montagnes fournissent aussi des émeraudes, des topazes et d'autres pierres précieuses.

Le *système Parimien,* compris entre le cours de l'Orénoque et celui de l'Amazone, est bien peu important après celui que nous venons de parcourir. Au lieu de composer une chaîne continue, il offre une suite de montagnes granitiques, séparées les unes des autres par des plaines et des savanes, dont l'uniformité est interrompue çà et là par des masses de granit qui imitent de loin des piliers et des ruines.

Les montagnes du Brésil occupent une superficie trois ou quatre fois plus grande que le système précédent; mais elles sont inférieures en élévation : les plus hautes ne dépassent pas 950 toises. Elles se composent de trois grandes chaînes parallèles, qui changent plusieurs fois de nom et qui projettent vers le nord et à l'ouest divers rameaux importants.

Le granit constitue la plus grande partie de toutes ces montagnes; elles présentent cependant aussi plusieurs formations calcaires. Les terrains d'alluvion qui couvrent les vallées formées par les nombreuses branches du *système Brésilien* renferment une si grande quantité d'or qu'on en retire par le lavage près de 8,000 kilogrammes, ce qui fait plus du tiers du produit total de toute l'Amérique. La *Serra-da-Tapollama*, celle *do-Mar,* et leurs prolongements qui bordent la côte orientale, ainsi que les montagnes plus éloignées vers l'ouest, renferment des filons argentifères; mais ils ne sont nulle part d'une grande richesse. Il en est de même du fer et du cuivre; ces métaux paraissent être peu abondants au sein des montagnes brésiliennes. Le plomb est exploité dans plusieurs localités; l'étain et le mercure y sont assez rares. Quant aux diamants et aux autres pierres précieuses, telles que la topaze et l'améthyste, on les trouve principalement dans des terrains d'alluvion composés de cailloux roulés, aux pieds des montagnes de la Serra-do-Mar, de la Serra d'Espinhaço et de celles qui sont à l'ouest du Rio-Grande.

« Le niveau de l'Amérique présente véritablement une différence remarquable avec l'ancien continent. Cette différence ne consiste pas dans l'élévation plus grande des montagnes; car si les Cordillères du Pérou atteignent par quelques uns de leurs sommets au niveau de 20,000 pieds, il est aujourd'hui certain que les montagnes du Tibet s'élèvent à un niveau égal et même supérieur. Mais les plateaux qui servent de support aux montagnes sont séparés en Amérique des plaines basses par une pente extrêmement courte et rapide. Ainsi la *région des Cordillères* et celle du *plateau du Mexique*, régions aériennes, tempérées et salubres, touchent presque immédiatement aux plaines qu'arrosent le *Mississipi*, l'*Amazone* et le *Parana*. Ces plaines mêmes, quelle que soit leur nature, qu'elles soient couvertes d'herbes élevées et ondoyantes comme les *savanes* du Missouri, qu'elles offrent, comme les *Llanos* de Caraccas, une surface tantôt calcinée par le soleil, tantôt rafraîchie par les pluies tropiques et revêtue de graminées superbes, ou qu'enfin, semblables aux *Pampas* et aux *Campos Parexis*, elles présentent à la fureur des vents leurs collines de sable mouvant, mêlées d'étangs saumâtres et couvertes de plantes salines; toutes elles conservent, à des distances immenses, un niveau très bas et rarement interrompu par des coteaux; car le système des montagnes *Apalaches*, ou *Alleghany*, dans l'Amérique septentrionale, et celui des *Cordillères du Brésil*, dans l'Amérique méridionale, ne sont liés au système des grandes Cordillères que par des plateaux un peu plus élevés, ou par de simples escarpements et hauteurs de terrain (1).

(1) Voyez les *Niveaux des continents*, pl. 2 du

» De cette vaste étendue des plaines américaines, résulte l'immense longueur du cours des fleuves qui arrosent cette partie du monde. Le tableau suivant peut en donner une idée.

		Longueur en lieues de 25 au degré.
Bassin du grand Océan.		
	Tacoutche-Tessé ou *Frazer*	200
	Columbia ou *Oregon*	420
	San-Felipe (cours supposé)	200
	Colorado	260
Bassin de la mer Polaire.		
	Mackenzie	250
Bassin de la baie d'Hudson.		
	Nelson	120
	Assiniboine avec le *Severn*	150
	Albany	225
Bassin de l'Atlantique **(Amérique septent.).**		
	Fleuve *Saint-Laurent* (depuis Ontario)	220
	Outawas, affluent	170
	Connecticut	150
Bassin du golfe du Mexique **(dépendant de l'Atlantique).**		
	Mississipi seul	1,000
	Missouri avec le *Bas-Mississipi*	1,600
Affluents.	Rivière *Platte*	500
	Ohio	400
	Arkansas	450
	Rivière *Rouge*	400
	Rio del Norte	500
Bassin de la mer des Antilles **(idem).**		
	Magdalena	300
Bassin de l'Atlantique **(Amérique mérid.).**		
	Orénoque	500
	Essequebo	175
	Amazone ou *Marañon*	1,035
Affluents.	*Ucayal* ou *Apurimac* et *Beni*	250
	Iurna	250
	Parana-Guza ou *Madeira*	650
	Topayos	200
	Xingu	450
	Napo	220
	Rio-Negro	325
	Tocantin ou rivière du *Gram-Para*	500
	Parnaïba	200
	San-Francisco	425
	Parana ou *Rio de la Plata*	560
Affluents.	*Paraguay*	430
	Pilcomayo (du précédent)	400
	Vermejo	220
	Salado	300
	Uraguay	320
	Desaguadero ou *Colorado*	360
	Ousu Leuvu ou *Negro*	180

» La continuité du même niveau fait aussi que les bassins respectifs des fleuves ne sont nulle part moins distincts; ils ne sont séparés que par de faibles crêtes; souvent même ils ne le sont pas du tout : aussi plusieurs fleuves confondent-ils, dans la partie supérieure de leurs cours, des eaux destinées à des embouchures différentes. Ainsi l'Orénoque et le Rio-Negro, affluent de l'Amazone, communiquent par le *Cassiquiare ;* on croit qu'un bras semblable unit le *Beni* et le *Madeira.* Il paraît que dans la saison pluvieuse on passe en bateau des affluents du Paraguay dans ceux de l'Amazone, qui circulent dans la plaine élevée appelée *Campos-Parexis.* La même circonstance produit dans l'Amérique septentrionale un nombre infini de lacs. Ceux de l'*Esclave*, d'*Assiniboine*, de *Ouinipeg*, sont environnés d'une centaine d'autres encore très considérables, et de plusieurs milliers de petits, bordés généralement de petites crêtes de rochers, comme le sont ceux de la Finlande. Le terrain devient moins aquatique en avançant au sud; cependant le lac *Supérieur*, le *Michigan*, l'*Huron*, l'*Erié* et l'*Ontario*, forment, dans le Canada, comme une mer d'eau douce, dont le surplus se précipite par le fleuve Saint-Laurent dans les flots atlantiques. L'Amérique méridionale, sous un climat plus ardent, voit ses lacs naître et disparaître avec la saison des pluies; le *Xarayes* et l'*Ybera* sont de ces lacs plus ou moins périodiques, parmi lesquels le douteux *Parima* pourra un jour prendre sa place.

» De cette division générale de l'Amérique en plateaux montagneux très élevés et en plaines très basses, il résulte un contraste entre deux climats très différents et pourtant très rapprochés l'un de l'autre. Le Pérou, la vallée de Quito, la ville de Mexico, quoique situés entre les tropiques, doivent à leur élévation une température printanière; ils voient même les *Paramos*, ou les dos de leurs montagnes, se couvrir des neiges qui séjournent, même perpétuellement, sur quelques sommets, tandis qu'à peu de lieues de là une chaleur souvent malsaine étouffe l'habitant des ports de Vera-Cruz ou de Guayaquil. Ces deux climats donnent naissance à deux systèmes différents de végétation; la flore des zones torrides sert de bordure à des champs et des bosquets européens. Un semblable voisinage ne peut manquer d'occasionner fréquemment des changements subits par le dé-

vol. I du *Précis*, ou les *Niveaux du Mexique* dans l'Atlas de M. de *Humboldt*.

placement de ces deux masses d'air, si diversement constituées; inconvénient général en Amérique. Mais partout ce continent éprouve un moindre degré de chaleur. L'élévation seule explique ce fait pour la région montagneuse; mais pourquoi, se demande-t-on, s'étend-il aux contrées basses? Voici ce que répond un habile observateur : « Le peu de » largeur du continent, sa prolongation vers » les pôles glacés; l'Océan, dont la surface non » interrompue est balayée par les vents alizés; des courants d'eau très froide qui se » portent depuis le détroit de Magellan jusqu'au Pérou; de nombreuses chaînes de montagnes remplies de sources, et dont les » sommets couverts de neige s'élèvent bien » au-dessus de la région des nuages; l'abondance de fleuves immenses qui, après des » détours multipliés, vont toujours chercher » les côtes les plus lointaines; des déserts » non sablonneux, et par conséquent moins » susceptibles de s'imprégner de chaleur; des » forêts impénétrables qui couvrent les plaines de l'équateur remplies de rivières, et » qui, dans les parties du pays les plus éloignées de l'Océan et des montagnes, donnent naissance à des masses énormes d'eau » qu'elles ont aspirées, ou qui se forment par » l'acte de la végétation : toutes ces causes » produisent, dans les parties basses de l'Amérique, un climat qui contraste singulièrement, par sa fraîcheur et son humidité, » avec celui de l'Afrique. C'est à elles seules » qu'il faut attribuer cette végétation si forte, » si abondante, si riche en sucs, et ce feuillage si épais qui forment les caractères particuliers du nouveau continent (1). »

» En considérant ces explications comme suffisantes pour l'Amérique méridionale et le Mexique, nous ajouterons, par rapport à l'Amérique septentrionale, qu'elle n'a presque pas d'étendue dans la zone torride, et qu'au contraire, comme nous le verrons au livre suivant, elle se prolonge probablement très loin dans la zone glaciale; que peut-être même elle atteint et enveloppe le pôle. Ainsi la colonne d'air glaciale inhérente à ce continent ne se trouve pas contre-balancée par une colonne d'air équatorial. De là résulte une extension du climat polaire jusqu'aux confins des tropiques; l'hiver et l'été luttent corps à corps, les saisons changent avec une rapidité étonnante. Une heureuse exception favorise la Nouvelle-Albion et la Nouvelle-Californie, qui, étant à l'abri des vents glacés, jouissent de la température analogue à leur latitude.

» Les productions de l'Amérique offrent quelques particularités. La moins contestable est cette extrême abondance de l'or et de l'argent, même à la surface de la terre, mais principalement dans les veines des roches schisteuses qui composent les Cordillères du Chili, du Pérou et du Mexique. L'or abonde plus dans la première région, l'argent dans la dernière. Au nord des montagnes du Nouveau-Mexique, les plaines, les marais et les petites chaînes de rochers offrent très souvent de vastes dépôts de cuivre. Avant de se demander pourquoi le nouveau continent se distingue par une si grande richesse métallique, il faudrait sans doute demander si l'intérieur de l'Afrique ne renferme pas de semblables régions métallifères; si même celui de l'Asie n'en renfermait pas jadis qui aujourd'hui sont épuisées. En supposant l'Amérique décidément supérieure sous ce rapport, on doit avouer que le gisement de ses minerais, la situation de ses mines, et d'autres circonstances de géographie physique, n'ont pas encore été décrites avec assez de soin pour indiquer une cause à cette supériorité.

» En Amérique, comme dans toutes les régions du monde, les races animales paraissent être proportionnées, par leur nombre et leur taille, à l'étendue de la terre qui les a vues naître. Le bœuf musqué et le bison dans l'Amérique septentrionale, l'autruche magellanique dans l'Amérique méridionale, égalent par la taille les espèces analogues de l'ancien continent; l'élan, ou le cerf de la Nouvelle-Californie, atteint même une taille gigantesque; tous les autres quadrupèdes, tels que le lama, le guanaco, le jaguar, l'anti, le cèdent en grandeur et en force à leurs semblables dans l'Asie et l'Afrique. Ce fait n'est rien moins qu'exclusivement particulier au nouveau continent. Les animaux connus de la Nouvelle-Hollande sont à leur tour plus petits que ceux de l'Amérique.

» La vie végétale, qui dépend de l'humidité, montre au contraire une extrême force dans la plus grande partie du nouveau conti-

(1) *A. de Humboldt* : Tableaux de la nature, t. I, p. 23, traduction de M. *Eyriès*.

nent. Les pins qui ombragent la Columbia, et dont la tige s'élève perpendiculairement à une hauteur de 300 pieds, méritent d'être considérés comme les géants du règne végétal. On peut citer après eux les platanes et les tulipiers de l'Ohio, qui ont 40 à 50 pieds de circonférence. Les terres basses de l'une et l'autre Amérique se couvrent de forêts immenses; cependant la nudité d'une partie de la région du Missouri, des plateaux du Nouveau-Mexique, des Llanos de Caraccas, des Campos-Parexis et des Pampas, c'est-à-dire d'un quart de ce continent, doit nous engager à éviter encore, sous le rapport de la végétation, toutes les phrases exagérées qui se propagent dans les descriptions.

» Un fait plus positif, c'est la différence absolue d'un grand nombre d'animaux et de végétaux américains d'avec ceux de l'Ancien-Monde. A l'exception des ours, des renards et des rennes qui ne redoutent pas la zone glaciale; à l'exception des phoques et des cétacés, habitants de tous les rivages; à l'exception du tapir découvert récemment dans l'Inde, tous les animaux des deux Amériques paraissent former des espèces particulières, ou du moins des races distinctes. Le bison et le bœuf musqué, appelé *ovibos* par M. de Blainville, animaux qui paissent depuis les lacs du Canada jusqu'aux mers de Californie; le couguar et le jaguar, qui font retentir leurs rugissements depuis l'embouchure du Rio del Norte jusqu'au-delà de l'Amazone; le pécari et le patira, semblables aux sangliers; le cabiai, l'agouti, le paca et d'autres espèces rapprochées du lapin; les fourmiliers, les tamanduas, les tamanoirs, tous ces dévorateurs d'insectes; le paresseux et faible aï, l'utile lama avec la vigogne, le léger sapajou, les éclatantes perruches et le joli colibri, tous diffèrent essentiellement de ceux même parmi les animaux de l'ancien continent desquels ils se rapprochent le plus. Tous ces animaux particuliers à l'Amérique forment, comme ceux de la Nouvelle-Hollande, un ensemble à part et évidemment originaire de la terre qu'ils habitent. Voudrait-on nous persuader que le couguar et le jaguar sont arrivés à la nage de l'Afrique? Prétendrait-on que le touyou ou jabiru, porté sur ses ailes impuissantes, ait traversé l'océan Atlantique? Certes, personne ne soutiendra que les animaux du Pérou et du Mexique aient pu passer d'Asie en Amérique, puisque aucun d'eux ne saurait vivre dans la zone glaciale qu'ils auraient nécessairement dû traverser. Il est également impossible de supposer que tous les animaux existants sur le globe soient venus de l'Amérique, de sorte que ceux qui voudraient placer le *paradis terrestre* aux bords de l'Amazone ou de la Plata ne seraient pas plus avancés dans cette discussion que ceux qui le placent aux bords de l'Euphrate. Il ne reste que la ressource banale d'un « immense bouleversement, d'une vaste » terre engloutie dans les flots, » et qui jadis aurait uni l'Amérique aux parties tempérées de l'Ancien-Monde. Mais ces sortes de conjectures, dénuées de tout appui historique, ne méritent pas d'être discutées. Nous ne pouvons donc qu'admettre la naissance des races animales d'Amérique sur le sol même qu'encore aujourd'hui elles habitent [1].

» Cette origine une fois admise, nous devons faire remarquer une circonstance commune aux deux continents. Les espèces qui dans l'Amérique représentent le lion et le tigre habitent la zone torride; elles semblent puiser dans les feux d'un climat ardent la férocité qui les anime. Dans la même région, les formes de l'anti ou tapir rappellent de loin celles de l'éléphant; le prolongement des cartilages paraît aussi appartenir à la zone torride. Les oiseaux aux ailes imparfaites, au plumage éparpillé, l'autruche d'Afrique et le casoar de la Nouvelle-Hollande, réclament pour parent le touyou de l'Amérique méridionale. Les grands insectes, les énormes reptiles et les oiseaux à plumage éclatant et bigarré, peuplent les régions chaudes de l'un et de l'autre continent. Le climat des régions tempérées semble encore avoir produit les mêmes effets sur les races animales. Les deux variétés du genre des bœufs qui habitent les plateaux de Californie et les savanes du Missouri n'ont ni les mœurs ni les traits du farouche buffle de Cafrerie. Le mouton sauvage et le lama, cet animal intermédiaire entre le mouton et le chameau, aiment, comme leurs prototypes dans l'ancien continent, les pâturages des déserts. Tout est analogue dans les deux mondes, mais rien n'y est identique.

» Après avoir admis une création animale

(1) *Mylius*: de Origine animalium et migratione gentium, p. 56. Genevæ, 1667. *Buffon*, etc., etc.

particulière pour l'Amérique comme pour la Nouvelle-Hollande, devons-nous reconnaître dans les Américains une race humaine distincte d'origine? Nous ne sommes pas obligé de discuter cette question, étrangère à l'histoire positive : l'histoire ne remonte pas à cette époque primitive; mais nous devons reconnaître comme un fait que la race américaine, quelle que soit son origine, forme aujourd'hui, par ses caractères physiques comme par ses idiomes, une classe essentiellement différente des autres portions du genre humain. Une longue suite d'observations physiologiques a démontré cette vérité. Les naturels de cette partie du globe sont en général grands [1], d'une charpente forte, bien proportionnés et sans vices de conformation. Ils ont le teint bronzé ou d'un rouge cuivré, comme ferrugineux et très semblable à la cannelle ou au tannin; la chevelure noire, longue, grossière, luisante et peu fournie; la barbe rare et semée par bouquets, le front court, les yeux allongés et ayant le coin dirigé par en haut vers les tempes, les sourcils éminents, les pommettes avancées, le nez un peu camus, mais prononcé, les lèvres étendues, les dents serrées et aiguës; dans la bouche, une expression de douceur qui contraste avec un regard sombre et sévère ou même dur; la tête carrée, la face large sans être plate, mais s'amincissant vers le menton; les traits, vus de profil, saillants et profondément sculptés; la poitrine haute, les cuisses grosses, les jambes arquées, le pied grand, tout le corps trapu [2]. L'anatomie nous fait encore reconnaître dans leur crâne des arcs sourciliers plus marqués, des orbites plus profondes, des pommettes plus arrondies et mieux dessinées, des tempes plus unies, les branches de la mâchoire inférieure moins écartées, l'os occipital moins bombé, et une ligne faciale plus inclinée que chez la race mongole, avec laquelle on a voulu quelquefois les confondre. La forme du front et du vertex dépend le plus souvent d'efforts artificiels [3]; mais indépendamment de l'usage de défigurer la tête des enfants, il n'y a pas de race sur le globe dans laquelle l'os frontal soit plus déprimé en arrière [1]. Le crâne est ordinairement léger.

» Tels sont les caractères généraux et distinctifs de toutes les nations américaines, à l'exception peut-être de celles qui occupent les régions polaires aux deux extrémités [2]. Les Esquimaux hyperboréens, ainsi que les Puelches méridionaux, sont au-dessous de la taille moyenne, et présentent dans leurs traits et dans leur conformation la plus grande ressemblance avec les Samoyèdes [3]; les Abipons, et plus encore les Patagons au sud, ont une stature presque gigantesque. Cette constitution forte et musculeuse, jointe a une forme élancée, se retrouve en quelque sorte chez les habitants du Chili, ainsi que chez les Caraïbes qui habitent les plaines du delta de l'Orénoque jusqu'aux sources du Rio-Blanco [4], et chez les Arkansas, que l'on compte parmi les sauvages les plus beaux de ce continent [5].

» Les raisonnements sur les causes de la variété des couleurs de la peau humaine échouent ici contre l'observation, puisque la même teinte cuivrée ou bronzée est commune, avec de très petites nuances, à la généralité des nations d'Amérique, sans que le climat, le sol ou la manière de vivre paraissent y exercer la moindre influence. Citera-t-on les Zambos, appelés jadis Caraïbes, à l'île Saint-Vincent? Ils exhalaient en effet cette odeur forte et désagréable qui semble appartenir aux nègres [6]; leur peau noirâtre présentait au toucher la même mollesse soyeuse qu'on observe notamment sur les nations cafres; mais ils descendaient d'un mélange des naturels avec la race africaine [7]: les véritables Caraïbes sont rouges. Le coloris des indigènes du Brésil et de la Californie est foncé [8], quoiqu'ils vivent, les uns dans la zone tempérée et les autres près du tropique. Les indigènes de la Nouvelle-Espagne, dit M. de Humboldt [9], ont le teint

(1) *Blumenbach* : de Varietate, p. 257. — (2) *Idem*, p. 146, 183, 194, 283. *Humboldt* : Essai politique sur la Nouvelle-Espagne, t. I, p. 381, éd. in-8°. *Félix de Beaujour* : Aperçu des États-Unis, p. 173. — (3) *Blumenbach*, p. 218.

(1) *A. de Humboldt*, t. I, 397-398. — (2) *G. Forster* : Voyage aux côtes nord-ouest de l'Amérique, III, 65 *Ulloa* : Notice historique et physique sur l'Amérique méridionale, II. *Vater*, sur la population de l'Amérique, 62 et 63. — (3) *Hearne* : Voyage à l'Océan du Nord, 157. *Charlevoix*, 45. — (4) *A. de Humboldt*, I, 384. — (5) *Charlevoix*, VI, 165. — (6) *Thibault de Chanvalon* : Voyage à la Martinique, p. 44. *Biet* : Voyage de la France équinoxiale, 352. *Blumenbach*, pag. 180 et 181. — (7) *Leblond* : Voyage aux Antilles, t. I, ch. IX. — (8) *Blumenbach*, 147. — (9) L. c., II, chap. VI, passim.

plus basané que les Indiens de Quito et de la Nouvelle-Grenade, qui habitent un climat entièrement analogue : nous voyons même que les peuplades éparses au nord du Rio-Gila sont plus brunes que celles qui avoisinent l'ancien royaume de Guatimala. Les peuples du Rio-Negro sont plus basanés que ceux du Bas-Orénoque, et cependant les bords du premier de ces deux fleuves jouissent d'un climat plus frais. Dans les forêts de la Guiane, surtout vers les sources de l'Orénoque, vivent plusieurs tribus blanchâtres qui ne se sont jamais mêlées avec les Européens, et se trouvent entourées d'autres peuplades d'un brun noirâtre (1). Les Indiens qui, dans la zone torride, habitent les plateaux les plus élevés de la Cordillère des Andes, ceux qui, sous les 45° de latitude australe, vivent de la pêche entre les îles de l'archipel des Chonos, ont le teint aussi cuivré que ceux qui, sous un ciel brûlant, cultivent des bananes dans les vallées les plus étroites et les plus profondes des régions équinoxiales. Il faut ajouter à cela que les Indiens montagnards sont vêtus et l'ont été long-temps avant la conquête, tandis que les indigènes qui errent dans les plaines sont tout nus, et par conséquent toujours exposés aux rayons perpendiculaires du soleil. Partout on s'aperçoit (2) que la couleur de l'Américain dépend très peu de la position locale dans laquelle nous le voyons actuellement ; et jamais, dans un même individu, les parties du corps couvertes ne sont moins brunes que celles qui se trouvent en contact avec un air chaud et humide. Les enfants ne sont jamais blancs en naissant ; et les caciques indiens qui jouissent d'une certaine aisance, qui se tiennent vêtus dans l'intérieur de leurs maisons, ont toutes les parties de leur corps, à l'exception de l'intérieur de leurs mains et de la plante des pieds, d'une même teinte rouge-brunâtre ou cuivrée.

» Cette couleur foncée se soutient jusqu'à la côte la plus proche de l'Asie. Seulement sous les 54° 10' de latitude boréale, au milieu d'Indiens à teint cuivré et à petits yeux très allongés, on a cru distinguer une tribu qui a de grands yeux, des traits européens et la peau moins brune que les paysans de nos campagnes. Michikinakou, chef des Miamis,

(1) *Humboldt*, l. c., I, p. 386. — (2) *Humboldt*, l. c., I, p. 387.

a parlé à Volney (1) d'Indiens du Canada qui ne brunissent que par le soleil et par les graisses et les sucs d'herbes avec lesquels ils se frottent la peau. Selon le major Pike (2), les intrépides Ménomènes se distinguent par la beauté de leurs traits, par des yeux grands et expressifs, et par un teint plus clair que celui des autres bandes de Chipeouays. Leur physionomie respire à la fois la douceur et une noble indépendance. Ils sont tous bien faits et d'une taille moyenne. Les Li-Panis (3) ou Panis-Loups, qui errent, au nombre d'environ 800 guerriers, depuis les bords du Rio-Grande jusque dans l'intérieur de la province du Texas, au Nouveau-Mexique, ont les cheveux blonds et sont généralement de beaux hommes. D'après Adolphe Decker (4), qui, en 1624, accompagna l'amiral hollandais l'Ermite autour du cap Horn, il y aurait également, dans la Terre-de-Feu, des habitants qui naissent blancs, mais qui se peignent le corps en rouge et de diverses autres couleurs. Ces faibles anomalies, bien avérées, ne tendraient qu'à mieux prouver que, malgré la variété des climats et des hauteurs qu'habitent les différentes races d'hommes, la nature ne dévie pas du type auquel elle s'est assujettie depuis des milliers d'années.

» La *barbe*, qu'on avait voulu refuser aux Américains, leur est assurée aujourd'hui. Les Indiens qui habitent la zone torride de l'Amérique méridionale en ont généralement un peu, et elle augmente lorsqu'ils se rasent ; cependant beaucoup d'individus naissent dénués de barbe et de poils. Galeno (5) nous apprend que parmi les Patagons il y a plusieurs vieillards qui ont de la barbe, quoique courte et peu touffue. Presque tous les Indiens, dans les environs de Mexico, portent de petites moustaches que des voyageurs modernes ont aussi retrouvées chez les habitants de la côte nord-ouest de l'Amérique. En rassemblant et comparant tous les faits, il semblerait en définitive que les Indiens sont plus barbus à mesure qu'ils s'éloignent de l'équateur. D'ailleurs, ce manque apparent de barbe est un caractère qui n'appartient pas exclusivement à la race américaine. Plusieurs

(1) *Tableau des États-Unis*, tom. II, pag. 435. — (2) Voyage, I, 151. — (3) Voyage, II, 145. — (4) *Laborde* : Histoire des Navigat., I, 244 *bis*. — (5) *Viaje al Estrecho de Magellanes*, p. 331.

hordes de l'Asie orientale, les Aléoutes, et surtout quelques peuplades des nègres africains, en ont si peu qu'on serait tenté d'en nier entièrement l'existence. Les nègres du Congo et les Caraïbes, deux races d'hommes éminemment robustes, souvent de structure colossale, prouvent que c'est un rêve physiologique que de regarder un menton imberbe comme un signe certain de la dégénération et de la faiblesse physique de l'espèce humaine.

» Ces caractères physiologiques rapprochent sans doute la race américaine de celle des Mongols qui peuple le nord et l'est de l'Asie, ainsi que de celle des Malais ou des hommes les moins basanés de la Polynésie et des autres archipels de l'Océanie. Mais ce rapprochement, qui ne s'étend qu'à la couleur, n'embrasse pas les parties les plus essentielles, le crâne, les cheveux, le profil du visage. Si, dans le système de l'unité de l'espèce humaine, on veut considérer la race américaine comme une branche de la race mongole, il faudra supposer que, pendant une suite de siècles sans nombre, elle a été separée de son tronc et soumise à la lente action d'un climat particulier.

» Les langues sont, après les caractères physiologiques, la marque la plus certaine de l'origine commune des peuples.

» C'est dans les idiomes de l'Amérique qu'on a cru trouver les seules preuves positives d'une émigration des nations asiatiques, à laquelle le Nouveau-Monde devrait sa population. M. Smith Barton a le premier donné à cette hypothèse une sorte de consistance, en rapprochant un grand nombre de mots pris dans divers idiomes américains et asiatiques (¹). Ces analogies, ainsi que celles qu'ont recueillies l'abbé Hervas (²) et M. Vater (³), sont sans doute trop nombreuses pour pouvoir être considérées comme un jeu du hasard; mais, ainsi que M. Vater le remarque, elles ne prouvent que des communications isolées et des émigrations partielles. L'enchaînement géographique leur manque presque entièrement; et, sans cet enchaînement, comment en ferait-on la base d'une conclusion?

» Nous avons repris les recherches des trois savants nommés, et, sans avoir à notre disposition des matériaux bien étendus, nous avons amené des résultats qui nous ont fait croire un moment que nous allions démontrer comme une vérité historique l'origine tout asiatique des langues américaines.

» Nous avons d'abord retrouvé l'enchaînement géographique incontestable de plusieurs mots principaux qui se sont propagés depuis le Caucase et l'Oural jusque dans les Cordillères du Mexique et du Pérou. Ce ne sont point des syllabes que nous rapprochons par des artifices étymologiques; ce sont des mots entiers, défigurés seulement par des terminaisons ou des inflexions de son, et dont nos lecteurs pourront pour ainsi dire suivre le voyage. Les objets les plus frappants dans les cieux et sur la terre, les relations les plus douces de la nature humaine, les premiers besoins de la vie, tels sont les chaînons qui lient plusieurs langues d'Amérique aux langues de l'Asie. Il se présente même quelques rapports, pour ainsi dire plus métaphysiques, dans les pronoms et les nombres; mais ici la chaîne est plus souvent interrompue. Ce n'est pas encore tout. L'enchaînement géographique s'est souvent offert à nos recherches sous l'aspect d'une ligne de communication double et triple; quelquefois ces lignes se confondent dans les points intermédiaires, vers le détroit de Béring et dans les îles Aléoutiennes; mais elles se distinguent par les chaînons extrêmes. Le nombre des analogies certaines est plus du double de celui qu'on avait observé. Enfin, ce n'est pas une seule dénomination du soleil, de la lune, de la terre, des deux sexes, des parties du corps humain, qui a passé d'un continent à l'autre; ce sont deux, trois, quatre dénominations différentes, provenant de langues asiatiques reconnues pour appartenir à diverses souches (¹).

» Tant de rapprochements inattendus, et que n'avaient pas aperçus nos devanciers, auraient pu nous engager à soutenir avec une sorte d'assurance l'origine purement asiatique des principales langues américaines. Mais, plus attaché à l'intérêt de la vérité, nous n'essaierons pas de fonder sur nos observations une assertion imposante et hasardée; nous dirons franchement que les analogies

(¹) *Smith Barton*: New Views, etc. — (²) *Hervas*: Dictionnaire polyglotte, p. 38, etc. — (³) *Vater*: De la Population de l'Amérique, p. 155.

(¹) Voyez ci-après: *Tableau de l'enchaînement géographique des langues d'Amérique et d'Asie.*

entre les idiomes des deux continents, quoique élevées par nos recherches à un nouveau degré de certitude et d'importance, ne nous autorisent qu'à tirer les conclusions suivantes:

» 1° Des tribus asiatiques, liées de parenté et d'idiome avec les nations finnoises, ostiaques, permiennes et caucasiennes, ont émigré vers l'Amérique, en suivant les bords de la mer Glaciale, et en passant le détroit de Béring. Cette émigration s'est étendue jusqu'au Chili et jusqu'au Groenland.

» 2° Des tribus asiatiques, liées de parenté et d'idiome avec les Chinois, les Japonais, les Aïnos et les Kouriliens, ont passé en Amérique en longeant les rivages du Grand-Océan. Cette émigration s'est étendue pour le moins jusqu'au Mexique.

» 3° Des tribus asiatiques, liées de parenté et d'idiome avec les Toungouses, les Mandchoux, les Mongols et les Tatars, se sont répandues, en suivant les hauteurs de deux continents, jusqu'au Mexique et aux Apaches.

» 4° Aucune de ces trois émigrations n'a été assez nombreuse pour effacer le caractère originaire des nations indigènes d'Amérique. Les langues de ce continent ont reçu leur développement, leur formation grammaticale et leur syntaxe, indépendamment de toute influence étrangère.

» 5° Les émigrations ont été faites à une époque à laquelle les nations asiatiques ne savaient compter que jusqu'à deux ou tout au plus jusqu'à *trois*, et où elles n'avaient pas formé complétement les pronoms dans leurs langues [1]. Il est probable que les émigrés d'Asie n'amenèrent avec eux que des chiens et peut-être des cochons; ils savaient construire des canots et des cabanes; mais ils ne donnaient aucun nom particulier aux divinités qu'ils ont pu adorer, ni aux constellations, ni aux mois de l'année.

» 6° Quelques mots malais, javanais et polynésiens ont pu être transportés dans l'Amérique méridionale avec une colonie des Madécasses, plus facilement que par la route du Grand-Océan, où les vents et les courants ne favorisent pas la navigation dans une direction orientale.

» 7° Un certain nombre de mots africains paraissent avoir été transportés par la même voie que les mots malais et polynésiens; mais les uns et les autres n'ont pas encore été reconnus en assez grande quantité pour pouvoir servir de base à aucune hypothèse [1].

» 8° Les mots de langues européennes qui paraissent avoir passé en Amérique proviennent des *langues finnoises et lettones*; ils se rattachent au nouveau continent par les langues permienne, ostiaque et ioukaghire. Rien dans les langues persane, germanique, celtique; rien dans les langues sémitiques ou de l'Asie occidentale, ni dans celles de l'Afrique septentrionale, n'indique des émigrations anciennes vers l'Amérique.

» Voilà le résultat de nos recherches et de celles de nos devanciers. Quelques idiomes asiatiques ont pénétré en Amérique; mais la masse des langues parlées dans ce continent présente, comme la race des hommes qui les parlent, un caractère distinct et original. Nous allons en considérer les rapports généraux.

» Parmi le nombre prodigieux d'idiomes très différents qu'on rencontre dans les deux Amériques, il y en a quelques uns qui s'étendent sur de vastes pays. Dans l'Amérique méridionale, la Patagonie et le Chili ont, en quelque sorte, une seule langue: les dialectes de l'idiome des *Guaranis* sont répandus depuis le Brésil jusqu'au Rio-Negro, et même par la langue *omagua* jusque dans le pays de Quito. Il y a de l'analogie entre les langues des *Lule* et des *Vilela*, et plus encore entre celles d'*Aymar* et de *Sapibocona*, qui ont notamment presque les mêmes mots de nombres. La langue *quichua*, la principale du Pérou, partage également avec celles-là plusieurs mots de nombres, sans parler des analogies particulières qu'elle présente avec d'autres langues du voisinage. L'idiome de *Maypure* est étroitement lié avec ceux de *Guaypunavi* et de *Caveri*; il tient aussi beaucoup de l'*Avanais*, et il a donné naissance au maypure propre, ou parène ou chirupa et à plusieurs autres qu'on parle autour du Rio-Negro, du Haut-Orénoque et du Marañon [2]. Les *Caraïbes*, après avoir exterminé, dans le seizième siècle, les *Cabres*, étendirent leur langue avec leur empire depuis l'équateur jusqu'aux îles

(1) Voyez les nombres et les pronoms dans le *Tableau*.

(1) Voyez la note à la fin du *Tableau*. — (2) *Vater*, p. 141

Vierges. Au moyen de la langue *galibi*, un missionnaire assure qu'il pouvait communiquer avec tous les naturels de cette côte, les Cumangoles seuls exceptés [1]. Gily considère la langue caraïbe comme la langue-mère de vingt autres, et particulièrement de celle de *Tamanaca*, dans laquelle il pouvait se faire comprendre presque partout sur le Bas-Orénoque [2]. La langue *Saliva* est la mère des idiomes ature, piaroa et quaqua, et le *taparita* descend de l'*otomaca*.

» Dans l'Amérique septentrionale, la langue des *Aztèques* s'étend depuis le lac de Nicaragua jusqu'au 37°, sur une longueur de 400 lieues [3]. Elle est moins sonore, mais aussi riche que celle des Incas. Le son *tl*, qui, dans l'aztèque, n'est joint qu'aux noms, se retrouve dans l'idiome de Noutka, même comme finale des verbes. L'idiome de Cora a les principales formes du verbe pareilles aux conjugaisons aztèques, et les mots offrent quelques rapports [4]. Après la langue mexicaine ou aztèque, celle des *Otomites* est la langue la plus générale du Mexique. Mais à côté de ces deux principales, il y en a, depuis l'isthme de Darien, jusqu'au 23° de latitude, une vingtaine d'autres, dont quatorze ont déjà des grammaires et des dictionnaires assez complets. La plupart de ces langues, loin d'être des dialectes d'une seule, sont au moins aussi différentes les unes des autres que l'est le grec de l'allemand, ou le français du polonais. Ce n'est qu'entre l'idiome huastèque et celui de Yucatan qu'on découvre quelques liaisons.

» Le Nouveau-Mexique, la Californie et la côte nord-ouest forment encore une région peu connue, et c'est là précisément que la tradition mexicaine place l'origine de beaucoup de nations. Les langues de cette région seraient très intéressantes à connaître; mais à peine en a-t-on une idée obscure. Il y a une grande conformité de langage entre les *Osages*, les *Kansès*, les *Ottos* ou *Ottous*, les *Missouris* et les *Mahas*. La prononciation gutturale des fiers *Sioux* est commune aux *Panis*. La langue des Appaches et des Panis s'étend depuis la Louisiane jusqu'à la mer de Californie [1]. Les *Eslenes* et les *Rumsen* ou *Runsienes*, dans la Californie, parlent aussi un idiome très répandu, mais différent des précédents.

» Les *Tancards*, sur les bords de la rivière Rouge, ont un certain gloussement, et la langue si pauvre qu'ils parlent moitié par signes [2].

» Dans les provinces méridionales des Etats-Unis, jusqu'au Mississipi, il y a des rapports immédiats entre les idiomes des *Chaktahs* et des *Chikkasahs*, qui ont en outre quelque air de parenté avec celui des *Cheerakes*. Les *Kreeks* ou *Muskohges* et les *Katahbas* en ont emprunté des mots. Plus au nord, la puissante tribu des Six Nations parle une seule langue, qui forme entre autres les dialectes des *Senekas*, des *Mohawks*, des *Onondagos*, des *Cayugas*, des *Tuscaroras*, des *Cochnewagoes*, des *Wyandots* et des *Oneidas*. Les nombreux *Nadowessies* ont leur idiome à part. Des dialectes de la langue *chippawaye* sont communs aux *Penobscots*, aux *Mahicanis* ou *Mohicans*, aux *Minsis*, aux *Narragansets*, aux *Natiks*, aux *Algonquins* et aux *Knistenaux*. Les *Miamis*, avec lesquels Charlevoix [3] classe les *Illinois*, en tiennent aussi des mots et des formes. Enfin, sur les confins des Knistenaux, dans le nord le plus reculé, sont les *Esquimaux*, dont l'idiome s'étend depuis le Groenland jusqu'à Ounalachka [4]; le langage des îles Aléoutiennes paraît même offrir des ressemblances intimes avec les dialectes esquimaux, comme ceux-ci en offrent avec le samoyède et l'ostiac. Au milieu de cette zone de nations polaires, semblables par le langage comme par le teint et les formes, nous voyons les habitants des côtes américaines du détroit de Béring constituer avec les Tchouktchi, en Asie, une famille isolée, distinguée par un idiome particulier, par une taille plus avantageuse, et probablement originaire du nouveau continent.

» Ce grand nombre d'idiomes prouve que la plupart des tribus américaines ont longtemps vécu dans l'isolement sauvage où elles croupissent encore. La famille ou la tribu qui erre dans les forêts à la poursuite des animaux, et toujours armée contre d'autres fa-

(1) *Pelleprat*, dans le Dictionnaire galibi, préf., p. vij. — (2) Dictionnaire polyglotte d'*Hervas*. — (3) *Humboldt* : Essai politique, t. II, 445. — (4) *Hervas*, Saggio pratico di Lingue, art. IV, p. 71.

(1) Voyage de M. *Pike*, trad. franç., t. II, p. 95, 218, 258, etc. — (2) *Pike*, II, 159. — (3) Histoire de son voyage, VI, 278. — (4) *Cook*, second Voyage, IV.

milles, d'autres tribus qu'elle redoute, se crée nécessairement des mots d'ordre, des paroles de ralliement, enfin un argot de guerre qui sert à la garantir de surprises et de trahisons. Ainsi, les *Ménomènes*, tribu de la Haute-Louisiane, parlent un langage singulier qu'aucun blanc n'a jamais pu apprendre; mais tous comprennent l'algonquin, et s'en servent dans les négociations (1).

» Mais quelques langues américaines présentent d'un autre côté une composition si artificielle, si ingénieuse, que la pensée en rapporte nécessairement l'invention à quelque nation anciennement civilisée; je ne dis pas civilisée à la manière des modernes, mais comme l'étaient les Grecs d'Homère, ayant des idées morales développées, des sentiments exaltés, une imagination vive et ornée, enfin assez de loisir et de tranquillité pour se livrer à des méditations, pour se créer des abstractions.

C'est principalement sur la formation du *verbe* que les inventeurs des langues américaines ont exercé leur génie. Presque dans tous les idiomes, la conjugaison de cette partie du discours tend à marquer, par des inflexions particulières, chaque rapport entre le sujet et l'action, ou entre le sujet et les êtres qui l'environnent; en général, les circonstances où il se trouve placé. C'est ainsi que toutes les personnes des verbes sont susceptibles de prendre des formes particulières, à l'effet de rendre les accusatifs pronominaux qui peuvent s'y rattacher comme idée accessoire, non seulement dans les langues de Quichua et de Chili, qui diffèrent totalement l'une de l'autre, mais encore dans le mexicain, le coraen, le totonacaen, le natiquam, le chippiwaye-delawarien et le groenlandais.

» Ce merveilleux accord dans un mode particulier de former les conjugaisons d'un bout de l'Amérique à l'autre favorise singulièrement la supposition d'un peuple primitif, souche commune des nations américaines indigènes. Mais lorsqu'on sait que des formes à peu près semblables existent dans la langue du Congo et dans la langue basque (2), qui, d'ailleurs, n'ont aucun rapport ni entre elles, ni avec les idiomes américains, on est forcé de chercher l'origine de toutes ces analogies dans la nature générale de l'esprit humain.

» D'autres finesses grammaticales achèvent l'étonnement que nous inspirent les langues américaines.

» Dans les diverses formes des idiomes du Groenland, du Brésil et des *Betoï*, la conjugaison est autre lorsqu'on parle négativement; le signe de négation est intercalé dans le moscan et l'arawaque aussi bien que dans la langue turque. Dans toutes les langues américaines, les pronoms possessifs sont formés de sons annexés aux substantifs, soit au commencement, soit à la fin, et qui diffèrent des pronoms personnels. Les idiomes guarani, brésilien, chiquitos, quichua, tagalien et mandchou, ont un pronom pluriel de première personne, *nous*, excluant le tiers auquel on adresse la parole, et un autre qui comprend ce tiers dans le discours. L'idiome tamanacan ou tamanaque se distingue des autres branches de la langue par une richesse extraordinaire en formes indicatives du temps. Dans le même idiome et dans ceux des Guaicures et des Huaztèques, ainsi que dans le hongrois, les verbes neutres ont des inflexions particulières. Dans les idiomes arawaque et abipon, de même que dans les langues basque et phénicienne, toutes les personnes des verbes, à l'exception de la troisième, sont marquées par des préfixes pronominaux. L'idiome betoï se distingue par des terminaisons de genre, exprimées par *os*, qui manquent à toutes les autres langues d'Amérique.

» Si l'histoire des langues américaines ne nous conduit qu'à des conjectures vagues, les traditions, les monuments, les mœurs, les usages, nous fourniront-ils des lumières plus positives?

» Lorsque les Européens firent la conquête du Nouveau-Monde, la civilisation était concentrée dans quelques parties de la grande chaîne de plateaux et de montagnes. L'Anahuac renfermait le despotique État de Mexico ou Tenochtitlan, avec ses temples arrosés de sang humain, et Tlascala, peuplé de républicains non moins superstitieux. Les *Zaques*, espèce de pontifes-rois, gouvernaient du sein de la cité de Condinamarca les montagnes de la Terre-Ferme, tandis que les fils du Soleil régnaient sur les vallées élevées de Quito et de Cuzco. Entre ces limites, le voyageur ren-

(1) *Pike*, t. I, p. 210. — (2) *Vater*, p. 210.

contre encore aujourd'hui de nombreuses ruines de palais, de temples, de bains et d'hôtelleries publiques [1]. Parmi ces monuments, les *téocalli* des Mexicains rappellent seuls une origine asiatique : ce sont des pyramides, environnées de pyramides plus petites, comme le sont les temples pyramidaux appelés *Cho-Madon* et *Cho-Dagon* dans l'empire birman, et *Pkah-Ton* dans le royaume de Siam.

» D'autres monuments ne nous parlent qu'un langage absolument inintelligible. Les figures, probablement hiéroglyphiques, d'animaux et d'instruments, gravées sur les rochers de siénite, voisins du Cassiquiare, les camps ou forts carrés découverts sur les bords de l'Ohio, ne nous fournissent aucun indice. L'Europe savante n'a jamais eu de nouvelles de l'inscription en caractères tatars qu'on disait avoir été trouvée dans le Canada et envoyée au comte de Maurepas [2].

» On cite encore des monuments d'une nature très douteuse. Les peintures des Toultèques ou Toltèques, anciens conquérants du Mexique, indiquaient d'une manière claire, nous dit-on, le passage d'un grand bras de mer; assertion qui, après la disparition des preuves, doit inspirer peu de confiance [3]. Les peintures mexicaines existantes ont un caractère si obscur et si vague qu'il serait bien téméraire de les considérer comme des monuments historiques.

» Les mœurs et les usages dépendent trop des qualités générales de l'esprit humain et des circonstances communes à plusieurs peuples, pour pouvoir servir de base à une hypothèse historique. Les peuples chasseurs, les peuples pêcheurs ont nécessairement la même manière de vivre. Que les Toungouses mangent la viande crue et seulement desséchée par la fumée ; qu'ils mettent de la vanité à pointiller sur les joues de leurs enfants des lignes et des figures en bleu ou en noir ; qu'ils reconnaissent la trace de leur gibier au moindre brin d'herbe courbé ; ce sont là des traits communs à tous les hommes nés et élevés dans les mêmes circonstances. Il est sans doute un peu plus remarquable de voir les femmes toungouses et américaines s'accorder dans l'usage de coucher leurs enfants tout nus dans un tas de bois pourri et réduit en poudre [1] ; cependant les mêmes besoins et les mêmes localités expliqueraient encore cette ressemblance. Il est aussi digne de remarque que les anciens Scythes aient eu, comme les Américains, l'usage de *scalper* ou d'enlever à leurs ennemis la peau de la tête avec les cheveux [2], quoique sans doute la férocité ait partout inspiré à l'homme des excès semblables. Un certain nombre d'analogies plus importantes rattache le système religieux et astronomique des Mexicains et des Péruviens à ceux de l'Asie. Dans le calendrier des Aztèques, comme dans celui des Kalmouks et des Tatars, les mois sont désignés sous les noms d'animaux [3]. Les quatre grandes fêtes des Péruviens coïncident avec celles des Chinois ; les Incas, à l'instar des empereurs de la Chine, labouraient de leur propre main une certaine étendue de terrain. Les hiéroglyphes et les cordelettes en usage chez les anciens Chinois rappellent d'une manière frappante l'écriture figurée des Mexicains et les *quipos* du Pérou. Enfin, tout le système politique des *Incas* péruviens et des *Zaques* de Condinamarca était fondé sur la réunion du pouvoir civil et ecclésiastique dans la personne d'un dieu incarné [4].

» Sans attacher à ces analogies une importance décisive, on peut dire que l'Amérique, dans ses mœurs comme dans ses langues, montre l'empreinte d'anciennes communications avec l'Asie. Mais ces communications ont dû être antérieures au développement des croyances et des mythologies actuellement régnantes parmi les peuples asiatiques. Sans cela, les noms de quelques divinités auraient été transportés d'un continent dans l'autre. »

Un savant américain a prouvé que toutes les nations éparses depuis la baie d'Hudson jusqu'au golfe du Mexique, bien qu'inconnues les unes aux autres, et parlant un idiome dif-

(1) *A. de Humboldt* : Vues et Monuments des Cordillères. — (2) *A. de Humboldt* Ansichten, p. 79. — (3) *Botturini* : Idea d'una Storia di Messico, cité par M. *Vater*.

(1) *Georgi* : Peuples de la Russie, p. 324. *Long* : Voyages dans le Canada, pag. 54 (en anglais). — (2) *Hérod.*, t. IV, sect. LXIV. — (3) *A. de Humboldt* : Vues et Monuments. — (4) *Fischer* : Conjectures sur l'origine des Américains; dans *Pallas*, Nouveaux Mémoires sur le Nord, t. III, p. 289-322 ; copié dans *Schérer*, Recherches historiques et géographiques sur le Nouveau-Monde, Paris, 1777. Cet écrit ancien a été recopié textuellement dans une suite d'articles insérés dans le *Moniteur* en 1816.

férent, n'avaient jadis qu'une seule et même religion. Elles adoraient un Être suprême, créateur de toutes choses, qui aime à se communiquer à certaines âmes choisies ; elles ne se permettaient pas de le représenter sous aucune forme. Elles reconnaissaient aussi des génies tutélaires dont elles faisaient des images. Elles croyaient à l'immortalité de l'âme et à des peines et des récompenses dans une autre vie (1).

« Aucune tradition américaine ne remonte à l'époque infiniment reculée de ces communications. Les peuples de l'Amérique méridionale n'ont presque pas de souvenirs historiques. Les traditions des nations septentrionales se bornent à assigner la région où jaillissent les sources du Missouri, du Colorado et du Rio-del-Norte, comme la patrie d'un très grand nombre de tribus.

» En général, depuis le septième jusqu'au treizième siècle, la population paraît avoir continuellement reflué vers le sud et vers l'est. C'est des régions situées au nord du Rio-Gila que sortirent ces nations guerrières qui, les unes après les autres, inondèrent le pays d'Anahuac. Les tableaux hiéroglyphiques des Atzèques nous ont transmis la mémoire des époques principales qu'offre la grande migration des peuples américains. Cette migration a quelque analogie avec celle qui, au cinquième siècle, plongea l'Europe dans un état de barbarie dont nous ressentons encore les suites funestes dans plusieurs de nos institutions sociales. Les peuples qui traversèrent le Mexique laissèrent, au contraire, des traces de culture et de civilisation. Les Toultèques y parurent pour la première fois l'an 648, les Chichimèques en 1170, les Nahualtèques l'an 1178, les Acolhues et les Aztèques en 1196. Les Toultèques introduisirent la culture du maïs et du coton ; ils construisirent des villes, des chemins, et surtout ces grandes pyramides que l'on admire encore aujourd'hui, et dont les faces sont très exactement orientées. Ils connaissaient l'usage des peintures hiéroglyphiques ; ils savaient fondre des métaux et tailler les pierres les plus dures ; ils avaient une année solaire plus parfaite que celle des Grecs et des Romains. La force de leur gouvernement indiquait qu'ils descendaient d'un peuple qui, lui-même, avait déjà éprouvé de grandes vicissitudes dans son état social (1). Mais quelle est la source de cette culture ? quel est le pays d'où sortirent les Toultèques et les Mexicains ?

» Les traditions et les hiéroglyphes historiques donnent à la première demeure de ces peuples voyageurs les noms de ***Huehuetlapallan***, ***Tollan*** et ***Aztlan***. Rien n'annonce aujourd'hui une ancienne civilisation de l'espèce humaine au nord de Rio-Gila, ou dans les régions septentrionales parcourues par Hearne, Fiedler et Mackenzie ; mais sur la côte nord-ouest, entre Noutka et la rivière de Cook, dans la baie Norfolk et dans le canal de Cox, les indigènes montrent un goût décidé pour les peintures hiéroglyphiques (2). Quand on se rappelle les monuments qu'un peuple inconnu a laissés dans la Sibérie méridionale, quand on rapproche les époques de l'apparition des Toultèques, et celle des grandes révolutions de l'Asie, lors des premiers mouvements des Hioungnoux, ou Turcs, on est tenté de voir dans les premiers conquérants du Mexique une nation civilisée qui avait fui des rives de l'Irtyche ou du lac Baïkal, pour se soustraire au joug des hordes barbares du plateau central de l'Asie (3).

» Le grand déplacement des tribus américaines du nord est constaté par d'autres traditions. Tous les indigènes des États-Unis du midi prétendent y être arrivés de l'ouest, en passant le Mississipi. Suivant l'opinion des Muskohges, le grand peuple dont ils sont sortis demeure encore dans l'ouest : leur arrivée ne paraît dater que du seizième siècle. Les Senecas en étaient autrefois des voisins. Les Delawares ont trouvé sur le Missouri des naturels qui parlaient leur langue (4). D'après M. Adair, les Chaktahs sont venus avec les Chikkasahs, postérieurement aux Muskohges.

» Les *Chipiouans* ou Chepewyans, ont seuls des traditions qui paraissent indiquer leur sortie de l'Asie. Ils habitaient, disent-ils, un pays très reculé vers l'ouest, d'où une nation méchante les chassa ; ils traversèrent un long lac, rempli d'îles et de glaçons ; l'hiver

(1) *Jarvis* : Discourse on the religion of the Indian tribes of North America, etc. New-York, 1820.

(1) *Humboldt* : Essai politique, t. I, p. 370 et 404. — (2) Voyage de *Marchand*, t. I, p. 258, 261, 375. *Dixon*, p. 332. — (3) Comparez *Humboldt*, Essai polit., t. I, p. 373 ; II, 502 ; III, 231. — (4) *Smith-Barton*, p. 47.

régnait partout sur leur passage ; ils débarquèrent près de la rivière du Cuivre. Ces circonstances ne sauraient s'appliquer qu'à une émigration d'une peuplade de Sibérie, qui aurait passé le détroit de Béring ou quelque autre détroit inconnu, et encore plus septentrional. Cependant, la langue des Chipiouans n'offre pas un caractère plus asiatique que les autres idiomes américains. Leur nom ne se retrouve pas plus parmi l'immense nomenclature des tribus asiatiques anciennes et modernes que celui des Hurons, qu'on a si mal à propos voulu comparer avec les *Huires* de Marco-Polo et les *Huiur* de Carpin, qui ne sont que les Ouigours (1).

» En dernière analyse, les traditions, les monuments et les usages comme les idiomes rendent très probables plusieurs invasions de nations asiatiques dans le nouveau continent; mais toutes les circonstances concourent aussi à reculer l'époque de ces événements jusque dans les ténèbres des siècles antérieurs à l'histoire. L'arrivée d'une colonie de Malais, mêlés de Madécasses et d'Africains, est un événement vraisemblable, mais enveloppé d'une obscurité encore plus épaisse. La masse des Américains est indigène.

» Après avoir exposé l'ensemble de nos recherches et de nos conjectures sur l'origine des Américains, ce serait fatiguer inutilement nos lecteurs que d'analyser longuement toutes les opinions qu'on a proposées à ce sujet. Il suffit de savoir que tout a été imaginé. La ressource banale de la dispersion des Israélites a été employée par un grand nombre d'écrivains, parmi lesquels un seul mérite d'être remarqué, c'est l'Anglais *Adair*, qui, avec beaucoup d'érudition, a démontré les ressemblances de mœurs qui existent entre les anciens Hébreux et les peuples de la Floride et des Carolines (2). Ces ressemblances ne prouvent qu'en général une communication avec l'Asie, et quelques unes, telles que l'usage de l'exclamation *hallela yah*, paraissent illusoires. Les Egyptiens ont été donnés pour ancêtres aux Mexicains par le savant *Huet* (3), par Athanase *Kircher* et par un érudit américain, dont les vastes recherches n'ont pas été imprimées (1). Les systèmes astronomiques et chronologiques diffèrent totalement; le style dans l'architecture et la sculpture peut se ressembler chez beaucoup de peuples, et les pyramides d'Anahuac se rapprochent plus de celles de l'Indo-Chine que de celles d'Egypte. Les Cananéens ont été mis en avant par *Gomara*, d'après de faibles analogies de mœurs remarquées dans la Terre-Ferme (2). Beaucoup d'écrivains ont soutenu la réalité des expéditions carthaginoises en Amérique, et on ne saurait en nier absolument la possibilité (3). On connaît trop peu la langue de ce peuple fameux, né d'un mélange d'Asiatiques et d'Africains, pour avoir droit de décider qu'il n'existe aucune trace d'une invasion carthaginoise. Nous pouvons, avec plus de certitude, exclure les Celtes, malgré les artifices étymologiques employés pour retrouver des racines celtiques dans l'algonquin (4). Les anciens Espagnols ont aussi de bien faibles droits ; leur navigation était bien bornée. Les Skandinaves ont conservé les preuves historiques de leurs navigations au Groenland et à Terre-Neuve ; mais elles ne remontent qu'au dixième siècle, et elles prouvent seulement que l'Amérique était déjà peuplée en totalité, argument très fort pour la haute antiquité des nations américaines. Le célèbre *Hugo Grotius* (5) a très maladroitement combiné ce fait historique avec quelques étymologies hasardées, pour attribuer la population de l'Amérique septentrionale aux Norvégiens, qui, hors l'Islande et le Groenland, n'y ont laissé que de faibles traces.

» L'origine purement asiatique a trouvé de nombreux défenseurs. Le savant philologue *Brerewood* (6) est peut-être le premier qui l'ait proposée. Les historiens espagnols ne l'ont admise qu'en partie.

» De Guignes (7) et William Jones (8) con-

(1) Voyez notre vol. I, p. 229 et 230. — (2) *Adair*: History of the American Indians, p. 15-220. *Garcia*: Origen de los Indios de el Nuevo-Mundo, liv. III; Valencie, 1607. Nouvelle édition, par *Barcia*; Madrid, 1729. — (3) *Huet*: De Navigat. Salomonis.

(1) *Siguenza*: Extrait dans *Equiara*, Bibliotheca messicana. Comp. *Humboldt*, Vues et Monuments. — (2) *Gomara*: Hist. indiana, tom I, pag. 41. — (3) *Garcia*, l. c., liv. II. *Campomanès*: Antiguedad maritima de Carthago. — (4) *Valençay*: Antiquity of the Irish Language, etc., etc. — (5) *Hugo Grotius*: De Origine gentium american. *De Laet*: Notæ ad dissertat. Hug. Grot., Amsterdam, 1643. — (6) Enquiry touching the diversity of Languages and of Religions ; London, 1654. — (7) Mémoires de l'Académie des Inscriptions, t. XVIII, p. 505. — (8) Asiatical Researches, t. I, p. 426.

duisent sans beaucoup de peine, l'un ses Huns et Tibetains, l'autre ses Hindous, dans le Nouveau-Monde. *Forniel,* dont nous n'avons pu consulter l'écrit, a le premier insisté sur les Japonais, qui, en effet, peuvent réclamer un grand nombre de mots américains. *Forster* a attaché beaucoup d'importance à la dispersion d'une flotte chinoise, événement trop récent pour pouvoir avoir produit une grande influence sur la population américaine [1].

» Depuis plus d'un demi-siècle, le passage des Asiatiques par le détroit de Béring a été élevé au rang d'une probabilité historique par les recherches de *Fischer,* de *Smith-Barton,* de *Vater* et d'*Alexandre de Humboldt.* Mais ces savants n'ont jamais soutenu que tous les Américains fussent les descendants des colonies asiatiques.

» Une opinion mixte, qui réunit les prétentions des Européens, des Asiatiques, des Africains et même des Océaniens, a obtenu quelques suffrages de poids. *Acosta*[2] et *Clavigero* [3] en paraissent les partisans. Ce dernier insiste avec raison sur la haute antiquité des nations américaines. L'infatigable philologue *Hervas* [4] admet aussi l'hypothèse d'une origine mixte. Elle a été savamment développée par *George de Horn* [5]. Cet écrivain ingénieux exclut de la population de l'Amérique les nègres, dont on n'a trouvé aucune tribu indigène dans le Nouveau-Monde, les Celtes, les Germains et les Skandinaves, parce qu'on n'a vu parmi les Américains ni des cheveux blonds, ni des yeux bleus; les Grecs et les Romains, et leurs sujets, à cause de leur timidité comme navigateurs; les Hindous, parce que les mythologies américaines n'offrent aucune trace du dogme de la transmigration des âmes. Il cherche ensuite l'origine primitive des Américains chez les Huns et les Tatars-Kathayens; leur migration lui paraît très ancienne. Quelques Carthaginois et Phéniciens auraient été jetés sur le rivage occidental du nouveau continent. Plus tard, les Chinois s'y seraient transportés; Facfour, roi de la Chine méridionale, s'y serait enfui pour éviter le joug de Koublaï Khan; il aurait été suivi de plusieurs centaines de milliers de ses sujets. Manco-Capac serait aussi un prince chinois. Ce système, hasardé lorsqu'il parut, s'accorde avec plusieurs faits postérieurement observés et que nous avons recueillis; quelque écrivain hardi et peu scrupuleux n'aurait qu'à s'emparer de ces faits, les combiner avec les hypothèses de *Horn,* et nous donner ainsi l'histoire certaine et véridique des Américains.

» Rien n'empêche même qu'un jour l'Amérique, enorgueillie de sa civilisation, ne se dise à son tour le berceau du genre humain. Déjà deux savants des Etats-Unis ont soutenu que les tribus du nord de l'Asie pouvaient aussi bien être les descendants des Américains que ceux-ci des premières [1].

» Dans l'état actuel des connaissances, le sage s'arrêtera aux probabilités que nous avons indiquées, sans tenter vainement de les combiner en forme de système.

N. B. Lorsque la première édition de ce volume fut publiée en 1817, nous n'avions pas encore connaissance du volume du *Mithridates*, où se trouve le beau travail de M. *Vater* sur les langues américaines. Les interruptions de nos communications avec l'Allemagne nous avaient même empêché de savoir qu'il avait paru. Les résultats des recherches de M. Vater coïncident sur les points les plus essentiels avec les nôtres; seulement il n'a pas eu l'idée de ces enchaînements géographiques qui font la base du *Tableau* suivant. Mais son travail nous fournirait un grand nombre de preuves nouvelles en faveur de nos conjectures. Les indications auxquelles nous nous bornons sont suffisantes: un traité complet sur cette matière ne saurait trouver sa place dans une *Géographie universelle.*

(1) Histoire des Découvertes faites au Nord. — (2) *Acosta :* Historia natural y moral de las Indias, l. I, c. XX. — (3) *Clavigero :* Storia di Messico, t. IV, dissert. 1. — (4) *Hervas :* Saggio pratico delle Lingue, p. 36. Vocabulario poliglotto, p. 36. — (5) *Georg. Hornii :* De Originibus Americanis, libri IV. Hag. Com. 1699.

(1) *Bernard Romans :* Natural History of Florida; New-York, 1776. *Jefferson :* Notes on Virginia, p. 162.

TABLEAU *de l'enchaînement géographique des langues américaines et asiatiques* [*].

Soleil, en Nouvelle-Angleterre, *kone*; — en iakoute, *kounini*; — en ouigour, *kien*; — en tatar, *koun*; — en aware ou chunsag, *kko*. = En tatar encore, *kouyach*; — en kamtchadale, *koua-atch*; — en maypouri, *gouie*. = En vogoule, *konzai*, étoiles; — en ostiak, *kos*.

2. *Idem*, en chiquito, *souous*; — en mosca, *soua*; — en iakoute, *solous*, étoile; — en mandchou, *choun*, soleil; — en ostiak, *siouna*; — en tchouktche, *synn*, étoiles; — en andi, *souvou*; — en vogoule, *sowa*, étoile. = En sanskrit, *sourya*; — en zend, *shour* [2].

3. *Idem*, en quichua, *inti*; — en lulé, *inni*; — en aléoute, *inkak* (le firmament); — en toungouse d'Okhotsk, *ining* (le jour). = En bas javanais, *ginni*, le feu; — en batta, *Iniang*, Dieu.

4. *Idem*, en chippaway, *kesis*; — en mahicane, *keeschog*; — en tchérémisse, *ketsche* (S. B.).

5. *Idem*, *Nii* et *néé*, soleil, en kinaï (Amérique russe), se rattache à *né*, jour, lumière, en birman; — *nie*, œil, en lieoukieou; — *ne*, œil, en chilien; — *néoga*, œil ou yeux, en abipon.

Lune, en aztèque, *mextli* [3]; — en afghan, *maistcha*; — en russe, *msiatsch*; — en aware, *moz*; — en sanskrit, *masi*.

2. *Idem*, en chili, *couyen*; — en mossa, *cohe*; — en yeso ou aïno *kounetsou* (avec l'article affixe); — en ioukaghir, *konincha*; — en estonien, *kouli*; — en finnois, *koun*.

Étoiles, en huaztèque, *ot*; — en tatar, *oda* (V.). = *Idem*, en chikasaw, *phoutckik*; — en japonais, *fouschi*. = *Idem*, en algonquin et chippaway, *alank*; — en kotowze, *alagan*; — en assani, *alak* (S. B.).

Ciel, en huastèque, *tiœb*; — en poconchi, *taxab*... [4]; — en chinois, *tien*, et dans le dialecte de Fo-kien, *tchio*.....; — en géorgien, *tchu*; — en finnois, *taïwas*; — en estonien, *taéwas*; — en courlandais et pruczien, *debbes* ou *tebbes*; — en letton et livonien, *debbesis*.

Terre, en chili, *toue*; — aux îles des Amis, *tougoutou*; — en tagalien, *touna*; — en aïno, *toui*; — en japonais et chinois, *tii*; — en tchoukasse, *tchi*. = Le même enchaînement par le nord: en toungouse, *tor*; — en kittawin, *to*; — en abasgien ou awchase, *toula*; — en altikeseck, *tzoula*.

2. *Idem*, en delaware, *hacki*; — en narraganset, *auke*; — en persan, *chaki*, — en boukharie, *chak* (S. B.); — en aléoute, *tchekak*; — en kamatchinzi, karagasse, etc., *dscha*.

3. *Idem*, en péruvien, *lacta*; — en yucatan, *lououm* (S. B. et V.); — en mexicain, *tlali*; — en koliouche, *tlatka*; — en ioukaghir, *lewié* et *lifiè* (à l'ablatif *lewiàng*); — en finnois d'Olonetz, *leiwou*; — en ingouche et tchetchingue (pays caucasiens), *aite*; — en birman, *lai*, campagne.

Feu, en brasilien, *tata*; — en muscogulgue, *toutkah*; — en ostiak, *tout*; — en vogoule, *tat* (S. B); — en quelques dialectes caucasiens, *tzah*; — en mandchou, *toua*, — en finnois, *touli*.

Eau, en delaware, *mbi* et *beh*; — en samoyède, *bi* et *bé*; — en kourile, *pi* (S. B.); — en toungouse, *bialga*, les vagues; — en mandchou, *bira*, rivière; — en albanais, *oui* et *vie*.

2. *Idem*, en mexicain, *atl*; — en vogoule, *atil*, le fleuve (mais cela tient à une analogie générale, *aqua*, *ach*, *aa*, etc.)

3. *Idem*, en vilela, *ma*; — au Norton-Sund, *mooe*; — en tchouktche, *mok*; — en toungouse, *mou*; — en mandchou, *mouke*; — en japonais, *mys*; — en lieoukiéou, *minzou* [1].

4. *Idem*, en tamanaque, *nono*; — en zamouque, *noumi*; — en tchouktche et groenlandais, *nouna*, *nounit*; — en koriaïque, *noutœtout*.

Pluie, en brasilien, *amen*; — en japonais, *amé* (S. B.). = *Idem*, en algonquin, *kemevan*; — en lesgien, *kema* (Id.).

Vent, en vilela, *uo*; — en omagua, *ehuétu*; — en ostiak, *vot* et *uat* (V.). = On peut le rapprocher de *wad*, vent, en pehlwi, de *waihou*, sanskrit; *wiatr*, slavon; *vetr*, islandais; *vavothr* et *hvithuth*, dans deux dialectes perdus de la Skandinavie [2].

Air, en delaware, *awonou*; — en miamis, *awaunweeh*; — en kirghiz et arabe, *awa* (S. B.); — en sanskrit, *avi*. = En iotique, dialecte skandinave, *æpi* [3].

Année, en péruvien, *huata*; — dans un dialecte tchouktche, *hiout*; — en albanais, *viet*; — en ostiak, *hoet* (S. B.); — en lieoukieou, *wadii*, mois. = En hindoustani, *wakht*, le temps [4].

Montagne, en araucan, *pire* (nom particulier des Andes)...... En ioukaghir, *pea*; — en ostiak, *pelle*; — en andi, dialecte caucasien, *pil*.

Champ, en baïtien, *conouco*; — en iakoute, *cho-*

[*] Tous les mots américains sont pris dans les ouvrages précités de M. *Smith-Barton* et M. *Vater*. Ce dernier les a tirés d'un grand nombre de dictionnaires imprimés ou manuscrits quelques uns lui avaient été communiqués par M. *A. de Humboldt*. Dans ces noms, nous n'avons corrigé l'orthographe espagnole et anglaise qu'autant que cela devenait absolument nécessaire pour rendre sensible l'analogie. Les enchaînements commencés par *Vater* et *Smith-Barton*, et que nous n'avons pu compléter, sont marqués des initiales de ces savants. Quelquefois aussi nous marquons par des points les lacunes très remarquables dans les chaînes de mots, d'ailleurs certaines. Les mots des îles Aléoutiennes et de l'île Kadjak sont tirés des vocabulaires donnés par *Sauer* dans la relation du voyage de *Billings*. Les mots kamtchadales, ioukaghirs et iakoutes, de la même source. — Les mots toungouses, de *Sauer*, *Georgi*, etc. — Les mots mandchoux nous ont été communiqués par M. *Jules de Klaproth*. Les mots japonais d'un vocabulaire par le même, dans les *Mémoires de la Société de Batavia*. — Les mots yeso ou aïno, d'un vocabulaire manuscrit de *M. Titsingh*. — Les mots lieou-kieou et birmans, des vocabulaires publiés par M. *de Klaproth*, dans ses *Mémoires asiatiques*. — Les mots sanskrits, malais, etc., du *Mithridates*. — Les mots haut et bas javanais, des *Mémoires de Batavia*. — Les mots polynésiens, de *Cook*, d'*Entrecasteaux*, etc. — Les mots ouigours, afghans, ceux des tribus caucasiennes, andi, aware ou chunsag, kaboutsche, kasikoumuks, etc., des *Mémoires* de M. *de Klaproth*. — Les mots wogoules, ostiaks, permiens, finnois, de *Vater*, de *Smith-Barton*, du *Mithridates*. — Les mots lithuaniens, courlandais, pruczien (ou vieux prussiens), d'un vocabulaire manuscrit. — [2] On peut en rapprocher le *sounna* des Goths et des Allemands, le *sol* des Latins et des Manni ou Skandinaves antérieurs aux Goths (V.) *Edda Sæmundina*, *Alvismal*, strophe 16, et le *saulous* des Lithuaniens. — [3] *Tli* n'est qu'une terminaison commune en mexicain ou aztèque. — [4] Cette lacune immense nous a offert un seul mot *congénère*, savoir : *tiba*, pluie, en ioukaghir. Le rapprochement est d'autant plus juste que *tebbes* et *debbes*, dans les langues lithuaniennes, signifient proprement le ciel, des nuages.

[1] M. Vater retrouve les mots américains dans le *moui* des Coptes et dans le *ma* mauritanien. La ressemblance est parfaite ; mais il faudrait savoir ce que M. Vater entend par *mauritanien* ; quant au copte, il a reçu beaucoup de mots asiatiques. — [2] *Edda Sæmundina*, t. I, p. 264. *Alvismal*, stroph. 20. — [3] *Ibid.*, p. 265. Les Iotes étaient antérieurs aux Goths ; c'étaient les géants, les Enakim, les Patagons du Nord. — [4] La racine de tous ces mots paraît arabe.

nou (V.). = En japonais, *kouni*, district. En chinois, *koue* : royaume, région.

Hauteur, en acadien, *pamdemou* ; — en mordwin, *pando* ; — en mokchan, *panda* (S. B.) ; — en ioukagbir, *podannie*, haut, élevé.

Rivage, en ottomaque, *cahti* ; — en iakoute, *kitto* ; — en lapon, *kadde* ; — en aïno, *kada-schma-kodan*, rivage en pente.

Mer, en araucan, *languen*, — en toungouse, *lam* ; — en malai, *laout*....... Dans l'Edda-Sæmundina, *la* et *lagi* (¹).

Lac, en hongrois, *to* et *ferto* ; — en aïno, *to*, un grand lac ; — en tchouktche, *touot-touga*, golfe de la mer ; — en mexicain, *atoyatl*, lac ; en lule, *tooson*.

Fleuve, en groenlandais, *kook* ; — en kamtchadale, *kiigh* ; — en samoyède, *kyghe* (V.) ; — en chinois méridional, *kiang* ; — en tchouktche, *kiouk* ; — en kinaïtzi, *kytnu* (chaîne un peu embrouillée).

2. *Idem*, en natchez et algonquin, *missi* ou *messé* (*Missi-Sipi*, Miss-Ouri, Missi-Nipi, etc., etc.) ; — en japonais, *mys*, eau ; — en licoukieou, *minzou*.

Arbre, en mossa, *ioukhoukhi* ; — en ostiak, *ioukh* (V.) ; — en ioukagbir, *kiokh*, plante.

Forêt, en nadowessi, *ochaw* ; — en zamuca, *ogat* ; — en tatar, *agaz* (V.) ; en kadjak, *kobogak*, un arbre ; — en afghan, *oha* (voyez *Herbe*).

2. *Idem*, en ottomaque, *tæhe* ; — en delaware, *tachan* ou *tauhon* (V.) ; — en iakoute, *tya* ; — en japonais, *tiitini*, bois. = En mongol, *taëri*, pin. = Aux îles des Amis, *tohou*, espèce d'arbre.

3. *Idem*, en guarani, *caa* ; — en tupi, *cagua* ; — en omagua, *cava* ; — en vilela, *cohuit* ; — en maya, *k'aas* ; — en malabar, *cadd*. = Tous ces mots se rattachent à ceux qui signifient *herbe*, deuxième série.

Écorce, en quichua, *cara* ; — en ostiak, *kar* ; — en tatare, *kaëri* ; — en permien et slavon, *kora* ; — en finnois d'Olonetz, *kor* (V.).

Pierre, *rocher*, en caraïbe, *tebou* ; — en tamacan, *tepou* ; — en galibi, *tobou* ; — en yaoi, *tabou* ; — en koliouche, *té* ou *tété* ; — en lesghien, *teb*. = En aztèque, *tepetl*, montagne, rocher ; — en turc, *tepe* ; — en mongole, *tabakhan* (pointe de rocher).

Herbe, en chiquito, *boos* ; — en mongol, *oubousu* ; — en kalmouk, *œbœsyn* (V.). = En iakoute, *bosok*, une branche. = En langue de kadjak, *obovit*, plantes. = Aux îles des Amis, *bougo*, arbre (voyez *Forêt*, première série).

2. *Idem*, en omagua, *ca* ; — en guaicoure, *caa* ; — en hindoustani, *gas*. = En kamtchadale, *kakaïn*, le genévrier. = En birman, *á-khà*, une branche d'arbre.

Poisson, en quichua et en chili, *khalloua* ; — en cochimi, *cahal* ; — en maya, *caïh* ; — en poconchi, *car* ; — en kadjak, *kakhlicuit* ; — en koliouche, *chaat* ; — dans un dialecte tchouktche, *ikahlik* ; — en samoyède, *koual* et *karre* ; — en wogoule et ostiak, *khoul* ; — en koibale, *kholla* ; — en finnois de Carélie, *kala* ; — en tonquinois, *ca*.

2. *Idem*, en mobima, *bilau* ; — en iakoute, *balyk* ; — en tatar, *baluk* ; — en russe, *belouga*.

Oiseau, en tamacan, *toreno* ; — en japonais, *tori* (V.). = En hindoustani, *tchouri*.

(¹) Voyez le registre des mots dans l'*Edda Sæmundina*. Le mot signifie aussi tout fluide en général ; *Liquor*, *liquidus*.

Oie, en chippaway, *gah* ; — en chinois, *gouh* (V.). = En japonais, *gang*. = En mandchou, *gaskhan*, oiseau.

Pain, en chikasaw, *kawtoo* ; — en wokkonsi, *ikettau* ; — en ostiak de Pompokol, *koita* ; — en akouscha et koubescha, *katz* ; — en pruczien, *ghieytie*.

Nourriture, en quichua, *micunnan* ; — en taïtien et aux îles des Amis, *maa* ; — en malai d'Asie, *macannan* ; — en japonais, *mokhi*....... (¹) ; — en ingouche, en touscheti, *mak*, pain ou gâteau ; — en altikesek, *mikel*.

Viande, en mexicain, *nacatl* ; — en groenlandais, *nekke* ; — en tchouktche, *nakka* ; — en japonais, *niekf*....... (²).

Os, en tuscaror, *ohskhéreh* ; — en arménien, *oskor* ; — *idem*, en creek, *ifoni* ; — en japonais, *fone* (S. B.).......

Sang, en totonak, *tacahui* ; — en tarahumar, *laca* ; — en ioukaghir, *liopkol* ; — en hindoustani, *lohou*.

Cochon, en tarahumar, *cotschi* ; — en chippaway, *coocootsche* ; — en mongol, *khokhai* ; — en kalbayen, *khai* (³).

Chien, en caraïbe, *caïcoutchi* ; — en tarahumar, *cocotschi* ; — en kamtchadale, *kossa* ; — en kasikoumuck, *ketschi*. = *Idem*, en chéroquée, *keira* ; — en ostiak, *koira*. = *Idem*, en andi, aware et autres idiomes caucasiens, *khoï* ; — en birman, *khoui* ; — en aléoute, *ouikouk*.

Bateau, en galibi, *canoua* ; — en haïtien, *canoa* ; — en aïno, selon La Pérouse, *kahani* ; — en groenlandais, *cayac* ; — en Amérique russe, *idem* ; — en samoyède, *cayouc* (*kahn*, en all. *canot*).

Maison, en mexicain, *calli*...... ; — en vogoule, *kol* et *kolla* ; — dans les langues germaniques et skandinaves, *hall*. = *Idem*, en lule, *ouya* ; — en aléoute, *ouladok* ; — en ouïgour, *ouyou* ; — en tatar, *oui*. = *Idem*, en chikasa, *chookka* ; — en kadjak, *cheklicuit* ; — en japonais, *choukoutche*.

Homme, en araucan, *auca* ; — en saliva, *cocco* ; — en koliousche, *ka* et *akkoch* ; — en yeso, *okkaï* ; — en iakoute, *ogo* (garçon)..... ; — en guarani, *aca*, tête.

2. *Idem*, en acadien, *kessona*, — en ostiak, *kassec*, — en kirghiz, *kese* ; — en iakoute, *kisi* (S. B.). = En iakoute, *kissæ*, homme ; — *kisa*, vierge, etc., — en ouïgour, *kiischou*.

Femme, en saliva, *nacou* ; — en penobscot, *neeseeweock* ; — en potawatam, *neowah* ; — en tchouktche, *newem*, femme en général, *newaitchick*, jeune femme ; — en samoyède, *neu* ; — en ostiak et vogoule, *ne* ; — en mordouan, *netscha* ; — en akouscha, *netsch* ; — en koubascha, *nem* ; — en polonais, *niewiasta*. = En zend, *naeré* ; — en pehlwi, *naerik*. = En hébreu, *nekebah*.

2. *Idem*, en mabacanni, *weewou* ; — aux îles Carolines et des Amis, *wefaine* ; — en bas-javanais, *aweewe* (⁴).

Père, en mexicain, *tatli* ; — en moxa, *tata* ; — en otomite, *tah* ; — en poconchi, *tat* ; — en tuscaror, *ata* ; — en groenlandais, *atat* ; — en kadjak, *attaga* ; —

(¹) Cette lacune dans la chaîne, du côté du Nord, provient naturellement de ce que les hordes septentrionales ignoraient l'usage du pain et des aliments préparés avec art. — (²) Les mots correspondants dans toutes les langues intermédiaires diffèrent absolument de ceux-ci. Même observation pour le mot suivant. — (³) *Ulagh-Beï*, Epochæ Cathaiorum, ed. grav. p. 6. *Klaproth*, Mines d'Orient. — (⁴) Ce mot se rattache aussi au mot madécasse *waiawé*.

en aléoute, *athau*; — en tchouktche, *atta* et *attaka*; — en kinaï, *tadak*; — en turc et tatare, *atta*; — en japonais, *tete*; — en sanskrit, *tada*; — en finnois de Carélie, *tato*; — en valaque, *tat*.

2. *Idem*, en lule, *pe*; — en koriaike, *pepe* (V.). = En yeso, *fan-pe*; — en birman, *pha*; — en siamois, *po*; — en sanskrit, *pidu*.

3. *Idem*, en vilela, *op*; — en kotowsi et assanien, *op* (V.).

4. *Idem*, en quichua, *yaya*; — en yakoute, *aya*; — en chiquito, *iyai*; — en shebay, *haia*; — en eslène, *ahai* (V.). = En aléoute, *athau*; — en iakoute, *agam* ou *ayam*, — en votiak, *aï*; — en permien et siranien, *aie*.

Mère, en vilela, *nané*; — en maïpoure, *ina*; — en cochimi, *nada*; — en mexicain, *nantli*; — en potawatam, *nana*; — en tuscaror, *anah*; — en pensylvanien, *anna*; — en groenlandais, *ananak*; — en langue de kadjak, *anaguh*; — en kinaï, *anna*; — en aléoute, *anaan*; — en kamtchadale, *naskh*; — en toungouse, *anee*; — en ioukaghir, *ania*; — en tatar, *anakai* et *ana*; — en ingouche, *nana*.

Fils, en vilela, *inake* (fils et fille); — en deux dialectes tchouktches, *iegnika* et *rinaka*; — en tagale et malai, *anak*. = Les autres intermédiaires manquent.

2. *Idem*, en caraïbe, *kæchi*; — en tchérémisse, *keschi* (S. B.). = En iakoute, *kisiñ*, fille; — en kinaï, *kisna* et *kissun*, fille; — *kissikoia*, petite fille (voyez *Homme*, deuxième série).

3. *Idem*, en penobscot, *namon*; — en samoyède, *niama* (S.) (¹).

4. *Idem*, en maypour, *anis*; — en algonquin et chippaway, *ianis* (V.); — en ioukaghir, *antou*.

Frère, en araucan, *penni*; — en quichua, *pana*; — (en kadjak, *pan:goga*, fille; — en ioukaghir, *paoutch*, sœur); — en lieoukieou, *sienpin*, frère aîné; — en hindoustani, *bein*, sœur; — en zingare, *pæn*, *idem* (²).

2. *Idem*, en chippaway, *onnis*; — en algonquin, *anich*; — en japonais, *ani*, frère aîné, *ané*, sœur aînée.

3. *Idem*, en quichua, *huaquey*; — en toungouse, *aki* (V.). = En mandchou, *ago*; — en tatar, *agha*; en ouïgour, *akâ*; — en aïno et en tchoutktche, *aki*, frère cadet; — en koliousche, *achaïk* et *achaika* (*achkik*, sœur); — en kinaï, *agala*, frère aîné.

Sœur, en onondga, *akzia*; — en yeso, *zia*, sœur aînée; — en iakoute, *agassim*; — en lesgie, *akiessio*.

Enfant, en quichua, *huahua*, — en omagua, *idem* (³); — en ioukaghir, *oua*; — en aware, *uassa* et *uas*; — en vogoule, *uassum*.

Tête, en guarani, *aca*; — en omagua, *iaca*; — en ioukaghir, *yok*.

Œil, en chili, *ne*; — en abipon, *néoga*; — en mocobi, *nicola*; — en cubaya, *nigne*; — en péruvien, *nahui*; — en catawbah, *necetouth*; — en kinailzi, *nagak*; — en kamtchadale, *nanit*, — en lieoukieou, *me*; — (en boman ou birman, *ne*, le jour, la lumière); — en tcheckasse, *ne*; — en mongol, *nitoun*; — en kalmouk, *nidoun*. = En haut-javanais, *netra*.

(¹) On peut rapprocher *niatma*, homme, mâle, en mandchou. — (²) Ce rapprochement ne paraîtra pas forcé à ceux qui savent combien les noms exprimant les rapports de famille se confondent entre eux. — (³) Prononcez *khouahhoua*.

2. *Idem*, en mahicanni, *keesq*; — en sénéca, *kakaa*; — en Amérique russe, *kauak*; — en iakoute, *kusak*; — en tatar, *kys*; — en ouïgour, *kus*.

Gosier, en yucatan, *cal*; — en kalmouk, *chol*; — en estonien, *kaud* (gosier et cou) (V.). = En iakoute, *kelga*. = En aware, *kal*, bouche; — en afghan, *chule*.

Langue, en quichua, *kalli*; — en mongol et kalmouk, *kelen* et *kyle*; — en permien, *kil*, en estonien, *keli*; — en finnois de Carélie, *kelli* (V.).

Dent, en chippaway, *tibbit*; — en ostiak, *tibu* et *tewa*; — en samoyède, *tibbe*; — en aware, *ziw*, *zib*, *zabi*; — en birman, *tabu*.

Main, en chili, *kou.........*; à Nootka-Sound, *coucou..........* (¹); — en ouïgour, *kol*; — en kasikoumuck, *kuæ*; — en aware, *kuer*; — en kaboutsh, *koda*.

2. *Idem*, en delaware, *naschk*; — en akouscha, *nak* (S. B.). = En ioukaghir, *nogan*.

Oreille, en chili, *pilun*; — en ostiak et samoyède, *pil* (S. B. et V.). = Les intermédiaires ne sont pas connus.

Ventre, en chili, *pue*; — en votiaik, *put* (S. B.). = Les intermédiaires connus diffèrent. On trouve chez les battas de Sumatra, *boutoua*; — *idem*, en audi, *bubit*; — *idem*, en hindoustani, *piteh*.

2. *Idem*, en delaware, *wachtey*, — en finnois d'Olonetz, *wattscho* (S B.).

Pied, en tuscaror, *auchsee*; — en kamtchadale, *tchouatchou*; — en iakoute, *attauch*; — en japonais, *aksi* et *atschi*; — en ouïgour, *ujak*.

2. *Idem*, en caraïbe, *nougout*; — en miamis, *necahtei*; — en ioukaghir, *noel*; — en samoyède, *nghé*.

Front, en pensylvanien, *hakalu*; — en touschi (caucasien), *haka* (S. B.). = En dido (caucasien), *haku*, bouche.

Barbe, en tarahumar, *etschagouala*; — en tatar, *sagal*, — en kalmouk, *sachyl* (V.). = En ouïgour, *ssachal*.

Noir, en chili, *couri*; — en aïno, *kouni*; — en toukine, *koro*; — en kasikoumuck, *chourei*, la nuit (²).

Blanc, en lule, *poop*; — en vilela, *pop*; — en chiquiton, *pouroïbi*; — en zamuca, *pororo*; — en ioukaghir, *poinnei*.

Blanc, en yucatan, *zac*; — en totonaque, *zacuca*, — en mongol, *zagau* (V.).

Rouge, en mexicain, *costic*; — en kiriri, *koutzou*; — en kadjak, *kouighoak*. = En japonais, *koutzou*, beau, éclatant.

Nom, en groenlandais, *attack*; — en tatar, *at*. = *Idem*, chez les femmes caraïbes, *nire*; — en mongol, *nyre* (V.); — en kadjak, *atiika*; — en aléoute, *asia*; — en iakoute, *aatta*.

Amour, en quichua, *munay*; — en sanskrit, *manya* (V.). = En teutonique, *minne*, mais les intermédiaires manquent.

Douleur, en quichua, *nanay*; — en ottomaque, *nany*; — en toungouse, *ænan* (V.). = En aléoute, *nanalik*.

Dieu, en quichua, *pacha-camac*; — en japonais,

(¹) Les langues connues comprises dans les deux lacunes offrent des mots tout-à-fait différents. — (²) Les *Tou-kins* étaient une horde au nord de la Chine. Le mot *koro* répond au tatare *kara*, ainsi que plusieurs autres mots toukins. Les Chinois en avaient fait *kolo*. Il se pourrait que *coru*, noir en aymar, et *couyoué*, nuit en tarahumar, vinssent de la même souche.

kammi (*kham*, en sanskrit, en malabare, en multanien, *le soleil*).
2. *Idem*, en aztèque, *teo*; — en sanskrit, *deva*; — en zend, *diw* et *dev*; — en grec, *theos*; — en latin, *deus*.
Seigneur ou *prince*, en araucan, *toqui*, du verbe *toquin*, commander; — en aléoute, *tokok*; — à Atchem, en Sumatra, *tokko*.
Manger, en cora, *cua*; — en tarahumar, *coa*; — en mexicain, *qua*; — en aléoute, *kaangen* (mangez); en japonais, *cwa*. = En allemand, *kauen*, mâcher.
Je, pronom, en delaware, *ni*; — en tarahumar, *ne*; — en mexicain, *nehuatl*; — en motoure, *ne* (S. B.). = *Idem*, en guaicure, *am*; — en abipon, *aym*; — en vogoule, *am*. = En waicure, *be*; — en mongol, toungouse et mandchou, *bi* (V.).
2. *Idem*, en wyandots, *dee*; — en mikteque, *di*; — en andi (caucasien), *den*; — en aware, *dida*, moi-même.
3. *Idem*, en lule, *quis*; — en totonak, *quit*; — en kadjak, *khoui*; — en aléoute, *kien*; — en kamtchadale, *komma*, je; — *kis*, toi; — en toungouse-lamoute, *kie*, je et moi; — *kou*, toi.
4. *Idem*, en nadowessien, *meo*; — en iakoute, *min*; — en ioukaghir, *matak*; — en finnois et lapon, *miya*.
Tu, pronom, en huaztèque, *tata*; — en ioukaghir, *tat*; — en mexicain, *te-huatl*; — en sirlaine, *tæ* (V.).
Il, pronom, en tarahumar, *iche*; — en huaztèque, *jaja*; — en mexicain, *yehuatl*; — en tagale et malai, *iya* (V.).
Nous et *vous*, en mocobi, *ocom* et *ocomigi*; — en guaicure, *oco* et *acami diguagi*; — en abipon, *akam* et *akamyi*; — en malai, *camy* et *kamy*; — en tagalien, *camon* et *camo* (V.).
Oui, en galibi, *teré*; — en samoyède, *terem* (V.).
2. En ottomaque, *haa*; — à Nootka-Sound, *ai*; — en kadjak et aléoute, *aang*; — aux îles Sandwich, *ai*; — en iakoute, *ak*, — en ostiak et aléoute, *aa*; — en mexicain, *yye*; — en miami, *iyé*; — en jotonck, *ya*; — en toungouse, *ya*; — en aléoute, *je*; — en finnois, etc., *ya*.
Un, en mexicain, *ce*; — en yeso, *zen-etsoub*; — en kabardien, *ze*; — en aware, *zo*.
2. *Idem*, en laymon, *tejoc*; — en betoi, *edojojoi*, — en japonais, *itjido*, une fois; — en birman, *thit*; — en lieoukieou, *tids* ou *idshi*.
Deux, en pimas, *kok*; — en iakoute, *iké*; — en aware, *ké*; — en permien, *kik*; — en estonien, *kaks*.
Trois, en totonak, *toto*; — en tagale, *tatto*. = En chippaway, *taghy*; — en malai, *tiga*. = En chili, *koula*; — en ostiak, *kolim*; — en estonien, *kolm*; — en yarura, *tarani*; — en nouveau-zélandais, *toroa* (V.).
Quatre, en araucan, *meli*; — en birman, *leh*.
Cinq, en iroquois, *wisk*; — en iakoute, *bes*; — en estonien, *wis*; — en lapon, *wit*.
2. *Idem*, en totonak, *tai*; — en samoyède, *tetti* (V.).
Huit, en pimas, *kikia*; — en permien, *kykiamis* (V.).
Neuf, en quichua, *yzcon*; — en aware et andi, *itsch*.

NOTE. — M. Vater a trouvé *trente-une* analogies de mots entre les langues américaines et européennes. Mais sur ce nombre, treize proviennent des langues finnoises, et se rattachent, comme celles qui viennent du skandinave, à la chaîne des idiomes du nord de l'Asie. Quelques autres sont fondées sur des erreurs; par exemple, *ytzic*, froid, en mexicain, ne se rapporte pas au basque *otza*, mais au skandinave *iis*, à l'ostiak *jech*, etc., etc.

Le même savant a indiqué *trente-trois* analogies entre des idiomes africains et américains. Il aurait pu ajouter les suivantes :

Soleil, *veiou*, en galibi; — *weye*, en yaoï. = *Ouwia*, sur la Côte-d'Or; — *eiwia*, en amina; — *ouai*, en walie, dialecte des États-Unis.

Main, *is*, en lule; — *isanga*, en koussa; — *idegh*, en barabra.

Je, *di*, en miztèque; — *dia* et *di*, en koussa.

Il nous semble que ces mots, se trouvant dans l'Amérique méridionale à côté des mots malais, indiquent l'arrivée d'une colonie de Malais mêlés de Madécasses et de Cafres.

LIVRE CENT SOIXANTE-SEIZIÈME.

Suite de la Description de l'Amérique. — Recherches sur la navigation de la mer Glaciale du Nord. — Région nord-ouest de l'Amérique. — Possessions des Russes.

« Les extrémités de l'Amérique vers le nord, le nord-ouest et le nord-est, vont nous occuper; mais ces régions, qu'on pourrait appeler la Sibérie américaine, restent encore, après les voyages récents de Ross, de Parry et de Kotzebue, en très grande partie inconnues. On ignore si les eaux vues par Mackenzie et Hearne sont des golfes ou une partie de la mer Glaciale. L'itinéraire de Hearne, bien évalué et bien orienté, nous conduirait, ce nous semble, près de cent lieues plus au *nord-est*, et probablement sur les rives d'un golfe lié à la baie de Baffin. L'existence et la circonscription de cette baie même, révoquées en doute par un arrogant scepticisme, ont été constatées par Ross et Parry; mais la découverte du *détroit de Barrow*, par le dernier de ces navigateurs, a autorisé la critique savante à insister avec plus de force sur la question : si les côtes vues par l'intrépide Baffin sont contiguës ou si elles appartiennent à une suite d'îles. Les entrées de *Jones*, de *Smith*, des *Baleines*, de *Wolstenholm*, n'ont pas été visitées en détail, et il pourrait se trouver au fond d'une de ces baies un ou plusieurs détroits. L'étendue du Groenland, au nord-ouest comme au nord-est, a échappé aux recherches persévérantes des missionnaires danois; seulement, on sait que les Groenlandais ont communiqué avec des tribus de leur race au bord de la baie de Baffin, après avoir passé un détroit. On ignore où se termine un autre détroit ou golfe découvert en 1761, par Volquart Boon, Danois, sur la côte orientale du Groenland.

» L'immortel Cook, après avoir exploré de nouveau le *détroit de Béring*, se vit bientôt arrêté par des glaces qui unissaient les deux continents. Sarytscheff assure que ces glaces y restent perpétuellement, ou que du moins leur disparition est un cas extraordinaire qui ne se présente qu'une fois en cent ans (¹). Cette fixité des glaces, l'absence du flux et reflux au nord de la Sibérie orientale, la faiblesse et les variations des vents, la fréquence comparative d'un temps clair, l'arrivée en Sibérie de troupeaux d'ours et de renards bien nourris, et qui traversent la mer gelée au nord du cap *Tchalaginskoï*, tout nous fait supposer que le continent d'Amérique s'étend très loin au nord, et qu'il forme sous le pôle même une *troisième* grande péninsule. Le passage entre les terres arctiques de Liaikhof et la Sibérie renferme des îles, toutes composées d'ossements de rhinocéros, d'éléphants, mêlés de débris de cétacés; ces amas de débris y paraissent accumulés par un courant qui n'a plus trouvé d'issue large et profonde. Peut-être même la réunion du Groenland avec l'Amérique a-t-elle lieu du côté du nord-ouest; tandis que les côtes vues par Baffin ne seraient en partie qu'un archipel qui laisse derrière lui une méditerranée, une répétition du golfe du Mexique. Il existe peut-être plusieurs bassins semblables au nord et au nord-ouest de l'Amérique. Aucune de ces suppositions n'est repoussée, aucune de ces questions n'est résolue par les voyages, d'ailleurs si précieux, de l'intrépide Parry.

» Mais qui pénétrera dans ces asiles de l'hiver, dans ces régions affreuses où le soleil, de ses rayons obliques, éclaire inutilement des champs éternellement stériles, des plaines tapissées d'une triste mousse, des vallées où jamais l'écho ne répéta le gazouillement d'un oiseau, lieux où la nature voit mourir son influence vivifiante et se terminer son vaste empire?

» Tous les navigateurs dont nous avons des relations authentiques, depuis Baffin jusqu'à Parry, ont été arrêtés par des terres ou des glaces, dans leurs tentatives de tourner l'Amérique par le nord. Cependant, on a tout-à-coup vu ressusciter l'opinion contraire, par la découverte d'une relation d'un prétendu voyage maritime autour des extrémités septentrionales de l'Amérique, rédigée par Maldonado-Ferrer, et que ce navigateur se donne pour avoir exécuté en 1588. Ce mémoire, retrouvé dans la bibliothèque Ambrosienne de Milan, et dont la publication est due au zèle du savant M. Amoretti, est adressé à la cour royale de Lisbonne : l'auteur expose d'abord fort au long les grands avantages commerciaux de ce nouveau passage, et la nécessité de l'occuper militairement; il donne ensuite des renseignements sur la route et sur son prétendu voyage; et il termine par le projet d'une expédition à y faire (¹).

» Sans entrer dans le détail des contradictions qui résultent d'un examen des calculs de Maldonado et de la confrontation des deux traductions de l'original espagnol, publiées par M. Amoretti, l'une en italien, l'autre en français, nous nous bornerons à faire observer ici qu'en traçant sa marche sur la carte moderne, la première partie inconnue de la route passe par un soi-disant *détroit de Labrador*, long de 280 ou 290 milles, et qui occuperait dans toute son étendue les terres situées à l'occident du détroit de Davis et de la mer de Baffin; la deuxième comprend la navigation *en haute mer* de 350 milles, en descendant depuis 75° de latitude jusqu'à 71° aux envi-

(¹) *Sarytscheff* : Voyage dans la mer Glaciale; t. I. p. 99 (en russe).

(¹) Viaggio dal mare Atlantico al Pacifico per la via del nord-ouest, etc., etc. Milan, 1811.

rons du cap des Glaces, au-delà duquel ne purent avancer Cook et King en venant du sud; la troisième partie de sa route le conduit à travers une partie du continent actuel de l'Asie, au *détroit d'Anian*, que, d'après ses déterminations, il faudrait chercher dans la Tatarie, à 60 milles à l'ouest d'Okhotsk; dans la quatrième, il prolonge la *côte d'Amérique*, entièrement *unie et déserte;* mais selon les cartes, il aurait traversé les monts Stannovoï au pays des Toungouses; dans la cinquième, enfin, il reconnaît une grande côte élevée, qui, d'après sa position, ne pourrait être que celle du lac Baïkal. Veut-on admettre fort inutilement que Maldonado s'est trompé sur les longitudes, et que son détroit d'Anian soit en effet celui que nous connaissons sous le nom de Béring ou de Cook? les difficultés sont les mêmes, puisqu'alors Maldonado aurait passé par-dessus la presqu'île d'Alaska, ou bien se serait trouvé au milieu des îles Aléoutiennes, sans rien apercevoir. D'ailleurs, le détroit d'Anian chez Maldonado ne ressemble en rien à celui de Béring, il est bien plutôt calqué sur celui de Magellan. Il prétend avoir parcouru cette route, qui, selon sa propre estimation, est de plus de 1,700 milles géographiques, deux fois dans le courant d'un été, sans y rencontrer des glaces, des phoques, des ours blancs, ni rien, en général, qui soit particulier à la zone boréale; mais il nous parle d'une digue haute de trois pieds ou davantage, faite avec des coquilles d'œufs; il a vu de beaux arbres qui conservent leurs fruits toute l'année; il a trouvé des *litchis*, fruit de la Chine, de la vigne sauvage, et diverses sortes de gibier des climats tempérés, notamment une espèce de cochon qui a le nombril sur le dos, et des écrevisses longues d'un pied et demi; enfin, il a rencontré un vaisseau *russe* ou *anséatique* de 800 tonneaux, allant à Arkhangel!! Voilà les merveilles que Maldonado nous raconte avec une quantité d'autres. On doit être curieux de connaître ce personnage. Malheureusement tout ce que l'on en sait se réduit à deux notes, l'une extraite de la Bibliothèque espagnole de N. Antonio, d'après laquelle c'était un ancien militaire, très instruit dans la navigation et dans la géographie, auteur d'un ouvrage intitulé l'*Image du Monde*, et d'une Histoire de la découverte du détroit d'Anian; l'autre, extraite de la Bibliothèque indienne d'Antonio de Léon, dont il résulte que Maldonado avait entraîné le conseil des Indes dans de grandes dépenses, par la vaine promesse d'inventer une boussole non sujette aux inconvénients de la déclinaison, et une méthode pour déterminer la longitude en mer.

» Dans le trentième paragraphe de son projet d'expédition, Maldonado dit avoir été guidé, pendant son voyage, par une bonne Relation de Jean Martinez, pilote portugais, natif des Algarves, mais que personne ne connaît. Il paraît donc très probable que ce faiseur de projets a eu sous les yeux quelques relations inconnues sur les navigations des Portugais au détroit de Hudson, nommé détroit d'Anian par Corteréal. Il aura combiné ces notions avec quelques données empruntées aux Japonais sur la mer d'Okhotsk. De là, cette combinaison de positions impossible à admettre, et cette réunion de caractères physiques appartenant à des climats différents (1). La relation de Maldonado n'est plus qu'une curiosité bibliographique. Ce sont ces sortes de contes qui ont fait écrire à Baffin (2), après avoir exploré avec le plus grand soin, en 1615 et 1616, toutes les côtes de la mer qui porte son nom: « Les Espagnols, vains et jaloux, ne se seraient point avisés de répandre tant de *fausses cartes* et de *journaux imaginaires* si, persuadés de l'existence d'un passage nord-ouest, ils n'avaient voulu enlever d'avance la gloire de la découverte à l'homme courageux qui y pénétrerait le premier. »

» Cette opinion sur les prétendues navigations de Maldonado-Ferrer ne nous paraît que mieux confirmée par les découvertes récentes de Parry, puisque celles-ci ne coïncident pas avec celles de Ferrer, ni pour les positions, ni pour les détails physiques (3).

» En réfléchissant sur la nature de l'océan Glacial, il est difficile de croire que les navigateurs puissent jamais en explorer l'étendue. Il est certain que les détroits qu'on peut y découvrir encore ne serviront pas à la navigation ordinaire, puisque même la grande mer Gla-

(1) M. le baron de *Lindenau* : La probabilité du Voyage de Maldonado examinée, in-8°. Gotha, 1812 (en allemand). — (2) *Purchas*: Pilgrims, t. III, p. 843. — (3) M. Lapie a publié en 1821, dans les *Nouvelles Annales des Voyages*, un mémoire savant et curieux contraire à notre opinion.

ciale, qui se prolonge en suivant les côtes de Sibérie, n'offre pas une route habituellement praticable.

» Partout les voyageurs ont rencontré des glaces fixes qui les arrêtaient, ou des glaces mobiles qui, menaçant de les enfermer, faisaient reculer leur courage. Le capitaine **Wood**, qui croyait fermement à la possibilité d'un passage au nord, se vit arrêté au 76e degré par un continent de glace qui réunissait la Nouvelle-Zemble (*Novaïa-Zemlia*), le Spitzberg et le Groenland. Le capitaine Souter, au contraire, en 1780, continua sa route jusqu'à 82° 6′ dans un canal ouvert et tranquille; mais les glaces fixes qui en fermaient les deux bords, commençant à se détacher, il craignit de se voir fermer le chemin du retour, et abandonna son entreprise (1). Si le courageux Baffin a pu faire le tour de la baie qui porte son nom, si Ross et Parry ont pu renouveler cette course, on a vu plus souvent cette mer fermée par une masse de glaces fixes, qui avaient 100 lieues de long, et qui contenaient des montagnes de 400 pieds d'élévation (2). Peut-être l'île James, marquée dans plusieurs cartes, était-elle une semblable masse de glace. Le capitaine Wafer avoue franchement qu'il a pris des glaces fixes, hautes de 500 pieds, pour des îles véritables (3). Assez souvent les glaces flottantes sont chargées de grosses pierres et d'arbres déracinés qui produisent l'illusion d'une terre semée de végétaux. Il est fort incertain si les Hollandais ont découvert à l'est du Spitzberg une côte de terre ou seulement de glace; dans un de leurs voyages au nord de la Nouvelle-Zemble (Novaïa-Zemlia), ils trouvèrent un banc de glace bleuâtre, couvert de terre, et sur lequel les oiseaux faisaient leurs nids (4). On a vu deux îles de glace se fixer depuis un demi-siècle dans la baie de Disco; les baleiniers hollandais les ont visitées et leur ont imposé des noms. La même chose est arrivée aux environs de l'Islande (5).

» Les glaces mobiles ne présentent pas moins de dangers. Le choc de ces masses produit un craquement épouvantable, qui annonce au navigateur avec quelle facilité son vaisseau serait brisé s'il se trouvait entre deux de ces îles flottantes (1). Souvent les bois que roule cette mer, et dont nous parlerons plus au long, s'enflamment par le frottement violent que le mouvement des glaces leur fait éprouver; la flamme et la fumée s'élèvent du sein de l'hiver éternel (2). Ces bois flottants se trouvent très souvent brûlés aux deux extrémités (3).

» Dans l'hiver, l'intensité du froid fait continuellement fendre les montagnes de glaces; on n'entend à chaque moment que les explosions de ces masses, qui s'ouvrent en crevasses énormes. Au printemps, le mouvement des glaces consiste plus souvent encore dans un simple renversement des masses qui perdent leur équilibre, parce qu'une partie s'est dissoute plus tôt que l'autre. Les brouillards qui enveloppent les glaces fondantes sont si épais que d'une extrémité d'une frégate on n'en aperçoit pas l'autre (4). Dans toutes les saisons, la glace cassée et accumulée dans les passages ou les golfes, arrête également et le piéton qu'elle engloutirait et le vaisseau dont elle paralyse le mouvement.

» Oserait-on concevoir l'idée d'une partie de traîneau sur cette mer congelée ou sur les terres glacées qui en occupent l'emplacement supposé? Sans doute quelques précautions pourraient permettre à l'homme de respirer sous le pôle même; mais quels moyens de transport l'y conduiraient? Les terres probablement rocailleuses et élevées comme le Groenland, le Spitzberg, la Nouvelle-Sibérie, n'admettent pas une course en traîneau. Les glaces marines ne présentent pas non plus des plaines continuelles; renversées et accumulées de mille manières, elles offrent souvent l'aspect de châteaux de cristal en ruines, de pyramides et d'obélisques brisés, d'arcades et de voûtes suspendues en l'air; souvent aussi des crevasses larges et profondes exigeraient pour être franchies des moyens dont le voyageur ne pourrait être muni.

(1) *Bacstrom :* Voyage au Spitzberg. Philosophical magazine, 1801. — (2) *Crantz :* Histoire du Groenland, liv. I, ch. II. — (3) *Wafer :* Voyages à la suite de ceux de Dampier, t. IV, p. 304. — (4) Voyages des Hollandais par le Nord, t. I, p. 47. — (5) *Olafsen :* Voyage en Islande, t. I, p. 275 (trad. allem.).

(1) *Martens :* Voyage au Nord, t. II, p. 62. Voyage des Hollandais au Nord, t. I, p. 46. *Crantz :* Histoire du Groenland, ch. II. *Forster :* Observations sur la Géographie physique, p. 64 (en allem.). — (2) *Olafsen :* Voyage en Islande, t. I, p. 276-278. — (3) *Ibid*, p. 273. — (4) Relation des officiers danois envoyés au Groenland en 1788.

» Qu'il serait pourtant beau de visiter ces régions que jamais ne foula le pied de l'homme! Qu'un jour et une nuit du pôle seraient riches en observations curieuses! Mais ce n'est pas le lieu d'indiquer des combinaisons pour l'exécution d'un semblable voyage. En attendant les résultats de nouvelles explorations vers les régions polaires, il faut nous hâter de réunir en forme descriptive les observations déjà recueillies. »

La *région du nord-ouest de l'Amérique*, la première que nous décrirons, s'étend le long du détroit de Béring et se prolonge par la presqu'île d'Alaska et une longue chaîne d'îles, jusqu'aux terres asiatiques, c'est-à-dire les îles de Cuivre et de Béring, et la péninsule du Kamtchatka, en formant le bassin maritime appelé la *mer de Béring*. Toute cette région porte aussi le nom d'*Amérique russe*.

Le *détroit de Béring* a plus de 150 lieues de longueur, sur 20 dans sa plus faible largeur et 40 dans sa plus grande. Vers le milieu de ce détroit les eaux ont environ 30 brasses de profondeur. Les navigateurs assurent que les grandes marées n'y sont pas sensibles.

La *mer de Béring* communique par le détroit de ce nom avec l'océan Glacial et avec le Grand-Océan, par ce que l'on appelle la *Grande-Porte*, espace qui sépare l'île de Cuivre des *îles Aléoutiennes*. Sa plus grande longueur est d'environ 550 lieues de l'est à l'ouest, et de 400 lieues de largeur du sud au nord.

« On divise ces îles en plusieurs groupes, dont les dénominations indigènes sont *Chao*, ou les *Aléoutiennes* proprement dites des Russes; *Negho*, ou les îles *Andréanoff* et *Lisii*, ou les îles aux Renards. Mais l'usage a prévalu de les comprendre toutes sous le nom d'*îles Aléoutiennes*. En effet, elles présentent une seule et unique chaîne; elles ressemblent aux piles d'un immense pont qu'on aurait voulu jeter de continent en continent. Elles décrivent, entre le Kamtchatka en Asie et le promontoire d'Alaska en Amérique, un arc de cercle qui joint presque ces deux terres ensemble. On y en distingue douze principales, accompagnées d'un très grand nombre d'autres petites îles et de rochers. L'île de *Cuivre* et celle de *Béring* se trouvent un peu détachées des autres et rapprochées de la presqu'île de Kamtchatka. Aussi les avons-nous décrites à la suite de la Sibérie. »

Les îles *Aléoutes*, ou Aléoutiennes proprement dites sont au nombre de trois : *Attou, Agattou* et *Semitch*. A l'est de celles-ci, se présente le groupe des Andréanoff, composé de plusieurs îlots peu importants et de vingt îles longues en général de 15 à 20 lieues; ce sont : *Boulduire*, *Kiska*, *Kriseï*, ou l'île du Rat; *Tanaga*, *Bobrowoï*, *Goroloï*, *Semisopotnoï*, ou l'île des Sept-Cratères; *Adahk*, *Sitkhine*, *Tagilak*, *Goulduir*, *Kekoup*, *Segoulla*, *Amtchatka*, *Kroueloï*, *Illak*, *Ounialea*, *Kouioulliok*, *Kanaga* et *Tchougoulia*.

A l'est de ces îles se trouvent celles des Renards (Ostrova Lisii), dont les principales sont : *Oumnak*, *Ounalachka*, *Akoutan*, *Akoun*, *Ounimak*, *Spirkine*, *Cacalga*, *Sannakh*, *Choumaghine* et *Kadiak*.

Choumaghine forme un groupe avec douze autres îles très petites, mais très montagneuses, qui renferment beaucoup de loutres. Elles ont été découvertes en 1741 par le capitaine Béring; il leur donna le nom d'un de ses matelots qui y fut enterré. Enfin, au sud-ouest de Kadiak s'élève le petit groupe des îles *Eudoxie*, en russe *Eudokeiskia*.

Toutes ces îles ont un aspect tellement uniforme qu'il serait fastidieux de les décrire séparément. Elles ne diffèrent que par l'activité plus ou moins grande des volcans qu'elles renferment, et dont on porte le nombre à environ 24, et par le caractère de leur végétation.

« La population de toutes ces îles réunies n'excède pas actuellement 1,100 mâles, dont 500 des plus robustes et des plus agiles sont employés par les chasseurs russes. Ces peuples étaient autrefois beaucoup plus nombreux; ils avaient des chefs, un gouvernement particulier et une religion nationale; mais les Russes ont anéanti leur population avec leurs mœurs, leurs coutumes et leur liberté [1]. Envoyés comme esclaves à la chasse et à la pêche, les insulaires périssent en grand nombre sur la mer ou dans des hôpitaux mal tenus [2].

» L'île qui paraît posséder le plus grand nombre d'habitants est *Ounalachka*. Ces insu-

(1) Voyage de Sarytscheff, t. II, p. 22 (en russe). — (2) *Langsdorf* : Voyage autour du Monde, t. II, p. 222 et p. 94 (trad. anglaise).

laires sont d'une taille médiocre, leur teint est brun; ils ont le visage rond, le nez petit, les yeux noirs; leurs cheveux, également noirs, sont rudes et très forts; ils ont peu de barbe au menton, mais beaucoup sur la lèvre supérieure; en général, ils se percent la lèvre inférieure, ainsi que le cartilage qui sépare les narines, et y portent, comme ornements, des petits os façonnés ou de la verroterie. Les femmes ont des formes arrondies sans être jolies; elles se tatouent le menton, les bras, les joues; douces et industrieuses, elles fabriquent avec beaucoup d'art des nattes et des corbeilles. De leurs nattes, elles font des rideaux, des siéges, des lits. Leurs robes de peau d'ours ont le poil en dehors. Les baidares, ou pirogues d'Ounalachka, sont travaillées avec art; leurs formes sont pittoresques; à travers la peau transparente dont elles sont couvertes, on aperçoit les rameurs et tous leurs mouvements. Ces insulaires sont voués à des superstitions qui paraissent se rapprocher du chamanisme. Ils n'ont point de cérémonie de mariage. Quand ils veulent une femme, ils l'achètent du père et de la mère, et ils en prennent autant qu'ils en peuvent nourrir. S'ils se repentent de leur acquisition, ils rendent la femme à ses parents, qui alors sont obligés de restituer une partie du prix. Les peuples de cet archipel ne paraissent pas entièrement exempts d'un amour contre nature. Ils rendent des honneurs aux morts et embaument leurs corps. Une mère garde ainsi souvent son enfant privé de vie avant de le confier à la terre. Les restes mortels des chefs et des hommes riches ne sont pas du tout enterrés; suspendus dans des hamacs, l'air les consume lentement (¹). La langue des Aléoutiens, différente de celle du Kamtchatka, paraît avoir quelque analogie avec les idiomes de Yeso et des îles Kouriles. Dans l'île d'*Oumnak*, la plus voisine du continent, les Russes ont un évêque, un monastère, une petite garnison et un chantier de construction. »

L'île *Ounalachka* est appelée aussi *Agoun-Aliaska*, ou, suivant les habitants, *Nagounalaska*; elle a 30 lieues de longueur et 8 dans sa plus grande largeur. C'est un assemblage de montagnes arides, dont la plus considérable, appelée le pic *Makouchine*, élevé de plus de 5,000 pieds, est un volcan qui fume continuellement; une autre montagne ignivome est l'*Agaghine*, qui eut une violente éruption en 1802. Les vallées de cette île sont arrosées par de nombreux ruisseaux et offrent d'excellents pâturages. Des renards, des souris à courte queue et des castors, sont presque les seuls mammifères que l'on y trouve. Sa population, décimée par les maladies épidémiques et les disettes, ne se compose aujourd'hui que de 300 à 400 individus, répartis dans 14 villages qui bordent les côtes occidentales, septentrionales et orientales.

Ounimak, longue de 25 lieues et large de 10, renferme trois montagnes volcaniques, dont l'une, l'*Agaiedam*, qui jette continuellement de la fumée, eut une très forte éruption en 1820. Le sommet de la seconde est fort irrégulier; le cône de la troisième, appelée *Kaïghinak*, semble être fendu et tronqué. *Oumnak*, longue de 30 lieues et large de 5, renferme trois ou quatre volcans actifs; celui du centre a vers sa base des sources d'eau chaude, dans lesquelles les habitants font cuire leur viande et leur poisson. Les îles *Akoutan*, *Amoukhta*, *Kanaghia*, *Tanaga*, *Akcha*, *Goreloï*, *Semisopotchnoï*, *Ounatchock*, *Chagaghil*, *Tana*, *Tchighinok*, *Oulaga*, *Goroloï*, *Sitkhine* et *Gotchim* ont toutes des volcans.

» Le climat des îles Aléoutiennes est plus désagréable par l'humidité que par la rigueur du froid. La neige, très abondante, ne disparaît qu'au mois de mai. Presque toutes ces îles présentent des montagnes très élevées, composées de jaspe, de trachyte et de porphyre en partie vert et rouge, mais en général jaune, avec des veines de pierre transparente, semblable à la calcédoine.

» Les seuls quadrupèdes de ces îles sont les renards et les souris; parmi les oiseaux, on remarque des canards, des perdrix, des sarcelles, des cormorans, des mouettes et des aigles.

» Les îles les plus rapprochées de l'Amérique produisent quelques pins, mélèzes et chênes. Les îles occidentales n'ont que des saules rabougris. La verdure a beaucoup d'éclat. Les montagnes produisent des mûres de buisson, et les vallées des framboises sauvages blanches et d'un goût fade.

» L'île de *Kodiak*, ou *Kadiak*, appelée aussi *Kikhtak*, est montueuse et entrecoupée de vallées; sa longueur est d'environ 35 lieues

(¹) *Georgi*. Les Nations russes, p. 373.

et sa largeur de 20. Ses habitants, qui s'appellent *Kaniaghes*, ou *Koniaghis*, sont au nombre de 3 à 4,000, sans compter les Russes, qui ont fixé ici leur principal établissement. Les habitations des insulaires de Kadiak, moins enfoncées que celles des Aléoutiens, sont à moitié cavernes et à moitié cabanes; on y a même introduit le luxe d'une ouverture pour la sortie de la fumée. Les femmes sont idolâtres de leurs enfants; quelques unes les élèvent d'une manière très efféminée. Elles souffrent que les chefs les choisissent pour objets d'un goût dépravé. Ces jeunes gens sont alors vêtus comme des femmes, et on leur apprend à s'occuper de tous les travaux du ménage.

» Les productions végétales de l'île Kadiak sont le sureau, une immense quantité de framboisiers et de groseillers, beaucoup de racines qui, avec le poisson, servent à la nourriture des habitants; dans l'intérieur de l'île, les pins forment de très grandes forêts et fournissent d'excellent bois de construction [1]. »

L'établissement de Kadiak, autrefois le chef-lieu de toutes les possessions russes en Amérique, est situé dans la baie de *Liakhik*, qui y forme un bon port. Il se compose des bâtiments de la compagnie russe, d'une église, de plusieurs magasins, de quelques habitations de négociants et d'un petit nombre de cabanes occupées par des indigènes.

La partie nord-ouest du continent américain, depuis le canal de Portland sur la côte du Grand-Océan boréal jusqu'au cap des Glaces dans l'océan Arctique, et depuis la mer de Béring jusque sous le 41e degré de longitude, forme ce qu'on peut appeler la Russie américaine. Il faut y comprendre aussi les archipels du Prince de Galles, du Duc d'York et de George III, l'île de l'Amirauté, la longue chaîne des îles Aléoutiennes qui, s'avançant jusque près des côtes de l'Asie, forme le prolongement de la péninsule d'Alaska, et sur la côte de la Nouvelle-Californie le comptoir de *Bodega*, à l'embouchure de la Slavinska-Ross [2].

Les archipels de *George III*, du *Duc d'York* et du *Prince de Galles* sont, ainsi que la grande île de l'*Amirauté*, des terres garnies de forêts de pins, et habitées par des tribus indigènes qui échangent des fourrures avec les Européens contre des armes à feu.

« La partie du continent comprise sous le nom de Russie américaine, et dont la souveraineté est acquise à la cour de Russie comme d'une terre découverte et occupée en premier lieu par des sujets russes, présente de toutes parts les aspects les plus sauvages et les plus sombres. Au-dessus d'une rangée de collines, couverte de pins et de bouleaux, s'élèvent des montagnes nues, couronnées d'énormes masses de glaces, qui souvent s'en détachent et roulent avec un fracas épouvantable vers les vallées qu'elles remplissent, ou jusque dans les rivières et baies où, restant sans fondre, elles forment autant de rivages de cristal. Lorsqu'une semblable masse tombe, les forêts s'écroulent déracinées et dispersées au loin; les échos des rivages en retentissent comme d'un coup de tonnerre; la mer s'en émeut, les vaisseaux éprouvent une secousse

(1) *Stæhlin* : Description de Kadiak, etc., p. 32-34. — (2) D'après le traité conclu entre la Russie et l'Angleterre, le 16 (28) février 1825, les limites des possessions anglaises et russes dans la Russie septentrionale ont été fixées ainsi qu'il suit :

« *Art.* 3. La ligne de démarcation entre les possessions anglaises et russes sur la côte du continent et les îles américaines situées au N.-O., sera tracée ainsi qu'il suit : Partant du point le plus méridional de l'île appelée l'*île du Prince de Galles*, lequel point gît sous le parallèle de 54° 40' de lat. N., et entre le 131e et le 133e de long. O. du méridien de Greenwich (2° 20' 15" de long. O. de celui de Paris), ladite ligne montera au N., longeant le canal appelé le canal de *Portland*, jusqu'à la pointe du continent, où elle touche le 56e degré de lat. N. De ce dernier point, la ligne de démarcation suivra le sommet des montagnes situées parallèlement à la côte, jusqu'au point d'intersection 151e O. du même méridien. Et enfin, dudit point d'intersection, ladite ligne méridienne du 141e degré, dans sa prolongation jusqu'à la mer Glaciale, formera la limite entre les possessions russes et anglaises sur le continent d'Amérique, côte nord-ouest.

» *Art.* 4. Relativement à la ligne de démarcation tracée dans l'article précédent, il est entendu : 1° que l'île appelée île du Prince de Galles appartiendra entièrement à la Russie; 2° que partout où le sommet des montagnes qui s'étendent dans une direction parallèle à la côte, depuis le 56e degré de latitude N. jusqu'au point d'intersection du 141e degré de long. O., se trouvera être à la distance de plus de 10 l. marines de l'Océan, la limite entre les possessions anglaises et la ligne de côtes qui doit appartenir à la Russie (comme il est dit ci-dessus), sera formée par une ligne parallèle aux sinuosités de la côte, et qui n'en excédera jamais la distance de 10 l. marines. »

violente, et le navigateur effrayé voit se renouveler, presque au milieu de la mer, les scènes terribles qui semblaient réservées aux régions alpines [1]. Entre le pied de ces montagnes et la mer s'étend une lisière de terres basses; leur sol est presque partout noir et marécageux. Ce terrain n'est propre à produire que des mousses grossières, mais très variées, des *gramens* très courts, des vaciets et quelques autres petites plantes. Quelques uns de ces marais, suspendus sur les flancs des collines, retiennent l'eau comme des éponges; leur verdure les fait prendre pour un terrain solide, mais, en voulant y passer, on y enfonce jusqu'à mi-jambe [2]. Les pins grandissent pourtant sur ces sombres rochers. Après les pins, l'espèce la plus répandue est celle des aunes. En beaucoup d'endroits l'on ne voit que des arbres nains et des arbrisseaux. Sur aucune côte connue l'on n'a remarqué d'aussi rapides envahissements de la mer sur la terre. Des troncs d'arbres qui avaient été coupés par des navigateurs européens ont été retrouvés et reconnus après un laps d'une dizaine d'années; ces troncs se trouvent enfoncés dans l'eau avec les terrains qui les portaient. »

La *péninsule d'Alaska*, au sud de la mer de Béring, n'a pas moins de 200 lieues de longueur sur une largeur de 10 à 12. Elle est couverte de montagnes dont deux sont remarquables par leur hauteur et surtout parce que ce sont deux volcans qui ont été vus en éruption en 1786. Les Russes y ont un petit établissement.

« Les habitants de la côte du détroit de Béring paraissent être de la même race que les Tchouktchis, sur la côte opposée d'Asie, quoiqu'ils leur fassent, dit-on, la guerre. Leurs hameaux, plus nombreux qu'on ne le supposerait dans un semblable climat, sont situés le long des rivages de la mer jusqu'au *golfe Kamtchatkien* [3], auquel le capitaine Cook avait donné le nom de *baie de Bristol*, parce qu'en effet il ressemble à cette baie d'Angleterre. L'intérieur n'a pas été visité.

(1) *Vancouver*, t. V, p. 57, etc. *Billings*, t. II, p. 133. *Cook*, troisième Voyage. — (2) *Vancouver*, t. V, p. 76. — (3) Ou *Kamitchatskaia;* mais les dernières syllabes ne sont que les terminaisons de l'adjectif russe au *féminin*, correspondant au substantif *guba*. Il faut donc le franciser pour le faire correspondre à *golfe*.

« Les *Koniaghis* habitent la partie orientale de la péninsule d'Alaska, presque séparée du continent par le *lac Chelekoff*. Ils paraissent de la même race que les Aléoutiens, ainsi que les *Kenaïts*, leurs voisins à l'orient. Ceux-ci ont donné leur nom au *golfe Kenaïtzien*, appelé par les Russes *Kenaïs-Kaïa-Gouba*, auparavant désigné sous le nom de *Rivière de Cook;* malgré les apparences, on n'a pas trouvé ici de grand fleuve. Plus à l'est, demeurent les *Tchougatches*, peuplade d'une taille avantageuse, et qui parle un idiome rapproché de celui des Tchouktchis. La baie, remplie d'îles et appelée *Entrée de Norton* par le capitaine Cook, porte dans les cartes russes le nom de *golfe Tchougatchien*. Une rivière sépare cette tribu de celle des *Ougalakhmioutis*, voisins du célèbre *mont Saint-Elie*, pic volcanique, et dont on estime l'élévation à 2,829 toises. Ce fut aux environs de cette montagne que Béring aborda dans la baie qui porte son nom, ou, dans l'idiome des indigènes, celui d'*Iakatak*. Les Russes y ont élevé un petit fort; mais leur dernier établissement, nommé *Sitka* ou *Nouvelle-Arkhangel*, est situé deux degrés plus au sud dans une des îles que Vancouver avait nommées l'Archipel du Roi George. Un climat moins rigoureux y laisse croître avec vigueur le pin, le cèdre américain et plusieurs autres arbres. On y cueille des baies d'un excellent goût; le poisson y est abondant et délicieux. Le seigle et l'orge y ont réussi. »

C'est ici le centre des opérations de la compagnie russe; c'est la principale station de la Russie américaine. La Nouvelle-Arkhangel se compose d'une centaine de maisons renfermant un millier d'habitants, d'un port abrité de tous les vents, d'un chantier de construction pour les navires, d'un hôpital, d'un hôtel destiné au gouverneur et d'une église. On y fait un commerce considérable de fourrures. La forteresse, garnie de 40 pièces de canon, donne au palais du gouvernement une sorte d'élégance qui contraste de la manière la plus pittoresque avec l'aspect sauvage des sites qui l'entourent. La maison réservée aux officiers, les magasins et les casernes, sont tenus avec la plus grande régularité; l'hôpital, fondé par la compagnie commerciale, se fait remarquer par la propreté qui y règne. Le palais du gouvernement renferme une riche bibliothèque composée des meilleurs ouvrages russes et étrangers ; une collection d'objets rares ; enfin, tout ce qui peut rendre la vie agréable dans un établissement aussi éloigné du monde civilisé.

Les divers comptoirs fondés par la compagnie russe-américaine font annuellement pour 800,000 fr. d'exportations en fourrures pour la Russie.

« Les pelleteries que les Russes tirent de ces contrées proviennent principalement des loups marins et des autres animaux du genre des phoques, ainsi que des loutres de mer. Ces derniers, vivement poursuivis, commencent à devenir rares. Les Indiens, employés comme chasseurs, apportent de l'intérieur du continent des peaux de renards bleus, noirs et gris. Déjà les partis de chasseurs russes franchissent les montagnes Rocheuses, et se croisent probablement avec les chasseurs canadiens et américains. La compagnie russe d'Amérique possède un fonds de 6 millions et demi. Les principaux intéressés sont des négociants de la ville d'Irkoutsk en Sibérie. Les factoreries semées sur les côtes du continent et dans les îles sont des amas de cabanes, entourés d'une palissade en bois. » Elles sont protégées par deux frégates et deux corvettes continuellement en station dans ces parages.

Les peuplades de la côte nord-ouest, dit un voyageur russe (¹), se divisent en une foule de races qui se distinguent par les noms de certains animaux : ainsi, il y a une race de l'Aigle, du Loup, du Corbeau, de l'Ours ; et lorsqu'on entre dans un village, on sait bientôt à quelle race il appartient, car la cabane du chef est couronnée d'un symbole qui représente cet animal peint avec plusieurs couleurs. Ce symbole les accompagne aussi à la guerre. Le chef jouit d'une puissance illimitée ; cependant elle a beaucoup diminué depuis que le contact avec les nations civilisées a naturalisé le luxe chez ces peuples. Le pouvoir des chefs est héréditaire ; mais il ne se transmet point à leurs enfants, il passe à leurs neveux fils de leurs sœurs. Les chamans ou prêtres occupent le second rang chez ces peuplades ; toute leur science se borne à la divination, à l'art de guérir les maladies, et à quelques vieilles chansons que le peuple comprend à peine. Quoique leur influence ait beaucoup diminué depuis la fondation de la Nouvelle-Arkhangel, elle est encore trop grande sur quelques esprits faibles. M. Schabelski raconte à ce sujet l'anecdote suivante :

Dans le village le plus voisin de la colonie russe, un chaman fit une déclaration d'amour à une jeune fille, et n'en fut point écouté. Résolu de se venger, il attendait une occasion favorable qui ne tarda pas à se présenter. Le chef du village tombe malade, et le chaman, appelé près de lui, déclare la maladie incurable parce qu'elle est causée par une jeune fille possédée du démon, et il désigne celle qui l'avait repoussé. A peine le frère de cette malheureuse jeune fille a-t-il entendu prononcer son nom, qu'il s'élance hors de la cabane et porte à sa sœur plusieurs coups de lance. Aux cris de l'infortunée, quelques Russes accourent, la sauvent des mains de ce forcené et la transportent à l'hôpital. Les secours de l'art rétablirent cette jeune victime du fanatisme ; le frère apprit les détails de cette aventure, déplora sa conduite, et le chaman fut contraint de s'absenter pendant quelque temps du village.

« Les belliqueux et féroces *Kolioujis*, *Kolioujes* ou *Kalougiens* habitent cette côte ; munis de quelques armes à feu, ils font encore aux Russes une guerre opiniâtre (¹). Ce fut dans le territoire des Kalougiens que l'infortuné La Pérouse découvrit le *Port des Français*, immortalisé par le noble et malheureux dévouement des frères Laborde. Les voyageurs français rendent le compte le plus avantageux de l'esprit actif et industrieux des indigènes ; forger le fer et le cuivre, fabriquer à l'aiguille une sorte de tapisserie, natter avec beaucoup d'art et de goût des chapeaux et des corbeilles de roseaux, tailler, sculpter et polir la pierre serpentine, telles sont les prémices de la civilisation naissante de cette tribu (²). Mais la fureur du vol, l'indifférence entre parents et époux, la malpropreté des cabanes, et la coutume dégoûtante de porter dans la lèvre fendue un morceau de bois, les

(¹) Voyage aux colonies russes, fait à bord du sloop de guerre l'*Apollon*, pendant les années 1821, 1822 et 1823, par *Achille Schabelski*. — Saint-Pétersbourg, 1826.

(¹) *Lisienski* : Voyage autour du Monde, p. 162 (traduction anglaise). *Langsdorf* : Voyage autour du Monde. t. II, p. 217 (trad. anglaise). — (²) *La Pérouse* : Voyage autour du Monde, ch. IX.

rapprochent de leurs sauvages voisins et des Russes sibériens, qui viennent aggraver ici la barbarie primitive de tous les maux d'une barbarie vieillie.

Ces peuplades sont dans un état continuel d'hostilité les unes à l'égard des autres. La vanité des chefs et le pillage des subsistances sont les deux principales causes de guerre. Ils la font avec acharnement ; pendant la nuit ils surprennent le village ennemi et en égorgent tous les habitants ; ceux qui échappent au carnage sont condamnés à la plus rigoureuse captivité. Lorsqu'une peuplade déclare la guerre à une autre, les guerriers se peignent le corps en noir, afin d'inspirer plus de terreur, et se couvrent la tête avec des crânes ornés du symbole de leur race. Rarement ils se battent en rase campagne : la guerre, chez eux, est une suite de ruses réciproques à l'aide desquelles chaque parti espère surprendre le parti ennemi. Ils sont grands amateurs de cérémonies. En temps de paix, ils s'envoient réciproquement des ambassadeurs ; la mort d'un chef est le sujet de pompes et de fêtes religieuses dont la magnificence s'estime par le nombre d'esclaves immolés sur son bûcher. Chez les peuples de Sitka et de ses environs, il règne sur leur origine une tradition qui porte que, lorsque Dieu parcourut le monde, la terre était couverte d'eau dans laquelle nageait une femme qui donna naissance à l'espèce humaine. Cette tradition, et beaucoup d'autres plus ou moins ridicules, s'adaptent très bien aux idées des naturels, qui passent la plus grande partie de leur vie sur les flots ou sur les côtes de l'Océan.

Toute la partie qui borde la mer et le détroit de Béring est peuplée de *Tchouktchis ;* ils se divisent en deux tribus : les stationnaires, et les errants ou *Rennes.* Les premiers occupent les bords de la mer et toutes les localités où l'on peut pêcher commodément; ils font, pour l'hiver, des provisions de morceaux de rennes, de phoques, de morses, dans des magasins creusés en terre, où ils conservent aussi de l'huile de poisson dans des outres de peaux. Les *Tchouktchis errants* sont fiers ; et regardent avec mépris les hommes des nations voisines. Les rennes sont leur seule richesse.

Depuis que les rapports des Russes avec les indigènes sont devenus plus fréquents, on compte 12,000 à 15,000 de ces derniers qui ont embrassé le christianisme.

« Les contrées qui s'étendent au sud de l'Amérique russe, jusque vers la Californie, paraissent former une longue suite de plateaux ou de bassins très élevés, circonscrits à l'est et à l'ouest par *deux* chaînes de montagnes ; la plus occidentale est celle que les Anglais ont nommée *Stony-Mountains*, ou *Rocky-Mountains*, ou *Montagnes Rocheuses ;* c'est à ses pieds que naissent les plus grands fleuves de l'Amérique septentrionale, tels que le Missouri, qui coule au sud-est, le *Sachachawin* ou fleuve Bourbon, qui se dirige à l'est, et l'*Oungigah*, ou fleuve de la Paix, qui se perd vers le nord. L'autre escarpement du plateau du nord-ouest forme la grande chaîne parallèle aux côtes maritimes, et constamment voisine de l'océan Pacifique. Cette distinction entre les deux chaînes sur lesquelles s'appuie le plateau du nord-ouest nous paraît résulter des observations de ceux qui ont traversé ce pays de l'est à l'ouest. Le premier de ces voyageurs est *Mackenzie*, qui, dans sa carte, place la chaîne des montagnes Rocheuses à plus de cent lieues des côtes de l'océan Pacifique. Ces montagnes lui parurent élevées d'environ 3,000 pieds au-dessus de leur base, qui elle-même doit être très élevée, puisque notre voyageur y éprouva un froid plus vif qu'au fort Chipewyan (¹). Les sommets portaient des neiges éternelles. Mackenzie descendit ensuite dans une vallée plus tempérée, où coule la rivière de *Tahoutché-Tessé* (²).

» Voilà clairement la limite de la chaîne des *Stony-Mountains*. Cette chaîne reste éloignée de la mer Pacifique de 100 lieues ou du moins de 80, en allouant quelque chose pour les sinuosités et les ramifications.

» Mackenzie remonte ensuite sur de très hautes montagnes, où il se voit obligé de marcher sur la neige au mois de juin (³). Il en descend vers la mer par une pente extrêmement rapide ; aussitôt le climat change, l'empire du printemps succède à celui de l'hiver. Un autre voyageur moderne, le capitaine *Vancouver*, vit constamment une très haute chaîne de montagnes qui bordait de très près le rivage du continent, et qui, en beaucoup d'endroits,

(¹) *Mackenzie :* Voyages, trad. franç., t. II, p. 274, 310, etc., etc. — (²) *Ibid*, p. 339-345. — (³) *Mackenzie :* Voyages, trad. franç., t. III, p. 145-151.

était couverte de neiges éternelles. La Pérouse, Cook, Dixon et tous les navigateurs ont aperçu cette chaîne maritime *de nord-ouest*, qui court parallèlement à la côte, depuis l'Entrée de Cook jusqu'en Nouvelle-Albion, pendant l'espace de plus de 1,000 lieues. Même la péninsule de Californie n'est que l'extrémité de cette grande chaîne débarrassée de branches secondaires et des terrasses ou degrés inférieurs qui, dans la Nouvelle-Albion, en masquent un peu la direction.

» Pour mettre quelque clarté dans notre description, nous adopterons la nomenclature du capitaine Vancouver. Selon les cartes de cet observateur habile, la *Nouvelle-Géorgie* est située entre le 45e et le 50e degré de latitude boréale. Ses limites vers l'intérieur ne sont pas déterminées. Le *golfe de Géorgie* est très considérable ; il communique avec l'océan Pacifique, au sud par le détroit *Claaset*, qu'on suppose être celui de *Jean Fuca*, et au nord par le détroit de la Reine-Charlotte. La *rivière de Columbia* traverse la partie méridionale et l'intérieur de cette division.

» L'île *Quadra et Vancouver*, plus connue sous le nom de *Noutka*, est située devant la Nouvelle-Géorgie. Les Anglais ont un établissement dans la baie de *Nootka* ou *Noutka*.

» La *Nouvelle-Hanovre* s'étend du 50e au 54e parallèle. Devant ses côtes sont situées les îles de *Fleurieu*, découvertes et nommées par La Pérouse, et que Vancouver, sans le savoir, a débaptisées pour les donner à la *Princesse-Royale* d'Angleterre. Il y a au nord deux bras de mer qui pénètrent fort avant dans les terres ; c'est le canal Hinchinbrook et le canal Gardner. La grande île de la Reine-Charlotte est séparée des côtes de la Nouvelle-Hanovre par un large canal ou bras de l'Océan. Le cap méridional de cette île a été nommé *cap Hector* par La Pérouse. Vancouver le nomme *cap Saint-James*.

» Le *Nouveau-Cornouailles* s'étend du 54e au 57e parallèle. Il comprend quantité d'îles désignées sous le nom d'*archipel Pitt* et *archipel du prince de Galles*. La côte est entièrement coupée par des canaux qui entrent très avant dans les terres, surtout le *canal de Portland* ; mais on n'a trouvé aucune rivière de long cours. Les courants d'eau qu'on y rencontre méritent à peine le nom de ruisseaux.

» Le *Nouveau-Norfolk* s'élève jusqu'au 60e parallèle. Au sud, il comprend l'île de l'*Amirauté* et l'*archipel du roi George*, où se trouve la Nouvelle-Arkhangel.

» La *Nouvelle-Géorgie* offre des rivages d'une élévation moyenne, et agréablement diversifiés par des collines, des prairies, de petits bois et des ruisseaux d'eau douce. Mais derrière ces bords s'élèvent des montagnes couvertes de neiges éternelles. Le mont *Rainier* et le mont *Olympe* dominent au loin les autres sommets ; l'on aperçoit le premier à la distance de cent milles géographiques [1]. Des minerais de fer très riches paraissent y abonder. On trouve du quartz, des agates, des pierres à fusil, et une grande variété de calcaires, d'argiles et du manganèse. Une végétation vigoureuse indique la fertilité du sol. Dans les forêts croissent en abondance la sapinette à feuilles d'if, le pin blanc, le *touramahac*, le peuplier du Canada, l'arbre de vie, l'if ordinaire, le chêne noir et le chêne commun, le frêne d'Amérique, le coudrier, le sycomore, l'érable à sucre, l'érable des montagnes et celui de Pensylvanie, l'arbousier d'Orient, l'aune d'Amérique, le saule ordinaire, le sureau de Canada et le cerisier de Pensylvanie.

» Les quadrupèdes n'offrent rien de particulier ; on a vu des ours, des daims de Virginie, des renards, mais point de bisons, ni bœufs à musc ; ces animaux ne paraissent pas dépasser la chaîne des Monts Rocheux dans les latitudes boréales. Parmi les oiseaux de mer, on reconnut, entre autres, des pingouins, des albatros, des pies noires, semblables à celles de la Nouvelle-Hollande et de la Nouvelle-Zélande ; il y avait parmi les oiseaux de terre une espèce de colibri ; on y vit l'aigle brun et l'aigle à la tête blanche, des martins-pêcheurs, de très jolis grimpereaux, et un oiseau inconnu, semblable à un héron, mais haut de *quatre pieds*, et ayant le corps de la grosseur d'un dindon [2].

» Pour connaître l'intérieur de la *Nouvelle-Géorgie*, il faut suivre MM. Lewis et Clarke [3]. Ces voyageurs américains, ayant quitté leurs bateaux sur le Missouri le 18 août, s'embar-

(1) *Vancouver*, t. III, pag. 3 et 35, édit. in-8°. — (2) *Vancouver*, t. III, p. 7, édit. in-8°. — (3) *Lewis* and *Clarke* : Travels to the Sources of the Missouri and to the Pacific Ocean. Washington, 1814.

quèrent le 7 octobre au revers occidental des montagnes, sur la rivière de *Kouskouskie* (*Koos Kooskee*), dans des bateaux qu'ils avaient construits eux-mêmes. Dans cette route, la faim se joignit au froid pour aggraver leurs peines ; le saumon avait cessé de fréquenter les rivières, et la chair de cheval fut souvent leur principal mets. La rigueur du froid s'explique aisément par l'élévation du terrain et par la hauteur des montagnes. A l'endroit où les Américains quittèrent le Missouri, ils avaient en vue des montagnes couvertes de neige au milieu de l'été, entre 45 et 70° de latitude ; ce qui suppose que les sommets de ces montagnes s'élèvent dans la région des glaces éternelles. Cette région commence en Europe à la même latitude, à 9 ou 10,000 pieds au-dessus du niveau de la mer ; or, en admettant que le froid beaucoup plus vif de l'Amérique septentrionale rapproche cette région de la terre, on peut donner à ces montagnes une hauteur de 8 à 9,000 pieds au dessus du niveau de l'Océan. L'expédition ne découvrit, à ce qu'il paraît, dans son voyage à travers les montagnes, aucune trace de volcan, car les détonations qui leur causèrent tant d'étonnement provenaient sans doute des glaciers qui se fendaient ou des avalanches qui se détachaient des montagnes. Ce fut au milieu de la saison pluvieuse qu'ils arrivèrent à la *Columbia ;* ils eurent dès lors des averses pendant les jours et les nuits. Le peu d'habillement et de lits qui avaient échappé à toutes les aventures essuyées jusqu'à ce moment, tombaient en pièces et ne pouvaient plus servir. Leur courage ne fut point abattu par tant de revers. Les eaux du *Kouskouskie* sont limpides comme du cristal ; à l'endroit où elles joignent la rivière de Lewis, autre affluent de la Columbia, le Kouskouskie a 180 verges de largeur ; sa longueur est d'environ 70 lieues. La rivière de *Lewis*, à son confluent avec la Columbia, en a 575, et la Columbia elle-même 960. Un peu au-dessous de sa jonction, ce fleuve devient large de 1 à 3 milles. Depuis la jonction des deux rivières, la contrée n'offre qu'une suite de plaines sans arbres, et parsemées seulement de quelques buissons de saules. *On rencontre* plus bas encore des courants rapides ; il y a même des cascades assez considérables. Le courant le plus rapide qui s'y trouve est celui d'un passage qui n'a pas plus de 45 verges de large, et dans lequel toutes les eaux de la Columbia sont resserrées. Nos voyageurs franchirent dans leurs canots ce dangereux passage, au-dessous duquel le fleuve n'eut plus qu'un cours doux et égal ; ils se virent dans une vallée *charmante et fertile, ombragée de bois de* haute futaie, entrecoupée de petits étangs ; le sol paraissait susceptible de toute espèce de culture. Les arbres y sont de la plus grande beauté. Les sapins s'élèvent quelquefois à 300 pieds de hauteur ; ils ont jusqu'à 45 pieds de circonférence. Ces géants du règne végétal joignent l'élégance à la majesté ; leurs colonnes s'élèvent jusqu'à 200 pieds avant de se séparer en branches. Quelques uns des affluents de la Columbia peuvent passer pour de grandes rivières. L'un d'eux, le *Multnomah*, qui sort des montagnes Rocheuses vers le sud-est, et non loin des sources du Rio-del-Norte, est très large, et en plusieurs endroits sa profondeur excède 25 pieds, même à une grande distance de la mer. »

Cet affluent, plus considérable que la rivière dans laquelle il se jette, a environ 240 lieues de cours ; obstrué par plusieurs rapides, il est cependant navigable sur une étendue de 50 lieues. *Généralement d'une assez grande* profondeur, il est large de 4 à 500 mètres.

« Une circonstance particulière que l'on a observée dans le lit de la Columbia et de la dernière rivière dont nous venons de parler, c'est qu'on y voit debout un grand nombre de troncs de pins qui ont pris racine au fond des eaux, quoique la profondeur du fleuve soit en plusieurs endroits de 30 pieds : nulle part elle n'est au-dessous de 10. A en juger par l'état de délabrement où se trouvent ces arbres, il y a au moins 30 ans qu'ils sont dans cet état. On en pourrait conclure que le lit du fleuve a subi de grands changements ; mais les renseignements donnés par cette première expédition ne suffisent pas pour qu'on puisse assurer quelque chose à cet égard.

» Parmi les îles de la Nouvelle-Géorgie, celle de *Noutka*, ou plutôt de *Quadra et Vancouver*, mérite seule notre attention. On y trouve du granit noir, du mica, du grès à rémouleur, des hématites ([1]). La terre végétale y forme en quelques endroits une couche

([1]) *Cook* : Troisième Voyage, t. III, p. 73, édit. in-8°.

de deux pieds. On est agréablement surpris de trouver ici un climat plus doux que sur la côte orientale de l'Amérique, à la même latitude. Le thermomètre de Fahrenheit, dans le mois d'avril, ne fut jamais au-dessous de 48°; dans la nuit et pendant le jour, il monta à 60°. L'herbe était déjà longue d'un pied (1). Ce climat est aussi favorable aux arbres que celui du continent.

« Quelle négligence, de la part des Espagnols, de ne pas s'être emparés de ce pays agréable et fertile, d'un pays qui, étant situé sur le derrière de leurs colonies, peut, dans des mains intelligentes, devenir un poste militaire et commercial de la plus haute importance! Les Anglo-Américains ont créé une compagnie de commerce de pelleteries de l'océan Pacifique, compagnie dont le principal établissement, situé à quatorze milles du *cap Disappointement*, s'appelle le *fort Astoria* (2). » Mais l'île fait partie des possessions anglaises, bien qu'elle paraisse renfermer une population nombreuse appartenant à la nation des *Wakas*, gouvernée par des chefs dont les deux plus importants résident dans les deux principaux villages, *Noutka* et *Wikanish*. L'île de la Reine Charlotte est peuplée aussi de Wakas. »

Le *Wallameh* ou *Ouallameh*, grand affluent de la Columbia, arrose des plaines immenses. Cette rivière, suivant M. Townsend, de Philadelphie, est navigable pour les gros bâtiments jusqu'à 25 milles ou 8 lieues $\frac{1}{3}$ de son confluent. Elle forme de nombreuses îles; celle de Wappasoo (Ouappasou), la plus considérable de toutes, peut avoir 20 milles de longueur. Elles sont couvertes de chênes. Les mêmes arbres croissent sur les bords avec des pins et des saules.

A un quart de mille de la Columbia on voit sur un terrain plat le fort *Vancouver*. Il est entouré d'une palissade. Les dix ou douze maisons qui s'y trouvent sont en bois. Devant ce fort, dit M. Townsend, et entre les trois côtés de ces maisons, est un espace découvert où les Indiens apportent leurs articles de commerce, tels que des daims, du gibier, des peaux de castor et de loutre. Des Canadiens y sont employés à battre les fourrures pour les préserver de la poussière et des vers. Il y a près du fort une ferme de plusieurs centaines d'acres de terre et trente ou quarante huttes occupées par des Canadiens attachés à cet établissement. Le sol de la plaine est si fertile et le pâturage si bon, que, pendant toute l'année, il fournit une nourriture abondante aux bestiaux. La coutume d'aplatir la tête des enfants se conserve encore parmi dix ou douze tribus du bas pays; mais elle a été entièrement abolie par les *Salish* ou *Têtes plates*, près de la source de l'Orégon.

« Les parties de la *Nouvelle-Hanovre* qui avoisinent la mer ouverte ressemblent, pour la configuration du sol et pour les végétaux, à la Nouvelle-Géorgie; on y trouve des pins, des érables, des bouleaux, des pommiers. Près du *détroit de Fitzhughes*, les côtes consistent en rochers taillés à pic, divisés par des crevasses, dans lesquelles on trouve une tourbe très inflammable, et des pins d'une grosseur médiocre (1). L'intérieur de la *Nouvelle-Hanovre* a été visité, en 1793, par *Mackenzie*. La grande rivière de *Tacoutché-Tessé* descend des montagnes Rocheuses, et coule souvent entre des murailles de rochers perpendiculaires; son cours est rapide. Les montagnes sont couvertes de neiges, qui même, dans quelques parties, se trouvent à un niveau assez bas pour que le chemin y passe au milieu de l'été. Elles descendent brusquement vers l'océan Pacifique, et il n'en sort, à l'ouest, que des rivières d'un cours peu considérable. Il y a beaucoup de petits lacs, et on y voit ces *entonnoirs* ou enfoncements de forme conique régulière si fréquents dans les pays calcaires (2).

» C'est ici presque le même luxe végétal que dans la Nouvelle-Géorgie. Les pins et bouleaux forment les forêts dans les parties les plus élevées; sur les montagnes inférieures, on voit des cèdres, ou plutôt des cyprès qui ont quelquefois vingt-quatre pieds de circonférence, des aunes dont le tronc s'élève à quarante pieds avant de pousser des branches; enfin, des peupliers, des sapins, et probablement beaucoup d'autres arbres utiles (3). Le panais sauvage croît en abondance autour des lacs, et ses racines fournissent une bonne nourri-

(1) *Cook*: Troisième Voyage, t. III, p. 57, édit. in-8°. — (2) *National Intelligencer*, journal américain, 22 juin 1813.

(1) *Vancouver*, t. II, p. 174 et 178. — (2) *Mackenzie*: Voyage, t. III, p. 103 de la traduction de M. *Castéra*. — (3) *Ibid.*, p. 99, 150, 247, etc.

ture. Les rivières nourrissent des truites, des carpes, des saumons ; on prend ces derniers près des digues construites à travers la rivière, ce qui rappelle la pêche du saumon en Norvége.

» Le *Nouveau-Cornouailles* éprouve un froid beaucoup plus rigoureux que les deux contrées précédentes. A 53° 30' sur le *canal de Gardner*, qui, à la vérité, s'avance beaucoup dans les terres, on voit des montagnes couvertes de glaces et de neiges qui ne paraissent jamais se fondre (1). Plus près de la mer, le climat, plus doux, permet aux forêts de pins de revêtir les rochers, d'ailleurs nus et escarpés. Les framboisiers, les cornouillers, les groseillers, la plante dite *thé de Labrador* y abondent. On y a découvert des sources chaudes, une île entière d'ardoise (2) et un rocher assez curieux par sa forme d'obélisque, surnommé la *Nouvelle-Edystone*. Le bois flottant se trouve en grande abondance sur plusieurs parties de cette côte. »

Parmi les îles que nous avons citées, près des côtes du Nouveau-Cornouailles, se trouvent celles de *Revilla-Gigedo*, qu'il ne faut pas confondre avec d'autres du même nom, que nous verrons au sud de la Californie.

« Dans les îles que Vancouver désigne sous les noms d'*Archipel de Georges III* et île de l'*Amirauté*, le sol, quoique rocailleux, présente plusieurs crevasses, lisières et petites plaines, où s'élèvent de superbes forêts de pins et d'autres arbres de haute futaie ; on n'y voit nulle part des glaces éternelles. Ainsi, c'est incontestablement l'*élévation* du sol qui seule rend le climat du continent si rude.

» C'est surtout dans les environs de Noutka que les voyageurs européens ont eu l'occasion d'observer les habitants indigènes. Ces sauvages s'appellent eux-mêmes *Wakash* ou *Wakas*. Leur taille est au-dessus de la taille ordinaire, mais ils ont le corps musculeux : leur visage offre des os de joue proéminents ; il est souvent très comprimé au-dessus des joues, et il semble s'abaisser brusquement entre les tempes ; leur nez, aplati à la base, présente de larges narines et une pointe arrondie ; ils ont le front bas, les yeux petits et noirs, les lèvres larges, épaisses et arrondies. En général ils manquent absolument de barbe, ou ils n'en ont qu'une petite touffe peu fournie sur la pointe du menton. Cependant, ce défaut a peut-être une cause factice, puisque quelques uns d'entre eux, et particulièrement les vieillards, portent une barbe épaisse, et même des moustaches. Leurs sourcils sont peu fournis et toujours droits ; mais ils ont une quantité considérable de cheveux très durs, très forts, et sans aucune exception noirs, lisses et flottants sur les épaules. De grossiers vêtements de lin, des couvertures de peau d'ours ou de loutres marines, les couleurs rouges, noires et blanches dont ils enduisent leurs corps, tout leur costume ordinaire retrace l'image de la misère et de l'ignorance. Leur équipage de guerre est bizarre. Ils s'affublent la tête de morceaux de bois sculptés qui représentent des têtes d'aigles, de loups, de marsouins. Plusieurs familles demeurent ensemble dans une même cabane ; des demi-cloisons en bois donnent à ces huttes l'air d'une écurie. Quelques unes de leurs étoffes de laine, quoique fabriquées sans le secours d'un métier, sont très bonnes et ornées de figures d'un coloris éclatant. Ils sculptent en bois des statues grossières.

» Leurs pirogues légères, plates et larges, voguent sur les flots d'une manière assurée, sans l'aide d'un *balancier* ; distinction essentielle entre les canots des peuplades américaines et celles des parties méridionales des Grandes-Indes et des îles de l'Océanie.

» Leur attirail de pêche et de chasse est ingénieux et d'une exécution heureuse : on remarque surtout une espèce de rame garnie de dents, avec laquelle ils accrochent les poissons. Cet instrument, ainsi que les javelots avec lesquels ils frappent la baleine, annoncent un esprit fort inventif. Le javelot est composé d'une pièce d'os qui présente deux barbes, dans laquelle est fixé le tranchant ovale d'une large coquille de moule qui forme la pointe ; il porte deux ou trois brasses de corde ; pour le jeter ils emploient un bâton de douze à quinze pieds de long, la ligne étant attachée à une extrémité, le javelot à l'autre, de manière à se détacher du bâton, comme une bouée, quand l'animal s'enfuit (1).

» Les tribus qui habitent la Nouvelle-Géorgie diffèrent en taille, mœurs et manières de vivre ; mais, pour les principaux traits, elles se rapprochent cependant toutes des habitants

(1) *Vancouver*, t. III, p. 274. — (2) *Ibid.*, p. 339.

(1) *Cook* : Troisième Voyage, *passim*.

de Noutka. La dépopulation apparente des environs du port de *la Découverte* contraste singulièrement avec le grand nombre de crânes et autres ossements humains qu'on trouva ramassés ici, comme si toutes les tribus voisines y eussent établi leur commun cimetière ([1]). Lewis et Clarke ont observé les habitants de l'intérieur. En descendant des montagnes Rocheuses, ils virent plusieurs tribus qui ont l'habitude d'aplatir la tête de leurs enfants encore très jeunes. Les *Solkouks* ont le crâne tellement aplati que le sommet de la tête se trouve sur une ligne perpendiculaire à celle du nez. Les idiomes des tribus diffèrent autant que leur physionomie. La langue des *Enouchours*, comprise par toutes les tribus qui habitent sur la Columbia au-dessus de la grande chute, est inconnue plus près de la côte, et on se sert de l'idiome des *Echillouts*, qui en diffère absolument. Le langage des *Killamouks* est très répandu parmi les tribus qui demeurent au sud, entre la côte et le fleuve Multnomah. Ces Killamouks sont au nombre d'environ 10,000. Les *Koukouses*, voisins de ces derniers, mais plus reculés dans l'intérieur, sont d'une autre race ; ils sont plus blancs et n'ont pas la tête aplatie. En général, le teint de toutes ces tribus, soit à tête ronde, soit à tête plate, est d'un brun cuivré, plus clair que celui des peuplades du Missouri et de la Louisiane. Vivant de pêche, ils accordent aux femmes plus de considération qu'elles n'en ont chez les peuples chasseurs. L'air maritime gâte leurs yeux et leurs dents. Les tribus aux environs de la grande chute de la Columbia construisent des maisons en bois, industrie qui ne se montre pas dans l'immense intervalle depuis cette chute jusqu'à Saint-Louis ([2]).

» Quelques tribus de la *Nouvelle-Hanovre*, observées par Mackenzie, offrent plusieurs traits qui nous rappellent les insulaires de Taïti et Tongatabou. Cependant on les regarde comme des Wakas. Les habitants de la rivière du *Saumon*, ou, comme ils la nomment, l'*Annahyou-Tessé*, vivent sous un gouvernement despotique ([3]) ; ils ont deux fêtes religieuses, l'une au printemps, l'autre en automne ([4]); dans leurs réceptions solennelles, ils étendent des nattes devant leurs hôtes ; le peuple s'assied par-devant en demi-cercle. Ils marquent leur amitié pour un individu en le revêtant de leurs propres habits ; ils y joignent quelquefois l'offre de leur place au lit conjugal ([1]). Mais ces traits se retrouvent chez beaucoup d'autres peuplades de l'Amérique et de l'Asie. Ces peuples sont assez généralement d'une taille moyenne, forts et charnus ; ils ont le visage rond, les os des joues proéminents, l'œil petit et d'une couleur grise mêlée de rouge, le teint à la fois olivâtre et cuivré. Leur tête prend la forme conique par la suite des pressions continuelles depuis l'enfance. Leurs cheveux sont d'un brun foncé. Ils font leurs habits d'une espèce d'étoffe tirée de l'écorce de cèdre, et quelquefois entrelacée avec des peaux de loutre. Ils sont très habiles sculpteurs ; on voit leurs temples soutenus par des piliers de bois en forme de cariatides ; ces figures sont, les unes debout, dans la posture des vainqueurs ; les autres sont courbées et comme accablées sous un fardeau ([2]).

» Les Indiens *Sloud-Couss* habitent l'endroit où la haute chaîne de montagnes qui borde la mer commence à s'abaisser vers le bassin de la rivière de *Frazer*, ou *Tacoutché-Tessé*, cours d'eau de 120 lieues de longueur qui se jette dans le golfe de Géorgie. Ces Indiens ont la physionomie agréable et montrent beaucoup de propreté ; les femmes, chez eux, ne sont point maltraitées. Ils conservent les ossements de leurs pères enfermés dans des caisses ou suspendus à des poteaux ([3]). Fidèles gardiens des effets que les voyageurs leur avaient laissés en dépôt, ils s'efforçaient de voler tout ce qu'ils voyaient dans les mains de ces mêmes étrangers ([4]).

» Les Indiens nommés *Nanscoud* ou de la Cascade, les *Nagaïts* ou *Nagailers* et les *Atnahs* habitent sur le haut du Tacoutché-Tessé. Parmi leurs divers idiomes, il y en a qui ressemblent aux langues des Chipiouans et d'autres nations du Canada. »

Les *Carriers* ou *Tacullies* habitent aussi les bords du Frazer et ceux du lac de ce nom qui donne naissance à cette rivière. Ils vivent de la chasse et de la pêche, habitent des huttes, et sont vêtus de peaux d'animaux ou

([1]) *Vancouver*, t. II, p. 14 et suiv. — ([2]) Voyage de *Lewis* et *Clarke*. — ([3]) *Mackenzie*, t. III, p. 274. — ([4]) *Ibid.*, p. 170.

([1]) *Mackenzie*, t. III, p. 181. — ([2]) *Ibid.*, p. 179. — ([3]) *Ibid.*, p. 109, etc. — ([4]) *Ibid.*, p. 286.

de draps grossiers qu'ils obtiennent des facteurs de la compagnie anglaise en échange de leurs fourrures. En hiver, ils se servent de traîneaux auxquels ils attèlent de gros chiens. La polygamie est en usage chez eux. Leurs femmes ont soin du ménage et font les habits de toute la famille.

« *Vancouver* a vu, sur la côte, des villages qui étaient placés sur une espèce de terrasse artificielle, et dont la représentation, gravée dans l'atlas de ce voyageur, rappelle un peu les *hippa's* de la Nouvelle-Zélande. Le village de *Chélaskys*, dans le détroit de Johnston, quoique composé de misérables huttes, est décoré de figures qui paraissent avoir un sens hiéroglyphique; cette espèce de peinture est répandue sur toute la côte nord-ouest.

» Les habitants de la baie de *Tchinkitané*, appelée par les Anglais baie de *Norfolk*, dans l'archipel du Roi George, ressemblent, pour la taille et la figure, aux habitants de Noutka; mais leurs cheveux rudes les rapprochent des tribus plus septentrionales et de la race des Esquimaux. Les jeunes gens s'arrachent la barbe, les vieux la laissent croître. Les femmes portent un ornement bizarre qui leur donne l'air d'avoir deux bouches, et qui consiste dans un petit morceau de bois qu'elles font entrer de force dans les chairs, au-dessous de la lèvre inférieure [1]. Ces peuples montrent beaucoup d'adresse dans leur manière de faire le commerce, et beaucoup de courage dans leur pêche de la baleine; leur tannerie, leur sculpture, leur peinture et leurs autres arts les présentent comme un peuple intelligent et industrieux. Ils conservent la tête des morts dans des espèces de sarcophages qui sont ornés de pierres polies [1].

» Le tableau moral que nous venons de tracer des peuplades de la Nouvelle-Géorgie et de la Nouvelle-Hanovre prouve que leur génie s'est développé pendant de longs siècles de liberté. On doit convenir qu'il y a dans les idiomes, les mœurs et les croyances de ces tribus, quelques rapports avec les Aztèques ou Mexicains. On s'est demandé lequel de ces peuples est la souche des autres. La saine critique nous dit que, vouloir placer parmi ces tribus de pêcheurs le berceau de la civilisation mexicaine, c'est hasarder une conclusion importante d'après un petit nombre de faits équivoques. Peut-être les Aztèques, en faisant leur irruption en Amérique, se sont-ils arrêtés dans ces régions pendant un assez long espace de temps. Une autre hypothèse tout-à-fait absurde tend à les faire considérer comme une colonie des Malais de la Polynésie, avec lesquels ils n'ont pas la moindre ressemblance physique, ni aucun rapport de langage. »

(1) Voyage de *Marchand*, t. I. p. 243.

(1) *Dixon*, Voyage autour du Monde (en anglais), p. 181.

LIVRE CENT SOIXANTE-DIX-SEPTIÈME.

Suite de la Description de l'Amérique. — Régions du nord et du nord-est, ou pays sur le fleuve Mackenzie. — Terres arctiques. — Pays de la baie d'Hudson. — Labrador, Groenland, Islande et Spitzberg.

« Quittons la région du nord-ouest, et franchissons les montagnes Rocheuses. Nous voyons s'incliner vers la baie d'Hudson et vers les mers glaciales inconnues, un immense pays entrecoupé de lacs, de marais et de rivières plus qu'aucune autre région du globe. Peu de montagnes s'élèvent au-dessus de cette plaine sauvage et glaciale. Les nombreuses eaux de ces contrées peuvent se réduire à deux classes. Les unes s'écoulent vers les mers du nord, les autres portent leur tribut à la baie d'Hudson. Parmi les premières on remarque la rivière d'*Atapeskow*, ou de l'*Elan*, et celle d'*Ounjigah*, ou *de la Paix*. La première vient du sud, et se perd dans le lac des Montagnes, ou d'Atapeskow; l'autre, dont le cours est d'environ 150 lieues, descend du plateau du nord-ouest. Lorsqu'elle est haute, elle fait refluer ses eaux dans le lac Atapeskow ; lorsque les eaux sont basses, elle reçoit celles du lac. Le fleuve réuni porte le nom de fleuve de l'*Esclave*, et se jette dans le lac de l'*Esclave*, d'où sort la rivière de *Mackenzie*, qui a 2 à 300 lieues de longueur et qui coule vers une mer ou vers un golfe septentrional encore peu connu. Ce lac, qui a plus de 100 lieues de long et 50 à 60 de largeur, est semé d'îles couvertes de grands arbres semblables à des mûriers. Mackenzie les trouva couverts de glaces dans le milieu du mois de juin. Tous ces lacs et fleuves offrent un cours d'eau non interrompu de plus de 600 lieues ; c'est le pendant des magnifiques fleuves de la Sibérie. Pourquoi faut-il que ces superbes rivières arrosent inutilement des déserts glacés? La nature est sage, sans doute, mais elle est capricieuse et prodigue. »

Le voyage fait dans ces régions par le capitaine anglais Back, pendant les années 1834 et 1835, eut pour résultats quelques découvertes géographiques que nous ne devons point passer sous silence. Arrivé le 8 août 1834 au grand lac de l'Esclave, il y navigua sans peine à la voile, et, à l'extrémité de sa rive orientale, il vit une rivière inconnue qui s'y jetait et à laquelle il donna le nom de *Hoar frost river* (rivière du Givre). Son cours est tellement coupé de cascades et de rapides que non seulement il fallait transporter le bagage et les vivres, mais encore le canot, en escaladant des rochers escarpés et en traversant des marais remplis de pins rabougris, et de vastes espaces stériles où les rochers étaient empilés les uns sur les autres jusqu'à la hauteur de 2,000 pieds.

Après avoir remonté la rivière, il arriva sur un plateau où il vit un lac qu'il appela *Wolmsley*. En se dirigeant toujours vers le nord, il traversa le lac *Clinton-Golden*, puis il entra dans un autre, plus grand que tous ceux qu'il eût encore vus ; M. Back le nomma lac *Aylmer*, en l'honneur du dernier gouverneur-général du Canada. A l'extrémité orientale de ce lac, il découvrit une rivière qu'il appela *Sussex*, et qui lui parut bientôt être celle que les naturels nomment *Thliou-i-tchô*.

Comme le mois d'août venait de finir, M. Back jugea prudent de retourner sur ses pas ; il effectua ce projet en suivant une route différente, par laquelle il parvint à un grand lac qu'il appella *lac de l'Artillerie*.

L'année suivante, au commencement de juin, le capitaine Back quitta le lac de l'Esclave, et, le 28, il s'embarqua dans un canot sur le Thliou-i-tchô, qui devait le conduire dans la mer Polaire, où il a son embouchure ; son cours est semé de rapides, de cascades, de barrages et de rochers dangereux. Sous le 66e degré de latitude, il entra dans un lac immense, qu'il nomma *Macdougal ;* puis il suivit le cours du Thliou-i-tchô jusqu'à son embouchure, où un cap majestueux qui s'élève sur la rive droite reçut le nom de *Cap Victoria*. Cette rivière, ou plutôt ce fleuve, a 220 lieues géographiques de longueur, et elle verse ses eaux dans la *mer Polaire* par 67° 11′ de latitude nord et 94° 30′ de longitude à l'ouest de Greenwich, c'est-à-dire à environ 37 milles marins (15 lieues) plus au sud que l'embouchure du Copper-mine river, dont nous parlerons bientôt. Une terre haute, qui formait la côte orientale et qui présentait une chaîne de montagnes bleues, fut appelée par le capitaine Back *Terre du Roi Guillaume IV ;* il nomma l'extrémité occidentale *Pointe Richardson*, et la pointe méridionale *Cap Hardy* (1).

En 1838, MM. Dease et Simpson, agents de la Compagnie anglaise de la baie d'Hudson, arrivés le 15 septembre au fort *Confidence*, sur les bords du lac du Grand-Ours, ont parcouru les côtes de la mer Polaire. En se dirigeant vers l'est-nord-est, ils découvrirent une pointe à laquelle ils donnèrent le nom de *Cap Franklin*, en l'honneur du capitaine de ce nom. Ils aperçurent une nouvelle terre, ou une chaîne fort étendue d'îles très rapprochées, hautes et couvertes de neige en plusieurs endroits, se prolongeant de l'ouest au nord-est à la distance apparente de 30 milles.

Après le cap Franklin, le continent américain se dirige vers l'est-nord-est ; il est uni, et ses bords sont tour à tour occupés par du sable fin, des cailloux aigus et des marécages. A la distance d'un à deux milles, la côte est bordée par une chaîne de collines pierreuses peu élevées, revêtues çà et là d'une sombre verdure, et donnant naissance à une mul-

(1) Voyage fait par terre aux Terres arctiques, par M. Back, capitaine de vaisseau de la marine royale.

titude de ruisseaux et de petites rivières qui vont se jeter dans la mer. A 2 lieues de la côte, une colline haute d'environ 200 mètres, a été nommée par M. Dease *Mont George*, en l'honneur du gouverneur Simpson. Elle pourra être un point remarquable pour la reconnaissance dans un voyage vers l'intérieur.

La grande terre septentrionale se prolongeait toujours devant les deux voyageurs dont nous suivons la course pédestre. Ils pouvaient croire qu'ils avaient parcouru une baie immense; l'augmentation dans la hauteur des marées, la présence d'une grande quantité de goémons et de coquillages, enfin la découverte du cadavre d'un ours blanc et de celui d'une baleine, les confirmaient dans cette opinion, lorsqu'à la fin d'une marche de quatre journées, ils arrivèrent au sommet d'un cap élevé, d'où ils se virent entourés par la terre et d'où ils aperçurent la mer roulant librement ses vagues à perte de vue. Vers l'est, elle baignait des îles de formes et de grandeurs différentes, et la terre septentrionale s'y terminait par un cap escarpé et très haut, situé au nord-est à la distance d'au moins 40 milles. La côte du continent aboutissait à l'entrée d'un détroit bordé de glace.

Nos deux voyageurs ont donné à cette grande terre du nord le nom de *Terre Victoria*, en l'honneur de leur jeune reine, et le cap qui la termine a été appelé par eux *Cap Pelly*, du nom du gouverneur de la Compagnie de la baie d'Hudson. Enfin ils nommèrent *Cap Alexandre* celui où ils firent halte; ce nom est celui du frère de M. Simpson.

Ils terminèrent leur course vers le 68e parallèle, près d'un fleuve assez considérable qui se décharge dans la baie, après avoir exploré 190 milles de côtes et en avoir aperçu 80 au-delà [1].

La rivière de la *Mine de Cuivre* (*Coppermine river*), découverte par Hearne en 1771, coule aussi vers le nord, mais elle n'est pas considérable. Son cours est évalué à une centaine de lieues; elle traverse un grand nombre de lacs, dont les plus remarquables sont ceux appelés *Point* et *Red-Rock;* elle forme une suite considérable de rapides et de cascades; ses bords sont garnis de collines et de montagnes, dont la hauteur moyenne est de 2,000 pieds, et qui sont formées de roches feldspathiques et micacées, telles que des porphyres, des gneiss et des micaschistes. C'est vers son embouchure, qui aboutit à l'enfoncement occidental du golfe George IV, l'un des plus remarquables de l'océan Glacial arctique, que se trouve la mine de cuivre qui lui donne son nom.

« Parmi un amas de lacs très voisins de la baie d'Hudson, et qui pourtant manquent d'écoulement, on remarque celui de *Dobaunt*.

» La rivière de *Missinipi*, ou de *Churchill*, se jette dans la baie d'Hudson, mais communique par des lacs avec le fleuve Atapeskow; communication précieuse, si elle avait lieu sous un climat plus tempéré. Le système hydrographique de la baie d'Hudson s'étend très loin dans le sud-ouest, ce qui nous oblige de renfermer dans notre *zone boréale* des régions qu'on a jadis comprises sous le nom vague de Canada. Deux rivières considérables, qui viennent des pieds des montagnes occidentales, forment le *Saskatchawan*, rivière de plus de 300 lieues de cours qui, après avoir formé un grand *rapide* (c'est ainsi que les Canadiens français nomment une chute d'eau longue et à pente douce), descend dans le lac *Ouinnipeg* (Winnipeg), lac de plus de 60 lieues de long sur 30 à 40 de large. Ses bords s'ombragent d'érables à sucre et de peupliers; ils présentent des plaines fertiles où croît le riz du Canada [1]. Ce lac, qui reçoit encore la grande rivière des *Assinipoils*, ou *Assinibonis*, appelés aussi *Assiniboins*, unie à la *rivière Rouge*, se décharge dans la baie d'Hudson par les rivières *Nelson* et *Severn*. Le lac Ouinnipeg est le lac *Bourbon* des Français, et le fleuve *Bourbon* se compose du Saskatchawan et du Nelson. »

Depuis 1829, l'établissement fondé par les Anglais sur les bords de la Rivière Rouge (Red River) a acquis chaque année un plus grand développement. En 1836, il se composait de 3,200 individus, comprenant 1,800 catholiques, et 1,400 protestants de différentes sectes; ils sont divisés en trois paroisses. L'évêque, M. Provencher, a établi quatre écoles, dont l'une est à *Assinibora*, lieu de sa résidence. En 1835, on a construit une nouvelle église, l'ancienne ayant été convertie en école.

Quoiqu'il y ait peu d'argent dans cette co-

(1) Voyage de MM. D.-W. Dease et Th. Simpson dans l'Amérique boréale.

(1) *Zizania aquatica*.

lonie et que le commerce se fasse ordinairement par échange, comme le sol est très fertile, les habitants seraient fort à l'aise si les objets qu'ils doivent tirer du dehors ne leur étaient vendus beaucoup trop cher par les agents de la Compagnie de la baie d'Hudson, qui en a le monopole et qui profite durement de ce privilége. M. Provencher a fait venir de la Louisiane des moutons, qu'il a distribués dans la colonie.

Les colons sont obligés de se tenir constamment sur leurs gardes contre les Sioux, qui habitent dans leur voisinage.

Le Nelson passe pour avoir plus de 100 lieues de cours et la Severn environ 80. Au sud-est se trouve l'*Albany*, qui en a plus de 130. Sur le côté oriental de la baie d'Hudson, le *Ruppert* a une longueur d'environ 100 lieues; le *Maine oriental* (*East-Main*, ou *Slude-River*), qui forme dans son cours plusieurs petits lacs, est un peu plus long. Plus au nord, on signale encore la rivière de la Grande-Baleine, qui sort d'un lac, et dont la longueur est d'environ 75 lieues.

« Que de souvenirs, que de regrets ces noms ne nous rappellent-ils pas! Ce sont les chasseurs français du Canada qui les premiers firent retentir sur les bords de ces larges fleuves, dans ces vastes plaines, le bruit des armes européennes. Plusieurs forts en ruines attestent encore le commencement de souveraineté que la France avait acquis sur ces immenses contrées, susceptibles en partie de diverses cultures. Un empire a été perdu par la légèreté, la présomption et l'ignorance géographique de ce qu'on appelle en France des hommes d'Etat et des ministres. Le traité de 1783, conclu avec moins de précipitation, aurait pu rendre à la France l'Amérique septentrionale. Napoléon eut le bonheur de reprendre la Louisiane et le tort de la revendre. Aujourd'hui même, tous les moyens de rétablir la domination française dans le nord de l'Amérique ne sont pas enlevés à une politique éclairée et persévérante.

» L'extrême rigueur des hivers se fait sentir jusque sous le 57e parallèle: la glace, sur les rivières, y a huit pieds d'épaisseur, et l'eau-de-vie y gèle. Le froid y fait éclater les rochers avec un bruit horrible, égal à celui de la grosse artillerie; les débris volent à une distance étonnante. La température y est sujette aux plus capricieuses variations; la pluie vient vous surprendre au moment où vous admirez l'éclat d'un soleil pur, et cet astre vous consolera souvent au milieu des ondées par une réapparition soudaine; vous le verrez encore se lever ou se coucher, précédé ou suivi d'un cône de lumière jaunâtre. L'aurole boréale verse sur ce climat des clartés qui, tantôt douces et pures, tantôt éblouissantes et agitées, égalent celles de la pleine lune, et, dans l'un et l'autre cas, contrastent par un reflet bleuâtre avec la couleur de feu qui scintille dans les étoiles.

» Mais ces scènes imposantes ne font qu'ajouter à la solennelle tristesse du désert. Rien n'est plus affreux que les environs de la baie d'Hudson. De quelque côté qu'on jette la vue, on n'aperçoit que des terres incapables de recevoir aucune sorte de culture, que des rocs escarpés qui s'élèvent jusqu'aux nues, qu'entrecoupent des ravins profonds et des vallées stériles où le soleil ne pénètre point, et que rendent inabordables des glaces et des amas de neiges qui semblent ne fondre jamais. La mer n'est bien libre dans cette baie que depuis le commencement de juillet jusqu'à la fin de septembre, encore y rencontre-t-on alors assez souvent des glaçons qui jettent les navigateurs dans un grand embarras. Dans le temps qu'on se croit loin de ces écueils flottants, un coup de vent, une marée ou un courant assez fort pour entraîner le navire et l'empêcher de gouverner, le pousse tout-à-coup au milieu d'une infinité de monceaux de glace qui semblent couvrir toute la baie [1].

» La mer d'Hudson nourrit une petite quantité de poissons, et c'est sans succès qu'on y a tenté la pêche de la baleine; les coquillages n'y sont pas plus nombreux. Mais les lacs, même les plus septentrionaux, abondent en poissons excellents, tels que brochets, esturgeons, truites. Leurs bords sont peuplés d'oiseaux aquatiques, parmi lesquels on remarque plusieurs espèces de cygnes, d'oies et de canards.

» Sur le continent, les principaux quadrupèdes sont le buffle, l'élan, le bœuf musqué, le daim, le castor, le loup, les renards de différentes couleurs, le lynx ou le chat sauvage, l'ours blanc, l'ours noir, l'ours brun,

[1] Voyages d'*Ellis*, de *Middleton*, de *Robson*, de *Hearne*, etc., etc.

le wolverène, espèce de glouton, la loutre, le jackash (*lutra hudsonica*), la marte-à-pin, l'hermine ou le furet puant, le rat musqué, le porc-épic, le lièvre, le lapin, l'écureuil des bois, l'écureuil rampant, les souris de différentes espèces.

» Sur les bords de la rivière de Churchill viennent principalement plusieurs arbustes à baies, le groseiller, trois espèces d'airelle, le cassis, le fraisier et une petite espèce d'églantier, la bardane, l'oseille, la dent-de-lion, une espèce de ciste, une espèce de buis, des mousses de différentes espèces, et plusieurs sortes de plantes graminées et de pois. Les arbres qui garnissent les forêts de cette contrée barbare n'offrent que peu d'espèces; ce sont le pin, le mélèze nain, le peuplier, le saule et le bouleau nain. Plus à l'ouest, ce dernier est très multiplié. Dans le pays d'Atapeskow, le pin, le mélèze, le peuplier, le bouleau et l'aune acquièrent une plus grande hauteur; mais autour du lac Ouinnipeg fleurissent presque tous les arbres du Canada propre. Mackenzie y a fait une remarque fort extraordinaire: dégarnis par le feu, les endroits couverts de pins et de bouleaux ne produisent plus que des peupliers, quoique auparavant il n'y en eût pas un seul. Les bords de la Rivière Rouge, de l'Assinipoil et du Saskatchawan paraissent susceptibles de plusieurs genres de culture; l'orge et le seigle y ont mûri; le chanvre y devient très beau; mais l'éloignement des ports du Canada et le peu d'utilité de ceux de la baie d'Hudson, obstrués par la glace les deux tiers de l'année, embarrasseraient beaucoup une première colonie, soit pour recevoir les secours nécessaires, soit pour exporter les productions; ce ne sera que par une lente progression que la population européenne du Canada s'avancera jusque dans ces régions.

» Ce n'est que momentanément que l'appât du gain attire ici les Européens. Le commerce des pelleteries avait enrichi les Canadiens sous la domination française. Les Anglais y ont formé deux compagnies: celle d'Hudson, qui a son siége à Londres, et celle du Nord-Ouest, dont le chef-lieu est Montréal, et qui se compose d'Ecossais émigrés et de quelques Canadiens français. La mer méditerranée qu'on appelle la baie d'Hudson avait été visitée en 1610; mais ce fut en 1670 qu'une compagnie obtint une charte portant privilége d'y faire des établissements. Cette compagnie a des prétentions sur de très vastes territoires situés à l'ouest, au sud et à l'est de la baie, et dont la totalité s'étend du 72e au 117e degré à l'ouest de Paris; elle se prétend souveraine de tous les fleuves qui s'écoulent dans la baie. Mais vers l'ouest, où le lac Ouinnipeg sert à la fois de réservoir et de source à tant de rivières, la limite naturelle est très difficile à indiquer; il n'y a jamais eu de limite légalement fixée. Les exportations de la compagnie se montent annuellement à 16,000 liv. sterling ou 384,000 fr.; et les importations, qui accroissent beaucoup les revenus du gouvernement, vont, selon toute probabilité, à 30,000 liv. sterling ou 720,000 fr. Mais les bénéfices de cette société ont été considérablement diminués par la compagnie du Nord-Ouest, établie à Montréal.

» La compagnie de la baie d'Hudson ne s'est pas portée, du côté de l'ouest, au-delà de son chef-lieu, nommé ***Hudson-House***, tandis que celle du nord-ouest, plus courageuse et plus entreprenante, a presque atteint les rivages de l'océan Pacifique, et s'est étendue le long de la rivière Mackenzie vers les mers ou les terres arctiques. Mais la compagnie d'Hudson a cédé, en 1816, à lord Selkirk, son principal actionnaire, un vaste territoire sur les bords du lac Ouinnipeg et de la rivière Assinipoil. La colonie que ce lord y avait envoyée a essuyé des persécutions de la part des marchands de pelleteries du Canada, auxquels elle a voulu défendre la chasse dans ses limites: on en est même venu aux mains. En 1821, l'ancienne compagnie de la baie d'Hudson et celle de Montréal se sont réunies en une seule.

» Les pays adjacents à la baie d'Hudson, avec la terre de Labrador, ont été appelés, par un hommage peu flatteur pour la mère-patrie, ***Nouvelle-Bretagne***. Le nom de ***Nova-Dania*** a disparu promptement. On a généralement conservé aux parties situées à l'ouest de la baie celui de ***Nouvelle-Galles***, et au pays de l'est celui de ***Maine-Oriental*** (***East-Main***). C'est dans le voisinage de la baie de James que sont les plus importants établissements, tels que le fort ***Albany***, le fort du ***Moose*** et la factorerie d'***East-Main***. Plus au sud, et sur les confins du Haut-Canada, on trouve le comptoir *Brunswick*. le comptoir *Frédérick* et quelques autres. Au nord-est le comptoir *Severn*, sur l'embouchure de la grande rivière de ce nom. Le fort d'*York* s'élève sur le fleuve Nelson, et plus vers le nord est le fort *Churchill*, qu'on croit être le dernier établissement dans cette direction, et que des renseignements récents représentent comme tombant en ruines. La compagnie anglaise possède encore le fort *Chipewyan*, sur le lac Atapeskow, et plusieurs autres sur les bords du lac Ouinnipeg et des rivières Assinipoil, Saskatchawan et Mackenzie. Ces établissements peu stables manquent souvent de nom spécial et ne consistent guère qu'en une maison palissadée. »

Trois nations indigènes se partagent ces tristes régions. Les *Esquimaux* habitent depuis le golfe Welcome jusqu'au fleuve Mackenzie, et probablement jusqu'au détroit de Béring; ils s'étendent au sud jusqu'au lac de l'Esclave; au nord, ils s'arrêtent sur les bords de la mer Polaire ou prolongent leurs courses dans un désert glacé (1). Petits, trapus et faibles, mais bien proportionnés, ces hommes polaires ont le teint moins cuivré que d'un jaune rougeâtre et sale. Ils ont les épaules larges, les mains et les pieds d'une petitesse remarquable; ils ont le visage plus long et en même temps plus large que celui des Européens; leur nez est petit; leurs yeux, noirs et petits, sont enfoncés et cachés en partie par des paupières épaisses; leur bouche est grande, leurs lèvres sont épaisses, leurs oreilles larges et mobiles, leurs cheveux noirs, longs et rudes. Ces hommes ont naturellement peu de barbe, et encore ont-ils le soin de l'épiler. Leurs huttes, de forme circulaire, sont couvertes de peaux de daims dans l'intérieur des terres, et de phoques sur les bords de la mer; on n'y entre qu'en rampant sur le ventre. Les canots, formés de peaux de veau marin cousues sur une carcasse en bois ou en os de baleine, naviguent avec vitesse. Il y en a de deux sortes : ceux qu'ils nomment *kadjacs* ont 15 à 17 pieds de longueur sur 2 de largeur. Leur forme est celle d'une navette de tisserand; au milieu de la peau qui les couvre se trouve un trou dans lequel se place l'Esquimau qui le dirige avec une rame longue de 5 à 6 pieds, *étroite* au milieu, large et plate aux deux extrémités. S'il rencontre un champ de glace, il met son kadjac sur ses épaules, traverse l'obstacle et se remet à naviguer. Les canots appelés *cumiacs* sont construits de la même manière, mais plus grands et de la même forme que nos batelets : ils peuvent contenir jusqu'à vingt personnes. Ces sauvages travaillent patiemment une pierre grise et poreuse en forme de cruches et de chaudières; les bords de ces vases reçoivent des ornements élégants (1). Ils conservent leurs provisions de viande dans des outres remplies d'huile de baleine. Ceux qui demeurent vers l'embouchure du fleuve Mackenzie se rasent la tête, coutume particulière, mais qui ne suffit pas pour démontrer une origine asiatique. Les Esquimaux portent des vêtements faits de peaux d'animaux et principalement de phoques dont le poil est en dehors; ils consistent, pour les hommes, en une tunique ronde que les femmes portent aussi, mais fendue sur le côté, en un pantalon et en bottines communes aux deux sexes : les bottines des femmes montent jusqu'à la hanche; elles sont soutenues par des baleines, et elles leur servent à placer leurs enfants lorsqu'elles sont fatiguées de les porter dans leurs bras. Elles tressent leurs cheveux en nattes auxquelles elles suspendent des dents et des griffes d'ours blanc, ornement qui constitue leur principale parure. Elles ornent leur figure d'une sorte de tatouage, de même que le reste du corps.

Pour éviter l'action de la trop grande lumière sur la glace et la neige, les Esquimaux portent une espèce de garde-vue composé d'une petite planche très mince, percée de deux fentes étroites à travers lesquelles ils peuvent distinguer les objets.

Ils se nourrissent de chair de phoque, de baleine, de poissons et de différents gibiers qu'ils fument ou font cuire à demi. Ils mangent volontiers la chair crue, et sont très friands de suif et de savon; ils boivent avec délices de l'huile de poisson.

La cérémonie du mariage est chez eux très simple : l'homme choisit une femme, quelquefois même il jette ses vues sur une jeune fille à la mamelle, et déclare qu'il la prend

(1) *Mackenzie* : Voyage à l'Océan Pacifique, t. III, p. 341. *Hearne* : Voyage à l'Océan du Nord, t. I, *passim*.

(1) *Hearne* : Voyage à l'Océan du Nord, t. II, p. 23, 28 et 29.

pour épouse. Lorsque celle-ci est en âge d'être mariée, ses parents la conduisent chez le mari, qui a eu soin de préparer un repas après lequel les deux époux exécutent une danse de cérémonie; lorsque celle-ci est terminée, chacun des convives se retire en adressant à la mariée une exhortation pour lui rappeler ses devoirs d'épouse et de mère, et le mariage est terminé.

Le seul animal domestique qu'on trouve chez les Esquimaux est le chien, que l'on attèle, comme en Sibérie, à un petit traineau qui peut contenir une ou deux personnes. Il ressemble à nos chiens de bergers ; quelquefois son poil est tacheté, d'autres fois noir et plus souvent blanc. Il a les oreilles droites et courtes comme celles du renard. Il n'aboie point; son cri est une sorte de grognement. Son ennemi naturel est le loup, animal très féroce et très hardi dans les régions hyperboréennes.

« Les *Chipéouays*, qu'on nomme aussi *Chippeways* et *Chépewyans*, ont été observés par Mackenzie entre le lac de l'Esclave et le lac Atapeskow ou *Athabasca;* ils paraissent s'étendre jusqu'aux montagnes Rocheuses à l'ouest et jusqu'aux sources du Missouri au sud-ouest. Quelques voyageurs portent leur nombre à 30,000, d'autres à 16,000, et le major Pike à 11,000 seulement. Ceux qui habitent les environs du fort Chipewyan se donnent le nom de *Sa-issa-Dinnis* (hommes du soleil levant). Les *Indiens-Serpents*, les *Cattanachowes* et d'autres tribus en semblent des démembrements. Une branche des Chippeways est répandue dans le territoire des Etats-Unis. Quoiqu'un peu moins cuivrés et un peu moins barbus que les peuples voisins, les Chippeways n'ont pas le teint mongol. Leurs cheveux, lisses comme ceux des autres Américains, ne sont pas toujours de couleur noire. Ils se font, en peau de daim, un vêtement très chaud et très solide [1].

» Quoique très pacifiques entre eux, ces Indiens sont continuellement en guerre avec les Esquimaux, sur lesquels la supériorité du nombre leur donne un avantage considérable. Ils égorgent tous ceux qui tombent entre leurs mains, car la crainte leur a donné le principe de ne jamais faire de prisonniers. Ils se soumettent aux Knistenaux, qui sont bien moins nombreux.

» La contrée que les Chippeways appellent leur pays n'a que très peu de terre végétale: aussi ne produit-elle presque pas de bois ni d'herbe. Ce qu'on y trouve en quantité, c'est de la mousse que paissent les daims. Une autre mousse croît sur les rochers et sert d'aliment aux hommes. On la fait bouillir dans de l'eau, et en se dissolvant elle forme une substance glutineuse assez nourrissante. Le poisson abonde dans les lacs des Chippeways, et des troupeaux de daims couvrent leurs collines. Mais, quoiqu'ils soient les plus clairvoyants et les plus économes des sauvages de l'Amérique septentrionale, ils ont beaucoup à souffrir de la disette en certaines années.

» Les Chippeways se prétendent les descendants d'un chien : aussi regardent-ils cet animal comme sacré. Ils se figurent le créateur du monde sous la figure d'un oiseau dont les yeux lancent des éclairs et dont la voix produit le tonnerre. Les idées d'un déluge et de la longue vie des premiers hommes leur sont héréditaires.

» On peut considérer comme une branche des Chippeways les tribus désignées par Hearne sous le nom d'Indiens du nord, et qui demeurent entre la rivière du Cuivre et la baie d'Hudson jusqu'à la rivière de Churchill. Ces Indiens du nord sont en général d'une taille moyenne, bien proportionnés et forts ; mais ils manquent de cette activité, de cette souplesse si naturelles aux Indiens dont les tribus habitent les côtes méridionales et occidentales de la baie d'Hudson. La couleur de leur peau approche de celle du cuivre foncé. Leurs cheveux sont noirs, épais et lisses comme ceux des autres Indiens. A l'instar des Chippeways, ils prétendent devoir leur origine aux amours de la première femme avec un chien, qui, la nuit, se transformait en un beau jeune homme [1].

» Très rusés pour attraper quelques petites aumônes, ils sont pourtant très pacifiques et ne s'enivrent point. La femme n'est chez eux qu'une espèce de bête de somme. Qu'on demande à un Indien du Nord en quoi consiste la beauté, il répondra qu'une figure large et plate, de petits yeux, des joues creuses dont chacune offre trois ou quatre traits noirs, un

[1] *Hearne* : t. I, p. 284.

[1] *Hearne* : Voyage à l'Océan du Nord, t. II.

front bas, un menton allongé, un nez gros et recourbé, un teint basané et une gorge pendante la constituent véritablement. Ces agréments augmentent beaucoup de prix lorsque celles qui les possèdent sont capables de préparer toutes sortes de peaux, d'en former des habits, de porter un poids de 100 à 140 livres en été, et d'en tirer un plus lourd en hiver. L'usage de la polygamie leur procure un plus grand nombre de ces servantes soumises, fidèles et même affectionnées. Lorsqu'ils ont reçu un affront quelconque, ils provoquent leur ennemi à une lutte; le meurtre est très rare parmi eux. L'homme qui a versé le sang de son compatriote est abandonné par ses parents et ses amis; il est réduit à une vie errante, et dès qu'il sort de sa retraite, chacun s'écrie : « Voilà le meurtrier qui paraît! »

A l'ouest du lac Ouinnipeg, les *Assiniboins*, peuplade de Sioux au nombre d'environ 4,000, élèvent beaucoup de chevaux et se nourrissent de bisons, de daims, d'ours et d'antilopes. Chez eux, chaque homme, pendant l'été, parcourt le pays en chassant à cheval, et l'hiver en traîneaux auxquels ils attèlent de gros chiens.

« Les *Knistenaux*, appelés *Cristinaux* par les anciens Canadiens, et *Killistonous* par quelques modernes, parcourent ou habitent tout le pays au sud du lac des Montagnes jusqu'aux lacs du Canada, et depuis la baie d'Hudson jusqu'au lac Ouinnipeg. Ils sont d'une stature médiocre, bien proportionnés et d'une extrême agilité. Des yeux noirs et perçants animent leur physionomie agréable et ouverte. Ils se peignent le visage de diverses couleurs. Ils portent des habits simples et commodes, coupés et ornés avec goût; mais quelquefois ils courent à la chasse, même dans le plus grand froid, presque entièrement nus. Il paraît que, de tous les sauvages de l'Amérique septentrionale, les Knistenaux ont les femmes les plus jolies. Leur taille est bien proportionnée, et la régularité de leurs traits obtiendrait des éloges en Europe. Elles ont le teint moins brun que les autres femmes sauvages, parce qu'elles sont beaucoup plus propres. Ces sauvages sont naturellement doux, probes, généreux et hospitaliers lorsque le funeste usage des liqueurs fortes n'a pas changé leur naturel. Ils ne comptent pas la chasteté au nombre des vertus, et ne croient pas que la fidélité conjugale soit nécessaire au bonheur des époux. Ils offrent leurs femmes aux étrangers; ils en changent entre eux, à la manière de Caton. Les brouillards qui couvrent les marais sont censés être les esprits des défunts (¹). »

Les *Knistenaux* sont au nombre d'environ 24,000, et comptent 3,000 guerriers.

« Les côtes orientales de la baie d'Hudson font partie de la péninsule de *Labrador*. Cette terre, de forme presque triangulaire, projette une autre de ses faces sur le bras de mer appelé *détroit de Davis*, et s'appuie avec le troisième côté sur le Canada et le golfe Saint-Laurent. Détaché ainsi des terres arctiques, le Labrador devrait tenir un peu de la nature des régions froides et tempérées; mais, soit à cause de l'élévation de ses montagnes encore à peu près inconnues, soit par l'influence des brouillards perpétuels dont les mers voisines sont couvertes, c'est un pays aussi glacial que ceux à l'ouest de la baie d'Hudson. Cartwright assure avoir trouvé une famille d'indigènes logée dans une caverne creusée dans la neige; cette demeure extraordinaire avait 7 pieds de haut, 10 à 12 de diamètre, et la forme d'un four. Un grand morceau de glace servait de porte d'entrée. Une lampe éclairait l'intérieur, où les habitants étaient couchés sur des peaux. Non loin était une cuisine également construite en neige (²). »

La région dont nous nous occupons fut découverte en 1496 par les Portugais, qui la nommèrent *Terra-Labrador* (Terre du Laboureur). Les Anglais l'appellent *New-Britain*.

Tout ce que l'on connaît du Labrador est un amas de montagnes et de rochers, entrecoupé de rivières et de lacs sans nombre (³). On sait aussi que les montagnes y sont couvertes de neige toute l'année. Les plus hautes de ces montagnes, qui ne paraissent pas s'élever à plus de 1,000 mètres, s'étendent le long de la côte orientale. En s'éloignant des côtes, le pays prend un aspect moins triste; les roches arides disparaissent, et l'on voit s'étendre au loin des forêts de sapins, de mélèzes, de bouleaux et de peupliers. Toutefois,

(¹) *Mackenzie* et *Hearne*, l. c. — (²) *Cartwright* : Journal of Transactions, etc., etc. vol. I. — (³) *Roger Curtis* : Particulars of Labrador, dans les *Philos. Transact.*, t. LXIV, part. 2, p. 178.

passé le 56e parallèle, ces arbres font place à des arbustes rabougris qui disparaissent à leur tour sous le 60e degré.

Les principaux animaux du Labrador sont : le renne, l'ours noir et l'ours blanc, le loup, le renard, le chat sauvage, le carcajou, la martre, le castor, la loutre, le lièvre, l'hermine et le porc-épic. Les oiseaux les plus sédentaires sont : l'aigle, le faucon et la perdrix. Les courlis sont très abondants. On n'y voit ni reptiles venimeux ni insectes, à l'exception de myriades de moucherons fort incommodes.

Suivant le missionnaire Herzberg, de la société des frères moraves, la neige commence à fondre au mois de mai ; cependant il en tombe souvent encore de nouvelle, et vers le commencement de juin il gèle fréquemment la nuit. Au mois de juillet, la neige a disparu dans les vallées exposées au sud. La floraison des plantes commence alors, et dans le mois d'août elles portent des fruits. A peine à la fin de ce mois, on voit la neige tomber, et en septembre l'hiver a recommencé. Ainsi, ces malheureuses contrées sont privées de nos deux plus agréables saisons, le printemps et l'automne. L'hiver est tellement rigoureux que la glace des lacs a jusqu'à 12 pieds d'épaisseur.

D'après un herbier recueilli au Labrador par M. Herzberg, et adressé par lui au botaniste allemand Meyer, celui-ci y a reconnu 12 plantes particulières à ce pays (1). Il signale parmi les acotylédones 15 genres, les monocotylédones 17, les dicotylédones 71 et les phanérogames 88 (2).

« Toutes les eaux sont extrêmement poissonneuses. Parmi les poissons, on distingue le saumon, la truite, le brochet, l'anguille et le barbeau. Les ours se réunissent en grandes troupes auprès des cataractes pour y prendre le saumon qui y remonte en très grand nombre et dont ils sont très friands. Il y en a qui plongent, poursuivent leur proie sous les eaux, et ne reparaissent qu'à 100 ou 200 pas de distance ; d'autres, plus paresseux ou moins agiles, semblent être venus là pour jouir du spectacle. Les castors y fourmillent ainsi que les rennes. L'air est plus doux dans l'intérieur des terres, où l'on aperçoit quelques vestiges de fertilité. Les vallées, selon Curtis, sont couvertes de pins et de pinastres. Il y croît beaucoup de céleri sauvage et des plantes antiscorbutiques. Le fait le plus bizarre qui nous soit transmis, c'est « que les » terrains tourbeux de la côte se couvrent de » gazon après avoir été engraissés par les ca» davres des phoques que la mer y rejette. » Il faut en attendre la confirmation. On pourrait cultiver les parties méridionales ; mais il serait difficile de se défendre des ours et des loups, et le bétail ne pourrait quitter l'étable que trois mois de l'année. La côte orientale offre un escarpement stérile de montagnes rocheuses qui se revêtent en quelques endroits d'une tourbe noirâtre et de quelques plantes rabougries. Des brouillards l'assiègent ; cependant ils paraissent de moins de durée qu'à Terre-Neuve (1). Quoique la plus grande partie des eaux vienne de la neige fondue, cependant on n'y connaît point les goîtres. Des milliers d'îles couvrent cette même côte ; elles sont peuplées d'oiseaux aquatiques, et particulièrement des canards qui donnent l'édredon.

» Chaque année, plus de 2,000 navires anglais et américains, montés par plus de 24,000 hommes, vont pêcher sur les côtes du Labrador plus de 2,000,000 de quintaux de poisson, 10,000 peaux de veaux marins et 6,000 tonneaux d'huile, formant une valeur de 28,000,000 de francs.

» La plus célèbre production de ce pays est le labradorite, que l'on a long-temps appelé feldspath de Labrador, découvert par les frères moraves au milieu des lacs du canton élevé de *Kylgapied*, où ses vives couleurs se réfléchissaient au fond de l'eau. Les roches sont en général granitiques. Le district d'*Ungawa*, situé à l'ouest du cap *Chudleigh*, abonde en jaspe rouge, en hématites et en pyrites.

» Les Esquimaux ont peuplé toutes les côtes septentrionales et orientales de cette contrée ; ils vivent de la pêche. C'est parmi eux que les frères moraves ont fondé les trois co-

(1) Ce sont les suivantes : *Agrostis trichanta* (Schrank), *avena squarrosa* (id.), *orchis dilatata* (Pursh), *salix uva ursi* (id.), *s. planifolia* (id.), *vaccinium fissum* (Schrank), *solidago thyrsoïda* (E. Meyer), *s. multiradiata* (Ait.), *potentilla emarginata* (Pursh), *arenaria thymifolia* (id.), *stellaria labradorica* (Schrank). — (2) *Frn. Meyer* : De plantis labradoricis. — Leipzig, 1830.

(1) *De la Trobe* : Journal météorologique. *Transactions philosophiques*, t. LXVIII.

lonies de *Nain*, d'*Okkak* et de *Hoffenthal*, ou *Hopedale*[1]. Lorsqu'ils y abordèrent, les Esquimaux avaient la coutume de tuer les orphelins et les veuves pour ne pas les exposer à mourir de faim. Les missionnaires, après leur avoir enseigné diverses pratiques utiles pour la pêche, bâtirent un magasin où chacun pût conserver son superflu ; ils les engagèrent à mettre la dixième partie de côté pour les veuves et les orphelins. Voilà comment on convertit véritablement les peuples ! »

Les Esquimaux du Labrador ont le visage plat, le nez court, les cheveux noirs et rudes, les mains et les pieds très petits, et diffèrent des indigènes de l'intérieur par la barbe, qui manque à ceux-ci. Leur nourriture consiste principalement en chair de phoque et de rennes, et en poissons qu'ils mangent quelquefois crus et même dans un état de putréfaction.

Leurs vêtements consistent en une camisole à capuchon, des pantalons, des bas, et des bottes en peaux de phoques dont le poil est en dedans, du moins en hiver. Les femmes ont le même costume que les hommes, à l'exception que leurs bottes sont plus amples et que leur habit de dessus a une queue; elles ornent leur tête de petits objets en verroterie, ou d'un cercle en laiton brillant.

En été, ces Esquimaux vivent dans des tentes de formes circulaires, construites en perches et couvertes de peaux cousues ensemble, et qu'ils transportent continuellement d'un lieu à un autre. Ils ont un grand nombre de chiens qui servent à tirer leurs traîneaux, et dont la chair leur sert quelquefois de nourriture et la peau de vêtements.

Leurs armes sont la javeline, l'arc et la flèche. Ils sont adonnés à la polygamie, mais leurs familles sont en général peu nombreuses. Ils n'ont ni gouvernement, ni lois. Un homme n'est regardé comme supérieur à un autre que lorsqu'il se fait remarquer par son courage, sa force, ou le nombre des membres de sa famille.

Nain, le principal établissement des frères missionnaires moraves, est situé sur la côte orientale, vis-à-vis les îles *Hillsborough ;* il possède un port assez bien abrité.

« Une tribu particulière habite les montagnes méridionales ; malheureusement le mélange avec les Canadiens français en a effacé les traits avant qu'ils aient pu être examinés avec soin. Cette peuplade, qui a adopté le rite catholique, se nourrit de rennes et de gibier ; on ne les appelle que les *Montagnards*. Une autre tribu, nommée les *Escopics*, habite la partie occidentale. »

Le vaste enfoncement des eaux de l'océan Atlantique, dans les terres de l'Amérique septentrionale, qui, commençant par le *détroit* dit d'*Hudson*, s'élargit ensuite sous le nom de *baie d'Hudson*, est à proprement parler une véritable *mer*. En effet, peut-on refuser ce nom à une étendue de plus de 450 lieues de longueur du sud au nord, et de plus de 250 de largeur de l'est à l'ouest ? Au sud, elle offre un autre enfoncement de 100 lieues de longueur et de 60 de largeur, improprement appelé *baie de James*, bien que ce soit un golfe qui présente lui-même des baies profondes dans sa partie méridionale. Les côtes de la mer d'Hudson sont en général élevées et bordées de rochers; la profondeur de ses eaux est de 150 brasses au milieu. L'hiver, leur surface est couverte de glaces, et l'été elle n'en est pas même entièrement dépourvue. De nombreuses îles s'élèvent du sein des eaux dans les parties méridionale, orientale et septentrionale de cette mer. Au sud, la plus grande est celle d'*Agomisca ;* au nord, celle de *Mansfield*, et, plus au nord, encore plusieurs grandes îles que l'on peut appeler les *Terres arctiques* et regarder comme des dépendances de la Nouvelle-Bretagne, c'est-à-dire des possessions anglaises dans l'Amérique septentrionale.

Les *Terres arctiques* ont été divisées par M. Balbi en deux parties distinctes : l'une continentale et l'autre insulaire.

La partie continentale comprend l'extrémité nord-est du continent américain, c'est-à-dire les deux vastes presqu'îles appelées *Melville* et *Terre de Bouthia* (Boothia), découvertes par le capitaine Ross. La plus septentrionale de ces presqu'îles est la dernière ; son extrémité boréale était connue sous le nom de *North Somerset* avant l'expédition du capitaine Ross. Cet intrépide voyageur fut forcé de séjourner pendant quatre ans dans les trois anses appelées *Port Félix*, *Port du Scherif* et *Port de la Victoire*. Sur cette péninsule, non loin du cap Adélaïde, se trouve

[1] *David Cranz :* Histoire des frères moraves, continuée par *Hegner*, p. 125, 139, 321 (Barby, 1791).

le *Pôle magnétique de Guillaume IV* [1].

Plusieurs îles assez considérables longent les côtes orientales et occidentales de la Terre de Bouthia.

La partie insulaire des Terres arctiques peut se diviser en trois groupes.

Le *Devon septentrional* est un assemblage imparfaitement connu d'îles couvertes de glaces que le capitaine Parry découvrit en 1819 et 1820, et qui est plus intéressant relativement au passage de l'océan Atlantique au Grand-Océan par le nord de l'Amérique qu'il n'est important comme possession anglaise. Le cap *Clarence* [2] est le point le plus remarquable par sa grande élévation et sa haute latitude.

Dans la même expédition, le capitaine Parry découvrit les îles *Sabine, Biam-Martin, Bathurst, Cornwallis*, et celle qu'il nomma *Melville*, du nom du premier lord de l'amirauté anglaise. Cette dernière est entourée de glaçons de 40 à 50 pieds d'épaisseur. On en a rapporté une nouvelle espèce de rats, à laquelle on a donné le nom de *mus hudsonus*. Il désigna sous celui de *Géorgie septentrionale* (*North-Georgia*) cet archipel de la mer Polaire [3]. La végétation y est chétive; elle ne se compose que de quelques espèces de mousses. Le capitaine Parry y trouva plusieurs animaux, tels que le bœuf musqué, l'ours blanc, le cerf américain, le renard, le renne et une grande espèce de loups ; les côtes sont fréquentées par divers oiseaux et par plusieurs espèces de phoques; il y remarqua même des traces d'habitants. On pourrait peut-être comprendre aussi dans cet archipel la *terre de Banks*, que le capitaine Parry découvrit, en 1820, au sud-ouest de l'île Melville, et dont on ne connaît encore qu'une petite partie.

Le troisième groupe se compose de toutes les îles qui s'étendent au sud du détroit de Lancastre et Barrow, au nord de celui de l'*Hécla* et entre la mer d'Hudson et celle de Baffin. Les îles principales sont *Cock burn*, au nord de la presqu'île Melville; *Winter*, petite île habitée par des Esquimaux; *Mansfield*, qui a 25 lieues de longueur du nord au sud et 6 de largeur, mais qui est complétement déserte; *Southampton*, qui est encore plus considérable, et qui est habitée aussi par des Esquimaux; enfin l'île *James*, dont l'étendue a été considérablement réduite d'après les dernières explorations. La *terre de Cumberland*, dont on ne connaît que les côtes orientales; le *Nouveau-Galloway*, appelé aussi *William-land*, qui s'étend le long de la mer de Baffin, enfin les îles *Jameson*, encore imparfaitement connues, font partie de ce groupe [1].

« Au sud de l'île James, le détroit d'Hudson sépare l'île de *Cumberland* du Labrador ; à l'est, le passage de Davis et la mer de Baffin isole ces îles du Groenland ; au sud-ouest, elles sont baignées par le golfe *Welcome* et par le *Mare-Christianeum* du Danois Munck. Les capitaines James et Fox, qui dans le dix-septième siècle pénétrèrent dans le bras de mer qui sépare les îles James et Cumberland de celle de Southampton, virent leurs efforts échouer contre les glaces immobiles qui obstruaient ce canal. L'effrayante peinture des souffrances auxquelles le froid et la disette de vivres exposèrent ces navigateurs n'a pas découragé les capitaines Parry et Ross de la pensée d'une nouvelle tentative. Elle intéresse vivement la géographie, car il n'est pas invraisemblable que ce canal communique avec la mer, probablement méditerranée, vue par Hearne. L'accumulation perpétuelle de la glace entre ces îles au 65ᵉ degré de latitude, tandis que l'on remonte habituellement le détroit de Davis au 72ᵉ, semble indiquer ici l'embouchure d'une mer intérieure, ou peut-être d'un fleuve servant de débouché à de grands lacs.

» En 1839, le capitaine Anglais Penny, qui naviguait dans ces parages, apprit des Esquimaux que, sur la rive orientale du détroit de Cumberland, à 60 milles au-delà du cap Easterly, il y avait une baie qui s'étendait à environ 140 milles dans la direction du nord-est; que cette baie est bornée au nord par une longue chaîne de montagnes, au nord-est par des rochers et au sud-ouest par un pays très plat. Cette baie est remplie de glaces flottantes et n'est libre que dans les mois de juin et de juillet; on y rencontre un grand nombre de baleines [2].

(1) Il est à la latitude de 70° 5′ 17″. — (2) Situé par 76° 33′. — (3) Il est situé entre le 96ᵉ et le 117ᵉ degré de longitude occidentale, et est coupé par le 75ᵉ parallèle.

(1) M. *Balbi* a proposé de comprendre provisoirement toutes ces îles sous le nom d'Archipel de *Baffin-Parry*. — (2) Nouvelles Annales des Voyages. — Février 1840.

» Faisons maintenant le tour de la baie, ou plutôt de la mer de Baffin. Les côtes qui la bornent à l'occident et au nord-ouest, et auxquelles on donne les noms de *Terres du Prince Guillaume*, de *North-Galloway*, ou *New-Galloway*, le *Nouvel-Ayr* et autres, paraissent habitées par quelques familles d'Esquimaux. Un bâtiment norvégien, qui fut poussé vers une côte située vis-à-vis l'île Disco, y a recueilli une bonne cargaison de pelleteries ; le capitaine Parry y trouva des Esquimaux sur les bords de la Clyde. Plus au nord, le *détroit de Lancaster*, aujourd'hui de *Barrow*, sépare les terres, et conduit dans une mer intérieure où M. Parry a successivement découvert les îles désertes et stériles dont il a été question plus haut. En rentrant dans la baie de Baffin, nous voyons au nord les *Highlands*, *Hautes Terres Arctiques*, région montagneuse, habitée par une tribu d'Esquimaux qui ignoraient l'existence de toute autre nation [1].

» Nous voilà parvenus au *Groenland* [2], dépendance naturelle de l'Amérique.

» Nous avons déjà démontré dans l'*Histoire de la Géographie* que l'existence de la vaste côte tracée communément vis-à-vis l'Islande, sous le nom de *vieux Groenland*, n'est fondée que sur une hypothèse de Torfæus, antiquaire islandais. Cette côte a probablement toujours été ensevelie dans les mêmes glaces qui encore en défendent l'accès. L'ancien Groenland répond à la partie du sud-ouest actuellement connue, qui est occupée par les Danois et par une peuplade d'Esquimaux.

» Les établissements danois consistent dans une vingtaine de factoreries semées le long des côtes. Le poste le plus avancé vers le pôle est *Upernavick* (72° 30' lat.) ; puis viennent *Umanak*, où l'on fait une pêche importante de chiens marins ; *Godhavn*, sur l'île de Disco ; *Jacobshavn*, fondé en 1741 ; *Holsteinborg*, qui date de 1759, et qui ne renferme que 150 Esquimaux ; *Sukkertoppen*, où il y a un bon port où l'on fait une pêche abondante ; *Godthaab*, la principale et la plus ancienne de ces colonies, à 64° 10', avec un excellent port ; *Friderikshaab* et *Julianehshaab*.

» La description d'un de ces établissements donnera une idée de tous les autres. Holsteinborg se compose de la maison du gouverneur et de celle du pasteur, auxquelles sont annexés de fort jolis jardins potagers ; près de là s'élève l'église, surmontée d'un petit clocher ; le reste consiste en deux magasins, une boulangerie et une quarantaine de huttes d'Esquimaux. La maison du gouverneur et celle du ministre sont bâties en bois, et renferment une cuisine, une salle à manger, une chambre à coucher et un salon ; l'église est simple, mais propre, et peut contenir 200 personnes. L'établissement exporte chaque année 3,000 peaux de rennes et une grande quantité d'huile de baleines et de veaux marins. On a fondé depuis peu dans cette colonie reculée une bibliothèque publique qui, en 1834, se composait d'une centaine de volumes ; ce qui est déjà beaucoup pour une contrée comme le Groenland. Le district de Julianenshaab renferme environ 2,000 habitants. On y élève des bêtes à laine et des bêtes à cornes ; mais on y trouve quelques restes d'anciennes maisons qui appartiennent à l'époque du moyen âge [1].

» Les frères moraves ont trois loges, dont l'une, nommée *Lichtenau*, est tout près du cap Farewell. La population, qui en 1789 avait été trouvée de 5,122 âmes, s'élevait en 1802 à 5,621 individus ; mais ce recensement, fait après une épidémie, était d'ailleurs incomplet [2]. La vaccine, récemment introduite, garantira cette peuplade des ravages de la petite-vérole. »

» Un autre établissement d'herrnhuttes, ou de frères moraves, est *Lichtenfels* ; enfin le troisième est *Nye-Herrnhut*, ou *Nouveau-Herrnhutte*. L'archipel de Disco comprend aussi plusieurs petits établissements danois ; au sud, la colonie d'*Egedesminde* comprend plusieurs îles, dont les plus considérables sont celles des Renards. Cette colonie exporte tous les ans 60 tonneaux de lard et 700 fourrures, ainsi qu'une grande quantité d'édredon. »

(1) *Parry* : Voyage à la recherche du passage nord-ouest, London, 1821. — (2) On écrit en danois et en islandais *Grœnland*, de *grœn*, vert, et *land*, terre. C'est à regret que nous conservons l'orthographe *groenland*, source d'une fausse étymologie. *Groïn*, dans l'ancien skandinave, répond à *crescens*, *germinans*, et non pas à *concreta*. Ainsi *Groïnland*, si le mot existait, signifierait *terra germinans*, et non pas *terra concreta*.

(1) Capit. *Ross* : Voyage aux terres Arctiques, 1829 à 1833. — (2) Rapport sur la situation actuelle du Groenland dans la *Gazette ministérielle danoise*, 1803, numéros 15 et 16.

A *Ekolumiut,* sous le 63e degré 30 minutes de latitude, M. Graah remarqua une végétation plus active qu'à *Julianenshaab,* où elle passe pour déployer le plus de richesse. *Amitoursuk,* à quelques lieues d'Ekolumiut, possède un port sûr et commode.

Le gouvernement danois se manifeste peu dans l'administration de ces colonies ; toute sa sollicitude se borne à y entretenir des missionnaires, qui exercent une utile influence et une sage autorité sur les habitants. Les colonies du Groenland sont divisées en deux inspectorats : celui du sud, dont le chef-lieu est la bourgade de Julianenshaab, et celui du nord, qui paraît avoir pour chef-lieu Egedesminde, dont le nom rappelle Egède, son fondateur.

Lorsqu'au dixième siècle, l'Islandais Eric Rauda eut fait connaître au gouvernement norvégien la découverte qu'il venait de faire d'un pays que l'on se représentait, malgré sa latitude, tout couvert de verdure, plusieurs familles consentirent à l'y suivre et à y fonder une colonie. Bientôt après, Olaüs, roi de Norvége, chargea plusieurs missionnaires de répandre le christianisme dans cette nouvelle contrée; en 1386, Marguerite de Valdemar, qui réunit sous son sceptre le Danemark, la Norvége et la Suede, déclara le Groenland domaine de l'Etat. En 1418, une flotte ennemie, qui appartenait probablement au prince Zichmni de Frislande, vint attaquer la colonie déjà affaiblie par les ravages d'une maladie contagieuse, et détruisit tout par le fer et le feu. Les dissensions troublaient alors la mère-patrie; le Groenland fut oublié. Pendant le dix-septième et le dix-huitième siècle, le gouvernement danois fit rechercher, mais en vain, les restes des anciens établissements. Enfin, en 1722, Jean Egède, prêtre norvégien, entreprit d'aller instruire dans le christianisme les Esquimaux du Groenland; il y débarqua avec toute sa famille, y resta quinze ans, et y fonda une colonie dont la prospérité naissante attira l'attention du gouvernement, qui rétablit les relations commerciales avec le Groenland. Depuis, les frères moraves répandirent avec zèle l'instruction religieuse parmi les Groenlandais.

Les côtes seules, dans un espace de 300 lieues, sont habitées; ni les Danois, ni les Groenlandais n'ont dépassé la chaîne de montagnes qui défend l'accès de l'intérieur; mais il y a des Groenlandais nomades qui s'établissent quelquefois à une distance considérable au nord d'Upernavick [1].

Il y a encore sur la côte occidentale le haut pays arctique (Artic - Highland), la *Terre de Jameson*, groupes d'îles découvertes par le capitaine Scoresby, et quelques autres îles peu connues.

La côte orientale a été explorée dans le courant de 1828 à 1830 par le capitaine danois Graah, pour y retrouver les traces d'une colonie qui, partie de l'Islande, s'établit au Groenland pendant le quatorzième siècle. Il dépassa le 69e parallèle, mais il ne retrouva pas de traces d'anciens établissements ; cependant les indigènes, au nombre d'environ 600 qu'il rencontra sur cette côte, lui parurent avoir plus d'analogie avec les Européens qu'avec les Esquimaux: loin d'en avoir le corps trapu et la petite stature, ils sont nerveux, d'une taille élancée et au-dessus de la moyenne ; leur teint est aussi clair que chez les Européens: ce qui semblerait annoncer une race résultant du mélange des Esquimaux avec ces derniers.

Toute cette côte a paru à M. Graah plus froide, plus stérile, plus misérable que la côte occidentale ; elle ne consiste qu'en une sorte de glâcier continu qui ne laisse d'espace à la végétation que le long de quelques coteaux, sur le bord des rivières et sur les côtes des îles. Pendant l'été de 1829, il n'a pas eu un seul jour que l'on pût appeler chaud : le 14 juin, le thermomètre centigrade ne s'était pas encore élevé au-dessus de 12 degrés, et pendant l'hiver de 1829 à 1830, il n'est pas descendu au-dessous de 17 à 18 degrés. La végétation peu variée n'offrait qu'une herbe très fine que les rayons du soleil desséchaient bientôt, que le cochléaria, l'oseille, quelques renoncules, des saules, des bouleaux nains et des myrtils dont les baies servent de nourriture aux indigènes.

Les principaux animaux qu'il rencontra furent des rennes, des ours blancs, des renards et des lièvres ; mais vers le 63e degre, on ne voit plus ces derniers animaux ; on ne

[1] A la nouvelle qu'il y a des habitants sur la côte orientale, M. *Wormskiold* a de nouveau soutenu que l'ancien Groenland oriental était réellement à l'est du cap Farewell.

connaît plus les rennes que de nom. L'ours blanc pèse quelquefois jusqu'à 1,600 livres. Il appartient probablement à une espèce particulière, ce requin des parages du Groenland, dont les chairs palpitent, dit-on, encore trois jours après sa mort, et qui porte sur les yeux un appendice qui semble émousser le sens de la vue. Les habitants prétendent que dans les montagnes les plus septentrionales il existe un animal qu'ils nomment *ancarock*, beaucoup plus grand que le chat, auquel il ressemble, et presque aussi féroce que le tigre. On y remarque une grande variété d'oiseaux, tels que l'aigle, l'autour, l'épervier, le faucon, le corbeau, le geai, l'alouette et le canard.

Le Groenland, dont on ne peut déterminer exactement les limites, paraît, d'après les nouvelles explorations des intrépides navigateurs Parry, Ross et Graah dans la mer Polaire, être entièrement séparé du continent par cette mer, par celle de Baffin, par le détroit de Lancastre et par celui de Davis. L'Atlantique le baigne au sud-ouest et au sud-est, et l'océan Glacial arctique à l'est. Au nord et au nord-ouest ses bornes sont tout-à-fait inconnues ; on présume cependant que sa longueur du nord au sud est d'environ 600 lieues, et que sa largeur vers le 78e degré est de 300 lieues de l'est à l'ouest. La population paraît être de 21,000 individus, dont 7 à 8,000 chrétiens.

Le Groenland n'est véritablement qu'un amas de rochers entremêlés d'immenses blocs de glace, l'image réunie du chaos et de l'hiver. Le *Pic-de-Glace*, masse énorme de glace, s'élève près de l'embouchure d'une rivière, et jette un tel éclat, qu'on l'aperçoit distinctement à plus de 10 lieues. Des aiguilles hardies et une voûte immense donnent à cet édifice de cristal l'aspect le plus magique. Une chaîne continue parcourt la partie connue du Groenland, que les Islandais, dans leurs descriptions, appellent *Himin-Rad* ou *Monts du Ciel*. Les trois pointes, qu'on nomme la *Corne-du-Cerf*, s'aperçoivent en mer à la distance de 25 lieues. Les roches sont ordinairement composées de granit, de quelques pierres argileuses et de pierres ollaires par bancs verticaux. Dans les fentes perpendiculaires on trouve du quartz, du talc et des grenats. On a apporté au *Muséum groenlandais*, à Kopenhague, des échantillons d'un très riche minerai de cuivre, de mica-schiste, de marbre grossier et de serpentine, ainsi que de l'amiante, des cristaux de roches et de la tourmaline noire [1]. Enfin le Groenland nous a fourni le minéral nommé *fluate d'alumine* ou *cryolithe*. On a récemment découvert une vaste mine de charbon de terre dans l'île Disco. Trois sources chaudes ne sont pas les seuls indices volcaniques observés jusqu'à présent : entre le 67e et le 77e parallèle, au milieu d'énormes amas de neige, un volcan a lancé des flammes en 1783. Pendant les courts instants de l'été, l'air, très pur sur la terre ferme, est dans les îles obscurci par les brouillards. Les clartés vagabondes de l'aurore boréale adoucissent un peu la sombre horreur des nuits polaires. Ce qu'on appelle *fumée de glace*, est une vapeur qui sort des crevasses de la glace marine ou qui s'élève de la surface des lacs, et qui, formant dans l'air un réseau transparent et solide, est poussée par le vent, rase le sol et tue l'Esquimau qu'elle atteint. La rareté des pluies, le peu d'abondance des neiges et l'intensité inouïe du froid qu'apporte le vent d'est-nord-est, nous font soupçonner que les parties les plus orientales du Groenland forment un grand archipel encombré de glaces éternelles que les vents et les courants y amoncèlent depuis des siècles. Il y a quelques terres labourables, et probablement l'orge pourrait venir dans la partie méridionale. Les montagnes sont couvertes de mousse du côté du nord ; les parties exposées au midi produisent de très bonnes herbes, des groseilles et d'autres baies en abondance, et quelques petits saules et bouleaux. Non loin de Julianenshaab, un bois de bouleaux couvre une vallée ; mais les arbres les plus hauts ont 18 pieds. On cultive les choux et les navets près des colonies danoises.

« Le règne animal offre ici de gros lièvres dont la chair est excellente, et qui donnent une bonne fourrure ; des rennes de la variété américaine, des ours blancs, des renards, de grands chiens qui hurlent au lieu d'aboyer, et dont le Groenlandais attèle ses traîneaux. Une immense quantité d'oiseaux aquatiques demeurent près des rivières, qui abondent en saumons. Les cabillauds, les turbots, les

[1] *David Crantz* : Histoire du Groenland. *Paul Egède* : Nouvelle relation sur le Groenland.

petits harengs fourmillent dans la mer. On a fourni des filets aux indigènes, qui commencent à en sentir l'utilité. Dans le Groenland septentrional, les Danois et les naturels vont conjointement à la pêche aux baleines; mais cette occupation tumultueuse et peu lucrative pour les indigènes, répand dans ce canton le vice et la misère. Les naturels du sud s'en tiennent à la chasse du chien marin. La chair de cet animal est leur nourriture principale; la peau leur fournit des vêtements, et en même temps ils en construisent leurs bateaux; les nerfs deviennent du fil, les vessies des bouteilles, la graisse remplace tantôt le beurre et tantôt le suif, le sang fournit du bouillon. Le Groenlandais ne comprend pas comment on peut vivre sans chien marin; c'est pour lui ce que l'arbre à pain est pour le Taïtien et le blé pour l'Européen.

» La compagnie du Groenland, établie à Kopenhague, estime sa recette habituelle à 140,000 rixd. (5 à 600,000 francs), et les exportations du pays même, sans le produit de la pêche des baleines, ont monté de 50 à 100,000 rixdalers. Les dépenses de la compagnie vont à 400,000 francs (1). »

Les principaux objets d'importation sont de la farine, du sel, du drap, du vin, de l'eau-de-vie et divers métaux, contre lesquels on rapporte en retour de l'huile et des côtes de baleines, des peaux de phoque, d'ours, de renard et de lièvre, des cornes de narval et de l'édredon.

« Les naturels ont la taille courte, les cheveux longs et noirs, les yeux petits, le visage aplati et la peau d'un jaune brun. On reconnaît en eux une branche des Esquimaux. Cette parenté est surtout prouvée par leur idiome, d'ailleurs remarquable par la richesse de ses formes grammaticales. Les particules et les inflexions y sont aussi nombreuses, aussi variées que dans le grec; mais la règle qui prescrit d'intercaler toutes les parties du discours dans le verbe, fait naître des mots d'une longueur démesurée. Les consonnes *R*, *K* et *T* dominent dans cette langue, et produisent, par leur accumulation, des sons très rudes (2). Les femmes groenlandaises, comme celles des Caraïbes, ont des mots et des inflexions dont il n'est permis qu'à elles de se servir. Les Groenlandais s'appellent quelquefois *Innouk* ou *frère;* mais leur véritable nom de nation paraît être *Kalalit*, et ils désignent ordinairement leur pays sous le nom de *Kalalit Nounet*.

» Les Groenlandais n'ont conservé aucune trace positive d'une communication avec la colonie skandinave dont ils ont envahi et détruit les établissements. Ils font, il est vrai, du soleil une déesse ou femme déifiée, et de la lune un homme; ce qui est conforme à la croyance des Goths, différente de celle des autres Skandinaves: mais comme on retrouve un dieu *Lunus* ou *Mên* chez les nations classiques mêmes, cette analogie prouve ou trop ou rien. On reconnaît chez les Groenlandais une foule de traits non équivoques qui démontrent leurs liaisons avec les Esquimaux, même les plus éloignés. Les instruments de pêche des habitants de l'Amérique russe, entre autres, sont exactement composés comme ceux des Groenlandais: chez l'un et l'autre peuple, une vessie de chien marin, gonflée de vent et attachée au javelot dont on frappe la baleine, sert à empêcher cet animal, une fois blessé, de rester long-temps plongé sous l'eau (1). Une semblable invention, observée aux deux extrémités orientale et occidentale de l'Amérique septentrionale, suppose incontestablement des communications habituelles entre les tribus. Les petits bateaux des habitants d'Ounalachka, de l'entrée du Prince Guillaume (le golfe de Tchougatchine des Russes), des Esquimaux du Labrador et des Groenlandais, ont précisément la même construction; ce sont des espèces de caisses, formées de branches légères, recouvertes de tous côtés de peau de chien marin; sur une longueur de douze pieds, ces barques n'ont qu'un pied et demi de large; au milieu de la surface supérieure, est un trou environné d'un cerceau de bois, auquel est attachée une peau qui, au moyen d'une courroie, se resserre comme une bourse; c'est dans ce trou que se place le rameur, muni d'un seul aviron très mince, long de trois à quatre pieds et s'élargissant des deux côtés; en pagayant rapidement à droite et à gauche, le navigateur, ou, pour mieux dire, l'homme-poisson

(1) Note sur le commerce du Groenland dans la *Minerve* danoise. — (2) Dictionnaires et grammaires groenlandais, par *Egède*.

(1) *Jean Egède*: Histoire du Groenland, chap. VII (en danois). *La Pérouse*: Voyage autour du Monde, chap. IX.

avance en ligne droite, à travers les flots écumeux, au sein même de la tempête, sans courir plus de risque que n'en courent les baleines et les phoques, dont il est devenu le compagnon et le rival. Cette invention, admirée par le capitaine Cook, adoptée en partie par les pilotes norvégiens et danois, ne s'est pas reproduite par un pur hasard, et est exactement la même chez toutes les tribus des extrémités boréales de l'Amérique; ces tribus descendent donc d'une souche commune, et ont long-temps communiqué ensemble.

» Nous saisirons cette occasion pour expliquer un passage d'un écrit perdu de Cornelius Nepos, cité avec des variantes par Pline et Pomponius Mela [1]. Un roi des Suèves, selon le premier, ou des Boyens, selon le second, fit présent à Quintus Metellus Celer, proconsul des Gaules, de quelques *Indiens* qui avaient été jetés par la tempête sur les côtes de la Gaule, selon Mela, ou qui, en voyageant pour leur commerce, s'étaient égarés jusqu'aux rivages de la Germanie, selon Pline. Les Romains en concluaient que, venant de l'Inde, l'on pouvait faire le tour de de l'Asie et de l'Europe par le nord, en traversant l'océan imaginaire qui, à leurs yeux, occupait l'emplacement de la Sibérie et du nord de la Russie. Pour nous, cette explication est inadmissible, mais le fait subsiste; des Indiens ou des hommes basanés quelconques sont venus aborder sur les côtes de la Gaule ou de la Germanie. C'étaient très probablement des Esquimaux, soit du Labrador, soit du Groenland. Le même fait s'est renouvelé en 1680 et en 1684. Des Groenlandais sont arrivés aux îles Orcades dans les barques dont nous venons de décrire la construction [2]. On les prit pour des Lapons, et on les appela, par conséquent, *Finn-men;* mais leurs bateaux, conservés au collége médical d'Edimbourg et dans l'église de Barra, prouvent qu'ils venaient du Groenland.

» Le caractère actuel des Groenlandais est un mélange indéfinissable de qualités bonnes et mauvaises; l'attachement aux usages nationaux lutte contre l'influence d'une civilisation étrangère. Les Groenlandais accusent avec amertume les Danois et les autres navigateurs européens de leur avoir apporté le fléau de la petite-vérole et celui des liqueurs spiritueuses. » Mais quelle est l'origine de cette espèce de lèpre qui n'attaque pas les mains, qui passe pour contagieuse et qui couvre tout le corps d'écailles que le malade se plaît à racler?

» Aujourd'hui, l'administration danoise régularisée suit un plan de colonisation propre à établir l'ordre et le bonheur; mais les anciens défauts et les nouveaux vices des Groenlandais y opposent de grands obstacles. Presque dépourvus de toute idée de religion et de lois, ils ne voient dans le culte qu'une cérémonie sans but, et dans les punitions que l'abus de la force. Le malfaiteur leur paraît assez puni lorsque, dans une assemblée publique, il a été accablé de reproches. Les missionnaires avouent que la conversion des Groenlandais avançait lentement et n'influait que peu sur leurs idées morales. Depuis plusieurs années, les prédications des indigènes, élevés comme missionnaires, ont produit un heureux changement. Les frères moraves réussissent aussi singulièrement à frapper l'imagination de ces hommes simples, mais doués d'un esprit vif. L'administration commerciale, en introduisant le numéraire et même le papier-monnaie, leur a donné des notions nouvelles sur la propriété. Dans la partie méridionale, on leur a enseigné la tonnellerie et la construction des bateaux [1]. Déjà ils oublient le nom de leur antique divinité, *Torngarsouk*, à laquelle ils n'ont jamais offert de culte, ainsi que la déesse malfaisante, sans nom, qui était censée habiter un palais sous les flots, gardé par des chiens marins redoutables [2]. Une sorte de philosophie s'est même glissée parmi eux, et il existe diverses opinions nouvelles sur la vie à venir et sur la transmigration des âmes. Les esprits forts groenlandais nient le paradis, où l'âme, dans une heureuse indolence, se nourrissait de têtes de chiens marins. Les sorciers-prêtres, nommés *anghekok*, et les enchanteurs malfaisants, nommés *iliseets*, perdent continuellement de leur influence. L'époque n'est peut-être pas très éloignée où le sublime dévouement du vertueux Egède aura porté des fruits, et

(1) *Plin.*: Hist. Nat., t. II, p. 67, *Pomponius Mela*, t. III, p. 5. — (2) *Wallace*: Account of the island of Orkney. London, 1700, f° 60.

(1) Gazette ministérielle danoise ci-dessus. — (2) *Jean Egède*: Histoire naturelle et civile du Groenland, ch. XIX. *Crantz*, liv. III, sect. v, § 35-39

où une peuplade chrétienne et civilisée habitera cette mémorable colonie, la plus boréale que les Européens aient fondée. Une gloire douce et pure récompensera alors le Danemark des sacrifices pécuniaires que lui a coûtés cette lutte contre les éléments, dans laquelle un zèle pieux et des souvenirs historiques l'ont entraîné.

» Ces mêmes souvenirs nous accompagnent dans la merveilleuse île qui, bien que connue sept siècles avant Colomb, *n'en est pas moins*, comme la grande île du Groenland, une dépendance naturelle du nouveau continent. C'est nommer l'*Islande*, cette terre de prodiges où les feux de l'abîme percent à travers un sol glacé, où des sources bouillantes lancent leurs jets d'eau parmi les neiges éternelles, où le génie puissant de la liberté, et le génie non moins puissant de la poésie, ont fait briller les forces de l'esprit humain aux derniers confins de l'empire de la vie.

» La situation géographique de l'Islande n'a été long-temps connue que par des observations d'auteurs obscurs, faites au milieu du dix-septième siècle, peut-être même simplement copiées par Torfæus sur quelque imitation de la *carta di navegar* des frères Zeni, dressée dans le quatorzième siècle. On y avait assujetti les résultats, d'ailleurs exacts, de l'arpentage des ingénieurs militaires, terminé en 1734. Tels étaient les éléments discordants de la carte de l'Islande, publiée par les héritiers Homann, et devenue, avec de légères corrections, la source de toutes les autres (1).

(1) Voici les changements que l'Islande a subis sur les cartes du dix huitième siècle :

	deg.	min.	deg.	lat. N.	deg.	min.	deg.	min.	
Carte des Homann	63	19 à	67	17	348	22 à	2	12	de Ferro.
Carte de Horrebow	63	14	67	14	331	0	345	11	d'Oxford ?
					(346	25	1	36	de Ferro).
Carte de l'Histoire gén. des Voyages	63	15	67	18	36	6	22	6	de Paris.
					(343	54	357	54	de Ferro).
Carte de Verdun de la Crenne.	63	13	66	45	27	2	18	14	de Paris.
					(352	58	1	36	de Ferro).

Il est remarquable qu'en supposant avec nous que Horrebow ait compté, sans le savoir, du *méridien d'Oxford*, sa détermination de la côte orientale se trouvera juste. Il est donc probable qu'il avait sous les yeux quelque carte ou observation d'un voyageur anglais qui serait resté inconnu.

La carte des frères Zeni donne toutes les latitudes trop hautes, mais elle n'assigne à l'île que 9 degrés en longitude, et se rapproche ainsi des cartes modernes à un *demi-degré* près. La forme même de l'île est bonne, à l'exception de la péninsule nord-ouest, que les Zeni n'ont pas connue.

Mais, en 1778, Borda, Pingré et Verdun de la Crenne, après avoir d'abord en vain cherché l'Islande qui, pour ainsi dire, flottait dans l'Océan à l'instar de Délos, en déterminèrent astronomiquement plusieurs points principaux, dont quelques uns étaient placés jusqu'à 3 et 4 degrés trop à l'ouest. La surface de l'île, qui, d'après les anciennes cartes, avait été évaluée à 8,000 lieues carrées, a été réduite, en conséquence de ces mesures, à 5,000. Elle a 120 lieues de longueur sur 50 de largeur.

» L'Islande, dont le véritable nom est *Iceland*, c'est-à-dire le pays des glaces, n'est proprement qu'une chaîne de rochers immenses, dont le sommet est toujours couvert de neige, quoique le feu couve dans leurs flancs. Le trapp et le basalte paraissent prédominer dans la composition de ces montagnes. Le basalte y forme d'immenses amas de piliers semblables à ceux de la chaussée des Géants en Irlande. Le mont d'Akrefell présente des bancs d'amygdaloïde, de tufa volcanique et de *grunstein* ou *dolérite*, dont la face inférieure a évidemment subi l'action d'un feu très fort, mais sous une grande pression, problablement au fond de l'Océan primitif (1). On distingue plusieurs formations de lave; l'une a coulé et coule souvent encore en forme de torrents enflammés, sortis des cratères; l'autre, d'une structure spongieuse et comme caverneuse, semble avoir, pour ainsi dire, bouilli à la place même. Cette dernière lave forme les stalactites les plus singulières. L'île renferme 27 et selon d'autres 29 volcans dont on connaît les éruptions, sans compter ceux qui ont pu s'éteindre avant que l'île fût habitée. Le plus fameux entre ces volcans est le mont *Hékla*, situé dans la partie méridionale de l'île, à environ cinq quarts de lieue de la mer. »

Pour monter à l'Hékla, on traverse plusieurs vallons autrefois habités, mais qui, dépeuplés par les ravages du volcan, sont encombrés de laves, de cendres et de pierres ponces. Ses flancs sont hérissés de montagnes moins hautes, terminées chacune par un cratère. Lorsque l'Hékla est en éruption, tous ces cratères rejettent des matières en fusion. Le sommet du cône principal est entouré d'une sorte de rempart; les parties abritées contre

(1) *Mackenzie* : Travels in Iceland. Edinburgh Review, tom. XIX, p. 432-434.

la pluie sont couvertes d'une grande quantité de sel. Enfin on arrive à la région des neiges, au milieu de laquelle se trouve le principal cratère de l'Hékla, qui, en 1827, était encombré par des sables, des cendres et des rochers de laves qui, en tombant, avaient bouché l'orifice.

En se rendant des deux geysers, dont nous parlerons bientôt, au mont Hékla, on traverse des espèces de dunes de sable ponceux, d'immenses champs de lave et de cendres volcaniques. A sa base on remarque un dépôt de ponces blanchâtres renfermant des bouleaux passés à l'état de lignites. Avant d'arriver au sommet, on passe entre des montagnes de scories et de phonolithes. Sa cime est moins garnie de neige que celle du Snéefells-Iœkull ; mais cependant en 1836 son cratère en était entièrement rempli. On remarque sur ses flancs un beau cratère parasite ; enfin on trouve depuis sa base jusqu'à son sommet de l'obsidienne à tous les états.

Toutes les montagnes, dont la hauteur atteint 2 à 3,000 pieds, sont couvertes de neiges et de glaces éternelles (1). Les plus grandes rivières n'ont pas plus d'une trentaine de lieues de longueur, mais elles sont larges et profondes. Parmi les nombreux lacs, le plus important est le ***My-Watn*** ou ***Lac aux Mouches*** : il a plus de 8 lieues de circonférence ; le fond de son bassin est couvert d'une lave noire, d'où sortent en plusieurs endroits des sources chaudes qui répandent sur sa surface une épaisse vapeur (2).

« Les volcans de ***Skapta-Syssel*** se sont fait connaître, en 1783, d'une manière terrible. Le fleuve ***Skapt-Aa*** fut entièrement comblé de pierres ponces et de laves. Un canton fertile fut changé en un désert couvert de scories. Les exhalaisons sulfureuses et les nuages de cendres se répandirent presque sur toute l'île : une épidémie en fut la suite. Mais aucun phénomène ne prouve mieux combien est immense cette masse de matières volcaniques, que l'apparition d'une nouvelle île qui, peu de temps avant l'éruption de 1783, eut lieu au sud-ouest de ***Reykianess*** (cap de fumée), sous 63° 20′ lat. et 5° 40′ long. ouest. Cette île que l'on appela ***Stromsoë*** jeta des flammes et des pierres ponces. Lorsqu'en 1785 on en fit la recherche, elle avait entièrement disparu. Elle forme aujourd'hui un récif très dangereux pour les navigateurs. Il est probable que cette île n'était qu'une croûte de laves de pierres ponces, élevée à la surface de la mer par une éruption sous-marine (1). »

En 1821, le 20 décembre, l'***Eya-Fialls-Iœkull***, après être resté plus d'un siècle en repos, lança à la distance de deux lieues des pierres du poids de 50 à 80 livres ; en 1822, le ***Snée-Fialls-Iœkull*** eut une éruption ; l'année suivante, ce fut le tour du ***Myrdal-Iœkull***, du ***Krabla***, du ***Wester-Iœkull*** et du ***Kattlagia-Iœkull***. Du 22 au 26 juin, ce dernier eut trois éruptions accompagnées de tremblements de terre si violents, que près de 10,000 personnes périrent. Les cendres que lança le cratère furent portées à la distance de plus de 30 milles en mer.

« Les sources chaudes sont une autre curiosité de cette île, mais elles n'ont pas toutes le même degré de chaleur. Celles dont les eaux tièdes sortent aussi paisiblement que des sources ordinaires, s'appellent *laugar*, c'est-à-dire bains. Les autres, qui lancent à grand bruit des eaux bouillantes, sont nommés *chaudières*, en islandais *hverer*. La plus remarquable de ces sources est celle nommée ***Geyser***, qui se trouve près de ***Skalholt***, au milieu d'une plaine où il y a environ quarante autres sources moins considérables ; son ouverture est du diamètre de 6 mètres, et le bassin dans lequel elle se répand en a 16 et 23 de profondeur. L'archevêque de Troil a vu la masse d'eau s'élever à 88 pieds, le docteur Lind à 92. La colonne d'eau, environnée d'une épaisse fumée, retombe sur elle-même ou se termine par une large girandole. »

Une autre source s'est offerte pour rivale au Geyser, c'est le ***Strockur*** (2). Il est situé à

(1) Voici la hauteur des principales montagnes :

	mètres.
L'Hékla	1,557
L'OEræfe-Iœkull	2,028
Le Tindfiall	1,745
Le Knapefell-Iœkull	1,949
Le Snéefells-Iœkull	1,486
L'OEster-Iœkull	1,559
Le Glaama-Iœkull	1,625

(2) *Ghéman* : Islands geographische beschreibung.

(1) M. *de Lævenærn* : Lettre sur l'île nouvelle. Copenhague, 1787. — (2) *Olsen* : Lettre sur l'Islande, dans les Mémoires nouv. de l'Académie des sciences de Kopenhague, vol. IV, avec fig. — C'est le *New-Geyser* de M. *Stanley*, Letter on Iceland, 1789.

environ cinquante pas du grand Geyser, et paraît avoir avec celui-ci la plus grande connexion. Il occupe une sorte de puits à rez-terre, de 75 pieds de profondeur, dans lequel l'eau ne s'élève qu'à 5 ou 6 pieds de la surface du sol; et comme elle y oscille souvent avant de jaillir, ce phénomène, ainsi que la forme de son puits, lui ont justement valu le nom de *Strockur*, ou de baratte, parce qu'il imite cette machine à battre le beurre (¹).

« Deux autres sources s'élancent et retombent alternativement. Le *Badstafa* est de ce nombre ; il lance ses eaux à 40 ou 48 pieds pendant 10 minutes, discontinue pendant le même espace de temps, et recommence ainsi périodiquement ; ses eaux sont à la température de 82 degrés du thermomètre centigrade. Toute cette infernale vallée est remplie de sources et environnée de laves et de pierres ponces. Ces eaux bouillantes, et principalement celles du Geyser, déposent sur leurs bords une croûte de tuf siliceux (²). Les Islandais tirent quelque parti de ces sources chaudes, qui jadis ont servi à baptiser leurs ancêtres païens. Ils y font cuire leurs légumes, viandes, œufs et autre nourriture ; mais il faut avoir soin de couvrir le pot suspendu dans ces eaux fumantes, afin que l'odeur volcanique ne gâte pas les mets. Les habitants y lavent aussi leur linge, et ils y font courber plusieurs instruments de bois. Les sources moins chaudes servent à se baigner. Les vaches qui boivent de leurs eaux donnent une quantité de lait extraordinaire. »

Suivant un des voyageurs français qui ont visité l'Islande en 1836, le Geyser ne jaillit pas régulièrement ; il est soumis à l'influence de la pluie, du vent, des saisons. « Nous » avions, dit-il, établi notre tente entre les » sources mêmes, afin de voir l'éruption de » plus près, et nous l'attendions avec impa- » tience dès le moment de notre arrivée. Le » jour, nous craignions de nous écarter; la » nuit, nous veillions chacun à notre tour afin » de donner le signal à nos compagnons de » voyage. Plusieurs fois nous fûmes éveillés » par les cris de celui qui montait la garde. » Le Geyser commençait à s'agiter; on enten- » dait un bruit souterrain semblable à celui du » canon, et le sol tremblait comme s'il eût été » frappé par des coups de bélier. Nous cou- » rions en toute hâte au bord de la colline ; » mais le Geyser, comme pour se jouer de » nous, montait jusqu'au-dessus de sa coupe » de silice, et débordait lentement, comme » un vase d'eau qu'on épanche. Enfin, après » deux jours d'attente, nous fîmes jaillir le » Strockur en y faisant rouler une quantité » de pierres et en tirant des coups de fusil. » L'eau mugit tout-à-coup, comme si elle eût » ressenti dans ses cavités profondes l'injure » que nous lui faisions ; puis elle s'élança par » bonds impétueux, rejetant au-dehors tout ce » que nous avions amassé dans son bassin, » et couvrant tout le vallon d'une nappe d'é- » cume et d'un nuage de fumée. Ses flots » montaient à plus de 80 pieds au-dessus du » puits ; ils étaient chargés de pierres et de li- » mon. Une vapeur épaisse les dérobait à » nos regards ; mais, en s'élevant plus haut, » ils se diapraient aux rayons du soleil, et re- » tombaient par longues fusées comme une » poussière d'or et d'argent. L'éruption dura » environ vingt minutes, et, deux heures » après, le Geyser frappa la terre à coups re- » doublés, et jaillit à grands flots comme l'eau » du torrent, comme l'écume de la mer quand » le vent la fouette, quand la lumière l'im- » prègne de toutes les couleurs de l'arc-en- » ciel (¹). »

D'après les observations faites par les savants attachés à l'expédition de l'Islande et du Groenland, la surface des eaux du bassin du Geyser est à la température de 100° du thermomètre centigrade; à 10 mètres de profondeur, elles indiquent 104°, et à 20 mètres 124°. Les eaux du Strockur, à 13 mètres de profondeur, sont à la température de 110° à 111°.

Les eaux du Geyser et du Strockur sont inodores et n'ont aucune saveur désagréable ; mais elles contiennent une si grande quantité de silice, qu'elles déposent autour de l'orifice cratériforme de ces deux sources, que quel-

(¹) Voyage en Islande et au Groenland, exécuté pendant les années 1835 et 1836 sur la corvette *la Recherche*, commandée par M. Tréhouart, lieutenant de vaisseau, dans le but de découvrir les traces de *la Lilloise*. — Minéralogie et géologie par M. Eugène Robert. — (²) *Bergmann*, dans les Lettres sur l'Islande, par *Troil* (Paris, *Volland*).

(¹) M. X. Marmier, attaché à l'expédition française en Islande, auteur de l'Histoire de l'Islande, qui fait partie de ce voyage.

ques savants ont considéré comme des volcans d'eau, une masse de concrétions siliceuses, mamelonnées ou disposées en chouxfleurs, ou imitant grossièrement d'autres objets naturels.

Les deux Geysers sont bornés au nord, à l'est et au sud, par la petite rivière d'*Haukadalur* et par une plaine marécageuse; à l'ouest par une colline, appuyée elle-même contre une montagne fortement redressée, portant des traces anciennes de l'action des eaux thermales. Cette colline, entièrement composée de diverses concrétions siliceuses, est criblée de trous par où s'échappent des vapeurs brûlantes.

« Outre ces magnifiques jets d'eau, l'Islande a encore des sources minérales, que les habitants appellent sources de *bière*. Cette dénomination semble démontrer qu'ils n'en ont pas toujours négligé l'usage comme aujourd'hui.

» Une des productions les plus singulières de l'Islande, est cette masse noirâtre, pesante, propre à brûler, nommée en islandais *surturbrand* (¹ ; c'est un bois fossile, légèrement carbonisé, et qui brûle avec flamme. Une autre espèce de bois minéralisé est plus pesante que le charbon de terre, et brûle sans flamme; elle contient de la calcédoine dans ses fissures transversales (²). »

Une lave transparente que l'on trouve au Krabla est un *flint-glass* naturel que l'on taille pour l'employer à des instruments d'optique.

La dolérite qui compose la principale roche de l'Islande, est recouverte dans les vallées et jusqu'au bord de la mer par un dépôt tourbeux qui, suivant M. Eugène Robert, n'a que 6 pieds d'épaisseur près de Reykiavik et au nord-ouest de cette ville, là où il est tous les jours rongé par la mer; ce qui semblerait indiquer à présent un léger abaissement du sol dans cet endroit, tandis que sur la côte opposée il tendrait au contraire à s'exhausser, comme si la presqu'île de *Selt-Jorriarness* éprouvait un mouvement de bascule; mais il est plus rationnel, ajoute ce géologue, d'attribuer ce faible envahissement de la mer à la destruction de la dolérite elle-même, sur laquelle repose la tourbe.

« Cette tourbe noirâtre, et composée en » grande partie de plantes aquatiques, notamment de cypéracées, renferme dans sa » partie inférieure un grand nombre de lignites appartenant à des bouleaux qui ont crû » jadis dans cette partie de l'Islande, où l'on » est bien loin aujourd'hui d'en rencontrer. » Examinés avec soin, ces lignites m'ont paru, » dit M. Robert, ne pas différer des bouleaux » qui croissent encore dans quelques parties » privilégiées de l'île, cependant plus septentrionales que celles-ci, mais moins exposées » aux vents (¹). »

« Les montagnes centrales de l'île n'offrent point de granit; elles renferment du fer et du cuivre, que le manque de bois empêche d'exploiter; du marbre, de la chaux, du plâtre, de la terre à porcelaine, plusieurs sortes de bols, des agates, du jaspe et autres pierres.

» On trouve du soufre, tant pur qu'impur. Les mines de Krisevig et de Husavig sont les plus considérables. On a établi une raffinerie de soufre dans le dernier endroit. Les collines de soufre présentent un phénomène plus effrayant peut-être et plus instructif que le Geyser; on voit à leurs pieds l'argile dans une ébullition continuelle; on entend les eaux bouillonner et siffler dans l'intérieur de la montagne; une vapeur chaude couvre ce terrain, d'où souvent il s'élance des colonnes d'eau boueuse. Le soufre qui forme la croûte de ces couches d'argile est ordinairement très chaud, et s'y présente dans les cristallisations les plus magnifiques.

» L'île ne produit pas d'autre sel que celui que l'on trouve au milieu de quelques laves; mais la mer qui l'avoisine a les eaux aussi salées que celles de la mer Méditerranée. Le sel qu'on en tire donne au poisson une teinte bleuâtre.

» Le ciel de l'Islande étale aussi des prodiges. A travers un air rempli de petites particules glacées, le soleil et la lune paraissent doubles ou prennent des formes extraordinaires; l'aurore boréale se joue en mille reflets de couleurs diverses; partout l'illusion du mirage crée des rivages et des mers imaginaires. Le climat ordinaire serait assez tempéré pour permettre la culture des blés, qui autrefois était suffisante aux besoins d'une population beaucoup plus considérable. Le gouvernement

(¹) *Surtur*: Le dieu noir, le Pluton du Nord. *Brand*, tison. — (²) *Mackenzie* l. c.

(¹) *Voyage en Islande et au Groenland*: Minéralogie et géologie par M. Eugène Robert.

se donne beaucoup de peine pour la faire revivre. Mais lorsque les glaces flottantes viennent à s'arrêter entre les promontoires septentrionaux de cette île, tout espoir de culture cesse pour une ou deux années ; un froid effroyable se répand sur toute l'île ; les vents apportent des colonnes entières de particules glacées ; toute la végétation s'éteint ; la faim et le désespoir semblent s'asseoir sur ces montagnes qu'échauffent en vain tous les feux des abîmes souterrains.

» Dans un siècle on a compté 43 mauvaises années, parmi lesquelles 14 années de famine. Les années 1784 et 1785, dans lesquelles la rigueur des hivers succéda à des éruptions volcaniques, virent périr 9,000 hommes ou un 5e de la population, 28,000 chevaux, 11,491 bêtes à cornes, et 190,488 bêtes à laine [1]. »

Dans les disettes de fourrages, on donne, dit-on, aux vaches de la chair du poisson appelé dans le pays *stembitr*, du genre *blennus* de Linné, pilée avec des os de morue ; cette nourriture leur procure beaucoup de lait, mais il a un goût désagréable. Dans l'hiver on tient les moutons enfermés dans des cavernes ; ils y souffrent tellement de la faim qu'ils se mangent la laine sur le dos : ce qui produit dans leur estomac ces pelotes de poils connues sous le nom d'ægagropiles. Mais les Islandais connaissent le moyen de les délivrer de ces masses de poils.

« L'*elymus arenarius*, en islandais *melur*, est une espèce de blé sauvage qui donne une bonne farine. Le *lichen* d'Islande et plusieurs autres sortes de lichens servent à la nourriture, ainsi qu'un grand nombre de racines antiscorbutiques, et même plusieurs sortes d'herbes marines, entre autres l'*alga saccarifera* et le *fucus foliaceus*. L'Islande produit, comme la Norvége, une immense quantité de baies sauvages d'un goût excellent. Le jardinage est à présent répandu dans tout le pays. Les choux-fleurs ne réussissent pas. La culture des pommes de terre prend des accroissements trop lents pour le bonheur de l'île.

» Il y eut autrefois de grandes forêts qui abritaient les vallées méridionales. Une mauvaise économie les a dévastées. On ne trouve à présent que quelques bois de bouleaux et beaucoup de broussailles. Mais le bois, que la terre refuse aux Islandais, leur est amené par la mer. C'est un des phénomènes les plus étonnants dans la nature que cette immense quantité de gros troncs de pins, sapins et autres arbres qui viennent se jeter sur les côtes septentrionales de l'Islande, surtout sur le cap du Nord et sur celui nommé Langaness. Ce bois arrive sur ces deux points dans une telle abondance que les habitants en négligent la plus grande partie. Les morceaux qui sont poussés le long de ces deux promontoires vers les autres côtes fournissent à la construction des bateaux. »

Les chevaux sont de la même espèce que ceux de la Norvége, et on les emploie de même à porter des fardeaux comme les ânes. Les bœufs et les vaches sont pour la plupart sans cornes. Les moutons, au contraire, en ont deux et quelquefois trois ; ils sont très grands, et leur laine est plus longue que celle des moutons danois ordinaires. L'Islande compte jusqu'à 500,000 bêtes à laine, et près de 40,000 bêtes à cornes ; en 1835, elle renfermait 50,000 à 60,000 chevaux. Les pâturages, mieux soignés, seraient la vraie richesse de l'île ; mais on les abandonne aux soins de la nature.

« Le gouvernement a fait transporter en Islande des rennes qui s'y multiplient. Il est remarquable que cet animal n'y était point indigène, quoique la mousse des rennes y vienne en abondance. Les renards d'Islande fournissent de belles pelisses : on en vend quelquefois une peau grisâtre, à Kopenhague, 40 à 50 fr. C'est le seul quadrupède sauvage de l'Islande. Les ours blancs, qui arrivent sur les îles flottantes de glaces, font quelquefois des ravages avant d'être tués. Parmi les oiseaux d'Islande, l'édredon (*anas mollissima*) est renommé par son duvet délicat. Les faucons de l'Islande étaient autrefois plus recherchés qu'aujourd'hui. Les blancs, qui sont rares, valent 90 à 100 fr. la pièce. Le roi de Danemark en fait des présents à quelques cours.

» La mer et les rivières offrent aux Islandais des avantages qu'ils négligent trop. Les saumons, truites, brochets et autres excellents poissons dont fourmillent les rivières,

[1] *Stephansen* (bailli d'Islande) : Description de l'Islande au dix-huitième siècle. Kopenhague, 1807. *Olavius* : Voyage économique en Islande (en danois). *Olafen* : Voyage en Islande

vivent et meurent pour la plupart en repos. Les anguilles sont en abondance, mais les habitants n'osent pas en manger; ils y voient l'engeance du grand serpent marin, qui, selon la mythologie odinique, enlace la terre entière, et qu'on prétend avoir vu lever la tête près des côtes d'Islande. Les harengs environnent les côtes, mais les Islandais ne connaissent que depuis peu l'usage des filets. Les petites baleines, les veaux et chiens marins, et les cabillauds sont les sortes dont on pêche le plus.

» L'Islande était autrefois divisée en quatre parties, nommées d'après les quatre points cardinaux. Celles du sud, de l'est et de l'ouest formaient le diocèse de ***Skalholt***. Le diocèse de ***Holum*** comprenait la partie du nord. Mais depuis 1801 les deux évêchés ont été réunis. Aujourd'hui l'île est divisée en trois districts, celui ***du sud***, celui ***de l'ouest*** et celui ***du nord et de l'est***, et en 19 cantons. »

Le chef du premier district a le titre de *stiftsamtmand*. Indépendamment de l'administration de son district, il est chargé de tout ce qui a rapport aux affaires ecclésiastiques et aux finances dans toute l'étendue de l'île. En cas de guerre il prend le titre de gouverneur-général. Cet emploi, dit M. Marmier, est toujours confié à un Danois, qui vient passer cinq ou six ans en Islande pour s'en aller ensuite en Danemark solliciter un poste meilleur. Les deux autres chefs ont le titre d'*amtmand :* leurs fonctions équivalent à peu près à celles de nos préfets. Ils sont soumis à la chambre des rentes (*Rente kammer*) de Kopenhague, et correspondent directement avec elle pour tous les actes administratifs, sauf les actes d'administration financière et ecclésiastique qui doivent d'abord être examinés et sanctionnés par le stiftsamtmand. Les cantons sont administrés sous la direction de l'*amtmand* par des fonctionnaires qu'on nomme *sysselmand*, et qui sont chargés de publier les actes du gouvernement dans leur ressort, de faire exécuter les mesures prescrites par l'autorité supérieure, et de percevoir les dîmes et les impôts. Le traitement du stiftsamtmand est d'environ 3,600 francs; celui de l'amtmand de 3,000; celui du sysselmand de 900 à 1,000 francs. L'évêque est chargé de l'administration des affaires ecclésiastiques. Le principal dignitaire de l'église, après lui, est le *stiftsprovst* de Reykiavik. Le pasteur de chaque chef-lieu de canton a le titre de *provst :* il surveille les prêtres de son district et leur transmet les ordres de l'évêché. Les revenus de l'évêque sont d'environ 6,000 francs. Il y a à Reykiavik un tribunal composé d'un président, de deux assesseurs et d'un greffier. Il dépend de la cour suprême de Kopenhague. Les revenus de l'Islande suffisent à peine pour acquitter les dépenses administratives [1].

La ville de *Reykiavik* comptait, il y a peu de temps, une centaine de maisons, et 5 à 600 âmes; c'est la capitale actuelle, c'est le siége d'un évêché et la résidence des gouverneurs et des principales autorités de l'île. Son nom, qui signifie *Golfe de fumée*, vient de ce qu'elle est voisine d'une source d'eaux thermales. Elle est construite sur une large chaussée naturelle, d'origine volcanique, bornée au sud-ouest par le petit lac de *Tjörn*, et fait face vers le nord-ouest à une superbe rade. Des remparts volcaniques la protègent à peine à droite et à gauche contre l'action des vents qui l'assiègent violemment de tous côtés [2]. Elle possède un lycée, une bibliothèque publique de 5,130 volumes, une école d'enseignement mutuel, une association pour la diffusion des connaissances utiles, une société des sciences et une de littérature islandaise, qui sont des sections de la Société royale des antiquaires et de celle de littérature établies à Kopenhague; enfin elle publie deux journaux.

Rien n'est plus triste et plus désolé que les environs de cette capitale : pas un arbre, pas un buisson; c'est une affreuse nudité.

Bessestadr ou ***Bessestad*** possède un bon gymnase, avec une bibliothèque de 1,500 volumes : c'est l'Oxford et le Gottingue de l'Islande. Son gymnase est la seule haute école de l'île. Il est destiné principalement aux jeunes gens qui se préparent à l'état ecclésiastique. Le nombre des écoliers est d'environ 40. Il y a trois professeurs : l'un qui enseigne le grec, l'hébreu et la théologie; un autre chargé de l'enseignement du latin, de l'histoire et des

(1) *Voyage en Islande et au Groenland.* — Histoire de l'Islande, par M. Marmier.— (2) *Voyage en Islande et au Groenland*, exécuté pendant les années 1835 et 1836 sur la corvette *la Recherche*, dans le but de découvrir les traces de *la Lilloise*. — Minéralogie et géologie par M. Eugène Robert.

mathématiques; un troisième qui professe le danois, l'allemand et l'islandais (1). A *Holum* ou *Holar*, dans le nord de l'île, on a réuni près de 900 volumes; cette petite ville, jadis siége d'un évêché, possédait déjà une imprimerie en 1530. A *Lambhuus*, qui n'est qu'une petite bourgade à peu de distance de Reykiavik, on a construit un observatoire. *Skalholt* ou *Reinkinrik*, autrefois chef-lieu de l'île, et siége d'un évêché, fait un commerce assez actif; la société y est d'une politesse remarquable.

Les écoles ont d'autant moins d'importance en Islande que l'éducation se donne généralement dans toutes les familles. Les plus pauvres paysans, dit M. Barrow, au milieu de toutes les privations de ce que nous regardons comme choses de première nécessité et indispensables à notre bien-être, sont plus éclairés que les paysans des autres pays et en apparence plus heureux. Le clergé peut refuser de marier une femme qui ne sait ni lire ni écrire; c'est ce qui fait que les paysans islandais sont généralement instruits. L'enfant apprend tout de sa mère, lecture, religion, morale.

L'île *Videy*, située au nord-est de Reykiavik, semble par sa constitution géologique avoir tenu jadis à la côte ferme ou à la pointe de *Laugarness* dont elle n'est séparée que par un canal très étroit. Cette petite île, l'une des plus fertiles de l'Islande et dont le climat est remarquablement doux à cause de sa situation au pied de la chaîne d'Esia, qui l'abrite des vents du nord, est composée de basalte et d'autres roches volcaniques.

Cette île n'est pas moins célèbre par son imprimerie, établie dans l'une des trois ou quatre maisons en pierre que possède l'Islande, que par ses eiders.

« Le commerce de l'Islande, autrefois livré au monopole, est aujourd'hui libre. On exporte chaque année du poisson, de l'huile de poisson, des viandes, du suif, du beurre, des cuirs, de l'édredon, du soufre, environ 500,000 kilogrammes de laine brute ou filée, de la grosse étoffe de laine, des toiles de chanvre et de lin, 200,000 paires de bas tricotés et 300,000 paires de mitaines. L'importation consiste en blé, grains, eau-de-vie, tabac, marchandises coloniales, étoffes fines, quincaillerie. » La valeur des exportations est estimée à environ 1 million de francs.

« Passons maintenant à l'intéressante peuplade qui habite cette terre singulière. Les Islandais sont en général d'une taille moyenne, bien conformés; mais une nourriture peu abondante leur donne peu de vigueur. Les mariages ne sont pas féconds. Probes, bienveillants, peu industrieux, mais fidèles et obligeants, ces insulaires exercent généreusement l'hospitalité, autant que leurs moyens le permettent. Leurs principales occupations consistent dans la pêche et le soin de leurs troupeaux. Sur les côtes, les hommes vont à la pêche en été et en hiver. Les femmes apprêtent le poisson, s'occupent à coudre et à filer. Les hommes préparent les cuirs et exercent les arts mécaniques; quelques uns travaillent l'or et l'argent; ils manufacturent, comme les paysans du Jutland et de plusieurs autres provinces, une sorte d'étoffe grossière connue sous le nom de *wadmal*. On fabrique annuellement 146,000 paires de bas de laine et 163,000 paires de gants (1). Ces insulaires sont si attachés à leur pays natal qu'ils se trouvent malheureux partout ailleurs. Naturellement graves et religieux, ils ne traversent jamais une rivière ou tout autre passage dangereux sans se découvrir la tête et implorer la protection divine. Lorsqu'ils se rassemblent, leur passe-temps favori consiste à lire leurs relations ou mémoires historiques : le maître de la maison commence, et les autres le remplacent tour à tour (2). D'autres fois on fait lecture de poésies nouvellement composées (3). Quelquefois un homme donne la main à une femme, et ils chantent tour à tour des couplets qui forment une espèce de dialogue (4). Le reste de la compagnie fait de temps en temps *chorus*. Le jeu d'échecs est fort en vogue parmi eux, et, comme les anciens Skandinaves, ils tiennent à gloire d'y être habiles. Le vêtement des Islandais n'est ni élégant ni très orné; mais il est décent, propre et convenable au climat. Les femmes portent à leurs doigts des bagues d'or, d'argent et de cuivre. Les plus pauvres sont vêtues de l'étoffe grossière dont nous avons fait mention, mais toujours noire. Celles qui ont plus d'ai-

(1) *Visit to Iceland in the summer of 1834, by J. Barrow. — London, 1835.*

(1) *Mohr* et *Olavius* : Voyages en Islande (en danois). — (2) Ces réunions se nomment *Sagu-Lestor*. — (3) *Rimu-Lestor*. — (4) *Vikeraka*.

sance s'habillent d'étoffes plus amples, et portent des ornements d'argent doré. »

Ce qu'il y a de remarquable, c'est l'analogie frappante de leur coiffure en pointe avec celle de nos Cauchoises, ce qui indique une commune origine entre les Islandais et les Normands. Les Islandais descendent d'une colonie norvégienne qui, sous la conduite du Jarl ou comte Ingolf, forcé d'abandonner sa patrie pour cause de meurtre, arriva en Islande vers l'année 860. Ces Skandinaves emportèrent avec eux leurs monuments historiques, leur tradition, leur théogonie, leur poétique, et tout ce qui caractérisait les mœurs de la mère-patrie. Relégués vers le pôle, ils conservaient leurs antiques croyances; les skaldes, poëtes guerriers, chantaient encore sur le rhythme runique les victoires d'Odin, lorsque la Gothie et le Jutland avaient oublié les traditions de leurs ancêtres pour embrasser les croyances du christianisme. Aussi est-ce aux Islandais que l'on doit ce que l'on sait sur les runes, caractères employés par les Goths et les Francs, et sur leur système de versification. Qu'on ne s'étonne d'ailleurs pas que l'Islande ait produit plusieurs auteurs célèbres, tels que *Jonas Arngrim*, *Torfœus*, *Sœmund*, *Sigfusson* et *Snorro-Sturleson*, dont les écrits ont jeté un grand jour sur l'histoire des peuples du Nord et sur la religion des Skandinaves. L'un d'eux, Sigfusson, est l'auteur de plusieurs poésies skaldes. Sœmund avait déjà recueilli les sagas ou traditions des anciens princes norvégiens, lorsque Snorro-Sturleson, au commencement du treizième siècle, rédigea le système mythologique des Skandinaves, qui fut nommé *Snorro-Edda* ou nouvelle Edda, pour la distinguer de celle de Sœmund. Les Islandais, tant que dura leur indépendance, conservèrent dans leur gouvernement la forme républicaine: leur île était divisée en quatre provinces gouvernées par cinq magistrats choisis parmi les principaux habitants. En 981, le christianisme y fut introduit; en 1261, une révolution la soumit aux rois de Norvége; mais depuis 1397, le traité de Kalmar la réunit au Danemark. Depuis cette époque la langue islandaise a commencé à dégénérer. Aujourd'hui c'est un idiome mêlé de mots anglais, français, hollandais et latins: il n'est même pas rare, disent des voyageurs récents, que des hommes grossiers saluent en employant des phrases latines, telles que, *vale, domine; salus et honor*.

Il serait difficile de citer un clergé plus pauvre que le clergé islandais. Le pasteur n'a pas le moyen de se faire servir et de faire labourer son champ. On le voit en jaquette de grosse étoffe de laine, en caleçon de matelot et en bottes de cuir, arracher sa tourbe, faucher et faner son herbe, et se livrer aux travaux agricoles. « Il est forgeron par nécessité, il excelle dans l'art du maréchal, » art fort considéré dans un pays où les pointes de rochers de lave et le sol rocailleux » déchireraient les pieds des chevaux s'ils » étaient mal ferrés. L'église est le grand refuge des paysans; ils y viennent de toutes » parts. Si quelques uns de leurs chevaux ont » besoin d'un fer, vite le pasteur prend le » tablier, allume sa petite forge et se met à » l'ouvrage. » De ces rudes travaux, le prêtre islandais se délasse par des études littéraires, et souvent par d'excellents travaux d'imagination [1].

« Les Islandais sont en général mal logés. Dans quelques endroits, leurs maisons sont construites de bois que la mer y jette, et quelquefois les murs sont faits de lave et de mousse. Ils couvrent le faîte de gazons posés sur des solives et quelquefois sur des côtes de baleine, qui sont plus durables et moins chères que le bois. Il y a beaucoup de cabanes construites entièrement en gazon et éclairées par des lucarnes. Leur principale nourriture consiste en poisson sec et en laitage; on ne prodigue pas la viande, et autrefois le pain était rare. Aujourd'hui 18,000 tonnes de seigle sont consommées dans l'île. Les riches connaissent le vin, le café et toutes les épiceries de notre cuisine. Une imitation plus utile des mœurs danoises a fondé ici, ainsi qu'on l'a vu précédemment, plusieurs sociétés littéraires, dont quelques unes ont publié des mémoires. Les paroisses ont commencé à former de petites bibliothèques publiques, d'où les pères de famille empruntent des livres de morale ou d'histoire. Nul Islandais n'ignore l'art d'écrire et de calculer; la plupart d'entre eux connaissent l'histoire biblique et celle de la Skandinavie. On trouve parmi les ministres beaucoup d'hommes versés dans toutes les

(1) *Visit to Iceland in the summer of 1834, by J. Barrow.*

beautés de la littérature grecque et romaine; mais l'utile étude des sciences physiques n'est pas répandue [1]. Telle est cette colonie des Skandinaves, placée entre les glaces du pôle et les flammes de l'abîme.

» Au nord-est de l'Islande s'étendent des côtes mal connues qui appartiennent, soit au Groenland, soit à un archipel glacé. Elles n'ont été vues qu'accidentellement par des navigateurs qui, à la poursuite des baleines, s'étaient avancés dans ces mers dangereuses. Des secousses éprouvées en pleine mer, et des amas de pierres ponces flottantes ont paru indiquer l'existence de volcans vers le 75e degré. Retrouverait-on ici les sources chaudes qui, selon les frères Zeni, servaient à chauffer le monastère de Saint-Thomas? »

A 50 lieues du Groenland et à 100 de l'Islande, l'île de *Jean-Mayen* offre des côtes plates et sablonneuses, mais souvent bordées par d'énormes amas de glaces qui s'élèvent à 1,200 pieds. Son sol, entièrement volcanique, est couvert de montagnes dont la plus importante est le *Béerenberg*, élevé de 6,840 pieds et couvert de neiges éternelles. L'*Esk*, volcan de 1,500 pieds d'élévation, vomit fréquemment de la lave: en 1800, il lançait de la fumée; à la fin de 1818, il eut une éruption. Cette île fut découverte par le navigateur hollandais dont elle porte le nom. Elle n'est fréquentée que par les navires baleiniers; l'âpreté de son climat n'y laisse croître que de chétives plantes. On ne trouve sur ses rivages qu'un petit nombre d'oiseaux de mer: on y a remarqué des traces d'ours et de renards.

« Un groupe de trois ou quatre grandes îles, et d'un nombre considérable de petites, termine, dans l'état actuel de nos connaissances, cette chaîne de terres glaciales dépendantes du Groenland, et par conséquent de l'Amérique septentrionale. »

Ces îles furent découvertes en 1553 par l'Anglais Hugh Willoughby; en 1595, elles furent visitées par les navigateurs hollandais Guillaume Barentz et Jean Cornelius, qui crurent les avoir découvertes, et qui, à cause des rochers pointus dont elles sont hérissées, donnèrent à l'une d'elles le nom de Spitzberg.

« La grande île du *Spitzberg* proprement dite est séparée, par des canaux étroits, de l'*île du Sud-Est* et de celle du *Nord-Est*. La presqu'île orientale de la grande île a reçu le nom de *Nouvelle-Frislande*. Vers la pointe nord-ouest sont les restes de l'établissement des baleiniers hollandais, nommé *Smeerenberg* [1]. La quatrième île est celle du *Prince Charles*. Les montagnes du Spitzberg, couronnées de neiges perpétuelles et flanquées de glaciers, jettent de loin un éclat semblable à celui de la pleine lune. Elles se composent probablement de granit rouge dont les blocs, étant à nu en grande partie, resplendissent comme des masses de feu au milieu des cristaux et des saphirs que forme la glace. Leur énorme élévation les fait apercevoir à une grande distance; et comme elles s'élancent immédiatement du sein de la mer, les baies, les vaisseaux, les baleines, tout paraît dans leur voisinage d'une extrême petitesse. Le silence solennel qui règne dans cette terre déserte accroît la mystérieuse horreur qu'éprouve le navigateur en y abordant. Cependant la mort de la nature n'est même ici que périodique. Un jour de cinq mois tient lieu d'été; le lever et le coucher du soleil marquent les bornes de la saison vivante; mais ce n'est que vers le milieu de cette saison, ou, si l'on aime mieux, vers le midi de ce jour, que la chaleur, long-temps accumulée, pénètre un peu en avant dans la terre glacée; le goudron des vaisseaux fond aux rayons du soleil, et cependant on ne voit éclore qu'un petit nombre de plantes; ce sont des cochléaires, des renoncules, des joubarbes; Martens put même couronner son chapeau de fleurs de pavot cueillies sur ces tristes rivages. Les golfes et baies se remplissent de fucus et d'algues d'une dimension gigantesque; une espèce a 200 pieds de long. C'est dans ces forêts marines que les phoques et les cétacés aiment à rouler leurs corps énormes, ces vastes masses de graisse que les pêcheurs européens poursuivent jusqu'au milieu des glaces éternelles; c'est là que ces animaux vont chercher les mollusques et les petits poissons, leur nourriture habituelle; c'est là que ces êtres, en apparence si lourds, si peu sensibles, se livrent à leurs penchants sociaux, à

(1) *Holland*, sur la littérature et l'instruction des Islandais dans le Voyage de *sir George Mackenzie*. *Troil*: Lettres sur l'Islande, p. 184.

(1) C'est-à-dire château de Graisse.

leurs jeux, à leurs amours. Réunis sur un champ de glace, les chiens marins sèchent leur poil brunâtre ; le *morse* ou *hvalross* [1], en grimpant aux rochers, montre ses énormes défenses dont l'ivoire éclatant est caché sous une couche de limon de mer ; la baleine lance des jets d'eau par ses vastes évents, et ressemble à un banc flottant sur lequel divers crustacés et mollusques fixent leur demeure ; mais elle est souvent blessée à mort par le narval ou *narhval* [2], à qui la perte habituelle d'une de ses défenses horizontales a fait donner le nom d'*unicorne de mer*. La baleine est encore souvent la victime d'une espèce de dauphin nommé l'*épée de mer*, qui lui arrache des morceaux de chair, et qui cherche surtout à dévorer sa langue. Au milieu de tous ces colosses vivants de la mer Glaciale s'avance un quadrupède redoutable, vorace et sanguinaire : c'est l'ours polaire. Tantôt porté sur un îlot de glace, et tantôt nageant au sein des flots, il poursuit tout ce qui respire, dévore tout ce qu'il rencontre, et s'assied, en rugissant de joie, sur un trophée d'ossements et de cadavres. Un autre quadrupède, le timide et aimable renne, broute la mousse qui couvre tous les rochers. Des troupes de renards et d'innombrables essaims d'oiseaux de mer viennent encore, pendant quelques moments, peupler ces îles solitaires ; mais dès que finit le jour polaire, ces animaux se retirent à travers des terres inconnues soit en Amérique, soit en Asie [3].

» Les animaux marins du Spitzberg présentent à la cupidité européenne un appât qui fait oublier les dangers de ces mers inhospitalières. La pêche de la baleine, mentionnée dès le neuvième siècle, a souvent occupé jusqu'à 400 gros bâtiments de toutes les nations. Les Hollandais, dans l'espace de quarante-six ans, prirent 32,900 baleines, dont les fanons et l'huile forment une valeur de 380,000,000 de francs [1]. Ces animaux paraissent fréquenter aujourd'hui les parages du Spitzberg en nombre moins considérable ; on n'en voit plus d'aussi grande taille que dans le commencement de cette pêche. Le morse est plus nombreux et plus facile à attaquer ; sa peau, employée à suspendre les carrosses, et ses dents, plus compactes que celles de l'éléphant, sont des objets qui attirent souvent au Spitzberg des colonies temporaires russes. Les anciens Bretons en faisaient déjà, avant la domination romaine, des pommes d'épée [2]. L'ancienne colonie skandinave du Groenland payait en « *dentes de roardo*, » qui paraissent avoir été des défenses de morse, le tribut qui, sous le nom de *denier de Saint-Pierre*, affluait des extrémités de la terre pour défrayer la magnificence des basiliques romaines et les pompes de la cour pontificale [3]. La corne du narval a long-temps été l'objet d'un respect superstitieux ; on en tirait de prétendus remèdes universels ; on la suspendait dans les muséums à des chaînes d'or. Les margraves de Bayreuth en faisaient conserver plusieurs dans leur trésor de famille ; ils en avaient reçu une en paiement d'une somme de plus de 60,000 rixdalers. Les princes des deux branches de cette maison se partagèrent une de ces cornes avec autant de formalités qu'ils en auraient mis à partager un bailliage [4]. Aujourd'hui les médecins ont abandonné cette panacée, et le « *véritable unicorne* » a perdu sa valeur imaginaire. Une autre substance, originaire de ces régions, a également été le sujet de quelques fables ; c'est la matière cérébrale du cachalot, nommée très improprement *sperma ceti*, et plus convenablement *blanc de baleine* ; on en fait des bougies d'une blancheur éclatante. Tous ces gros animaux sont cependant moins utiles à l'homme que le hareng, dont la mer Glaciale semble être ou la patrie ou l'asile. Là, dans des eaux inaccessibles, il brave et l'homme et la baleine ; mais des causes inconnues l'en font sortir pour venir environner de ses in-

(1) *Morse* est une corruption de l'adjectif russe *morskaia*, maritime. *Hval-ross* est islandais et danois : *hval*, baleine ; *ross*, cheval : *cheval-baleine*. Le mot *hval* paraît venir de *hvall*, colline, tertre, comme qui dirait poisson-montagne (Comp. *Niala-Saga*, *glossarium* in voce *hvall*). — (2) *Nar-hval*, de *nar*, corps mort, en islandais, et *hval* : *tue-baleine*. — (3) *Martens* : Voyage au Spitzberg et au Groenland. Hambourg, 1675, in-4° ; et la traduction dans les *Voyages au Nord*. *Bacstrom* : Voyage au Spitzberg, dans le *Philosophical magazine*, 1801.

(1) *Anderson* : Histoire du commerce, VIIe vol., p. 233, trad. allem. — (2) *Solin* : Polyhistor, c. XXII. — (3) *Schlegel* : Mémoires pour l'Histoire danoise, t. I, part. 1, p. 177. *Beckmann* : Apparat pour la connaissance des marchandises, t. I, p. 339-341 (en allem.). — (4) *Spiess* : Archivische nebenarbeiten, cahier I, p. 69.

nombrables essaims les côtes septentrionales de l'Europe et de l'Amérique.

» Une dernière curiosité doit encore nous arrêter dans cette région polaire ; c'est l'extrême abondance de bois flottant que la mer amène sur les côtes du Labrador, du Groenland, et plus encore sur celles de l'Islande, du Spitzberg et des terres arctiques entre ces deux îles. On assure que les amas de bois flottant rejetés sur l'île Jean-Mayen égalent souvent cette île en étendue [1]. Il est des années où les Islandais en recueillent assez pour leur chauffage. Les baies du Spitzberg en sont remplies ; il s'accumule sur les parties de la côte de Sibérie exposées à l'est. Il se compose de troncs de mélèzes, de pins, de cèdres sibériens, de sapins, de bois de Fernambouc et de Campêche [2]. Ces troncs paraissent avoir été entraînés par les grands fleuves d'Asie et d'Amérique ; les uns sont apportés du golfe du Mexique par le fameux courant de Bahama ; les autres sont poussés par le courant qui, au nord de la Sibérie, porte habituellement de l'est à l'ouest. Quelques uns de ces gros arbres, que le frottement a dépouillés de leur écorce, sont même assez bien conservés pour former d'excellent bois de construction [3]. Mais si ces bois flottants proviennent en partie de forêts actuellement existantes, une autre partie nous semble avoir une origine plus reculée et qui se rattache aux grandes révolutions du globe. Nous avons vu, dans la *Géographie physique*, les dépôts de houille, ceux de bois bitumineux et ceux d'arbres renversés s'étendre indistinctement sous la surface des continents et sous celle de mers. Ces débris de végétaux appartiennent à plusieurs catastrophes, à plusieurs écroulements de terrains. Toute l'étendue du globe a éprouvé de semblables révolutions, même les régions polaires en offrent les traces. En Islande, outre le bois fossile bitumineux, on trouve encore dans la terre du bois qui n'a éprouvé qu'un changement de couleur, d'odeur et de solidité, quelquefois un aplatissement, mais aucun commencement de minéralisation. Ces bois se rencontrent dans les terrains argileux et sablonneux, à quelques toises au-dessus du niveau actuel de l'Océan, tandis que les tourbières et les dépôts du bois bitumineux commencent le plus souvent à 25 toises au-dessus de ce niveau, et s'élèvent jusqu'à 100 toises [1]. De même on voit en Sibérie, de grands amas de bois déposés à des élévations où la mer actuelle n'a pu atteindre [2]. Quelques savants ont cru voir dans ces faits une nouvelle preuve de la diminution des mers ; ces dépôts proviennent, selon eux, des bois flottants d'une époque antérieure à cette diminution. Sans vouloir rejeter absolument cette opinion, nous y voyons plutôt des restes de forêts qui ont été renversées dans les lieux mêmes où elles prirent naissance. Si nous admettons que le fond de la mer, en beaucoup d'endroits, présente à l'action des flots de semblables dépôts de forêts détruites qui ont appartenu à des continents écroulés dans les grandes catastrophes du globe, nous concevons qu'il doit s'en détacher une quantité plus ou moins grande, selon que l'action des flots y est plus ou moins forte. Or, cette action, toujours assez superficielle, a plus de prise dans les mers les plus basses, telles que sont toutes les mers boréales. Il nous semble donc que l'on peut considérer une grande partie des bois flottants polaires comme des débris de la végétation des continents qui, en s'écroulant dans les abîmes, ont permis aux eaux de l'Océan, en se retirant, de laisser à sec nos contrées actuelles. »

D'ailleurs plusieurs de ces amas de grands végétaux sembleraient indiquer sur certaines plages un exhaussement du sol, que l'on pourrait attribuer à l'action lente et continue des feux souterrains, tout-à-fait analogue au soulèvement de certaines parties des côtes de la mer Baltique.

« Ces conjectures méritent peut-être l'attention de ceux qui un jour pourront porter un regard scientifique sur les mystères de ce monde polaire, dont nous venons de tracer une esquisse. »

(1) *Crantz* : Histoire du Groenland, t. I, p. 50-54. — (2) *Olafsen* : Voyage d'Islande, t. I, p. 272 (en allem.). — (3) *Olafsen* : Voyage en Islande, t. I, § 637-638.

(1) *Olafsen* : Voyage en Islande, t. I, p. 80, 192, 220 et 326. — (2) *Gmelin* : Voyage en Sibérie, t. III p. 126.

Tableau *des divisions administratives du Groenland et de l'Islande.*

POSSESSIONS DU DANEMARK.

GROENLAND.

Superficie en lieues.	Population absolue.
111,000.	21,000 habitants.

GROENLAND OCCIDENTAL OU GROENLAND COLONISÉ.

Population : 16,000 habitants.

Inspectorat du Nord.

Chefs-lieux.	Autres établissements
Egedesminde.	Omenak, Feskernœs, Frédeiksbaab, Upernavik, archipel de Disco.

Inspectorat du Sud.

Julianenshaab.	Godthaab, Holsteinborg, les îles du Chien et du Kron-Prins.

GROENLAND ORIENTAL OU INDÉPENDANT.

Population : 5,000 habitants.

La population totale du Groenland comprend 6,000 indigènes chrétiens, 1,000 frères moraves et 14,000 indigènes idolâtres.

ISLANDE.

Superficie en lieues.	Population absolue.
5,000.	54,000 habitants.

SONDERAMTEL OU DISTRICT DU SUD.

Reykiawik.	Bessestad, Skalholt.

VESTERAMTEL OU DISTRICT DE L'OUEST.

Stappen.	Heraundalur.

NORDER OG OSTERAMTEL OU DISTRICT DU NORD ET DE L'EST.

Madruval.	Holum, Eskefiord, Skagastrand.

LIVRE CENT SOIXANTE-DIX-HUITIÈME.

Suite de la Description de l'Amérique. — Le Canada avec la Nouvelle-Écosse et Terre-Neuve.

« Après avoir parcouru toute la zone glaciale du Nouveau-Monde, nous allons entrer dans une région où la nature, moins marâtre, quoique toujours sévère et dure, permet à l'agriculture de réunir les hommes en sociétés plus nombreuses. Mais le caractère du désert ne disparaît pas tout entier, et la civilisation naissante semble encore une plante étrangère. En remontant le fleuve Saint-Laurent, nous voyons se développer les majestueuses forêts du *Canada* autour des plus vastes amas d'eau douce qu'il y ait au monde. Le fleuve Saint-Laurent n'est qu'un long *détroit*, par lequel s'écoulent les eaux des grands lacs du Canada.

» La plus reculée de ces *mers d'eau douce*, comme les premiers voyageurs les appelèrent [1], se nomme le lac *Supérieur*; il a 4 à 500 lieues de circonférence; sa longueur de l'est à l'ouest est de 170 lieues, et sa plus grande largeur de 55. Ses eaux limpides, nourries par quarante rivières, se balancent dans un bassin de rochers, et forment des lames presque égales à celles de l'océan Atlantique. Le lac *Huron*, qui a 86 lieues de longueur sur 500 de largeur, et 300 lieues de circonférence, reçoit les eaux du précédent par une suite de descentes rapides connues sous le nom des *Sauts de Sainte-Marie*. On ne donne que 120 lieues de longueur, 25 de largeur, et 260 lieues de pourtour au lac *Michigan*, dont les fertiles bords appartiennent en entier aux Etats-Unis. Ses eaux se joignent de niveau, et par un large détroit à celles du lac Huron. Un autre détroit, ou plutôt la rapide rivière de *Saint-Clair*, sert d'écoulement au lac Huron, et forme, en s'élargissant, le petit lac de Saint-Clair. Un canal plus tranquille, nommé proprement le *Détroit*, unit ce bassin au lac *Érié*, qui a 83 lieues de longueur sur 20 à 30 de largeur, mais qui, étant peu profond et bordé de terres d'une élévation inégale, éprouve des coups de vent redoutables aux navigateurs. »

(1) *Sagard Théodat* : Le grand Voyage du pays des Hurons, p. 259. Paris, 1632.

Ce lac se décharge par la rivière de *Niagara* et par ses célèbres cataractes tant de fois décrites, et qui viennent d'être en grande partie détruites. Disons seulement que le principal saut était du côté du Canada. Dans cet endroit la rivière a environ 1,800 pieds de largeur, et la chute était encore de 142 pieds avant le 16 février 1841. Entre les chutes est une petite île, celle des Boucs (Goat-Island). Le saut qui est du côté des États-Unis avait encore naguère 962 pieds de large et 163 pieds de haut. Cette grande cataracte qui était continuellement enveloppée d'un nuage qu'on apercevait de très loin; cette cascade immense dont les flots écumeux semblaient couler dans les cieux, et dont l'aspect le plus étonnant se présentait dans l'hiver lorsque les eaux, malgré leur effroyable mouvement, ressentant l'influence des gelées, d'énormes colonnes de glace s'élevaient du fond du précipice, tandis que d'autres morceaux pendaient d'en haut comme autant de tuyaux d'orgue [1]; cette merveille de la nature a, s'il faut en croire un journal américain, tout-à-fait perdu du côté du Canada son caractère imposant.

Depuis la fin de décembre 1828, l'aspect des chutes du Niagara avait déjà complétement changé par l'éboulement d'une immense portion du rocher du haut duquel tombent les eaux. Cependant, le 13 février 1841, dit la relation dont nous parlons, on vit les rochers qui, du côté du Canada, appartiennent à la fameuse caverne formée par les couches de calcaire qui surplombent au-dessus du gouffre creusé par la chute de la rivière, s'écrouler et tomber dans le trou qui se trouve au-dessous. En moins d'une heure, dit un témoin oculaire, des masses considérables de rochers se détachèrent et tombèrent avec un bruit effroyable dans l'abime. La nappe d'eau qui, du haut d'un mur abrupte, se précipitait auparavant en une courbe majestueuse, tombait alors en faisant un angle aigu avec le sol sur lequel coule la rivière, et en produisant seulement un plus grand bouillonnement. Le 14 vers midi, une grande partie de ce qui restait de la corniche sur laquelle l'eau coulait près de l'île des Boucs s'écroula, et fut rapidement suivi par d'autres éboulements de rochers, et presque au même instant toute la partie supérieure tomba du côté du Canada; et les masses se succédèrent rapidement de manière qu'on ne voyait plus que l'île des Boucs, résistant à la destruction. Mais à deux heures et demie, plusieurs constructions voisines de la cataracte, telles que la tour de Biddle et tous les travaux environnants, furent engloutis dans les flots. Bientôt l'île des Boucs fut traversée par la masse d'eau, et tout fait prévoir sa destruction prochaine. Cependant, sur la rive américaine, le grand brisant est intact, mais le volume d'eau est moins considérable, parce qu'il se dégorge dans le canal qui est du côté du Canada, et qui s'est considérablement agrandi. Là les eaux se prolongent en tombant sur une largeur d'un mille.

Cette récente destruction, opérée par les efforts d'une masse énorme d'eau qui tombe d'une si grande hauteur, se renouvellera encore sans doute de même qu'elle a eu lieu plusieurs fois; car on sait que la cascade a déjà reculé d'environ 3 ou 4 lieues, et qu'il y a plusieurs siècles elle était vis-à-vis de la ville de Lewistown.

Peut-être y a-t-il exagération dans les détails des changements que paraît avoir éprouvés récemment la chute du Niagara; mais nous les rapportons parce qu'ils n'ont rien d'invraisemblable.

« C'est par ce pompeux vestibule que les eaux du Niagara descendent vers le tranquille lac *Ontario*, qui est pourtant sujet à une espèce de flux et reflux. Ce lac est long de 65 lieues et large de 25. Il se dégorge, par le charmant lac de *Mille-Iles*, dans le fleuve *Saint-Laurent* proprement dit. Ce fleuve prend, surtout près de Montréal, un caractère extrêmement pittoresque. C'est un tableau charmant et impossible à décrire, que celui d'un village qui se développe aux regards à mesure qu'on double une pointe de terre boisée; les maisons paraissent suspendues sur le fleuve, et les clochers étincelants réfléchissent, à travers les arbres, les rayons du soleil. Ce spectacle se répète de lieue en lieue, et quelquefois plus souvent [1]. Mais au-dessous de Québec, le lit du fleuve s'élargit si considérablement, les rivages s'enfuient dans un lointain si immense, que l'œil y reconnaît plutôt un golfe qu'une rivière. »

Le Saint-Laurent, malgré son immense volume d'eau, ses eaux profondes et sa vaste embouchure, n'occupe que le troisième ou le quatrième rang parmi les fleuves américains:

(1) *Heriot*: Travels in Canada, chap. VII et VIII.

(1) *Weld*: Voyage dans le Canada, t. II, p. 210, etc.

sorti de l'extrémité du lac Ontario, il se jette, après un cours de 200 lieues, dans un golfe qui porte son nom. La masse d'eau qu'il verse dans l'Océan est évaluée à 57,335,700 mètres cubes par heure. On peut juger par là de sa rapidité. Sa largeur varie considérablement : à sa naissance elle est de 3 lieues ; mais depuis Québec jusqu'à son embouchure, c'est-à-dire sur une longueur d'environ 100 lieues, il n'en a pas moins de 15 à 20.

« Le seul fleuve considérable du Canada, après le Saint-Laurent, c'est l'*Ottawa*, dont le cours est évalué à plus de 200 lieues, et la masse d'eau qui s'écoule à 250,000 tonneaux par heure. Il porte au grand fleuve le tribut de ses eaux limpides et verdâtres. Elles forment, parmi d'autres cascades pittoresques, celle de la *Chaudière*, qui a 120 pieds de hauteur et 360 de largeur. La rivière de *Saguenay*, qui vient aussi du nord, est l'écoulement du lac Saint-Jean. Une rivière remarquable vient en droite ligne du sud ; c'est celle de *Sorel*, débouché du lac Champlain, lac qui forme une communication militaire et commerciale très importante entre le Canada et les États-Unis. Parmi les petites rivières, celle de *Montmorency* est célèbre par sa cataracte pittoresque ; elle passe deux fois entre des portails de rochers taillés à pic et couverts d'arbres : resserrée dans un lit de 100 pieds de large, elle se précipite à la fin perpendiculairement de la hauteur de 242 pieds, et semble se transformer tout entière en flocons d'argent ou de neige ; de petits nuages s'élèvent à chaque instant, reflètent mille couleurs, et disparaissent en se heurtant contre les rochers nus et grisâtres qui servent de cadres à cette scène moins imposante, mais plus variée que celle de Niagara (1).

» Le Canada, sans renfermer de véritables chaînes de montagnes, s'élève par degrés; les ramifications des monts Alléghany y acquièrent la hauteur moyenne de 150 à 300 toises, et s'étendent dans le Haut-Canada. Les cataractes marquent le changement du niveau des eaux; mais le partage même des eaux entre la mer d'Hudson et le fleuve Saint-Laurent n'offre qu'une suite de collines et de rochers isolés. Ces petites montagnes sont appelées *Land's-Heights*. Le sol est partout considérablement élevé au-dessus des lacs.

(1) *Heriot*, p. 76-78.

Le froid et le chaud y sont extrêmes, puisque le thermomètre, en juillet et en août, monte à 88 degrés du thermomètre centigrade, et qu'en hiver le mercure y gèle. La neige commence avec le mois de novembre, et en janvier il est souvent difficile à un Européen de se tenir quelques moments en plein air sans en éprouver des suites fâcheuses. Des intervalles d'un temps plus doux n'y servent qu'à rendre le sentiment du froid plus vif et ses effets plus dangereux. Souvent à Québec, au commencement de l'hiver, la neige roule en grandes masses dans l'air, et couvre les rues jusqu'au niveau des lucarnes des maisons basses. Enfin en décembre les vents neigeux cessent, un froid uniforme et un air serein leur succèdent. Tout-à-coup les glaces arrivent dans le fleuve, et s'accumulent de manière à remplir tout le bassin ; mais la plupart du temps ces glaces ne sont que flottantes, et les habitants de la rive méridionale, animés par l'espoir du gain, les franchissent, en laissant tantôt glisser et tantôt flotter leurs canots. Les glaces disparaissent de même avec une rapidité extrême vers la fin d'avril, ou au plus tard au commencement de mai. Elles se rompent avec un bruit semblable à celui du canon, et sont entraînées à la mer avec une violence épouvantable. Le printemps se confond avec l'été ; les chaleurs subites font éclore la végétation à vue d'œil. De tous les mois de l'année, le mois de septembre est le plus agréable (1).

Il est à remarquer que la glace n'est pas aussi compacte au Canada qu'en Europe; plus elle est mince et plus elle est solide. Lorsqu'elle est épaisse, elle est remplie de bulles d'air et d'une couleur grisâtre. On la brise aussi aisément qu'en Europe, bien qu'elle soit quatre fois plus épaisse.

Les extrêmes du froid et de la chaleur, dit un voyageur anglais (2), se font sentir avec plus d'intensité dans les cantons cultivés que dans ceux qui ne le sont pas. Le mercure gèle fréquemment à Montréal, et les étés sont si chauds pendant quelques jours qu'il est surprenant que les animaux aient la force de vivre. Les pluies ne sont pas très abondantes, et

(1) *Lambert* : Travels in Lower-Canada. *Annales des Voyages*, t. XVIII, p. 114. — (2) M. *Mactaggart* : Fragments d'un coup d'œil sur l'état actuel du Canada, 1834.

elles tombent plus particulièrement au printemps. Les brouillards, dans l'intérieur des terres, ne sont pas si fréquents que dans la Grande-Bretagne, mais ils le sont beaucoup plus sur les côtes. Le tonnerre et les éclairs y sont très communs ; les roulements du premier y sont beaucoup plus forts qu'en Europe, et l'éclat des derniers y est plus vif et plus brillant.

Au Canada, les moustiques sont extrêmement multipliés pendant les chaleurs de l'été, surtout dans les parties non cultivées et dans celles où l'on a détruit le bois. Ces insectes sont excessivement incommodes, et l'on n'a découvert encore aucun moyen de préserver de leurs piqûres les parties du corps qui sont exposées à l'air. Les Indiens et les Canadiens en souffrent autant que les Européens ; mais leur peau n'enfle pas autant.

« Le Canada est en général montagneux et couvert de bois. La culture s'éloigne peu des bords de la grande rivière. Les produits sont : le tabac pour la consommation des colons, les légumes et les grains, qui forment un article d'exportation. La culture du froment a fait des progrès rapides. Les terres deviennent meilleures à mesure qu'on remonte le Saint-Laurent. Les environs de Montréal surpassent autant en fertilité ceux de Québec que les terres du Haut-Canada surpassent celles de Montréal. Presque partout, aux environs de Québec, un terrain peu profond recouvre un immense lit de pierre calcaire grisâtre, qui, mise en contact avec l'air, se délite en petites lames ou se réduit en poussière. Les prairies du Canada, supérieures à celles des contrées américaines plus méridionales, présentent un gazon fin et épais. Mais les Canadiens sont mauvais cultivateurs ; ils ne labourent ni assez profondément ni assez souvent : les champs sont remplis de mauvaises herbes. Leur froment a la tige longue seulement de 18 à 20 pouces ; l'épi n'atteint que les deux tiers de celui du froment d'Angleterre. Il est semé au commencement du mois de mai, et mûrit vers la fin d'août. Les Canadiens français, bien différents des Anglo-Américains, ne se donnent jamais la peine de créer un jardin ni un verger.

» Parmi les fruits du Canada, les meilleurs sont, comme en Norvége, les baies, spécialement les fraises et les framboises. On cultive des pommes et des poires aux environs de Montréal. Des vignes, tant sauvages que plantées, donnent de petits raisins d'un goût agréable, quoique aigrelet. On cultive beaucoup de melons ; il paraît même que ce végétal est indigène. Une plantation de houblon a parfaitement réussi. Le pays produit deux espèces de cerises sauvages dont on ne tire pas grand parti. Le noyer d'Angleterre ne s'accommode pas des successions subites de froid et de chaud qui caractérisent le printemps du Canada [1].

» Dans la végétation indigène des pays situés au nord du fleuve Saint-Laurent, on remarque un mélange singulier des flores de la Laponie et des Etats-Unis. La grande chaleur de l'été fait que les plantes annuelles et celles que la neige est capable de couvrir pendant l'hiver y sont pour la plupart les mêmes que dans les pays plus méridionaux, tandis que les arbres et les arbrisseaux ayant à braver, sans abri, toute la rigueur du climat, appartiennent aux espèces qui caractérisent les régions arctiques. Le ginseng et le lis de Canada, semblable à celui de Kamtchatka, indiquent une liaison entre la flore de l'Amérique et celle de l'Asie. La *zizania aquatica*, graminée propre à ce climat, et qui tient de la nature du riz, croît abondamment dans la vase des rivières ; elle fournit un aliment aux Indiens errants, comme aux oiseaux de marécage. Quoique le pays soit couvert de nombreuses forêts, les arbres n'y acquièrent jamais cette grosseur et cette surabondance de vie qui les distinguent dans les États-Unis. La famille des sapins et des arbres verts y est peut-être la plus multipliée : on y distingue le sapin à feuille argentée, le pin de Weymouth, le pin canadien, la sapinette d'Amérique et le cèdre blanc du Canada [2], qu'il ne faut pas confondre avec celui des Etats-Unis [3]. Après ceux-là, qui occupent le premier rang, nous nommerons encore l'érable à sucre et l'érable rouge, le bouleau, le tilleul et l'ormeau d'Amérique, le bois de fer et le gaînier du Canada [4]. Les nombreuses espèces de chênes nous sont en général inconnues ; celles de l'Europe ne s'y montrent que sous la forme d'arbrisseaux rabougris : aussi le bois de con-

[1] Voyez, pour plus de détails, les *Annales des Voyages*, t. XVIII, p. 113-124-126. — [2] Thuya occidentalis. — [3] Cupressus disticha. — [4] Cercis Canadensis.

struction du Canada se tire-t-il des provinces occidentales de la Nouvelle-Angleterre, ancienne région des États de l'Union. On rencontre encore dans les îles du Saint-Laurent le sassafras, le laurier et le mûrier rouge; mais ils sont dans le même état de langueur. Le frêne commun, l'if et le frêne des montagnes se rencontrent également dans les contrées septentrionales de l'ancien et du nouveau continent; mais les forêts du Canada possèdent un ornement caractéristique dans les festons légers de la vigne sauvage et dans les fleurs odorantes de l'asclépiade de Syrie. Les forêts du Canada fournissent principalement des douves et planches de sapin, ainsi qu'un certain nombre de petits mâts. Les potasses et les cendres perlées sont encore un produit des forêts. Les Canadiens font beaucoup de sucre d'érable, et le vendent à moitié prix de celui des colonies. L'extraction du sucre de l'arbre a lieu au moment où la sève monte et où il règne encore un froid vif. Le sucre d'érable, à Québec, est brun et très dur; il fond lentement, et contient plus d'acide que le sucre de canne; mais les habitants du Haut-Canada le raffinent et le rendent très beau. »

Les bords du fleuve Saint-Laurent, et l'on peut même dire tout le Canada, appartiennent sous le rapport de la végétation à une région de transition entre la zone froide et la zone tempérée de l'Amérique. Où trouver en Europe ou en Asie, entre le 43e et le 45e degré de latitude, des végétaux à comparer, pour la largeur de leurs feuilles et la beauté de leurs fleurs, à certains magnoliers? A quels arbres de nos forêts pourrait-on comparer le *liriodendron tulipifera*, le *pavia lutea*, le *cornus florida* et le *rhododendron maximum*? Enfin parmi les végétaux appartenant à des genres européens, quelle diversité, quelle élégance, dans les espèces de chênes, de pins et en général d'arbres verts qui décorent les forêts de cette partie de l'Amérique septentrionale [1]!

« Les animaux qui habitent les vastes forêts ou qui errent dans les parties incultes de cette contrée, sont le cerf, l'élan d'Amérique, le daim, l'ours, le renard, la martre, le chat sauvage, le furet, la belette, l'écureuil gris, le lièvre et le lapin. Les parties méridionales recèlent un grand nombre de bisons, de daims de la petite race, de chevreuils, de chèvres et de loups. Les marais, les lacs et les étangs abondent en loutres et en castors très estimés. Peu de fleuves peuvent se comparer au Saint-Laurent par la variété, l'abondance et l'excellence du poisson. Le caïman et le serpent à sonnettes, habitants incommodes des régions plus méridionales, se sont répandus jusqu'ici. Parmi les oiseaux indigènes, les premiers voyageurs distinguèrent déjà le lourd coq d'Inde [1] qu'on a si souvent considéré mal à propos comme originaire de la côte de Malabar, et qui porte même en allemand le nom de poule de Calicut [2]. Le colibri s'égare, pendant l'été, dans cette région boréale, et vient voltiger comme une fleur ailée parmi les fleurs des jardins de Québec. »

Des mines de fer ont été découvertes dans plusieurs parties du Canada, telles que les bords de l'Ontario, de l'Erié, du lac Saint-Jean, et la baie de Saint-Paul à l'entrée du fleuve Saint-Laurent; on y a trouvé aussi des filons de zinc, de manganèse, de mercure et de titane. On prétend même qu'il y existe des mines de plomb argentifère, et quelques indices font croire qu'on pourrait trouver du cuivre aux environs du lac Supérieur [3], puisque jadis les indigènes en ont exploité dans cette région. En 1737, les Français établirent une fonderie de canons à Saint-Maurice, dans le Bas-Canada; aujourd'hui la compagnie anglaise des forges y emploie 300 ouvriers; on y établit des machines à vapeur. En un mot, le Bas-Canada est la partie qui renferme presque toutes les usines du pays: on y compte 18 fonderies et 103 fabriques où l'on travaille le fer.

Dès l'époque de la fondation de la colonie française, le *Bas-Canada* fut divisé en *seigneuries* ou francs fiefs, qui furent concédés par la couronne de France aux colons. Ces seigneuries sont au nombre de 210. Mais le pays est depuis 1829 divisé en 5 districts qui se subdivisent en 40 comtés, dont 15 sont au nord du fleuve Saint-Laurent et 25 au sud. La partie située au sud de l'embouchure du fleuve porte le nom de *Gaspé* ou *Gaspésie*.

« Le *Haut-Canada*, dont la frontière commençant au lac Français longe ensuite la ri-

(1) Tableau statistique des deux Canadas, par M. Isidore Lebrun. Paris, 1833.

(1) *Sagard Théodat*, p. 301. — (2) *Beckmann*: Mémoires pour l'Histoire des découvertes et des inventions, t. III, p. 246 (en allem.). — (3) *Kalm*: Voyage d'Amérique septentrionale, t. II, p. 349.

vière d'Ottawa, a été divisé en 4 districts et 25 comtés; mais ces subdivisions varient selon l'accroissement de la population. »

La superficie des deux Canadas est de plus de 53,000 lieues carrées; mais en n'y comprenant que les terres, elle est de 39,400 lieues. Le Bas-Canada a environ 300 lieues de longueur sur 140 dans sa plus grande largeur; sa superficie en terre est de 27,000 lieues. Le Haut-Canada a environ 350 lieues de longueur et 130 dans sa plus grande largeur; sa superficie terrestre est de 12,400 lieues carrées.

« Un superbe bassin, où plusieurs flottes pourraient mouiller en sûreté; une belle et large rivière; des rivages partout bordés de rochers très escarpés, parsemés ici de forêts, là surmontés de maisons; les deux promontoires de la pointe Levis et du cap Diamant; la jolie île d'Orléans et la majestueuse cascade de la rivière de Montmorency, tout concourt à donner à la ville de *Québec*, capitale du Bas-Canada, un aspect imposant et vraiment magnifique. La haute ville est bâtie sur le cap Diamant, élevé de 345 pieds, tandis que la ville basse s'étend le long de l'eau au pied de la montagne, dont souvent, dans le froid et le dégel, il se détache des quartiers de roche qui écrasent les maisons et les passants. La beauté des édifices publics ne répond pas à l'idée qu'en fait naître de loin l'éclat du fer-blanc dont ils sont couverts, ainsi que la plupart des maisons. Les fortifications, considérablement augmentées dans ces dernières années, en font, conjointement avec sa situation naturelle, une place de guerre très importante; mais il faut 10,000 hommes pour garnir tous les postes. Cependant, les détachements de troupes stationnées à Montréal et à Trois-Rivières peuvent, en descendant le fleuve, joindre la garnison en peu d'heures, et une flotte peut, sans obstacles, ravitailler la place, tant que les glaces n'ont pas interrompu la navigation. Les habitants, au nombre de 23,000, ou 30,000 selon quelques auteurs, se dédommagent des froids longs et rigoureux de l'hiver par des parties de traîneaux et par des assemblées de danse. La garnison soutient un mauvais théâtre anglais, et des courses de chevaux, récemment introduites, contribuent à l'amélioration de la race [1]. »

[1] *Lambert, Heriot*, etc., etc.

Les fortifications occupent une étendue de 2 à 3 milles. Les principaux édifices sont: le *palais de justice*, d'une belle architecture moderne; la *cathédrale anglicane*, remarquable par la hauteur et la légèreté de sa flèche recouverte en étain; la *cathédrale catholique*, grande et spacieuse, mais qui se distingue par sa simplicité extérieure; la prison neuve, dont on admire les belles proportions et les dispositions intérieures; l'ancien collége des Jésuites, aujourd'hui l'une des plus belles casernes de la ville, et l'arsenal, qui renferme un matériel pour l'équipement complet de 20,000 hommes. Québec possède un collége, un séminaire, plusieurs écoles élémentaires, une bibliothèque publique assez riche, et plusieurs sociétés savantes: celle de littérature et d'histoire, celle d'agriculture, celle de médecine, et deux associations, l'une d'hommes, l'autre de femmes, pour la propagation de l'instruction et de l'industrie. Cette ville est la résidence du gouverneur général de l'Amérique anglaise, d'un évêque catholique très peu payé, et d'un évêque anglican qui jouit, en revanche, d'un traitement de 75,000 fr. Enfin, elle est le siége d'une cour de justice. Les deux tiers de la population sont catholiques et descendent des Français qui bâtirent Québec, et y fondèrent, en 1608, une importante colonie.

« *Montréal*, la seconde ville du Bas-Canada, se présente avec éclat sur la côte orientale d'une île considérable formée par le fleuve, à sa jonction avec l'Ottawa. Des hauteurs boisées, de nombreux vergers, de jolies maisons de campagne, et tout cela renfermé dans une île baignée d'une superbe rivière où peuvent remonter les gros vaisseaux: tels sont les charmes de cette ville, qui renferme environ 2,000 maisons et plus de 30,000 âmes. Son commerce consiste surtout en fourrures qui arrivent des environs du lac Ouinnipeg ou Bourbon, pour le compte de la compagnie anglaise, composée principalement de marchands de cette ville. Cette compagnie emploie 3,000 individus comme agents, facteurs et chasseurs. Les Ecossais s'engagent en foule à son service; après vingt et trente années d'une vie triste et pénible, quelques uns se retirent avec une santé délabrée et une fortune de 10 à 20,000 livres sterling. »

Montréal possède plusieurs édifices dignes

d'être cités : telle est la nouvelle *cathédrale catholique*, l'un des plus vastes temples du Nouveau-Monde ; on assure qu'il peut contenir plus de 10,000 personnes ; tel est encore l'hôpital général, l'un des mieux tenus de l'Amérique anglaise. La place du Marché est ornée d'un monument érigé à la gloire de Nelson : c'est une colonne d'ordre dorique haute de 30 pieds, surmontée d'une statue colossale de ce marin célèbre. Ses principaux établissements sont le collége français, que l'on peut placer au rang des universités ; le séminaire catholique, l'institut classique académique et l'université anglaise. Plusieurs sociétés savantes s'y sont établies : la principale est la *Société d'histoire naturelle*, qui publie des mémoires et possède une bibliothèque et des collections ; les autres sont l'*Institut mécanique*, la *Société d'agriculture*, celle d'*horticulture* et l'*Association pour la propagation de l'industrie et de l'instruction élémentaire*. Le cabinet littéraire possède une des plus riches bibliothèques de l'Amérique anglaise. Montréal publie une douzaine de journaux anglais et français.

Cette ville est aujourd'hui une place de commerce plus importante que Québec. Sa position en fait l'entrepôt des produits du Haut-Canada, des parties des Etats-Unis qui en sont limitrophes et des contrées sauvages qu'arrose l'Ottawa. Québec voit plus de navires jeter l'ancre dans son port ; mais Montréal leur fournit leurs cargaisons. Québec ne conserve sa prépondérance que parce qu'il possède un port où 100 vaisseaux de ligne seraient en sûreté, et parce que ses fortifications en font le Gibraltar de l'Amérique anglaise.

La population de Montréal, toujours croissante, a fait des progrès considérables en peu d'années : en 1817, elle était de 15,000 âmes ; en 1819, de 20,000 ; en 1829, un recensement officiel la porta à 25,976, et il y a lieu de croire qu'aujourd'hui elle doit être de plus de 30,000 âmes. Le rapide appelé *Sainte-Marie*, qui se trouvait encore, il y a peu d'années, à un quart de lieue au-dessous de la ville, est maintenant à son extrémité septentrionale, tant elle a pris d'accroissement. Ce rapide est un des obstacles que présente ici la navigation du fleuve Saint-Laurent ; toutefois, les communications avec la capitale sont entretenues habituellement par 6 ou 8 bateaux à vapeur.

« La petite ville des *Trois-Rivières*, entre Québec et Montréal, est devenue remarquable par le concours des naturels qui s'y réunissent en foule. »

Elle est située sur le banc septentrional du fleuve, à l'embouchure de la rivière de Saint-Maurice. Sa population est d'environ 3,000 âmes. Elle est bien bâtie ; les naturels y portent leurs pelleteries.

Nous pouvons citer dans le Bas-Canada plusieurs villages ou bourgs intéressants par leur industrie : ce sont *Beaufort*, où l'on remarque un moulin à scier où l'eau met en mouvement 80 scies isolées et 5 autres circulaires : *Pont-Levi*, rendez-vous des curieux qui vont visiter la belle cascade de *la Chaudière ; Orléans*, dans une île de ce nom au milieu du fleuve Saint-Laurent, à 2 lieues au-dessous de Québec : cette île, longue de 9 lieues et large de 2, est remarquable par sa fertilité ; le centre est occupé par des bois épais ; dans la partie occidentale s'élèvent plusieurs jolies maisons de campagne ; dans cette partie se trouvent des chantiers où l'on a construit, dans ces dernières années, des vaisseaux de guerre d'une énorme dimension : on en cite qui ont plus de 300 pieds de long. Le village de *Lorette*, où l'on admire une belle église, est peuplé d'Iroquois qui ont été convertis à la religion catholique par des missionnaires français. *La Chine* est un gros village d'où partent des bateaux à vapeur destinés pour le Haut-Canada. *La Prairie de la Madeleine* est un des entrepôts du commerce entre le Bas-Canada et les Etats-Unis. Le bourg de *Tadousac*, situé sur un rocher presque inaccessible près du confluent du Saguenay et du fleuve Saint-Laurent, fait un grand commerce avec les Indiens ; sa population, de plus de 2,000 âmes, le place au rang des villes. Le village de *Chambly*, à 6 lieues de Montréal, ne se compose que de 150 maisons ; mais il possède un bon collége et une maison d'éducation pour les jeunes demoiselles.

A 13 lieues au nord-est de Montréal, la petite ville de *Sorel* ou *William Henry* est agréablement située au confluent du Richelieu ou Sorel et du fleuve Saint-Laurent, sur l'emplacement du fort Sorel, construit par les Français en 1665 pour réprimer les incursions des indigènes. Elle se compose de 8 rues, de 160 maisons et de 1,500 à 1,800 habitants.

« En sortant du fleuve Saint-Laurent pour entrer dans le lac Ontario, on traverse le golfe appelé improprement *lac de Mille-Iles*. Sur une de ses anses s'élève la ville de *Kingston*, munie d'un bon port où les bâtiments venant du lac Ontario déchargent ordinairement leurs marchandises. »

Elle pourrait passer pour jolie, si ses rues, qui sont droites et garnies de maisons en pierres, étaient pavées. Elle est munie d'un port spacieux, commode et bien abrité, mais qui ne peut recevoir que des navires tirant 18 pieds d'eau. Sur la côte en-face de la ville est une baie qui peut, à la vérité, mettre à l'abri de tout vent une flotte nombreuse : c'est aussi là qu'hiverne ordinairement la flotte royale du lac. Sur le bord de la baie, on aperçoit l'arsenal de la marine anglaise dans cette partie du monde, et de beaux chantiers où l'on construit des vaisseaux de guerre du premier rang. La population commerçante de Kingston se compose de plus de 6,000 habitants. A l'ouest de cette ville, *York*, siége des autorités et du gouvernement, domine le lac, possède un superbe port abrité par une longue presqu'île appelée Gibraltar, et renferme 7,000 âmes. La baie de *Burlington*, à l'extrémité occidentale de l'Ontario, est bordée de paysages romantiques.

Arrivons à *Newark*, aujourd'hui *Niagara*, petite ville bien bâtie, avec un millier d'habitants, défendue par le fort *George*, et possédant un port à l'embouchure et sur la gauche du *Niagara*.

« Le fort *Erié* commande le fleuve Niagara à sa sortie du lac de ce nom ; la ville de *London* est située dans l'intérieur des terres ; *Malden* ou *Amherstburg* est une place frontière du côté de la rivière du Détroit [1].

» Nous ferons remarquer ici que l'extrémité méridionale du Canada forme une presqu'île séparée du reste de la province par les rivières Severn et Trent, qui sont même liées par une chaîne de petits lacs. Le reste de cette péninsule, ou, si l'on veut, de cette île, que l'on appelle le *Haut-Canada*, est baigné par les lacs Huron, Erié et Ontario, les fleuves Saint-Clair, Détroit et Niagara. Tout le sol n'est qu'une plaine de terreau végétal reposant sur des couches de calcaire et de plâtre. Il n'y a point d'eau stagnante, mais les rivières sont bourbeuses. Le froment, le trèfle, les poires, les pêches réussissent parfaitement. Le climat, sur les bords du lac Erié, est presque aussi doux qu'à Philadelphie [1]. Cette portion heureuse et fertile, différente du reste du Canada, aurait dû être revendiquée en faveur des Etats-Unis, lors du traité de 1783 ; elle forme encore l'objet de leur ambition ; mais les Anglais en ont apprécié l'importance politique et militaire. »

Déjà la colonie anglaise du Haut-Canada avait pris, au commencement de 1835, un développement prodigieux qu'elle doit au commerce, à la civilisation, à des capitaux considérables, à un sol fertile et à un esprit entreprenant. Les établissements de *Brockville*, *Sainte-Catherine*, *Hamilton*, *Kobourg*, *Queenston*, et plusieurs autres qui naguère étaient considérés comme de simples villages, peuvent prendre rang parmi les villes. Ajoutons que 25 bateaux à vapeur, qui appartiennent à cette colonie, sillonnent le lac Ontario et le fleuve Saint-Laurent ; plusieurs de ces bâtiments sont de la force de 40 à 50 chevaux.

« La population du Canada s'accroît rapidement. Dans les premières années de la domination anglaise, elle paraît avoir subi une grande diminution, s'il faut en croire Heriot. Selon cet écrivain, la population totale du Canada, en 1758, sans les troupes régulières, s'élevait à 91,000 individus ; il semblerait même que Heriot n'a pas compris dans cette évaluation les Indiens, dont le nombre était de 16,000. Sept ans après, le général Murray fit faire un recensement qui ne donna que 76,275 habitants, dont 7,400 Indiens. Les Français étaient-ils émigrés pour se soustraire à la domination anglaise, ou les estimations de 1758 avaient-elles été exagérées dans le but de donner plus d'éclat à la conquête ? On l'ignore. »

Dans un traité de la géographie du Canada à l'usage des écoles de cette province, et publié à Montréal en 1831, nous lisons que la population du Bas-Canada est évaluée à 500,000 individus, sans y comprendre les sauvages. Celle du Haut-Canada était, en

(1) *Smith* : Description of Upper-Canada. *Gray* : Letters from Canada, 1809.

(1) Lettre sur le Haut-Canada, dans *The Columbian*, journal de New-York, 12 et 13 avril 1813.

1829, de 188,500 âmes. La milice y est de 8,000 hommes, et les tribus indiennes, dont le nombre d'individus ne dépasse pas 5,000, mettent sur pied 600 guerriers. Cependant, une statistique canadienne plus récente encore porte à près de 900,000 individus la population des deux Canadas, ce qui fait plus de 600,000 pour le Bas-Canada et au moins 250,000 pour le Haut-Canada. L'accroissement de population est moins rapide dans cette province que dans la précédente; et en effet cela doit être ainsi, lorsque l'on considère que chaque année des milliers d'Européens traversent l'Océan pour se diriger vers Québec. Dans le Haut-Canada, les $\frac{17}{20}$ de la population sont d'origine anglaise; $\frac{1}{10}$ se compose de Français, et $\frac{2}{20}$ d'Anglo-Américains. Dans le Bas-Canada, les $\frac{4}{5}$ sont Français d'origine. On conçoit que la composition de la population des deux contrées doit avoir une grande influence sur leur état moral et politique.

« Toute la population française est resserrée principalement sur la rive septentrionale du grand fleuve, depuis Montréal jusqu'à Québec; l'aspect de cette série de fermes et de champs labourés, pendant un espace de plus de 400 milles anglais, satisfait plutôt l'œil que la pensée. Les cultivateurs canadiens, animés d'un esprit diamétralement opposé à celui des Anglo-Américains, ne quittent pas les endroits qui les ont vus naître. Au lieu d'émigrer pour former de nouveaux établissements, pour défricher les terres voisines dont ils connaissent la fertilité supérieure, les membres d'une famille partagent entre eux les biens-fonds tant qu'il en reste un seul acre.

» Les premiers colons français paraissent être venus de la Normandie. Contents de peu, attachés à leur religion, à leurs usages, soumis au gouvernement qui respecte leur liberté, ils possèdent, à côté de beaucoup d'indolence, un fonds naturel de talents et de courage qui n'aurait besoin que d'être cultivé par l'instruction : ils se livrent avec ardeur aux travaux les plus rudes; ils entreprennent, pour un gain modique, les voyages les plus fatigants. Ils fabriquent eux-mêmes les étoffes de laine et de lin dont ils s'habillent à la campagne; ils tissent ou tricotent eux-mêmes leurs bonnets et leurs bas, tressent leurs chapeaux de paille, et tannent les peaux destinées à leur fournir des *mocassins* ou grosses bottes; enfin leur savon, leurs chandelles et leur sucre, ainsi que leurs charrues et leurs canots, sont les produits de leurs propres mains.

» Le visage des Français du Canada est long et mince; leur teint brunâtre et hâlé devient quelquefois, sans doute par l'effet du mélange avec la race indigène, aussi foncé que celui des Indiens : leurs yeux, petits et noirs, ont beaucoup de vivacité; le nez avancé tend à la forme aquiline; les lèvres sont peu épaisses, les joues maigres et les pommettes saillantes. Ils ont conservé dans leurs manières des traces honorables de leur première origine. Une politesse noble et aisée règne dans leur conversation; ils se présentent avec un air qui les ferait prendre pour les habitants d'une grande ville, plutôt que pour ceux d'une contrée demi sauvage. Ils montrent de la déférence envers leurs supérieurs, et jamais de la rudesse envers leurs inférieurs. La plus parfaite harmonie règne entre eux : souvent les enfants de la troisième génération demeurent dans la maison paternelle; même leur habitude de partager, autant que possible, les biens-fonds, afin de ne pas se séparer, toute nuisible qu'elle est sous le rapport de l'économie publique, ne laisse pas de prouver la bonne intelligence dont les familles sont animées. Ils se marient jeunes, et se voient de bonne heure entourés de nombreux descendants; aussi, hors des villes, les mœurs sont pures et les ménages heureux.

» La gaieté française conserve ici son empire, quoique le climat, en rendant nécessaire l'usage des poêles et des fourrures, donne aux Canadiens l'apparence des Russes. Les plaisirs y ont le caractère simple et un peu grossier qu'ils avaient en France avant le raffinement introduit sous Louis XIV : les parents et les amis s'assemblent tous les jours autour d'une table chargée de mets solides; à côté d'un énorme quartier de bœuf ou de mouton, on voit de vastes terrines remplies de soupes ou de lait caillé. Immédiatement après un dîner qu'anime une gaieté franche et bruyante, les violons se font entendre; tout le monde se livre à la danse, les menuets et les *gigues* se succèdent sans interruption. A la campagne, les femmes et même les hommes qui veulent se parer ont la coutume de se peindre les joues avec le suc de la betterave (1). »

(1) *Lambert* : Travels in Lower-Canada, tom. I, p. 326-382, etc.

Les Canadiens suivent avec une scrupuleuse exactitude les modes dont ils reçoivent les modèles de Paris. Les femmes du Canada sont remarquables par leurs grâces et leur brillante santé. Par l'éclat de leur teint, la régularité de leurs traits et la beauté de leur taille, elles ressemblent aux Cauchoises; leurs grands yeux noirs tranchent agréablement avec l'incarnat de leurs joues fraîches et vermeilles. Bonnes épouses, mères tendres, ménagères soigneuses, elles font la félicité de leurs familles. Un voyageur moderne, M. Howison, a vu à la ville du Détroit de jeunes et belles filles attristées, indignées même de ce que le curé défendait impérieusement les bals: plus de danse, adieu la joie et les plaisirs. Ce sont bien là nos Françaises enjouées. Mais le courrier arrive; il apporte un paquet cacheté; toutes ces jeunes filles se réunissent, avides d'oublier dans la lecture le chagrin que leur cause le zèle pieux du curé. Et que vont-elles lire avec tant d'empressement? des journaux qui arrivent de France.

Les arts d'agrément ne sont point négligés dans l'éducation des jeunes personnes de bonne famille; le dessin forme une partie importante de l'instruction qu'elles reçoivent; la musique compte des élèves jusque dans les fermes et les villages. Les salons de Québec et de Montréal retentissent souvent des airs mélodieux de Rossini, d'Auber, d'Hérold et de Boïeldieu. On sait qu'en 1826 la célèbre cantatrice madame Malibran fut accueillie avec enthousiasme sur les théâtres du Bas-Canada. Enfin, dans la classe inférieure, d'anciennes chansons normandes sont répétées en chœur par une jeunesse joyeuse.

La sobriété n'est pas la vertu des Canadiens; l'habitude de l'ivresse y produit des accidents tragiques, presque tous les meurtres, et même la folie. Dans le seul district de Québec, en 49 mois, l'ivrognerie a causé la mort de 224 hommes. Il serait utile que les sociétés de tempérance qui se répandent depuis plusieurs années dans les Etats de l'Union pussent s'établir au Canada; mais jusqu'ici elles y ont eu peu de succès.

« Quoique le cultivateur du Canada jouisse d'un bonheur sans égal, quoiqu'une longue paix ait répandu de l'aisance et quelques germes d'industrie parmi les classes supérieures, le goût des études a besoin d'être encouragé; l'instruction publique a même été pendant longtemps tellement négligée, que plusieurs membres de l'assemblée provinciale ou du parlement ne savent ni lire ni écrire. Du moins le *Mercure de Québec*, journal anglais, proposait, il y a une quinzaine d'années, de former un séminaire pour l'instruction des membres du parlement privés de ces deux connaissances élémentaires. Ce trait sent un peu trop la satire. »

Ce n'est cependant point aux Anglais qu'il convient de faire aux Canadiens un reproche de leur ignorance; si l'instruction a fait quelques progrès au Canada, c'est malgré le gouvernement, dont la politique a été, jusque dans ces derniers temps, de priver d'écoles le pays, sous le prétexte qu'elles y perpétueraient le règne de la langue française et du catholicisme. Aussi a-t-il refusé de restituer aux écoles les biens que les jésuites avaient obtenus pour leur entretien. Nous n'osons affirmer que cet abus existe encore; mais il est certain que jusqu'en 1832 toutes les démarches, toutes les pétitions des Canadiens pour connaître l'état et la valeur de ces propriétés ont été sans résultat. On sait, au surplus, que les jésuites possédaient, dans le Bas-Canada seul, près de 800,000 arpents de terre.

Depuis 1814, chaque paroisse du Canada possède une école; en 1817, pour prix de la courageuse fidélité dont les Canadiens avaient donné la preuve dans la guerre de l'Angleterre contre les Etats-Unis, un acte royal établit l'*institution pour l'avancement des connaissances*, qui a produit ces associations dont nous avons signalé l'existence dans plusieurs villes; mais la direction n'en a été confiée qu'à des ecclésiastiques anglicans. Enfin, en 1829, l'instruction primaire a reçu une nouvelle impulsion: chaque paroisse fournit l'école et le logement à l'instituteur; le trésor de la province lui accorde un traitement de 20 louis; trois syndics élus par les pères de famille sont les surveillants de l'école; le curé devient membre du syndicat s'il obtient la majorité des votes. En 1832, 23,000 livres sterling ont été affectées sur le budget à l'instruction publique. La méthode d'enseignement mutuel commence à se répandre; des écoles normales viennent d'être établies. En 1829, sur 100,000 enfants mâles, 18,400 seulement recevaient l'instruction; en 1830, le nombre des écoliers était de 41,800; en 1831, de 45,200, et le nombre des filles fréquentant les écoles était d'environ 20,600. L'enseignement élémentaire comprend les éléments de la grammaire française et de la grammaire anglaise, l'arithmétique, et des notions d'histoire et de géographie.

« Les habitants du Haut-Canada conservent les mœurs de l'Angleterre ou de l'Irlande, leurs contrées originaires.

» Les deux provinces ne sont pas moins distinctes par les lois que par les mœurs. Dans l'une et dans l'autre, il existe un conseil législatif et une chambre des représentants. Ces deux assemblées ont la faculté de proposer des lois à l'acceptation du gouvernement. Le projet de loi, sanctionné par le gouvernement, est transmis au roi d'Angleterre, qui, pendant deux ans, a le droit de le désapprouver. Le conseil législatif est composé de 22 membres dans le Haut-Canada, et de 28 dans la province basse. Pour former la chambre en assemblée, le Haut-Canada fournit 50 membres, et le Bas 84, choisis par les francs-tenanciers des villes et districts. »

Le conseil législatif, la chambre des députés, un gouverneur, aidé d'un conseil exécutif, forment toute l'administration supérieure des deux Canadas. Le conseil exécutif est composé de 9 membres dans le Haut-Canada, et de 11 dans le Bas.

Les conseillers législatifs, qui forment la chambre haute du pays, sont nommés par le gouverneur, avec l'approbation du roi d'Angleterre. Leurs fonctions sont à vie, à moins qu'ils ne s'absentent de leur province pendant quatre ans, ou qu'ils ne prêtent serment à quelque puissance étrangère. Ils peuvent faire partie du conseil exécutif.

Les membres de la chambre sont élus pour quatre ans, sauf le cas de dissolution. Ils sont nommés par la majorité des francs-tenanciers de chaque comté, et dans les villes par les propriétaires qui ont 5 liv. sterl. (125 fr.) de revenu, et les citoyens qui ne paient pas moins de 10 liv. sterl. (250 fr.) de loyer. Les comtés peuplés de 1,000 habitants nomment 1 député, et ceux qui ont 4,000 habitants, 2. Le comté qui a moins de 1,000 âmes se joint pour l'élection au comté voisin qui renferme le plus petit nombre d'habitants.

Le gouverneur doit convoquer la chambre au moins une fois en douze mois; il peut même la réunir plus souvent si le bien public l'exige.

Les lois qui régissent les deux Canadas sont : les actes du parlement anglais relatifs aux colonies; les coutumes de Paris antérieures à l'an 1666; les édits des rois de France; le droit romain; le code criminel d'Angleterre tel qu'il était en 1774, et tel qu'il a été expliqué dans les actes subséquents. Il est à remarquer que dans le Bas-Canada, qui a conservé les anciennes lois françaises, les terres qui ont le titre de seigneurie sont encore soumises au régime féodal, et que dans le Haut-Canada, où les lois anglaises sont seules en vigueur, les propriétés coloniales appelées *townships*, et qui consistent en terres qui ont été distribuées à des militaires de tous grades, sont au contraire régies par les lois communes. Les deux gouverneurs, les juges et les autres officiers civils sont payés par les deux provinces, et le superflu des revenus est employé à répandre l'instruction primaire, à construire des chemins et des canaux, et à d'autres améliorations publiques.

Le seul profit que la Grande-Bretagne tire du Canada provient de son commerce avec cette colonie, qui occupe environ 7,000 matelots. Les dépenses d'administration sont évaluées à 2,280,000 francs : l'Angleterre en paie la moitié. On estime les frais de garnison et d'entretien des forts à 2,400,000 francs. Les présents que l'on fait aux sauvages, avec le salaire des employés, officiers et commis qui résident chez eux, peuvent monter à pareille somme. Les revenus sont évalués à 2,350,000 francs.

« Cette province si coûteuse offre à la politique anglaise un double caractère d'utilité et d'importance. Le Canada est, en temps de paix, le débouché de plusieurs produits des manufactures anglaises qui entrent aux Etats-Unis, soit légalement, soit en fraude. Les produits du sol même du Canada, et ceux que le commerce anglais tire par cette voie de l'intérieur de l'Amérique septentrionale, fournissent les objets d'un échange et d'une navigation considérables, et qui s'accroissent tous les ans [1]. »

Les exportations, en 1831, ont été de 1,220,000 livres sterl. (27,600,000 francs),

[1] Voyez les tableaux de statistique, à la suite de ce livre.

sans y comprendre 60,000 quintaux de morue sèche, 13,000 de morue verte, 45,000 gallons (202,500 litres) d'huile de poisson ; et les importations se sont élevées à la valeur de 1,700,000 livres sterling (39,100,000 francs). Le nombre des vaisseaux entrés était de 1,339, d'une capacité de 331,000 tonneaux. Le nombre des matelots employés dans ce commerce s'élevait à plus de 7,000. Le nombre des navires sortis était de 1,047 chargés de 200,700 tonneaux. Dans l'année 1810, le nombre des vaisseaux était de 661, et le tonnage de 143,893 tonneaux. Les seules importations du port de Québec s'élevaient, en 1830, à la valeur de 1,146,345 livres sterling ; en y comprenant les importations par le lac Champlain et par le Gaspé, on pouvait en évaluer la totalité à 1,307,000 liv. sterl. (30,061,000 fr.). Les seules exportations du port de Québec s'élevaient à 1,317,000 livres sterling, et y compris celle du Labrador et du Gaspé, et celles par le lac Champlain, on peut en porter la totalité à 1,500,000 liv. sterl. (34,500,000 fr.).

Les deux Canadas ont fait dans l'industrie des progrès récents et assez rapides depuis quelques années : le Bas-Canada comptait il y a peu d'années près de 400 moulins à farine, 90 moulins à cordes, 97 à foulon ; les moulins à huile se multiplient de jour en jour. On y trouvait aussi 25 brasseries et 45 distilleries. Le Haut-Canada possédait 13,500 métiers de tisserands, presque tous occupés par des femmes. On y fabriquait 1,200,000 aunes de tissus de laine, et 1,100,000 de tissus de lin. Enfin le Bas-Canada renfermait 85 tanneries, 11 fabriques de chapeaux et 55 poteries.

Le gouvernement anglais n'a rien négligé de ce qui pouvait assurer ou accroître la prospérité du Canada. De nombreux canaux y assurent de faciles communications : la navigation du Saguenay a été améliorée à son embouchure par une passe creusée dans le rocher qui barrait son cours ; l'on a surmonté les obstacles que présentaient aussi à la navigation les rapides de la rivière du Richelieu ou Chambly, et l'on a mis tout récemment la ville de ce nom en communication avec le lac Champlain ; on n'a plus à redouter dans la navigation du fleuve Saint-Laurent la passe dite des *Cascades*, grâce au petit canal que l'on y a construit ; le *canal de la Chine* sert à éviter le saut de Sainte-Marie et d'autres rapides, ainsi que le débarquement des personnes et des marchandises ; le Ridear affluent de l'Ottawa a été mis par un canal en communication avec le lac Ontario ; le *canal Carillon* ou *Grenville* part de l'Ottawa et tourne le long saut ; le *canal Welland*, qui suit une direction latérale au Niagara, a pour objet de tourner le fameux saut de cette rivière, seul obstacle à la longue navigation intérieure de Montréal à l'extrémité méridionale du lac Michigan, en traversant les lacs Ontario, Erié, Saint-Clair et Huron (1).

« Considéré comme position militaire, le Canada forme le principal anneau de cette chaîne de possessions britanniques du nord, qui, depuis l'Acadie et Terre-Neuve, vient se perdre aux environs du lac Ouinnipeg, chaîne qui enveloppe les Etats-Unis par le nord-est et le nord. Tant que l'Angleterre conservera ces positions, elle sera toujours l'ennemi le plus dangereux ou l'allié le plus utile, le plus nécessaire pour la grande république américaine, seule rivale maritime que la moderne reine de l'Océan ait à redouter. »

Nous ne nous étendrons pas sur les mœurs des tribus sauvages qui habitent dans les limites du Canada. Les *Hurons*, qui s'étendent au nord et à l'est du lac qui porte leur nom, ont aussi une ville assez considérable sur le fleuve ou le canal appelé *Détroit*. Ce peuple, appelé Huron par les Français, se donne le nom d'*Yendat* ; il a joui autrefois d'une certaine célébrité ; mais il a été ruiné par ses guerres avec les Iroquois : aujourd'hui il ne se compose plus que de quelques familles qui ont embrassé le christianisme.

« Quelques restes des tribus appelées les *Six Nations*, et principalement des *Mohawks*, ont quelques villages sur la rivière d'Oure. Les *Missisagues*, tribu alliée des Algonquins, habitent encore dans la péninsule du Canada, aux sources de la rivière de Crédit et sur les bords des lacs Huron et Supérieur : on porte leur nombre à 16,000. La branche principale des *Iroquois* occupe les bords de l'Ottawa ; c'est un faible reste de cette nation redoutable et généreuse.

» M. Lambert vit chez un Anglais le capitaine *John*, vieux chef d'Iroquois, qui a

(1) Tableau statistique des deux Canadas, par M. Isidore Lebrun.

combattu dans la guerre contre les Anglo-Américains, sous les drapeaux britanniques. Ce vieillard racontait, les larmes aux yeux, le danger qu'il avait couru un jour en voyant approcher dans le bois un officier anglais son ami, mais qu'il ne reconnaissait pas; tous les deux allaient tirer, et tous les deux eussent peut-être péri, étant d'excellents tireurs; heureusement ils se reconnurent à leur voix. La fille du capitaine John, très belle personne, avait aimé passionnément un Anglais; elle en avait un enfant; abandonnée, elle poursuivit son Thésée les pistolets à la main, et telle était l'énergie connue de son caractère que l'Anglais n'osait plus se montrer dans le pays.

» Non loin de Montréal est le misérable village de *Cachenonaga*, habité par les *Agniers* ou *Alguiers*, nom que les Français ont donné aux *Cochenawagoes* ou *Cochnuagas*, tribu d'Iroquois qui a adopté la religion chrétienne. Cette peuplade a une dévotion particulière à la sainte Vierge. Les Indiennes, par principe de religion et d humanité, élèvent les enfants bâtards abandonnés par leurs pères européens.

» Les *Tummiskamings* ou *Timmiscameins*, qui parlent la langue algonquine ou knistenane, demeurent au nord des sources de l'Ottawa. Ils passent pour être les plus nombreux des indigènes du Haut-Canada. Les *Algonquins* s'étendent vers la rivière Saint-Maurice. On trouve aux environs de Québec quelques hameaux de Hurons convertis au christianisme, et qui parlent français (1). Les *Pikouagamis*, aux environs du lac Saint-Jean; les *Mistissinnys*, sur le lac du même nom, et les *Papinachois*, au nord de la rivière Saguenay, mènent aujourd'hui une vie paisible, et commencent à se livrer à quelques essais de culture. Ces tribus paraissent de la même origine que les Algonquins et les Knistenaux.

» En descendant par le fleuve Saint-Laurent, nous voyons à droite une contrée très semblable aux parties les plus montueuses du Canada, bien boisée, bien arrosée, mais assiégée de brumes maritimes, qui seules en dénaturent la température. C'est le *Gaspé* ou la *Gaspésie*, patrie ancienne d'une tribu indienne, remarquable par ses mœurs policées et par le culte qu'elle rendait au soleil. Les Gaspésiens distinguaient les aires de vent, connaissaient quelques étoiles et traçaient des cartes assez justes de leur pays. Une partie de cette tribu adorait la croix avant l'arrivée des missionnaires, et conservait une tradition curieuse sur un homme vénérable qui, en leur apportant ce signe sacré, les avait délivrés du fléau d'une épidémie (1). On serait tenté de chercher ici le *Vinland* des Islandais, et cet apôtre des Gaspésiens pourrait bien être l'évêque de Groenland, qui, en 1121, visita le Vinland (2). Le nom de Gaspé a été restreint aujourd'hui au pays entre le fleuve Saint-Laurent et la baie des Chaleurs, située entre le Nouveau-Brunswick et le Bas-Canada. »

(1) *Heriot*, p. 80-83.

La Gaspésie paraît renfermer 4,000 habitants. On voit au nord de la baie des Chaleurs et à l'extrémité de la péninsule que forme le district de *Gaspé*, la petite ville de ce nom, importante par son port, située au fond d'une baie vaste et bien abritée. *New-Carlisle* est le chef-lieu de ce district: il se compose d'une centaine de maisons avec une église, une prison et une maison de justice; son port est favorable au commerce et à la pêche.

« Le *Nouveau-Brunswick* s'étend, d'un côté, sur le golfe Saint-Laurent; de l'autre, sur la baie de Fundy; il avoisine les Etats-Unis à l'ouest, et se termine au sud à l'isthme qui conduit dans la Nouvelle-Ecosse. Ce pays, dont la prospérité, la culture et la population s'accroissent dans une progression rapide, est traversé par l'extrémité de la chaîne des Apalaches. La rivière de Saint-John (Saint-Jean) est navigable pour des vaisseaux de 50 tonneaux dans l'espace d'environ 50 milles, et pour des bateaux dans celui d'environ 170 milles. Son cours est d'une centaine de lieues. Le flux remonte à peu près à 70 milles. On y trouve du saumon, des loups de mer et des esturgeons. Elle forme plusieurs lacs, dont le plus considérable est le lac George. Les bords, engraissés par des débordements annuels, sont fertiles et unis, et dans beaucoup d'endroits couverts de grands arbres. Cette rivière offre des moyens commodes pour se rendre à Québec. Les exportations, qui consistent en bois de charpente, poissons, pelleteries et cuirs, occupent non moins de 500 bâtiments d'une

(1) Nouvelle Relation de la Gaspésie, par le *P. Leclercq*. Paris, 1692, chap. x et suiv.—(2) Voyez notre volume I, p. 206.

capacité de 97,700 tonneaux. Le caribou, l'orignal, le lynx, l'ours et les autres animaux sauvages du Canada et des Etats-Unis, se montrent encore dans ce pays, mais ne se répandent guère dans la Nouvelle-Ecosse [1]. »

Le climat de ce pays est plus froid que ne l'indique sa latitude entre le 45ᵉ et le 48ᵉ parallèle : l'hiver y dure 6 mois, pendant lesquels le thermomètre de Réaumur descend à 20 degrés au-dessous de zéro; le printemps y est inconnu ; un été brûlant y succède à l'hiver; l'automne y est la seule saison tempérée.

La tribu indigène des *Maréchites* est réduite à 140 guerriers. Les Européens y dépassent le nombre de 80,000. *Frédéricktown* ou *Frédéricton*, autrefois *Sainte-Anne*, située sur la droite et à l'embouchure de la rivière de Saint-Jean, est la capitale du Nouveau-Brunswick, la résidence du gouverneur et des principales autorités. Elle est régulièrement bâtie et peuplée de 12,000 âmes. Cette ville possède un collége, plusieurs églises et une société d'agriculture : on y publie une gazette. *Saint-John* ou *Saint-Jean*, à 20 lieues au sud-est, est la plus considérable cité de la province : on estime sa population à 10 ou 12,000 âmes. Ses maisons, la plupart en bois, sont bien construites; son port est un des meilleurs de la côte : la franchise dont il jouit en fait un point commercial important. Saint-Jean possède une banque et publie plusieurs journaux. Les autres villes qui viennent ensuite sont *Saint-Andrews*, peuplée de 2 à 3,000 âmes, et *Newcastle*, sur le Miramichi.

« *L'Acadie*, définitivement soumise à l'Angleterre depuis 1713, fut divisée, en 1784, après la paix avec les Etats-Unis déclarés indépendants, en deux gouvernements, dont l'un, formé de la péninsule orientale, conserva le nom de *Nouvelle-Ecosse*, que tout le pays portait anciennement chez les Anglais ; la partie occidentale de la province, destinée surtout à recevoir les militaires allemands au service de la Grande-Bretagne qui voudraient se fixer en Amérique, eut le nom de *Nouveau-Brunswick*.

» La Nouvelle-Ecosse est une presqu'île qui partage avec toute cette partie du globe un climat fort rigoureux en hiver : cependant les ports n'y gèlent jamais [1]. Les seuls brouillards maritimes rendent l'air sombre et malsain. Lorsqu'ils disparaissent, le printemps offre quelques moments délicieux ; les chaleurs de l'été égalent au moins celles dont on jouit alors dans nos contrées, et font rapidement mûrir les récoltes. Ce pays, généralement âpre et montagneux, renferme des coteaux riants et fertiles, notamment autour de la baie de Fundy et sur le bord des rivières qui s'y déchargent : de vastes terrains, autrefois marécageux jusqu'à 20 ou 25 lieues dans l'intérieur, y ont été rendus à la culture. Les plaines et les éminences présentent une agréable variété de champs plantés en froment, seigle, maïs, pois, haricots, chanvre, lin ; et quelques espèces de fruits, tels que les groseilles et les framboises, viennent parfaitement dans les bois qui couronnent les hauteurs et couvrent jusqu'aux trois quarts du pays. Ces forêts renferment quelques excellents chênes très propres à la construction navale ; mais elles se composent principalement de pins, de sapins, de bouleaux, qui donnent de la poix, de la térébenthine, du goudron, ou du bois à l'usage des sucreries dans les Antilles. Le menu gibier, ainsi que les volailles, y abondent. Les rivières fourmillent principalement de saumons, et le produit des pêcheries de cabillauds, de harengs, de maquereaux établies dans les différents ports ou sur les côtes, fournit à l'exportation pour l'Europe. Plusieurs baies, harves et criques offrent de grands avantages au commerce ; la plupart des rivières sont navigables, et le flot y remonte bien avant dans la terre.

» La population avait d'abord diminué après l'occupation anglaise, premièrement par l'émigration, et ensuite par la déportation finale des anciens habitants français, appelés les *Neutres*, mais qui étaient accusés de faire cause commune avec les indigènes, nommés les *Micmacs* [2], contre les nouveaux maîtres. Après la paix d'Aix-la-Chapelle, on s'occupa sérieusement du projet de repeupler la colo-

(1) Relation de la Nouvelle-Écosse, traduite de l'anglais. Paris, 1787. (On y a changé l'élan ou *moosedeer* en une souris, *mouse*.)

(1) Relation de la Nouvelle-Écosse, pag. 15. — (2) Le nom de cette tribu paraît falsifié. *La Hontan*, v. II, p. 27, l'écrit *Mikémacks*. Dans une Description de leurs mœurs (Londres, 1758), on les nomme *Mikmoses*.

nie. Près de 4,000 soldats et marins, déliés du service, furent engagés à s'y fixer avec leurs familles. On les y transporta aux frais du gouvernement; on donna à chacun d'eux 50 acres exempts de toute espèce de taxe ou d'impôt pendant 10 ans, et ensuite seulement soumis à la rétribution d'un schelling par an. On leur donna en outre 10 acres pour chaque membre de leur famille, avec promesse d'augmentation à mesure que leur famille s'accroîtrait, et qu'elle se montrerait digne de cette faveur par la bonne culture de leur terrain.

» Les colons n'ont pas entièrement répondu à l'attente qu'on s'en était formée; mais l'excellent port d'*Halifax* est devenu de la plus haute importance. Les avantages de sa position se sont éminemment manifestés, surtout dans les diverses guerres d'Amérique, où ce port qui commande en quelque sorte l'océan Atlantique, servit de rendez-vous général aux flottes en croisière et de refuge aux vaisseaux marchands. La ville, passablement fortifiée et peuplée de 16 à 20,000 habitants, est la résidence du gouverneur de la province, duquel dépendent également les îles de Saint-Jean et du Cap-Breton. »

Cette ville est assez jolie, bien que la plupart de ses édifices soient en bois. Cependant, il en est un qui fait exception : c'est le *Province-Building*, vaste bâtiment en pierres de taille, orné de colonnes d'ordre ionique, et qui renferme les tribunaux, les bureaux de l'administration, une bibliothèque publique, et les salles dans lesquelles l'assemblée législative de la province tient ses séances. L'entrée du port est défendue par d'importantes fortifications. Les établissements d'instruction y sont considérables et bien tenus : le grand collége est organisé comme l'université d'Edimbourg; Halifax publie 6 ou 7 journaux hebdomadaires. *Annapolis*, autre excellent port, ci-devant *Port-Royal*, presque à l'opposite d'Halifax, sur la baie de Fundy, n'a que 1,200 habitants; mais *Shelburne*, sur la côte méridionale, près du havre de Roseway, peuplée il y a peu d'années de 10 à 12,000 âmes, n'en a pas aujourd'hui la dixième partie.

Nous citerons encore *Lunebourg*, dont la population presque entièrement allemande est de 1,200 habitants; *Liverpool*, petite ville que son commerce rend florissante; *Yarmouth*, qui paraît en avoir plus de 3,000; *Windsor*, qui depuis 1802 possède une université regardée comme le principal établissement d'instruction qui existe dans l'Amérique anglaise; enfin *Truro*, dans la baie de Fundy, où l'on éprouve des marées de 65 pieds de hauteur.

La population de la presqu'île de la Nouvelle-Écosse est d'environ 140,000 âmes.

« L'île du *Cap-Breton* ou *Ile-Royale*, séparée de la Nouvelle-Écosse par le détroit de *Canso*, autrement de *Fronsac*, avait été considérée par les Français comme la clef du Canada. Cependant ses ports ont le désavantage d'être souvent fermés par les glaces. L'atmosphère, sujette à de violentes tempêtes, est souvent obscurcie par des tourbillons de neige et de grêle, ou par de fortes brumes qui empêchent de distinguer les objets les plus proches, et qui déposent partout une couche de verglas. Le poids de la glace abattue des agrès d'un seul d'entre les vaisseaux employés à la prise de l'île en 1758, a été estimé à 6 ou 8 tonneaux, et cette masse prodigieuse s'y était attachée dans la nuit du 5 mai. Le sol, en grande partie aride, produit quelques chênes d'un volume énorme, des pins pour la mâture, et diverses sortes de bois propres à la charpente. On y récolte aussi un peu de grains, du lin et du chanvre. Les montagnes et les forêts recèlent de la volaille sauvage en quantité, notamment une espèce de grosses perdrix qui ressemblent à des faisans par la beauté du plumage. Le sein de la terre renferme d'inépuisables mines de houille.

» Le port de *Louisbourg*, autrement Port-Anglais, près du Cap-Breton proprement dit, est l'un des plus beaux de toute l'Amérique. Après s'être emparés de l'île dans la guerre de Sept-Ans, les Anglais firent sauter, comme inutiles, les fortifications de la place, qui avaient coûté à la France des sommes immenses. » Rien n'y rappelle l'importance qu'elle avait acquise sous les Français, si ce n'est son vaste port et les ruines de ses grands édifices. Quelques familles de pêcheurs y habitent de misérables cabanes. *Sidney* n'a que 500 habitants; *Ship-harbour* n'est guère plus considérable. La plus importante ville de cette île est *Arichat*, et cependant elle n'a pas 2,000 âmes.

» L'île de *Saint-Jean* ou du *Prince-Edouard*, quoique voisine de celle du Cap-Breton, lui est bien supérieure par la fertilité de son sol et par son aspect riant. Aussi, sous la domination française, fut-elle appelée le grenier du Canada, qui en tirait une grande quantité de grains, de bœufs et de porcs; plusieurs fermiers récoltaient jusqu'à 1,200 gerbes de blé. Les rivières sont riches en saumons, truites, anguilles, et la mer adjacente abonde en esturgeons et toutes sortes de coquillages. Elle possède un port commode pour la pêche, et tout le bois nécessaire à la construction navale. La population était déjà, en 1789, de 5,000 âmes, et s'accroît toujours. »

Aujourd'hui la seule ville de *Belfast*, peuplée d'Écossais, atteint presque cette population. *Charlotte-Town*, avec un bon port et 3 ou 4,000 âmes, possède une bonne école latine et une société d'agriculture; *Saint-Andrew* est la résidence d'un évêque catholique; *George-Town* et *Murray-Harbour* sont importants par leurs ports et leurs chantiers de construction.

La rocailleuse île d'*Anticosti*, couverte de bois, mais dépourvue de ports, est située à l'embouchure du fleuve Saint-Laurent. Lorsqu'elle fut découverte, en 1534, par Jacques Cartier, elle reçut le nom de l'Assomption. Ses établissements consistent en deux ports. Elle a 45 lieues de longueur sur 11 de largeur. Au nord de l'île du Cap-Breton les petites îles *Madeleines* ou *Magdalen*, dont les principales sont *Coffins*, *Saunders*, *Wolfe*, *Amherst* et *Entry*, ne sont peuplées que de pêcheurs.

« La grande île appelée par les Anglais *Newfoundland* (¹) et par les Français *Terre-Neuve*, ferme au nord l'entrée du golfe Saint-Laurent. Les brouillards perpétuels qui enveloppent cette île se forment vraisemblablement par le conflit du froid naturel de ces parages avec la chaleur du courant des Antilles, qui s'y engouffre entre les terres et le grand banc avant de s'échapper vers l'est dans l'océan Atlantique boréal. L'île passe généralement pour stérile, les bords des rivières exceptés. Elle produit cependant diverses sortes de bois employés soit à la construction navale, soit à l'établissement des nombreux échafaudages dressés tout le long de la côte pour la préparation de la morue. Les clairières forment de bons pâturages. Dans l'intérieur s'élève une suite d'éminences considérables, et entrecoupées de fondrières ou de marais qui donnent au pays un aspect sauvage, mais pittoresque. Les forêts servent de retraite à une quantité d'ours, de loups, d'élans et de renards; les rivières et les lacs abondent en castors, loutres, saumons et autres amphibies ou poissons. Mais tous ces avantages ne sont rien, comparés avec la richesse qu'offre la mer voisine. A l'est et au sud de l'île, s'élèvent du fond de l'Océan plusieurs bancs de sable, dont le plus grand, appelé *grand banc de Terre-Neuve*, s'étend à près de 10 degrés du sud au nord. La tranquillité, la douce température et la pesanteur moindre de l'eau, y attirent une quantité si énorme de cabillauds, que leur pêche fournit à la consommation de la majeure partie de l'Europe. Ils y disparaissent seulement vers la fin de juillet et pendant le mois d'août; la saison de la pêche, qui commence avec le mois de mai, ne se termine qu'à la fin de septembre.

» Parmi les animaux de Terre-Neuve, on distingue une race particulière de chiens, remarquables par leur grande taille, leur long poil soyeux, et surtout par la plus grande dimension de la peau entre les doigts du pied, qui les rend propres à nager. Il paraît que cette race descend d'un dogue anglais et d'une louve indigène (¹); du moins, elle n'y existait pas lors des premiers établissements. »

Nous ne nous en tiendrons pas à cet aperçu général sur Terre-Neuve: cette île mérite un peu plus de détails. Séparée de la terre de Labrador par un détroit large de 2 myriamètres, son étendue est considérable. Elle est longue de 55 myriamètres et dans sa plus grande largeur elle en a 54. Elle présente deux presqu'îles remarquables; l'une au nord, longue de 20 myriamètres, et l'autre à l'est, qui est irrégulière et très découpée. Toute sa côte n'offre que des déchirures plus ou moins profondes et des rochers battus par les flots. Les principaux enfoncements que forment ces déchirures sont: au sud, la *baie du Désespoir*; celle de *Placentia* et celle de *Sainte-Marie*; sur la côte occidentale, la *baie de*

(¹) C'est-à-dire terre nouvellement découverte. Il faut donc écrire *New-Found-Land* ou *Newfoundland*. L'orthographe *New-Foundland* ferait naître la fausse idée qu'il existe quelque part un ancien Foundland.

(¹) *Whitbourne*: Discourse and Discovery of Newfoundland.

Saint-George ; au nord, celle de White, celle de *Notre Dame* et celle d'*Ingornachoix*, près de laquelle on remarque le cap du Quipon ; sur la côte orientale, la *baie des Grignettes*, celle de la *Conception*, celle de la *Trinité* et d'autres encore, non moins importantes, dont quelques unes se prolongent assez avant dans l'intérieur de l'île. Lorsqu'on pénètre dans la baie de la Conception, on croit remonter l'embouchure d'un grand fleuve, mais on est étonné de ne trouver à son extrémité que de petites rivières, auxquelles la fonte des neiges ou l'abondance des pluies donnent de l'importance ; elles sont pendant une grande partie de l'année presque desséchées, et leur lit n'est jonché que de cailloux roulés.

Suivant le témoignage de M. de la Pilaye et de plusieurs habitants de Terre-Neuve, les brumes dont il a été question plus haut peuvent être traversées sans crainte par le navigateur, parce qu'elles n'approchent jamais à plus d'une demi-lieue de la côte : en sorte qu'il règne entre ces brumes vaporeuses et l'île une espèce de canal sur lequel les navires peuvent circuler sans danger.

Les plus hautes montagnes de Terre-Neuve s'élèvent à peine à 975 mètres au-dessus du niveau de l'Océan. Leurs sommets n'offrent partout que la triste et monotone verdure des mousses et des lichens, qui s'y accumulent sans cesse en y formant une croûte élastique. Au-dessous de ces cimes toutes les parties élevées, couvertes de terre végétale, sont ombragées de forêts composées d'arbres verts et de bouleaux, arbres qui n'atteignent pas une élévation de plus de 10 à 15 mètres; les parties basses comprennent des vallées étroites et tortueuses ou des plaines humides et tourbeuses, couvertes çà et là de flaques d'eau et d'étangs, souvent sans écoulement apparent (¹).

Si nous pénétrons avec M. Cormarck dans l'épaisseur des bancs pierreux de l'île, en franchissant les étangs et les marais de l'intérieur, nous remarquerons presque partout la plupart des roches de la série granitique, telles que le granit supportant ici des micaschistes et là des porphyres. Dans le district du lac Melville, ces roches dominent, ainsi que le schiste argileux, le quartzite et la siényte. Dans le même district on voit paraître des grès qui semblent appartenir au terrain houiller. Les roches granitiques apparaissent aux environs du lac Gower jusqu'à celui de Richardson. On remarque des agates près du lac Gower ; des basaltes près de ceux d'Emma et du Jenette ; de la houille et du fer près de celui de Stewart. Depuis le lac Jameson jusqu'au port Saint-George, les principales roches sont le granit, le grès et le quartzite. La serpentine occupe le centre de l'île et y forme plusieurs crêtes ; la montagne de Jameson en est presque entièrement composée et renferme plusieurs beaux minéraux ; mais c'est la côte occidentale qui est la plus riche en substances minérales. Dans la baie de Saint-George on exploite de la houille ; sur le bord de la rivière de South-Barrasway il y a des sources salées, et à peu de distance au nord de cette rivière, une source sulfureuse. On trouve du gypse et de l'ocre rouge entre cette rivière et celle de Second-River ; dans la baie des îles il existe un assez beau marbre gris.

Afin d'éviter de trop grands détails sur la végétation de Terre-Neuve, nous nous bornerons à faire observer que malgré l'influence d'un climat rigoureux et une distance de 800 à 1,000 lieues, elle offre une grande ressemblance avec celle de l'Europe septentrionale. Les botanistes y comptent 497 plantes phanérogames, composant 212 genres, dont 102 espèces appartiennent à la section des glumacées.

Ainsi que l'a fait observer M. de la Pilaye, quoique la situation de Terre-Neuve corresponde à la partie moyenne de la zone tempérée en Europe, c'est-à-dire à la région qui s'étend depuis l'embouchure du Rhin jusqu'à celle de la Loire, son voisinage du Canada et du Labrador y détermine un climat analogue à celui de la Sibérie. En hiver, le thermomètre, cependant, y descend rarement à plus de 8 degrés au-dessous de zéro et monte en été à 25 ou 26.

Les indigènes de Terre-Neuve forment deux ou trois tribus de 100 à 300 individus chacune. Les Indiens rouges s'étendent au sud, dans l'intérieur, jusqu'au grand lac; les Micmacs habitent les environs de la baie de Saint-George, de celle du Désespoir et les bords de la rivière Great-Cod-Bay. Ces peuplades, qui sont loin de vivre en bonne intelligence se

(¹) M. *de la Pilaye* : Notice sur Terre-Neuve, qu'il visita en 1816 et 1819.

livrent à la chasse et font avec les Anglais le commerce de fourrures [1].

« Terre-Neuve, long-temps considérée comme un pays inhospitalier, comme une simple station de pêcheurs, a, depuis quelques années, vu doubler sa population et son industrie. Les villes de ***Placentia*** ou ***Plaisance*** et de ***Saint-John*** ou ***Saint-Jean***, embellies et agrandies, ont pris un aspect européen. La population de l'île, qui en 1789 était de 25,000 habitants, s'élève aujourd'hui à 85,000. Le commerce de bois de construction et de pelleteries occupe un grand nombre de bâtiments. Les prédictions de Whitbourne, de Humphrey Gilbert se sont vérifiées, et l'activité britannique a donné une belle colonie de plus au monde civilisé [2]. »

Plaisance était autrefois la capitale de l'île; elle n'a plus que 2 à 3,000 habitants depuis que le siége des autorités a été transféré à Saint-John, ville fortifiée, qui possède un beau port et dont la population est de près de 15,000 individus en hiver; en été plus de 2,000 habitants quittent leurs foyers et vont se livrer à la pêche. ***Harbour-Grace*** ou ***Port-de-Grace*** a 3 à 4,000 habitants, un bon port et d'importantes pêcheries. Nous pouvons en dire autant de ***Trinity-Harbour***. Le Port-de-Grace est un bassin remarquable, creusé dans la montagne par l'action de la gelée, et du phénomène atmosphérique qui détruit le schiste dont les rochers sont formés. On passe d'abord sous une arche de 20 pieds de largeur sur 20 de hauteur; plus loin, on trouve le bassin proprement dit qui a 300 pieds de circonférence et qui est entouré de rochers perpendiculaires de 120 pieds de hauteur, couronnés au sommet par des sapins rabougris. A l'un des coins, une petite issue livre passage à travers des masses de roches brisées à l'excédant de l'eau; le bassin a, vers le centre, 14 pieds de profondeur [3]. A Harbour-Grace on publie un journal hebdomadaire et trois à Saint-John. Ces exemples, comme d'autres que nous avons rapportés, prouvent que jusque dans les points les plus reculés du globe, le besoin de la liberté de la presse est impérieux chez les Anglais.

Le banc de Terre-Neuve est depuis le quinzième siècle le rendez-vous d'une foule de marins qui vont y pêcher la morue. Ce sont surtout les Anglo-Américains et les Anglais qui y sont le plus nombreux. Année commune, on y compte 600 bâtiments anglais, 1,500 des États-Unis et environ 400 navires français; en tout 2,500 navires montés par plus de 34,000 hommes, et dont la pêche produit une valeur de plus de 35 millions de francs. En 1826, 350 bâtiments français s'y rendirent; ils étaient montés par 10,199 hommes et en rapportèrent 27,312,300 kilogr. de poisson, estimés à la valeur moyenne de 7,500,000 fr. [1].

« Nous ne pouvons mieux placer qu'ici la notice des *îles Bermudes*. Ce groupe d'environ 400 îlots, situé à moitié chemin entre la Nouvelle-Ecosse et les Antilles, appartient à la première sous les rapports politiques, puisqu'il sert de station d'été à l'escadre dont Halifax est l'hivernage. L'étendue de cet archipel est de 35 milles de long sur 22 de large; mais un long et dangereux récif le continue sous les eaux. La grandeur des îlots varie depuis quelques centaines de pas jusqu'à 12 milles. Ils ressemblent de loin à des collines couvertes d'une verdure sombre, aux pieds desquelles l'Océan se brise en écume. Arides et rocailleux, ils n'ont d'eau douce que celle qu'on recueille dans des citernes pour l'usage des habitants et des équipages des vaisseaux de guerre. L'air y est très sain. Les genévriers font la seule richesse des habitants, qui en construisent des bâtiments très légers, servant au cabotage entre les Etats-Unis, l'Acadie et les Antilles. On évalue la fortune d'un particulier d'après le nombre des genévriers qu'il possède; chaque arbre se vend sur pied une guinée [2]. Comme on leur réserve le peu de bon terrain que renferment les îles, l'agriculture est négligée. Les Américains y apportent des denrées. Les habitants sont au nombre de

(1) Voyez notre article *Terre-Neuve*, dans le Dictionnaire de Géographie physique de l'Encyclopédie méthodique. J. H.

(2) Voyez *Steele* : Voyage across the Atlantic. Tableaux de statistique ci-après. Discours du comte Bathurst dans la Chambre des Pairs, 15 mars 1816. — (3) Journal de M. Robinson; capitaine de *la Favorite*, vaisseau de la marine royale anglaise en 1820.

(1) *V. Audouin* et *Milne Edwards* : Mémoires sur les pêcheries de France. — (2) *Michaux* : Notice sur les îles Bermudes, dans les *Annales du Muséum d'histoire naturelle*, t. VIII, p. 356 et suiv.

14,500, dont 7,500 blancs et 7,000 noirs, sur une étendue de 12,161 *acres* (¹). La ville de *Saint-George*, dans l'île du même nom, renferme 300 maisons. On donne encore le nom de ville à *Hamilton*. Les ouragans obligent les habitants à tenir leurs maisons peu élevées (²). Les lois anglaises règnent ici, et le pouvoir législatif appartient à l'assemblée générale des habitants.

» Comme elles possèdent plusieurs bons ports, les Espagnols doivent regretter d'avoir négligé ces îles, découvertes, selon l'opinion commune, en 1557, par Juan Bermudez, mais probablement connues dès l'année 1515 sous le double nom de la *Bermuda* et *la Garça* (³). La plus grande de ces îles porte encore le nom de *Bermuda*. Elles n'étaient peuplées que de singes (⁴). Les tempêtes qui règnent dans ces parages leur firent donner le nom de *Los Diabolos*. Un coup de vent y jeta, en 1609, l'Anglais George Sommers, qui crut en avoir fait la découverte. Le nom de ce navigateur, synonyme avec celui d'été, trompa le savant Delisle, qui donna à ce groupe le nom d'*îles d'Été*. La relation qu'en fit Sommers y attira quelques colons. Plusieurs royalistes y allèrent attendre la fin des jours de Cromwell. L'aimable poëte Waller, entre autres, chanta ces îles fortunées où il avait trouvé un asile. Il fit passer son enthousiasme à ce sexe qu'il est si facile d'enflammer par une idée généreuse. Les belles Anglaises ne voulurent long-temps d'autre parure qu'un chapeau fait de feuilles de palmiers des Bermudes. »

TABLEAU *de la population approximative et de la superficie des possessions anglaises dans l'Amérique septentrionale.*

NOMS des TERRITOIRES.	TERRE. — SUPERFICIE en milles carrés.	EAU. — MILLES carrés.	MILLES carrés arpentés, et territoire en partie exploré.	QUANTITÉ d'acres en culture.	POPULATION en 1835.
Baie d'Hudson	525,000	330,000	. . . . .	. . . .	} 110,000
Territoire indien s'étendant de la mer Glaciale à l'océan Pacifique.	1,800,000	200,000	. . . .	. . . .	
Territoire arctique jusqu'aux 78° de latitude	1,400,000	700,000	. . . .	. . . .	
Bas-Canada	205,863	} 110,000	45,000	2,945,000	650,000
Haut-Canada	95,125		33,000	1,250,000	250,000
Nouveau-Brunswick	26,704		11,000	410,000	93,000
Nouvelle-Ecosse	14,031		9,000	700,000	142,000
Cap-Breton	3,125		1,000	85,000	24,000
Ile Prince-Edouard	2,159		1,500	89,000	32,500
Terre-Neuve	35,923		16,000	240,000	85,000
Bermudes	1,700	»	1,700	1,000	14,500
	4,109,630	1,340,000	118,200	5,720,000	1,371,000

(¹) Rapports officiels dans *The Courier*, du 30 décembre 1815. — (²) Voyages intéressants, par M. N**. Paris, 1788. — (³) *Oviedo* : Hist. nat., cap. LXXXV, p. 53, dans les *Historiadores de India*, édition de *Barcia*, t. I. — (⁴) *Gomara* : Hist. nat., cap. CCXXI, p. 203, dans *Barcia*, t. II.

Accroissement de la population, de la culture et des animaux domestiques dans le Bas-Canada.

ANNÉES.	POPULATION.	ACRES cultivés.	BOISSEAUX de grains semés.	CHÈVRES.	BESTIAUX.	MOUTONS.
1764.	76,275	764,604	194,724	13,757	50,329	27,064
1783.	113,012	1,569,818	383,345	30,096	98,591	84,666
Accroissement en 18 années.	36,737	805,214	188,621	16,339	48,262	57,602
1825.	425,080	?	?	?	?	?
Accroissement en 42 années.	312,068	?	?	?	?	?
1831.	540,000	2,945,560	5,695,886	140,432	140,027	829,122
Accroissement en 6 années.	114,920	»	»	»	»	»
Accroissement en 48 années.	426,988	1,375,742	4,712,541	110,336	306,436	744,456

Détail du recensement de 1825.

SEXE MASCULIN.	Individus de 14 ans et au-dessous.			120,625
	Idem de 14 ans à moins de 18 ans.			28,935
	Idem de 18 à 25 ans.	garçons.	23,378	28,671
		mariés.	5,293	
	Idem de 25 à 40 ans.	garçons.	7,889	39,684
		mariés.	31,785	
	Idem de 40 à 60 ans.	garçons.	2,664	26,083
		mariés.	23,419	
	Idem de 60 ans et au-dessous.	garçons.	1,994	11,437
		mariés.	9,443	
SEXE FÉMININ.	Au-dessous de 14 ans.			68,731
	Au-dessus de 14 ans et au-dessous de 45 ans.	filles.	39,518	92,372
		mariées.	52,854	
	De 45 ans et au-dessus.	filles.	6,682	8,542
		mariées.	1,860	
		Total.		425,080

Accroissement de la population du Haut-Canada.

Années.	Nombre d'Européens.
1753.	8,000
1806.	70,718
Accroissement en 53 ans.	62,718
1814.	95,000
1821.	122,716
Accroissement en 7 ans.	27,716
1825.	157,541
Accroissement en 4 ans.	34,825
1829.	188,558
Accroissement en 4 ans.	31,017

Détail du recensement de 1829, par district.

District oriental.	19,259
— d'Ottawa.	3,732
— de Bathurst	14,516
— de Johnstown	17,800
— de Midland	30,960
— de Newcastle.	13,337
— de Home	22,927
— de Gore	17,705
— de Niagara	20,177
— de Londres	19,813
— occidental.	8,332
Total.	188,558

Tableau *des divisions administratives des possessions anglaises dans l'Amérique septentrionale.*

A. TERRES ARCTIQUES.	
1. *Devon septentrional :*	Comprenant plusieurs îles couvertes de glaces.
2. *Géorgie septentrionale.*	Les îles *Cornwallis, Bathurst, Byam-Martin, Melville, Sabine*, la *terre de Banks.*
3. *Terre de Baffin :*	Les îles *Cockburn, Southampton, Mansfield, Winter, Cumberland*, le *Nouveau-Galloway et le Sommerset septentrional.*
B NOUVELLE-BRETAGNE.	
a. *Gouvernement de Québec* ou *Bas-Canada* (divisé en 40 comtés).	Comtés du Nord : 1° de *Vaudreuil.* — 2° d'*Ottawa* ou d'*Outaouais.*—3° du *lac des Deux-Montagnes.* — 4° de *Terrebonne.* — 5° de *Lachenaie.* — 6° de l'*Assomption.*—7° de *Montréal.* — 8° de *Berthier.* — 9° de *St-Maurice.*—10° de *Champlain.* — 11° de *Port-Neuf.* — 12° de *Québec.*— 13° de *Montmorency.*—14° de *Saguenay.* — 15° d'*Orléans.* Comtés du Sud : 1° de *Gaspé.* — 2° de *Bonaventure.* — 3° de *Rimouski.* — 4° de *Kamouraska.* — 5° de l'*Islet.* — 6° de *Belle-Chasse.* — 7° de *Dorchester.* — 8° de la *Beauce.* — 9° de *Mégantic.* — 10° de *Lotbinière.* — 11° de *Nicolet.* — 12° d'*Yamaska.* — 13° de *Drummond.*—14° de *Sherbrooke.*—15° de *Stanstead.* — 16° de *Missiskoui.* — 17° de *Shefford.*—18° de *Richelieu.* — 19° de *Saint-Hyacinthe.* — 20° de *Rouville.* — 21° de *Verchères.* —22° de *Chambly.*—23° de la *Prairie.*—24° l'*Acadie.* —25° de *Beauharnais.* Ces 40 comtés sont répartis en cinq grandes divisions appelées districts, savoir : celui de *Québec*, celui de *Montréal*, celui des *Trois-Rivières*, celui de *Gaspé* et celui de *Saint-François.* *N. B.* Le groupe des îles *Madeleines* dépend aussi du gouvernement de Québec.
1. *Région occidentale :*	Le *Nouveau-Cornouailles* ; le *Nouvel-Hanovre* ; la *Nouvelle-Géorgie* ; les *îles Quadra et Vancouver* ; l'île de la *Reine-Charlotte.* (A l'est des montagnes Rocheuses) : le *fort Franklin*, le *fort Espérance*, le *fort Chipéwyan*, le *fort William, Hudson-house* et *Chesterfield-house.*
2. *Maine occidental* ou *Nouvelle-Galles :*	Les forts *York, Churchill* et *Moose.*
b. *Gouvernement d'York* ou du *Haut-Canada* (divisé en 25 comtés).	Principaux chefs-lieux : *York.* — *Cornwall.* — *Bytown.* — *Perth.*—*Kingston.* —*Queenston.*— *Fort Erié. Malden.* Les 25 comtés forment 11 districts, savoir : *Oriental, Ottawa, Bathurst, Johnstown, Midland, Newcastle, Home, Gore, Niagara, Londres, Occidental.*
c. *Gouvernement du Nouveau-Brunswick* (divisé en 7 comtés).	Comtés : 1° de *Charlotte.* — 2° de *King* (ou du roi). — 3° de *Queen* (ou de la reine). — 4° de *Saint-John.* — 5° de *Sunburry.* — 6° de *Northumberland.* — 7° de *Westmoreland.*
d. *Gouvernement de la Nouvelle-Écosse* (divisé en 10 comtés).	Comtés : 1° d'*Halifax.*— 2° de *Pictou.* — 3° d'*Annapolis.* — 4° de *Cumberland.* — 5° d'*Hants.*— 6° de *Lunebourg.*— 7° de *Queen.* — 8° de *King.* — 9° de *Shelburn.* — 10° de *Colchester.*
1. *L'île du Cap-Breton* (divisée en 2 comtés).	Comtés : 1° de *Sidney.* — 2° de *Louisbourg.*
e. *Gouvernement de l'île du Prince-Édouard* (divisé en 3 comtés).	Comtés : 1° du *Roi.* — 2° de la *Reine.* — 3° du *Prince.*
f. *Gouvernement de Terre-Neuve* (divisé en 3 districts).	Districts : 1° de *Saint-John.*—2° de *Trinity-Harbour.* — de *Harbour-Grace.*
1. Le *Labrador* et le *Maine oriental.*	Principaux établissem. : *Nain.* — *East-Main.*
2. Iles d'*Anticosti* de *Belle-Ile.*	
g. *Gouvernement des Bermudes.*	Chef-lieu : *Saint George.*

LIVRE CENT SOIXANTE-DIX-NEUVIÈME.

Suite de la Description de l'Amérique. — États-Unis anglo-américains. — Partie située à l'est du Mississipi. — Description physique générale (1).

« Les frimas disparaissent, les brumes se dissipent, les arbres étalent des rameaux vigoureux, les champs se couvrent de moissons plus abondantes. Partout l'homme est occupé à bâtir des maisons, à fonder des villes, à subjuguer la nature, à défricher des terrains ; nous entendons partout les coups de la cognée, le ronflement des forges ; nous voyons les antiques forêts livrées aux flammes, et la charrue sillonnant leurs cendres ; nous apercevons des villes riantes, des palais et des temples à peu de distance des cabanes habitées par de misérables sauvages ; nous sommes dans l'*Amérique fédérée*, nous foulons cette terre de liberté, peuplée depuis deux siècles par les nombreuses colonies que l'esprit de l'intolérance religieuse et politique chassait des îles Britanniques et des autres parties de l'Europe.

» Ce n'est que depuis une quarantaine d'années que la république anglo-américaine figure parmi les puissances. La paix de 1763 avait rendu l'Angleterre maîtresse de toute l'Amérique septentrionale jusqu'au Mississipi. Les colons anglais sentirent leurs forces. Les tentatives que le gouvernement de la métropole fit pour les soumettre à des taxes nouvelles, excitèrent les feux cachés de la rébellion. La bataille de *Bunkershill*, en 1775, apprit aux hommes prévoyants combien les Américains seraient difficiles à vaincre sous le prudent et valeureux *Washington*. Bientôt on vit le sage *Franklin* poser les bases de la constitution. L'indépendance fut proclamée le 4 juillet 1776. La France et l'Espagne conclurent une alliance avec la nouvelle république. Les Anglais, après avoir vu leurs armes humiliées par les défaites de Burgoyne et de Cornwallis, reconnurent l'indépendance des Etats-Unis, composés alors de 13 provinces. La nouvelle république parut sur la scène du monde avec une population de 2 millions et demi, avec une dette considérable, avec une armée peu disciplinée et sans marine. En peu d'années la population s'est élevée à 8 millions, moins par l'arrivée de quelques milliers d'émigrés européens, que par la facilité qu'un pays nouveau offre à l'établissement des familles, et par conséquent à leur accroissement par des mariages nombreux et féconds. Le commerce, favorisé par la situation des côtes et par la neutralité du pavillon, a bientôt répandu ses richesses dans toutes les provinces maritimes ; mais de là aussi est sorti le premier germe d'une division entre ces provinces et celles de l'intérieur, qui voient tout leur intérêt dans l'agriculture. Les modifications inévitables dans une constitution aussi vaguement tracée que l'était celle de Franklin, ont fait naître une autre division. Deux factions politiques ont partagé la nation. Les *fédéralistes*, sous la conduite d'Adams et d'Hamilton, voulaient conserver à chaque Etat autant d'indépendance que possible ; les *républicains* cherchaient au contraire à concentrer l'action de la force nationale, et à fondre peu à peu les divers Etats en un seul. Les premiers n'ont pas échappé au reproche de vouloir retourner sous la domination d'un prince anglais, les seconds ont été accusés de partager toutes les extravagances de la démocratie française. Au milieu de tant de dangers, la république américaine a soutenu une nouvelle guerre contre les Anglais, a bravé ce pavillon britannique qui domine l'Océan, a châtié les puissances barbaresques, a créé une marine, acquis l'immense territoire de la Louisiane, et civilisé plus d'une horde sauvage.

» Depuis que la Louisiane et les Florides font partie du territoire des Etats-Unis, cette république fédérée égale en étendue les plus grands empires du monde. Séparée du Nouveau-Brunswick et du Bas-Canada par une ligne conventionnelle encore très mal déterminée, l'Amérique-Unie se voit ensuite bornée au nord par une limite naturelle qui suit le fleuve Saint-Laurent à partir d'une ligne tracée

(1) Voyez l'*Avis* au commencement du volume.

au nord du lac Champlain jusqu'au fleuve, et qui, en traversant les grands lacs Ontario, Erié, Huron et le lac Supérieur, la sépare des possessions britanniques du Haut-Canada. »

A l'ouest de ce dernier lac, la limite passe par les lacs *Seiganah* et *Bois-blanc* (*White-wood*), le *lac de la Pluie* (*Rain-Lake*) et la partie occidentale du *lac des Bois*, et de là se dirige *droit à l'ouest* jusqu'à la rivière de Columbia. De là elle descend en ligne droite jusqu'au 42e degré de latitude, retourne ensuite à l'ouest jusqu'au 110e méridien, redescend jusqu'au 38e parallèle, se prolonge à l'ouest jusqu'au 103e degré de longitude, redescend encore jusqu'à la *rivière Rouge* (*Red river*) dont elle suit le cours jusqu'au lieu appelé Pecan-point, d'où elle redescend perpendiculairement jusqu'à la rivière de la *Sabine*, longue d'une centaine de lieues, dont elle suit les sinuosités jusqu'à la mer.

Le territoire des Etats-Unis présente de l'est à l'ouest une longueur de 1,250 lieues au nord et de 270 au sud, et une largeur de 485 lieues sous le 94e méridien. Sa superficie est évaluée à 313,000 lieues carrées, dont un 15e est couvert d'eau. Ses côtes ont un développement de plus de 1,200 lieues, dont 800 sur l'Atlantique et 400 sur le golfe du Mexique.

« Le Mississipi partage ce vaste territoire en deux parties à peu près égales; mais dans celle à l'est du fleuve, on compte 2 millions d'hectares d'eau. En observant encore qu'il n'y a guère d'établissement européen au nord-ouest de la rivière des Illinois, on réduit à moins de 20 millions d'hectares l'espace dans lequel s'agite la civilisation américaine.

» Les Etats-Unis, qui surpassent en étendue le double de la Chine propre, sont plus de 11 fois moins peuplés. La population civilisée, qui surpasse le nombre de 12 millions, se trouve presque tout entière à l'est du Mississipi, et un cinquième de cette population est concentré dans les provinces qui formaient la *Nouvelle-Angleterre*. C'est de ce foyer primitif, ainsi que des autres Etats situés sur l'océan Atlantique, que les colons se sont répandus vers les contrées de l'intérieur et de l'ouest.

» Les tribus indigènes, repoussées par cette masse de nouveaux habitants, sont aujourd'hui en très petit nombre entre les monts Alleghanys, les lacs et le Mississipi. Mais en remontant ce fleuve, et surtout le Missouri et ses affluents, le nombre des sauvages devient plus considérable. Le nombre total est d'un peu plus de 300,000 individus.

» Les deux grands traits qui caractérisent la géographie des Etats-Unis, c'est la majestueuse étendue des fleuves et le peu d'élévation des montagnes. Nous ne connaissons encore qu'imparfaitement les montagnes du nord-ouest, d'où découle le Missouri : mais depuis cette grande chaîne, l'Amérique septentrionale semble s'abaisser vers l'océan Atlantique et vers le golfe du Mexique, en suivant une pente rarement interrompue par quelque faible élévation, ou plutôt par des terrasses qui mènent d'un plateau à l'autre.

» La dernière et la plus élevée de ces terrasses prend le nom général de *monts Alleghanys*. C'est moins une chaîne de montagnes qu'un long plateau couronné de plusieurs chaînes soit de montagnes, soit de collines. Entre la rivière de l'Hudson et le petit lac Oneida, l'extrémité septentrionale des Alleghanys a reçu des Français le nom de *monts Apalaches*. A l'est de l'Hudson, qui, avec le lac Champlain, nous paraît limiter une région particulière, les collines granitiques, arrondies par le sommet, souvent couvertes en haut par des marécages ou des terrains tourbeux (1), ne présentent qu'un ensemble de petites élévations, sans formes régulières, sans direction marquée. La principale élévation prend dans la Nouvelle-Angleterre le nom de *White-Hills*, collines blanches, et dans le Vermont celui de *Green-Mountains*, montagnes vertes. Dès qu'on a franchi l'Hudson, la structure des montagnes paraît changer, car, selon tous les voyageurs, elles se présentent, en Pensylvanie et en Virginie, sous la forme de sillons parallèles entre eux, mais dont la largeur et les intervalles varient. Sur les confins de la Caroline du nord et du Tennessée, les Alleghanys sont, au contraire, des groupes isolés de montagnes, qui se touchent seulement par leur base. Ils occupent moins de terrains.

» Toute la chaîne orientale porte le nom de *Blue-Ridge*, ou *Blue-Mountains*, montagnes bleues. Elle est coupée par le Susquehannah,

(1) *Akerly* : Notice géologique de *Durhess-County* dans l'Etat de New-York ; *American Mineralogical Journal*, vol. I, cah. I, art. 4 th. *Belknap*, Description de Hampshire, t. III, p 34.

le Potowmack et le James; néanmoins elle conserve une élévation générale plus constante qu'aucune des autres chaînes. Celle qui marque le partage des eaux est très peu élevée et peu large. Mais dans la chaîne la plus occidentale, chaîne d'ailleurs peu étendue et coupée par la rivière de Kanhawa, quelques montagnes assez rapprochées offrent une élévation supérieure à celle de tout le reste du système. Le *mont Laurell* et le *mont Gauley* dans l'ouest de la Virginie, la montagne du Grand-Père (*Great-Father-Mountain*), celle de Fer (*Iron-Mountain*), celle qu'on surnomme la Jaune et la Noire, entre le Tennessée et la Caroline, s'élèvent jusqu'à 5 ou 6,000 pieds au-dessus du niveau de la mer Atlantique [1]; tandis que le pic *Otter*, de la chaîne orientale, n'a pas 4,000 pieds de hauteur [2].

» Selon Volney, la chaîne des montagnes Bleues se compose principalement de *grès*, et ce serait une raison pour la distinguer entièrement des hauteurs *granitiques* dans la Nouvelle-Angleterre, le Vermont et le Nouveau-Brunswick [3]. Il est vrai qu'un géologiste américain, M. Maclure, affirme que les *formations primitives*, d'après le langage de l'école de Werner, occupent *sans interruption* une zone qui s'étend en longueur depuis l'embouchure du fleuve Saint-Laurent jusqu'aux confins de la Floride, et qui varie de largeur depuis 20 jusqu'à 150 lieues, longe immédiatement l'océan Atlantique depuis le cap Gaspé jusqu'au cap Codd, et laisse ensuite entre elle et la mer une *zone alluviale* qui, augmentant successivement de largeur, s'étend jusqu'au golfe du Mexique. Cette zone primitive, dit M. Maclure, s'élève en pentes plus ou moins escarpées vers la crête de la chaîne orientale des Alleghanys; elle est composée de granit, de gneiss, de schistes micacé et argileux, de calcaire et de trapp, de serpentine, de porphyres, de siénite, de quartz, de schiste siliceux, de gypse et de schiste novaculaire; les couches se relèvent généralement du sud-est vers le nord-est, sous un angle de plus de 45 degrés, en formant des montagnes qui ont leur sommet tantôt arrondi comme les *White-Hills*, tantôt taillé en pyramide comme le pic *Otter*. Les minéraux et les métaux abondent dans cette zone; on y a découvert des grenats, la staurotide, l'épidote, diverses roches magnésiennes, l'émeraude, le granit graphite, le feldspath adulaire, la tourmaline, l'amphibole, l'arragonite, le sulfure de fer dans le *gneiss*, le fer oxidé magnétique dans la roche amphibolique, le fer oxidé hématite, la plombagine, le molybdène, le cobalt blanc, le cuivre gris, le zinc sulfuré, et trois variétés de titane.

« Cette zone primitive, continue le géologiste américain, *n'est pas sans mélange*; elle » est traversée dans le sens de la longueur par » une autre petite zone de formation secondaire, large de 15 à 25 milles, qui se montre » d'abord dans la vallée inférieure du Connecticut, mais qui reparaît à l'ouest de la » rivière Hudson, coupe les rivières de Rauton, de Delaware, de Schulkill, de Susquehannah, de Potowmack, et qui finit au » Rappahannok en Virginie. Cette formation » secondaire, interposée au milieu de la zone » primitive, est composée de grès ancien, de » calcaire, d'agglomérat siliceux, mêlé avec » des cailloux quartzeux, des roches amphiboliques et de *wacke*, recouvrant ordinairement le grès sur les hauteurs. Un sillon de » terrain de transition, qui, au nord, a 15 » milles de largeur, et vers le sud seulement » 2, s'étend depuis la Delaware jusqu'aux » sources du Roanoke, côtoie au sud-est la » petite zone de formation secondaire, et, » l'ayant coupée vers le Potowmack, la côtoie » de nouveau vers le nord-ouest. Ce sillon est » composé de calcaire à petits grains, attenant » avec des couches de *grauwacke*, et mêlé » avec la dolomite, le silex, un marbre blanc » grainé, le spath calcaire. Entre la petite zone » secondaire et le sillon de terrain de transition, on trouve, à 12 milles de Richmond, » un banc de houille de 20 milles de long sur » 10 de large, reposant dans un bassin oblong » sur la roche granitique, mêlé de grès blanchâtre et d'argile schisteuse, ayant des impressions végétales [1]. »

(1) *Michaux* : Voyage dans les Etats de l'ouest, p. 275. — (2) *Notes de M. Jefferson sur la Virginie.* M. Weld remarque que M. Jefferson ne dit pas qu'il ait mesuré lui-même cette hauteur (*Voyage au Canada*, t. I, p. 242). — (3) *Volney* : Tableau du climat et du sol des Etats-Unis d'Amérique, t. I, p. 13 et suiv., p. 46, etc.

(1) *Maclure* : Mémoire sur la Géologie américaine, dans les *Transactions philosophiques de Philadelphie*, t. VI, p. 41.

« Quelque confiance qu'inspire le savant exposé de M. Maclure, nous n'y voyons pas encore un résultat entièrement certain, et nous soupçonnons dans la zone primitive de ce géologiste quelques irrégulatités de plus qu'il n'y en admet. A-t-il suffisamment distingué le granit de transport de celui qui se trouve en place? Les roches calcaires, abondantes dans la Caroline du sud, paraissent encore appartenir à la formation secondaire (1). On indique dans cette province des couches de gypse et de pierre meulière en dedans des limites de la zone primitive de M. Maclure.

» Ce savant trace la zone des *terrains de transition* immédiatement à l'ouest de la primitive; il lui donne une largeur de 20 à 40 milles, et une inclinaison de 45 degrés vers l'ouest. Cette zone occupe, généralement parlant, le milieu du plateau entre la chaîne orientale dont elle forme le revers à l'ouest, et les pieds de la chaîne occidentale; mais au sud, elle traverse les Alleghanys, et vient expirer aux confins des plaines de la Floride. Le calcaire de transition, la *grauwacke* et le schiste siliceux occupent ordinairement les vallées; les agrégations quartzeuses, parmi lesquelles on trouve une sorte de pierre meulière, des ossements de quadrupèdes et des débris d'animaux marins, constituent la pente des montagnes. Cette zone n'a offert d'autres minéraux que le fer en couches sous la forme de pyrite, le plomb en masse sous la forme de galène, quelques couches d'anthracite, accompagnées de schiste alumineux et de veines de sulfate de baryte.

» La *zone de formation secondaire* commence derrière celle de transition, et s'étend jusque vers les lacs, le Mississipi et l'Illinois, sur une surface de 200 à 500 milles. Les couches de cette zone, dit M. Maclure, sont presque horizontales partout où elles n'ondoient pas avec le terrain, comme, par exemple, dans les parties élevées de la chaîne occidentale qui s'y trouvent comprises. Cette zone est formée, à la surface, de grès ancien, de calcaires et de gypses stratifiés de deux époques différentes, de grès dit de formation *tertiaire*, de sel gemme, de craie, de houille et de trapp ou basalte stratiforme d'une origine très récente. Le fondement de toutes ces couches paraît être un immense lit de calcaire secondaire de toutes les nuances. La rampe occidentale des monts Alleghanys présente en outre une grande couche de houille qui, accompagnée de grès et d'argile schisteuse, s'étend depuis les sources de l'Ohio jusqu'à celles de Tombighi. Cette zone entière est peu fournie en minéraux; on n'y a trouvé que du fer argileux et du sulfure de fer.

» Tout autour de ce noyau d'ancienne terre s'étend, depuis le cap Codd jusque dans la Floride, et de là le long des deux rives du Mississipi jusqu'au confluent du Missouri, et même un peu au-delà, une *zone de dépôt d'alluvions*, composée, généralement parlant, de couches de sable, d'argile et d'autres terres meubles, entremêlées de dépôts de coquillages, dont la succession et l'épaisseur différente indiquent plusieurs séjours consécutifs de l'Océan. Mais cette zone est elle-même subdivisée en deux bandes, l'une très peu élevée au-dessus de la surface actuelle de la mer, et dans laquelle les rivières éprouvent l'influence de l'eau salée, qui, à chaque haute marée, se mêle à leurs flots; l'autre commençant à 60, à 80 et à 100 milles des bords de la mer (1), par des collines ou dunes sablonneuses, élevées de 150 à 200 pieds, et derrière lesquelles le sol présente des ondulations et quelques roches de transport. Il paraît que la bande la plus élevée de la zone alluviale, devenue plus large à mesure qu'elle avance *vers le sud*, forme le dos de la péninsule de la Floride orientale. Les parties les plus basses de l'une et de l'autre bande sont composées d'un limon fertile charrié par les rivières. »

Près du centre de l'Etat de New-York, on remarque sur une grande superficie des sources salées dont les palus sont aux environs du lac Onondaga. Ces dernières, exploitées au moyen de quatre puits, contiennent, outre le sel marin, des chlorures de calcium et de magnésium, du sulfate et du carbonate de chaux et un peu de carbonate de fer.

Près de Lebanon, dans le comté de Columbia, existe une source très remarquable par l'abondance du gaz azote qu'elle dégage. La température en est toujours de 18° R.

Dans le comté de Genessée près de Byron, se trouve une source dont l'eau acidule contient de l'acide sulfurique. A 2 milles de là

(1) *Drayton*: South-Carolina, p. 46 et 47.

(1) *Payne's* Geography, tom. IV, p. 389-417-440. *Drayton*, South-Carolina, p. 9.

vers l'est, une autre source, qui fait tourner un petit moulin, est assez chargée d'acide sulfurique pour rougir les fleurs de violette et coaguler le lait.

Sur plusieurs points du territoire de New-York, le gaz hydrogène carboné se dégage spontanément, surtout à Fredonia près du lac Erié, où on l'a utilisé pour l'éclairage. On a creusé un puits à travers les couches de schiste bitumineux d'où le gaz s'échappe et se rassemble dans le puits, où un tube le conduit dans un gazomètre et de là sur divers points du village.

« Dans la description du Canada, nous avons déjà fait connaître les grands lacs qui, au nord des Etats-Unis, forment comme une mer d'eau douce, et qui, dans la dernière guerre, sont devenus le théâtre de sanglants combats entre les Anglais et les Anglo-Américains; ceux-ci doivent long-temps regretter la faute que leurs diplomates ont commise en 1783, de ne pas leur avoir obtenu à tout prix, même en cédant le district du Maine, la possession de la péninsule renfermée entre les trois lacs Erié, Ontario et Huron, péninsule alors déserte, et dont à présent la culture a fait un poste avancé des colonies anglaises, très gênant, et, dans certains cas, très dangereux pour les Etats-Unis. Ces lacs sont les seuls dignes de figurer dans un tableau général. Il ne conviendrait pas non plus d'énumérer les nombreux marais; il suffit de décrire celui qu'on nomme l'affreux marais, *Dismal Swamp*. Il s'étend dans la partie orientale de la Virginie et dans la Caroline septentrionale; il occupe une surface de 150,000 acres, ou 234 milles carrés; mais partout il est couvert d'arbres, de genévriers et de cyprès dans les parties les plus humides, et dans les plus sèches, de chênes blancs et de rouges, ainsi que de plusieurs espèces de pins. Ces arbres y sont d'une grandeur prodigieuse; souvent l'espace entre leurs pieds est garni d'épaisses broussailles, différence bien remarquable d'avec les forêts de l'Amérique septentrionale, où, en général, on ne trouve point de taillis. Il y croît aussi des roseaux et une herbe épaisse et haute, qui a la propriété d'engraisser promptement le bétail. Mais des troupes d'ours, de loups, de daims et d'autres animaux sauvages abondent dans cette forêt marécageuse. Un marais plus étendu, mais beaucoup moins connu, occupe une portion des côtes de la Caroline du nord; on l'appelle *Great Alligator Dismal Swamp*, le Grand Marais des Caïmans; il occupe au moins 600 milles carrés, en y comprenant trois lacs considérables. Les plantations de riz commencent à envahir les bords de cet immense marais.

» Parmi les fleuves qui arrosent ces contrées, le Saint-Laurent a déjà fixé nos regards: le ***Mississipi*** jouit encore d'une plus grande célébrité; mais il est reconnu aujourd'hui que le ***Missouri*** est la branche principale, et c'est à ce dernier fleuve qu'appartiendrait avec plus de raison le glorieux titre de ***Vieux Père des Eaux*** ou ***Mecha-Chébé***, que l'ignorance des sauvages a donné à un de ses affluents. Nous réservons la description du Missouri pour un des livres suivants. Le ***Mississipi***, d'après l'ancienne façon de parler, a sa source à 47 degrés de latitude, dans le lac Tortue. Par la chute pittoresque de Saint-Antoine, il descend de son plateau natal dans une vaste plaine: après un cours de 280 lieues, ses eaux limpides se perdent dans les flots bourbeux du Missouri; à ce magnifique confluent, chacune de ces rivières a une demi-lieue de large. »

Quant au Mississipi, il a 300 à 900 mètres de largeur depuis le saut de Saint-Antoine jusqu'à son confluent avec l'Illinois; à sa jonction avec le Missouri, il a 2,500 mètres, et au confluent de l'Arkansas 1,500. Vers son point de réunion avec l'Ohio, il a 15 à 20 mètres de profondeur, et 60 à 80 entre la Nouvelle-Orléans et le golfe du Mexique. On a vu, dans le tableau que nous avons donné plus haut de la longueur des fleuves, que le cours d'eau que l'on continue à appeler Mississipi n'a pas moins de 1,000 lieues de longueur.

« Les affluents du haut Mississipi, du côté de l'ouest, sont encore imparfaitement décrits: on ne sait lequel d'entre eux est la ***Rivière-Longue***, sur laquelle navigua La Hontan, et qu'il décrit comme très profonde. »

La rivière de ***Saint-Pierre***, qui prend sa source vers le 45e parallèle et le 100e degré de longitude, se joint au Mississipi par sa rive droite, un peu au-dessous de la chute de Saint-Antoine. Cette rivière, qui forme plusieurs rapides, est très profonde, a plus de 100 mètres de largeur et une longueur d'environ 200 lieues.

« C'est à l'est du haut Mississipi que l'*Ouisconsin* baigne ses collines escarpées, et l'*Illinois* ses immenses savanes; toutes deux elles ouvrent presque une communication entre le Mississipi et le lac Michigan. Plus au sud, le beau fleuve d'*Ohio* règne sur un grand nombre de rivières tributaires, telles que le *Wabash*, le *Kentoukey*, le *Cumberland* et le *Tennessée;* après avoir coulé à l'ombre des magnolia et des tulipiers, il est englouti par le bas Mississipi, qui reçoit encore de l'ouest la rivière des *Arkansas* et la Rivière-Rouge.»

Entrons dans quelques détails relativement à ces affluents. L'Ouisconsin, large, rapide, mais peu profond, est embarrassé de petites îles et de bancs de sable. Son cours est d'environ 130 lieues. L'Illinois, qui n'a que 100 lieues de longueur, a près de 200 mètres de largeur à son embouchure dans le Mississipi. L'Ohio, dont le cours est de 400 lieues, est alimenté par 400 affluents; sa largeur moyenne est de 500 mètres; dans certains endroits il en a 1,400. Sa pente est de 29 pieds par lieue, et sa vitesse d'une lieue par heure.

« La manière dont le Mississipi s'écoule dans le golfe du Mexique offre des singularités très remarquables. Outre une embouchure principale et permanente, il s'y forme des canaux d'écoulement qui changent souvent de direction; car le niveau des eaux du fleuve est, dans la plus grande partie de la Basse-Louisiane, plus élevé que celui de la contrée voisine. Son immense volume d'eau n'est retenu que par de faibles digues de terres légères et friables, de 5 à 6 pieds de hauteur [1]. Mais ce sol, si bas par rapport au fleuve, a cependant de toutes parts une pente faible, à la vérité, mais non interrompue, vers la mer; ainsi les eaux du fleuve, en se débordant, ne trouvent aucun obstacle et s'écoulent vers la mer assez paisiblement. Les canaux d'écoulement, dits les bras de *Tchafalaya*, des *Plaqueminiers* et de *la Fourche* à l'ouest, et le bras d'*Iberville* à l'est, existent en tout temps et embrassent une espèce de delta composé de terrains meubles, soit limoneux, soit sablonneux. L'embouchure principale ne présente que deux passes, dont la meilleure même n'offre un passage assuré qu'aux bâtiments qui ne tirent pas au-dessus de 12 à

(1) Vue de la colonie de Mississipi, par *B. Duvallon*, p. 13.

15 pieds d'eau. Cela est d'autant plus fâcheux qu'en dedans de son embouchure le lit du fleuve, dans un cours d'environ 100 lieues, offre un canal assez profond pour recevoir les plus gros vaisseaux. La profondeur du fleuve, dans cette partie de son cours, est de 30 à 40 brasses; sa largeur, suivant la crue ou la diminution de ses eaux, est de 400 à 500 toises; près l'embouchure, cette largeur est d'une lieue. Cet engorgement du fleuve n'a eu lieu que depuis un peu plus d'un demi-siècle [1].

» Mais ce n'est pas le seul changement que ce puissant fleuve éprouve depuis que les Européens ont commencé à l'observer. Les arbres, déracinés par les vents ou tombés de vétusté, s'assemblent de toutes parts sur les eaux du Mississipi. Unis par des lianes, cimentés par des vases, ces débris des forêts deviennent des îles flottantes; de jeunes arbrisseaux y prennent racine; le pistia et le nénuphar y étalent leurs roses jaunes; les serpents, les oiseaux, les caïmans viennent se reposer sur ces radeaux fleuris et verdoyants qui arrivent quelquefois jusqu'à la mer, où ils s'engloutissent. Mais voici qu'un arbre plus gros s'est accroché à quelque banc de sable et s'y est solidement fixé; il étend ses rameaux comme autant de crocs auxquels les îles flottantes ne peuvent pas toujours échapper; il suffit souvent d'un seul arbre pour en arrêter successivement des milliers: les années accumulent les unes sur les autres ces dépouilles de tant de lointains rivages; ainsi naissent des îles, des péninsules, des caps nouveaux qui changent le cours du fleuve, et quelquefois le forcent à s'ouvrir de nouvelles routes.

» Le Mississipi n'éprouve point de marées, à cause des nombreuses coudées de son cours; d'ailleurs les vents n'y sont point constants: ainsi il est extrêmement difficile de le remonter, surtout pendant les crues qui ont lieu dans les six premiers mois de l'année; la force du courant est alors d'une lieue par heure.

» Nous indiquerons brièvement les autres rivières des Etats-Unis. La baie de Mobile reçoit les eaux de l'*Alabama*, qui parcourt le territoire des Creecks, ou des Muscogulges; l'*Apalachi-Cola* descend des monts Apalaches

(1) Vue de la colonie de Mississipi, par *B. Duvallon*, p. 9.

vers la baie du même nom. Les Anglo-Américains possèdent la plus grande partie de ces rivières.

» L'océan Atlantique reçoit immédiatement les rivières de *Altamaha*, de *Savannah* et de *Grande-Pédie* (*Great-Pedee*). Leurs embouchures offrent quelques bancs de sable; cet inconvénient devient plus grand à la rivière du *Cap-Fear*, proprement le *Clarendon* [1]; et plus au nord on voit même une chaîne de dunes séparer de l'Océan la grande lagune dite *Pamlico-Sound*, qui se joint presque à l'*Albemarle-Sound*, autre lagune où s'écoule le *Roanoke*. Les passes étroites et environnées de bancs changeants, par lesquelles on entre dans ces lagunes, rendent presque nulle la navigation de la Caroline du nord et d'une partie de la Virginie. Au nord du *Cap-Henry* s'allonge la baie de *Chesapeak*, dans laquelle s'écoulent, par trois larges ouvertures, le *Fluvanna*, autrement dit la rivière de *James*; le rapide *Potowmack*, ce fleuve de près de 200 lieues de cours, ce nourrisson des montagnes Bleues, et qui baigne les remparts de la cité Fédérale, et le large *Susquehannah*, presque de la même longueur, qui entraîne dans son lit la plupart des rivières de la Pensylvanie. La baie de *Delaware* ne reçoit guère que la rivière du même nom. Près de New-York s'écoule l'*Hudson*, ou *North-River*, fleuve d'environ 100 lieues de cours, qui baigne des rivages très pittoresques, et dont les eaux, par la rapidité de leur course, prennent en quelques endroits une force capable, disent les géographes américains, de briser une barre de fer. Au-dessous de la ville d'Hudson, il est large d'un quart de lieue. Le *Connecticut* a moins de largeur, moitié plus de longueur, un grand nombre de chutes et de rapides; mais il descend, comme l'Hudson, en ligne droite vers la mer. A l'extrémité nord-est des Etats-Unis, on remarque la rivière de *Sainte-Croix*, qui leur sert de limite. Les Américains prétendent que ce nom a été donné par les Français à presque toutes les rivières à l'est du pays de Sagadahoc, et que l'on aurait dû chercher plus à l'est celle de ces rivières qui forme l'ancienne et véritable limite du district du Maine [2].

» Le climat de l'Amérique fédérée est un des plus inconstants, des plus capricieux du monde; il passe rapidement des frimas de la Norvége aux chaleurs de l'Afrique, de l'humidité de la Hollande à la sécheresse de la Castille. Un changement de 10 degrés au thermomètre de Réaumur, dans la même journée, compte parmi les choses ordinaires [1]. Les indigènes mêmes se plaignent des variations subites de la température. En passant sur la vaste étendue des glaces du continent, le vent du nord-ouest acquiert un haut degré de froid et de sécheresse; le sud-est au contraire produit sur la côte de l'Atlantique des effets semblables à ceux du *sirocco*; le vent du sud-ouest a le même effet dans les plaines situées à l'est des Apalaches, et lorsqu'il souffle, les chaleurs de l'été deviennent fréquemment excessives et étouffantes. Cependant vers les montagnes on jouit d'un climat tempéré et salubre, même dans les Etats méridionaux; le teint frais des jeunes personnes qui habitent la partie reculée de la Virginie atteste la bonté de l'air qu'on y respire. Le même teint domine parmi les habitants de la Nouvelle-Angleterre et de l'intérieur de la Pensylvanie; mais sur toutes les côtes qui s'étendent depuis New-York jusqu'à la Floride, la pâleur des visages rappelle celle qui distingue les créoles des Antilles. Les fièvres malignes règnent sur presque toute cette côte pendant les mois de septembre et d'octobre. Les contrées situées à l'ouest des montagnes sont en général plus tempérées et plus salubres : le vent du sud-ouest y amène la pluie, tandis qu'à l'orient c'est le vent du nord-est. Sur la côte de l'océan Atlantique, les mêmes parallèles sont soumis à un climat plus froid en Amérique qu'en Europe. Le confluent même de la Delaware est pris de glace pendant six semaines. Les glaces flottantes du pôle, qui arrivent jusque sur le grand banc de Terre-Neuve, sont sans doute les principaux conducteurs du froid dont l'action à l'ouest est rompue par la chaîne des Alleghanys. Le vent du nord-est, qui couvre toute la côte atlantique d'épaisses brumes ou de nuages pluvieux, n'apporte qu'un air frais et sec sur les bords de l'Ohio. Dans tous les Etats-Unis, les pluies sont subites et abondantes; la rosée y est également excessive. Un autre point météorologique sur lequel l'atmo-

(1) *Payne's* Geography, t. IV, p. 418. — (2) *Idem*, *ibid.*, p. 253.

(1) *Volney*: Tableau du climat et du sol des États-Unis, t. I, p. 173 et suivantes.

sphère de cette partie du globe diffère de celle de l'Europe, c'est la quantité de fluide électrique dont elle est imprégnée : les orages en fournissent des preuves effrayantes, par la prodigieuse vivacité des éclairs et la violence des coups de tonnerre.

» Un climat aussi capricieux a dû être favorable à l'introduction de la maladie pestilentielle appelée la *fièvre jaune*, qui a si fréquemment renouvelé ses ravages dans les ports anglo-américains du midi et du centre. C'est la même maladie que le *vomissement noir* des Espagnols, et le *matlazahualt* des Mexicains ; elle paraît endémique dans les terrains bas et marécageux de la zone torride de l'Amérique.

» Les Etats-Unis, depuis les bords de l'océan Atlantique jusqu'aux prairies où roule le Wabash, n'offrent qu'une immense forêt, interrompue, il est vrai, par les vastes plaines nues et ouvertes que la nature ou les incendies ont formées dans le Kentoukey, dans le Tennessée et sur les bords des grands lacs du Nord. Les espaces conquis par la culture, quoique de jour en jour plus considérables aux environs des grandes villes et le long des rivières, ne forment pas encore la vingtième partie de la totalité du territoire.

» On peut diviser la végétation de l'Amérique-Unie en *cinq régions*, savoir : 1° la *région du nord-est*, marquée par l'embouchure du Connecticut et par le cours du Mohawk, affluent de l'Hudson ; les pins, les sapins et les autres arbres toujours verts du Canada y dominent ; ce n'est en effet qu'une partie du *littoral* du Canada.

» 2° La *région des Alleghanys*, où le chêne rouge et noir, le hêtre, le peuplier-baumier, le bouleau noir et rouge, ombragent souvent les plantes et les arbustes du Canada, du moins jusque dans la Caroline du nord ([1]). Les vallées entre les chaînes de montagnes sont renommées pour leur fertilité en plantes céréales.

» 3° La *région des collines orientales*, comprenant les terres d'alluvion supérieures, depuis les montagnes jusqu'aux dernières chutes des rivières ; c'est là que croissent les érables rouges, les frênes rouges et noirs, les noyers, les sycomores, les acacias et les châtaigniers.

([1]) *Michaux* : Voyage à l'ouest des Alleghanys, p. 277.

Au midi, les magnoliers, les lauriers, les orangers se mêlent à ces forêts. L'indigo, le coton et le tabac y viennent et prospèrent jusqu'au Susquehannah ; plus au nord, les pâturages y dominent.

» 4° La *région des pinières maritimes*. Elle longe l'océan Atlantique, et s'étend en largeur depuis la mer jusqu'aux premières collines ; le pin à longues feuilles, le pin jaune et le cèdre rouge occupent les lieux secs, et le cyprès à feuilles d'acacia les bas-fonds jusqu'au Roanoke, ou même jusqu'au Chesapeak ; plus au nord, ce sont les pins blancs, les sapins noirs et ceux du Canada, ainsi que le thuya occidental ([1]). Les rizières commencent où la marée devient douce, et se terminent où elle cesse de se faire sentir ([2]).

» 5° La *région de l'ouest*, qui sera sans doute subdivisée en plusieurs, mais dans laquelle, généralement parlant, les arbres forestiers sont le chêne blanc, les noyers noirs et écailleux, le noyer hicory, le cerisier, le févier, le tulipier, le frêne blanc et bleu, le micocoulier, l'érable à sucre, l'orme blanc, le tilleul et le platane occidental, qui tous y parviennent à de plus fortes dimensions que sur les côtes de l'Atlantique.

» Mais ces régions doivent se confondre continuellement par l'effet des niveaux variés du terrain. Considérons donc l'ensemble du règne végétal des Etats-Unis. Les espèces d'arbres les plus répandues sont le chêne à feuilles de saule ([3]) qui croît dans les marais ; le chêne-marronnier ([4]), qui, dans les Etats méridionaux, s'élève à une grandeur énorme, et qu'on estime presque autant pour ses glands farineux que pour son bois ; le chêne blanc, le rouge et le noir. Les deux espèces de noyer, le blanc et le noir ou *hicory*, précieux par l'huile de ses noix ; le châtaignier et l'orme d'Europe abondent presque autant que les chênes dans toute l'Amérique-Unie. Le tulipier et le sassafras, plus sensibles au froid que les premiers, rampent en forme d'arbrisseaux rabougris, sur les confins du Canada, se montrent comme arbres dans les Etats du centre ; mais c'est sur les brûlants rivages de l'Altamaha qu'ils prennent tout l'accroisse-

([1]) *Michaux* : Histoire des arbres forestiers de l'Amérique septentrionale. — ([2]) *Drayton* : South-Carolina, p. 23. — ([3]) *Quercus phællos*. — ([4]) *Quercus prinios*.

ment, se parent de toute la beauté dont leur espèce est susceptible. L'érable à sucre (1), au contraire, ne se rencontre, dans les provinces du midi, que sur les coteaux septentrionaux des montagnes, tandis qu'il est fort multiplié dans les provinces de la Nouvelle-Angleterre, où le climat, plus âpre, le fait parvenir à sa grandeur naturelle. Le liquidambar qui donne la gomme odorante, le bois de fer (2), le micocoulier, l'orme d'Amérique, le peuplier noir et le *taccamahaca* se trouvent partout où le sol leur convient, sans montrer une grande préférence pour un climat plutôt que pour un autre. Les terrains sablonneux et légers sont peuplés de la précieuse famille des pins, dont les principales espèces sont le sapin de Pensylvanie, le sapin commun et le beau sapin-hemlok; le pin noir, le blanc et celui de Weymouth, le mélèze; on pourrait aussi mettre dans cette famille l'arbre de vie, le genévrier de Virginie et le cèdre rouge d'Amérique. Parmi les arbrisseaux et les arbustes qui se multiplient sur tous les points des États-Unis, nous distinguerons l'arbre à frange (3), l'érable rouge, le sumac, le chêne vénéneux (4); le mûrier rouge, le pommier épineux, le lilas de Pensylvanie, le prunier-persimon, le faux acacia et l'acacia à triple épine (5).

» Les Etats-Unis n'offrent pas, généralement parlant, les belles pelouses de l'Europe; mais parmi les herbes grossières qui en couvrent le sol, la curiosité des jardiniers a fait connaître le *collinsonia*, qui sert de remède aux Indiens pour la morsure du serpent à sonnettes; plusieurs jolies espèces de *phlox*, le martagon doré, l'*œnothera* biennal, ainsi que diverses espèces d'aster, de *monarda* et de *rudbeckia*.

» C'est dans la Virginie et dans les Etats du sud et du sud-ouest que la flore américaine étale ses principales merveilles et l'éternelle verdure des savanes: l'imposante magnificence des forêts primitives, et la sauvage exubérance des marécages captivent tous les sens par les charmes de la forme, de la couleur et du parfum. Si on longe les rivages de la Caroline, de la Géorgie et de la Floride, des bosquets continuels semblent flotter dans

(1) *Acer saccharinum*. — (2) *Carpinus ostrya*. — (3) *Chionanthus*. — (4) *Rhus radicans*. — (5) *Gleditsia triacantha*.

l'eau. A côté des pinières on aperçoit le palétuvier, le seul arbuste qui peut fleurir dans les eaux salées; le magnifique *lobelia cardinalis* et l'odorant *pancratium* de la Caroline, dont les fleurs ont le blanc de la neige. Les terrains où la marée atteint se font distinguer du terrain sec par les tiges mouvantes et pressées de la canne (1), par le feuillage léger du *nyssa aquatica*, par le taccamahaca, l'arbre à frange et le cèdre blanc (2); ce dernier est peut-être, de tous les arbres d'Amérique, celui qui offre l'aspect le plus singulier: le tronc, en sortant de terre, se compose de quatre ou cinq énormes arcs-boutants qui, en se réunissant à peu près à la hauteur de sept pieds, forment une espèce de voûte d'où jaillit une colonne droite de 18 à 20 pieds sans aucune branche, mais qui se termine en un chapiteau plat de la forme d'un parasol garni de feuilles agréablement découpées et du vert le plus tendre. La grue et l'aigle fixent leur nid sur cette plate-forme aérienne, et les perroquets qu'on voit sans cesse voltiger dans le voisinage y sont attirés par les semences huileuses renfermées dans de petits cônes suspendus aux branches. Dans les labyrinthes naturels que présentent ces forêts marécageuses, le voyageur découvre quelquefois de petits lacs, de petites clairières qui formeraient les retraites les plus délicieuses, si l'air malsain en automne permettait d'y habiter. On y avance sous une voûte de smilax et de vignes sauvages, parmi des faréoles et des lianes rampantes qui enlacent vos pieds d'un filet de fleurs; mais le sol tremble, les insectes incommodes voltigent autour de vous; l'énorme chauve-souris, de l'espèce du vespertilion, étend ses ailes hideuses, le serpent à sonnettes agite les anneaux de sa peau retentissante; le loup, le carcajou, le chat-tigre remplissent l'air de leurs cris discordants et sauvages.

» On appelle *savanes* les grandes prairies de l'ouest qui déroulent à perte de vue un océan de verdure qui semble monter vers les cieux, et qui ne sont peuplées que d'immenses troupeaux de bisons: on donne aussi ce nom aux plaines qui bordent les rivières, et qui sont généralement inondées pendant tout le cours de la saison pluvieuse. Les arbres qui y croissent appartiennent à l'espèce aquatique;

(1) *Arundo gigantea*. — (2) *Cupressus disticha*.

ce sont l'arbre au carton ([1]), l'olivier d'Amérique et le gordonia argenté à fleurs odorantes ; on les voit, isolés ou réunis en groupes, former de petits bois percés à jour, tandis que, sur la plus grande partie de la savane, on aperçoit un herbage long et succulent, entremêlé de plantes et d'arbrisseaux. Le myrica cirier ([2]) se distingue ici parmi plusieurs espèces d'azalia, de kalmia, d'andromeda et de rhododendron, ici épars, là en touffes, entrelacés tantôt par la grenadille pourprée, tantôt par la capricieuse *clitoria*, qui en parent les voûtes de festons riches et variés. Les bords des étangs, ainsi que les endroits bas et bourbeux, sont ornés des fleurs azurées et brillantes de l'ixia, des fleurs dorées de la *canna lutea*, et des touffes roses de l'*hydrangia* ; tandis qu'une infinité de riantes espèces de phlox, avec la timide sensitive, l'irritable dionée, l'*amaryllis-atamasco* couleur de feu, dans les savanes où la marée atteint les rangs impénétrables du palmier royal ([3]), forment aux bois une ceinture variée, et marquent les limites douteuses où la savane s'élève vers les forêts.

» Les plateaux calcaires qui forment la presque totalité des contrées à l'ouest des Alleghanys présentent quelques parties entièrement dénuées d'arbres, et nommées *barrens* ; mais on n'a pas encore examiné avec les soins et les connaissances nécessaires si cette circonstance provient de la nature du sol ou d'une destruction opérée par les hommes. Ceux d'entre ces plateaux calcaires qui, élevés de 3 à 400 pieds, bordent les lits des fleuves profondément encaissés, se revêtent des plus riantes forêts de l'univers. L'Ohio coule à l'ombre des platanes et des tulipiers, comme un canal qui aurait été creusé dans un vaste parc de plaisance ; quelquefois, s'enlaçant d'un arbre à l'autre, les lianes forment, au-dessus d'un bras de rivière, des arches de fleurs et de verdure. En descendant au sud, les orangers sauvages se mêlent avec le laurier odorant et le laurier commun. La colonne droite et argentée du figuier papayer qui s'élève à 20 pieds, et que couronne un dais de feuilles larges et découpées, ne forme pas une des moindres beautés de ce pays enchanteur. Au-dessus de tous ces végétaux domine le grand magnolia ; il s'élance de ce sol calcaire à la hauteur de 100 pieds et au-delà ; son tronc, parfaitement droit, est surmonté d'une tête épaisse et volumineuse, dont le feuillage, d'un vert obscur, affecte une figure conique ; au centre des couronnes de fleurs qui terminent les branches, s'épanouit une fleur du blanc le plus pur, qu'à sa forme on prendrait pour une grande rose, et à laquelle succède une espèce de cône cramoisi qui, en s'ouvrant, laisse voir suspendues à des fils déliés et longs de six pouces au moins, des semences arrondies en grains du plus beau corail rouge : ainsi, par ses fleurs, par son fruit et par sa grandeur, le magnolia surpasse tous ses rivaux.

» A ce tableau de la végétation sauvage se mêle aujourd'hui le charme d'une agriculture déjà très avancée. L'exemple des Washington et des Jefferson enorgueillit les cultivateurs, qui sont libres, heureux et maîtres du pays ; car cette classe comprend incontestablement les trois quarts de la population. Les richesses que le commerce apporte leur fournissent les moyens de faire toutes les améliorations possibles, et d'élever ainsi l'agriculture à un état de plus en plus florissant. L'exportation des grains et de la fleur de farine augmente chaque année. Parmi les productions des champs, les plus importantes sont les pommes de terre et le maïs, originaires du pays, l'épeautre ou *spelt* d'Allemagne, le froment, le seigle, l'orge, le blé-sarrasin, l'avoine, les fèves, les pois, le chanvre et le lin. Le riz des Carolines est célèbre, et le tabac, dont la culture s'est ralentie dans les derniers temps, a fait la réputation de la Virginie. La culture des navets et d'autres végétaux communs dans les fermes de l'Europe paraît encore négligée, mais il y a, autour des villes surtout, de belles prairies artificielles où l'on cultive la luzerne, la quinte-feuille, la pimprenelle, le trèfle rouge, le blanc et le jaune. Les vergers sont très soignés, et le cidre qu'ils fournissent est la boisson ordinaire dans les Etats du nord et du centre. On y récolte aussi beaucoup de houblon. La Virginie produit notamment des pavies, d'excellents abricots et des pêches, dont on tire une eau-de-vie fameuse. On distingue parmi les pommes de terre une espèce particulière appelée *groundnut*, et parmi les

([1]) *Magnolia glauca.*—([2]) *Myrica cerifera.*—([3]) *Yucca gloriosa.*

fruits d'arbre, la pomme de Newtown, qui abonde auprès de New-York.

» Ce contraste de la nature sauvage qui disparaît, et de la culture qui étend son domaine, a été admirablement décrit par M. de Chateaubriand : « Là régnait le mélange le » plus touchant de la vie sociale et de la vie » de la nature : au coin d'une cyprière de » l'antique désert, on découvrait une culture » naissante ; les épis roulaient à flots d'or sur » le tronc du chêne abattu, et la gerbe d'un » été remplaçait l'arbre de dix siècles ; partout » on voyait les forêts livrées aux flammes » pousser de grosses fumées dans les airs, et » la charrue se promener lentement entre les » débris de leurs racines ; des arpenteurs, » avec de longues chaînes, allaient mesurant » le désert, et des arbitres établissaient les » premières propriétés ; l'oiseau cédait son nid, » le repaire de la bête féroce se changeait en » une cabane ; on entendait gronder des for- » ges, et les coups de la cognée faisaient pour » la dernière fois mugir des échos qui allaient » eux-mêmes expirer avec les arbres qui leur » servaient d'asile. »

» Il erre cependant encore de nombreuses tribus d'animaux dans les inépuisables forêts de ce continent.

» Le bison ou bœuf d'Amérique, quoiqu'il ait une éminence ou bosse sur le dos, forme une espèce bien distincte des zébus de l'Inde et de l'Afrique, et des aurochs un peu bossus du nord de l'Europe. Les bœufs d'Amérique ont toujours le cou, les épaules et le dessous du corps chargés d'une laine épaisse ; une longue barbe leur pend sous le menton, et leur queue ne va pas jusqu'aux jarrets ; ils diffèrent aussi beaucoup des petits bœufs musqués du nord de ces contrées, qui, par la forme singulière de leurs cornes, se rapprochent des buffles du cap de Bonne-Espérance, et dont M. de Blainville a fait son genre *ovibos*. Cet animal se plaît dans les montagnes nues, où il vit par troupes de 20 à 30. L'élan d'Amérique, l'orignal ou le *moose-deer*, répandu depuis les monts Rocheux et le golfe de Californie jusqu'au golfe Saint-Laurent, est devenu rare dans le territoire des Etats-Unis : on prétend qu'il y en a eu de noirs, ayant 12 pieds de haut, tandis que l'espèce grise surpasse rarement la taille d'un cheval ; les uns et les autres ont des cornes palmées qui pèsent de 30 à 40 livres. Le cerf d'Amérique est plus grand que celui d'Europe ; on en voit de nombreux troupeaux paissant dans les savanes du Missouri et du Mississipi, où se plaît aussi l'espèce connue sous le nom de daim de Virginie. Il y a encore dans les Etats-Unis deux espèces d'ours noirs, dont l'une, surnommée l'ours maraudeur, ainsi que le loup, parcourt toutes les provinces. Mais l'animal carnivore qu'on craint le plus dans les parties septentrionales est le *catamount*, ou chat des montagnes (*felis montana*) ; le lynx, l'once, le matgay sont moins redoutables et donnent des fourrures dont aucune cependant n'égale celle du castor. Le chat musqué [1] imite en quelque sorte cet animal singulier, en construisant sa hutte dans des ruisseaux peu profonds. On remarque encore parmi les animaux de ces contrées le renard gris et celui de Virginie, le chat de New-York, le coase, l'urson [2], espèce de porc-épic ; le manicou [3], et six variétés d'écureuils, savoir : l'écureuil strié d'Amérique, celui de la Caroline, le noir qui ravage les plantations, le cendré qui fournit une fourrure estimée, et les deux espèces de la baie d'Hudson, dont l'une est un écureuil volant qui se rapproche du polatouche. Le lièvre d'Amérique paraît différer de celui de nos contrées : il forme deux espèces, l'une appelée *lepus virginianus* par le docteur Harlan, et l'autre *lepus hudsonius* par Pallas. Il y a de même dans la classe des oiseaux plusieurs espèces qui portent des noms européens, quoique le naturaliste découvre des différences essentielles entre eux et les oiseaux de l'ancien continent ; plusieurs aigles, vautours et chats-huants y occupent le premier rang.

» Il y a peu à dire sur les mines des Etats-Unis. Ce peuple agriculteur dédaigne encore les trésors métalliques que peut-être son sol renferme. Le fer et le charbon sont pourtant recherchés. Les fonderies du district du Maine n'emploient que du minerai limoneux ; on y trouve aussi des acres qui donnent de la couperose ou du vitriol et du soufre. Les mines de *Franconia*, dans le New-Hampshire, contiennent du fer oxidulé qui se trouve, comme celui de Suède, dans le gneiss, alter-

[1] *Ondatra* ou *mus zibethicus*. — [2] *Histrix dorsata*. — [3] *Didelphis Virginianus*.

nant avec le granit et le *greenstone* primitif [1]. Le minerai de fer abonde dans le Massachusets, où l'on exploite également des mines de cuivre, de plombagine et d'ardoise alumineuse : une carrière de pierre à chaux y fournit de l'asbeste. Rhode-Island a des mines de fer et de cuivre ; une mine de plomb, sur les bords du Connecticut, reste négligée comme trop coûteuse. Les montagnes, entre l'Hudson et le Connecticut, renferment du fer et un peu d'étain [2]. Philipsbourg, dans le New-York, possède une mine d'argent. Dans le New-Jersey, on a long-temps exploité une mine de cuivre où l'on soupçonnait de l'or. On vient de découvrir dans cette province, à Hoboken, de la magnésie native très pure et assez fortement cristallisée [3]. Dans la Virginie, auprès des chutes du Rapahanor, il a été trouvé un bloc de minerai d'or, apporté sans doute par cette rivière ; il y a aussi dans cette province des mines qui donnent 50 à 80 livres de métal sur 100 de minerai, ainsi que des mines de cuivre et de plombagine, mais surtout d'abondantes mines de charbon de terre. On trouve également ce précieux combustible sur les bords de la rivière James, vers le Mississipi et l'Ohio ; celui de Pittsbourg est d'une qualité supérieure. Outre l'abondance de charbon, la Virginie offre des améthystes et des émeraudes ou cristaux de couleur violette et verts. La Caroline méridionale, riche déjà en pierres de taille, en quartz qu'on a pris pour du diamant, et en fer, a présenté des indices d'argent. Quoique l'Amérique-Unie n'ait offert aucune trace de l'activité des volcans, on a découvert un immense dépôt de soufre natif dans l'intérieur de l'Etat de New-York, vers les cascades de Clifton.

» Nous terminerons cette esquisse physique de la partie orientale du territoire des Etats-Unis, en indiquant à nos lecteurs les tableaux placés à la fin de la description de cette contrée, qui renferment plusieurs résultats généraux qu'on n'a pas cru devoir séparer. »

LIVRE CENT QUATRE-VINGTIÈME.

Suite de la Description de l'Amérique. — États-Unis, partie orientale. — Description topographique et politique.

« Nous avons appris à connaître le territoire des Etats-Unis, à l'est du Mississipi, sous les rapports généraux et constants de la géographie physique. Il faut maintenant descendre à ces détails de description locale que chaque jour voit changer, même dans les pays anciennement civilisés. Ici, c'est tout-à-fait un tableau mouvant, une scène d'action perpétuelle, sans aucun moment de repos ; des villes et des républiques entières y naissent plus rapidement qu'on n'élève un édifice en Europe. Ces variations journalières doivent nous faire de la brièveté une loi rigoureuse.

» La *Nouvelle-Angleterre* comprenait les territoires qui appartiennent aujourd'hui aux Etats de *Massachusets* au centre, de *Connecticut* et de *Rhode-Island* au sud, de *Vermont* et *New-Hampshire* au nord, et au district de *Maine* dépendant de Massachusets. Tout ce pays est hérissé de collines granitiques et couvert de forêts ; mais l'industrie a su tirer un tel parti de quelques vallées fertiles, que cette portion des États-Unis est encore aujourd'hui la mieux peuplée, toute proportion gardée. C'est le premier foyer de l'esprit commercial et maritime ; c'est le siége de la civilisation la plus généralement répandue : instruit et laborieux, le peuple y sait apprécier et défendre ses droits politiques ; mais on l'accuse de pousser très loin cette défiance et cette humeur litigieuse qui sont comme inséparables du sentiment de l'indépendance. Le

(1) *Gibbs*, dans l'*American Mineralogical Journal*, t. I, art. II. — (2) *Akerly* : Account of Duchess-County. Americ. Mineral. Journal. — (3) *Bruce* : Amer. Mineral. Journal, I, art. VII.

sombre presbytérianisme y avait introduit une bigoterie intolérante ; mais adouci par les lumières de la philosophie, il n'y montre plus son influence que dans l'austérité des mœurs et dans le respect pour le culte, marques caractéristiques des habitants de la Nouvelle-Angleterre [1]. La nature accorde à ce peuple une constitution très saine, très robuste ; le sexe y possède au plus haut degré ce teint de roses et cet air de candeur virginale qu'on vante chez les Anglo-Américaines. Elevées avec plus de soin que dans les Etats méridionaux, elles ont la conversation agréable et spirituelle : elles n'en sont pas moins d'excellentes ménagères ; elles dirigent avec succès la fabrication domestique des toiles et des étoffes. La sévérité avec laquelle on célèbre les dimanches n'empêche pas que dans les autres jours la jeunesse ne se livre avec ardeur à des bals et à des parties de traîneau ; mais les jeux de hasard et les courses à cheval n'y jouissent d'aucune faveur [2].

« L'ancien district du ***Maine***, le plus septentrional de tous, se peuple continuellement, et forme depuis 1820 un ***Etat*** indépendant divisé en 10 comtés. La population qui, en 1759, n'était que de 13,000 habitants, et en 1790 de 90,000, s'était, dans les 20 années suivantes, élevée à 228,000 ; aujourd'hui elle est de plus de 400,000. Le pays produit du blé, des grains, du chanvre ; mais il exporte surtout du bois de construction et du poisson sec. »

Cet Etat est borné au nord et au nord-ouest par le Bas-Canada, à l'est par le Nouveau-Brunswick, au sud et au sud-est par l'Atlantique. Les principaux cours d'eau qui l'arrosent sont : le ***Saint-Jean***, le ***Penobscot***, la ***Sainte-Croix***, le ***Kennebeck***, l'***Androscoggin*** et le ***Saco***, qui tous ont leur embouchure dans l'Océan sur le territoire de cet Etat, à l'exception du premier qui va traverser le Nouveau-Brunswick. C'est un pays élevé vers le nord et l'ouest, qui offre au centre une chaîne de montagnes, des plaines ondulées, et un grand nombre de lacs dont le plus grand, appelé ***Moose-Head***, a 11 lieues de longueur et 7 de largeur. Le sol, quoique sablonneux, y est généralement fertile ; les forêts y sont composées de chênes, de pins, d'érables, de hêtres et de bouleaux.

Portland, capitale de cet Etat, est une jolie ville de 12 à 13,000 âmes, située entre le Saco et le Penobscot sur le bord de l'Océan. Ses maisons et ses édifices sont bâtis en briques ; on distingue parmi ces derniers le palais de justice, l'hôtel-de-ville et la maison de charité. On y remarque un observatoire d'où la vue s'étend au loin sur les innombrables îles qui bordent la côte. Son port, éclairé la nuit par un phare situé à 85 pieds de hauteur, est un des plus beaux et des meilleurs de l'Amérique ; il est défendu par différents ouvrages de fortification.

Parmi les autres cités de l'Etat du Maine se trouvent ***Eastport***, ville maritime bâtie sur l'île de Moose, qui communique au continent par un beau pont construit en 1820 ; ***Hallowel***, port où l'on construit des navires ; ***Bath***, l'une des villes les plus commerçantes du Maine ; ***Brunswick***, qui possède un collége, un cabinet d'histoire naturelle et l'une des plus belles galeries de tableaux des Etats-Unis, établissements entretenus à l'aide d'une dotation de James Bowdouin ; ***Waterville***, où l'on remarque aussi un beau collége ; ***Gordiner***, qui possède un lycée ; ***Bangor***, qui entretient une école de théologie, et ***Thomaston***, qui renferme la prison de l'Etat. Toutes ces villes, ainsi que ***Castine***, ***York***, ***Berwick*** et ***Belfast***, ont 3 ou 4,000 habitants.

« Les Indiens Penobscot vivent aujourd'hui d'une manière très paisible ; ils professent la religion catholique ; leurs *sachems* veillent à la sainteté des mariages, et leur population s'augmente au moment où tant d'autres tribus s'éteignent.

» Dans l'***Etat*** de ***New-Hampshire***, les productions sont les mêmes que dans celui du Maine. La population est de 269,000 âmes. »

Cet Etat, situé à l'est du précédent, est un pays plat parsemé de quelques collines, mais borné au nord par les ramifications des monts Alleghanys. On y voit aussi un grand nombre de lacs. Ses principaux cours d'eau sont le ***Connecticut*** et le ***Merrimack***. Rempli d'établissements industriels, on y compte plus de 50 manufactures de tissus de laine, de coton et de lin.

« Quoique maîtres seulement de 6 lieues de

[1] *Payne's* Geography, t. IV, p. 221 et suiv. —

[2] Voyez les *tableaux* des Etats-Unis.

côte, les habitants sont fameux par la construction des navires. »

Dover, fondée en 1623, est la ville la plus ancienne et la plus industrieuse ; elle est située sur le Cocheto, qui y forme une cascade de 40 pieds de hauteur ; ses 6,000 habitants font un commerce considérable de bois de charpente. *Concord*, qui n'a que 3 à 4,000 âmes, est la capitale. Un lieu beaucoup plus important est *Portsmouth*, le principal port de cet Etat. C'est une ville industrieuse de 8,000 habitants, où l'on trouve un athénée et cinq banques de commerce. On y voit aussi une assez belle église épiscopale, un arsenal maritime et des chantiers de construction.

« C'est dans ce port qu'on a construit *l'America*, vaisseau de 74 canons, qui fut lancé au mois de novembre 1782, et dont le congrès fit présent au roi Louis XVI. On y a également construit *le Croissant*, frégate de 32 canons, que le dey d'Alger, en 1797, a exigé des Etats-Unis. »

Exeter, ville de 3,000 âmes, est remarquable par son collége, l'un des plus beaux établissements que les Etats-Unis possèdent en ce genre. La construction des navires y est beaucoup moins active qu'autrefois. La jolie petite cité d'*Hanover* est célèbre par le collége qui porte le nom de *Dartmouth*. *Gilmanton*, au milieu d'un district riche en mines de fer, possède une maison de justice et plusieurs usines.

« Le *Vermont* abonde en pâturages ; ses bœufs et ses chevaux sont renommés. Les montagnes se couvrent de pins, de hêtres et de chênes ; les collines s'ornent d'érables à sucre ; dans les vallées prospèrent les arbres fruitiers. L'élan habite le nord de cet Etat, et les serpents à sonnettes vivent dans le midi ; mais ils y sont peu redoutables [1]. Le pigeon voyageur et l'abeille sont indigènes. Dans la superbe plaine d'*Oxbow*, on voit une source qui change de place d'année en année, et dont les eaux exhalent une odeur de soufre. Le nom de cet Etat est l'altération du mot français *Vert-Mont*, que les habitants ont adopté par l'effet de leur penchant pour les Français du Canada, et qui est la traduction de l'appellation anglaise *Green-Mountain* [2]. » Les habitants, au nombre de 300,000, font un grand commerce avec le Canada. Cette population guerrière n'a pas démenti, dans la guerre contre les Anglais, en 1814, la réputation de bravoure qu'elle s'était acquise dans celle de l'indépendance.

Montpellier, ville de 3,500 âmes, sur la rive droite de l'Onion, est le chef-lieu de cet Etat. Les autres principales villes sont *Middlebury*, où l'*Otter-River* forme plusieurs chutes que l'on utilise pour des manufactures ; *Bennington*, où l'on voit plusieurs forges et plusieurs papeteries ; et *Burlington*, qui renferme une académie et une université.

« Entrons dans le *Massachusets*, un des Etats du second rang dans l'Union, puisqu'il compte plus de 600,000 habitants. Les sapins, les châtaigniers, les bouleaux blancs, les érables à sucre couvrent une grande partie du sol, qui n'est que médiocrement fertile. Les arbres fruitiers de l'Europe septentrionale y prospèrent ; le froment redoute les vapeurs salines de l'Océan, et ne vient bien que dans l'intérieur des terres [1]. Le cap *Cold* doit son nom à l'immense quantité de morues qu'on y pêche. »

Suivant un voyageur récent, plus de 65,000 personnes sont employées à l'agriculture, 36,000 dans les diverses manufactures de coton, de laine, de toiles, de verrerie, de papier, de savon, dans les fonderies, etc., et 14,000 environ dans le commerce. Si l'on y ajoutait le nombre fort considérable de celles qui sont employées à la pêche, celui des individus qui occupent des emplois dans les divers offices du gouvernement, dans l'instruction publique, etc., celui des artisans, tels que les maçons, les charpentiers, les tailleurs, etc., etc., et qu'ensuite on retranchât du nombre total des habitants les enfants qui ne sont point encore en âge de travailler, les vieillards et les infirmes qui ne le peuvent plus, on verrait combien est petit dans cet Etat le nombre des oisifs. Aussi de cette activité industrielle résulte-t-il dans les familles une aisance qui frappe d'étonnement l'Européen qui visite pour la première fois cette contrée ; et cependant elle n'est pas la plus industrieuse de la confédération américaine. Le dimanche, ajoute-t-il, il est impossible de distinguer à la mise, et l'on pourrait même dire aux maniè-

(1) *Williams* : Natural and Civil History of Vermont. *Walpole*, dans le New-Hampshire, 1794. — (2) *Volney*, t. I, p. 11, note.

(1) *Payne's* Geography, t. IV, p. 210.

res, un artisan de ce que l'on appelle dans la société un *gentleman*. La multiplicité des écoles, et le droit qu'a tout homme de s'occuper des affaires publiques, répandent jusque chez les artisans une instruction et une rectitude de jugement qu'on chercherait vainement dans les classes moyennes de France [1].

Ce que nous venons de dire est surtout très remarquable à ***Boston***, capitale de cet Etat, et peuplée de plus de 83,000 âmes. Cette ville est située sur une presqu'île au fond de la baie qui en porte le nom, et qu'on appelle aussi la baie de Massachusets. L'aspect de cette cité est bien différent de celui des autres villes de l'Union, par l'irrégularité des rues et l'inégalité du terrain sur lequel elle est bâtie. La plupart des maisons sont construites en briques, mais peintes de diverses couleurs : on n'y a pas les yeux fatigués par l'uniformité d'un rouge éclatant [2]. Ses rues sont macadamisées avec un tel soin que ce pavage présente l'aspect d'une mosaïque.

Elle renferme plusieurs beaux édifices, tels que l'hôtel-de-ville, le palais de l'Etat, surmonté d'un dôme à la turque, la maison de justice, le théâtre, la douane, le nouveau marché, vaste bâtiment construit en granit, et la Bourse, qui renferme, dit-on, 202 salles. Le mail, ou la promenade publique, située au cœur de la ville, se compose de pelouses entourées et coupées par de larges allées d'arbres. La place Franklin est une des plus belles. Sept ponts, dont trois en bois, et d'une longueur extraordinaire, font communiquer la ville avec ses faubourgs. L'hôpital général est un grand et bel édifice, bien aéré, d'une belle tenue. Enfin, au nombre de ses monuments on doit citer la statue de Washington. Boston est l'une des villes de l'*Union* qui possède le plus d'établissements littéraires et scientifiques : ce sont l'***Athénée***, établissement fondé par une société de souscripteurs, et possédant une bibliothèque de plus de 30,000 volumes ; le ***Collége*** et la ***Société de médecine***, l'***Académie des sciences et des arts***, la ***Société linnéenne*** et la ***Société historique du Massachusets***. En 1826, on y comptait 215 écoles, parmi lesquelles 80 étaient gratuites.

Hors de la ville se trouvent plusieurs établissements importants, tels que la ***maison des pauvres***, celle de ***réforme pour les jeunes condamnés*** et celle de ***correction pour les adultes***. La première, appelée aussi ***maison d'industrie*** (the house of industry), renferme environ 500 individus ; la seconde peut contenir une centaine d'enfants des deux sexes ; la troisième enfin contenait, il y a quelques années, 260 condamnés, tous soumis à la règle commune du travail dans les ateliers, du silence absolu, et de l'isolement aux heures des repas et de la nuit, pendant laquelle il leur est permis d'avoir de la lumière pour lire la Bible.

Boston est le siége d'un évêché catholique; cette ville communique par des canaux et des chemins de fer avec Worcester, Providence, Taunton et Lowel, et avec le fleuve Hudson et le Connecticut. Son port est sûr et assez spacieux pour contenir 500 vaisseaux à l'ancre. L'entrée a une lieue et demie ou deux lieues de largeur; mais, remplie d'îlots, elle peut à peine recevoir deux bâtiments de front. Les deux principales de ces îles sont ***Castel-Island*** et ***Governor's-Island;*** deux forts mettent la ville en sûreté du côté de la mer.

« Boston s'honore d'avoir donné naissance au célèbre Franklin, et d'être le siége d'un grand nombre de sociétés savantes, littéraires, bienfaisantes ou pieuses. Les principales manufactures de cette ville sont des distilleries de rhum, des raffineries de sucre, des brasseries, des fabriques de papier de tenture, des corderies, des filatures de coton et de laine, des fabriques de toile et de bougies de spermaceti. Boston est, après New-York, la principale ville des Etats-Unis pour le commerce maritime; elle couvre de ses navires toutes les mers du globe. »

Salem, à 5 lieues au nord-est de Boston, s'est enrichie par ses pêcheries et son commerce aux Antilles. Elle a 15,000 habitants. Cette ville est la seconde de l'Etat par son commerce et son opulence. Elle possède plusieurs sociétés savantes, et l'un des plus riches musées d'histoire naturelle et de curiosités que l'on puisse voir.

Charlestown, à un quart de lieue de Boston, est une jolie ville de 11,000 habitants, importante par son arsenal maritime et ses chan-

(1) *Lafayette en Amérique en* 1824 *et* 1825, ou Journal d'un voyage aux États-Unis, *par* A. Levasseur, secrétaire du général Lafayette pendant son voyage, t. I, p. 99. — (2) Le capitaine *Basil-Hall:* Voyage dans les États-Unis de l'Amérique du Nord et dans le Haut et Bas-Canada, t. I, p. 249.—Paris, 1834.

tiers de construction, d'où sont sortis des vaisseaux de 100 à 130 canons. A *Cambridge*, un peu plus loin, on remarque une université connue sous le nom de collége de *Haward*, son fondateur : il renferme de belles collections et une bibliothèque de 30,000 volumes. C'est dans cette petite ville que fut établie la première imprimerie des Etats-Unis. *Marblehead*, qui a plus de 5,000 habitants; *Gloucester*, dont le port, ouvert aux plus grands navires, fait un commerce considérable; *Barnstable*, importante par ses immenses salines, et dont le port s'obstrue par une barre de sable; *Béverly*, *New-Bedford* et *Dighton*, près de laquelle on voit une inscription hiéroglyphique qu'on n'a point encore expliquée, sont des villes industrieuses et riches qui rivalisent entre elles pour la pêche et le commerce. *Lowel*, grand village ou plutôt nouvelle ville qui compte déjà 21,000 habitants, est la plus industrieuse de la Nouvelle-Angleterre. Elle est située sur le Merrimack. « Quelques années auparavant, dit un voyageur [1], le lieu qui s'offrait à nos regards, maintenant couvert de moulins à coton, de villages riants, de canaux, de routes et de ponts, n'était qu'un désert, sinon solitaire, du moins habité par quelques sauvages tatoués. » On fabrique à Lowel des étoffes communes qui servent à la consommation intérieure. Dès six heures du matin, la cloche appelle les ouvriers au travail; une nuée de jeunes filles, dit le voyageur que nous venons de citer, remarquables par la propreté de leur tenue, se rendent dans les ateliers avec un air de satisfaction qui fait plaisir à voir. En Europe, ces ouvrières ne jouissent pas toujours d'une bonne réputation; ici, ce sont des modèles de sagesse et de bonne conduite. Il en résulte que pas une ne manque de mari [2].

Worcester, chef-lieu du comté, à 13 lieues à l'ouest sud-ouest de Boston, est une ville de 6 à 8,000 âmes, qui possède un établissement de bienfaisance remarquable par le bon ordre qui y règne et par les résultats philanthropiques que l'on y obtient : c'est l'hôpital des fous (*lunatic hospital*), qui contient environ 300 personnes.

Les îles, petites, mais très peuplées, de *Martha's-Vineyard* et de *Nantuckett*, dépendent aussi du Massachusets. La première a des fabriques de lainage et des salines; la seconde nourrit un grand nombre de moutons et de bêtes à cornes, et s'enrichit par la pêche de la baleine.

« Le Massachusets renferme encore *Newbury-Port*, avec 7,000 habitants; *Plymouth*, avec un port spacieux; *Springfield*, importante par son arsenal et sa manufacture d'armes; *Andover*, célèbre par son école théologique, et *Taunton*, par ses forges et ses manufactures de coton. La petite ville de *Lynn* a fabriqué, dans une année, un million de paires de souliers de dames, en cuirs indigènes, apprêtés en maroquin [1].

» Le pont sur le Merrimack mérite d'être cité comme une des curiosités du Massachusets; il forme une seule arche de 244 pieds de longueur; il est suspendu sur 10 chaînes de fer, longues de 516 pieds, et qui passent par-dessus deux grands massifs de maçonnerie, surmontés d'un échafaudage en bois, le tout élevé de 72 pieds depuis les fondements. Ce pont, qui ne semble appuyé sur rien, n'éprouve aucune secousse, même par le passage des charrettes les plus fortement chargées [2].

» La milice régulière de Massachusets forme une armée de 50,000 hommes d'infanterie, 2,000 de cavalerie et 1,500 d'artillerie, avec 60 pièces de campagne. Parmi les sectes religieuses, celle des *congrégationalistes* domine; elle adopte les dogmes de Calvin; mais d'après son régime ecclésiastique, chaque *congrégation de saints* forme une société indépendante, gouvernée par ses propres chefs, et non par des synodes, comme chez les presbytériens.

» La petite republique de *Rhode-Island* ne comptait, en 1830, guère au-delà de 97,000 habitants. Cet Etat a été fondé par un ministre chassé comme hérétique par les *congrégationalistes* de Massachusets. La secte des *baptistes* a peuplé Rhode-Island. Cette secte adopte les dogmes de Calvin, mais son régime ecclésiastique est celui des indépendants. Les produits et les exportations consistent en grains, en bois de charpente, en chevaux, en bétail, en poissons, en fromages, en ognons, en cidre, en liqueurs spiritueuses, et en toile soit

(1) *Basil-Hall* : Voyage aux États-Unis, etc. — (2) *Idem, ibid.*, t. I, p. 253.

(1) *Weekly Register*, journal publié à Baltimore par M. *Niles*, 1812, vol. I, p. 390. — (2) Journal de Londres, 3 septembre 1811.

de chanvre, soit de coton. Il y a encore des forges où l'on fabrique divers ustensiles de fer, et notamment des ancres; des fabriques de bougies de blanc de baleine, des raffineries et des distilleries. »

La jolie ville de *Providence* a souvent 150 bâtiments marchands en mer; elle est située sur le continent. C'est l'un des deux chefs-lieux de cet Etat. Elle est située au fond de la superbe baie de Narraganset. Cette ville est élégamment bâtie et renferme des manufactures et des établissements d'instruction. Quoiqu'elle n'ait pas plus de 18,000 habitants, on y publie cinq journaux. On remarque dans ses environs le bourg de *Pawtucket*, renommé par la belle cascade, de 50 pieds de hauteur, qu'y forme la rivière de ce nom, et par les nombreuses fabriques de coton et les forges qu'il renferme. *Newport*, sur l'île de Rhode, en est le second chef-lieu : sa population est moitié moins considérable que celle de Providence. Le gouvernement fedéral y a dépensé près de 2 millions de dollars pour en faire l'un des points militaires les plus importants de l'Union. La ville maritime de *Bristol* est une des mieux situées de cet Etat pour le commerce. Nous pourrions encore citer huit ou dix villes qui ne le cèdent point à cette dernière : les plus importantes sont *Scitnate*, *Smithfield* et *Warwick*.

« L'île de Rhode ou Rhode-Island, qui donne son nom à tout l'Etat, a 5 lieues de longueur du nord au sud, et une lieue un tiers de largeur. Le sol, la salubrité du climat et la situation de cette île l'avaient fait considérer comme l'*Eden* de l'Amérique; mais la guerre de l'indépendance l'a appauvrie, et elle en ressent encore les effets. »

On y élève beaucoup de chevaux, de bêtes à cornes et de moutons, et dans la partie du sud-ouest on exploite de riches mines de houille. Les naturels la nommaient autrefois *Aquidnick*.

« Le plus peuplé des États de la Nouvelle-Angleterre, relativement à sa superficie, est celui de *Connecticut*; le nombre des habitants est de plus de 300,000. Presque tous sont congrégationalistes. Très rigides observateurs des devoirs que prescrit leur religion, ils ne permettent pas que les dimanches on joue à aucun jeu, ni d'aucun instrument chez soi, ni même que l'on monte à cheval ni en voiture dans l'intérieur des villes. Mais leurs écoles publiques et leur hospitalité méritent des éloges. Le *fonds des écoles* formait déjà en 1812 un capital net de 1,201,165 dollars (1). Le fermier, libre, instruit et heureux, s'habille de bons draps, fabriqués dans sa maison. Partout l'état de la culture et celui des routes annoncent une haute civilisation. »

Le corps législatif du Connecticut siège alternativement à *Hartford* et à *New-Haven*. On compte environ 10,000 habitants dans la première de ces villes. Sa position entre Boston et New-York, en la rendant un lieu de passage, contribue à sa prospérité. Hartford est situé sur la rive droite du Connecticut, à 16 lieues de l'embouchure de ce fleuve. Plusieurs élégants édifices ornent cette industrieuse cité; elle possède plus de 80 navires. Elle a une société de médecine, une banque, un institut de sourds-muets, un bon collége et un arsenal bien approvisionné. New-Haven est à l'embouchure du Quinnipiack. Elle est un peu plus peuplée que la précédente; ses rues sont droites, sablées et plantées d'arbres; elle possède un collége appelé *Yale college*, regardé comme l'une des principales universités des Etats-Unis; des écoles de médecine, de droit et de théologie y sont annexées; enfin cet établissement renferme une riche bibliothèque et un beau cabinet de minéralogie. Cette ville a été fondée par des Hollandais. *New-London* a le meilleur port du Connecticut, et sa population est de près de 5,000 âmes. *Norwich*, assez bien bâtie, fait un commerce important. La petite ville de *Cornwall* est célèbre par son école des Missions étrangères, fondée dans le but d'instruire et de convertir à la religion chrétienne des indigènes de l'Amérique et de l'Océanie. *Bristol* est peu peuplée, mais importante par ses fabriques d'horlogerie : en 1830, elle exporta plus de 30,000 montres. Enfin *Middletown*, ville de 7,000 âmes, est connue pour ses fabriques et sa petite université fondée en 1830.

Tels sont les différents Etats qui occupent le territoire de la Nouvelle-Angleterre. Le mouvement industriel et intellectuel que l'on remarque dans toutes les parties de cette contrée est dû à un fait important qui a présidé

(1) *Griswold*, gouverneur du Connectitut : Discours prononcé à l'ouverture de l'assemblée générale, à New-Haven, 10 octobre 1811.

à la fondation de ses premières colonies. L'un des jurisconsultes français qui sont allés étudier dans ces dernières années le système pénitentiaire aux Etats-Unis, s'exprime à ce sujet de la manière suivante :

« Les émigrants qui vinrent s'établir sur » les rivages de la Nouvelle-Angleterre appar- » tenaient tous aux classes aisées de la mère- » patrie. Leur réunion sur le sol américain » présenta dès l'origine le singulier phéno- » mène d'une société où il ne se trouvait ni » grands seigneurs ni peuple, et, pour ainsi » dire, ni pauvres ni riches. Il y avait, pro- » portion gardée, une plus grande masse de » lumières répandues parmi ces hommes que » dans le sein d'aucune nation européenne de » nos jours. Tous, sans en excepter un seul, » avaient reçu une éducation assez avancée, » et plusieurs d'entre eux s'étaient fait con- » naître en Europe par leurs talents et leur » science. Les autres colonies avaient été fon- » dées par des aventuriers sans famille ; les » émigrants de la Nouvelle-Angleterre appor- » taient avec eux d'admirables éléments d'or- » dre et de moralité ; ils se rendaient au dé- » sert accompagnés de leurs femmes et de leurs » enfants. Mais ce qui les distinguait surtout » de tous les autres, était le but même de leur » entreprise. Ce n'était point la nécessité qui » les forçait d'abandonner leur pays ; ils y » laissaient une position sociale regrettable et » des moyens de vivre assurés. Ils ne passaient » point non plus dans le Nouveau-Monde, » afin d'y améliorer leur situation ou d'y ac- » croître leurs richesses ; ils s'arrachaient aux » douceurs de la patrie, pour obéir à un be- » soin purement intellectuel ; en s'exposant » aux misères inévitables de l'exil, ils vou- » laient faire triompher *une idée* (1). »

« A l'ouest du Connecticut et de Vermont, s'étend le grand Etat de ***New-York***, c'est-à-dire Nouvelle-York, qu'arrose la belle rivière d'Hudson. Mais la plus grande masse du territoire se prolonge derrière la Pensylvanie jusqu'aux lacs Ontario et Erié. Le New-York, en s'approchant du sud, jouit d'un climat plus modéré que la Nouvelle-Angleterre ; mais c'est là que commence le domaine de la fièvre jaune. Il se trouve au nord des montagnes un terrain dont la superficie est de 40 ou 50 milles acres, que l'eau recouvre pendant l'hiver et au printemps, mais qui forme ensuite d'excellents pâturages. Quelques forêts de châtaigniers et de chênes garnissent les environs du lac Erié. Les montagnes et les collines de ce canton sont couvertes d'épaisses forêts qui fournissent de beaux bois de construction. Au-delà de l'Alleghany, le pays est uni, et le sol formé d'un riche terreau qui, dans son état naturel, produit des chênes et des sapins de différentes espèces, des pins résineux, des cèdres, des peupliers blancs, des tulipiers, des sumacs, et surtout des forêts d'érables, dont les habitants tirent une grande quantité de sucre et de mélasse. On recueille aussi beaucoup de fruits d'une excellente qualité. Enfin il y a beaucoup de fer et même une mine d'argent dans ce pays. Il s'y trouve aussi des eaux minérales, dont les plus célèbres sont celles de Saratoga.

» L'accroissement de la population surpasse toute idée. En 1731, cet Etat renfermait 50,291 habitants ; quarante ans plus tard, la population était plus que triplée, puisqu'elle s'élevait à 163,338 individus. Les vingt années qui ont suivi l'an 1771 ont plus que doublé la population, puisqu'en 1791 il comptait 340,000 habitants ; mais l'accroissement a encore été plus rapide dans les vingt années suivantes. D'après le recensement de 1800, l'Etat possédait 586,000 habitants ; celui de 1810 porte la population à 960,000 âmes ; en 1820, on y a reconnu 1,373,000 individus ; en 1830, 1,913,500 (1) ; enfin en 1836 la population était évaluée à 2,400,000 habitants. Les émigrations de la Nouvelle-Angleterre y ont contribué. Dans la partie maritime, il y a beaucoup d'habitants d'origine hollandaise. Il ne reste que peu d'Indiens. Les débris des cinq nations qui formaient autrefois la ligue iroquoise habitent la partie occidentale de l'Etat de New-York. Les Onéidas, les Onondagas et les Senekas résident près des lacs dont ils portent le nom. Il ne reste plus dans le New-York qu'une seule famille de la puissante tribu des Mohawks. On porte le nombre des Indiens à 6,300 (2). »

On se fera une idée de l'industrieuse activité qui règne dans cet Etat florissant, lors-

(1) M. *Alexis de Tocqueville* : De la démocratie en Amérique, t. I, p. 23.

(1) *Sterling Goodenow* : Topographical and statistical Manual of the State of New-York. 1811, New-York. — (2) *Payne*, p. 317.

qu'on saura que dans ces derniers temps on y comptait 170 usines et forges, 121 moulins à huile, 5,195 à scie, 2,264 à farine, 1,222 à foulon, 1,229 distilleries, 2,105 fabriques de potasse, 189 manufactures de tissus de laine et 76 de coton. On pourra apprécier le degré de civilisation de ses habitants, en considérant que l'on y compte un étudiant sur quatre individus; que sur une population de 1,900,000 habitants, 9,000 écoles étaient fréquentées par 560,000 enfants; que l'on y publie 160 journaux et ouvrages périodiques, et qu'il possède 6 grands colléges, 2 écoles de médecine et 36 académies.

Le gouvernement réside à *Albany*, ville de 25,000 âmes, sur la rive occidentale de l'Hudson. Suivant un voyageur, elle n'offre point un aspect agréable. « Le terrain, dit-il, » est partout inégal; ses rues sont, il est vrai, » larges et bien alignées, mais l'architecture » des maisons est de mauvais goût et rappelle » beaucoup les vieilles villes de l'Allemagne. A » l'exception du Capitole, il n'y a point de » bâtiments qui aient l'aspect monumental; » celui-ci produit un assez bel effet par sa si- » tuation sur une éminence qui termine une » fort belle rue appelée *State-street.* Ce mo- » nument, qui sert à la fois au sénat, à la » chambre représentative, aux cours de jus- » tice, à la Société des arts, à celle d'agricul- » ture, etc., et qui renferme la bibliothèque, » est construit en granit pris sur les bords de » l'Hudson, et les colonnes, ainsi que tous » les ornements extérieurs, sont en beau mar- » bre blanc tiré des carrières du Massachu- » sets. La façade principale est d'ordre ioni- » que; la plupart des salles sont décorées et » meublées avec un luxe que l'on admire d'a- » bord, mais qu'ensuite on ne peut s'empê- » cher de blâmer quand on apprend qu'il a » jeté l'administration municipale dans des » dettes qui, nécessairement, retombent à la » charge des administrés. » Comme place de commerce, Albany est une des villes les plus considérables de l'Union; un canal ouvert en 1825 lui facilite avec le lac Erié des communications qui accroîtront encore l'activité de son commerce.

» Bien qu'Albany s'agrandisse rapidement, elle n'effacera pas de sitôt *New-York,* qui est certainement la ville la plus commerçante et l'une des plus peuplées de toute l'Amérique. Cette grande cité est située dans l'île de *Manhattan.* »

Dans le courant de décembre 1836, cette ville a été ravagée par un terrible incendie qui a détruit 674 édifices. D'après un rapport officiel, la valeur des constructions et des marchandises qui ont été la proie des flammes a été estimée à 23 millions de dollars (126,500,000 fr.). Malgré l'importance de ces désastres, ils ont été rapidement réparés, parce que toutes les propriétés étaient assurées.

Si les anciens quartiers de New-York sont composés de rues étroites et tortueuses, les nouveaux ne renferment que des rues larges, droites et bien alignées. La plus belle et la plus commerçante, appelée *Broadway* (Rue-Large), la traverse sur une longueur de plus d'une lieue et sur une largeur de 80 pieds. L'élégance des maisons, la richesse et la variété des magasins, la largeur des trottoirs, la foule toujours active qui l'anime, font de cette rue une des promenades les plus intéressantes; mais ce qui la dépare, c'est le cimetière immense qui borde un de ses côtés, et dont les passants ne sont séparés que par une grille en fer (1).

A la rue Bowery commence un chemin de fer, qui la parcourt jusqu'au dehors de la ville et se termine à *Harlem*, éloignée de New-York de 7 milles 1/2. Les rails y sont fixés dans la terre; mais comme ils ont peu de saillie, les voitures ordinaires peuvent les croiser. Les wagons sont traînés par deux chevaux et transportent plus de 30 personnes, avec une vitesse de 6 à 10 milles à l'heure (2).

Les édifices publics de cette grande cité l'emportent en beauté sur la plupart de ceux des autres villes des Etats-Unis; l'*hôtel-de-ville* est le plus magnifique de tous; il est en partie bâti en marbre, mais le couronnement de ce palais est en bois peint. Si la *prison d'Etat* est vaste, la *maison de charité* la surpasse en-

(1) Une loi récente interdit les inhumations dans ce cimetière, et condamne les contrevenants à une amende de 100 dollars. Cette mesure satisfait quelques familles riches, parce qu'elle s'oppose à ce qu'on y admette les cadavres de la classe inférieure, et qu'elle permet au petit nombre de gens *comme il faut* de n'exécuter la loi qu'en imposant l'amende à leurs héritiers, fiers de cette distinction. — (2) Cinq mois aux États-Unis, par M. Ramon de la Sagra. 1837.

Rouargue sc

MEXICO.

core en étendue : la façade de son principal corps de logis a 320 pieds de longueur. Le *New-York Exchange* est un autre bâtiment remarquable : c'est là que sont établis les bureaux de la poste et le cercle littéraire des commerçants. On compte à New-York 79 églises, dont 15 appartiennent aux épiscopaliens, 14 aux presbytériens, 10 aux réformés, 13 aux méthodistes, 10 aux anabaptistes, 2 à la confession d'Augsbourg, et 2 aux catholiques qui y ont un évêque. Parmi les édifices destinés au culte, les plus vastes et les plus élégants sont le temple de la Trinité et le temple de Saint-Paul. Le plus beau bâtiment est *Federal-hall*, où, le 30 avril 1789, Washington et le congrès jurèrent de maintenir la constitution générale de l'Union. Nous n'essaierons pas d'énumérer les établissements de bienfaisance et d'instruction renfermés dans New-York ; parmi les premiers se font remarquer la *maison pénitentiaire*, l'*hospice des fous* et celui des *orphelins* ; au nombre des seconds, le *séminaire théologique*, l'*institut des sourds-muets* et l'*école de médecine*. Le collége de Columbia renferme l'université, composée de la faculté des arts et de la faculté de médecine. Il y a aussi à New-York un musée d'histoire naturelle. On y trouve plusieurs sociétés savantes et littéraires. Nous ajouterons que New-York peut être regardée comme la ville de toute l'Amérique qui occupe le plus grand nombre de presses et comme le centre principal du commerce de librairie de l'Union. Elle présente du côté de la mer un coup d'œil magnifique. Son port, mal défendu par les fortifications, est assez profond pour offrir un abri sûr aux plus gros navires. Outre un nombre dix fois plus considérable de vaisseaux marchands qui lui appartiennent, environ 90 bateaux à vapeur, dont une soixantaine sont de New-York, font le service de cette ville dans presque toutes les directions.

« La population de New-York, y compris sa banlieue, ne s'élevait en 1810 qu'à 96,000 âmes, appartenant à différentes nations. En 1836 elle était de plus de 269,000 [1]. Depuis long-temps les habitants de cette cité se distinguent de ceux des autres villes des Etats-Unis, excepté Charlestown, par leur politesse, par leur gaieté et par leur hospitalité, de laquelle les réfugiés de Saint-Domingue ont reçu des preuves touchantes. Beaucoup de familles d'origine hollandaise ont conservé en partie les mœurs de leurs ancêtres. Le *cigare*, que les hommes ne quittent presque jamais, leur rend le même service que le verre d'eau rendait au philosophe grec : avant qu'ils ne l'aient ôté de la bouche avec toute la gravité batave, ils ont eu le temps de réfléchir à leur réponse. Le sexe, dans ces familles, mène une vie assez retirée, et se livre tout entier aux soins domestiques. Nous avons dit que New-York était, par son importance commerciale et par sa population, la première ville de l'Union. Elle a une banque particulière, et il s'y trouve aussi une branche de la banque des Etats-Unis. »

Les travaux de défense du port de New-York méritent quelque attention : ils sont dus au général français Bernard. Le fort *Columbus*, le *Château de Guillaume* (*Castle Williams*), le fort *Lafayette* et le fort *Richmond* en protègent l'entrée. C'est à *Brooklyn* qu'est situé l'arsenal maritime de New-York, dans lequel on a construit et armé plusieurs vaisseaux de ligne, ainsi que la fameuse frégate à vapeur *le Fulton*, batterie flottante de 30 pièces de canon du calibre de 32, mue par une force de 120 chevaux.

« Les riches habitants de New-York ont leurs maisons de campagne dans l'île Manhattan et dans *Long-Island* (*l'île Longue*), qui n'en est séparée que par un canal d'un quart de lieue de largeur. Cette île, de 40 lieues de long et de 4 à 8 de large, est divisée en trois comtés, dont *Jamaïca, Brooklyn* et *Sag-Harbour* sont les villes principales. *Rochester*, ville de 15,000 âmes, sur le Genessée, qui est barré par plusieurs chutes d'eau, dont une a 95 pieds de hauteur, doit son importance et son accroissement rapide à sa situation au bord du grand canal Erié, qui traverse cette rivière. »

C'est à l'ouverture de ce canal que Roches-

[1] Les divers recensements de New-York donnent la mesure de l'accroissement rapide de sa population.

En 1790.	33,131	habitants.
En 1800.	60,489	»
En 1810.	96,373	»
En 1820.	123,706	habitants.
En 1825.	167,059	»
En 1830.	203,000	»
En 1835.	269,873	»

ter doit sa population toute nouvelle et son existence. Il y a vingt ans, on comptait à peine 10 maisons là où se trouve aujourd'hui une cité commerçante, créée comme par enchantement.

A 15 lieues de New-York, *West-Point*, sur la rive droite de l'Hudson, est un village célèbre par l'école militaire qui y est établie. Les élèves, au nombre d'environ 250, y restent quatre années. Ils étudient la stratégie et le code militaire; les mathématiques et la philosophie naturelle; la rhétorique, la morale, la politique et la langue française; la chimie, la physique, la minéralogie et la géologie; le dessin, l'escrime, l'art de l'ingénieur et de l'artilleur, et la pyrotechnie.

« Parmi les communes ou *towns* que renferme l'Etat, on remarque *Plattsburg* ou *Plattsbourg* sur le lac Champlain, à moitié chemin entre Québec et New-York; *Saratoga*, connue par le désastre de l'armée de Burgoyne et par ses sources incrustantes. Les forts de *Crown-Point* et de *Ticonderoga* sur le lac Champlain, ceux d'*Oswego* et de *Niagara* sur le lac Ontario, ne sont pas d'une grande force. »

Troy, sur le bord de l'Hudson, renferme environ 8,000 habitants; mais par sa fabrique d'armes, ses toileries et son commerce, elle tient un rang considérable: c'est la quatrième ville de l'Etat par sa population, que l'on estime à 12,000 âmes. *Hudson*, sur le fleuve de ce nom, se distingue par sa situation pittoresque et ses eaux salubres.

Utique ou *Utica*, sur la rive droite du Mohawk et sur le canal Erié, renferme une douzaine d'églises dont quelques unes sont construites avec élégance, une académie, une cour de justice, trois banques et plusieurs manufactures. Ses principales rues sont plus larges qu'à Philadelphie; ses maisons sont belles et peintes en couleurs claires. Entre les diverses habitations, il y a ordinairement un petit jardin d'un côté et un passage de l'autre: ce qui, joint à leur propreté, offre un joli coup d'œil. On publie dans cette ville trois ou quatre journaux hebdomadaires.

Buffalo ou *Buffaloe*, situé à l'endroit où le Niagara sort du lac Erié, est la seule ville de la partie occidentale de l'Etat de New-York qui possède un port. Rebâtie comme par enchantement, depuis le terrible incendie qui la réduisit en cendres en 1814, cette ville est jolie et possède de beaux hôtels garnis et un théâtre. Sa position à l'entrée du canal de New-York la rend l'entrepôt du commerce avec les Etats occidentaux de l'Union. *Newburgh* est intéressante par ses manufactures et son importante brasserie; *Poughkeepsie*, commune de 7,000 habitants, possède des chantiers de construction, et 3 imprimeries qui livrent chacune un journal par semaine. *Génessée* est un joli village de 2,000 habitants qui possède trois écoles communales, outre celle du dimanche. *Auburn*, ville belle et d'un commerce important, renferme une prison remarquable par sa belle tenue et par le nombre des condamnés qui y sont renfermés, et qui s'élève quelquefois à plus de 1,000.

« L'espèce de péninsule qui forme le *New-Jersey* commence au nord par des montagnes extrêmement riches en minerai de fer et de zinc; plus bas, des collines agréablement variées étalent leurs vergers et leurs pâturages; l'extrémité méridionale n'offre qu'une plaine couverte d'une immense forêt de pins, et dont le sol marécageux et sablonneux renferme en grande quantité de la mine de fer limoneuse. De nombreuses rivières y font mouvoir toutes sortes d'usines et de moulins. La cascade du *Passaïc* est pittoresque, la rivière tombe en une seule nappe de 70 pieds de haut [1]. Cette province ne renferme aucune grande ville. *Trenton* en est la capitale. Sa population n'est que de 5,000 âmes. Le port de *Newark*, situé vis-à-vis de la ville de New-York, est le seul endroit d'où l'on ait tenté des expéditions maritimes; c'est aussi la seule ville dont la population dépasse 10 à 11,000 âmes. Elle est renommée pour ses fabriques de souliers, ses carrosses et son cidre, qui ressemble beaucoup au vin de Champagne. La baie de *Raritan* offre un excellent port. Parmi les habitants du New-Jersey, distingués par leur bravoure et leur constance dans la guerre de la liberté, quelques uns descendent des Hollandais, qui avaient compris le Jersey oriental avec le New-York sous le nom de *Novum Belgium*; il y a aussi des descendants des Suédois qui, établis sur la Delaware, avaient essayé de fonder une *Nouvelle-Suède*. L'une et l'autre de ces faibles colonies ont été absorbées dans le grand nombre d'Anglais, principalement

(1) *Carey's* American Atlas, p. 61.

quakers, qui vinrent ici chercher la liberté religieuse. »

Les autres villes que l'on peut encore citer sont *Patterson*, près de la cascade du Passaïc; *New-Brunswick*, importante par son commerce, par son *collége* et par son *séminaire théologique*, et *Perth-Amboy*, remarquable par son port, l'un des plus importants de l'Union.

« La *Pensylvanie*, ou mieux *Pennsylvanie*, qui ne le cède à aucun des Etats-Unis pour la richesse du sol, pour l'abondance et la variété des productions, forme la transition entre la zone froide et la zone chaude de l'Amérique septentrionale; il ne faut pas en conclure qu'elle jouit d'un climat tempéré; c'est l'humidité de l'Angleterre au printemps, et la sécheresse de l'Afrique en été; quelques jours d'automne rappellent le doux ciel de l'Italie, mais les hivers ramènent les frimas de la Sibérie. Il n'y a que des constitutions robustes qui résistent à ces changements de température. Outre les grandes rivières de Delaware, de Susquehannah et d'Ohio, un nombre considérable d'eaux courantes répandent partout la fertilité, alimentent des moulins et des canaux d'irrigation, ou embellissent le pays par de romantiques cascades. Les *Ohio-Pyles*, ou la chute de la rivière *Youghiogeny*, est une des plus remarquables. Les montagnes Bleues paraissent avoir porté dans cette province le nom indigène de *Kittatinny* (¹). La farine de froment, de qualité excellente; du chanvre, des érables à sucre, de riches mines de charbon, sont les productions les plus importantes. La race pensylvanienne se distingue par son activité, ses bonnes mœurs et son courage. Plus éclairée que les habitants de New-York, plus tolérante que ceux de la Nouvelle-Angleterre, elle n'est pas corrompue par l'esprit exclusif du commerce, elle dédaigne les préjugés qui accompagnent dans les Etats du midi l'existence d'une classe d'esclaves. La constitution démocratique est appuyée par de bonnes institutions municipales; la tolérance religieuse ne connaît d'autres bornes que celles de la morale universelle et de cette conscience du genre humain qui repousse l'athéisme. Un tiers de la population est composé de quakers et d'Anglais épiscopaliens; ils habitent Philadelphie et les comtés de Chester, de Bucks et de Montgomery. Les Irlandais, pour la plupart presbytériens, habitent les contrées de l'ouest et du nord; comme ils sont en général originaires du nord de l'Irlande, peuplé par des Ecossais, on les appelle quelquefois *Ecossais-Irlandais*. Les Allemands, pour la plupart originaires de la Souabe et du Palatinat, forment une population de 150 à 200,000 individus, et demeurent principalement dans les comtés de Lancastre, d'York, de Dauphin et de Northampton, ou sur les premières rampes des montagnes Bleues, où les noms de *Berlin*, *Manheim*, *Strasbourg*, *Heidelberg* et autres rappellent le souvenir de l'Allemagne. La population n'a pas tout-à-fait doublé en vingt ans, car en 1790 elle était de 430,000 âmes, et en 1810, de 810,000. En 1830, elle était de plus de 1,348,000 individus. Les émigrations des Etats de l'est traversent plutôt la Pensylvanie qu'elles ne s'y arrêtent. Les quakers ne pouvant pas prendre les armes, d'après leur doctrine religieuse, la milice de l'Etat ne s'élève qu'à 116,000 hommes. »

Cet Etat renfermait dans ces derniers temps un grand nombre de manufactures : on y comptait 8 verreries, 78 forges, 175 clouteries, des hauts-fourneaux et des fonderies de plomb et de cuivre. La valeur des produits fabriqués était de 45 à 48 millions de dollars; celle des exportations s'élevait, en 1828, à plus de 5 millions de dollars, dont plus de 3 millions en produits indigènes, et celle des importations à environ 13 millions de la même monnaie. On y comptait aussi plus de 150 lieues de canaux et une vingtaine de lieues de chemins de fer.

Quatre sociétés de bienfaisance de femmes ont été fondées dans cet Etat pendant les années 1793, 1802, 1809 et 1811; celle de Washington date de 1812. Dès l'année 1774, il s'en est formé une consacrée à l'abolition de la traite et au soulagement des noirs libres. En 1780, s'établit celle des secours aux noyés et asphyxiés. Enfin on y compte plus de 30 associations de bienfaisance mutuelle pour la classe ouvrière.

« Le grand territoire de *Pensylvanie* ne touche que par ses points extrêmes au lac Erié. Néanmoins sa principale ville, *Philadelphie*, située entre les rivières de Schuylkill

(¹) *Payne's* Geography, t. IV, p. 336.

et de Delaware, est une grande place de commerce. »

D'après les derniers recensements, la ville de Philadelphie contient 200,000 habitants avec ceux de ses faubourgs. Le plan en fut tracé en 1683 par William Penn, fondateur et propriétaire de la colonie appelée après lui Pennsylvanie. Cette ville est construite avec élégance; ses principales rues, pavées de cailloux et de briques sur les trottoirs, ont 100 pieds de largeur. C'est la première ville des Etats-Unis pour la variété, la richesse et la supériorité de ses manufactures. On peut affirmer, dit un voyageur [1], qu'elle est la plus régulièrement belle, non seulement des Etats-Unis, mais du monde entier. « Ses rues » qui se coupent toutes à angles droits, ses » larges trottoirs toujours propres, l'élégance » de ses maisons bâties en briques et décorées » de beau marbre blanc, la richesse et le bon » goût de ses monuments publics, offrent au » premier abord un aspect séduisant, mais qui » peut à la longue fatiguer l'œil par son exces» sive régularité. » Elle s'étend sur une longueur d'environ 2 milles, depuis la rive droite de la Delaware jusqu'à la rive gauche du Schuylkill. Sa largeur est de plus d'un mille. Le plus beau des édifices qui contribuent à l'embellir est celui de la *banque*, considéré généralement comme le principal morceau d'architecture de l'Union : il est entièrement construit en marbre tiré des monts Alleghanys, et présente l'image assez exacte du Parthénon à Athènes. Le nouvel *hôtel des monnaies*, seul établissement de ce genre aux Etats-Unis, est un des principaux ornements de Philadelphie.

Les établissements d'instruction y rivalisent par le nombre et la belle tenue avec ceux de bienfaisance. Nous citerons parmi les premiers le *Musée de Peel*, renfermant de belles collections d'histoire naturelle, l'*Observatoire*, le *Jardin botanique de Bartram*, la *Bibliothèque de la ville*, celle de l'*Université*, et celle de l'*Académie des beaux-arts*; la *Société philosophique américaine*, celle de *médecine*, celle d'*agriculture*, celle des *sciences naturelles*, la *Société linnéenne*, celle de *géologie*, et celle qui a pour but l'encouragement des inventions utiles. La plupart de ces sociétés, et notamment celle de géologie, publient chaque année des mémoires. Philadelphie, enrichie depuis peu d'années par le legs de 16 millions de dollars que lui fit un riche négociant français, Etienne Gérard, naturalisé citoyen de cet Etat, possède, conformément aux dernières volontés de cet opulent vieillard qui affecta 2 millions de dollars pour cette fondation, un établissement d'instruction unique dans son genre : c'est un grand collége dans lequel on doit enseigner toutes les langues, toutes les sciences, en un mot toutes les branches des connaissances humaines. C'est à Philadelphie que se publient les ouvrages les plus importants de la librairie américaine.

« On admire la propreté des marchés et l'excellente organisation des prisons de cette ville. Au sein de ce bel ordre, il existait un réceptacle d'ordures, une source de contagion; c'était la rue Water : c'est dans ce cloaque infect que prit naissance la fameuse fièvre jaune de 1793. Le gouvernement municipal s'est occupé de la destruction de ce foyer de maladie. Philadelphie possède beaucoup de manufactures; les machines anglaises y sont d'un usage général. On y construit de très beaux vaisseaux en cèdre rouge, en chêne vert de Caroline et en mûrier de Virginie [1]. Le caractère doux et tolérant des quakers différait beaucoup de celui des colons fanatiques qui s'établirent dans la Nouvelle-Angleterre. Aujourd'hui ils ne composent que le quart des habitants. Leur aversion pour l'élégance et pour tous les objets de luxe diminue tous les jours. Les beaux équipages ne sont pas rares dans les rues de Philadelphie, et le théâtre devient de jour en jour plus fréquenté. L'hôtel qui était destiné au président des Etats-Unis annonce combien peu les arts ont fait de progrès dans ce pays. Le plan en a été tracé par un homme qui entendait bien l'architecture; mais un comité de citoyens, chargé d'examiner ce plan et d'en diriger l'exécution, crut le perfectionner en transposant l'ordre des étages; de sorte que les pilastres qui devaient orner le rez-de-chaussée paraissent suspendus en l'air. »

L'un des principaux établissements de Philadelphie est le *pénitentiaire*. Construit en forme d'étoile, il se compose, au centre, d'une rotonde d'où le surintendant peut inspecter les

(1) *A. Levasseur* : Journal d'un voyage aux États-Unis.

(1) *Payne*, t. IV, p. 338.

sept galeries qui y aboutissent. Ces galeries ont deux étages de cellules, 136 dans chacune des quatre plus longues, et 100 dans chacune des trois autres; de sorte qu'il y a en tout 844 cellules et 28 cachots. Il est environné d'un mur de 30 pieds d'élévation. Les prisonniers y sont soumis au régime du silence absolu et de l'isolement complet [1].

La *Maison de correction* est un établissement qui mérite aussi d'être cité. Elle renferme environ 700 jeunes détenus des deux sexes. L'*Institut de Franklin*, créé par une société particulière et soutenu par des souscriptions, est destiné à encourager et à répandre le goût des arts et des sciences. Il possède une bibliothèque, un cabinet de minéralogie, une collection de modèles de machines, de ponts, etc. On y distribue des prix, et on y publie une feuille périodique fort intéressante qui a pour tire *Journal de l'Institut de Franklin*.

Aux portes de Philadelphie nous citerons le *Water-Works*, magnifique construction hydraulique qui fournit de l'eau à toute la ville. Elle se compose de cinq pompes horizontales, mises en mouvement par autant de cylindres hydrauliques. Ces pompes élèvent l'eau à 96 pieds. Le grand réservoir est à 56 pieds au-dessus de la ville et à 102 au-dessus de la marée basse; il peut contenir 908,000 hectolitres; et toute la machine fournit par 24 heures 252,000 hectolitres.

A la distance d'un mille de cette machine on remarque le beau pont en bois sur le Schuylkill: il est d'une seule arche de 340 pieds de diamètre.

Plus loin on aperçoit un vaste édifice qu'il ne faut point passer sous silence: c'est l'*asile des marins*, édifice prodigieux par le luxe de sa construction, dit M. Ramon de la Sagra, et dans lequel le gouvernement fédéral a voulu montrer l'estime qu'il fait des bons services de l'Etat, et prouver qu'il n'oublie pas la dette sacrée qu'il a contractée à leur égard. La façade est de 385 pieds de longueur, le corps central de 142 de largeur et de 135 de profondeur. Cette façade est décorée d'un portique en marbre blanc soutenu par 8 colonnes d'ordre ionique, de 3 pieds de diamètre. La partie basse du bâtiment est construite en beau granit; les trois étages en marbre sont entourés de galeries, soutenues par 88 colonnes en fer fondu posées sur des piédestaux en granit. L'intérieur est voûté et à l'épreuve du feu; le toit du centre est couvert de lames en cuivre et d'ardoises. Cet édifice n'a coûté que 242,000 piastres (1,331,000 fr.).

[1] M. *Ramon de la Sagra*: Six mois aux États-Unis, Paris, 1837.

Harrisbourg, sur la rive gauche du Susquehannah, est, malgré son peu d'importance, la capitale de toute la Pensylvanie. C'est une cité régulièrement bâtie, dans laquelle on ne remarque que le *Capitole* et l'hôtel de l'adnistration de l'Etat. Sa population s'élève à peine à 5,000 âmes.

« L'industrieuse et florissante *Pittsburg* ou *Pittsbourg*, au confluent de l'Alleghany et de la *Monongahela*, qui forment l'Ohio, est une ville bien bâtie, mais dont les maisons noircies par la fumée de la houille lui donnent un aspect triste. On exploite dans ses environs des houillères importantes. Elle renferme un grand nombre d'usines, dont plusieurs sont affectées à la fabrication des machines à vapeur. Ses fonderies de canons, ses clouteries, ses manufactures de tissus de laine et de coton, ses verreries, ses fabriques de poterie, de cordages et de potasse, lui ont valu le surnom de *Birmingham américain*. Elle doit l'activité de son commerce et de son industrie au canal qui unit l'Ohio à l'Atlantique par le Chesapeake. Sa population, en y comprenant celle de quatre villages que l'on peut considérer comme appartenant à ses faubourgs, s'élève à plus de 20,000 âmes. Dans l'intérieur de la Pensylvanie nous remarquerons encore *Lancaster*, ville de 7 à 8,000 âmes, qui publie trois journaux anglais et trois allemands, et qui a des fabriques considérables de chapeaux et de carabines; *Carlisle*, qui renferme l'excellent collége de Dickinson; *Alleghanytown*, remarquable par sa belle et nouvelle maison pénitentiaire; *York*, avec 4,000 habitants; *Bethléem*, chef-lieu des frères moraves, siége de leur évêque et de plusieurs colléges, fabriques et manufactures; enfin *Ephrata* ou *Tunkerstown*, résidence d'une autre secte religieuse très austère, nommée les *tunkers* ou *dunkers*.

» L'agriculture fleurit dans le petit Etat de *Delaware*, qui a pour capitale *Dover* ou *Douvres*, petite ville de 10,000 habitants. Le commerce fait prospérer *Wilmington*, ville agréablement située et peuplée de 6 à 7,000 âmes. Presque tout le terrain étant déjà mis en culture, le nombre des habitants de cet Etat ne s'accroît que lentement. Les rivages de la baie de Delaware sont très bas, couverts de forêts, dont la continuité n'est interrompue que par des marécages funestes à la santé des habitants.

» La baie de Chesapeake partage en deux parties le *Maryland*, riche surtout en tabac, en froment et en fer. Quoique l'importation des nègres d'Afrique y ait cessé depuis 1763, près d'un quart de la population se compose encore de noirs et de mulâtres esclaves. Riches par le travail de leurs esclaves, vivant dans des campagnes isolées, les Marylandais ont l'indolence et la paresse d'esprit des autres Anglo-Américains méridionaux, sans avoir leur gaieté hospitalière. La religion catholique compte le plus grand nombre de fidèles [1]. L'Etat possède des fonds actifs de 1,600,000 dollars, et sa recette annuelle surpasse la dépense de plus de moitié; aussi le gouvernement consacre-t-il des sommes considérables à l'entretien d'un grand nombre d'écoles, parmi lesquelles se trouvent une université, trois colléges et une école de médecine. »

La petite ville d'*Annapolis* est le siége du gouvernement; elle est située dans la baie de Chesapeake, à l'embouchure de la Severn. Malgré sa faible population, que l'on ne porte pas à 4,000 âmes, elle possède une banque et un théâtre. La ville la plus considérable s'appelle *Baltimore*, située sur la rivière de *Patapsco*. Devenue le rendez-vous des hommes de toutes les nations qui cherchent fortune, elle s'est rapidement élevée à l'état florissant où on la voit aujourd'hui. La situation en est un peu basse, mais l'art a réussi à la rendre passablement salubre. En 1790 on évalua à 13,503 le nombre de ses habitants; il était en 1810 de 36,000, sans les *précincts* ou la banlieue; en 1830 il était de plus de 80,000; enfin en 1836 il était de 92,000. « Quoique » ses rues soient toutes larges et régulièrement tracées, elle n'a cependant pas la monotonie de Philadelphie. Le sol sur lequel » elle est assise a un mouvement d'ondulation » qui donne à chaque quartier un caractère » varié. De plusieurs points élevés de la ville » l'œil peut embrasser non seulement l'ensemble des constructions, mais encore une » partie du port, les eaux brillantes de la Chesapeake et les sombres forêts qui s'étendent » au loin [1]. » Les habitants de Baltimore paraissent généralement avoir un goût prononcé pour les beaux-arts; ils doivent, sous ce rapport, leur supériorité marquée sur les autres peuples des Etats-Unis à l'influence de deux artistes français qui ont résidé long-temps dans leurs murs. La *cathédrale catholique*, dont la coupole rappelle celle du Panthéon à Rome, passe pour le plus beau de ses temples. On cite encore un nouvel édifice appelé l'*Exchange*, construit depuis, et qui comprend la Douane et la Bourse. « L'*église unitarienne* » est un chef-d'œuvre d'élégance et de simplicité. Le *monument* élevé à la mémoire » des citoyens morts en défendant Baltimore » pendant la dernière guerre (1814), est d'un » style sévère et d'une belle exécution. La » *colonne* érigée en l'honneur de Washington » ressemble assez, par son élévation et sa » forme, à notre colonne de la place Vendôme, » à Paris. Elle est en beau marbre blanc; sa » situation, sur une petite colline, fait qu'elle » peut être vue de presque tous les points de » la ville, et même d'une assez grande distance » de la baie. » Elle a environ 162 pieds de hauteur; elle est ornée de bas-reliefs en bronze relatifs aux principales actions du héros américain, et surmontée de sa statue colossale.

« Une très petite lisière du Maryland, qui s'étend dans les montagnes, est à l'abri des fièvres intermittentes et des chaleurs d'un été brûlant. Là fleurit la jolie ville de *Frédérikstown*, qui renferme 4 à 5,000 habitants d'origine allemande. »

Entre Maryland et la Virginie se trouve un territoire appartenant à toute l'Union, et connu sous le nom de *District fédéral* ou de *Columbia*. C'est la plus petite des divisions politiques et administratives de la confédération : elle n'occupe que 147 kilomètres carrés. « Au centre s'élève la Cité-Fédérale qui porte le grand nom de *Washington*. Le siége du gouvernement central y a été transféré en l'année 1801. Cette ville, construite sur les bords du Potomak et de l'*Eastern-Branch*, s'étend à près

(1) *Payne*, p. 380.

(1) *Lafayette en Amérique en* 1824 *et* 1825, ou Journal d'un voyage aux États-Unis, par M. Levasseur. — Paris, 1829.

de 4 milles sur chacune de ces rivières : c'est une des plus heureuses situations de toute l'Amérique, tant pour la salubrité de l'air et la beauté du pays que sous le rapport d'une parfaite convenance. Les éminences graduelles y forment une foule de charmantes perspectives et une pente suffisante pour l'écoulement des eaux pluviales. L'enceinte de la ville renferme un grand nombre de sources excellentes. L'*Eastern-Branch*, rivière qui se jette dans le Potomak, fournit un des havres les plus sûrs et les plus commodes de l'Amérique; les plus grands vaisseaux y trouvent assez d'eau jusqu'à 4 milles de son embouchure, et le canal, percé le long du rivage contigu à la ville, offre un havre spacieux avec les plus grandes commodités.

« Cette capitale, située sur la grande route, également éloignée de l'extrémité septentrionale et de l'extrémité méridionale des Etats-Unis, au milieu d'un pays abondant en objets de commerce, ne comptait encore en 1810 que 8,000 habitants, ou 13,000 en y comprenant *Georgetown*, qui en est comme le faubourg. »

C'est une des villes de l'Union les moins favorablement placées, principalement sous le point de vue politique, pour prendre un grand accroissement : seule elle ne compte aujourd'hui que 18 à 20,000 habitants, et Georgetown que 8,000.

« Le plan tracé par un Français, le major L'Enfant, réunit dans un très haut degré la commodité, la régularité, le charme de la perspective et la libre circulation de l'air. Avant de rien commencer, on avait déterminé la position des divers édifices publics, tels qu'on les construit aujourd'hui, sur le terrain le plus avantageux; tous dominent ou des perspectives lointaines ou des vues agréables, et leur situation les rend susceptibles de tous les accessoires que pourrait exiger par la suite l'utilité ou l'embellissement. Le *Capitole* s'élève sur une éminence des plus belles, d'où l'œil plane sur toutes les parties de la ville et sur la vaste étendue des campagnes circonvoisines. Sur une plate-forme encore plus élevée, se trouve l'hôtel du président, qui jouit d'une perspective d'eau charmante, et commande la vue du Capitole, ainsi que celle des parties de la ville les plus importantes. Un amiral anglais, rival d'Erostrate, a surpris et brûlé cette ville en 1814; mais les dommages ont été bientôt réparés. »

La vaste enceinte de Washington, tracée pour une ville dix fois plus peuplée ; ses rues tirées au cordeau et larges de 80 à 100 pieds ; ses habitations, séparées dans quelques quartiers par de grands espaces vides ou par des champs que sillonne la charrue ; ses monuments somptueux qui contrastent avec le silence de ses rues, la feraient prendre plutôt pour une colonie naissante que pour la capitale d'un Etat populeux et florissant. La plupart des maisons sont détachées les unes des autres; enfin, suivant l'expression d'un habitant de Washington même, il semble qu'un géant ait secoué, sur l'emplacement qu'occupe la ville, la boîte de jouets de ses enfants. Le Capitole est un grand et bel édifice surmonté de trois dômes, et bâti en une pierre de taille à gros grains, dont la teinte légèrement jaune n'a rien de désagréable à l'œil. Il renferme deux salles spacieuses destinées pour les séances de la chambre des représentants et du sénat, une autre pour les assemblées de la cour suprême des Etats-Unis, et une troisième pour la bibliothèque nationale. Il fut incendié en 1814 par les Anglais, qui se conduisirent comme des Vandales lorsqu'ils prirent Washington; mais aujourd'hui il est sorti de ses cendres, plus vaste et plus riche qu'à cette époque. « La chambre des représentants est une magnifique salle de forme circulaire de 96 pieds » de diamètre et de 48 de hauteur. Quatorze » colonnes de marbre soutiennent le dôme, et » sont réunies sous la corniche par des festons » de damas rouge. La galerie pour le public, » élevée de 20 pieds au-dessus du sol de la » chambre, règne dans toute l'étendue derrière » les colonnes. Au centre est assis le président, du fauteuil duquel sept passages vont » rayonner à la circonférence; les membres » sont placés sur des siéges disposés en rangées concentriques, faisant face au président. Chaque membre a un fauteuil bien » rembourré, et un pupitre muni de tout ce » qui est nécessaire pour écrire, au-dessous » duquel est un tiroir fermant à clef [1]. » La salle où se réunit le sénat est plus petite, mais de la même forme que celle des représentants : le diamètre de l'hémicycle n'est que de 75 pieds.

(1) *Basil-Hall* : Voyage dans les États-Unis, etc.

L'arsenal de la marine est un des plus beaux établissements dans son genre. Au milieu de sa cour principale, une colonne rostrale a été érigée en l'honneur des marins américains morts dans un combat glorieux devant Alger. Les Anglais, jaloux de toute gloire étrangère, cherchèrent à la détruire: elle porte encore les traces des coups de sabre dont ils l'ont frappée; les Américains n'en ont effacé aucune, mais ils ont gravé sur la base du monument cette phrase sévère : *Mutilé par les Anglais en* 1814. Après le Capitole, l'édifice le plus important est la maison du président. Les quatre grands corps de bâtiments qui l'entourent et qui servent à l'administration des quatre ministères, sont commodes, vastes et solidement bâtis, mais n'ont rien de remarquable dans leur architecture.

Georgetown est fort joliment située sur le penchant d'une colline, entre le Potomak et le *Rock-Creek*, qui la sépare de Washington. Elle renferme une fonderie de canons et un beau collége. Son commerce, quoique assez actif, est cependant moins considérable que celui d'*Alexandrie*, située 7 milles plus bas, sur le bord du Potomak. La population de cette dernière ville, qui possède une académie et une banque, est de 8,000 à 9,000 âmes. Ses exportations, qui consistent principalement en farines, s'élèvent annuellement à près de 900,000 dollars.

« Depuis la baie de Chesapeake jusqu'aux bords de l'Ohio, s'étend le territoire actuel de la *Virginie*. Les montagnes Bleues ou les Alleghanys la partagent en deux portions : celle d'ouest, riche en magnifiques points de vue, ressemble à un vaste parc ; le fameux tabac, le riz, le froment, enrichissent les cultivateurs de l'autre partie. Dans la première on ne voit guère que des blancs ; dans la seconde, les esclaves noirs sont très nombreux. La religion presbytérienne domine dans les montagnes de l'ouest, la religion anglicane règne dans les plaines orientales. Le long des montagnes Bleues il y a une race d'habitants très forts et très grands, parmi lesquels il est rare de trouver un homme qui n'ait pas six pieds de haut. Il paraît qu'en général les individus qui habitent la partie supérieure de la Virginie jouissent d'une excellente santé. La partie maritime, au contraire, est exposée à des fièvres dangereuses. Une distinction tranchante entre les riches et les pauvres rend le gouvernement plus aristocratique que celui des autres Etats ; mais le petit nombre d'hommes riches, éclairés et intelligents qui forment l'oligarchie virginienne a montré, dans les affaires générales de la confédération, l'esprit le plus opposé à la monarchie ; c'est dans ce sens qu'on a désigné la Virginie comme le siége de l'esprit démocratique [1]. Dans cette patrie de Washington et de Jefferson, on néglige les sciences et les lettres. Le bas peuple s'enivre et se bat avec toute la fureur des sauvages ; dans leurs combats, un œil poussé hors de l'orbite, une oreille arrachée à coups de dents, ne comptent pour rien [2]. Les Virginiens riches aiment les courses à cheval, ce qui les a engagés à élever des chevaux excellents. Livrés à des plaisirs champêtres, ils fuient le séjour des villes. Aussi *Richmond*, la capitale, n'a-t-elle guère au-delà de 18,000 habitants. Il y a un collége à *Williamsbourg*, ancienne capitale. *Norfolk*, port de commerce, compte, dit-on, jusqu'à 10,000 âmes. *Pétersbourg*, autre port de commerce voisin, en renferme plus de 8,000. A l'ouest des montagnes Bleues on trouve *Winchester*, avec 4,000 habitants, et *Wheeling*, sur l'Ohio, qui en a plus de 5,000, et qui acquerra un jour de l'importance par le mouvement commercial que doit y développer le chemin de fer de Baltimore. »

Charlottesville est remarquable par l'*université de la Virginie*, établie depuis peu d'années ; *Lexington*, par son *collége de Washington*, et *Harpers-Ferry*, par sa manufacture d'armes et son vaste arsenal, où l'on conserve 100,000 fusils.

La Virginie possède des mines d'or importantes. Ce métal se trouve dans une roche de quartzite qui forme des couches au milieu des schistes argileux et talqueux. Il s'y présente souvent en masses dont le poids s'élève jusqu'à une livre. Le sable des ruisseaux qui traversent ce pays est aurifère et renferme souvent d'assez grosses pépites.

« Des curiosités ordinaires ne doivent pas nous arrêter dans notre course ; nous ne pouvons accorder qu'une simple mention à la *cave de Maddison* et au passage du *Potomak* à travers les crevasses des montagnes ; mais le

(1) *Payne*, t. IV, 309. — (2) *Ashe*, Travels in America, 1809. Edinburgh Review, XV, 447.

Pont-de-Roche exige une courte description. Une petite rivière, le *Cedar-Creek*, affluent du James, passe au fond d'une vallée qui a de 210 à 270 pieds de profondeur, 45 pieds de diamètre en bas et 90 pieds en haut. Une masse solide de roche calcaire, épaisse de 40 pieds, recouverte de terreau et de rochers détachés, passe d'un bord de la vallée à l'autre, et forme ainsi une immense arche qui, vue d'en bas, inspire un sentiment mêlé de frayeur et d'admiration. Le phénomène, très naturel en soi-même, ne diffère des excavations si fréquentes dans les pays calcaires, que par la grandeur des masses et par sa disposition pittoresque (1).

» La population de la Virginie s'accroît lentement, et ne paraît doubler que dans une période de 60 à 70 ans. Sur 974,000 habitants que le dernier recensement de 1810 a donnés, il y avait 392,000 esclaves noirs, circonstance qui diminue la force militaire de l'Etat, mais qui double la valeur du droit de voter. Les Virginiens, comme les anciens Grecs et Romains, fondent leur liberté politique sur l'existence d'une classe d'esclaves. En 1830 on y comptait 1,211,000 individus, parmi lesquels se trouvaient près de 470,000 esclaves, et 47,000 noirs libres. Les finances particulières de cet Etat paraissent florissantes ; en 1811, la recette montait à 582,000 dollars, et la dépense à 369,000 ; on connaît ici une taxe sur les propriétés, dont le principe répugne aux autres Anglo-Américains (2). »

La *Caroline du nord*, bordée dans sa partie maritime de bancs de sable et de marais, et presque entièrement couverte à l'occident par les ramifications des monts Alleghanys, ne possède qu'un port de commerce appelé *New-bern*, au confluent du Trent et de la Neuse. La ville est jolie : quoiqu'elle ne renferme que 4 à 5,000 âmes, c'est la plus peuplée de tout l'Etat. Elle possède un théâtre, une académie et une bibliothèque publique. Son commerce est considérable et son port possède beaucoup de navires marchands. *Raleigh*, le chef-lieu, n'a que 3,000 habitants ; en 1820, elle en avait 2,700. Le plus bel édifice de cette ville était naguère le *palais de l'Etat*, vaste bâtiment dans lequel on admirait une statue de Washington, par Canova, aujourd'hui fortement endommagée par un incendie qui a détruit le palais.

« *Wilmington* est une des villes les plus commerçantes, et *Fayetteville* la plus jolie.

» La plus grande partie du pays est une forêt de pins à goudron ; c'est la principale branche d'exploitation : on élève aussi des bêtes à cornes et des porcs dont on exporte la viande aux Antilles. Indolents au sein d'une contrée fertile, pleins de talents naturels, mais dépourvus d'instruction ; hospitaliers, mais trop adonnés à tous les plaisirs sensuels, les Caroliniens du nord vivent en partie sans aucune espèce de religion reconnue. Dans les montagnes, les nouveaux colons, Irlandais et Ecossais d'origine, conservent au contraire leur rigide presbytérianisme, leur amour pour le travail et leurs mœurs sévères. »

Partout, en parcourant cet Etat, on s'aperçoit que l'on approche des régions tropicales : la douceur de la température, la couleur de la population, le nombre des nègres employés aux travaux pénibles ; enfin la culture du riz, du tabac et du coton, en offrent à chaque instant la preuve.

Près de la petite ville de *Charlotte*, dans la partie méridionale, on exploite des mines d'or importantes et des dépôts d'alluvions aurifères très riches. L'extraction de ce métal occupe 20,000 individus, et produit, dit-on, depuis 1828, la valeur de 4 à 5 millions de dollars chaque année.

« Dans la *Caroline du sud*, le haut pays jouit d'un climat tempéré, les côtes éprouvent de très grandes chaleurs. La végétation commence en février ; c'est alors que l'érable à fleurs rouges fleurit ; il est bientôt suivi par le modeste saule et l'humble sureau ; le prunier et le pêcher étalent ensuite leur parure brillante. Les planteurs sont en activité dans les mois de mars et d'avril ; la saison de semer continue jusqu'en juin. Dès lors les chaleurs augmentent ; dans les mois de juillet et d'août, il tombe de fortes pluies, accompagnées d'orages. En septembre, les matinées et les soirées sont froides ; mais le soleil est encore ardent au milieu du jour. Le temps est orageux vers l'équinoxe ; l'air est d'ordinaire doux et serein en octobre. Vers la fin de ce mois les gelées blanches se montrent, et les

(1) Comp. *de Chastellux*, t. II, p. 305. *Weld* : Voyage au Canada, traduction française, t. I, p. 251. *Payne's* Geography, t. IV, p. 398. (Nous avons préféré ce dernier.) — (2) Rapport officiel, dans le *Weekly Register*, N° 22.

fièvres disparaissent avec les chaleurs. Le froid arrive en décembre ; la végétation s'arrête ; les montagnes se couvrent de neige, mais dans les plaines elle ne prend pas consistance ; un rayon de soleil la fait disparaître. L'hiver y est la saison la plus agréable. La plus forte gelée qu'il y ait ne pénètre pas la terre à 2 pouces, et le froid n'y dure pas trois jours de suite. Des plantes qui ne peuvent supporter l'hiver de la Virginie prospèrent dans la Caroline du sud. Aux environs de Charleston et sur les îles qui bordent la côte, les orangers passent l'hiver en pleine terre et sont rarement endommagés par les froids ; mais à 10 milles de distance dans l'intérieur, ils gèleraient tous les ans jusqu'à rase terre, quoique ces contrées aient une latitude plus méridionale que Malte et Tunis (¹). Ce pays connaît quelques fléaux. Souvent à trois mois de sécheresse destructive succèdent trois semaines ou un mois de pluie. Les ouragans y sont aussi très redoutables. »

On exploite dans ce pays plusieurs mines d'or, qui produisent annuellement une valeur de près de 300,000 francs.

La Caroline du sud, pays en général boisé, est partagée en trois genres de culture : dans les parties élevées on récolte le froment, le tabac et le chanvre ; dans l'intérieur, le maïs et le blé ; dans la partie méridionale, le coton et le riz. Les moyens de communication y sont encore dans un état imparfait ; cependant les routes s'améliorent tous les jours, et l'on a construit dans ces derniers temps un canal qui unit les rivières de la *Santee* et du *Cooper*.

« Les principaux articles de commerce qu'exporte la Caroline du sud sont du riz, de l'indigo, du tabac, des peaux, du coton, du bœuf, du porc, de la poix, du goudron, de la térébenthine, de la cire végétale, des bois de construction, du liége, des cuirs et des plantes médicinales. »

Columbia est le siége du gouvernement de cet Etat, dont elle occupe le centre, dans une plaine élevée, au confluent du *Broad* et de la *Saluda*. C'est une petite ville de 4,000 habitants. *Charleston* est située à la jonction de l'Ashley et du Cooper, au fond d'une rade qui ajoute à la sûreté de son port et qui contribue à maintenir cette ville, sous le rapport commercial, au cinquième rang des cités de la Confédération. Sa population, qui s'élève à 35,000 âmes, la place parmi les plus peuplées des Etats méridionaux. La fièvre jaune y a souvent exercé ses ravages ; cependant on regarde cette ville comme une des plus saines de toutes celles de la région inférieure des Etats méridionaux ; aussi est-elle pendant la mauvaise saison le rendez-vous des riches planteurs du pays et des Antilles. Il faut ajouter que la politesse et l'urbanité qui distinguent les habitants de Charleston en rendent le séjour agréable à tous les étrangers. Les Charlestonais, hors de leur commerce, ont des connaissances très bornées ; mais en revanche, ils se portent bien ; ils s'amusent à tirer au blanc, à jouer à la paume à la manière basque, et à voir des courses de chevaux ; les dames sont renommées pour la vivacité de leur danse.

A 18 lieues au sud-ouest de Charleston, *Beaufort* possède un port spacieux et profond. Cette ville rivalise pour le commerce avec *Camden* et *Georgetown*.

La *Géorgie*, pour le sol et le climat, ressemble à la Caroline du sud. Vers les monts Alleghanys, qui la bordent au nord, s'élèvent de vastes forêts qui fournissent une grande quantité de bois de charpente ; les bords des rivières sont couverts de champs de riz ; le blé et l'indigo sont cultivés sur les terres élevées. Le coton, renommé pour sa qualité, est une des plus importantes productions du pays.

Les mines d'or de la Géorgie situées dans le Cheroki, district qui, dans le sud-ouest, était habité par les Cherokis, produisent annuellement un revenu de plus d'un million de francs. On a découvert dans ces dernières années du marbre statuaire blanc, au milieu des montagnes du nord de la Géorgie. C'est la seule localité des Etats-Unis où cette substance minérale ait été trouvée en masses exploitables.

Les villes de cet Etat sont peu populeuses. *Milledgeville*, le chef-lieu, situé vers le centre, sur la rive droite de l'*Oconée*, n'a que 2,500 habitants. Il est vrai qu'elle n'a été fondée qu'en 1807. A l'embouchure de la *Savannah*, dont le cours sépare la Géorgie de la Caroline du sud, s'élève sous le même nom de

(¹) *Drayton*, View of South-Carolina. Charlestown, 1802. *Michaux* : Voyage à l'ouest des monts Alleghanys.

Savannah la principale des cités géorgiennes. Elle ne renferme encore que 8,000 individus, mais la beauté et la situation avantageuse de son port, l'activité de son commerce, lui assurent une longue prospérité. *Augusta*, sur la Savannah, est une ville de 7,000 âmes. C'est l'entrepôt de l'immense quantité de coton que l'on recueille dans la Géorgie, et que l'on embarque ensuite à Charleston et à Savannah. *Athens* ou *Athènes* est remarquable par son bel établissement d'instruction appelé *université de Géorgie.*

Depuis que l'Etat de Géorgie a acquis des Cherokis le district qu'ils occupaient et qui est riche en dépôts d'alluvion aurifères, il s'y est élevé en peu de temps des villes nouvelles dans un vaste espace qui était encore en 1832 couvert de forêts touffues et solitaires. *Auroria*, la première de ces villes, fut commencée au mois de septembre 1832, et l'année suivante elle avait déjà plus de 160 maisons et de 1,000 habitants; aujourd'hui ces nombres sont plus que doublés. *New-Mexico*, la seconde ville, a été fondée sur une plus grande échelle en 1833 : elle est aujourd'hui plus peuplée que la précédente.

« La population de ces trois Etats méridionaux augmente dans des proportions très différentes. Celle de la Caroline du nord a doublé en 30 années; celle de la Caroline du sud en 20 années, et celle de la Géorgie en 10; mais il est à regretter que cet accroissement soit en partie dû à l'importation des nègres. La population noire s'est accrue, pendant 20 ans, dans la Caroline du nord, de 70 pour 100; dans celle du sud, de 90 pour 100, et dans la Géorgie, de 220 pour 100; c'est-à-dire qu'elle a plus que *triplé* dans ce dernier Etat. Nous remarquerons encore que les deux tiers des nègres sont concentrés dans ces provinces [1]. »

La *Floride*, qui ne formait qu'un district, et qui, au commencement de 1840, s'est constituée en *Etat* et a adopté une constitution, offre le même climat que la Géorgie, mais une plus grande quantité de lacs, de marais, de plaines sablonneuses et de savanes dépourvues d'arbres.

« Son territoire est inséparable de celui des Etats-Unis, sous le rapport historique comme sous le rapport physique. En effet, les premiers navigateurs étendirent à toute la contrée au midi des monts Alleghanys le nom de *Floridas* ou *Pâques-Fleuries*, donné d'abord au cap sud-est et à la péninsule, que les indigènes appelaient *Tegesta*. Ce promontoire fut découvert en 1512 par Ponce de Léon, navigateur espagnol, allant à la recherche d'une miraculeuse fontaine de Jouvence, dont l'existence se fondait sur une tradition conservée parmi les Caraïbes des Antilles. Vers le milieu du seizième siècle, quelques protestants français s'étant fixés dans ce pays négligé par les autres puissances, qui alors ne cherchaient que des mines d'or, Philippe II, roi d'Espagne, jaloux de la possession exclusive de toute l'Amérique, y envoya une flotte chargée de détruire ce nouvel établissement. Par une barbarie digne de ce temps, les colons qui avaient échappé au massacre furent pendus à des arbres portant l'écriteau : *Non pas comme Français, mais comme hérétiques.* Dominique de Gourgues, marin gascon, indigné du meurtre de ses compatriotes, vendit ses terres, construisit quelques vaisseaux, s'associa une élite d'aventuriers chevaleresques, cingla vers la Floride, surprit, battit, écrasa les coupables, fit sauter leur fort, et pendit à son tour les prisonniers, avec l'écriteau : *Non pas comme Espagnols, mais comme assassins.* Après avoir ainsi vengé l'affront national, il s'en retourna en Europe; et, réclamé par l'Espagne, il fut heureux d'être oublié. »

En 1565, les Espagnols fondèrent la ville et le fort Saint-Augustin; en 1584, les Anglais prirent possession de la côte septentrionale au nom de la reine d'Angleterre; en 1696, les Français bâtirent Pensacola. Ces trois nations se firent souvent dans la Floride une guerre aussi injuste que barbare. Enfin les Français ne purent s'y maintenir, et les Espagnols, attaqués fréquemment par les Anglais, leur cédèrent, en 1763, la Floride en échange de l'île de Cuba, dont l'Angleterre venait de s'emparer. Cependant les Espagnols, profitant de la guerre de l'indépendance des Anglo-Américains, s'emparèrent de la Floride, et cette conquête leur fut assurée par le traité de paix de 1783. Mais en 1803 la France ayant cédé la Louisiane aux Etats-Unis telle qu'elle était sous la domination espagnole, les Américains prétendirent à la possession du territoire situé à l'ouest du Perdido, et qui faisait partie de ce qu'on appelle la Floride

[1] *Census of the N. S. for* 1790, 1800 and 1810.

occidentale. Cette prétention amena une guerre entre l'Espagne et les Etats-Unis, qui se termina par le traité de 1819, ratifié en 1821 par les Etats-Unis, en vertu duquel la Floride est cédée pour toujours à cette puissance par l'Espagne.

Borné au nord par l'Etat de Géorgie, à l'ouest par celui d'Alabama et le golfe du Mexique, à l'est par le nouveau canal de Bahama et l'océan Atlantique, l'Etat de la Floride a 135 lieues de longueur du nord-ouest au sud-est, 40 dans la moyenne largeur, et une superficie de 7,460 lieues géographiques carrées.

La Floride se divise naturellement en deux parties : la ***Floride orientale***, qui comprend une péninsule baignée à l'est par l'océan Atlantique et à l'ouest par le golfe du Mexique, et la ***Floride occidentale***, qui borde au nord une partie de ce golfe.

La Floride orientale se compose de plaines sablonneuses, de savanes dépourvues d'arbres, de grands marais et de bois qui s'étendent le long des côtes, et de bois épais et toujours verts appelés *hammocks*. Des collines calcaires, qui paraissent appartenir au ***terrain supercrétacé***, s'élèvent sur cette péninsule, qui se termine au sud par des dépôts d'alluvion. Le long des rivières les terres sont très fertiles.

Parmi les lacs de cette partie de la Floride on distingue celui de ***Mayaco***, qui a environ 15 lieues de longueur, et celui de ***Saint-George***, qui a 6 lieues de long sur 2 de large. Le premier donne naissance à la rivière de Saint-Jean (S. John), qui va se jeter dans l'Océan près de la ville de Saint-Augustin ; le second est formé par la même rivière. On voit aussi un grand nombre de petits entonnoirs ou enfoncements coniques, qui contiennent de l'eau douce.

Dans la Floride occidentale, les roches calcaires paraissent dominer et appartenir au ***terrain jurassique***. Les plaines sont continues ; les côtes sont en partie couvertes de marais et de savanes. Du reste, comme l'a dit M. de Catesinau, la Floride semble être entièrement minée par les eaux souterraines, et dans les canaux qu'elles suivent sous le sol se retirent quelquefois les alligators qui abondent dans ce pays. Plusieurs rivières se précipitent sous terre pour apparaître de nouveau à quelque distance, et former ainsi des sortes de ponts naturels. Des lacs d'une étendue souvent considérable couvrent çà et là le sol, et presque toujours on peut y remarquer un courant plus ou moins distinct [1].

« La Floride n'est qu'une continuation du pays plat de la Géorgie et de la Caroline du sud. Au lieu d'une chaîne de montagnes, faussement indiquée dans les cartes, on ne trouve au partage des eaux que des collines, des rochers isolés et de vastes marais. Le climat passe pour humide et malsain, du moins à la côte, quoique l'air y doive être habituellement agité et renouvelé par le contre-coup des vents alizés joint au mouvement que le courant du golfe y communique.

» L'hiver est si doux que les végétaux les plus délicats des Antilles, les orangers, les bananiers, les goyaviers y éprouvent rarement la moindre atteinte de la saison. Les brouillards y sont inconnus. Aux équinoxes, et surtout en automne, les pluies tombent abondamment chaque jour depuis onze heures du matin jusqu'à quatre après midi, pendant quelques semaines de suite. Il doit y avoir des endroits bien salubres, s'il est vrai que beaucoup d'Espagnols s'y rendaient tous les ans de la Havane pour raison de santé [2].

» Les productions des latitudes septentrionale et méridionale y fleurissent les unes à côté des autres, et l'on verra rarement ailleurs un mélange plus agréable d'arbres, de plantes et d'arbustes. Les pins rouges et blancs, les sapins, les chênes toujours verts, le châtaignier, l'acajou, le noyer, le cerisier, l'érable, le bois de Campêche, le bois de ***braziletto***, le sassafras couvrent ici un sol très varié, tantôt riche en terreau, et tantôt composé de sable et de gravier, le plus souvent marécageux [3]. On voit des forêts entières de mûriers blancs et rouges, plus beaux que dans aucune autre partie de l'Amérique. Tous les arbres fruitiers de l'Europe y ont été naturalisés. L'orange y est plus grande, plus aromatique et plus succulente qu'en Portugal.

» Les bords du ***Coza***, autrement ***Mobile***, rivière considérable, forment l'une des plus

(1) Nouvelles Annales des Voyages. — Septembre, 1839 — (2) *Carver*, Universal Traveller. p. 604. Comp. *Robin*, Voyage à la Louisiane, t. II, p. 7. — (3) *W. Stork*: Description of East-Florida, with a journal kept by *John Bartram*, London, 1769 : *Bernard Romans*, Natural History of East and West-Florida ; New-York, 1776.

belles et des plus fertiles parties de la province. Les prunes y viennent naturellement, et d'une qualité supérieure à celles qu'on recueille dans les vergers de l'Espagne. La vigne sauvage serpente à terre ou grimpe au haut des arbres.

» Le *myrica cerifera*, dit M. Stork, vient dans tous les terrains, et en si grande quantité que toute l'Angleterre en pourrait être fournie de cire, s'il y avait assez de mains pour cueillir les baies. L'extraction de cette denrée est fort simple. Après avoir écrasé les baies, on les fait bouillir dans l'eau, et on enlève avec une écumoire la cire, qui est d'une belle couleur verte; elle peut être blanchie comme la cire d'abeilles, et sa consistance rend les bougies qu'on en a faites très appropriées aux climats chauds. L'indigo et la cochenille entraient, sous l'administration anglaise, dans les exportations, qui, en 1777, s'élevèrent à la valeur de 1,000,000 de francs.

» Les collines rocheuses qui paraissent former le noyau de la Floride orientale ont présenté des indices de fer, de cuivre, de plomb et de mercure. Les animaux domestiques de l'Europe ne trouvent pas ici les pâturages convenables. L'ours, descendu des monts Alleghanys, supporte très bien les chaleurs du climat, et y devient même très gras. De nombreux essaims d'oiseaux des contrées septentrionales viennent y passer l'hiver. Dans les forêts de la Floride, une grande araignée jaune, dont le ventre est plus gros qu'un œuf de pigeon, suspend ses toiles, semblables à de la soie jaune, et assez fortes pour arrêter de petits oiseaux dont cet insecte se nourrit. Il y a aussi une grande variété d'innocents lézards en partie très beaux, et dont quelques uns changent de couleur comme les caméléons. »

Depuis 1822 que la Floride fait partie des Etats de l'Union, sa population a sextuplé: en 1820, elle n'était que d'environ 10,000 âmes; en 1830 elle s'élevait à près de 35,000; en 1836 à 50,000; enfin en 1840 elle devait être de 60,000 âmes, puisqu'elle a été admise au nombre des Etats.

Dans la partie occidentale que les Espagnols nommaient *comté de Feliciana*, *Pensacola*, au fond d'une baie du golfe du Mexique, est une petite ville peu fortifiée, qui possède un port spacieux, bien abrité contre tous les vents; l'entrée en est commandée par un fort construit en briques. C'est le meilleur port du golfe du Mexique; c'est aussi l'un des points militaires les plus importants pour les Etats-Unis. Le gouvernement y a fait faire des travaux considérables de fortification et un arsenal pour la marine. Un beau phare de 80 pieds de hauteur et à feux mobiles indique aujourd'hui l'entrée du port. Cette ville renfermait, en 1820, 2,000 habitants, et 3,000 en 1830. Le sol, aride et sablonneux dans cette partie du pays, produit beaucoup de pins propres à la mâture.

« La côte occidentale de la péninsule, plus riante et plus fertile, présente successivement l'établissement de *Saint-Marc d'Apalache*, petit port sur la baie de ce nom, la baie du *Saint-Esprit*, le golfe de *Ponce de Léon*, et le promontoire méridional nommé *cap Agi* ou *pointe Tancha*, devant lequel s'étend au sud-ouest une chaîne d'îlots couverts de hauts palmiers, de récifs de corail et de bancs de sable très sujets à changer de position, et au milieu desquels le navigateur n'ose chercher les chenaux qui abrégeraient sa route. »

Bâti, il y a plusieurs siècles, par les Espagnols, le château de Saint-Marc, aujourd'hui en ruines, est admirablement situé au confluent de la rivière du même nom et de celle du Wakulla, qui, ainsi réunies, vont porter leurs eaux dans le golfe du Mexique.

Le Wakulla, dont le cours n'a que 6 à 7 lieues, est célèbre dans le pays par la beauté de sa source et par le site pittoresque qui environne celle-ci. D'épaisses forêts couvrent les sinuosités de ses deux rives; des chênes, des cèdres, du catalpa, s'y pressent les uns contre les autres, étroitement entrelacés par des lianes et des vignes sauvages; d'énormes magnolias et de gigantesques chênes de vie (*quercus virens*) s'y font remarquer par l'éclat de leur feuillage, tandis que, semblables à de sveltes colonnes, les chamærops et les palmistes se courbent avec grâce sous le poids de leurs pesantes feuilles digitées. Au milieu d'un vaste bassin ovalaire formé par des montagnes calcaires et ombragé par la plus riche végétation, on voit sortir la source du Wakulla. Elle a environ 100 mètres de largeur et 25 à 30 de profondeur. A peu de distance de sa source, cette rivière a deux ou trois fois la largeur de la Seine à Paris [1].

[1] Notes sur les sources de Wakulla, par lecomte

Les récifs continuent à border la côte orientale de la péninsule où le *cap des Florides* marque la première découverte du pays. Plus au nord, la *Nouvelle-Smyrne* ne conserve que son nom pour attester le séjour momentané des Grecs venus de l'île de Minorque pour cultiver ici la vigne. Quelques restes de cette colonie vivent parmi les 2,400 habitants de la petite ville fortifiée de *Saint-Augustin*, ancienne capitale de toute la Floride, munie d'un port d'un accès difficile. Au commencement de 1821 sa population était de 5,000 âmes ; mais au mois de décembre de la même année la fièvre jaune la réduisit à 1,600. Les environs de cette ville contiennent quelques plantations. De larges bancs d'huîtres, ou plutôt d'*avicules*, qui souvent renferment des perles, s'étendent le long de la côte. On y trouve aussi de l'ambre gris, et, surtout après les vents de mer, une sorte de bitume que les Espagnols emploient fréquemment au carénage des vaisseaux, en le mêlant avec du saindoux. Sa grande consistance, qui l'empêche de fondre facilement au soleil, le rend même préférable au goudron dans les climats chauds.

Le territoire de la Floride a pour capitale *Tallahassée*, nouvellement bâtie, entre l'*Ausilly* et l'*Ocklokonne*, et dont la population n'était en 1830 que de 2,600 individus.

« Telle est la Floride, faible digue opposée au courant rapide et continuel des émigrations américaines. Elle n'y pourra résister à la longue ; elle se verra bientôt inondée par ces infatigables *défricheurs*, que les Anglo-Américains appellent les *first settlers*. Cette espèce d'hommes ne saurait se fixer sur le sol qu'elle a défriché : l'amour, l'amitié, les affections sociales, les paisibles jouissances, tout cède chez eux à une passion ardente pour un mieux imaginaire qui constamment se présente à leurs yeux. Le désert les attire comme avec une force magique. Sous le prétexte de trouver des terres meilleures, un climat plus sain, une chasse plus abondante, cette race pousse toujours en avant, se porte constamment vers les points les plus éloignés de toute population américaine, et s'établit jusqu'au milieu des peuplades sauvages qu'elle brave, persécute, opprime et extermine ou chasse devant elle. Souvent ces hommes entreprennent des voyages de plus de 1,000 lieues pour découvrir quelque terrain fertile ; seuls, dans un canot, ils descendent d'immenses rivières ; ils ne portent pour tout bagage qu'une couverture, et pour toutes armes qu'une carabine, un *tomahawk* ou petite hache d'Indien, deux piéges à castor et un large couteau. Ils vivent pendant ces longues courses du produit de leur chasse. Tels étaient les premiers colons qui défrichèrent le Kentucky et le Tennessée ; l'habitude d'une vie errante ne leur a pas permis d'y rester ni de jouir des fruits de leurs travaux ; ils ont émigré dans des contrées plus éloignées, même au-delà du Mississipi. Il en sera de même de ceux qui habitent aujourd'hui les bords de l'Ohio. Le même penchant qui les y amena les en éloignera. D'autres colons, plus portés pour une vie sédentaire, viendront des Etats atlantiques ; ils profiteront des premiers défrichements ; ils ajouteront à la culture du maïs, celle du blé, du tabac et du chanvre ; ils remplaceront les *loghouses* par des maisons en planches. C'est en suivant cette marche que la civilisation et la culture ont pénétré au-delà du Mississipi, et déjà elles se préparent à remonter jusqu'aux sources du Missouri.

» Passons les monts Alleghanys, et parcourons rapidement du nord au sud le fameux *territoire d'ouest* ou la contrée située entre ces montagnes et le Mississipi. »

de Castelnau : Nouvelles Annales des Voyages.—Septembre 1839.

L'ancien *territoire de Michigan* a été constitué en *Etat* et admis à ce titre dans l'Union le 4 juillet 1836. Il forme une péninsule environnée des lacs Saint-Clair, Huron et Michigan. C'est un pays plat, du centre duquel partent plusieurs cours d'eau qui vont se jeter dans les lacs qui l'environnent. S'il est loin d'être aussi fertile que la plupart des Etats de l'est, le voisinage de ces lacs rend sa position favorable pour un commerce important. Son chef-lieu est *Détroit*, petite ville régulièrement bâtie, sur la rive droite d'une rivière qui lui donne son nom. Toutes les maisons sont en bois, mais on y voit de belles casernes, un arsenal, un dépôt d'artillerie et quelques établissements utiles, tels qu'un collége et une société d'agriculture. Sa population n'est encore que de 3,000 habitants. Un autre lieu remarquable du territoire est *Michillimackinac* ou *Mackinaw*, sur l'île et au bord du détroit de ce nom, à la pointe septentrionale du Michigan. C'est une ville bâtie sur des rochers escarpés et défendue par des forts ; ce qui lui a valu le surnom de *Gibraltar* que lui donnent les Anglo-Américains. Elle fait pendant l'été un grand commerce de fourrures avec les naturels des régions de l'ouest et de ce territoire, tels que les Chipeouays et les Ottawas. Le fort *Gratiot*, sur la rivière de Saint-Clair, défend l'entrée du lac Huron.

« Plus au sud, mais à l'ouest de la Pensylvanie, s'est formé l'*Etat de l'Ohio*. A partir de Pittsbourg, l'Ohio coule entre deux *ridges* ou chaînes de hautes collines. Entre le pied de ces collines et le bord de la rivière, on trouve des terrains plats et couverts de bois, appelés en Amériqne *flat-bottoms* ou bien *rivers-bottoms*. Le sol de ces terrains est d'une fertilité étonnante ; c'est un véritable humus végétal produit par la couche épaisse de feuilles dont la terre se charge tous les ans (¹). On remarque sur les bords de l'Ohio, depuis Pittsbourg, à peine quelques pierres détachées ; ce n'est que quelques milles avant Limestone que l'on commence à observer un banc de pierres calcaires d'une épaisseur assez considérable.

» Aucune partie de l'Amérique septentrionale ne peut être comparée à celle-ci pour la force végétative des forêts. Le platane y parvient quelquefois à 40 pieds de circonférence et au-delà. Les tulipiers y deviennent également très gros. Les autres arbres des forêts sont le hêtre, le *magnolia*, le micocoulier, l'acacia, l'érable à sucre, l'érable rouge, le peuplier noir et plusieurs espèces de noyers. Les eaux limpides de l'Ohio sont ombragées de saules que surmontent des érables et des frênes, dominés à leur tour par des tulipiers et des platanes. Les cerfs et les ours abondent dans les forêts ; les profits qu'offre la chasse de ces animaux détournent les habitants des soins de l'agriculture. La culture du maïs, sans être très soignée, produit un très grand bénéfice ; car telle est la fertilité des terres que les tiges s'élèvent à 10 ou 12 pieds de haut, et que l'on en recueille 25 à 30 quintaux par acre.

» Le pêcher est le seul arbre à fruit que l'on cultive jusqu'à présent dans ce pays. On ne le soigne en aucune manière, et cependant il pousse avec tant de vigueur qu'il rapporte dès la troisième année (¹). Dans l'Ohio, on trouve en abondance une espèce de *mullette* dont la nacre est fort épaisse et très belle (²). »

Columbus, jolie petite ville située sur la rive gauche du Scioto, affluent de l'Ohio, est la capitale de cet Etat. Sa population était, en 1830, de 2,400 habitants ; elle en a aujourd'hui 24,000.

C'est l'industrieuse *Cincinnati* qui est la principale ville. Elle n'existait pas il y a 45 ans : ce n'était alors qu'un groupe de petites chaumières. Cette belle cité se déploie majestueusement en amphithéâtre au bord de l'Ohio, dont le cours paisible occupe ici un quart de lieue de largeur. Son sol est un plateau élevé, qui ne met pas toujours les habitants à l'abri des crues énormes que présente souvent la rivière : ainsi, en février 1832, l'Ohio monta à environ 22 mètres au-dessus du niveau des basses eaux, et pendant plusieurs jours on alla en bateau à vapeur dans quelques rues de Cincinnati. La population de cette ville n'était, en 1810, que de 2,500 habitants ; en 1820 elle était de 9,600 ; le recensement officiel de 1830 y a constaté un total de 24,800 habitants, en y comprenant sa banlieue : aujourd'hui elle est de plus de 40,000. On y trouve des habitants de toutes les nations de l'Europe, principalement des Irlandais, des Allemands et des Français de l'ancienne province d'Alsace. Le fond de la population sort de la partie des Etats-Unis connue sous le nom de Nouvelle-Angleterre. On y reconnaît les heureux résultats de cet esprit d'ordre et d'économie, et de cette industrie infatigable qui distinguent les colons de cette contrée de l'Amérique. C'est à ces qualités que Cincinnati doit ses progrès rapides et sa prospérité. Pour faire de leur ville une cité importante, un grand centre de fabrication, les habitants n'avaient ni les avantages qu'offrent à ceux de Pittsbourg de riches mines de fer et de houille, ni la position avantageuse de Louisville, bâtie aux chutes de l'Ohio, là où commence la grande navigation à vapeur sur cet important cours d'eau. Ils n'avaient que leur amour du travail et leur persévérance ; et cependant ils ont si bien réussi que leur ville est deux fois plus peuplée que Louis-

(¹) *Michaux* : Voyage à l'ouest des monts Alleghanys, p. 89-91.

(¹) *Michaux* : Voyage à l'ouest des monts Alleghanys, p. 94, 117, etc. — (²) C'est l'*unio ohiotensis* de *Bosc*.

ville et plus considérable que Pittsbourg. Ils ont voulu que Cincinnati devînt le centre du commerce des régions de l'ouest, et pour parvenir à ce but, ils ont borné leur industrie à la fabrication d'une foule de petits objets secondaires qui servent à la consommation des habitants des pays occidentaux, et c'est dans leur ville que ces populations s'approvisionnent. Ainsi, à part les salaisons, qui s'opèrent annuellement sur 150,000 porcs, Cincinnati ne fabrique que des ustensiles de ménage, des instruments agricoles, de l'horlogerie, du charronnage, de la quincaillerie, du savon, de la chandelle et du papier, objets de première nécessité pour les populations agricoles de l'ouest. C'est également à Cincinnati que l'on fond l'immense quantité de caractères d'imprimerie destinés à alimenter les presses d'où sort la grande quantité de journaux qui s'impriment dans l'ouest. Cette ville fournit aussi à la même population une foule de livres à bon marché, mais dont la consommation est considérable : c'est-à-dire livres d'église et livres d'écoles. Ainsi, dans le premier trimestre de 1831, on y a imprimé environ 88,000 volumes [1].

On conçoit, d'après ces résultats, que Cincinnati soit une ville où l'amour du travail est tellement répandu, et le goût du luxe et de la dissipation tellement en horreur, que quiconque n'est pas déterminé à y vivre en s'occupant utilement et en dépensant le moins possible, y mènerait une vie à charge aux autres et à lui-même. Cincinnati est la résidence d'un évêque catholique, et le quartier général du commandement de la division militaire de l'ouest. On y remarque plusieurs belles places et quelques grands édifices, tels que le principal marché, la maison de justice, le collége de médecine, l'hôpital du commerce et la maison des aliénés. On y publie aujourd'hui une douzaine de journaux.

Cette ville est bâtie avec beaucoup de régularité. Ses maisons, généralement en briques, sont presque toutes à deux étages, et régulièrement alignées le long de rues fort bien pavées et larges d'environ 20 mètres. Çà et là l'uniformité de ces constructions est interrompue par des édifices d'apparence plus monumentale, c'est-à-dire par des maisons en pierre de taille, qui appartiennent aux négociants les plus aisés. Ailleurs ce sont des écoles [1], vastes bâtiments carrés portant en lettres d'or le nom du quartier auquel elles appartiennent ; ou bien quelques hôtels qui ressemblent à des palais, mais où l'on ne trouve point une hospitalité princière. Les églises et les temples sont petits et sans aucun luxe de sculptures ni de peintures ; mais ils sont bien clos, garnis de tapis épais et munis de calorifères qui garantissent du froid les fidèles, pendant les longs offices du dimanche.

Cincinnati possède un musée ; mais c'est, comme tous les musées américains, un établissement particulier où l'on n'entre qu'en payant, et qui ne se compose que de minéraux rangés sans méthode, d'ossements de megatheriums et de mastodontes, d'oiseaux empaillés, de serpents conservés dans l'esprit-de-vin, d'armes de sauvages, et de portraits en cire des personnages marquants de l'Amérique et de l'Europe : ainsi l'on y voit Napoléon à côté de Washington et de Lafayette, et le général Jackson à côté du chef indien Tecumseh. Mais ce qui attire dans ce musée les dames et les jeunes filles, c'est un enfer en miniature, dont les figures, mues par des moyens mécaniques, représentent les contorsions des damnés, tourmentés par des démons en bois, par un serpent en papier peint, et par un ours empaillé qui fait claquer ses mâchoires. Ce spectacle, accompagné de quelques effets de fantasmagorie et de coups de tam-tam, est le seul que possède Cincinnati, où le rigorisme des méthodistes a prohibé jusqu'à présent toutes les représentations théâtrales.

« *Chillicothe* était autrefois la ville principale de ce nouvel Etat. Elle renferme 3 à 4,000 habitants. On y voit encore des maisons appelées *loghouses*, sortes de cabanes en troncs d'arbres, sans fenêtres, et si petites, que deux lits en occupent une grande partie. Deux hommes élèvent et terminent en moins de trois jours une de ces constructions chétives. »

(1) Ils étaient répartis de la manière suivante :

Éducation primaire	36,500
Religion.	26,800
Agriculture	11,000
Matières diverses.	13,700

(1) D'après un rapport officiel du 30 juillet 1833, il y avait à Cincinnati 6,000 écoliers de 6 à 16 ans, sans compter 230 enfants de couleur pour lesquels il y a une école à part. Environ 2,300 enfants fréquentaient les *Common schools*, et 1,700 les écoles particulières. L'enseignement simultané y est préféré à l'enseignement mutuel.

Nous citerons encore parmi les autres villes deux des plus importantes : *Zanesville*, peuplée de 3,000 âmes et bien bâtie, sur la rive gauche du Muskingum ; on exploite dans ses environs une grande quantité de sel par le moyen de puits ; *Steubenville*, à peu près de la même population, est remplie de fabriques.

» La partie septentrionale de l'Etat d'Ohio, bordée par le lac Erié, porte le nom particulier de *Nouveau-Connecticut ;* elle se peuple rapidement par des émigrés de l'ancien Etat de ce nom ; et ces colons, actifs, sobres et religieux, y créent déjà de riantes bourgades ( ) qui, en peu d'années, se placent au rang des villes. L'Etat d'Ohio n'admet pas d'esclaves.

» Un ancien peuple civilisé et belliqueux a dû habiter ces régions dans un temps antérieur à l'histoire ; on découvre continuellement des camps retranchés ou plutôt des forts, des restes de forges et des ruines de villes construites en pierres et sur un plan régulier. Du milieu de ces vieux murs on voit s'élever des arbres dont la grosseur atteste un âge de plusieurs siècles (²). » Mais nous ne nous arrêterons pas ici sur ces restes antiques ; nous leur consacrerons plus loin un article spécial, dans lequel nous examinerons tout ce que l'on connaît dans ce genre sur le territoire des Etats-Unis.

« A côté de ces monuments de l'homme on rencontre ceux de la nature ; des ossements fossiles nous apprennent ici l'existence d'animaux inconnus. M. Peales, directeur du muséum d'histoire naturelle de Philadelphie, est parvenu, avec beaucoup de soin et de dépenses, à réunir un squelette fossile complet d'un grand quadrupède qui peut être regardé comme une espèce d'éléphant. Ce squelette a été trouvé près des grandes salines, à 500 milles au-dessus de Pittsbourg, et à 3 milles à l'est de l'Ohio. Il était enseveli avec beaucoup d'autres ossements, surtout de buffles et de daims, dans un sol calcaire, principalement composé de détritus de coquilles, et couvert d'eau même pendant les saisons les plus sèches (³). Ce quadrupède se fait remarquer par l'extrême solidité de sa charpente osseuse, par ses mâchoires plus longues d'un tiers que celles de l'éléphant ordinaire, par des dents molaires plus nombreuses, d'une structure moins composée que celles des autres éléphants, et enchâssées séparément dans des alvéoles régulièrement cloisonnés ; enfin par une plus grande obliquité de la ligne faciale, et un front moins élevé que dans l'éléphant d'Asie : on conclut ce dernier trait de la conformation de la mâchoire et de l'encaissement des dents (¹). Daubenton avait regardé cet animal comme un hippopotame ; M. Williams Hunter a cherché à prouver que ces dents molaires n'ont pu appartenir qu'à un carnivore, opinion adoptée par M. Peales, qui croit que cet éléphant était amphibie, et qu'il vivait de chair et de crustacés. »

(¹) *Colonial Journal*, N° I ; Londres, 1816, p. 47. — (²) Lettre dans le *Mercure de Chillicothe*, 6 novembre 1811. — (³) Journal de Physique, février, 1803, p. 150, etc.

Cependant ces conjectures si opposées ont disparu devant la sagacité d'un savant dont les travaux honorent la France. G. Cuvier a reconnu que cet animal se rapproche de l'éléphant par ses longues défenses, par la forme de ses pieds et même par la trompe dont sa tête devait être armée, et qu'il n'en différait que par ses dents qui, au lieu d'être formées de lames transversales, ont une couronne simple hérissée de mamelons ou de tubercules plus ou moins nombreux, plus ou moins saillants : de là le nom de *mastodonte* qu'il lui a donné (²). Rien dans la forme de ses pieds et de ses dents n'annonce qu'il pouvait être carnivore ; mais l'analogie que son système dentaire offre avec celui du cochon et de l'hippopotame prouve, suivant notre célèbre anatomiste, qu'il devait se nourrir de végétaux tendres, de racines et de plantes aquatiques.

Borné à l'est par l'Etat d'Ohio, au nord par celui de Michigan, à l'ouest par l'Illinois, et au sud par le Kentucky, l'*Etat d'Indiana,* fondé en 1816, comptait, en 1820, 147,000 habitants, et en 1830, 341,000. Au nord son sol est entrecoupé d'un grand nombre de petits lacs ; au sud, depuis les chutes de l'Ohio jusqu'à la Wabash, il est traversé par une chaîne de collines appelées les *Knobs,* hautes de 4 à 500 pieds au-dessus de leur base ; au centre s'étend une grande plaine appelée *Flat-woods* ou Bois plats. Sur les bords des rivières, excepté de l'Ohio, s'étendent des dépôts de terres d'alluvion très fertiles, qui se

(¹) *Camper* fils : Description d'un éléphant, p. 24. — (²) Du grec μαστὸς, petite éminence ; ὀδούς, dent.

terminent par des prairies élevées de 30 à 100 pieds, couvertes de taillis et de jolis arbustes que bordent de vastes forêts.

La douceur du climat égale, si elle ne surpasse pas, celle de l'Etat d'Ohio. Au-dessous du 40e parallèle, l'hiver est tempéré et plus court que dans les autres Etats : la belle saison dure ordinairement jusque vers le 25 décembre, et le printemps commence vers le 15 février; mais au-delà de la limite ci-dessus, dans le bassin de la Wabash, les vents du nord et du nord-ouest dominent et rendent l'hiver plus rigoureux. La plus grande partie du sol est favorable à la culture du blé, du seigle, du maïs, de l'avoine, de la pomme de terre, du chanvre, du tabac, du melon, et même du cotonnier.

Vincennes offre l'aspect d'une petite ville florissante : elle est bien bâtie; elle possède une académie, et renferme 1,800 habitants ; en 1820 elle n'en avait que la moitié. *New-Albany*, avec environ 3,500 habitants, est la ville la plus peuplée de tout l'Etat; elle compte plusieurs usines, et l'on y construit beaucoup de bateaux à vapeur.

« Tous les établissements primitifs de ce pays étaient dus à des Français du Canada, dont les descendants se distinguent encore par leur gaieté et leur insouciance. Des Suisses du pays de Vaud ont fondé sur les bords de l'Ohio, à sept milles de l'embouchure, une colonie appelée *Nouvelle-Suisse*, et une ville appelée *Vevay*, qui renferme 5 à 600 habitants. Ces industrieux colons ont planté des vignes qui déjà leur ont fourni deux espèces de vins, que dans leur patriotique emphase les Anglo-Américains ont comparés, l'un au bordeaux, l'autre au madère [1]. Les Français avaient infructueusement essayé de changer en vin le jus des raisins indigènes qui croissent en abondance. »

Indianopolis, chef-lieu de cet Etat, est située sur la branche occidentale de la rivière Blanche (*White-River*). En 1802 elle ne renfermait que 40 maisons; sa population est aujourd'hui de plus de 2,000 habitants.

La nation des *Illinois* donne son nom à un Etat situé entre celui d'Indiana et le cours du Mississipi. Ce pays est peu montagneux ; la température y est douce; le sol y est fertile. On y récolte en grande quantité du maïs et du blé, du chanvre et du lin, du tabac excellent, du houblon et de l'indigo; la vigne sauvage y donne même un vin potable. Les bords de la Wabash, quoique malsains sur une longueur d'environ 30 lieues, offrent de belles prairies et de magnifiques forêts. La superficie du territoire de cet Etat est évaluée à 6,700 lieues; on estime que les prairies situées vers le centre et le nord en occupent à peu près le quart.

L'Etat d'Illinois, fondé en 1818, ne renferme encore que des villes peu importantes. *Vandalia*, son chef-lieu, est une jolie petite ville, qui n'avait en 1830 que 500 habitants. On y trouve cependant une société savante qui prend le titre de ***Historical society of Illinois***. *Shawaneetown* est importante par les salines qu'on y exploite, et qui produisent annuellement plus de 300,000 boisseaux de sel. Elles donnent le nom de *Saline* à une petite rivière qui se jette dans l'Ohio. Dans les environs de ces salines on voit une caverne curieuse qui, en 1797, servait de retraite à une bande de brigands.

« Les *Shawanèes*, les *Illinois* et les *Potaouatamies* ou *Pottowatomies*, tribus indigènes de l'Indiana et de l'Illinois, ne peuvent se déterminer à une vie sédentaire et agricole. Dans ces derniers temps un prophète, qui prétendait avoir vu apparaître la Divinité, a essayé de les réunir en une confédération militaire. Quelques rapports lui donnent le nom de *Skenadaryo*, et lui attribuent la doctrine politique et morale la plus élevée; les sages de l'antiquité avoueraient ses pures et nobles maximes [1]; mais, selon d'autres relations, où il est nommé *Maygouis*, ses idées et ses discours ne paraissent être que ceux d'un fanatique allié du gouvernement du Canada, d'un ennemi implacable des Etats-Unis, qui veut en même temps empêcher ses compatriotes de vendre leurs terres aux Américains, et de les mettre en culture pour leur propre compte [2]. Ce prophète, après avoir livré aux

(1) *Liberty-Hall*, Journal américain, octobre 1811.

(1) *Monthly Repository of Theology*, vol. III, p. 709. (On y dit que le prophète demeure à l'ouest de l'Ohio; or c'est précisément la demeure du prophète des Sawanèes. Voyez le rapport officiel du général Harrisson; *Weekly Register*, vol. I, p. 301-322.) — (2) *Lambert*, Travels in Canada. *Nile* (Weekly Register, vol. I, p. 72, etc.), dit que le *prophète des Shawanèes*, dont il ne donne pas le nom, recevait des émissaires anglais.

généraux américains des combats opiniâtres, a fini par succomber, et est tombé au pouvoir de ses ennemis. Quoique les Indiens mènent une vie misérable, leurs idées morales ont pris un certain essor. Une femme shawanèese ayant rencontré seule dans les forêts un voyageur américain qui essayait de lui inspirer des sentiments tendres, lui répondit avec dignité : Oulamav, mon époux, est toujours devant mes yeux, et m'empêche d'apercevoir aucun autre homme.

» Au sud de l'Etat d'Ohio et du gouvernement d'Indiana, nous visiterons le riant *Kentucky*, Etat démembré de la Virginie. Il a reçu son nom de la principale rivière qui se jette dans l'Ohio. Le sol calcaire engloutit, pendant l'été, les eaux courantes dans des fentes et des cavités souterraines ([1]). Les *Barrens*, ou plaines dépourvues d'arbres qui se trouvent au sud-ouest de la rivière du Kentucky, sont remplis de trous en forme d'entonnoir, qui probablement doivent leur origine à des éboulements fréquents ([2]) provoqués par des cavités souterraines. »

Dans sa partie septentrionale, les terrains qui bordent l'Ohio sur une largeur d'une demi-lieue sont exposés à des inondations périodiques ; mais vers le nord-est le pays est entrecoupé de vallées étroites et couvert de montagnes, dont le sol ferrugineux est de la plus étonnante fertilité. Vers les frontières de la Virginie, les montagnes sont plus escarpées, les vallées plus profondes et tellement étroites, tellement boisées, que la lumière peut à peine y pénétrer. Vers le sud, entre les rivières de *Green* et de Cumberland, le sol peu fécond n'est cultivé que dans quelques parties ; toutefois il s'y trouve de bons pâturages où l'on nourrit de nombreux troupeaux. Le Kentucky occidental est plat, humide, mais fertile. La douce température qui règne généralement dans cet Etat, la richesse de son sol, et la variété de ses sites agréables, lui ont valu le surnom de paradis terrestre.

« Le climat est singulièrement salubre et agréable, mais les froids commencent de bonne heure, et le cotonnier ne réussit pas. Il gèle souvent de 5 à 6 degrés pendant plusieurs jours de suite. La qualité bonne ou mauvaise du sol se distingue d'après l'espèce des arbres qu'il produit. Les terres les plus fertiles sont celles où les forêts sont composées de cerisiers de Virginie, de noyers blancs, de frênes blancs, noirs et bleus ; de *celtis* à feuilles velues, de *guilandina dioïca*, nommé cafier ; de *gleditsia triacanthos* et d'*annona triloba* : les trois dernières espèces indiquent surtout les meilleures terres. Dans les parties fraîches et montueuses on voit s'élever des troncs énormes de platanes, de tulipiers, de *magnolia*, ainsi que de *quercus macrocarpa*, dont les glands sont de la grosseur d'un œuf de poule. Les habitants du Kentucky appartiennent presque tous à des sectes religieuses très exaltées ; beaucoup d'entre eux choisissent les forêts pour théâtre de leurs exercices de dévotion. Un géographe américain vante leur urbanité et leur hospitalité ; un voyageur anglais affirme que, dans leurs combats journaliers, ils s'arrachent sans pitié les yeux et les oreilles. L'un et l'autre peut être vrai à l'égard de classes différentes. » La population a triplé dans l'espace de dix ans, écoulés de 1790 à 1800 ; elle n'a fait que doubler dans les dix années suivantes, mais elle continue toujours à s'accroître dans la même proportion ; elle était en 1810 de 470,000 individus, en 1820 de 564,000 au moins ([1]), et en 1830 de près de 689,000.

« *Francfort*, la capitale, petite ville de 2,500 âmes, est bâtie sur un plan régulier, et renferme plusieurs édifices élégamment construits, dont le principal est le palais de l'Etat. *Lexington*, ville à laquelle on accorde plus de 7,000 habitants, fait un commerce considérable, possède un théâtre, plusieurs établissements littéraires, entretient six imprimeries, et publie trois journaux. C'est dans son enceinte que se trouve l'une des universités les plus fréquentées des Etats-Unis occidentaux : elle est connue sous le nom d'*université de Transylvanie*. Une autre ville qui rivalise avec celle-ci sous le rapport de l'industrie, mais qui la surpasse en population, est *Louisville*, au bord de l'Ohio : en 1830 elle avait plus de 12,000 habitants. La plus importante cité après celles-ci est *Maysville*, avec 3,000 habitants. Il existe dans le Kentucky une jolie ville qui porte le nom de *Versailles*, et une autre celui de *Paris*. Près de *Bowling-green* on va visiter la *grotte du Mam-*

(1) *Michaux* : Voyage aux États de l'Ouest, p. 168-170. — (2) *Idem*, *ibid.*, p. 163.

(1) Lettre de M. *Corrra de Serra* à M. *Michaux*.

mouth, qui paraît avoir 3 à 4 lieues d'étendue. Plus d'un cinquième des habitants se compose d'esclaves.

» A l'ouest de la Caroline du nord s'étend l'Etat de *Tennessée*, qui a environ 175 lieues de longueur, 40 de largeur et 5,400 lieues de superficie. La nature le partage en deux. Le Tennessée d'ouest est situé sur la rivière de *Cumberland*, et en porte le nom dans le langage ordinaire. Les monts Cumberland le traversent et étendent au loin leurs ramifications. Le Tennessée d'est est arrosé par les rivières d'Holston et de Clinches, qui, par leur réunion, forment celle de Tennessée; ce district porte généralement le nom d'*Holston*. Les parties les plus occidentales de l'Etat de Tennessée sont abandonnées aux sauvages. Le Holston est un pays élevé, sain, riche en pâturages. *Knoxville* en est la principale cité: elle avait, en 1830, 3,600 habitants. La culture du coton réussit parfaitement dans le Cumberland, où l'on trouve *Nashville*, la plus considérable ville de l'Etat: sa population, qui s'est accrue assez rapidement depuis quelques années, dépasse aujourd'hui 6,000 âmes. Elle est sur la rive gauche du Cumberland, au milieu d'une contrée agréable et fertile parsemée de belles propriétés; on y remarque plusieurs manufactures de toiles de coton et de tissus de laine, ainsi que des distilleries et une université; mais cette partie de l'Etat n'est pas à l'abri des fièvres épidémiques. *Murfreesborough*, l'ancienne capitale, n'a qu'un peu plus de 3,000 habitants.

» La population de cet Etat, plus récemment peuplé que le Kentucky, s'est accrue, dans les années 1800 à 1810, dans la proportion de 150 pour 100; elle était, à cette dernière époque, de 261,000 individus, en 1820 de près de 421,000, et en 1830 d'environ 685,000. Un cinquième de la population actuelle se compose d'esclaves.

» Entre le Tennessée, la Géorgie et l'Etat de Mississipi, demeure la nation indienne des *Chéroquées* ou *Cherokis*, jadis fameuse dans le guerre, mais que les soins bienfaisants du gouvernement fédéral ont réussi à civiliser. Elle possède des moulins à blé, à scie et à poudre; elle fabrique du salpêtre; on rencontre des auberges sur les grandes routes; les femmes ont toutes des métiers à filer et à tisser. La tribu comptait, en 1810, 12,395 Indiens [1]; elle est aujourd'hui de 15,000. Les *Chicasaws*, qui demeurent plus à l'ouest vers le Mississipi, se vantent de n'avoir jamais répandu le sang d'un Anglo-Américain; mais leurs progrès dans la civilisation paraissent moins rapides. »

Tout ce pays forme depuis 1819 un *Etat* qui porte le nom d'*Alabama*, qu'il tire d'une des principales rivières qui l'arrosent. Dans sa partie méridionale le terrain est bas, uni et marécageux le long des rivières; sous le 31e parallèle il devient ondulé, et s'élève presque insensiblement jusqu'au 33e: là il commence à être montueux, et s'élève progressivement jusqu'à la chaîne semi-circulaire appartenant aux monts Alleghanys, qui traverse de l'est à l'ouest sa partie septentrionale, et dont l'élévation est d'environ 3,000 pieds. On a découvert en 1839, dans le comté de Randolph de l'Etat d'Alabama, une importante mine d'or, qui paraît devoir être une des plus riches de celles de l'Amérique septentrionale. On en a retiré en un seul jour une quantité s'élevant à la valeur de 20,000 francs.

Cahawba, peuplée de 3 à 4,000 âmes, était encore la capitale de cet Etat en 1831. *Mobile*, qui s'élève à l'embouchure de la rivière de ce nom, au fond d'une baie sur le golfe du Mexique, est la ville la plus importante de l'Alabama: le recensement officiel de 1830 ne lui donnait que 3,000 habitants, mais il paraît que sa population avec celle de ses faubourgs est plus du triple de ce chiffre. Elle est bien bâtie; elle possède un *théâtre* et une *banque*; son port, qui ne peut recevoir que des navires qui ne tirent pas plus de 8 pieds d'eau, est defendu par le fort Charlotte. Elle a longtemps végété sous le despotisme de l'inquisition espagnole et sous la mauvaise administration du gouvernement français; souvent même elle a été ravagée par la fièvre jaune, mais quelques années de liberté ont suffi pour la placer dans l'état prospère où elle est aujourd'hui. Lorsque les Américains en prirent possession en 1813, elle ne contenait que 200 maisons. *Tuskaloosa* ou *Tuscalousa*, petite ville de 1,800 habitants, sur la rivière de ce nom, ne mériterait pas de nous arrêter, si elle n'avait été élevée depuis peu au rang de

(1) Monthly Repository of Theology, vol. V, p. 467. Londres, 1810.

capitale de l'Alabama. Elle possède une université.

Un violent incendie a presque entièrement détruit, le 16 mai 1838, la ville de *Monrosie;* les édifices publics n'ont pas été plus épargnés que les maisons des particuliers; mais ces désastres ont été en grande partie réparés.

« Nous entrons dans le gouvernement de *Mississipi*, qui a été érigé en *Etat* en 1817, car il comptait déjà, en 1810, une population de plus de 40,000 individus, dont les trois quarts étaient acquis pendant les dix dernières années; ainsi la population (en 1816) surpassait déjà le nombre de 60,000 fixé pour l'émancipation des républiques naissantes. En 1820 il avait 75,000 habitants, et en 1830 plus de 136,000. »

Il s'étend depuis la rive gauche du Mississipi jusque près de l'Alabama. Au nord il est borné par l'Etat du Tennessée. Borné sur une faible étendue par le golfe du Mexique, ses côtes sont sablonneuses et marécageuses; son intérieur, couvert de forêts et de pâturages, nourrit un si grand nombre de bêtes à cornes qu'il n'est pas rare d'en voir des troupeaux de 500 à 1,000 têtes appartenant à un seul propriétaire.

« *Natchez,* qui du haut de ses rivages salubres domine le vaste cours du Mississipi, sans être jamais atteint de ses eaux, paraît encore être la ville principale de cette province; elle n'a cependant que 5,000 habitants. Son sol est à 300 pieds au-dessus de la rive gauche du fleuve. Elle tire son nom d'une peuplade que les Français furent forcés de détruire vers l'année 1730. L'instruction y est tellement répandue que, malgré sa faible population, elle possède un collége et une bibliothèque publique. En 1826, elle publiait trois journaux politiques et une gazette littéraire. »

Au commencement de mai 1840 cette ville fut considérablement endommagée par un tourbillon. Le 7 mai, entre 2 et 3 heures de l'après-midi, on aperçut dans la partie sud-ouest de Natchez un nuage noir accompagné d'un bruit sourd qui allait en augmentant. Les vents soufflant de deux points opposés, il en résulta un tourbillon qui fit sombrer les bateaux amarrés aux quais et plusieurs bateaux à vapeur qui traversaient le fleuve. Toutes les maisons éprouvèrent des désastres plus ou moins considérables. On porta à 300 le nombre des personnes qui périrent ou furent grièvement blessées, et la perte matérielle s'éleva à environ 3 millions de dollars.

« *Jackson,* qui n'a que 2,000 habitants, est la capitale de cet Etat. »

Le 8 décembre 1839 la ville de *Yazoo* a été à moitié détruite par les flammes; plusieurs quartiers ont été transformés en monceaux de ruines.

« C'est sur la rivière de *Tombeckbée* que demeure la tribu des *Chactas* ou *Têtes-Plates,* devenue si célèbre par la touchante fiction d'Atala et les peintures brillantes de M. de Chateaubriand. De tous les indigènes, ce sont les plus rapprochés des Européens par leurs idées morales. Placés dans un canton fertile, au sein de forêts majestueuses, de buissons odorants et de savanes abondantes en gibier et en pâturages, ils mènent une vie douce et tranquille dans leurs maisons commodes, bâties à l'ombre d'orangers, de cerisiers et de pruniers. Quelques unes de leurs femmes paraîtraient belles et piquantes, même en Europe, où l'on admirerait la vivacité de leurs yeux. Les Chactas ont des poëtes qui, tous les ans, produisent des chansons pour la grande fête du feu nouveau. Leur culte paraît tenir du culte du soleil, établi chez les Natchez. Le génie des fleuves, le bienfaisant *Michabon,* est invoqué par leurs sorciers contre le dieu du mal, *Kichi-Manitou.* Le nombre de ces Indiens s'élevait, en 1816, à 25,000 individus, dont 6 à 7,000 combattants.

» Les Chactas ont pour ennemis les *Creeks-Supérieurs,* nommés proprement *Muskoghis,* d'où les Français ont fait *Muscogulgues.* Cette nation, venue comme les Chactas du pays à l'ouest du Mississipi, a subjugué un grand nombre de tribus de l'ancienne Floride ou de la moderne Géorgie, telles que les *Apalaches,* les *Alibamas,* les *Cousas,* les *Chacsihoumas,* les *Oconées,* les *Oakmulgées,* les *Pacanas,* les *Talepousas* et autres. Ces tribus, désignées dans les anciennes relations sous le nom collectif de *Floridiens,* n'étaient pas très nombreuses dans leur liberté primitive; car, selon Nuñez de Vaca, le village d'*Apalache* ne renfermait, en l'an 1520, que 40 cabanes: on ne connaissait aucune espèce de gouvernement; chaque famille vivait sous les lois de la simple nature [1]. On a depuis attribué aux Apalaches des idées assez élevées sur la divinité et sur une vie future. Ils plaçaient l'enfer dans le nord, parmi des montagnes âpres et glacées. Quelques tribus floridiennes avaient des chefs despotiques, nommés *paca-oustis* [2]. Ils embaumaient leurs morts au moyen de gommes et résines odoriférantes; les corps étaient gardés long-temps en plein air avant d'être confiés à la terre. Les Muscogulgues ayant incorporé toutes ces nations dans leur confédération, dont le chef s'appelle *Myco*, ont formé une nation de 17 à 18,000 individus, ayant 5,000 combattants [3]. Généreux, braves et hospitaliers, ces peuples ont long-temps eu la sagesse de défendre l'introduction des liqueurs spiritueuses : ils n'ont cédé leurs terres qu'avec une extrême répugnance, et ils opposent encore aux envahissements des Anglo-Américains une résistance opiniâtre. Ils adorent le grand esprit, et ensevelissent leurs morts avec des armes et des ustensiles, à la manière des tribus septentrionales. Leur gouvernement est une monarchie élective, limitée par l'autorité des chefs inférieurs formant la grande assemblée, dans laquelle les sorciers ou prêtres exercent aussi une influence fondée sur des terreurs superstitieuses. Ils cultivent le maïs, le riz, le tabac, divers légumes et arbres fruitiers. Les *Séminoles* ou Creeks-Inférieurs, au nombre de 2 à 3,000, paraissent ne pas dépendre de la confédération, et vivent dans un état bien plus sauvage. »

LIVRE CENT QUATRE-VINGT-UNIÈME.

Suite de la Description de l'Amérique. — Possessions des États-Unis à l'ouest du Mississipi, ou Louisiane et Missouri. — Territoire du Nord-Ouest.

« Nous ne nous arrêterons pas long-temps dans la partie cultivée de la Louisiane, déjà tant de fois décrite par les auteurs français.

» L'*Etat* de la *Louisiane* comprend aujourd'hui, 1° le Delta du Mississipi; 2° les parties de la terre-ferme occidentale situées entre la rivière des Adayes, nommée *Sabina* ou *Mexicana*, à l'ouest, le golfe du Mexique au sud, le Mississipi à l'est, et le 33e degré de latitude au nord; 3° la partie de la Floride occidentale appelée *Féliciana*, et occupée par les Américains [4]. Cette dernière section, peuplée de 15 à 20,000 habitants, n'est pas portée en ligne de compte dans le recensement de 1810, qui donne à l'Etat 76,000 habitants, dont la moitié composée de nègres. » Actuellement la population totale doit s'élever à plus de 300,000 individus.

(1) Naufragios de *Alvar Nuñez Cabeça di Vaca*, p. 6-17, etc.; dans *Barcia*, Historiadores de las Indias, t. I. — (2) *Gomara* : Historia de la India, ch. XLV et XLVI. — (3) *Bartram* : Voyage dans la Caroline du sud et du nord. *Payne's* Geography, t. IV, p. 446. — (4) Voyez ci-dessus, pag. 115.

Cet Etat offre une étendue d'environ 500 lieues de longueur sur 300 de largeur. D'innombrables rivières l'arrosent, et la plupart sont tributaires du grand fleuve qui le borde dans la plus grande partie de son étendue; au sud, la contrée est basse et souvent inondée; près du Mississipi s'étendent d'immenses savanes peuplées de bisons et parcourues par des peuplades sauvages; à l'ouest, des cimes hérissées de rochers dominent de vastes forêts de pins et de sapins qui élèvent leurs énormes troncs élancés sur le flanc des montagnes. Tel est l'aspect général de cette contrée qui fut découverte et signalée en 1541 par Ferdinand Soto, et où des Français partis du Canada s'établirent les premiers en 1682, en donnant au pays le nom de Louisiane, en l'honneur de Louis XIV. Après avoir été mal administrée, la colonie française qui avait fondé la Nouvelle-Orléans fut cédée à l'Espagne en 1764; en 1801, elle fut rétrocédée à la France, qui, en 1803, céda la Louisiane aux Etats-Unis moyennant une somme de 80 millions de francs, sur lesquels 20 millions furent restitués à l'Union à titre d'indemnité de captures indûment faites. En 1804, le congrès divisa la Louisiane en deux territoires, dont celui du sud reçut le nom de Nouvelle-Orléans, et celui du nord conserva celui de Louisiane. Enfin, en 1812, ces deux territoires furent réunis, et admis au rang d'Etat sous le nom de Louisiane.

Le Mississipi n'est pas moins remarquable par sa rapidité que par sa largeur et sa profondeur. La vitesse du courant est de 4 milles à l'heure; sa largeur est à la Nouvelle-Orléans, à l'époque des basses eaux, de 682 mètres, et pendant les grosses eaux de 779 mètres; sa profondeur est de 168 pieds; ailleurs elle varie entre 50 et 70. « Le fleuve commence » à croître dans le mois de janvier, et continue » à grossir jusqu'au mois de mai; il reste dans » cet état pendant tout juin et une grande par- » tie de juillet, puis il commence à diminuer » jusqu'en septembre et octobre, époque où » il est au niveau le plus bas; quelquefois ce- » pendant le fleuve commence à croître dès le » *mois de décembre* [1]. »

« Le Delta du Mississipi, composé d'un terreau léger, limoneux ou sablonneux, sans pierres ni roches quelconques, est, en beaucoup d'endroits, d'un niveau inférieur à celui de la rivière, dont une faible digue le sépare : circonstance qui semblerait le menacer, à chaque crue des eaux, d'une destruction inévitable; mais ayant en même temps une pente continuelle, quoique insensible, vers la mer, les eaux du fleuve, après avoir franchi leurs barrières, trouvent de toutes parts un écoulement facile. Les nombreux canaux que le fleuve se creuse à travers un terrain couvert de mille arbustes varient d'année en année, et forment un labyrinthe d'eau et de bosquets qu'aucune carte ne saurait retracer. Mais au milieu de ces *bayoux* [2], le bras d'Iberville à l'est, le grand bras de la Nouvelle-Orléans au milieu, avec l'embranchement de Barataria au sud, enfin le bras réuni de Tchafalaya et de la Fourche à l'est paraissent aujourd'hui avoir acquis une existence invariable. Dans toutes les embouchures, le lit du fleuve a beaucoup moins de profondeur que dans la partie supérieure de son cours. On croit que le Mississipi doit à cette circonstance d'être exempt de toute influence des marées. Les lacs de ***Pontchartrain***, de ***Borgne***, de ***Barataria*** et beaucoup d'autres, dont l'eau est à moitié douce et à moitié salée, sont renfermés dans ce Delta, où vers l'an 1820 une compagnie de flibustiers, sous les ordres d'un M. Lafitte, s'était établie dans une telle position que, toujours poursuivie et toujours introuvable, elle fondait quand elle voulait sur sa proie, et échappait à toutes les recherches de ses ennemis. »

Dans les parties où les différentes passes du fleuve touchent à la mer, on remarque une espèce de barre sujette à de constantes fluctuations, qui font, disent les voyageurs, le désespoir des pilotes. Près de la passe du sud-est, il y a un village peuplé de pilotes et appelé *La Balize,* du mot espagnol *valisa,* qui signifie *phare*. C'est le plus triste lieu qu'on puisse imaginer. Ce village est pour ainsi dire sous-marin : il est au-dessous des eaux du fleuve et de la mer; du point central s'élève une sorte d'observatoire, d'où la vue s'étend au loin, d'un côté sur un marais sans fin, de l'autre sur plusieurs passes et un grand nombre de bayoux, sortes de canaux naturels qui serpentent au milieu des marécages. L'œil se repose à peine sur quelques parties de terre : les plus proches sont à 15 ou 20 lieues. Il y a en tout une vingtaine de maisons dont six seulement sont habitées : on communique de l'une à l'autre au moyen de planches ou de troncs d'arbres jetés sur la vase et sur l'eau; il est impossible de faire 20 à 30 pas sans enfoncer jusqu'au cou dans des trous vaseux ou dans des sables mouvants.

« Le Delta du Mississipi, destiné par la nature à être une immense région, a reçu la culture du sucre, à laquelle le climat inconstant et le froid des hivers, souvent assez sensible, paraissaient s'opposer [1]. La canne à sucre brave ici, comme dans le Mazenderan, en Perse, les intempéries et les frimas; mais ici, comme sur les bords de la mer Caspienne, le suc de la canne, moins élaboré que sous le ciel des Antilles, contient moins de parties cristallines. Le coton, l'indigo, la vigne, le chanvre et le lin réussissent sur les terres plus élevées et moins humides des districts d'*Ata-*

(1) *Bazil-Hall :* Voyage aux États-Unis, etc., t. II, p. 256. — (2) Ce mot, du dialecte colonial, vient sans doute de *boyau*, chemin étroit.

(1) *Duvallon :* Vue de la colonie du Mississipi, p. 69, p. 133, etc.

capas et d'*Opelousas*. Les environs de *Natchitoches* produisent d'excellent tabac ([1]). Les forêts se composent des mêmes arbres que dans la Floride et le Kentucky. Les pépinières s'étendent depuis la mer jusqu'au-delà de la rivière *Ouachitta*. L'ours, le jaguar, le chat-tigre, se font moins redouter que les serpents, les moustiques et les insectes venimeux ou incommodes de toutes espèces ([2]). La race commune des chevaux n'est pas belle. D'immenses troupeaux de bœufs errent, en partie sans maîtres, dans les prairies d'Atacapas et d'Opelousas. Beaucoup d'habitants ne doivent leur aisance qu'à ce genre de propriété, qui paraît d'un revenu plus sûr qu'aucun autre.

» La *Nouvelle-Orléans*, destinée à devenir un jour l'Alexandrie de cette autre Egypte, le Canopus de cet autre Nil, voit s'accroître rapidement le nombre de ses habitants, l'étendue de son commerce, la splendeur et l'élégance de ses nouvelles habitations. C'est aujourd'hui une ville de 60,000 habitants. »

On trouve dans cette ville des rues étroites et de vieilles maisons ornées de corniches et de balcons qui indiquent leur origine française et espagnole. Son sol est au-dessous du niveau du fleuve, mais il s'accroît journellement de toutes les terres enlevées par le Missisipi du côté qui fait face à la ville. Depuis qu'on s'est occupé de dessécher les marais qui l'environnent, la fièvre jaune ne fait plus à la Nouvelle-Orléans les ravages qui en rendaient le séjour si pernicieux. La position avantageuse de cette ville doit assurer sa prospérité future. Ses édifices publics sont assez bien bâtis, ses établissements d'instruction et d'utilité publique sont bien tenus. Elle possède deux théâtres et plusieurs imprimeries. On y publie 8 journaux, 3 en français, 4 en anglais et 1 en espagnol. Son commerce intérieur emploie 1,400 grands bateaux plats appelés *arches* et 130 bateaux à vapeur ; 1,000 vaisseaux sortent annuellement de son port pour l'Amérique méridionale et l'Europe. En 1831, on y a ouvert un chemin de fer qui communique de cette capitale au lac Pontchartrain.

Pour donner une idée exacte de cette ville, nous ne pouvons mieux faire que de citer la description qu'en donne un voyageur français.

« Au milieu de la ville, déployant ses deux » faubourgs comme deux ailes, s'étend la » place d'armes, carré de verdure toujours » brûlée, et que voudraient en vain abriter de » chétifs ormeaux : tout cela est roussi, en- » fumé, s'exhale en poussière ; vis-à-vis est » l'église, la cathédrale catholique, assez bel » édifice du temps de Louis XV ; à droite une » maison grillée, des portes à lourds verrous, » des espèces de gendarmes, et des figures » pâles et livides, noires et jaunes, qui se » collent aux grilles : c'est la prison, la *jail*, » où l'on enferme les nègres marrons, les mal- » faiteurs, etc.

» Les rues sont bien alignées, coupées à an- » gles droits, ombragées par des toiles qui » répandent une délicieuse obscurité au fond » des riches magasins. Il est impossible, pen- » dant une journée étouffante, de printemps » même, de passer devant les cafés voûtés et » si frais, sans être tenté de s'y reposer un » instant, lire les journaux, et s'asseoir de- » vant un verre de punch glacé, de soda ou » de bière, en fumant un cigare marqué de » petites taches noires, vrai havane, dont les » parfums embaument toutes les rues, tous » les lieux publics. Ce qu'il y a de ravissant, » d'inappréciable, c'est de trouver à chaque » pas de l'ombre et surtout de la glace. De » Boston, de Philadelphie, de Providence et » de toutes parts, il en arrive par mer. La ville » est bâtie carrément à la place et divisée par » des rues parallèles au fleuve, coupées à leur » tour à angles droits par d'autres rues sembla- » bles, de sorte que les blocs de maisons for- » ment un carré régulier que ravagent souvent » les incendies : quand le feu prend, il faut » presque toujours qu'un de ces îlots brûle en » entier. Les magasins sont brillants et la ville » fort animée, surtout le soir. Mais c'est sur » le quai que l'étranger a véritablement l'idée » du commerce immense de la capitale de la » Louisiane. Depuis l'extrémité occidentale » où sont rangés les steamboats, puis les ra- » deaux, les navires, jusqu'au marché des » bouchers et aux barques si propres des ca- » boteurs, il y a sur les quais une incroyable » variété de langages et de costumes...... Au » milieu de cette affluence de vingt nations, » de cette activité commerciale qui s'agite et » bourdonne, pareille au volcan, s'arrête, sé- » rieux et impassible, l'Indien du désert, avec

([1]) *Robin* : Voyage à la Louisiane, III, p. 2. — ([2]) *Duvallon*, p. 99-108.

» sa sarbacane et ses flèches, assis sans re- » muer sur une pierre, divisant les flots du » peuple comme un quartier de roche sépare » les flots d'une cascade. Le soir, quand les » marins sont retirés à leur bord, les nègres » à leurs cases, le sauvage dans sa hutte, sor- » tent alors les promeneurs; les marchands » d'oranges illuminent leurs boutiques de » toile, les cafés éclairés se remplissent de » monde (¹). »

Les autres villes de la Louisiane, en général peu importantes, sont *Donaldsonville*, qui ne renferme pas 1,000 habitants; *Saint-Francisville*, chef-lieu du district de West-Feliciana, entrepôt considérable de coton; *Natchitoches*, qui est plus commerçante sans être plus peuplée; *Jackson*, remarquable par son collége; enfin *Bâton-Rouge*, ville de 3,500 habitants, importante par son arsenal et par sa position au-dessus du Delta du Mississipi.

L'ancien territoire d'*Arkansas coursi* doit son nom à une peuplade indigène située sur la rive droite de l'Arkansas, le principal affluent du Mississipi, et à laquelle les Etats-Unis, en 1818, achetèrent ce pays, d'environ 7,800 lieues carrées, moyennant 4,000 dollars en numéraire et une redevance de 1,000 dollars en marchandises. Ce territoire est traversé du sud-ouest au nord-est par les monts Ozarks; ses parties de l'ouest et du nord-est sont encore stériles et désertes; celles du sud-est sont parcourues par les Arkansas et les Osages, et cultivées çà et là par des colons anglo-américains; celles de l'ouest, où ces derniers sont les plus nombreux, sont traversées par des routes commodes qui conduisent dans les Etats limitrophes du nord, de l'occident et du midi. On distingue dans ce territoire deux districts, celui d'*Ozark*, qui porte le nom de la chaîne de montagnes qui le traverse, et celui des *Osages*, ainsi appelé du nom de la plus nombreuse des nations indigènes qui le parcourent.

On a découvert dans l'Arkansas, sur la frontière septentrionale de la Louisiane, 70 sources thermales: la plus chaude est à la température de 82 degrés du thermomètre centigrade; il n'y en a aucune au-dessous de 65 degrés.

La population de tout ce territoire était évaluée en 1830 à 30,000 individus; elle a doublé depuis cette époque, puisque ce territoire a été admis au nombre des *Etats* de l'Union. Les principales villes ne mériteraient, dans un autre pays, que le titre de villages: telles sont *Little-Rock* ou *Arkopolis*, chef-lieu de tout le territoire, et renfermant à peine 900 habitants, bien qu'on y compte plusieurs maisons de commerce; *Arkansas* ou *Post*, qui en a près d'un millier; *Gibson*, qui est le principal poste militaire de la contrée, et *Napoléon*, centre d'une petite colonie fondée en 1819 par des émigrés français, sur les bords du Big-Black, rivière de 60 lieues de cours, qui va se jeter dans le Mississipi. Nous devons citer encore un autre lieu appelé *Warm-spring*, simple bourgade, qui, lorsque le pays sera plus peuplé, acquerra de l'importance par les sources chaudes qu'elle possède, et qui sont salutaires dans les maladies chroniques et les paralysies. Depuis long-temps elle est remarquable en ce que les naturels de différentes nations qui s'y rendent y vivent en bonne intelligence, quelles que soient les inimitiés qui, hors de là, les divisent: aussi lui ont-ils donné, depuis une époque très reculée, le nom de *Terre de la Paix*.

Au nord du territoire d'Arkansas, s'étend l'*État du Missouri*, traversé dans sa largeur de l'est à l'ouest par ce fleuve, et borné à l'est par le Mississipi. Les bords du Missouri sont tres fertiles, mais, au sud de cette rivière, la stérilité du sol est compensée par la richesse minérale. La population de ce nouvel Etat était, en 1830, de 140,000 âmes. La petite ville de *Jefferson*, au bord du Missouri, en est, depuis 1822, la capitale.

Saint-Louis, qui fut fondée en 1764 par quelques Français au bord du Mississipi, doit son accroissement rapide et sa prospérité à sa position sur l'un des plus grands fleuves du monde, et à sa faible distance de deux de ses principaux affluents, l'*Illinois* et le Missouri.

En 1816, elle ne renfermait que 2,000 habitants; aujourd'hui elle en a plus de 7,000. La partie la plus considérable est américaine, et composée de maisons à plusieurs étages en briques et en granit, dont on trouve des blocs énormes en creusant les fondations dans le sol d'alluvion sur lequel elle est bâtie. Le quartier américain renferme de superbes boutiques et de vastes magasins, ainsi que les entrepôts de l'ouest. L'autre partie de la ville,

(¹) *Th. Pavie:* Souvenirs atlantiques, 1832.

habitée par des Français, n'est pour ainsi dire qu'un faubourg, resserré entre le Mississipi et le ruisseau du Moulin. Les maisons y sont généralement en bois, mais propres, entourées de galeries élégantes, ombragées de beaux arbres et toujours accompagnées de petits jardins; on y voit encore de ces chétives et vieilles maisons qui remplacèrent les huttes des sauvages. La ville américaine a un beau quai, continuellement bordé de nombreux bateaux à vapeur qui arrivent et débarquent leurs marchandises, chargent et repartent sans interruption pour toutes les villes du Mississipi, du Missouri, de l'Illinois, du Ouisconsin et de l'Ohio. Dans la saison des affaires, c'est-à-dire au printemps et au commencement de l'été, on en voit jusqu'à quinze ou vingt à la fois, avec une foule d'embarcations à la rame. En face de la station des bateaux à vapeur se trouvent les maisons de commission, les chantiers de réparation, les scieries, les fonderies, le marché, et le vaste établissement d'une des plus riches compagnies des Etats-Unis, la Compagnie américaine des pelleteries [1]. Saint-Louis est le siége d'un évêché catholique, et possède deux banques, un théâtre, un collége, un musée, une bibliothèque et trois imprimeries.

Quelques autres villes méritent d'être citées. ***Franklin***, fondée depuis 1816, est considérée comme la seconde ville de l'Etat par sa position avantageuse sur la rive gauche du Missouri, dans une plaine fertile. Le commerce y est assez actif; il s'y fait un service régulier de bateaux à vapeur. Elle n'a encore que 2,200 habitants; mais elle est construite sur un plan régulier, et ses maisons, la plupart en briques, sont élégamment construites. ***Saint-Charles*** est une petite ville intéressante par le collége ecclésiastique que l'on remarque dans ses environs, et dont la fondation est due aux jésuites. ***Sainte-Geneviève***, qui domine une vue aussi étendue que pittoresque sur la rive droite du Mississipi, et où l'on prépare les produits des abondantes mines de plomb qui en sont voisines, possède un collége qui occupe un bel édifice, et une banque qui est la succursale de celle du Missouri. ***New-Madrid***, ou ***Nouveau-Madrid***, situé sur un terrain élevé que les inondations du Mississipi atteignent rarement, et où les arbres forestiers prennent une croissance extraordinaire, est fréquemment menacé par deux genres de fléaux également redoutables : l'un est causé par les affaissements que déterminent les excavations du sol d'alluvion que cette ville occupe; l'autre est la fréquence des tremblements de terre. En 1811 et 1812, elle fut entièrement bouleversée; aussi sa population, composée d'Italiens, d'Espagnols et de Français, est-elle très faible; on ne la porte pas à plus de 500 individus.

« L'Etat de Missouri, avant d'appartenir à l'Union américaine, faisait partie de la Louisiane. Les Français, qui, dans cette contrée comme dans celle de la Nouvelle-Orléans, comptaient pour une moitié dans la population, vivaient dans une heureuse indolence; la chasse et leurs troupeaux fournissaient abondamment à leurs simples besoins; chacun cultivait nonchalamment les terres dont il s'était emparé, et dont souvent il ne savait marquer les limites précises. Lors de sa réunion à la confédération américaine, les colons français se virent en présence d'hommes entreprenants, avides, accoutumés aux chicanes judiciaires, et qui leur demandaient compte de leurs titres de possession. Ils apprirent à connaître l'utile gêne d'un régime légal, les besoins et les jouissances du luxe; ils se trouvèrent en même temps dépouillés de leur droit illimité de propriété, et entraînés à une plus grande dépense : de là des plaintes amères, qu'envenime encore la différence de langage et de croyance religieuse. Mais ces plaintes cesseront; le nom et la langue française s'éteindront ici comme dans tant d'autres parties de l'Amérique. »

Cet Etat, sous l'administration américaine, a fait de grands efforts pour favoriser le développement de l'instruction publique. Le collége de Saint-Louis, qui a le rang d'université, prospère sous la direction des jésuites. Dans la commune de ***Sainte-Marie***, il y a un séminaire dirigé par des prêtres de la congrégation de Saint-Vincent-de-Paul. Il est vrai que le pays ne possède pas encore d'écoles primaires gratuites; mais on y trouve un grand nombre d'écoles secondaires pour les deux sexes, et presque toutes fondées et entretenues par des catholiques.

« Nous allons quitter les derniers confins

(1) Voyage aux États-Unis par M. H. Laurent. — 1835.

de la civilisation, et nous élancer au milieu des tribus qui se croient encore indépendantes, et dont cependant la république américaine considère le territoire comme soumis à sa souveraineté. Les explorateurs envoyés par le gouvernement fédéral dans ces vastes régions nous serviront de guides. Le major Pike nous conduira depuis Saint-Louis jusqu'aux sources du Mississipi. Nous indiquerons succinctement les nations qui habitent sur le haut de ce fleuve et dans son voisinage. »

L'immense espace que nous allons parcourir ne porte point encore de dénomination bien fixe. On désigne depuis long-temps sous le nom de *Territoire du Nord-Ouest* (*North-West Territory*) la contrée qui, au nord de l'Etat d'Illinois, s'étend entre le lac Michigan à l'est, le lac Supérieur et les possessions anglaises au nord, et le haut Mississipi à l'ouest. On a proposé de le désigner sous le nom de *Territoire-Huron* (*Huron Territory*), mais cette désignation n'a point encore été adoptée par le congrès. Un savant américain, M. Tanner, a même eu l'idée de le diviser en deux districts, auxquels il donne les noms de deux peuplades importantes : le plus septentrional serait appelé *District des Mandanes*, et celui du sud *District des Sioux*.

On ne trouve dans cette contrée que quelques forts épars : ainsi, à l'extrémité de la *Baie verte* (*Green bay*), se trouve le *fort Brown;* plus au nord, sur le bord du lac Huron, le *fort du Saut de Sainte-Marie ;* près de la frontière anglaise, le *fort Charlotte;* enfin, sur les bords du Mississipi, le *fort Saint-Antoine,* le *fort de la Prairie du Chien,* ou le *fort Crawford*, et le *fort Calhoun*.

Le territoire du Nord-Ouest est riche en gîtes de minerais, ainsi que l'indiquent les lieux appelés *Mineral Point, Galena* et autres. On y a découvert, il y a quelques années, de riches mines de cuivre appelées *Jooua,* et qui sont d'autant plus faciles à exploiter qu'elles sont très peu profondes et qu'il existe dans leur voisinage une vaste forêt. L'Ouisconsin, qui établit une communication entre le Michigan et le Mississipi, auquel il porte ses eaux, arrose le territoire de ces mines, que l'on exploite depuis 1837.

A l'ouest du Territoire du Nord-Ouest, s'étend une contrée dix fois plus considérable, le territoire de l'ouest (*Western-Territory*), désignée aussi sur les cartes américaines sous le nom de *territoire de Missouri* (*Missoury Territory*), et que l'on a proposé d'appeler *District de l'Orégon,* parce qu'il est traversé vers sa limite occidentale par une rivière appelée la Columbia, ou l'Orégon. On y voit, à l'embouchure de cette rivière, *Astoria,* petit établissement commercial fondé dans le pays des *Tchinnouks*. Un voyageur américain, M. Roy-Cox, a signalé dans son voisinage des pins d'une hauteur et d'une grosseur prodigieuse. L'un d'eux, à 10 pieds au-dessus du sol, a plus de 14 pieds de diamètre; son sommet s'élève à près de 300 pieds. Un autre, qui n'est élevé que de 240 pieds, a plus de 17 pieds de diamètre.

« La puissante nation des *Sioux* est la terreur de toutes les peuplades sauvages, depuis le pays des Indiens-Serpents et la rivière du Corbeau au nord jusqu'au confluent du Missouri et du Mississipi ; elle se divise en plusieurs tribus. Les *Minoa-Kantongs,* ou gens du Lac, s'étendent de la prairie du Chien à la prairie des Français, et sont subdivisés en quatre tribus qui obéissent à différents chefs. Ils passent pour les plus braves de tous les Sioux, et sont beaucoup plus civilisés que les autres; eux seuls font usage de canots. Ils construisent des cabanes de troncs d'arbres et s'adonnent à la culture de la terre ; mais quoiqu'ils récoltent un peu de maïs et de fèves, l'avoine sauvage, que la nature fournit à presque tout le nord-ouest de ce continent, leur sert principalement en guise de pain. Cette bande est généralement pourvue d'armes à feu. La bande des *Waspetongs*, ou « gens de feuilles, » erre dans le pays compris entre le prairie des Français et la rivière Saint-Pierre. Les *Sassitongs,* divisés en deux tribus, chassent sur le Mississipi depuis la rivière Saint-Pierre jusqu'à celle du Corbeau. La bande vagabonde des *Yanetongs* du nord et du sud maintient son indépendance dans les vastes solitudes qui s'étendent entre la rivière Rouge et le Missouri ; elle s'y confond en quelque sorte avec celle des *Titons*, également divisée en branche du nord et du sud, et dispersée sur les deux rives du Missouri, depuis la rivière du Chien jusqu'au pays des Mahas et des Minetares. Le bison fournit à ces deux bandes la nourriture, le vêtement et l'habitation, ainsi que les selles et les brides de leurs chevaux, dont elles possèdent des troupeaux innombrables. La bande des *Waschpecontes*, la plus petite enfin, fait la chasse vers les sources de la rivière des Moines. Elle fournit aux Yanetongs du nord et aux Titons le peu de fer dont ils ont besoin; du reste, ils paraissent être les plus indolents et les plus stupides de la nation.

» Les Sioux sont incontestablement les plus belliqueux et les plus indépendants des Indiens établis sur le territoire des États-Unis. La guerre est même leur passion dominante; ils connaissent l'art de faire des retranchements en terre pour y mettre leurs femmes et leurs enfants à l'abri des flèches et des balles, lorsqu'ils craignent une attaque subite de l'ennemi [1]. Du reste, les marchands peuvent voyager parmi eux en toute sûreté, en ayant soin cependant de ne point blesser le point d'honneur de ces sauvages. D'un autre côté, jamais aucun voyageur n'a démérité dans leur esprit en cherchant à tirer vengeance d'une injure qu'il aurait reçue d'un de leurs compatriotes. Les objets qu'ils vendent aux Américains sont des peaux de tigres, de daims, d'élans, de castors, de loutres, de martres, de renards blancs, noirs et gris, de rats musqués et de ratons. Leur prononciation gutturale, leurs pommettes saillantes et tout l'ensemble de leurs traits, leurs mœurs et leurs traditions confirmées par le témoignage des nations voisines, tout porte à faire croire qu'ils ont émigré de la partie nord-ouest de l'Amérique. Ils écrivent en hiéroglyphes comme les Mexicains [2].

» Les *Chippeway*, ou *Chipeouays*, habitent dans l'ouest et le sud du lac Supérieur, sur les lacs de Sable, Sangsue, des Pluies et Rouge, ainsi qu'aux sources des rivières Chipeouay, Sainte-Croix, Rouge, Mississipi et Corbeau; ils se divisent, comme les Sioux, en plusieurs bandes [3]. Ceux qui résident sur les lacs de Sable et Sangsue sont désignés par les voyageurs sous le nom de *Sauteurs;* mais ceux des rivières Chipeouay et Sainte-Croix s'appellent les *Folle-Avoine-Sauteurs*. Les *Crées*, ou *Cries*, résident sur le lac Rouge. Les *Oloways* habitent la côte nord-ouest du lac Michigan et les bords du lac Huron. Les *Musconongès*, sur les bords de la rivière Rouge, près du Ouinipeg, par conséquent hors du territoire américain, restent en liaison intime avec les autres Chipeouays, et n'en sont pas encore le dernier chaînon.

» Pendant deux siècles, les Chipeouays et les Sioux se sont fait une guerre acharnée, jusqu'en 1805, où M. Pike les réconcilia. Les Chipeouays ont plus de douceur dans le caractère et plus de docilité que les Sioux, plus de sang-froid et de résolution dans les combats. Les Sioux attaquent avec impétuosité; les Chipeouays, protégés d'ailleurs par un pays entrecoupé d'une multitude de lacs, de ruisseaux et de marais impénétrables, se défendent avec adresse et prudence. Ils ont au surplus l'avantage de posséder tous des armes à feu, tandis que la moitié des Sioux n'est armée que de flèches, dont le coup n'est point sûr dans les bois. Les Chipeouays ont un penchant indicible pour les liqueurs fortes, entretenu par les marchands qui encouragent en eux ce goût funeste, afin d'obtenir leurs fourrures à plus vil prix. Des hiéroglyphes sculptés en bois de pin ou de cèdre remplacent également chez eux le langage écrit [1].

» Les beaux traits des *Ménomènes*, que les Français appelaient *Folle-Avoine*, ont charmé tous les voyageurs. Leur physionomie respire à la fois la douceur et une noble indépendance; ils ont le teint plus clair que celui des autres indigènes, des yeux grands et expressifs, de belles dents, la stature moyenne et proportionnée, la taille bien prise, beaucoup d'intelligence, et des mœurs patriarcales. Ils demeurent sous des huttes fort spacieuses, et construites avec des nattes de jonc, à la manière des Illinois; ils couchent sur des peaux d'ours et d'autres bêtes qu'ils ont tuées à la chasse. Le sirop d'érable forme leur boisson aux repas. Quoique peu nombreux, ils sont respectés de leurs voisins, notamment des Sioux et des Chipeouays; les blancs les estiment comme des protecteurs et des amis [2]. Les limites incertaines de leur terrain de chasse s'étendent jusqu'au Mississipi; mais leurs villages sont situés sur la rivière *Ménomène* et sur la *baie Verte*, golfe du lac Michigan. Ils parlent entre eux un langage particu-

(1) *M. Z. Pike :* Voyage en Louisiane, etc., trad. franç. de M. Breton, I, p. 46, p. 218. — (2) *Idem, ibid.*, I, p. 75. — (3) *Idem, ibid.*, p. 219.

(1) *M. Z. Pike*, I, p. 107. — (2) *Idem, ibid.*, p. 89, p. 151, p. 210, etc.

lier qu'aucun blanc n'a jamais pu apprendre, mais tous comprennent l'algonquin.

» Les *Ouinebagos*, ou *Winebaiges*, que les Français ont appelés *Puants*, résident sur les rivières Ouisconsin, des Rochers, des Renards, et sur la baie Verte : leurs villages sont très concentrés. Ils parlent le même langage que les Ottos de la rivière Plate, et descendent, selon leurs propres traditions, d'une peuplade qui a émigré du Mexique pour se soustraire à l'oppression des Espagnols. Ils passent pour braves, mais leur valeur tient de la férocité. Depuis cent soixante ans environ ils se sont mis sous la protection des Sioux, pour lesquels ils se piquent de fidélité, en les regardant comme des frères (1). On porte leur nombre à près de 6 000.

» Les *Otogamis* ou *Renards*, chassés par les Français de l'Ouisconsin, se sont réfugiés sur le Mississipi, où ils habitent trois villages ; ils étendent leurs chasses jusqu'à la rivière qui porte leur nom. Ils vivent dans une alliance étroite avec les Saques, et s'adonnent à la culture des grains, des fèves, des melons, mais surtout à celle du maïs, dont ils peuvent vendre plusieurs centaines de boisseaux par an. Eloignés de leurs villages, ils se logent, ainsi que les Saques, les Puants et les Ménomènes, dans des cabanes de forme elliptique, couvertes de nattes de jonc (2).

» Les *Saques* ou *Sakis*, établis sur le Mississipi au-dessus de Saint-Louis, y chassent depuis la rivière des Illinois jusqu'à celle des Ayonas, et dans les vastes plaines à l'occident qui confinent avec le Missouri. Ils récoltent une quantité considérable de maïs, de fèves et de melons. Naturellement inquiets, remuants et dissimulés, ils emploient plus la ruse que la force ouverte.

» Les *Ayonas*, étroitement liés avec les Saques et les Otogamis, demeurent sur les rivières des Moines et d'Ayona, loin de la grande route du commerce. Moins civilisés et moins dépravés que les autres, ils cultivent un peu de maïs, et poussent leur chasse jusqu'à l'ouest du Missouri.

» Nous allons remonter, sur les traces des capitaines Lewis et Clarke, l'immense cours du Missouri, et donner une idée de ce vaste pays, qu'on pourrait désigner sous le nom de *Missourie*, et qui, ainsi que nous l'avons dit plus haut, porte sur les cartes américaines le nom de *Territoire du Missouri*.

» Quoique dépourvu de hautes montagnes, et n'ayant généralement que l'apparence d'un terrain d'alluvion, le sol de la Missourie s'élève considérablement vers l'ouest, où il forme la base de la chaîne des montagnes Rocheuses et du grand plateau mexicain.

» Le premier objet qui mérite notre attention, c'est le *Missouri*. Au lieu de l'embarquement de M. Lewis, cette rivière avait 875 verges, ou près de 2,400 pieds de large ; son courant rapide entraîne une quantité énorme de sable, qui s'amasse de distance en distance, et forme des bancs mobiles très dangereux pour les navigateurs ; il charrie aussi beaucoup de bois, dont une partie reste au fond de son lit ; ses bords, minés par les eaux, s'enfoncent souvent et lui font prendre une autre direction.

» Un grand nombre de larges rivières viennent du sud et de l'ouest se réunir au Missouri. Une des plus grandes est la rivière *Plate*, qui, étant sortie des chaînes des montagnes Rocheuses vers le 112e degré de longitude, coule, dans la direction de l'est, jusqu'au 97e degré, où elle joint le Missouri. La rivière Plate a 600 verges de largeur à son embouchure, mais sa profondeur ne paraît pas excéder 6 pieds ; ses sources avoisinent les frontières des Etats-Unis mexicains, ainsi que le Rio-del-Norte, qui, après avoir traversé le Nouveau-Mexique, va se jeter dans le golfe mexicain. Sa rapidité et la quantité de sable qu'elle charrie empêchent d'y naviguer : ce n'est que dans de petits canots de cuir que les Indiens la traversent.

» Cette abondance de sable apportée au Missouri est un phénomène remarquable. Ces rivières, quoique peu sujettes aux débordements, battent sans cesse des terres légères ou peu tenaces, en détachent des portions considérables, et changent toujours de rivages. Les sinuosités du Missouri viennent de la même cause. Un jour nos voyageurs, s'étant arrêtés pour prendre la hauteur du méridien, se virent si près de l'endroit où ils avaient fait leurs observations la veille, qu'ils envoyèrent un homme pour mesurer la langue de terre qui les séparait de leur dernière station : il mesura 974 verges ; cependant ils avaient fait

(1) *M. Z. Pike*, I, p. 210. — (2) *Idem*, *ibid.*, p. 187, p. 207.

18 milles ½. A un endroit nommé avec raison le *Grand-Détour*, et situé à 43 degrés de latitude, la courbure du Missouri n'était pas moins grande; la langue de terre n'avait que 2,000 verges, tandis que le circuit de la rivière était long de 30 milles: le Méandre même n'est pas aussi sinueux [1].

» Les bancs de sable amassés par le Missouri sont si mobiles que l'expédition en ayant choisi un pour y camper la nuit, fut réveillée le lendemain matin par la sentinelle, qui lui annonça que l'île s'enfonçait; en effet, à peine eurent-ils le temps d'abattre leurs tentes et de gagner leurs bateaux : en un clin d'œil tout le banc disparut. C'est jusqu'à l'endroit où l'expédition passa l'hiver, c'est-à-dire à environ 1,600 milles du lieu d'embarquement, et à 47 degrés ½ de latitude, que le Missouri conserve ces qualités. La rapidité du courant, mesurée sur le mouvement du bois qu'il charrie, se trouva, dans un endroit, de 7 pieds ½ par seconde; en beaucoup d'autres, elle était du double. Un courant qui fait 7 pieds ½ par seconde doit faire environ 5 milles en une heure, rapidité qui surpasse de beaucoup celle des autres rivières connues de cette partie du monde, et qui, par conséquent, suppose une chute considérable.

» Ainsi nos voyageurs, en remontant le Missouri, ont dû s'élever beaucoup au-delà du niveau de la mer, et se trouver enfin, en prenant leurs quartiers d'hiver, à une grande hauteur. Faute de baromètre, ils auraient pu déterminer cette hauteur, ou plutôt la pente du terrain, d'après des observations exactes sur la rapidité et la profondeur de la rivière en divers endroits; mais ils paraissent avoir négligé ces observations.

» A quelque distance du rivage, le terrain s'élevait en collines de peu de hauteur; en plusieurs endroits les rochers resserraient la rivière, et l'on découvrait des bancs de pierre molle, ou des lits de charbon; le long des rivages se prolongeaient des prés, et la contrée se présentait sous un aspect fertile. On voyait beaucoup de bois, mais on n'apercevait point de gros arbres ni de grandes forêts. Peut-être les nombreux buffles, daims et élans qui paissent dans les savanes, en détruisant les jeunes plants, empêchent-ils les bois de croître. Parmi les fruits sauvages, on n'a remarqué que ceux de la vigne. Le raisin que nos voyageurs cueillirent était abondant et presque toujours d'un bon goût.

» Le climat du pays traversé par l'expédition est en général très rude. A l'endroit où elle campa durant l'hiver, le thermomètre marqua souvent 20° au-dessous de zéro. Le 11 novembre, le froid était si vif, lorsque le vent soufflait du nord, que l'on fut obligé de suspendre les parties de chasse; au lever du soleil, le thermomètre marquait 21° au-dessous de zéro; la glace remplissait l'air au point de refléter les objets et de faire paraître deux soleils. Le lendemain, le vent continua de souffler du nord, et au lever du soleil le thermomètre était tombé à 38°. Cependant cet endroit n'était qu'à 47° de latitude. Un froid aussi vif sous une latitude si peu avancée vers le nord doit provenir de l'élévation du terrain, d'où descendent en effet plusieurs rivières qui coulent du côté du nord au lac Ouinipeg, et de là dans la baie d'Hudson. L'une d'elles, la rivière de *la Souris*, est marquée sur la carte comme ayant sa source à un mille de la rive septentrionale du Missouri; et en général sur un long espace vers le nord-est, la ligne du partage des eaux longe de très près le fleuve.

» De petites tribus isolées d'Indiens habitent les deux rives du Missouri. Quelque fertile que soit le sol de cette contrée, il n'y a peut-être pas de pays sur la terre où il y ait moins d'habitants. La population paraît diminuer par les ravages de la petite-vérole et par les effets des liqueurs spiritueuses. A ces fléaux il faut ajouter les guerres que ces sauvages se font mutuellement. La chasse, dans ce pays, ne paraît pas être d'un grand rapport, et la culture reste dans un état languissant.

» L'imagination des Indiens aggrave encore le fléau de la petite-vérole. En parlant de la tribu des *Mahas*, qui habite sous 42° 25′ de latitude, la relation du voyage s'exprime ainsi: « Les rapports qui nous sont parvenus des » ravages de la petite-vérole sont effrayants. » On ignore par quelle voie cette maladie leur » a été communiquée : ils l'ont probablement » apportée de quelque excursion guerrière. » Jadis c'était un peuple belliqueux et puis- » sant; mais quand ils virent leur force s'é-

(1) Voyage de MM. Lewis et Clarke aux sources du Missouri; *passim*.

» vanouir devant une maladie à laquelle ils ne » pouvaient résister, leur frayeur fut extrême : » ils brûlèrent leurs villages, et quelques uns » tuèrent leurs femmes et leurs enfants pour » leur éviter une affliction aussi cruelle et » pour les faire passer dans un monde plus » heureux. »

» Désirant faire goûter aux Indiens le changement de gouvernement, ou l'usurpation des *Blancs*, et les engager à vivre en paix, l'expédition avait toujours soin de les aborder avec beaucoup de prévenance. Elle les invitait souvent à tenir conseil avec elle ; et elle eut assez d'occasions de se convaincre que cette éloquence mâle et généreuse qu'on attribue aux sauvages n'existe pas chez toutes les tribus. Voici le discours du grand chef des Indiens-Sioux, dans une conférence que les capitaines Lewis et Clarke avaient demandée :

« Je vois devant moi les deux fils de mon » *grand-père* (c'est ainsi qu'ils nomment le » président) ; vous me voyez avec le reste de » nos chefs et guerriers. Nous sommes bien » pauvres, nous n'avons ni poudre, ni balles, » ni couteaux, et nos femmes et nos enfants » n'ont pas de vêtements. Je souhaite que mes » frères, puisqu'ils m'ont donné un drapeau » et une médaille, donnent aussi quelque » chose d'utile à ce pauvre peuple. Je réuni- » rai les chefs des Pawnas et des Mahas, et » je ferai la paix entre eux ; il vaut mieux que » ce soit moi qui la fasse que les fils de mon » grand-père, car ils m'écouteront plus fa- » cilement. Je suis allé auparavant chez les » Anglais, et ils m'ont donné une médaille et » quelques habits. »

» Ce langage ne se ressent pas de l'esprit indépendant que nous supposons toujours aux sauvages. Des plaintes sur la pauvreté et des demandes telles que celles des Sioux annoncent un peuple sauvage corrompu par son commerce avec les nations civilisées.

» Une des nations Indiennes que l'expédition rencontra le premier été ne faisait point usage de liqueurs spiritueuses, et elle refusa d'en goûter ; c'étaient les *Ricaras*, hommes forts et bien proportionnés, qui avaient dans trois villages une population de 450 individus. Quoique pauvres, ils étaient bons et généreux; ils ne mendiaient pas comme les Sioux ; cependant ils acceptaient avec reconnaissance ce qu'on leur offrait. Leurs femmes étaient gentilles et gaies, malgré les travaux domestiques qui pesaient sur elles, comme chez la plupart des sauvages. A l'exception de la chasse, elles avaient à pourvoir à toute la subsistance de la famille. Elles ne sont pas plus avares de leurs faveurs que les femmes de Sioux; seulement les maris exigent qu'on demande leur consentement. Un jour, un chef des Ricaras, dans une visite qu'il fit à M. Lewis, vit infliger une punition corporelle à un des soldats, conformément au jugement d'une cour martiale. Il en fut vivement touché, et il cria tout le temps de la punition. On lui expliqua la faute du coupable et les motifs du châtiment; il reconnut que des exemples étaient nécessaires. Il avoua en avoir donné lui-même, en punissant de mort des criminels ; mais il ajouta que sa nation ne frappait même pas les enfants.

» Les *Mandanes*, autre tribu, habitent les bords du Missouri, au-delà des Ricaras. Ce peuple croit à un grand esprit qui préside à ses destinées, et qui possède en même temps l'art de guérir ; car chez ce peuple, grand esprit et grand médecin sont synonymes, le dernier étant un nom qu'ils appliquent généralement à tout ce qu'ils ne comprennent pas. Chacun se choisit un objet de dévotion, qu'il appelle *la médecine ;* c'est ou quelque être invisible, ou plus souvent quelque animal qui devient son protecteur et son médiateur auprès du grand esprit, et il n'y a rien qu'on néglige pour le rendre propice. « J'étais, il n'y a pas long-temps, possesseur de dix-sept chevaux, dit un Mandane aux Américains, mais je les ai tous sacrifiés à *ma médecine*, et je suis maintenant pauvre. » Il avait, en effet, conduit tous ses chevaux dans la plaine, et là il leur avait donné la liberté en les abandonnant à *sa médecine*. L'idée d'associer tout pouvoir inconnu à celui d'une médecine, le plus frappant à leurs yeux, paraît être générale parmi les tribus indiennes de cette partie de l'Amérique. Les nations qui habitent à l'ouest des montagnes Rocheuses ont un langage tout différent, et ne paraissent avoir que peu de relations avec les Indiens de l'est; cependant ils se servent de la même métaphore, et, semblables à quelques philosophes de l'ancien continent, ils sont très fiers d'avoir expliqué un fait physique à l'aide d'une expression figurée.

» Les Mandanes croient à une existence future, et cette croyance se lie à la tradition de leur origine. Toute la nation, disent-ils, demeurait dans un grand village sous terre, auprès d'un lac souterrain ; une vigne étendait ses racines depuis la surface de la terre jusqu'à leur demeure, et leur laissait apercevoir le jour à travers quelques fentes. Quelques uns des plus hardis grimpèrent au haut de la vigne, et furent charmés de voir une terre riche en fruits de toute espèce, et couverte de buffles. De retour dans leur souterrain, ils firent goûter à leurs camarades les grappes qu'ils avaient apportées, et tout le monde en fut si enchanté qu'on résolut unanimement de quitter cette sombre demeure pour la belle contrée d'en haut. Hommes, femmes, enfants, tous montèrent le long du cep ; mais quand la moitié de la peuplade fut arrivée sur la terre, une grosse femme, en voulant monter, cassa le cep par son poids, et se priva, ainsi que le reste de la nation, pour toujours de la clarté du soleil. Quand les Mandanes meurent, ils espèrent retourner à l'ancien établissement de leurs ancêtres, où les bons arrivent en traversant un lac, tandis que les méchants s'y noient, accablés par le fardeau de leurs péchés. Cette dernière idée rappelle les traditions des Kalmouks.

» L'expédition demeura tout l'hiver dans le voisinage de cette nation. Pour passer le temps durant la triste saison, les Indiens ont leurs amusements comme les nations les plus civilisés ; la danse est de ce nombre, mais ce n'est pas une danse très gracieuse. Celle qu'ils appellent la *danse des buffles* est un amusement si dégoûtant que les auteurs de la relation n'ont osé le décrire qu'en latin. Une autre danse, appelée la *danse de la médecine*, est moins indécente, mais elle n'en est pas plus agréable.

» Le Missouri, qui, depuis son embouchure jusqu'au territoire des Mandanes, coule dans une direction nord-nord-ouest, suit plus haut une ligne est et ouest, ligne qui incline même un peu vers le sud. Dans cette nouvelle région, il traverse également un terrain d'alluvion et des terres basses, sur lesquelles paissent des élans, des buffles et des antilopes. Tout le pays présentait aux voyageurs l'aspect d'une plaine sans bornes, sans arbres et même sans broussailles, excepté les endroits marécageux et les pentes escarpées des collines où ces végétaux sont à l'abri du feu. Le courant du fleuve, à cette hauteur, était moins rapide, et la navigation plus facile et plus sûre que plus bas, en sorte que l'expédition put faire 18 à 20 milles par jour. En avançant, elle aperçut sur les flancs des collines, sur les bords de la rivière, et même sur les bancs de sable, une substance blanche, dont il y avait des masses au fond de l'eau ; elle avait le goût du sel amer mêlé au sel commun. Plusieurs ruisseaux, venant du pied des collines, étaient tellement imprégnés de cette substance que l'eau en avait contracté un goût désagréable et une qualité purgative. C'était sans doute une terre magnésienne. On aperçut aussi du bois réduit en charbon. En s'arrêtant plus haut dans leur navigation, ils découvrirent de même des traces de sel et de charbon, ainsi que de pierre ponce, et une sorte, disent-ils, de *terre brûlée*. Plus loin, les collines présentaient à la vue de grands blocs de rochers rompus, dont quelques uns, quoique élevés de 200 pieds au-dessus du niveau de l'eau, paraissaient avoir été jadis soumis à son influence, leur surface ayant été aplanie par l'action des courants. Ces rocs se composent de granit blanc et gris, de cailloux, de pierre calcaire, et de quelques couches interrompues d'une pierre noire comme du bois pétrifié, et formant de bonnes pierres de touche. Les traces du charbon de terre et de la pierre ponce continuaient à se montrer. La qualité du charbon s'améliorait, du moins il s'embrasait aisément, mais en donnant peu de flamme et de fumée. Un peu au-dessus de cet endroit, on trouva une couche de charbon de six pieds d'épaisseur. Dans les plaines, erraient de grands troupeaux de daims, d'élans, de buffles et d'antilopes ; des loups guettaient les traînards, et s'en emparaient quelquefois. La femelle du buffle défend ses petits tant qu'ils restent auprès du troupeau, mais plus loin elle n'ose s'exposer elle-même. Au 27 avril, le Missouri charriait encore des glaçons. On voyait aussi surnager des buffles morts qui s'étaient probablement noyés en voulant passer la rivière à la nage, ou en marchant sur une glace peu solide. Quelquefois des buffles vivants sont emportés par les glaçons ; étant alors dans un état très faible, ils sont aisément surpris par les Indiens. Ceux que le fleuve entraîne sont enterrés plus bas dans les sables, comme les éléphants de la Sibérie ont été ensevelis sur les bords du Ienisseï et de la Lena. L'antilope, cet animal doux et léger qui semble plutôt voler que courir, est très commun dans les pâturages du Missouri. Sa curiosité cause, dit-on, très souvent son malheur. A la première vue du chasseur, il s'enfuit avec beaucoup de légèreté; mais si le chasseur se cache à terre, en tenant en l'air son chapeau ou un autre objet, l'antilope revient au petit trot pour le voir, et approche quelquefois deux à trois fois, au point de se mettre à la portée du fusil.

» L'expédition rencontra aussi des animaux dangereux, surtout l'ours blanc et l'ours brun. Les Indiens, qui les craignent beaucoup, ne les attaquent jamais qu'étant au nombre de six à huit, et alors même ils ont souvent le dessous, et laissent un ou plusieurs des leurs sur la place. Le danger n'est pas le même pour des chasseurs habiles et armés de fusils. Cependant l'ours est toujours un animal formidable, comme on pourra le voir par l'aventure suivante :

» Un soir (dit M. Lewis), les gens du dernier de nos bateaux découvrirent un ours brun, couché sur un terrain ouvert, à environ 300 pas de la rivière. Six bons chasseurs entreprirent de l'attaquer, et avancèrent, à la faveur d'une petite hauteur; ils arrivèrent à 20 pas de lui : alors quatre d'entre eux firent feu, et percèrent son corps d'autant de balles, dont deux passèrent directement dans ses poumons. L'animal furieux se leva en sursaut, et courut sur eux la gueule ouverte. Quand il approcha, les deux chasseurs qui n'avaient point encore tiré déchargèrent leurs fusils, et lui firent deux blessures, dont l'une, en lui fracassant l'épaule, retarda sa course; mais, avant que les chasseurs pussent charger de nouveau, il fut si près d'eux qu'ils furent forcés de gagner la rivière; ils n'y étaient pas encore arrivés qu'il les avait déjà atteints. Deux se jetèrent dans le bateau; mais les autres s'étant dispersés, se cachèrent parmi des saules et tirèrent sur l'ours : ils le blessèrent en plusieurs endroits, mais il n'en devint que plus furieux. Il suivit deux d'entre eux de si près qu'ils se virent réduits à se précipiter du haut d'un coteau de 20 pieds dans la rivière; encore l'ours s'y précipita-t-il après eux, et déjà il n'était plus qu'à quelques pieds du dernier, lorsque l'un des chasseurs qui étaient restés sur le rivage lui tira un coup à la tête et le tua. Après l'avoir traîné sur la plage, on vit que son corps était traversé par huit balles en diverses directions. » Il paraît, d'après ce récit, que l'ours de ces contrées n'est pas moins féroce et n'a pas une vie moins dure que l'ours qui habite les glaces du Groenland.

« Une circonstance particulière dans l'histoire naturelle de cette contrée, c'est que la rosée y est très rare, même auprès d'une aussi grande rivière que le Missouri. Nos voyageurs n'en virent que deux exemples en traversant les pays ouverts. Le 24 mai, les bords de la rivière se couvrirent de glace; le lendemain, les cotonniers avaient perdu leurs feuilles. Peu à peu l'expédition approcha des montagnes Rocheuses, et déjà quelques pics de cette chaîne commencèrent à se montrer. Les collines n'étaient plus parées de bois; seulement, le long de la rivière, on remarquait quelques arbres rabougris : c'étaient des cotonniers, des frênes, des aunes, des buis et des saules. Depuis que nos voyageurs avaient quitté les Mandanes, ils n'avaient plus aperçu d'Indiens; seulement ils avaient rencontré par-ci par-là des cabanes qui paraissaient avoir été abandonnées depuis peu. Les rochers se composaient d'une pierre tendre, traversée par des blocs d'une substance noire, semblable au trapp, et plus encore au basalte. Des paysages très pittoresques s'offraient à la vue de part et d'autre. MM. Lewis et Clarke virent s'élever, disent-ils, des pans de murs si extraordinaires qu'ils crurent y apercevoir un ouvrage de l'art. « Ces murs montent perpendiculairement sur le rivage, quelquefois » à la hauteur de cent pieds; leur épaisseur » varie d'un à douze pieds, mais ils sont aussi » larges en haut qu'en bas. Ils se composent » de pierres noires et dures de la forme des » polygones irréguliers; une rangée est posée » sur l'autre, de manière que chaque pierre » de dessus remplit les interstices entre les » deux pierres inférieures (1). »

» Nos voyageurs n'étaient pas minéralogistes; sans cela, ils n'auraient pas pris pour des murs ce qui ne paraît être qu'un assemblage de colonnes basaltiques couchées hori-

(1) Voyage de *Lewis et Clarke*, p. 352.

zontalement. Ces polyèdres, tournés vers la riviere, étaient les extrémités des colonnes, telles qu'on les voit dans l'île de Mull sur la côte d'Écosse, ou dans la fameuse chaussée des Géants, en Irlande. La position horizontale des colonnes ou prismes basaltiques se retrouve dans les îles Færoë. Quant à la figure irrégulière, il faudrait attendre les témoignages d'observateurs plus savants.

» Après avoir passé entre ces murailles colossales, l'expédition, arrivée auprès du 112e degré de longitude et à 47°20′ de latitude, se trouva arrêtée par un confluent de deux rivières entre lesquelles il était difficile de distinguer le vrai Missouri, c'est-à-dire la rivière dont elle voulait connaître le cours. L'événement justifia le choix de nos voyageurs. A deux milles du confluent, M. Lewis entendit le bruit d'une chute d'eau, et en avançant, il remarqua une rosée fixe qui, poussée par un vent du sud-ouest, traverse la plaine comme une colonne de vapeurs. Il se porta vers cet endroit. A mesure qu'il approcha, le bruit augmenta au point de ne plus lui laisser de doute que ce ne fût la grande chute du Missouri. Au bout de sept milles, il parvint, à travers des rochers de 200 pieds de haut, à jouir du spectacle magnifique des plus belles cataractes du monde, mais qui, depuis la création, roulent leurs eaux dans un désert.

» Ces chutes s'étendent à une distance d'environ douze milles, et la largeur moyenne de la rivière varie de 280 à 550 mètres. La principale chute, qui se présente une des premières lorsqu'on remonte le courant, a 80 pieds de hauteur perpendiculaire et 800 de largeur. Des rochers d'une centaine de pieds de haut s'élèvent sur les deux côtés; à gauche, l'eau se précipite dans un abîme au bas du roc; le reste de la cataracte, hérissé de blocs saillants, ne tombe pas en masse, mais il n'en est pas moins beau : c'est une masse d'écume de 550 pieds de large sur 220 de haut, qui se forme et se disperse sans cesse de nouveau, et qui, frappée des rayons du soleil, reflète toutes les couleurs brillantes de l'arc-en-ciel. Quelques personnes préfèrent les simples cascades, d'autres aiment mieux les incidents produits par les obstacles qui s'opposent à la chute : le Missouri a l'avantage de réunir ces deux espèces de cataractes.

» En remontant le courant, on rencontre une autre cascade d'environ 47 pieds; enfin, la dernière n'en a que 26; mais entre ces trois chutes principales, il s'en élève beaucoup d'autres plus petites, ainsi que des pentes très rapides qui dominent successivement les unes sur les autres, en sorte que toute la pente de la rivière, depuis la dernière cascade jusqu'à la première, est de 384 pieds. Précisément au-dessous des cascades, dit le capitaine Lewis, une petite île couverte de bois s'élève dans la rivière : là, un aigle avait fait son nid sur un cotonnier. Cet oiseau solitaire régnait dans un site où ni les hommes ni les animaux ne peuvent aborder. La rivière est parfaitement calme au-delà des cataractes, et de nombreux troupeaux de buffles paissent sur les bords dans des plaines qui s'étendent de part et d'autre, et ressemblent au fond d'un ancien lac dont l'issue est maintenant minée par les eaux.

» Au-delà des cataractes, l'expédition dut se diriger au sud, en s'inclinant un peu vers l'est. Après 60 milles géographiques, la rivière sort de la première chaîne des montagnes Rocheuses, ou, pour nous servir de la dénomination donnée par nos voyageurs, des *portes* de cette chaîne. Ce passage est à 46° 46′ 50″ de latitude. Ils prétendent que les rochers qui le resserrent sont de granit noir; mais ne serait-ce pas du trapp ou du basalte? L'aspect de ce passage a encore quelque chose de majestueux. Qu'on se figure deux murs noirs, de l'énorme hauteur de 1,200 pieds, qui bordent la rivière dans l'espace d'une lieue, et se penchent même sur les eaux, comme s'ils allaient écraser le navigateur assez téméraire pour oser franchir ce sombre défilé, qui a 320 mètres de largueur. La rivière, selon nos voyageurs, s'est frayé toute seule cette route; elle l'occupe entièrement. Dans les premiers 3 milles, on ne saurait trouver un lieu où se placer entre la rivière et les rochers, et elle est très profonde sur les bords. « La violence » avec laquelle elle s'est frayé ce passage doit » avoir été terrible; des blocs de rocher qu'on » voit disséminés à sa sortie sur les bords de » l'eau, et qui ont été détachés de la chaîne, » servent pour ainsi dire de trophées de la victoire qu'elle y a remportée. » Malgré sa longueur et sa profondeur, le défilé a partout la même largeur. Au-dessus du défilé, les rochers perpendiculaires disparaissent, les collines s'éloignent des bords de la rivière, et les vallées s'étendent considérablement. Ici nous avons, pour la seconde fois, des traces d'un ancien lac. Aujourd'hui, ce sol produit le cotonnier à feuille étroite, le tremble et le pin : le gibier y abonde. Un ornement de ces champs, comme des autres campagnes du Missouri, c'est le poirier épineux, dont le fruit fait le désespoir des voyageurs.

» A la latitude de 45° 24′ 8″, l'expédition se vit arrêtée par le confluent de trois rivières à peu près également larges, entre lesquelles il fallait distinguer le vrai Missouri. En l'honneur de trois hommes d'Etat américains distingués, la branche du sud-ouest fut nommée *Jefferson*, celle du milieu *Maddison*, et celle de l'est *Gallatin*. Celle-ci, qui doit être considérée comme la principale, a ses sources dans les mêmes montagnes d'où sortent l'*Arkansas*, le *Rio-del-Norte*, le *Multnomah*, et probablement le *Rio-San-Felipe*. Ces montagnes, que les Espagnols de Santa-Fé appellent *Sierra-Verde*, forment donc le point central du système hydrographique de l'Amérique septentrionale.

» Malgré l'élévation du terrain près du confluent, la chaleur était excessive en cet endroit. Le 28 juillet, le thermomètre de Fahrenheit marqua dans l'après-midi 90°. L'expédition résolut de remonter le Jefferson, comme répondant le mieux à l'espoir qu'ils avaient de parvenir, par la route la plus courte à travers les montagnes, à une des petites rivières qui vont se confondre avec la Columbia, et verser leurs eaux dans l'océan Pacifique. M. Lewis prit, avec trois hommes, les devants, afin d'avoir une entrevue avec quelques uns des Indiens qui habitent les montagnes occidentales, et afin d'obtenir d'eux quelques renseignements utiles. Dans le même temps, le reste de l'équipage continua sa navigation sur le Jefferson, après avoir marqué, par la dénomination d'*Ile de Trois-Milles*, qu'ils donnèrent à une petite île de la rivière, la distance qu'ils avaient déjà parcourue sur le Missouri depuis son embouchure. Le capitaine Lewis et ses trois compagnons eurent à essuyer bien des difficultés et des aventures avant de pouvoir arriver à leur but. Ils continuaient à longer une rivière qu'ils jugeaient être une continuation du Jefferson ou du Missouri occidental, réduit, à cette hauteur, à une largeur qu'on pouvait franchir d'un saut. « Un des hommes de l'expédition, dit M. Lewis, mit, dans son enthousiasme, un pied sur chaque bord de ce ruisseau, remerciant Dieu de l'avoir laissé vivre pour enjamber le Missouri ; » expression naïve d'un homme qui, dans l'espace de 3 milles, avait travaillé contre un courant rapide et impétueux, dont la source était dans ce moment sous ses pieds. En effet, elle sortait de la base d'une montagne voisine ; on s'y transporta, et ce fut pour la première fois que cette source fut visitée par des hommes civilisés. En s'asseyant auprès de la fontaine glacée qui étanchait leur soif, et qui envoyait son petit tribut a l'Océan, nos voyageurs se sentirent, selon l'expression de la relation, *dédommagés de tous leurs travaux et de toutes leurs peines*. Ils quittèrent à regret cette place intéressante, et montèrent vers l'ouest jusqu'à ce qu'ils arrivassent à la haute chaîne qui forme la ligne du partage entre les eaux de l'océan Atlantique et celles de l'océan Pacifique : dès lors ils commencèrent à descendre vers l'occident, par une pente plus rapide que la montée par laquelle ils étaient venus. Apercevant bientôt un ruisseau limpide coulant à l'ouest, ils s'arrêtèrent afin de boire, pour la première fois, des eaux de la Columbia. Ils avaient pris une route tracée par les sauvages ; aussi ne tardèrent-ils pas à rencontrer quelques individus ; mais ce ne fut qu'après bien des accidents qu'ils parvinrent à ouvrir des communications. Trois femmes furent enfin surprises : M. Lewis leur fit des présents, et peignit les joues de toutes les trois de vermillon, symbole de la paix chez les sauvages. Ensuite il leur fit entendre qu'il désirait d'être conduit à leur peuplade, pour voir les chefs et les guerriers ; elles consentirent à le conduire. Ils avaient fait à peu près 2 milles, lorsqu'ils rencontrèrent une troupe d'environ 60 guerriers montés sur d'excellents chevaux, et courant vers eux au grand galop. Le capitaine Lewis, ayant déposé son fusil, s'avança de 50 pas avec son drapeau. Après avoir parlé avec la femme âgée, le chef et deux autres hommes qui l'accompagnaient descendirent de cheval, vinrent trouver le capitaine Lewis et l'embrassèrent très cordialement, en mettant leur bras gauche sur son épaule droite, et en touchant sa joue gauche de la leur, tandis qu'ils faisaient entendre le cri de joie : *Ahi! ahi!* Là-dessus, tout le corps des guerriers étant arrivé, s'empressa de prodiguer ses caresses à nos voyageurs. Après cet accueil amical, M. Lewis alluma une pipe et l'offrit aux Indiens, qui s'assirent en cercle autour de lui; mais ils ne voulurent recevoir cette marque d'amitié qu'après avoir ôté leurs *mocasins* ou souliers, ce qui indique chez eux la sincérité de leurs protestations; ils demandent à aller pieds nus, si jamais ils sont parjures. Ce ne serait pas une punition légère dans ces montagnes hérissées de pierres et d'épines. La nation avec laquelle les Américains venaient de faire connaissance était celle des *Shoschonies* ou *Snakes*, peuple aimable, doux et honnête, et qui forme la transition entre les nations de la Columbia et celles du Missouri.

» Le lendemain, M. Lewis, avec les Indiens, alla trouver ses amis qui remontaient la rivière dans leurs canots. Une femme mandane qui avait suivi l'expédition, étant l'épouse de l'interprète, témoigna beaucoup de joie à la vue des Indiens, qu'elle savait être de sa tribu; à la manière des sauvages, elle suça ses doigts. Bientôt après, une femme indienne se fit jour à travers la foule pour rejoindre la Mandane; elles se reconnurent l'une et l'autre, et s'embrassèrent avec beaucoup de vivacité. L'entrevue de ces deux femmes avait quelque chose de touchant, non seulement à cause de leurs sentiments animés, mais aussi à cause de leur situation. Compagnes dans la jeunesse, elles avaient été faites prisonnières toutes deux dans la même bataille par les Minetaries ou *gros ventres*; dans ce triste état, elles s'étaient souvent consolées mutuellement, jusqu'à ce que l'une d'elles trouvât moyen de s'échapper, mais sans espoir de voir jamais son amie délivrée des mains des ennemis. A peine cette scène intéressante se fut-elle passée que les deux partis s'étant joints et disposés à s'entretenir amicalement, *Sacageavah* (la femme de l'interprète) fut envoyée dans la tente du chef pour y servir elle-même d'interprète : mais quelle fut sa surprise lorsque, dans le chef, elle reconnut son frère! A l'instant elle se précipita sur lui et le couvrit de ses embrassements en versant des torrents de larmes : le chef même fut ému, mais il sut se modérer.

» Le voyage que MM. Lewis et Clarke entreprirent, d'après les indications de ces Indiens, à travers les chaînes des montagnes Rocheuses, fut extrêmement pénible, à cause des chemins rapides et rocailleux, et de la rareté des provisions. Cependant on trouvait des poissons dans quelques rivières, entre autres des saumons, généralement répandus dans les rivières qui coulent à l'ouest, tandis que le Missouri et ses affluents en sont privés : le froid, dans ces montagnes élevées, ajoutait aux désagréments du voyage. L'expédition avait remonté un courant très rapide dans l'espace de 3 milles; ainsi on peut bien évaluer à 6,000 pieds la hauteur à laquelle ils laissèrent leurs bateaux. Depuis ce point, ils avaient toujours monté; aussi, le 21 août, ils se trouvèrent dans un climat si froid que, dans la nuit, l'eau gela jusqu'à un quart de pouce dans les vases exposés à l'air; l'encre gelait dans la plume, et les terrains bas étaient couverts de gelée blanche, quoique, dans la journée, il fit très chaud.

» Les Indiens Shoschonies, parmi lesquels l'expédition se trouvait alors, forment une tribu de la nation dite *Indiens-Serpents*, dénomination vague sous laquelle on comprend tous les habitants des contrées méridionales des montagnes Rocheuses, ainsi que des plaines qui s'étendent sur les deux côtés. Cette tribu compte 900 guerriers, et peut-être 14,000 individus. Ils vivaient autrefois dans les plaines du Missouri; mais les *Pawkies*, ou Indiens voleurs, les ont chassés dans les montagnes, d'où ils ne sortent plus qu'à la dérobée pour visiter la terre de leurs ancêtres. Depuis le milieu de mai jusqu'au commencement de septembre, ils résident auprès des eaux de la Columbia, où ils se regardent comme à l'abri des attaques des Pawkies. Comme le saumon, leur principal aliment, disparaît au commencement de l'automne, ils sont contraints à chercher leur subsistance sur les bords du Missouri; mais ils n'avancent de ce côté qu'avec beaucoup de précaution et lorsqu'ils ont été joints par quelques tribus alliées. Après avoir chassé au buffle pendant l'hiver, le retour de la belle saison les ramène au bord de la Columbia. Dans cet état nomade et précaire, ils éprouvent des besoins extrêmes. Il se passe souvent des semaines entières sans qu'ils trouvent d'autre nourriture qu'un peu de poisson et de racines. Cependant ces privations ne sont pas capables d'abattre leur courage ou de diminuer leur bonne humeur. Cette tribu a de la dignité dans son état de détresse. Francs et communicatifs, ils mettent de la candeur dans les partages, et l'expédition n'a pas vu un seul exemple de vol ou de fraude, quoiqu'on exposât à leurs yeux un grand nombre d'objets nouveaux qui pouvaient tenter la cupidité. Tout en partageant avec leurs hôtes ce qu'ils possédaient, ils se gardaient bien de demander la moindre chose. Les Shoschonies aiment les habits somptueux: ils recherchent les amusements, surtout les jeux de hasard, et, comme d'autres Indiens, ils se vantent de leurs exploits guerriers vrais ou faux. Chaque individu est son propre maître, et la seule gêne imposée à sa conduite, c'est l'avis d'un chef qui exerce sur les opinions de la tribu une autorité de persuasion. L'homme a la propriété absolue de ses femmes et de ses filles; cependant on ne frappe jamais les enfants, de crainte d'affaiblir l'indépendance de leur esprit. La polygamie est commune chez ce peuple; mais les femmes qui appartiennent au même homme ne sont pas généralement des sœurs, comme chez les *Minetaries* et les *Mandanes*.

» Les Shoschonies entretiennent un grand nombre de chevaux. Ces animaux sont généralement d'une belle taille, vigoureux et endurcis contre les fatigues comme contre la faim. Semblable à l'Arabe, l'Indien a un ou deux chevaux attachés jour et nuit à un pieu auprès de sa cabane, afin d'être toujours prêt à agir. On dit que cette race de chevaux vient originairement des Espagnols, mais les Indiens en élèvent maintenant eux-mêmes. Ils ont aussi des mules qui viennent des Espagnols. Ils en font tant de cas, qu'une bonne mule vaut chez eux deux ou trois chevaux; il est vrai qu'elles sont d'une belle espèce.

» Le voyage de MM. Lewis et Clarke, qui nous a fait connaître le cours du Missouri, a été suivi de plusieurs autres courses entreprises par des chasseurs de la compagnie pour le commerce des fourrures, établie à New-York. Un parti de ces hommes intrépides, en remontant le ***Multnomah***, ou le bras méridional de la Columbia, dans une direction constante d'est-sud-est, franchirent, selon leur opinion, les premières branches du ***Rio-Colorado***, mais ce sont plutôt les affluents du ***Rio-San-Felipe***, ou même ceux du ***Rio-del-Norte***; car, après les avoir franchis, et en suivant toujours la même direction, ils atteignirent les sources de la rivière ***Plate***, qui, malgré son nom, leur offrit une belle navigation pendant 300 milles. Ce n'est qu'à cette distance de sa source que la rivière Plate devient impraticable, n'étant plus qu'un torrent vagabond qui se perd presque dans un lit de sables, où même un canot de cuir ne trouverait pas assez d'eau. Elle redevient navigable au village des ***Indiens-Ottos***, paisibles chasseurs de castors. Cette route passe tout entière sur des plateaux à travers des plaines; on pourrait la faire en voiture, selon ceux qui l'ont découverte (¹). Cette assertion a droit de nous étonner, d'autant plus que nous voyons le major Pike placer dans sa carte de très hautes montagnes, entre autres le ***Grand-Pic*** ou ***Big-Horn*** (²), sur la route qu'on prétend avoir suivie. Ce grand Pic doit avoir 12,700 pieds d'élévation au-dessus du niveau de la mer. L'étonnement et le doute augmentent, lorsqu'on apprend qu'une autre bande de chasseurs, partie du pays des Indiens-Ricaras, après avoir franchi le ***Petit-Missouri*** et la rivière ***Yellowstone*** (***Pierre-Jaune***), qu'ils nomment ***Bighorn-River***, visitèrent le ***Grand-Pic*** ou le ***Big-Horn***, virent un camp d'***Indiens-Absaroqua***, et marchèrent très long-temps à travers des montagnes âpres et couvertes de neige, au milieu desquelles ils assurent avoir descendu le Rio-Colorado pendant trois jours; ils franchirent ensuite une chaîne de montagnes, et se trouvèrent sur un affluent de la Columbia, nommé ***Rivière du Serpent***, ou ***Ky-Eyenem***, rivière qu'ils suivirent pendant 400 milles, jusqu'à un endroit où, roulant de cascades en cascades parmi des murs hauts de 200 pieds et taillés à pic, elle n'offrait plus de navigation, même aux hommes les plus audacieux. Ayant quitté cette rivière, ils atteignirent enfin un camp d'Indiens-Shoschonies, qui les conduisirent aux bords de la Columbia (³). Ces deux relations ne sauraient guère se concilier.

» Les parties méridionales du territoire du Missouri sont mieux connues. Le cours du

(¹) *National Intelligencer*, Journal de Washington, 22 juin 1813. — (²) *Pike*, Carte de l'intérieur de la Louisiane. — (³) *National Intelligencer*, Journal de Washington 22 juin 1813.

Kansas, ou de l'*Arkansas*, a été détermine par le major Pike et quelques autres officiers anglo-américains. Le sol, dans l'espace de 100 à 200 milles, à partir du Mississipi, présente des prairies, des bois et des collines. Les cascades et les *rapides* continuent ensuite à marquer les changements successifs de niveau peu considérables, jusqu'à une distance de 700 à 800 milles, où de très grands escarpements offrent l'apparence d'une chaîne de montagnes, ou plutôt le talus d'un grand plateau sur lequel les bisons et les chevaux sauvages errent en troupes innombrables. Les cotonniers dominent dans les bois. Le terrain qui sépare la rivière Rouge de l'Arkansas est couvert d'efflorescences salines; plusieurs ruisseaux y roulent une eau rougeâtre, imprégnée de sel. La végétation ne consiste qu'en plantes grasses et salifères. Il paraît que ce plateau salin continue jusqu'aux premières chaînes des montagnes du Nouveau-Mexique.

» Nous parlerons ici de toutes les tribus indiennes établies dans cette partie du Mississipi, quoique plusieurs d'entre elles soient encore, dans le fait, indépendantes des Anglo-Américains. L'analogie de langage, de mœurs et de coutumes entre les Osages, les Kansas, les Missouris, les Mahaws, ou Mahas, et les Ottos, indique une origine commune; tous paraissent avoir émigré des régions du nord-ouest, et s'être séparés par le besoin de pourvoir à leur subsistance en poursuivant le gibier dans des contrées lointaines et moins peuplées [1].

» Les *Mahaws*, les *Missouris* et les *Ottos* affectionnant les bords du Missouri, après avoir souffert beaucoup par les attaques perpétuelles des Sioux, ont été finalement presque détruits par les ravages de la petite-vérole que les blancs leur apportèrent.

» Les *Kansas* et les *Osages*, en se portant plus à l'est, se sont trouvés en collision avec les Ayonas, les Saques, les Potowatomies, les Shawanées, même avec les Chikkasâh et les Chactah ou Chactas.

» Le gouvernement de ces nations forme une espèce d'oligarchie républicaine, présidée par des chefs, la plupart héréditaires, mais qui souvent sont éclipsés par des guerriers illustres. Toute affaire importante est soumise à l'assemblée des guerriers, qui décident à la majorité des voix. Le peuple est divisé en trois classes. Le gros de la nation se compose de guerriers ou chasseurs; les jongleurs et les cuisiniers forment les deux autres classes. Les jongleurs, qui sont en même temps prêtres et magiciens, ont une grande influence sur les affaires publiques par leurs divinations, leurs sortiléges, et par l'interprétation des rêves. Quoi qu'il en soit, ils se montrent assez bons jongleurs. Ils s'enfoncent de larges couteaux dans la gorge en répandant le sang à gros bouillons; ils insèrent des bâtons aigus dans leur nez, ou ils rejettent par les narines des os qu'ils ont avalés auparavant; d'autres percent leur langue d'un bâton, et se la font couper pour rejoindre ensuite les morceaux, sans qu'il reste aucune trace de l'opération. Les cuisiniers sont au service du public, ou attachés à quelque personnage marquant. Ce sont quelquefois d'anciens guerriers qui, se trouvant affaiblis par l'âge ou accablés d'infirmités, et ayant perdu toute leur famille, se voient obligés d'embrasser cette profession; chargés en même temps des fonctions de crieurs publics, ils convoquent les chefs aux conseils ou aux festins.

» Les mets ordinaires des Osages sont des épis verts de maïs préparés avec de la graisse de bison, des citrouilles bouillies et des viandes. Ils sont hospitaliers par ostentation. Lorsqu'un Américain des États-Unis entre dans un village, l'usage veut qu'il se présente d'abord à la cabane du chef, qui lui sert un repas où son hôte mange le premier, à la manière des anciens patriarches. Ensuite tous les personnages les plus importants du village invitent l'étranger, et ce serait leur faire une grande insulte que de ne point obéir à l'appel; en sorte que dans une même après-dînée on peut recevoir douze ou quinze invitations; c'est le cuisinier qui les fait, en criant: « Venez et mangez, un tel donne un festin; venez et jouissez de sa libéralité. »

» Les cabanes, dans les villages, sont dressées sans ordre, et quelquefois si rapprochées qu'elles obstruent le passage. Pour surcroît d'embarras, les chevaux parquent la nuit au milieu des rues, lorsqu'on a lieu de craindre que l'ennemi ne rôde dans le voisinage. Du reste, leurs habitations sont fraîches et très propres.

» Les Osages sont redoutés comme une na-

(1) *Pike*, Voyage, II, p. 258.

tion brave et belliqueuse par les peuplades au sud et à l'ouest de leur territoire; mais ils ne sauraient lutter avec les guerriers des nations septentrionales, munis de bons fusils rayés, et envers lesquels ils jouent sagement les rôles de quakers du désert, en continuant de faire une guerre implacable aux sauvages de l'occident, nus et sans défense, ou seulement armés de flèches et de lances. »

Les Osages, autrefois si puissants, ne comptent plus maintenant que 3,000 guerriers, divisés en plusieurs bandes. Ils se distinguent des autres Indiens par une taille élevée, des formes élégantes et une couleur de peau rouge brique. Leur crâne est large dans sa partie inférieure, étroit, mais fort élevé dans sa partie supérieure; les pommettes de leurs joues sont très saillantes, et ils ont tous l'occipital comprimé; et comme cette disposition est une beauté parmi eux, les mères lient toujours leurs nouveau-nés sur une planche pour leur aplatir ainsi tout le derrière de la tête.

Chez eux, suivant un voyageur récent, la dignité de chef est héréditaire, et passe avec le nom de mâle en mâle par ordre de primogéniture. Si l'héritier est en bas âge, le plus proche parent est déclaré tuteur, et si celui-ci est bon chasseur et bon guerrier, il lui arrive souvent de prendre la place de son pupille. « Le chef a ses conseillers, vieillards distingués » par leur sagesse. On remarque aujourd'hui » parmi eux le Petit-Chef (***Ka-hi-gue-chiga***), » un des cinq qui vinrent à Paris il y a environ » dix ans, et qui furent si indignement » trompés par leur conducteur. Il paraît qu'on » les a volés, car le Petit-Chef nous demanda » fort ingénument de lui envoyer ses six malles » quand nous serions revenus en France. » La dignité de chef n'entraîne aucun pouvoir » avec elle, mais celui qui y joint les qualités » d'un bon partisan et celle d'un sage conseiller, » jouit de la plus haute considération [1]. »

« Les ***Kansas***, sur la rivière de leur nom, quoique moins nombreux que les Osages, sont plus redoutables par leur courage, et font quelquefois trembler jusqu'aux Panis. Du reste, ils reconnaissent, comme les Osages, la protection des États-Unis.

[1] Voyage aux États-Unis par M. H. Laurent, en 1835.

» Les ***Li-Panis***, autrefois établis près de la mer, errent depuis le Rio-Grande jusque dans l'intérieur du pays de Texas, et vivent en paix avec les Espagnols du Mexique; mais ils font la guerre aux Tetans et aux Apaches. Ils ont les cheveux blonds, et sont généralement de beaux hommes, formant environ 800 guerriers, divisés en trois bandes. Ils donnent la chasse aux chevaux sauvages, et les domptent pour les vendre ensuite aux Mexicains. Ils paraissent être une branche des Panis. La lance, l'arc et les flèches sont leurs seules armes.

» Les ***Panis***, ou ***Pawnées***, appelés ***Padoucas*** par les Espagnols, forment une nation nombreuse, disséminée sur les bords des rivières Plate et Kansas, et divisée en trois branches principales, savoir : les ***grands Panis***, les ***Panis républicains***, et les ***Panis loups***, qui quelquefois se font la guerre. Ils ont la stature haute et élancée, les os des joues fort proéminents, et la prononciation gutturale. Leur langage a plus de rapport avec celui des Sioux qu'avec l'idiome des Osages. Leur gouvernement a la forme d'une aristocratie héréditaire, comme chez les Osages, mais ils sont moins policés.

» La chasse du bison, qui abonde dans leur territoire, ne les empêche pas de s'appliquer à la culture des champs, ni de penser à l'avenir, en faisant des provisions pour l'hiver. Ils coupent les citrouilles en tranches fort minces, qu'ils font sécher au soleil, afin d'avoir de quoi donner à leur soupe quelque consistance pendant toute l'année. Ils ont des troupeaux d'excellents chevaux, dont ils prennent le plus grand soin; cependant ils font la guerre à pied, en cherchant des positions où ils puissent se servir avec avantage de leurs armes à feu.

» Les maisons sont de forme ronde, avec une saillie vers la porte; chaque membre de la famille a sa chambre particulière. Ils aiment les jeux d'exercice, auxquels ils se livrent dans des places publiques de 7 à 800 pieds de long, préparées exprès de chaque côté du village [1].

» Les ***Tetans***, ou ***Ietans***, établis sur le bord de la haute rivière Rouge, de l'Arkansas, et près du Rio-del-Norte, étendent leurs courses vers le sud jusqu'à la basse rivière Rouge,

[1] *Pike*, t. II, p. 277-281.

vers l'est au territoire des Panis et des Osages, vers le nord dans des pays occupés par les Yutas, les Kiaways et d'autres nations encore peu connues; et, vers l'ouest, elles ne se bornent pas toujours aux frontières du Nouveau-Mexique. C'est la seule nation limitrophe dont les Américains-Espagnols reconnaissent l'indépendance; ils les désignent sous le nom de *Camanches*, ou *Cumanches*. Les Tetans sont armés d'arcs, de flèches, de lances, de frondes, de boucliers, et sont très bons cavaliers; souvent ils ont appris aux Espagnols à trembler devant eux, en laissant des traces effrayantes de leurs incursions.

» Les *Kiaways* et les *Yutas* parlent la même langue que les Tetans; mais ils sont souvent en guerre entre eux, ainsi qu'avec les Panis et les Sioux. Ils sont armés de lances, d'arcs et de flèches, et font la chasse au bison. Les Kiaways, qu'on estime à 1,000 guerriers, errent autour des sources de la rivière Plate. Les Yutas, plus nombreux et un peu plus policés à cause de leurs liaisons avec les Américains-Espagnols, fréquentent les sources du Rio-del-Norte [1].

» Les *Tancards*, armés de lances, d'arcs et de flèches, comptent 600 guerriers, et parcourent les bords de la rivière Rouge en poursuivant les bisons et les chevaux sauvages. Ils sont presque tous grands et beaux. Une sorte de gloussement est particulier à leur langage, dont la pauvreté les force d'ailleurs de recourir souvent aux signes. Ils trafiquent avec les Mexicains du Texas, et possèdent de grands troupeaux de chevaux; mais leur civilisation n'avance pas, quoiqu'ils soient, après les Apaches, les Indiens les plus indépendants de ces contrées. »

[1] *Pike*, t. II, p. 94.

Les *Arikaras*, qui demeuraient jadis sur les bords du Missouri, en furent chassés par les Sioux; ils vivent aujourd'hui à l'ouest du Mississipi. Ces Indiens passent pour les plus sauvages de la contrée qu'ils habitent. Ils se sont toujours montrés peu fidèles à tenir leurs promesses; ils manifestent même une haine invétérée pour les blancs, et tuent tous ceux qu'ils rencontrent. Cependant, depuis qu'ils sont réduits au nombre d'environ 2,000, ils commencent à sentir la nécessité de vivre en paix avec les blancs. Ils ont, il y a quelques années, offert de cultiver des terres si le gouvernement américain leur en concédait.

Les *Cheyennes* passent pour les plus beaux de tous les peuples que nous venons de nommer. Leurs femmes sont remarquables par leur beauté et par la délicatesse de leurs traits. Ils ont quitté les bords du Missouri pour errer entre la Plate et l'Arkansas, près des montagnes Rocheuses. On évalue leur nombre à 2,640 individus.

Les *Arépabas*, au nombre de 3,600, sont moins belliqueux que les Cheyennes. L'arc et la flèche sont leurs principales armes à la guerre et à la chasse au bison. Un très petit nombre d'entre eux se sert d'armes à feu et de munitions que leur fournissent les marchands américains en échange de robes et de pelleteries. Bons cavaliers, ils s'élancent au galop au milieu d'un troupeau de bisons, et tuent ces animaux à coups de flèche. Autrefois ils vivaient sur le Marias-River, près des fourches du Missouri; mais ils se sont éloignés vers l'ouest depuis long-temps [1].

[1] Expédition faite aux montagnes Rocheuses en 1835 par le colonel H. Dodge.

LIVRE CENT QUATRE-VINGT-DEUXIÈME.

Coup d'œil sur les monuments d'une antique civilisation, observés sur le territoire des États-Unis.

Les peuplades sauvages de l'Amérique septentrionale paraissent avoir succédé à des peuples plus anciens et plus civilisés, à en juger par les monuments découverts, depuis la fin du dix-huitième siècle jusque dans ces derniers temps, sur différents points du territoire de l'Union. Du moins il est certain que ces peuplades n'ont aucune tradition qui se rapporte à ces monuments. Mettant à profit les descriptions qui en ont été faites par différents voyageurs, et surtout les savantes recherches de M. Warden sur ce sujet ([1]), nous allons jeter un coup d'œil rapide sur ces débris antiques : ce sera en donner une idée suffisante. Nous ne pouvons, dans un ouvrage destiné à résumer toutes nos connaissances géographiques, passer sous silence des monuments qui se rattachent à une question qui sera longtemps insoluble, celle de savoir si l'Amérique a possédé une population autochthone, ou si elle a été peuplée par des races appartenant à l'ancien continent.

Les monuments antiques trouvés jusqu'à ce jour sur l'immense territoire de l'Union appartiennent à cinq classes principales, savoir : *tombeaux*, *murailles*, *inscriptions*, *idoles*, *momies*.

Les tombeaux consistent en tertres, que l'on désigne communément sous le nom de *tumuli*. Ordinairement ils sont en terre, et quelquefois en pierres. Construits à peu près sur le même modèle, ils ne diffèrent que par les dimensions qui, en général, sont plus considérables dans la partie méridionale des Etats-Unis que dans la partie septentrionale. Vers le nord ils ont 10 à 12 pieds de diamètre à leur base, et 4 à 5 pieds de hauteur ; vers le sud ils couvrent une surface de plusieurs arpents, et ont 80 à 90 pieds d'élévation. Sur la *Cahokia*, petite rivière qui parcourt l'Etat d'Illinois et va se jeter dans le Mississipi, il existe vis-à-vis de la ville de Saint-Louis plus de 100 *tumuli*, formant différents groupes. L'un de ces tombeaux a 100 pieds de hauteur et 800 de diamètre à sa base. Un autre, situé dans le district appelé *American Bottom*, a la forme d'un parallélogramme : il a 2,400 pieds de circuit et 90 de hauteur. Non loin des rives de l'Ohio, entre deux de ses affluents, appelés la *Petite Grave-Creek* et la *Grande Grave-Creek*, se trouve le *Grand Tombeau* (*Big-Grave*) qui a 300 pieds de diamètre à sa base, et 90 de hauteur. Le sommet est creusé en forme d'amphithéâtre, avec un rebord de 7 à 8 pieds d'épaisseur. Une ouverture pratiquée dans ce tombeau y a fait découvrir plusieurs milliers de squelettes humains.

Ces deux monuments funéraires sont les plus grands que l'on ait encore observés, à l'exception du *Mont Joliet*, situé dans l'Etat d'Illinois, et qui paraît être aussi un *tumulus* : c'est évidemment un monument de l'art. Il a environ 1,000 à 1,200 pieds de longueur sur 600 à 900 de largeur. Quant à ceux de moindre dimension, ils sont dans certains lieux tellement nombreux qu'il est impossible de ne pas admettre qu'à l'époque de leur construction la population indigène était beaucoup plus considérable qu'elle ne l'est aujourd'hui. Ainsi, au nord et à une petite distance de Saint-Louis, on compte jusqu'à 27 *tumuli* groupés, tous de forme et de grandeur différentes, mais, ce qui est assez remarquable, tous alignés du nord au sud ; la plupart ont la forme d'un carré oblong. Assez ordinairement ces tombeaux sont situés sur le bord des rivières.

Dans l'Etat d'Indiana il existe aussi un grand nombre de tertres qui ont depuis 4 jusqu'à 30 pieds de hauteur ; plusieurs sont construits en pierres entassées les unes sur les autres : l'un de ceux-ci a 10 pieds de hauteur et 175 de circonférence. L'Etat d'Illinois en offre envi-

([1]) Recherches sur les antiquités des États-Unis de l'Amérique septentrionale. — Recueil de Voyages et de Mémoires, publié par la Société de géographie, tom. II.

ron 150 dans un espace de 6 ou 7 lieues au-dessus et au-dessous du Kaskaskias. Enfin, pour donner une idée du grand nombre de ces monuments, il suffit de dire que dans le seul Etat de la Louisiane, M. Brackenridge estime qu'il y en a plus de 3,000 (1).

Ce qui peut faire apprécier le degré de civilisation du peuple qui les a érigés, ce sont les objets fabriqués qu'on y a découverts. Une courte énumération de ces objets fera voir qu'on s'est plu à exagérer l'état de cette civilisation, bien qu'elle soit supérieure à celle des indigènes de nos jours, qui du reste ne construisent aucune sépulture de ce genre.

On a trouvé dans la plupart de ces tombeaux des haches assez semblables à celles dont les tribus américaines se servent encore à la guerre; des pilons en pierre, des vases de terre, des médailles en cuivre, des pointes de flèches du même métal, des chapelets dont les grains étaient passés dans un fil de lin, des têtes de pipe en cuivre mal battu, des poteries assez bien conservées et formées de silex et d'argile. Dans un des tertres des environs de Marietta, ville de l'Etat d'Ohio, on a découvert quelques pièces de cuivre qui paraissent avoir formé le devant d'un casque. Un des tertres ouverts près de Circleville, dans l'Etat d'Ohio, a présenté une grande quantité de pointes propres à armer des flèches, et la poignée d'une petite épée faite en corne de cerf. Dans un autre *tumulus* des environs de la même ville, se trouvaient des couteaux et des haches en pierre. Près de Louisville, dans l'Etat de Kentucky, on a trouvé, avec des ossements humains, des pointes de flèches en silex.

On a cherché à évaluer l'antiquité de ces tombeaux par la dimension des arbres qui croissent sur leurs sommets et dans les fossés qui les entourent; mais on conçoit que cette évaluation ne peut être qu'approximative, attendu que ces arbres n'y ont point été plantés par ceux qui ont élevé ces monuments, et qu'ils y ont poussé naturellement à une époque plus ou moins ancienne. Cependant des *platanes* de l'espèce appelée *platanus occidentalis* indiquèrent par la grosseur de leur tronc et par le nombre des couches concentriques qui le formaient un nombre d'années assez considérable. Lorsque des Français fondèrent en 1788 la ville de Marietta, qu'ils nommèrent ainsi en l'honneur de la reine Marie-Antoinette, les tertres qui s'élèvent près de son emplacement étaient couverts d'arbres de dimensions prodigieuses. Quelques uns paraissaient avoir près de 500 ans; mais ils étaient postérieurs à d'autres arbres morts de vétusté, dont les troncs pourris avaient 6 à 8 pieds de diamètre, et tout portait à croire qu'il y avait eu antérieurement à ceux-ci d'autres arbres dont on retrouvait les débris décomposés. Un bouleau qui présentait 136 cercles d'accroissement paraissait avoir pris la place d'un arbre d'une autre espèce. « Si donc nous » admettons, dit à ce sujet le docteur Cutler, » que les arbres actuels aient 450 ans, et que » les anciens en aient eu autant, il résulterait » que ces ouvrages ont été abandonnés de» puis 900; et en supposant qu'ils aient été » occupés l'espace de 100 ans, leur origine » remonterait au moins à 1,000 ans. » On conçoit, nous le répétons, que ces arbres, ayant poussé spontanément, soient postérieurs de plus d'un siècle à l'érection de ces *tumuli*, ce qui porterait l'antiquité de ceux-ci à près de 12 siècles. En général on a remarqué sur ces monuments des arbres aussi grands et probablement aussi vieux que ceux des antiques forêts voisines.

Cependant nous devons faire remarquer que les monuments funéraires dont nous venons de parler paraissent être d'une époque plus ancienne que d'autres dont nous allons dire un mot, et qui, mal observés d'abord, ont été le sujet de suppositions fort singulières.

Sur les bords du Merameg, ou *Maramec*, appelé aussi *Merrimack*, affluent du Missisipi, MM. Say et Peale remarquèrent une foule de tombeaux qui avaient déjà été explorés et qui passaient pour renfermer les ossements d'une race d'hommes au-dessous de la taille ordinaire: on avait même donné le nom de Lilliput à cet emplacement, que l'on regardait comme contenant les restes d'une ville qui avait été habitée par des pygmées. Enfin, comme on avait trouvé dans un de ces tombeaux la tête d'un vieillard sans dents, on en avait conclu qu'il avait existé dans le voisinage de cette ville une race d'hommes ayant les mâchoires comme celles des tortues. Ces

(1) *H. Brackenridge*: On the population and tumuli of the aborigenes of North America.

tombeaux ne s'élèvent pas comme les autres au-dessus du sol ; on les reconnaît aux pierres verticales qui les entourent, et dont on n'aperçoit que les extrémités ; d'autres pierres placées horizontalement les recouvrent. Ce qui a fait supposer l'antique existence d'une peuplade de nains dans la contrée, c'est que les tombes n'ont ordinairement que 3 à 4 pieds de longueur, fait qui s'est trouvé expliqué tout naturellement par la découverte d'un squelette bien conservé, qui avait les os des jambes repliées contre les cuisses. Ces os paraissent avoir été disséqués, comme c'est encore la coutume chez quelques tribus de l'Amérique du nord. Tout porte à croire enfin que ces tombes contiennent les restes d'un peuple plus moderne que celui qui a élevé les tertres. Mais cependant ce peuple était d'une autre race que les Indiens d'aujourd'hui : ces derniers sont grands, minces et bien faits, tandis que ceux dont on retrouve les sépultures sur les bords du Maramec étaient courts et trapus.

Examinons maintenant les grandes constructions en terre, en pierres ou en briques : elles offrent d'autant plus d'intérêt qu'elles semblent annoncer un plus haut degré de civilisation que l'érection des monuments funéraires que nous venons de passer en revue. Elles consistent en murailles de terre qui s'élèvent parallèlement sur le sol, et en murailles souterraines quelquefois en terre, et d'autres fois en briques et en pierres. On a considéré les premières comme des restes de fortifications, et en effet tout semble annoncer qu'elles ont été faites dans un but stratégique. Elles se composent de parapets et de fossés, avec cette particularité que les portes s'ouvrent toutes du côté du levant. Quelques unes sont surtout remarquables par leur étendue. Celle que l'on voit près de la ville de Chillicothe, dans l'Etat d'Ohio, couvre plus de 40 hectares de superficie ; c'est une muraille en terre de 12 pieds de hauteur et de 20 d'épaisseur à sa base, entourée de tous côtés, excepté de celui de la rivière, d'un fossé large d'environ 20 pieds. La plupart, situées sur le bord des rivières, sont de forme rectangulaire, et ont plus de 700 pieds de longueur et 600 pieds de largeur ; d'autres, placées à quelque distance des cours d'eau, sont circulaires et ont rarement plus de 150 pieds de diamètre. Des travaux semblables s'étendent d'un côté depuis les bords méridionaux du lac Erié jusqu'au golfe du Mexique, et de l'autre sur les rives du Missouri, et depuis ce cours d'eau jusqu'aux montagnes Rocheuses.

A partir de l'embouchure du Cataragus-Creek, dans le lac Erié, dit M. Warden, on rencontre une ligne de ces fortifications qui s'étendent l'espace de 50 milles vers le sud, et qui ne sont éloignées les unes des autres que de 4 à 5 milles. Dans la partie occidentale de l'Etat de New-York, on trouve les vestiges d'une ville défendue par des forts, et dont l'emplacement paraît avoir occupé plus de 202 hectares. « L'ancienne fortification, découverte par le capitaine Carver, près du lac » Pépin et du Missouri, par 43° 50′ de latitude nord, a près d'un mille d'étendue. Elle » est de forme circulaire, et la surface qu'embrassent ses remparts pourrait contenir » 5,000 hommes. »

« Quoique ces ouvrages, dit Carver, aient » été déformés par le temps, on en distingue » néanmoins les angles, qui paraissent avoir » été construits suivant les règles de l'art militaire et avec autant de régularité que si » Vauban lui-même en eût tracé le plan. »

L'Etat de New-York possède, dans le comté d'Onondoga, et dans le district de Pompey, les restes d'une ville antique qui a dû occuper une superficie d'environ 203 hectares ; à l'est et au nord il existe une descente perpendiculaire d'environ 100 pieds de profondeur, dans un ravin au fond duquel coule un ruisseau. Trois forts de forme circulaire, éloignés l'un de l'autre de 8 milles, forment un triangle qui embrasse la ville [1].

Aux environs de Newark, dans l'Etat d'Ohio, au sud du Racoon-Creek, affluent du Licking, s'étendent, sur une longueur de 11 milles et sur une largeur de 8, des fortifications antiques d'une grande importance. On remarque à l'ouest un fort de forme ronde occupant une superficie de 844 pieds carrés, et communiquant par deux murailles parallèles en terre, hautes de 10 pieds, avec un fort octogone dont les murs sont de la même hauteur et qui couvre une surface de 1,535 pieds carrés. On entre dans ce fort par huit

[1] M. *de Witt Clinton* : Mémoire sur les antiquités de la partie septentrionale de l'État de New-York, — 1820.

ouvertures d'environ 15 pieds de large, défendues chacune par un tertre dont la hauteur et l'épaisseur égalent celles des murs extérieurs. A 6 milles au sud-est du premier fort rond, s'en élève un second de la même forme et de la même dimension, mais dont les murailles ont 30 pieds de hauteur, et qui est environné d'un fossé profond. Vis-à-vis l'entrée de ce fort, se prolonge, vers le nord-est, une double muraille qui forme un passage conduisant à un fort carré occupant 768 pieds de superficie, et communiquant, par deux passages formés de murailles parallèles, à une muraille bâtie en demi-cercle et défendue à chaque extrémité par deux tours rondes. Du fort carré on communique, par un chemin couvert formé de deux murs en terre, avec le fort de forme octogone; enfin, près de celui-ci, s'étend vers le nord et vers le sud un autre chemin couvert, dont les extrémités sont défendues aussi par deux tours rondes.

A 4 ou 5 milles au nord-ouest de Sommerset, on remarque un grand fort de forme presque triangulaire; il diffère de la plupart des autres moins par la forme que par sa construction : les murs se composent de quartiers bruts de rochers, qui ne présentent aucune trace d'instruments de fer; au centre s'élève un môle en pierres, construit en forme de pain de sucre et haut de 12 à 15 pieds.

Près de Marietta, des restes de vastes constructions paraissent représenter une ville carrée de 1,535 pieds de superficie, défendue par des chemins couverts et deux forts, l'un carré et l'autre rond. Mais malgré l'incertitude où l'on est si quelques unes de ces constructions ont pu être des villes, celle qui par son étendue pourrait avoir renfermé des habitants est l'ensemble de fortifications que l'on remarque à 5 ou 6 milles de Chillicothe. On y remarque un ouvrage circulaire environné de murs et de fossés, qui paraît être un enclos sacré destiné aux sépultures : la grande quantité d'ossements que l'on y a trouvés semble prouver qu'une nombreuse population a demeuré au milieu des fortifications qui ont dû former l'enceinte de la ville.

Nous avons vu plus haut que des officiers instruits ont trouvé dans quelques uns de ces travaux des traces d'une certaine connaissance de l'art militaire : rien ne peut mieux justifier cette opinion que les anciennes fortifications que l'on remarque sur une colline escarpée qui borde la rive gauche du Petit-Miami, à une dizaine de lieues de Cincinnati, dans l'Etat d'Ohio. Ces fortifications, qui occupent une longueur de 1,600 mètres du sud au nord, et une largeur de 5 à 600 mètres, présentent une suite d'angles saillants et rentrants qui leur donne beaucoup de ressemblance avec les travaux des modernes. Les murailles en terre, hautes de 18 à 20 pieds, en ont 72 d'épaisseur à leur base.

Dans l'Etat de Kentucky on voit, sur un terrain élevé, près des sources de l'Hikmans-Creek et de la ville de Lexington, les restes d'une ancienne cité qui a dû être considérable. Elle occupe une étendue de 5 à 600 arpents; sa forme est celle d'un polygone irrégulier à sept côtés inégaux, dont le plus grand a 1,080 pieds de longueur et le plus petit 360.

Sur le territoire d'Arkansas, dit M. Warden, M. Savage a découvert, près de la rivière de Saint-François, les ruines d'une ville fortifiée d'une grande étendue, et les débris d'une citadelle construite en briques et en ciment. Des arbres, dont quelques uns paraissaient avoir plus de 300 ans, avaient pris racine sur ces murailles.

Dans l'Etat de Missouri, parmi d'anciens travaux de fortifications, on cite une muraille en terre longue de 3,858 pieds, haute de 8 et épaisse de 75 à sa base, qui s'étend sur le bord du Missouri. Une autre, de 6 pieds de hauteur, va depuis l'extrémité de la précédente jusqu'à la distance de 3,300 pieds.

Toutes ces constructions ne sont réellement remarquables que parce qu'elles ne peuvent être attribuées aux ancêtres des Indiens d'aujourd'hui, qui n'en élèvent aucune de cette importance ni de cette solidité. Le peuple qui les a faites était certainement plus avancé en civilisation que les misérables sauvages qui errent dans les contrées occidentales de l'Amérique du nord; mais cette civilisation n'est point à comparer à celle des Mexicains et des Péruviens, et encore moins à celle des antiques nations de l'ancien continent.

Cependant, comme si ce n'était pas assez de trouver sur le territoire des Etats-Unis les traces d'un peuple antérieur à la population actuelle, des restes de constructions en pierres, remarquables par leur régularité, nous révèlent dans la même contrée l'existence d'une nation plus avancée en civilisation que celle qui a élevé cette foule de tertres et ces nombreuses fortifications dont nous n'avons présenté qu'un aperçu rapide. A deux milles de Louisiana, sur le Noyer-Creek, ruisseau qui se jette dans le Mississipi, s'élèvent quelques uns des monuments dont nous voulons parler. L'un deux, construit en pierres informes, a 56 pieds de longueur et 22 de largeur : c'est un bâtiment divisé en quatre salles, dont la dernière est aussi grande que les trois autres ensemble. Un petit bâtiment carré à l'extérieur, mais qui renferme deux salles de même forme, séparées par une de forme ovale, se remarque à quelque distance de là. Ces édifices présentent des voûtes assez bien faites, construites en petites pierres taillées avec régularité. On peut attribuer encore à la même nation des murailles tantôt parallèles, tantôt circulaires, ou d'une forme oblongue fort allongée, que l'on suppose avoir été bâties pour former des enceintes destinées à la célébration des jeux; la plupart de ces constructions sont aussi en pierres. Enfin, il est probable qu'ils appartiennent au même peuple ces puits construits en briques, que des fouilles ont fait découvrir sur les bords de la Delaware.

Telles sont les grandes constructions que des populations inconnues ont laissées sur le sol des États-Unis. M. Brackenridge en porte le nombre à plus de 5,000. Il nous reste à parler de quelques antiquités moins considérables, mais non moins intéressantes. Au premier rang se place un rocher de gneiss, trouvé sur le bord de la mer, à l'embouchure de la rivière de Taunton, dans l'État de Massachusetts, et chargé de figures que l'on a considérées comme des hiéroglyphes et de caractères que l'on a regardés comme phéniciens : ce qui prouverait que l'Amérique a été connue des anciens. Mais, malgré l'opinion de Court de Gébelin et de quelques auteurs récents, tels que MM. Yates et Moulton [1], l'origine qu'on a voulu assigner à ce monument nous semble loin d'être prouvée. En effet, selon nous, ou le monument est phénicien, et alors l'inscription ne doit présenter que des caractères appartenant à l'alphabet des Phéniciens, ou il est étranger à ce peuple, et dans ce cas il n'offrira que de faibles analogies avec son écriture : et c'est en effet ce que nous remarquons dans l'inscription hiéroglyphique en question. En retranchant de cette inscription sept ou huit figures d'hommes et d'animaux qui n'ont jamais pu être tracées par une main phénicienne, tant elles sont grossières, il reste plus de 80 caractères, parmi lesquels on en trouve à peine 7 ou 8 qui aient quelque ressemblance avec les lettres phéniciennes. Du reste, nos doutes à l'égard de l'origine de ce monument ne lui ôtent pas même à nos yeux tout l'intérêt qu'il mérite : il est assez remarquable sous d'autres rapports. Il n'est visible qu'à la marée basse; sa hauteur est d'environ 5 pieds, et sa largeur, à sa base, est de 10 à 12 pieds. Sa surface est polie, et peut-être même sa masse a-t-elle été taillée, car il est à trois faces, terminé en pointe, imitant grossièrement la forme d'une pyramide. Les caractères et les figures qui couvrent l'une de ses faces *ne sont gravés qu'au trait; mais la profondeur* des lignes, qui n'excède pas un tiers de pouce, et dont la largeur varie d'un demi-pouce à un pouce, annonce qu'elles ont été faites avec un instrument de fer qui devait avoir la forme d'un segment de cylindre : ce qui annonce la connaissance de plusieurs arts que ne possèdent point les sauvages de l'Amérique septentrionale.

A *Bollows-Falls*, dans l'État de Vermont, au sud de la rivière de Connecticut, on découvrit en 1823 un roc de 6 pieds de longueur et de 4 de hauteur, qui est chaque année couvert pendant les grosses eaux, et sur lequel sont gravées en creux des figures humaines. A l'extrémité de ce rocher, une tête d'homme sculptée en relief est d'autant plus remarquable qu'elle a été peu endommagée par le mouvement des eaux, et qu'elle a conservé presque tout son caractère original. Le nez, la bouche et les yeux sont presque détruits, mais le front, les joues et le menton sont, il est vrai, bien conservés, et attestent que ce travail est d'une main assez habile. Ce qui reste de cette tête n'offre aucun des caractères des naturels de nos jours.

Nous pourrions citer dix ou douze autres exemples d'inscriptions ou de sculptures gravées sur des rochers dans différentes parties du territoire de l'Union, et qui ne sont point l'ouvrage des peuplades actuelles. Le plus

[1] History of the state of New-York.

remarquable de ces monuments est un rocher de grès très dur, situé au confluent de l'Elk et de la Kanhava. Sur l'un des côtés du rocher on a gravé une tortue, un aigle avec les ailes déployées, un enfant dont les traits sont bien sculptés, et plusieurs figures au nombre desquelles on distingue celle d'une femme. Sur l'autre côté on remarque, parmi d'autres figures, celle d'un homme dans l'attitude d'une personne qui prie, et dont la tête est terminée en pointe ou coiffée d'un bonnet pointu. Plus loin, une figure semblable est suspendue à une corde par les talons. On doit s'étonner de la patience qu'il a fallu pour graver ces figures sur un roc tellement dur que l'acier peut à peine l'entamer.

Un autre rocher a mérité d'attirer l'attention des antiquaires; il est calcaire, et a été détaché de la chaîne qui borde le Mississipi près de Saint-Louis. Sa longueur est de 8 à 10 pieds, et sa largeur de 3 à 4. Il porte l'empreinte assez bien sculptée de deux pieds d'homme.

Les idoles et les vases que l'on a trouvés, soit dans des tombeaux, soit dans d'autres constructions, ne ressemblent pas plus que ces mêmes constructions aux objets qui sortent aujourd'hui des mains des sauvages de l'Amérique. L'une de ces idoles, découverte dans un *tumulus* près de Nashville, dans l'État de Tennessée, représente le buste d'un homme; ses bras et son visage étaient mutilés; mais sur le sommet de sa tête étaient sculptés une tresse et un gâteau. Dans une antique forteresse située sur le Cany, affluent de la rivière de Cumberland, on a découvert, dit M. Warden, à 4 pieds de profondeur, un vase composé de trois têtes jointes ensemble par derrière auprès de leur sommet, au moyen d'un col qui s'élève au-dessus de ces têtes d'environ 3 pouces. Le col a 6 pouces de circonférence; il est creux aussi bien que les têtes, et peut contenir une pinte de liquide. Ce vase est fait d'une argile durcie par le feu; il est peint : les figures surtout sont ornées de couleurs variées, que l'humidité du sol n'a point altérées, bien qu'il ait dû être enfoui pendant des siècles. Les savants américains qui en ont donné la description ont trouvé dans ces figures les caractères qui distinguent les peuples tatars (1). On a prétendu aussi que l'idole que nous venons de citer ressemblait à celle que Pallas a recueillie dans la Russie méridionale. Mais nous ferons observer à ce sujet que de pareils traits de ressemblance dans des monuments grossiers des arts ne sont pas suffisants pour en conclure qu'ils ont une origine commune. Dans tous les pays, les premiers essais de l'homme dans les arts du dessin offrent nécessairement un certain degré d'analogie, il serait téméraire d'y chercher des caractères de race : rien ne ressemble plus à la laide physionomie d'un Tatar ou d'un Mogol que le premier essai de figure humaine sorti des doigts grossiers d'un sauvage de l'Amérique ou de l'Océanie.

Il ne nous reste plus qu'à parler des momies des anciens peuples de l'Amérique septentrionale. On en a trouvé plusieurs dans des cavernes calcaires de l'État de Kentucky, principalement dans celle du *Mammouth*, qui a été ainsi nommée, dit M. Warden, à cause de sa grande étendue, qui est de 10 milles de longueur et de 25 milles en y comprenant ses différents embranchements. Toutes ces cavernes renferment une grande quantité de nitre. On y a découvert des momies, à des profondeurs plus ou moins considérables, dans des couches de terre saturées de cette substance. L'une d'elles se trouvait à 10 pieds au-dessous du sol; elle était placée dans une sorte de cercueil composée de plusieurs pierres, dont une formait le dessus. Elle était accroupie, comme dans certains tombeaux dont nous avons parlé; elle avait les genoux repliés sur la poitrine, les bras croisés et les mains passées l'une sur l'autre, à la hauteur du menton. Toutes les parties du corps étaient parfaitement conservées, mais tellement desséchées, que, malgré une stature de 5 pieds 5 à 6 pouces, elle ne pesait pas plus de 12 à 14 livres. On n'y remarquait aucune incision qui indiquât que les viscères en aient été retirés. Elle n'était recouverte d'aucun bandage, ni d'aucune substance aromatique ou bitumineuse; mais elle était revêtue de quatre enveloppes différentes : la plus inférieure se composait d'une sorte d'étoffe faite de ficelle double, tordue d'une manière toute particulière, et de grandes plumes brunes entrelacées avec beaucoup d'art; la seconde était de la même étoffe, mais sans plumes; la troisième était d'une peau de daim

(1) *Archæologia americana*, p. 211 et 238.

sans poil, et la quatrième et dernière, d'une peau de daim avec le poil.

Le savant docteur Mitchill, en décrivant une momie absolument semblable, trouvée aux environs de Glasgow, dans le Kentucky, a cherché à établir, sur la ressemblance qui existe entre la toile en ficelle, le tissu en plumes qui lui servaient d'enveloppe, et les étoffes semblables que fabriquent les habitants des îles de l'Océanie, la preuve que les premiers habitants de l'Amérique septentrionale étaient originaires de la Malaisie : ainsi, d'un côté nous voyons des savants américains prétendre, les uns d'après quelques signes grossièrement gravés, que les Phéniciens ont connu l'Amérique ; les autres, d'après des figures mal ébauchées, que la population primitive du nord de ce continent était sortie de la Mongolie ; les autres enfin, d'après des tissus que tous les peuples qui sont au même degré de civilisation peuvent fabriquer de même, que cette population était originaire de l'Océanie.

Ne nous hâtons donc point de tirer, de la présence des différents monuments que nous venons de passer en revue, aucune conséquence sur l'origine de la population américaine : de nouvelles recherches sont nécessaires pour arriver à des résultats satisfaisants. Jusque là nous serions plutôt porté à croire que les Indiens de nos jours ont dû se répandre dans l'Amérique septentrionale après qu'une nation plus policée en avait été en possession et avait émigré dans d'autres contrées. Peut-être est-ce cette même nation qui, au septième ou au douzième siècle de notre ère, quitta ses anciennes possessions pour aller conquérir le Mexique ; ce qui s'accorderait assez avec la date présumée de quelques uns des monuments que nous avons cités, et entre autres des tombeaux. Les populations plus septentrionales qui, jusque là, avaient été contenues dans leurs limites par cette nation, qui pourrait bien être celle des Toultèques ou celle des Aztèques, l'auront remplacée sur le territoire des Etats-Unis, où elles sont restées étrangères à sa civilisation, ignorant l'art de construire ces énormes tombeaux, que l'on ne peut comparer qu'aux *tumuli* des anciens, celui d'élever des retranchements, pour se mettre à l'abri des attaques de l'ennemi, celui de travailler le fer, de le convertir en acier, et d'en fabriquer des instruments propres à graver des inscriptions et des figures sur des rochers d'une grande dureté, ignorant enfin les diverses branches d'industrie dont on retrouve les traces dans les monuments restés abandonnés.

On sait en effet que le Nouveau-Monde offre à différentes époques, dans ses souvenirs historiques, le même mouvement de migration des peuples du nord vers le sud, que l'ancien continent : ainsi les *Toultèques* parurent pour la première fois au Mexique vers l'an 648 de notre ère ; les *Chichimèques* en 1170 ; les *Nahualtèques* en 1178 ; les *Acolhues* et les *Aztèques* en 1196. On sait aussi, comme le fait remarquer M. de Humboldt, que les Toultèques introduisirent au Mexique la culture du maïs et du coton ; qu'ils construisirent des villes, des chaussées, et surtout ces grandes pyramides que l'on admire encore aujourd'hui, et dont les faces sont très exactement orientées ; qu'ils connaissaient l'usage des peintures hiéroglyphiques ; qu'ils savaient fondre les métaux et tailler les pierres les plus dures, et qu'enfin leur année solaire était plus parfaite que celle des Grecs et des Romains.

LIVRE CENT QUATRE-VINGT-TROISIÈME.

Considérations générales sur les Etats-Unis de l'Amérique septentrionale.

« L'immensité et la richesse du territoire que nous venons de parcourir, le nombre de villes et de républiques naissantes que nous avons indiquées, la grande lutte entre la civilisation et l'état sauvage que nous avons tracée, tout a dû faire pressentir à nos lecteurs les hautes destinées de la nation anglo-américaine. En contemplant cette nouvelle Europe, qui successivement peuple et remplit les antiques solitudes des Alleghanys et du Mississipi, ils ont dû être tentés quelquefois de s'écrier avec un poëte américain : « Salut, ô grande république qui embrasse un monde ! Salut, empire naissant de l'Occident ! »

Hail, great Republic of a World!
Thou rising Empire of the West!

» Peut-être s'attend-on à nous voir esquisser ici la situation morale et politique de cette fédération d'Etats, et discuter ou concilier les opinions contraires que plusieurs écrivains distingués ont émises sur le caractère, les ressources et l'avenir des Anglo-Américains ; mais cette tâche nous mènerait trop loin. Bornons-nous à quelques traits. Ces Etats ou républiques se gouvernant chacune par ses autorités locales, pour tout ce qui regarde les relations civiles et municipales, mais sujettes à une autorité centrale pour tout ce qui concerne la défense commune, la politique extérieure et les douanes ; ce congrès, divisé en deux chambres qui partagent le pouvoir législatif, mais qui n'offrent entre elles aucun contre-poids naturel, puisqu'elles se composent également l'une et l'autre de représentants élus et amovibles ; ce président, sans éclat, sans revenus, n'ayant sur tous les points, la nomination aux offices exceptée, qu'un pouvoir partagé et dépendant, chargé de conclure avec les puissances étrangères des traités qui ont besoin d'être ratifiés par les deux tiers du sénat ; tout cet assemblage si compliqué de rouages si faibles, semble une anomalie politique à nos hommes d'Etat européens, accoutumés à raisonner sur la balance des intérêts stables et permanents qui naissent d'une royauté héréditaire, d'une aristocratie de naissance et de propriété. Le gouvernement général des Etats-Unis est en effet une machine très imparfaite ; c'est un résultat de circonstances fortuites, et non pas d'un choix raisonné ; c'est un compromis entre le système de la démocratie une et indivisible, soutenu par le parti agricole, et le système d'une simple fédération de démocraties indépendantes, préférée par le parti commercial. Les législateurs qui posèrent les bases de cette espèce de transaction n'avaient pas un pouvoir suffisant pour donner à leur patrie les meilleures lois possibles ; ils lui donnèrent les meilleures qu'il fût possible de faire adopter par les partis existants.

» Les révolutions, inévitables dans une société qui n'a pas achevé sa constitution, changeront sans doute la face de la fédération anglo-américaine ; mais ces révolutions n'y produiront aucun des résultats prédits par les politiques de l'Europe. Un retour vers la monarchie, sous une branche cadette de la maison régnante en Angleterre, est impossible dans la situation d'une nation étrangère aux combinaisons politiques de l'Europe, tout entière agricole ou commerçante, neuve par les sentiments, mais imbue d'idées démocratiques et d'une philosophie antimonarchique. Ce rêve ne séduit plus même la cour de Saint-James. Une invasion durable, une conquête étrangère ne peuvent guère mieux se concevoir ; car, quelque médiocre que soit la discipline de l'immense garde nationale américaine, cette nuée de chasseurs infatigables doit être indomptable sur son propre territoire. Une nouvelle guerre avec les Anglais accélérerait probablement le triomphe du parti de la république, une et indivisible. Il ne nous paraît pas moins impossible que dans un Etat où les fortunes sont distribuées avec égalité, où les routes de la considération sont ouvertes à tout le monde, il se forme une aristocratie héréditaire, assez unie d'intérêts, assez séparée du reste de la nation pour devenir dangereuse à la liberté publique. Le trait de caractère qu'on reproche le plus aux Anglo-Américains, l'amour effréné de l'argent, s'oppose directement à l'introduction des illusions chevaleresques, et ce vice moral produit ici l'effet d'une vertu politique. Les négociants et les cultivateurs anglo-américains ne comprennent d'autres vues politiques que celles qui se dirigent sur les intérêts positifs du commerce et de l'agriculture. Cette disposition des esprits empêche également beaucoup de bien et beaucoup de mal. »

Des politiques qui ne croient pas que la liberté puisse s'allier avec l'amour de l'ordre et le dévouement patriotique, ont cru voir dans l'agglomération des Etats anglo-américains des germes de division et peut-être même de despotisme. Une population européenne formée de différentes nations, qui, sous le rapport des idiomes, appartiennent à quatre souches premières, a sans doute été la base sur laquelle se sont appuyés ceux qui se sont plu à voir en noir l'avenir des Etats-Unis. En effet, les quatre souches principales de la population anglo-américaine sont : la *souche germanique*, qui comprend les *Anglais*, formant à eux seuls presque les trois quarts de tout le peuple de l'Union ; les *Allemands*, très nombreux dans la Pennsylvanie, les Etats de New-York, de New-Jersey, de l'Ohio, et dans d'autres Etats occidentaux ; les ***Hollandais***, qui habitent aussi les mêmes pays, mais qui sont en très petit nombre dans la Pennsylvanie et dans les trois derniers Etats ; enfin, les *Suédois* et les *Suisses*, les moins nombreux de tous, qui habitent les mêmes pays ; ainsi que le Maryland et l'Indiana. La *souche celtique* se compose d'*Irlandais*, de *Gallois* et d'*Ecossais*, répartis dans les Etats du centre et dans la Pennsylvanie, le New-York et le Kentucky. A la *souche gréco-latine* appartiennent les *Français*, les *Italiens* et les *Espagnols ;* les premiers sont les plus nombreux, et habitent principalement la Louisiane, l'Illinois et le Mississipi. Enfin, à la *souche sémitique* appartient la faible population *juive*, établie à New-York, à Philadelphie, à Charlestown et à Savannah.

« Un schisme entre les Etats est la supposition favorite de ceux qui rêvent l'anéantissement de la Fédération. Ce schisme serait assez probable si les intérêts des Etats de l'est ou de la Nouvelle-Angleterre, ceux des Etats du midi et ceux des Etats de l'ouest étaient tout-à-fait distincts et séparés ; mais quoique ces trois grandes divisions de la Fédération offrent en général un contraste marqué dans les mœurs et les idées, contraste que nous avons indiqué en les décrivant, il existe entre eux des liens d'intérêts très forts : la Nouvelle-Angleterre a besoin des denrées de la Caroline et de la Virginie ; celles-ci tirent du nord leurs constructions navales et les produits de plusieurs fabriques. Les Etats de l'ouest, menacés par le Haut-Canada, ne se sentent pas assez de force pour se passer de l'appui de leurs frères de la côte atlantique. Soutenu par ces faits simples et évidents, le raisonnement des politiques américains contre un schisme acquiert peu à peu la force d'une opinion nationale.

» Si l'accroissement de la république tend d'un côté à provoquer une séparation, cet accroissement est d'un autre côté accompagné de circonstances qui contribuent à cimenter l'union. Le mélange continuel de la population efface la différence des mœurs ; des lumières uniformes se répandent dans toutes les grandes villes, et, depuis la guerre sur les lacs du Canada, tous les Etats, même ceux de l'ouest, réclament en commun cette gloire navale naissante et que la vanité des Anglo-Américains ne cesse d'exalter.

» Ainsi la nature et les hommes, les vertus et les vices, les lumières et les préjugés, tout concourt à préserver la Fédération du sort que des écrivains passionnés lui ont trop légèrement prédit. Mais les sociétés ont, comme les individus, leurs moments de crise et leurs maladies de croissance. L'Amérique fédérée pourra donc éprouver quelques secousses intérieures, suites nécessaires de l'accroissement successif du territoire, de la population, des richesses et des lumières. Ces secousses même ne feront que hâter le développement successif de ce corps politique, si plein de vie et d'énergie. »

Quelques mots sur l'origine et l'accroissement de cette république, sur sa constitution, sur l'état de son instruction, sur la marche rapide de son industrie, compléteront ce que nous nous proposons de dire.

« La paix de 1763 avait rendu l'Angleterre

» maîtresse de toute l'Amérique septentrionale jusqu'au Mississipi. Les colons anglais » sentirent leur force; les tentatives que le » gouvernement de la métropole fit pour les » soumettre à des taxes nouvelles excitèrent » les feux cachés de la rébellion. La bataille » de *Bunkers-Hill*, en 1775, apprit aux hommes prévoyants combien les Américains se» raient difficiles à vaincre sous le prudent et » valeureux Washington. Bientôt on vit le » sage Franklin poser les bases de la constitu» tion. L'indépendance fut proclamée le 4 juil» let 1776. La France et l'Espagne conclurent » une alliance avec la nouvelle république. » Les Anglais, après avoir vu leurs armes hu» miliées par les défaites de Burgoyne et » Cornwallis, reconnurent l'indépendance des » Etats-Unis, composés alors de 13 provin» ces. » A la même époque, une portion du Canada fut cédée à la nouvelle république; en 1803, elle acheta la Louisiane à la France; dans ces dernières années, l'Espagne lui céda quelques portions de territoire qui dépendaient autrefois du Mexique; enfin, par un traité conclu en 1819, cette même puissance céda en 1821 la Floride aux Etats-Unis.

La confédération anglo-américaine, qui prend le nom d'*Union*, ou d'*Etats-Unis de l'Amérique septentrionale*, et que l'on désigne simplement aussi sous celui d'*Etats-Unis*, forme aujourd'hui la principale puissance du Nouveau-Monde. A l'époque où son indépendance fut reconnue, sa population n'était que de 2,500,000 habitants; l'influence d'un gouvernement libre, d'une industrie chaque jour croissante, et d'un commerce important avec toutes les nations du monde, l'a quintuplée dans l'espace de cinquante années.

Le territoire anglo-américain comprend un *district fédéral*, celui de Colombia, renfermant la capitale, 27 *Etats* et 2 *territoires*, formant l'immense *district occidental*, ou de l'*Orégon*, qui n'est point encore officiellement organisé.

Ce serait peut-être ici le lieu de donner une idée de la constitution américaine. Chacun des Etats est une république indépendante pour tout ce qui regarde les affaires locales, et est administré par un gouvernement électif et une assemblée législative. La réunion des vingt-quatre Etats forme la confédération. Les pouvoirs législatifs résident dans un congrès composé d'un sénat et d'une chambre de représentants. Les sénateurs, au nombre de deux pour chaque Etat, sont nommés pour six ans, et sont divisés en trois séries, qui se renouvellent tous les deux ans; ils doivent être âgés de trente ans. Les représentants, qui doivent en avoir au moins vingt-cinq, sont élus par le peuple à raison d'un par 47,700 habitants; *cinq* esclaves sont comptés comme *trois* hommes libres dans la répartition à faire. Le pouvoir exécutif est confié à un président et à un vice-président, élus pour quatre ans, et nommés par un nombre d'électeurs égal à celui des sénateurs et des représentants réunis, et que chaque Etat envoie au congrès à cet effet [1]. Le président doit être âgé de trente-cinq ans; le vice-président

[1] Les recensements généraux se font aux Etats-Unis tous les dix ans. D'après la population reconnue par le recensement de 1830, le nombre total des représentants était de 242 et de 3 délégués dans le courant de 1840. Celui des membres du Sénat à 2 par Etat était de 52 : ce qui faisait en tout 294 députés et sénateurs. En y comprenant les 3 délégués, c'était donc 297 mandataires, ayant au nombre de leurs missions celle d'élire le président. Et comme celui-ci est élu à la majorité absolue des suffrages, 149 voix décidaient de ce choix.

Comme à l'époque dont nous parlons la Floride n'était point encore admise au nombre des Etats, le nombre des mandataires à nommer était réparti de la manière suivante dans les différents Etats.

Maine	8
New-Hampshire	5
Vermont	5
Massachusetts	12
Rhode-Island	2
Connecticut	6
New-York	40
New-Jersey	6
Pennsylvanie	28
Delaware	1
Maryland	8
Virginie	21
Caroline du nord	13
Caroline du sud	9
Géorgie	9
Alabama	5
Missisipi	2
Louisiane	3
Arkansas	1
Tennessée	13
Kentucky	13
Ohio	19
Michigan	1
Indiana	7
Illinois	3
Missouri	2
Territoire de la Floride (délégué)	1
Idem de Wisconsin *idem*	1
Idem de Jowa *idem*	1
Total des représentants et délégués	245

est choisi par le sénat parmi les deux autres candidats qui ont réuni le plus de suffrages. Le traitement du premier est de 125,000 fr.; celui du vice-président est de 30,000. Ce dernier préside le sénat, mais il n'y a droit de suffrage que lorsque les votes sont partagés. Si le président vient à mourir, le vice-président remplit les fonctions de président jusqu'à l'expiration des quatre années de la durée de la présidence. Le congrès s'assemble au moins une fois tous les ans. Les représentants reçoivent du trésor une indemnité de 8 dollars par jour, mais ils ne peuvent occuper aucun emploi du gouvernement. Les bills d'impôts sont proposés par la chambre des représentants; le sénat peut y faire les changements qu'il juge convenables. Tout bill doit être approuvé par le président. Lorsque celui-ci le renvoie avec des objections, il n'a force de loi que s'il passe dans les deux chambres à la majorité des deux tiers des membres. Si le président ne le renvoie pas au congrès dans les dix jours qui suivent sa présentation, le bill est censé approuvé. Le congrès propose des amendements à la constitution toutes les fois que les deux tiers des deux chambres le trouvent nécessaire, ou à la demande des deux tiers des législateurs des divers Etats.

Nous avons dit que la confédération anglo-américaine comprenait 27 Etats et 2 territoires. Un territoire n'est admis dans l'Union que s'il a 60,000 habitants; mais l'administration y est différente de celle des Etats; les citoyens n'y jouissent pas des mêmes prérogatives. Chaque territoire est administré par un gouverneur que nomme le président de la république.

A l'exception de l'Etat de la Louisiane, qui est divisé en paroisses, et de celui de la Caroline du sud, qui est partagé en districts, chaque Etat et chaque territoire se divisent en comtés. Il est assez singulier que cette division, antérieure à la fondation de la république, ait été conservée.

Ce qui peut faire apprécier le degré de civilisation auquel est parvenue la confédération anglo-américaine, c'est le développement de la presse périodique. Aucun état européen, sans en excepter même la Grande-Bretagne, ne peut, sous ce rapport, entrer en comparaison avec elle. En 1828, pour une population de 12,000,000 d'habitants, on n'y comptait pas moins de 802 journaux, sans y comprendre les autres publications périodiques. En 1833, le nombre de tous les journaux politiques s'élevait à 840, et celui des écrits périodiques à près de 400, parmi lesquels une soixantaine traitaient exclusivement de matières religieuses. En 1835, il existait 1,265 journaux de différentes natures, et l'on évaluait à 75,000,000 le nombre d'exemplaires publiés dans l'année.

L'instruction primaire est aussi beaucoup plus répandue aux Etats-Unis que dans aucune autre partie du globe; cela tient à la prévoyance éclairée des premiers colons : ainsi, chaque fois qu'une ville, qu'une bourgade même a été fondée, on a construit une école, nommé un instituteur, et assuré leur entretien futur. Depuis cette époque, toutes les législatures ont rivalisé de zèle pour répandre et améliorer l'instruction publique : aussi le nombre des écoliers, comparé à la population, est-il beaucoup plus considérable aux Etats-Unis que dans aucun autre pays du globe. Ce nombre est de 1 sur 4 habitants, tandis qu'en France il est de 1 sur 18.

On peut dire que l'Union américaine recueille les fruits d'un plan si sagement concerté, qu'il était impossible qu'il fût improductif. C'est dans les écoles que se forme le caractère de la masse du peuple; c'est là que chacun acquiert dès son enfance le sentiment éclairé de ses devoirs et de ses droits; en un mot, c'est dans les écoles que l'Anglo-Américain puise cet esprit démocratique qui est la plus sûre garantie de la nation contre les chances d'usurpation que pourrait avoir un président doué d'une haute capacité et d'une coupable ambition.

Mais ce n'est pas seulement sur les avantages d'un bon système d'instruction primaire que se fonde la prospérité des États-Unis; une stricte économie dans les deniers publics permet, avec un budget de 25 millions de dollars, de faire face à toutes les dépenses de l'Union, et d'amortir la dette publique, qui bientôt n'existera plus. C'est à l'aide de ressources en apparence si faibles relativement à sa population, que l'Union a pu construire près de 1,500 lieues de canaux et 900 lieues de chemins de fer, pourvoir sa marine de rades, de stations sûres et bien défendues, de chantiers de construction et de réparation, et faire exécuter un système de fortifications qui embrasse tous les points vulnérables de son vaste territoire. Ces fortifications ont pour objet, suivant l'expression d'un Français qui a contribué à leur exécution, « de couvrir et de » défendre tous les ports, de les assurer à la » marine militaire et marchande, de priver » l'ennemi de toute position où, sous la pro- » tection d'une force navale supérieure, il pût » s'établir dans l'intérieur, se maintenir pen- » dant la guerre, et tenir toute la frontière en » alarmes. Elles doivent en outre protéger les » grands centres de population dont l'activité » commerciale est de nature à influer d'une » manière vitale sur les destinées du pays; » empêcher, autant que possible, que les » grandes avenues de la navigation intérieure » ne fussent fermées à leur entrée dans l'Océan; » elles doivent protéger la navigation inté- » rieure en couvrant et défendant les divers » havres et points accessibles que présente la » côte; enfin elles doivent assurer les grands » dépôts maritimes [1]. »

Les 1,300 lieues de côtes que possèdent les États-Unis n'offraient avant l'exécution de ces travaux qu'un petit nombre de points accessibles aux flottes ennemies, principalement aux embouchures des rivières et à l'entrée des grandes baies : aujourd'hui tous ces points sont liés entre eux de manière à former une première enceinte de fortifications susceptibles d'être défendues par un petit nombre de troupes; ainsi, 27,000 hommes suffiraient pour garder ces points fortifiés. Enfin, de grands arsenaux maritimes ont été créés sur les points les plus avantageux de la côte, à l'abri des travaux de fortifications; de sorte qu'en temps de guerre ces arsenaux peuvent à chaque instant approvisionner la marine militaire.

Bien que ces travaux paraissent suffisants pour maintenir l'indépendance de la nation, on les a rendus encore plus efficaces en les combinant avec un réseau de canaux et de chemins de fer à la fois stratégiques et commerciaux qui, en temps de paix, sont entièrement consacrés à accroître la prospérité industrielle. Grâce à cette combinaison ingénieuse et nouvelle, on pourrait en 5 jours transporter 20,000 hommes d'un point à l'autre de l'extrême frontière de l'immense territoire de l'Union.

Dans certaines localités on a dû couper par des canaux des presqu'îles pour unir entre elles les principales baies du littoral américain, et affranchir par là le navigateur de l'obligation de doubler des caps et de franchir des écueils dangereux; ailleurs il a fallu couper et traverser des montagnes granitiques telles que les Alleghanys. Enfin, dans certains endroits, le chemin de fer construit parallèlement au canal est venu en quelque sorte rivaliser avec lui.

Le gouvernement central a veillé à ce que les projets fussent de nature, en satisfaisant au besoin de chaque État, à contribuer aussi au bien général; il a fourni, pour assurer leur exécution, tantôt des terrains et d'autres fois des fonds. L'ensemble de ces travaux est tellement gigantesque qu'il surpasse tout ce que l'on a fait dans ce genre en Europe. Il présente un développement de 1,322 lieues de canaux et de 506 lieues de chemins de fer; et l'on pourrait craindre qu'il ne pût jamais être conduit à fin, si l'on ne considérait qu'il n'a fallu qu'une dizaine d'années pour exécuter plus de 1,000 lieues de canaux et plus de 300 lieues de chemins de fer.

On prévoit les avantages que les États-Unis tireront un jour de l'achèvement de ces canaux et de ces routes pour leurs fabriques, lorsque l'on considère l'activité prodigieuse qui règne dans leur industrie; ainsi, pour ne citer qu'une seule branche de produit, des documents officiels publiés par le gouvernement prouvent qu'en 1831 il existait dans les différents États de l'Union 795 filatures qui ont coûté à établir 200 millions de francs, qui ont employé dans cette même année 40 millions de kilogrammes de coton, et qui occupaient 18,500 ouvriers mâles, 38,900 femmes et 4,600 enfants; en tout 62,000 individus. Aujourd'hui on estime à 117,000 le nombre d'ouvriers employés dans toutes les manufactures de coton.

On évalue le nombre de moutons aux États-Unis à plus de 20 millions, qui fournissent plus de 25 millions de kilogrammes de laine. Cette quantité ne suffit point à la consommation des fabriques de tissus, puisque l'on

[1] *Guillaume-Tell Poussin*, ex-major au corps du génie américain, et aide-de-camp du général du génie Bernard — Travaux d'améliorations intérieures projetées ou exécutées par le gouvernement général des États-Unis d'Amérique, etc. — Paris, 1834.

importe dans le pays environ 3 millions de kilogrammes de laine. On estime à environ 23 millions de francs la valeur des draps fabriqués. Il existe dans tous les États de l'Union 20 manufactures de tapis, et plus de 500 métiers à tisser.

La valeur des chapeaux fabriqués est estimée à plus de 55 millions de francs : on en exporte pour près de 3 millions. Cette industrie occupe 18,000 personnes dont le salaire s'élève à 23 millions.

L'ébénisterie emploie 15,000 ouvriers qui gagnent près de 28 millions, et qui livrent annuellement au commerce une valeur d'environ 60 millions de francs.

Les manufactures de verre et de cristal donnent un produit annuel de 14 millions, et occupent 2.000 ouvriers qui gagnent environ 3 millions.

La fabrication du papier présente une valeur de 31 millions; celle des produits chimiques dépasse 6 millions; celle des objets en cuivre, en plomb et en fer-blanc s'élève à 16 millions; celle des objets de luxe en or, en argent, en plaqué, est d'environ 28 millions.

Enfin, l'industrie du fer occupe plus de 140,000 ouvriers, qui livrent à la consommation plus de 145 millions de kilogrammes de métal.

En 1831, les exportations de toutes natures de produits se sont élevées à la valeur de 400 millions de francs, et ont encore augmenté depuis.

Les bras mercenaires manquent aux États-Unis : aussi la main-d'œuvre y est-elle plus chère qu'en Europe. Le nègre artisan ou domestique gagne la valeur de 2 fr. 50 c. par jour, plus la nourriture; une négresse qui lave le linge ou qui fait la cuisine se paie de même; un blanc, simple journalier, peut gagner 2 fr. 75 c., plus la nourriture; un charpentier, un menuisier, un maçon, un ébéniste, gagnent depuis 7 jusqu'à 12 fr. par jour; le charpentier de marine, 15 fr.; les ouvriers dans les fonderies et les forges, 60 fr. par semaine; un manœuvre qui travaille à réparer les routes gagne 60 à 75 fr. par mois, avec la nourriture et le logement; un fermier paie un domestique blanc 60 à 80 fr. par mois, et celui-ci mange à la table du maître. Les ouvriers établis qui travaillent pour leur compte gagnent depuis 6,000 jusqu'à 16,000 fr. par an. Cependant les vivres sont moins chers qu'en France : les 200 livres de farine coûtent 20 à 25 fr.; la viande 15 c. la livre, le poisson 5 c., et les légumes sont en général dans la même proportion (1).

Ce qui entretient le haut prix de la main-d'œuvre, c'est que les ouvriers qui ont de l'ordre, et qui ont fait des économies après quelques années de travail, vont s'établir dans les États de Kentucky et d'Indiana, où ils trouvent à acheter des terres à défricher à 6 fr. 25 c. l'acre, ou environ 16 fr. l'hectare. S'ils se fixent à l'ouest du Mississipi, ils trouvent des terres à un prix moitié moins élevé.

L'Amérique septentrionale, dit un auteur anglo-américain, est le paradis des femmes : elles ne travaillent ni à la terre ni aux ouvrages grossiers du ménage. Un mari dont la femme s'occuperait de ces travaux fatigants passerait dans le public pour être trop dur ou pour n'être pas assez industrieux pour la faire vivre : il en rougirait. « Tous leurs soins se » bornent à coudre pour elles-mêmes et leurs » négresses, à veiller sur elles et à les faire » travailler; à entretenir les bonnes mœurs et » la propreté dans leurs familles; aussi jus» que dans les dernières conditions trouve» t-on les lumières et les bonnes manières qui » honorent l'homme. On est fier d'être Amé» ricain. »

Le gouvernement des Etats-Unis a pour principe de ne faire que des dépenses productives; voilà pourquoi l'armée soldée n'est que de 7,000 hommes, et que la marine militaire ne se compose que d'une quarantaine de bâtiments à flot.

Avec de tels éléments de prospérité et de puissance, pourquoi faut-il que l'on ait à reprocher aux Anglo-Américains des défauts et des préjugés presque inexplicables chez un peuple si avancé en civilisation? Comment un pays de liberté compte-t-il encore un cinquième d'esclaves dans sa population? Comment un pays d'égalité, un pays où la religion dit à tous que les hommes sont frères, nourrit-il un préjugé absurde et cruel qui voue au mépris public le dernier descendant d'un esclave, l'être qui renferme dans ses veines un atome de sang africain? En vain la blancheur du teint déguisera-t-elle à tous les

(1) Guide des Émigrants français dans les Etats de Kentucky et d'Indiana, e c. — 1835.

yeux le mélange primitif de ce sang avec celui de plusieurs générations; l'orgueil du citoyen américain remontera toute cette filiation pour y reconnaître la tache de réprobation qui fait annuler un scrutin auquel aura pris part un homme de couleur ou du moins qualifié tel par la loi, et qui déverse le mépris sur la famille qui oserait admettre dans son sein ce *paria* plus à plaindre que celui des bords du Gange, parce qu'il est né au milieu d'une nation libre et civilisée. Aussi pardonne-t-on à un écrivain français de s'écrier au milieu de toutes les merveilles que le mouvement industriel et l'amour du gain ont enfantées aux Etats-Unis : « Voilà donc ce peuple que j'ad» mirais ! fanatique de liberté et prodigue de » servitude, discourant sur l'égalité parmi » 3,000,000 d'esclaves, esprit fort et philo» sophe pour condamner les priviléges de la » naissance, et stupide observateur des privi» léges de la peau ! Dans le nord, orgueilleux » de son travail; dans le midi, glorieux de » son oisiveté; réunissant en lui, par une » monstrueuse alliance, les vertus et les vices » les plus incompatibles, la pureté des mœurs » et le vil intérêt, la religion et la soif de l'or, » la morale et la banqueroute; peuple *homme* » *d'affaires*, qui se croit honnête parce qu'il » est légal, sage parce qu'il est habile, ver» tueux parce qu'il est rangé [1] ! »

TABLEAUX

RELATIFS A LA GÉOGRAPHIE POLITIQUE OU STATISTIQUE DES ÉTATS-UNIS D'AMÉRIQUE.

I. Tableau *de la population des Etats-Unis*, *d'après le recensement de* 1790.

PROVINCES.	HOMMES BLANCS LIBRES de seize ans et au-dessus, y compris les chefs de famille.	HOMMES BLANCS LIBRES, au-dessous de seize ans.	FEMMES BLANCHES LIBRES, y compris les chefs de famille.	AUTRES INDIVIDUS LIBRES.	ESCLAVES.	TOTAL.
Vermont.	22,335	22,328	40,505	225	16	85,539
New-Hampshire.	36,086	34,851	70,160	630	158	141.885
Maine.	24,384	24,743	46,870	538	0	96,540
Massachusetts.	95,453	87.289	190,582	5,453	0	378,787
Rhode-Island.	16,019	15,799	32,652	3,407	948	68,825
Connecticut.	60,593	54,403	117,448	2,808	2,764	237,946
New-York.	84,700	78,122	152,320	4,654	21,324	342,120
New-Jersey.	45,251	41,416	83,287	2,762	11,423	184,139
Pennsylvanie.	110,788	106,948	206,363	6,537	3,737	434,373
Delaware.	11,783	12,143	22,384	3,899	8,887	59,094
Maryland.	55,916	51,339	101.395	8,043	103.036	319,728
Virginie.	110,936	116,135	215,056	12,866	292,627	747,610
Kentucky.	15,154	17,057	28,922	114	12,430	73,677
Caroline du Nord.	69,988	77,506	140,710	4,975	100,572	393,751
Caroline du Sud.	35,576	37;722	56,880	1,801	107,094	247,073
Géorgie.	13,103	14,044	24,739	398	29,264	82,548
Territoire de l'Ouest, au sud de l'Ohio.	6,271	10,227	15,365	361	3,417	35,691
					Somme totale.	3,929,326

N. B. La classe indiquée par ces mots : *Autres individus libres*, paraît comprendre les *engagés*, c'est-à-dire les blancs obligés de servir pendant un espace de temps fixé.
Les Indiens non taxés n'y sont pas compris.

[1] M. *Gustave de Beaumont* : Marie, ou l'Esclavage aux Etats-Unis; *Tableaux de mœurs américaines.*

II. Tableau *de la population des Etats-Unis, d'après le recensement de* 1830.

ÉTATS.	POPULATION blanche.	noire esclave.	noire libre.	absolue.
Maine.	398,260	6	1,171	399,437
New-Hampshire.	268,721	5	602	269,328
Vermont.	279,776	»	881	280,657
Massachusetts.	603,359	4	7,045	610,408
Rhode-Island.	93,621	14	3,564	97,199
Connecticut.	289,603	25	8,047	297,675
New-York.	1,869,061	76	44,869	1,914,006
New-Jersey.	300,266	2,254	18,303	320,823
Pennsylvanie.	1,309,900	403	37,930	1,348,233
Delaware.	57,601	3,292	15,855	76,748
Maryland.	291,108	102,994	52,938	447,040
Virginie.	694,300	469,757	47,348	1,211,405
Caroline du Nord.	472,843	245,601	19,543	737,987
Caroline du Sud.	257,863	315,401	7,921	581,185
Géorgie.	296,806	217,531	2,486	516,823
Alabama.	190,406	117,549	1,572	309,527
Mississipi.	70,443	65,659	519	136,621
Louisiane.	89,231	109,588	16,710	215,529
Tennessée.	535,746	141,603	4,555	681,904
Kentucky.	517,787	165,213	4,917	687,917
Ohio.	926,311	6	9,567	935,884
Indiana.	339,399	3	3,629	343,031
Illinois.	155,061	747	1,837	157,445
Missouri.	114,795	25,091	569	140,455
District de Colombie.	27,563	6,119	6,152	39,834
Territoire de Michigan.	31,346	32	261	31,639
Idem d'Arkansas.	25,671	4,576	141	30,388
Idem de la Floride.	18,385	15,501	848	34,730
	10,525,232	2,009,050	319,576	12,853,858

III. Tableau *des Indiens répartis sur le territoire de l'Union au commencement de* 1837.

A. Nombre d'Indiens maintenant a l'est du Mississipi.

Ottawas de l'Ohio.	230	
Potawatamies d'Indiana.	3,000	
Chipeouays, Ottawas et Potawatamies.	6,288	
Winebaiges.	4,500	
Chérokés.	16,000	
Creeks.	4,000	
Chickasas.	5,400	
Seminoles.	2,600	57,433
Appalachicolas.	400	
Ottawas et Chipeouays dans la péninsule de Michigan.	6,500	
Indiens de l'Etat de New-York.	4,176	
Wyandots.	575	
Miamies.	1,100	
Ottaws et Chipeouays des Lacs.	2,564	
		57,433

B. Indiens qui ont émigré des bords orientaux aux bords occidentaux du Mississipi.

Report.		57,433
Chipeouays, Ottawas et Potawatamies.	1,712	
Chactas.	15,000	
Quapaws.	476	
Creeks.	17,894	
Seminoles.	407	
Appalachicolas.	265	
Chérokés.	6,072	
Kickapous.	588	45,690
Delawares.	826	
Shawanées.	1,272	
Ottawas.	200	
Weas.	222	
Piankeshaws.	162	
Pearias et Kaskaskias.	132	
Senecas.	251	
Senecas et Shawanées.	211	
		103,123

C. Nombre de tribus indigènes se tenant en dehors de la frontière de l'ouest.

Report.		103,123	*Report.*		166,714
Sioux.	27,500	63,591	Mandanes.	15,000	86,750
Joways.	1,200		Quapaws.	450	
Sau.	4,800		Minatarées.	15,000	
Renards.	1,600		Astiniboins.	8,000	
Saques du Missouri.	500		Crées.	3,000	
Osages.	5,120		Gros Ventres.	3,000	
Kansas.	1,471		Crows.	4,500	
Omahas.	1,400		Caddoes.	2,000	
Otoes et Missourias.	1,600		Poncas.	800	
Panis.	10,000		Arickarées.	3,000	
Camanches.	7,000		Cheyennes.	2,000	
Kioways.	1,400		Blackfeet.	30,000	
		166,714	**Total général.**		253,464

IV. Tableau *de la superficie et de la population des Etats-Unis et des principales villes, d'après les derniers recensements.*

ÉTAT DU MAINE,

Constitué en 1820, divisé en 10 comtés.

Superficie, 32,000 milles carrés.

Population		Individus.
	en 1820.	298,335
	en 1830.	399,437

VILLES.

Augusta.	4,000	Brunswick.	3,747
Portland.	12,601	Waldoborough.	3,113
Bath.	3,773	Camden.	2,200
Hallowell.	3,964	Prospect.	2,380
Eastport.	2,450	Berwick.	3,568
Bangor.	2,866	Saco.	3,220
Belfast.	3,577	Kennebunk.	2,763
Wiscasset.	2,443	Warren.	2,030
Gordiner.	3,707	Thomaston.	4,221

ÉTAT DE NEW-HAMPSHIRE,

Constitué en 1792, divisé en 8 comtés.

Superficie, 9,280 milles carrés.

Population		Individus.
	en 1820.	244,161
	en 1830.	269,328

VILLES.

Concord.	3,727	Gilmanton.	3,816
Portsmouth.	8,082	Somersworth.	3,090
Dover.	6,449	Haverhill.	2,153
Exeter.	3,000	Amherst.	1,657
Keene.	2,374	Hopkinton.	2,474
Rochester.	2,155	Dunstable.	2,417
Claremont.	2,526	Plymouth.	1,175
Weare.	2,430	Lancaster.	1,187

ÉTAT DE VERMONT,

Constitué en 1791, divisé en 13 comtés.

Superficie, 10,200 milles carrés.

Population		Individus.
	en 1820.	235,764
	en 1830.	280,657

VILLES.

Montpellier.	3,585	Bennington.	3,420
Windsor.	3,134	Middlebury.	3,468
Burlington.	3,526	Saint-Albans.	2,395
Rutland.	2,753	Woodstock.	3,044
Brastleboro.	2,143	Rockingham.	2,272
Shoreham.	2,137	Shaftsbury.	2,143
Danville.	2,630	Milton.	2,100
Fairfield	2,270	Chester.	2,320

ETAT DE MASSACHUSETTS,

Constitué en 1780, divisé en 14 comtés.

Superficie, 7,800 milles carrés.

Population		Individus.
	en 1820.	523,287
	en 1830.	610,408

VILLES.

Boston.	83,979	Lowell.	20,981
Andover.	4,951	Worcester.	7,000
Beverly.	4,680	Springfield.	11,013
Danvers.	5,140	Pittsfield.	4,060
Gloucester.	6,394	Dorchester.	4,458
Lynn.	9,075	Roxbury.	8,310
Marblehead.	5,539	Fall-River.	6,451
Newburyport.	7,124	New-Bedford.	12,585
Salem.	15,162	Taunton.	7,524
Cambridge.	8,127	Plymouth.	5,180
Charlestown.	10,872	Nantucket.	9,512

ÉTAT DE RHODE-ISLAND,

Constitué en 1776, divisé en 5 comtés.

Superficie 1,360 milles carrés.

Population		Individus.
	en 1820.	83,059
	en 1830.	97,199

VILLES.

NEWPORT. . . .	8,010	Scituate. . . .	3,994
Providence. . .	17,832	Warwick. . . .	5,529
Bristol. . . .	3,054	Smithfield. . .	6,858
South-Kingston.	3,663	North-Kingston.	3,036

ÉTAT DE CONNECTICUT,

Constitué en 1778, divisé en 8 comtés.

Superficie, 4,670 milles carrés.

Population		Individus
	en 1820.	275,248
	en 1830.	297,675

VILLES.

NEW-HAVEN. . .	10,678	Danbury. . . .	4,310
Hartfort. . . .	6,789	Haddam. . . .	3,025
Midletown. . .	6,892	Granwick. . .	3,805
New-London. .	4,356	Norwalk. . . .	3,793
Lichfield. . . .	4,456	Windsor. . . .	3,220
Fairfield. . . .	4,226	Stonington. . .	3,400
Norwick. . . .	3,144	Chatham. . . .	3,646

ÉTAT DE NEW-YORK,

Constitué en 1776, divisé en 56 comtés.

Superficie, 46,200 milles carrés.

Population		Individus.
	en 1820.	1,372,812
	en 1830.	1,914,006

VILLES.

ALBANY. . . .	25,238	Washington. . .	3,036
New-York. . .	269,500	Bethlebem. . .	6,092
Rochester. . .	15,269	Batavia. . . .	4,270
Troy.	11,405	Catskill. . . .	4,860
Brooklyn. . .	15,396	Ellisburgh. . .	5,282
Buffalo. . . .	8,653	Watertown. . .	4,768
Utica. . . .	8,324	Brookfield. . .	4,367
Schenectady. .	4,258	Lenox. . . .	5,039
Ithaca. . . .	5,270	Johnstown. . .	7,703
Poughkeepsie. .	7,222	Manlius. . . .	7,375
Auburn. . . .	4,486	Onondaga. . .	5,668
Hudson. . . .	5,395	Seneca. . . .	6,160
Newburgh. . .	6,424	Lokport. . . .	3,823
Canandaguia. .	5,162	Plattsburgh. . .	4,913
Athens. . . .	2,425	Schoharie. . .	5,146
Kingston. . .	4,170	Norwick. . . .	3,774
Rome.	4,360	Watervliet. . .	4,965
Rensselaerville. .	3,689	Pittstown. . .	3,702
Fishkill. . . .	8,292	Hosick. . . .	3,582

ÉTAT DE NEW-JERSEY,

Constitué en 1776, divisé en 14 comtés.

Superficie, 6,900 milles carrés.

Population		Individus.
	en 1820.	277,575
	en 1830.	320,823

VILLES.

TRENTON. . . .	4,925	New-Brunswick.	7,830
Newarck. . . .	10,953	Patterson. . .	7,730
Elisabethtown. .	3,450	Princeton. . .	?

ÉTAT DE PENNSYLVANIE,

Constitué en 1776, divisé en 51 comtés.

Superficie, 43,950 milles carrés.

Population		Individus.
	en 1820.	1,049,358
	en 1830.	1,348,233

VILLES.

HARRISBURG. . .	4,307	Wilkesbarre. . .	2,233
Philadelphie. .	200,800	Lebanon. . . .	7,704
Pittsburg. . .	20,542	Bloomfield. . .	3,529
Lancaster. . .	7,684	Lewistown. . .	1,479
Reading. . . .	5,859	Kittaning. . .	1,620
York.	4,216	Gettysburgh. .	1,473
Carlisle. . . .	2,523	Norristown. . .	1,826
Chambersburg.	2,794	Easton. . . .	3,500

ÉTAT DE DELAWARE,

Constitué en 1792, divisé en 3 comtés.

Superficie, 2,000 milles carrés.

Population		Individus.
	en 1820.	72,749
	en 1830.	76,748

VILLES.

DOWER. . . .	10,000	Wilmington. . .	6,628

ÉTAT DE MARYLAND,

Constitué en 1776, divisé en 19 comtés.

Superficie, 10,800 milles carrés.

Population		Individus.
	en 1820.	407,350
	en 1830.	447,040

VILLES.

ANNAPOLIS. . .	3,623	Fredericktown. .	4,427
Baltimore. . .	92,625	Hagerstown. . .	3,370

ÉTAT DE VIRGINIE,

Constitué en 1776, divisé en 110 comtés.

Superficie, 64,000 milles carrés.

Population		Individus.
	en 1820.	1,056,366
	en 1830.	1,211,405

VILLES.

RICHMOND. . .	18,060	Winchester. . .	4,300
Norfolk. . . .	9,816	Fredericksburg. .	3,307
Petersburg. . .	8,320	Wheeling. . .	5,220
Lynchburg. . .	6,700	Charlottesville. .	?

ÉTAT DE LA CAROLINE DU NORD,

Constitué en 1776, divisé en 64 comtés,

Superficie, 43,800 milles carrés.

Population		Individus
	en 1820.	638,829
	en 1830.	737,987

VILLES.

RALEIGH. . . .	3,000	Wilmington. . .	2,800
Newbern. . . .	4,776	Washington. . .	1,400
Fayetteville. . .	2,868	Edenton. . . .	1,007

ÉTAT DE LA CAROLINE DU SUD.

Constitué en 1790, divisé en 29 districts.

Superficie, 30,000 milles carrés.

Population		Individus
	en 1820.	502,740
	en 1830.	581,185

VILLES.

COLUMBIA.	4,309	Georgetown.	2,000
Charleston.	35,289	Hambourg.	?

ÉTAT DE GÉORGIE.

Constitué en 1776, divisé en 76 comtés.

Superficie, 58,200 milles carrés.

Population		Individus.
	en 1020.	340,989
	en 1830.	516,823

VILLES.

MILLEDGEVILLE.	2,500	Savannah.	7,800
Augusta.	6,690	Mâcon.	2,600

ÉTAT D'ALABAMA,

Constitué en 1819, divisé en 36 comtés.

Superficie, 50,800 milles carrés.

Population		Individus.
	en 1820.	127,900
	en 1830.	309,527

VILLES.

CAHAWBA.	2,300	Blakely.	?
Mobile.	3,194	Tuscaloosa.	1,800

ÉTAT DE MISSISSIPI,

Constitué en 1817, divisé en 26 comtés.

Superficie, 45,350 milles carrés.

Population		Individus.
	en 1820.	75,448
	en 1830.	136,621

VILLES.

JACKSON.	1,700	Natchez.	5,790
Monticello.	2,300	Liberty.	1,030

ÉTAT DE LOUISIANE,

Constitué en 1811, divisé en 31 paroisses.

Superficie, 48,000 milles carrés.

Population		Individus.
	en 1820.	153,407
	en 1830.	215,529

VILLES.

NOUVELLE-ORLÉANS	60,000	Bâton-Rouge.	3,500

ÉTAT D'INDIANA,

Constitué en 1816, divisé en 64 comtés.

Superficie, 36,250 milles carrés.

Population		Individus.
	en 1820.	147,175
	en 1830.	343,031

VILLES.

INDIANAPOLIS.	2,200	Vincennes.	1,860

ÉTAT DE KENTUCKY,

Constitué en 1792, divisé en 83 comtés.

Superficie, 39,000 milles carrés.

Population		Individus
	en 1820.	364,317
	en 1830.	688,917

VILLES.

FRANKFORT.	2,500	Lexington.	7,104
Louisville.	12,352	Maysville.	3,040

ÉTAT D'OHIO,

Constitué en 1802, divisé en 73 comtés.

Superficie, 38,500 milles carrés.

Population		Individus.
	en 1820.	581,434
	en 1835.	935,884

VILLES.

COLUMBUS.	24,000	Mont-Vernon.	1,020
Cincinnati.	40,830	Dayton.	2,965
Steubenville.	2,937	Marietta.	1,207
Zanesville.	3,094	Hamilton.	1,097
Chillicothe.	3,846	Lancaster.	1,530

ÉTAT D'ILLINOIS,

Constitué en 1818, divisé en 52 comtés.

Superficie, 59,000 milles carrés.

Population		Individus.
	en 1820.	55,211
	en 1830.	157,445

VILLES.

VANDALIA.	1,500	Jacksonville.	570
Kaskaskia.	?	Maysville.	750
Shawneetown.	600	Cahokia.	1,200

ÉTAT DE MISSOURI,

Constitué en 1832, divisé en 33 comtés.

Superficie, 60,300 milles carrés.

Population		Individus.
	en 1820.	66,586
	en 1830.	140,455

VILLES.

JEFFERSON.	1,332	Franklin.	2,232
Saint-Louis.	5,852	Saint-Charles.	1,200

ÉTAT DE TENNESSÉE,

Constitué en 1796, divisé en 62 comtés.

Superficie, 41,300 milles carrés.

Population		Individus.
	en 1820.	420,813
	en 1830.	685,904

VILLES.

MURFREESBOROUGH	3,300	Nashville.	6,566
Knoxville.	4,642	Greenville.	?

DISTRICT FÉDÉRAL DE COLOMBIE,

Constitué en 1800, divisé en 2 comtés.

Superficie, 100 milles carrés.

Population		Individus.
	en 1820.	33,039
	en 1830.	39,834

VILLES.

WASHINGTON.	19,827	Georgetown.	8,440
Alexandria.	8,563		

ÉTAT DE LA FLORIDE,

Cédé à l'Union en 1822, constitué en 1840, divisé en 15 comtés.

Superficie, 57,750 milles carrés.

Population		Individus.
	en 1820.	10,000 ?
	en 1830.	34,730

VILLES.

TALLAHASSÉE. .	2,613	Saint-Augustin. .	1,377
Pensacola. . .	3,000		

ÉTAT DE MICHIGAN,

Établi en territoire en 1823. et constitué en Etat en 1836, divisé en 17 comtés.

Superficie, 33,750 milles carrés.

Population		Individus.
	en 1820.	8,896
	en 1830.	31,639

VILLES.

DÉTROIT. . . . 3,222

ÉTAT D'ARKANSAS,

Établi en territoire en 1819, et constitué en Etat en 1836, divisé en 23 comtés.

Superficie, 121,000 milles carrés.

Population		Individus.
	en 1820.	14,000 ?
	en 1830.	30,388

VILLES.

ARKOPOLIS. . . 900 Little-Rock. . . 800

TERRITOIRE DU MISSOURI, ou DE IOWA ([1]),

(à l'ouest du MISSISSIPI),

Formé en 1812

(diminué en 1819 et 1820 de ce qui a servi à constituer les États d'Arkansas et de Missouri).

Superficie, 930,000 milles carrés.

Population, 23,000.

TERRITOIRE DU NORD-OUEST ou DE WISCONSIN

(Rive gauche du Mississipi, partie septentrionale).

Superficie, 144,000 milles carrés.

Population, 20,000.

V. TABLEAU *de la population des Etats-Unis*

(TELLE QU'ELLE ÉTAIT ÉVALUÉE EN 1836).

ÉTATS.	HABITANTS.
ÉTAT DU MAINE.	555,000
— DE NEW-HAMPSHIRE.	300,000
— DE VERMONT	330,000
— DE MASSACHUSETTS.	700 000
— DE RHODE-ISLAND.	110,000
— DE CONNECTICUT.	320,000
— DE NEW-YORK	2,400,000
— DE NEW-JERSEY.	360,000
— DE PENNSYLVANIE.	1,600,000
— DE DELAWARE	200,000
— DE MARYLAND.	500,000
— DE VIRGINIE.	1,360,000
— DE LA CAROLINE DU NORD. . .	800,000
— DE LA CAROLINE DU SUD. . .	650,000
— DE LA GÉORGIE.	620,000
— D'ALABAMA.	500,000
— DE MISSISSIPI.	200,000
— DE LOUISIANE.	350,000
	11,855,000

ÉTATS.	HABITANTS.
Report. . .	11,855 000
ÉTAT D'INDIANA.	550,000
— DE KENTUCKY.	800,000
— D'OHIO.	1,300,000
— D'ILLINOIS.	320,000
— DE MISSOURI.	250,000
— DE TENNESSÉE.	900,000
— DE FLORIDE.	70,000
— DE MICHIGAN.	120,000
— D'ARKANSAS.	70,000
DISTRICT FÉDÉRAL DE COLOMBIE. . .	50,000
TERRITOIRE DU MISSOURI OU D'IOWA. .	23,000
— DU NORD-OUEST OU DE WISCONSIN.	20,000
	16.328,000
TOTAL des Indiens (dont le détail a été donné au IIIe tableau).	253,464
TOTAL de toute la population.	16,581,464 ([2])

([1]) Ce nom est celui de deux rivières de ce territoire qui se jettent dans le Mississipi ; l'une est l'*Iowa supérieure* (Upper Iowa) et l'autre l'*Iowa inférieure* (Lower Iowa). — ([2]) Le recensement de la population ne se fait aux Etats-Unis que tous les dix ans. Le dernier a dû être fait à la fin de 1840 ; mais nous ne le connaissons pas encore. L'évaluation ci-dessus a été publiée au mois d'octobre 1836 par le *New-Weeckly register* et par le *New-York Times.* En comparant le chiffre ci-dessus à celui de 1820, on voit qu'il y a une augmentation de 3,461,142 individus.

VI. TABLEAU *des restrictions locales du droit d'élection pour les assemblées de chaque État.*

ÉTATS.	SÉNATEURS, par qui élus.	REPRÉSENTANTS, par qui élus.	FORMES DE L'ÉLECTION.
New-Hampshire. . .	Citoyens payant taxe.	Citoyens payant taxe.	Par *communes*, eu égard à la population.
Massachusetts . . .	Citoyens possédant 1,440 fr.	Citoyens possédant 1,440 fr.	*Idem.*
Rhode-Island. . . .	Tous les citoyens.	Tous les citoyens.	Par *communes*, sans égard à la population.
Connecticut. . . .	Citoyens francs-tenanciers.	Citoyens francs-tenanciers.	*Idem.*
New-York.	Citoyens francs-tenanciers de la valeur de 2,400 fr.	Francs-tenanciers à 480 fr., ou fermiers à 40 *schillings.*	Par *comtés*, eu égard à la population.
New-Jersey. . . .	Citoyens possédant 1,200 fr.	Citoyens possédant 1,200 fr.	*Idem.*
Pennsylvanie. . . .	Citoyens payant taxe.	Citoyens payant taxe.	*Idem.*
Delaware.	*Idem.*	*Idem.*	Par *comtés*, sans égard à la population.
Maryland.	Deux *électeurs* par comté, choisis par tous les citoyens.	Tous les citoyens.	*Idem.*
Virginie.	Citoyens francs-tenanciers.	Citoyens francs-tenanciers.	*Idem.*
Caroline du Nord. .	Francs-tenanciers de 50 arpents.	Citoyens payant taxe.	*Idem.*
Caroline du Sud et Géorgie.	Citoyens payant taxe.	*Idem.*	Par *comtés*, eu égard à la population.
États de l'Ouest . .	Tous les citoyens blancs.	Tous les citoyens blancs.	*Idem.*
Vermont.	Point de sénateurs.	*Idem.*	Par communes.

VII. TABLEAU *des conditions de l'éligibilité dans quelques États.*

ÉTATS.	POUR SÉNATEURS.	POUR REPRÉSENTANTS.
New-Hampshire.	Agé de 30 ans, franc-alleu de 4,800 fr.	Propriété de 2,400 fr. ou moitié en franc-alleu.
Massachusetts.	Franc-alleu de 7,200 fr. ou propriété personnelle de 14,400 fr.	Franc-alleu de 2,400 fr. ou propriété double.
New-Jersey et Maryland. . . .	Propriété de 24,000 fr.	Propriété de 12,000 fr.
Caroline du Nord.	Franc-alleu de 300 arpents.	Franc-alleu de 100 arpents.
Pennsylvanie.	Résidence de 4 ans, âgé de 25 ans, paiement de taxe.	Résidence de 3 ans, paiement de taxe.
Rhode-Island.	Tous les citoyens.	Tous les citoyens.

VIII. Tableau *des chemins de fer dans l'Etat de l'Union*, en 1836

(D'APRÈS LES DOCUMENTS RECUEILLIS AUX ÉTATS-UNIS PAR M. MICHEL CHEVALIER).

			Longueur en lieues de 4,000 mèt.
1	Chemin	d'Albany à Schenectady. . .	6 1/2
2	—	de Schenectady à Utica. . . .	31 1/2
3	—	de Rochester à Buffalo. . . .	29 »
4	—	de Columbia.	33 »
5	—	du Partage.	14 1/4
6	—	de Baltimore à l'Ohio (1re partie)	34 »
7	—	latéral au canal de Virginie . .	60 »
8	—	de la Prairie.	6 1/2
9	—	de Dayton à Sandusky. . . .	61 1/2
10	—	de Boston à Providence. . . .	17 »
11	—	de Providence à Stonington. .	21 »
12	—	d'Amboy à Camden.	24 1/4
13	—	de Newcastle à Frenchtown. .	6 1/2
14	—	de Baltimore à Washington. .	12 »
15	—	d'Harpers' Ferry à Winchester..	13 »
16	—	de Frederiksbourg à Richmond.	23 3/4
17	—	de Petersbourg à Rounoke. . .	24 »
		Embranchement de Belfield. .	6 »
18	—	de Norfolk à Weldon	31 »
19	—	de Charleston à Augusta. . .	54 3/4
20	—	d'Augusta à Athènes.	46 »
21	—	de Boston à Lowell.	10 1/4
22	—	de Boston à Worcester. . . .	17 3/4
23	—	de New-York à Paterson. . .	6 1/4
24	—	de New-York à Harlaem. . .	2 »
25	—	de Jersey-City à New-Brunswick	11 1/4
			603 »
		Report. . . .	603 »
26	—	de Brooklyn à Jamaïca. . . .	5 »
27	—	de Philadelphie à Norristown..	6 1/4
28	—	de Westchester.	3 1/2
29	—	de Philadelphie à Trenton. . .	10 1/2
30	—	de Baltimore à la Susquehannah	24 »
31	—	de la Nouvelle-Orléans à Carrolton.	3 1/2
32	—	de la Nouvelle-Orléans au lac Ponchartrain.	2 »
33	—	de Schenectady à Saratoga. .	8 1/2
34	—	de Troy à Saratoga.	9 3/4
35	—	de Chesterfield..	5 1/4
36	—	de Carbondale à Honesdale. .	6 1/2
37	—	de l'Hudson à la Delaware.. .	43 »
38	—	de Postville à Sunbury. . . .	17 3/4
39	—	de Philadelphie à Reading. .	22 3/4
40	—	Divers chemins de fer voisins des mines..	66 »
41	—	de Quincy (Massachusetts) . .	1 1/4
42	—	d'Ithaca à Oswego (New-York).	11 3/4
43	—	de Lexington à Louisville. . .	36 »
44	—	de Tuscambia à Decatur (Alabama)	18 »
45	—	de Rochester..	1 1/4
46	—	de Buffalo à Blackrock. . . .	1 1/4
		TOTAL.	906 3/4

IX. Tableau *des canaux dans les Etats de l'Union.*

SYSTÈME TRANSALLÉGHANIEN.		LONGUEUR EN — MILLES.	LIEUES GÉOGRAPHIQUES.
Grand canal de New-York ou *d'Erié*.			
a. Section de l'est, partant de Hudson près Albany, à Utica, sur la Mohawk.	103m »		
b. Section du centre, d'Utica à Montézuma, sur la Seneca. .	96 »		
c. Section de l'Ouest, de la Seneca au lac Erié.	167 »	366	132 »
Canal Champlain.		63 »	23 »
Canal de la Chesapeake à l'Ohio.			
a. Section de l'est, de Washington à Cumberland.	186m »		
b. Section du centre, de Cumberland à l'embouchure de la Casselman..	70 »	341 »	128 »
c. Section de l'ouest, de la Casselman à Pittsbourg.	85 1/4		
Canal de Pennsylvanie.			
a. Section transversale, de Colombie à Pittsbourg.	322m »		
b. Section moyenne, de Duncan's-Island à Tésya.	204 »		
c. Section occidentale, de Northumberland à Dunstown. . .	70 »		
d. Section orientale, de Bristol à Easton..	168 »	764 »	276 »
		1,534 »	554 »

	LONGUEUR EN			
	MILLES		LIEUES GÉOGRAPHIQUES.	
SYSTÈME LITTORAL.				
Report.	1,534	»	554	»
Canal du Mississipi au lac Ponchartrain.	7	»	2	»
Canal Chesapeake-Albemarle, joignant le James aux lagunes d'Albemarle. .	23	»	8	»
Canal Delaware et Chesapeake, établissant la communication de la baie de Chesapeake à celle de la Delaware.	14	»	5	»
Canal de la Delaware au Rariton, commençant au Bordentown et finissant à la rive droite du Rariton.	28	»	10	»
Canal de New-Haven, qui va du *Long-Island-Sound* au lac Memphramagog.	205	»	74	»
Canal à travers l'isthme du cap Cod, joignant les baies de Buzzard et de Barnstable.	9	»	3	»
SYSTÈME LOCAL.				
Canal de Baltimore, allant de cette ville à Columbia.	60	»	22	»
Canal de Roanoke, allant du village de Welden à celui de Salem sur le Roanoke.	244	»	88	»
Canal de Jonction, joignant le Roanoke à l'Appomatox.	44	»	16	»
Canal de Eutaw ou de Santé, faisant communiquer cette rivière avec le port de Charlestown.	21	»	7	»
Canal Morris, commençant à Phillisburgh et se terminant à Jersey-city. .	100	»	36	»
Canal Blackstone, mettant en communication Worcester et Providence. .	45	»	16	»
Canal Hudson et Delaware. Après avoir fait communiquer ces deux rivières, il rencontre à Carpenter's-point le canal Lackawaxen.	65	»	23	»
Canal Lackawaxen. Il part des précédents, et aboutit à Honesdale. . . .	53	»	19	»
Canal de Schuylkill, communiquant de Philadelphie à Port-Charbon. . .	112	»	40	»
Canal de Middlesex, unissant le Merrimack à la rade de Boston.	27	»	9	»
Grand Canal d'Ohio. Il traverse du nord au sud l'Etat de ce nom, de Cleveland sur le lac Erié à Portsmouth.	307	»	111	»
Canal du Miami, communiquant par le Miami de Cincinnati sur l'Ohio à Perrysbourg sur le Maumée.	150	»	54	»
Canal d'Oswego, communiquant de Salina à Oswego.	38	»	13	»
Canal de Seneca, communiquant du canal de New-York ou d'Erié avec les lacs Seneca et Cayuga.	20	»	7	»
Canal de l'Union, commençant au Schuylkill, et se terminant à Middletown.	80	»	28	»
Canal de Lehigh, commençant à Laston, à l'embouchure du Lehigh, et se terminant au chemin de fer de Mauch-chunk.	47	»	16	1/4
Canal de Louisville, commençant un peu au-dessous de l'embouchure de Bear-Grass-Creek, à 2 milles au-dessus des chutes de l'Ohio, et aboutissant au-dessous de Shippingport, sur la gauche de l'Ohio.	1	1/2		1/2
Canal de Jonction, entre l'Océan et le golfe du Mexique à travers les Florides.	231	»	88	»
Canal latéral au Tennessée.	35	»	12	»
Canal du Wabash, unissant la rivière de ce nom à celle du Maumée du lac.	130	»	60	»
Total	3,630	1/2	1,321	3/4

N. B. Ces importantes lignes de chemins de fer et de canaux, exécutées en peu d'années dans un pays dont la population n'est que la moitié de celle de la France, forment un singulier contraste avec l'état arriéré dans lequel se trouvent chez nous ces voies de communication.

Toutefois, il est bon de faire remarquer qu'en France les frais d'établissement des chemins de fer et des canaux coûtent beaucoup plus cher qu'aux Etats-Unis; en effet, dans les Etats de l'Union, d'après M. Michel Chevalier, la dépense moyenne pour la construction d'un chemin de fer est de 253,000 fr. par lieue (de 4,000 mètres).

Celle d'un canal est de 348,500 fr. par lieue (de 4,000 mètres).

X. TABLEAU *de la marine militaire des États-Unis (au mois de juin* 1840).

NOMS DES NAVIRES.	LIEU ET DATE DE LEUR CONSTRUCTION.	NOMBRE de CANONS.
Vaisseaux.		
Franklin.	Philadelphie en 1815	74
Washington.	Portsmouth. . 1816	74
Columbus.	Washington. . 1819	74
Ohio.	New-York. . 1820	80
North-Carolina.	Philadelphie. . 1820	80
Delaware.	Gosport . . 1820	80
Alabama.	Portsmouth. . 1840	80
Vermont.	Boston. . . 1840	80
Virginia.	*Idem.* . . 1840	80
Pensylvania.	Philadelphie. . 1840	120
New-York.	Norfolk. . . 1840	80
Frégates de 1er rang.		
Indépendance (rasée)	Boston. . . 1814	54
United States.	Philadelphie. . 1797	44
Constitution.	Boston. . . 1797	44
Guerrière.	Philadelphie. . 1814	44
Java.	Baltimore. . 1814	44
Potomac.	Washington. . 1821	44
Brandywine.	*Idem.* . . 1825	44
Hudson.	(Achetée). . 1826	44
Santée.	Portsmouth. . 1840	44
Cumberland.	Boston. . . 1840	44
Sabine.	New-York. . 1840	44
Savannah.	*Idem.* . . 1840	44
Rariton.	Philadelphie. . 1840	44
Columbia.	Washington. . 1836	44
Saint-Laurence.	Norfolk. . . 1840	44
Frégates de 2e rang.		
Constellation.	Baltimore. . 1797	36
Macedonian.	Norfolk. . . 1836	36
Sloops.		
John Adams.	Norfolk. . . 1820	20
Boston.	Boston. . . 1825	20
Lexington.	New-York. . 1825	20
Vincennes.	*Idem.* . . 1826	20
Warren.	Boston. . . 1826	20
Natchez.	Norfolk. . . 1827	20
Falmouth.	Boston. . . 1827	20
Fairfield.	New-York. . 1828	20
Vandalia.	Philadelphie. . 1828	20
Saint-Louis.	Washington. . 1828	20
Concord.	Portsmouth. . 1828	20
Cyane.	Boston. . . 1837	20
Sloops (suite).		
Levant.	New-York en 1837	20
Erié.	Norfolk. . . 1820	18
Ontario.	Baltimore. . 1813	18
Peacock.	New-York. . 1813	18
Marion.	Boston. . . 1839	16
Decatur.	New-York. . 1839	16
Preble.	Portsmouth. . 1839	16
Yorktown.	Norfolk. . . 1839	16
Dale.	Philadelphie. . 1839	16
Bricks.		
Dolphin.	New-York. . 1836	10
Porpoise.	Boston. . . 1836	10
Pioneer.	*Idem.* . . 1836	10
Consort.	*Idem.* . . 1836	10

RÉCAPITULATION.

Vaisseaux	11
Frégates	14
Sloops	21
Bricks	4
Schooners	8
Bâtiments à vapeur	7
Total	65

ÉTAT-MAJOR DE LA MARINE (en 1840).

Commodores ou commandants de stations	5
Lieutenant	1
Commandants de vaisseaux	10
Capitaines	55
Commandants	55
Lieutenants	290
Chirurgiens	61
Aides-chirurgiens	69
Secrétaires	51
Aumôniers	13
Midshipmen ou sous-officiers du tillac	422
Masters (maîtres)	29
Total des officiers et sous-officiers	1,061

XI. TABLEAU *de l'armée de terre des Etats-Unis.*

RÉGIMENTS.

Deux régiments de dragons.	1,498 hommes.
Quatre idem d'artillerie.	3,020
Deux idem d'infanterie.	7,496
Total.	12,014

ÉTAT-MAJOR.

Major-général.	1
Brigadiers-généraux.	2
Adjudant-général.	1
Sous-adjudants-généraux.	6
Inspecteurs-généraux.	2
Quartier-maître-général.	1
Sous-quartiers-maîtres-généraux.	2
Députés-quartiers-maîtres-généraux.	2
Quartiers-maîtres.	4
Sous-quartiers-maîtres.	28
	49
Report.	49
Commissaire-général des subsistances.	1
Sous-commissaire-général des subsistances.	1
Commissaires (majors).	2
Commissaires (capitaines).	
Chirurgien-général.	1
Chirurgiens.	22
Aides-chirurgiens.	60
Payeur-général.	1
Payeurs.	18
Commissaire-général des achats.	1
Gardes-magasins militaires.	2
Colonels.	17
Lieutenants-colonels.	18
Majors.	26
Adjudants.	2
Capitaines.	172
Premiers-lieutenants	208
Seconds-lieutenants.	168
Total.	783

XII. TABLEAU *des hauteurs de montagnes et de lacs de l'Amérique septentrionale.*

	Pieds.
Pic de Long (monts Rocky ou Chippeouans).	15,000
Mont Washington (New-Hampshire).	6,234
Mont Mansfield. Pic nord (Vermont).	4,270
Mont Catskill. Cime arrondie (New-York).	3,800
Black-hills (40° lat. au N.-O. du Missouri).	3,500
Monts Alleghanys (Virginie).	3,100
Monts Osark (à l'ouest du Mississipi).	2,250
Coteaux Ouisconsan (au sud du lac Supérieur)	2,250
Cabane des monts Catskill (New-York).	2,214
Sources des rivières tributaires des lacs Ouinnipeg et Supérieur.	1,200
Sources du Mississipi.	1,200
Col nommé Break-Neck, près de la fonderie de West-Point.	1,187
Lac de la Pluie, au S.-E. du lac des Bois.	1,100
Mont Tourn, Rommaport (New-Jersey).	1,067
Lac des Bois.	1,040
Lac du Chien.	1,000
Sources du Miami.	964
Sources du Scioto.	919
Sources de la rivière Saint-Pierre et de la rivière Rouge.	830
Confluent de la Platte et du Missouri.	680
Confluent du Saint-Pierre et du Mississipi.	680
Lac Ouinnipeg.	595
Lac Supérieur.	571
Lacs Huron et Michigan.	571
Ohio, près de Welling (Virginie).	565
Lac Erié.	565
Ohio, à Cincinnati.	414
Pointe Levi, vis-à-vis de Québec.	310
Confluent de l'Ohio et du Mississipi.	300
Lac Ontario.	231

XIII. TABLEAU *de la quantité d'or extraite des Etats-Unis qui a été convertie en monnaie depuis 1830 jusqu'en 1839 inclusivement.*

ANNÉES.	VIRGINIE.	CAROLINE SEPTENTRIONALE.	CAROLINE MÉRIDIONALE.	GÉORGIE.	TENNESSÉE.	DIVERSES LOCALITÉS.	TOTAL.
	Dollars.	Dollars.	Dollars.	Dollars.	Dollars.	Dollars.	Dollars.
1830	24,000	204,000	26,000	212,000	»	»	466,000
1831	26,000	294,000	22,000	176,000	1,000	1,000	520,000
1832	34,000	458,000	45,000	140,000	1,000	»	678,000
1833	104,000	475,000	66,000	216,000	7,000	»	868,000
1834	62,000	380,000	38,000	415,000	3,000	»	898,000
1835	60,400	263,500	42,400	319,900	100	12,200	698,500
1836	62,000	148,100	55,200	201,400	300	»	467,000
1837	52,100	116,900	29,400	83,600	»	»	282,000
1838	55,000	66,000	13,000	36,000	1,500	200	171,700
1839	57,600	53,500	6,300	20,300	300	500	138,500
	537,100	2,459,000	343,300	1,820,200	14,200	13,900	5,187,700

XIV. Tableau du commerce des Etats-Unis en 1839.

ÉVALUÉ EN DOLLARS.

	VALEUR des IMPORTATIONS.	VALEUR DES EXPORTATIONS.		
		PRODUITS DU PAYS.	PRODUITS ÉTRANGERS.	TOTAL.
Russie.	2,293,894	434,587	804,659	1,239,246
Prusse.	70,412	29,313	43,500	72,813
Suède et Norvège.	1,553,684	337,000	26,502	363,502
Danemark.	80,997	50,634	38,177	88,811
Villes hanséatiques et ports d'Allemagne.	4,849,150	2,067,608	733,459	2,801,067
Hollande.	2,149,732	1,677,352	295,651	1,973,003
Belgique.	465,701	541,641	66,269	607,910
Angleterre, Ecosse et Irlande.	65,964,588	55,971,878	3,954,364	59,926,242
France.	32,531,321	15,966,108	2,264,841	18,230,949
Espagne.	1,861,171	525,868	51,014	576,882
Portugal.	1,587,770	59,711	6,093	65,804
Italie.	2,254,135	937,439	370,031	1,307,470
Turquie et Levant, etc.	629,190	83,320	266,054	349,374
Maroc et Barbarie.	96,493	»	»	»
République d'Haïti.	1,377,989	991,265	131,294	1,222,559
Texas.	318,116	1,379,065	308,017	1,687,082
Mexique.	3,127,153	816,660	1,970,702	2,787,362
République de l'Amérique centrale.	192,845	111,752	104,490	216,242
Nouvelle-Grenade.	90,514	35,219	29,585	64,804
Venezuela.	1,982,702	413,245	272,736	685,981
Brésil.	5,292,955	2,133,997	503,488	2,637,485
République Argentine.	525,114	233,593	142,470	376,063
Uruguay.	625,432	50,998	38,302	89,300
Chili.	1,186,641	1,307,143	487,410	1,794,553
Pérou.	242,813	»	»	»
Guyane et Sud de l'Amérique généralement.	63,223	119,030	30,278	149,308
Antilles.	20,047,392	10,721,097	1,786,419	12,507,516
Colonies anglaises de l'Amérique septentrionale.	2,155,146	3,418,770	144,684	3,563,454
Possessions anglaises dans l'Inde.	2,135,152	246,845	337,597	584,442
Australie.	58,344	6,790	»	6,790
Cap de Bonne-Espérance.	43,059	88,379	6,020	93,399
Autres possessions anglaises.	288,148	1,180,444	215,712	1,396,156
Iles Ténériffe, Madeire, Açores et du Cap-Vert.	791,300	165,922	36,139	206,061
Chine.	3,678,509	430,464	1,103,137	1,533,601
Inde hollandaise, française et autres parties de l'Asie.	1,458,519	830,856	903,270	1,834,126
Afrique généralement.	419,054	443,218	47,061	490,279
Océanie.	318,143	85,938	39,750	125,688
Manille et îles Philippines.	876,477	98,553	38,255	136,808
Divers ports de l'Europe non mentionnés ci-dessus.	»	128,105	»	158,105
Pays non mentionnés.	11,944	»	»	»
Totaux.	169,092,132	103,533,891	17,494,525	121,028,416

XV. Budget de 1838 *évalué en francs.*

DÉPENSES.

Dépenses civiles et diplomatiques.	48,000,000 (¹)
Armée.	28,800,000
Ecoles militaires.	936,000
Marine.	39,000,000
Traités avec les Indiens.	13,245,000
Suppressions des hostilités avec les Indiens.	22,241,000
Pensionnaires de la révolution et autres.	8,862,000
Constructions et réparations des routes.	2,571,000
Travaux pour rendre navigables certaines rivières.	10,530,000
Fortifications.	630,000
Amélioration des ports.	5,132,000
Dépenses diverses.	53,000
	180,000,000

RECETTES.

Produit des douanes.	130,000,000
Idem de la vente des terres. . .	22,000,000
Idem divers.	36,000,000
Total des recettes. . .	188,000,000
Dépenses votées. . . .	180,000,000
Excédant des recettes sur les dépenses.	8,000,000 (²)

(¹) Le président reçoit par an . . . 25,000 doll. (en francs 125,000)
Le vice-président, *id.* . . . . . 5,000 *id.* (*id.* 25,000).

MINISTÈRE.

Le secrétaire d'Etat, *id.* . . . . 6,000 id. (id. 30,000).
Le secrétaire de la trésorerie, *id.* 6,000 *id.* (*id.* 30,000).
Le secrétaire de la guerre, *id.* . . 6,000 *id.* (id. 30,000).
Le secrétaire de la marine, *id.* . . 6,000 *id.* (*id.* 30,000).
Le directeur-général des postes (*post master general*), id. . . . 6,000 *id* (id. 30,000).
Le procureur-général (*attorney-general*), *id* . . . . 4,000 id. (*id.* 20,000).

ORDRE JUDICIAIRE.

Le grand-juge (*chief justice*), *id* . . 5,000 *id.* (id. 25,000).
Les huit juges en second (*associate justice*), id. . . . . 4,500 *id.* (*id.* 22,500).
Les juges dans les différens Etats ont 1,500, 1,800 2,000, 2,500 dollars (7,500, 9,000, 10,000, 12,500 fr.).

N. B. Le dollar vaut 5 fr. 40 a 5 fr. 50; mais dans le langage ordinaire on le compte comme valant 5 fr. terme moyen

(²) Le gouvernement des Etats-Unis a depuis plusieurs années éteint sa dette nationale. Il a en dépôt à la Banque 43,000,000, ce qui, avec l'excédant relaté ci-dessus, porte au 1er janvier 1838 sa réserve à 51,000,000 de francs.

XVI. Tableau *de la dette particulière des différents Etats en* 1839.

	Dollars.
Maine.	555,000
Massachusetts.	4,290,000
New-York.	16,045,000
Pensylvanie.	30,784,000
Maryland.	15,000,000
Virginie.	4,130,000
Caroline du Sud.	5,754,000
Ohio.	10,592,000
Kentucky.	3,765,000
Tennessée.	2,600,000
Louisiane.	19,735,000
Alabama.	13,882,000
Mississipi.	12,000,000
Indiana.	10,064,000
Illinois.	10,880,000
Missouri.	2,500,000
Arkansas.	3,100,000
Michigan.	5,340,000
Géorgie.	500,000
Floride.	3,950,000
TOTAL. . . .	175,461,000

XVII. Tableau *des banques des Etats-Unis et du capital de chacune d'elles en dollars.*

(AU COMMENCEMENT DE 1839).

ÉTATS.	BANQUES.	SUCCURSALES.	CAPITAL.
Connecticut. . . .	31	3	8,832,000
New-Jersey. . . .	1	»	1,000,000
Delaware.	4	4	1,071,000
Maryland.	7	2	1,465,000
Virginie.	5	15	4,834,000
Caroline du Nord. .	2	2	1,600,000
Floride.	2	»	643,000
Alabama.	2	3	8,606,000
Arkansas.	1	»	450,000
Tennessée.	3	11	5,395,000
Kentucky.	1	»	1,150,000
Wisconsin.	1	»	100,000
Iowa.	1	»	100,000
Totaux. . .	61	40	35,236,000

XVIII. Tableau *des principales sectes religieuses aux Etat -Unis.*

	LAÏQUES.	MINISTRES.	TOTAL.	TEMPLES
1. Baptistes (*réformés rigides*)	3,613,000	4,240	3,617,240	6,319
2. Baptistes dits Arminiens	200,000			
3. Baptistes dits Mennonites	160,000			
4. Baptistes en libre communion	40,000			
5. Baptistes sabbatériens (*qui fêtent le samedi au lieu du dimanche*)	25,000	610	455,610	811
6. Baptistes dits des six principes	25,000			
7. Baptistes émancipateurs (*qui pensent que c'est un devoir d'émanciper les esclaves*)	5,000			
8. Episcopaliens méthodistes	3,400.000	2,000	3,402,000	2,000
9. Episcopaliens anglicans	800,000	600	800,600	600
10. Presbytériens unis *à un synode général*	1,980,000	2,225	1,982,225	
11. Presbytériens indépendants	110,000	200	110,200	3,740
12. Presbytériens de Cumberland ou modifiés	110.000	450	110,450	
13. Congrégationalistes	1,500,000	1,150	1,501,150	1,300
14. Universitaires (*Arminiens admettant la rédemption universelle*)	600,000	325	600,325	650
15. Protestants-luthériens	700,000	300	700,300	750
16. *Chrétiens* ou Baptistes unitaires	300,000	285	300,225	1,000
17. Unitaires congrégationalistes	200,000	180	200,180	200
18. Réformés allemands	600,000	390	600,390	700
19. *Quakers* ou amis (*comprenant les orthodoxes et la nouvelle secte des Hieksitus*)	280,000	»	280,000	500
20. Frères unis ou moraves	12,000	35	12,035	24
21. Méthodistes *associés ou autres*	300,000	400	300,400	?
22. *Tunkers* (baptistes allemands arminiens)	40,000	40	40,040	40
23. *Shakers* ou millénaires	8,000	45	8,045	15
24. Swedenborgiens ou *sectateurs de la Nouvelle-Jérusalem*	7,000	30	7,030	10
25. Catholiques romains	1,000,000	485	1,000,485	420
26. Juifs et autres sectes non mentionnées	50,000	?	50,000	150
Totaux	16,065,000	13,930	16,078,930	19,229

LIVRE CENT QUATRE-VINGT-QUATRIEME.

Suite de la Description de l'Amérique. — Le Mexique, y compris le Nouveau-Mexique et la capitainerie générale de Guatemala, c'est-à-dire la Confédération mexicaine et celle de l'Amérique centrale. — Description générale physique.

« Nous allons parcourir successivement le vaste territoire que possédait autrefois la couronne espagnole dans les deux Amériques.

» Cette Espagne transatlantique nous fournira matière à un tableau historique et politique, que nous croyons devoir faire précéder par des descriptions physiques et topographiques des grandes divisions qui la composent.

» En nous bornant à distinguer les grandes masses de terres circonscrites par des mers, enfermées dans des bassins de rivières, ou marquées par quelque autre trait, nous partagerons les contrées hispano-américaines continentales en trois divisions: celle du nord, comprenant le Mexique avec Guatemala; celle du milieu, renfermant le Pérou, la Nouvelle-Grenade et Caracas; enfin celle du sud, composée du Paraguay ou Buenos-Ayres, du Chili et des terres Magellaniques. Les îles de Porto-Rico et de Cuba seront décrites avec le reste de l'archipel Colombien; la Floride l'a été avec les Etats-Unis.

» L'usage a étendu à toutes les colonies espagnoles au nord de l'isthme, la Floride exceptée, le nom general de Mexique; mais rigoureusement parlant, ces contrées n'ont aucune dénomination commune. Le nom de *Nouvelle-Espagne* ne fut d'abord donné, en 1518, qu'à la province de Yucatan, où la culture des champs et la beauté des édifices excita l'admiration des compagnons d'armes de Grijalva. Cortez, en 1520, étend déjà la dénomination de Nouvelle-Espagne au royaume de *Montezuma*, en conseillant à Charles-Quint d'en prendre le titre d'empereur. D'après les recherches de l'abbé Clavijero, ce royaume, que Solis étend depuis Panama jusqu'à la Nouvelle-Californie, était limité, sur les côtes orientales, par les rivières de Guasacualco et de Tulpan; sur les côtes occidentales, par les plaines de Soconusco et par le port de Zacatula. Il embrassait ainsi la plus grande partie de la confédération actuelle du Mexique, avec une surface de 18 à 20,000 lieues carrées. Le nom de *Mexico* même est d'origine indienne; il signifie, dans la langue aztèque, l'habitation du dieu de la guerre, appelé Mexitli ou Huitzlipochtli. Il paraît cependant qu'avant l'année 1530, la ville fut appelée plus communément *Tenochtitlan*. La dénomination d'*Anahuac*, qu'il ne faut point confondre avec les précédentes, désignait, avant la conquête, tout le pays contenu entre le 14e et le 21e degré de latitude. Outre l'empire aztèque de Montezuma, les petites républiques de Tlancallan et de Chollan, le royaume de Tezcuco ou Acolhoacan, et celui de Mechoacan, qui comprenait une partie de l'intendance de Valladolid, aujourd'hui l'État de Mechoacan, appartenaient aux plateaux de l'ancien Anahuac ([1]).

» La vaste étendue de pays sur laquelle le vice-roi du Mexique exerçait son pouvoir militaire suprême était désignée en général sous le nom de *Nouvelle-Espagne*, et avait pour limites boréales et australes les parallèles du 38e et du 10e degré de latitude. Elle renfermait deux grands gouvernements distincts: 1° la capitainerie de *Guatemala*, qui embrassait les gouvernements de Costa-Ricca et de Nicaragua, avec les provinces de Honduras, de Vera-Paz, de Chiapa et de Guatemala; 2° la vice-royauté du *Mexique* ou de la Nouvelle-Espagne proprement dite, comprenant le Mexique proprement dit, et les provinces intérieures ou *internas*, orientales et occidentales.

» Lors de la nouvelle administration introduite en 1776 par don Galvez, ministre des Indes, la Nouvelle-Espagne était divisée en douze intendances et trois provinces.

» De ces quinze divisions, il y avait:

» Dans l'intérieur, au nord,

1° La province du *Nouveau-Mexique*, le long du Rio-del-Norte;
2° L'intendance de la *Nouvelle-Biscaye*, au sud-ouest du Rio-del-Norte, sur le plateau central.

» Sur le grand Océan, au nord-ouest,

3° La province de la *Nouvelle-Californie*;
4° La province de la *Vieille-Californie*;
5° L'intendance de la *Sonora*.

» Vers le golfe du Mexique, au nord-est,

6° L'intendance de *San-Luis-Potosi*, comprenant les provinces de Texas et de Cohahuila, la colonie du Nouveau-Santander, le nouveau royaume de Léon; enfin les districts de Charcas, d'Altamira, de Catorce et de Ramos, qui forment l'intendance de San-Luis proprement dite.

» Ces six territoires, presque entièrement compris dans la zone tempérée, renfermaient au total 677,000 âmes, sur 82,000 lieues carrées, ce qui donnait 8 habitants par lieue.

» Au sud du tropique se trouvaient:

» Dans la région moyenne,

7° L'intendance de *Zacatecas*;
8° — de *Guadalaxara*;
9° — de *Guanaxuato*;
10° — de *Valladolid*;
11° — de *Mexico*;
12° — de *la Puebla*;
13° — de *la Vera-Cruz*.

» A l'extrémité du sud-est,

14° L'intendance de *Oaxaca*;
15° Celle de *Merida* ou *Yucatan*.

» Ces neuf intendances, situées sous la zone torride, possédaient une population de 5,160,000 âmes sur 36,500 lieues carrées de superficie, 141 habitants par lieue carrée; mais les quatre cinquièmes de cette population étaient concentrés sur le dos de la Cordillère, ou sur des plateaux dont l'élévation au-dessus de l'Océan égale la hauteur du passage du Mont-Cenis.

» Suivant l'ancienne division, encore très usitée dans le pays, la Nouvelle-Espagne

([1]) Clavijero: Storia antica del Messico, t. IV, p. 265.

formait, 1° le *royaume du Mexique;* 2° le *royaume de la Nouvelle-Galice;* 3° le *nouveau royaume de Léon;* 4° la *colonie du Nouveau-Santander;* 5° la *province de Texas;* 6° la *province de Cohahuila;* 7° la *province de la Nouvelle-Biscaye;* 8° la *province de la Sonora;* 9° la *province du Nouveau-Mexique;* 10° les *deux Californies*, ou les provinces de la Vieille et de la Nouvelle-Californie.

» Le royaume du Mexique embrassait les intendances de Guanaxuato, Valladolid ou Mechoacan, Mexico, Puebla, la Vera-Cruz, Oaxaca et Merida, avec une portion de l'intendance de San-Luis-Potosi; il avait par conséquent plus de 27,000 lieues carrées, et près de 4,500,000 habitants. Le royaume de la Nouvelle-Galice avait plus de 4,000 lieues lieues carrees, et près de 1,000,000 d'habitants; il embrassait les intendances de Zacatecas et de Guadalaxara, ainsi qu'une petite partie de celle de San-Luis-Potosi [1].

» Une autre division également ancienne, est celle qui distingue la *Nouvelle-Espagne* proprement dite des *provincias internas*, c'est-à-dire situées dans l'intérieur du continent, quoiqu'à l'égard de la capitale elles soient situées à l'extérieur. A ces dernières appartenait, à l'exception des deux Californies, tout ce qui est au nord et au nord-ouest du royaume de la Nouvelle-Galice, par conséquent le petit royaume de Léon, la colonie du Nouveau-Santander, le Texas, la Nouvelle-Biscaye, Sonora, Cohahuila et le Nouveau-Mexique. On distinguait les « *provincias internas del Vireynato*, » qui comprenaient 7,814 lieues carrées, des « *provincias internas de la comandancia de Chihuahua*, » érigées en capitaineries générales l'année 1779. Ces dernières avaient 53,375 lieues carrées. Des douze intendances nouvelles, il y en avait trois situées dans les provinces internes, savoir, celles de Durango, Sonora et San-Luis-Potosi. Il est cependant à remarquer que l'intendant de San-Luis n'était directement soumis au vice-roi que pour Léon, Santander et les districts de Charcas, de Catorce et d'Altamira, voisins de sa résidence. Les gouvernements de Cohahuila et de Texas faisaient aussi partie de l'intendance de San-Luis-Potosi; mais ils appartenaient directement à la *comandancia general* de Chihuahua.

» Il en résulte que l'on divisait toute la Nouvelle-Espagne : en provinces soumises au vice-roi, formant 59,103 lieues carrées, avec 5,477,900 habitants, et comprenant les deux Californies, les intendances de Mexico, Puebla, la Vera-Cruz, Oaxaca, Merida, Valladolid, Guadalaxara, Zacateca, Guanaxuato, et San-Luis-Potosi, à l'exception de Cohahuila et de Texas; en provinces soumises au commandant général des provinces internes, formant 59,375 lieues carrées, avec 359,200 habitants, et comprenant les intendances de Durango et Sonora, la province du Nouveau-Mexique, ainsi que Cohahuila et Texas. Le grand total était de 118,478 lieues carrées, et 5,837,100 habitants. Par suite des contestations récentes avec les Etats-Unis d'Amérique, dont les envahissements systématiques avaient donné de justes alarmes à l'Espagne, le gouvernement militaire des provinces internes, auparavant soumises au gouverneur de Chihuahua, avait été confié à deux commandants généraux. On distinguait alors les provinces internes *occidentales*, savoir, Sonora, Durango ou Nouvelle-Biscaye, Nouveau-Mexique, les Californies, des provinces internes *orientales;* savoir, Cohahuila, Texas, colonie du Nouveau-Santander, nouveau royaume de Léon. Ces nouveaux commandants généraux, de même que l'ancien, étaient considérés comme chefs de l'administration des finances dans les deux intendances de Sonora et de Durango, dans la province du Nouveau-Mexique, dans Texas et Cohahuila. Quant à Léon et au Nouveau-Santander, ils ne dépendaient du commandant que sous le rapport de la défense militaire.

» L'émancipation des colonies espagnoles du continent américain renverse ces divisions administratives; mais il est encore indispensable d'en connaître l'ensemble compliqué.

» Le tableau suivant indique plus particulièrement la distribution de la population, et ses rapports très inégaux avec la surface des intendances. »

[1] *A. de Humboldt*, t. II, p. 81, etc.

ÉTENDUE EN LIEUES CARRÉES.		POPULATION.		HABITANTS PAR LIEUE CARRÉE.	
San-Luis-Potosi	27,821	Mexico	1,911,800	Guanaxuato	568
Sonora	19,143	Puebla	813,300	Puebla	301
Durango	16,873	Guadalaxara	630,500	Mexico	255
Guadalaxara	9,612	Oaxaca	534,800	Oaxaca	120
Merida	5 977	Guanaxuato	517,300	Valladolid	109
Mexico	5,927	Merida	465,700	Merida	81
Oaxaca	4,447	Valladolid	376,400	Guadalaxara	66
Vera-Cruz	4,141	San-Luis-Potosi	334,000	Zacatecas	65
Valladolid	3,447	Durango	159,700	Vera-Cruz	38
Puebla	2,696	Vera-Cruz	156,000	San-Luis-Potosi	12
Zacatecas	2,355	Zacatecas	153,300	Durango	10
Guanaxuato	911	Sonora	121,400	Sonora	6

Découvert en 1519 par Fernand Cortez, le Mexique devint, sous la domination espagnole, le théâtre de toutes les persécutions et de toutes les horreurs qu'entraînent le fanatisme et la cupidité. Long-temps les indigènes seuls eurent à gémir de la tyrannie espagnole ; mais bientôt les colons eux-mêmes eurent à supporter de la part de la métropole toutes les entraves qu'un gouvernement ombrageux crut devoir mettre au développement intellectuel et commercial. L'introduction de la littérature et des arts de l'Europe fut prohibée ; et, pour assurer le débit des produits de l'Espagne, on défendit aux colons, sous des peines atroces, de cultiver l'olivier, la vigne et le mûrier. Tel était l'état déplorable de cette importante colonie espagnole, lorsque Napoléon envahit l'Espagne en 1808, et plaça sur le trône un de ses frères. Le Mexique, gouverné jusqu'alors par des vice-rois, voulut rester fidèle aux Bourbons. Le vice-roi Iturrigaray proposa de former un gouvernement provisoire sous l'influence d'une junte composée d'Européens et de créoles ; mais les premiers, craignant un mélange qui pouvait porter atteinte à leur suprématie, s'emparèrent de lui et le renvoyèrent en Europe. Son successeur, Venegas, envoyé par la junte de Cadix, montra une si grande partialité en faveur des Européens, qu'il exaspéra les créoles. Une vaste conspiration fut ourdie, et, dans le mois de septembre 1810, le moine Hidalgo se mit à la tête des insurgés ; mais l'année suivante il périt sur l'échafaud. Jusqu'en 1820 l'autorité des vice-rois fut tour à tour renversée et rétablie. A cette époque, la nouvelle de la révolution de l'île de Léon arriva au Mexique ; le vice-roi Apodaca remplaça dans le commandement des troupes le général Amigo, dévoué à la constitution, par Augustin Iturbide. Le choix était malheureux ; celui-ci publia, le 24 février 1821, un manifeste par lequel le Mexique était déclaré empire constitutionnel, indépendant de l'Espagne, mais sous le sceptre de Ferdinand VII. Le vice-roi Apodaca eut pour successeur O'Donaju, envoyé par les cortès, qui confirma par un traité le manifeste d'Iturbide. Cependant les cortès ayant refusé de ratifier ce traité, le congrès mexicain proclama le général Iturbide empereur du Mexique.

Ce choix n'avait point été unanime ; un parti nombreux prit les armes contre le nouveau souverain, et pendant que celui-ci se faisait couronner avec une magnificence qui rappelait celle de Napoléon, qu'il cherchait à imiter, les insurgés proclamaient la république. Après une lutte sanglante, cet empereur éphémère abdiqua en 1823, et partit pour l'Europe. Un nouveau congrès fut convoqué au commencement de 1824, et, par un acte constitutionnel, le Mexique adopta une organisation modelée sur celle de la confédération anglo-américaine, et prit le titre d'*Etats-Unis Mexicains*. Ce fut dans le courant de cette année qu'Iturbide, espérant ressaisir le pouvoir, et croyant que sa présence suffirait pour opérer une révolution nouvelle au Mexique, y débarqua comme Napoléon l'avait fait à Cannes. Mais son nom n'était point rehaussé par le prestige de la gloire ; à peine eut-il mis le pied sur cette terre qu'il avait le projet d'asservir, qu'il fut pris et fusillé comme traître à sa patrie. Depuis cette époque, le Mexique n'a cessé d'être ravagé par les orages politiques. L'ignorance et la superstition du peuple, et peut-être aussi l'absence de tout esprit public, en seront long-temps encore le foyer. Mais jamais l'Espagne ne reconquerra sa puissance dans ce pays; l'expédition qu'elle a tentée en 1829 lui a sans doute appris que son véritable intérêt est de reconnaître cette république naissante, et de profiter des liens qui l'unissaient naguère à la mère-patrie, pour chercher, par des traités commerciaux à l'avantage des deux pays, à compenser la perte d'une prépondérance dont elle n'a que trop long-temps abusé.

« En embrassant d'un coup d'œil général toute la surface du Mexique, nous voyons que les deux tiers sont situés sous la zone tempérée, et que l'autre tiers appartient à la zone torride. La première partie a 82,000 lieues carrées. Par un concours de diverses causes et de circonstances locales, plus des trois cinquièmes des 36,000 lieues carrées situées sous la zone torride jouissent d'un climat qui est plutôt froid ou tempéré que brûlant. Tout l'intérieur de la vice-royauté du Mexique, surtout l'intérieur des pays compris sous les anciennes dénominations d'Anahuac et de Mechoacan, vraisemblablement même toute la Nouvelle-Biscaye, ou la partie occidentale de l'Etat de Cohahuila, forment un plateau immense élevé de 2,000 à 2,500 mètres au-dessus du niveau des mers voisines, tandis qu'en Europe les terrains élevés qui présentent l'aspect de plaines, tels que les plateaux d'Auvergne, de Suisse, d'Espagne, n'ont guère plus de 400 à 800 mètres de hauteur au-dessus de l'Océan. »

La chaîne de montagnes qui forme le plateau du Mexique paraît, au seul aspect d'une carte géographique, la même que celle qui, sous le nom des Andes, traverse toute l'Amérique méridionale; cependant, examinée sous les rapports de la géographie physique, la structure de cette chaîne diffère beaucoup au sud et au nord de l'équateur. Dans l'hémisphère austral, la Cordillère est partout déchirée et interrompue par des crevasses qui ressemblent à des filons ouverts, qui n'ont pu être remplis de substances hétérogènes. S'il y existe des plaines élevées dans la Colombie, ce sont plutôt de hautes vallées longitudinales limitées par deux branches de la grande Cordillère des Andes. Au Mexique, c'est le dos même des montagnes qui forme le plateau. Au Pérou, les cimes les plus élevées constituent la tête des Andes; au Mexique, ces mêmes cimes, moins colossales, mais toutefois hautes de 4,900 à 5,400 mètres, sont ou dispersées sur le plateau, ou rangées d'après des lignes qui n'ont aucun rapport de parallélisme avec la direction de la Cordillère. Au Pérou, et dans la Colombie, le nombre des vallées transversales, dont la profondeur perpendiculaire est quelquefois de 1,400 mètres, empêche les habitants de voyager autrement qu'à cheval, à pied, ou portés sur le dos des Indiens. Dans les Etats mexicains, au contraire, les voitures roulent depuis la capitale de Mexico jusqu'à Santa-Fé, sur une longueur de plus de 500 lieues.

« La longueur du plateau compris entre les 18 et les 40° de latitude, est égale à la distance qu'il y a depuis Lyon jusqu'au tropique du Cancer, qui traverse le grand désert africain. Ce plateau extraordinaire paraît s'incliner insensiblement vers le nord, surtout depuis la ville de Durango, à 140 lieues de Mexico. Cette pente, contraire à la direction des fleuves, nous paraîtrait peu vraisemblable, si elle n'était pas admise par le savant et judicieux voyageur à qui nous devons à peu près tout ce que nous savons de précis, d'exact et d'intéressant sur ces contrées. Il faut donc supposer que les montagnes au nord de Santa-Fé s'élèvent brusquement pour former les chaînes et les plateaux très élevés d'où descendent le Missouri et ses affluents.

» Parmi les quatre plateaux situés autour de la capitale du Mexique, le premier, qui comprend la vallée de Toluca, a 2,600 mètres; le second, ou la vallée de Tenochtitlan, 2,274; le troisième, ou la vallée d'Actopan, 1,966 mètres; et le quatrième, ou la vallée d'Istla, 981 mètres de hauteur. Ces quatre bassins diffèrent autant par le climat que par leur élévation au-dessus du niveau de l'Océan. Chacun d'eux offre une culture différente : le dernier, et le moins élevé, est propre à la culture de la canne à sucre; le troisième à celle du coton; le second à la culture du blé d'Europe, et le premier à des plantations d'agaves, que l'on peut considérer comme les vignobles des Indiens-Aztèques.

» Si cette configuration du sol favorise singulièrement, dans l'intérieur de la Nouvelle-Espagne, le transport des denrées, la navigation, et même la construction des canaux, la nature oppose de grandes difficultés à la communication entre l'intérieur du royaume et les côtes, qui, s'élevant de la mer en forme de rempart, présentent partout une énorme différence de niveau et de température. La pente orientale y est surtout rapide et d'un accès difficile. En se dirigeant depuis la capitale vers la Vera-Cruz, il faut avancer 60 lieues marines pour trouver une vallée dont le fond soit élevé de moins de 1,000 mètres au-dessus de l'Océan. Des 84 lieues que l'on compte jusqu'à ce port, il y en a 56 qu'occupe le grand plateau d'Anahuac; le reste du chemin n'est qu'une descente pénible et continuelle; c'est la difficulté de cette descente qui renchérit le transport des farines du Mexique à la Vera-Cruz, et qui les empêche de rivaliser en Europe avec les farines de Philadelphie. Dans le chemin d'Acapulco, sur le grand Océan, on parvient aux régions tempérées en moins de 17 lieues de distance, et l'on n'y fait ensuite que monter et descendre jusqu'à la mer.

» La Cordillère des Andes, qui traverse l'isthme de Darien, se trouve tantôt rapprochée de l'océan Pacifique, tantôt des côtes du golfe du Mexique. Dans la république de Guatemala, la crête de ces montagnes, hérissée de cônes volcaniques, longe la côte occidentale depuis le lac de Nicaragua jusqu'à la baie de Tehuantepec; mais dans l'Etat d'Oaxaca, entre les sources des rivières Chimalapa et Quatarnaleo, elle occupe le centre de l'isthme mexicain. Depuis le 18e degré et demi jusqu'au 21e degré de latitude, dans les Etats de la Puebla et du Mexico, depuis la Mirteca jusqu'aux mines de Zimapan, la Cordillère se dirige du sud au nord, et se rapproche des côtes orientales. C'est dans cette partie du grand plateau d'Anahuac, entre la capitale de Mexico et les petites villes de Cordoba et de Xalappa, que paraît un groupe de montagnes volcaniques rivalisant avec les cimes les plus élevées du continent. M. de Humboldt en a mesuré les principales. Le ***Popocatepetl***, c'est-à-dire Montagne-Fumante, nommée par les Espagnols le ***Grand-Volcan***, a 5,400 mètr. de hauteur; l'***Iztacci-huatl***, ou Femme-Blanche, la ***Sierra-Nevada*** des Espagnols, 4,786; le ***Citlaltepetl***, ou Montagne-Etoilée, autrement nommée le ***Pic d'Orizaba***, 5,295; le ***Nevado de Toluca***, 4,607, et le ***Nauh-campa-tepetl***, ou ***Coffre de Perote***, 4,088 mètres (1).

» Plus au nord du 19e parallèle, près des mines célèbres de ***Zimapan*** et du ***Doctor***, situées dans l'Etat de Queretaro, la Cordillère prend le nom de ***Sierra-Madre***, en mexicain ***Tépé-suenne***; s'éloignant de nouveau de la partie orientale du Mexique, elle se porte au nord-ouest vers les villes de San-Miguel-el-Grande et de Guanaxuato. Au nord de cette dernière ville, regardée comme le Potosi du Mexique, la Sierra-Madre prend une largeur extraordinaire; bientôt elle se partage en trois branches, dont la plus orientale se divise vers Charcas et Real de Catorce, pour se perdre dans le Nouveau-Léon. La branche occidentale occupe une partie de l'Etat de Xalisco. Depuis ***Bolanos***, elle s'abaisse rapidement et se prolonge, par Culiacan et Arispe, dans le Sonora, jusqu'aux bords du Rio-Gila. Sous le 30° de latitude, elle acquiert cependant de nouveau une hauteur considérable dans le Tarahumara, près du golfe de Californie, où elle forme les montagnes de la Haute-Pimerie (***Pimeria alta***), célèbres par des lavages d'or considérables. La troisième branche de la Sierra-Madre, que l'on peut regarder comme la chaîne centrale des Andes mexicaines, occupe toute l'étendue de l'Etat de Zacatecas. On peut la suivre, par Durango et le Parral, dans le Chohahuila, jusqu'à la ***Sierra de Los-Mimbres***, située à l'ouest du Rio-Grande-del Norte; de là elle traverse le Nouveau-Mexique, et se joint aux montagnes de la Grue et à la ***Sierra-Verde***. Ce pays montueux, situé sous le 40° de latitude, a été examiné, en 1777, par les PP. Escalaste et Fond; il donne naissance au Rio-Gila, dont les sources se rapprochent de celles du Rio-del-Norte. C'est la crête de cette branche centrale de la Sierra-Madre qui partage les eaux entre le grand Océan et la mer des Antilles. C'est elle dont Fiedler et l'intrépide Mackenzie ont examiné la continuation sous les 50 et 55° de latitude

(1) *A. de Humboldt* : Tableau des Régions équatoriales, p. 148. Vues et Monuments, p. 233.

boréale. La carte de *don Alzate* [1] donne à une partie de la Sierra de Los-Mimbres le nom particulier de ***Sierra dos Pedernales***, montagnes des pierres à fusil, circonstance qui semble indiquer une ressemblance entre les rochers de cette chaîne et ceux des montagnes Rocheuses, dont elle est d'ailleurs la continuation méridionale.

» Le granit, qui paraît former ici, comme partout ailleurs, la couche la plus profonde, se montre à découvert dans la petite chaîne qui borde l'océan Pacifique, et qui, du côté d'Acapulco, est séparée de la masse du haut pays par la vallée de Peregrino [2]. Le beau port d'Acapulco est taillé par la main de la nature dans des rochers granitiques. La même roche forme les montagnes de la Mixteca et de la Zapoteca dans l'intendance d'Oaxaca [3]. Le plateau central, ou l'Anahuac, semble une immense digue de roches porphyriques, distinguées de celles d'Europe par la présence constante de l'amphibole et par l'absence du quartz. Elles contiennent d'immenses dépôts d'or et d'argent. Le basalte, le trapp amygdaloïde, le gypse et le calcaire du Jura forment les autres roches dominantes. Les couches se suivent ici dans le même ordre qu'en Europe, excepté que la syénite alterne avec la serpentine. Les roches secondaires ressemblent également à celles de nos contrées, mais on n'a encore trouvé aucun dépôt considérable de sel gemme ni de charbon de terre sur le plateau du Mexique; tandis que ces substances, surtout la première, paraissent abonder au nord du golfe de Californie, vers le lac Timpanogos [4].

» Le porphyre de la Sierra de Santa-Rosa se présente en masses gigantesques, d'une figure bizarre et qui rappelle des murs et des bastions en ruine. Les masses, taillées à pic et élevées à 3 ou 400 mètres sur les plaines environnantes, portent dans le pays le nom de ***Buffa***. D'énormes boules à couches concentriques reposent sur des rochers isolés. Ces porphyres donnent aux environs de la ville de Guanaxuato un aspect singulièrement romantique. Le rocher porphyrique de Mamanchota, connu dans le pays sous le nom d'***Orgues d'Actopan***, se détache sur l'horizon comme une vieille tour dont la base ébréchée serait devenue moins large que le sommet [1]. Les porphyres trappéens en colonnes, qui terminent la montagne de Jacal et d'Oyamel, sont à leur tour couronnés de pins et de chênes qui ajoutent de la grâce à ce site imposant [2]. C'est de ces montagnes que les anciens Mexicains tiraient la pierre ***itzli***, ou l'obsidienne, dont ils fabriquaient leurs instruments tranchants.

» Le *Coffre de Perote* est une montagne porphyrique élevée de 2,097 toises au-dessus du niveau de la mer, et qui représente un sarcophage antique surmonté, à une de ses extrémités, d'une pyramide [3]. Les basaltes de la Regla, dont les colonnes prismatiques, de 30 mètres d'élévation, ont un noyau plus dur que le reste, forment la décoration d'une cascade très pittoresque [4].

» Les habitants du Mexique considèrent à peine les volcans comme une curiosité, tant ils sont familiers avec les effets de ces colosses ignivomes. Presque tous les sommets des Cordillères américaines offrent des cratères. Celui du mont Popoca a une demi-lieue de circonférence, à ce qu'on dit; mais il est à présent inaccessible. L'***Orizava*** est également un volcan qui, en 1545, fit une éruption, et continua de brûler pendant vingt années; cette montagne est nommée par les Indiens ***Citlaltepetl***, ou Montagne-Etoilée, à cause des exhalaisons lumineuses qui sortent de son cratère et jouent autour de son sommet, couvert de neiges éternelles. Les flancs de ces colosses coniques, ornés de belles forêts de cèdres et de pins, ne sont plus bouleversés par des éruptions, ni sillonnés par des torrents de lave enflammée; il paraît même que les coulées de laves proprement dites sont rares au Mexique. Cependant, en 1759, les plaines de Jorullo, sur les bords de l'océan Pacifique, furent le théâtre d'une des catastrophes les plus grandes qu'ait jamais essuyées le globe : dans une seule nuit, il sortit de la terre un volcan de 1,494 pieds d'élévation, entouré de plus de 2,000 bouches qui fument encore aujourd'hui. M. de Humboldt et Bonpland descendirent dans le cratère em-

(1) *Voyage à la Californie*, de *Chappe d'Auteroche*. — (2) Tableau du chemin de Vera-Cruz à Acapulco, dans l'*Atlas* de l'*Essai sur le Mexique*. — (3) *A. de Humboldt* : Mexique, t. II, p. 318. — (4) *A. de Humboldt* : Mexique, t. IV, p. 134.

(1) *A. de Humboldt* : Vues et Monuments, pl. LXIV. — (2) *Idem*, *ibid.*, pl. LXV. — (3) *Idem*, *ibid.*, pl. XXXIV. — (4) *Idem*, *ibid.*, p. 123.

brasé du grand volcan, jusqu'à 258 pieds de profondeur perpendiculaire, sautant sur des crevasses qui exhalaient l'hydrogène sulfuré enflammé ; ils parvinrent, après beaucoup de dangers, à cause de la fragilité des laves basaltiques et syénitiques, presque jusqu'au fond du cratère, où l'air était extraordinairement surchargé d'acide carbonique.

» Les montagnes granitiques d'Oaxaca ne renferment aucun volcan connu ; mais, plus au sud, Guatemala redoutait le voisinage de deux montagnes, dont l'une vomit du feu et l'autre de l'eau, et qui ont fini par engloutir cette grande ville [1].

» Les volcans continuent jusqu'à Nicaragua ; près de cette ville est celui de Momantombo. L'Omo-tepetl élance son sommet enflammé du sein du lac de Nicaragua ; d'autres montagnes ignivomes bordent les golfes de l'océan Pacifique. La province de Costa Rica renferme également des volcans, entre autres celui de Varu, situé dans la chaîne appelée de Boruca.

» Nous ne terminerons pas cet aperçu des montagnes mexicaines sans parler des célèbres mines d'or et d'argent, dont le produit annuel, en temps ordinaire, s'élève à une valeur de 22,000,000 de piastres. L'or, qui n'entre dans ce produit que pour un million, se trouve en paillettes ou en grains dans les terrains d'alluvion de la Sonora et de la Haute-Pimerie ; il existe aussi en filons dans les montagnes de gneiss et de schiste micacé de la province d'Oaxaca. L'argent semble affecter le plateau d'Anahuac et de Mechoacan. La mine de Batopilas, dans la Nouvelle-Biscaye, la plus septentrionale qu'on ait exploitée, a donné plus abondamment de l'argent natif, tandis que dans les autres le métal est extrait soit des minerais qu'on nomme *maigres*, tels que l'argent rouge, noir, chloruré et sulfuré, soit du plomb argentifère. La disette de mercure, qu'on tire de la Chine et de l'Autriche, arrête seule l'essor de l'exploitation. Les mines connues sont loin d'offrir aucun indice d'épuisement. Il en reste sans doute à découvrir. Un Espagnol affirme que, dans la province de Texas, toutes les pierres renferment de l'argent [2].

» Un avantage, très notable pour les progrès de l'industrie nationale, naît de la hauteur à laquelle la nature, dans la Nouvelle-Espagne, a déposé les grandes richesses métalliques. Au Pérou, les mines d'argent les plus considérables se trouvent à d'immenses élévations, très près de la limite des neiges éternelles. Pour les exploiter, il faut amener de loin les hommes, les vivres et les bestiaux. Des villes situées sur des plateaux où l'eau gèle pendant toute l'année, et où les arbres ne peuvent point végéter, ne sont pas faites pour offrir un séjour attrayant. Il n'y a que l'espoir de s'enrichir qui puisse déterminer l'homme libre à abandonner le climat délicieux des vallées, pour s'isoler sur le dos des Andes. Au Mexique, au contraire, les filons d'argent les plus riches, comme ceux de *Guanaxuato*, de *Zacatecas*, de *Tasco* et de *Real-del-Monte*, se trouvent à des hauteurs moyennes de 1,700 à 2,000 mètres. Les mines y sont entourées de champs labourés, de villes et de villages ; des forêts couronnent les collines voisines ; tout y facilite l'exploitation des richesses souterraines.

» Au milieu des nombreuses montagnes que la nature a accordées à la Nouvelle-Espagne, elle souffre en général, comme l'ancienne, d'un manque d'eau et de rivières navigables. Le grand fleuve Rio-Bravo-del-Norte et le Rio-Colorado sont les seules rivières qui puissent fixer l'attention, tant à cause de la longueur de leur cours qu'à cause de la grande masse d'eau qu'elles portent à l'Océan ; mais coulant dans la partie du royaume la plus inculte, elles resteront long-temps sans intérêt pour le commerce. Dans toute la partie équinoxiale du Mexique, on ne trouve que de petites rivières dont les embouchures sont considérablement larges. La forme étroite du continent y empêche la réunion d'une grande masse d'eau, et la pente rapide de la Cordillère donne plutôt naissance à des torrents qu'à des fleuves. Parmi le petit nombre de rivières qui existent dans la partie méridionale, les seules qui puissent un jour devenir intéressantes pour le commerce intérieur sont le Rio-Huasacualco et celui d'Alvarado, tous les deux au sud-est de la Vera-Cruz, et propres à faciliter les communications avec Guatemala ; le Rio de Montezuma, qui porte les eaux des lacs et de la vallée de Tenochtitlan au Rio de

(1) *Lorenzana*, cité dans l'Essai sur le Mexique, t. I, pag. 171. — (2) Viagero Universal, t. XXV, p. 249.

Panuco, et par lequel, en oubliant l'élévation du terrain, on a projeté une navigation depuis la capitale jusqu'à la côte orientale; le Rio de Zacatula, et enfin le grand fleuve de Sant-Iago, ou *Tololotlan*, formé de la réunion des rivières de Leorma et de Las-Laxas, qui pourrait porter les farines de Salamanca, de Zelaya, et peut-être celles de toute l'intendance de Guadalaxara au port de San-Blas, sur les côtes de l'océan Pacifique.

» Les lacs dont le Mexique abonde, et dont la plupart diminuent annuellement, ne sont que des restes de ces immenses bassins d'eau qui paraissent avoir existé jadis dans les grandes et hautes plaines de la Cordillère. Nous en citerons le grand lac de Chapala, dans la Nouvelle-Galice, qui a près de 160 lieues carrées; les lacs de la vallée de Mexico, qui occupent le quart de la surface de cette vallée; le lac de Pazcuaso, dans l'intendance de Valladolid, un des sites les plus pittoresques du globe; le lac de Mextitlan et celui de Parras, dans la Nouvelle-Biscaye.

» Le lac de *Nicaragua* mérite une attention particulière par ses marées et par sa position entre les deux Océans. Il est probable que sa position est très élevée, ce qui rendra difficile ou inutile l'exécution des vagues projets d'un canal de communication, que tout le monde a pu rêver, mais qu'il était réservé à M. Martin de la Bastide de rédiger sous la triple forme d'une brochure, d'un éventail et d'une tabatière. M. de la Bastide n'a oublié que trois choses; il ne donne pas le nivellement du terrain entre le lac et le golfe Papagayo; il ne dit pas comment rendre navigable la rivière de Saint-Jean, coupée par de nombreuses chutes d'eau; enfin, il ignore que, pendant l'automne, un air pestilentiel interdit l'approche de l'embouchure de cette rivière. Généralement parlant, tous les projets pour ouvrir une communication entre l'océan Atlantique et l'océan Pacifique présentent l'inconvénient que le canal n'admettrait pas des bâtiments d'une grandeur telle que la navigation des hautes mers l'exige. Il faudrait donc décharger et recharger les cargaisons, ce qui réduirait la commodité résultant d'un canal au niveau des avantages qui résulteraient d'un bon chemin aboutissant à deux ports sur les mers respectives. Or, un chemin attirerait moins qu'un canal l'attention jalouse et les invasions ennemies des autres puissances, danger qui paraît avoir jadis décidé l'Espagne à défendre, sous peine de mort, le renouvellement de tout projet quelconque de communication [1]. On paraît cependant avoir récemment fait de nouvelles recherches sur les points les plus favorables pour construire un canal de communication. L'isthme de Tehuantepec, au sud d'Oaxaca, présente les deux rivières de Huasacualco et de Chimilapa, qui, réunies par un canal de 7 à 8 lieues, feraient communiquer les deux Océans. La rivière Atrato, qui tombe dans le golfe de Darien, au sud-est de l'isthme de Panama, est déjà réunie par un petit canal navigable, dans la saison des pluies, pour des bateaux, au *Rio-San-Juan*, ruisseau qui s'écoule dans l'océan *Pacifique*. C'est peut-être le point où la chaîne des Andes est le plus décidément interrompue, puisque le canal ne paraît pas considérablement élevé au-dessus du niveau des deux mers [2].

» Pour achever le tableau du sol mexicain, il faut encore jeter un coup d'œil sur les côtes maritimes et sur les eaux qui les baignent. Toute la côte orientale ou atlantique de la Nouvelle-Espagne doit être considérée comme une digue contre laquelle les vents alizés et le mouvement perpétuel des eaux de l'est à l'ouest jettent des sables que l'Océan agité tient suspendus. Le courant de rotation, arrivant de l'océan Atlantique méridional, longe d'abord le Brésil et la Guiane, ensuite la côte de Caracas depuis Cumana jusqu'au Darien; il remonte vers le cap Catoche dans le Yucatan, et après avoir long-temps tournoyé dans le golfe du Mexique, il sort par le canal de la Floride, et se dirige vers le banc de Terre-Neuve. Les sables amoncelés par le tournoiement des eaux, depuis la péninsule de Yucatan jusqu'aux bouches du Rio-del-Norte et du Mississipi, rétrécissent insensiblement le bassin du golfe mexicain, en faisant accroître le continent. Les rivières qui descendent de la Sierra-Madre pour se jeter dans la mer des Antilles ne contribuent pas peu à augmenter les bas-fonds. Toute la côte orientale de la Nouvelle-Espagne, depuis les 18e et 26e degrés de latitude, est garnie de barres; des vaisseaux qui tirent au-delà de 32 centimètres

(1) *Alcedo*: Diccionario geografico de las Indias, aux mots *Istmo* et *Atrato*. — (2) *A. de Humboldt*: Mexique, liv. I, chap. II.

d'eau ne peuvent passer sur aucune de ces barres sans courir risque de toucher. Cependant ces entraves, si contraires au commerce, facilitent en même temps la défense du pays contre les projets ambitieux d'un conquérant européen.

» Un autre inconvénient très grave est commun aux côtes orientales et occidentales de l'isthme : des tempêtes violentes les rendent inabordables pendant plusieurs mois, en empêchant presque toute navigation dans ces parages. Les vents du nord-ouest, appelés *los Nortes*, soufflent dans le golfe du Mexique depuis l'équinoxe d'automne jusqu'à l'époque du printemps; ils sont généralement faibles aux mois de septembre et d'octobre; leur plus grande force est dans le mois de mars. Sur les côtes occidentales, la navigation est très dangereuse dans les mois de juillet et d'août: des ouragans terribles y soufflent alors du sud-ouest. Dans ces temps, et jusqu'en septembre et en octobre, les atterrages de San-Blas, d'Acapulco et de tous les ports du royaume de Guatemala, sont les plus difficiles. Pendant la belle saison, depuis le mois d'octobre jusqu'au mois de mai, la tranquillité de l'Océan est encore interrompue dans ces parages par des vents impétueux du nord-est et du nord-ouest, connus sous les noms de *Papagayo* et de *Tehuantepec*.

» On voit, d'après cette ébauche de la disposition du terrain, que presque les seules côtes de la Nouvelle-Espagne jouissent d'un climat chaud et propre à fournir les productions qui sont l'objet du commerce des Antilles. L'intendance de la Vera-Cruz, à l'exception du plateau qui s'étend de Perote au pic d'Orizava, le Yucatan, les côtes d'Oaxaca, les provinces maritimes du Nouveau-Santander et de Texas, le nouveau royaume de Léon, la province de Cohahuila, le pays inculte appelé *Bolson de Mapimi*, les côtes de la Californie, la partie occidentale de la Sonora, de la Cinaloa et de la Nouvelle-Galice, les lisières méridionales des intendances de Valladolid, de Mexico et de la Puebla, sont des terrains bas et entrecoupés de collines peu considérables. La température moyenne de ces plaines, ainsi que celle des ravins qui sont situés sous les tropiques, et dont l'élévation au-dessus de l'Océan ne surpasse pas 300 mètres, est de 25 à 26° du thermomètre centigrade, c'est-à-dire de 8 à 9° plus grande que la chaleur moyenne de Naples (1). Ces régions fertiles, que les indigènes nomment *Tierras calientes*, c'est-à-dire pays chauds, produisent du sucre, de l'indigo, du coton et des bananes en abondance; mais quand les Européens non acclimatés les fréquentent pendant longtemps, quand ils s'y réunissent dans les villes populeuses, ces mêmes contrées deviennent le séjour de la fièvre jaune, connue sous le nom de vomissement noir, ou du *vomito prieto*. Le port d'Acapulco, les vallées de Papagayo et du Peregrino, appartiennent aux endroits de la terre où l'air est constamment le plus chaud et le plus malsain. Sur les côtes orientales de la Nouvelle-Espagne, les grandes chaleurs sont interrompues pendant quelque temps, lorsque les vents du nord amènent des couches d'air froid de la baie d'Hudson, vers le parallèle de la Havane et de la Vera-Cruz. Ces vents impétueux soufflent depuis le mois d'octobre jusqu'au mois de mars; souvent ils refroidissent l'air à tel point, que le thermomètre centigrade descend, près de la Havane, jusqu'à zéro, et à la Vera-Cruz, à 16°, abaissement bien frappant pour des pays situés sous la zone torride.

» Sur la pente de la Cordillère, à la hauteur de 1,200 à 1,500 mètres, il règne perpétuellement une douce température de printemps, qui ne varie que de 4 à 5° : de fortes chaleurs et un froid excessif y sont également inconnus. C'est la région que les indigènes appellent *Tierras templadas*, ou pays tempérés, dans laquelle la chaleur moyenne de toute l'année est de 20 à 21°. C'est le beau climat de Xalappa, de Tasco et de Chilpaningo, trois villes célèbres par l'extrême salubrité de leur climat et par l'abondance de arbres fruitiers qu'on cultive dans leurs environs. Malheureusement cette hauteur moyenne de 1,300 mètres est presque la même à laquelle les nuages se soutiennent au-dessus des plaines voisines de la mer, circonstance qui fait que ces régions tempérées, situées à mi-côte, sont souvent enveloppées dans des brumes épaisses.

» La troisième zone, désignée par la dénomination de *Tierras frias*, ou pays froids, comprend les plateaux qui sont élevés de plus de 2,200 mètres au-dessus du niveau de l'O-

(1) *A. de Humboldt*: Mexique, t. I, p. 285.

céan, et dont la température moyenne est de 17° et au-dessous. Dans la capitale du Mexique, on a vu le thermomètre centigrade descendre jusqu'à quelques degrés au-dessous du point de la glace; mais ce phénomène est très rare. Les hivers, le plus souvent, y sont aussi doux qu'à Naples. Dans la saison la plus froide, la chaleur moyenne du jour est encore de 13 à 14°; en été, le thermomètre, à l'ombre, ne monte pas au-dessus de 24°. La température moyenne la plus fréquente sur tout le grand plateau du *Mexique*, est de 17°; elle est égale à la température de Rome, et l'olivier y est cultivé avec succès. Cependant ce même plateau, d'après la classification des indigènes, appartient aux *Tierras frias*. Les expressions de froid et de chaud n'ont pas de valeur absolue; toutefois les plateaux plus élevés que la vallée de Mexico, ceux, par exemple, dont la hauteur absolue dépasse 2,500 mètres, ont, quoique sous les tropiques, un climat que l'habitant même du nord de l'Europe trouve rude et désagréable. Telles sont les plaines de Tolma et les hauteurs de Guchilaque, où, pendant une grande partie du jour, l'air ne s'échauffe pas au-delà de 6 ou 8°; l'olivier n'y porte pas le fruits.

» Toutes ces régions appelées froides jouissent d'une température moyenne de 11 à 13°, égale à celle de la France et de la Lombardie; cependant la végétation y est beaucoup moins vigoureuse, et les plantes de l'Europe n'y croissent pas avec la même rapidité que dans leur sol natal. Les hivers, à 2,500 mètres de hauteur, ne sont pas extrêmement rudes; mais aussi, pendant l'été, le soleil n'échauffe pas assez l'air raréfié de ces plateaux pour accélérer le développement des fleurs, et pour porter les fruits à une maturité parfaite : c'est cette égalité constante, c'est cette absence d'une forte chaleur éphémère qui imprime au climat des hautes régions équinoxiales un caractère particulier. Aussi la culture de plusieurs végétaux réussit-elle moins bien sur le dos des Cordillères mexicaines que dans des plaines situées au nord du tropique, quoique souvent la chaleur moyenne de ces dernières soit moindre que celle des plateaux compris entre les 19e et 22e degrés de latitude.

» Dans la région équinoxiale du Mexique, et même jusqu'au 28e degré de latitude boréale, on ne connaît que deux saisons : la saison des pluies, qui commence au mois de juin ou de juillet, et finit au mois de septembre ou d'octobre, et celle des sécheresses, qui dure huit mois, depuis octobre jusqu'à la fin de mai. La formation des nuages et la précipitation de l'eau dissoute dans l'air, commencent généralement sur la pente orientale de la Cordillère. Ces phénomènes, accompagnés de fortes explosions électriques, s'étendent successivement de l'est à l'ouest dans la direction des vents alizés, en sorte que les pluies tombent 15 ou 20 jours plus tard sur le plateau central qu'à la Vera-Cruz. Quelquefois on voit dans les montagnes, et même au-dessous de 2,000 mètres de hauteur absolue, des pluies mêlées de grésil et de neige, dans les mois de décembre et de janvier; mais ces pluies ne durent que peu de jours, et quelque froides qu'elles soient, on les regarde comme très utiles pour la végétation du froment et pour les pâturages. Depuis le parallèle de 24° jusqu'à celui de 30, les pluies sont plus rares et très courtes; heureusement les neiges, dont l'abondance est assez considérable depuis le 26e degré de latitude, suppléent à ce manque de pluie (1).

» En France, et dans la plus grande partie de l'Europe, l'emploi du territoire et les divisions agricoles dépendent particulièrement de la latitude géographique; la configuration du terrain, la proximité de l'Océan, ou d'autres circonstances locales, n'y influent que faiblement sur la température. Dans les régions équinoxiales de l'Amérique, au contraire, le climat, la nature des productions, l'aspect, la physionomie du pays, sont presque uniquement modifiés par l'élévation du sol au-dessus du niveau de la mer. Sur les 19e et 22e degrés de latitude, le sucre, le coton, surtout le cacao et l'indigo, ne viennent abondamment que jusqu'à 6 ou 800 mètres de hauteur. Le froment d'Europe occupe une zone qui, sur la pente des montagnes, commence généralement à 1,400 mètres, et finit à 3,000. Le bananier, plante bienfaisante qui constitue la nourriture principale de tous les habitants des tropiques, ne donne presque plus de fruits au-dessus de 1,550 mètres. Les chênes du Mexique ne végètent qu'entre 800 et 3,100 mètres. Les pins ne descendent vers les côtes de la Vera-Cruz que jusqu'à 1,850 mètres

(1) *A. de Humboldt* : Mexique, t. III, p. 73.

mais aussi ces pins ne s'élèvent, près de la limite des neiges perpétuelles, que jusqu'à 4,000 mètres de hauteur (¹).

» Les provinces appelées *Internas*, et situées dans la zone tempérée, mais surtout celles qui sont comprises entre les 30e et 38e degrés de latitude, jouissent, avec le reste de l'Amérique boréale, d'un climat qui diffère essentiellement de celui que l'on rencontre sous les mêmes parallèles dans l'ancien continent, et qui se marque surtout par une très forte inégalité entre la température des différentes saisons. Des hivers d'Allemagne y succèdent à des étés de Naples et de Sicile. Cependant cette différence de température est bien moins frappante dans les parties du nouveau continent qui se rapprochent de l'océan Pacifique, que dans les parties orientales.

» Si le plateau de la Nouvelle-Espagne est singulièrement froid en hiver, sa température d'été est beaucoup plus élevée que celle qu'annoncent les observations thermométriques faites par Bouguer et La Condamine dans les Andes du Pérou. Cette chaleur et d'autres causes locales influent sur l'aridité qui désole ces belles contrées : l'intérieur du pays, surtout une très grande partie du plateau d'Anahuac, est dénué de végétation. La grande masse de la Cordillère mexicaine et l'immense étendue de ses plaines produisent une réverbération de rayons solaires qu'à égale hauteur on n'observe pas dans des pays montagneux plus inégaux. D'ailleurs, le terrain y est trop haut pour que sa hauteur, par conséquent la moindre pression barométrique que l'air raréfié y exerce, n'augmente pas déjà sensiblement l'évaporation qui a lieu sur les grands plateaux. D'un autre côté, la Cordillère n'est pas assez élevée pour qu'un grand nombre des cimes puisse entrer dans la limite des neiges perpétuelles. Ces neiges, à l'époque de leur minimum, au mois de septembre, ne descendent pas, sous le parallèle de Mexico, au-delà de 4,500 mètres ; mais au mois de janvier, leur limite se trouve à 3,700 mètres. Au nord, dès 20°, surtout depuis le 22 jusqu'au 30e de latitude, les pluies, qui ne durent que pendant les mois de juin, juillet, août et septembre, sont peu fréquentes dans l'intérieur du pays. Le courant ascendant, ou la colonne d'air chaud qui s'élève des plaines, empêche les nuages de se précipiter en pluies et d'abreuver une terre sèche, salée et dénuée d'arbustes. Les sources sont rares dans les montagnes, composées en grande partie d'amygdaloïde poreuse et de porphyres fendillés. L'eau infiltrée, au lieu d'être réunie en de petits bassins souterrains, se perd dans des fentes que d'anciennes révolutions volcaniques ont ouvertes : cette eau ne sort qu'au pied de la Cordillère ; c'est sur les côtes qu'elle forme un grand nombre de rivières, dont le cours n'est que de peu de longueur.

L'aridité du plateau central et le manque d'arbres, très nuisible à l'exploitation des mines, ont sensiblement augmenté depuis l'arrivée des Européens au Mexique. Les conquérants n'ont pas seulement détruit sans planter, mais en desséchant artificiellement de grandes étendues de terrain, ils ont causé un autre mal plus important : le muriate de soude et de chaux, le nitrate de potasse et d'autres substances salines couvrent la surface du sol ; elles se sont répandues avec une rapidité que le chimiste a de la peine à expliquer. Par cette abondance de sels, par ces efflorescences contraires à la culture, le plateau du Mexique ressemble en quelques endroits à celui du Tibet et aux steppes salées de l'Asie centrale.

» Heureusement cette aridité du sol ne règne que dans les plaines les plus élevées. Une grande partie des Etats-Unis mexicains appartient aux pays les plus fertiles de la terre. La pente de la Cordillère est exposée à des vents humides et à des brumes fréquentes ; la végétation, nourrie de ces vapeurs aqueuses, y est d'une beauté et d'une force imposantes. A la vérité, l'humidité des côtes favorisant la putréfaction d'une grande masse de substances organiques, occasionne des maladies auxquelles les Européens et d'autres individus non acclimatés sont exposés ; car, sous le ciel brûlant des tropiques, l'insalubrité de l'air indique presque toujours une fertilité extraordinaire du sol. Cependant, à l'exception de quelques ports de mer et de quelques vallées profondes et humides, où les indigènes souffrent de fièvres intermittentes, la Nouvelle-Espagne doit être considérée comme un pays éminemment sain. Une chaleur sèche et invariable est très favorable à la longévité. A la Vera-Cruz, au milieu des épidémies de la

(¹) *A. de Humboldt* : Mexique, t. I, p. 290.

fièvre jaune (vomissement noir), les indigènes et les étrangers déjà acclimatés depuis quelques années jouissent de la santé la plus parfaite. En général, les côtes et les plaines arides de l'Amérique équatoriale doivent être regardées comme saines, malgré l'ardeur excessive du soleil, dont les rayons perpendiculaires sont réfléchis par le sol.

» La végétation varie comme la température, depuis les rivages brûlants de l'Océan jusqu'aux sommets glacés des Cordillères. Dans la région chaude jusqu'à 200 toises, les palmiers à éventails, les palmiers *miraguana* et *pumos*, l'*oreodoxa* blanc, la tournefortie veloutée, le sebestier *geraschantus*, la céphalante à feuilles de saule, l'*hyptis* bourrelé, le *salpianthus arenarius*, l'amaranthine globuleuse, le calebassier pinné, le *podopterus* mexicain, la bignonie à feuilles d'osier, la sauge occidentale, le *perdicium* de la Havane, le *gyrocarpus*, le *leucophyllum ambiguum*, la *gomphia* mexicaine, le panic élargi, la bauhine roide, le campêche rayé, le courbaril émoussé, la swietenie mexicaine, la malpighie à feuilles de sumac, dominent dans la végétation spontanée. Cultivés sur les confins de la zone tempérée et de la zone chaude, la canne à sucre, le cotonnier, le cacaotier, l'indigotier, ne dépassent guère le niveau de 3 à 400 toises; cependant la canne prospère dans les vallées abritées à un niveau de 1,000 toises. Le bananier s'étend des bords de la mer jusqu'au niveau de 725 toises. La région tempérée depuis 200 jusqu'à 1,100 toises présente le liquidambar styrax, l'*erythroxylon* mexicain, le poivrier à longue cosse, l'*aralia digitata*, la quenouille de Pazcuar, la *guardiola* mexicaine, le *tagetes* à feuilles minces; la *psychotria pauciflora*, le quamoclit de Cholula, le liseron arborescent, la véronique de Xalapa, la globulaire mexicaine, le *stachys* d'Actopan, la sauge mexicaine, le gatilier mou, l'arbousier à fleurs épaisses, le panicaut à fleurs de protea, le laurier de Cervantès, le daphné à feuilles de saule, la fritillaire à barbe, l'*yucca* épineux, la cobée grimpante, la sauge jaune, quatre variétés de chênes mexicains, commençant à 470 toises d'élévation et finissant à 1,120; l'if des montagnes, la banistérie ridée. Dans la région froide, depuis 1,100 toises jusqu'à 2,350, on remarque le chêne à tronc épais (*quercus crassipes*), la rose mexicaine, l'aune qui finit au niveau de 1,850 toises, le merveilleux *cheirostemon platanoïdes*, dont nous parlerons plus loin; la *krameria*, la valériane à feuilles cornues, la *datura superba*, la sauge cardinale, la potentille naine, l'arbousier à feuilles de myrte, l'alisier denté, le fraisier mexicain. Les sapins qui commencent dans la zone tempérée à 950 toises d'élévation ne finissent dans la froide qu'à 2,050. Ainsi les arbres *conifères*, inconnus à l'Amérique méridionale, terminent ici, comme dans les Alpes et les Pyrénées, l'échelle des grands végétaux. Sur les limites mêmes de la neige perpétuelle, on voit naître l'*arenaria bryoïdes*, le *cnicus nivalis*, la *chelone gentianoïdes* (1). On pourra jeter un plus grand intérêt sur cette aride nomenclature, lorsque M. de Humboldt aura complété la partie botanique de son savant et vaste ouvrage.

» Parmi les végétaux mexicains qui fournissent une abondante substance alimentaire, le bananier tient le premier rang. Les deux espèces nommées *platano-arton* et *dominico* (2) paraissent indigènes; le *camburi* ou *musa sapientum* y a été apporté d'Afrique. Un seul *régime* de bananes contient souvent 160 à 180 fruits, et pèse 60 à 80 livres. Un terrain de 100 mètres carrés de surface produit aisément 4,000 livres pesant de fruits. Le manioc occupe la même région que le bananier. La culture du maïs est plus étendue; ce végétal indigène (3) réussit sur la côte de la mer et dans les vallées de Toluca, à 1,400 toises au-dessus de l'Océan. Le maïs produit généralement 150 pour 1; il forme la principale nourriture des hommes et des animaux. Le froment, le seigle et les autres céréales de l'Europe ne sont cultivés que sur le plateau dans la région tempérée. Le froment donne en général de 25 à 30 pour 1. Dans la région la plus fertile, on cultive la pomme de terre originaire de l'Amérique méridionale, *tropæolum esculentum*, nouvelle espèce de capucine, et le *chenopodium quinoa*, dont la graine est un aliment aussi agréable que sain. La région tempérée et la froide possèdent encore l'oca (*oxalis tuberosa*); la patate et l'iguame sont

(1) *A. de Humboldt*: Prolegomena in Nov. Spec. Plant., p. 40 et 41. *Idem*, Mexique, p. III, ch. IX. *Idem*, Tableau de la Géographie des Plantes. — (2) *Musa paradisiaca et regia*. — (3) *Mahis*, en langue d'Haïti; *cara*, en quichua, *tlaolli*, en aztèque.

cultivées dans la région chaude. Malgré les abondants produits de tant de plantes alimentaires, les sécheresses exposent le Mexique à des famines périodiques.

» Ce pays produit des espèces indigènes de cerisiers, des pommiers, des noyers, des mûriers, des fraisiers; il a fait l'acquisition de la plupart des fruits de l'Europe et de ceux de la zone torride. Le *maguey*, variété de l'agave, fournit la boisson nommée *pulque*, et que les habitants du Mexique consomment en très grande quantité. Les fibres du maguey fournissent du chanvre et du papier; les épines servent d'épingles et de clous.

» La culture du sucre s'accroît, quoiqu'elle soit en général bornée à la région tempérée, et que, par défaut de population, les plaines chaudes et humides des côtes maritimes si propres à ce genre de culture restent en grande partie en friche. Déjà, il y a 20 ans, l'exportation du sucre par le port de la Vera-Cruz s'élevait à une valeur de 7 millions de francs. La canne est ici cultivée et exploitée par des mains libres.

» Le ci-devant royaume de Guatemala voit naître, sous son climat ardent et humide, le meilleur indigo ainsi que le meilleur cacao. Le produit des plantations d'indigo s'élève, par an, à 12 millions de francs: la seule exportation du cacao est évaluée à 45 millions de francs. C'est de la langue mexicaine que nous avons tiré le mot *chocolatl*, dont nous avons adouci la finale. Les noix de cacao, considérées à Mexico comme une denrée de première nécessité, servent en place de petite monnaie: six noix valent un sou.

» L'intendance d'Oaxaca est aujourd'hui la seule province où l'on cultive en masse le *nopal* ou le *cactus cochenilifer*, sur lequel aime à se nourrir l'insecte qui produit la cochenille. La cochenille présente un objet d'exportation de la valeur annuelle de 12 millions de francs. (¹). Parmi les autres végétaux utiles, nous distinguerons le *convolvulus jalapa*, ou vrai jalap, qui croît naturellement dans le canton de Xalapa, au nord-ouest de la Vera-Cruz; l'*epidendrum vanilla*, qui, conjointement avec le jalap, aime l'ombre des liquidambars et des omyris; la *copaïfera officinalis* et le *toluifera balsamum*, deux arbres qui donnent une résine odorante, connue dans le commerce sous le nom de *baume de capivi* et *de Tolu*.

» Les rivages des baies d'Honduras et de Campêche sont célèbres, depuis le moment de leur découverte, par leurs riches et immenses forêts de bois d'acajou et de campêche, si utiles aux fabriques, mais dont les Anglais ont envahi l'exploitation. Une espèce d'acacia donne une excellente teinture en noir (¹). Le gaïac, le sassafras, le tamarin, ornent et enrichissent ces provinces fertiles. On trouve dans les bois l'ananas sauvage: tous les terrains rocailleux et bas sont chargés des diverses espèces d'aloès et d'euphorbes.

» Les jardins de l'Europe tirent déjà quelques nouveaux ornements de la flore mexicaine, entre autres la *salvita fulgens*, à laquelle ses fleurs cramoisies donnent tant d'éclat; le beau *dahlia*, l'élégant *sisyrinchium* strié, l'*heliantus* gigantesque et la délicate *mentzelia*. M. *Bonpland*, compagnon de M. de Humboldt, a trouvé une espèce de plante bombacine qui produit un coton doué à la fois de l'éclat de la soie et de la solidité de la laine.

» La zoologie du Mexique est médiocrement connue. Plusieurs espèces, voisines de celles que nous connaissons, en diffèrent pourtant par des caractères importants. Parmi les espèces décidément neuves et indigènes, sont le *coëdou*, espèce de porc-épic; l'apaxa ou le cerf mexicain, la conopatl, du genre des moufettes, dont on connaît cinq ou six espèces; l'écureuil dit du Mexique, et une autre espèce d'écureuil, strié (²); le loup mexicain habite les forêts et les montagnes. Parmi les quatre animaux qualifiés de chiens par le Pline mexicain, Hernandez, l'un, nommé *xolo-itzcuintli*, est le loup distingué par l'absence de tout poil. Le *techichi* est une espèce de chien muet, que les Mexicains mangeaient. Cet aliment était si nécessaire aux Espagnols mêmes, avant l'introduction des bestiaux, que peu à peu toute la race en fut détruite (³). Linné confond le chien muet avec l'*itzcuintepotzoli*, espèce de chien encore assez imparfaitement décrite, et qui se distingue par une queue courte, une tête très petite, et une

(¹) *A. de Humboldt*: Mexique, t. III, p. 260. — (¹) Lettre de *don Alzate*, dans la Relation du Voyage de *Chappe d'Auteroche*, p. 64. — (²) *Sciurus variegatus*. — (³) *Clavijero*: Storia di Messico, t. I, p. 73.

grosse bosse sur le dos ([1]). Le bison et le bœuf musqué errent en grands troupeaux dans le Nouveau-Mexique et la Nouvelle-Californie. Les élans de cette dernière province ont assez de force pour avoir été employés à traîner un lourd carrosse à Zacatecas, selon le témoignage de Clavijero. On connaît encore très imparfaitement les grands moutons sauvages de Californie, ainsi que les *berendos* du même pays, qui paraissent ressembler à des antilopes ([2]). Le *jaguar* et le *couguar*, qui, dans le Nouveau-Monde, représentent le tigre et le lion de l'ancien continent, se montrent dans tout le royaume de Guatemala et dans la partie basse et chaude du Mexique proprement dit; mais ils ont été peu observés par des naturalistes instruits. Hernandez dit que le *miztli* ressemble au lion sans crinière, mais qu'il est d'une plus grande taille ([3]). L'ours mexicain est le même que celui de la Louisiane et du Canada.

» Les animaux domestiques de l'Europe, transportés au Mexique, y ont prospéré et se sont extrêmement multipliés. Les chevaux sauvages qui parcourent en bandes immenses les plaines du Nouveau-Mexique descendent tous de ceux qu'ont amenés les Espagnols. La race en est belle et vigoureuse. Celle des mulets ne l'est pas moins. Les transports entre Mexico et la Vera-Cruz occupent 70,000 mulets. Les moutons sont d'une espèce grossière et mal soignée. L'entretien des bœufs est important sur la côte orientale et dans l'intendance de Durango. On voit encore des familles qui possèdent des troupeaux de 40 à 50,000 têtes de bœufs et de chevaux; d'anciennes relations parlent même de troupeaux deux ou trois fois plus nombreux ([1]). »

(1) *Hernandez* : Hist. Quadrup. Nov. Hispan., c. XX-XXIII. — (2) *A. de Humboldt* : Mexique, t. II, p. 423. — (3) *Hernandez* : Hist. Quadrup., c. II.

(1) *Valdecebro* : Gobierno do Animales, *passim*.

LIVRE CENT QUATRE-VINGT-CINQUIÈME.

Suite de la Description de l'Amérique. — Le Mexique, y compris le Nouveau-Mexique et la capitainerie générale de Guatemala, c'est-à-dire la Confédération mexicaine et celle de l'Amérique centrale. — Description générale physique. — Tableau des habitants.

« Il nous reste à considérer l'espèce humaine. Le premier dénombrement officiel, fait en 1793, donna pour résultat approximatif 4,483,500 habitants comme *minimum*. Des personnes qui avaient suivi en détail le dépouillement des listes, jugeaient avec raison que le nombre des habitants qui s'étaient soustraits au recensement général ne pouvait guère être compensé par ceux qui, errant sans domicile fixe, avaient été comptés plusieurs fois. On supposa qu'il fallait ajouter au moins un *sixième* ou un septième à la somme totale, et on évalua la population de toute la Nouvelle-Espagne à 5,200,000 âmes.

» Depuis cette époque, l'augmentation du produit des dîmes et de la capitation des Indiens, celle de tous les droits de consommation, les progrès de l'agriculture et de la civilisation, l'aspect d'une campagne couverte de maisons nouvellement construites, annoncent un accroissement rapide dans presque toutes les parties du royaume; mais le dénombrement n'a pas été renouvelé. M. de Humboldt a prouvé que le rapport des naissances aux décès, déduit d'une comparaison de 50 ans, est à peu près comme 170 est à 100, terme moyen. Le rapport des naissances à la population lui paraît être comme 1 est à 17, et le rapport des décès comme 1 est à 30. Il évalue le nombre des naissances à près de 350,000, et celui des décès à 200,000; en sorte que, dans des circonstances favorables, l'excédant des naissances serait de 150,000; et, si rien n'intervertissait ou ne troublait de temps en temps l'ordre de la nature, la population devrait doubler tous les 19 ans ([2]). En se bornant à n'ajouter qu'*un dixième* seu-

(2) *A. de Humboldt* : Mexique, t. I, p. 324-341.

lement pour les individus omis dans le dénombrement, et *deux dixièmes* pour les progrès de la population en 10 ans, M. de Humboldt trouve 5,800,000 habitants dans le royaume du Mexique à la fin de l'année 1803. D'après la même progression, le Mexique aurait dû compter, en 1820, une population de 8 à 9 millions d'habitants; mais déjà, en 1810, les troubles intérieurs avaient commencé à bouleverser ce royaume.

» On ne donne à Guatemala qu'un million d'habitants, en n'y comprenant pas les Indiens-Mosquito, qui sont indépendants de l'Espagne et alliés de l'Angleterre

» Les causes physiques qui arrêtent presque périodiquement l'accroissement de la population mexicaine sont la petite-vérole, le *matlazahuatl*, et surtout la disette et la famine.

» La *petite-vérole* a été introduite en 1520, où, selon le témoignage du père franciscain Torribio, elle enleva la moitié des habitants du Mexique. Assujettie, comme le vomissement noir et comme plusieurs autres maladies, à des périodes assez régulières, elle a fait des ravages terribles en 1763, et surtout en 1779, où elle enleva, dans la capitale du Mexique seule, plus de 9,000 personnes, et moissonna une grande partie de la jeunesse mexicaine. L'épidémie de 1797 fut moins meurtrière, principalement à cause du zèle avec lequel l'inoculation fut propagée. Mais, depuis le mois de janvier 1804, la vaccine même a été introduite au Mexique, et, grâce à l'activité de don Thomas Murphy, qui, à plusieurs reprises, en a fait venir le virus de l'Amérique septentrionale, cette cause de dépopulation n'existera plus dorénavant pour le Mexique.

» Le *matlazahuatl* est une maladie particulière à la race indienne, et, dans cette supposition, elle ne se montre qu'à de très longs intervalles : il a surtout sévi en 1545, 1576, 1736, 1737, 1761 et 1762. Torquemada assure que, dans la première épidémie, il mourut 800,000 Indiens, et dans la seconde 2 millions. Elle est, selon l'opinion commune, identique avec la fièvre jaune ou le vomissement noir; selon d'autres avis, ce serait une véritable peste. Le matlazahuatl, prétend-on, n'attaque pas les hommes blancs, soit Européens, soit descendants des créoles, tandis que la fièvre jaune n'attaque que très rarement les Indiens mexicains. Le siége principal du vomissement noir est la région maritime; le matlazahuatl, au contraire, porte l'épouvante et la mort jusque dans l'intérieur du pays, sur le plateau central. Mais ces distinctions nous paraissent illusoires ou mal démontrées. Le matlazahuatl trouve dans les vallées chaudes et humides de l'intérieur un foyer aussi favorable au développement de ses miasmes que sur la côte maritime. En ravageant l'intérieur, cette peste paraît surtout immoler les Indiens, parce que ce sont eux qui forment la masse de la population, plus exposée par sa misère aux effets d'une épidémie; en désolant les côtes maritimes, elle paraît choisir ses victimes parmi les matelots et ouvriers européens qui composent la multitude. Les symptômes connus se ressemblent d'une manière frappante.

» Un troisième obstacle qui nuit fortement à la population, et peut-être le plus cruel de tous, est la famine. Indolents par caractère, placés sous un beau climat, et accoutumés à se contenter de peu, les Indiens ne cultivent en maïs, en pommes de terre et en froment, que ce qu'il leur faut pour leur propre subsistance, ou tout au plus ce que requiert la consommation des villes et celle des mines les plus voisines. Au surplus, des milliers d'hommes sont soustraits à l'agriculture par la nécessité de transporter à dos de mulet les marchandises, les provisions, le fer, la poudre et le mercure, depuis la côte jusqu'à la capitale, et de là aux mines et aux usines, souvent établies dans des régions arides et incultes. Le manque de proportion qui existe entre les progrès naturels de la population et l'accroissement de la quantité d'aliments produite par la culture, renouvelle donc le spectacle affligeant de la famine chaque fois qu'une grande sécheresse ou quelque autre cause accidentelle a gâté la récolte du maïs. Une disette de vivres est presque toujours accompagnée d'épidémies. En 1804 seulement, le maïs ayant gelé vers la fin d'août, on évalua à plus de 300,000 le nombre d'habitants que le défaut de nourriture et les maladies asthéniques enlevèrent dans le royaume.

» On a regardé long-temps le travail des mines comme une des causes principales de la dépopulation de l'Amérique. Il serait difficile de révoquer en doute qu'à la première époque de la conquête, et même long-temps encore après, beaucoup d'Indiens périrent par l'excès de fatigue, par le défaut de nourriture et de sommeil, et surtout par le changement subit de climat et de température au haut de la Cordillère et dans le sein de la terre, changement qui rend le travail des mines si pernicieux pour la conservation d'une race d'hommes privée de cette flexibilité d'organisation qui distingue l'Européen. Mais le travail des mines est aujourd'hui, dans la Nouvelle-Espagne, un travail libre ; aucune loi ne force l'Indien de s'y livrer, ni de préférer telle exploitation à telle autre. En général, le nombre des personnes employées dans des travaux souterrains et divisées en plusieurs classes n'y excède pas celui de 28 à 30,000, et la mortalité parmi les mineurs n'est pas beaucoup plus grande que celle que l'on observe parmi les autres classes du peuple ([1]).

L'espèce humaine présente, dans le Mexique, quatre grandes divisions, qui forment huit castes, savoir :

1° Indiens aborigènes

2° Espagnols. { originaires nés en Europe ; créoles, nés en Amérique.

3° Nègres. { africains, esclaves ; descendants de nègres.

4° Castes mixtes. { métis, issus d'un mélange de blancs et d'Indiens ; mulâtres, issus de blancs et de nègres ; zambos, issus d'Indiens et de nègres.

« Quelques Malais et Chinois, qui sont venus des Philippines se fixer au Mexique, ne peuvent entrer en considération. Le nombre des Indiens cuivrés de race pure, principalement concentrés dans la partie méridionale du plateau d'Anahuac, excède deux millions et demi, ce qui forme environ les deux cinquièmes de la population entière. Ils sont infiniment plus rares dans le nord de la Nouvelle-Espagne et dans les provinces appelées *internes*.

» Loin de s'éteindre, la population des indigènes va en augmentant, surtout depuis un siècle, et il paraît qu'*au total*, ces pays sont plus peuplés aujourd'hui qu'ils ne l'étaient avant l'arrivée des Européens. Le royaume de Montézuma n'égalait pas, en surface, la huitième partie de la Nouvelle-Espagne actuelle : les grandes villes des Aztèques, les terrains les mieux cultivés se trouvaient dans les environs de la capitale du Mexique, et surtout dans la belle vallée de Tenochtitlan. Les rois d'Alcolhuacan, de Tlacopan et de Mechoacan étaient des princes indépendants. Au-delà du parallèle de 20°, demeuraient les Chichimègues et les Otomites, deux peuples nomades et barbares, dont les hordes peu nombreuses poussaient leurs incursions jusqu'à Tula, ville située près du bord septentrional de la vallée de Tenochtitlan. Mais il est tout aussi difficile d'évaluer avec quelque certitude le nombre des sujets de Montézuma que de se prononcer sur l'ancienne population de l'Egypte, de la Perse, de Carthage, de la Grèce, ou même sur celle qui compose plusieurs Etats modernes. L'histoire nous présente, d'un côté, des conquérants ambitieux de faire valoir le fruit de leurs exploits ; de l'autre, quelques hommes religieux et sensibles, employant, avec une noble ardeur, les armes de l'éloquence contre la cruauté des premiers colons ([1]). Tous les partis étaient également intéressés à exagérer l'état florissant des pays nouvellement découverts. Quoi qu'il en soit, les ruines étendues de villes et de villages que l'on observe sous les 18e et 20e degrés de latitude, dans l'intérieur du Mexique, prouvent bien que la population de cette *seule* partie du royaume était jadis bien supérieure à celle qui y existe maintenant ; mais ces ruines ne sont disséminées que sur un espace relativement très borné.

» A une grande force musculaire, les indigènes à teint cuivré joignent l'avantage de n'être presque sujets à aucune difformité. M. de Humboldt assure n'avoir jamais vu un Indien bossu ; il est extrêmement rare d'en voir de louches, de boiteux ou de manchots. Dans les pays dont les habitants souffrent du goître, cette affection de la glande thyroïde ne s'observe jamais chez les Indiens, rarement chez les métis. Les Indiens de la Nouvelle-Espagne, et surtout les femmes, atteignent généralement un âge assez avancé. Leur tête ne grisonne jamais, et ils conservent toutes leurs forces jusqu'à la mort. Pour ce qui concerne les facultés morales des indigènes mexicains, il est difficile de les apprécier avec justesse, si l'on ne considère cette

([1]) *A. de Humboldt* : Mexique, t. I, p. 361.

([1]) *Clavijero* : Storia antiqua di Messico, t. I, p. 36 ; t. IV, p. 282.

caste accablée d'une longue oppression que dans son état actuel d'avilissement. Au commencement de la conquête, les Indiens les plus aisés, et chez lesquels on pouvait supposer une certaine culture intellectuelle, périssaient en grande partie victimes de la férocité des Européens. Le fanatisme chrétien sévit surtout contre les prêtres aztèques : on extermina les ministres du culte, tous ceux qui habitaient les *maisons de Dieu* et que l'on pouvait considérer comme dépositaires des connaissances historiques, mythologiques et astronomiques du pays ; car c'étaient les prêtres qui observaient l'ombre méridienne aux gnomons, et qui réglaient les intercalations. Les moines espagnols firent brûler les peintures hiéroglyphiques par lesquelles des connaissances de tout genre se transmettaient de génération en génération. Privé de ces moyens d'instruction, le peuple retomba dans une ignorance d'autant plus profonde que les missionnaires, peu versés dans les langues mexicaines, substituaient peu d'idées nouvelles aux idées anciennes. Les femmes indiennes qui avaient conservé quelque fortune aimèrent mieux s'allier aux conquérants que de partager le mépris qu'on avait pour leur nation. Il ne resta donc des naturels que la classe la plus indigente, les pauvres cultivateurs, les artisans, parmi lesquels on comptait un grand nombre de tisserands, les portefaix, dont, à défaut de grands quadrupèdes, on se servait comme des bêtes de somme, et surtout cette lie du peuple, cette foule de mendiants qui, attestant l'imperfection des institutions sociales et le joug de la feodalité, remplissaient déjà, du temps de Cortez, les rues de toutes les grandes villes de l'empire mexicain. Or, comment juger, d'après ces restes misérables d'un peuple puissant, et du degré de culture auquel il s'était élevé depuis le douzième jusqu'au seizième siècle, et du développement intellectuel dont il est susceptible? Mais aussi, comment douter qu'une partie de la nation mexicaine ne fût parvenue à un certain degré de culture, en réfléchissant sur le soin avec lequel les livres hiéroglyphiques furent composés, en se rappelant qu'un citoyen de Tlascala, au milieu du bruit des armes, profita de la facilité que lui offrait notre alphabet romain pour écrire dans sa langue cinq gros volumes sur l'histoire d'une patrie dont il déplorait l'asservissement?

» Les Mexicains avaient une connaissance presque exacte de la grandeur de l'année, qu'ils intercalaient à la fin de leur grand cycle de 104 ans avec plus d'exactitude que les Grecs, les Romains et les Egyptiens. Les Toltèques paraissent dans la Nouvelle-Espagne au septième, les Aztèques au douzième siècle : déjà ils dressent la carte géographique du pays parcouru ; déjà ils construisent des villes, des chemins, des digues, des canaux, d'immenses pyramides très exactement orientées et dont la base a jusqu'à 438 mètres de long. Leur système de féodalité, leur hiérarchie civile et militaire, se trouvent dès lors si compliqués qu'il faut supposer une longue suite d'événements politiques pour que l'enchaînement singulier des autorités, de la noblesse et du clergé ait pu s'établir, et pour qu'une petite portion du peuple, esclave elle-même du sultan mexicain, ait pu subjuguer la grande masse de la nation. De petites peuplades, lassées de la tyrannie, s'étaient donné des constitutions républicaines qui ne peuvent se former qu'après de longs orages populaires, et dont l'existence n'indique point une civilisation très récente. Mais d'où leur est-elle venue? où est-elle née? Accoutumés à admettre servilement des systèmes exclusifs, ne sachant qu'apprendre sans méditer, nous oublions que la civilisation n'est que le développement et l'emploi de nos facultés morales et intellectuelles. Les Grecs attribuent eux-mêmes leur civilisation supérieure à Minerve, c'est-à-dire à leur propre génie; nous nous obstinons à leur donner les Egyptiens pour maîtres. Ceux-ci révèrent Osiris comme leur premier instituteur, et nous affectons de chercher la source de leur civilisation dans l'Inde. Mais alors qui instruisit les Indiens du Mexique? Est-ce Brahma, Confucius, Zoroastre, Manco-Capac, Idacanzas ou Bochica? Il faut un commencement à tout; et si la civilisation est née dans l'ancien continent, pourquoi n'aurait-elle pas pu naître de même dans le nouveau? Le manque de froment, d'avoine, d'orge et de seigle, de ces graminées nourrissantes que l'on désigne sous le nom général de céréales, paraît prouver que si des tribus asiatiques ont passé en Amérique, elles devaient descendre de quelque peuple nomade ou pasteur. Dans l'ancien continent, nous voyons la culture des céréales et l'usage du lait introduits depuis l'époque la plus reculée à laquelle remonte l'histoire. Les habitants du nouveau continent ne cultivaient d'autres graminées que le maïs (*zea*); ils ne se nourrissaient d'aucune espèce de laitage, quoique deux espèces de bœufs indigènes dans le nord eussent pu leur offrir du lait en abondance. Voilà des contrastes frappants, qui, joints aux résultats de la comparaison des langues, prouve que la race mongole n'a pu fournir à la race américaine que des tribus nomades.

» Dans son état actuel, l'Indien mexicain est grave, mélancolique, taciturne, aussi long-temps que les liqueurs enivrantes n'ont pas agi sur lui : cette gravité est surtout remarquable dans les enfants des Indiens, qui, à l'âge de quatre ou cinq ans, montrent beaucoup plus d'intelligence et de développement que les enfants des blancs. Il aime à mettre du mystérieux dans ses notions les plus indifférentes; aucune passion ne se peint dans ses traits. Toujours sombre, il présente quelque chose d'effrayant lorsqu'il passe tout-à-coup du repos absolu à une agitation violente et effrénée. L'énergie de son caractère, qui ne connaît aucune douceur, dégénère habituellement en dureté. Elle se déploie surtout chez les habitants de Tlascala : au milieu de leur avilissement, les descendants de ces républicains se distinguent encore par une certaine fierté que leur inspire le souvenir de leur ancienne grandeur. Les indigènes du Mexique, comme tous les peuples qui ont gémi long-temps sous le despotisme civil et religieux, tiennent avec une opiniâtreté extrême à leurs habitudes, à leurs mœurs, à leurs opinions : l'introduction du christianisme n'a presque pas produit d'autre effet sur eux que de substituer des cérémonies nouvelles, symboles d'une religion douce et humaine, aux cérémonies d'un culte sanguinaire. De tout temps, les peuples à demi barbares recevaient des mains du vainqueur de nouvelles lois, de nouvelles divinités; les dieux indigènes et vaincus cèdent aux dieux étrangers. D'ailleurs, dans une mythologie aussi compliquée que celle des Mexicains, il était facile de trouver une parenté entre les divinités d'Aztlan et celles de l'Orient; le Saint-Esprit s'identifiait avec l'aigle sacré des Aztèques. Les missionnaires ne toléraient pas seulement, ils favorisaient même ce mélange d'idées par lequel le culte chrétien s'établissait plus promptement.

» Les Mexicains ont conservé un goût particulier pour la peinture et pour l'art de sculpter en pierre et en bois; on est étonné de voir ce qu'ils exécutent avec un mauvais couteau et sur les bois les plus durs. Ils s'exercent surtout à peindre des images et à sculpter des statues de saints; mais, par un principe religieux, ils imitent servilement, depuis 300 ans, les modèles que les Européens ont portés avec eux lors de la conquête. Au Mexique comme dans l'Hindoustan, il n'était pas permis aux fidèles de changer la moindre chose à la figure des idoles; tout ce qui appartenait au rite des Aztèques était assujetti à des lois immuables. C'est par cette raison même que les images chrétiennes ont conservé en partie cette roideur et cette dureté des traits qui caractérisaient les tableaux hiéroglyphiques du siècle de Montézuma. Ils montrent beaucoup d'aptitude pour l'exercice des arts d'imitation; ils en déploient une plus grande encore pour les arts purement mécaniques.

» Lorsqu'un Indien parvient à un certain degré de culture, il montre une grande facilité d'apprendre, un esprit juste, une logique naturelle, un penchant particulier à subtiliser ou à saisir les différences les plus fines des objets à comparer; il raisonne froidement et avec ordre, mais il ne manifeste pas cette mobilité d'imagination, ce coloris du sentiment, cet art de créer et de produire qui caractérisent les peuples de l'Europe et plusieurs tribus de nègres africains. La musique et la danse des indigènes se ressentent du manque de gaieté qui les caractérise. Leur chant est lugubre. Les femmes déploient plus de vivacité que les hommes; mais elles partagent les malheurs de l'asservissement auquel le sexe est condamné chez la plupart des peuples où la civilisation est encore imparfaite. Les femmes ne prennent point part à la danse; elles y assistent pour présenter aux danseurs des boissons fermentées qu'elles ont préparées de leurs mains (1).

» Les Indiens mexicains ont aussi conservé le même goût pour les fleurs que Cortez leur trouvait de son temps : on est étonné de trouver ce goût, qui indique sans doute le sentiment

(1) *A. de Humboldt* : Mexique, t. I, p. 418.

du beau, chez une nation dans laquelle un culte sanguinaire et la fréquence des sacrifices paraissaient avoir éteint tout ce qui tient à la sensibilité de l'âme et à la douceur des affections. Au grand marché de Mexico, le natif ne vend pas de pêches, pas d'ananas, pas de légumes, pas de liqueur fermentée sans que sa boutique soit ornée de fleurs qui se renouvellent tous les jours; le marchand indien paraît assis dans un retranchement de verdure, et tout y est de la dernière élégance.

» Les Indiens chasseurs, tels que les *Mecos*, les *Apaches*, les *Li-panis*, que les Espagnols embrassent sous la dénomination d'*Indios bravos*, et dont les hordes, dans leurs courses souvent nocturnes, infestent les frontières de la Nouvelle-Biscaye, de la Sonora et du Nouveau-Mexique, annoncent plus de mobilité d'esprit, plus de force de caractère que les Indiens cultivateurs : quelques peuplades ont même des langues dont le mécanisme paraît prouver une ancienne civilisation. Ils ont beaucoup de difficulté à apprendre nos idiomes européens, tandis qu'ils s'expriment dans le leur avec une facilité extrême. Ces mêmes chefs indiens, dont la morne taciturnité étonne l'observateur, tiennent des discours de plusieurs heures, lorsqu'un grand intérêt les excite à rompre leur silence habituel. Nous donnerons plus loin quelques détails sur ces tribus.

» Les indigènes sont ou descendants d'anciens plébéiens, ou les restes de quelque grande famille qui, dédaignant de s'allier aux conquérants espagnols, ont préféré labourer de leurs mains les champs que jadis ils faisaient cultiver par leurs vassaux. Ils se divisent donc en Indiens tributaires et en Indiens-Caciques, qui, d'après les lois espagnoles, doivent participer aux priviléges de la noblesse de Castille; mais il est difficile de distinguer par leur extérieur, leur habillement ou leurs manières, les nobles des roturiers; ils vont généralement pieds nus, couverts de la tunique mexicaine, d'un tissu grossier et d'un brun noirâtre; ils sont vêtus comme le bas peuple, qui néanmoins leur témoigne beaucoup de respect. Cependant, loin de protéger leurs compatriotes, les hommes qui jouissent des droits héréditaires du *caciquat*, pesent fortement sur les tributaires. Exerçant la magistrature dans les villages indiens, ce sont eux qui lèvent la capitation : non seulement ils se plaisent à devenir les instruments des vexations des blancs, mais ils se servent aussi de leur pouvoir et de leur autorité pour extorquer de petites sommes à leur profit. La noblesse aztèque offre d'ailleurs la même grossièreté de mœurs, le même manque de civilisation, la même ignorance que le bas peuple indien. Isolée, abrutie, on a vu rarement un de ses membres suivre la carrière de la robe ou de l'épée. On trouve plus d'Indiens qui ont embrassé l'état ecclésiastique, surtout celui de curé. La solitude des couvents ne paraît avoir d'attrait que pour les jeunes filles indiennes.

» Considérés en masse, les Indiens mexicains présentent le tableau d'une grande misère. Indolents par caractère, et plus encore par suite de leur situation politique, ils ne vivent qu'au jour le jour. Au lieu d'une aisance générale, on trouve quelques familles dont la fortune paraît d'autant plus colossale qu'on s'y attend moins. Cependant les lois actuelles, généralement douces et humaines, leur assurent le fruit de leurs fatigues et pleine liberté pour la vente de leurs productions. Ils sont exempts de tout impôt indirect, et uniquement sujets à un tribut de capitation que paient les Indiens mâles depuis l'âge de dix ans jusqu'à celui de cinquante, et dont le fardeau a été beaucoup allégé dans les derniers temps. En 1601, l'Indien payait annuellement 32 réaux de tribut et 4 de service royal, en tout 19 à 20 francs. On le réduisit peu à peu, dans quelques intendances, à 15 et même à 5 francs : dans l'évêché de Mechoacan et dans la plus grande partie du Mexique, la capitation monte aujourd'hui à 11 francs. Mais si la législation paraît favoriser les indigènes sous le rapport des impôts, d'un autre côté elle les a privés des droits les plus importants dont jouissent les autres citoyens. Dans un siècle où l'on discuta formellement si les Indiens étaient des êtres raisonnables, on crut leur accorder un bienfait en les traitant comme des mineurs, en les mettant à perpétuité sous la tutelle des blancs, en déclarant nuls tout acte signé par un natif de la race cuivrée et toute obligation qu'il contractait au-dessus de la valeur de 15 francs. Ces lois, maintenues dans leur pleine vigueur, élèvent des barrières insurmontables entre les Indiens et les autres castes, dont le mélange est également prohibé, et dont la désunion, ainsi que celle des familles et des autorités constituées, a été considérée de tout temps, par la politique espagnole, comme le plus sûr moyen de conserver les colonies dans la dépendance de la capitale. La loi défend non seulement le mélange des castes, elle défend même aux blancs de se fixer dans les villages indiens; elle empêche que les natifs ne s'établissent au milieu des Espagnols. Les Indiens se gouvernent par eux-mêmes; mais leurs magistrats, généralement les seuls habitants du village qui parlent l'espagnol, ont intérêt à maintenir leurs concitoyens dans l'ignorance la plus profonde. Restreints dans un espace étroit de 500 mètres de rayon, qu'une loi ancienne assigne aux villages indiens, les natifs sont en quelque sorte sans propriété individuelle : ils sont tenus de cultiver les biens communaux, sans espoir de recueillir le fruit de leur travail. Le dernier règlement des intendances portait que les natifs ne peuvent plus recevoir de secours de la caisse de la communauté, sans une permission spéciale du collége des finances du Mexique. Les biens communaux ont été mis en ferme par les intendants; le produit en était versé dans les caisses royales, où les employés du gouvernement tenaient compte, sous des rubriques particulières, de ce qu'on appelle la propriété de chaque village. Mais il est devenu si long et si difficile d'obtenir, pour les natifs, quelques secours de ces fonds, qu'ils renoncent à en demander. Par une singulière fatalité, ou par un vice inhérent à l'organisation sociale, les priviléges accordés aux Indiens, loin de leur procurer des avantages, ont produit des effets constamment défavorables à cette caste, et ont fourni des moyens de l'opprimer.

» Les Espagnols tiennent le premier rang dans la population de la Nouvelle-Espagne : c'est entre leurs mains que se trouvent presque toutes les propriétés et les richesses; mais ils n'occuperaient que la seconde place parmi les habitants de race pure, si on les considérait sous le rapport de leur nombre, qui, dans la confédération mexicaine, peut s'élever à 1,200,000, dont un quart habite les provinces internes. On les divise en blancs nés en Europe, et en descendants d'Européens, nés dans les colonies espagnoles de l'Amérique et dans les îles asiatiques. Les premiers portent le nom de *Chapetons*, ou de *Gachupinos*; les seconds celui de *Criollos* (créoles). Les natifs des îles Canaries, que l'on désigne généralement sous la dénomination d'*Isléños*, et qui sont la plupart gérants des plantations, se considèrent comme Européens. On estime que les Chapetons sont comme 1 à 14.

» Les *castes de sang mêlé*, provenant du mélange des races pures, constituent une masse presque aussi considérable que les indigènes. On peut évaluer le total des individus à sang mêlé, à près de 2,400,000 âmes. Par un raffinement de vanité, les habitants des colonies ont enrichi leur langue en désignant les nuances les plus fines des couleurs qui naissent de la dégénération de la couleur primitive. Le fils d'un blanc, né Européen ou créole, et d'une indigène à teint cuivré, est appelé *Métis* ou *Mestizo*. Sa couleur est presque d'un blanc parfait; sa peau est d'une transparence particulière; le peu de barbe, la petitesse des mains et des pieds, une certaine obliquité des yeux, annoncent plus souvent le mélange du sang indien que la nature des cheveux. Si une métis s'allie à un blanc, la seconde génération qui en résulte ne diffère presque plus de la race européenne. Les métis composent vraisemblablement les sept huitièmes de la totalité des castes. Ils sont réputés d'un caractère plus doux que les *Mulâtres* ou *Mulatos*, fils de blancs et de négresses, qui se distinguent par la vigueur et l'énergie de leurs couleurs, par la violence de leurs passions, et par une singulière volubilité de langue. Les descendants de nègres et d'Indiennes portent, à Mexico, à Lima et même à la Havane, le nom bizarre de *Chino*, Chinois. Sur la côte de Caracas et dans la Nouvelle-Espagne même, on les appelle aussi *Zambos*. Aujourd'hui cette dernière dénomination est principalement restreinte aux descendants d'un nègre et d'une mulâtresse, ou d'un nègre et d'une China. On distingue de ces zambos communs les *Zambos-prietos*, qui naissent d'un nègre et d'une zamba. Les castes du sang indien ou africain conservent l'odeur qui est propre à la transpiration cutanée de ces deux races primitives. Du mélange d'un blanc avec une mulâtresse, provient la caste des *Quarterons*. Lorsqu'une quarteronne épouse un Européen ou un créole, ses enfants portent le nom de *Quinterons*. Une nouvelle alliance avec la race blanche fait tellement perdre le reste de couleur, que l'enfant d'un blanc et d'une quinteronne est blanc aussi. Les mélanges dans lesquels la couleur des enfants devient plus foncée que n'était celle de leur mère, s'appellent *Saltos-Atras*, ou sauts en arrière (1).

» Le plus ou moins de sang européen, et la peau plus ou moins claire, décident de la considération dont l'homme doit jouir dans la société, et de l'opinion qu'il a de lui-même. Un blanc qui monte pieds nus à cheval s'imagine appartenir à la noblesse du pays : la couleur établit même une certaine égalité entre des hommes qui, comme partout où la civilisation est ou peu avancée ou dans un mouvement rétrograde, se plaisent à raffiner sur les prérogatives de race et d'origine. Lorsqu'un homme du peuple se dispute avec un des seigneurs titrés du pays, il n'est pas rare d'entendre dire au premier : « Serait-il possible que vous crussiez être plus blanc que moi ? » Parmi les ***Métis*** et les ***Mulâtres***, il y a beaucoup d'individus qui, par leur couleur, leur physionomie et leur intelligence, pourraient se confondre avec les Espagnols, mais les préjugés les tiennent dans l'avilissement et le mépris. Doués d'un caractère énergique et ardent, ces hommes de couleur vivent dans un état constant d'irritation contre les blancs, et le ressentiment les porte fréquemment à la vengeance. Souvent il arrive aussi que des familles qui sont soupçonnées d'être de sang mêlé demandent à la haute-cour de justice qu'on les déclare appartenir aux blancs. On voit ainsi des mulâtres très basanés qui ont eu l'adresse de se faire ***blanchir***, selon l'expression populaire. Quand le jugement des sens est trop contraire aux vœux du solliciteur, il faut qu'il se contente de termes un peu problématiques : la sentence dit alors simplement que « tels ou tels individus peuvent » ***se tenir pour blancs***. »

Les étrangers, Français, Anglais, Anglo-Américains, constituent une classe à part qui a une grande influence dans le pays, parce que les riches Mexicains, paresseux par nature, faisant la sieste une partie du jour et consacrant le reste au jeu et à d'autres vices, négligent l'administration de leurs biens et laissent la gestion de leurs affaires aux étrangers. Ce sont ceux-ci qui sont à la tête de l'exploitation des mines ; le haut et le petit commerce sont entre leurs mains, et quelques uns même ont acquis des fortunes considérables.

« Le ci-devant royaume de la Nouvelle-Espagne est, de toutes les colonies européennes sous la zone torride, celle dans laquelle il y a le moins de nègres. On parcourt toute la ville de Mexico sans rencontrer un visage noir : le service d'aucune maison ne s'y fait avec des esclaves. D'après des renseignements exacts, il paraît que dans toute la Nouvelle-Espagne il n'y a pas 6,000 nègres, et tout au plus 9 à 10,000 esclaves, dont le plus grand nombre habite les ports d'Acapulco et de la Vera-Cruz, ou la région chaude, voisine des côtes. Ces esclaves sont des prisonniers faits dans la petite guerre qui est presque continuelle sur les frontières des Provinces Internes ; ils sont, la plupart, de la nation des Mecos ou Apaches, montagnards indomptables et féroces, qui ordinairement succombent bientôt au désespoir ou aux effets du changement de climat. L'accroissement de la prospérité coloniale du Mexique est donc tout-à-fait indépendant de la traite des nègres. Il y a trente ans que l'on ne connaissait presque pas en Europe de sucre mexicain ; aujourd'hui la Vera-Cruz seule en exporte plus de 120,000 quintaux, et cependant les progrès qu'a faits dans la Nouvelle-Espagne, depuis le bouleversement de Saint-Domingue, la culture de la canne à sucre, n'y ont pas augmenté d'une manière sensible le nombre des esclaves. Du reste, au Mexique comme dans toutes les possessions espagnoles, les esclaves sont un peu plus protégés par les lois que ne l'étaient naguère les nègres qui habitent les colonies des autres nations européennes. Les lois sont toujours interprétées en faveur de la liberté : le gouvernement désire voir augmenter le nombre des affranchis. Un esclave qui, par son industrie, s'est procuré quelque argent, peut forcer son maître à l'affranchir, en lui payant la somme de 1,500 à 2,000 francs, quand même il eût coûté le double au propriétaire, ou qu'il possédât un talent particulier pour exercer un métier lucratif. Un esclave qui a été cruellement mal-

(1) Mémoire de l'évêque de Mechoacan, cité par M. *A. de Humboldt*

traité acquiert par là même son affranchissement d'après la loi ; M. de Humboldt en a vu lui-même un exemple.

» Les langues parlées dans la vaste étendue du Mexique sont au nombre de plus de vingt, et ne sont en partie connues que de nom. Les Créoles et la plus grande partie des races mixtes n'ont pas adopté ici, comme dans le Pérou, un dialecte indigène, mais se servent de la langue espagnole, tant dans la conversation que dans les écrits. Parmi les dialectes indigènes, la langue *aztèque* ou mexicaine est la plus répandue ; elle s'étend aujourd'hui depuis le parallèle de 37° jusque vers le lac de Nicaragua ; mais les domaines de plusieurs autres langues sont comme enclavés dans le sien. L'historien Clavijero a prouvé que les Toltèques, les Chichimèques (dont les habitants de Tlascala descendent), les Acolhues et les Nahuatlaques parlaient tous la même langue que les Aztèques (1). La répétition des syllabes *tli*, *tla*, *itl*, *atl*, jointe à la longueur des mots, qui vont jusqu'à onze syllabes, doit rendre cette langue peu agréable à l'oreille ; mais la complication et la richesse de ses formes grammaticales prouvent la hauté intelligence de ceux qui l'ont inventée ou régularisée. Un nombre extrêmement borné d'analogies de mots paraît la rattacher au chinois et au japonais ; mais son caractère général éloigne ce rapprochement. La langue *otomite*, parlée dans l'ancien royaume de Mechoacan ou dans la Nouvelle-Galice, est une langue-mère, monosyllabique comme le chinois, par conséquent entièrement differente de la mexicaine, et qui paraît avoir été très répandue (2). On ne saurait dire si les idiomes *tarasque*, *matlazingue* et *core*, parlés également dans la Nouvelle-Galice, sont des branches d'un même tronc ou des langues indépendantes l'une de l'autre ; les mots connus de la langue *tarasque* et de la *core* offrent très peu d'affinité avec les autres langues américaines. Les langues *tarahumare* et *tépéhuane*, parlées dans la Nouvelle-Biscaye ; l'idiome de *Pimas*, dans la Pimerie, partie de Sonora ; celui des *Apaches*, des *Keras*, des *Piras*, des *Tiguas* et d'autres tribus du Nouveau-Mexique ; la langue *guaicoure*, parlée dans la Californie par les Indiens *Moquis* ; celle des *Cochimis* et des *Pericues* dans la même péninsule ; celle des *Eslènes* et des *Rumsens* dans la Nouvelle-Californie, présentent encore un chaos d'incertitude et d'obscurité. Dans le *tarahumar*, les noms de nombres sont mexicains. Il est remarquable qu'un dialecte de la langue guaicoure se nomme *cora*, et que le nom des *Moquis*, de Californie, se retrouve dans le Nouveau-Mexique (1). Des connaissances plus positives ramèneront cette foule de tribus à un petit nombre de races distinctes.

» La langue *huaztèque*, qui s'est conservée dans le canton d'Huazteca, dans l'intendance de Mexico, paraît différer entièrement de la mexicaine, soit dans les mots, soit pour la grammaire (2). Elle offre quelques mots finnois et ostiaques ; appartiendrait-elle à la première invasion des tribus de l'Asie boréale, invasion antérieure à celle dont les ancêtres des Aztèques, des Toltèques et des Chichimèques ont dû faire partie ?

» Il paraît qu'en avançant au sud de Mexico, les langues indigènes, indépendantes de celle des Aztèques, deviennent extrêmement nombreuses. Les intendances de Puebla et d'Oaxaca nous offrent les langues *zapotèque*, *totonaque*, *mistèque*, *popolongue*, *chinantèque*, *mixe*, et plusieurs autres moins connues (3). La langue *maya*, dominante dans l'Yucatan, nous paraît renfermer des mots finnois et algonquins. Le savant Hervas y a remarqué un certain nombre de mots tonkinois (4), parmi lesquels il y en a qui sont communs à divers idiomes de Sibérie et au finnois (5). Cette langue est monosyllabique comme les plus anciennes de l'Asie orientale, mais elle leur est supérieure par ses combinaisons grammaticales. Elle paraît tenir à la même souche générale que l'otomite, dont nous avons déjà parlé. Dans le royaume de Guatemala, la langue *chiapanèse*, la *caquiquelle*, l'*utlatèque*, la *lakandone* et autres, attendent encore des observateurs. La principale de celles qu'on parle dans ce royaume est appelée la *poconchi*, ou la *pocomane* ; elle a des rapports ma-

(1) *Clavijero* : Storia di Messico, t. I, p. 153. — (2) *Hervas* : Catalogo delle Lingue, p. 80, 258.

(1) *Hervas* : Catalogo delle Lingue, p. 76 et 80. — (2) *Vater*, dans les Archives ethnographiques, t. I. — (3) *A. de Humboldt* : Mexique, t. I, p. 878. *Hervas* : Catalogo, p. 75. — (4) *Hervas*, p. 257. — (5) Voyez la *Table comparative des mots*, après l'Introduction à l'Amérique, ci-dessus, p. 18 et suiv.

nifestes avec la langue *maya*, et doit ainsi différer radicalement de la langue mexicaine, qui cependant était fort usitée dans ce pays avant l'invasion des Espagnols, et qui aujourd'hui y domine. La langue des *Guaymies*, dans la province de Veraguas, passe pour avoir des rapports avec le caraïbe, et prouverait ainsi une invasion de quelques tribus de l'Amérique méridionale; mais on n'en parle qu'avec incertitude. L'idiome des *Indiens-Mosquitos*, sur la côte de Honduras, n'a pas été étudié. »

Nous allons passer à la description topographique.

LIVRE CENT QUATRE-VINGT-SIXIÈME.

Suite de la Description de l'Amérique. — Suite et fin de la confédération du Mexique. — Topographie des provinces et villes.

« Les Espagnols donnent le nom de *Nouvelle-Californie* à toutes les côtes situées depuis le port de *San-Diego* jusqu'aux limites septentrionales des Etats-Unis mexicains. Le célèbre navigateur anglais Francis Drake désigna une partie de ces côtes sous le nom de *Nouvelle-Albion*; mais nous avons vu, dans l'*Histoire de la Géographie*, que la priorité de découverte appartient aux Espagnols. Néanmoins le nom anglais est resté sur les cartes à la portion du territoire où les Espagnols n'ont formé aucun établissement, depuis le 38ᵉ parallèle jusqu'au 44ᵉ, ou même au-delà. Vers le *cap Mendocino*, l'intérieur de la Nouvelle-Albion présente de loin plusieurs sommets de montagnes couverts de neige, même en été; mais lorsque Francis Drake crut voir de la neige même sur les montagnes inférieures aux environs du port qui a conservé son nom, sous 38° 10′, il fut probablement trompé par l'aspect de sables ou de rochers très blancs [1]. Les naturels, aux environs du *cap Orford*, ont quelques traits européens; leur teint est olivâtre clair, leur taille au-dessus de la moyenne, leur caractère doux et honnête; ils se tatouent la peau, et parlent un langage différent de celui de Noutka. Les habitants de la *baie Trinidad* ont l'habitude de se limer horizontalement les dents jusqu'aux gencives [1].

» Considérée comme province mexicaine, la *Nouvelle-Californie*, appelée aussi *Haute-Californie*, est une lisière étroite qui longe les côtes de l'océan Pacifique, depuis le port *San-Francisco* jusqu'à l'établissement de *San-Diego*. Sous un ciel souvent brumeux et humide, mais extrêmement doux, ce pays pittoresque présente de toutes parts des forêts magnifiques, et des savanes verdoyantes où paissent des troupes nombreuses de cerfs ou d'élans d'une taille gigantesque. Le sol a reçu avec facilité diverses cultures européennes; la vigne, l'olivier, le froment y prospèrent. »

La Nouvelle-Californie, dit une relation récente, est d'une extrême salubrité. Les saisons y sont divisées comme en France; mais les hivers sont beaucoup plus doux et les chaleurs plus tempérées. Peut-être cette dernière circonstance doit-elle être attribuée à l'élévation des terres et aux épaisses forêts qui couvrent les montagnes [2].

La première mission qui y fut établie par les Franciscains date de 1769; c'est celle de San-Diego. Vingt autres y furent fondées ensuite sur une étendue de 150 lieues de longueur et de 20 de largeur.

(1) *Vancouver*, Voyage, t. 1, p. 287, traduction française.

(1) *Vancouver*, Voyage, t. I, p. 288; t. III, p. 195, traduction française. — (2) M. *de Morineau*: Notice sur la Nouvelle-Californie. — 1834.

En 1827, il y avait vingt et une missions (1), et la population de cultivateurs fixes s'élevait à 20,000 individus (2). Aujourd'hui toute la population, tant européenne qu'indigène, est de 34,500 individus, population bien faible pour une superficie de 5,000 lieues carrées (3).

Ainsi que le fait observer le capitaine Duhaut-Cilly, par un singulier contraste avec ce qui s'observe ailleurs, ce sont les Indiens qui dans les missions travaillent à la terre, et les créoles qui prennent soin des troupeaux.

En 1827, on évaluait le nombre des bêtes à cornes à 195,000, et celui des bêtes à laine à 215,000.

» *San-Francisco*, le poste militaire, où le *presidio* le plus avancé au nord, est situé sur une large baie du même nom, dans laquelle débouchent les rivières de *San-Sacramento* et de *Joaquim*. C'est une ville qui n'a que 2,000 âmes, mais qui possède un port que plusieurs célèbres navigateurs, entre autres Vancouver et Kotzebue, ont regardé comme le plus beau du monde.

» Près de la mission de *Santa-Clara*, le froment rapporte vingt-cinq à trente pour un; il n'exige que très peu de soin. La moisson se fait au mois de juillet. De belles forêts de chênes, mêlées de prairies hautes et basses, font ressembler le pays à un parc naturel (1). *San-Carlos-de-Monterey*, ville à peu près de la même population que San-Francisco, est la résidence d'un lieutenant-colonel, gouverneur des deux Californies. Le port de Monterey est loin de répondre à la célébrité que les navigateurs espagnols lui ont donnée; c'est une baie avec un mouillage médiocre. L'aspect du pays est charmant, et on y jouit d'un printemps perpétuel (2). Le sol devient plus riche en pénétrant dans l'intérieur.

» *Santa-Barbara*, chef-lieu d'une juridiction, est située sur le canal du même nom, formé par le continent et quelques îles, dont celles de *Santa-Cruz*, de *Santa-Barbara*, de *Santa-Catalina* et de *San-Clemente* sont les principales. C'est près des îles de Santa-Cruz et de *San-Jose* qu'existaient autrefois des pêcheries de perles, aujourd'hui peu lucratives.

» La mission de *Santa-Buonaventura*, à l'est de ce *presidio*, occupe un terrain fertile, mais exposé à de grandes sécheresses, comme en général toute cette côte. Dans le jardin des missionnaires, Vancouver vit croître des fruits en abondance et d'une excellente qualité, tels que des pommes, des poires, des figues, des oranges, des raisins, des grenades, deux espèces de bananes, des noix de coco, des cannes à sucre, des indigotiers et plusieurs légumes. Les environs de *San-Diego* sont tristes et stériles. Le territoire de la mission de *San-Juan-de-Campistrano* nourrit du bétail excellent.

» Les indigènes paraissent former un grand nombre de tribus entièrement différentes de langage. Les *Matalans*, les *Salsens*, les *Quirotes*, près de la baie de *San-Francisco*, les

(1) M. Duhaut-Cilly a donné le tableau suivant de la fondation de ces missions.

Mission	Fondée le		Indiens.	Distance à la précédente
San-Diego	16 juin.	1769	1,829	-
San-Luis Rey	13 juin.	1798	2,767	13 l. 1/2
San-Juan de Campistrano.	1er nov.	1776	1,060	12
San-Gabriel.	8 sept.	1771	1,644	18
San-Fernando.	8 sept.	1797	957	9
Santa-Buonaventura. .	31 mars	1782	908	22
Santa-Barbara . . .	4 déc.	1786	923	10
Santa-Ynès	12 sept.	1804	516	12
Purissima-Concepcion.	8 déc.	1782	662	8
San-Luis Obispo. . .	1er sept.	1772	424	18
San-Miguel	25 juill.	1797	904	13
San-Antonio	14 juill.	1771	806	13
Soledad.	9 oct.	1790	512	11
San-Carlos.	3 juin.	1770	306	15
San-Juan-Batista . .	24 juin.	1797	1,221	12
Santa-Cruz	28 août.	1791	461	13
Santa-Clara	18 janv.	1777	1,450	11
San-José	11 juin.	1797	1,806	5
San-Francisco	9 oct.	1776	265	20
San-Raphaël	18 déc.	1811	939	8
San-Francisco Solano.	25 août	1823	692	9
			20,153	

(2) *Voyage autour du monde* par le capitaine Duhaut-Cilly.

	Colons.	Naturels.	Total.
(3) Dans le district de Monterey on compte.	720	6,512	7,232
Dans le district de San-Francisco	758	5,773	6,531
Dans le district de Santa-Barbara.	767	8,767	9,534
Dans le district de San-Diego	589	6,728	7,317
	2,834	27,780	30,614
Colons vivant dans les fermes (*ranchos*)	326	. . . .	326
Indiens convertis habitant les villages	. . . .	3,560	3,560
Totaux. .	3,160	31,340	34,500

(1) *Vancouver*, t. II, p. 284; t. IV, p. 243. — (2) *Ibid.*, II, 305 et 309. *Langsdorf* et *Choris* le confirment.

Rumsen's et les *Escelen's*, près de Monterey, sont les plus connus de ces Indiens. Le nom de *Quirotes*, qui peut n'être qu'une abréviation de *Quivirotes*, rappelle celui du royaume de *Quivira*, placé au même endroit, sur une grande rivière, par les anciens géographes espagnols, qui retraçaient les découvertes de Cabrillo et de Vizcaino.

» La *Vieille-Californie*, ou la péninsule de Californie proprement dite, appelée aussi *Basse-Californie*, est entourée par l'Océan du sud à l'ouest, et par le golfe de Californie, appelé aussi *mer Vermeille*, à l'ouest. Elle dépasse le tropique, et se termine dans la zone torride par le *cap Saint-Lucar*. Sa largeur varie depuis 10 lieues jusqu'à 40 d'une mer à l'autre; son climat, en général, est très chaud et très sec. Le ciel, d'un bleu foncé, ne se couvre presque jamais de nuages; s'il en paraît quelques uns vers le coucher du soleil, ils brillent des teintes de pourpre et d'émeraude. Mais ce beau ciel s'étend sur une terre aride, sablonneuse, où des cactus cylindriques, s'élevant dans les fentes des rochers, interrompent presque seuls le tableau de la stérilité absolue [1]. Dans les endroits rares où il se trouve de l'eau et de la terre végétale, les fruits et les blés se multiplient d'une manière étonnante; la vigne y donne un vin généreux, semblable à celui des Canaries. On remarque une espèce de mouton extrêmement gros, très délicat et excellent à manger; sa laine est très facile à filer. On nomme beaucoup d'autres quadrupèdes sauvages, ainsi qu'une grande variété d'oiseaux. Les mines d'or que la tradition populaire plaçait dans cette péninsule se réduisent à quelques maigres filons. A 14 lieues de Loreto, on a découvert deux mines d'argent, que l'on croit assez productives; mais le manque de bois et de mercure en rend l'exploitation presque impossible [2]. Il y a dans l'intérieur des plaines couvertes d'un beau sel en cristaux. »

Les montagnes qui couvrent la presqu'île de la Basse-Californie, interceptant les vents du Grand Océan, contribuent à rendre malsaines les côtes qui bordent la mer Vermeille ou le golfe de Californie. Sur ces côtes on pêche la tortue qui produit l'écaille, et la coquille appelée avicule perlière qui fournit des perles souvent fort grosses, affectant la forme d'une poire, mais peu recherchées, parce qu'elles ne sont pas d'une très belle eau [1].

« Depuis que les missions de la Vieille-Californie sont en décadence, la population s'est réduite à moins de 9,000 individus, dispersés sur une étendue égale à l'Angleterre. *Loreto*, chef-lieu de la Californie, est une petite bourgade avec un *presidio;* les habitants, tant Espagnols que métis et Indiens, peuvent monter à 1,000 individus, et c'est la place la plus peuplée de toute la Californie.

» Les indigènes de la Vieille-Californie étaient, avant l'arrivée des missionnaires, au dernier degré d'abrutissement : comme les animaux, ils passaient les journées, étendus sur le ventre, au milieu des sables; comme les animaux pressés par la faim, ils couraient à la chasse pour satisfaire les besoins du moment. Une sorte d'horreur religieuse leur annonçait cependant l'existence d'un grand être dont ils redoutaient la puissance. Les *Péricues*, les *Guaicoures* et les *Laymones* sont les principales tribus.

» Les premières missions de la Vieille-Californie avaient été créées en 1698 par les jésuites; sous la conduite de ces pères, les sauvages avaient abandonné la vie nomade. Au milieu de rochers arides, de broussailles et de ronces, ils avaient cultivé de petits terrains, bâti des maisons, élevé des chapelles, lorsqu'un décret despotique, aussi injuste qu'impolitique, vint détruire, sur tous les points de l'Amérique espagnole, cette utile et glorieuse société. Le gouverneur Don *Portola*, envoyé en Californie pour exécuter ce décret, crut y trouver de vastes trésors et 10,000 Indiens armés de fusils pour défendre les jésuites; il vit au contraire des prêtres en cheveux blancs venir humblement à sa rencontre; il versa de généreuses larmes sur la fatale erreur de son roi, et adoucit, autant qu'il était en son pouvoir, l'exécution de ses ordres. Les jésuites furent accompagnés jusqu'au lieu de leur embarquement par tous

(1) *A. de Humboldt* : Mexique, t. II, p. 421 et suiv. — (2) *P. Jacques Baegert* : Relation de la Californie (en allem. Munich, Manheim, 1773), p. 200. *Vancouver*, t. IV, p. 155.

(1) Suivant le capitaine Duhaut-Cilly, le produit annuel des écailles de tortue est d'environ 25,000 fr., et celui des perles de 125,000.

leurs paroissiens, au milieu de sanglots et de cris de douleur (¹). Les franciscains leur succédèrent immédiatement dans la Vieille-Californie, et étendirent, en 1769, leurs conquêtes pacifiques sur la Nouvelle. Plus tard, les dominicains ont obtenu le gouvernement des missions de la première de ces provinces, et les ont négligées ou mal dirigées. Les franciscains, au contraire, font le bonheur des Indiens. Leurs simples habitations offrent un aspect très pittoresque; elles sont en partie enfoncées dans le pays, loin des postes militaires : le respect et l'amour en sont la sauvegarde.

» Beaucoup d'écrivains français, et entre autres l'abbé Raynal, ont parlé en termes pompeux de ce qu'ils appellent l'*Empire du Nouveau-Mexique*, ils en vantent l'étendue et les richesses ; ils y comprennent apparemment toutes les contrées entre la Californie et la Louisiane ; mais la véritable signification de ce nom est restreinte à un territoire long, il est vrai, de 175 lieues, mais dont la largeur n'est que de 30 à 40. »

Le territoire du Nouveau-Mexique est, de toutes les parties de la confédération mexicaine, celle qui est la moins riche en métaux. Le sol y est en général pierreux et stérile, excepté près des bords du Rio-del-Norte. La sécheresse y est extrême; l'hiver on y ressent des froids très rigoureux; il y gèle jusqu'au milieu de mai : cependant l'air, dépourvu de brumes, y est pur et sain. L'industrie manufacturière et agricole y est peu avancée : quelques cabanes réunies y prennent souvent, dit M. de Humboldt, le titre pompeux de ville; il en est pourtant quelques unes dont la population est assez considérable.

« Les villes de *Santa-Fé*, avec 4,000 habitants; d'*Albuquerque*, avec 6,000, et de *Taos*, avec 9,000, renferment presque la moitié de la population : l'autre moitié se compose de pauvres colons dont les hameaux épars sont souvent ravagés par les puissantes tribus indiennes qui environnent ou qui parcourent le territoire. Il est vrai que le sol qui borde le Rio-del-Norte est un des plus beaux et des plus fertiles de l'Amérique espagnole. Il y vient abondamment du blé, du maïs et des fruits délicats, particulièrement des raisins. Les environs de *Passo-del-Norte* produisent les vins les plus généreux. Les montagnes sont couvertes de pins, d'érables, de chênes. Les animaux féroces y sont en grand nombre ; on y voit aussi des moutons sauvages, et particulièrement des élans ou plutôt de gros cerfs de la grandeur d'un mulet, dont les cornes sont extrêmement longues. Selon le Dictionnaire d'*Alcedo*, on y a découvert des mines d'étain. Il y a plusieurs sources chaudes. Des rivières salées indiquent de riches dépôts de sel gemme. La chaîne de montagnes qui borde à l'orient le Nouveau-Mexique paraît d'une médiocre élévation; il y a une passe, appelée *Puerto de don Fernando*, par laquelle les Padoucas ont pénétré dans le Nouveau-Mexique. Au-delà de cette chaîne s'entendent d'immenses prairies, où paissent d'innombrables troupeaux de buffles et de chevaux sauvages. Les Américains-Unis chassent ces animaux, et pénètrent quelquefois jusqu'aux portes de Santa-Fé. Les montagnes principales côtoient la rivière du Nord, en suivant ses bords occidentaux; on y distingue quelques pics ou *cerros*. Plus au nord, dans le pays de *Nabaho*, la carte de don Alzate marque des montagnes plates au sommet, nommées en espagnol *mesas*, c'est-à-dire *tables*.

» La nature calcaire du sol paraît indiquée par un événement assez extraordinaire dans les annales de la géographie physique. En 1752, les habitants du bourg de *Passo-del-Norte* virent tout-à-coup rester à sec tout le lit de la grande rivière pendant l'espace de *cinquante* lieues ; l'eau du fleuve se précipita dans une crevasse nouvellement formée, et ne ressortit de terre que près du préside de *Saint-Eléazar*. Cette perte du Rio-del-Norte dura plusieurs semaines; enfin, l'eau reprit son ancien cours, parce que, sans doute, la crevasse et les conduits souterrains s'étaient bouchés (¹).

» Les habitants espagnols du Nouveau-Mexique, comme ceux de l'Etat de Chohahuila, sont dans un état de guerre perpétuel contre les Indiens voisins. Toujours prêts au combat, ne voyageant qu'à cheval et les armes à la main, ces Espagnols vivent d'ailleurs sous un ciel plus froid que celui de Mexico ;

(¹) Relatio expulsionis Societatis Jesu, scripta à *P. Ducrue*, dans le journal littéraire de M. *Murr*, t. XII.

(¹) Voyage manuscrit de Mgr. l'évêque *Tamaron*, dans le Mexique, extrait par M. *A. de Humboldt*.

l'hiver, qui souvent couvre leurs rivières d'une glace épaisse, endurcit leurs fibres et épure leur sang ; ils se distinguent généralement par leur courage, leur intelligence et leur amour de la liberté.

» Les mêmes prérogatives morales s'étendent à la plupart des tribus indiennes voisines du Nouveau-Mexique.

» Les *Apaches*, ou mieux *Apachès*, habitaient originairement la plus grande partie du Nouveau-Mexique. C'est encore une nation guerrière et industrieuse. Ces implacables ennemis des Espagnols infestent toute la limite orientale de ce pays, depuis les montagnes Noires jusqu'aux confins de Chohahuila, en tenant les habitants de plusieurs provinces dans un état perpétuel d'alarmes (¹). On n'a jamais eu que de courtes trèves avec eux, et quoique leur nombre ait été considérablement diminué par les guerres et par de fréquentes famines, on est obligé de tenir continuellement sur pied 2,000 dragons pour escorter les caravanes, protéger les villages, et repousser leurs attaques toujours renouvelées. Au premier abord, les Espagnols avaient essayé de réduire en esclavage ceux que le sort des armes faisait tomber entre leurs mains; mais les voyant surmonter habituellement tous les obstacles pour retourner dans leurs chères montagnes, ils prirent le parti d'envoyer ces prisonniers à l'île de Cuba, où le changement de climat de tardait pas à les faire périr. Les Apachès n'en furent pas plus tôt instruits, qu'ils refusèrent de donner ou de recevoir quartier. Dès lors on n'a pu parvenir à faire prisonniers que ceux qu'on surprenait endormis ou qui avaient été mis hors de combat. »

» Leur nombre, qu'on ne peut estimer exactement, paraît être de plus de 12 à 15,000 individus.

» Les flèches des Apachès ont 3 pieds de long; elles sont faites avec du roseau, dans lequel on enfonce un morceau de bois dur et long d'un pied, dont la pointe est de fer, d'os ou de pierre. Ils lancent cette arme avec tant de vigueur que, à 300 pas de distance, ils peuvent percer un homme. Quand on veut arracher la flèche de la blessure, le bois se détache et la pointe reste dans le corps. Leur seconde arme offensive est une lance de 15 pieds de long. Lorsqu'ils chargent l'ennemi, ils la tiennent des deux mains par-dessus leur tête, et dirigent leur cheval en le pressant des genoux. Plusieurs d'entre eux sont armés de fusils, conquis, ainsi que les munitions, sur les Espagnols, qui ne leur en vendent point. Les archers et les fusiliers combattent à pied, mais les lanciers sont toujours à cheval. Le bouclier leur sert d'arme défensive. Rien n'égale l'impétuosité et l'adresse de leurs coursiers ; ce sont des foudres dont il est impossible de parer les coups.

» On ne s'étonne plus de l'invincible résistance que les Apachès opposent aux Espagnols, lorsqu'on réfléchit au sort que ceux-ci ont fait aux Indiens qui se sont laissé convertir.

» Les *Xérès*, dont le nom se prononce *Kérès*, qui forment à présent la population de San-Domingo, de San-Felipe et de San-Diaz, étaient l'une des plus puissantes des vingt-quatre anciennes tribus qui occupaient jadis le Nouveau-Mexique. Ils ont la stature haute, la figure pleine, l'humeur douce et docile. Ils sont les vassaux, ou, pour mieux dire, les esclaves du gouvernement qui leur impose diverses corvées, telles que de porter des fardeaux, de conduire des mulets, ou bien on les assujettit au service militaire, où ils sont traités avec toute la barbarie dont un blanc peut être capable.

» Les contrées qui séparent le Nouveau-Mexique des deux Californies ne sont connues que par les pieuses tentatives de quelques missionnaires. Dans le dix-septième siècle, les Indiens *Nabajoa* et *Moqui* étaient soumis aux missionnaires; une insurrection générale, en 1680, se termina par le massacre de ces apôtres de la civilisation. Dans la dernière moitié du dix-huitième siècle, le P. Escalante a pénétré vers deux grands lacs qui paraissent avoir leur écoulement sur la côte de la Nouvelle-Californie. L'un d'eux a les eaux salées. Tout ce pays semble être un plateau peu différent de celui de la Nouvelle-Biscaye. Une rivière prend son nom de petites pyramides de soufre dont ses bords sont couverts. Le *Rio-Colorado* paraît traverser des pays fertiles, et en partie cultivés par des Indiens industrieux. Les *Raguapiti*, les *Yutas* et les *Yabipaï*, et surtout les *Moquis*, jouissent d'une sorte de civilisation. Ces der-

(¹) *Pike* : Voyage dans la Louisiane, etc., t. II, p. 95-101, 103.

niers demeurent sur la rivière *Yaquesila*, qui se jette dans le Colorado. Le P. Garcès trouva dans leur pays une ville très régulièrement construite, ayant des maisons à plusieurs étages et de grandes places publiques. Plus au sud, les bords du fleuve *Gila* ont offert au même missionnaire les ruines d'une grande ville, au milieu de laquelle était une espèce de château-fort, exactement orienté selon les quatre points cardinaux. Les Indiens voisins de ces ruines mémorables vivent dans des villages populeux, et cultivent le maïs, le coton et les calebasses (1). Ces traces d'une ancienne civilisation coïncident avec les traditions des Mexicains, selon lesquelles leurs ancêtres se seraient arrêtés à plusieurs reprises dans ces contrées après leur sortie du pays d'Aztlan. La première station fut aux bords du lac Teguayo; la seconde, sur les bords du fleuve Gila; la troisième, dans la Nouvelle-Biscaye, près de l'ancien *presidio* de Yanos, où il y a aussi des édifices en ruines, appelés par les Espagnols *casas grandes* (2).

» A l'est du golfe de Californie s'étendent des contrées fertiles, agréables, salubres, mais encore peu connues et faiblement peuplées; elles sont comprises dans l'ancienne intendance de Sonora, qui forme aujourd'hui l'*Etat de Sonora* et *Cinaloa*.

» La *Pimeria*, dans la même division nouvelle, est le pays habité par les Pimas; les missionnaires ont soumis et civilisé cette tribu, dont le territoire abonde en or de lavage. On le divise en *Pimeria-Alta* et *Pimeria-Baxa*, que sépare la rivière de l'Ascension. Les *Cérès* ou *Séris*, dont le nom rappelle une nation fameuse d'Asie, résistent au joug européen. Il y a des mines très riches; celles de Sonora donnent de l'or. Le pays est très fertile et bien arrosé par des rivières considérables; celle de Hiaqui en est la principale. La ville d'*Arispe*, ancien siége de l'intendance, et celle de *Sonora*, où réside un évêque, comptent 7 à 8,000 habitants. »

Villa-del-Fuerte, appelée aussi *Montes-Claros*, sur la gauche du Rio-del-Fuerte, ville autrefois peu peuplée, devient chaque jour plus importante, depuis que, érigée en capitale de l'État, elle est la résidence du gouvernement et d'un évêque. Elle renferme au moins 8,000 habitants.

» L'ancienne province de *Cinaloa*, mieux peuplée, mieux cultivée que les précédentes, comprend la partie méridionale de cet État. Elle renferme des villes importantes, telles que *Cinaloa* même, avec près de 10,000 âmes; *Hostimuri* et *Alamos*, avec des mines riches. »

On trouve encore, dans la même division administrative, *Guaymas*, importante par son commerce et par son port sur le golfe de Californie; *Pitic*, l'entrepôt des marchandises qui débarquent dans ce port, ville riche, mais mal bâtie, dont les rues sablées deviennent très incommodes au moindre vent qui élève le sable dans les airs. Sur la côte, nous citerons aussi *Mazatlan*, avec un bon port, et, dans l'intérieur, *Culiacan*, célèbre dans l'histoire des Mexicains sous le nom d'*Hucicolhuacan*, comme le siége d'une ancienne monarchie. Elle a 11,000 habitants.

» Sur les côtes de cette province, les forêts de goyaviers, de limoniers et d'orangers commencent à devenir communes; le *lignum vitæ* et les palmiers y viennent également; mais, dans l'intérieur, il s'élève des montagnes froides et arides (1). »

Dans l'État que nous venons de parcourir, on distingue huit tribus indiennes : ce sont les Apachès, les Cérès, les Opatas, les Mayos, les Pimas, les Tarumaras, les Yaqui et les Yamas.

Nous avons déjà parlé des Apachès et des Cérès ou Séris; nous ajouterons que les premiers vivent sur un territoire baigné par le Rio-Gila, et que les seconds, au nombre de 4,000 au plus, habitent l'île de Tiburon, la côte de Tepoca, et le *Pueblo-de-los-Cérès*, près de Pitis.

Les *Opatas*, qui forment une population de 10,000 individus, occupent différents villages sur les rives du Dolorès, de l'Arispo, de l'Oposura, du Batuquo et du Babispo. C'est un peuple guerrier et brave, qui compte un grand nombre de poëtes et de musiciens excellents. La langue des Opatas, dit un voyageur récent (2), est singulièrement poétique; tous

(1) *Cronica serafica de el Collegio de propaganda Fede de Queretaro*, Mexico, 1792; citée par *A. de Humboldt*, Mexique, II, p. 396 et 410. — (2) *A. de Humboldt*, Mexique, II, 392.

(1) *Alcedo*, Diccionario de las Indias, au mot *Culiacan*. — (2) Travels into the intérior of Mexico, by lieutenant Hardy.

les noms qu'ils ont donnés aux villes et aux autres lieux sont emblématiques, et désignent quelques particularités locales : par exemple, *Aripa*, dont les Espagnols ont fait *Arispo*, signifie *la grande réunion des fourmis*, parce que jadis il y avait dans cet endroit de nombreuses fourmilières; *Babipa*, qui a été métamorphosé en *Babispo*, veut dire *le point où une rivière dérive de son cours; Cinoque* est *le pays natal des guerriers*; enfin, *Tepache* est *la ville des belles femmes*.

Les *Mayos* habitent huit villages sur les rives du Rio-Mayo ou du Rio-del-Fuerte.

Les *Pimas* demeurent sur les bords du Rio-San-Ignacio, dans la Pimeria-Alta, et sur ceux du Matope, du Masalon et du San-José-de-los-Pimas, dans la Pimeria-Baxa. Ils sont inoffensifs, mais ils ne sont point doués de l'esprit entreprenant ni du caractère laborieux des Yaqui.

Les *Tarumaras* vivent dans les villages du Mulatos. Ils sont au nombre d'environ 5,000.

Les *Yaqui* occupent huit villages sur le Rio-Yaqui; mais ils sont dispersés sur toute la surface de la province. Ce sont les plus industrieux de tous les Indiens de la province; en effet, ils sont mineurs, chercheurs d'or, plongeurs pour la pêche des perles, agriculteurs et artisans.

Les *Yumas*, ainsi nommés d'après la longueur extraordinaire de leurs cheveux, n'ont qu'un petit nombre de villages dans la Pimeria-Baxa, parce que la plus grande partie de cette tribu appartient à la Californie-Inférieure.

M. Hardy caractérise la plupart de ces peuples de la manière suivante : Les Apachès, dit-il, sont réputés pour leur profonde connaissance des vertus des plantes; les Cérès, pour leurs flèches empoisonnées; les Pimas, pour leur peu d'intelligence et leur lenteur; les Tarumaras, pour leur probité; les Yaqui, pour leur esprit prodigieux.

La grande chaîne qui fait le dos de tout le Mexique traverse dans toute sa longueur l'ancienne province appelée la *Nouvelle-Biscaye*, ou l'intendance de Durango, qui dépend aujourd'hui de l'*Etat de Durango*. Des cratères de volcans et une masse de fer semblable aux pierres tombées du ciel y appellent les regards du naturaliste. Les mines d'argent sont nombreuses et riches. La plus grande partie du pays présente un plateau stérile et sablonneux; plusieurs rivières, ne trouvant pas une pente favorable pour s'écouler, s'y répandent et forment des lacs. Les hivers, souvent rigoureux, sont suivis de chaleurs étouffantes. On cite comme un fléau les scorpions, dont la morsure donne la mort en peu d'heures (¹). »

Durango, la capitale de cet État, est le siége d'un évêché érigé en 1620, et d'une administration des mines. Son hôtel des monnaies, qui occupe le troisième rang parmi ceux de la confédération mexicaine, doit son importance au produit des mines d'argent exploitées dans ses environs. Près de cette ville de 25,000 âmes s'étendent de vastes pâturages, où l'on nourrit un grand nombre de bestiaux qui forment une importante branche de commerce.

Un peu au nord de Durango, s'étend du nord au sud, sur le versant oriental de la Cordillère, une vallée inculte, que l'on nomme *Grosse-Bourse* ou *Bolson de Mapimi*. A de grandes distances les uns des autres, quelques hardis colons y ont fondé des fermes et disposé des pâturages où ils élèvent d'innombrables bestiaux. Les Apachès, les Comanches, et d'autres tribus indigènes de la frontière, poussent souvent leurs excursions jusque dans cette vallée. Vers la fin de l'année 1838, un colon aperçut l'ouverture d'une grotte sur le flanc d'une montagne; il y pénétra, et fut frappé de terreur à la vue d'une multitude d'hommes assis dans le plus profond silence. La solitude du lieu où nul sentier, nulle trace de pied humain, ne se distinguaient, fit croire à ses compagnons qu'il était sous l'influence d'une hallucination. Ils entrèrent dans la caverne bien armés et munis de torches, et virent plus de mille cadavres, en parfait état de conservation, assis sur le sol les mains croisées par-dessous les genoux. Suivant le rapport officiel, ces momies sont partagées en plusieurs groupes, sans doute par ordre de familles. Les vêtements consistent en tuniques de dentelle travaillées et tissées d'une manière admirable, avec des bandes et des écharpes d'étoffes diverses et de couleurs variées, toutes d'un vif éclat. « Leurs

(¹) *Pike*: Voyage au Nouveau-Mexique, trad. franç., II, 122.

» ornements sont des chapelets de graines ou » de petits fruits entremêlées de petites billes » blanches semblables à des os taillés, et de » petits peignes en guise de pendants d'oreil- » les, avec de petits os cylindriques, dorés » et d'un poli parfait. Les sandales sont aussi » d'une espèce de liane tressée en grosses » mèches et assujettie à la jambe par des fils » de même matière [1]. » La porte de la caverne a été murée par ordre du gouverneur, afin que ces singulières momies dont on ignore l'origine restassent intactes jusqu'à ce que des savants pussent en faire un examen approfondi.

Au nord de Durango, *San-Juan-ael-Rio* renferme aujourd'hui 10,000 habitants. Plus au nord encore, *San-José-del-Parral* est le siége d'une cour de justice dont le ressort s'étend non seulement sur l'État de Durango, mais encore sur celui de Chihuahua et sur le territoire du Nouveau-Mexique. Cette ville, ainsi que *Nombre-de-Dios*, peuplée de 8,000 âmes, et *San-Pedro-de-Botopilas*, sont célèbres par les mines qui les entourent. *Parra*, près d'un lac du même nom, est connue pour les vignes que l'on cultive près de ses murs.

« Les Espagnols de cet État, toujours armés contre les Indiens, ont un caractère entreprenant et belliqueux. Les *Cumanchés*, les plus redoutables des indigènes, égalent les Tatars dans la rapidité de leurs courses à cheval : ils se servent des chiens comme de bêtes de somme. »

Le territoire qui forme l'*Etat de Cohahuila* est un pays couvert de montagnes et de forêts, arrosé par plusieurs cours d'eau dont les plus considérables sont le Rio-del-Norte, qui le traverse au centre du nord au sud, et le Rio-de-las-Nueces, qui arrose la partie septentrionale; il renferme aussi plusieurs lacs dont le plus important est celui d'*Aqua-Verde*. Les terres y sont d'une grande fertilité, et produisent des céréales et d'excellents vins; d'immenses pâturages nourrissent un grand nombre de chevaux et de bêtes à cornes devenues à peu près sauvages. Les cerfs, les daims, les sangliers, les bisons et diverses espèces de gibier, y sont communs. Le poisson abonde dans les rivières et dans les lacs. Les forêts sont remplies d'abeilles. On exploite des mines d'argent près de Monte-Lovez et de Santa-Rosa. L'air y est salubre et le climat tempéré.

Une partie de cette vaste province, à laquelle on donne environ 150 lieues de longueur du nord au sud, 56 de largeur de l'est à l'ouest, et 8,400 de superficie, est presque déserte; le reste est habité par des colons et par quelques peuplades d'Indiens indépendants. En 1793, M. de Humboldt évaluait sa population à 15,000 habitants; en 1806, M. Pike la portait à 70,000, parmi lesquels ont comptait 10,000 blancs : aujourd'hui cette population a plus que doublé.

Elle est divisée en 4 presidios qui ont pour chefs-lieux Monte-Lovez, Rio-del-Norte, San-Fernandez et Santa-Rosa. *Monte-Lovez* ou *Chohahuila* en est la capitale : c'est une petite ville de 4 à 5,000 habitants, qui renferme deux places publiques, un magasin à poudre, un hôpital et sept ou huit églises. *Santa-Rosa* est à peu près aussi peuplée; les autres villes sont encore moins importantes.

L'ancienne province, qui avait reçu le nom pompeux de *nouveau royaume de Léon*, forme aujourd'hui l'*Etat de Nuevo-Leon*, pays riche en mines d'or, d'argent et de plomb, en sel gemme et en sources salées. Ce pays, malgré sa fertilité, ses forêts remplies de bois de teinture et de construction, et ses immenses pâturages où paissent de grands troupeaux de chevaux et de bêtes à cornes, n'offre que des villes peu importantes : *Monterey*, sa capitale, n'a que 12,000 habitants; *Cadereita* ne renferme que 800 familles; *Linares* et *Pilon* sont encore moins peuplées. La population de la plupart des petites cités de cet Etat est occupée de l'exploitation des mines.

L'*Etat de Tamaulipas* appartient à la même région physique que le précédent. Il est borné à l'ouest et au nord par celui-ci et par celui de *Chohahuila*; au sud par celui de San-Luis-Potosi, et à l'est par le golfe du Mexique. *Aguayo*, petite ville de 6,000 âmes, en est la capitale. *Tula* est peu peuplée, mais jolie; *Nuevo-Santander*, ancienne capitale de province, à 13 lieues de la mer, sur la rivière de son nom, serait importante sans une barre qui ne permet qu'à de faibles embarcations l'entrée de cette rivière; mais *Tampico de Tamaulipas*, fondée en 1824, est une des villes les plus commerçantes de cet État. A quel-

(1) Extrait de la lettre du gouverneur de Durango au ministre de l'intérieur.

ques milles d'*Altamira*, s'élève, au milieu d'une vaste plaine, une montagne taillée si exactement en forme de pyramide, que les savants sont partagés sur la question de savoir si c'est un ouvrage de l'art plutôt que de la nature.

En continuant notre excursion vers le sud, nous traverserons l'*Etat de San-Luis-Potosi*, formé de l'ancienne province du même nom. Il est montagneux vers l'ouest, et marécageux vers le golfe du Mexique. Depuis les montagnes jusqu'à la mer on y éprouve les effets de trois climats différents. Près de la côte, où se trouvent les parties les plus malsaines, on cultive les fruits les plus délicieux du Mexique. Ce pays, qui n'a été colonisé que pour l'exploitation de ses riches mines d'argent, possède des forêts qui suffisent au besoin de ses usines.

Sur la pente orientale du plateau d'Anahuac, à l'ouest des sources du *Rio-de-Panico*, nous apercevons *San-Luis-Potosi*, qui doit sa célébrité aux mines de ses environs, aujourd'hui peu productives. Maintenant elle fait un grand commerce de bestiaux, de suif et de cuir. On prétend que sa population était en 1806 de 60,000 individus ; elle en renferme à peine 20,000. Cette ville, bien bâtie, est ornée de belles fontaines et de plusieurs édifices remarquables, tels que l'église paroissiale de Saint-Pierre et celle du couvent des Carmes, l'hôtel des Monnaies et l'aqueduc. *Guadalcazar*, près de la rive droite du Santander, est un bourg situé sur un territoire fertile où l'on exploite quelques filons d'argent; *Charcas* est une bourgade considérable où siège une direction des mines ; mais l'exploitation la plus célèbre du pays est celle de *Catorce* : elle produisait encore, il y a peu d'années, pour la valeur de 18 à 20 millions de francs.

De hautes montagnes donnent à l'*Etat de Zacatecas* une grande ressemblance avec la Suisse. Son chef-lieu, qui porte le même nom, est situé sur le territoire le plus célèbre par ses mines d'argent après celui de Guanaxuato. *Zacatecas* ne consiste qu'en une longue rue garnie de hautes maisons, mais derrière lesquelles se groupent, à diverses distances, les cabanes qui servent d'habitations aux mineurs. Ceux-ci, avec la population de la ville proprement dite, forment une masse de 25,000 individus. Non loin sont neuf lacs qui se couvrent d'une efflorescence d'hydrochlorate et de carbonate de soude. Les montagnes, composées de siénite, contiennent quelques uns des plus riches filons du monde ([1]). *Fresnillo*, à 11 lieues au nord de la précédente, fut florissante tant que dura l'exploitation de ses mines de cuivre et d'argent. Cependant, s'il faut en croire un voyageur récent, M. Ward, cette ville, ainsi que celles de *Sombrerete*, de *Pino* et de *Nochistlan*, auraient atteint, depuis la reprise des travaux, une population de 14 à 18,000 âmes. Mais une ville dont le nombre d'habitants dépasse ce chiffre, c'est celle d'*Aguas-Callientes*, qui doit son nom à ses eaux thermales, et sa prospérité au commerce et à l'industrie : on y cite une manufacture de drap qui occupe 3 à 400 personnes.

La plus grande partie du royaume de la Nouvelle-Galice forme aujourd'hui un *Etat* qui porte l'ancien nom indigène du pays, celui de *Xalisco*. Il était habité par une race belliqueuse, qui sacrifiait des hommes à une idole de la forme d'un serpent, et qui même, à ce que prétendaient les premiers conquérants espagnols, dévorait ces malheureuses victimes après qu'on les avait fait périr dans les flammes ([2]). Les pentes occidentales de la Cordillère d'Anahuac sont comprises dans cet Etat. Près des bords de la mer s'étendent de vastes forêts qui fournissent de superbes bois de construction ; mais les habitants y sont exposés à un air chaud et malsain, tandis que l'intérieur du pays jouit d'un climat tempéré et favorable à la santé. Le *Rio San-Juan*, nommé aussi *Tololotan* et *Barania*, en sortant du lac Chapula, forme une cataracte très pittoresque ([3]). Sur la rive gauche du Rio-Grande, appelé aussi *Rio de Santiago*, s'élève *Guadalaxara*. Cette capitale est une grande et belle ville dont la population est estimée à plus de 40,000 âmes, et qui possède une université qui ne le cède qu'à celle de Mexico. C'est le siége d'un riche évêché ; la cathédrale est un vaste édifice d'une architecture bizarre, mais remarquable par la profusion de ses ornements et le choix de beaux tableaux espagnols qu'elle renferme. Le magnifique couvent de

([1]) *Gomara* : Historia de las Indias, cap. CCXI. *Id.* Cronica della Nueva España, cap. CCXIX. — ([2]) *D. Garces* et *D. Valentia*, cités par *A. de Humboldt*, Mexique, II, 315. — ([3]) *Chappe* d'Auteroche : Voyage, p. 32.

Saint-François comprend dans son enceinte cinq églises, dont une surtout rivalise de richesse avec la cathédrale, qu'elle surpasse par son architecture. *San-Blas*, à l'embouchure du Rio-Grande, serait une ville importante par son port et son commerce, si l'insalubrité de l'air ne forçait les principaux habitants à résider à quelques lieues de là, dans la charmante petite ville de *Tépic*. C'est à San-Blas qu'est établi l'arsenal maritime de l'Union-Mexicaine. *Lagos*, autrefois florissante, est encore renommée par la foire qui s'y tient.

« *Compostella* est le chef-lieu d'un district abondant en maïs, en cocotiers et en bétail. *Tonala* fabrique de la faïence pour la consommation de la province [1]. On remarque encore *la Purificacion*, ville considérable et chef-lieu de la partie méridionale de la Nouvelle-Galice, où la cochenille et le sucre sont les principales productions. A quelque distance à l'ouest est le cap *Corrientes*, pointe très saillante; les vents et les courants paraissent changer à partir de ce promontoire célèbre. »

Le *Territoire de Colima* comprend la vallée de ce nom, située au pied du volcan de Colima, et large d'environ 9 lieues, qui forme la partie la plus méridionale de l'Etat de Xalisco. Le chef-lieu de ce territoire porte aussi le nom de *Colima;* c'est une jolie petite ville renfermant environ 400 familles, espagnoles, indigènes, mulâtres et métisses. Son principal commerce est celui du sel, que l'on exploite sur les côtes du grand Océan.

Les deux Etats de *Guanaxuato* et de *Valladolid* formaient l'ancien royaume de *Mechoacan*, qui fut indépendant de l'empire mexicain.

« Ce royaume, dont le nom signifie *pays poissonneux* [2], renferme des volcans, des eaux chaudes, des soufrières, des mines, des pics toujours blanchis de neige; et cependant c'est une des contrées les plus riantes et les plus fertiles qu'on puisse voir. De nombreux lacs, des forêts et des cascades en varient les sites. Les montagnes, couvertes de forêts, laissent de l'espace aux champs et aux prairies. L'air est sain, excepté sur la côte, où les Indiens seuls résistent à la chaleur humide et étouffante.

» Les naturels du pays étaient les plus adroits tireurs de flèches de l'Amérique. Les rois de Mechoacan recevaient autrefois leurs principaux revenus en *plumes rouges*; ils en faisaient fabriquer des tapis et autres articles. Ce trait curieux nous rappelle les habitants de Tongatabou. Lors des funérailles des rois, on immolait sept femmes nobles, et un nombre immense d'esclaves, pour servir le défunt dans l'autre monde [1]. Aujourd'hui les Indiens, et surtout les *Tarasques*, se livrent aux travaux d'une industrie paisible. »

L'*Etat de Guanaxuato* est formé de l'ancienne intendance de ce nom. C'est un pays riche en mines et important par la fertilité dont jouissent les parties qui peuvent être arrosées. C'est, dit M. de Humboldt, dans ces régions, sur les bords du *Rio-de-Lerma*, appelé jadis *Tolotlan*, que furent combattus les peuples nomades et chasseurs que les historiens désignent par la dénomination vague de *Chichimèques*, et qui appartenaient aux tribus des *Pames*, *Capuces*, *Samues*, *Mayolias*, *Guamanes* et *Guachichiles*. A mesure que le pays fut abandonné par ces nations vagabondes et guerrières, les conquérants espagnols y transplantèrent des colonies de Mexicains ou d'Aztèques.

La capitale, *Guanaxuato*, située à 5,646 pieds au-dessus du niveau de l'Océan, dans une vallée étroite à laquelle aboutissent les gorges qui mènent aux plus riches mines connues, est bien bâtie; mais les inégalités de son sol font que ses rues montent, descendent et sont généralement irrégulières. On y remarque de superbes églises et des maisons élégantes; on y compte plus de 120 magasins et près de 60,000 habitants. Les mines d'argent de Valenciana, de Santa-Anita, de Rayas et de Mellado, etc., ont formé autour, par leurs exploitations, comme autant de faubourgs de cette ville dont plusieurs ont une nombreuse population et de beaux édifices.

La mine de Valencia avait, en 1804, 514 mètres de profondeur; plus de 3,000 ouvriers y étaient employés; les frais d'exploitation s'élevaient à 5 millions de francs, et le produit net à 3 millions. Les troubles causés par la guerre de l'indépendance ont malheureusement fait abandonner cette mine et celle de Rayas, que les eaux ont ensuite en-

(1) *Alcedo*, Diccionario, au mot *Tonala*. — (2) *Gomara*: Nueva-España, cap. CXLVII.

(1) *Gomara*: Nueva-España, cap. CXLVII, dans *Barcia*, Historiadores, t. II.

vahies ; mais dans ces derniers temps une compagnie anglaise est parvenue à se rendre maîtresse des eaux, et les travaux commencent à être très productifs.

Parmi les autres villes de cet Etat, nous citerons la charmante *villa de Leon,* dont les rues bien alignées aboutissent pour la plupart à une place ornée de beaux portiques, d'une belle église et du palais du gouvernement. Bâtie sur un sol fertile, elle fait un grand commerce en céréales. *Salamanca* est remarquable par la magnifique église du couvent des Augustins.

« La ville de *San-Miguel-el-Grande* fait un grand commerce de bétail, de peaux, de toile de coton, d'armes blanches, de couteaux, et d'autres ouvrages d'acier très fin [1]. *Zelaya,* chef-lieu d'un district fertile en deux espèces de poivre, a récemment vu les carmes élever dans son sein une magnifique église, ornée de colonnades corinthiennes et ioniques [2]. »

La division du sol en trois régions, appelées *terres froides* (*Tierras frias*), *terres chaudes* (*Tierras calientes*), et *terres tempérées* (*Tierras templadas*), dont nous avons déjà parlé, se retrouve dans l'*Etat de Mechoacan.* Dans sa partie occidentale on aperçoit deux volcans, le *Tancitoro* et le *Jorullo* (*Xorullo*) qui, élevé de 517 mètres au-dessus de la plaine, s'est formé cependant tout-à-coup en 1759. *Valladolid,* sa capitale, qui occupe l'emplacement de l'ancienne Mechoacan, est située dans la région tempérée : on y jouit d'un climat délicieux, rarement il y tombe de la neige. On estime à 25,000 le nombre de ses habitants. Son séminaire est l'un des plus fréquentés de la Confédération mexicaine. Les revenus attachés à l'évêché sont si considérables que la ville ne reçoit de l'eau potable qu'au moyen d'un bel aqueduc, construit aux frais d'un de ses derniers évêques. La construction de ce monument a coûté plus de 500,000 francs.

Pascuaro, ville de 6,000 âmes, s'élève au bord d'un lac pittoresque auquel elle donne son nom ; elle conserve religieusement les cendres de Vasco de Quiroga, son premier évêque, mort en 1556, et dont la mémoire est en vénération dans le pays, parce qu'il fut le bienfaiteur des Tarasques, peuple indigène, dont il encouragea l'industrie en prescrivant à chaque village une branche de commerce particulière : institution qui s'est en partie conservée jusqu'à nos jours. La petite ville de *Zintzunzant,* ou *Tzintzontzan,* sur les rivages pittoresques du lac de Pascuaro, a été la capitale du royaume de Mechoacan.

Tlalpuxahua ou *San-Pedro-y-san-Pablo-Tlalpuxahua*, ville de 4,000 âmes, est le chef-lieu d'un riche district de mines. Cette ville est située dans une belle vallée au pied du Cerro-de-Gallo. La pente de la montagne sur laquelle elle est bâtie est très escarpée, la montée des rues est très roide ; les maisons sont disposées en amphithéâtre les unes audessus des autres, et très fréquemment l'entrée de l'une est de niveau avec le toit de celle qui est au-dessous. L'église paroissiale est assez élevée sur la montagne, et les rues sont tellement en pente qu'on a de la peine à y arriver en carrosse : c'est du reste un fort bel édifice. Il y a de plus dans la ville quelques petites chapelles et un couvent de Franciscains avec une grande église. Parmi les maisons particulières, quelques unes sont vastes, mais assez mal entretenues, parce que, durant la guerre de la révolution, Tlalpuxahua fut plusieurs fois pris tantôt par un parti, tantôt par l'autre, et que le travail des mines a été abandonné pendant plusieurs années. Les rues sont en général droites, larges et se coupent à angles droits. Il y a trois places publiques : la *plaza Mayor,* la *Plazuela* et la *plaza de San-Francisco.*

Les environs de cette ville sont très peuplés : un nombre considérable de hameaux s'élèvent dans son voisinage ; leurs habitants, qui autrefois gagnaient bien leur vie à l'exploitation des mines, sont forcés, depuis plusieurs années qu'elles chôment, de s'occuper d'agriculture. La population de ces hameaux dépendant de la ville est d'environ 8,000 âmes. A un demi-quart de lieue de Tlalpuxahua s'élève l'église de Nuestra-Senora-del-Carmen.

Une partie de l'ancienne intendance de Durango est devenue le petit *Etat de Chihuahua,* qui a pour capitale une ville de ce nom, située sur un petit affluent du Conchos, et peuplée de 25 à 30,000 âmes. Sa principale église, l'une des plus belles du Mexique, le palais de l'Etat et la maison de ville, ornent sa vaste place, qu'embellissent aussi de belles

(1) *Alcedo,* au mot *San-Miguel-el-Grande.*—(2) *A. de Humboldt :* Mexique, II, 286.

galeries et de riches magasins. Un grand aqueduc apporte l'eau d'une excellente source des environs, au centre de la ville. Chihuahua est environnée de mines d'argent en pleine exploitation. Les forges et les fonderies qui en dépendent sont placées tout autour ou dans les faubourgs, et produisent souvent des nuages de fumée fort incommodes pour les habitants. *Santa-Rosa de Cosiquiriaqui* est importante par ses mines d'argent.

« L'ancienne intendance de *Mexico*, principale province de l'empire de Montézuma, s'étendait autrefois d'une mer à l'autre ; mais le district de Panuco en ayant été séparé, elle n'atteignît plus le golfe mexicain. La partie orientale est située sur le plateau ; elle offre plusieurs bassins de figure ronde, au centre desquels se trouvent des lacs, aujourd'hui rétrécis, mais dont les eaux paraissent avoir rempli autrefois ces bassins. Desséché et privé de ses bois, ce plateau souffre à la fois de l'aridité habituelle et des inondations subites nées d'une pluie abondante ou de la fonte des neiges. Généralement parlant, la température n'y est pas aussi chaude qu'en Espagne ; c'est un printemps perpétuel. Les montagnes qui l'entourent sont encore fertiles en cèdres et autres arbres de haute futaie, et riches en gommes, drogues, sels, productions métalliques, marbres et pierres précieuses. Le plat pays est couvert toute l'année de fruits délicats et exquis, de lin, de chanvre, de coton, de tabac, d'anis, de sucre et de cochenille dont on fait un grand commerce.

» Outre les nombreux volcans dont nous avons déjà parlé, on rencontre quelques curiosités naturelles : l'une des plus remarquables est le *Ponte-Dios*, ou le Pont-de-Dieu : c'est un rocher sous lequel l'eau s'est creusé un canal ; il est à environ 100 milles au sud-est de Mexico, près du village de Molcaxac, sur la profonde rivière appelée Aquetoyaque ; on y passe comme sur un grand chemin. Plusieurs cataractes offrent des aspects romantiques. La grande caverne de Dante, traversée par une rivière ; les orgues porphyriques d'Actopan, et beaucoup d'autres objets singuliers, frappent le voyageur dans cette région montagneuse, où l'on traverse les rivières écumeuses sur des ponts formés de fruits de la *crescentia pinnata*, liés ensemble avec des cordes d'agave. »

Le pays dont nous venons de donner un aperçu sous le rapport physique forme aujourd'hui trois divisions nouvelles : l'Etat de Queretaro au nord, le district fédéral au centre, et l'Etat de Mexico au sud.

L'*Etat de Queretaro* occupe une partie du plateau central du Mexique ; le *Rio-Tula*, son principal cours d'eau, coule dans une vallée élevée de 6,306 au-dessus du niveau de l'Océan. C'est un pays aride, dont le chef-lieu, *Queretaro*, est une des plus belles, des plus industrieuses et des plus considérables villes de la confédération. Elle égale les plus belles cités de l'Europe par l'architecture de ses édifices, et s'enrichit par ses fabriques de draps et de maroquins. Sa population, qui était de 50,000 âmes avant la révolution du Mexique, ne s'élève plus qu'à 30,000. Ses rues sont bien alignées et ornées de beaux édifices. L'aqueduc qui fournit de l'eau à la ville est un des plus beaux de l'Amérique, et le couvent des religieuses de *Santa-Clara* est peut-être le plus grand qui existe au monde, puisqu'il a plus de 3,200 mètres de circonférence. *San-Juan-del-Rio*, à 8 lieues au sud-est de cette ville, est entourée de beaux jardins, et doit son importance à la grande foire qui s'y tient au mois d'octobre et à la belle église de Notre-Dame, qui chaque année attire un grand nombre de pèlerins. *Tula*, à 1,318 pieds au-dessus du niveau de la mer, fut autrefois habitée par des géants, selon la tradition des Indiens. Les ossements qui s'y trouvent proviennent sans doute de quelques grands quadrupèdes.

Le *district fédéral* a pour chef-lieu *Mexico*, capitale de cette confédération mexicaine.

« Sur le dos même du grand plateau mexicain, une chaîne de montagnes porphyriques enferme un bassin ovale, dont le fond est généralement élevé de 6,700 pieds au-dessus du niveau de l'Océan. Cinq lacs remplissent le milieu de ce bassin. Au nord des lacs unis de Xochimilco et de Chalco, dans la partie orientale de celui de Tezcuco, s'élevait l'ancienne ville de *Mexico*, dont le nom indien *Mexitli* ou *Huitzlipochtli* signifie *habitation du dieu de la guerre*, et qui fut communément appelée *Tenochtitlan* par les Mexicains jusqu'en 1530, époque à laquelle prévalut le nom de Mexico que lui donnèrent les Espagnols. On y arrivait par des chaussées construites sur des bas-fonds. La nouvelle ville, quoique située à la même place, se trouve en terre ferme, et à 4,500 mètres des anciens lacs. »

Ce changement de situation n'est pas venu seulement de la diminution naturelle des eaux ; il a été provoqué par la destruction des arbres qui les ombrageaient et qui ont été employés par les Européens aux constructions nouvelles et aux pilotis sur lesquels les édifices sont bâtis ; elle a été surtout hâtée par la construction d'un canal commencé en 1607, et dans lequel s'écoulent les eaux des lacs de *Zumpango* et de *San-Christobal*, qui alimentaient jadis celui de *Tezcuco*. En détruisant les arbres, les Espagnols ont contribué à la diminution de la fertilité du sol; dans beaucoup d'endroits la verdure est remplacée par des efflorescences salines.

« La ville est traversée par de nombreux canaux ; les édifices sont construits sur pilotis. Le desséchement des lacs se continue par le canal d'écoulement qu'on a ouvert à travers les montagnes de Sincoq, afin de garantir la ville des inondations. Le sol est encore mouvant dans plusieurs endroits ; et quelques bâtiments, comme, entre autres, celui de la cathédrale, se sont enfoncés de six pieds. Les rues sont larges et droites, mais mal pavées. Les maisons présentent une apparence magnifique, étant construites en porphyre et en roche amygdaloïde; plusieurs palais et hôtels offrent une ordonnance majestueuse. Les églises, au nombre de plus de 300, brillent par leurs richesses métalliques. La cathédrale surpasse dans ce genre toutes les églises du monde; la balustrade qui entoure le maître-autel est d'argent massif. On y voit une lampe de même métal, si vaste, que trois hommes entrent dedans quand il faut la nettoyer ; elle est en outre enrichie de têtes de lions et d'autres ornements d'or pur. Les statues de la Vierge et des saints sont ou d'argent massif, ou recouvertes d'or, et ornées de pierres précieuses. Dans l'intérieur de ce temple, comme dans toutes les autres églises, il n'y a ni chaises ni bancs ; les hommes se tiennent debout, et les femmes même les plus riches et les plus élégantes sont à genoux ou accroupies sur leurs talons. Quoique la ville de Mexico soit dans l'intérieur des terres, elle est le centre d'un vaste commerce entre la Vera-Cruz à l'est, et Acapulco à l'ouest. Les boutiques y regorgent d'or, d'argent et de joyaux. Cette superbe ville, peuplée de 180,000 âmes, se distingue aussi par de grands établissements scientifiques, qui, dans le Nouveau-Monde, n'ont pas de semblables. Le *Jardin botanique*, l'*Ecole des mines*, l'*Académie des beaux-arts*, qui a formé d'excellents dessinateurs, peintres et sculpteurs, voilà des établissements qui répondent aux préjugés de ceux qui regardent les Américains comme inférieurs, en capacité naturelle, aux Européens. M. de Humboldt a vu ériger sur la *Plaza-Mayor*, la plus belle place de Mexico, une statue équestre et colossale, en bronze, du roi d'Espagne, par M. *Tolza;* statue, dit-il, qui, par sa masse imposante et la noble simplicité du style, ornerait les premières villes de l'Europe. »

Cette place, à laquelle aucune de celles d'Europe ne peut être comparée sous le rapport de la dimension, est bornée au nord par la cathédrale, bel et vaste édifice entouré de larges trottoirs, qui ont environ 40 pieds sur la face principale et 20 sur les faces latérales. Il est construit en pierres d'une dimension remarquable ; son style est du genre d'architecture qui suivit en Espagne celui de la renaissance, lorsque l'on abandonna la légèreté et la grâce pour une sorte de régularité souvent lourde et monotone. L'aspect en est cependant imposant : deux tours carrées placées aux deux extrémités servent de clochers ; entre elles s'élève un fronton. A la cathédrale, se rattache, pour former tout un côté de la place, le *Sagrario*, petite église qui, suivant l'usage espagnol, accompagne la cathédrale, et où se célèbrent toutes les cérémonies de la paroisse. Ces deux édifices n'ont aucun rapport de style; celui du Sagrario, d'une construction plus récente, appartient au genre nommé en Espagne *churrigueresca*, du nom de *Churriguera*, l'architecte qui le mit le premier en usage. Ce style est remarquable par la bizarrerie de ses ornements. Sur le côté oriental de la place, s'élève le palais du Gouvernement, dont l'architecture paraît plus simple qu'elle ne l'est réellement, à cause de l'accablant voisinage de la cathédrale, comme le dit un voyageur français auquel nous empruntons la plupart de ces détails. Le côté du sud présente la façade de l'*Ayuntamiento* (l'hôtel-de-ville); enfin à l'ouest, est un mo-

Rouargue del. & sc.

NEW-YORK.

(Vue du Parc et de la Maison de Ville)

NUEVA YORK.

nument à arcades basses, nommé *los Portales-de-Mercaderes*. Malheureusement la régularité de la *Plaza-Mayor* est détruite par une espèce de bazar nomme le *Parian*, édifice carré de mauvais goût et assez mal construit, occupant environ un tiers de la place. C'est autour du Parian, et sous les *Portales-de-Mercaderes* que se promène la haute société de Mexico [1].

Le palais du Gouvernement, l'ancienne demeure des vice-rois espagnols, est tellement grand, qu'il comprend l'*Hôtel des monnaies*, vaste bâtiment d'une architecture noble et simple, et l'un des établissements les plus beaux et les mieux organisés dans ce genre; depuis la fin du seizième siècle jusqu'au commencement du dix-neuvième, on y a frappé pour plus de 6,500,000,000 de francs en or et en argent. Il comprend en outre la prison de l'*Alcordava*, bel édifice, dont les chambres sont spacieuses et bien aérées; la caserne générale, les ministères, les deux chambres, et le logement du président de la Confédération mexicaine.

Parmi les couvents, au nombre de 38, on cite le plus somptueux, celui de *Saint-François*, fondé en 1531, dont le revenu en aumônes est de plus de 600,000 francs, et qui possède des tableaux du plus grand prix; celui de l'*Incarnation* possède une église où l'on voit une statue de la Vierge en argent massif et du plus beau travail. L'hospice, ou plutôt les deux hospices réunis, dont l'un entretient 600 et l'autre 800 enfants et vieillards, jouit d'un revenu de 250,000 francs. L'église de l'*Hôpital de Jesus de los Naturales*, fondé par Cortez, renferme dans un beau mausolée les cendres de ce conquérant.

« A la sortie de la ville, dit un voyageur » récent, se trouve la magnifique promenade » appelée l'*Alaméda*. C'est un jardin bien des- » siné et orné de cinq jets d'eau; il est très » fréquenté à la chute du jour, lorsqu'on re- » vient du Bucareli, longue avenue entourée » de verdure, et peu distante de là où les hom- » mes vont caracoler à la portière des voitu- » res. On se promène ici tous les jours, les » femmes en voiture et les hommes à cheval. » Un sot usage ne permet point que jamais » une femme comme il faut mette pied à terre, » ce qui jette de la monotonie dans ce genre » de plaisir. Il est vrai de dire qu'il en coûte » si peu pour avoir un cheval, et que les » Mexicains sont tellement passionnés pour » l'équitation, que les mendiants eux-mêmes » ne vont jamais à pied. » Pendant le carême, et jusqu'au mois de mai, l'Alaméda est abandonnée pour une autre promenade appelée *Las Vigas*, qui consiste en une allée longue d'un quart de lieue et plantée d'une double rangée de tilleuls et de saules.

« De l'aveu même des auteurs espagnols, les bals et les jeux de hasard sont suivis avec fureur à Mexico, tandis que les jouissances plus nobles de l'art dramatique sont moins généralement goûtées. L'Espagnol mexicain joint à des passions vives un grand fond de stoïcisme : il entre dans une maison de jeu, perd tout son argent sur une carte, puis il tire son *cigare* de derrière ses oreilles, et fume comme si rien n'était arrivé [1]. »

Les *chinampas*, espèces de radeaux sur lesquels on cultive des fleurs et des légumes, donnaient autrefois un aspect unique aux lacs mexicains. Ils étaient flottants et ressemblaient à des îles couvertes de jardins; mais aujourd'hui, fixes, on circule à l'entour dans de longs arbres creusés en canots que les Indiens conduisent avec une hardiesse merveilleuse.

Mexico conserve peu de monuments antiques. Les ruines des aqueducs, la pierre dite *des sacrifices*; la pierre calendaire, exposée avec la précédente dans la grande place de la ville, sur l'un des murs de la cathédrale; des manuscrits, ou tableaux hiéroglyphiques mal conservés dans les archives du palais des vice-rois; enfin la statue colossale de la déesse *Teoyaomiqui*, couchée sur le dos dans une des galeries de l'Université, sont les seuls qui existent.

La pierre calendaire, ou le grand calendrier, est sculptée en relief sur un bloc énorme de porphyre trappéen d'un gris noirâtre; elle a 12 pieds de diamètre. Elle représente, dit M. de Humboldt, des cercles concentriques, des divisions et des subdivisions exécutés avec une régularité, une exactitude mathéma-

[1] *San-Juan de Ulùa*, ou Relation de l'expédition française au Mexique sous les ordres du contre-amiral Baudin; par MM. Blanchard et Dauzats. — Paris, 1839.

[1] Description de Mexico, dans le *Viagero Universal* de D. *Estala*, tom. XXVI, pag. 251-380. *Humboldt*, Mexico, II, chap. VIII. *Chappe d'Auteroche*.

tique et un fini qui distinguent tous les monuments des anciens Mexicains. La statue colossale de la déesse Teoyaomiqui a été taillée dans un bloc de basalte haut de 9 pieds. Rien n'est plus hideux que cette figure, qui présente le monstrueux assemblage d'une tête humaine, de deux bras en forme de serpents, de deux ailes de vautour, avec les pieds et les griffes du jaguar. Ses ornements consistent en guirlandes composées de vipères entortillées en de nombreux anneaux, et en un large collier de cœurs humains, de crânes et de mains noués ensemble avec des entrailles humaines.

Au coin du bâtiment occupé par l'administration de la loterie, on voit encore la tête colossale d'un serpent en pierre qui dut servir d'idole. Enfin, dans les cloîtres, derrière le couvent des Dominicains, on conserve une idole semblable, mais presque entière, représentée dévorant une victime humaine. Telles sont les antiquités les plus remarquables qui restent à Mexico.

Hors de l'enceinte de la ville on voit encore les chaussées pavées qui la faisaient communiquer avec la terre ferme; mais, au lieu de traverser le lac salé de Tezcuco, elles ne s'élèvent plus que sur des terrains marécageux. Deux beaux viviers qui ornaient les jardins de l'ancien palais des rois de Tenochtitlan, se voient aussi hors de la ville.

« Au nord-est de la ville et du lac de Tezcuco, sur les collines de *Teotihuacan*, on voit les restes imposants de deux pyramides consacrées au soleil et à la lune, et construites, selon quelques historiens, par les *Olmèques*, nation ancienne venue au Mexique de l'est, c'est-à-dire de quelques contrées situées sur l'océan Atlantique[1]. La pyramide ou *maison* du soleil (*tonatiouh-ytzaqual*) a 171 pieds de haut, sur une base de 645 pieds; celle de la lune (*meztli ytzaqual*) a 30 pieds de moins. Ces monuments paraissent avoir servi de modèle aux *téocallis* ou maisons des dieux, construites par les Mexicains dans leur capitale et ailleurs; mais les pyramides sont recouvertes d'un mur de pierre. Elles supportaient des statues couvertes en lames d'or très minces. De petites pyramides en grand nombre environnent les deux grandes; elles paraissent avoir été dédiées aux étoiles. Un autre monument ancien, digne d'attention, c'est le retranchement militaire de Xochialco, non loin de la ville de Cuernavaca; c'est encore une pyramide tronquée, à cinq assises, entourée de fossés, et recouverte de roches de porphyre, sur lesquelles, parmi d'autres sculptures, on distingue des hommes assis, avec les jambes croisées, à la manière asiatique[1]. Toutes ces pyramides sont exactement orientées selon les quatre coins du monde. »

L'industrie de Mexico a été arrêtée dans ses progrès par les troubles politiques. Ses principaux établissements industriels sont des manufactures de cotonnades, de tabac et de savon; l'orfévrerie et la bijouterie y ont acquis une rare perfection: la passementerie et la sellerie y ont fait de grands progrès.

A l'ouest de la capitale on voit *Tacubaya*, gros village de 2,000 âmes, presque entièrement composé de maisons de campagne, avec un palais pour l'archevêque, et à l'est, sur le bord du lac dont elle porte le nom, la petite ville de *Tezcuco*, jadis *Acolhuacan*, qui possède des manufactures de coton et de nombreuses antiquités mexicaines. A *Tacuba*, autre village important, on voit encore la chaussée en pierres par laquelle Fernand Cortez fit son entrée à Tenochtitlan. *Guadalupe*, que les Mexicains appellent *Nostra Señora-de-Guadalupe*, renferme trois églises: l'une est grande, belle et richement ornée, et l'autre, décorée de sculptures, est renommée par un puits placé à l'entrée, dont l'eau un peu chaude passe pour être efficace contre les paralysies.

Avant de quitter le beau bassin de Mexico, entouré de montagnes porphyriques d'une grande élévation, mesurons ses quatre lacs: celui de *Xochimilco* a 6 lieues $\frac{1}{2}$ carrées, celui de *San-Christobal* 3 $\frac{3}{5}$, celui de *Zumpango* 1 $\frac{4}{10}$, et celui de *Tezcuco* 10 $\frac{1}{10}$.

L'*Etat de Mexico* proprement dit a pour capitale la petite ville de *Tlalpan*, nommée autrefois *San-Agostino-de-las-Cuevas*, et qui ne mérite point une description.

« La partie méridionale de la province nous offre d'abord *Toluca*, où l'on admire un très ancien arbre de l'espèce appelée *cheirostæmon*, ou arbre à mains, espèce de malvacée. La figure bizarre de ses fleurs, représentant

(1) *Siguenza*, cité par *A. de Humboldt*, Mexique, II, 157.

(1) *A. de Humboldt*, Mexique, II, 162.

des mains, et son énorme épaisseur le rendaient un objet curieux pour les Indiens; mais il n'est pas unique, comme on l'avait cru; l'espèce en est répandue sur les montagnes du Guatemala. *Tasco* possède une belle église paroissiale, élevée et dotée par un Français nommé Joseph de Laborde, immensément enrichi par l'exploitation des mines mexicaines. La seule construction de l'édifice lui coûta 2 millions de francs. Réduit quelque temps après à une extrême misère, il obtint de l'archevêque de Mexico la permission de vendre, à l'église métropolitaine de la capitale, le magnifique *soleil*, orné de diamants, que, dans des temps plus heureux, il avait consacré au tabernacle de l'église de Tasco. Ces changements de fortune, invraisemblables dans un roman, sont communs au Mexique. »

La côte de l'océan Pacifique présente, sous un ciel brûlant, les deux ports de *Zacatula* et d'*Acapulco*. Cette dernière est adossée à une chaîne de montagnes granitiques, qui, par la réverbération du calorique rayonnant, augmente la chaleur étouffante du climat, ainsi que l'a remarqué M. de Humboldt. Exposée pendant l'été à des émanations pestilentielles qui s'opposent à l'accroissement de sa population, elle n'a pas plus de 4,000 habitants. Son port est depuis long-temps célèbre chez toutes les nations. C'est de son enceinte que partaient autrefois les riches galions espagnols qui transportaient les trésors de l'Occident dans l'Orient; sa célébrité se rattache aussi à l'histoire des audacieux flibustiers. Il offre, dit le capitaine Hall, le beau idéal d'un port de mer; son abord est facile, il est très-vaste, l'eau n'y a pas trop de profondeur, le fond est exempt d'écueils. De l'intérieur on ne peut découvrir la mer : un étranger qui y arriverait par terre croirait voir un lac enfermé entre des montagnes (1).

La contrée longue et étroite qui forme l'*Etat de Puebla* comprend l'ancienne intendance de ce nom, et n'a sur le grand Océan qu'une côte de 26 lieues d'étendue. Il est traversé par les hautes Cordillères d'Anahuac. Sa moitié septentrionale est occupée par un plateau d'environ 2,000 mètres de hauteur, sur lequel s'élève le volcan encore fumant de *Popocatepetl*, l'une des plus hautes montagnes du Nouveau-Monde. On trouve sur ce plateau des monuments d'une ancienne civilisation. « La pyramide tronquée de Cholula, élevée de 172 pieds, sur une base longue de 1,355 pieds, est construite en briques. Pour se former une idée de la masse de ce monument, on peut se figurer un carré quatre fois plus grand que la place Vendôme à Paris, couvert d'un monceau de briques qui s'élève à la double hauteur du Louvre (1). Cette pyramide portait un autel consacré à *Quetzalcoatl* ou le dieu de l'air, un des êtres les plus mystérieux de la mythologie mexicaine. Ce fut, disent les traditions aztèques, un homme blanc et barbu comme les Espagnols, que le malheureux Montézuma prit pour ses descendants. Fondateur d'une secte qui se livrait à des pénitences austères, législateur et inventeur de plusieurs arts utiles, Quetzalcoatl ne put à la longue résister au désir de revoir sa patrie, nommée *Tlapallan*, probablement identique avec le pays de *Huéhue-Tlapallan*, dont les Toltèques tiraient leur origine (2). »

» Très peuplé et très cultivé dans sa partie montagneuse, l'État de Puebla présente, vers l'océan Pacifique, de vastes contrées abandonnées malgré leur fertilité naturelle. Les faibles restes des Tlapanèques habitent les environs de Tlapa. »

La plupart des mines d'argent de la Puebla sont abandonnées ou exploitées avec peu d'activité; son intérieur renferme des salines considérables, et ses montagnes des marbres renommés par leurs couleurs et leur solidité. Le sol est fertile en blé, en maïs, en arbres fruitiers. Le climat de la zone torride y fait prospérer également le sucre et le coton; mais ce qui met obstacle à l'industrie agricole, c'est que les quatre cinquièmes des terres appartiennent aux communautés religieuses et au clergé. L'inconvénient qui en résulte se fait sentir jusque dans l'industrie manufacturière.

Dans la partie peuplée on distingue surtout la capitale, *Puebla de los Angelos*, ou la ville des Anges, la quatrième ville de toute l'Amérique espagnole pour la population, qui s'élève à 80,000 individus. Ses rues larges et bien alignées, ses maisons construites à l'ita-

(1) *Bazil-Hall* : Voyage au Chili, au Pérou et au Mexique. — 1834.

(1) *A. de Humboldt* : Vues et Monuments d'Amérique, p. 30 et les planches. — (2) *A. de Humboldt* : Mexique, II, 271.

nenne, et le nombre de beaux édifices qu'elle renferme, la placent immédiatement après Mexico. Cette ville, située sur une des plaines les plus élevées du plateau d'Anahuac, fut fondée, en 1531, par don Sébastian Ramirez de Fuenbal, évêque de Saint-Domingue, président de l'Audience royale du Mexique et gouverneur de la Nouvelle-Espagne. Ses monuments ont tous une destination religieuse : ce sont des églises et des couvents. L'un des plus remarquables et des plus vastes est la *maison de retraite spirituelle*. Sa principale place publique (*Plaza-Mayor*) est ornée, sur trois côtés, de portiques uniformes, et le quatrième est occupé par une cathédrale dont les richesses ne peuvent être comparées qu'à celles de la cathédrale de Mexico. Ce beau monument est construit dans le style italien de la fin du dix-septième siècle. L'intérieur est surchargé d'ornements d'une profusion fatigante et souvent d'une singulière bizarrerie. Le maître-autel est un gigantesque ouvrage en orfévrerie, presque entièrement en argent, dans un style splendide, mais tourmenté. On assure qu'il a coûté la somme énorme de deux millions et demi. Presque toutes les églises méritent de fixer l'attention. Celle d'El Spiritu-Santo, qui appartient aux Jésuites, offre l'aspect splendide et grandiose que cette célèbre congrégation savait imprimer à ses œuvres. Quelques tableaux de bons maîtres décorent les chapelles principales. Puebla possède aussi une vaste bibliothèque, que l'on dit fort riche en livres rares et en manuscrits précieux. Les principales rues de cette belle cité ont un large trottoir de chaque côté, quelquefois en dalles, mais plus communément en petits cailloux symétriquement cimentés. Quelques rues sont même entièrement pavées de cette manière : il semble que l'on marche sur un riche tapis. La promenade publique, entourée de grilles, est grande, bien distribuée et commode pour les promeneurs : les personnes à pied y trouvent des allées ombragées ; dans l'intérieur, un vaste hippodrome est destiné aux voitures et aux cavaliers.

Puebla est la seule ville véritablement manufacturière de la confédération mexicaine. Elle est renommée pour certains tissus dont on fait des écharpes et des châles du prix de 500 fr. On y fabrique aussi des confitures très renommées, des faïences et des poteries rouges, dont les formes sont des plus élégantes [1].

Cholula, ville sainte chez les anciens Mexicains, qui l'appelaient *Churultecal*, renfermait, avant la conquête, autant de temples qu'il y a de jours dans l'année, et 40,000 maisons. Elle n'a plus que 16 à 18,000 habitants. On y voit une pyramide ou un *teocalli* en briques, dont le sommet a été détruit, mais qui a encore 172 pieds de hauteur et 1355 de largeur à sa base. Sa plate-forme présente une surface de 4,200 mètres carrés, sur laquelle on a construit une église dédiée à Notre-Dame de los Remedios [2].

» Les environs du riche village de *Zacatlan* sont peuplés par la nation des Totonaques ; ces indigènes parlent, comme les Tlapanèques, une langue entièrement différente de celle des Mexicains ou Aztèques. Ils avaient adopté la mythologie barbare et sanguinaire des Mexicains ; mais un sentiment d'humanité leur avait fait distinguer, comme étant d'une race différente des autres divinités mexicaines, la déesse Tzinteotl, protectrice des moissons, et qui seule se contentait d'une innocente offrande de fleurs et de fruits. Selon une prophétie qui circulait parmi eux, cette divinité paisible triompherait un jour sur les dieux enivrés du sang humain. Ils ont vu leur pressentiment réalisé par l'introduction du christianisme. *Atlisco* offre à la curiosité du voyageur un monument végétal : c'est un cyprès qui a 73 pieds de circonférence ; et qui, par conséquent, égale presque en épaisseur le fameux baobab du Sénégal, qu'il surpasse par ses belles formes [3]. »

Toute la partie occidentale de l'État de *Vera Cruz* occupe la pente des Cordillères d'*Anahuac*. Il y a peu de régions au nouveau continent dans lesquelles, dit M. de Humboldt, le voyageur soit plus frappé du rapprochement des climats les plus opposés. « Dans l'espace d'un jour, les habitants y des» cendent de la zone des neiges éternelles à » ces plaines voisines de la mer, dans les

(1) San Juan de Ulùa, ou Relation de l'expédition française au Mexique sous les ordres du contre-amiral Baudin, par MM. Blanchard et Dauzats.—Paris, 1839. — (2) *A. de Humboldt* : Essai politique sur le royaume de la Nouvelle-Espagne, t. II, p. 151. — (3) *A. de Humboldt* : Mexique, II, p. 274.

» quelles règnent des chaleurs suffocantes. » Nulle part on ne reconnaît mieux l'ordre admirable avec lequel les différentes tribus de » végétaux se suivent, comme par couches, » les unes au-dessus des autres, qu'en montant depuis le port d la Vera-Cruz vers le » plateau de Pérote. C'est là qu'à chaque pas » on voit changer la physionomie du pays, » l'aspect du ciel, le port des plantes, la figure » des animaux, les mœurs des habitants et le » genre de culture auquel ils se livrent. » Ce pays embrasse une lisière de districts maritimes, dont la partie la plus basse, presque déserte, ne renferme que des marais et des sables sous un ciel ardent. Il renferme dans ses limites deux cimes colossales volcaniques, l'*Orizaba* et le *Nauhcanpatepetl* ou *Coffre-de-Pérote :* leurs éruptions paraissent être d'une date ancienne; mais le petit volcan de *Tuxtla*, à 4 lieues de la Vera-Cruz, menace constamment cette ville; sa dernière éruption eut lieu en 1793, et lança des cendres à plus de 4 lieues à la ronde.

» La ville de *Panuco* est située sur une rivière navigable, à l'embouchure de laquelle est le port de *Tampico*, obstrué, comme tous ceux de cette côte, par des bancs de sable.

» Dans les forêts épaisses de *Papantla*, sur les flancs des Cordillères, s'élève une pyramide d'une plus belle forme que celle de Teotihuacan et de Cholula; elle a 18 mètres de haut sur une base de 25 ; elle est construite en pierres porphyriques très régulièrement taillées et couvertes d'hiéroglyphes (¹).

» La jolie ville de la *Vera-Cruz*, siége du riche commerce que fait le Mexique avec l'Europe, ne doit rien aux faveurs de la nature. Les rochers de madrépores, dont elle est construite, ont été tirés du fond de la mer. La seule eau potable est recueillie dans des citernes; le climat est chaud et malsain; des sables arides entourent la ville au nord, tandis qu'on voit s'étendre au sud des marais mal desséchés. Le port peu sûr et d'un accès difficile, est protégé par le fort de *San-Juan-d'Ulùa*, élevé sur un îlot rocailleux à des frais immenses. La population, estimée à 16,000 habitants, est souvent renouvelée par les fièvres jaunes. »

(¹) *Marquez :* Monumenti d'Architettura mexicana, tab. I. *A. de Humboldt :* Vues et Monuments, p. 26. Essai sur le Mexique, II, 345.

Deux fois cette ville a changé de place; deux fois la fièvre jaune en a dévoré les habitants. Située d'abord près d'Antegoa, puis au bord de la petite rivière de la Medelin, elle s'est enfin fixée au lieu qu'elle occupe aujourd'hui sur le rivage de la mer. Riche et populeuse alors que le Mexique était soumis à l'Espagne, elle n'offre plus aujourd'hui que l'aspect d'une cité déchue. Ses rues presque dépeuplées sont larges, et se coupent à angles droits; les principales sont garnies de trottoirs en plâtre battu bien uni, sur lesquels il est agréable de marcher. Ses maisons sont basses, rarement à plus d'un étage, et sont surmontées de terrasses, sur lesquelles, le soir, on respire un air frais. Sous ce climat dangereux, la police de salubrité aurait besoin d'être active et prévoyante; elle est, au contraire, tellement négligée qu'elle semble être confiée seulement à des bandes d'oiseaux du genre vautour, que les habitants nomment *zopilotos*. On en rencontre à chaque pas : quelques uns sont gros comme des dindons; ils dévorent les chiens et les chats morts, les lambeaux de viande qui tombent des boucheries, et une partie des immondices qu'on jette dans les rues. Cependant, malgré la voracité avec laquelle ces oiseaux se nourrissent des débris de toutes les matières animales, de tous côtés s'élèvent des miasmes suffocants. Les environs de la ville ne présentent qu'une terre aride, sablonneuse et sans culture; toutefois la promenade appelée *El Paseo*, qui suit les rives d'un petit ruisseau, présente un aspect gracieux : on y trouve un peu de verdure. C'est ce ruisseau qui alimente les fontaines de la ville par des conduits souterrains.

Ulùa ! est le premier cri qu'entendirent les Espagnols en mettant le pied sur le sol mexicain : telle est l'origine du nom qu'ils donnèrent plus tard au fort qu'ils appelèrent *San-Juan-d'Ulùa*. Il passait pour imprenable aux yeux des Mexicains, parce qu'il était défendu en 1838 par 185 pièces de canon; cependant une escadre française, commandée par le contre-amiral Baudin, et destinée à venger les exactions commises au Mexique au préjudice des Français qui y sont établis, fit tomber ce fort au pouvoir de la flotte française le 27 novembre 1838, après un bombardement de quatre heures.

La rade de la Vera-Cruz n'est abritee que

par l'îlot d'Ulùa et par quelque récifs à fleur d'eau, qui la protègent un peu contre la mer. On ne conçoit pas, dit un de leurs compatriotes, comment les Espagnols, au temps de leur puissance, n'ont pas construit un môle circulaire qui pût rendre tenable, pendant l'hiver, le mouillage de cette ville, si importante pour le commerce. Depuis la déclaration de l'indépendance du Mexique, les bâtiments de guerre étrangers ne sont plus admis auprès du château; ils sont obligés de se tenir à environ 3 milles de là, à peine abrités des loups de vent par la petite île de *Sacrificice*. La crainte d'une surprise a dicté cette mesure de précaution ([1]).

Sacrificios ou l'île des *Sacrifices* est un amas de sables accumulés sur un banc de madrépores, dont cette partie de la côte est semée. Sa surface est couverte de roseaux que le vent du nord, qui souffle constamment dans ces parages, a tous inclinés du même côté. Son nom lui vient de ce que, quand les Espagnols le découvrirent, il y avait sur sa pointe méridionale un temple mexicain où l'on immolait des victimes humaines. On aperçoit à peine les débris de ce temple; mais des fouilles faites alentour ont fait découvrir une assez grande quantité d'idoles appartenant au culte des anciens Mexicains. Lorsque l'armée royale fut chassée du Mexique, *Sacrificios* fut le dernier point que les troupes abandonnèrent. L'amiral Laborde y avait fait élever des casernes pour ses soldats, mais tout est aujourd'hui détruit: on n'en retrouve plus que les fondations.

Les Mexicains vantent avec raison la vallée de *Xalapa* ou *Jalapa*; les riches habitants de la Vera-Cruz vont y chercher la fraîcheur et tous les charmes de la belle nature. Pendant environ 2 lieues, la route serpente parmi les plus riches plantations; on descend rapidement, et l'on peut se croire au milieu d'un jardin orné de tous les végétaux des tropiques: les bananiers, les orangers et les cannes à sucre présentent une végétation vigoureuse; le palma-christi, aux énormes et larges feuilles à plusieurs pointes, s'élève presque à la hauteur des arbres, et les haies sont couvertes d'un liseron aux fleurs d'un bleu éclatant, qui serpente au milieu des ronces épineuses: c'est le fameux *convolvulus jalapa*, dont la racine fut communiquée par les Indiens aux Européens, comme un des purgatifs les plus énergiques, et qui est généralement connu sous le nom de *jalap*. Cette plante est d'une abondance extraordinaire, et forme un des plus beaux ornements de la vallée à laquelle elle a donné son nom.

Au milieu d'une percée, on aperçoit la jolie ville de *Xalapa* ou *Jalapa*, dont les blanches maisons semblent sortir des arbres, et s'opposent en lumière sur l'azur de la montagne de Pérote. Cette cité est la capitale de l'État de Vera-Cruz. On y remarque le couvent des Franciscains, qui, à lui seul, forme comme une petite ville renfermée dans la grande. « Sa construction date d'une époque reculée; » c'est une architecture de transition entre le » gothique et la renaissance, avec un certain » mélange arabe; les murailles sont surmon» tées de créneaux semblables à ceux de la » mosquée de Cordoue ou du *patio de los na-* » *ranjos* (cour des orangers) de Séville: ce » qui fait que le voyageur croit encore voya» ger dans l'Andalousie ([1]). » L'ancienne forteresse de *Pérote*, regardée comme une des clefs du Mexique, est située dans les environs de Jalapa.

« La ville de *Tlascala* a été la capitale d'une sorte de république fédérative; chacune des quatre collines sur lesquelles elle était bâtie avait son *cacique* ou chef de guerre; mais ils dépendaient tous d'un *sénat* choisi par la nation entière. On portait le nombre des sujets de la république à 150,000 familles. Cette nation, qui jouit de quelques priviléges, est aujourd'hui réduite à 40,000 individus habitant une centaine de villages. On dirait qu'un destin ennemi venge sur elle le crime d'avoir aidé Cortez à subjuguer l'indépendance du Mexique. A l'époque de l'émancipation du Mexique, Tlascala demanda à former, avec le pays qui en dépendait jadis, un État séparé; mais le congrès n'en a fait qu'un territoire, qui est presque entièrement enclavé dans l'État de Puebla.

» L'intendance d'*Oaxaca*, nommée aussi *Guaxaca*, d'après une ville indienne, renferme les deux anciens pays des *Miztèques*

([1]) M. Ottavio, officier de marine.

([1]) *San-Juan de Ulùa*, ou Relation de l'expédition française au Mexique sous les ordres de M. le contre-amiral Baudin; par MM. Blanchard et Dauzats.—Paris, 1839.

et des *Zapotèques*. Cette fertile et salubre contrée abonde en mûriers pour les vers à soie; elle produit aussi beaucoup de sucre, de coton, de blé, de cacao et d'autres fruits; mais la cochenille est sa principale richesse. Ses montagnes granitiques recèlent des mines d'or, d'argent et de plomb qu'on néglige; plusieurs rivières charrient du sable d'or que les femmes s'occupent à chercher : on y recueille aussi du cristal de roche. »

Toute cette ancienne intendance forme aujourd'hui l'*Etat d'Oaxaca*, dont la capitale, qui porte le même nom, reçut, au commencement de la conquête, le nom d'*Antequara*. C'est l'ancien *Huaxyacac* des Mexicains. Elle tient un rang parmi les plus belles villes du Mexique; ses édifices sont construits avec élégance et solidité : les principaux sont la cathédrale, le palais épiscopal et le séminaire. Les deux premiers ornent les deux côtés de la principale place. Cette ville est souvent exposée aux ravages des tremblements de terre. En 1826 on portait sa population à 40,000 âmes.

« Oaxaca est située dans la délicieuse vallée que Charles-Quint donna aux descendants de Cortez sous le titre de *Marquisat de Valle*. On y recueille une laine très fine; des chevaux excellents y peuplent les riches pâturages qu'arrose une belle rivière, et que rafraîchit une atmosphère tempérée et humide. A l'embouchure de la rivière de la Guaxaca, on a établi un chantier de construction pour les navires.

» *Tehuantepec* a un port sur l'océan Pacifique, qui, malgré ses désavantages naturels, acquiert de l'importance comme servant d'entrepôt entre le Mexique et le Guatemala. Les ruines des édifices, à *Mitla*, annoncent une civilisation très avancée; les murs du palais sont décorés de *grecques* et de *labyrinthes* exécutés en mosaïques, et dont le dessin rappelle les vases dits étrusques. Six colonnes informes, mais d'une masse imposante, trouvées ici, sont les seules qu'on ait découvertes parmi les monuments de l'Amérique [1]. »

L'*Etat de Chiapa*, formé d'une petite partie du Guatemala, est un pays situé sur le versant septentrional de la Cordillère, et renfermant des forêts peuplées de pins, de cyprès et de cèdres. Long-temps il fut regardé comme peu intéressant par les Espagnols, parce qu'il ne renferme aucune mine d'or ou d'argent. *Ciudad-Real*, ou *Chiapa-de-los-Españoles*, en est la capitale. C'est une petite ville de 5,000 âmes, dont le vertueux Las-Casas fut un des premiers évêques. *Chiapa-de-los-Indios* est agréablement situé sur la rive gauche du Tabasco, rivière qui abonde en poissons. Le principal commerce de cette petite ville est le sucre, que l'on cultive en grand dans ses environs.

« Les Indiens de Chiapa formaient un Etat indépendant des empereurs de Mexico. Cette république méritait peut-être la seconde place après celle de Tlascala, pour les progrès de la civilisation; elle se distinguait surtout par son industrie manufacturière. Les Chiapanais suivaient le calendrier et le système chronologique des Mexicains; mais, dans leur mythologie, on voyait figurer un héros déifié, nommé *Votan*, auquel un jour de la semaine était consacré [1]. C'est la seule ressemblance qu'avait cette divinité chiapanaise avec le *Wodan* des Saxons et l'*Odin* des Scandinaves. Ce peuple se défendit avec courage contre les Espagnols, et obtint de ces conquérants une capitulation honorable. Heureusement le sol de Chiapa n'est pas riche en mines : circonstance qui a valu aux indigènes le maintien de leur liberté et des priviléges qu'on leur avait accordés. Les voyageurs modernes n'ont pas visité cette contrée isolée où Thomas Gage trouva, il y a deux siècles, un peuple heureux, enjoué et industrieux. *Chiopa des Indiens* comptait 4,000 familles; ses manufactures en laine, son commerce en cochenille, ses *naumachies* ou combats simulés sur la rivière en faisaient une ville animée et riante. *Chiapa des Espagnols*, dix fois moins peuplée, était le siége du gouverneur et d'un archevêque. »

Si *Tuxtla, Textla* ou *Texutla*, peuplée de 2,000 âmes; si *San-Bartolomeo-de-los-Remedios*, *San-Juan-Chamula* et *San-Domingo-Comitlan* sont des villes encore moins importantes que les deux Chiapa, *San-Domingo de Palenque* est un bourg qui mérite l'attention des archéologues par les ruines curieuses que l'on trouve dans ses environs.

Ces ruines sont celles de *Culhuacan*, improprement appelée *Palenque*, située près du

(1) *A. de Humboldt* : Vues et Monuments, p. 270.

(1) L'évêque de *la Vega*, cité par M. *de Humboldt*, Vues et Monuments, p. 148.

Micol, affluent du Tulija. Elles paraissent avoir fait partie d'une ville antique qui pouvait avoir 7 à 8 lieues de circonférence, et qui s'étendait depuis la plaine arrosée par le Micol jusque sur une hauteur voisine. Lorsqu'en 1787 le gouvernement espagnol chargea Antonio del Rio et Alonzo de Calderon de visiter ces immenses ruines qui avaient été signalées trente ans auparavant, il fallut employer la hache et le feu pendant trois semaines pour les débarrasser des arbres et des lianes qui, depuis la conquête, les avaient si long-temps cachées aux yeux des Européens. Au centre de la plaine s'élève, sur un tertre de 60 pieds de hauteur, la plus grande de ces constructions. L'intérieur de l'édifice est d'un style d'architecture qui se rapproche du gothique, suivant ce qu'en pensent les voyageurs, mais qui, d'après les dessins qu'ils en donnent, nous paraît rappeler plutôt le genre mauresque. Tout porte à croire que c'est un temple. Sa longueur est de 300 pieds, sa largeur d'environ 180, et sa hauteur de 30. Les murs ont 4 pieds d'épaisseur. Il renferme deux cours et plusieurs salles, dont une a 192 pieds de longueur. Vers le milieu de l'édifice s'élève une tour carrée qui dut être fort élevée, et dont il reste encore quatre étages qui présentent une élévation de 48 pieds. Au centre de cette tour on en voit une autre renfermant un escalier éclairé par des fenêtres. A l'extérieur, la grande tour diminue de largeur à chaque étage, et présente à chacun d'eux et sur chacune des faces une fenêtre rectangulaire, ouverte au milieu d'une arcade à plein cintre. On trouve aussi dans le temple de vastes souterrains. Au sud de cet édifice il en existe un autre sur une éminence de 120 pieds d'élévation; il est du même style; sa forme est un parallélogramme, et il est entouré d'un péristyle soutenu par des piliers carrés. Nous ne décrirons pas toutes ces ruines; nous nous bornerons à dire qu'on y remarque des pyramides, des ponts, des aqueducs, des fortifications, des palais et des tombeaux. Mais ce qui est principalement digne de fixer l'attention, ce sont les ornements intérieurs de ces constructions.

Dans le grand temple, le portique est supporté par des piliers polis, de forme rectangulaire, sans piédestaux ni corniches. Quelques appartements sont décorés de médaillons en stuc, contenant diverses figures en relief, qui paraissent représenter une suite de rois; ailleurs d'autres ornements consistent en masques grotesques, couronnés et portant une longue barbe, placés au-dessus de deux croix grecques. Mais ce qu'il y a de plus remarquable, ce sont les bas-reliefs sculptés sur les murs intérieurs de ce temple, et qui représentent différentes scènes relatives au culte, dont quelques unes semblent avoir rapport à une sorte d'initiation; des personnages symboliques, dont un a, parmi ses ornements, une couronne de feuillage surmontée d'une tête d'oiseau et attachée avec une fleur de lotus, un manteau formé de la peau d'un jaguar, et, à la ceinture, deux longs serpents qui redressent leur tête. Le principal personnage qui figure dans ces sculptures est représenté ailleurs assis, la jambe droite repliée sous lui, sur un trône orné de deux têtes de couguar, et dont les pieds ont la forme de ceux de cet animal. La plupart de ces bas-reliefs sont ornés d'hiéroglyphes qui doivent se lire du haut en bas, comme ceux des monuments égyptiens. Ce qu'il y a de remarquable, c'est le caractère particulier que présente les figures des personnages, avec leur nez long et aquilin. Parmi ces sculptures, il en est une sur laquelle M. de Humboldt a appelé avec raison l'attention des philosophes et des antiquaires.

Au milieu d'un encadrement d'hiéroglyphes, parmi lesquels on ne voit pas sans étonnement le scarabée et le T mystique, si fréquents dans les sculptures égyptiennes, s'élève, au centre du tableau que nous allons décrire, une grande croix semblable à la croix latine, et surmontée de la figure d'un coq. Des deux branches latérales de cette croix part un ornement semblable à une palme repliée en carré, et qui, observé dans la main d'une des principales figures des autres bas-reliefs, paraît être le signe distinctif de la puissance, comme un sceptre ou un bâton augural. Une petite croix est sculptée au milieu de la grande, et a ses trois branches supérieures terminées par un ornement qui rappelle la fleur du lotus. A droite de cette double croix on remarque un personnage qui paraît être un prêtre monté sur un marchepied, et tenant un vase de fleurs dont il semble faire offrande à la croix, tandis qu'à gauche un autre personnage, que le docteur Constancio prétend être une femme, et qui est coiffé d'une tiare égyptienne, présente devant la croix un enfant nouveau-né, couché sur deux feuilles de lotus.

On n'a point encore assez de données sur la religion des anciens peuples du Mexique pour pouvoir faire autre chose que de hasarder de simples conjectures sur l'explication de ces sculptures. Nous ne nions pas qu'il y ait, dans quelques uns des symboles qui y sont représentés, de la ressemblance avec ceux de l'Egypte et de l'Inde; nous conviendrons même que la croix paraît avoir été, dès la plus haute antiquité, un signe symbolique qui représentait les solstices. On sait aussi que la croix a été observée dans les monuments de l'Inde par les anciens Portugais. Ces motifs pourraient faire admettre comme plausibles les conjectures de M. Constancio, qui voit dans le monument de Palenque un temple dédié au soleil, et, dans le tableau qui vient d'être décrit, la naissance de cet astre au solstice d'hiver.

Le gros village appelé *Ocosingo* présente aussi les vestiges d'une antique cité appelée *Tulha*, qui renferme des monuments analogues à ceux de Mitla et de Palenque; cependant le savant voyageur français Waldeck a reconnu, en 1834, que les ruines qu'il a étudiées près d'Ocosingo et dans le Yucatan diffèrent sensiblement, par leur architecture et leurs hieroglyphes, de celles de Palenque: le style en est aztèque pur, et Palenque est jusqu'à présent unique dans son genre.

L'*Etat de Tabasco*, formé de l'ancienne province de ce nom, est rempli de forêts où croissent des bois de teinture, et où rugissent les tigres mexicains. Les terres en culture produisent du cacao, du tabac, du poivre et du maïs. On n'y trouve que des villes sans importance. La capitale est *Santiago de Tabasco*, appelée autrefois *Villa Hermosa de Tabasco*. Sur une petite île à l'embouchure du *Rio-Guijalva*, une jolie ville d'origine mexicaine, appelée *Nuestra-Señora de la Vittoria*, doit son nom à la victoire que Fernand Cortez remporta près de ses murs sur les Mexicains.

La péninsule de *Yucatan* forme l'*Etat* de ce nom, appelé autrefois Intendance de Mérida.

« Hernandez et Grijalva y trouvèrent une nation civilisée, vêtue avec quelque luxe, et qui habitait dans des maisons en pierre. Elle possédait des vases, des instruments et des ornements en or. Quelques uns de ces objets étaient décorés d'une espèce de mosaïque en turquoise. Les *téocallis* ruisselaient du sang de victimes humaines [1]. Les indigènes parlent la langue *maya*.

» Le pays, très plat, est, dit-on, traversé par une chaîne de collines peu élevées. Le climat est chaud, mais sec et salubre. Le pays abonde en miel, en cire, en coton, dont on fait beaucoup de toiles peintes, en cochenille et en bois de campêche [2]. Ce bois est le principal objet de commerce. Les côtes donnent beaucoup d'ambre gris [3]. Les rivages de la péninsule sont comme bordés d'un banc de sable qui s'abaisse presque régulièrement d'une brasse par lieue [4]. Les parties maritimes offrent partout un pays plat et sablonneux; il n'y a qu'une seule chaîne de terrains élevés, qui se termine par un promontoire entre le cap Catoche et le cap Desconoscida [5]. Les côtes sont couvertes de mangliers, liés ensemble par des haies impénétrables d'althéa et de bambou. Le sol est rempli de coquillages marins. Les sécheresses, dans le pays plat, commencent en février, et bientôt elles deviennent tellement générales, qu'on ne trouve plus une goutte d'eau; la seule ressource est le pin sauvage, qui, dans son branchage large et épais, conserve de l'humidité; on en tire l'eau par incision [6]. Sur la côte septentrionale, à l'embouchure de la rivière Lagaitos, à 200 toises du rivage, le navigateur étonné voit des sources d'eau douce jaillir du sein de l'onde salée. On nomme ces sources *Bouches du Conil* [7]. »

Mérida, la capitale, est une ville de 10,000 âmes, située dans une plaine aride, et habitée par une noblesse peu riche. *Campêche*, sur le Rio San-Francisco, possède un port peu sûr, ce qui oblige les vaisseaux à mouiller loin du rivage. Le sel que l'on tire de ses salines, la cire du Yucatan, le bois de campêche et quelques toiles de coton alimentent le commerce de cette ville de 8,000 âmes. *Valladolid*, à

(1) *Gomara*: Historia de las Indias, ch. LI-LIV, ch. XLIX. — (2) *Hæmatoxilon campechianum*. — (3) *Alcedo*: Diccionario, au mot Yucatan. — (4) *Dampier*. Voyage, t. III, p. 234. — (5) *Idem*, *ib.*, p. 214. — (6) *Idem*, *ib.*, p. 266. — (7) *A. de Humboldt*: Essai sur le Mexique, II, p. 329.

l'est de Mérida, cultive dans ses environs des cotonniers d'une excellente espèce, dont le produit se vend cependant à bas prix, parce qu'on ne sait pas, dans le pays, débarrasser le coton de l'enveloppe qui le renferme.

« L'île de *Cozumel*, proprement *Acuçemil*, était célèbre par un oracle où se rendaient en foule les peuples du continent. On y adorait, avant l'arrivée des Espagnols, une croix en bois dont on ignorait l'origine; elle était invoquée pour obtenir de la pluie, premier besoin de cette île aride [1]. »

Au sud de Mérida on trouve plusieurs bâtiments en pierre, assez semblables à ceux de Palenque; l'un d'eux a 600 pieds sur chaque face; les piliers, les murailles extérieures et les salles sont ornées de bas-reliefs en stuc, représentant des serpents, des lézards, des hommes tenant des palmes et dansant en s'accompagnant du tambour.

(1) *Gomara* : Cronica de Nueva España, chap. XIV [illegible].

« Nous avons distingué sur nos cartes, sous le nom d'*Yucatan anglais*, la partie de la péninsule qui est au sud de la rivière *Hondo* et du poste militaire espagnol de *Salamanca*. Ce pays, mieux arrosé et plus fertile que le reste de la péninsule, est habité par des Indiens indépendants, mais les Anglais y font la coupe du bois de campêche et d'acajou; ils y entretiennent une force militaire, et ils y ont bâti la ville de *Balise*. C'est là que réside un *roi* indien titulaire, qui reçoit un brevet de nomination du gouvernement de la Jamaïque. Les îles *Rattan*, *Turnef* et autres, baignées par les eaux singulièrement transparentes du golfe de Honduras, sont également occupées par de petites colonies anglaises [1]. »

(1) *Henderson*, account of Honduras (Londres, 1809), et divers journaux politiques de Londres, de 1816.

TABLEAUX STATISTIQUES
DE
LA CONFÉDÉRATION MEXICAINE.

SUPERFICIE EN LIEUES.	POPULATION EN 1824.	POPULATION PRÉSUMÉE EN 1834.	POPULATION PRÉSUMÉE PAR LIEUE.
210,000.	7,000,000.	7,787,000.	35.

RÉGION MÉRIDIONALE.

DIVISIONS TERRITORIALES. — ANCIENNES INTENDANCES.	DIVISIONS TERRITORIALES. — NOUVEAUX ÉTATS.	POPULATION en 1834.	VILLES.
MEXICO.	DISTRICT FÉDÉRAL.	200,000	MEXICO †† (¹) Guadalupe, Miscalco, Tacuba.
	ETAT DE LA MEXICO.	1,500,000	*Tlalpan*, Acapulco, Actopan, Chilpanzingo, Cuernavaca. Mextitlan, Real-del Monte, Tasco, Tezcuco, Tixtlan, Toluca, Tula, Tulanzingo, Zimapan.
	ETAT DE QUERETARO.	100,000	*Queretaro*, Amealco, Cadereita.
VALLADOLID.	ETAT DE MECHOACAN.	460,000	*Valladolid* †, Ario, Pascuaro, Zamora, Zintzunzant.
VERA-CRUZ.	ETAT DE LA VERA-CRUZ.	150,000	*Jalapa*, Vera-Cruz, Alvarado, Acayucam, Cordova, Guasacoalco, Orizaba, Panuco, Papantla, Pérote, Pueblo-Viejo-de-Tampico, Tampico-Alto.
	ETAT DE TABASCO.	75,000	*Santiago de Tabasco*, Nuestra-Señora de la Vittoria, Necajuca, Tucotulpa, Usumeinta.
LA PUEBLA.	ETAT DE LA PUEBLA.	900,000	*La Puebla* †, Acatlan, Atlixco, Cholula, Tehuacan, Tepeaca, Tlapa.
OAXACA.	TERRIT. DE TLASCALA (enclavé dans l'Etat de la Puebla).	10,000	*Tlascala*, Huamantola.
	ETAT D'OAXACA.	660,000	*Oaxaca* †, Mitla, Tepozcolula, Tehuantepec, Tlapa, Villalta, Xamiltepec, Yanguitlan.
HONDURAS.	ETAT DE CHIAPA.	92,000	*Ciudad-Real*, Chiapa-de-los-Indios, San-Bartolomeo-de-los-Remedios, Tuxtla.
	ETAT DE YUCATAN.	570,000	*Merida*, Campêche, Lerma, Salamanca-de-Bacalar, Valladolid.
		4,717,000	

RÉGION CENTRALE.

ANCIENNES INTENDANCES.	NOUVEAUX ÉTATS.	POPULATION en 1834.	VILLES.
GUANAXUATO.	ETAT DE GUANAXUATO.	500,000	*Guanaxuato*, Hidalgo, Irapuato, Leon, San-Miguel-el-Grande, Salamanca, Zelaya.
GUADALAXARA.	ETAT DE XALISCO.	870,000	*Guadalaxara*, Autlan, Barca, Bolaños, Colotlan Ertzatlan, Iecolotlan, San-Blas, San-Juan-de-los-Lagos, Sayula, Tepic, Totonilsco.
	TERRIT. DE COLIMA (enclavé dans l'Etat de Xalisco).	10,000	*Colima*.
		1,380,000	

(¹) Le signe ++ indique archevêché, et le signe + évêché.

DIVISIONS TERRITORIALES.		POPULATION en 1834.	VILLES.
ANCIENNES INTENDANCES.	NOUVEAUX ÉTATS.		
Report.	. . . .	1,380,000	
ZACATECAS. . .	ETAT DE ZACATECAS.	200,000	*Zacatecas*, Aguas-Calientes, Fresnillo, Jerez, Nochistlan, Pino, Sombrerete.
DURANGO ou NOUV. BISCAYE.	ETAT DE CHIHUAHUA.	195,000	*Chihuahua*, Santa-Rosa-de-Cosiquiraqui.
	ETAT DE DURANGO.	150,000	*Durango* †, Nombre-de-Dios, Parras, San-Jose-del-Parral, San-Juan-del-Rio, San-Pedro-de-Batopilas, San-Dimas.
		1,925,000	
RÉGION ORIENTALE.			
SAN-LUIS-POTOSI.	ETAT DE COHAHUILA.	145,000	*Monte-Loves*, Rio-del-Norte, San-Fernandez.
	ETAT DE TAMAULIPAS.	150,000	*Aguayo*, Altamira, El-Refugio, Nuevo-Santander, Padilla, San-Carlos, Sotto-la-Marina, Tampico-de-Tamaulipas.
	ETAT DU NOUVEAU-LÉON.	100,000	*Monterey* †, Caderceita, Pilon.
	ETAT DE SAN-LUIS-POTOSI.	340,000	*San-Luis-Potosi*, Charcas, Catorce, Guadalcazar, Ramos, Rio-Verde, Valle-del-Maïs.
		735,000	
RÉGION OCCIDENTALE.			
SONORA. . . .	ETAT DE SONORA ET CINALOA OU DE L'OCCIDENT.	300,000	*Villa-del-Fuerte*, Alamos, Arispe, Cosala, Cullacan, El-Rosario, Guaymas, Pitic, Cinaloa, Sonora †.
	TERRITOIRE DES CALIFORNIES.	50,000	*San-Carlos de Monterey*, San-Diego, San-Francisco, Loreto.
		350,000	
RÉGION SEPTENTRIONALE.			
	TERRITOIRE DU NOUVEAU-MEXIQUE.	60,000	*Santa-Fé*, Albuquerque, Passo-del-Norte, Taos.

Population par races.

Blancs.	1,540,000
Indiens.	4,000,000
Métis	2,247,000
Total. . . .	7,787,000

Revenus en francs.	Dettes en francs.	Dépenses en francs.
94,513,000	400,000,000	91,848,000

FORCES DE TERRE.

Effectif sous les drapeaux.	32,000	59,000
Milice et réserve. . . .	27,000	

MARINE.

1 vaisseau de ligne,
2 frégates,
1 corvette,
11 bâtiments inférieurs.

Nombre de villes, de villages, de mines, de couvents de religieux et de prêtres.

Cités	30	Couvents	264
Villes	95	Religieux et moines	3,210
Villages	4,682	Prêtres	3,470
Mines d'argent	206	Capitaux appartenant au clergé en francs	37,500,000

Aperçu des recettes et des dépenses dans les États-Unis mexicains.

RECETTES.

	piastres.
Douanes	8,050,000
Tabacs	2,100,000
Poudres	200,000
Postes	500,000
Loteries	150,000
Salines	80,000
Domaines et biens nationaux	80,000
Revenus de la dîme	400,000
Monts-de-Piété	70,000
Contingents des États	3,200,000
Crédit actif	2,500,000
Recettes diverses, telles que les droits de timbre, d'essayage sur les matières d'or et d'argent, etc.	370,000
Total des recettes	17,700,000
Total en francs	94,518,000

DÉPENSES.

			piastres.
Ministère des relations extérieures.	Légation de Londres	20,000	235,000
	Id. des Ét.-Unis	14,700	
	Id. de la Colombie	12,000	
	Id. de Rome	15,000	
	Traitement du ministre, etc.	173,300	
Idem de la justice et des cultes			230,000
Id. des finances			5,100,000
Id. de la guerre			7,700,000
Id. de la marine			1,500,000
Ministère de l'intérieur.	Dépenses des deux chambres	400,000	546,000
	Traitements du président et du vice-président	46,000	
	Autres dépenses	100,000	
Paiement des rentes et amortissement			1,700,000
Dépenses extraordinaires			189,000
Total des dépenses			17,200,000
Total en francs			91,848,000

Différence entre les recettes et les dépenses.

	piastres	francs
Recettes	17,700,000 piastres.	94,518,000 francs.
Dépenses	17,200,000 »	91,848,000 »
Excédant	500,000 »	2,670,000 »

LIVRE CENT QUATRE-VINGT-SEPTIÈME.

Suite de la Description de l'Amérique. — Description de la République du Texas.

Si l'on ne peut, sans un sentiment pénible, voir les colonies espagnoles de l'Amérique en proie à des guerres intestines qui se succèdent depuis qu'elles ont conquis leur indépendance, il est consolant pour l'humanité de voir, sur une faible partie des anciennes conquêtes de l'Espagne, une colonie anglo-américaine s'établir, prospérer par le travail, devenir capable de secouer le joug du peuple indolent chez lequel elle apportait des exemples d'ordre et d'économie, et fonder une république puissante là où naguère il n'existait que des déserts. Tel est le tableau que nous offre un petit coin de l'ancien empire mexicain.

L'extrémité orientale du Mexique, voisine des États de l'Union anglo-américaine, est connue sous les noms de *Fredonia* et de *Texas;* mais ce dernier a fini par prévaloir.

Ce pays, qui, du temps des vice-rois espagnols, faisait partie de l'intendance de San-Luis de Potosi, et qui, depuis l'organisation de la confédération des Etats-Unis mexicains, fut réuni au Cohahuila pour former l'*Etat de Cohahuila et Texas*, constitue, depuis l'année 1835, une république dont l'origine mérite d'être retracée en peu de mots.

En 1818, une poignée de Français, fuyant une patrie en proie aux réactions qui accompagnent trop souvent les changements de gouvernement, alla former au Texas un établissement appelé le *Champ-d'Asile;* mais, bien que le sol fût fertile, cette colonie, composée d'anciens capitaines de Napoléon, ne subsista qu'un petit nombre d'années.

En 1821, un Anglo-Américain, Moses Austin, obtint du cabinet de Madrid l'autorisation de fonder une colonie dans un de ces déserts du Texas que les colons espagnols avaient négligé de fertiliser. Ces nouveaux-venus semblaient être appelés à prouver au monde que la race anglo-saxonne est plus propre que la race ibérique à fonder des républiques puissantes.

Moses Austin mourut avant d'avoir pu jouir des immunités qui lui avaient été accordées par le gouvernement espagnol; mais il laissait un fils capable de réaliser ses plans. Stephen Austin parcourut plusieurs Etats de l'Union pour enrôler des aventuriers, explora le Texas, choisit un point favorable au siége de sa colonie, et, en décembre 1821, il fondait son premier établissement sur les bords du Rio Brazos.

Pendant que les Espagnols du Mexique secouaient le joug de la métropole, pendant que le général Iturbide, imitant Napoléon qui rétablit l'empire de Charlemagne, rêvait le rétablissement de l'empire de Montézuma; pendant que les Mexicains renversaient leur dictateur, et se constituaient en république fédérative, sur le modèle de celle de leurs voisins les Anglo-Américains, le Texas florissait; en six années, il était devenu plus puissant que l'Etat de Cohahuila auquel il était annexé.

Le gouvernement de Mexico comprit qu'il se formait sur son territoire un Etat qui, peuplé de la même race que celle qui domine dans l'Union anglo-américaine, pouvait un jour accroître la puissance de celle-ci en se détachant du Mexique; mais, au lieu de l'admettre dans sa confédération, il eut recours aux plus violents moyens pour le forcer à rester un annexe du Cohahuila; ou, pour mieux dire, comme s'il avait honte de ses craintes, ce fut par surprise qu'il tenta de détruire la nouvelle colonie : ainsi, sous prétexte d'accompagner des convois, on envoya dans le Texas de petits détachements de 40 à 50 hommes; et bientôt, à l'insu des Texiens, toutes les places fortes de leur territoire se trouvèrent occupées par des garnisons mexicaines.

Cependant il fallait un motif plausible pour employer la violence, on espéra donc exaspérer les Texiens et les pousser à la révolte en sapant les bases de leur prospérité naissante. En 1829, le président du Mexique rendit un décret par lequel la liberté était donnée aux esclaves dans toute l'étendue des Etats mexicains. C'était une violation directe des engagements pris avec les colons du Texas, mais c'était en même temps la ruine inévitable de la colonie : le but était atteint. Toutefois, le gouvernement mexicain recula devant les énergiques réclamations des Texiens, et le décret fut révoqué. A peine l'exaspération des colons était-elle calmée, que le congrès mexicain déclara en 1830 qu'il interdisait l'entrée du Texas aux Américains du nord. L'effet de cette mesure hostile était trop visible pour que les Texiens indignés n'éprouvassent point le désir de conquérir leur indépendance. Mais il fallait, pour qu'ils se portassent à cette extrémité, que les vexations devinssent plus générales, et qu'ils eussent acquis plus de confiance dans leurs propres forces.

« Il suffisait d'avoir mis en contact une » soldatesque oisive avec la population des » travailleurs, pour que de fréquentes colli- » sions eussent lieu. Les officiers eux-mêmes » se livraient à tous les actes d'insolence et » d'arbitraire que la force brutale ne man- » que jamais de se permettre quand elle est » sûre de l'impunité. Au commencement de » 1832, ils allèrent jusqu'à jeter dans les pri- » sons d'Anahuac des commissaires envoyés » par les colons pour réclamer contre tant de » vexations. A la nouvelle de cette odieuse » violence, les Texiens du Rio-Trinidad, » transportés de colère, abandonnent leurs » sillons et volent aux armes ; ils attaquent » la citadelle, qui est vainement secourue par » le colonel Piedras; ni la supériorité de la » discipline, ni la supériorite du nombre, ne » peuvent résister au bouillant courage des » colons; ils culbutent les Mexicains, entrent » en vainqueurs dans Anahuac et délivrent » leurs commissaires [1]. »

Cette courte expédition, pendant laquelle le fort de Velasco fut pris par les Texiens du Brazos, eut une immense portée : les colons y puisèrent la confiance en leur force et en leurs droits, et tout alors les enhardit à demander au gouvernement l'autorisation de former dans la confédération mexicaine un *Etat* distinct. Une convention, assemblée, à la fin de 1832, à San-Felipe, sur le Brazos, rédigea en conséquence une constitution que Stephen Austin fut chargé de présenter à l'acceptation du gouvernement central.

Le fondateur de la colonie arriva à Mexico vers le milieu de 1833; mais, après de longues et nombreuses conférences que l'anarchie qui régnait au Mexique rendait inutiles, il comprit qu'il n'y avait rien à attendre du gouvernement, tant que ses compatriotes ne prouveraient pas par des faits qu'ils pouvaient former un Etat séparé de Cohahuila. Il adressa donc à la municipalité (*ayuntamiento*) de San-Antonio de Bexar une lettre dans laquelle il conseillait à ses concitoyens d'organiser, sans plus attendre, un gouvernement de fait. Mais une partie de la municipalité de Bexar, ancienne ville espagnole, était opposée aux vues des colons anglo-américains ; les membres dévoués au Mexique firent passer secrètement au gouvernement la lettre d'Austin; et pendant que celui-ci, las des luttes qu'il éprouvait, revenait au milieu des siens, il fut arrêté à plus de 200 lieues de Mexico, et jeté dans les cachots de cette ville sous la prévention du crime de haute-trahison.

Le trésor de l'Etat de Cohahuila et Texas était épuisé; le gouverneur, pour faire face aux dépenses, proposa la vente d'une étendue considérable de terres dans le Texas ; de nombreux acquéreurs se présentèrent; mais tous étaient Texiens, et quand leurs offres furent connues à Mexico, le gouvernement suprême refusa de ratifier le traité, sous prétexte que cet Etat n'avait pas le droit d'aliéner le domaine public, et que, lors même qu'il aurait ce droit, son premier devoir était d'acquitter au trésor de Mexico l'arriéré considérable qu'il devait.

Ce refus avait évidemment pour but de mécontenter les Texiens. Cependant la législature du Cohahuila, poussée par la pénurie où elle se trouvait, insista et voulut conclure avec les colons du Texas. Aussitôt le général Cos, commandant supérieur des provinces orientales du Mexique, reçut de Santa-Anna, président de la république, l'ordre de marcher sur la capitale de l'Etat et d'expulser la législature rebelle. Le gouverneur et plusieurs membres de l'assemblée furent jetés en prison.

Les partisans de l'affranchissement immé-

(1) Coup d'œil historique et statistique sur le Texas, par Henri Fournel. — Paris, 1841.

diat du Texas comprirent que le moment était venu de conquérir leur indépendance; et le 16 août 1835 ils coururent aux armes, pendant que le général Cos passait le Rio-Norte et venait s'enfermer dans la ville de Bexar.

Après dix-huit mois de captivité, Stephen Austin reparut au milieu de ses compagnons; sa présence et sa résolution calme les remplirent de confiance. Une assemblée générale se constitua à San-Félipe, et en onze jours elle régla tout ce qui était urgent pour la défense du pays; une déclaration solennelle fut adoptée dans laquelle étaient exposés en termes fermes et mesurés les motifs qui engageaient le peuple texien à prendre les armes; Stephen Austin fut envoyé aux Etats-Unis pour réclamer leur appui, et le commandement des troupes fut confié à Samuel Houston. Le plus vif enthousiasme animait les Texiens; les Mexicains furent partout repoussés.

Le général Cos était assiégé dans Bexar; mais les Texiens n'avaient point le matériel de guerre nécessaire pour prendre une ville défendue par des troupes disciplinées; et le siége qui traînait en longueur allait être levé, lorsqu'un de ces hommes résolus dont le courage grandit avec les obstacles, sortit du rang des Texiens, et promit d'enlever la place si 300 de ses concitoyens, prêts à mourir, voulaient le suivre. Ce courageux Texien était l'intrépide Milam, dont le nom était devenu populaire par de nombreux actes de bravoure. Il tint parole, la ville fut prise; la citadelle même capitula, et le général Cos, à la tête de 1,500 Mexicains, défila devant les faibles restes de la petite troupe du vaillant Milam, qui avait trouvé la mort dans son triomphe, et que les Texiens surnommèrent leur Léonidas.

Ainsi se termina la campagne de 1835. Il ne restait plus un seul soldat mexicain sur le territoire du Texas.

Le président Santa-Anna sentit vivement l'affront que venaient de recevoir les armes mexicaines : il résolut d'en tirer une vengeance éclatante, et se hâta de faire les préparatifs d'une invasion formidable dans le Texas. De leur côté les Texiens se préparaient à une résistance désespérée. Le 21 février 1836 Santa-Anna entrait en campagne avec trois corps d'armée, et le 1er mars une nouvelle *convention* texienne réunie à Washington sur le Rio-Brazos, votait par acclamation l'indépendance absolue du Texas.

Par excès de confiance ou par défaut de moyens, les Texiens n'avaient pas suffisamment garni de troupes la conquête de Milam. Santa-Anna à la tête d'un corps de 3,000 hommes se présenta devant Bexar, dont la garnison, réduite à 240 hommes, se retira dans le fort d'Alamo; mais chacun de ces hommes était un héros. « Pendant treize jours, cette » poignée de braves soutint tous les efforts » de l'armée mexicaine; ce ne fut qu'au troi» sième assaut et après une perte de 1,500 hom» mes que Santa-Anna put entrer dans le fort » d'Alamo, qui présentait un spectacle digne » de pitié et d'admiration. Tous ses défen» seurs étaient morts; une femme seule res» tait, pour raconter avec l'accent de l'en» thousiasme qu'elle avait vu le dernier Texien » faire feu sur les assaillants et tomber criblé » de balles, après avoir refusé de se rendre à » une armée. »

Le second corps des troupes mexicaines avait marché sur la ville de Goliad. Les Texiens, commandés par le colonel Fannin, étaient trop peu nombreux pour pouvoir résister; ils se disposaient à effectuer leur retraite en bon ordre, lorsqu'ils furent cernés et obligés d'accepter le combat. Pendant toute une journée, Fannin avec 500 hommes soutint le feu de 1,900 Mexicains. Mais les Texiens, après avoir épuisé leurs munitions, acceptèrent une capitulation honorable. Les deux chefs la signèrent, et les Texiens livrèrent leurs armes. Cependant, sur l'ordre de Santa-Anna, les 400 Texiens qui avaient capitulé furent enveloppés, égorgés sans défense, et leur brave colonel fut fusillé.

Cette horrible trahison ne fit qu'enflammer le courage des colons; aussi, tandis que Santa-Anna les croyait abattus et se disposait à pénétrer dans le pays pour en prendre possession, une armée commandée par Houston se présenta à sa rencontre, le 20 avril 1836, dans la plaine de San-Jacinto. Le lendemain Santa-Anna, qui venait d'opérer sa jonction avec le corps que commandait le général Cos, se disposa à attaquer les Texiens. Dans les rangs de ceux-ci régnait un silence solennel, qui annonçait qu'ils marchaient avec la ferme résolution de mourir. Lorsqu'ils furent arrivés à une petite distance de l'ennemi, le général

Houston s'écria : *Enfants, souvenez-vous d'Alamo !* et toute l'armée repondit comme un seul homme : *Nous nous souvenons d'Alamo !* Au même instant un feu terrible porte le désordre dans les rangs des Mexicains. Les Texiens s'avancent rapidement, abordent l'ennemi à la baïonnette et le culbutent sur tous les points. Le carnage fut horrible : en dix-huit minutes les colons étaient maîtres des bagages et des drapeaux de l'ennemi, qu'ils poursuivirent jusqu'à la nuit. La moitié de l'armée mexicaine resta sur le champ de bataille, l'autre moitié déposa les armes.

« Le lendemain 22, Santa-Anna, découvert dans de hautes bruyères où il se cachait, fut amené devant Houston, et le 24 le général Cos fut pris par un détachement qui poursuivait quelques fuyards. Livré à ses ennemis, Santa-Anna dut croire qu'il allait expier l'odieux massacre de Goliad : il ne trouva en eux que des vainqueurs qui lui accordèrent dédaigneusement la vie. »

Telle fut l'issue de cette guerre qui assura l'indépendance du Texas. Elu président de la République, en septembre 1836, Houston, conformément au vœu du pays, envoya au cabinet de Washington un ministre qui avait la double mission de demander la reconnaissance de l'indépendance du nouvel Etat, et de proposer son adjonction aux Etats-Unis de l'Amérique du nord. Le congrès s'empressa d'accéder à la première proposition, mais il refusa la seconde. Le Texas forma donc une république indépendante.

La France a donné à l'Europe un noble exemple et a fait acte de bonne politique en signant, le 25 septembre 1839, un traité de commerce et de navigation avec cette république, qui, par l'énergie avec laquelle elle a conquis sa liberté, a prouvé qu'elle était appelée à de hautes destinées. Vers la fin de 1840, l'Angleterre, la Hollande et la Belgique ont imité la conduite de la France, et tout fait espérer que le Mexique lui-même sentira bientôt qu'il est de son intérêt de réparer ses torts envers le Texas en s'en faisant un ami, un allié, et en y cherchant un débouché pour son commerce.

Le territoire du Texas est borné au nord et à l'est par les possessions des Etats-Unis, à l'ouest et au sud par les Etats mexicains, et au sud-est par le golfe du Mexique. Il est séparé des Etats-Unis par la rivière Rouge (*Red-River*) au nord et par la Sabine à l'est, et du Mexique par le Rio-Bravo-del-Norte à l'ouest. Ses côtes, comprises entre l'embouchure de la Sabine et celle du Rio Bravo-del-Norte, présentent une étendue de 84 myriamètres (189 lieues géographiques). Il s'étend du sud au nord sur une longueur de 84 myriamètres (189 lieues), et sa largeur de l'est à l'ouest est de 80 myriamètres (180 lieues). Nous évaluons sa superficie à 4,900 myriamètres (24,806 lieues).

Toute cette contrée, inclinée vers le sud-est, se divise en trois zones distinctes que l'on nomme les *montagnes*, les *prairies* et les *plaines*. La zone des montagnes occupe la partie du nord-ouest et comprend la *sierra de San-Saba*, ramification de la sierra de Madre. Sa principale chaîne a plus de 100 lieues de longueur du sud-ouest au nord-est ; elle projette quatre autres chaînes vers l'est.

A l'exception de leur crête qui est aride, ces montagnes offrent une belle végétation. « Couvertes de magnifiques forêts où le pin et le chêne sont mêlés à une variété infinie d'arbrisseaux, elles présentent une série de vallons parfaitement arrosés, où la terre ne demande que la main de l'homme pour donner des trésors en échange d'un peu de culture. »

La zone des prairies est la partie intermédiaire de la contrée. Sa surface légèrement onduiée s'étend depuis le pied des montagnes jusqu'aux bords de la rivière Rouge qui forme la limite septentrionale du Texas. La végétation y est riche et magnifique.

La zone des plaines borde la côte, mais elle s'avance plus ou moins dans l'intérieur des terres ; ainsi, sur les bords de la Sabine, elle ne s'étend que qu'à 12 lieues de la mer ; sur ceux du San-Jacinto elle remonte à 28 lieues, et jusqu'à 40 sur ceux du Colorado. Cette zone est d'une fertilité extraordinaire.

Les montagnes recèlent des richesses minérales qui, signalées depuis long-temps par les Espagnols, ne manqueront pas d'être utilisées par les Texiens. On y a jadis exploité de l'or et de l'argent. Récemment on y a découvert des mines de cuivre. Des mines de plomb se trouvent sur les bords de la rivière Rouge et du Rio-Medina, l'un des principaux affluents du San-Antonio. L'oxide de fer est extrêmement abondant dans les montagnes d'où partent les sources de la Sabine, et dans la partie septentrionale du Texas.

L'abondance de la houille paraît devoir être un jour une source de richesse pour cet État naissant. Des dépôts carbonifères ont été signalés sur les bords de la rivière Rouge et sur la rive gauche du Brazos. Enfin le sel gemme abonde non seulement dans le voisinage de ce fleuve, mais sur d'autres points éloignés : ainsi des sources salifères existent aux environs de Nacogdoches dans la partie orientale du Texas, et des marais salés dans le voisinage de San-Patricio, près des sources du Rio-Brazos.

Les voyageurs s'accordent à représenter le Texas comme une des contrées les mieux arrosées qui existent. Les rivières y sont assez profondément encaissées pour qu'on n'ait jamais à craindre ces épanchements d'eau qui forment des marais, dangereux par les miasmes qui s'en exhalent. Elles présentent en général, comme presque toutes celles de l'Amérique septentrionale, des rapides qu'il sera facile de faire disparaître, lorsqu'il s'agira d'y établir des communications par les bateaux à vapeur.

Les principaux cours d'eau sont, en allant de l'ouest à l'est, le *Rio-Bravo* ou le *Rio-del-Norte*, qui descend de la Sierra-Verde, et dont le cours est de 222 myriamètres ; elle baigne le Texas pendant 72 myriamètres (173 lieues).

En avançant vers l'est on trouve le *Rio-de-las-Nueces* (la rivière des Noix), dont la longueur totale est d'environ 53 myriamètres (120 lieues). Plus loin le *Rio-San-Antonio* et le *Guadalupe* ont 40 à 45 myriamètres d'étendue. Le *Colorado*, qui prend sa source sur les pentes septentrionales de la Sierra de Saba qu'il traverse, a environ 75 myriamètres (168 lieues) de cours. Il doit son nom au limon rougi par l'oxide de fer qui le colore après les pluies. D'après les reconnaissances faites par ordre du gouvernement, il serait navigable depuis son embouchure jusqu'à la zone des montagnes, c'est-à-dire pendant 40 myriamètres ou 90 lieues.

Le *Rio-Brazos*, appelé sur les anciennes cartes *Rio-Flores*, est le fleuve le plus considérable du Texas ; il prend sa source dans la partie du nord-ouest de cette contrée, et se jette dans la baie de San-Bernardo après un cours d'environ 100 myriamètres (225 lieues). Il coule entre des berges dont la hauteur varie de 6 à 12 mètres. Sur une étendue de 70 myriamètres (157 lieues), il offre une largeur de 150 à 200 mètres. Après les pluies ses eaux sont souvent saumâtres, parce que dans la partie supérieure de son cours il traverse un lac salé.

M. F. Leclerc a fait relativement au Rio-Brazos une observation qui n'est pas sans importance : c'est que ce fleuve, beaucoup moins considérable que le Mississipi, obéit cependant comme ce dernier, que les naturels nomment le *Père des eaux*, à une impulsion mystérieuse qui le pousse sans cesse de droite à gauche, en lui faisant abandonner une de ses rives pour empiéter sur l'autre : telle est même l'origine de plusieurs petits lacs en forme de fer à cheval qu'on rencontre çà et là sur la rive droite [1].

Le *Rio Trinidad* paraît avoir au moins 60 myriamètres (135 lieues) de longueur : quelques voyageurs lui donnent une étendue plus considérable ; mais ce qu'il y a de certain, c'est que les bateaux à vapeur le remontent sans obstacle pendant au moins 60 lieues. C'est sur ses rives que les Français tentèrent de fonder un établissement sous le nom de Champ-d'Asile. Ses bords sont élevés et couverts d'arbres qui donnent de beaux bois de construction. Le sol qui s'étend sur ses deux rives est riche et fertile.

Enfin la *Sabine*, qui sur la plus grande partie de son cours sépare le Texas de la Louisiane, a environ 45 myriamètres (101 lieues) de longueur. Dans toutes les saisons les bateaux à vapeur la remontent jusqu'à 30 ou 40 lieues de son embouchure.

Les côtes sont découpées par des baies dans lesquelles se jettent les cours d'eau, et bordées d'îles basses et de lagunes. Un peu au nord de l'embouchure du Rio-Bravo s'étend la *Laguna del Madre*, longue d'environ 50 lieues, et qui se termine vers le nord par la *baie de Corpus-Christi*, qui n'a pas moins de 8 lieues de largeur et environ le double de longueur. A l'entrée de cette baie s'étend la

(1) Le Texas et sa révolution, par M. F. Leclerc. — *Revue des Deux-Mondes*, t. XXI, p. 614.

longue île appelée *Isla del Padre*. Un peu plus au nord la *baie d'Aransas* a 8 à 10 lieues de longueur, 4 de largeur, et une profondeur de 3 à 4 mètres. La baie boueuse et peu profonde de *Espiritu-Santo*, dans laquelle se jettent le Guadalupe et le San-Antonio, est en partie formée par l'*île de Matagorda*, longue de 24 lieues sur 2 ½ de largeur. La *baie de Galveston*, dans laquelle le Juineto et le Rio-Trinidad ont leurs embouchures, a environ 14 lieues du sud au nord et 5 à 7 de l'est à l'ouest. Elle peut recevoir des navires qui tirent plus de 4 mètres d'eau ; mais il est fâcheux que près des bouches des deux cours d'eau que nous venons de nommer, on trouve un banc de sable au-dessus duquel il n'y a que 5 à 8 pieds d'eau, et même 3 à 4 à la marée basse. Enfin les côtes se terminent par la *baie de la Sabine*, sorte de grand lac ou plutôt de *pénélac* (1) dans lequel se jette ce fleuve. L'*île de Galveston* ou de *San-Luis*, qui s'étend à l'entrée de la baie, n'est autre chose qu'un banc de sable formé par le mouvement des eaux marines. Elle a 30 à 35 milles de longueur sur 3 dans sa plus grande largeur, et ne s'élève pas à plus de 12 mètres au-dessus du niveau de la mer. De hautes graminées, entremêlées de quelques *mimosas*, de *cactus opuntia*, de *salsola* et d'autres plantes marines, couvrent sa surface. En général les côtes du Texas sont basses et marécageuses, et pendant la saison des pluies elles deviennent fort insalubres.

Le climat du Texas est délicieux. La zone des plaines est la plus chaude : la température y est à peu près celle de la Louisiane, mais elle est plus salubre. Pendant l'été le thermomètre marque constamment 30 degrés centigrades ; mais cette chaleur est tempérée par les brises de mer. A mesure qu'on s'élève vers le nord le climat devient de plus en plus ravissant. L'hiver, des pluies abondantes tombent depuis le 15 novembre jusqu'au 15 janvier, et humectent la terre pour les dix autres mois. Quelquefois il s'y mêle un peu de neige, mais qui ne séjourne jamais. Le printemps commence en février ; les chaleurs se font sentir en avril et durent jusqu'à la fin de septembre.

Les trois zones qui partagent le Texas et la température variée qui y règne, sont des indices suffisants d'une végétation qui doit être remarquable par sa richesse autant que par sa variété. En effet, on y trouve au sud et au sud-ouest de magnifiques forêts qui renferment d'inépuisables trésors pour la marine. Le *chêne*, le *peuplier de la Caroline*, le *frêne*, le *noyer*, le *cyprès*, le *cèdre rouge*, l'*orme*, le *merisier*, le *noisetier*, l'*érable*, l'*acacia*, le *tilleul*, le *sapin*, le *sycomore*, le *sumac*, le *genevrier*, etc., forment les principales essences de ces forêts. Il n'est pas rare d'y trouver des *chênes verts* de plus d'un mètre et demi de diamètre, et des peupliers de la Caroline dont le diamètre dépasse 5 mètres. Du milieu de ces immenses forêts s'élève à cent pieds de hauteur le *magnolia grandiflora*. Les produits de l'*arbre à gomme* et de l'*arbre à caoutchouc*, qui croissent sur les bords du Colorado, restent encore négligés. La vigne sauvage qui croît dans les forêts, semble indiquer que le sol et le climat du Texas sont propres à la culture des diverses espèces de raisins.

Sur les bords du San-Antonio on cultive plusieurs espèces d'arbres à thé, dont les produits ne diffèrent en rien de ceux que nous tirons de la Chine. Le mûrier croît admirablement dans la partie occidentale du Texas (1). La cochenille et l'indigo y ont parfaitement réussi ; le tabac y est d'une qualité supérieure ; la canne à sucre y donne deux récoltes ; M. Leclerc a remarqué en 1838, aux environs de Brasoria, des cannes à sucre qui atteignaient la hauteur de 10 à 12 pieds, et dont les anneaux étaient déjà mûrs au mois d'août jusqu'à la hauteur de 7 pieds (2). Enfin le cotonnier donne au Texas des produits remarquables, et atteint constamment 7 à 8 pieds de hauteur. Ce végétal paraît devoir être une source de richesse pour le pays (3).

(1) Nous avons proposé la dénomination de *pénélac* pour désigner un lac qui communique à la mer par un canal.

(1) *Coup d'œil historique et statistique sur le Texas*, par M. N. Fournel. — Paris, 1841. — (2) *Le Texas et sa révolution*, par M. Frédéric Leclerc. — Paris, 1840.

(3) En 1833 le produit fut de 4,000 balles.
En 1834 » de 10,000 »
En 1838 » de 20,000 »
En 1839 » de 30,000 »
En 1840 » de 60,000 »
En 1841 il est estimé de 100,000 »

On a calculé que le Texas pourrait produire annuellement 5,000,000 de balles de coton, qui, à 40 dollars la balle, produirait plus de 1,000,000,000 de francs.

N. B. La balle de coton pèse environ 500 livres anglaises.

Pour compléter ce tableau physique du Texas nous n'aurons qu'un mot à dire du règne animal. Dans une contrée où la végétation est si riche, on conçoit que les animaux domestiques peuvent être extrêmement nombreux ; mais comme la colonie est en quelque sorte naissante, les troupeaux de moutons les plus considérables sont de 1,500 à 2,000 têtes. Ils pourront d'autant plus facilement devenir un jour une source de richesse pour le pays qu'ils n'exigent aucun soin, aucune dépense : ils vivent en plein air dans des pâturages toujours verdoyants. Les chevaux ne demandent pas plus de frais d'entretien : ils vivent constamment dans les pâturages. Aussitôt qu'un voyageur arrive dans une ville on conduit sa monture dans la prairie, où elle reste jusqu'au moment du départ : c'est un usage général auquel ne dérogent pas même les membres du congrès. Pour hâter le perfectionnement de la race chevaline, les Texiens ont déjà institué dans plusieurs villes des courses de chevaux. « Du reste, dit M. H. Fournel, toutes » les espèces d'animaux domestiques que nous » connaissons se retrouvent autour des habi- » tations du Texas ; toutes les espèces de gi- » bier viennent varier la nourriture des co- » lons ; et les rivières, les lacs, les étangs, » leurs fournissent, avec surabondance, tous » les poissons d'eau douce que nous recher- » chons pour nos tables. »

Les Texiens, en travaillant à conquérir leur indépendance, avaient tellement la pensée de s'incorporer aux Etats-Unis, qu'ils ont calqué leur organisation sur celle des diverses parties de l'Union américaine : voilà pourquoi le Texas, république fondée depuis si peu d'années, est divisé en comtés.

Ils sont au nombre de 32, dont nous allons visiter les principales villes (1).

Dans le *comté de San-Patricio*, borné au sud et à l'ouest par le Rio-Bravo et à l'est par la mer, il n'existe encore que des établissements peu importants ; *San-Patricio* ou *Saint-Patrick*, sur le Rio-Nueces, en est le chef-lieu.

San-Antonio de Bexar, appelé aussi simplement *Bexar* ou *Béjar*, chef-lieu du *comté* de ce nom, est une ville dont la physionomie est toute mexicaine, c'est-à-dire dont les rues, les boutiques et les ateliers n'offrent point cette activité qui règne dans les autres cités texiennes. Sa fondation remonte à 1692. Elle est bâtie avec régularité ; ses maisons, qui n'ont qu'un rez-de-chaussée, sont en pierres et couvertes d'un toit plat bordé d'une balustrade. On y voit une très vieille église surmontée d'une plate-forme. Au nord-est de la ville, sur la rive gauche du San-Antonio se trouvent les débris de la citadelle d'*Alamo*, célèbre, comme on l'a vu plus haut, dans les annales du Texas.

Gonzalès, qui donne son nom au comté dont il est le chef-lieu, est un établissement qui mérite à peine le titre de ville, et qui est situé sur la rive gauche du Guadalupe. Il en est de même de *Preston* et de *Refugio*, dans la division appelée *comté de Refugio*.

La plus ancienne ville après Béjar est *Goliad* ou *Goliath*, qui donne son nom au comté dont elle est le chef-lieu. Fondée en 1716, elle fut d'abord appelée *Bahia*. Sa population est presque entièrement mexicaine. Ses environs sont pittoresques, et joignent à ce mérite l'avantage d'une extrême fertilité.

Dans le *comté de Victoria*, la petite ville de *Victoria* est encore fort peu importante. Nous en dirons autant de *Matagorda*, chef-lieu du comté de ce nom, mais qui, situé au fond d'une vaste baie, à l'embouchure du Colorado, doit un jour devenir le point le plus important du Texas.

En remontant ce fleuve, nous trouvons *La Grange*, *Colorado-City* et *Montezuma*, dans le *comté de Colorado* ; puis dans celui de *Bastrop*, la petite ville de *Mina*, et enfin *Austin*, la capitale de tout le Texas, ville qui a reçu le nom du fondateur de la nouvelle république.

Le Rio-Brazos arrose plusieurs comtés. A son embouchure, on voit le petit port de *Velasco* dans le comté qui porte le nom de *Brasoria*, son chef-lieu, ville qui compte déjà 4,000 habitants. *Columbia*, située un peu plus haut, possède un chemin de fer qui conduit à la baie de Galveston. *Bolivar* et *Orozimbo* sont deux autres petites villes arrosés par le Brazos. On voit sur le même fleuve *San-Felipe de Austin*, dans une belle position à l'extrémité orientale d'une immense prairie qui s'étend jusqu'au Colorado. En 1833, un recensement officiel portait sa population à plus de 5,000 âmes, en y comprenant sa banlieue.

(1) Voyez les Tableaux à la fin de ce livre.

Berceau de la révolution et de la nationalité texiennes, elle fut victime de la lutte que les Texiens soutinrent contre les Mexicains ; mais aujourd'hui les traces de la guerre y ont disparu. Rebâtie en 1838, ses rues sont tirées au cordeau ; la principale aboutit perpendiculairement au Brazos ; on y a construit un palais de justice et un temple.

Washington, qui donne son nom à un comté, est situé sur la rive droite du Brazos. Cette ville, où les Texiens jurèrent de conquérir leur indépendance, a déjà acquis un certain degré d'importance : un chemin de fer y conduit à *Buffalo*, dans le *comté d'Harrisbourg*. Ce dernier comté renferme plusieurs autres petites cités qui bientôt deviendront importantes. *Harrisbourg*, qui est destiné à devenir une ville intéressante, est un établissement où des scieries, mues par la vapeur, débitent une quantité prodigieuse de planches, que l'on expédie sur différents points.

En remontant le Brazos, on arrive dans le vaste *comté de Milam*, nom donné à un établissement dont les habitants ont voulu honorer la mémoire du Léonidas texien. Les autres lieux les plus importants de ce comté sont *Nashville* et *Tenoxtitlan*.

Un autre comté limitrophe de celui-ci est celui de *Red-River* : on n'y trouve encore aucun établissement digne d'être cité. Il n'en est pas de même de celui d'*Houston*, sur la rive gauche du Rio-Trinidad. *Houston*, cité bâtie en l'honneur du général de ce nom, premier président de la république, a déjà l'élégance des villes nouvelles : sa principale rue, *Main-Street*, coupée à angle droit par d'autres rues, est bordée de trottoirs ; mais les constructions achevées laissent encore entre elles des vides considérables. En 1839, elle renfermait 4,200 habitants : ils sont au nombre de plus de 6,000 aujourd'hui. Houston fait un grand commerce de planches, qui descendent à peu de frais jusqu'à la baie de Galveston.

Le *comté de Liberty* ne possède qu'un établissement un peu important, appelé *Liberty* ou *Libertad*. Il confine, au nord-ouest, avec le *comté de Travis*, où l'on remarque une petite ville appelée *Montgomery*.

Le *comté de Nacogdoches* doit son nom à une ville que les Espagnols fondèrent sous le nom d'*Astinage*, en 1716. Elle est généralement mal bâtie, et contient un millier d'habitants. Plusieurs autres comtés ne renferment jusqu'à présent aucune cité importante.

Enfin, trois comtés terminent à l'est le territoire du Texas : ce sont, au sud, *celui de Jefferson*, où l'on trouve la ville de *Beaumont*, sur la rive droite du Rio-Naches ; au nord de ce comté, celui *de Jasper*, près celui *de Sabine*, et celui *de San-Augustino*, dont le chef-lieu qui porte ce nom a acquis une assez grande importance. Les comtés de *Shelby*, de *Jackson* et de *Fannin*, ne renferment encore aucun établissement considérable.

Dans cet aperçu des différentes divisions du Texas, nous n'avons point encore parlé d'un vaste territoire du nord-ouest, peuplé principalement par la nation des Comanches.

Ce peuple, qui, pendant plus d'un siècle, a été la terreur des colons espagnols du Texas, n'est plus très nombreux, mais il est encore redoutable. Les Comanches sont, pour la plupart, d'une taille élevée ; leur peau est d'un rouge foncé, et leurs cheveux d'un noir de jais. Quelques uns, et particulièrement les chefs, portent une longue chevelure qui, sous la forme d'une tresse, pend jusqu'au milieu du dos ; de belles plaques d'argent, larges de 2 à 3 pouces, et assez également espacées, sont attachées à cette tresse. Ils portent au-dessus du coude un large anneau de cuivre ou d'or très grossièrement travaillé, auquel ils suspendent les chevelures des ennemis qu'ils ont tués. Ils ont, en guise de manteau, une grande couverture de laine rouge ou couleur de lie de vin, ou bien une peau de buffle, dont le poil est tourné en dedans. Les femmes sont vêtues d'une espèce de pantalon collant en peau de daim tannée, et d'une veste ronde, souvent sans manches, et faite aussi en peau de daim. Quelques unes portent des anneaux d'or très grossièrement travaillés, et presque toutes des colliers en verroterie.

D'autres Indiens, mais très peu nombreux, habitent les parties septentrionales du Texas : ainsi les *Tankoways* et les *Tarankoways*, qui occupent les terres situées entre le San-Antonio et la rivière de la Vaca, peuvent à peine mettre *cent* guerriers sous les armes ; quelques peuplades de *Chérokis* habitent vers les sources du Nachès ; une tribu de *Lapans* ou de *Lipans* est fixée non loin du Rio-Grande ;

enfin un petit nombre de *Kaskaches* vivent sur les bords du Rio-Bravo.

La population manque au Texas, puisqu'elle n'est encore que d'un habitant par 100 hectares de terrain, ou de 19 par lieue géographique carrée ; mais lorsque l'on considère qu'elle n'était que de 40,000 individus en 1835 et qu'elle s'élevait à 480,000 en 1840, c'est-à-dire qu'elle a décuplé en cinq ans, on prévoit qu'elle pourra être fort considérable dans une vingtaine d'années.

Il est à remarquer que cette population ne comprend encore qu'un petit nombre de femmes et d'enfants, et que composée de vigoureux et hardis colons, elle pourrait fournir au besoin plus de 60,000 combattants.

Les produits des impôts suivront nécessairement la même progression que la population. Ainsi en 1838, les douanes ont versé au Trésor environ 1,400,000 francs, et en 1840 2,930,000 francs. On doit s'attendre à des progrès semblables dans un pays qui, d'après ce que nous avons dit, offre tant, d'éléments de prospérité : ainsi en 1838, on y publiait déjà cinq journaux, qui s'imprimaient dans les villes suivantes : Brazoria, Houston, Matagorda, Nacogdoches et Velasco.

Nous avons vu que le Texas est divisé en comtés comme les Etats-Unis ; sa constitution est calquée aussi sur celle de cette confédération. Le gouvernement est divisé en trois pouvoirs : le législatif, l'exécutif et le judiciaire. Le pouvoir législatif est exercé par une chambre des représentants et un sénat ; le pouvoir exécutif est confié à un magistrat qui prend le titre de président, est élu pour trois ans et n'est pas rééligible au terme de sa magistrature ; enfin le pouvoir judiciaire est exercé par une cour supérieure et par des tribunaux de second ordre. Les juges conservent leurs offices pendant quatre ans, et sont rééligibles.

TABLEAU STATISTIQUE DU TEXAS.

Superficie en myriamètres. . . .	4,900
Idem en lieues géographiques. .	24,806
Population absolue en 1840 . . .	480,000 hab.
Population par lieue carrée. . .	19 hab.

Nombre de comtés (*).

Comté de *Jefferson*.	Comté de *Brazoria*.
— de *Jasper*.	— de *Austin*.
— de *Sabine*.	— du *Fort Bend*.
— de *San-Augustino*.	— de *Washington*.
— de *Shelby*.	— de *Matagorda*.
— de *Harrison*.	— de *Colorado*.
— de *Red-River*.	— de *Fayette*.
— de *Fannin*.	— de *Bastrop*.
— de *Nacogdoches*.	— de *Travis*.
— de *Houston*.	— de *Jackson*.
— de *Liberty*.	— de *Victoria*.
— de *Galveston*.	— de *Gonzales*.
— de *Harrisbourg*.	— de *Refugio*.
— de *Montgomery*.	— de *Goliad*.
— de *Robertson*.	— de *Béjar*.
— de *Milam*.	— de *San-Patricio*.

Accroissement de la population.

Années.	Nombre d'habitants.
1835.	40,000
1836.	50,000
1837.	60,000
1838.	120,000
1839.	240,000
1840.	480,000

Armée de terre.

En 1836.	2,500 hommes.

(*) Consultez l'ouvrage intitulé : *The Rise, progress and prospects of the republic of Texas.*

Marine.

En 1840. . . .	1 corvette. 2 bricks. 2 goëlettes. 2 bâtiments à vapeur armés.

Traitements des hauts fonctionnaires.

Le président.	10,000 dollars.
Le vice-président.	3,500 »
Les quatre secrétaires d'Etat, le directeur général des postes et l'attorney général (chacun). .	3,500 »

Revenus.

En 1838 (douanes).	278,000 dollars.
En 1839 (*Id.*).	376,000 »
En 1840 (*Id.*).	586,000 »
En 1841 (douanes et produit de la vente des terres) évaluation.	2,518,000 »

Dépenses.

Elles sont évaluées à environ. .	500,000 »

Dette publique.

En 1836.	1,250,000 »
En 1840. Dette contractée par le Mexique envers la Grande-Bretagne et mise à la charge du Texas, suivant un article du traité par lequel l'Angleterre reconnaît l'indépendance du Texas	5,000,000 »
En 1841. Emprunt de 37,000,000 de francs contracté en France, et négocié par l'entremise de MM. Jacques Laffitte et Cie, ci.	7,400,000 »

LIVRE CENT QUATRE-VINGT-HUITIÈME.

Suite de la Description de l'Amérique. — Description du Guatemala ou des Etats de la confédération de l'Amérique centrale.

« Le nom de *Guatimala*, ou *Guatemala*, ou plus exactement *Quauhitemallan*, c'est-à-dire *lieu plein d'arbres*, appartenait d'abord à un seul district. Les Espagnols l'ont appliqué à une capitainerie générale, qui porta le titre de royaume, et à une province renfermée dans ce royaume. »

En 1821, la capitainerie générale de Guatemala fut incorporée au Mexique ; mais, à la chute de l'usurpateur Iturbide, elle s'en sépara, et, en 1824, elle se constitua en république fédérative sous le nom de *Republica federal de Centro-America*. Sa constitution, décrétée par une assemblée nationale le 22 novembre de la même année, est modelée, comme celle du Mexique, sur celle des Etats-Unis ; le pays est divisé en cinq Etats, plus un district fédéral. Depuis sa publication, l'esclavage a été aboli sur cette terre nouvellement affranchie, et tous les esclaves ont été mis en liberté. Le gouvernement s'engagea à rembourser aux propriétaires le prix d'achat de chacun d'eux ; mais les riches citoyens, se faisant un devoir d'adopter franchement les principes de morale et de justice qui servaient de base à ce nouvel état social, refusèrent l'indemnité proposée.

Le territoire de la république de Guatemala, qui parait petit si on le compare à ceux des Etats mexicains et colombiens, a cependant 360 lieues de longueur, et 130 dans sa plus grande largeur ; ses côtes ont une étendue d'environ 500 lieues ; une grande quantité d'îles répandues près de celles que baigne la mer des Antilles, depuis le golfe de Honduras jusqu'à la baie de Mosquitos, appartiennent à cette république. Une chaîne de montagnes dans laquelle on compte plus de 35 volcans, dont plusieurs sont encore en activité, et qui ont fait, à diverses époques, éprouver au Guatemala de violentes commotions, le traverse dans toute sa longueur, et projette vers le nord-est et l'est plusieurs rameaux importants. Après le *Nuevo-Segovia*, que les Anglais ont appelé *Blewfield*, la plus grande rivière qui descende de ces montagnes est le *San-Juan*, dont le cours, gêné par des cataractes, a plus de 40 lieues de longueur. Son importance doit devenir un jour beaucoup plus grande si l'on exécute le projet de se servir de son lit et du lac Nicaragua dont il sort, pour former la jonction de la mer des Antilles avec le grand Océan. C'est entre deux chaînes de montagnes que se trouve le grand lac de *Nicaragua*, dont nous avons déjà parlé. Il en est de même de celui de *Izaval*, autrement appelé *Dulce*, qui reçoit un grand nombre de rivières, et dont les eaux s'écoulent par le *Rio-Dulce* dans le golfe de Honduras. Le Guatemala est un des pays les plus arrosés de tous ceux qui sont situés entre les tropiques ; la surabondance de ses eaux se fait surtout sentir pendant la saison des pluies, qui règne depuis le mois de juin jusqu'à celui d'octobre. Durant cet intervalle, les plus petites rivières se changent en torrents impétueux, et l'humidité qui se répand ensuite dans l'air rend alors pernicieux un climat naturellement très chaud. Ces effets ne se produisent cependant que sur les terrains peu élevés qui s'inclinent vers la mer : entre les montagnes et sur les plateaux on jouit constamment d'une température plus ou moins douce. C'est à la diversité de climats que le Guatemala doit l'avantage d'être riche en productions végétales de toutes les contrées. Ainsi, pour n'en citer qu'un exemple, la vigne, que l'on y a transplantée depuis peu d'années, promet déjà de donner un vin excellent.

« Le climat est en général chaud et humide ; les plaines sont fertiles en fruits d'un excellent goût, tant d'Amérique que d'Europe. Le maïs y produit 300 pour 1, ainsi que le cacao, dont on fournit tous les Etats de la Nouvelle-Espagne. L'indigo y est d'une qualité supérieure. On y cultive le rocou. Les forêts qui couvrent les montagnes nourrissent des animaux encore mal connus ; on y distingue aussi plusieurs arbustes non décrits, d'où il découle des baumes exquis. Plusieurs ports sur la mer du Sud facilitent à cette république un commerce avantageux avec le Pérou, la Terre-Ferme et la Nouvelle-Espagne. Les côtes abondent en poissons, mais la pêche est suivie avec peu d'ardeur. On néglige aussi les mines d'argent, qu'on dit abondantes ; mais on recueille le soufre qui flotte à la surface de plusieurs lacs. »

Guatemala-la-Vieja ou *Antigua-Guatemala*, appelée autrefois *Santiago-de-los-Caballeros-de-Guatemala*, aujourd'hui chef-lieu de l'*Etat de Guatemala*, offre à elle seule un exemple des catastrophes auxquelles la nature semble réserver l'Amérique centrale. Située au pied du mont d'*Agua*, à 10 lieues du grand Océan, elle remplaça, en 1524, la ville antique d'*Almalonga*, qui avait servi de résidence aux rois Rachiquèles, et que les feux souterrains avaient renversée. La nouvelle ville ayant été fondée le jour de Saint-Jacques, reçut le surnom de *Santiago*; mais, placée entre deux volcans, elle fut détruite au bout de 20 ans par les torrents de lave de l'un et les torrents d'eau bouillante de l'autre. Une partie de ses habitants fut même ensevelie sous ses ruines; ceux qui échappèrent à ce désastre la rebâtirent un peu plus loin. Ils se croyaient à l'abri des ravages des deux monts ignivomes, lorsqu'en 1775 un tremblement de terre renversa la nouvelle ville. Avant cette terrible catastrophe, Santiago-de-Guatemala était une des plus belles cités du Nouveau-Monde : de ses 38 églises il ne reste plus que sa cathédrale; de ses 34,000 habitants 5,000 seulement persévérèrent à rester au milieu de ses ruines; les autres allèrent fonder à 10 lieues au sud une nouvelle ville sous le même nom. Guatemala-la-Vieja s'est cependant repeuplée au point qu'elle compte aujourd'hui près de 18,000 individus.

Guatemala, surnommée *la Nueva* ou *Nueva-Guatemala*, capitale de la république, forme avec son territoire le *district fédéral*. Elle est située dans une vallée belle et fertile, dont la pente est dirigée vers la mer. Assise sur une hauteur de 5,000 pieds au-dessus du niveau de l'Océan, cette ville jouit, ainsi que ses environs, d'un climat délicieux ; la température y rappelle sans cesse les plus beaux jours du mois de mai. Il suffit cependant de parcourir ses environs dans un rayon de 20 lieues, pour y éprouver l'influence des climats les plus variés. Le volcan d'Agua, élevé de 14 à 15,000 pieds, fournit à cette capitale la quantité de glace nécessaire à ses besoins. A quelques lieues de là, sur la côte du grand Océan, l'atmosphère est aussi brûlante que sous l'équateur. C'est à cette diversité de climats, dit un voyageur, que le pays doit la variété de ses productions naturelles : aussi les marchés de la ville sont-ils abondamment fournis de toutes les plantes potagères et des fruits les plus délicieux. A la distance de 8 lieues se trouvent plusieurs coteaux volcaniques appelés *Mastratons*, aux environs desquels la terre est dans une agitation continuelle. Cette contrée est cependant très fréquentée, parce qu'elle renferme d'excellentes sources d'eau minérale. La population de Guatemala est d'environ 50,000 âmes. Ses rues, bien pavées, tirées au cordeau, et larges de 36 pieds, sont toutes arrosées par un ruisseau d'eau vive. La fréquence des tremblements de terre a fait adopter l'usage de ne donner qu'un étage aux maisons. Chaque habitation possède un ou plusieurs jardins, des cours et des plates-formes avec des fontaines d'une eau fraîche et limpide. Ces cours et ces jardins sont ornés de fleurs, de citronniers, d'orangers et de diverses plantes tropicales. La place du marché, rafraîchie par un jet d'eau s'élevant au milieu d'un bassin magnifique, est un carré régulier de 450 pieds, bien pavé et entouré de portiques ; l'un de ses côtés est occupé par la *cathédrale*, édifice majestueux, construit par un architecte italien. En face de ce temple se présente le *palais de la régence*, et un peu plus loin le *palais de justice*. L'*hôtel de la monnaie* est d'une belle construction. Toutes les églises sont remarquables par leur architecture. Elles sont au nombre de 40. Mais ce qui fixe surtout l'attention de l'étranger, c'est un bel amphithéâtre en pierres, destiné aux combats de taureaux. Guatemala renferme environ 500 prêtres ; elle possède une université où l'on enseigne la jurisprudence, la théologie, la médecine, les mathématiques et les sciences naturelles. Les bâtiments qui lui sont réservés répondent, sous tous les rapports, à leur destination ; ils renferment, outre une petite bibliothèque, un musée d'anatomie avec de précieux modèles en cire. Il existe dans cette ville une académie des beaux-arts.

« On doit remarquer *Amatitlan*, ou la ville des lettres, ainsi nommée à cause de l'habileté que les Indiens, ses habitants, montraient à graver des hiéroglyphes sur l'écorce des arbres. Le district de *Soconusco*, dont le chef-lieu est *Guaguetlan*, produit le meilleur cacao de l'Amérique. Il en vient très peu de véritable dans le commerce [1]. Dans le district de *Quesaltenango* on trouve de l'alun et du soufre très fins. *Solola* produit les meilleures figues de toute la république ; il y a beaucoup de filatures de coton. On y trouve deux volcans, l'un appelé Atitan, et l'autre Solola [2]. Le district de *Suchitepeque*, fertile en rocou, éprouve des pluies excessives. »

L'ancienne province de *Vera-Paz* fait partie de l'Etat de Guatemala.

« Un dictionnaire géographique espagnol donne des détails curieux sur le pays de *Vera-Paz*, dont la capitale était *Coban*, et qui confine au nord avec l'Etat mexicain d'Yucatan, et à l'ouest avec celui de Chiapa [3]. Il y pleut neuf mois de l'année. Le pays abonde en fruits et en troupeaux. Dans les forêts on rencontre des arbres très gros qui jettent une odeur agréable, et d'où il coule une résine odoriférante qui ressemble à l'ambre. On y recueille encore différentes espèces de baume, de gomme, d'encens et du sang-dragon. Il y a des cannes de *cent* pieds de long, et si grosses que, d'un nœud à l'autre, on y trouve 25 livres d'eau. Les abeilles y font un miel très liquide, et qui, s'étant aigri, sert, dit-on, au lieu de jus d'orange. Les forêts sont peuplées d'animaux sauvages, parmi lesquels Alcedo distingue le *tapir* ou *danta*. Lorsqu'il est furieux il montre les dents comme le sanglier, et coupe, dit-on, l'arbre le plus fort. Sa peau a six doigts d'épaisseur, et, séchée, elle résiste à toutes sortes d'armes. Il s'y trouve aussi des *ours* très gros. »

Coban ou *Vera-Paz*, à 40 lieues au nord-est de Guatemala, est une petite ville de 12,000 habitants, la plupart Indiens, dans laquelle on fabrique beaucoup de toile. *Chiquimula* passe pour avoir 30 à 40,000 âmes ; *Quesaltenango-del-Espiritu-Santo* est commerçante, presque aussi peuplée que Vera-Paz, et renferme de belles églises. *Totonicapan*, un peu moins peuplée, est connue par son ébénisterie et ses sources thermales. *Mixco*, *Quiché*, *Peten* ou *Remedios*, sont des lieux intéressants par les ruines qui s'élèvent aux environs ; la dernière ville est l'une des plus importantes forteresses de la république.

« L'Etat de *Honduras* est formé de l'ancienne province de ce nom. Les premiers navigateurs espagnols, voyant des citrouilles flotter en grand nombre sur le bord des rivières, lui donnèrent le nom de la côte des *Hibueras*, c'est-à-dire des citrouilles. La partie la plus occidentale renferme *Comayagua* et *Truxillo* : la première est la capitale, ville épiscopale, avec une population de 18,000 âmes ; la seconde, qui est fortifiée, a été bâtie près d'un lac où des îles flottantes, couvertes de gros arbres, changent de place au gré des vents qui les entraînent [1]. Près de la rivière de *Sibun*, on a découvert des cavernes ou plutôt des galeries souterraines immenses qui ouvrent un passage sous plusieurs montagnes, et qui paraissent avoir été creusées par d'anciens courants [2].

A une centaine de lieues de la capitale, le bourg d'*Omoa*, sur la côte méridionale du golfe de Honduras, possède le principal port de la république. La contrée qu'il faut traverser pour y arriver offre une suite continuelle de montagnes nues et de vallées fertiles. Les Andes y atteignant une hauteur considérable, on ne peut se servir que de mulets pour voyager ; ces animaux et les indigènes sont employés au transport des marchandises expédiées du port d'Omoa au bourg d'Izaval pour la capitale.

Copan, simple bourgade, est intéressant par les antiquités découvertes dans son voisinage, sur le lieu même appelé *Quirigua* et sur la rive gauche de la rivière de Motagua, qui se jette dans le golfe de Honduras, entre les ports d'Omoa et de Saint-Thomas. Elles consistent principalement en un grand cirque, situé sur une petite éminence formée de cailloux. Au centre de ce cirque, dans lequel on descend par des degrés très étroits, s'élève une grande pierre arrondie, dont le con-

(1) *Alcedo*, Diccionario. — (2) *Idem*, *ibid.* — (3) Dictionnaire d'*Alcedo*, au mot *Vera-Paz*.

(1) *Gomara* : Hist. de las Indias, ch. LV. — (2) *Henderson*, account of Honduras.

tour est chargé d'hiéroglyphes et d'inscriptions; deux têtes d'hommes, plus grandes que nature, paraissent soutenir cette table, qui est couverte de végétation dans sa plus grande partie. Non loin de là, on voit deux obélisques, dont un a 6m,40 de hauteur; il est couvert d'hiéroglyphes, et derrière on voit une statue qui tient plusieurs attributs. Les autres principales antiquités sont deux autels d'un beau travail; une tête colossale d'environ 1m,70 de diamètre; une statue de 5m,55 de hauteur, représentant d'un côté une femme, et de l'autre une figure d'homme d'une meilleure conservation; et une autre, de 7m,10 de proportion, et qui est plus inclinée que la tour de Pise. Ce qu'il y a de plus remarquable, c'est que ces monuments, qui ont été construits évidemment avant la conquête, sont ornés de bas-reliefs représentant des figures d'hommes et de femmes parfaitement sculptées, et qui ont un costume semblable à celui des anciens Castillans. Ces bas-reliefs sont favorables à l'opinion qu'avant la conquête une partie du sol de l'Amérique avait déjà été visitée par des Européens.

La ville de *Xerez*, près du golfe de Fonseca, remplie d'îles bien boisées, est la plus méridionale de l'Etat de Honduras.

L'Etat de San-Salvador tire son nom d'une ville qui en est la capitale. Il est borné par les Etats de Guatemala et de Honduras, et baigné au sud par le grand Océan. Il comprend le pays que les naturels nomment encore *Cuscatlan*, c'est-à-dire *pays de richesses*, dénomination que justifient ses mines d'argent, de plomb et de fer, et ses produits en indigo. Dans une jolie vallée, au milieu de belles plantations de tabac et d'indigo, sur le bord du Bermenillo, et au pied d'un volcan auquel elle donne son nom, s'élève la ville de *San-Salvador*. Quelques beaux édifices, plusieurs manufactures, un commerce actif et une population de 30 à 40,000 âmes, la plaçaient naguère au rang des principales cités de la république; mais, du 1er au 2 octobre 1839, un terrible tremblement de terre a renversé tous ses grands édifices et la plupart de ses maisons.

Sonsonate ou *Zonzonate*, appelé aussi *Trinidad*, est importante plutôt par sa position avantageuse au fond d'une baie de l'Océan, à l'embouchure de la rivière de Zonzonate, que par sa population : elle n'a que 3 à 4,000 âmes, mais elle fait un bon commerce. Le nom de la rivière vient du mot indien *Zezontlatl*, qui signifie *quatre cents sources*, puisque, en effet, elle est formée d'un grand nombre de petites rivières.

San-Vicente, sur le flanc d'une haute montagne d'où sortent des sources minérales, a été presque entièrement détruite par le tremblement de terre de 1835.

San-Miguel, où l'on voit une belle église, est célèbre par l'air malsain qui y règne; elle renferme 6,000 habitants, parmi lesquels on ne compte qu'un dixième de blancs. Près du lac *Guija*, le bourg de *Matapos*, entouré de mines de fer et d'usines, pourrait passer pour une ville : sa population est de plus de 4,000 âmes.

L'Etat de Nicaragua, pays très chaud, mais humide et fiévreux, surtout en septembre et en novembre; pays boisé, fertile et riche en mille espèces de productions végétales; pays enfin où les orages et les tremblements de terre sont fréquents, principalement en hiver, comprend les deux lacs de Nicaragua et de Léon, qui occupent presque le dixième de sa superficie. Celle-ci est évaluée à environ 6,000 lieues carrées; celle des deux grands lacs à 550 lieues.

« D'après le témoignage respectable de *Gomara* (1), et la presque totalité des relations et des cartes, le grand lac de Nicaragua, rempli d'îles riantes et peuplées, parmi lesquelles une seule, appelée *Omelépec*, renferme le volcan toujours enflammé d'*Omo*, n'a aucun écoulement vers le grand Océan; toutes ses eaux descendent par la rivière Saint-Jean, vers la mer des Antilles. Cette rivière, qui vit les premiers exploits de l'amiral Nelson, forme une trentaine de chutes peu considérables avant d'arriver aux côtes marécageuses de la mer, où un air pestilentiel et des Indiens aussi perfides que féroces épouvantent les navigateurs les plus hardis (2). Le lac est donc situé sur un plateau. L'ingénieur don Manuel Galisteo a reconnu qu'il est à 134 pieds 7 pouces au-dessus du niveau de l'océan Pacifique. « La côte de Nicoya, dit *Dampier* (3),

(1) *Gomara* : Historia de las Indias, chap. CCII. — (2) Notes manuscrites de M. *Dubécé*. — (3) *Dampier* : Voyage, I, p. 231-233.

» est basse et couverte d'arbrisseaux... Pour » arriver à Saint-Léon de Nicaragua, on » marche 20 milles à travers un pays plat, » couvert de mangliers, de pâturages et de » sucreries. » Ces remarques d'un observateur judicieux semblent indiquer qu'il n'y a aucune chaîne de montagnes considérable entre le lac de Nicaragua et la mer Pacifique, aussi a-t-on conçu le projet de le faire servir à la communication entre les deux mers. »

Ce lac a 60 lieues de longueur, 25 de largeur, et 88 pieds de profondeur moyenne. Il n'est séparé de l'Océan que par une langue de terre de 5 lieues de largeur dans sa partie la plus étroite; il communique, vers le nord-ouest avec le lac de *Léon*, appelé aussi *Managua*, long de 15 lieues et large de 7. Un canal nouvellement construit l'unit au grand Océan.

» Parmi les nombreux volcans de ce pays, celui de *Masaya*, à 3 lieues (castillanes) de Granada, et à 10 de Léon, paraît le plus considérable; son cratère, qui a une demi-lieue de circonférence et 250 brasses de profondeur, ne rejette ni cendres ni fumée; la matière enflammée qui y bouillonne répand une clarté visible à plus de 20 lieues; elle ressemble tellement à de l'or en fusion, que les premiers Espagnols la prirent réellement pour ce métal, objet de leurs vœux, et que même leur téméraire avidité essaya, mais en vain, de saisir avec des crochets de fer une partie de cette lave singulière (1).

» L'Etat de Nicaragua ne renferme aucune mine connue; mais il est fertile en toutes sorte de fruits, et abonde en gros et menu bétail, surtout en mules et en chevaux; on en fait un grand commerce, ainsi que de coton, miel, cire, anis, sucre, cochenille, cacao, sel, poissons, ambre, térébenthine, huile de pétrole, différents baumes et drogues médicinales. Les palmiers parviennent à des dimensions colossales. »

En traversant le district de Thousalès, au nord-ouest du lac Nicaragua, un voyageur, M. Friedrichsthal, a signalé tout récemment de nombreux vestiges de villes détruites : des idoles renversées gisent encore sur le sol. Les vastes cimetières de l'île Omelépec feraient croire que les villes voisines avaient choisi cet endroit pour y enterrer leurs morts. Les tombeaux ne sont pas entourés d'un cercle de pierres comme les kalpouls des indigènes modernes : ils sont dispersés irrégulièrement dans la plaine à la profondeur d'un mètre. On y trouve des urnes en argile cuite, remplies de terre et d'ossements très altérés; des vases couverts de peintures et de caractères grossiers; des petites idoles et des ornements en or brut.

Léon, la capitale de l'Etat de Nicaragua, est située aux bords du lac qui porte son nom, et près d'un volcan dont les éruptions lui ont été souvent fatales. Cette cité doit son importance à la population de ses faubourgs : on lui donne 38,000 habitants. Son collége a été érigé en université dans le courant de 1822. Sa cathédrale est le plus beau de ses édifices; mais aussi nous devons dire que l'élégance et la régularité de son architecture pourraient la faire remarquer dans une ville plus importante. Le commerce de Léon est florissant; il s'y tient des marchés très considérables. Ses habitants, riches, voluptueux et indolents, ne tirent que faiblement partie de l'excellent port de *Realejo*, formé par une baie de la mer du Sud, et qui passe pour l'un des meilleurs de l'Amérique espagnole. La ville de *Nicaragua* ou *Villa de la Purissima Concepcion de Rivas*, située sur le lac qui porte son nom, non loin du golfe de *Papagaio*, est le siége d'un évêché. Sa population est de 13,000 habitants, et de 22,000 en y comprenant plusieurs petits villages qui forment ses faubourgs. *Granada* et *Massaya*, remarquables par leurs volcans, passent pour des villes considérables.

« Les indigènes de Nicaragua parlent cinq langues différentes. La *chorotèque* paraît être celle de la principale tribu. Elle n'a aucune ressemblance avec l'aztèque ou la mexicaine, qui y avait été rendue commune avant l'arrivée des Espagnols, par l'invasion d'une colonie aztèque. Ces nouveaux-venus avaient seuls des livres en papier et en parchemin, dans lesquels ils peignaient, avec des figures hiéroglyphiques, leurs rites sacrés et leurs événements politiques. Il paraît que les Chorotèques ne connaissaient pas l'écriture; ils comptaient dix-huit mois et autant de grandes fêtes; leurs idoles, différentes de celles des Aztèques, étaient honorées par un culte aussi sanguinaire que celui de Mexico, et les

(1) *Gomara* : chap. CCIII.

hommes mangeaient de même une partie de la chair des femmes, des enfants et des esclaves immolés par les prêtres. Quoique sujettes à être offertes en sacrifice, les femmes exerçaient un grand pouvoir [1]. Les Espagnols trouvèrent des palais et des temples spacieux, environnés de maisons commodes pour les nobles; mais la multitude vivait misérablement, et n'avait, dans plusieurs endroits, d'autre asile que des espèces de nids placés sur les arbres. Des lois ou coutumes non écrites réglaient la peine du vol et de l'adultère, ainsi que la vente des terres. Les guerriers se rasaient la tête, à l'exception d'une touffe de cheveux laissée sur le sommet. Les orfèvres travaillaient habilement en or moulu. Les vieilles femmes exerçaient la médecine; elles prenaient dans leur bouche la décoction de certaines herbes, et la soufflaient à travers un bout de canne à sucre dans la bouche du malade. Les jeunes mariées étaient souvent livrées aux seigneurs ou caciques avant la consommation du mariage, et l'époux se trouvait honoré par ce sacrifice servile [2].

« La province de *Costa-Rica* n'a point de mines, ce qui a fait dire qu'elle ne devait son nom qu'à une ironie; mais ses superbes bois de construction, ses riches pâturages, ses paysages pittoresques, expliquent assez l'intention de ceux qui lui donnèrent ce nom; le bétail, et surtout les cochons, fourmillent ici d'une manière extraordinaire. Dans le *Golfe-de-los-Salinas* ou de *Ricoya*, on pêche le mollusque qui fournit la pourpre. »

Toute cette province est comprise dans l'*Etat de Costa-Rica*, dont la capitale porte les noms de *San-Jose-de-Costa-Rica* ou de *Villa-Nueva-de-San-Jose*. Cette ville, percée de belles rues arrosées par des canaux et des fontaines, est la résidence d'un évêque, et renferme environ 15 à 20,000 habitants. *Cartago*, qui fut jadis plus florissante, passe pour en avoir 26,000.

(1) *Gomara*: Historia de las Indias, ch. CCVI. — (2) *Idem*, *ibid.*

« On trouve à quelques lieues du golfe auquel elle donne son nom, la petite ville de *Nicoya*, peuplée de charpentiers; l'on y construit et l'on y radoube des vaisseaux. On y fabrique des draps dits de Ségovie.

» A l'est de l'Etat de Honduras et au nord de celui de Nicaragua, s'étend, entre le golfe de Honduras et celui des Mosquitos, une contrée vaste et peu connue. L'intérieur du pays est occupé par la nation sauvage et indomptable des *Mosquitos-Sombos*. Les côtes, surtout près le *cap Gracias à Dios*, sont habitées par une autre tribu d'Indiens que les navigateurs anglais ont appelés *Mosquitos de la côte*. Ce nom vient de la foule insupportable de mosquites ou mouches à dard qui tourmentent ici les malheureux habitants, et les obligent à passer une partie de l'année en bateau sur la rivière. Les Mosquitos de la côte ne comptent que 1,500 guerriers; ils vivent sous des chefs aristocrates. On ne connaît pas leurs idées religieuses; mais, selon les anciens voyageurs, ils divisaient l'année en 18 mois de 20 jours, et ils appelaient les mois *Ioalar*, c'est-à-dire chose mobile; dénomination très remarquable, puisqu'elle se rapproche évidemment du mot *Iol*, par lequel les anciens Scandinaves désignaient la fête qui terminait l'année, mot qui paraît aussi avoir signifié *roue* et *cycle*. Les Anglais conservèrent longtemps ici des établissements fixes qui les rendaient maîtres du pays. C'est à l'infortuné colonel *Despard* et au grand amiral *Nelson* que l'Angleterre dut l'ordre établi dans ces petites colonies. En 1769, on en exporta 800,000 pieds d'acajou, 200,000 pesant de salsepareille, et 10,000 d'écailles de tortue. On exporte aussi des peaux de jaguar et de chevreuil. » Depuis le commencement de ce siècle, les Anglais ont abandonné les établissements qu'ils avaient fondés sur cette côte.

TABLEAU *des divisions administratives de la République fédérative de l'Amérique centrale.*

SUPERFICIE EN LIEUES CARRÉES.	POPULATION ABSOLUE.	POPULATION PAR LIEUE CARRÉE.
26,650.	2,000,000 habitants.	75.

NOMS DES DIVISIONS.	POPULATION.	VILLES.
DISTRICT FÉDÉRAL.	60,000	GUATEMALA-LA-NUEVA, 50,000 habitants.
ETAT DE GUATEMALA.	820,000	*Guatemala-la-Vieja*, 18,000 habitants. Acasaguastlan, Chiquimula, Coban ou Ciudad-de-Coban, Eslipa, Gualan, Izaval, Mixco, Peten ou Remedios, Quesaltenango, Quiché ou Santa-Cruz-del-Quiché, Solola, Santa-Cruz, Soconusco.
ETAT DE SAN-SALVADOR.	330,000	*San-Salvador*, 39,000 habitants. Isalco, Matapas, Sonsonate, San-Vincente, San-Miguel.
ETAT DE HONDURAS.	280,000	*Comayagua* †, 18,000 habitants. Ciudad-de-Gracias, Copan, Nueva-Segovia, Omoa, Tegucigalpa.
ETAT DE NICARAGUA.	330,000	*Leon*. 38,000 habitants. Chinandega, Granada, Managua, Masaga, Nicaragua †, Nicoya, San-Carlos, Sutzaba.
ETAT DE COSTA-RICA.	180,000	*San-José-de-Costa-Rica* †, 20,000 habitants. Boruca, Cartago.

Revenus en francs.	Dette publique en francs.
10,000,000.	9,500,000.

Armée.

Troupes réglées. . . . . 1,500 hommes.
Milices. 30,000

LIVRE CENT QUATRE-VINGT-NEUVIÈME.

Suite de la Description de l'Amérique. — Description physique générale de l'Amérique méridionale espagnole.

« Nous entrons dans la plus riche, la plus fertile, la plus salubre, la plus pittoresque de toutes les péninsules du monde, et dans celle qui, sans l'Afrique, serait aussi la plus étendue. C'est désigner l'*Amérique méridionale*, qui serait plus convenablement et plus légitimement nommée tout court *Amérique*, tandis que la reconnaissance attacherait à la partie septentrionale le nom de *Colombie*. Les estimations des géographes portent l'étendue de cette grande péninsule à 895,000 lieues carrées de 25 au degré équatorial. Près des trois quarts de cette étendue se trouvent dans la zone torride. La plus grande largeur entre le cap *Saint-Ausgustin*, au Brésil, et le cap *Blanc*, au Pérou, est de 1,600 lieues. La longueur de la péninsule doit être prise depuis la pointe *Gallianas*, voisine du cap Vela, en Terre-Ferme, à 12 degrés latitude nord, jusqu'au cap Froward en Patagonie, à 54 degrés latitude sud; elle sera alors de 1,650 lieues; mais l'on ne peut guère se refuser de l'étendre 50 lieues plus au sud, jusqu'au cap Horn, dans la Terre de Feu, à 56 degrés de latitude, car les îles qui composent la Terre de Feu sont pour ainsi dire adhérentes à l'Amérique, et l'œil les en distingue à peine en les considérant sur le globe terrestre.

» La géographie physique de cette grande péninsule présente un ensemble dont les traits sont faciles à saisir. Un plateau généralement élevé de 2,000 toises, couronné par des chaînes et des pics isolés, forme toute la partie occidentale de l'Amérique méridionale; à l'est de cette *terre haute*, une étendue deux ou trois fois plus large de plaines ou marécageuses ou sablonneuses, sillonnées par trois fleuves immenses et par de nombreuses rivières; enfin à l'est une autre *terre haute* de moins d'élévation et de moins d'étendue que le plateau occidental, voile toute la péninsule. Les Espagnols occupent ou réclament tout le plateau occidental et la plus grande partie des plaines; les Portugais possèdent le plateau oriental. A l'exception de la description des grands fleuves qui traversent plusieurs territoires, le tableau physique général de l'Amérique méridionale peut se coordonner avec les deux grandes divisions politiques. »

Les *Llanos* sont des savanes ou plaines couvertes de pâturages, qui s'étendent au-dessus des plaines basses et marécageuses jusqu'aux montagnes, et qui, sans être très élevées, le sont assez pour n'être jamais envahies par les eaux des fleuves qui les traversent.

On a cru long-temps à l'existence d'une grande chaine au centre des Llanos, et de ces montagnes imaginaires les géographes faisaient descendre les fleuves de l'Amérique méridionale; mais les travaux géographiques faits nouvellement par le colonel Codazzi ont prouvé qu'il existe au milieu des Llanos un grand plateau dont la hauteur varie de 300 à 450 mètres, et qui donne naissance à plus de quarante rivières coulant dans différentes directions. Elles ne sont d'abord à leur origine que de petits ruisseaux cachés par des bouquets de palmiers de l'espèce appelée *mauritia flexuosa*; mais à mesure que ces ruisseaux s'éloignent de leur source, on les voit se grossir rapidement sans qu'aucun affluent visible ne vienne les alimenter. A quelques lieues des talus qui les produisent, ils deviennent des rivières navigables. Les unes descendent alors vers la mer des Antilles et le golfe de Paria, et les autres vont se rendre dans l'Orénoque et dans l'immense delta qu'il forme à son embouchure. Ce phénomène trouve son explication dans la nature géognostique du sol qui forme le plateau dont nous venons de parler.

A ce grand plateau appelé *Mésa de Guanipa* qui s'élève au centre des *Llanos*, s'adossent plusieurs plateaux, dont les espaces intermédiaires sont parcourus par autant de rivières. Leur surface offre en général un sol arénacé que recouvrent les hautes herbes des savanes. Dans la saison de l'hivernage, dit M. Codazzi, les pluies s'infiltrent à travers ce sol sablonneux jusqu'à la couche argileuse qui les arrête. Ainsi concentrée, la masse d'eau se fait jour par les talus latéraux, et filtre de toutes parts le long de leurs bords. Des ruisseaux se forment et suivent la ligne de pente par les espaces resserrés que les plateaux laissent entre eux; les thalwegs qu'ils parcourent, à la base des talus, leur fournissent sans cesse un nouvel aliment par la filtration continuelle des eaux qui les minent: ce sont autant de sources invisibles qu'ils rencontrent sous leurs pas, une sorte de crue incessante et progressive qui bientôt les convertit en rivières pour les répandre dans différentes directions, selon les obstacles qui déterminent leurs cours.

« Les majestueux fleuves de l'Amérique méridionale effacent, par la longueur de leur cours et la largeur de leur lit, tous ceux de l'ancien monde. Le superbe *Amazone* revendique le premier rang. »

Ce fleuve, que les Espagnols nomment *Marañon* et les indigènes *Guièna*, ne prend le nom d'Amazone qu'au confluent de deux grandes rivières, le *Tunguragua* et l'*Ucayale*, qui ont leurs sources dans les Andes. La première sort du lac *Lauricocha*, et la seconde des monts *Cailloma*, sous le nom d'Apurimac, qui prend celui d'Ucayale après s'être réuni au *Beni*. Ses principaux affluents sont, sur la rive gauche, l'*Ica*, le *Yupura* et le *Rio-Negro*; sur la rive opposée, le *Yavari*, le *Yutay* et le *Yurna*. L'Ucayale n'a pas moins de 200 lieues de cours; il reçoit la *Mugua* et le *Rio-de-los-Capanachuas* à droite, et la *Pachica* à gauche. Il traverse des gorges de montagnes d'un difficile accès, des forêts désertes et de vastes solitudes, où sans doute son cours étale des beautés pittoresques.

« Depuis San-Joaquin-d'Omaguas, l'Ucayale et le Tunguragua roulent leurs ondes réunies à travers une immense plaine, où, de toutes parts, les rivières tributaires apportent leurs eaux. Le Napo, le Yupura, le Parana, le Cuchivara, le Yutay, le Puruz, seraient partout ailleurs des rivières considérables; ici elles ne sont qu'au troisième et au quatrième rang. Le *Rio-Negro*, qui vient de la Terre-Ferme, et qui mérite le nom de grand fleuve, est englouti dans le vaste courant de l'Amazone.

» Jusqu'au confluent du *Rio-Negro* et de l'Amazone, les Portugais appellent cette dernière *Rio des Solimoens*, ou rivière des Poissons; elle ne prend qu'ensuite le nom de rivière des Amazones, auquel plusieurs auteurs, à l'exemple des Espagnols, substituent la dénomination de Marañon ou d'*Orellana*; mais le nom poétique de l'Amazone nous paraît à la fois plus harmonieux et plus exempt de discussion. Il s'entend de soi-même qu'en l'adoptant nous n'admettons pas la vérité historique de quelques relations exagérées, où la bravoure d'une bande de femmes a servi de texte pour renouveler les récits également exagérés des Grecs sur l'existence d'une nation d'amazones.

» La rivière *Madera* ou des bois est le plus grand de tous les affluents de l'Amazone; elle en est en quelque sorte une branche principale; elle vient d'aussi loin que l'Ucayale, étant formée par le concours de la Mamore, dont le principal bras, nommé *Guapihi*, vient de *Cochabamba*, et de la rivière des Chiquitos, nommée rivière de *Santa-Madalena*, ou *Guaporé*.

» Les grandes rivières de *Topayos* et de *Xingu* viennent du même côté que la Madera; elles se jettent dans l'Amazone; mais quant à la rivière de *Tocantins* ou de *Para*, qui se grossit de l'*Araguay*, on doit regarder son embouchure comme indépendante, quoique réunie à l'Amazone par un bras de communication. »

Depuis son confluent avec le Rio-Negro jusqu'à l'Océan, l'Amazone a 315 lieues de cours; depuis la source du Tunguragua, il en a 1,035, y compris ses grandes sinuosités.

« La largeur de ce fleuve varie d'une demi-lieue à une lieue dans la partie inférieure de son cours; sa profondeur surpasse cent brasses; mais depuis son confluent avec le Xingu, et près de son embouchure, elle devient semblable à une mer; l'œil peut à peine découvrir ses deux rivages à la fois. La marée s'y fait sentir à une distance de 250 lieues de la mer. *La Condamine* pense que le gonflement est occasionné par la marée de la veille, qui se propage dans la rivière [1]. Près de l'embouchure on voit un combat terrible entre les eaux du fleuve, qui tendent à se décharger, et les flots de l'Océan, qui se pressent pour en-

[1] *La Condamine*: Relation, etc., p. 173.

trer dans le lit de la rivière. Nous en avons déjà tracé la peinture [1].

» Le second rang appartient, sans contredit, au fleuve que les Espagnols nomment *Rio-de-la-Plata*, ou rivière d'argent. Il est formé par le concours de plusieurs grands courants, parmi lesquels *la Parana* est regardée comme le bras principal; aussi les naturels donnent-ils ce nom à tout le fleuve : le nom de la Plata vient des Espagnols. La Parana part des environs de la Villa-del-Carmen, au nord de Rio-de-Janeiro; grossie d'une foule de rivières, elle coule à travers une contrée montagneuse. Ce qu'on appelle la grande cataracte de la Parana, non loin de la ville de Guayra, est un long *rapide* où le fleuve, pendant l'espace de 12 lieues, se presse à travers des rochers taillés à pic, et déchirés par des crevasses effroyables [2]. Arrivée dans les grandes plaines, la Parana reçoit du nord le *Paraguay*, rivière très considérable, qui prend sa source sur le plateau dit *Campos Paresis*, et qui, dans la saison pluvieuse, forme, par ses débordements, le grand lac de *Xarayes*, lequel par conséquent n'a qu'une existence temporaire. Le Paraguay, avant de se jeter dans la Parana, reçoit le Pilcomayo, grande rivière qui vient des environs de Potosi, et qui sert à la navigation intérieure et au transport des minerais. La rivière de la Plata reçoit encore le Vermejo et le Salado du côté des Andes, et l'Uraguay du côté du Brésil. Son cours majestueux égale en largeur celui de l'Amazone; son immense embouchure pourrait même être considérée comme un golfe, puisqu'elle approche de la Manche en largeur.

» On compte pour le troisième grand fleuve de l'Amérique méridionale, l'*Orinoco* ou l'*Orénoque;* mais il est loin d'égaler les deux autres, soit par la longueur, soit par la largeur de son cours. Suivant *la Cruz d'Olmedilla*, il prend sa source dans le petit lac d'Ypava, latitude nord, 5 degrés 5 minutes; de là, par un détour en forme de spirale, il entre dans le lac *Parima*, dont l'existence a été reconnue par don *Solano*, gouverneur de Caracas, mais qui peut-être doit son origine à des débordements plus ou moins temporaires. Si le pays était en plaine, nous comparerions le lac de Parima à celui de Xarayes; mais comme c'est au moins un pays de collines, nous pensons que ce fameux lac ressemble à la grande inondation presque permanente que forme la rivière Rouge dans la Louisiane [1]. »

Selon un voyageur récent, M. Schomburgh, le lac Amven est l'origine du lac Parima ou Parime et de la prétendue *mer Blanche* de quelques anciens voyageurs. Aux mois de décembre et de janvier, lorsque M. Schomburgh le visita, il avait à peine une lieue de long et était à demi couvert de joncs. La rivière du Pirara sort du lac à l'ouest-nord-ouest du village indien de Pirara et tombe dans le Maou. Ce dernier naît au nord de l'arête de Pacarina, qui dans la partie orientale n'a que 500 mètres d'élévation. Ses sources se trouvent dans un plateau où la rivière forme une belle cataracte appelée *Corona*. Dans le mois d'avril les savanes sont inondées, et offrent le phénomène particulier que des eaux dérivées de deux systèmes différents de rivières se mêlent ensemble. La grande étendue qu'occupe cette inondation temporaire peut avoir donné lieu à la fable du lac Parima. « Pendant » le temps des pluies, ajoute M. Schomburgh, » une communication par eau pourrait être » établie dans l'intérieur des terres de l'Essequibo au Rio-Branco et au grand Para. » Quelques groupes d'arbres, placés sur des » collines de sable, s'élèvent comme des *oasis* » dans les savanes, et paraissent à l'époque » des inondations des îlots épars dans un lac : » ce sont là, sans doute, ces *îles Ipomucena* » de don Antonio Santos. »

« Après être sorti du lac d'Ypava par deux débouchés, à ce qu'on prétend, l'Orénoque reçoit le Guyavari et plusieurs autres rivières, et entre dans l'Océan à travers un large delta, après un cours de 270 ou tout au plus 300 lieues. A son embouchure il paraît néanmoins comme un lac sans bords, et ses eaux douces couvrent au loin l'Océan. « Ses ondes verdâtres, ses vagues d'un blanc de lait au-dessus » des écueils, contrastent avec le bleu foncé » de la mer, qui les coupe par une ligne bien » tranchée [2]. »

» Le courant formé par l'Orinoco ou l'Orenoco, entre le continent de l'Amérique du sud et l'île de la Trinité, est d'une telle force que

[1] Volume Ier, p. 385. — [2] *Dobrizhofer*, de Abiponibus, 206.

[1] Voyez la *Carte de la Louisiane*, par *W. Darby*, Philadelphie, 1816. — [2] *M. de Humboldt :* Tableaux de la Nature, II, p. 175.

les navires, favorisés par un vent frais de l'ouest, peuvent à peine le refouler. Cet endroit, solitaire et redouté, s'appelle le *golfe Triste*. L'entrée en est formée par la *Bouche du Dragon*. C'est là que, du milieu des flots furieux, s'élèvent d'énormes rochers isolés, « restes, dit M. de Humboldt, de la digue » antique renversée par le courant, qui joignit » jadis l'île de la Trinité à la côte de Paria. » Ce fut à l'aspect de ces lieux que Colomb fut convaincu, pour la première fois, de l'existence du continent de l'Amérique. « Une quan» tité si prodigieuse d'eau douce, » ainsi raisonnait cet excellent observateur de la nature, « n'a pu être rassemblée que par un fleuve » d'un cours très prolongé. La terre qui donne » cette eau doit être un continent, et non pas » une île. » Mais ignorant la ressemblance de physionomie qu'ont entre elles toutes les productions du climat des palmes, Colomb pensa que le nouveau continent était la prolongation de la côte orientale de l'Asie. La douce fraîcheur de l'air du soir, la pureté éthérée du firmament, les émanations balsamiques des fleurs que la brise de terre lui apportait, tout lui fit conjecturer qu'il ne devait pas être éloigné du jardin d'Eden, ce séjour sacré des premiers humains. L'Orinoco lui parut un des quatre fleuves qui, selon les traditions respectables du monde primitif, sortaient du paradis terrestre pour arroser et partager la terre nouvellement décorée de plantes (1).

» L'Orinoco a plusieurs cataractes, parmi lesquelles M. de Humboldt a distingué celles de *Maypures* et d'*Astures*. L'une et l'autre sont de peu d'élévation, et doivent leur naissance à un archipel d'îlots et de rochers. Ces rapides ou *raudal's*, comme les Espagnols les appellent, présentent des aspects très pittoresques. « Lorsque du village de Maypures on » descend au bord du fleuve, en franchissant » le rocher de Manimi, on jouit d'un aspect » tout-à-fait merveilleux. Les yeux mesurent » soudainement une nappe écumeuse d'un » mille d'étendue. Des masses de rochers d'un » noir de fer sortent de son sein comme de » hautes tours; chaque îlot, chaque roche se » pare d'arbres vigoureux et pressés en groupe; » au-dessus de l'eau est sans cesse suspendue » une fumée épaisse; à travers ce brouillard » vaporeux où se résout l'écume, s'élance la » cime des hauts palmiers. Dès que le rayon » brûlant du soleil du soir vient se briser dans » le nuage humide, les phénomènes de l'op» tique présentent un véritable enchantement. » Les arcs colorés disparaissent et renaissent » tour à tour; et, jouet léger de l'air, leur » image se balance sans cesse. Autour des rocs » pelés, les eaux murmurantes ont, dans les » longues saisons des pluies, entassé des îles » de terre végétale. Parées de *drosera*, de » *mimosa*, au feuillage d'un blanc argenté, et » d'une multitude de plantes, elles forment des » lits de fleurs au milieu des roches nues. »

» Les communications qui existent entre l'Orinoco et l'Amazone sont un des phénomènes les plus remarquables de la géographie physique. Les Portugais annoncèrent ce fait il y a plus d'un demi-siècle, mais les géographes à système se liguèrent pour prouver que de telles conjonctions des fleuves étaient impossibles. Aujourd'hui l'on n'a plus besoin ni d'analogies ni de raisonnements critiques. M. de Humboldt a navigué sur ces rivières, il a examiné cette singulière disposition du terrain. Il est certain que l'Orinoco et le Rio-Negro errent sur un plateau qui, dans cette partie, n'a aucune pente décidée; aucune chaîne de montagnes ne sépare leurs bassins; une vallée se présente, leurs eaux s'y écoulent et s'y réunissent : voilà le fameux bras de Casiquiare, au moyen duquel MM. de Humboldt et Bonpland ont passé du Rio-Negro dans l'Orénoque. On croit qu'il existe encore plusieurs autres communications entre le Rio-Negro et divers affluents de l'Amazone.

» Quoique médiocrement large, l'Amérique méridionale renferme plusieurs rivières et fleuves sans écoulement. Tel est, sur un plateau formé par les Cordillères, le *lac Titicaca*, qui se décharge, à la vérité, dans le lac dit *das Aullagas;* mais ni l'un ni l'autre de ces lacs ne s'écoule dans la mer. Dans le Tucuman et au sud-ouest de Buénos-Ayres, une immense plaine tout-à-fait horizontale est sillonnée par des cours d'eau et des chaînes de petits lacs qui se perdent dans les sables ou dans des lagunes.

» Tels sont les grands détails de l'hydrographie de l'Amérique méridionale, naguère soumise à l'Espagne. Passons à la description

(1) *Herrera :* Historia de las Indias occidentales. Dec. I, lib. III, c. XII, col. 1601. — *Juan-Baptista Munos :* Hist. du Nouveau-Monde, s. p. 376.

de la chaîne des Andes, tout entière comprise dans la partie espagnole.

» Les *Andes*, qui tirent leur nom du mot péruvien *anti*, signifiant *cuivre*, et donné primitivement à une chaîne voisine de Cuzco, forment comme un long rempart dirigé du nord au sud et couronné de chaînes de montagnes, tantôt placées dans le sens de la grande chaîne, tantôt dans une direction transversale ou oblique, renfermant des vallées ou s'étendant en plateaux.

» Cette terre haute suit les côtes de l'océan Pacifique à travers le Chili et le Pérou; rarement elle s'en éloigne de plus de 10 à 12 lieues. Etroite vers l'extrémité méridionale, elle s'élargit tout-à-coup au nord du Chili. Près de Potosi et du lac Titicaca, elle a sa plus grande largeur, qui est de 60 lieues. Près Quito, sous l'équateur, se trouvent les plus hauts sommets de cette chaîne, qui sont au nombre des montagnes les plus élevées qu'on ait encore mesurées sur le globe terrestre. A Popayan, la grande digue ou terre haute se termine et se divise en plusieurs chaînes; deux en sont les plus remarquables: l'une, extrêmement basse, court vers l'isthme, dont elle forme le dos; l'autre s'approche de la mer des Caraïbes; elle en suit les côtes, et paraît même, par un chaînon sous-marin, se continuer jusque dans l'île de la Trinité.

» Considérons les diverses parties de ce vaste système. Dans l'impossibilité de tracer une description méthodique complète, nous voyagerons avec A. de Humboldt, La Condamine, Bouguer et Helm.

» La chaîne qui borde les côtes septentrionales de la Terre-Ferme a, généralement parlant, 600 à 800 toises au-dessus de la mer; les plaines qui s'étendent à la base sont élevées de 100 à 260 toises; mais il y a des sommets isolés qui s'élancent à une hauteur très grande; la *Sierra-Nevada-de-Merida* atteint 2,350 toises, et le *Silla-de-Caracas* 2,316 toises. Ces cimes sont couvertes de neiges éternelles; il en sort souvent des torrents de matières bouillantes; les tremblements de terre n'y sont pas rares. La chaîne est plus escarpée au nord qu'au midi; il y a dans le Silla-de-Caracas un précipice effroyable de plus de 1,300 toises. La substance des rochers de cette chaîne est de *gneiss* et de *schiste micacé* (comme dans les branches inférieures des Andes); ces substances sont quelquefois en lits de 2 ou 3 pieds d'épaisseur, et renferment de grands cristaux de feldspath; le schiste micacé présente souvent des grenats rouges et des disthènes; dans le gneiss de la montagne d'Avila, on trouve des grenats verts; on y rencontre aussi des nœuds de granit. Au sud, la chaîne est accompagnée par des montagnes calcaires, qui s'élèvent quelquefois à un plus haut niveau que les montagnes primitives, et qui renferment quelques rochers de serpentine veinée et de stéatite bleuâtre. On peut donner à ce système de montagnes le nom de *chaîne de Caracas*.

» La chaîne granitique qui se dirige à travers l'isthme de Panama, mais qui en mérite à peine le nom, n'a que 50 à 150 toises d'élévation, et semble même être tout-à-fait interrompue entre les sources du Rio-Atrato et du Rio-San-Juan.

» Dans le ci-devant royaume de la Nouvelle-Grenade, aujourd'hui la république de Colombie, depuis les 2° 30′ jusqu'au 5° 15′ de latitude boréale, la Cordillère des Andes est divisée en trois chaînes parallèles, dont les deux latérales seulement, à de très grandes hauteurs, sont couvertes de grès et d'autres formations secondaires. La *chaîne orientale* sépare la vallée de la rivière de la Magdalena des plaines de Rio-Meta. Ses plus hautes cimes sont le *Paramo* de la *Summa-Paz*, celui de *Cingaza*, et les *Cerro's* de *San-Fernando* et de *Tuquillo*. Aucune d'elles ne s'élève jusqu'à la région des neiges éternelles. Leur hauteur moyenne est de 2,000 toises, par conséquent de 280 toises plus grande que la montagne la plus élevée des Pyrénées. La *chaîne centrale* partage les eaux entre le bassin de la rivière de la Magdalena et celui du Rio-Cauca; elle atteint souvent la limite des neiges perpétuelles; elle la dépasse de beaucoup dans les cimes colossales du *Guanacas*, du *Buragan* et du *Quindiu*, qui sont toutes élevées de 2,500 à 2,800 toises au-dessus du niveau de l'Océan. Au lever et au coucher du soleil, cette chaîne centrale présente un spectacle magnifique aux habitants de Santa-Fé, et elle rappelle, avec des dimensions plus imposantes, la vue des Alpes de la Suisse. La *chaîne occidentale* des Andes sépare la vallée de Cauca de la province de Choco et des côtes de la mer du Sud. Son élévation est à peine de 750 toises [1].

» Ces trois chaînes de montagnes se confondent de nouveau vers le nord, sous le parallèle de Menzo et d'Antioquia, par les 6e et 7e degrés de latitude boréale. Elles forment aussi un seul groupe, une seule masse au sud de Popayan, dans la province de Pasto. Il faut bien distinguer ces ramifications d'avec la division des Cordillères, observée par Bouguer et La Condamine, dans le royaume de Quito, depuis l'équateur jusqu'au 2e degré de latitude australe. Cette division n'est formée que par des plateaux qui séparent des montagnes placées sur le dos même des Andes; le fond de ces plateaux est encore à 1,400 toises au-dessus du niveau de l'Océan. Les trois chaînes dont nous venons de parler sont, au contraire, séparées par de grandes et profondes vallées, bassins des grandes rivières, dont le fond est encore moins élevé au-dessus du niveau de l'Océan, que le lit du Rhône ne l'est dans la vallée de Sion.

» Les passages par lesquels on traverse ces chaînes, méritent notre attention. MM. Bouguer et de Humboldt nous en donnent une idée. La ville de Santa-Fé de Bogota, capitale de l'ancien royaume de la Nouvelle-Grenade, est située à l'ouest du *Paramo de Chingaza*, sur un plateau qui a 1,357 toises de hauteur absolue, et qui se prolonge sur le dos de la *Cordillère orientale*. Pour parvenir de cette ville à Popayan et aux rives du Cauca, il faut descendre la *chaîne orientale*, traverser la vallée de la Magdalena, et passer la *chaîne centrale*. Le passage le plus fréquenté est celui du *Paramo de Guanacas*, décrit par Bouguer, lors de son retour de Quito à Carthagène des Indes. M. de Humboldt a préféré le passage de la *montagne de Quindiu* ou *Quindio*, entre les villes d'Ibagua et de Cartago. C'est le plus pénible que présente la Cordillère des Andes. On s'enfonce dans une forêt épaisse, que, dans la plus belle saison, on ne traverse qu'en dix ou douze jours, et où l'on ne trouve aucune cabane, aucun moyen de subsistance. Le sentier par lequel on passe la Cordillère, le plus souvent réduit à la largeur d'un ou de deux pieds, ressemble en grande partie à une galerie creusée à ciel ouvert. Dans cette partie des Andes, comme presque partout ailleurs, le roc est couvert d'une croûte épaisse d'argile. Les filets d'eau qui descendent de la montagne y ont creusé des ravins. On marche en frémissant dans ces crevasses, qui sont remplies de boue, et dont l'obscurité est augmentée par la végétation épaisse qui en couvre l'ouverture.

» Les *Quebrada's* sont tracées sur une échelle bien plus grande; ce sont d'immenses fentes qui, partageant la masse des Andes, produisent une solution de continuité dans la chaîne qu'elles traversent. Des montagnes comme le Puy-de-Dôme seraient absorbées dans la profondeur de ces ravins qui isolent les diverses régions des Andes, comme autant de presqu'îles au sein d'un océan aérien. C'est dans les *Quebrada's* que l'œil du voyageur épouvanté saisit le mieux la grandeur gigantesque de la Cordillère. C'est à travers ces portes naturelles que les grandes rivières descendent vers l'Océan.

« En avançant de Popayan vers le sud, on voit, sur le plateau aride de la province de *los Pastos*, les trois chaînons des Andes se confondre dans un même groupe, qui se prolonge bien au-delà de l'équateur. Ce groupe, dans l'ancien royaume de Quito, offre un aspect particulier depuis la rivière de Chota, qui serpente dans des montagnes de roche basaltique, jusqu'au *Paramo de l'Ossuay*, sur lequel on observe de mémorables restes de l'architecture péruvienne. Les sommets les plus élevés sont rangés en deux files, qui forment comme une double crête de la Cordillère: ces cimes colossales et couvertes de glaces éternelles ont servi de signaux dans les opérations des académiciens français, lors de la mesure du degré équatorial. Leur disposition symétrique sur deux lignes dirigées du nord au sud les a fait considérer par Bouguer comme deux chaînons de montagnes séparées par une vallée longitudinale. Mais ce que cet astronome célèbre nomme le fond d'une vallée est le dos même des Andes; c'est un plateau dont la hauteur absolue est de 2,700 à 2,900 mètres. Il ne faut pas confondre une double crête avec une véritable ramification des Cordillères. C'est sur ces plateaux que se trouve concentrée la population de ce pays merveilleux; c'est là que sont placées des villes qui comptent 30 à 50,000 habitants. « Lorsqu'on

(1) M. *de Humboldt*, Vues et Monuments.

» a vécu pendant quelques mois sur ce plateau » élevé, où le baromètre se soutient à 0m,54, » ou à 20 pouces de hauteur, on éprouve, dit » M. de Humboldt, irrésistiblement une il- » lusion extraordinaire : on oublie peu à peu » que tout ce qui environne l'observateur, ces » villages annonçant l'industrie d'un peuple » montagnard, ces pâturages couverts à la » fois de troupeaux de lamas et des brebis » d'Europe, ces vergers bordés de haies vives » de duranta et de barnadesia, ces champs » labourés avec soin, et promettant de riches » moissons de céréales, se trouvent comme » suspendus dans les hautes régions de l'at- » mosphère ; on se rappelle à peine que le sol » que l'on habite est plus élevé au-dessus des » côtes voisines de l'océan Pacifique, que ne » l'est le sommet du Canigou au-dessus du » bassin de la Méditerranée. »

» En regardant le dos des Cordillères comme une vaste plaine bornée par des rideaux de montagnes éloignées, on s'accoutume à considérer les inégalités de leur crête comme autant de cimes isolées. Le Pichincha, e Cayambé, le Cotopaxi ; tous ces pics volcaniques que l'on désigne par des noms particuliers, quoiqu'à plus de la moitié de leur hauteur totale ils ne constituent qu'une seule masse, paraissent aux yeux de l'habitant de Quito autant de montagnes distinctes qui s'élèvent au milieu d'une plaine dénuée de forêts. Cette illusion est d'autant plus complète que les dentelures de la double crête des Cordillères vont jusqu'au niveau des hautes plaines habitées : aussi les Andes ne présentent-elles l'aspect d'une chaîne que lorsqu'on les voit de loin, soit des côtes du grand Océan, soit des savanes qui s'étendent jusqu'au pied de leur pente orientale.

» Les Andes de Quito forment la partie la plus élevée de tout le système, particulièrement entre l'équateur et le 1er degré 45 minutes de latitude australe. Ce n'est que dans ce petit espace du globe que l'on a mesuré exactement des montagnes qui surpassent la hauteur de 3,000 toises. Aussi n'y en a-t-il que trois cimes : le Chimborazo, qui excéderait la hauteur de l'Etna placé sur la sommet du Canigou, ou celle du Saint-Gothard placé sur la cime du pic de Ténériffe ; le Cayambé et l'Antisana. Les traditions des Indiens de Lican nous apprennent avec quelque certitude que la montagne de l'Autel, appelée par les indigènes Capa-Urcu, était jadis plus élevée que le Chimborazo, mais qu'après une éruption continuelle de huit ans, ce volcan s'affaissa : aussi son sommet ne présente-t-il plus, dans ses pics inclinés, que les traces de la destruction.

» La structure géologique de cette partie des Andes ne diffère pas essentiellement de celle des grandes chaînes de l'Europe. Le granit constitue la base sur laquelle reposent les formations moins anciennes ; il est à découvert au pied des Andes, sur les bords de l'océan Pacifique, comme sur les bords de l'océan Atlantique, près les bouches de l'Orénoque. Tantôt en masses, tantôt en bancs régulièrement inclinés et parallèles, enchâssant des masses rondes où le mica domine seul, le granit du Pérou ressemble à celui des Hautes-Alpes et de Madagascar. Sur cette roche, et quelquefois alternativement avec elle, se trouve le *gneiss* ou granit feuilleté. Il fait passage au schiste micacé, et celui-ci au schiste primitif. La roche calcaire grenue, le trapp primitif et le schiste chloritique forment des couches subordonnées dans le gneiss et le schiste micacé ; ce dernier, extrêmement répandu dans les Andes, renferme souvent des couches de graphite, et sert de base à des formations de serpentine qui alternent quelquefois avec la siénite. La crête des Andes est partout couverte de porphyres, de basaltes, de phonolithes et de roches vertes ; divisées en colonnes, toutes ces roches présentent de loin l'aspect d'une immense suite de tours écroulées. L'épaisseur et l'étendue des roches schisteuses et porphyriques est le seul grand phénomène par lequel les Andes diffèrent des montagnes de l'Europe : les porphyres du Chimborazo ont 1,900 toises d'épaisseur, sans mélange d'aucune autre roche ; le quartz pur, à l'ouest de Caxamarca, 1,500, et le grès des environs de Cuenca, 800. Ces roches forment toute l'élévation centrale des Andes, tandis qu'en Europe le granit ou l'ancien calcaire constitue la cime des chaînes. Les volcans se sont fait jour à travers ces bancs immenses, et en ont couvert les flancs de pierres obsidiennes et d'amygdaloïdes poreuses. Les volcans les plus bas jettent quelquefois des laves, mais ceux de la Cordillère proprement dite ne lancent que de l'eau, des roches scorifiées, et surtout de l'argile mêlée de soufre et de carbone (1).

» En pénétrant dans le Pérou, nous voyons les chaînes des Andes se multiplier, s'étendre en largeur, et en même temps perdre leur élévation.

» Le Chimborazo, comme le Mont-Blanc, forme l'extrémité d'un groupe colossal. Depuis le Chimborazo jusqu'à 120 lieues au sud, aucune cime, suivant M. de Humboldt, n'entre dans la neige perpétuelle. La crête des Andes n'y a que 3,100 à 3,500 mètres (16 à 1,800 toises) d'élévation. Depuis le 8e degré de latitude australe, les cimes neigées deviennent plus fréquentes, surtout vers Cuzco et la Paz, où s'élancent les pics d'*Illimani* et de *Cururana.* »

Depuis le voyage de M. de Humboldt, on considérait le Chimborazo comme le sommet le plus élevé de toute l'Amérique : sa hauteur est de 6,530 mètres ; mais dans ces dernières années un voyageur anglais, M. Pentland, a reconnu que le point culminant des Andes est le *Nevado-de-Sorata*, situé dans la Cordillère orientale, vers le 15e degré 50 minutes de latitude méridionale : il a 7,696 mètres de hauteur.

« Partout, dans cette région, les Andes proprement dites sont bordées à l'orient par plusieurs chaînes inférieures. Les missionnaires qui ont parcouru les montagnes de Chachapoya, celles qui bordent la *Pampa-del-Sacramento*, celles qui forment la *Sierra-de-San-Carlos* ou le *Grand-Pajonal*, et les *Andes de Cuzco*, nous les présentent comme couvertes de grands arbres et de prairies verdoyantes ; par conséquent comme considérablement inférieures à la Cordillère proprement dite. A l'égard de celle-ci, M. Helm, directeur des mines d'Espagne, a donné quelques notions sur la partie la plus centrale, où l'on aperçoit encore très visiblement ce partage en deux crêtes parallèles que Bouguer avait observé plus au nord. Selon lui, les flancs orientaux des Andes présentent quelquefois du granit rouge et vert, et du gneiss, entre autres, vers Cordova et Tucuman ; mais la grande chaîne consiste principalement en schiste argileux, ou en différentes espèces d'ardoise épaisse, bleuâtre, d'un rouge obscur, grise ou jaunâtre ; on y trouve aussi, de temps en temps, des lits de pierre à chaux et de larges masses de grès ferrugineux. Une belle masse de porphyre couronne la montagne de Potosi. Depuis cette ville jusqu'à Lima, le schiste argileux dominait aux yeux de cet observateur ; le granit y paraissait quelquefois en longues couches ou en forme de boules ; souvent la base du schiste argileux était couverte de lits de marne, de gypse, de pierre à chaux, de sable, de fragments de porphyre, et même de sel gemme.

» Les observations accidentelles de M. Helm ne fournissent pas un coup d'œil géologique complet, mais elles coïncident avec le tableau que nous avons tracé, d'après M. de Humboldt, des Andes de Quito.

» Les Andes du Chili ne paraissent pas le céder en hauteur à celles du Pérou ; mais leur nature est moins connue. Les volcans y semblent encore plus fréquents. Les chaînes latérales disparaissent, et la Cordillère elle-même paraît n'offrir qu'une seule crête. Plus au sud, dans le Nouveau-Chili, la Cordillère se rapproche si fort de l'Océan, que les îlots escarpés de l'archipel des Huayatecas peuvent être regardés comme un fragment détaché de la chaîne des Andes. Ce sont autant de Chimborazo et de Cotopaxi, mais noyés aux deux tiers dans les abîmes de l'Océan. Sur le continent, le cône neigé de Cuptana s'y élève environ à 2,900 mètres (1,500 toises) ; mais plus au sud, vers le cap Pilar, les montagnes granitiques s'abaissent jusqu'à 400 mètres (200 toises), et même jusqu'à de moindres hauteurs. »

Ainsi que nous l'avons dit ailleurs, les Andes du Chili sont composées en grande partie de roches granitiques. Sur le revers oriental ; on observe de vastes dépôts de terrains diluvien et alluvien. Sur les granits et les gneiss reposent des calcaires, parmi lesquels on voit des marbres de différentes couleurs ; des dépôts salifères, des porphyres et des basaltes se font remarquer dans plusieurs localités. Ces montagnes étaient autrefois extrêmement riches en métaux précieux ; au commencement de ce siècle, M. de Humboldt évaluait leurs produits à 2,800 kilogrammes d'or et à 6,800 d'argent. On y trouve des dépôts diluviens aurifères dont l'exploitation

(1) *A. de Humboldt* : Tableau des régions équatoriales, p. 122-130.

se fait par le lavage. L'argent est fréquemment en veines dans le schiste ; le cuivre est le métal le plus abondant : on en a trouvé des masses métalliques de 50 à 100 quintaux. Mais on peut dire qu'en général tous ces métaux sont mal exploités.

« D'après les récits des navigateurs, on est tenté de regarder la plupart des extrémités méridionales des Andes, sur le détroit de Magellan, comme des masses de basalte qui s'élèvent en colonnes.

» Les richesses métalliques de la chaîne des Andes paraissent surpasser celles de la Cordillère mexicaine ; mais, placées à une élévation plus grande dans la région des neiges, loin des forêts et des terrains cultivés, les mines jusqu'ici découvertes ne sont pas d'un aussi grand produit. Toutefois cette observation, importante pour la politique, n'est rien moins que concluante sous le rapport de la géographie physique ; car, en supposant même que, dans les Andes, on ne découvre point de mines à un plus bas niveau, elles pourraient néanmoins y exister, et n'être dérobées à la vue et à l'approche que par quelques formations de roches superposées au schiste métallifère en plus grande masse qu'au Mexique.

» Les Andes, peu abondantes en roches calcaires, offrent très peu de pétrifications ; les belemnites et les ammonites, si communes en Europe, semblent inconnues. Dans la chaîne de côtes de Caracas, M. de Humboldt trouva une grande quantité de coquillages pétrifiés, qui ressemblaient à ceux de la mer voisine. Dans la plaine de l'Orinoco l'on trouve des arbres pétrifiés et convertis en brèche très dure.

» Il existe aussi des coquillages pétrifiés à Micuipampa et à Huancavelica, à 2,000 et 2,200 toises d'élévation. D'autres monuments d'un ancien monde se montrent à un niveau inférieur. Près de Santa-Fé se trouve, dans le Campo-de-Giguante, à 1,370 toises de hauteur, une immensité d'os fossiles de grands pachydermes, tels que des éléphants et des mastodontes. On en a aussi découvert au sud de Quito et dans le Chili, de manière qu'on peut prouver l'existence et la destruction de ces animaux gigantesques depuis l'Ohio jusqu'aux Patagons.

» La température, déterminée autant par le niveau que par la latitude, offre ici des contrastes semblables à ceux que nous avons observés dans le Mexique. La limite inférieure des neiges perpétuelles, sous l'équateur, est à 2,460 toises d'élévation ; invariable et tranchée, cette limite frappe l'œil le moins attentif. Les autres divisions climatériques se confondent davantage. Cependant elles peuvent être définies d'une manière plus précise qu'elles ne l'ont été jusqu'ici.

» Les trois zones de température qui naissent en Amérique de l'énorme différence de niveau entre les divers sols, ne sauraient nullement être comparées aux zones qui résultent d'une différence de latitude. L'agréable, la salutaire variété des saisons manque aux régions qu'on distingue ici sous les dénominations de *froide*, de *tempérée* et de *chaude*. Dans la zone froide, ce n'est pas l'intensité, mais la continuité du froid, l'absence de toute chaleur un peu vive, la constante humidité d'un air brumeux, qui arrêtent la croissance des grands végétaux, et qui, chez l'homme, perpétuent les maladies nées de la transpiration interceptée et de l'épaississement des humeurs. La zone chaude n'éprouve pas des ardeurs excessives ; mais c'est ici la perpétuité de la chaleur qui, jointe aux exhalaisons d'un sol marécageux, aux miasmes d'un immense amas de pourriture végétale, et aux effets d'une extrême humidité, fait naître des fièvres plus ou moins pernicieuses, et répand, dans tout le règne animal et végétal, l'agitation d'une vie surabondante et désordonnée. La zone tempérée, en offrant une chaleur modérée et constante comme celle d'une serre chaude, exclut de ses limites et les animaux et les végétaux qui aiment les extrêmes, soit du froid, soit du chaud ; elle nourrit ses plantes particulières, qui ne peuvent ni s'élever au-dessus de ses bornes, ni descendre au-dessous. Sa température, qui ne saurait pas endurcir la constitution de ses habitants constants, agit comme le printemps sur les maladies de la région chaude, et comme l'été sur celles de la zone froide : aussi un simple voyage du sommet des Andes jusqu'au niveau de la mer ou dans le sens inverse, est une véritable cure médicale qui suffit pour opérer les changements les plus étonnants dans le corps humain. Mais l'habitation constante dans l'une ou l'autre de ces zones doit énerver les sens et l'âme par l'effet d'une tranquillité monotone. L'été, le printemps et l'hiver sont ici assis sur trois trônes distincts qu'ils ne quittent jamais, et qui restent constamment environnés des attributs de leur puissance (1).

» La végétation offre un plus grand nombre d'échelles, dont il convient de marquer les principales. Depuis les bords de l'Océan jusqu'à la hauteur de 1,000 mètres (513 toises), végètent les magnifiques palmiers, les *musa*, les *heliconia*, les *theophrasta*, les liliacées les plus odoriférantes, le baume de Tolu, le quinquina de Carony. Le jasmin à large fleur, et le datura en arbre, exhalent le soir leurs doux parfums à l'entour de Lima, et, tressés dans les cheveux des dames, reçoivent un nouveau charme en relevant leurs attraits. Sur les bords arides de l'Océan, à l'ombre des cocotiers, se nourrissent les mangliers, les cactus, et diverses plantes salines; entre autres, le *sesuvium portulacastrum* (2). Un seul palmier, le *ceroxylon andicola*, fait divorce avec le reste de la famille, et habite les hauteurs de la Cordillère, depuis 900 jusqu'à 1,450 toises d'élévation.

» Au-dessus de la région des palmiers commence celle des fougères arborescentes, et du *chinchona* ou quinquina. Les premières cessent à 800 toises, tandis que les secondes ne s'arrêtent qu'à 1,450. La substance fébrifuge qui rend si précieuse l'écorce du quinquina se rencontre dans plusieurs arbres d'espèce différente, et dont quelques uns végètent à un niveau très bas, même sur les bords de la mer; mais le vrai *chinchona* ne croissant pas au-dessous de 353 toises, n'a pu dépasser l'isthme de Panama. Dans la région tempérée des chinchona, croissent quelques liliacées; par exemple, le *cypura* et le *sisyrinchium*, les *melastoma* à grandes fleurs violettes, des *passiflores* en arbres, hautes comme nos chênes du Nord; le *thibaudia*, le *fuchsia*, et des *alstrœmeria* d'une rare beauté. C'est là que s'élèvent majestueusement les *macrocnemum*, les *lysianthus*, et les diverses *cucullaires*. Le sol y est couvert, dans les endroits humides, de mousses toujours vertes, qui forment quelquefois des pelouses aussi éclatantes que celles de la Skandinavie ou de l'Angleterre. Les ravins cachent le *gunnera*, le *dorstenia*, des *oxalis*, et une multitude d'*arum* inconnus. Vers les 872 toises d'élévation se trouvent le *porlieria*, qui marque l'état hygrométrique de l'air; les *citrosma* à feuilles et fruits odoriférants, et de nombreuses espèces de *symplocos*. Au-delà de 2,200 mètres (1,129 toises), la fraîcheur de l'air rend les *mimoses* moins sensibles, et leurs feuilles irritables ne se ferment plus au contact. Depuis la hauteur de 1,334, et surtout de 1,539 toises, les *acœna*, le *dichondra*, les *hydrocotyles*, le *nerteria* et l'*alchemilla*, forment un véritable gazon très épais et très verdoyant. Le *mutisia* y grimpe sur les arbres les plus élevés. Les chênes ne commencent dans les régions équatoriales qu'au-dessus de 1,700 mètres (872 toises) d'élévation. Ces arbres seuls présentent quelquefois, sous l'équateur, le tableau du réveil de la nature au printemps: ils perdent toutes leurs feuilles, et on les voit alors en pousser d'autres, dont la jeune verdure se mêle à celle des *epidendrum* qui croissent sur leurs branches. Dans la région équatoriale, les grands arbres, ceux dont le tronc excède 10 à 15 toises, ne s'élèvent pas au-delà du niveau de 2,700 mètres (1,385 toises). Depuis le niveau de la ville de Quito, les arbres sont moins grands, et leur élévation n'est pas comparable à celle que les mêmes espèces atteignent dans les climats les plus tempérés. A 3,500 mètres (1,796 toises) de hauteur cesse presque toute végétation en arbres, mais à cette élévation les arbustes deviennent d'autant plus communs. C'est la région des *berberis*, des *duranta* et des *barnadesia*. Ces plantes caractérisent la végétation des plateaux de Pasto et de Quito, comme celle de Santa-Fé est caractérisée par les *polymnia* et les *datura* en arbres. Le sol y est couvert d'une multitude de calcéolaires, dont la corolle à couleur dorée émaille agréablement la verdure des pelouses. Plus haut, sur le sommet de la Cordillère, depuis 1,440 à 1,700 toises d'élévation, se trouve la région des *wintera* et des *escallonia*. Le climat froid, mais constamment humide, de ces hauteurs que les indigènes nomment *Paramos*, produit des arbrisseaux dont le tronc, court et carbonisé, se divise en une infinité de branches couvertes de feuilles coriaces et d'une verdure luisante. Quelques arbres de quinquina

(1) *Lefebvre* : Traité de la fièvre jaune, ch. I. — *A. de Humboldt* : Tableau des régions équatoriales. — (2) *Idem*, *ibid.*, p. 59.

orangé des *embothrium* et des *melastoma* à fleurs violettes et presque pourprées, s'élèvent à ces hauteurs. L'*alstonia*, dont la feuille séchée est un thé salutaire, la *wintera* grenadienne et l'*escallonia tubar*, qui étend ses branches en forme de parasol, y forment des groupes épars.

» Une large zone de 1,030 à 2,100 toises, nous présente la région des plantes alpines: c'est celle des *stæhelina*, des gentianes, et de l'*espeletia frailexon*, dont les feuilles velues servent souvent d'abri aux malheureux Indiens que la nuit surprend dans ces régions. La pelouse y est ornée du *lobelia* nain, du *sida* de Pichincha, de la renoncule de Gusman, de la gentiane de Quito, et de beaucoup d'autres espèces nouvelles. A la hauteur de 2,100 toises, les plantes alpines font place aux graminées, dont la région s'étend 3 à 400 toises plus haut. Les *jarava*, les *stipa*, une multitude de nouvelles espèces de *panicum*, d'*agrostis*, d'*avena* et de *dactylis*, y couvrent le sol. Il présente de loin un tapis doré, que les habitants du pays nomment *Pajonal*. La neige tombe de temps en temps sur cette région des graminées. C'est à 4,600 mètres (2,360 toises) que disparaissent entièrement les plantes phanérogames. Depuis cette limite jusqu'à la neige perpetuelle, les plantes lichéneuses seules couvrent des rochers; quelques unes paraissent même se cacher sous des glaces éternelles.

» Les plantes cultivées ont des zones moins étroites et moins rigoureusement limitées. Dans la région des palmiers, les indigènes cultivent le bananier, le jatropha, le maïs et le cacaoyer. Les Européens y ont introduit la culture du sucre et de l'indigo. Dès qu'on passe le niveau de 1,000 mètres ou 500 toises, toutes ces plantes deviennent rares, et ne prospèrent que dans des localités particulières; c'est ainsi que le sucre réussit même à 1,250 toises. Le café et le coton s'étendent à travers l'une et l'autre région. La culture du blé commence à 500 toises; mais elle n'est assurée qu'à 250 toises plus haut. Le froment croît le plus vigoureusement depuis 800 jusqu'à 1,000 toises d'élévation. Il y produit, année commune, plus de 25 à 30 graines pour une. Au-dessus de 900 toises, le bananier donne difficilement des fruits mûrs; mais la plante se traîne languissante encore à 400 toises plus haut. La région comprise entre les 820 et 960 toises est aussi celle dans laquelle abonde le *cocca* ou l'*erythroxylum peruvianum*, dont quelques feuilles, mêlées à de la chaux caustique, nourrissent l'Indien péruvien dans ses courses les plus longues dans la Cordillère. C'est de 1,000 à 1,500 que règne principalement la culture de divers blés de l'Europe et du *chenopodium quinoa*, culture favorisée par les grands plateaux que présente la Cordillère des Andes, et dont le sol uni et facile à labourer ressemble à des fonds d'anciens lacs. A 1,600 ou 1,700 toises de hauteur, les gelées et la grêle font souvent manquer les récoltes du blé. Le maïs ne se cultive presque plus au-delà de 1,200 toises. Passez à 300 toises plus haut, et vous verrez la culture de la pomme de terre; elle cesse à 2,100 toises. Vers les 1,700 toises le froment ne vient plus; on n'y sème que de l'orge, et même elle y souffre beaucoup du manque de chaleur. Au-dessus de 1,840 toises cessent toute culture et tout jardinage. Les hommes y vivent au milieu de nombreux troupeaux de *lamas*, de brebis et de bœufs, qui, en s'égarant, se perdent quelquefois dans la région des neiges perpétuelles [1].

» Pour compléter ce tableau physique de l'Amérique méridionale, nous allons considérer la diversité des animaux qui vivent à différentes hauteurs dans la Cordillère des Andes ou au pied de ces montagnes. Depuis le niveau de la mer jusqu'à 1,000 mètres (513 toises), dans la région des palmiers et des scitaminées, on découvre le paresseux, qui vit sur les *cecropia peltata*; les boas et les crocodiles, qui dorment, ou traînent leur masse affreuse au pied du *conocarpus* et de l'*anacardium caracoli*. C'est là que le *cavia capybara* se cache dans des marais couverts d'*heliconia* et de *bambusa*, pour se dérober à la poursuite des animaux carnassiers; le *tanayra*, le *crax*, et les perroquets perchés sur le *caryocar* et le *lecythis*, confondent l'éclat de leur plumage avec l'éclat des fleurs et des feuilles; c'est là que l'on voit reluire l'*elater noctilucus*, qui se nourrit de la canne à sucre; c'est là que le *curculio palmarum* vit dans la moelle du cocotier. Les forêts de ces régions brûlantes retentissent des hurlements des alouates et d'autres singes sapajoux. Le

[1] *A. de Humboldt*: Tableau des régions équatoriales, p. 141-144.

jaguar, le *felis concolor*, et le tigre noir de l'Orénoque, plus sanguinaire encore que le *jaguar*, y chassent le petit cerf (c. *mexicanus*), les *cavia* et les fourmillers, dont la langue est fixée au bout du sternum. L'air de ces basses régions, surtout dans les bois et sur les bords du fleuve, est rempli de cette innombrable quantité de maringouins (*mosquitos*), qui rendent presque inhabitable une grande et belle partie du globe. Aux *mosquitos* se joignent l'*æstrus humanus*, qui dépose ses œufs dans la peau de l'homme et y cause des enflures douloureuses; les *acarides*, qui sillonnent la peau, les araignées venimeuses, les fourmis et les *termès*, dont la redoutable industrie détruit les travaux des habitants. Plus haut, de 1,000 à 2,000 mètres (513 à 1,026 toises), dans les régions des fougères arborescentes, presque plus de *jaguars*, plus de boas, plus de crocodiles ni de lamentins, peu de singes; mais abondance de tapirs, de *pecaris* et de *felis pardalis*. L'homme, le singe et le chien y sont incommodés par une infinité de chiques (*pulex penetrans*), qui sont moins abondantes dans les plaines. Depuis 2 jusqu'à 3,000 mètres (1,026 à 1,539 toises), dans la région supérieure des quinquinas, plus de singes, plus de cerfs mexicains; mais on voit paraître le chat-tigre, les ours et le grand cerf des Andes. Les poux abondent dans la Cordillère à cette hauteur, qui est celle de la cime du Canigou. Depuis 3 jusqu'à 4,000 mètres (1,539 à 2,052 toises), se trouve la petite espèce de lion que l'on désigne par le nom de *pouma* dans la langue quichoa, le petit ours à front-blanc, et quelques espèces peu connues que l'on range d'abord parmi les viverres. M. de Humboldt a vu souvent avec étonnement des colibris à la hauteur du pic de Ténériffe. La région des graminées, depuis 4 jusqu'à 5,000 mètres (2,052 à 2,565 toises) de hauteur, est habitée par des bandes de vigognes, de *guanaco* et d'*alpaca* dans le Pérou, et de *chilihuèque* dans le Chili. Ces quadrupèdes, qui représentent ici le genre chameau de l'ancien continent, n'ont pu se répandre ni au Brésil ni au Mexique, parce que, sur la route, ils auraient dû descendre dans des régions trop chaudes. Les *lamas* ne se trouvent qu'en état de domesticité; car ceux qui vivent à la pente occidentale du Chimborazo sont devenus sauvages lors de la destruction de Lican par l'inca Tupayupangi. La vigogne préfère surtout les endroits où la neige tombe de temps en temps. Malgré la persécution qu'elle éprouve, on en voit encore des bandes de 3 à 400, surtout dans les provinces de Pasco, aux sources de la rivière des Amazones, dans celles de Guailas et de Caxatambo, près de Gorgor. Cet animal abonde aussi près de Huancavelica, aux environs de Cusco, et dans la province de Cochabamba, vers la vallée de Rio-Cocatages. On l'y trouve partout où le sommet des Andes s'élève au-dessus de la hauteur du Mont-Blanc. La limite inférieure de la neige perpétuelle est, pour ainsi dire, la limite supérieure des êtres organisés. Quelques plantes licheneuses végètent encore sous les neiges; mais le condor (*vultur gryphus*) est le seul animal qui habite ces vastes solitudes. M. de Humboldt l'a vu planer à plus de 6,500 mètres (3,335 toises) de hauteur. Quelques sphinx et des mouches, observés à 5,900 mètres (3,027 toises), lui ont paru portés involontairement dans ces régions par des courants d'air ascendants (1).

» A cette distribution du règne animal, d'après l'élévation du sol, on pourrait joindre un aperçu des limites purement géographiques que certains animaux ne franchissent pas. C'est un phénomène très frappant que celui de voir les *alpaca*, les *vigognes* et les *guanaco* suivre toute la chaîne des Andes, depuis le Chili jusqu'au 9e degré de latitude australe, et de ne plus en observer depuis ce point au nord, ni dans l'ancien royaume de Quito ni dans les Andes de la Nouvelle-Grenade. Les écrivains du pays attribuent ce fait à l'herbe *ichos*, que ces animaux préfèrent à toute autre nourriture, et qu'ils ne trouvent pas hors les limites marquées. L'autruche de Buénos-Ayres, ou plutôt le *nandu* (*rhea americana*), présente un phénomène analogue. Ce grand oiseau ne se trouve pas dans les vastes plaines des Parexis, où cependant la végétation paraît devoir ressembler à celle des Pampas; mais peut-être les plantes salines y manquent-elles. D'autres différences seront indiquées dans les descriptions particulières. »

(1) *A. de Humboldt*: Tableau des régions équatoriales.

LIVRE CENT QUATRE-VINGT-DIXIÈME.

Suite de la Description de l'Amérique. — Description particulière du Caracas, de la Nouvelle-Grenade et du pays de Quito, qui forment aujourd'hui les trois républiques de la Colombie.

« Les premiers Espagnols qui visitèrent les côtes depuis l'Orénoque jusqu'à l'isthme, les désignèrent habituellement sous le nom général de *Terre-Ferme* (¹). Le roi Ferdinand imposa à la partie occidentale le nom de *Castille-d'Or* (²). Cette dernière dénomination se perdit, et, à mesure que le reste du continent fut découvert, la première dut paraître impropre; elle est restée long-temps, mais restreinte à un petit gouvernement qui comprenait les provinces de Veraguas, de Panama et de Darien, gouvernement qui paraît ne pas même répondre complétement à l'étendue de la Castille-d'Or (³). L'usage vicieux des géographes maintint la Terre-Ferme dans son extension primitive, et comprit, sous cette division imaginaire, la capitainerie générale de *Caracas* ou de *Venezuela*, dont la Guyane espagnole dépend, et le *nouveau royaume de Grenade*, qui embrassa le royaume de *Quito*. »

Le vaste territoire de la Colombie se compose de l'ancienne vice-royauté de la Nouvelle-Grenade et de la capitainerie générale de Caracas ou de Venezuela, qui, réunis en une seule république vers la fin de l'année 1819, ont été divisés d'abord en 7, puis en 10, et enfin en 12 départements, qui se subdivisent en provinces, en districts et en paroisses. Suivant la constitution colombienne, le pouvoir exécutif est confié à un président, et le pouvoir législatif à un congrès composé d'un sénat et d'une chambre de représentants. Les membres du congrès sont élus par des électeurs de cantons nommés eux-mêmes par des électeurs de paroisses, dont les titres consistent à avoir vingt-cinq ans, à savoir lire et écrire, et à posséder 100 piastres.

Déplorable théâtre de la guerre civile, cette république a subi tant de bouleversements politiques, que sa description topographique offre encore une grande incertitude. Ainsi, l'organisation de 1819 n'a pu tenir contre la versatilité des partis et les efforts de quelques chefs ambitieux. Les services de Bolivar méconnus, son désintéressement mal récompensé, peut-être même calomnié, annonçaient, dès 1827, le retour de l'anarchie. En 1829, deux partis se forment sur les débris de la constitution renversée : les *unitaires* qui demandent l'indivisibilité de la république colombienne, les *fédéralistes* qui réclament sa séparation en trois *Etats* indépendants. Ce dernier parti l'emporte au sein du congrès assemblé à Santa-Fé de Bogota; et Bolivar, qui venait à la suite de quelques revers militaires de déposer au sein de l'assemblée les pouvoirs qu'elle lui avait confiés, Bolivar, que les nouvelles plaies de la patrie affectaient profondément, succombe à ses chagrins le 17 décembre 1830, après avoir vu proclamer l'indépendance des trois nouveaux Etats de *Venezuela*, de la *Nouvelle-Grenade* et de l'*Equateur*.

« L'île de *Sainte-Marguerite* forme une petite province dépendant du département de *Maturin*. Les premiers conquérants ayant remarqué des villages indiens bâtis sur pilotis dans les îles du lac Maracaïbo, donnèrent à tout le pays le nom de Venezuela ou Petite-Venise.

» La chaîne de montagnes qui borde la mer des Caraïbes et forme le bassin de l'Orénoque étant peu élevée, admet presque partout l'industrie du cultivateur. D'après la différence du niveau, on y jouit, dans quelques endroits, de la fraîcheur d'un printemps continuel; et, dans d'autres, l'influence de la latitude se fait pleinement sentir. L'hiver et l'été, c'est-à-dire les pluies et la sécheresse, se partagent l'année entière; les premières commencent en novembre et finissent en avril. Pendant les six autres mois, les pluies sont moins fréquentes, quelquefois même rares. Les orages se font moins souvent sentir de-

(¹) *Oviedo* : Historia de las Indias, I, p. 9-10, etc.; dans *Barcia*, Historiadores, t. I. — (²) *Idem*, c. II, p. 22. *Gomara*, c. LXV, p. 58. — (³) *Alcedo*, Dictionnaire, au mot *Tierra-Firma*.

puis 1792 qu'avant cette époque ; mais les tremblements de terre ont fait des ravages terribles ; la ville même de Caracas a été détruite en 1812. On avait découvert quelques mines d'or, mais les révoltes des Indiens en ont fait abandonner l'exploitation [1]. On a trouvé, dans la juridiction de San-Felipe, une mine de cuivre qui fournit aux besoins du pays, et même à l'exportation. La pêche des perles le long des côtes, jadis importante, est aujourd'hui presque abandonnée. La côte septentrionale du département de Venezuela produit beaucoup de sel très blanc. Les eaux minérales et thermales, assez abondantes, sont peu fréquentées. Les forêts qui couvrent les montagnes de Caracas fourniraient pendant des siècles aux chantiers les plus considérables ; mais la nature du terrain rend trop difficile l'exploitation des bois, que d'ailleurs la navigation, peu active, ne réclame pas encore. Les forêts produisent aussi beaucoup de bois de marqueterie et de teinture. On y recueille des drogues médicinales, telles que la salsepareille et le quinquina. Le lac de *Maracaïbo* fournit de la poix minérale ou du pisasphalte, qui, mêlé avec du suif, sert à goudronner les bâtiments. Les vapeurs bitumineuses qui planent sur le lac s'enflamment souvent spontanément, surtout dans les grandes chaleurs. Les bords de ce lac sont si stériles et si malsains que les Indiens, au lieu d'y fixer leur demeure, aiment mieux habiter sur le lac même. Les Espagnols y trouvèrent beaucoup de villages construits sans ordre, sans alignement, mais sur des pilotis solides. Ce lac, qui a 50 lieues de long et 30 de large, communique avec la mer ; mais ses eaux sont habituellement douces. La navigation y est facile, même pour des bâtiments d'une grande capacité. La marée s'y fait sentir plus fortement que sur les côtes voisines. Le lac de *Valencia*, que les Indiens appellent *Tacarigua*, offre un coup d'œil bien plus attrayant. Ses bords, ornés d'une végétation féconde, jouissent d'une température agréable ; long de 13 lieues et demie sur une largeur de 4, il reçoit une vingtaine de rivières et n'a lui-même aucune issue, étant séparé de la mer par un espace de 6 lieues, rempli d'âpres montagnes.

» Les provinces de l'État de Venezuela sont très riches en rivières, ce qui procure beaucoup de facilité pour l'arrosement ; celles qui serpentent dans la chaîne de montagnes se déchargent dans la mer, et courent du sud au nord, tandis que celles qui prennent leur source dans le revers méridional de la montagne parcourent toute la plaine et vont se perdre dans l'Orénoque. Les premières sont en général assez encaissées par la nature, et ont une pente suffisante pour ne déborder que rarement, et pour que ces débordements ne soient ni longs ni nuisibles ; les secondes, qui ont leur cours dans des lits moins profonds et sur un terrain plus uni, confondent leurs eaux une grande partie de l'année, et ressemblent alors plutôt à une mer qu'à des rivières débordées. Les marées, peu sensibles sur toute la côte du nord, depuis le cap de la Vela jusqu'au cap Paria, deviennent très fortes depuis ce dernier cap jusqu'à la Guyane hollandaise. Un grand inconvénient, commun à tous les ports du Venezuela, est d'être continuellement exposé aux ras de marées, à ces lames houleuses qui ne paraissent nullement occasionnées par les vents, mais qui ne sont pas moins incommodes ni souvent moins dangereuses.

» Les vallées septentrionales sont les parties les plus productives de cet État, parce que c'est là que la chaleur et l'humidité sont plus également combinées qu'ailleurs. Les plaines méridionales, trop exposées à l'ardeur du soleil, ne donnent que des pâturages où l'on élève des bœufs, des mulets, des chevaux. La culture devrait être très florissante dans ces provinces, où il n'existe pas de mines ; mais ses progrès sont retardés par l'indolence et le défaut de lumières. Le cacao qu'elles produisent est, après celui de Soconusco, dans le Guatemala, le plus estimé dans le commerce. On l'exporte en grande partie pour le Mexique. Les plantations de cacaoyers se trouvent toutes au nord de la chaîne de montagnes qui côtoie la mer. Dans l'intérieur on ne cultive que depuis 1774 l'indigo, qui est de très bonne qualité. Ce fut à la même époque que commença la culture du coton. En 1734 on songea à cultiver le café comme objet de commerce ; mais jusqu'à présent les plantations, tenues avec négligence, ont donné des fruits médiocres. Les sucreries ne jouent encore qu'un rôle secondaire ; elles

(1) *De Pons* : Voyage à la Terre-Ferme, t. I, p. 116.

sont cependant en assez grand nombre, mais tous leurs produits se consomment dans le pays; car les Espagnols aiment passionnément les confitures et tous les aliments qui admettent du sucre. Le tabac est excellent, et les lois n'en gênent plus la culture. »

Le colonel Codazzi, qui a communiqué récemment à l'Institut de France sa statistique de l'Etat de Venezuela, nous apprend que la température moyenne du pays est de 27°; que dans l'intérieur des terres elle est supérieure à celle des côtes, et que la limite des neiges perpétuelles est à 4,540 mètres. Suivant ce savant ingénieur, les rivières ont très peu de pente, en sorte que le moindre vent, dans une direction opposée à leur cours, cause un remous qui repousse les eaux de tous les affluents, souvent à de grandes distances, et transforme les savanes en grands lacs qu'on ne peut plus parcourir qu'en réunissant l'habileté du cavalier aux connaissances du pilote. Dans les plaines, il tombe annuellement jusqu'à 2m,54 de pluie, et sur les montagnes au moins 1m,50. Les recherches de M. Codazzi portent le chiffre de la population en 1839 à 945,000 habitants; d'après le recensement de 1825 elle doublerait en trente-six ans. Les habitants des Llanos sont forts, agiles et robustes, et se livrent à l'élève des chevaux et à la garde d'immenses troupeaux de bêtes bovines [1].

« Le commerce de Caracas a subi les mêmes variations que celui des autres Etats. On estime les exportations de Caracas à la valeur de 5 à 6 millions de piastres, en y comprenant la contrebande, favorisée par le grand nombre de ports [2].

» Le chef-lieu de la province est *Caracas*, ou *Léon* de Caracas, résidence du gouverneur général et de l'archevêque de Venezuela. Avant le dernier tremblement de terre de 1812, elle renfermait de beaux édifices et comptait 45,000 habitants. Bâtie dans une vallée et sur un terrain très inégal, baignée par quatre petites rivières, elle avait cependant des rues bien alignées et des maisons très belles. Son université rivalise avec celles de Bogota et de Quito. La température de cette ville ne répond pas du tout à sa latitude; on y jouit d'un printemps presque continuel; elle doit cet avantage à son élévation, qui est de 460 toises au-dessus du niveau de la mer. Caracas a pour port *la Goayre* ou *Guayra*, qui en est à 5 lieues. La mer n'y est pas moins houleuse que l'air n'est chaud et insalubre. »

On distingue encore *Puerto-Cabello*, située dans une île qui communique au continent par un pont; elle offre un port commode qui peut mettre à l'abri de tous les vents une flotte considérable. On y fait un commerce important, et ses 8,000 habitants emploient plus de 60 bâtiments au cabotage. Un marais fangeux qui l'avoisine rend malsain le séjour de cette ville.

« *Valencia*, cité florissante, à une demi-lieue du lac du même nom, qui porte aussi celui de *Tacarigua*, et au milieu d'une plaine fertile et salubre, est commerçante, et renferme 15,000 habitants. *Coro*, ancienne capitale, près de la mer, est dans une plaine aride et sablonneuse. Elle n'a que 4,000 habitants. »

Cumana est destinée à devenir un jour l'une des plus importantes places maritimes de l'Amérique méridionale; sa rade pourrait recevoir toutes les escadres de l'Europe. Elle est située sur la côte méridionale du golfe de Cariaco, à l'embouchure du Manzanarès. Dans la crainte des tremblements de terre, on n'y a construit aucun édifice en pierres. Sa population est d'environ 10,000 âmes.

« *Nouvelle-Barcelone* ou simplement *Barcelona* est une ville malpropre, au milieu d'un pays inculte, mais dont le sol est excellent. Elle passe pour avoir 20,000 habitants. Nous remarquerons encore *Maracaïbo*, chef-lieu de province, bâti dans un terrain sablonneux, sur la rive gauche du lac du même nom, à 6 lieues de la mer. Elle est défendue par trois forts. L'air y est excessivement chaud; le séjour n'en est cependant pas malsain. Ses habitants sont en général bons marins et bons soldats; ceux qui ne suivent pas la carrière de la mer s'occupent de l'éducation des bestiaux, dont son territoire est couvert; ils ont leurs maisons de campagne à *Gibraltar*, de l'autre côté du lac [1]. »

[1] Rapport fait le 15 mars 1841 à l'Académie des sciences, par M. Boussingault, sur la statistique de l'Etat de Venezuela. — [2] *Dauxion Lavaysse*: Voyage de Venezuela, t. II, p. 461. *Humboldt*: Nouvelle-Espagne, t. IV, p. 472.

[1] Histoire des Flibustiers, t. I, p. 278.

La rivière de la *Zulia*, qui donne son nom au département dont Maracaïbo est le chef-lieu, se jette dans le lac à son extrémité méridionale. C'est vers cette partie de ses bords que se manifeste la nuit un phénomène utile aux navigateurs. Près d'un endroit nommé *Mena* se trouve un dépôt considérable de poix minérale; les vapeurs bitumineuses qui s'en exhalent planent à la surface du lac et s'enflamment fréquemment pendant les grandes chaleurs. Ces feux, qui aident le pilote à reconnaître la côte, ont reçu dans le pays le surnom de *lanternes du Maracaïbo*. On trouve, au-dessus de ce lac, *Merida*, petite ville de 6,000 âmes, dont les habitants, très actifs et très industrieux, possèdent le territoire le mieux cultivé et le plus productif de la province dont elle est le chef-lieu; elle possède un collége et une université. *Truxillo*, ville magnifique avant qu'elle eût été ravagée, en 1678, par les flibustiers, possède encore une population au moins égale à celle de Merida; elle est bâtie dans une vallée étroite qui ne lui laisse que l'espace nécessaire à deux rues.

Varinas, chef-lieu du *département de l'Orenoco*, ou de l'*Orénoque*, est une ville de 10,000 âmes, où l'on récolte le tabac le plus renommé. Dans la province de Varinas, *Guanare* renferme 10,000 habitants et possède un collége; *Montecal*, la ville la plus peuplée de la province d'Apure, n'a cependant que 4,000 âmes.

« Parcourons la partie de *la Guyane* qui appartient à la république de Venezuela et dépend du département de l'Orénoque; elle a plus de 250 lieues de long, depuis les bouches de l'Orénoque jusqu'aux limites du Brésil. Sa largeur va en plusieurs endroits jusqu'à 150 lieues; sa superficie est de 29,000 lieues carrées. Sur cette surface immense, on ne compte qu'environ 40,000 habitants connus et soumis, dont 20 à 30,000 Indiens, sous la conduite des missionnaires. Les *capucins catalans* en avaient réuni 17,000 sur les bords du Carony, lors du voyage de M. de Humboldt [1]. Ils leur faisaient cultiver l'arbre qui donne le *cortex angosturæ*. Mais les insurgés, sous les ordres de Bolivar, ont ruiné cet établissement. La seule ville est *San-Thome de la Nueva-Guyana*, communément nommée *Angostura*, c'est-à-dire le détroit, parce qu'elle est située près d'un resserrement du lit de l'Orénoque. Un fort construit sur une colline à la droite du fleuve en défend le passage. Cette ville a changé de place trois fois. Dans son deuxième emplacement il reste quelques fortifications qui conservent encore le nom de *San-Thomé de la Vieja-Guyana*. La nouvelle ville jouit d'un climat sain, tandis que, dans l'ancienne, les ophthalmies et la fièvre jaune étaient endémiques [1]. La nouvelle ville compte 5 à 6,000 habitants.

» Les terres de la Guyane, excellentes surtout pour la culture du tabac, ne présentent qu'un petit nombre d'habitations mal travaillées, où les propriétaires font un peu de coton, de sucre et de vivres du pays. On exporte une assez grande quantité de bétail. Cette province, destinée par sa fertilité et par sa position à acquérir une grande importance, la devra surtout à l'Orénoque. Les rivières que ce fleuve reçoit, et dont le nombre passe 300, sont autant de canaux qui porteraient à la Guyane toutes les richesses que l'intérieur pourrait produire. Sa communication avec le fleuve des Amazones ajoute aux avantages qu'il peut procurer à la Guyane, en facilitant les relations avec le Brésil et les parties intérieures du nouveau continent. Les Anglais, toujours poussés par une activité éclairée, sentent l'importance de cette rivière; ils ont établi des postes militaires dans quelques îles, à son embouchure, d'où ils protègent la coupe des bois de teinture, et d'où ils communiquent avec les Indiens *Guaranos*, tribu paisible, qui, dans ses marais boisés, a bravé la domination espagnole. Une autre nation indépendante et belliqueuse, celle des *Arouakas*, qui occupe la côte maritime au sud de l'Orénoque, recevait des armes et des boissons spiritueuses de la colonie hollandaise d'Essequébo et de Démérary, aujourd'hui soumise aux Anglais. Ainsi, la souveraineté des Espagnols sur l'embouchure de ce fleuve important n'est rien moins que solidement garantie.

» Dans la partie supérieure du domaine de ce fleuve, entre le 3e et le 4e parallèle nord, la nature a plusieurs fois répété le phénomène singulier de ce qu'on appelle les eaux noires. L'*Atabapo*, le *Temi*, le *Tuamini* et le *Guai-*

[1] *A. de Humboldt* : Relation historique, t. II, p. 638.

[1] *Leblond* : Traité de la fièvre jaune, p. 141.

nia, ont des eaux d'une teinte couleur de café. A l'ombre des massifs de palmiers, leur couleur passe au noir foncé; mais, dans des vaisseaux transparents, elles sont d'un jaune doré. L'image des constellations australes s'y reflète avec un éclat singulier. L'absence de crocodiles et de poissons, une fraîcheur plus grande, un moindre nombre de mosquites et un air plus salubre, distinguent la région des fleuves noirs. Ils doivent probablement leur couleur à une dissolution de carbure d'hydrogène, résultat de la multitude de plantes dont est couvert le sol qu'ils traversent ([1]).

» La Guyane colombienne comprend une partie de ces déserts arides connus sous le nom de *Llanos* ([2]), dont le reste apppartient à la ci-devant province de *San-Juan de Llanos*, et qui font partie de la Nouvelle-Grenade; on ne saurait en séparer la description, que nous devons tirer presque en entier des écrits de M. de Humboldt.

» En quittant les humides bords de l'Orénoque et les vallées de Caracas, lieux où la nature prodigue la vie organique, le voyageur, frappé d'étonnement, entre dans un désert dénué de végétation. Pas une colline, pas un rocher ne s'élève au milieu de ce vide immense. Le sol brûlant sur une surface de plus de 2,000 lieues carrées, n'offre que quelques pouces de différence de niveau. Le sable, semblable à une vaste mer, offre de curieux phénomènes de réfraction et de soulèvement, ou mirage. Les voyageurs s'y dirigent par le cours des astres, ou par quelques troncs épars du palmier-mauritia et d'*embothrium*, que l'on découvre à de grandes distances. La terre présente seulement çà et là des couches horizontales fracturées qui couvrent souvent un espace de 200 milles carrés, et sont sensiblement plus élevées que tout ce qui les entoure. Deux fois chaque année l'aspect de ces plaines change totalement; tantôt elles sont nues comme la mer de sable de Libye, tantôt couvertes d'un tapis de verdure, comme les *steppes* élevées de l'Asie moyenne. A l'arrivée des premiers colons on les trouva presque inhabitées. Pour faciliter les relations entre la côte et la Guyane, on a formé quelques établissements sur le bord des rivières, et on a commencé à élever des bestiaux dans les parties encore plus reculées de cet espace immense. Ils s'y sont prodigieusement multipliés, malgré les nombreux dangers auxquels ils sont exposés dans la saison de la sécheresse et dans celle des pluies, qui est suivie de l'inondation. Au sud, la plaine est entourée par une solitude sauvage et effrayante. Des forêts d'une épaisseur impénétrable remplissent la contrée humide située entre l'Orénoque et le fleuve des Amazones; des masses immenses de granit rétrécissent le lit des fleuves; les montagnes et les forêts retentissent sans cesse du fracas des cataractes, du rugissement des bêtes féroces et des hurlements sourds du singe barbu qui annoncent la pluie. Le crocodile, étendu sur un banc de sable, et le boa, cachant dans la vase ses énormes replis, attendent leur proie ou se reposent du carnage.

» Dans les forêts, dans les plaines, vivent des peuples de races et de civilisation diverses. Quelques uns, séparés par des langages dont la dissemblance est étonnante, sont nomades, entièrement étrangers à l'agriculture, se nourrissent de fourmis, de gomme et de terre, et sont le rebut de l'espèce humaine; tels sont les *Otomaques* et les *Jarures*. La terre que les Otomaques mangent est une glaise grasse et onctueuse, une véritable argile de potier, d'une teinte jaune grisâtre, colorée par un peu d'oxide de fer. Ils la choisissent avec beaucoup de soin, et la recueillent dans des bancs particuliers, sur les rives de l'Orénoque et du Meta. Ils distinguent au goût une espèce de terre d'une autre; car toutes les espèces de glaises n'ont pas le même agrément pour leur palais. Ils pétrissent cette terre en boulettes de 4 à 6 pouces de diamètre, et la font cuire à un petit feu, jusqu'à ce que la surface antérieure devienne rougeâtre. Lorsqu'on veut manger cette boulette, on l'humecte de nouveau. Ces hommes, féroces et sauvages, se nourrissent de poissons, de lézards ou de racines de fougère, lorsqu'ils peuvent s'en procurer; mais ils sont si friands de terre glaise, qu'ils en mangent tous les jours un peu après le repas pour se régaler, dans la saison où ils ont d'autres aliments à leur disposition ([1]).

» Les missionnaires, qui, parmi les tribus à l'ouest de l'Orénoque, ont converti les *Be-*

([1]) *A. de Humboldt*: Tableaux de la Nature, II, 192. — ([2]) Prononcez *Lianos* ou *Yanos*

([1]) Tableaux de la Nature, I, 191-197.

toys et les *Maïpoures*, ont reconnu dans leur langue, ainsi que dans celle des *Yaruras*, une syntaxe régulière et même très artificielle. Les *Achaguas* parlent un dialecte du Maïpoure (1). A l'est, la mission d'*Esmeralda* est le poste le plus reculé. Les Indiens *Guaicas*, race d'hommes très blanche, très petite, presque pygmée, mais très belliqueuse, habitent le pays à l'est de Passimoni. Les *Guajaribes*, très cuivrés et extrêmement féroces, anthropophages même, à ce qu'on croit, empêchent les voyageurs de pénétrer jusqu'aux sources de l'Orénoque. Les mosquitos, et mille autres insectes piquants et venimeux, peuplent ici les forêts solitaires. Les rivières sont remplies de crocodiles et de petits poissons *caribes*, dont la férocité est également à redouter. D'autres tribus de la partie orientale, comme les *Maquiritains* et les *Makos*, ont des demeures fixes, vivent des fruits qu'ils ont cultivés, ont de l'intelligence et des mœurs plus douces. La nation dominante le long de la côte, depuis Surinam jusqu'au cap de la Vela, était jadis celle des *Caraïbes*, en partie exterminée par les Européens. On ne saurait dire si cette race est venue des Antilles ou si elle s'y est répandue. Parmi toutes les nations indiennes, les Caraïbes se distinguent par leur activité et leur bravoure. Ils habitent des villages gouvernés par un chef électif, que les Européens ont nommé *capitaine*. Pour aller au combat, ils se rassemblent au son d'une conque ou coquille de mer. Les Caraïbes sont peut-être les hommes les plus robustes après les Patagons. Selon les anciens voyageurs, ils sont cannibales ou anthropophages; il paraît certain du moins qu'ils mangent leurs ennemis, dont ils dévorent la chair avec l'avidité du vautour. La langue caraïbe, une des plus sonores et des plus douces du monde, compte près de trente dialectes. Elle paraît même poétique, à en juger seulement d'après les noms de quelque tribus; une d'elles s'appelle *la Fille du Palmier*; l'autre *la Sœur de l'Ours* (2). Les langues des tribus de l'intérieur paraissent bien plus rudes à l'oreille. Les *Salivas* ont la prononciation tout-à-fait nasale; les *Situfas* l'ont entièrement gutturale; les *Betoys* font toujours retentir la lettre canine; les *Quaivas* et les *Kirikoas*, de même que les Otomaques et les Guaranes, émettent avec une volubilité incroyable des sons qu'il est presque impossible de saisir. La langue des *Achaguas* est la seule dans l'intérieur qui soit harmonieuse (1).

(1) *Hervas*, Catalogo delle lingue, p. 51-53. —
(2) *Hervas*, p. 54.

« De vastes espaces, entre le Cassiquiare et l'Atabapo, ne sont habités que par des singes réunis en société et par des tapirs. Des figures gravées sur des rochers prouvent que jadis cette solitude a été le séjour d'un peuple parvenu à un certain degré de civilisation. C'est entre les 2e et 4e parallèles, dans une plaine boisée, entourée par les quatre rivières de l'Orénoque, de l'Atabapo, du Rio-Negro et du Cassiquiare, que l'on observe des rochers de siénite et de granit, couverts de figures symboliques colossales, représentant des crocodiles, des tigres, des ustensiles de ménage, et les images du soleil et de la lune. »

Aujourd'hui ce coin de la terre, dans une étendue de plus de 500 milles carrés, n'offre aucune habitation. Les peuplades voisines se composent de sauvages, ravalés au degré le plus bas de la civilisation, menant une vie errante, et bien éloignés de pouvoir graver le moindre hiéroglyphe sur les rochers. Des monuments semblables existent près de Caïcara et d'Urnana. Peut-être y reconnaîtra-t-on un jour l'ouvrage des Indiens Muyscas, dont nous allons parler en décrivant les départements qui ont été formés du *nouveau royaume de Grenade*.

L'île *Marguerite*, aride, mais salubre, que Christophe Colomb découvrit en 1498, et qui est séparée du continent par un canal de 6 lieues de large, forme une province de 15,000 âmes, qui fait partie du département de Maturin, et qui renferme la ville d'*Assumpcion* et le port *Pampatar*, déclaré franc par la république. Au lieu de perles, on pêche aujourd'hui dans ses eaux une immense quantité de poissons.

La population du Caracas, avant les dernières révolutions, était évaluée à près d'un million d'individus, dont 200,000 Espagnols, 450,000 gens de couleur libres, 60,000 esclaves et 28,000 Indiens. Aujourd'hui cette partie de la Colombie forme les trois départements de l'Orénoque, de Venezuela et de Zulia, dont la population, par suite des discor-

(1) Viagero universal, XXII, 89.

des civiles, a été réduite à près de 800 000 âmes.

« La force armée consistait en 6,558 hommes de troupes, y compris l'artillerie et les milices. La totalité des impôts et des droits s'élevait à peu près à 1,200,000 piastres. »

Le territoire de la *république* de la *Nouvelle-Grenade* offre une extrême diversité de climats. Tempéré, froid même et glacé, mais très sain sur les plateaux élevés, l'air est brûlant, étouffé, pestilentiel sur les bords de la mer et dans quelques vallées profondes de l'intérieur. A Carthagène et à Guayaquil, la fièvre jaune est endémique [1]. La ville de *Honda*, quoique élevée de 150 toises au-dessus du niveau de la mer, éprouve, par la réverbération des roches, une telle chaleur, que l'on n'oserait poser la main sur une pierre, et que les eaux du fleuve de la Magdalena acquièrent la température d'un bain tiède. Les pluies y sont continuelles pendant l'hiver, qui est déterminé par la position des lieux, au nord et au sud de l'équateur. Quelques endroits y jouissent d'un printemps perpétuel. La crête des Andes s'enveloppe souvent de brouillards épais, la baie de Choco est tourmentée par de continuels orages. Les deux rivières de la Magdalena et du Cauca, dont le cours se dirige droit du sud au nord, ont leur source et leur embouchure dans la Nouvelle-Grenade : elles coulent chacune au fond d'une vallée profonde des Andes, et se réunissent sous le 9e degré de latitude boréale. Le cours du Cauca est embarrassé par des rochers et des rapides; mais les Indiens les franchissent en canots. La Magdalena est navigable jusqu'à Honda, d'où l'on ne parvient à Santa-Fé que par des chemins affreux, à travers des forêts de chênes, de mélastomes et de quinquinas. La fixité de la température dans chaque zone, l'absence de l'agréable succession des saisons, peut-être aussi les grandes catastrophes volcaniques auxquelles le haut pays est fréquemment exposé, y ont diminué le nombre des espèces. A Quito, à Santa-Fé, la végétation est moins variée que dans d'autres régions également élevées au-dessus de l'Océan. On trouve dans les Andes de Quindiu et dans les forêts tempérées de Loxa des cyprès, des sapins et des genévriers : les pyramides neigées s'y élèvent au milieu de styrax, de passiflores en arbres, de bambosas et de palmiers à cire. Le cacao de Guayaquil est très estimé; on a même essayé, dans les environs de cette ville, des plantations de caféier qui ont très bien réussi. Le coton et le tabac sont excellents. On y récolte beaucoup de sucre; et ce qui paraît surprenant, c'est que la plus grande quantité est produite, non dans les plaines, sur les bords de la rivière de la Magdalena, mais sur la pente des Cordillères, dans une vallée, sur le chemin de Santa-Fé à Honda, où, suivant les mesures barométriques de M. de Humboldt, le terrain a depuis 600 jusqu'à 1,050 toises au-dessus du niveau de la mer. On y fait de l'encre avec le suc exprimé du fruit de l'uvilla (*cestrum tinctorium*); un ordre du gouvernement espagnol enjoignait aux vice-rois de n'employer, pour les pièces officielles, que le bleu d'uvilla, parce qu'il est plus indestructible que la meilleure encre de l'Europe.

» Les productions minérales sont riches et variées. On voit dans la vallée de Bogota des couches de charbon de terre à 1,280 toises de hauteur au-dessus du niveau de l'Océan. Il est très remarquable que le platine ne se trouve pas dans la vallée du Cauca, ou à l'est de la branche occidentale des Andes, mais uniquement dans le Choco et à Barbacoas, à l'ouest des montagnes de grès qui s'élèvent sur la rive occidentale du Cauca.

» Sous le gouvernement espagnol, le royaume de la Nouvelle-Grenade produisait annuellement 22,000 marcs d'or et une quantité peu considérable d'argent. On frappait, dans les monnaies de Santa-Fé et de Popayan, pour 2,100,000 piastres d'or, ou 18,300 marcs. L'exportation de ce métal en lingots et en objets d'orfévrerie se montait à 400,000 piastres.

» Tout l'or que fournit la contrée est le produit des lavages établis dans des terrains de transport. On connaît des filons d'or dans les montagnes de Guamoer et d'Antioquia; mais leur exploitation est presque entièrement négligée. Les plus grandes richesses en or de lavage sont déposées à l'ouest de la Cordillère centrale, dans les provinces d'Antioquia et du Choco, dans la vallée de Rio-Cauca,

(1) *Leblond* : Traité de la fièvre jaune, p. 175 et 182.

et sur les côtes du grand Océan, dans le district de Barbacoas.

» La province d'Antioquia, où l'on ne peut entrer qu'à pied ou porté à dos d'homme, présente des filons d'or qui ne sont pas travaillés, faute de bras. Le morceau d'or le plus grand qui ait été trouvé au Choco pesait 25 livres. Tout l'or est ramassé par des nègres esclaves. Le Choco seul pourrait produire plus de 20,000 marcs d'or de lavage, si, en assainissant cette région, une des plus fertiles du nouveau continent, le gouvernement y fixait une population agricole. Le pays le plus riche en or est celui où la disette se fait continuellement sentir. Habité par de malheureux esclaves africains, ou par des Indiens qui gémissent sous le despotisme des corrégidors, le Choco est resté ce qu'il était il y a trois siècles, une forêt épaisse, sans trace de culture, sans pâturages, sans chemins. Le prix des denrées y est si exorbitant, qu'un baril de farine des États-Unis, veaut 64 à 90 piastres. La nourriture d'un muletier coûte une piastre ou une piastre et demie par jour; le prix d'un quintal de fer s'élève, en temps de paix, à 40 piastres. Cette cherté ne doit pas être attribuée à l'accumulation des signes représentatifs, qui est très petite, mais à l'énorme difficulté du transport, et à cet état malheureux de choses dans lequel la population entière consomme sans produire. »

En 1840, une compagnie anglaise s'est formée dans la province d'Antioquia pour l'exploitation des sables aurifères du Rio-Negro. Cette compagnie se propose de détourner le cours de cette rivière sur un espace de 2 à 3 lieues, afin de le laisser à découvert dans l'endroit où la rivière forme un bassin de 17 pieds de profondeur, en traversant une des vallées des Andes, dans le petit canton de *Nudillales*, à 50 milles environ des bords de la Madelaine. Il paraît que, dans le bassin du Rio-Negro, les terrains inondés des deux rives sont extrêmement riches en sables aurifères, et que la rivière, en traversant la Cordillère des Andes, a miné les filons métallifères de ces montagnes, et a entassé depuis des siècles ces précieux dépôts dans son ancien lit.

« La Nouvelle-Grenade a des filons d'argent extrêmement riches. Ceux de Marquetones surpasseraient le Potosi, mais ils ne sont pas exploités (1). On dédaigne le cuivre et le plomb. La rivière des Emeraudes coule depuis les Andes jusqu'au nord de Quito. C'est à Muzo, dans la vallée de ***Tunca***, près de Santa-Fé de Bogota, que sont les principales exploitations des émeraudes dites du Pérou, et que l'on préfère avec raison à toutes les autres, depuis qu'on a négligé celles d'Egypte. Ces émeraudes occupent tantôt des filons stériles qui traversent les roches composées ou les schistes argileux, et tantôt des cavités accidentelles qui interrompent les masses de quelques granits. Elles sont quelquefois groupées avec des cristaux de quartz, de feldspath et de mica. Plusieurs ont leur surface parsemée de cristaux de fer sulfuré. On en voit qui sont enveloppées de chaux carbonatée et de chaux sulfatée (2). Celles qu'on trouve dans les sépulcres indiens sont façonnées en rond, en cylindres, en cônes et autres figures, et percées avec beaucoup de précision; mais on ignore les procédés que l'on a employés. Les mines d'or d'Antioquia et de Guaimoco contiennent de petits diamants (3). On connaît aussi du mercure sulfuré ou cinabre dans la province d'Antioquia, à l'est du Rio-Cauca, dans la montagne de Quindiu, au passage de la Cordillère australe; enfin, près de Cuenca, dans le département de l'Assuay. Ce mercure se trouve ici dans une formation de grès quartzeux, qui a 720 toises d'épaisseur, et qui renferme du bois fossile et de l'asphalte. »

Nous allons visiter les lieux remarquables de cette partie de la Colombie. ***Bogota*** ou ***Santa-Fé de Bogota***, capitale de la Nouvelle-Grenade, siége du gouvernement, d'un archevêché et d'une université, renferme environ 40,000 habitants, des églises, des maisons magnifiques, ainsi que 5 ponts superbes (4). Fondée en 1538, elle est située près de la rive gauche de la Bogota, dans une des plus belles et des plus fertiles vallées de l'Amérique méridionale, près d'une des branches de la Cordillère, à plus de 8,000 pieds d'élévation au-dessus du niveau de l'Océan. Deux montagnes la dominent et l'abritent des violents ouragans de l'est. Elle est arrosée par

(1) Viagero universal, vol. XXII, pag. 277. — (2) *Idem, ibid.* — (3) *Dolomieu :* Magasin encyclopédique, II, n° 6, p. 149. — (4) Viagero universal, *ibid.*, l. c.

des eaux toujours fraîches et pures ; sa position élevée la rend facile à défendre contre les attaques d'un ennemi. Son climat est un des plus humides que l'on connaisse, sans cependant être très malsain. Les fréquents tremblements de terre qu'elle a éprouvés ont influé sur la construction de ses édifices, en général très simples. Les maisons, construites en briques séchées au soleil, ont des murailles d'une grande épaisseur. Ce n'est que dans ces dernières années que l'on a commencé à y faire usage de vitres. La cathédrale, bâtie en 1814, est le plus beau de ses édifices, bien qu'il ne soit pas sans défauts. Elle est principalement remarquable par les trésors qu'elle renferme : une seule des statues de la Vierge y est ornée de 1,358 diamants. La ville renferme 26 autres églises, 3 couvents de femmes, 9 d'hommes, et 3 colléges. Les principaux édifices sont, le palais du sénat, l'hôtel des monnaies, le théâtre. Les places, toutes ornées de fontaines, sont spacieuses ; la plus vaste est celle de la cathédrale; le marché s'y tient le vendredi et y attire une foule immense. Les trois principales rues, bien alignées et garnies de trottoirs, sont mal pavées. Le gouvernement a fondé une bibliothèque qui renferme 12,000 volumes, une université, une école de médecine, un observatoire, un jardin botanique et une académie. Les environs de la ville offrent de jolies promenades, entourées de saules et de rosiers autour dequels grimpent des capucines. Les habitants de Bogota sont doux, gais et honnêtes; les femmes jolies et bien faites. Il s'est formé, en 1834, dans cette ville, une société pour l'instruction populaire.

Bogota est la principale ville du département de Cundinamarca, qui, situé dans la partie septentrionale de la Nouvelle-Grenade, comprend les provinces de Bogota, d'Antioquia, de Mariquita et de Neyba ou Neyva. Ce département renferme les plus riches lavages d'or de la Colombie. C'est dans ce même pays que l'on trouve établi l'usage singulier et barbare de voyager à dos d'homme. Les malheureux qui servent de monture, et que l'on nomme *cargueros*, sont pour la plupart des Indiens ou des métis. Vêtus légèrement, souvent même nus, ils portent sur le dos une chaise sur laquelle se place le voyageur, muni d'un large parasol, armé d'une cravache et souvent d'éperons, dont il n'a pas honte de frapper le *carguero*. Cet usage déplorable est d'autant plus difficile à justifier que le Cundinamarca fournit d'excellents mulets.

« Aux environs de Bogota, l'air est constamment tempéré. Le froment d'Europe et le sésame d'Asie y donnent des récoltes continuelles. Le plateau sur lequel est située la ville offre plusieurs traits de ressemblance avec celui qui renferme les lacs mexicains : l'un et l'autre sont plus élevés que le couvent du Saint-Bernard ; le premier a 1,365 toises, le second 1,168, au-dessus du niveau de la mer. La vallée de Mexico, entourée d'un mur circulaire de montagnes porphyriques, est encore couverte d'eau dans son centre. Le plateau de Bogota est également entouré de montagnes élevées : le niveau parfait de son sol, sa constitution géologique, la forme des rochers de Suba et de Facatativa, qui s'élèvent comme des îlots au milieu des savanes, tout semble y indiquer l'existence d'un ancien lac. La rivière de Funzha, communément appelée ***Rio-de-Bogota***, après avoir réuni les eaux de la vallée, se précipite, par une ouverture étroite, dans une crevasse de 600 pieds de profondeur qui descend vers le bassin de la rivière de la Magdalena. Les Indiens attribuent à Bochica, fondateur de l'empire de Bogota ou de Cundinamarca, l'ouverture de ces rochers, et la création de la cataracte de ***Téquendama***. Il n'est pas étonnant que des peuples religieux aient attribué une origine miraculeuse à ces rochers, qui paraissent avoir été taillés par la main de l'homme ; à ce gouffre étroit dans lequel se précipite une rivière qui réunit toutes les eaux de la vallée de Bogota ; à ces arcs-en-ciel qui brillent des plus vives couleurs, et qui changent de forme à chaque instant ; à cette colonne de vapeurs qui s'élève comme un nuage épais, et que l'on reconnait à 5 lieues de distance, en se promenant autour de la ville de Santa-Fé. Il existe à peine une seconde cascade qui, à une hauteur aussi considérable, réunisse une telle masse d'eau. Le Rio-de-Bogota conserve encore, un peu au-dessus du *Salto*, une largeur de 270 pieds. La rivière se rétrécit beaucoup près de la cascade même où la crevasse, qui parait formée par un tremblement de terre, n'a que 30 à 40 pieds d'ouverture. A l'époque des grandes sécheresses, le volume d'eau qui, en deux bonds, se précipite à une profondeur de 530 pieds, présente encore un profil de 21 toises carrées. L'énorme masse de vapeurs qui s'élève journellement de la cascade, et qui est précipitée par le contact de l'air froid, contribue beaucoup à la grande fertilité de cette partie du plateau de Bogota. A une petite distance de Canoas, sur la hauteur de Chipa, on jouit d'une vue magnifique, et qui étonne le voyageur par les contrastes qu'elle présente. On vient de quitter les champs cultivés en froment et en orge : outre les *azaléa*, les *alstonia theiformis*, les *begonia* et le quinquina jaune, on voit autour de soi des chênes, des aunes, et des plantes dont le port rappelle la végétation de l'Europe ; et tout-à-coup on découvre, comme du haut d'une terrasse, et pour ainsi dire à ses pieds, un pays où croissent les palmiers, les bananiers et la canne à sucre. Comme la crevasse dans laquelle se jette le Rio-de-Bogota communique aux plaines de la région chaude (*tierra caliente*), quelques palmiers se sont avancés jusqu'au pied de la cascade. Cette circonstance particulière fait dire aux habitants de Santa-Fé que la chute du Tequendama est si haute, que l'eau tombe, d'un saut, du pays froid (*tierra fria*) dans le pays chaud. On sent qu'une différence de hauteur de 100 toises n'est pas assez considérable pour influer sensiblement sur la température de l'air. C'est la coupe perpendiculaire du rocher qui sépare les deux végétations d'une manière si tranchante.

» Voici un autre phénomène naturel que l'on remarque près de *Fusagusa*, dans les environs de Bogota. La vallée d'Icononzo ou de Pandi est bordée de rochers de forme extraordinaire, et qui paraissent comme taillés de main d'homme. Leurs sommets nus et arides offrent le contraste le plus pittoresque avec les touffes d'arbres et de plantes herbacées qui couvrent les bords de la crevasse. Le petit torrent qui s'est frayé un passage à travers la vallée d'Icononzo porte le nom de *Rio de la Summa-Paz*. Ce torrent, encaissé dans un lit presque inaccessible, ne pourrait être franchi qu'avec beaucoup de difficulté, si la nature même n'y avait formé deux ponts de rochers, objet bien digne de fixer notre attention. La crevasse profonde à travers laquelle se précipite le torrent de la Summa-Paz occupe le centre de la vallée ; près du pont, elle conserve, sur plus de 2,000 toises de longueur, la direction de l'est à l'ouest. La rivière forme deux belles cascades au point où elle entre dans la crevasse et au point où elle en sort. Il est très probable que cette crevasse a été formée par un tremblement de terre. Les montagnes environnantes sont de grès à ciment d'argile. Cette formation, qui repose sur les schistes primitifs de Viletta, s'étend depuis la montagne de sel gemme de Zipaquira jusqu'au bassin de la rivière de la Magdalena. Dans la vallée d'Icononzo, le grès est composé de deux roches distinctes. Un grès très compacte et quartzeux, à ciment peu abondant, et ne présentant presque aucune fissure de stratification, repose sur un grès schisteux à grain très fin, et divisé en une infinité de petites couches très minces et presque horizontales. M. de Humboldt croit que le banc compacte et quartzeux, lors de la formation de la crevasse, a résisté à la force qui déchira ces montagnes, et que c'est la continuation non interrompue de ce banc qui sert de pont pour traverser d'une partie de la vallée à l'autre. Cette arche naturelle a 44 pieds et demi de longueur sur 36 pieds 11 pouces de largeur ; son épaisseur, au centre, est de 6 pieds 3 pouces ; les expériences de M. de Humboldt ont donné 298 pieds pour la hauteur du pont supérieur au-dessus du niveau des eaux du torrent. A dix toises au-dessous de ce premier point naturel, il s'en trouve un autre auquel on est conduit par un sentier étroit qui descend sur le bord de la crevasse. Trois énormes masses de rocher sont tombées de manière à se soutenir mutuellement. Celle du milieu forme la clef de la voûte, accident qui aurait pu faire naître aux indigènes l'idée de la maçonnerie en arc, inconnue aux peuples du Nouveau-Monde, comme aux anciens habitants de l'Egypte.

» Au milieu du second pont d'Icononzo se trouve un trou de 300 pieds carrés, par lequel on voit le fond de l'abîme ; c'est là que notre voyageur a fait les expériences sur la chute des corps. Le torrent paraît couler dans une caverne obscure. Le bruit lugubre que l'on entend est dû à une infinité d'oiseaux nocturnes qui habitent la crevasse. Les Indiens assurent que ces oiseaux sont de la grosseur d'une poule, et qu'ils ont des yeux de hibou et le bec recourbé. Il est impossible de s'en procurer à cause de la profondeur de la vallée. L'élévation du pont naturel d'Icononzo est de 458 toises au-dessus du niveau de l'Océan. »

Cette merveille de la nature est sur la route de Bogota à *Ibaque*, petite ville dont le commerce était florissant vers la fin du seizième siècle, mais qui, après avoir été saccagée par les Indiens, n'est plus aujourd'hui qu'un simple village, dont le collége seul mérite d'être cité.

Zipaquira est une petite ville très vivante qui doit le mouvement qui la distingue à ses riches mines de sel gemme dont le produit est un des plus importants revenus de la *république*.

Dans la province de Mariquita, dont le chef-lieu *Honda*, ville de 6,000 âmes, n'a rien de remarquable, *Mariquita* est célèbre par ses mines d'or et d'argent qu'exploite une compagnie de capitalistes anglais.

La province d'Antioquia, que nous allons traverser, n'est pour ainsi dire qu'une vaste forêt; mais c'est dans les entrailles de la terre que gisent ses principales richesses. Plusieurs de ses rivières coulent sur du sable d'or; plusieurs mines de ce métal sont exploitées, ainsi que l'argent, le cuivre, le mercure et le sel. Le produit de ces exploitations s'élève annuellement à 1,200,000 piastres. La ville d'*Antioquia*, ou *Santa-Fé-de-Antioquia*, sur les bords du Tomizco, dans une vallée profonde et au milieu de champs couverts de maïs, de cannes à sucre et de bananiers, est renommée par son industrie: ses charpentiers, ses serruriers et ses orfévres passent pour être fort habiles. Sa population est de 18 à 20,000 âmes. A 12 lieues au sud, *Medellin*, avec 15,000 habitants, est bâtie avec régularité et dans une situation pittoresque. La douceur de son climat lui donne une grande supériorité sur la capitale.

Santa-Rosa de Osos est remarquable par sa situation élevée et par ses riches lavages d'or.

« Le ci-devant *royaume de Terre-Ferme* est aujourd'hui une solitude champêtre. Les villes de Panama sur la mer du Nord, et de Porto-Bello sur l'océan Pacifique, florissaient autrefois par le commerce des métaux précieux qui, du Pérou, passaient par l'isthme de Panama pour être envoyés en Europe. Aujourd'hui Buénos-Ayres en est l'entrepôt. L'isthme de Panama, ainsi que l'ancienne province de Darien, produisent du cacao, du tabac, du coton; mais l'air, à la fois trop humide et trop chaud, les rend presque inhabitables. Le sol y est montueux, mais on y trouve des plaines fertiles. La végétation y est partout d'une force surprenante. Les rivières y sont nombreuses, et quelques unes charrient de l'or. L'isthme de Panama n'a que 8 lieues de large dans l'endroit le plus étroit; mais la nature rocailleuse du sol y oppose des obstacles, probablement invincibles, à l'ouverture d'un canal navigable pour de grands bâtiments. »

Panama, chef-lieu du *département de l'Isthme*, se divise en haute et basse ville. Cette dernière, appelée *El-varal*, est la plus peuplée. La plupart des rues de ses deux quartiers sont étroites, obscures et malpropres. La plupart des maisons sont en bois et couvertes en chaume. La rade qui s'étend devant Panama est large, mais dangereuse; les gros navires s'arrêtent aux îles *Perico* et *Flaminco*; les seuls bateaux plats peuvent aborder dans le port. Cette ville, dont la population est de 12,000 âmes, fait un commerce assez considérable; elle exporte par an pour 40,000 piastres de perles que fournissent les pêcheries établies dans la baie et sur les parages du petit archipel de *Las Perlas*.

La petite ville de *Santiago de Veragua*, à 60 lieues au sud-ouest de Panama, est dans une contrée fertile, qui nourrit de nombreux bestiaux. Au sud de la province dont elle est le chef-lieu s'élève, à 6 lieues de la côte, l'île de *Quibo*, qui n'est peuplée que d'animaux sauvages.

Sur la côte septentrionale de l'isthme, *Porto-Bello*, ou *Puerto-Vello*, occupe le penchant d'une montagne assez élevée, qui embrasse son port et l'abrite contre les vents. Située à 17 lieues au nord-ouest de Panama, elle éprouve, comme celle-ci, des chaleurs très fortes et la pernicieuse influence d'une atmosphère humide, entretenue par les vastes forêts voisines. Cependant la sagesse du gouvernement, en hâtant la destruction d'une partie des bois qui s'étendaient jusqu'aux portes de cette ville, a contribué à rendre plus sain l'air qu'on y respire. Sous le gouvernement espagnol elle avait une population de 8 à 9,000 âmes, qui, dans ces derniers temps, était réduite à 1,200; mais un chemin de fer qui doit la mettre en communication avec Panama, lui rendra sa prospérité passée.

Dans le département de la Magdalena, *Carthagène*, ou *Cartagena-de-las-Indias*, est située sur une île sablonneuse du détroit formé à l'embouchure de la Magdalena. Son port, défendu par la forteresse de Bocachica, et l'un des plus beaux de l'Amérique, est la station ordinaire d'une partie de la marine militaire de la Nouvelle-Grenade; ses fortifications, dont quelques parties ont besoin d'être réparées, la mettent au premier rang parmi les places de guerre de cette république. Quelques églises, plusieurs couvents, qui passent pour de beaux édifices, sont, ainsi que ses immenses citernes, les principales constructions de cette ville. Ses rues sont étroites, sombres, mais assez bien pavées; ses maisons, la plupart en pierres, sont régulières et élevées d'un seul étage au-dessus du rez-de-chaussée. Cependant l'aspect de cette ville est généralement triste, ce qu'elle doit surtout à ses longues galeries soutenues par des colonnes basses et lourdes, et à ses terrasses en saillie qui dérobent la moitié du jour. Malgré ce qu'elle a souffert pendant les guerres de l'indépendance, elle renferme encore 18,000 habitants, en y comprenant ses faubourgs. Le 22 mai 1834, elle fut ravagée par un tremblement de terre qui renversa les murailles de plusieurs églises.

« Pour éviter les chaleurs excessives et les maladies qui règnent pendant l'été à Carthagène des Indes, les Européens non acclimatés se réfugient dans l'intérieur des terres, au village de *Turbaco*, bâti sur une colline, à l'entrée d'une forêt majestueuse qui s'étend jusqu'à la rivière de la Magdalena. Les maisons sont en grande partie construites de bambous et couvertes de feuilles de palmiers. Des sources limpides jaillissent d'un roc calcaire qui renferme de nombreux débris de polypiers fossiles; elles sont ombragées par le feuillage lustré de l'*anacardium caracoli*, arbre de grandeur colossale, auquel les indigènes attribuent la propriété d'attirer de très loin les vapeurs répandues dans l'atmosphère. Le terrain de Turbaco étant élevé de plus de 150 toises au-dessus du niveau de l'Océan, on y jouit, surtout pendant la nuit, d'une fraîcheur délicieuse. Les environs présentent un phénomène très curieux. Les *Volcancitos* sont situés à 3,000 toises à l'est du village de Turbaco, dans une forêt épaisse qui abonde en *baumiers de tolu*, en *gustavia* à fleurs de nymphea, et en *cavanillesia mocundo*, dont les fruits nombreux et transparents ressemblent à des lanternes suspendues à l'extrémité des branches. Le terrain s'élève graduellement à 20 ou 25 toises de hauteur au-dessus du village de Turbaco; mais le sol étant partout couvert de végétation, on ne peut distinguer la nature des roches superposées au calcaire coquillier. Au centre d'une vaste plaine bordée de bromelia karatas, s'élèvent 18 à 20 petits cônes, dont la hauteur n'est que de 20 à 25 pieds. Ces cônes sont formés d'une argile gris noirâtre; à leur sommet se trouve une ouverture remplie d'eau. Lorsqu'on s'approche de ces petits cratères, on entend par intervalle un bruit sourd et assez fort qui précède, de 15 à 18 secondes, le dégagement d'une grande quantité d'air. La force avec laquelle cet air s'élève au-dessus de la surface de l'eau peut faire supposer que, dans l'intérieur de la terre, il éprouve une grande pression. M. de Humboldt a compté généralement cinq explosions en deux minutes. Souvent ce phénomène est accompagné d'une éjection boueuse. On assure que les cônes ne changent pas sensiblement de forme dans l'espace d'un grand nombre d'années, mais la force d'ascension du gaz et la fréquence des explosions paraissent varier selon les saisons. Les analyses de M. de Humboldt ont prouvé que l'air dégagé ne contient pas un demi-centième d'oxigène. C'est un gaz azote plus pur que nous ne le préparons généralement dans nos laboratoires. »

Santa-Marta, ville épiscopale, dans une situation salubre, a un port sûr, spacieux et bien défendu. La plupart de ses édifices publics et particuliers ont considérablement souffert du tremblement de terre du 22 mai 1834, qui n'épargna pas Mompox et plusieurs autres villes. La province de Santa-Marta est très fertile; elle a des mines d'or et d'argent, des salines abondantes, ainsi que des fabriques de coton et de vaisselle de terre. *Rio-de-la-Hacha*, sur le bord de la mer, dans un terrain productif, s'enrichissait autrefois par la pêche des perles.

En remontant la Magdalena jusqu'à 37 lieues de son embouchure, on arrive à *Mompox*, cité de 10 à 12,000 habitants, presque tous affligés de goîtres depuis l'âge de 30 à 40 ans. Cette ville est un entrepôt important; elle reçoit d'*Ocaña* du tabac, du sucre et du cacao; de Pamplona et de *Cucuta*, des farines; d'Antioquia, de l'or; enfin les divers produits que l'on transporte par la Magdalena.

Le département du Cauca se divise en quatre provinces: celles de Popayan, de Pasto, de Choco et de Buenaventura.

« Au sud-est de Santa-Fé-de-Bogota, et dans l'intérieur du pays, se trouve la province de Popayan, autrefois de San-Juan-de-los-Llanos, dont nous avons déjà décrit les plaines brûlantes et stériles. Mais, vers le sud, nous trouvons des provinces plus heureuses et quelques villes considérables. »

En remontant la Magdalena jusqu'à 45 lieues au-dessus de Santa-Fé, on trouve une petite ville appelée *Neyba*, nom que les habitants prononcent *Neyva*, sur une rivière de ce nom. Elle a beaucoup souffert d'un tremblement de terre en 1827, mais elle se soutient par la vente du cacao, qui abonde dans ses environs. Le même fléau, accompagné d'une terrible inondation du Rio-Cauca et d'une éruption du Puracé, détruisit en grande partie Popayan, qui depuis a réparé ces désastres.

Popayan florissait autrefois par son commerce d'entrepôt avec Quito et Carthagène. Sa population était de plus de 20,000 âmes, mais les dernières guerres l'ont réduite des deux tiers. Elle a conservé son évêché, son université et son hôtel des monnaies. Ses rues sont bordées de trottoirs en pierres, et lavées par les eaux rapides de la petite rivière de Malina, qui y entretiennent une grande propreté. *Cartago*, que l'on traverse en descendant la riante vallée du Cauca, se présente avec une belle apparence au bord du *Rio-Labeixa*. Ses rues sont larges et droites, et ses 6,000 habitants font un commerce assez considérable en fruits, en café, en tabac et en cacao.

Si de Popayan nous nous dirigeons vers le sud en suivant la double chaîne des Andes, nous trouvons *Pasto*, ville de 7 à 8,000 âmes, qui se montra long-temps opposée à la cause de l'indépendance, et qui, après avoir été forcée de se rendre à Bolivar en 1822, fut, en 1827, ravagée par le tremblement de terre dont nous avons précédemment parlé. Elle est placée dans une situation pittoresque, sur la rivière du Cauca.

« Cette ville est située au pied du terrible volcan du Puracé, et entourée de forêts épaisses, placées entre des marais où les mules enfoncent à mi-corps. On n'y arrive qu'à travers des ravins profonds et étroits comme les galeries d'une mine. Toute la province de Pasto est un plateau gelé presque au-dessus du point où la végétation peut durer, et entouré de volcans et de soufrières qui dégagent continuellement des tourbillons de fumée. Les malheureux habitants de ces déserts n'ont d'autres aliments que les patates, et si elles leur manquent, ils vont dans les montagnes manger le tronc d'un petit arbre nommé *achupalla*; mais ce même arbre étant l'aliment de l'ours des Andes, celui-ci leur dispute souvent la seule nourriture que leur présentent ces régions élevées.

» La province de *Choco*, que baigne le grand Océan, serait moins riche par ses mines que par la fertilité de ses coteaux et l'excellente qualité de son cacao, si malheureusement un climat à la fois nébuleux et brûlant n'en éloignait l'industrie humaine. Marmontel a peint cette côte avec des couleurs aussi justes que vives: « Un ciel chargé d'épais nuages, où mugissent les vents, où les tonnerres grondent, » où tombent presque sans relâche des pluies » orageuses; des grêles meurtrières parmi les » foudres et les éclairs; des montagnes couvertes de forêts ténébreuses, dont les débris » cachent la terre, et dont les branches entrelacées ne forment qu'un épais tissu, impénétrable à la clarté du jour; des vallons » fangeux où sans cesse roulent d'impétueux » torrents; des bords hérissés de rochers, où » se brisent en gémissant les flots émus par » les tempêtes; le bruit des vents dans les forêts, semblable aux hurlements des loups » et au glapissement des tigres; d'énormes » couleuvres qui rampent sous l'herbe humide » des marais, et qui, de leurs vastes replis, » embrassent la tige des arbres; une multitude » d'insectes qu'engendre un air croupissant, » et dont l'avidité ne cherche qu'une proie. »

Mais l'auteur des *Incas* a tort d'appliquer en totalité ce portrait de la côte de Choco à l'*île de Gorgone*, où Pizarre vint se réfugier avec les douze compagnons qui lui restèrent fidèles. Gorgone, dans la *baie de Choco*, de même que l'archipel des *Iles aux Perles*, dans la *baie de Panama*, sont plus habitables que le continent voisin. Dans l'intérieur de la province de Choco, le ravin de Raspadura unit les sources voisines du Rio-Noanama, appelé aussi *Rio-San-Juan*, et de la petite rivière de Guito. Cette dernière, réunie aux deux autres, forme le Rio-Atrato, qui se jette dans la mer des Antilles, tandis que le Rio-San-Juan tombe dans le grand Océan. Un moine très actif, curé du village de *Novita*, a fait creuser par ses paroissiens un petit canal dans le ravin de la Raspadura. Au moyen de ce canal, navigable lorsque les pluies sont abondantes, des canots chargés de cacao sont venus d'une mer à l'autre. Ce petit canal, qui existe depuis 1788, réunit, sur les côtes des deux Océans, deux points éloignés l'un de l'autre de 75 lieues.

La *république de l'Equateur* (Ecuador) est un des trois Etats indépendants formés du territoire qui avant 1831 constituait la république de Colombie; elle en comprend toute la partie méridionale que l'on appelait autrefois royaume ou présidence de Quito, et qui constituait une partie de la vice-royauté de la Nouvelle-Grenade. Son nom dérive de sa situation astronomique; elle est coupée vers le nord par l'équateur.

Peuplée de 600,000 habitants, cette république s'est donné une organisation analogue à celle de ses deux sœurs que nous venons de décrire; elle est divisée en trois départements et en huit provinces.

« Remontons sur les Andes, où nous respirerons un air plus doux et plus salubre. C'est là que s'élève la fameuse ville de *Quito*, ancienne capitale de la seconde monarchie péruvienne et capitale de la nouvelle république. Les habitants excellent dans la plupart des arts et métiers. Ils fabriquent surtout des draps et des cotons, qu'ils teignent en bleu; ils en fournissent tout le Pérou. Le commerce de la ville est aussi très actif; elle est le siége d'un tribunal suprême et d'un évêché; les rues sont d'un niveau trop inégal pour qu'on puisse s'y servir de voitures. Située à 1,480 toises au-dessus du niveau de l'Océan, cette ville ne jouit plus du printemps perpétuel que ses localités paraissaient lui garantir. Le ciel est devenu triste et nébuleux, et le froid assez âpre, depuis le 4 février 1797, époque où un affreux tremblement de terre bouleversa la province entière de Quito, et fit périr dans un seul instant 40,000 individus. Tel a été le changement de la température, que le thermomètre y est ordinairement à 4° au-dessus de zéro, et ne s'y élève que rarement à 16 ou 17, tandis que Bouguer le voyait constamment à 15 ou 16. Depuis ce temps, les tremblements de terre y sont presque continuels. Malgré les horreurs et les dangers dont la nature les a environnés, les habitants de Quito, gais, vifs, aimables, ne respirent que la volupté, le luxe; nulle part peut-être il ne règne un goût plus décidé et plus général pour les plaisirs. La population de cette ville est de 70,000 âmes. »

La plupart de ses rues sont tortueuses et obscures; les quatre plus larges seulement sont pavées. Les édifices de cette ville ne répondent pas à son importance. Le *palais de justice*, la *cathédrale*, l'*hôtel-de-ville* et le *palais épiscopal* occupent les quatre côtés de la *Plaza-Mayor*, au centre de laquelle s'élève une belle fontaine en bronze. L'église la plus remarquable par son architecture et ses sculptures est celle du ci-devant collége des jésuites. On lit sur un de ses murs l'inscription en marbre laissée par les académiciens français envoyés en 1736 pour mesurer un degré du méridien. Cette ville est à 13 minutes au sud de l'équateur. Son université est depuis longtemps célèbre dans l'Amérique méridionale.

Sur le versant occidental des Andes nous apercevons *Guayaquil*, ville qui donne son nom au fleuve qui la traverse et au golfe dans lequel celui-ci va se jeter. Cette cité commerçante, dont le port est l'un des plus importants du grand Océan, et qui possède un arsenal et de beaux chantiers, est formée de deux villes, la vieille et la nouvelle, et ne renferme aucun édifice qui soit digne d'attirer l'attention du voyageur; mais ce qui frappe celui-ci, c'est la beauté de la plupart des femmes. Les maisons et les églises sont construites en bois.

« Peuplée de 20 à 22,000 âmes, Guayaquil est un port de mer et un atelier de construction très commode, à cause des forêts qui en sont rapprochées. Il s'y fait un grand commerce d'échange entre les ports du Mexique et ceux du Pérou et du Chili. La végétation des environs, dit M. de Humboldt, est d'une majesté au-dessus de toute description; les palmiers, les scitaminées, les *plumeria*, les *taberna montana* y abondent. Don *Alcedo* dit que l'on trouve dans la province de Guayaquil une espèce de bois fort et solide, qu'on préfère pour la construction des petits vaisseaux, spécialement pour la quille et les courbes, parce qu'il est incorruptible et qu'il résiste aux vers plus que tout autre; il est très facile à travailler; sa couleur est foncée; on le nomme *guachapeli* et *guarango.* »

En suivant toujours une direction méridionale, nous trouvons *Cuença,* ville d'environ 20,000 âmes, où l'on compte plusieurs raffineries de sucre, et dont les confitures, et une sorte de fromage qui ressemble au parmesan, sont les plus importantes branches d'industrie. *Loxa,* ou *Loja,* peuplée de 12,000 âmes, quoiqu'elle ait souvent été abandonnée par ses habitants à la suite des violents tremblements de terre qu'elle a éprouvés, fait un commerce considérable de quinquina et de cochenille. Sur la rive gauche du *Chinchipe*, affluent du Tunguragua, l'un des principaux affluents du Marañon ou de l'Amazone, *Jaen-de-Bracamoros,* renferme 4,000 habitants, la plupart hommes de couleur.

« L'ancienne province de *Quixos* et *Macas*, qui forme en grande partie le département de l'Équateur, doit à sa position sur la pente orientale des Andes les singularités de sa température. Quoique le pays ne soit éloigné que de 2 degrés au sud de l'équateur, l'hiver y commence en avril et y dure jusqu'en septembre, époque du printemps sur le plateau. Le climat est chaud et humide. La principale production est le tabac.

» L'ancienne et vaste province de *Maynas*, comprise aujourd'hui dans le département de l'Assuay, s'étend sur la rivière des Amazones. Il n'y a que peu d'établissements européens; le plus considérable est *San-Joaquin-de-Omaguas.* Les *Maynas* et les *Omaguas* sont les principales nations indigènes. Un petit nombre s'est fixé près des missions; la plus grande partie erre dans les forêts, vivant de la chasse et de la pêche. Le pays produit de la cire blanche et noire, ainsi que du cacao.

» Ce ne serait pas avoir décrit l'ancien royaume de Quito que de passer sous silence les redoutables volcans qui tant de fois en ont bouleversé le sol et englouti les cités. Le majestueux *Chimborazo* n'est probablement qu'un volcan éteint; la neige séculaire qui couvre sa cime colossale fondra peut-être un jour, et les feux, enchaînés dans ses flancs, reprendront leur activité destructive.

» Le *Pichincha* est un des volcans les plus grands de la terre; son cratère, creusé dans des porphyres basaltiques, a été comparé par La Condamine au chaos des poëtes. Cette bouche immense était alors remplie de neige; mais M. de Humboldt la trouva embrasée: « La bouche du volcan forme un trou circulaire de près d'une lieue de circonférence, dont les bords, taillés à pic, sont couverts de neige par en haut; l'intérieur est d'un noir foncé, mais le gouffre est si immense, que l'on distingue la cime de plusieurs montagnes qui y sont placées; leur sommet semblait être à 2 ou 300 toises au-dessous de nous, jugez donc où doit se trouver leur base. Je ne doute pas que le fond du cratère ne soit de niveau avec la ville de Quito. »

» Le *Cotopaxi* est le plus élevé de ces volcans des Andes, qui, à des époques récentes, ont eu des éruptions. Sa hauteur absolue est de 2,052 toises; elle surpasserait par conséquent de plus de 400 toises la hauteur du Vésuve, placé sur le sommet du pic de Ténériffe. Le Cotopaxi est aussi le plus redouté de tous les volcans du royaume de Quito; c'est celui dont les explosions ont été les plus fréquentes et les plus dévastatrices. Les scories et les quartiers de rochers lancés par ce volcan couvrent les vallées environnantes sur une étendue de plusieurs lieues carrées. En 1758, les flammes du Cotopaxi s'élevèrent au-dessus des bords du cratère à la hauteur de 450 toises. En 1744, le mugissement du volcan fut entendu jusqu'à Honda, ville située sur les bords de la rivière de la Magdalena, à une distance de 200 lieues communes. Le 4 avril 1768, la quantité de cendres vomies par la bouche du Cotopaxi fut si grande, que, dans les villes d'Hambato et de Tacunga, la nuit se prolongea jusqu'à trois heures de l'après-midi. L'explosion qui arriva au mois de janvier 1803 fut précédée d'un phénomène effrayant, celui de la fonte subite des neiges qui couvraient la montagne. Depuis plus de vingt ans aucune fumée, aucune vapeur visible n'était sortie du cratère, et, dans une seule nuit, le feu souterrain devint si actif, qu'au soleil levant les parois extérieures du cône, fortement échauffées, se montrèrent à nu et sous la couleur noire qui est propre aux laves boueuses des volcans américains. Au port de Guayaquil, dans un éloignement de 52 lieues en ligne droite du bord du cratère, M. de Humboldt entendit jour et nuit les mugissements du volcan comme des décharges répétées d'une batterie [1].

» S'il était décidé que la proximité de l'Océan contribue à entretenir le feu volcanique, nous serions étonné de voir que les volcans les plus actifs du royaume de Quito, le Cotopaxi, le *Tunguragua* et le *Sangay*, appartiennent au chaînon oriental des Andes, et par conséquent à celui qui est le plus éloigné des côtes. Le Cotopaxi est à plus de 50 lieues de la côte la plus voisine.

» La Colombie renferme encore un nombre très considérable de tribus indiennes, dont plusieurs jouissent de leur indépendance, et qui presque toutes ont conservé leur langage et leur manière de vivre. Avant de nous occuper des *Moscas*, ou *Muyscas*, peuple dominant dans ces contrées, nommons les tribus inférieures. Les *Guaïras*, ou *Guagniros*, qui occupent une partie des provinces de Maracaïbo, de Rio-de-la-Hacha et de Santa-Marta, donnent la main aux *Motilones*, qui possèdent les terres baignées par le Muchuchies et le Saint-Faustin, jusqu'à la vallée de Cucuta. Ils interceptent les routes des montagnes; le pillage, l'incendie et le meurtre signalent leurs incursions dans les plaines. Les *Chilimes*, et une autre bande de Guaïras, infestent les bords de la Magdalena [2]. Dans la province de Panama, les *Urabas*, les *Zitaras* et les *Oromisas* forment trois petits Etats indépendants, l'un sous un prince nommé *le Playon*, et les deux autres sous un gouvernement républicain [3]. On remarque encore à l'ouest du golfe de Darien *les Indiens Mestizos*, qui comptent 30,000 individus, dont 8,000 guerriers, parmi lesquels 3,000 armés de fusils; c'est un ramas de sauvages, de pirates et de contrebandiers. Les *Cunacunas*, qui habitent les montagnes de Choco et de Novita, exercent leurs ravages jusqu'à Panama, et attaquent même sur mer les barques chargées de vivres [1].

» Les nations anciennes de Quito paraissent avoir eu comme les tribus sauvages de l'Afrique un nombre infini d'idiomes; les missionnaires en ont spécifié jusqu'à 117; mais la langue des *Quitos* peut avoir dominé sur le plateau, et celle des *Scires* sur la côte. Les *Scires*, qu'on est étonné de trouver homonymes avec une ancienne horde de l'Europe, fameuse par ses courses guerrières [2], firent, en l'an 1,000, la conquête du haut pays, et y introduisirent leur idiome. Les Espagnols y trouvèrent établies la langue et la domination péruviennes. Mais peut-on en conclure, avec Hervas, que les Scires parlaient un dialecte péruvien? Les *Cofanes*, une des 117 tribus de Quito, étaient encore, en 1600, au nombre de plus de 15,000; ils parlaient une langue particulière, usitée également dans le pays d'*Anga-Marca*, et dans laquelle un jésuite a écrit un abrégé des doctrines chrétiennes [3].

» L'histoire doit recueillir le souvenir de deux tribus remarquables. Les *Muzos*, anciens ennemis des Muyscas, habitaient au nord-ouest de Santa-Fé: ils croyaient qu'une *ombre d'homme*, nommé *Are*, avait créé et instruit leur nation; ils n'adoraient aucune divinité, et se prétendaient plus anciens que le soleil et la lune [4]. Les *Sutagos*, qui habitaient vers Summa-Paz, se distinguaient par leur idiome extrêmement doux et efféminé comme leur caractère. Parmi les 52 tribus de Popayan, celle de *Guasinca*, celle de *Cocanuca* et celle des *Paos*, avaient trois langues distinctes, conservées par les écrits des missionnaires. Les *Xibaros*, les *Macas* et les *Quixos*, tribus puissantes, occupaient les pentes orientales des Andes de Quito. Plus bas, le vaste pays de Maynas renferme les restes d'innombrables tribus dont les mission-

(1) *A. de Humboldt*: Vues et Monuments, pl. X. — (2) Viagero universal; XXII, p. 298. — (3) *Hervas*: Catalogo delle lingue.

(1) Viagero universal, XXII, p. 297. — (2) Les *Sciri*, *Scyri* ou *Skyri*; voyez notre vol. I, p. 169. — (3) *Hervas*: Catalogo, p. 63. — (4) Viagero universal, XXIII, p. 55.

naires ont classé les idiomes dans l'ordre suivant: 1° seize langues-mères, parmi lesquelles l'*andoa* a neuf, le *campa* sept, et le *mayna* quatre dialectes ; 2° seize dialectes épars, qui ne se rapportent à aucune langue-mère connue ; 3° vingt-deux tribus dont la langue est éteinte, quoique plusieurs de ces tribus subsistent encore ; 4° dix langues inconnues. Dans ce nombre n'est pas comprise la grande nation des *Omaguas*, répandue sur tout le cours du Marañon ou de l'Amazone, et dont l'idiome est un dialecte de la langue *guarini* du Brésil, mais plus simple dans ses formes grammaticales, et plus riche en mots ; circonstances qui indiquent une plus longue civilisation chez les Omaguas. Les migrations de ce peuple navigateur ne sont pas suffisamment connues ; l'opinion la plus probable les a fait arriver du Brésil.

» Un ancien centre de civilisation au milieu de ces nations nomades ou sauvages est un phénomène digne de toute notre attention. Le plateau de Santa-Fé-de-Bogota rivalise avec Cuzco, la ville du soleil, comme foyer des institutions et des idées religieuses et politiques [1]. Nous allons nous arrêter à cet intéressant problème ethnographique.

» Dans les temps les plus reculés, avant que la lune accompagnât la terre, dit la mythologie des Indiens *Muyscas* ou *Mozcas*, les habitants de *Cundinamarca*, ou du plateau de Bogota, vivaient comme des barbares, sans agriculture, sans lois et sans culte. Tout-à-coup parut chez eux un vieillard qui venait des plaines situées à l'est de la Cordillère de Chingaza : il paraissait d'une race différente de celle des indigènes, car il avait la barbe longue et touffue. Il était connu sous trois noms différents : sous ceux de *Bochica*, *Nemquetheba* et *Zuhé*. Ce vieillard, semblable à Manco-Capac, apprit aux hommes à se vêtir, à construire des cabanes, à labourer la terre et à se réunir en société. Il amena avec lui une femme à laquelle la tradition donne encore trois noms; savoir, ceux de *Chia*, *Yubecayguaya* et *Huythaca*. Cette femme, d'une rare beauté, mais d'une méchanceté excessive, contrariait son époux dans tout ce qu'il entreprenait pour le bonheur des hommes. Par son art magique, elle fit enfler la rivière de Funzha, dont les eaux inondèrent toute la vallée de Bogota. Ce déluge fit périr la plupart des habitants, et quelques uns seulement s'échappèrent sur la cime des montagnes voisines. Le vieillard irrité chassa la belle Huythaca loin de la terre; elle devint la lune, qui, depuis cette époque, commença à éclairer notre planète pendant la nuit. Ensuite Bochica, ayant pitié des hommes dispersés sur les montagnes, brisa d'une main puissante les rochers qui ferment la vallée du côté de Canoas et de Tequendama. Il fit écouler par cette ouverture les eaux du lac Funzha, réunit de nouveau les peuples dans la vallée de Bogota, construisit des villes, introduisit le culte du soleil, nomma deux chefs entre lesquels il partagea les pouvoirs séculier et ecclésiastique, et se retira sur le mont d'*Idacanzas*, dans la sainte vallée d'Iraca, près de Tunja, où il vécut dans les exercices de la pénitence la plus austère, pendant l'espace de 2,000 ans, ou de cent cycles muyscas, au bout desquels il disparut d'une manière mystérieuse.

» Cette fable réunit un grand nombre de traits que l'on trouve épars dans les traditions religieuses de plusieurs peuples de l'ancien continent. On croit reconnaître le bon et le mauvais principe personnifiés dans le vieillard Bochica et dans sa femme Huythaca. Les rochers brisés et l'écoulement des eaux font penser à *Yao*, fondateur de l'empire chinois. Le temps reculé où la lune n'existait point encore, rappelle la prétention des Arcadiens sur l'antiquité de leur origine. L'astre de la nuit est peint comme un astre malfaisant qui augmente l'humidité sur la terre, tandis que Bochica, fils du soleil, sèche le sol, protège l'agriculture, et devient le bienfaiteur des Muyscas, comme le premier Inca fut celui des Péruviens.

» Ces mêmes traditions portent que Bochica, voyant les chefs des différentes tribus indiennes se disputer l'autorité suprême, leur conseilla de choisir pour *zaque* ou souverain un d'entre eux appelé Huncahua, et révéré à cause de sa justice et de sa haute sagesse. Le conseil du grand-prêtre fut universellement adopté; et Huncahua, qui régna pendant 250 ans, parvint à se soumettre tout le pays

(1) *Lucas-Fernandez Piedrahita*, évêque de Panama, dans son *Historia general del Nuevo-Reyno-de-Granada*; ouvrage composé d'après les manuscrits de Quesada.

qui s'étend depuis les savanes de San-Juan de los Llanos jusqu'aux montagnes d'Opon. La forme du gouvernement que Bochica donna aux habitants de Bogota est très remarquable par l'analogie qu'elle présente avec les gouvernements du Japon et du Tibet. Au Pérou, les Incas réunissaient dans leurs personnes le pouvoir séculier et l'ecclésiastique. Les fils du soleil étaient pour ainsi dire souverains et prêtres à la fois. A Cundinamarca, dans un temps probablement antérieur à Manco-Capac, Bochica avait constitué électeurs les quatre chefs des tribus, *Gameza, Busbanca*, *Pesca* et *Toca*. Il avait ordonné qu'après sa mort ces électeurs et leurs descendants eussent le droit de choisir le grand-prêtre d'Iraca. Les pontifes ou lamas, successeurs de Bochica, étaient censés héritiers de ses vertus et de sa sainteté. Le peuple se portait en foule à Iraca pour offrir des présents au grand-prêtre. On visitait les lieux devenus célèbres par les miracles de Bochica, et, au milieu des guerres les plus sanglantes, les pèlerins jouissaient de la protection des princes par le territoire desquels ils devaient passer pour se rendre au sanctuaire (*chunsua*) et aux pieds du lama qui y résidait. Le chef séculier, appelé *zaque* de Tunja, auquel les *zippa* ou princes de Bogota payaient un tribut annuel, et les pontifes d'Iraca, étaient par conséquent deux puissances distinctes, comme le sont au Japon le daïri et l'empereur séculier.

» Bochica n'était pas seulement regardé comme le fondateur du nouveau culte et comme le législateur des Muyscas ; symbole du soleil, il réglait aussi le temps, et on lui attribuait l'invention du calendrier [1]. Il avait prescrit de même l'ordre des sacrifices qui devaient être célébrés à la fin des petits cycles, à l'occasion de la cinquième intercalation lunaire. Dans l'empire du zaque, le jour (*sua*) et la nuit (*za*) étaient divisés en quatre parties, savoir : *sua-mena*, depuis le lever du soleil jusqu'à midi ; *sua-meca*, de midi au coucher du soleil ; *zasca*, du coucher du soleil à minuit ; et *cagni*, de minuit au lever du soleil. Le mot *sua* ou *zuhe* désigne à la fois, dans la langue muysca, le jour et le soleil. De *Sua*, qui est un des surnoms de Bochica, dérive *sue, Européen* ou *homme blanc ;* dénomination bizarre qui tire son origine de la circonstance que le peuple, lors de l'arrivée de Quesada, regardait les Espagnols comme fils du soleil, *sua*. La plus petite division du temps, chez les Muyscas, était une période de trois jours. La semaine de sept jours était inconnue en Amérique, comme dans une partie de l'Asie orientale. Le premier jour de la petite période était destiné à un grand marché tenu à Turmèque. L'année (*zocam*) était divisée par lunes ; vingt lunes composaient l'*année civile*, celle dont on se servait dans la vie commune. L'*année des prêtres* renfermait trente-sept lunes, et vingt de ces grandes années formaient un *cycle muysca*. Pour distinguer les jours lunaires, les lunes et les années, on se servait de séries périodiques dont les dix termes étaient des nombres.

» La langue de Bogota, dont l'usage s'est presque entièrement perdu depuis la fin du dernier siècle, était devenue dominante par les victoires du zaque Huncahua, par celles des Zippas, et par l'influence du grand lama d'Iraca, sur une vaste étendue de pays, depuis les plaines de l'Ariari et du Rio-Meta, jusqu'au nord de Sogamozo. De même que la langue de l'Inca est appelée au Pérou *quichua*, celle des Mozcas ou Muyscas est connue dans le pays sous la dénomination de *chibcha*. Le mot *muysca*, dont *mozca* paraît une corruption, signifie *homme* ou *personne :* mais les naturels ne l'appliquent généralement qu'à eux-mêmes. »

Nous terminerons ce livre par quelques mots sur les Colombiens en général. Ceux qui habitent les terres chaudes, dit un voyageur français [1], sont maigres, ont le teint jaune et sont petits de taille. « Lorsqu'on s'élève vers des régions plus froides, la couleur des blancs est moins jaune ; pâle encore jusqu'à 600 toises, elle se colore à 1,000 toises, et brille d'un éclat charmant à la hauteur où se trouve Santa-Fé de Bogota. » Le même peuple peut donc se partager en deux classes dans la Colombie : dans les terres chaudes règne l'indolence ; on voit des hommes rester tout le jour couchés dans un hamac et se balancer lentement en fumant un cigare ; il est vrai que la haute température y invite au

(1) *A. de Humboldt :* Vues et Monuments, p. 128, 244, etc.

(1) M. *G. Mollien :* Voyage dans la république de Colombia, t. II, p. 211. — 2e édit.

repos, énerve le corps et nuit même aux applications de l'esprit. Les arts et les sciences languissent dans ces régions. L'habitant des Andes, au contraire, jouit de la douce influence d'un climat tempéré ; livré aux charmes d'une mélancolie pensive, il apprécie les arts, les sciences et la littérature.

Exagéré dans ses prévenances et ses démonstrations d'amitié ; exerçant avec ostentation les vertus hospitalières ; admirateur aveugle de sa patrie et de ses compatriotes, le mensonge, la jalousie et l'ingratitude paraissent être les vices dominants du Colombien ; on pourrait même y joindre l'esprit de vengeance, si l'on s'en rapportait à ce dicton populaire : C'est à Dieu de pardonner ; quant aux hommes, jamais.

« On fera des affaires avec l'Américain du » nord, dit M. Mollien, mais on vivra avec » l'Américain espagnol, parce que s'il a des » formes moins franches, elles sont au moins » plus douces. Les travers et les vices des » Colombiens appartiennent à toutes les na- » tions qui ne sont pas parvenues au degré de » civilisation que nous avons atteint. Si on en » excepte les forfaits politiques qu'ils ont » commis par représailles, on n'en a pas en- » core à leur reprocher. »

« Nous devons rattacher à la description de la Colombie celle des *îles Gallapagos* ou *Galapagos*. Cet archipel, situé sous l'équateur, à 220 lieues à l'ouest du continent américain, renferme des pics volcaniques dans les îles les plus orientales. Les cactus et les aloès y couvrent les flancs des rochers. Dans les îles occidentales, une terre noire et profonde nourrit de gros arbres. Les flamingos et les tourterelles peuplent les airs ; la plage est couverte de tortues énormes. Aucune trace n'y marque l'ancien séjour de l'homme ; ni les Malais du grand Océan, ni les tribus américaines n'ont jamais abordé dans ces terres isolées. Dampier et Cowley ont vu des sources et même des rivières dans quelques unes de ces îles dont les noms particuliers espagnols ont cédé la place à des noms anglais, du moins sur toutes les cartes modernes. *Santa-Maria-de-l'Aguada* paraît identique avec l'île *York*. Les plus grandes parmi les vingt-deux connues sont celles d'*Albemarle* et de *Narborough*. Cowley décrit l'*île Enchantée* comme s'offrant sous les aspects variés d'une ville murée et d'un château-fort en ruines. Plusieurs ports et mouillages invitent les Européens à y former des établissements. »

Albemarle, située sous l'équateur, a 23 lieues de longueur sur 16 de largeur. Narborough avait été reconnue avec soin par Vancouver : elle est moins considérable que la précédente. En 1822 le capitaine anglais Basil-Hall a fait des expériences sur le pendule dans l'île d'*Abingdon*, qui, selon lui, a 10 ou 12 milles de longueur. Les Galapagos sont toutes d'origine volcanique. Dans l'île d'Abingdon on remarque une montagne de 2,000 pieds de hauteur, couverte de cratères, d'où se sont échappés, à différentes époques, des torrents de lave, qui, en se précipitant au loin dans la mer, ont formé des pointes saillantes assez nombreuses.

Ces îles sont encore fort mal placées sur nos cartes géographiques ; il est à regretter que le capitaine Basil-Hall n'ait pas eu le temps d'en lever le plan. Parmi les plus considérables, on cite celles de *Chatham*, de *Norfolk*, de *Bindloes*, de *Cowley*, de *Caldwell*, de *Wenmans* et de *Culpepers*.

Dans toutes ces îles on trouve de l'eau passable qui se conserve dans les cavités des rochers. Il n'y pleut point depuis le mois de mai jusqu'en août ; mais les brises de mer y rafraîchissent l'air et y rendent les chaleurs très supportables. Des orages violents y règnent depuis novembre jusqu'en juin. Les tortues qui habitent ces îles, où elles se nourrissent de cactus, pèsent souvent jusqu'à 150 kilogrammes. En 1832, un habitant de la Louisiane appelé Vilamil s'est fixé dans l'île *Charles*, qu'il a nommée *Floriana*, avec une centaine de colons qui le regardent comme leur souverain.

TABLEAUX STATISTIQUES *de la Colombie, divisée en* 3 *États ou républiques,* 12 *départements,* 38 *provinces, et* 326 *districts; renfermant* 96 *villes,* 154 *bourgs,* 1340 *villages et* 846 *hameaux.*

SUPERFICIE en lieues carrées, d'après M. de Humboldt,	POPULATION absolue en 1834,	POPULATION par lieue carrée,
91,952.	3,232,100.	35.

RÉPUBLIQUE DE VENEZUELA.

Population en 1834. . . . . 945,000 habitants.

NOMS des PROVINCES.	VILLES et BOURGS.	NOMS des PROVINCES.	VILLES et BOURGS.
DÉPARTEMENT DE MATURIN, 171,400 hab.		DÉPARTEMENT DE VENEZUELA, 467,900 hab.	
PROVINCE DE MARGARITA.	*Asunpcion*, Pampatar.	PROVINCE DE CARABOBO.	*Valencia*, Puerto-Cabello, Barquicimeto, Carabobo, Carora, San-Carlos, San-Felipe, Tocuyo, Aroa.
PROVINCE DE CUMANA.	*Cumana*, Cariaco, Guiria, Carupano, Cumanacoa, Maturin, Aragna.	PROVINCE DE CARACAS.	*Caracas* ††, Calabozo, La Guayra, Maracay, San-Sebastian de los Reyes, Victoria.
PROVINCE DE BARCELONA	*Barcelona*, San-Diego, El Pao, Piritu.	DÉPARTEMENT DE ZULIA, 161,100 hab.	
PROVINCE DE GUYANA.	*San-Thomé-de-la-Guyana* † (1) ou Angostura, Guyana-Vieja, Upata, Caycara, Esmeralda.	PROVINCE DE CORO.	*Coro*, Carigua, Paraguana.
DÉPARTEMENT DE L'ORINOCO ou L'ORÉNOQUE, 144,600 hab.		PROVINCE DE MARACAÏBO.	*Maracaïbo*, Alta-Gracia, Gibraltar, Perija.
PROVINCE DE VARINAS.	*Varinas* ou *Barinas*, Guanare, Obispos, Ospino, Nutrias.	PROVINCE DE TRUXILLO.	*Truxillo*, Caruche, Escugne.
PROVINCE D'APURE.	*Achagua*, San-Fernando.	PROVINCE DE MERIDA.	*Merida*, Bayladores, La Grita, Muchuchies, Egido, San-Cristoval.

Population par classes d'habitants.

Blancs	210,500
Indiens	217,350
Hommes de couleur libres	454,150
Esclaves	63,000
Total.	945,000

N. B. La république de Venezuela formait la *Capitainerie générale de Caracas.*

(1) Le signe † indique les évêchés, et le signe †† les archevêchés.

RÉPUBLIQUE DE LA NOUVELLE-GRENADE.

Population en 1834. . . . 1,687,100 habitants.

NOMS des PROVINCES.	VILLES et BOURGS.
DÉPARTEMENT DE BOYACA, 530,400 hab.	
PROVINCE DE PAMPLONA. .	*Pamplona*, San-José-de-Cucuta, Rosario de Cucuta, Malaga, Bucaramanga, Giron, Ocaña.
PROVINCE DE SOCORRO. . .	*Socorro*, San-Gil, Velez.
PROVINCE DE TUNJA . . .	*Tunja*, Santa-Rosa, Cocuy, Sogamoso, Tensa, Boyaca.
PROVINCE DE CASANARE. .	*Pore*, Tamara, Morcoti, Tame, Casanare.
DÉPARTEMENT DE CUNDINAMARCA, 503,600 hab.	
PROVINCE DE BOGOTA. . .	*Santa-Fé-de-Bogota* ††; Coqueza, Guaduas, Ubate, Zipaquira.
PROVINCE DE NEYVA. . .	*Neyva* ou Neyba, Timana, Gigante, La Purificacion.
PROVINCE DE MARIQUITA. .	*Honda*, Ibague, Mariquita, La Palma.
PROVINCE D'ANTIOQUIA. .	*Medellin* †, Antioquia, Santa-Rosa-de-Osos, Rio-Negro.
DÉPARTEMENT DE LA MAGDALENA, 322,300 hab.	
PROVINCE DE MOMPOX. . .	*Mompox*, Ocana, Simiti.
PROVINCE DE CARTAGENA .	*Cartagena* †, Turbaco, Soledad, Tolu, El-Carmen.
PROVINCE DE SANTA-MARTA.	*Santa-Marta* †, Plato.
PROVINCE DE RIO-HACHA. .	*Rio-Hacha*.
DÉPARTEMENT DE L'ISTHME (Istmo), 132,500 hab.	
PROVINCE DE PANAMA. . .	*Panama*, Chagres, Cruces, Chorrera, Porto-Bello.
PROVINCE DE VERAGUA . .	Santiago-de-Veragua, Alange.
DÉPARTEMENT DE CAUCA, 198,300 hab.	
PROVINCE DE CHOCO . . .	*Zitara* ou Quibdo, Novita.
PROVINCE DE POPAYAN . .	*Popayan* †, Buga, Cali, Cartago.
PROVINCE DE BUENAVENTURA (Bonne-Aventure).	*Iscuande*, San-Buenaventura.
PROVINCE DE PASTO . . .	*Pasto*, Barbacoas.

Population par classes d'habitants.

Blancs.	1,058,000
Indiens.	376,050
Hommes de couleur libres.	168,700
Esclaves	84,350
Total. . .	1,687,100

N. B. La république de la Nouvelle-Grenade formait l'ancienne *Audience de Santa-Fé*, c'est-à-dire la Nouvelle-Grenade, sous la présidence de Quito.

RÉPUBLIQUE DE L'ÉQUATEUR.

Population en 1834. . . . 600,000 habitants.

NOMS des PROVINCES.	VILLES et BOURGS.	NOMS des PROVINCES.	VILLES et BOURGS.
DÉPARTEMENT DE L'EQUATEUR (Ecuador), 360,000 hab.		DÉPARTEMENT DE L'ASSUAY, 153,500 hab.	
PROVINCE DE CHIMBORAZO .	*Rio-Bamba*, Ambato, Alausi, Guaranda.	PROVINCE DE CUENCA. . .	*Cuenca* †, Cañar, Giron.
PROVINCE DE PICHINCHA. .	*Quito* †, Antisana, Esmeraldas, Latacunga, Machachi.	PROVINCE DE LOJA *ou* LOXA .	*Loja* ou Loxa, Zaruma.
PROVINCE D'IMBABURA . .	*Ibarra*, Otavalo, Cayamba.	PROVINCE DE JAEN DE BRACAMOROS	*Jaen de Bracamoros*, San-Francisco-de-Borja.
		DÉPARTEMENT DE GUAYAQUIL, 86,500 hab.	
		PROVINCE DE MANABI . .	*Puerto-Viejo*, Monte-Christi.
		PROVINCE DE GUAYAQUIL .	*Guayaquil*, Baba.

Population par classes d'habitants.

Blancs.	157,000
Indiens.	393,000
Hommes de couleur libres	42,000
Esclaves	8,000
Total. .	600,000

N. B. La république de l'Equateur formait l'ancienne *Présidence de Quito*.

TABLEAU *statistique général de la Colombie.*

Population par classes d'habitants.

Blancs.	1,425,500
Indiens.	986,400
Hommes de couleur libres.	664,850
Esclaves	155,350
Total de la population en 1834.	3,232,100

ARMÉE DE TERRE.

Infanterie.	25,800
Artillerie	2,500
Cavalerie	4,200
Total de l'armée de terre sans la milice . .	32,500

MARINE.

6 corvettes, 7 bricks, 6 goëlettes.

Revenus en francs.	Dette publique en francs.
43,000,000.	254,000,000.

TABLEAU *du mouvement commercial de la Colombie en* 1829.

IMPORTATIONS.			EXPORTATIONS.		
PAYS.	NOMBRE de NAVIRES.	VALEUR des CARGAISONS.	PAYS.	NOMBRE de NAVIRES.	VALEUR des CARGAISONS.
		Piastres.			Piastres.
FRANCE.	11	154,230	FRANCE.	13	203,290
ANGLETERRE.	11	516,267	ANGLETERRE.	5	179,161
ETATS-UNIS.	35	409,996	ETATS-UNIS.	25	448,136
ALLEMAGNE.	9	468,699	ALLEMAGNE.	9	144,384
AUTRES.	30	170,090	AUTRES.	27	131,616
TOTAUX.	96	1,719,282	TOTAUX.	79	1,106,587

LIVRE CENT QUATRE-VINGT-ONZIÈME.

Suite de la Description de l'Amérique. — Description particulière du Pérou dans ses anciennes limites, ou des nouvelles républiques du Pérou et de Bolivia.

« Les Andes, qui traversent le Pérou du sud au nord, forment généralement deux chaînes à peu près parallèles ; l'une, la grande Cordillère des Andes, constitue le noyau central du Pérou ; l'autre, beaucoup plus basse, est appelée Cordillère de la côte. Entre celle-ci et la mer, se prolonge le *Bas-Pérou*, formant un plan incliné, large de dix à vingt lieues, et connu dans le pays sous le nom de *Valles*. Il est composé en partie de déserts sablonneux, dépourvus de végétation et d'habitants. Cette stérilité provient de l'aridité naturelle du sol et du manque absolu de pluies; car jamais, en aucune saison, il ne pleut ni ne tonne dans cette partie du Pérou; il n'y a de fertile que les bords des rivières et les terrains susceptibles d'être arrosés artificiellement; ou bien les endroits humectés par des eaux souterraines, résultat des brouillards et des fortes rosées [1]. Dans ces lieux privilégiés, la terre ne cesse de se revêtir de la parure réunie du printemps et de l'automne.

[1] Viagero universal, XIV, 106.

Le climat se fait encore remarquer par la douceur constante de la température; jamais, à Lima, on n'a observé le thermomètre de Fahrenheit, à midi, au-dessous de 60 degrés, et rarement il s'élève, dans l'été, au-dessus de 86 degrés. La plus grande chaleur qu'on ait jamais éprouvée à Lima fit monter le thermomètre à 96 degrés. La fraîcheur qui règne presque toute l'année le long de la côte du Pérou sous le tropique, n'est nullement un effet du voisinage des montagnes couvertes de neige; elle est due plutôt à ce brouillard (*garua*) qui voile le disque du soleil, et à ce courant très froid d'eau de mer qui porte avec impétuosité vers le nord, depuis le détroit de Magellan jusqu'au cap de Parinna. Sur la côte de Lima, la température du grand Océan est à 12°,5 ; tandis que, sous le même parallèle, mais hors du courant, elle est à 21 degrés [1].

» Le pays compris entre les deux Cordillè-

[1] *A. de Humboldt* : Tableaux de la Nature, I, 126.

res est appelé *la Sierra*. Ce ne sont que des montagnes et des rochers nus, entrecoupés de quelques vallées fertiles et cultivées. Mais ces montagnes renferment les plus riches mines d'argent que l'on connaisse, et les veines les plus abondantes se trouvent ordinairement dans les montagnes les plus arides. Le climat de la Sierra est l'un des plus salubres qui existent, si l'on peut en juger par la longévité de ses habitants. Quelques écrivains distinguent de la Sierra la plus haute chaîne des Andes, ou la région des neiges éternelles; nous pensons qu'il vaut mieux les comprendre l'une et l'autre sous le nom de ***Haut-Pérou***.

» Derrière la chaîne principale des Andes s'étend, vers les bords de l'Ucayale et du Marañon, une immense plaine inclinée à l'est, traversée par plusieurs chaînes de montagnes détachées, qu'on appelle au Pérou ***la Montaña-Real***. Sous un ciel pluvieux, souvent sillonné d'éclairs, l'éternelle verdure des forêts primordiales charme les yeux du voyageur, tandis que les inondations, les marais, les serpents énormes et d'innombrables insectes arrêtent sa marche. Cette région peut s'appeler le ***Pérou-Intérieur*** ([1]). Les communications avec la région intérieure sont plus difficiles qu'avec le Bas-Pérou.

» On voit, par cet aperçu, qu'une grande partie du Pérou n'est pas propre à la culture, et que ce pays pourrait difficilement devenir important et riche par ses productions végétales. La population, peu nombreuse, est dispersée sur une grande étendue de terrain; le défaut de routes, de ponts et de canaux rend très difficile le transport d'articles pesants à quelque distance de la place où ils ont été produits. Il n'y a ni chariots, ni voitures, ni autres facilités pour le commerce: toutes les denrées, toutes les marchandises doivent être transportées à dos de mulet.

» Une circonstance surtout comprime l'industrie et la culture au Pérou. Par quel chemin exporter les productions précieuses que le sol donnerait en abondance, si elles étaient réclamées par un commerce actif? La route de l'isthme, par Porto-Bello et Panama, est abandonnée, parce que les frais de décharge, de transport et de recharge absorbaient les bénéfices. Celle du cap Horn n'est pas exempte de périls, et les tempêtes la rendent trop incertaine. Le Rio-de-la-Plata et Buenos-Ayres présentent le seul débouché possible; mais le défaut de grandes routes ou de rivières constamment navigables, sépare encore le Haut-Pérou du bassin de la Parana. Enfin, la nature elle-même a tracé la grande route du commerce du Pérou; le grand fleuve des Amazones pourrait recevoir les étoffes de Quito par la Pastara, le quinquina de Caxamarca par le Marañon, les huiles de Lima par le Huallaga ou l'Ucayale, le sucre de Cuzco et l'or de Carabaya par l'Apurimac, les toiles de Moxos par le Beni. Le port de San-Joaquin-d'Omaguas deviendrait le Tyr et l'Alexandrie du Pérou. De ce port, un vaisseau arriverait à Cadiz en moins de deux mois et demi. La politique avait fermé aux Espagnols cette route magnifique. Le jaloux Portugais ne souffrait pas qu'un pavillon espagnol flottât sur les eaux de l'Amazone; mais cet obstacle n'existe plus depuis la fondation des républiques péruviennes. Aujourd'hui, l'Espagne et le Portugal peuvent, par des traités de commerce avec les nouveaux Etats, trouver un avantage mutuel à se partager également la navigation de la Parana et de l'Amazone.

» En attendant cette révolution commerciale, ni les gommes odoriférantes, les résines médicinales, les bois précieux que renferment les forêts du Pérou; ni la noix-muscade et la cannelle qui croissent, dit-on, dans la ***Montaña-Real;*** ni les huiles très fines que produit le Bas-Pérou; le café et le sucre plantés avec succès dans les endroits tempérés de la Sierra; le cacao excellent des plaines de l'intérieur; le coton de Chillaos; la soie longue et fine de Mojobamba ([1]); le lin et le chanvre de Moxos, ni une foule d'autres productions intéressantes, ne récompenseraient de leurs peines ceux qui voudraient les cultiver en grandes quantités pour les marchés d'Europe, puisque les frais de transport jusqu'à la côte et ceux du fret par mer sont si considérables, qu'on ne pourrait vendre qu'à perte. La vigogne seule, à cause de sa rareté et de sa finesse supérieure, comporte les frais de transport jusqu'en Europe; mais une chasse trop vive a presque exterminé l'animal qui la donne ([2]). La laine d'Alpaca est aussi exportée

([1]) Viagero universal, XX, p. 193-194.

([1]) Viagero universal, XXII, p. 243. — ([2]) *Idem ibid.*, p. 233.

avec profit. Le quinquina est encore une exploitation de prix. Pour le présent, l'agriculture languit dans le Pérou, au point que Lima et plusieurs autres villes à la côte tirent leurs provisions du Chili. Le tremblement de terre de 1693 fut suivi d'une telle stérilité dans les vallées du Bas-Pérou, qu'en plusieurs endroits le peuple cessa de les cultiver; et quoique, depuis ce temps, le pays ait recouvré en grande partie son ancienne fertilité, la culture n'a pas repris (1).

» Le sol du Pérou est comme imprégné de métaux précieux. L'or n'est pas le plus recherché; il abonde, mais dans des lieux peu accessibles, ou dans une *gangue* trop dure et trop dispendieuse à fondre. Près de *la Paz* il s'écroula une partie saillante de la montagne d'*Ilimani;* on y trouva des morceaux d'or de 2 jusqu'à 50 livres pesant; après un laps de cent ans on y trouve encore des morceaux du poids d'une once. Près Mojos ou Moxos, le lavage donne des morceaux grands comme un quart de ducat. Selon M. *Helm* (2), le schiste argileux est presque partout parsemé de veines de quartz qui servent de gangue à l'or. La plupart des fleuves et rivières roulent de l'or. La mine d'or la plus productive est celle de Santiago-de-Catagoita, distante d'environ 30 milles au sud de Potosi. Les mines d'argent, beaucoup plus nombreuses et d'une exploitation bien plus facile, ont absorbé la principale attention des colons. La célèbre montagne de Potosi a offert pendant deux siècles et demi des trésors d'argent inépuisables: cette montagne, de forme conique, a environ 17 milles de circonférence, et est percée de plus de 300 puits à travers un schiste argileux, jaune et dur; il y a des veines de quartz ferrugineux, entremêlées de ce qu'on appelle mine découpée et mine vitreuse. Dans la province de Carangas, on trouve, en creusant le sable, des masses d'argent détachées qu'on appelle des *papas* ou pomme de terre, à cause de leur forme. Dans une autre mine près de Puno, on découpait l'argent pur avec un ciseau, tant l'abondance du métal rendait toute industrie superflue (3).

» Mais aujourd'hui les mines les plus intéressantes, selon MM. de Humboldt et Helm, sont celles de Gualgavos ou *Hualgayos*, dans la province de Truxillo, au nord du Pérou, et celle de Yauricocha, près de la petite ville de Pasco, dans la province de Tarma. Dans le premier endroit, l'argent se trouve en grandes masses à 2,000 toises de hauteur au-dessus de la mer. Quelques filons métallifères contiennent des coquilles pétrifiées. La montagne de Yauricocha est, selon Helm, entièrement remplie de veines et filons argentifères. Il y a une galerie composée d'hématite fine et poreuse, l'argent y est semé partout en petites parcelles; cependant 50 quintaux ne donnent que 9 marcs de métal. Mais une argile blanche, dont le filon est large d'un quart d'aune, donne de 200 jusqu'à 1,000 marcs d'argent sur 50 quintaux de minerai.

» Tandis que le Mexique se procure du mercure de l'Europe, le Pérou en produit naturellement à Guanca-Velica, district à peu de distance au sud-ouest de Lima. Le cinabre a été employé par les Péruviens pour la peinture. Le vif-argent fut découvert par les Espagnols, pour la première fois, en 1567. Le minerai semble être un schiste argileux d'un rouge pâle. L'étain, suivant Helm, se trouve à Chayanza et à Paryas; il y a aussi plusieurs mines de cuivre et de plomb. La principale mine de cuivre est à Aroa, mais les colonies s'approvisionnent généralement par les mines du Chili. Parmi les autres minéraux on peut citer la pierre de *galinazo,* ainsi appelée par sa couleur noire; c'est un verre volcanique, que l'on confond quelquefois avec la pierre dite le *miroir des Incas,* parce que l'on se sert de l'un ou de l'autre au lieu de miroirs.

» Du temps des Incas, les émeraudes étaient aussi très communes, surtout sur la côte de Manta et dans le gouvernement d'Atacama, où l'on dit qu'il y a des mines que les Indiens ne veulent pas révéler, dans la crainte d'y être immolés à des travaux meurtriers; car l'expérience a prouvé que ni les nègres ni les Européens ne peuvent supporter l'air froid et humide des mines péruviennes, ni conserver leurs forces en se nourrissant de racines et de pommes de terre, seules denrées qu'on trouve dans les déserts où la nature cacha en vain les minéraux, objets de nos vœux avides. »

Les mines sont exploitées par deux classes d'individus: la première se compose des pro-

(1) Mercurio peruviano, I, 213; III, 4; VIII, 58; X, 239. — (2) *Helm*: Journal d'un voyage de Buenos-Ayres à Potosi. — (3) *Ulloa*: Notices. liv. VII, chap. XIII et XIV.

priétaires, et la seconde, des petits entrepreneurs (*bolicheros*) qui traitent le minerai que les ouvriers reçoivent pour salaire de leurs travaux ou qu'ils exploitent frauduleusement. Il y a, dit M. de Rivero, beaucoup de démoralisation parmi les diverses classes d'individus qui vivent ou spéculent sur le produit des mines; et souvent le peu de succès des entreprises peut être attribué avec plus de raison à la conduite des entrepreneurs ou de leurs subordonnés, qu'à un appauvrissement réel des gîtes de minerais [1].

« Les exportations du Pérou consistent en or, argent, vin, eau-de-vie, sucre, piment, quinquina, sel, laine de vigogne, gros lainages, et quelques objets manufacturés de peu de valeur. On importe en échange des marchandises et des denrées européennes, du suif, du cacao, des feuilles de maté ou thé du Paraguay, de l'indigo, du bois de charpente, des cordages, du goudron et du cuivre du Chili. »

Ce fut en 1532 que François Pizarre et Diego Almagro, à la tête d'un petit corps de troupes espagnoles, firent la conquête de l'empire péruvien. Après sa soumission, ce pays continua d'être le théâtre de toutes les cruautés que le fanatisme et la cupidité purent exercer envers une nation que les vainqueurs convertissaient le glaive à la main, envers un peuple qui comprenait à peine tout le prix que les Européens attachaient à la possession de l'or, dont la nature avait enrichi ses montagnes. Le Pérou, érigé en vice-royauté, resta soumis aux Espagnols jusqu'à l'époque où Napoléon envahit l'Espagne. Alors des cris d'indépendance et de liberté retentirent au sein de cette colonie; mais le parti royaliste comprima longtemps cet élan redoutable, et ce ne fut qu'en 1821 que le Pérou secoua le joug de la métropole. Les dissensions intestines enfantèrent par la suite une nouvelle révolution : en 1825 il se divisa en deux républiques, celle du *Pérou* proprement dit, et celle du *Haut-Pérou*, qui prit le nom de *Bolivia* par reconnaissance pour les talents et les vertus de Bolivar son libérateur.

En 1836, l'assemblée des Etats du Pérou décréta que le pavillon national serait composé des couleurs rouge, verte et blanche, disposées en trois bandes horizontales; que le vert occuperait le haut et le blanc le bas du pavillon; enfin que les armes de l'Etat, représentant un soleil couronné de quatre étoiles, seraient placées dans la partie du pavillon occupée par la couleur rouge.

Nous allons décrire la *république du Pérou*.

Bornée à l'ouest par le grand Océan, au nord par le golfe de Guayaquil et la Colombie, à l'est et au sud par le Brésil et la république de Bolivia, ce pays a 520 lieues de longueur du nord-ouest au sud-est, 370 dans sa plus grande largeur, et 700 lieues de côtes sans aucune échancrure ou golfe remarquable.

C'est dans la belle vallée de la *Rimac*, l'une des principales des Andes, à 2 lieues de l'embouchure de cette rivière dans le grand Océan, que s'élève, à 600 pieds au-dessus des eaux de celui-ci, *Lima*, la capitale de la république du Pérou. Cette grande cité, dont on estime aujourd'hui la population à 80,000 âmes, est bâtie en forme de triangle, dont la base, qui se prolonge sur la rive gauche de la rivière, est de 1,920 toises, et dont la hauteur est de 1,080. Entourée d'une muraille en briques flanquée de 34 bastions et percée de 7 portes, on y entre du côté de la rive droite de la Rimac en traversant le faubourg de San-Lazaro et un pont élégant en pierres. Du côté de la mer elle présente un aspect enchanteur : on y arrive par une avenue bordée d'une double rangée d'arbres magnifiques, près de laquelle sont les promenades publiques. De ce point on aperçoit les tours de la *cathédrale*, qui, ainsi que le *palais de l'archevêque*, ornent la grande place; les autres édifices publics se groupent avec majesté : les principaux sont l'*hôtel des monnaies*, le ci-devant *palais de l'inquisition*, l'ancien *collége des jésuites*, transformé en hospice d'enfants trouvés, et l'*université*, dont la bibliothèque possède une intéressante collection de manuscrits. Le *théâtre* ne repond pas, par ses dimensions, à l'importance de la ville. L'intérieur de la capitale présente l'aspect le plus régulier; ses rues, comme celles de son faubourg, sont parallèles, coupées à angles droits, pavées en petites pierres rondes, ornées de trottoirs, et arrosées par des ruisseaux qui y entretiendraient la propreté si elles n'étaient obstruées par des immondices. Les maisons, proprement

[1] M. *de Rivero*, directeur général des mines de la république du Pérou. — Mémoire sur les mines d'argent de Pasco.

construites en briques ou en bois, et peintes à l'extérieur, n'ont en général qu'un seul étage; il n'y a que celles des riches propriétaires qui en aient deux. Les grands édifices, éclatants et majestueux de loin, perdent beaucoup à être examinés de près. Ils pèchent généralement sous le rapport du goût et du style; ils auraient plus de noblesse s'ils étaient moins surchargés de sculptures et de détails. Les murailles des églises sont en pierre, tandis que les clochers et les dômes sont en bois revêtu de plâtre, précaution qui a été nécessitée par la fréquence des tremblements de terre. Mais les diamants, l'or et l'argent éclatent de toutes parts dans les temples; plusieurs sont ornés d'énormes candélabres, de statues de grandeur naturelle, et de vases sacrés en argent, en vermeil, et même en or massif. Ce qui a lieu d'étonner un Européen, c'est de voir suspendues dans le chœur des cages en argent, remplies d'oiseaux, qui mêlent leur ramage aux chants des fidèles et aux accords de l'orgue. Le milieu de la grande place est occupé par une superbe fontaine en bronze, ornée d'une renommée qui jette de l'eau par sa trompette, et de huit lions qui la font jaillir par leurs gueules. Par une singulière bizarrerie, l'hôtel-de-ville est bâti dans le goût chinois. Dans cette ville, on compte plus de 1,700 moines et religieuses, et près de 300 ecclésiastiques.

» En général la vivacité d'esprit et la pénétration des habitants du Pérou, ainsi que leur goût pour l'étude, leur assignent un rang distingué parmi les nations civilisées. Les établissements scientifiques de Lima forment un centre de lumières qui se répandent sur tout le pays. Les sciences, généralement cultivées, y ont fait depuis peu de grands progrès. On y connaît et l'on y suit toutes les découvertes faites en Europe. Le bon goût, l'urbanité, beaucoup de qualités sociales semblent héréditaires aux Péruviens. On admire l'imagination et la sensibilité des femmes. Elles aiment avec une sorte de fureur le luxe innocent des fleurs et des parfums [1]. Il est cependant à désirer qu'on améliore le système d'éducation.

» Mais chaque instant peut devenir le dernier pour les riches habitants de cette superbe capitale. En 1746, un terrible tremblement de terre détruisit les trois quarts de la ville, après avoir démoli entièrement le port de Callao. Jamais il n'y eut de destruction plus complète, puisque, de 4,000 habitants, il n'en resta qu'un seul pour porter la nouvelle de cet événement désastreux, et il échappa par le hasard le plus extraordinaire. Cet homme était dans un bastion qui a vue sur tout le port; il aperçut, en moins d'une minute, tous les habitants sortir de leurs maisons dans la plus grande terreur et la plus grande confusion : la mer, après s'être retirée à une distance considérable, revint en montagnes écumantes par la violence de l'agitation, et ensevelit les habitants dans son sein.

Lima fut fondée en 1535 par Pizarre. Depuis l'an 1582, elle a été dévastée par plus de vingt tremblements de terre : celui du 30 mars 1828 renversa la plupart des édifices publics, un grand nombre de maisons, et fit périr un millier d'habitants. Ses environs sont couverts de jolies maisons de campagne, de jardins et de vergers dont la fraîcheur doit tout aux irrigations et à l'art sous un climat où les chaleurs sont très fortes et les pluies excessivement rares.

L'un des lieux les plus remarquables des environs de Lima par ses souvenirs, est le village de *Pachacamac*. On y voit encore les débris des murs du magnifique temple élevé par le dixième inca Pachacutec à Pachacamac, le créateur de l'univers. C'est dans ce temple que Pizarre, en 1533, s'empara d'une immense quantité d'or, et qu'il livra à toute la brutalité de ses soldats les vierges consacrées au service de la divinité.

Callao est le port de mer de Lima; c'était autrefois une ville de 4,000 âmes; mais depuis le tremblement de terre de 1746, ce n'est plus qu'un village de 200 à 300 maisons en bois, remarquable cependant par ses trois forts garnis de 190 canons qui défendent l'approche de Lima du côté de la mer. Le petit port de *Cañete* fait avec la capitale un grand commerce de grains, de légumes, d'oiseaux domestiques, de poissons et de fruits. On trouve beaucoup de salpêtre près d'un village des environs. A 35 lieues plus loin, *San-Geronimo-de-Ica*, peuplée de 6,000 âmes, et bâtie sur une petite rivière près de la mer, possède plusieurs verreries.

» Les tremblements de terre et les volcans appelés *Guagua-Putina* et *Uvinas* ont engagé

[1] Viagero universal XIV, 88.

les habitants d'*Arequipa* à changer l'emplacement de leur cité. Cette ville, fondée par Pizarre, résidence d'un intendant et d'un évêque, est aujourd'hui sur un terrain uni, à 20 lieues de la mer. Les maisons y sont en pierre ; le climat y est très doux et l'air très sain. Le nom d'Arequipa signifie : *Hé bien! restez-y*. En voici l'origine. Les troupes victorieuses de l'Inca venaient de conquérir cette contrée; charmés de la beauté du pays, les soldats témoignèrent quelques regrets de retourner chez eux ; l'Inca, qui s'en aperçut, leur dit : « Hé bien ! restez-y ; » et ils y restèrent. »

C'est l'immense volcan d'Uvinas qui lança, dans le courant du seizième siècle, les masses de cendres qui engloutirent Arequipa. Cette ville est l'une des plus importantes du Pérou occidental. L'état florissant de son commerce, l'importance de ses manufactures de laine et de coton, de tissus d'or et d'argent, ont porté sa population à environ 40,000 âmes. Elle renferme quatre colléges, ainsi que plusieurs écoles de filles, et publie deux journaux. Sa cathédrale, un pont sur le Chile qui arrose la ville, et une fontaine en bronze sur la grande place, sont les principales constructions qu'on y remarque.

Dans la partie méridionale du département d'Arequipa, *Arica*, avec un bon port, était naguère une jolie petite ville ; mais le tremblement de terre du 18 septembre 1833 et celui du 25 janvier 1834 l'ont entièrement détruite ; 13 ou 14 maisons ont seules été épargnées, et l'on évalue à environ 1,500 le nombre de personnes qui ont perdu la vie dans ces deux terribles catastrophes. Il en est de même de *Tacna*, qui était une ville importante, à quelques lieues au nord-est de la précédente, et qui, par suite du même événement, n'est plus qu'un monceau de ruines. La délicieuse vallée de Zapa a été entièrement ravagée, disent les relations publiées dans les journaux de Lima ; et le fameux morne connu sous le nom de *White-Bluff*, qui s'élevait à l'entrée du port d'Arica, à 200 pieds au-dessus des terres environnantes, est descendu presque à la surface de l'Océan ; enfin, deux petites îles, situées à peu de distance, sont englouties au point qu'une frégate pourrait passer dessus sans danger.

» Dans les environs d'Arica et de Tacna l'air est chaud et malsain. Quelques cantons produisent d'excellentes olives, qui sont remarquables par leur grosseur. Il y a dans la province d'Arica un volcan qui lance des jets d'une eau infecte et chaude. Cette province est remplie de déserts sablonneux, entremêlés de lisières extrêmement fertiles. On y cultive la vigne avec beaucoup de soin et d'intelligence. On y exploite quelques mines d'or et de cuivre, et des mines d'argent très riches. »

Dans la partie du Pérou située le long de la côte du grand Océan, au nord du département de Lima, nous trouvons celui de *Livertad*. *Piura* se distingue comme étant la plus ancienne ville du Pérou. Bâtie par les Espagnols, elle est sur une petite rivière qui fertilise le terrain, mais qui disparaît entièrement dans la saison sèche. Ses habitants, au nombre de 15,000, commercent en cire, en salpêtre, fil d'aloès, cascarille et autres objets [1] ; ils s'occupent aussi du transport des marchandises, à dos de mulet, de Quito à Lima. *Truxillo*, ville épiscopale, peuplée de 13 à 14,000 âmes, fut bâtie en 1535 par François Pizarre, qui lui donna le nom de sa ville natale. Elle est à une demi-lieue de la mer, dans une contrée agréable et fertile. On voit à quelque distance les ruines d'anciens monuments péruviens, où l'on a trouvé des trésors considérables. Le département dont elle est le chef-lieu produit des vins que l'on transporte dans l'intérieur du Pérou, à Guayquil et à Panama. On y voit aussi beaucoup d'oliviers dont le fruit donne une excellente huile [2].

« La ville de *Caxamarca* renferme des restes du palais de l'inca Atahualpa, habités par un de ses descendants. On y voit encore la chambre où il fut retenu prisonnier pendant trois mois ; une longue pierre servant de base à l'autel de la chapelle de la prison, est celle sur laquelle ce dernier empereur du Pérou fut étranglé par les Espagnols. Cette ville, peuplée de 8,000 âmes, est dans un climat tempéré, au milieu d'une plaine fertile qui donne le soixantième grain. A une lieue sont des sources d'eau chaude, appelées les *bains des Incas*, près desquels Atahuaipa possédait une maison de plaisance. » Caxa-

(1) Viagero universal, XXI, p. 33. — (2) *Idem*, XIV. 137

marca, située dans une charmante vallée, doit son nom à la petite rivière qui l'arrose. Elle est bien bâtie; ses rues sont tirées au cordeau; ses églises et ses maisons sont bien construites; enfin, la place publique, placée au centre de la ville, est belle et d'une grande étendue. Les habitants industrieux fabriquent toutes sortes d'étoffes grossières de laine, ainsi que des toiles de lin et de coton. La matière première de ces articles se trouve dans le district, dont le sol, en partie inégal et montueux, réunit, dans un espace peu étendu, les températures et les productions les plus différentes. Caxamarca est à 1,464 toises au-dessus du niveau de la mer.

A 5 ou 6 lieues de la ville on trouve, sur la Caxamarca, un village appelé *Jesus*, remarquable par les restes d'une ville péruvienne qui paraît avoir été peuplée de plus de 30,000 âmes, et qui renferme encore plusieurs maisons entières, dont la construction annonce un peuple assez avancé dans les arts mécaniques, puisqu'on y voit des pierres de 12 pieds de longueur sur 7 de hauteur.

Malgré sa position avantageuse au bord du *Chacapoyas*, dans une contrée délicieuse, malgré son rang d'ancien chef-lieu de province, *San-Juan-de-la-Frontera*, que l'on appelle aussi *Chacapoyas*, est petite et peu peuplée.

Huanuco, ou *Guanuco*, qui ne renferme guère que de grandes maisons, aujourd'hui en partie abandonnées, est le chef-lieu du *département de Junin*. Ce n'est plus que l'ombre de cette belle cité péruvienne qui renfermait le palais des Incas et le temple du Soleil, dont on voit encore les ruines. *Tarma*, habitée par des créoles, des métis et des indigènes, au nombre de 8 à 10,000, est dans une petite vallée profonde où l'air circule difficilement. Ce département, qui doit son nom au village de *Junin*, célèbre par une victoire que les républicains remportèrent sur les royalistes, contient la ville de *Pasco*, dans un pays âpre et sauvage, appelé plaines de Bombon, où il ne croît aucune espèce de blé. Malgré ces désavantages, la ville est une des plus peuplées, des plus commerçantes et des plus importantes de la république, par le voisinage des riches mines d'argent de Yauricocha.

Cerro-Pasco est le centre du canton minéral le plus riche du Pérou. Cette ville, disent deux voyageurs anglais [1], est bâtie sur un terrain inégal semé de collines nues et détachées. Les maisons sont blanchies à la chaux, et quelques unes, outre la porte, ont pour seconde ouverture une petite fenêtre vitrée; les plus distinguées ont des cheminées, sorte de luxe dû aux Anglais qui exploitent les richesses minérales de ce district. Cerro-Pasco est divisé en trois quartiers : Chenpimarca, Yanacandia et Santa-Rosa. Chacun d'eux a une église et un prêtre pour la desservir. Il y a deux places : celle de Chenpimarca, où s'élève la cathédrale, église fort modeste, surtout à l'extérieur, et celle du commerce, où se tient le marché. *Baños* est un village remarquable par ses eaux thermales, où les Incas avaient un vaste palais dont on voit encore les ruines.

L'une des vallées les plus belles et les plus peuplées des Andes est celle qui donne naissance à plusieurs cours d'eau dont la réunion forme la *Jauja*, située dans le *département d'Ayacucho*. Cette vallée, fort élevée et d'une température toujours froide, présente une vaste plaine où nous voyons *Huanca-Belica*, ville de 6,000 habitants, devenue célèbre par ses riches mines d'or, d'argent et de mercure, situées à 2,150 toises au-dessus du niveau de l'Océan. « Les sources chaudes de Huanca » Belica sont chargées de carbonate calcaire. » On peut dire que les habitants de ce canton » construisent leurs maisons avec de l'*eau*, » car ils laissent refroidir les eaux imprégnées » de matières calcaires; le sédiment qu'elles » déposent est reçu dans des vases, et y » prend la figure et la consistance d'une » pierre. » *Guamanga* ou *Huamanga*, fondée par Pizarre, et bâtie en pierres avec régularité, renferme de belles places publiques, une cathédrale, plusieurs églises et une université. Cette cité, de 40,000 âmes, est quelquefois nommée *San-Juan-de-la-Victoria*, en mémoire d'une victoire remportée sur l'inca Manco, qui avait défait les Espagnols en plusieurs rencontres. Les habitants, polis, intelligents et adonnés aux sciences, font aussi un grand commerce en cuirs, en grains et en fruits. Plus loin, *Jauja* ou *Xauxa*,

[1] Narrative of a journey from Lima to Para across the Andes and down the Amazon, etc.; by W. Smith and F. Lowe.

peuplée de 10,000 âmes, se soutient par le produit de ses mines d'argent, la vente de ses grains et de ses pâturages. *Ayacucho*, où le général Sucre remporta, en 1824, une victoire décisive sur les royalistes, a donné son nom au département.

Puno est le chef-lieu d'un département de ce nom, dont elle est la ville la plus importante; on lui accorde environ 16,000 âmes; elle possède un assez bon collége.

Le département de Cuzco renferme beaucoup de petites villes. Visitons d'abord son chef-lieu.

« *Cuzco*, autrefois capitale de l'empire des Incas, est aujourd'hui le siége d'un évêché. Cette ville, éloignée de 180 lieues de Lima, compte plus de 46,000 habitants. Presque aussi étendue que cette dernière, elle conserve encore beaucoup de monuments de son ancienne grandeur, parmi lesquels se trouve la forteresse des Incas. Les pierres qui y ont été employées sont si énormes, si irrégulièrement taillées, et cependant si bien jointes, qu'il n'est pas facile de comprendre comment on les y a placées, le fer, l'acier et les machines étant alors inconnus. Il s'y trouve des bains fournis par deux fontaines, l'une d'eau chaude et l'autre d'eau froide. Un couvent y a pour murs ceux mêmes du temple du Soleil, et le saint-sacrement est placé à l'endroit où se trouvait la figure en or de cet astre. Un couvent de religieuses occupe le même emplacement où demeuraient les vierges du Soleil. Le principal commerce est en sucre, étoffes, draps communs, toiles ordinaires, galons d'or et d'argent, cuirs, maroquins et parchemins. Ses habitants, très ingénieux, se distinguent particulièrement dans l'art de broder et de peindre. »

Cuzco n'est pas le seul lieu du Pérou qui renferme des monuments de l'ancienne civilisation de cette contrée. Le voyageur français M. Gay, qui parcourt depuis long-temps l'Amérique méridionale, a signalé dans ces derniers temps une antique ville dont aucun auteur n'avait encore parlé, pas même le judicieux et naïf Garcilasso; c'est *Hollay tay tambo*, dont les monuments sont encore plus surprenants que ceux de Cuzco. On y voit encore un grand nombre de maisons presque intactes et situées toutes dans les endroits les plus escarpés, au bord des précipices les plus effrayants: ce qui semble prouver que le gouvernement des Incas était entièrement basé sur le féodalisme. Les chefs avaient des places, des forteresses presque inexpugnables dont les restes font encore par leur construction l'admiration du voyageur.

« Le district de *Calca-y-Lares* produit le meilleur sucre de tout le Pérou; les cannes subsistent sans aucun soin pendant plusieurs années; elles sont très riches en sucre, et mûrissent au bout de *quatorze mois*, circonstance curieuse si l'on pouvait l'admettre sur le témoignage d'un auteur peu judicieux ([1]). Le sucre se cristallise avec une extrême rapidité. Le district de *Canes et Canches* tire son nom de deux tribus dont les restes y demeurent encore; les premiers, robustes, taciturnes et orgueilleux, s'habillent de noir, et vont à cheval; les autres, d'une taille moindre, inconstants et gais, n'ont pour vêtement que des peaux. Leur langue diffère autant que leurs mœurs; ils vivaient sous deux princes ou *curacas* indépendants jusqu'à ce que les Incas les soumirent ([2]). « Dans leur pays, aux environs de Condoroma, on éprouve, disent des auteurs espagnols, dans les temps de tempête, de tonnerre et d'éclairs, des piqûres aux mains, au visage et partout ailleurs; on désigne ces sensations sous le nom de mouches; mais on doit attribuer ces piqûres à l'air électrisé, car on ne les ressent plus aussitôt que la tempête a cessé ([3]). » Cet effet de l'électricité mérite de fixer l'attention d'un voyageur futur.

Dans le département de Cuzco, la géographie physique s'arrête avec intérêt au bord du lac *Titicaca*, ou *Chucuyto*, si fameux dans l'histoire des Incas. Le bassin dont ce lac occupe le fond a 130 lieues de long, sur une largeur de 50 à 60. Entouré de montagnes, il ne montre aucun écoulement visible de ses eaux abondantes. Le lac de Titicaca, long de 62 lieues, mais d'une largeur qui varie beaucoup, puisqu'elle est de 6 lieues dans sa plus petite extension et de 24 dans sa plus grande, a les eaux légèrement saumâtres et très amè-

(1) *Alcedo*, Dictionnaire, au mot *Calcas y Lares*. — (2) Viagero universal, XXI, p. 80-99. — (3) *Alcedo*, au mot *Canes y Canches*. Dans le *Viagero universal*, XIV, p. 185, on trouve le même récit; mais t. XXI, p. 89-99, il n'en est plus question.

res ; sa profondeur est de 70 à 80 brasses ; sa superficie est de 2,070 lieues carrées. Il est à 1,995 toises au-dessus du niveau de l'Océan, c'est-à-dire plus élevé que le sommet du pic de Ténériffe. Sa forme irrégulière, qui présente quatre golfes communiquant chacun par un détroit à la masse principale, a fait considérer ces golfes comme autant de lacs, auxquels on a donné les noms d'*Azangaro*, de *Chucuyto* et de *Vinamarca*. Douze ou treize rivières, dont les deux plus importantes sont le *Hilaye* et le *Desaguadero*, se jettent dans ce lac, dont les eaux toujours troubles et d'un goût désagréable nourrissent en abondance d'excellents poissons. On y remarque plusieurs îles, entre autres celle de Titicaca et celle de *Coata*. Ce fut dans la célèbre île de *Titicaca* que Manco-Capac prétendit avoir reçu sa vocation divine pour être le législateur du Pérou. Un temple couvert d'or ornait cette place consacrée. Ce fut encore dans ce lac que, selon la tradition, les Indiens jetèrent la plupart de leurs trésors, et surtout la grande chaîne d'or de l'inca Huaïna-Capac, qui avait 233 aunes de longueur.

Le Haut-Pérou forme un État borné à l'ouest par le grand Océan et la république du Pérou, au nord par celle-ci et le Brésil, qui le borde aussi à l'est ; au sud par le Paraguay, les Etats-Unis du Rio-de-la-Plata et la république du Chili. Il a 370 lieues de longueur et 300 de largeur.

L'indépendance du Haut-Pérou date de 1825 ; elle fut le résultat de la victoire décisive remportée le 1er avril de cette même année par les indépendants sur le général espagnol Olaneta. Les Etats-Unis du Rio-de-la-Plata et la république du Pérou ayant déclaré qu'elles n'élevaient aucune prétention sur les provinces du Haut-Pérou, le général Bolivar rendit un décret par lequel il invitait ces provinces à réunir leurs députés en congrès, dans le but d'adopter librement la forme de gouvernement qui paraîtrait la plus convenable aux intérêts du pays. Ce congrès, assemblé à Potosi, déclara, le 6 août, que dès ce jour le Haut-Pérou formait une république indépendante ; et afin de donner au libérateur de l'Amérique méridionale et au vainqueur d'Ayacucho, son lieutenant, le général Sucre, un témoignage de l'éternelle reconnaissance de la nouvelle république, le congrès décréta que celle-ci porterait le nom de *Bolivia*, et sa capitale future celui de *Sucre*.

La souveraineté de cette république réside dans le peuple, et est exercée par un corps électoral, un corps législatif, un corps exécutif et un corps judiciaire. Le pouvoir exécutif est confié à un président à vie, à un vice-président et à trois secrétaires d'Etat. Le corps législatif, élu par des colléges électoraux nommés par le peuple, se compose de trois chambres : celle des tribuns, celle des sénateurs et celle des censeurs. Chaque chambre est composée de trente membres ; chaque législature dure quatre ans et chaque session annuelle deux mois. La constitution garantit à tout citoyen la liberté civile, l'inviolabilité des personnes et des propriétés, l'égalité devant la loi et le droit de publier librement ses pensées ; mais chacun est responsable des abus de la liberté de la presse.

La Plata, ou *Charcas*, chez les Péruviens *Chuquisaca*, a reçu le premier de ces noms d'une fameuse mine d'argent située dans la montagne de Porco, d'où les Incas tiraient d'immenses richesses. Cette ville, peuplée de 16,000 âmes et bâtie sur une branche du Pilcomayo, est la résidence d'un archevêque, le chef-lieu du *département de Chuquisaca* et la capitale de la république. Son université est depuis long-temps célèbre dans le Pérou ; la bibliothèque de cet établissement est une des plus considérables de l'Amérique méridionale. La plupart de ses maisons sont bien bâties, et ont de jolis jardins où l'on cultive presque tous les arbres fruitiers de l'Europe.

» *La Paz*, ville épiscopale, grande, bien bâtie, ornée de fontaines et d'édifices publics, est assise sur un terrain très égal, quoique environnée de collines de toutes parts. Quand les eaux du Choqueapo, qui arrose cette vallée, s'enflent, soit par les pluies, soit par les fortes neiges, elles entraînent des rochers prodigieux, et roulent des paillettes d'or que l'on recueille dès qu'elles sont retirées. Le principal commerce de cette ville, peuplée de 40,000 âmes, consiste en *matté*, ou thé du Paraguay, que l'on fait passer en grande partie dans le Pérou. La température des environs est froide ; mais dans les vallées le sol est fertile, et l'on y cultive même la canne à sucre, dont les plantations, à *Tomina*, durent trente ans.

» *Potosi*, ville la plus considérable du département qui porte son nom, est située sur la pente méridionale d'une montagne, dans un pays froid et stérile, où il y a plusieurs sources thermales. Sa hauteur, au-dessus du niveau de l'Océan, est de 4,166 mètres. Elle doit sa gloire à la montagne, ou *Cerro de Potosi*, qui, depuis sa découverte, en 1545, jusqu'à nos jours, a fourni une énorme quantité d'argent dont le poids peut être estimé à environ 93 millions de marcs. La couche de porphyre qui la couronne lui donne la forme d'un pain de sucre ou d'une colline basaltique, élevée de 697 toises au-dessus du plateau voisin. Siége de l'administration des mines et des divers établissements qui y sont relatifs, la ville de Potosi jouit encore de l'avantage d'être voisine d'une branche de la rivière de Pilcomayo, qui se jette dans le Paraguay; ce qui la rend le centre d'un grand commerce et facilite ses communications avec Buenos-Ayres. Il est difficile de mettre les auteurs d'accord sur la population de Potosi. Les uns ne donnent à cette ville que 30,000 habitants. M. *Helm*, le savant minéralogiste allemand, qui y a séjourné plusieurs années, assure qu'elle contient 100,000 âmes. »

Nous ajouterons que tant que cette ville fut le centre des grandes exploitations de mines, sa population paraît s'être élevée jusqu'à 130,000 âmes; qu'en 1808 elle n'en renfermait plus que 40,000, et qu'aujourd'hui, que les travaux des mines y sont beaucoup moins considérables, les voyageurs les plus récents s'accordent à ne lui donner que 9 à 10,000 âmes. Du reste, la nature du terrain sur lequel elle est construite fait que ses rues sont fort inclinées. Son aspect est d'autant plus triste qu'elle ne possède point de promenades; on y voit cependant une belle place et quelques grands édifices, dont l'un des plus importants est l'hôtel de la monnaie. Ce qui rend surtout incommode le séjour de Potosi, c'est son climat froid et variable, qui, dans un seul jour, présente quelquefois les quatre saisons de l'année; c'est aussi la rareté et la subtilité de l'air, qui y sont telles qu'à la moindre marche on éprouve de la difficulté à respirer.

Tiahuanacu, village situé près du lac de Titicaca, est célèbre par les ruines antiques que l'on y remarque, et que Garcilasso prétendait être antérieures à la domination des Incas. Ce sont d'immenses constructions présentant des quadrilatères de 60 toises de côté, et moins remarquables encore par leur étendue que par les dimensions des pierres dont elles sont formées; quelques unes sont du poids de 800 quintaux métriques. Ces pierres sont d'énormes blocs de trachyte et de grès rouge taillés. Ce sont aussi de grandes portes formées d'un seul morceau de ces mêmes roches. M. Pentland, l'un des derniers voyageurs qui a visité ces ruines, y a reconnu des frises et d'autres ornemens, ainsi que diverses sculptures, en général fort grossières, représentant un Inca, sa femme et le soleil, sous plusieurs formes.

Au sud-ouest de Potosi, *San-Francisco de Atacama*, dans le même département qui confine au sud avec le Chili, est une très petite ville située sur un territoire maritime qui n'offre entre la Cordillère et l'Océan qu'un désert aride, parsemé de quelques terrains fertiles, ainsi que des mines de cuivre et des eaux thermales.

C'est sur la rive droite du Desaguadero que l'on voit, dans le *département d'Oruro*, *Paria*, un peu au-dessus d'un lac qui porte le nom de cette ville. Dans ses environs, on exploite des mines d'argent, d'étain et de plomb; on élève un grand nombre de bestiaux et l'on connaît plusieurs sources thermales. *Oruro*, ville de 5,000 âmes, chef-lieu du département, se trouve dans une vallée voisine à 3,792 mètres de hauteur au-dessus de l'Océan. On y voit quatre églises et cinq couvents.

» On remarque encore dans le Pérou méridional les villes suivantes: *Oropesa*, ville de 25,000 âmes, dans le département de *Cochabamba*, que l'on appelle le grenier du Pérou; *Cochabamba*, dont quelques voyageurs portent la population à 30,000 âmes; *Tarija*, capitale de la province de *Chicas*, qui abonde en blé, en fruits et en bons vins. »

San-Lorenzo-de-la-Frontera, ou *Santa-Cruz-de-la-Sierra Nueva*, occupe une plaine immense où s'élèvent à quelque distance d'assez belles maisons de campagne. Elle est mal bâtie, quoique ses maisons soient en pierre. Sa population est estimée à 6,000 âmes. C'est une ville qui fut plus considérable et qui doit-

en partie sa décadence à l'air impur qu'on y respire. En 1605 on l'érigea en évêché, mais l'évêque réside à *Mizque*, sur la rive gauche du Guapey, dans le département de Cochabamba. Cette ville de Santa-Cruz de la Sierra est le chef-lieu d'un département auquel elle donne son nom.

Au-delà du Guapey, on ne trouve plus que de petits villages épars au milieu d'une contrée légèrement ondulée par de petites montagnes. Plus loin s'étendent les immenses plaines sablonneuses du pays des *Chiquitos*, qui joint au nord les plaines boisées de celui des *Moxos*, qui dépendent de la province de *Santa-Cruz-de-la-Sierra*.

» Les nations indigènes du Pérou appellent maintenant notre attention; mais vaguement conservée par des traditions orales ou par ces nœuds symboliques appelés *quipous*, l'histoire des Péruviens est infiniment plus obscure que celle des Mexicains. Elle remonte à deux ou trois siècles avant la découverte de l'Amérique par Colomb; car les règnes de douze Incas n'ont guère pu avoir une durée commune de plus de vingt ans.

» Les tribus du Pérou vivaient dans une barbarie complète. Nomades, elles se nourrissaient des produits de la chasse et de la pêche. Les vainqueurs déchiraient tout vivants les prisonniers de guerre [1]. Quelques uns d'entre eux, par l'instinct de la reconnaissance, adoraient la bienfaisante nature; les montagnes, mères des fleuves; les fleuves mêmes et les fontaines, qui arrosaient la terre et la fertilisaient; les arbres qui donnaient du bois à leurs foyers; les animaux doux et timides, dont la chair était leur pâture; la mer abondante en poissons, et qu'ils appelaient leur nourrice [2]: un temple très ancien était même consacré à un dieu inconnu et suprême. Mais le culte de la terreur était celui du plus grand nombre. Ils s'étaient fait des dieux de tout ce qu'il y avait de plus hideux, de plus horrible; ils vouaient un respect superstitieux au couguar, au jaguar, au condor, aux grandes couleuvres; ils adoraient les orages, les vents, la foudre, les cavernes, les précipices; ils se prosternaient devant les torrents, devant les forêts ténébreuses, aux pieds de ces volcans terribles qui bouleversaient les entrailles de la terre. A peine rendaient-ils une ombre de culte à ces affreuses divinités; ils paraissent les avoir considérées sous le même jour que l'Africain voit ses fétiches. Cependant l'un se perçait le sein, en se déchirant les entrailles; l'autre, plus forcené, arrachait ses enfants de la mamelle de leur mère, pour les égorger sur l'autel. L'orgueil national s'était allié à la superstition. Les uns, comme ceux de Cuba, de Quinvala et de Tacna, fiers de se croire issus du lion, qu'adoraient leurs pères, se présentaient, vêtus de la dépouille de leur dieu, le front couvert de sa crinière, et portant dans les yeux sa férocité menaçante. D'autres, comme ceux de Sulla, de Vilca, d'Hanco, d'Urimarca, se vantaient d'être nés, ceux-là d'une montagne, ceux-ci d'une caverne, ou d'un lac, ou d'un fleuve, à qui leurs pères immolaient les premiers-nés de leurs enfants [1].

» La providence divine eut pitié de ce monde livré au génie malfaisant. Elle y envoya le sage et vertueux Manco et la belle Oello, sa sœur et son épouse [2]. D'où était venu ce couple vertueux et bienfaisant? On les crut descendus du ciel. Les sauvages, répandus dans les forêts d'alentour, se rassemblèrent à leur voix. Manco apprit aux hommes à labourer la terre, à la semer, à diriger le cours des eaux pour l'arroser; Oello instruisit les femmes à filer, à ourdir la laine, à se vêtir de ses tissus, à bien élever leurs enfants, à servir leurs époux avec un tendre zèle. Aux dons des arts ces fondateurs ajoutèrent le don des lois. Le culte du Soleil, leur père, ce culte fondé sur la reconnaissance, fut la première de ces lois et l'âme de toutes les institutions. La voix d'une religion bienfaisante rassemble de toutes parts ces peuplades barbares. Ils apprennent à s'aimer, à s'entr'aider; ils renversent les autels sanglants élevés aux lions et aux tigres; ils quittent la vie errante. La terre, labourée par ses habitants, ouvre son sein fécond et se revêt de riches moissons. Mais les douces lois qui établissaient le partage des terres, le travail en commun, l'amour fraternel entre toutes les familles, ordonnaient aussi le dévouement absolu aux volontés de l'Inca; elles enchaînaient l'essor de l'industrie en retenant constamment le fils

(1) *Garcilasso de la Vega*, liv. I, ch. XII. — (2) *Mama Cocha*, mère mer.

(1) *Garcilasso*, liv. I, chap. XI. — (2) *Idem*, *ibid.*, chap. XV.

dans la carrière du père; elles empêchaient le développement des facultés intellectuelles. L'autorité des Incas n'était, après tout, qu'un « despotisme paternel. » On avoue qu'ils avaient un nombreux sérail. Leurs sujets ne les approchaient que des tributs à la main, et n'osaient jamais regarder leur visage. A un seul signe de l'Inca, la population d'une province entière se laissait mettre à mort ([1]); enfin, le peuple, mal vêtu, mal logé, mangeait les viandes crues, et mêlait de la terre glaise à ses aliments. Garcilasso ne déguise pas les traits les plus évidents d'une tyrannie superstitieuse. Des milliers de victimes humaines étaient immolées sur le tombeau du monarque. On voyait encore un remarquable exemple de fanatisme dans cette loi terrible qui regardait la violation du vœu des vierges du Soleil : pour expier un amour sacrilége, pour apaiser un dieu jaloux, non seulement l'infidèle prêtresse était ensevelie vivante, et le séducteur dévoué aux supplices les plus affreux; mais la loi enveloppait dans le crime la famille des criminels : pères, mères, frères et sœurs, jusqu'aux enfants à la mamelle, tout devait périr dans les flammes : le lieu même de la naissance des deux impies devait être à jamais désert. Les conquêtes des Incas n'étaient pas aussi pacifiques qu'on a voulu les représenter; on coupait le nez, on arrachait les dents à tous les individus d'une tribu insurgée ([2]). La férocité japonaise et la servilité chinoise percent à travers les excellentes qualités qu'on attribue au gouvernement des Incas. Les *amandus*, ou instituteurs, ont beaucoup de rapports avec les mandarins chinois.

» Quoi qu'il en soit, depuis la ville de Quito le voyageur retrouve les vestiges de l'ancienne civilisation péruvienne.

» La route de Quito à Cuzco, et par-delà, avait 500 lieues. Une autre, de la même étendue, régnait dans le plat pays, et plusieurs autres traversaient l'empire du centre aux extrémités. C'étaient des levées de terre de 40 pieds de largeur, qui comblaient les vallées jusqu'au niveau des collines. Le long de cette route on voyait se succéder les arsenaux distribués par intervalles, les hospices sans cesse ouverts aux voyageurs, les forteresses et les temples, les canaux qui, dans les campagnes, faisaient circuler l'eau des fleuves; mais les routes des Incas n'avaient pas dans toutes leurs parties une grande solidité. Les canaux étaient faits sans art; les murs des palais et des forteresses surpassaient rarement la hauteur de 12 pieds. L'or était très commun chez les Péruviens. On a trouvé de temps en temps pour des millions de piastres dans les anciens monuments. Quelques arbres et arbustes d'or pur ont pu orner les jardins impériaux de Cuzco, mais les historiens ont poussé jusqu'à l'extravagance l'énumération de ces richesses. Il y avait, dit Garcilasso, des bûchers de lingots d'or en forme de bûches, et des greniers remplis de grains d'or. Nous dirons pourtant que les fameux jardins d'or ne nous paraissent pas surpasser les bornes de la vraisemblance historique.

» Les Péruviens indigènes actuels sont loin de ressembler à ceux dont Marmontel s'est plu à nous tracer le séduisant tableau. Ils n'ont que des facultés très bornées, un caractère mélancolique, timide, abattu par l'oppression, pusillanime au moment du danger, féroce et cruel après la victoire, hautain, dur, implacable dans l'exercice du pouvoir. Craignant beaucoup les Espagnols, ils se montrent dociles et soumis à leurs ordres; mais ils les détestent en secret, évitent leur société, et les haïssent seulement un peu moins que les nègres et les mulâtres. Ils sont d'un naturel méfiant; ils croient qu'on ne peut leur faire aucune honnêteté sans avoir l'intention de les tromper. Trapus, robustes, et capables d'endurer le travail, ils croupissent dans l'indolence et la malpropreté : ils vivent sans aucune prévoyance. Leurs habitations ne sont que de méchantes huttes mal construites, incommodes, et d'une malpropreté dégoûtante. Leur habillement est pauvre et mesquin, leur nourriture misérable; mais ils sont très portés aux liqueurs fortes, et ils sacrifient tout pour s'en procurer la jouissance. Quoique leur religion soit fortement entachée de la superstition de leurs ancêtres, ils sont grands observateurs des rites et des cérémonies de l'Eglise, et ils font des dépenses considérables en processions et en messes ([1]).

» Le système d'administration actuellement adopté à l'égard des Indiens est favorable au

([1]) *Zarate* : Historia del Peru, lib. I, cap. x et xi. — ([2]) *Idem*, *ibid.*, cap. vi.

([1]) Mercurio peruviano, VIII, 48; IX, 56; X, 276.

libre développement de leurs facultés. Ils ne se trouvent plus soumis à la direction des corrégidors espagnols. Si l'indolence et la mollesse de leur caractère, dans quelques provinces, se sont accrues sous le régime de leurs magistrats indigènes, dans d'autres, l'industrie s'est élevée à un bien plus haut degré de splendeur. A *Lambayèque*, entre autres, ils se sont appliqués à la culture des champs, aux manufactures et au commerce, avec tant d'assiduité, qu'ils y surpassent de beaucoup les Espagnols; et comme le produit de leurs fermes et de leur industrie en général n'est point sujet à l'*alcabala* ni à d'autres taxes, ils ont même un grand avantage sur les autres castes. Les Indiens ne paient qu'un impôt personnel si modéré, qu'on peut bien plutôt le regarder comme une simple marque de servitude que comme une véritable charge. Ceux qui appartiennent aux familles nobles, dont on tire les caciques, sont exempts de l'impôt et admis, avec les Espagnols, à remplir des fonctions dans le gouvernement. Aux endroits habités exclusivement par des Indiens, aucune des autres castes n'a la permission de s'établir parmi eux sans leur consentement [1].

» Un fardeau particulier pesait encore récemment sur la race indienne; c'est le *mita*, ou le travail forcé dans les mines: tous les Indiens mâles, depuis 18 jusqu'à 50 ans, y sont requis. A cet effet, ils sont inscrits sur des listes faites exprès, et répartis en sept divisions, dont chacune sert à tour de rôle l'espace de six mois, en sorte que leur tour revient chaque fois au bout de trois ans et demi. Alors le *mitayer* est obligé de quitter sa femme, sa maison, ses occupations, et de se rendre à la mine, éloignée souvent de 2 à 300 lieues. Plusieurs d'entre eux y amènent leur famille. Ils touchent une faible indemnité pour les frais de route, et, durant le travail, au moins une demi-piastre par jour, mais ordinairement davantage [2]. Outre les mitayers, il y a des Indiens qui servent volontairement dans les mines, et s'y engagent pour un salaire déterminé; ils composent même la majeure partie des ouvriers.

» Le nombre des Indiens a diminué depuis la conquête, et comme les autres castes n'ont pas augmenté à proportion, la population totale du pays est inférieure à ce qu'elle avait été lors de l'arrivée des Espagnols; mais on a singulièrement exagéré cette diminution.

» Parmi les causes qui ont contribué à diminuer le nombre des Indiens, Ulloa remarque avec raison l'abus des liqueurs fortes; il fait plus de ravages en une année que les mines n'en font dans l'espace d'un demi-siècle. Les Indiens du pays haut (*la Sierra*) se livrent à cette boisson avec tant de fureur, que souvent on les trouve morts le matin dans les champs par suite de l'ivresse du soir. En 1759, le gouvernement fut obligé de défendre absolument la vente et la fabrication des eaux spiritueuses, à cause d'une fièvre épidémique qui provenait en grande partie du penchant des Indiens à l'ivrognerie. L'accroissement des autres castes est encore une circonstance qui influe continuellement sur la diminution des Indiens, et doit finir par en faire disparaître la race. Il a été observé que partout où les Européens s'établissent parmi les naturels, le nombre de ceux-ci va en diminuant; mais ils sont remplacés par des Métis et des Zambos. On peut présager avec assurance une époque où toutes les races pures, fondues ensemble, ne formeront plus qu'une seule masse et constitueront une nation nouvelle.

» Les Indiens, aussi bien que les Créoles, parviennent généralement à un âge fort avancé et conservent leurs facultés jusqu'à la fin de leur carrière. Dans la province de Caxamarca, on comptait, en 1792, 8 personnes âgées depuis 114 jusqu'à 147 ans; et dans la même province il mourut, en 1765, un Espagnol âgé de 144 ans 7 mois et 5 jours, laissant une descendance directe de 800 personnes [1].

» Les *Métis* ont rang immédiatement après les Espagnols, et ils forment la classe la plus nombreuse après les Indiens. Ils ne jouissent pas des priviléges accordés à ceux-ci, mais ils ne sont pas sujets non plus aux mêmes charges. Cordialement attachés aux Espagnols, ils vivent dans une mésintelligence perpétuelle avec les Indiens. Les *Quarterons*, qui descendent du mariage d'un Espagnol avec une Métisse, se distinguent difficilement de leurs pères. Les *Cholos*, au contraire, issus d'In-

(1) Mercurio peruviano, X, 275. — (2) *Idem, ibid.*, VII, 37.

(1) Mercurio peruviano, V, 164.

diens et de Métis, rentrent dans la classe des Indiens, et sont soumis au tribut [1].

» Les *Nègres* esclaves sont destinés au service des maisons ou au travail dans les sucreries et les autres plantations de leurs maîtres. Leur importation annuelle se monte à 500 environ. Les Nègres libres passent en général pour fainéants, dissolus, et auteurs de la plupart des meurtres et des brigandages commis dans le Pérou [2]. Les *Mulâtres* s'adonnent communément au petit commerce, et exercent presque seuls plusieurs métiers mécaniques. Les femmes mulâtres, recherchées comme nourrices, savent souvent gagner toute la confiance de leurs maîtresses créoles [3].

» La langue *quichua* était celle des Incas et de la nation quichua, voisine de l'ancienne capitale Cuzco ; elle s'est étendue avec la domination des monarques péruviens depuis la ville de *Pasto*, dans le Quito, jusqu'à la rivière *Maule*, dans le Chili [4]. Elle a survécu à l'empire péruvien ; elle est encore généralement parlée dans toute l'étendue de l'ancien Pérou, non seulement par les Indiens, mais encore par les Espagnols, et surtout par les Espagnoles ; c'est à Lima et à Quito l'idiome de la galanterie et de la bonne société. Les jésuites ont répandu dans les missions à l'est des Cordillères cette langue douce et très-cultivée. On la dit très propre aux peintures gracieuses de l'idylle et aux mouvements passionnés de l'élégie. A côté d'elle il existe dans plusieurs cantons du Pérou quelques langues-mères qui en diffèrent radicalement ; l'*aimare* est parlé dans les environs de la Paz, dans les îles du lac de Titicaca. Les *Pouquines*, quoique peu nombreux, conservent avec une obstination respectable leur idiome maternel.

» Nous nous sommes occupé du Haut et du Bas-Pérou ; les contrées que l'on pourrait désigner sous le nom du *Pérou intérieur* en diffèrent sous plusieurs rapports physiques, et sont peuplées de nations qui ne paraissent pas avoir subi en totalité le joug des Incas, ni descendre de la même souche que les Péruviens. Les Espagnols distinguent plusieurs districts sous des dénominations spéciales : la *Pampa-del-Sacramento*, entre le Huallaga et l'Ucayale ; le *Grand-Pajonal*, contrée montueuse entre le Pachitea, l'Enne et l'Ucayale ; le pays de Moxos, entre le Beni et le Madera ; celui de Chiquitos, qui s'étend vers les bords du Paraguay. Mais comme les régions et les tribus se ressemblent dans les principaux traits, nous les grouperons dans un seul et même tableau.

» Les Indiens de l'Ucayale, de Huallaga et de la *Pampa-del-Sacramento*, ont le teint plus blanc, la taille plus forte et les traits plus expressifs que les Péruviens. Quelques tribus, par exemple les *Conibos*, ne le céderaient guère en blancheur aux Espagnols, si ce n'étaient les huiles dont ils s'enduisent tout le corps, et les piqûres de moustiques, auxquelles ce moyen même ne saurait les soustraire [1]. Les *Carapachos*, sur la rivière Pachitea, ont presque la blancheur des Flamands ; ils ont de plus une barbe touffue. Le P. Girbal compare leurs femmes, pour la beauté, aux Circassiennes et aux Géorgiennes [2]. Il n'est pas étonnant que parmi ces peuples les difformités soient presque inconnues. Ils prennent des précautions cruelles contre les erreurs de la nature : tout enfant qui, aux yeux de ses parents insensibles, paraît d'une constitution faible ou d'une mauvaise conformation, est sur-le-champ voué à la mort, comme un être né sous de sinistres augures. Pendant l'adolescence, ils emploient un moyen plus innocent pour conserver la beauté de la race ; il consiste à serrer par des ficelles de chanvre toutes les parties du corps, de manière à leur donner une forme convenue. Les *Omaguas*, qui demeuraient anciennement dans la Pampa, avaient la coutume de serrer la tête de leurs enfants entre deux planches de bois, qui, en aplatissant le front et l'occiput, rendaient la face plus large, et, pour emprunter leurs termes, lui donnaient de la ressemblance avec la pleine lune. Il semble que cet usage n'est pas tout-à-fait aboli parmi les habitants actuels de ces contrées. Les missionnaires attribuent à cette opération violente la faiblesse d'entendement et de jugement, qui, selon eux, est générale parmi ces peuples. Les *Panos* font circoncire les jeunes filles, usage inconnu parmi les autres tribus. La petite-vérole et diverses autres causes ont singulièrement diminué la force de ces tri-

(1) Mercurio peruviano, VIII, 50. — (2) *Idem, ibid.*, *ibid.* — (3) *Idem, ibid.*, X, 116. — (4) *Hervas* : Catalogue des langues, ch. I, a. t. IV.

(1) Viagero universal, XXI, p. 152. — (2) *Idem*, XX, 187.

bus, autrefois très populeuses; il y en a qui ne comptent que 500 âmes.

» Les idiomes de ces Indiens semblent varier de village à village, tant chaque tribu met de soin à conserver certaines inflexions de voix, certains sifflements et hurlements qui probablement tiennent lieu de mots d'ordre en temps de guerre. Il est vraisemblable que ces idiomes se réduisent à un très petit nombre de langues-mères. Cependant il y a des différences primitives; les *Cocamas*, par exemple, en parlent une qui n'a aucun rapport avec celle de leurs voisins, les *Yurimaguas*, qui habitent sur le Huallaga. La langue des *Moxos* et celle de *Chiquitos* sont très répandues, et la dernière se distingue par une syntaxe remplie d'artifices qu'on ne chercherait pas parmi des sauvages. Les *Panos* cachent aux yeux des étrangers quelques livres écrits en hiéroglyphes [1].

» Toutes ces peuplades vivent sous des *caciques* ou princes; il y en a qui ont deux caciques à la fois. S'il faut en croire les missionnaires, la polygamie est en horreur parmi ces peuples. Il n'est permis qu'aux caciques d'avoir deux épouses. Dans la plupart de ces tribus, les mariages sont conclus entre les chefs des deux familles et les jeunes gens élevés ensemble depuis la plus tendre enfance. Il n'est pas rare de voir des couples qui s'aiment jusqu'à la mort; plus d'une *Artémise* sauvage a donné aux cendres de son mari ses propres entrailles pour tombeau. Mais d'un autre côté, les mariages ne sont point indissolubles de droit: les époux peuvent se séparer dès le moment qu'un mutuel consentement a rendu à chaque partie sa liberté.

» La croyance de ces peuples est conforme à leur civilisation imparfaite. Ils se représentent l'Être suprême sous la figure d'un vieillard qui, après avoir construit les montagnes et les plaines de notre terre, a choisi le ciel pour sa demeure constante. Ils l'appellent notre père, notre aïeul, mais ils ne lui consacrent ni temples ni autels. Les tremblements de terre viennent, selon eux, de sa présence sur notre globe; ce sont les pas de Dieu irrité qui font tressaillir les montagnes; pour lui montrer leur respect, aussitôt qu'ils sentent une secousse de tremblement de terre, ils sortent tous de leurs cabanes; ils dansent, sautent, trépignent et s'écrient: *Nous voici! nous voici!* Plusieurs tribus adorent la lune. Tous ces Indiens croient à un mauvais principe, à une espèce de diable qui, selon eux, réside sous la terre, et cherche à faire du mal à tous les êtres vivants. Des individus, nommés Mohanes, passent pour avoir des communications avec le diable, et pour savoir détourner sa maligne influence. Ce sont là les seuls prêtres qu'aient ces peuples; on les consulte sur la guerre et sur la paix, sur les moissons, sur la santé publique et sur les affaires d'amour. Le métier de ces prêtres, ou plutôt de ces sorciers, est très périlleux; si leurs artifices magiques ne sont pas suivis du succès qu'ils promettent, la vengeance de leurs dupes ne s'assouvit que dans leur sang. Les *piripiris* sont des talismans composés de diverses plantes; il y en a qu'on porte sur les bras, sur les pieds et sur les armes; il y en a d'autres qu'on mâche et qu'on jette ensuite dans l'air; il y en a dont on boit l'infusion; quelques uns doivent inspirer de l'amour, d'autres doivent faire réussir la chasse, assurer les moissons, donner naissance à la pluie et disperser des armées ennemies.

» De tous les prodiges qu'opèrent les Mohanes au moyen de leurs talismans, les plus brillants, mais aussi les plus périlleux, sont les guérisons des malades. Comme toutes les maladies sont attribuées à leurs artifices ou à l'influence de leur maître, le diable, le premier soin qu'une famille croit devoir à un malade, c'est de découvrir quel est le Mohane qui l'a ensorcelé. A cette fin, le plus proche parent boit un extrait de *datura arborea L.*; enivré par cette espèce de poison végétal, il tombe à terre, et reste souvent pendant deux ou trois jours dans un état voisin de la mort. Revenu à ses sens, il annonce avoir vu en songe tel ou tel sorcier dont il donne le signalement: on cherche le Mohane auquel ce portrait convient, et on l'oblige de se charger de guérir le malade. Si, par malheur, celui-ci était mort pendant cette opération préliminaire, la famille cherche à tuer le Mohane désigné. Souvent les visions n'ayant donné aucun résultat positif, on force le premier Mohane qu'on rencontre à faire l'office de médecin.

» Il est probable que, grâce à des traditions ou à une longue expérience, ces sorciers

[1] *A. de Humboldt*: Vues et Monuments.

possèdent des secrets qui les aident à guérir quelques malades et à en tuer d'autres. Les poisons que, dans ces climats, le règne végétal offre en si grand nombre et d'une force si terrible, peuvent, avec certaines modifications, fournir des remèdes violents à la vérité, mais souvent précieux. Cependant, la médecine ostensible de ces peuples ne consiste qu'en pratiques superstitieuses.

» Quand tous les remèdes ont été employés en vain, et que la mort prochaine s'annonce par des signes certains, le Mohane saute brusquement du lit, et sauve sa vie par une fuite précipitée, sans pouvoir cependant éviter les coups de bâton et de pierres qui pleuvent sur lui.

» Les tribus établies sur la rivière des Amazones, du côté de Maynas, croient que l'âme continue à exister dans un autre monde, sous la forme humaine. Ces Indiens disaient aux missionnaires : « Nous ne craignons nullement » la mort; nos ancêtres et nos amis nous at- » tendent dans l'autre monde; ils tiennent du » pisang cuit et du pain de cassave tout prêt » pour nous recevoir : nous avons soin de re- » commander qu'on mette dans notre tombe » une hache de cuivre, un arc et une armure » complète, afin de pouvoir sur-le-champ faire » notre entrée victorieuse dans le ciel, en pas- » sant par la voie lactée, ce jardin lumineux » où nos ancêtres s'amusent à des danses et » des festins. Cependant nos neveux nous ver- » ront quelquefois combattre les morts des » tribus ennemies : c'est alors qu'on verra les » sombres nuages s'amasser et annoncer un » orage violent; la foudre brillera dans nos » mains, et le fracas de la chute de nos enne- » mis, précipités du haut du ciel et changés » en bêtes féroces, retentira dans les airs » comme un tonnerre épouvantable. »

» Quoique plusieurs de ces idées soient communes à tous les Indiens, il paraît que les habitants des bords de l'Ucayale y joignent la croyance de la *métempsycose*. « Pourquoi, » disait l'un d'eux à un jésuite, pourquoi me » parler tant de mes péchés? Tout ce que tu » dis sur les peines de l'enfer n'est qu'un tissu » de fables. Je sais bien que mes péchés ne » me feront pas brûler; je vois tout autour de » moi ce que mes aïeux sont devenus après » leur mort. Les caciques justes et sages, les » braves guerriers, les femmes fidèles, vivent, » après la mort, dans les corps des animaux, » distingués par leur force, leur agilité ou » leurs grâces. Nous respectons surtout les » grands singes, nous les saluons, nous leur » rendons toute sorte d'honneurs, parce que » les âmes de nos pères habitent dans leur » corps. Quant aux âmes des méchants et des » traîtres, ou elles errent dans les nuages et la » terre, ou elles languissent enchaînées au » fond des rivières. Mais personne parmi nous » n'est brûlé dans l'autre monde.... »

» Les complaintes et lamentations de ces peuples ne se distinguent que par l'extrême variété qu'ils affectent d'y mettre quant au son de la voix. Les uns imitent le hurlement du jaguar, les autres le cri nasal des singes; ceux-ci sifflent comme les grenouilles. Sans doute ils veulent dire, par ce charivari, que tous les éléments pleurent la mort de l'homme qu'on vient de perdre.

» La complainte finie, on détruit tout ce qui appartenait au défunt, et on brûle sa cabane. Le corps est mis dans un grand vase de terre qui sert de bière; il est inhumé dans quelque endroit isolé; et tandis que les autres races humaines cherchent à éterniser leur dernière demeure, ces Indiens ont grand soin d'aplanir le terrain où ils ont creusé une fosse, afin qu'on n'en retrouve pas la place; tout le monde évite les endroits qui servent de cimetière, et chez la plupart de ces peuplades il est défendu de faire la moindre mention du défunt, et même d'en rappeler directement la mémoire.

» Les *Roa-Mainas* pourtant ont une coutume un peu différente, et très remarquable. Ils déterrent les cadavres après un certain laps de temps; et lorsqu'ils croient que les chairs se sont dissoutes, ils nettoient le corps, le placent dans une bière d'argile, chargée d'hiéroglyphes semblables à ceux d'Egypte, l'exposent dans leurs cabanes à la vénération des survivants, et lui font à la fin de secondes funérailles. Les *Capanaguas*, sur les bords de la rivière Magni, dévorent les chairs rôties des morts, sous prétexte de les honorer [1]

» Plusieurs tribus ont la réputation de manger leurs prisonniers de guerre. Les *Guagas*, qu'on cite dans ce nombre, ont toute la férocité des Giagas d'Afrique, dont ils sont peut-être une branche. Ils se serrent le milieu du

[1] Viage-o universal, X, 187.

corps, de manière à se donner une taille extraordinairement svelte. »

Nous devons citer encore, parmi les naturels du Pérou, les *Pancartambinos* et les *Chahuaris*, surnommés collectivement les *Chunchos*. « Les langues de ces tribus, dit M. Gay([1]), » alors même qu'elles sont entièrement dis» tinctes les unes des autres, offrent cette » singulière construction que tous les mots des » parties du corps commencent par une même » syllabe ; et si une tribu se sépare en deux, » gouvernées chacune par un chef distinct, » une d'elles change cette première syllabe par » une autre qu'elle conserve pour tous les au» tres mots de ces parties du corps. Cette syl» labe, comme vous voyez, est en quelque » sorte l'armoirie de la tribu ; c'est elle » qui distingue leurs nations, leurs tribus, » peut-être même leurs familles. Leur ma» nière de compter est extrêmement impar» faite et tellement peu avancée, qu'ils ne » peuvent compter que jusqu'à *trois*, n'ayant » d'autre expression pour le nombre *quatre* » que celle de beaucoup. »

« Si les Indiens de l'Ucayale et du Huallaga cultivent la terre, ce n'est pas précisément pour se procurer des aliments ; la nature leur en offre en abondance dans les quadrupèdes et les poissons qui peuplent leurs forêts et leurs rivières. Ce qui rend ces Indiens cultivateurs, c'est principalement le besoin d'une boisson plus saine que celle que leur offrent les eaux souvent bourbeuses ou marécageuses de leur pays. Rarement ils boivent de l'eau ; et quand ils négligent cette règle, ce n'est pas sans mauvaises suites pour leur santé. Leur boisson favorite s'appelle *masato* ; on la tire de la racine d'*yucca*, au moyen d'une opération dégoûtante : on réduit la racine en bouillie, on y mêle de la salive, on laisse fermenter cette masse pendant trois jours, on la délaie ensuite dans de l'eau. Cette boisson est amère et enivrante.

» Ils reçoivent des peuplades qui habitent les Cordillères de petites haches de cuivre qu'ils nomment *chambo*. Au moyen de ce faible instrument et des pierres les plus dures, ils façonnent, en forme de hache, des pierres plates qu'ils trouvent parmi les galets de leurs rivières. Ils leur donnent du tranchant au moyen d'un long et pénible remoulage. Voici une anecdote qui montre combien une hache de fer est précieuse aux yeux de ces Indiens. L'un d'eux vint un jour proposer au P. Richter, jésuite, de lui donner son fils aîné en échange d'une hache. Le jésuite lui fit des remontrances sur son défaut d'amour paternel. « J'aime mes enfants, répondit le sauvage ; » mais je peux en procréer autant que j'en » veux, tandis qu'il m'est impossible de pro» créer une hache. D'ailleurs, mon fils ne » m'appartiendra que pour un temps limité ; » la hache fera le bonheur de toute ma vie. »

» Les occupations tumultueuses de la guerre, de la chasse et de la pêche, ont des attraits irrésistibles pour ces peuples. Pleins de confiance en leurs lances et leurs flèches empoisonnées, ils attaquent même le féroce *jaguar* ou tigre d'Amérique ; à peine l'arme teinte du suc des herbes vénéneuses a-t-elle effleuré la peau de l'animal, que celui-ci tombe à terre et expire. Les poissons peuvent échapper aux filets grossiers de ces Indiens et à leurs hameçons d'os ; mais s'ils lèvent la tête au-dessus de l'eau, un trait rapide leur donne aussitôt la mort. Les villages sont construits de manière à ressembler à de petites redoutes demi-circulaires, appuyées aux bois par le côté convexe, et ayant deux issues, l'une qui conduit dans la plaine, l'autre qui s'ouvre du côté des montagnes ; c'est par cette dernière porte que les Indiens se sauvent, lorsqu'ils ne peuvent plus défendre leurs habitations contre l'ennemi. Ils se rassemblent alors dans les montagnes, et reviennent fondre sur les vainqueurs, qui souvent deviennent à leur tour les victimes.

» Deux traits d'humanité distinguent avantageusement ces Américains ; ils ne font jamais usage de flèches empoisonnées contre les hommes ; ils ne massacrent point leurs prisonniers, mais les traitent au contraire en compatriotes et en frères.

» Les missionnaires qui soumirent aux Espagnols le vaste pays de Maynas, limitrophe de la Pampa-del-Sacramento, et situé aujourd'hui dans la Colombie, trouvèrent plus d'obstacles à mesure qu'ils pénétrèrent vers l'Ucayale, et surtout lorsqu'ils voulurent passer au-delà de cette rivière. Il y a eu, dans le dix-septième siècle et au commencement du dix-huitième, des missions florissantes établies sur les bords de la rivière Manoa. Elles,

([1]) Lettre à M. B. Delessert.

ont été détruites, et la perte de cette position qui domine le cours de l'Ucayale a contribué au succès de la révolte des peuplades du Grand-Pajonal, qui paraissent s'être maintenues indépendantes; mais les voyages modernes des missionnaires du séminaire d'*Ocapa*, surtout ceux des PP. Girbal et Sobreviela, ont rétabli des communications pacifiques avec plusieurs de ces peuplades, entre autres avec les Panos. Il est probable, dans l'état actuel du Pérou, que des négociants, ou des cultivateurs éclairés ou entreprenants, suivront l'exemple de don Juan Bezarès, qui a reconquis, repeuplé et remis en culture plusieurs cantons abandonnés entre les Andes et le cours du Huallaga.

» Les missions, jadis florissantes, des Chiquitos et des Moxos languissent depuis la destruction de leurs fondateurs, les jésuites.

» Les contrées à l'est des Andes ont deux saisons : l'une sèche, qui dure de juin en décembre; l'autre pluvieuse. Pendant la saison des pluies, toutes les plaines se transforment en un lac immense; les forêts, les arbustes, les lianes, semblent flotter dans l'eau; les quadrupèdes se réfugient vers les sommets, tandis que les crabes et les huîtres s'attachent aux branches inférieures. Le froid vent d'est vient-il dessécher l'atmosphère, aussitôt les eaux commencent à diminuer; les coteaux qui bordent les rivières se montrent de nouveau; les îles et les bancs même reparaissent au milieu des fleuves. L'humidité extrême de ce climat, et la chaleur, quoique tempérée, qui y règne, exigeraient de la part des Européens quelque mesure de prudence pour y conserver leur vigueur. Quant aux moyens de communication, ils sont aussi multipliés du côté de l'océan Atlantique, qu'ils sont en petit nombre pour aller au Haut-Pérou. D'un côté, c'est une navigation facile sur de beaux et nombreux fleuves; de l'autre côté, ce ne sont que torrents, cataractes, précipices. Voyage-t-on par eau, il faut souvent quitter le canot pour les *balsas* ou radeaux, faits de roseaux. Se fait-on porter à dos d'homme à travers les bois, on risque d'être blessé par des branches d'arbres, ou déchiré par des arbustes épineux.

» Les collines à l'est des Andes renferment des mines d'or; on y trouve aussi des filons de sel gemme. La plaine, tous les ans inondée par le débordement des fleuves, promet une grande fertilité. Dans leur état sauvage, toutes les contrées à l'est de la Cordillère des Andes sont couvertes de forêts. Sur les montagnes on trouve beaucoup de bois incorruptibles; dans les plaines, on erre parmi des taillis de cacaoyers et de palmiers. Les espèces les plus recherchées de *cinchona*, ou l'arbre à quinquina, se trouvent dans les vallées de Huallaga, du côté de Chicoplaya, et probablement en beaucoup d'autres endroits. Le cirier des Andes croît le long de la partie inférieure du Huallaga, circonstance qui prouve une élévation considérable. Plusieurs arbres fournissent des gommes et des baumes; il y en a beaucoup d'autres qui, par l'éclat et le parfum de leurs fleurs, réjouissent à la fois l'odorat et la vue.

» Parmi les productions les plus singulières de ces contrées peu connues, nous distinguerons l'insecte qui produit du papier. Voici ce qu'en disent les missionnaires :

« Non loin de la ville champêtre de Huanaco » et des bords romantiques du Huallaga supérieur, on trouve dans la vallée de Pampantico, et probablement dans beaucoup » d'autres vallées de la Cordillère, un insecte » que les Espagnols nomment *sustillo*, et qui » ressemble beaucoup à notre ver à soie. Il vit » exclusivement sur l'arbre *pacaé*, décrit sous » le nom de *mimosa inga*, dans la *Flora peruviana*. Les Indiens, qui regardent ces insectes comme un manger délicieux, en détruisent tous les ans une grande quantité, » sans que cependant le nombre en diminue » sensiblement. Les plus beaux arbres en sont » entièrement couverts. Lorsque les sustillos, » dans leur état de larve, se sont rassasiés » de nourriture, ils se réunissent tous sur la » partie inférieure du tronc de l'arbre, et y » choisissent un endroit propre à suspendre le » tissu merveilleux que l'instinct les engage à » fabriquer. Le meilleur ordre préside à leurs » travaux; ils observent exactement les lois » de la symétrie; et quoique l'étendue, la finesse, la souplesse de leurs tissus varient » selon le nombre des insectes qui y prennent » part, et selon la qualité des feuilles qui leur » ont servi de nourriture, cependant l'éclat, » la consistance et la solidité en font toujours » une espèce de papier qui ressemble au papier » chinois, mais qui est beaucoup plus durable. » Le dessous de cette tente aérienne sert d'asile

» aux sustillos pendant leur métamorphose; » ils s'attachent au côté inférieur en lignes horizontales et verticales, de manière à former » un cube parfait; dans cette position, ils s'enveloppent chacun dans leur coque de soie » grossière, et attendent l'époque de leur » transformation en nymphe ou chrysalide, » et ensuite en papillon. Sortis de leur prison, » ils détachent eux-mêmes, en grande partie, » les fils par lesquels était suspendu le tissu » qui les couvrait; cependant ce tissu reste » presque toujours accroché aux branches de » l'arbre; et, blanchi par l'air, il flotte au gré » des vents, semblable à un drapeau déchiré. » Le naturaliste D. *Antonio Pineda* a envoyé » à Madrid un morceau de ce papier naturel, » long d'une aune et demie. On possède également à Madrid un nid entier de sustillos. » Ces nids, ou plutôt ces niches aériennes, » ont constamment une forme elliptique. Le » P. *Calancha*, jésuite, avait parlé de cet » insecte curieux; il possédait un morceau de » papier de sustillo, sur lequel on avait écrit » une lettre (1). »

» La Relation du P. *Thaddée Hœnke* nous fait connaître d'autres curiosités du Pérou intérieur. Ce voyageur a trouvé dans la province des Chiquitos une immense plaine couverte d'étangs salants, dont la surface cristallisée et immobile présentait l'image de l'hiver. Les arbres mêmes, à une grande distance, étaient couverts de petits cristaux de sel, qui produisaient à l'œil l'effet d'une gelée blanche. »

Nous terminerons par un coup d'œil sur les Indiens qui habitent le Pérou.

Les *Atacamas*, qui se nommaient autrefois *Olipes* ou *Llipi*, forment une population de plus de 7,000 individus; ils ont tous embrassé la religion chrétienne.

Au sud des Atacamas habitent les *Changos*, dont le nombre ne paraît pas être de plus de 1,000 à 1,200. Leur couleur est le bistre noirâtre; leur taille est peu élevée; elle ne dépasse pas $1^{m},65$ (5 pieds 1 pouce), et terme moyen elle est de $1^{m},60$ (4 pieds 9 pouces). C'est la plus petite des nations ando-péruviennes. Ils sont doux, obligeants, hospitaliers; ils vivent constamment sur les bords de la mer où ils se livrent à la pêche. « Comme » il ne pleut jamais dans les lieux qu'ils habitent, trois à quatre piquets fichés en terre » près des rivages et sur lesquels ils jettent des » peaux de loup marin, des algues marines, » forment leurs maisons. »

(1) Histoire du Pérou, I, p. 66

Les *Yuracarès* habitent le pied des derniers contreforts des Andes orientales et les forêts des plaines qui les bordent, sur toute la surface comprise entre Santa-Cruz de la Sierra à l'est et Cochabamba à l'ouest, sur une largeur de 20 à 30 lieues. Ils sont du petit nombre des nations de l'Amérique méridionale dont la peau est presque blanche. Leurs traits offrent aussi quelques caractères particuliers: leur visage est presque ovale; leurs pommettes sont peu saillantes; leur front est court, légèrement bombé; leur nez est assez long, souvent aquilin.

Sous le nom de *Mocéténès* existe, dans les montagnes, une nation que les Yuracarès, dit M. d'Orbigny, nomment *Maniquiès*, et que les Boliviens, tout en lui conservant la même dénomination, appellent aussi, mais très improprement, *Chunchos*, nom appliqué déjà depuis des siècles à des nations qui vivent à l'est de Lima. La couleur des Mocéténès est absolument celle des Yuracarès, brune ou légèrement basanée, mais assez claire pour paraître presque blanche, comparativement aux autres nations des montagnes. Par leurs traits, leurs formes et leur stature, ils offrent beaucoup de ressemblance avec les Yuracarès. Leur nombre est, suivant M. d'Orbigny, peut-être de 800 pour ceux qui sont encore sauvages, et d'à peu près le double pour ceux qui sont réunis en missions: on peut ainsi en évaluer le total à 2,400 individus.

Les *Tacanas* habitent les montagnes boisées et humides qui couvrent les pentes orientales des Andes boliviennes, entre le 13e et le 15e degré de latitude et depuis le 70e jusqu'au 71e de longitude. La plupart sont chrétiens: ce sont ceux qui habitent les missions d'Aten, de Cavinas, d'Isiamas et de Tumupasa. Leur nombre est de 5,300. Ceux qui sont encore à l'état sauvage portent le nom de Toromonas, et sont environ un millier. Leur couleur et leurs traits leur donnent beaucoup de ressemblance avec les Mocéténès, mais ils sont plus petits: leur taille moyenne est au-dessous de 5 pieds 1 pouce ($1^{m},65$).

Les *Chiquitos* sont d'une couleur bronzée.

ou pour mieux dire d'un brun pâle, mélangé d'olivâtre, et non de rouge et de jaune. M. d'Orbigny porte leur nombre à environ 15,000.

Les *Samucas*, au nombre d'environ 2,200, dont la moitié est tout-à-fait indépendante, habitent aussi la province de Chiquitos. Leur couleur est bistre olivâtre pâle. Ils ont la tête grosse, la face large, le front court et peu bombé, le nez peu large, les lèvres peu épaisses, les sourcils arqués, les yeux petits, la barbe et les cheveux noirs, droits et longs. Leur taille moyenne est de 1m,663 (5 pieds 1 pouce et demi). Ils sont robustes et bien musclés.

Les *Moxos* forment une nation nombreuse: M. d'Orbigny porte leur nombre à près de 14,000, dont plus de 12,000 ont embrassé le christianisme, et dont le reste est encore à l'état sauvage. Ils ont la tête grosse, un peu allongée postérieurement, le front bas et peu bombé, le nez court, épaté sans être trop large, les narines ouvertes, les yeux petits, les sourcils étroits et arqués, la barbe noire et peu fournie, les cheveux noirs, longs, gros et lisses [1].

TABLEAU *statistique de la république du Pérou.*

SUPERFICIE EN LIEUES CARRÉES.	POPULATION ABSOLUE.	POPULATION PAR LIEUE CARRÉE.
64,718.	1,800,000.	27.

DÉPARTEMENTS	CHEFS-LIEUX.	VILLES ET BOURGS.
LIMA.	*Lima.*	Callao, Cañete, Chancay, Huacho, Huaura, Ica, Pisco, Palibilca.
AREQUIPA.	*Arequipa.*	Arica, Camana, Huantajaya, Moquegua, Tacna.
PUNO.	*Puno.*	Chiquito, Caillomas, Lampa.
CUZCO.	*Cuzco.*	Albancay, Tinta, Urubamba.
AYACUCHO.	*Huamanga.*	Ayacucho, Huancabelica, Jauja, Lucañas, Ocopa.
JUNIN.	*Huanuco.*	Baños, Huaras, Junin, Pasco.
LIBERTAD OU LIBERTÉ.	*Truxillo.*	Caxamarca, Casabamba, Chachapoyas, Eten, Lambayeque, Mayobamba, Micuipampa, Payta, Piura, Sechura.

POPULATION PAR RACES.	
Espagnols.	350,000
Indiens.	930,000
Métis.	400,000
Noirs libres.	60,000
Noirs esclaves.	60,000
Total.	1,800,000

FORCE ARMÉE.

Troupe soldée . . . . 7,500 hommes.

MARINE.

1 vaisseau, 1 frégate, 5 petits navires.

Revenus en francs.	Dépense en francs.	Dette publique en francs.
39,000,000.	37,000,000.	147,500,000.

[1] Voyage dans l'Amérique méridionale, par M. Alcide d'Orbigny, t. IV.

TABLEAU *de la population des principales divisions administratives de la république de Bolivia.*

SUPERFICIE EN LIEUES.	POPULATION ABSOLUE EN 1835.	POPULATION PAR LIEUE CARRÉE.
54,400	1,060,380.	19.

DÉPARTEMENTS (1).	POPULATION.	CHEFS-LIEUX.	POPULATION.
LA PAZ.	373.587	LA PAZ.	31,402
ORURO.	111,600	ORURO.	4,901
POTOSI.	226,320	POTOSI.	13,650
CHUQUISACA.	94,990	CHUQUISACA.	13,129
COCHABAMBA.	161,401	COCHABAMBA.	26,970
SANTA-CRUZ.	54,384	SANTA-CRUZ-DE-LA-SIERRA. . .	5,066
TARIJA.	32,975	TARIJA.	2,860
COBIJA OU PUERTO LA MAR. . . .	5,123	COBIJA.	900
	1,060,380 (2)		

POPULATION PAR RACES.	
Espagnols.	373,280
Nègres esclaves et libres.	60,000
Indiens	627,000
Total.	1,060,380

Armée active : 12,000 hommes.

Revenus en francs.	Dette publique en francs.
11,000,000.	16,000,000.

LIVRE CENT QUATRE-VINGT-DOUZIÈME.

Suite de la Description de l'Amérique. — Description particulière du Chili, de la république Argentine, de l'Uruguay, du Paraguay et des Terres Magellaniques.

« C'est à travers des montagnes stériles, des neiges éternelles et d'affreux précipices, que l'on pénètre du Pérou dans le *Chili*. La nature avait isolé du monde entier cette pittoresque, fertile et salubre contrée. La puissance des Incas y avait cependant pénétré avant les armes espagnoles ; mais ni l'une ni les autres n'ont pu entièrement soumettre cette terre de liberté. La température fraîche et les saisons régulières y entretiennent dans la nature animale la vigueur et la santé. Le printemps règne de septembre en décembre ; alors commence l'été de l'hémisphère austral. Les vents soufflent du nord depuis le milieu de mai jusqu'à la fin de septembre : c'est la saison pluvieuse. Le reste de l'année les vents viennent du sud ; ils sont secs. Ils se font sentir à 60 ou 80 lieues de la côte (1). Quant au sol de ce pays, il paraît que la côte ne présente qu'une plage étroite, derrière laquelle s'élèvent brusquement plusieurs rangs de montagnes : le dos de ces montagnes offre une plaine fertile, arrosée de petites rivières, et, dans les endroits cultivés, couverte de vergers, de vignobles et de pâturages. Les sommets des Andes, où brûlent, parmi la neige, vingt grands volcans, couronnent cette

(1) Chaque département se divise en provinces, et chaque province en cantons. — (2) *Calendario y guia de forasteros de la Republica Boliviana.* — 1835.

(1) *Vancouver*, t. V, p. 406.

intéressante perspective. L'or, le cuivre et le fer abondent dans la Cordillère ; il y existe des montagnes entières d'aimant ; les rivages sont couverts d'un sable ferrugineux ; malgré cette nature métallique du sol, la végétation montre la plus étonnante énergie. Les forêts nourrissent des arbres énormes, les uns précieux à cause de leur bois incorruptible, les autres utiles par leurs résines et leurs gommes ; la plaine, ornée d'arbustes aromatiques et salins, se prête à toutes les cultures européennes ; c'est le seul pays du Nouveau-Monde où l'on ait réussi à faire du vin. Les lamas, les vigognes, les viscaches se multiplient en liberté. Les cygnes du Chili ont la tête noire, trait qui les rapproche de ceux de la Nouvelle-Hollande (1).

» Les règnes animal et végétal de cette contrée ne sont connus que par les descriptions peu exactes de Molina ; mais on entrevoit qu'ils offrent à la science bien des nouveautés, et à l'industrie bien des objets utiles. Nous ne saurions déterminer toutes les espèces de bois odoriférants, résineux et autres qu'indique Molina ; nous ne saurions dire si le pin du Chili doit être rangé avec nos arbres conifères, dont il a le port, ou si les cèdres des Andes ressemblent à ceux du Liban. Tout ce que nous savons, c'est que les Andes nourrissent des forêts immenses, des arbres d'une grandeur démesurée. Un missionnaire fit avec le bois d'un seul arbre une église de plus de 60 pieds ; il lui fournit les poutres, la charpente, les lattes, tout le bois nécessaire pour les portes et fenêtres, les autels, et pour deux confessionnaux. Deux arbres semblables au myrte (*myrtus luma* et *maxima*) parviennent ici à une élévation de 40 pieds. Les oliviers ont jusqu'à 3 pieds de diamètre. Les herbes cachent le bétail dans les prairies. On voit des pommes de la grosseur d'une tête, et des pêches qui pèsent 16 onces. Plusieurs arbrisseaux et plantes abondent en matière colorante d'un noir très foncé. Le *puya*, arbre peu élevé, mais très épais, se couvre d'une espèce d'écailles. Bien des quadrupèdes du Chili, quoique classés dans les systèmes des naturalistes, ne sont qu'imparfaitement connus. Il faut les nommer ici, ne fût-ce que pour provoquer de nouvelles recherches à leur égard : tel est le castor du Chili (1), qui habite le bord des lacs et des rivières, mais qui ne bâtit pas comme le castor commun et produit une fourrure très estimée ; tels sont encore la loutre, ou rat aquatique, à queue comprimée au sommet ; le mulet bleu (2) ; le rat laineux, dont les poils très longs, fins comme de la toile d'araignée, étaient employés par les Péruviens au lieu de la meilleure laine ; le *mus maulinus*, l'écureuil du Chili (3), qui se rapproche du loir, et vit dans des trous qui s'avoisinent et se communiquent au milieu des broussailles. »

Une longue contrée bornée au nord par les plages sablonneuses d'Atacama, possession de la république de Bolivia, et se terminant au sud par l'archipel de *Chiloé ;* un terrain en pente vers le grand Océan, et qui est borné à l'est par plusieurs rangs de hautes montagnes limitrophes des Etats du Rio-de-la-Plata : tel est le territoire de la république que nous allons décrire. Une fraîche température et des saisons régulières y entretiennent parmi les êtres animés la vigueur et la santé. Le printemps règne depuis septembre jusqu'en décembre ; c'est alors que commence l'été, dont la chaleur est tempérée par la brise de mer. D'abondantes rosées humectent la terre et rafraîchissent les plantes. Les vents du nord soufflent depuis le milieu de mai jusqu'à la fin de septembre ; c'est la saison de l'automne. Les pluies ne tombent qu'en avril et août, encore sont-elles de courte durée. Ainsi l'automne du Chili répond à notre printemps, et son été à notre hiver.

Des plaines qui se prêtent à toutes les cultures européennes, des coteaux où la vigne réussit beaucoup mieux que dans toutes les autres parties du nouveau continent ; tels sont les principaux caractères physiques qui distinguent le Chili des autres contrées de l'Amérique.

L'époque de l'occupation de l'Espagne par l'armée française fut, comme pour les autres colonies espagnoles, le signal des premières tentatives que fit le Chili pour s'affranchir du joug de la métropole ; mais, en 1814, une armée royaliste venue du Pérou comprima l'élan des patriotes et leur ôta tout espoir d'obtenir l'indépendance de leur pays. Cependant,

(1) *Molina* : Histoire naturelle du Chili, *passim*.

(1) Castor huidobrius. — (2) Mus cyaneus. — (3) *Feuillée*, Observat., t. I, p. 385.

en 1817, le général San-Martin, à la tête d'un corps de troupes buenosayriennes, pénétra dans le Chili; la plus grande partie de la population se joignit à lui; les royalistes furent battus dans plusieurs rencontres. Enfin, la bataille de Maypa, en 1818, assura l'indépendance de cette belle contrée, que la liberté placera un jour au rang des plus florissantes de l'Amérique.

Dans cette république, le pouvoir exécutif est confié à un président élu pour quatre ans, et le pouvoir législatif à un sénat de neuf membres nommés pour six ans, et à une chambre nationale composée de cinquante membres au moins et de deux cents au plus, élus pour huit ans et renouvelés par huitième chaque année. Un conseil d'État permanent est chargé de tous les projets de lois, de toutes les affaires importantes et de la nomination des ministres. Pour être électeur, il faut être citoyen, être âgé de 21 ans, posséder un immeuble de la valeur de 1,000 francs, ou exercer une industrie exigeant un capital de 2,500 francs, ou bien être à la tête d'une fabrique, ou enfin avoir importé dans le pays une invention ou une industrie dont le gouvernement ait approuvé l'utilité.

En venant du nord, nous passons près de la ville de *Copiapo*, d'où l'on exporte du soufre, du nitre et du cuivre; l'île *Grande*, ou *del Morro*, ainsi qu'une longue chaîne de rochers, rendent l'entrée de son port difficile. Cette ville fut détruite en grande partie par le tremblement de terre de 1819. Elle commençait à se relever de ses ruines lorsqu'en 1822 un nouveau tremblement de terre la renversa entièrement. *Huasco*, ou *Guasco*, très petite ville, avec un vaste port, est célèbre par la beauté des femmes et par leur teint beaucoup plus blanc que celui des autres Américaines du sud. On exploite dans ses environs une importante mine d'argent. Une partie de cette ville a été renversée par un tremblement de terre le 25 avril 1833.

Coquimbo, ou *la Serena*, ville ombragée de myrtes et décorée de belles maisons, possède un port d'où l'on exporte du cuivre, de la viande salée, de l'huile excellente et des chevaux. Elle fut presque entièrement détruite en 1820 par un tremblement de terre, et souffrit beaucoup de celui de 1822. Sa population, qui fut réduite alors à 5 ou 600 familles, se compose aujourd'hui de 10 a 12,000 âmes. *Quillota*, ou *Saint-Martin-de-la-Concha*, bien qu'éloignée de 150 lieues de Copiapo, n'en éprouva pas moins d'une manière terrible les effets du tremblement de terre de 1822. Elle est située dans une belle et fertile vallée, célèbre par les plus riches mines de cuivre que possède le Chili. Près de Guasco, de Coquimbo et de Quillota, la terre semble imprégnée de substances métalliques; le cuivre y est d'excellente qualité; on en exporte annuellement plus de 40 à 50,000 quintaux. Le district de Quillota donne son nom à des pommes remarquables par leur grosseur (¹). *San-Felipe-el-Real*, chef-lieu de province, avec 6 à 8,000 habitants, est régulièrement bâti, dans une vallée fertile entourée de mines d'argent et de cuivre, dont l'exploitation a cessé.

Le principal port de commerce du Chili est celui de *Valparaiso*, que Vancouver cependant trouvait trop exposé aux vents du nord. Cette jolie ville, dont le nom signifie *vallée du paradis*, et dont la population n'était que de 5,000 âmes avant la révolution, est aujourd'hui plus que quadruplée. Plus de 3,000 étrangers y sont établis; de vastes chantiers de construction y ont été élevés aux frais du gouvernement et des particuliers. En 1826, environ 50 vaisseaux marchands, appartenant à ses négociants, sortaient de son port pour diverses destinations. Vers cette époque, elle possédait plusieurs écoles et d'autres établissements d'instruction; elle publiait 12 journaux, et tout y annonçait l'aurore d'une longue prospérité. Elle se compose de deux quartiers, celui du port et celui de l'*Almendral*, ainsi appelé parce qu'on y cultivait un grand nombre d'amandiers. Pendant les troubles de la république, elle fut le siége du gouvernement central. Une belle route communique de cette ville à Santiago, la capitale. On y a commencé, sur une vaste place, une forteresse destinée à la défendre

» *Santiago*, capitale du Chili, a plus d'une lieue de circonférence. La grande place est ornée d'une belle fontaine; la rivière de *Mapucho*, qui traverse la ville, et qui autrefois l'inondait assez souvent, est maintenant contenue par une superbe digue. Quelques édifices méritent d'être cités à cause de leur magnificence, quoique les règles de l'archi-

(¹) *Vancouver*, Voyage, t. V, p. 410-412.

tecture n'y aient pas toujours été assez exactement observées. On distingue l'*hôtel de la monnaie*, la nouvelle *cathédrale*, et d'autres églises : il y a de très belles maisons particulières, composées d'un rez-de-chaussée vaste et très élevé. »

Pour se faire une idée exacte de Santiago, il faut se la représenter comme une réunion de 150 carrés (*cuadras*) ou îlots que forment les rues en se coupant à angles droits. C'est au centre qu'est située la grande place. Les maisons sont à un seul étage et à toit plat; elles sont badigeonnées avec soin. Derrière chacune d'elles est un jardin qu'arrose un ruisseau limpide. Un beau pont traverse le Mapucho. Lorsque cette ville, qui, par ses établissements scientifiques et littéraires, tels que son lycée et son institut ou université, s'est déjà placée au rang des principales cités du monde civilisé, sera entièrement achevée, elle sera l'une des plus belles de l'Amérique; mais il est triste de penser qu'un tremblement de terre, comme ceux de 1822 et de 1829, pourrait renverser en un jour des édifices qui ont coûté tant de dépenses et de si longs travaux. On ne connaît pas au juste sa population, mais il est probable qu'elle n'est guère moindre de 60,000 âmes.

« Dans cette ville, où réside le gouvernement, la manière de vivre porte une empreinte de gaieté, d'hospitalité, d'amabilité, qualités qui distinguent avantageusement les Espagnols du Nouveau-Monde de leurs compatriotes d'Europe. Le sang y est très beau; les femmes sont des brunes piquantes, mais un habillement gothique défigure un peu leurs charmes. La conversation, dans les premiers cercles de la ville, paraît porter ce caractère de liberté et de naïveté qui règne dans nos campagnes. La danse et la musique sont ici, comme dans toute l'Amérique, des occupations favorites. Le luxe des habits et des équipages est porté trop loin.

» Les principales mines d'or sont à l'est de Santiago, à Petorca [1]; comme celles du Pérou, elles sont reléguées dans la région des neiges. La montagne d'Upsallata offre des minerais si riches, qu'ils donnent jusqu'à 60 marcs par quintal. »

Curico, capitale de la province de *Colchagua*, est une petite ville peuplée en grande partie d'hommes de couleur. Il existe dans ses environs une riche mine d'or. *Talca* ou *Saint-Augustin*, autre petite ville, chef-lieu de district, est située sur la droite de la rivière de ce nom. Cette ville fut presque entièrement détruite par le tremblement de terre du 20 février 1835. Il y a dans ce district une colline qui paraît être presque entièrement formée d'améthystes. Du reste, il abonde en vin, en tabac, en grains et en troupeaux de chèvres. *Cauquenes* ne mérite d'être nommée que parce qu'elle est le chef-lieu de la *province de Maule*.

« Dans la *province de la Concepcion*, un riche sol et un climat régulier permettent au blé de donner 60 pour 1; la vigne y croît dans la même abondance; les campagnes sont couvertes de troupeaux. En 1787, le prix d'un gros bœuf y était de 8 piastres; celui d'un mouton, de trois quarts de piastre [1].

» La ville de la *Concepcion* ayant été engloutie, en 1751, par la mer, dans un tremblement de terre, on a bâti une nouvelle ville à quelque distance du rivage; elle s'appelle indistinctement *la Mocha* ou *la Nouvelle-Conception*. Les habitants y sont au nombre de 10,000. En 1823, les *Araucans*, à la faveur des troubles qui agitaient le Chili, pénétrèrent dans cette ville et en ravagèrent plusieurs quartiers. »

Le tremblement de terre de 1835 renversa toutes les maisons de cette ville, ainsi que celles de *Talcahuano*, petite place maritime située sur la *baie de la Conception*, et qui possède un des ports de relâche les plus commodes de tous ceux de la côte du Chili.

Valdivia, à 2 lieues de la mer, sur la rive gauche d'une rivière du même nom, dans une province qui fournit d'excellents bois de construction, possède un port placé dans une superbe baie, et le plus vaste de tous ceux de la côte occidentale. Cette ville, de 5 à 6,000 âmes, fut fondée, en 1551, par Pierre Valdivia.

« Les forteresses d'*Araucos*, de *Tucapel* et autres, ont été destinées à former une barrière contre les incursions des Indiens. »

L'archipel de Chiloé forme, avec quelques parties du continent, la province la plus méridionale de la république du Chili. Suivant

(1) *Ulloa*, Observations, liv. VIII, ch. IX.

(1) Voyage de *La Pérouse*, t. II, p. 60. Comparez *Feuillée*, Observations, t. I, p. 312, et t. II, p. 545.

le capitaine anglais Blankley, il comprend 63 îles, dont 36 sont habitées (1). L'île de Chiloé est longue d'environ 120 milles marins, et large de 60. Son climat est sain, mais froid et pluvieux. Elle est montagneuse et bien boisée; dans son intérieur arrosé par un grand nombre de ruisseaux, on voit un grand lac nommé le lac de Campu. Elle produit du blé, de l'orge, du lin, de superbes bois de construction, et nourrit beaucoup de bœufs et de volailles, ainsi que des sangliers dont on fait d'excellents jambons. La population de Chiloé et des îles qui en dépendent est d'environ 45,000 habitants, dont 25,000 sont dans la plus grande. Cette population appartient principalement à la race espagnole; le reste se compose d'indigènes qui parlent une langue particulière appelée *veliché*. L'île de Chiloé est divisée en 10 arrondissements, qui ont chacun une cour particulière de justice et un gouverneur spécial. Le nombre des paroisses de toute la province est de 90. La force militaire de l'île et de ses dépendances consiste en une milice de 7,500 hommes, partagée en infanterie, en cavalerie, en une compagnie d'artillerie soldée par l'Etat, et en un corps de cavalerie envoyée par *Maulin*, la seule ville de la province qui soit sur le continent.

San-Carlos, la capitale de l'île et de toute la province, est une petite ville, dont le port, assez fréquenté, est entouré de fortifications dans un véritable état de délabrement. Le nombre des petits navires côtiers ou des chaloupes qui font le trafic dans les îles Chiloé est d'environ 1,500. En 1832, on comptait dans Chiloé 31 écoles fréquentées par 1,300 enfants; mais ce qui fait peu d'honneur au gouvernement, c'est que le nombre des écoles et des élèves avait bien diminué depuis 1829: il existait à cette époque 90 écoles, recevant 3,850 garçons.

Au sud de l'île de Chiloé s'étend l'archipel nommé *los Chonos*, et qui se compose d'un nombre considérable d'îlots et de rochers. Rien ne mérite de nous y arrêter (2).

« A une distance de 160 lieues dans la mer s'élèvent les deux îles de *Juan-Fernandez*, devenues célèbres par le mouillage que la plus grande offre aux navigateurs. Elle est, depuis un demi-siècle, occupée par une petite colonie d'Espagnols, qui y ont construit un fort et une bourgade. Les habitants y vivent en paix à l'ombre de leurs figuiers et de leurs vignes (1). La grande île est surnommée *Mas-à-tierra*, c'est-à-dire la plus rapprochée du continent; la petite est appelée *Mas-à-fuero*, c'est-à-dire la plus au-dehors. Les rochers et les bois pittoresques de celle-ci n'ont pour habitants que des chèvres sauvages. Il croît, dans ces îles, des cèdres, du bois de santal, et des poivriers semblables à ceux de Chiapa, au Mexique.

» L'un des plus vastes territoires de l'Amérique méridionale est celui sur lequel nous allons entrer. Il confine au sud à l'océan Atlantique et à la Patagonie; à l'ouest, la Cordillère des Andes le sépare du Chili; au nord, il a pour limite la république de Bolivia, et à l'est celle de l'Uruguay et le Paraguay. Découvert, en 1515, par Jean-Dias-de-Solis, il dépendit d'abord du Pérou; mais, en 1778, il fut érigé en vice-royauté par l'Espagne. A l'époque où toutes les colonies espagnoles se levèrent pour conquérir leur indépendance, celle de *Buenos-Ayres* fut affranchie l'une des premières. Ce fut en 1810 qu'elle se proclama libre; mais le gouvernement de ce pays n'a pu acquérir cette stabilité salutaire si nécessaire à la prospérité des Etats. En 1815, il parut se constituer définitivement : le Buenos-Ayres prit le titre de *Provinces-Unies du Rio-de-la-Plata*, puis celui de *République Argentine;* enfin, il s'est depuis peu organisé en une confédération de 14 Etats, dont le nombre et les limites ne sont peut-être encore que provisoires. Pendant ces divers changements, la forme du gouvernement a constamment été mise en question, et si, ce qui n'est pas impossible, le Monte-Video et le Paraguay se réunissaient au Buenos-Ayres, de nouvelles modifications s'introduiraient dans la constitution de cette grande confédération. »

Presque tous les grands cours d'eau qui arrosent le territoire de Buenos-Ayres se rendent dans l'océan Atlantique. Les principaux sont: le *Rio de la Plata*, le *Rio-Mendoza* ou

(1) Il s'étend depuis le 40e parallèle 48 minutes jusqu'au 43e 50 minutes. — (2) Il est compris entre 44° et 45° 50' de latitude S., et entre 75° 20' et 77° 50' de longitude O.

(1) Relation de M. *Moss*, Annales des Voyages, XVI, p. 169.

Colorado, et le *Rio-Negro*, nommé *Rio del Diamante*, dans la partie supérieure de son cours, fleuve qui sépare le Buenos-Ayres de la Patagonie.

« Si de la capitale du Chili nous voulons diriger notre course vers les rives du Paraguay, il faut traverser les Andes, où souvent le voyageur est assailli par d'effroyables orages. On passe par Mendoza, chef-lieu de province. Cette contrée, qu'on nomme aussi *Trasmontano*, par rapport au Chili, est fertile en fruits et en blé. Le vin est transporté à Buenos-Ayres et à Monte-Video. Ce vin a la couleur d'une potion de rhubarbe et de séné; son goût en approche assez. Il prend peut-être ce goût des peaux de bouc goudronnées dans lesquelles on le transporte. On n'en boit guère d'autre dans tout le Paraguay [1]. »

Dans une vaste plaine, et près des bords de la *Cienega-de-Mendoza*, lac marécageux de 13 lieues de longueur, sur 5 à 6 de largeur, s'élève à 4,400 pieds au-dessus de l'Océan une des plus importantes villes de la confédération; nous venons de la nommer, c'est *Mendoza*. Elle est grande, bien bâtie, ornée de beaux édifices, d'une vaste place carrée et d'une belle promenade publique appelée Alameda, d'où l'on jouit d'une vue magnifique sur les Andes. Elle est l'entrepôt du commerce du Buenos-Ayres avec le Chili; elle exporte, avec les vins, les eaux-de-vie, les grains et les fruits de son territoire, les productions des divers États de la confédération, et reçoit en échange le thé du Paraguay et les divers produits des manufactures étrangères. Sa population est de 15 à 20,000 âmes. Elle a même le mouvement d'une ville plus importante encore. Après l'heure de la sieste, une multitude de cavaliers circule dans les rues : il est vrai que le plus chétif habitant possède une monture. La petite ville d'*Upsallata*, dans une vallée à laquelle elle donne son nom, possède de riches mines d'argent. On remarque dans ses environs des restes de grandes routes construites par les Incas, et qui par leur solidité annoncent le haut degré de civilisation auquel était parvenu le peuple auquel elles sont dues [2].

(1) *Pernetty* : Voyage aux îles Malouines, t. I, p. 291. — (2) *John Gillies* : Observations sur les anciennes routes des Péruviens. — Édimbourg, *New. phil. Journ.*, 1830.

A 54 lieues au nord de Mendoza, nous traverserons *San-Juan-de-la-Frontera*, plus peuplée que sa petitesse ne semblerait l'annoncer : les uns lui donnent 10,000, et les autres 16,000 habitants. C'est la capitale d'une province. *Rioja*, autre capitale, n'a que 3 à 4,000 âmes. On remarque sur son territoire la montagne de *Famatina*, où l'on exploite des métaux précieux, mais surtout de l'argent. *Catamarca*, ou *San-Fernando de Catamarca*, est célèbre par la quantité de coton que l'on récolte sur son territoire.

« Au nord-est de la province s'étend le *Tucuman*. Les Andes, qui prolongent leurs branches à travers la partie septentrionale, y rendent le climat très froid. Le reste n'est qu'une vaste plaine. Il paraît même que tout le Tucuman est rempli de véritables *plateaux*, car plusieurs rivières, n'y trouvant point de débouchés, y forment des lacs sans écoulement. Les deux principaux fleuves du Tucuman sont le *Rio-Salado*, qui se réunit à la rivière de la Plata, et le *Rio-Dolce*, qui se perd dans la lagune de Porongas. La vallée de Palcipas, qui s'étend entre deux branches des Andes, renferme une rivière considérable qui s'écoule dans un lac. Toutes les rivières de la province de Cordova, excepté une, se perdent dans des sables.

» Avec un hiver sec et des chaleurs d'été aussi fortes que subites, le Tucuman passe pour une contrée extrêmement salubre. Dans les endroits où les rivières fertilisent les campagnes, le pays est rempli de pâturages excellents ; les bœufs, les moutons, les cerfs, les pigeons et les perdrix s'y multiplient prodigieusement. Le maïs, le vin, le coton et l'indigo, y sont cultivés avec succès. Les forêts situées entre le Rio-Dolce et le Rio-Salado sont peuplées d'une immense quantité d'abeilles. Une espèce d'insectes y étend sur les arbres appelés *aromos* de vastes réseaux de fils soyeux et de couleur d'argent. La cochenille sauvage est d'assez bonne qualité [1]. D'après *Helm*, on exploite dans le Tucuman deux mines d'or, une d'argent, deux de cuivre et deux de plomb. On y fabrique beaucoup d'étoffes de laine et de coton, et l'on y a découvert une fort belle mine de sel cristallin. »

Tucuman, ou *San-Miguel-de-Tucuman*,

(1) Viagero universal, XX, 126-129.

dans une position agréable, près du confluent du Rio-Dolce et du Tucuman, est une jolie ville de 10 à 12,000 âmes, bâtie au milieu de bosquets d'orangers, de figuiers et de grenadiers.

« *San-Felipe*, ou *Salta de Tucuman*, est situé près du *Rio-Baqueros*, dans la fertile vallée de Lerrica; le bas peuple y est sujet à une espèce de lèpre; les femmes, d'ailleurs très belles, ont communément des goîtres vers l'âge de 25 ans. Cette ville est peuplée de 9 à 10,000 âmes. Il s'y tient tous les ans, aux mois de février et de mars, un marché considérable de peaux, de viandes salées et de mules, qui y attire un grand nombre d'étrangers. *Jujuy*, près d'un volcan qui lance des torrents d'air et de poussière (1), est à environ 25 lieues au nord de Balta, sur la rivière du Jujuy. C'est une jolie cité, capitale de province, dont les environs sont couverts de pâturages qui nourrissent un grand nombre de vigognes et de chevaux, et dont les habitants font un commerce considérable avec la république de Bolivia. Ses environs sont riches en métaux précieux. »

Sur le Rio-Dolce, *Santiago-del-Estero*, capitale d'une province de ce nom, est petite, peu peuplée, et renferme cependant trois couvents. On donne 6,000 âmes à *Santa-Fé*, petite ville avantageusement située sur la rive droite du Parana.

Cordova, ou *Cordoue*, résidence d'un évêque, est une des principales villes de la confédération. On y remarque plusieurs églises assez belles. Les jésuites y avaient une université qui a perdu sa célébrité. Mais ses fabriques de tissus de laine et de coton lui assurent une importance qu'elle n'avait pas du temps de ces pères. On porte sa population à 12 ou 15,000 âmes.

« Les habitants du Tucuman, riches de leurs troupeaux, sans ambition, sans souci, finissent leurs journées par des réunions champêtres, où, à l'ombre des beaux arbres, sous la présidence d'un respectable patriarche des hameaux, les jeunes bergers et bergères improvisent, au son d'une guitare rustique, des chants alternatifs dans le genre de ceux que Virgile et Théocrite ont embellis. Tout, jusqu'aux prénoms grecs, choisis sur un calendrier particulier (1), rappelle au voyageur étonné l'antique Arcadie.

» Les contrées sur les bords du grand fleuve de la Plata sont quelquefois encore désignées sous le nom de *Paraguay*, quoique, à proprement parler, ce nom appartienne à un Etat indépendant.

» L'ancienne province de *Chaco*, qui s'étend entre le Rio-Grande et le Paraguay, n'est qu'une plaine imprégnée de sel et de nitre, souvent inondée de sables mouvants ou infectée par des marais dans lesquels les rivières s'écoulent, faute d'une pente qui suffise à les conduire dans la mer.

» Ce pays est presque entièrement occupé par des tribus indigènes, plus ou moins sauvages. Il y en a qui s'éteignent ou qui changent de nom, de manière qu'on ne sait plus les retrouver avec certitude; telle est la tribu des *Lule*, dont la langue, en opposition avec la plupart des idiomes d'Amérique, a une grammaire extrêmement simple (2). Les *Zamucas* parlent une langue-mère très remarquable, selon les missionnaires, et ne sont pas seulement mentionnés par M. d'Azara. Ce voyageur dit que les *Guaycurus*, ou *Guaicouros*, les plus féroces de tous les Indiens, se sont éteints, à quelques individus près, à la suite de leurs barbares coutumes de faire avorter les femmes, et de n'élever en tout cas qu'un seul enfant (3).

» Un semblable sort attend les *Lenguas*, hommes féroces, mais qui ont des formes élégantes, à l'exception des oreilles, qui leur tombent jusque sur les épaules. Lorsqu'un d'eux vient à mourir, ils changent tous de nom, afin que la mort ne se ressouvienne pas d'eux sitôt. »

M. Alcide d'Orbigny nous apprend que non seulement les Lenguas ont le lobe de l'oreille chargé d'un gros morceau de bois rond qui le traverse, mais qu'ils ont une ouverture transversale à la base de la lèvre inférieure, et que de cette ouverture sort une petite palette de bois longue d'un à deux pouces, retenue en dedans de la bouche par une partie plus large, ressemblant à la tête d'une béquille. « Comme le trou transversal, dit-il, « s'agrandit toujours, ils sont obligés de chan-

(1) Viagero universal, XX, p. 139.

(1) Par exemple, *Nemesio*, *Gorgonio*, *Spiridion*: *Nazaria*, *Rudezinda*, etc.—(2) *Hervas*: Catalogo, p. 33. —(3) D'*Azara*: Voyage au Paraguay, II, 146-147.

» ger souvent le morceau de bois, qui est » énorme chez les plus vieux individus. C'est » cette singulière parure qui leur a valu, du » temps des premiers Espagnols, le nom de » Lenguas (langues), parce que cette palette » ressemble assez à une langue. On sent com- » bien l'étirement des lèvres dans le sens » transversal doit les défigurer (1). »

« Les *Moyas*, ou *Mbayas*, font la guerre à tout le monde; ils s'arrachent le poil des sourcils et des paupières; ils subsistent de l'agriculture exercée par leurs esclaves. Très libres dans leurs mœurs, les femmes de cette tribu se font une habitude de l'avortement.

» La plus célèbre de toutes ces peuplades est celle des *Abipons*, ou mieux *Abiponès*. Cette tribu guerrière, composée autrefois de 6,000 âmes, habitait une partie de la contrée dite *Yapizlaga*, entre le 28e et le 30e degré de latitude, sur les bords de la rivière du Parana (2). Aujourd'hui, suivant M. d'Orbigny, leur nombre s'élève à peine à une centaine d'individus. Ils élevaient et dressaient des chevaux sauvages. Leurs armes étaient des lances de cinq à six aunes de long, et des flèches quelquefois garnies de pointes de fer. Leur esprit guerrier les avait rendus formidables aux Espagnols. Les missionnaires ont eu peu de succès parmi eux. Une guerre malheureuse les obligea à demander un asile parmi les Espagnols, où ils se sont presque éteints. Le sang de cette nation est assez beau; les femmes ne sont pas beaucoup plus basanées que les Espagnoles. Les traits des hommes sont réguliers; ils ont souvent le nez aquilin. Ils ont l'habitude de s'arracher les cheveux de dessus le front, au point de paraître chauves. »

M. d'Orbigny nous fait connaître encore un autre peuple qui se nomme *Tobas*, et qui habite le Chaco; c'est ce peuple dont les diverses tribus ont été désignées comme autant de nations par d'Azara sous les noms de *Pitilagas*, *Aguilots*, *Mbocobys* et *Machicuys*. Comme les Lenguas et tous les Indiens de cette partie de l'Amérique, les Tobas ont le teint bronzé, les pommettes saillantes et les yeux légèrement inclinés. Leur taille est généralement de 5 pieds 5 pouces. Leurs cheveux sont gros, longs, plats et noirs. Ils s'épilent tout le corps et ne conservent même point leurs sourcils. Ils ont un assez grand nombre de chevaux, et sont habiles cavaliers. Leurs armes sont peu redoutables; ce sont des arcs longs de 6 pieds et des flèches en roseau de 4 pieds de longueur, dont l'extrémité fort aiguë est faite en bois de palmier très dur. Lorsqu'ils sont à pied, ils se servent de la massue. La chasse est leur principale occupation; mais ils ont commencé depuis quelque temps à se livrer à l'agriculture autour de leurs cabanes; la pêche est aussi l'une de leurs occupations.

La coutume du tatouage est répandue chez les Tobas, bien qu'elle n'existe pas chez la plupart des autres peuples de l'Amérique. Les deux sexes n'ont d'autres vêtements pendant la belle saison qu'une pièce d'étoffe qui leur enveloppe les hanches. Pendant l'hiver, ils se couvrent d'un poncho, ou d'un manteau fait de peaux de coypus, assez souvent couvert de peintures sur le côté opposé au poil. Les femmes ont toujours le sein découvert, et elles font tout ce qu'elles peuvent pour rendre leur gorge pendante, afin de pouvoir donner à teter plus commodément à leurs enfants, qu'elles ont l'habitude de porter sur leur dos (1). M. d'Orbigny porte le nombre des Tobas à 14,000.

Les *Mataguyos*, que M. d'Orbigny pense être les mêmes que les *Guanas*, peuple que d'Azara représente comme les plus civilisés des Indiens, bien qu'ils n'aient, dit-il, aucune idée positive de religion ni de morale, et que leurs femmes enterrent tout vivants la plupart des enfants de leur propre sexe (2), les Mataguyos couvrent une assez grande surface du Chaco. Leur nombre paraît être d'environ 6,000. Leur couleur sepia foncée est identique à celle des Tobas; leurs teints sont aussi peu différents; néanmoins, dit M. d'Orbigny, on remarque chez eux plus de gaieté, un air plus ouvert, moins de fierté dans le regard.

La *province de Corrientes*, qui comprend aujourd'hui une partie du célèbre *territoire des Missions*, s'étend entre le Parana et l'Uruguay. La capitale, appelée aussi *Corrientes*, ville de 4 à 5,000 âmes, est située un peu au-dessous du confluent du Paraguay et du Pa-

(1) Voyage dans l'Amérique méridionale par M. Alcide d'Orbigny, t. I, p. 294. — (2) *Dobritzhofer*, de Abiponibus.

(1) Voyage dans l'Amérique méridionale, par M. Alcide d'Orbigny, t. I, p. 300 et suivantes. — (2) D'*Azara*: Voyage au Paraguay, t. II, p. 93.

rana ; malgré son peu de régularité, c'est une ville assez jolie et dont le séjour est agréable. Sa position, favorable pour le commerce, doit lui donner un jour une plus grande importance ; ses environs sont couverts de marais et de lagunes. Les anciens villages de *Santa-Anna* et de *Candelaria,* bâtis par les jésuites, sont aujourd'hui ruinés.

« Cette contrée était le principal siége des fameuses *missions des jésuites*, dans lesquelles on a prétendu voir le germe d'un empire. L'envie a tour à tour trop embelli et trop noirci le tableau de ces établissements, que regretteront à jamais la religion, l'histoire et la géographie. Ces religieux instruits et habiles ne se bornèrent pas à la persuasion et à la prédication apostolique pour réduire les Indiens ; ils surent employer les moyens temporels, mais ils les manièrent avec beaucoup de modération et de prudence. La formation des peuplades des jésuites le long du Parana et de l'Uruguay fut aussi due en grande partie à la terreur que la féroce tyrannie des Portugais inspirait aux Indiens. Chaque peuplade était gouvernée par deux jésuites ; l'un, appelé curé, uniquement chargé de l'administration du temporel, ne savait souvent pas parler le langage des Indiens ; l'autre, que l'on appelait compagnon, ou vice-curé, était subordonné au premier et remplissait les fonctions spirituelles. L'unique loi était l'évangile et la volonté des jésuites. Les magistrats choisis parmi les Indiens n'exerçaient aucune espèce de juridiction, et n'étaient qu'un instrument entre les mains du curé, même pour la partie criminelle. Jamais un accusé ne fut cité devant les tribunaux du roi. Les Indiens de tout âge et de tout sexe étaient obligés de travailler pour la communauté de la peuplade ; aucun ne pouvait s'occuper pour son propre compte. Le curé faisait emmagasiner le produit du travail, et se chargeait de nourrir et d'habiller tout le monde. Tous les Indiens étaient égaux et ne pouvaient posséder aucune propriété particulière. Ce régime offrait la seule transition possible de l'état barbare où étaient les Indiens à une civilisation plus parfaite. Il est vrai que sous ce régime nul motif d'émulation ne pouvait porter les Indiens à perfectionner leurs talents, puisque le plus vertueux et le plus actif n'était ni mieux nourri, ni mieux vêtu que les autres, et qu'il n'avait pas d'autres jouissances. Mais cette espèce de gouvernement était la seule convenable au milieu de hordes aussi abruties, aussi féroces ; elle faisait le bonheur de ces Indiens, qui, semblables à des enfants, étaient incapables de se gouverner eux-mêmes. C'était un changement bienheureux pour ces sauvages, accoutumés à s'égorger les uns les autres, ou à servir les Espagnols comme esclaves. Les particuliers et les commandants espagnols se permettaient auparavant de réduire en esclavage tous les Indiens qui tombaient dans leurs mains. De là les premiers germes de haines contre les jésuites. « Les » plaintes des commandants militaires viennent, comme le P. Aguilar le dit dans son » mémoire justificatif, de ce qu'ils voudraient » que ces Indiens fussent soumis non seulement à votre majesté, mais encore à chaque Espagnol en particulier, et même aux » valets et aux esclaves des Espagnols. Dès » qu'un Espagnol, un Métis, ou même un » Nègre voit un Indien qui ne s'humilie pas » devant lui ou qui ne sert pas aveuglément » ses caprices, il se déchaîne contre le pauvre » Indien, il l'appelle un barbare, un rustre » qui pousse l'insolence jusqu'à manquer de » respect aux Espagnols. » Les Indiens étaient baptisés et savaient les commandements de Dieu et quelques prières ; c'était un commencement d'instruction morale auquel les jésuites bornèrent sagement leurs premiers efforts. Ces peuples n'apprenaient aucune science ; mais ils fabriquaient des toiles dont ils s'habillaient. Les arts mécaniques leur étaient enseignés par des jésuites envoyés d'Europe à cet effet. Aucun de ces Indiens n'avait de chaussure, et les femmes, sans exception, ne portaient d'autre vêtement qu'une chemise sans manche. Le climat rendait superflu un vêtement plus compliqué. Il fallait employer les médiocres profits d'une culture naissante à se procurer des instruments, des ustensiles et des armes. Les Indiens néophytes portaient dans les villes espagnoles tout ce qui leur restait de toiles, de tabac, d'herbe du Paraguay, de peaux. Ces effets étaient remis entre les mains du procureur général des missionnaires jésuites, qui les vendait ou les échangeait le plus avantageusement possible. Il rendait ensuite un compte exact du tout, et après avoir pris sur le produit des marchandises le paiement du tribut, il employait le restant à l'achat des choses utiles ou nécessaires aux Indiens sans rien retenir pour lui-même.

» Les Indiens des Missions étaient des peuples libres qui s'étaient mis sous la protection du roi d'Espagne. Ils étaient convenus de payer un tribut annuel d'une piastre par tête. Ils étaient obligés de joindre les armées espagnoles en cas de guerre, de s'armer à leurs propres frais et de travailler aux fortifications. Ils ont rendu de grands services à l'Espagne dans la guerre contre les Portugais. En dépit de conventions aussi sacrées, les despotes *libéraux* de l'Europe ne se firent aucun scrupule de traiter ces peuples chrétiens comme un troupeau de bestiaux. En 1757, une partie du territoire des Missions fut cédée par l'Espagne à la cour de Portugal en échange pour Santo-Sacramento. On a prétendu que les jésuites refusèrent de se soumettre à cette cession, ou de se laisser transférer d'un maître à un autre sans leur consentement. Les Indiens prirént effectivement les armes, mais ils furent aisément défaits, et avec un grand carnage, par les troupes européennes envoyées pour les soumettre. La promptitude de cette défaite prouve qu'il n'y avait parmi eux ni union ni chefs. En 1767, ces pères furent chassés de l'Amérique par l'autorité du roi, et leurs malheureux néophytes mis sur le pied des autres habitants indigènes de ce pays. Depuis l'expulsion des jésuites, les moines qui furent chargés du soin de leurs peuplades ne nourrirent ni n'habillèrent les Indiens aussi bien qu'autrefois, et les fatiguèrent de travail. Les marchands et les commandants militaires purent recommencer leurs exactions. Enfin un rapport ministériel inédit, adressé au roi d'Espagne par un ennemi des jésuites, avoue « que la population » des 30 villages des Guapanis établis par ces » religieux s'élevait, en 1774, à 82,066 individus, et que, lors de l'expulsion des jésuites, elle était au moins de 92,000; qu'elle » a été réduite, en 20 années, à 42,250 âmes, » c'est-à-dire de plus de la moitié; que les » Portugais, autrefois contenus, ont envahi » sept villages, et que, pour arrêter l'invasion » de ces étrangers, il faut rétablir l'excellent » règlement militaire des jésuites [1]. » Voilà des faits qui parlent. Si depuis cette époque les Indiens ont continué à se civiliser, s'ils jouissent de quelque aisance, si quelques uns s'habillent à l'espagnole, et si dans quelques endroits ils acquièrent de petites propriétés, que faut-il voir dans ces faits isolés, sinon les rejetons du magnifique arbre qu'une politique aveugle arracha, mais ne put entièrement déraciner? »

Il nous reste à parler des principales villes de la *province de Buenos-Ayres*. *Barragan*, sur le bord de la mer, est importante par sa baie, où s'arrêtent les gros navires qui ne peuvent remonter la Plata jusqu'à la capitale; le fort *Independencia*, *El-Carmen* et *Bahia-Blama* sont des colonies naissantes fondées dans la partie méridionale de la province, sur le territoire même des naturels, que l'on nomme *Aucas*.

El-Carmen, ou Le Carmen, appelé aussi *Patagones*, est, dit M. d'Orbigny, administré par un commandant militaire dépendant de l'armée de Buenos-Ayres. Ce chef est investi de tous les pouvoirs, tandis qu'un employé des douanes est chargé du maniement des finances. Les habitants sont au nombre d'environ 600, composés d'agriculteurs, presque tous venus des montagnes de la Castille, de Gauchos exilés pour crimes, et de nègres esclaves employés comme ouvriers aux différentes exploitations. Ces habitants sont organisés en milice et forment la cavalerie, qui, lorsqu'on en a besoin, se joint à la garnison, composée d'une centaine de soldats.

Buenos-Ayres est la plus peuplée, la plus riche et la plus commerçante cité de la confédération. C'est là que se réunissent le congrès, les ministres et toutes les autorités. Elle est aussi le siége d'un évêché. La forme de la ville est un carré, long de trois quarts de lieue et large d'une demi-lieue, divisé en 360 carrés (cuadras), laissant entre eux 61 rues coupées à angles droits. La cathédrale, la banque, le *cabildo*, ou l'ancienne maison-de-ville, l'hôtel des monnaies et le palais de la chambre des députés, sont ses principaux édifices; ils décorent la grande place (Plaza-de-la-Victoria), au milieu de laquelle s'élève un obélisque. Cette place est traversée dans toute son étendue par d'immenses arcades d'un bel effet, et dont la partie inférieure est occupée par des boutiques, où l'on vend des boissons

[1] Reorganisacion de las Indias, etc. MS.

rafraîchissantes [1]. La forteresse, ou *el Fuerte*, est un assemblage de plusieurs grands bâtiments entourés d'une épaisse muraille dominée par un rempart garni de canons, et protégé par un fossé qu'on traverse sur un pont-levis. Toutes les administrations relevant du pouvoir exécutif s'y trouvent réunies; mais le gouverneur n'y réside pas [2]. Les maisons, à un seul étage et bâties en briques, que dominent les grands édifices et les nombreuses églises avec leurs coupoles et leurs clochers, donnent à Buenos-Ayres un aspect un peu triste; ses rues, droites et garnies de trottoirs, mais un peu trop en pente, ont le désagrément d'être sales, ce qui dément un peu la réputation de salubrité qui lui a valu son nom, dont la signification est *bon air*. Elle a été fondée en 1635 au milieu d'une plaine, sur la grève du Rio-de-la-Plata, à 70 lieues de son embouchure Malgré les scènes d'anarchie dont elle a été le théâtre depuis 1806, elle renferme 100,000 habitants, parmi lesquels on compte environ 4,000 Français et autant d'Anglais. Depuis la révolution il s'y est établi plusieurs fabriques, dont les plus importantes sont celles de chapeaux et de taillanderie. Quoique située sur la rive droite du Rio-de-la-Plata, qui sous ses murs a 10 lieues de largeur, elle n'a pas de port pour les gros navires; mais le gouvernement a assigné des fonds pour en creuser un le plus tôt possible. Son entrée par le fleuve est mieux défendue par les rochers, les bancs de sable et les *pamperos*, ou vents de sud-ouest, ainsi appelés de ce qu'ils traversent les Pampas, qu'elle ne le serait par des travaux de fortification.

« Si vous voulez, dit un voyageur récent, » vous former une idée exacte du plan de Bue» nos-Ayres, prenez plusieurs damiers, réu» nissez-les, et figurez-vous que la ligne sépa» rant chacune des cases est une rue; vous » aurez ainsi un certain nombre de rues, tou» tes égales en longueur et en largeur, lais» sant entre elles un carré de maisons ou une » place publique : ce sera Buenos-Ayres [3]. »

Cette réunion de rues coupées à angles droits forme 29 quartiers. Il y a 10 places publiques, dont la principale se nomme *Plaza de la Victoria*. La *Recoba* est un édifice de construction mauresque, formant un arc de triomphe en face du fort, et déployant de chaque côté une galerie ouverte en arcades et garnie de boutiques. Au-delà de cet édifice s'étend la place de la Victoria, dont le centre est occupé par un obélisque, au pied duquel les jeunes gens se réunissent le jour de l'anniversaire de l'indépendance pour y chanter des hymnes patriotiques. Sur la même place s'élève, en face de la Recoba, le *Cabildo*, qui est aussi dans le style mauresque. C'est dans cet édifice que sont réunis aujourd'hui tous les tribunaux. A gauche et à l'angle d'une rue se trouve la *cathédrale*, qui serait remarquable si elle était achevée.

Buenos-Ayres tient un rang distingué parmi les grandes cités de l'Amérique méridionale par ses établissements littéraires : l'*Université*, l'*École normale*, l'*Observatoire*, l'*Académie de jurisprudence*, et les collections d'histoire naturelle jouissent de quelque célébrité. On y publiait, en 1826, plus de 17 journaux; mais aujourd'hui ce nombre est réduit à 5 ou 6. On y a fondé un collége pour les sciences morales, un pour les sciences naturelles et un autre pour la théologie. Enfin la bibliothèque publique, enrichie d'un grand nombre d'ouvrages, est aujourd'hui l'une des plus considérables de l'Amérique méridionale. Cependant les hommes sont en général élevés avec beaucoup de négligence; ils ont un physique agréable et de belles manières. On vante généralement la beauté, la grâce et l'amabilité des femmes.

L'île granitique appelée *Martin-Garcia*, que l'on voit en remontant la Plata, est une forteresse qui appartient à la République Argentine. Elle défend l'entrée de l'Uruguay et du Parana.

« Les végétaux et les animaux des plaines immenses qui environnent Buenos-Ayres diffèrent considérablement de ceux du Paraguay. Le *durasno*, arbre semblable au pêcher, et qui paraît n'être qu'une variété transplantée de l'Europe, fournit d'abondantes récoltes. Les blés de l'Europe réussissent. Les jaguars s'y montrent encore, et ils y sont même très gros; mais les singes, les tapirs, les caïmans disparaissent ou deviennent extrêmement rares

[1] *Sketches of Buenos-Ayres and Chili*. — London, 1829. — [3] *M. Arsène Isabelle* : Voyage à Buenos-Ayres et à Porto-Alègre, par la Banda-Oriental, les missions d'Uruguay et la province de Rio-Grande-do-Sul, de 1830 à 1834. — Havre, 1835. — [2] *Idem, ibid.*

depuis les 32e et 33e degrés de latitude. Le chat des Pampas, le *quouya* (1), espèce nouvelle de rongeur, connu aussi dans le Tucuman; le lièvre-vizcacha, qui habite par nombreuses familles dans des terriers; le lièvre des Pampas, dont le poil sert à fabriquer des tapis moelleux; l'autruche magellanique (nandu), amie des plantes salines et des plaines battues du vent; voilà les principaux animaux de la région de Buenos-Ayres. On y trouve, outre les chevaux et les bœufs, des chiens d'Europe devenus sauvages, et dont les troupes innombrables sont redoutées des habitants de la campagne. »

Près de Buenos-Ayres le bois manque, mais en revanche le terrain est très propre à l'agriculture. Le sol est sablonneux, mêlé d'un terreau noir. Au sud de Buenos-Ayres s'étendent à perte de vue les immenses plaines appelées les ***Pampas***, où règnent des vents très impétueux, et où l'œil ne fait qu'errer tristement d'un arbuste rabougri à une touffe de plantes salines.

Dans la province d'Entre-Rios la ville de ***Baxada*** ou ***Bajada*** (la descente) est assez grande; l'église, qui est son plus bel édifice, est éloignée d'un demi-quart de lieue de la côte du Parana. Son petit port offre un aspect assez animé.

« Presque tous les Indiens convertis, surtout ceux des bords de la rivière de la Plata et des villes, s'occupent de la culture; mais comme cet état est fatigant, il n'est embrassé que par ceux qui n'ont pas le moyen de se faire négociants ou d'acquérir des terres et des troupeaux pour devenir bergers, et enfin par les journaliers qui ne peuvent pas se louer pour la conduite des troupeaux. Les habitations des agriculteurs espagnols, situées au milieu des terres en exploitation, et assez éloignées les unes des autres, sont en général des baraques ou des chaumières petites et basses, couvertes en paille. Les murs sont formés par des pieux fichés en terre verticalement les uns à côté des autres, et les intervalles sont remplis de mortier de terre.

» Les agriculteurs l'emportent beaucoup sur les bergers par leur caractère moral, par leur civilisation et par leur manière de se vêtir. Ce genre de vie a presque réduit à l'état sauvage les Espagnols qui l'ont embrassé. Les bergers sont occupés à garder 12 millions de vaches, 3 millions de chevaux, avec un nombre considérable de brebis. On ne comprend pas dans cette énumération les animaux devenus sauvages. Tous les troupeaux domestiques sont divisés en autant de troupeaux particuliers qu'il y a de propriétaires : un pâturage qui n'a que 4 ou 5 lieues carrées de surface est regardé comme peu considérable; à Buenos-Ayres il passe pour ordinaire. C'est dans l'intérieur de ces possessions qu'on établit les habitations des bergers. Accoutumé dès l'enfance à l'oisiveté et à l'indépendance, le berger ne connaît en rien ni mesures ni règles. L'amour de la patrie, la pudeur, la bienséance, sont pour lui des sentiments inconnus. Habitué à égorger des animaux, il répand tout aussi facilement le sang de son semblable, mais toujours de sang-froid et sans colère. Le calme du désert semble avoir donné à ces hommes une profonde insensibilité; ils sont enclins à la défiance et à la ruse. Lorsqu'ils jouent aux cartes, objet de leur plus violente passion, ils s'asseyent à leur ordinaire sur leurs talons, tenant sous leurs pieds la bride de leur cheval, de peur qu'il ne leur soit volé, et souvent ils ont à côté d'eux leur poignard ou leur couteau fiché en terre, prêts à percer celui qui oserait manquer de loyauté au jeu. Ils jouent dans un instant tout ce qu'ils possèdent, et toujours de sang-froid. Ils ont d'ailleurs la vertu des sauvages, le goût hospitalier; et si quelque passant se présente chez eux ils le logent et le nourrissent, souvent sans lui demander qui il est ni où il va, quand bien même il resterait pendant plusieurs mois. Sans morale, ils sont naturellement portés à voler des chevaux ou d'autres moindres objets; mais étant aussi sans désirs, ils ne commettent jamais de vol d'argent. Ces Tatars d'Amérique ont beaucoup de répugnance pour toutes les occupations auxquelles ils ne peuvent pas se livrer à cheval. Très robustes et peu sujets aux maladies, ils font peu de cas de la vie, et bravent pour un rien la mort, qui

(1) *Potamys coypu*. C'est le *myopotamus bonariensis* de Commerson, l'*hydromys coypus* de Geoffroy et de Desmarest, et le *coypou* de Molina. Il ressemble, dit Lesson, au castor par sa forme générale; son pelage est d'un brun marron sur le dos, roux sur les flancs et brun clair sous le ventre. Son feutre, *nommé rocunda* dans le commerce, sert à faire des chapeaux fins. Il se creuse des terriers dans le voisinage des eaux, et nage parfaitement. J. H.

ordinairement ne les atteint que dans une vieillesse avancée.

» Outre les bergers, il vit dans les plaines beaucoup d'hommes qui ne veulent absolument ni travailler ni servir les autres, à quelque titre et à quelque prix que ce soit. Ces vagabonds, presque tous voleurs, enlèvent même des femmes de Buenos-Ayres : ils vivent souvent avec elles dans l'union la plus tendre, et quand le ménage éprouve quelque besoin urgent, l'homme part seul, vole des chevaux dans les pâturages espagnols, va les vendre au Brésil, et en rapporte ce qui lui est nécessaire. »

Les vastes espaces que nous avons parcourus pour visiter les principales villes de la République Argentine annoncent combien la population y est peu considérable relativement à leur étendue. Qu'est-ce en effet qu'une population de 2 millions d'individus sur une superficie de plus de 118,000 lieues carrées? Le territoire de cette république comprend, malgré de grands espaces stériles, tant de terrains fertiles, qu'il n'y manque que des bras pour en obtenir toutes les richesses agricoles, et pour donner au commerce une activité que la civilisation réclame. La paix intérieure, une sage administration, de bonnes lois, augmenteront tôt ou tard l'industrie avec la population. C'est alors que la culture s'étendra non seulement sur les terrains qui y sont le plus favorables, mais encore sur ces pampas ou plaines salées qui occupent entre l'Atlantique, le Rio-Dolce et le Colorado, une longueur de 300 lieues et une largeur de 180. Nul doute que leurs herbes longues et épaisses ne fassent un jour place aux peupliers, aux saules et aux arbres fruitiers, et que le bétail sauvage qu'elles nourrissent ne soit remplacé par une population active. Les bras en se multipliant donneraient de la valeur aux forêts qui bordent le Parana et d'autres importants cours d'eau; des routes tracées dans l'intérieur se joindraient aux canaux et aux fleuves rendus navigables pour faciliter les relations commerciales et porter la civilisation chez les tribus indigènes.

Déjà, par les soins du gouvernement, le système des postes a éprouvé des améliorations importantes; le bienfait de la vaccine a été répandu; le clergé a été nationalisé, et l'instruction publique a reçu des accroissements considérables. On a établi dans chaque district rural, composé de 40,000 âmes, une école élémentaire entretenue aux frais du trésor public; et dans la capitale on en a fondé vingt pour les jeunes gens des deux sexes.

Une province appelée *Banda-Oriental*, qui avait fait partie de l'ancienne vice-royauté de *Buenos-Ayres*, et qui fut ensuite réunie au Brésil sous le nom de *Provincia-Cisplatina*, fut depuis 1814 jusqu'en 1826 le sujet de contestations sérieuses entre la confédération du Rio-de-la-Plata et le Brésil. La première s'en était emparée; le second la reprit; et dans la crainte de la voir retomber au pouvoir des républicains, il se l'attacha fédérativement en la constituant en république appelée *Cisplatine*. Après plusieurs combats, la voix de la raison se fit entendre; la possession de cette province fut abandonnée de part et d'autre, et, par un traité de paix du 27 août 1828, la Banda-Oriental fut déclarée indépendante. Ce pays, organisé définitivement et librement en république, a pris le titre de *République de l'Uruguay*.

Le gouvernement se compose d'un président et de deux chambres : celle des représentants, qui est de 29 membres, et celle des sénateurs, qui n'en a que 9.

Les divisions administratives et la population de ce nouvel Etat sont encore trop imparfaitement connues pour que nous puissions en donner le détail; nous nous bornerons donc à dire qu'il est divisé en neuf départements; que sa superficie est d'environ 1,500 lieues, et que sa population, qui a dû prendre de l'accroissement, n'était en 1826 que d'environ 70,000 habitants. On y compte trois villes, huit villages ou hameaux, et quinze bourgades ou *villas*.

Les limites de cet Etat sont, au nord, le Brésil, dont la frontière méridionale est depuis 1804 fixée par une ligne tracée du nord-ouest au sud-est, depuis le *Rio-Cuarcy* jusqu'au *Rio-Yaguaron*; à l'est, le petit territoire neutre compris entre la lagune de Mirim et l'océan Atlantique; au sud, cet océan et le Rio-de-la-Plata; à l'ouest, le cours de l'Uraguay ou Uruguay (1). Il a environ 150 lieues

(1) Suivant M. Alcide d'Orbigny, on doit dire *Uruguay*. Ce nom se compose, dit-il, de deux mots guaranis : *Urugua* (Ampullaire), et *Y* (rivière). Ainsi

de longueur sur 120 dans sa plus grande largeur. De vastes solitudes y attendent, comme dans la confédération du Rio-de-la-Plata, une population active et industrieuse.

« Des collines s'élèvent entre le Rio-de-la-Plata et l'Uruguay, et entre cette dernière rivière et l'Océan. Ici tout le terrain paraît primitif, tandis que de l'autre côté tout est d'alluvion (¹). D'épaisses forêts bordent le rapide Uruguay, rivière qui surpasse le Rhin et l'Elbe. A son embouchure, l'œil ne peut qu'avec peine découvrir ses deux rives à la fois; à 200 lieues plus haut, il faut encore une heure pour le traverser. Il est poissonneux; les loups marins y entrent; son lit est parsemé de rochers, et son cours est interrompu par beaucoup de rapides. Il est navigable jusqu'au *Salto-Chico*, à 70 lieues de son embouchure.

» Entre le Paraguay et le Parana s'étend, du nord au sud, une chaîne considérable de montagnes appelée *Amarbay*, et terminée au sud de la rivière Igoatimy par un revers qui court est et ouest, et qu'on nomme *Maracayer*. De ces montagnes naissent toutes les rivières qui coulent dans le Paraguay au sud du Taquari, ainsi que beaucoup d'autres qui, prenant une direction opposée, débouchent dans le Parana, et dont la plus méridionale est l'Igoatimy; elle a son embouchure un peu au-dessus des *Sept-Chutes*. Cette merveilleuse cataracte offre à l'œil un spectacle des plus sublimes. Six arcs-en-ciel y brillent, l'un au-dessus de l'autre, dans les nuages vaporeux qui, s'élevant constamment de l'eau réduite en brouillards par la violence du choc, enveloppent toute l'étendue de l'horizon. »

Le climat est partout tempéré; l'humidité produite par les nombreuses rivières qui sillonnent le territoire de la République, est tempérée par l'action des vents sur un *Pamperos*, et par le voisinage de l'Océan. Le peu d'accroissement qu'a pris la population n'est donc dû ni à l'insalubrité de l'air, ni aux maladies, mais aux dissensions politiques (²).

La capitale de l'Uruguay est *Monte-Video* ou *San-Felipe*. Cette ville est bâtie en amphithéâtre sur une petite péninsule appartenant à la rive gauche du Rio-de-la-Plata, à l'entrée de ce fleuve; en sorte qu'elle est presque entourée d'eau de tous côtés. Son port, bien qu'il soit exposé à toute la violence des vents d'ouest appelés *pamperos*, est cependant plus commode que celui de Buenos-Ayres. Il peut contenir 200 voiles, mais il n'a que 12 à 15 pieds de profondeur. En face de la ville à l'ouest et tout au bord du fleuve, le *cerro*, morne de forme conique légèrement affaissé sur sa base, s'élève à 50 mètres au-dessus de la mer, et porte sur sa cime une forteresse surmontée d'une lanterne (¹). Plusieurs autres ouvrages de fortifications défendent la ville, sans pouvoir cependant la mettre à l'abri d'un siége fait en règle. Elle est bâtie sur un plan régulier, c'est-à-dire qu'elle est formée, comme presque toutes les villes de l'Amérique méridionale, de *cuadras* ou carrés formant des rues larges et droites, garnies de trottoirs et de maisons en briques à un seul étage et à toits plats, et qu'elle a une grande place ornée des principaux édifices, dont le plus beau est la cathédrale ou l'église de la Matriz, édifice bâti dans le goût espagnol, et dont les tours sont couvertes en faïence peinte et vernissée. Peu de villes américaines ont plus souffert des guerres intestines que Monte-Video. Son commerce, jadis si florissant, est réduit au quart de ce qu'il était, et sa population, qu'on portait à 26,000 habitants, ne s'élève plus qu'à 15,000, suivant un navigateur (²).

Sacramento ou *Colonia-del-Sacramento*, a 35 lieues au nord-ouest de la précédente, vis-à-vis de Buenos-Ayres, possède un port sur le Rio-de-la-Plata : c'est une ville petite et mal bâtie. *Maldonado*, cité peu importante, avec un port peu spacieux sur la rivière du même nom, près de l'Océan et de l'embouchure de la Plata, n'offre qu'un mauvais mouillage, mal abrité contre les vents dangereux du sud-ouest et du sud-est. Bâtie sur une petite éminence au milieu d'une plaine,

Uruguay signifie *rivière des Ampullaires*, et en effet ces mollusques à coquilles y sont en grand nombre. J. H.

(¹) Reorganisacion de las colonias orientales de la Plata, etc. (Rapport ministériel MS. adressé au roi d'Espagne Charles IV.) — (²) M. *Arsène Isabelle* : Voyage à Buenos-Ayres, etc.

(¹) C'est ce *Cerro*, dit un voyageur français, qui a fait changer le nom de *San-Felipe*, que portait d'abord la ville, en celui de Monte-Video, dont l'étymologie est celle-ci : *Monte*, mont; *vi*, j'ai vu; *deo*, abréviation de *delejos*, de loin. — (²) M. *Barral*, lieutenant de vaisseau : Renseignements sur le Rio-de-la-Plata et le Chili. — 1829.

elle a des rues bien percées, comme toutes les villes de l'Amérique. Ses seuls monuments sont une assez belle église, et une haute tour carrée qui s'élève à l'entrée de la ville du côté de la mer. Cette ville a reçu le nom d'un des respectables missionnaires qui allèrent prêcher la foi chrétienne sur cette côte. « Les habitants en temps de paix n'ont guère d'autre occupation que celle de la culture des bestiaux, favorisée pour eux par les belles campagnes des environs; et cette aptitude leur est commune avec tous les habitants de la *Banda oriental*. Leur caractère est fier et indépendant. De tout temps le nom des *Orientales* a fait trembler les Brésiliens [1]. » Elle ne compte que 1,000 à 1,200 habitants. *Florida*, *Paysanda*, et les autres chefs-lieux de départements ne sont que des bourgades.

La République entretient dans chaque ville, village ou bourgade, une école primaire d'enseignement mutuel.

Il existe sur le territoire de cette république une nation indigène que nous ne devons point passer sous silence : ce sont les *Charruas*, qui, après avoir été puissants à l'époque de la conquête de l'Amérique, sont réduits aujourd'hui à quelques petites tribus errantes qui habitent à l'est de l'Uruguay. Ils se composent, suivant M. d'Orbigny, de 1,500 individus. Leur couleur est le brun olivâtre, souvent noirâtre ou marron. De toutes les nations américaines, c'est celle dont la peau est la plus foncée. « Les Charruas, dit M. d'Orbigny, ont la tête grosse, la face large, les pommettes un peu saillantes, le nez assez étroit a la base, enfoncé dans cette partie, gros, à narines évasées et ouvertes; les sourcils saillants, fortement arqués, peu fournis; les yeux petits, noirs, enfoncés, peut-être un peu bridés, mais horizontaux; les lèvres grosses, la bouche grande, les dents belles et ne tombant jamais, la barbe rare. La lèvre supérieure et le menton en dessous sont seuls garnis de poils droits et non frisés; leurs cheveux sont longs, noirs, gros et plats. L'ensemble des traits donne une figure des plus sérieuses et souvent même d'un aspect dur et féroce; on trouve rarement, chez leurs jeunes gens, cet air enjoué et ouvert de ceux de quelques autres nations; on pourrait dire que sous ce rapport ils n'ont point de jeunesse. Leur maintien est toujours triste et taciturne. »

[1] *Voyage dans l'Amérique méridionale*, par M. Alcide d'Orbigny. — Tome I, page 45.

L'esprit d'indépendance et de liberté qui se répandait dans toutes les colonies espagnoles de l'Amérique, pénétra en 1811 dans le *Paraguay*, considéré depuis long-temps comme une des grandes provinces de la vice-royauté de la Plata. Les créoles déposèrent le gouverneur, établirent une junte, et proclamèrent en 1813 l'établissement d'un gouvernement républicain, à la tête duquel ils placèrent deux consuls nommés pour un an. A l'expiration de cette magistrature, l'un d'eux, le docteur Francia, eut assez d'influence et d'adresse pour se faire nommer dictateur pour trois ans, au bout desquels un congrès qu'il avait su gagner le proclama dictateur à vie. Cet homme extraordinaire, auquel l'histoire réserve une page, ne sera pas placé à côté du vertueux Bolivar; mais on lui rendra toutefois la justice de dire qu'après avoir fait peser pendant plusieurs années un joug de fer sur le Paraguay, il est parvenu à répandre dans ce pays le goût du travail, des arts et du bon ordre; que son gouvernement est devenu plus doux, et que des intentions louables ont percé plus d'une fois à travers son despotisme.

Le Paraguay est borné au nord et à l'est par le Brésil, au sud et à l'ouest par le territoire de la République Argentine. Le pays est divisé en 8 départements et en 28 municipalités; mais la partie du territoire des Missions, qui lui appartient, à la droite du Parana, est divisée en districts administrés d'une manière particulière; car bien que les jésuites aient été expulsés du Paraguay dès l'année 1768, les huit Missions qu'ils avaient établies existent encore, et peuvent même donner une idée de ce qu'elles devaient être à l'époque où ils les administraient. Cette contrée est entrecoupée de lacs, de marais, de grandes plaines et de vastes forêts; elle a environ 120 lieues de longueur sur 65 de largeur. Une chaîne de montagnes appelée la *Sierra-Amambahy* pénètre jusqu'au centre, où elle se divise en deux grands rameaux, dont l'un va se terminer vers l'ouest près des bords du Paraguay, et l'autre se joindre aux montagnes qui, sur le territoire du Buenos-Ayres, s'avancent en séparant le bassin du Parana de celui de l'Uruguay. Pendant la saison des pluies, les rivières sortent de leur lit et répandent sur le terrain qu'elles envahissent un limon gras et fertile. Le Paraguay n'est pas moins riche que les contrées environnantes en coton, en tabac et en arbres utiles par les différents usages auxquels on peut les employer ou par les gommes précieuses qu'ils fournissent; mais l'une des plantes les plus dignes d'intérêt est le thé qui porte le nom du pays, et qui n'est que la feuille d'une espèce d'*ilex* appelée *maté* ou *I. paraguariensis* : infusée comme le thé de la Chine, elle fournit une boisson fort agréable. On évalue à 3,000,000 de francs le seul revenu annuel de la vente de ce thé et du tabac.

Le *Paraguay* propre doit son nom à la tribu des *Payaguas*, qui vit de la pêche, et qui se distingue par son caractère rusé. On prétend qu'ils adorent la lune; mais M. d'Azara a grand soin de leur refuser tout sentiment religieux. Leurs femmes fabriquent des couvertures de laine. Ils conservent, contre la coutume des autres Indiens, les objets laissés par un mort. Ils élèvent de petites huttes au-dessus des tombeaux (1).

« Quoique, en remontant vers les sources du grand fleuve, on rencontre des collines, rien ne prouve que les mines du Brésil s'étendent jusque dans le Paraguay. Le même rapport manuscrit adressé au roi d'Espagne, et que nous avons déjà cité, n'indique qu'une pauvre mine d'or sur l'Uruguay, et n'en marque absolument aucune dans le Paraguay; il justifie ainsi les rapports des jésuites (2).

» Le *Paraguay* produit, selon les missionnaires, le fameux arbre du Brésil, quoiqu'il soit beaucoup plus commun dans le beau pays dont il porte le nom. On y voit presque partout un très grand nombre de cotonniers-arbustes. Les cannes à sucre y naissent sans culture dans les lieux humides. Un arbre qui abonde dans le Paraguay, c'est celui d'où l'on tire la liqueur nommée *sang - dragon*. Il y a diverses autres résines utiles. Il n'est pas rare de trouver dans les bois de la cannelle sauvage, qui se vend quelquefois en Europe pour de la cannelle de Ceylan. La rhubarbe, la vanille, la cochenille figurent au nombre des productions naturelles. La grande récolte du maté se fait près la nouvelle *Villa-Rica*, qui est voisine des montagnes de Maracayu, situées à l'orient du Paraguay, vers les 25° 25 de latitude australe.

» M. d'Azara compte au Paraguay trois espèces de singes, le *miriqouina*, le *cay* et le *caraya*. Ce dernier, qui est le plus commun, remplit, à l'aurore et à la fin du jour, les forêts épaisses de ses cris rauques et tristes, semblables au craquement d'un nombre immense de roues de bois non graissées. Le grand tatou creuse ses terriers dans les forêts; quelques autres espèces vivent dans les champs et sur les lisières des bois. Le tapir est nommé *mborebi* par les Guaranis; le même peuple comprend sous le nom de *guazou*, assez semblable à celui de gazelle, quatre espèces de cerf différentes de celles de l'ancien continent. Outre les jaguars et les couguars, on rencontre ici le *chibigouazou*, ou le *felis pardalis*, l'*yagouaroundi* et l'*evra*, espèces de chat-tigre inconnues à l'ancien continent. »

Le Paraguay ne renferme que de petites cités, mais le nombre des villages est considérable. Chacun d'eux est gouverné par un magistrat choisi parmi les habitants; ils ont tous à peu près le même aspect; tous ont une grande place, une église et des maisons proprement construites et couvertes en tuiles. Le dixième de la population est formé d'indigènes; les mulâtres et les noirs composent deux autres dixièmes, le reste comprend les blancs.

Des 6 ou 7 villes que l'on compte au Paraguay, la seule remarquable est la capitale, appelée *Assomption* (*Assuncion*). Cette cité s'élève sur la rive gauche du Paraguay. Elle est bâtie sans régularité, et sa population est tout au plus de 12,000 âmes. Elle est la résidence d'un évêque et celle du chef de l'État, mais elle ne renferme aucun édifice digne de quelque attention. Le palais du dictateur n'est qu'une grande maison construite par les jésuites peu de temps avant leur expulsion. *Tevego* a été fondée au milieu d'un désert, pour servir de lieu d'exil aux personnes qui déplaisent au dictateur. *Villa-Rica, Ytapua, Villa-Real-de-Concepcion*, *Caruguaty*, et quelques autres villes, sont si peu importantes, que Villa-Rica, la plus considérable, renferme à peine 4,000 habitants. Ytapua n'a

(1) *D'Azara* : Voyage au Paraguay, p. 119-144. —
(2) *Muratori* : Missions du Paraguay, p. 275, trad. franç.

pris rang parmi les villes que depuis qu'une douane y a été établie.

Tel est ce que l'on connaît de plus intéressant sur ce pays, dont l'entrée est fermée à tous les étrangers, sous peine d'être retenus prisonniers par le dictateur. Tout ce que l'on sait du gouvernement de celui-ci, c'est que les Indiens ne peuvent parvenir à aucun emploi, si ce n'est dans leurs peuplades; que le chef de l'Etat perçoit les impôts, recrute l'armée, rend la justice, et qu'il a cependant eu la sagesse d'abolir la peine de mort : le plus grand châtiment réservé aux coupables est la prison perpétuelle.

Les *Guaranis*, dont le nom, suivant M. d'Orbigny, signifie *guerre* et *guerrier*, étendent dans cette contrée, ainsi que sur les deux territoires péruviens, plusieurs de leurs nombreuses ramifications. Les *Guayana,* nommés aussi *Guayaques*, s'y distinguent par leur blancheur; ils vivent à l'ombre de forêts épaisses, et dès qu'on les en fait sortir, ils languissent et meurent (¹). Les Guaranis forment la nation la plus nombreuse de l'Amérique méridionale, puisque leur nombre est évalué à 238,000, parmi lesquels 16,000 sont à l'état sauvage et le reste est chrétien. Ils habitent les territoires de la République Argentine, de celle de Bolivia, du Paraguay et du Brésil. Leur couleur est en général jaunâtre, un peu rouge et très claire. Leur taille est peu élevée : elle dépasse rarement 5 pieds. Ils ont la tête arrondie, le front haut, le nez court et peu large, les yeux petits et expressifs relevés à leur angle extérieur, le menton rond et très court, les sourcils étroits et arqués, la barbe et les cheveux noirs.

« La propagation étonnante des chevaux et des bœufs européens soit domestiques, soit devenus sauvages, est un grand trait commun de l'histoire naturelle de ces contrées. C'est M. d'Azara qui nous a fait connaître dans tous ses détails l'histoire de ces animaux (²) C'est de 1530 à 1552 qu'on a importé des chevaux et des bœufs d'Europe en grand nombre. Les chevaux, devenus sauvages, vont par troupes composées de plus de 10,000; presque tous sont bais-châtains; ils diffèrent très peu des domestiques : on les dompte facilement, et, comme les pâturages ne manquent pas, le plus pauvre journalier a son cheval. Il y a aussi beaucoup d'ânes sauvages qui proviennent de la même source. Les bœufs abondent surtout dans le pays des Chiquitos et dans les champs de Monte-Video; ces animaux sont, pour les habitants, ce que les rennes et les chameaux sont pour les Lapons et les Arabes; leur chair est la base de la nourriture; on exporte leurs peaux, et cette exportation s'éleva à plus de 1,000,000 de pièces en 1794; on fait avec leurs cornes des vases, des cuillers, des peignes, des pots, des cruches; avec leurs cuirs, des cordes, des liens, des matelas, des cabanes; la graisse supplée l'huile, même pendant le carême; de leur suif, on fait du savon, de la chandelle; les os servent au lieu de bois à brûler dans beaucoup d'endroits où il manque, et on les fait flamber par le moyen du suif; les crânes servent de chaises dans les *estancias* (ou maisons de campagne); on fait avec du lait une quantité de ragoûts, de fromages. La couleur de ces précieux animaux est sombre et rougeâtre dans les parties supérieures, et noirâtre dans le reste. Le bétail de Monte-Video est plus grand que celui de Salamanque, qui est lui-même le plus grand de l'Espagne; cependant les taureaux ne sont pas aussi légers ni aussi féroces que dans ce dernier pays. Près du Coin-de-la-Lune, à environ 45 lieues vers le sud-ouest de la cité de l'Assomption, il est né un taureau sans cornes, qui a propagé sa race. Une autre race, qu'on nomme *nata*, a la tête d'un tiers plus courte et le front garni d'un poil crépu. Il existe aussi quelques variétés de taureaux qu'on appelle *chiros*, parce qu'ils ont les cornes droites, verticales, coniques et très grosses à la racine. Les bœufs sauvages s'apprivoisent facilement, et ils pourraient, ainsi que les chevaux, devenir une source de richesse entre les mains d'un peuple plus industrieux. L'avarice irréfléchie des chasseurs en a dans ces derniers temps détruit un grand nombre. Depuis la latitude méridionale de 27 degrés jusqu'aux îles Malouines, les bêtes à cornes et autres animaux ne sentent pas le besoin de lécher les terres salines et nitreuses appelées *barrero's*, parce que les eaux et les pâturages contiennent as-

(¹) *Hervas :* Catalogo, p. 46. — (²) Apuntamientos para la historia natural de los quadrupes del Paraguay y Rio-de-la-Plata, par D. *Felix de Azara*, 2 vol., Madrid, 1802. Traduit en français par *Moreau de Saint-Méry*.

sez de sel. Mais, à partir de cette latitude vers l'équateur, le *barrero's* devient d'une nécessité indispensable. M. d'Azara assure que les cantons qui en manquent ne sauraient nourrir une seule tête de bétail. Le Paraguay et une grande partie du Brésil sont dans ce cas.»

Nous avons décrit les principales villes du Chili et de toutes les nouvelles républiques au sud du Pérou. Si dans les tableaux qui terminent ce livre, il s'en trouve un assez grand nombre dont nous n'avons point parlé, nous devons faire observer que dans l'Amérique méridionale on donne souvent le titre de ville à des réunions d'habitations qui ne méritent pas même celui de village. Quelques unes n'ont qu'une existence éphémère : on en établit, par exemple, dans tous les lieux où l'on entreprend l'exploitation d'une mine ; mais dès que le métal est épuisé, les habitants se transportent ailleurs.

TABLEAU *statistique de la République du Chili.*

SUPERFICIE EN LIEUES.	POPULATION ABSOLUE.	POPULATION PAR LIEUE.
21,400.	1,500,000.	70.

PROVINCES.	CHEFS-LIEUX.	AUTRES VILLES.
SANTIAGO.	SANTIAGO.	Valparaiso, Santa-Cruz, Logroño.
ACONCAGUA.	*San-Felipe*	Quillota, Saint-Martin de la Concha, Casa-Blanca, Santa-Rosa de los Andes, Ligua, Petorca.
COQUIMBO.	*Coquimbo* ou la *Serena*.	Huasco ou Guasco, San-Francisco de la Selva, Copiapo.
COLCHAGUA.	*Curico.*	San-Fernando, Talca.
MAULE.	*Cauquen* ou *Cauquenes*.	Chillan, Quilue.
CONCEPCION.	*La Concepcion* ✝.	Angeles, Arauco, Hualqui, Talcahuano.
VALDIVIA.	*Valdivia.*	Osorno.
CHILOÉ.	*San-Carlos.*	Castro, Chacao.

ARMÉE DE TERRE.

Troupes régulières. . 8,400 h.
Milice. . . . . 21,000 h. } 29,400 hommes.

MARINE.

Frégate, 1 ; bâtiments inférieurs, 5.

Revenus en francs. 12,000,000.

Dette publique en francs. 36,000,000.

TABLEAU *statistique de la République Argentine.*

SUPERFICIE EN LIEUES.	POPULATION ABSOLUE EN 1835.	POPULATION PAR LIEUE CARRÉE.
118,600.	800,000 (¹).	67.

PROVINCES.	POPULATION.	CHEFS-LIEUX.
BUENOS-AYRES.	210,000	BUENOS-AYRES †.
ENTRE-RIOS. .	45,000	Baxada.
CORRIENTES. .	70,000	Corrientes.
SANTA-FÉ. . .	20,000	Santa-Fé.
CORDOVA. . .	120,000	Cordova †.
SANTIAGO.. .	70,000	Santiago del Estero.
TUCUMAN. . .	55,000	San-Miguel de Tucuman †.
SALTA. . . .	55,000	Salta †.
JUJUY. . . .	40,000	Jujuy.
CATAMARCA. .	45,000	Catamarca.
RIOJA. . . .	4,000	Rioja.
SAN-JUAN. . .	35,000	San-Juan-de-la-Frontera.
MENDOZA. . .	28,000	Mendoza.
SAN-LUIS. . .	3,000	San-Luis-de-la-Punta.
	800,000	

POPULATION PAR RACES.

Espagnols.	160,000
Métis.	240,000
Indiens.	375,000
Nègres.	25,000
Total.	800,000

ARMÉE RÉGULIÈRE : 17,700 hommes.

MARINE : 15 bâtiments de 7 à 14 canons.

FINANCES.

Recettes en francs.	19,600,000
Dépenses en francs.	18,400,000
Dette publique en francs.	30,000,000

(¹) Dans les ouvrages intitulés, *Encyclopædia Americana* et *American almanac and Repository of useful knowledge for the year* 1839, la population de la République Argentine est estimée à 2,000,000 d'habitants. Mais cette estimation est tout-à-fait exagérée. On en a facilement la preuve en la comparant aux recensements officiels de 1830 et à ceux qui ont été faits depuis, surtout lorsque l'on considère que l'état d'anarchie dans lequel se trouvent depuis leur fondation la plupart des républiques de l'Amérique méridionale ne permet point à la population de prendre l'accroissement normal que l'on remarque dans les contrées qui jouissent de la paix et de l'état de prospérité qui en est la conséquence. Il est en outre certain que pour se donner vis-à-vis des Etats de l'Europe un peu plus d'importance, les Républiques dont nous parlons ont toujours un peu exagéré les recensements que leurs gouvernements publient comme officiels. Nous avons donc lieu de croire que les chiffres que nous donnons ici sont plutôt au-dessus qu'au-dessous de la vérité. J. H.

TABLEAU *statistique de la République de l'Uruguay.*

SUPERFICIE EN LIEUES.	POPULATION ABSOLUE EN 1834.	POPULATION PAR LIEUE CARRÉE.
15,000.	150,000.	10.

DÉPARTEMENTS.	CHEFS-LIEUX.	NOMBRE de DÉPUTÉS.
MONTE-VIDEO. .	MONTE-VIDEO. . . .	5
MALDONADO. . .	*Maldonado.*	4
CANELONES. . .	*Canelones.*	4
COLONIA. . . .	*Colonia.*	3
SAN-JOSÉ. . . .	*San-José.*	3
SORIANO. . . .	*Santa-Domingo-Soriano*	3
PAYSANDU. . .	*Paysandu.*	3

ARMÉE RÉGULIÈRE : 5,000 hommes.

REVENUS EN FRANCS : 4,000,000

TABLEAU *statistique du Paraguay.*

SUPERFICIE EN LIEUES.	POPULATION ABSOLUE.	POPULATION PAR LIEUE CARRÉE.
10,000.	300,000 (¹).	30.

POPULATION PAR RACES.

Espagnols.	30,000
Métis.	100,000
Indiens.	170,000
Total. . . .	300,000

VILLES.

ASSUMPCION, Villa-Real-de-Concepcion, Tevego, Yquamandin ou Villa-de-San-Pedro, Neembucu ou Villa-des-Pilar, Villa-Rica, Caruguaty.

Dans le territoire des *Missions* se trouve Ytapua.

ARMÉE.

Troupes réglées. . . .	5,000	25,000 hommes.
Milice.	20,000	

(¹) La population du Paraguay est incertaine. Les uns l'ont évaluée à 150,000 habitants, d'autres à 200,000; M. Balbi, en 1828, la portait à 250,000. Nous avons adopté le chiffre donné par M. de Humboldt.

LIVRE CENT QUATRE-VINGT-TREIZIÈME.

Suite de la Description de l'Amérique. — Description de l'Araucanie et de la Patagonie. — Terres Magellaniques.

« Nous avons déjà parlé de l'île de Chiloé et de l'archipel volcanisé des îles Chonos. Plus au sud vient la grande presqu'île des Trois-Montagnes, et ensuite le *golfe de Pennas*. Les peuples indigènes de cette côte paraissent tous appartenir à la race des *Moluches*, à laquelle les Espagnols ont donné le nom d'*Araucanos*, nom consacré par la poésie. Les Moluches propres habitent la fertile et riante contrée entre la rivière de Biobio et celle de Valdivia. La riche qualité du sol, des eaux abondantes et salubres, un climat tempéré, concourent à rendre cette région au moins l'égale des plus belles parties du Chili propre. Les *Cunchi* demeurent depuis Valdivia jusqu'au golfe de Guayateca. Les *Huiliches* habitent depuis l'archipel de Chonos jusque vers le golfe de Pennas : selon quelques relations, ils étendent même leurs courses jusque vers l'entrée du détroit de Magellan. Ces deux tribus sont alliées des Moluches propres. La taille de ces peuples est grande dans la partie montagneuse et moyenne vers les côtes. Leurs traits sont assez réguliers, et leur teint n'est pas très basané : ils se sont beaucoup mêlés avec les Espagnols, qui ne dédaignent pas d'acheter des femmes chez eux. Ces peuples exercent un peu d'agriculture : ils récoltent quelques fruits, et font une espèce de cidre ; mais leurs richesses consistent dans leurs troupeaux : ils possèdent quantité de chevaux, de bœufs, de guanacos et de vigognes. Les bœufs et les guanacos leur fournissent une nourriture abondante : la laine de la vigogne sert à fabriquer des *ponchos* ou manteaux. Les chevaux, qui descendent de chevaux espagnols, ont fait de ces Indiens autant de Tatars [1] : ils se réunissent subitement, font des marches de 200 à 300 lieues, pillent le pays ennemi, et se retirent avec leur butin.

» Les Araucans ou Araucanos adorent le grand Esprit de l'univers : ils adressent des hommages aux astres. Les morts sont enterrés dans des fosses carrées, le corps assis ; on met à côté les armes et les vases à boire : on place alentour les squelettes des chevaux immolés en l'honneur du mort ; chaque année, une vieille matrone ouvre les tombeaux pour nettoyer et habiller les squelettes. Le code national permet la polygamie, mais la soumet à de sages règlements. Les propriétés et les actions de la vie civile sont aussi bien réglées que parmi nos nations européennes. Ils ont quelques notions de géométrie et d'astronomie ; ils distinguent les étoiles par des noms particuliers, et raisonnent même sur la pluralité des mondes [1]. Leur année solaire, divisée en 12 mois de 30 jours, avec 5 jours intercalaires, est marquée par les solstices, qu'ils observent avec soin. Ils divisent le jour et la nuit en 12 heures, dont une répond à deux des nôtres. Amateurs d'une poésie remplie de grandes images, ils se donnent des noms aussi pompeux et aussi harmonieux que ceux des anciens Grecs : l'un se nomme *Cavi-Lèmon*, c'est-à-dire vert bosquet ; l'autre, *Meli-Antou*, c'est-à-dire quatre soleils [2].

» La langue *moluche* ou *araucane* est douce, riche et élégante ; leurs verbes ont trois nombres, et beaucoup de modes et de temps. Ils distinguent leur pays en quatre parties, qu'ils nomment : 1° *Languen-mapou*, c'est-à-dire la contrée maritime ; 2° *Lelvun-mapou*, la contrée de la plaine ; 3° *Inapirè-mapou*, la contrée sous les montagnes ; 4° *Pirè-mapou*, la contrée des montagnes.

» Les chefs héréditaires s'appellent *ulmen*, et un chef de guerre ou généralissime porte le titre de *toqui*. La forme de leur gouvernement étant un mélange d'aristocratie et de démocratie, l'éloquence est cultivée avec beaucoup de succès : on distingue le style poétique,

(1) *La Perouse*, t. II, p. 67, et t. IV, p. 96 et suiv.

(1) Tableau civil et moral des Araucans, trad. du *Viagero universal*, Annales des Voyages, t. XVI, p. 100. — (2) Annales des Voyages, XVI, p. 155.

plein de feu et d'imagination, du style historique, où doivent régner la gravité et l'élégance. Leurs médecins ne sont pas tous de prétendus sorciers, comme chez les autres Indiens : il y en a deux sectes, qui se sont créé des systèmes et des méthodes.

» Passons les Andes, et considérons les régions qui s'étendent au sud de Buenos-Ayres. La contrée appelée *Tuyu*, située entre la rivière Saladillo et la rivière Hucuque, est remplie de petits lacs et d'étangs. Le mont *Casuhati*, quoique éloigné des bords de la mer, se fait apercevoir à 20 lieues du rivage ; mais les caps sont peu élevés. Il y a beaucoup de bœufs. Le gouvernement de Buenos-Ayres a des postes sur la rivière Saladillo. »

Les *Puelches*, dits *Serranos* ou de la montagne, habitent près le mont Casuhati. Un cacique de ce peuple, avec lequel le missionnaire *Falkner* était lié, avait, dit celui-ci, 7 pieds et quelques pouces de haut ; mais des voyageurs modernes ont prouvé le peu de confiance que l'on doit avoir dans les récits de ce missionnaire. Falkner prétend encore que les tribus des Puelches s'étendent jusqu'au détroit de Magellan.

Les Puelches, suivant M. d'Orbigny, sont d'une belle taille : peu d'hommes de cette nation sont au-dessous de 5 pieds, tandis que quelques uns dépassent cette hauteur de 6 à 7 pouces. Ils ont la face large, les pommettes un peu saillantes, les lèvres grosses, les yeux petits, le nez épaté, les cheveux longs, noirs et épais. Leur peau est d'une teinte brune. C'est une nation peu nombreuse : M. d'Orbigny porte leur nombre à 600.

« Les *Pampas* ou plaines sablonneuses, ces véritables *steppes* de l'Amérique, s'étendent probablement depuis le Tucuman jusqu'au 40ᵉ degré de latitude. Les deux rivières nommées Colorado et Negro parcourent ces plaines vastes et peu connues ; toutes les deux elles prennent naissance au pied des Andes du Chili. Dans la région de leurs sources, une suite de lacs et de petits canaux s'étend parallèlement aux Andes, et fait communiquer ensemble les deux fleuves. »

Les Araucanos des Pampas sont appelés *Aucas* par les Espagnols, et quelquefois *Pampas*. Ils ne ressemblent nullement aux Patagons, car en général ils sont petits, c'est-à-dire que leur taille moyenne est à peine de 5 pieds. Ils ont la figure plus arrondie, les pommettes plus saillantes, les lèvres un peu moins grosses, la bouche moyenne, le nez un peu plus long, quoique très court et épaté, et les yeux horizontaux et bien ouverts. Ils sont bons écuyers, mais ils marchent très mal ; ce qui, suivant M. d'Orbigny, est sans doute l'effet de leur exercice favori et de la manière dont ils s'accroupissent les jambes croisées dans leurs tentes. Leur nombre paraît être d'environ 30,000.

Leurs idées religieuses se bornent à la croyance d'un être bon, créateur de toutes choses, obligé de leur donner ce qu'ils peuvent désirer sans qu'ils soient tenus de lui complaire : aussi ne le prient-ils jamais.

« Les Aucas croient plus que les autres » Indiens à l'immortalité de l'âme. Chaque » être a un corps et une âme ; le premier est » périssable, la seconde ne meurt jamais. » Elle va dans un autre monde, de l'autre côté » de la mer, où elle vit dans une continuelle » abondance de toutes choses, de fruits et d'a- » nimaux. Dans ce séjour du repos, les époux » se retrouvent et y sont unis comme sur la » terre ; mais étant dépourvus de corps, ils » n'ont jamais d'enfants. C'est pour faire le » voyage qu'on a déposé des vivres dans leurs » tombes ; tandis que tous leurs ornements, » ainsi que leurs armes, ont dû leur servir de » parure, ainsi que leur cheval favori, qui » devient immortel comme eux [1]. »

« Plus au sud, les cartes espagnoles indiquent la *Comarca desierta*, c'est-à-dire province déserte, qui s'étend du 40ᵉ au 45ᵉ degré de latitude. La côte seule a été examinée en détail. Les baies *Anegada*, *Camarones*, *Saint-George* et autres, offrent de bons mouillages, mais ni bois, ni eau douce, ni trace d'habitants : les oiseaux aquatiques et les loups marins règnent sans rivaux sur ces tristes rivages.

» Près le cap *Blanc* la terre se couvre de quelques buissons : il y a des plaines immenses couvertes de sel. C'est vers les sources de la rivière de Camarones (et probablement à peu de distance des sources de la rivière de Gallego), entre le 43ᵉ et le 44ᵉ degré de latitude, qu'on doit chercher la demeure de la nation des *Arguèles* ou des *Césares*. « Ce pays,

(1) Voyage dans l'Amérique méridionale, par M. Alcide d'Orbigny. Tom. II, p. 258.

» dit le P. Feuillée, est extrêmement fertile » et agréable : il est fermé au couchant par » une rivière grande et rapide, qui paraît le » séparer des Araucans. Les Cordillères qui » embrassent cette contrée en rendent égale- » ment l'accès difficile. Les Césares sont, du » moins en grande partie, les descendants des » équipages de trois vaisseaux espagnols qui, » ennuyés des fatigues d'un long voyage, se » révoltèrent, à ce qu'il paraît, et se réfugiè- » rent dans cette vallée isolée. Ils ne per- » mettent à qui que ce soit d'entrer dans leur » pays. »

» Les *Téhuels* ou mieux *Téhuelches* demeurent dans l'intérieur du pays, entre la Comarca déserte et les Andes. C'est, selon Falkner, une tribu de Puelches ; et comme ils ont, dit-il, généralement 6 pieds de haut, il a paru naturel à ce missionnaire et à tous les auteurs modernes, de supposer que les Téhuelches font des excursions à cheval jusqu'au détroit de Magellan, et que ce sont eux que les voyageurs ont désignés sous le nom de Patagons. Les Téhuelches, peuple paisible et humain, enterrent leurs morts d'une manière particulière : on dessèche leurs os, ensuite on les transporte sur les rivages de la mer, dans le désert ; on les y place dans des cabanes, entourés des squelettes de leurs chevaux.

» Ce n'est, à proprement parler, que l'extrémité de l'Amérique méridionale, au sud du 46e parallèle, qu'on nomme *Patagonie*, d'après ce peuple de haute taille, qui en occupe l'intérieur. Les *géants de la Patagonie* ont si long-temps excité la curiosité des Européens, qu'on ne nous pardonnerait pas de les passer sous silence, quoique tout soit dit à leur égard.

» L'ancienne tradition des Péruviens nous indique, dans le sud de l'Amérique, un peuple de géants (1). Magellan, le premier marin qui navigua sur les côtes de la Patagonie, vit de ses propres yeux quelques uns de ces géants si redoutés dans le Nouveau-Monde. Ils paraissaient avoir 10 palmes, c'est-à-dire 6 pieds et demi, ancienne mesure française (2). Un d'eux se trouva plus grand : les Espagnols ne lui allaient qu'à la ceinture. Six d'entre ces Patagons mangèrent comme vingt Espagnols. Les Patagons, à cette époque, n'avaient pas encore de chevaux ; ils étaient montés sur des animaux semblables à des ânes, probablement les *guemuls* de Molina. Mais alors, comme aujourd'hui, ils étaient pasteurs et nomades.

(1) *Garcilasso* : Histoire des Incas, l. IX, c. IX. — (2) En prenant la palme à 93,97 lignes, ancienne mesure, ce qui était, avant 1752, la proportion usuelle, selon don George Juan, cité dans la *Métrologie* (allemande) de *Gerhard*.

» Vers l'an 1592, le chevalier Cavendish traversa le détroit de Magellan : il attesta avoir vu, sur la côte américaine, deux cadavres de Patagons qui avaient 14 palmes de long : il mesura, sur le rivage, la trace du pied d'un de ces sauvages, et elle se trouva quatre fois plus longue qu'une des siennes ; enfin, trois matelots manquèrent d'être tués jusque dans la mer par les quartiers de rochers qu'un géant leur lança (1). Voilà le Polyphème de l'Odyssée, voilà la fable qui vient défigurer les faits historiques.

» Le lieutenant de frégate Duclos-Guyot, et le commandant d'une flûte du roi, *la Giraudais*, non seulement revirent encore, en 1766, ces géants, mais ils restèrent assez long-temps parmi eux pour nous fournir les détails les plus curieux sur leurs mœurs et leur manière de vivre.

» Ils reçurent les Français avec des chants ou discours solennels, comme les insulaires de la mer du Sud : après avoir ainsi manifesté cette hospitalité qui caractérise l'homme de la nature, ils menèrent les étrangers auprès de leur feu (2). Quelques uns avaient au-delà de 7 pieds de haut ; le moins grand avait 5 pieds 7 pouces ; et leur carrure, à proportion, était encore plus énorme ; ce qui faisait paraître leur taille moins gigantesque. Ils ont les membres gros et nerveux, la face large, le teint extrêmement basané, le front épais, le nez écrasé et épaté, les joues larges, la bouche grande, les dents très blanches, les cheveux noirs, et sont plus robustes que nos Européens de même taille. Ils sont vêtus de peaux de guanacos, de vigognes et autres, cousues ensemble en manière de manteaux carrés, qui leur descendent jusqu'au-dessous du mollet, près de la cheville du pied. Ces manteaux sont peints sur le côté opposé à la laine, en figures bleues et rouges, qui semblent ap-

(1) Relation d'*Antoine Knivet*, dans la Collection de Purchass, t. IV, l. VI. — (2) Voyage de dom *Pernetti*, t. II, p. 124.

procher des caractères chinois, mais presque tous semblables, et séparés par des lignes droites qui forment des espèces de carrés et de losanges. Ils portent des toques ornées de plumes. Ils prononcèrent quelques mots espagnols, ou qui tiennent de cette langue. En montrant celui qui paraissait être leur chef, ils le nommèrent *capitan*.

» Plusieurs Français allèrent à la chasse un peu loin : ils virent des carcasses de vigognes, et un pays inculte, stérile, couvert de bruyères [1]. Les chevaux des sauvages paraissent très faibles, mais ils les manient avec beaucoup d'adresse. Avec leurs frondes ils atteignent et tuent les animaux jusqu'à 400 pas de distance. Les femmes ont un teint beaucoup moins basané : elles sont assez blanches, d'une taille proportionnée à celle des hommes, habillées de même d'un manteau, de brodequins, et d'une espèce de petit tablier qui ne descend que jusqu'à la moitié de la cuisse. Elles s'arrachent sans doute les sourcils, car elles n'en ont point.

» Ces Patagons ne connaissent pas la passion de la jalousie, au moins doit-on le présumer par leur conduite, puisqu'ils engageaient les Français à palper la gorge de leurs femmes et de leurs filles, et les faisaient coucher pêle-mêle avec eux et avec elles [2]. Les Patagons se mettaient souvent trois ou quatre sur chacun de leurs hôtes, pour les garantir du froid ; galanterie qui parut suspecte aux Français, et leur inspira un mouvement de crainte injuste. »

On est certain aujourd'hui que, jusque dans ces derniers temps, tous les voyageurs qui ont parlé des Patagons ont exagéré ou se sont mépris sur leur taille. Suivant M. Alcide d'Orbigny, la taille de ces prétendus géants est celle de beaucoup d'Européens.

« Pour moi, dit-il, après avoir vu sept » mois de suite beaucoup de Patagons de » différentes tribus, et en avoir mesuré un » grand nombre, je puis affirmer que le plus » grand de tous n'avait que 5 pieds 11 pouces » métriques français, tandis que leur taille » moyenne n'était pas au-dessus de 5 pieds » 4 pouces ; ce qui est sans contredit une belle » taille, mais pas plus élevée que celle des » habitants de quelques uns de nos départements. Cependant je remarquai que peu » d'hommes étaient au-dessous de 5 pieds » 2 pouces. Les femmes sont presque aussi » grandes, et surtout aussi fortes. Ce qui distingue particulièrement les Patagons des » autres indigènes et des Européens, ce sont » des épaules larges et effacées, un corps robuste, des membres bien nourris, des formes massives et tout-à-fait herculéennes. » Leur tête est grosse ; leur face est large et carrée ; leurs pommettes sont peu saillantes ; leurs yeux sont horizontaux et petits [1]. En général, il a paru à M. d'Orbigny qu'en Amérique l'espèce humaine suit la règle établie pour les plantes, c'est-à-dire qu'elle décroît à mesure qu'on s'élève des plaines au sommet des Andes. Relativement aux Patagons, son témoignage s'accorde avec ce qu'en dit un navigateur anglais dans un voyage récent [2]. Au premier aspect, il sembla au capitaine King et à ses compagnons que les Patagons appartenaient à une race d'hommes d'une stature prodigieuse ; mais, en les regardant de plus près, cette illusion cessa. Si on les voit à cheval, si on les voit assis, leur taille étonne, parce qu'ils ont la partie supérieure du corps d'une hauteur disproportionnée avec le reste. Leurs jambes et leurs cuisses sont très courtes, leurs mains et leurs pieds sont très petits, tandis que leur tête semble faite pour des hommes de 7 à 8 pieds. Parmi une trentaine de Patagons que le capitaine King vit dans la baie de Gregory, le plus petit nombre avait 6 pieds anglais de hauteur ; un seul de ces individus avait 6 pieds 1 pouce et demi ; tous étaient extrêmement gros. Ainsi, il paraît bien constaté que les Patagons sont loin d'être des géants, mais que leur stature est un peu au-dessus de celle de la plupart des autres hommes.

Leur coiffure est une toque ornée de plumes. Lorsqu'ils vont à la guerre, ils portent une cuirasse de peau et un chapeau de cuir. L'arc, la fronde et la lance, dont le fer est remplacé par un os très pointu, sont les princi-

(1) On vit du vaisseau deux troupeaux de vigognes de 200 à 300 chacun, p. 129. — (2) Voyage de dom *Pernetti*, t. II, p. 128.

(1) Voyage dans l'Amérique méridionale, par M. Alcide d'Orbigny, tom. II. — (2) M. *Phil. Parker King*, capitaine commandant les vaisseaux *Adventure* et *Beagle* : Observations sur la géographie de l'extrémité méridionale de l'Amérique du sud, la Terre de Feu et le détroit de Magellan ; 1826 à 1830.

pales armes de toutes les tribus de la Patagonie. Les cheveux des femmes, disposés en tresses et ornés de grelots ou de morceaux de cuivre, tombent sur leurs épaules; leurs bras et leurs mains sont ornés de bracelets; elles portent un chapeau paré de plumes, de cuivre, et des colliers formés de coquilles connues sous le nom de *turbo*. Les Patagons sont pasteurs et nomades; ils adorent un dieu terrible qui paraît être le génie du mal, et qu'ils appellent *Guatéchu*. A l'époque du mariage, leurs femmes sont plongées dans l'eau à plusieurs reprises : leur condition est des plus malheureuses.

M. d'Orbigny porte à environ 10,000 le nombre des Patagons.

« L'extrémité du continent américain et le terrain continental le plus austral qu'il y ait sur le globe, méritent sans doute le nom de pays froid, sauvage et stérile. Mais les vents impétueux et les changements subits de température ne sont pas des désagréments particuliers à la Patagonie; ce sont des caractères inhérents aux climats des *promontoires* ou des *extrémités* d'un continent quelconque. Seulement en Patagonie toutes les circonstances qui y peuvent contribuer se trouvent réunies dans un très haut degré. Trois vastes océans isolent cette terre de tout l'univers; des vents et des courants opposés s'y rencontrent presqu'en toutes les saisons; une haute et large chaîne de montagnes la parcourt et la remplit à moitié, nulle terre cultivée ou tempérée ne l'avoisine. »

Depuis l'île de Chiloé jusqu'au détroit de Magellan, la hauteur moyenne des Andes est d'environ 3,000 pieds; cependant il y a des montagnes qui ont 5 à 6,000 pieds de hauteur.

« On a récemment observé que les plaines, ou la partie orientale, différaient essentiellement des montagnes qui forment la partie occidentale. La première, nue, aride, sablonneuse, dépourvue de toute espèce d'arbres, jouit d'un air sec et serein; la chaleur de l'été est de 5 à 9 degrés de Réaumur. La seconde, formée de rochers primitifs, arrosée de rivières et de cascades, couverte de forêts, éprouve des pluies presque perpétuelles; la chaleur n'y est que de 3 à 7 degrés (¹). »

Parmi les arbres communs sur la côte élevée, depuis le cap *Très-Montes* jusqu'au détroit de Magellan, sont un hêtre toujours vert (*fagus betuloïdes*), un autre appelé *drymis Winteri*, et une espèce de bouleau (*betula antarctica*), qui paraît être le même que le hêtre-bouleau (*fagus antarctica*) qui atteint quelquefois une circonférence de 35 pieds, et fournit un bois excellent. Une espèce de palmier ou de fougère arborescente s'est égarée jusqu'au détroit de Magellan.

» Les guanaco's, une espèce de perroquet vert, le lièvre pampa, le vizcache et beaucoup d'autres animaux du Chili et de Buenos-Ayres, se sont multipliés dans la Patagonie. »

A l'entrée occidentale du détroit, les rochers qui le bordent sont pour la plupart des granits et des diorites. Près du centre du détroit domine le schiste argileux : cette roche s'étend jusqu'à la baie *Freshwater*, où elle se mélange avec le schiste qui disparaît graduellement en approchant du cap Negro. Du cap des Vierges au port Saint-Julien, la côte est bordée de falaises d'argile en strates ou couches horizontales.

» Autour du Port-Désiré, baie sûre et profonde, les rochers sont composés de marbres veinés de noir, de blanc et de vert, de silex et de talc brillant et semblable à des cristaux. Les végétaux y sont peu abondants; Narborough vit cependant des troupes de taureaux sauvages dans l'intérieur. Les coquillages fossiles forment sur toutes ces côtes de très grands bancs, et ils y sont d'une rare beauté : la plupart appartiennent au genre huître. Près le port *Saint-Julien* on aperçut des animaux semblables aux tigres, soit des jaguars, soit des couguars, ainsi que des armadillos. Il s'y trouve de grandes lagunes salantes.

» Le détroit de Magellan a perdu son importance nautique depuis que la découverte du cap *Horn* a ouvert aux navigateurs une entrée plus facile dans l'océan Pacifique (¹). Le célèbre *Magalhaens* y passa en 1519; depuis, la plupart des anciens circumnavigateurs du monde ont eu lieu d'y exercer leur patience et leur courage. De nombreux courants et beaucoup de sinuosités y rendent la navigation très difficile. La longueur est de 180 lieues; la largeur varie de plus de 15 à moins de 2 lieues. A l'est, deux goulets étroits resserrent le canal; les rochers, très escarpés,

(¹) Viage al estrecho de Magalhaens, Madrid, 1788.

(¹) Voyez M. *de Fleurieu*, dans le Voyage de Marchand, t. I, p. 17.

paraissent calcaires. Au centre se presente un vaste bassin, sur lequel est situé le *port de Famine*, où les Espagnols avaient bâti et fondé une colonie sous le nom de *la Ciudad real de Felipe;* des mesures imprévoyantes firent périr de faim les colons. La contrée autour du port Famine mériterait de porter un nom moins effrayant. On y voit abonder des perroquets, des pluviers, des bécassines, des oies, des canards; il y croit des poivriers, de l'écorce de winter et des groseilliers. A quelque distance, dans la baie *Freshwater*, Narborough trouva des hêtres et des bouleaux très gros. Les extrémités des Andes, vers le cap *Froward*, sont chargées de neige; mais leurs flancs nourrissent des forêts. Le *Rio-Gallegos* et les autres rivières roulent vers la mer ou vers le détroit de très gros arbres. »

La marée, dit le capitaine King, monte dans cette rivière à 46 pieds de hauteur, et le courant est très rapide.

« La côte qui borde au nord-est la sortie occidentale du détroit a été reconnue par les Espagnols, et au lieu de faire partie du continent, elle se trouve former un nouvel archipel très considérable. Plus au nord est l'archipel de Tolède ou de *la Sainte-Trinité*, appelé aussi archipel de *la Madre de Dios*. La grande île de *la Madre de Dios* (de la Mère de Dieu) en fait partie : elle a 25 lieues de longueur et 15 de largeur. Les Espagnols ont un poste sur l'île *Saint-Martin*, et des factoreries sur plusieurs points de la côte occidentale. »

On sait peu de chose de cet archipel, si ce n'est qu'il est rocailleux, montagneux et d'un aspect désagréable. Il est séparé du continent par le canal de la Conception, au bord duquel viennent se terminer brusquement les Andes, dont les flancs se couvrent ici d'énormes glaciers.

Le capitaine King a exploré pendant les années 1826 à 1830, dans le même archipel, le groupe de *Guayaneco*, composé de petites îles, dont une est remarquable par une haute montagne appelée Nevado de Captana; il a donné le nom de *Wellington* à une grande île que les Espagnols nomment *Campana;* il a visité les îles *Lobos* et *Rocca-Partida*. Toutes ces îles s'étendent à peu de distance de la côte occidentale de la Patagonie, dans la direction du sud au nord, depuis le cap Sainte-Isabelle jusqu'au golfe de Penas.

Le détroit de la Conception baigne l'île de *Hanovre;* au sud de celle-ci est l'*archipel de la Reine Adélaïde*, que traversent plusieurs canaux qui communiquent avec le détroit de Magellan.

En 1737 un énorme globe de feu éclata sur les îles Guaiateca, et y réduisit en cendres tous les végétaux [1].

« Immédiatement au sud de la Patagonie s'étend un amas d'îles montagneuses, froides, stériles, où les flammes de plusieurs volcans éclairent, sans les fondre, des neiges éternelles : la mer y pénètre par des canaux innombrables; mais les passages sont si étroits, les courants si violents, les vents si impétueux, que le navigateur n'ose se hasarder dans ce labyrinthe de la désolation; rien d'ailleurs ne l'y invite; des laves, des granits, des basaltes jetés en désordre forment d'énormes falaises suspendues sur les flots mugissants. Quelquefois une magnifique cascade interrompt le silence du désert, des phoques de toutes les formes se jouent dans les baies ou reposent leurs lourdes masses sur les grèves; des pingoins, des nigauds et autres oiseaux de l'océan Antarctique, y poursuivent leur proie; le navigateur y trouve des plantes antiscorbutiques, du céleri et du cresson.

« Telle est la côte méridionale et occidentale de l'archipel appelé *Terre de Feu*, auquel le capitaine King a voulu récemment imposer le nom de *King-Charles-Southland*. Le capitaine Cook y a découvert le port de *Christmals*, port d'une grande utilité pour les navigateurs qui doublent le cap Horn. »

A proprement parler, la Terre de Feu, que l'on devrait appeler la *Terre du Feu*, est partagée en trois grandes îles par deux canaux, dont l'un s'ouvre en face du cap Forward, et l'autre vis-à-vis du Port-Gallant. A l'ouest, une grande île se termine par une presqu'île qui a reçu le nom de *Désolation du Sud*. A l'est de cette île s'étend celle de *Clarence*, dont la longueur est de 52 milles et la largeur de 23. Bien qu'elle soit rocailleuse, elle offre cependant un aspect verdoyant. Suivant le capitaine King, la direction uniforme des promontoires de la côte septentrionale de cette

(1) *Journal of the royal geographical Society of London.*

île est remarquable. La grande île de l'est a été appelée *Terre méridionale du Roi Charles*. Elle est séparée du continent par le détroit de Magellan et de la Terre des Etats par le détroit de Lemaire. La partie orientale de cette île est basse, et offre des plaines semblables à celles de la côte de la Patagonie; mais vers le détroit de Lemaire on y remarque des montagnes couvertes de neige: l'une d'elles, nommée sur les cartes le Pain de Sucre, a plus de 1,300 mètres de hauteur. Dans la partie méridionale de cette île, le capitaine Hall remarqua un volcan en 1829. Vers son extrémité orientale s'élèvent quelques montagnes, dont les principales sont le mont Sarmiento et plus au nord le pic Nose.

Les *Fuegiens*, qui, au nombre d'environ 4,000, se divisent en plusieurs tribus, et qui ont été nommés Pecherais par Bougainville, habitent toutes les côtes de la Terre du Feu. Leur couleur est olivâtre ou basanée. Ils sont robustes, et leurs traits offrent beaucoup de rapports avec ceux des Araucanos, dont ils sont voisins. Essentiellement vagabonds, leur condition d'existence ne leur permet pas de se former en grandes sociétés.

« La *Terre des Etats*, découverte par *Lemaire*, est une île détachée qui doit être considérée comme faisant partie de l'archipel de la Terre du Feu, à l'est de laquelle elle est située. Les Anglais y ont fondé, en 1818, le petit établissement de *Opparo*, qui sert de relâche aux pêcheurs de baleines. On devrait nommer toutes ces îles *Archipel Magellanique*.

» Les côtes septentrionale et orientale sont beaucoup moins disgraciées de la nature; les montagnes s'y abaissent plus doucement vers l'océan Atlantique; une assez belle verdure y pare les vallées; on y trouve du bois, des pâturages, des lièvres, des renards et même des chevaux. Les *Pecherais*, habitants indigènes de cet archipel, et dont le véritable nom paraît être *Yacanacus*, sont de taille moyenne, avec de larges faces, des joues proéminentes et le nez plat. Ils sont si sales qu'on ne distingue pas la couleur de leur peau. Leurs vêtements consistent en peaux de veau marin. Leurs misérables cabanes, en forme de pain de sucre, sont toujours remplies d'exhalaisons suffocantes; ils vivent de poissons et de coquillages. Ceux qui habitent près de la *baie du Succès* jouissent d'un peu plus de fortune. Ils paraissent identiques avec les *Yekinahus*, qui, selon l'abbé Garcia Marti [1], s'étendent sur le continent.

» Les *îles Malouines*, que les géographes anglais nomment aussi *Hawkin's Maidenland*, se trouvent à 76 lieues au nord-est de la Terre des Etats, et à 110 lieues à l'est du détroit de Magellan. Elles se composent de 92 îles et îlots. Les deux grandes îles, appelées *Falkland* et *Soledad*, sont séparées par un large canal, auquel les Espagnols ont donné le nom de *détroit de San-Carlos*, mais que les Anglais nomment canal de Falkland. La République Argentine a fondé récemment une colonie dans ces îles; et les Brésiliens ont placé un poste dans les deux îlots appelés *la Trinité* et *Saint-Paul*, et dont le premier a reçu aussi le nom d'île Ascension.

» Dom *Pernetti* et *Bougainville* pensent que ces îles n'ont été découvertes que de 1700 à 1708, par plusieurs vaisseaux de Saint-Malo [2]. Mais *Frézier*, dans la Relation de son voyage à la mer du Sud, et *Fleurieu*, dans un Voyage où il a combattu avec un si grand succès tant d'autres prétentions anglaises, leur abandonnent celle-ci [3].

» Les montagnes ont peu d'élévation. Le sol, sur les hauteurs voisines de la mer, était un terreau noir formé des détritus des végétaux; en beaucoup d'endroits on trouve une bonne tourbe. En fouillant un peu la terre, on a rencontré du quartz, des pyrites cuivreuses, de l'ocre jaune et rouge. Dom Pernetti décrit une espèce d'amphithéâtre naturel, formé d'assises régulières d'une sorte de porphyre. Point d'arbres; les Espagnols ont essayé d'en planter; ils ont poussé leurs soins jusqu'à apporter de la terre de Buenos-Ayres; aucun n'a réussi; les jeunes arbres périssent dans la première année. Partout s'élèvent des glaïeuls qui, dans le lointain, offrent l'image illusoire de bosquets verdoyants. Chaque plante du glaïeul forme une motte élevée de 2 pieds et demi environ, d'où s'élève une touffe de feuilles vertes à une hauteur à peu près égale [4]. L'herbe abonde dans ces îles, et y vient à une grande hauteur. On y a trouvé du céleri, du

(1) *Hervas*: Catal. delle lingue, p. 16. — (2) Voyage aux îles Malouines, t. I; Discours préliminaire, p. 9-14. — (3) Voyage de Marchand, t. III, p. 291. — (4) *Pernetti* t. I, p. 7 et 65.

cresson, et deux ou trois plantes d'Europe. Les autres végétaux offrent quelque ressemblance avec ceux du Canada. Mais les *epipactis*, les *azédarachs*, les *tithymalus* résineux, qui forment des mottes très élevées, et des arbrisseaux semblables au romarin, nous rappellent la végétation du Chili. Toutes les espèces de phoques, auxquels le vulgaire applique les noms de lions, de veaux et de loups marins, viennent se reposer entre les glaïeuls qui couvrent ces îles. Les pingoins se promènent à côté de ces lourds et paisibles amphibies. Il n'y été trouvé aucun quadrupède.

» Les Espagnols, en 1780, ont transporté aux îles Malouines 800 têtes de bétail, bœufs et vaches; ils se sont tellement multipliés, qu'en 1795 leur nombre passait 8,000. On ne leur donne ni abri ni nourriture; ils passent l'hiver en plein air; ils ont appris à fouiller la neige pour découvrir le pâturage qu'elle couvre.

» Quoique l'île *Saint-Pierre*, nommée *Géorgie australe*, *Nouvelle-Géorgie*, ou *île du Roi George* par les Anglais, n'appartienne à personne, nous la nommons ici à cause de son voisinage avec les îles Malouines. Elle a 38 lieues de longueur sur 20 de largeur; ses côtes offrent un grand nombre de ports et de baies, mais les glaces les encombrent pendant une grande partie de l'année. Elle a été découverte par La Roche en 1675; le capitaine Cook, en 1775, n'a fait que la visiter une seconde fois; il aurait pu se dispenser de lui imposer un nom anglais. Cette île, située à 420 lieues à l'est du cap Horn, par 55 degrés de latitude, est un amas de rochers couverts de glaces, et composés, selon *Forster*, de schistes noirâtres, par couches horizontales. Aucun arbrisseau ne perce la neige éternelle des vallées; on aperçoit quelques touffes d'une herbe dure, des pimprenelles et des lichens. Le seul oiseau de terre est l'alouette.

» Les terres couvertes d'une masse de glaces, que le capitaine Cook découvrit à 150 lieues au sud-est de l'île de Saint-Pierre, par 59 degrés de latitude, forment un archipel. Il les a nommées *Terres-Sandwich* ou *Thule australe*, parce qu'elles étaient les terres les plus rapprochées du pôle austral que l'on connût alors. « Mais (disions-nous en 1817, dans » la première édition de ce volume) d'autres » chaînes d'îles s'étendent peut-être vers le » pôle austral, et donnent naissance à ces variations des courants et des glaces flottantes » qui souvent déroutent le navigateur assez » hardi pour pénétrer dans une mer si redoutable. » Cette conjecture s'est vérifiée. Un capitaine Smith, Anglais, a découvert, à 63 degrés de latitude australe, et à 60 degrés de longitude ouest de Greenwich, une côte montagneuse et stérile, environnée de glaces et de récifs, où cependant il y a quelques traces de végétation et où les phoques abondent. Cette terre, qu'il nomma *Nouveau-Shetland austral* (¹), d'abord considérée comme l'extrémité d'un continent, ou du moins comme une grande île unie à la Terre Sandwich, n'est qu'un archipel qui s'étend jusqu'au 66ᵉ parallèle austral. Le capitaine russe Billingshausen a depuis navigué au sud du Nouveau-Shetland et de la Terre Sandwich, dans une mer ouverte, quoique embarrassée de glaces. Il a trouvé, entre l'île La Roche et la Terre Sandwich, des îlots, dont l'un renferme un volcan en pleine activité. »

La plupart de ces îles récemment découvertes et d'un intérêt très secondaire, puisqu'elles sont inhabitées et probablement inhabitables, et envahies presque continuellement par les glaces, ne sont cependant pas sans importance pour le commerce, puisque leurs plages sont couvertes de phoques, et leurs parages peuplés de baleines qui fournissent aux Anglais et aux Américains un appât suffisant pour leur faire braver et les rigueurs d'un climat glacial, et les dangers d'une pénible navigation. C'est au sud de la Géorgie australe qu'est situé le petit archipel de *Sandwich*, dont la principale île est *Bristol*; et le petit groupe du *Marquis de Traversay*, dont les deux plus grandes, appelées par le capitaine James Brown les *îles du Prince* et *de Welley*, renferment chacune un volcan brûlant.

A l'occident de cet archipel se trouve le groupe des *Orcades australes*, qui paraissent être d'origine volcanique: le capitaine anglais Weddell les découvrit en 1821, et les explora de nouveau en 1823. Les principales sont *Pomona* et *Coronation-Island*; les autres, telles que *Melville*, *Robertson*, *Weddell*, *Saddle*, etc., ne sont que des îlots. En s'éloignant encore vers le sud et l'ouest, on trouve le

(¹) C'est peut-être la terre vue en 1598 par *Gérard Diricks*.

Shetland austral, composé de plusieurs îles, dont les plus grandes sont *Barrow*, *Levingston* et l'*île du Roi George*. Au sud de ces dernières, le capitaine Billingshausen découvrit dans ces derniers temps la *Terre de la Trinité*, qui est probablement un petit archipel, mais dont on ne connaît point encore les limites. Au sud-ouest de cette terre on trouve les petites îles d'*Alexandre Ier* et de *Pierre Ier*, situées presque sous le 70e parallèle.

Dans son expédition aux Terres australes, M. Dumont d'Urville se trouva, le 17 janvier 1840, par 63 degrés environ. Une immense barrière de glace se déroula sur toute la ligne de l'horizon : c'était un spectacle d'une magnificence sinistre que celui de ces immenses blocs inégaux, figurant des obélisques, des tours et d'autres monuments gigantesques. Mais une juste crainte succéda bientôt à l'admiration : il fallait éviter d'être arrêté au milieu de ces glaces. Pendant quelques jours on côtoya cette éternelle muraille pour y chercher quelque ouverture, quelque solution de continuité. A diverses reprises les deux corvettes *l'Astrolabe* et *la Zélée* se trouvèrent resserrés entre d'énormes glaçons, et le 3 février une barrière de 600 mètres de largeur les sépara de la haute mer.

« Nous sortîmes enfin, dit M. Dumont d'Ur-
» ville, de ces canaux tortueux et resserrés,
» dont les parois nous avaient long-temps dé-
» robé la vue des terres, et nous nous trou-
» vâmes sur un espace relativement dégagé,
» d'où nous pûmes contempler la côte dans
» toute son étendue visible. »

Cette terre, éloignée de 8 à 10 milles, formait un immense ruban s'etendant à perte de vue du sud-sud-est à l'ouest-sud-ouest, et haut de 400 à 600 mètres. Elle était entièrement couverte de glace et de neige qui en avaient complétement nivelé la cime, tout en laissant, dit M. Dumont d'Urville, subsister les ravines sur la pente des terres, ainsi que les baies et les pointes au rivage.

Les corvettes défilèrent le long de la terre à 5 ou 6 milles de distance. D'excellentes observations donnèrent 66 deg. 30 min. de latitude sud et 138 deg. 21 min. de longitude est. Cette nouvelle découverte s'étendait donc précisément sous le cercle polaire antarctique, puisqu'elle courait à peu près est et ouest. En outre nos navigateurs étaient peu éloignés du pôle magnétique. M. Dumont d'Urville l'a longé sur une longueur d'environ 25 myriamètres. Plusieurs îlots détachés s'élèvent près d'une pointe que l'on a nommé *pointe Géologie*.

Des embarcations envoyées vers cette terre inconnue en rapportèrent différents échantillons de roches : c'étaient des gneiss et des granits de teintes variées. On venait donc de la toucher cette terre, qui semblait être inabordable et que M. Dumont d'Urville nomma *Terre Adélie*. Elle s'étendait indéfiniment vers l'ouest.

Entre le 63e et le 64e parallèle et entre le 58e et le 62e méridien à l'ouest de celui de Paris, s'étendent plusieurs terres couronnées de pics nombreux et couvertes d'une couche de glaces éternelles : la principale fut appelée *Terre de Louis-Philippe* (1).

Toutes les terres que nous venons de passer en revue sont les plus australes que l'on ait encore explorées.

(1) Rapports adressés à M. le ministre de la marine par M. Dumont d'Urville, capitaine de vaisseau, commandant de l'expédition au pôle austral et dans l'Océanie des corvettes de S. M. *l'Astrolabe* et *la Zélée*.

LIVRE CENT QUATRE-VINGT-QUATORZIÈME.

Suite de la Description de l'Amérique. — Description du Brésil ou de l'Amérique portugaise.

« L'empire portugais en Amérique doit, en quelque sorte, son existence à une erreur de géographie. Lorsque les Portugais eurent fait leur première descente au Brésil, la cour d'Espagne, qui regardait avec raison Vincent Pinson et Améric Vespuce comme les véritables auteurs de la découverte de ce pays, se plaignit vivement de cette invasion d'un continent sur lequel elle prétendait avoit le droit de première découverte. Le pape essaya d'abord de concilier les deux parties en traçant, d'autorité, la fameuse *ligne de démarcation* à cent *lieues* à l'ouest des îles du Cap-Vert, ligne qui ne peut atteindre la *vraie* position du Brésil, quelque échelle qu'on adopte pour l'évaluation des lieues, soit qu'on veuille y voir des lieues castillanes de 26 au degré, soit qu'on en fasse des lieues marines de 20, ou même des lieues portugaises de 17 au degré. Mais le comosgraphe don Pedro Nuñez et l'hydrographe Texeira portèrent, dans leurs cartes, le Brésil trop à l'est, l'un de 22 degrés, l'autre de 12 à 13. Moyennant cette erreur énorme, et peut-être un peu volontaire, les Portugais faisaient entrer dans leur hémisphère une partie quelconque du Brésil. Cependant, mécontents de la décision pontificale, les Portugais profitèrent d'un moment favorable pour arracher à l'Espagne des concessions plus étendues. Le traité de Tordesillas, signé le 7 juin 1594, traça la ligne de démarcation définitive à 370 lieues à l'ouest de l'île la plus occidentale du Cap-Vert, mais également sans fixer la valeur de la lieue, car les diplomates ont été de tout temps fort habiles à tout embrouiller en géographie. Si l'on entend des lieues castillanes, la ligne n'atteint pas le vrai méridien de Bahia; si l'on veut parler des lieues marines, elle arrive jusqu'à celui de Rio-Janeiro; si enfin, et c'est la supposition la plus favorable, on adopte les lieues portugaises, la ligne correspond à peu près au méridien de Saint-Paul, mais n'atteint pas seulement d'un degré près celui de Para ou l'embouchure de l'Amazone [1].

» Ainsi les Espagnols accusaient avec raison les Portugais d'avoir, en temps de pleine paix, envahi l'immense territoire de l'Amazone et une grande partie du Paraguay, au mépris des traités solennels. Enfin ces acquisitions illégitimes furent confirmées au Portugal par le traité de 1778; l'Espagne exigea la fixation d'une limite positive, et que désormais elle ne laisserait plus impunément violer. Les Portugais n'ont pas respecté cette limite; ils se sont établis sur le territoire neutre du côté de Mérim; ils ont envahi sept villages des Guaranis, renfermant 12,200 habitants, entre les rivières Uruguay et Iguacu; ils ont passé à travers le territoire des Payaguas, et bâti les forts de Nouvelle-Coïmbre et d'Albuquerque sur le territoire des Chiquitos : voilà seulement quelques unes des plaintes que les autorités locales adressaient au vice-roi de Buenos-Ayres, et que celui-ci transmettait à la cour de Madrid il y a une quarantaine d'années [2]. Depuis, les troubles de l'Amérique espagnole leur ont fourni une occasion favorable de s'étendre.

» La comparaison des cartes géographiques anciennes et modernes rend sensible cette constante invasion des Portugais. Sur les anciennes cartes, le nom de *Brésil* n'a été donné qu'aux côtes maritimes, depuis Para jusqu'à la grande rivière de San-Pedro. Les contrées situées sur les rivières des Amazones, de Madeira, de Xingu, portaient le nom de *pays des Amazones;* elles sont à présent, pour la plus grande partie, comprises dans le gouvernement de Para. La dénomination de *Paraguay,* dans les cartes même de la fin du dernier siè-

(1) *Memoria sobre la linea divisoria*, etc., MS. accompagné d'une carte, et dressé pour le gouvernement d'Espagne, par le ministre M. de *Lastarria*. — (2) Les *MS.* précités (liv. CLXXXIX ci-dessus) et la carte *MS.* du Paraguay y annexée.

cle, s'étend sur la plus grande partie du gouvernement de Mato-Grosso, sur la partie occidentale de celui de Saint-Paul : l'usage moderne et une ordonnance du souverain ont enfin consacré le nom d'*empire du Brésil* pour toutes les possessions portugaises en Amérique. Cette vaste contrée renferme probablement, à peu de chose près, les deux cinquièmes de la surface de l'Amérique méridionale, ou plus de dix fois l'étendue de la France. Mais la population, qui n'est un peu concentrée que sur les côtes et dans les districts des mines, s'élève tout au plus à cinq millions, dont un quart à peine est du sang européen.

» Pour tracer un tableau général du sol du Brésil, de la direction et de la structure des montagnes, les données existantes ne sont ni assez étendues ni assez authentiques. Le principal noyau des montagnes paraît devoir se trouver au nord de Rio-Janeiro, vers les sources de la rivière de San-Francisco. En partant de ce point, une chaîne s'étend parallèlement à la côte du nord, sous les noms de *Cerro-das-Esmeraldas*, *Cerro-do-Frio* et autres; une seconde chaîne, ou plutôt la même, suit une direction semblable au sud, et prend entre autres noms celui de *Parapanema;* elle ne se termine qu'à l'embouchure du fleuve Parana ou de la Plata. Très escarpée et très pittoresque du côté de l'Océan, elle ne paraît nulle part atteindre à une élévation de plus de 1,000 toises. Elle se perd vers l'intérieur, dans un grand plateau que les Portugais nomment *Campos-Geraes.* Cette partie maritime du Brésil est toute granitique, car c'est elle que Mawe a observée. Le sol du Brésil, nous dit ce voyageur [1], est généralement formé d'argile, souvent recouverte d'excellent terreau. Il repose sur une base de granit composé d'amphibole, de feldspath, de quartz et de mica. Telle est notamment la nature des environs de Rio-Janeiro et des côtes maritimes. Autour de Saint-Paul, les couches se présentent dans l'ordre suivant: à la surface s'étend une terre rouge végétale, imprégnée d'oxide de fer; elle repose sur du sable et des matières de transport, avec une grande quantité de cailloux arrondis. Vient ensuite une couche d'argile extrêmement fine de diverses couleurs, mais communément d'un rouge foncé; des veines de sable la traversent dans différentes directions. Un lit de matières d'alluvion très ferrugineuses repose ensuite sur une substance à demi décomposée, provenant d'un granit dans lequel le feldspath prédominait sur le quartz et le mica. Enfin le granit solide sert de base au tout. Sur la route de Rio-Janeiro à Villa-Rica la terre est partout une bonne et forte argile; tous les rochers sont d'un granit où l'amphibole prédomine. A d'autres endroits, le granit en état de décomposition renferme de gros nœuds de *grunstein* qui ressemblent assez à du basalte. Plus loin, dans la province de *Minas-Geraes*, on rencontre des montagnes soit de quartz ferrugineux, soit de granit blanchâtre propre à faire des meules de moulin, soit enfin de schiste argileux. Dans les éboulements de ce schiste on reconnaît des veines de talc tendre et du *cascalhão* ou gangue d'or. Mais un riche minerai de fer couvre quelquefois une grande étendue de terrain.

» La côte septentrionale, entre Maranhao et Olinda, renferme encore une chaîne particulière, appelée la chaîne d'*Itiapaba;* c'est une des plus considérables du Brésil; elle paraît granitique. On nous a montré des cristaux de quartz achetés à Olinda et tirés de ces montagnes. Les bords de l'Amazone ne présentent de tous côtés qu'une immense plaine, où l'on trouve des fragments de granit [1].

» La chaîne de *Marcella* lie les Cordillères maritimes à celles de l'intérieur. Le noyau de ces dernières semble occuper la région où le Parana, le Tocantin et l'Uruguay prennent leur origine. La *Serra-Marta* paraît en former la partie la plus élevée, quoiqu'une autre branche, longeant l'Uruguay, ait pris le nom de *Grande-Cordillère*, nom pompeux que la présence des végétaux de la zone chaude nous autorise à réduire à sa juste valeur.

» Dans le centre même de l'Amérique méridionale s'étend le *plateau des Parexis*, formé d'une longue suite de collines de sable et de terre légère, qui se présentent dans le lointain comme une grosse houle de la mer agitée. Il projette à l'ouest les collines escarpées du même nom, qui, après avoir couru 200 lieues vers le nord-nord-ouest, se terminent à 15 ou 20 lieues de la rivière du Guaporé. Une autre chaîne de montagnes, qui en part vers le sud, prolonge la rive orientale du

(1) *Mawe*, Travels in Bresils, p. 149, p. 122, p. 89, p. 76. (M. *Eyriès* en a donné une bonne traduction.)

(1) *Mawe*, Travels in Bresils, p. 149, p. 155, p. 160.

Paraguay. De ce plateau aride descendent, dans diverses directions, le Madeira, le Topayos, le Xingu (Chingou), affluents de l'Amazone, et le Paraguay avec le Jaura, le Sypotuba et le Cuyaba, ses affluents supérieurs. La plupart de ces affluents sont aurifères, et la source même du Paraguay baigne un gîte de diamants. On peut en inférer que le plateau central est formé de granit, ou plutôt de sidérocriste. Un lac situé sur le Xacurutina, qui chaque année produit une grande quantité de sel, est un sujet continuel de guerre parmi les naturels du pays. Près de *Salina de Almeida,* sur le Jaura, sont des puits salants qui, depuis l'établissement de la colonie, ont constamment fourni du sel à Mato-Grosso. Ils s'étendent l'espace de trois lieues vers le sud dans l'intérieur des terres (1).

» La chaîne de montagnes qui, depuis la source du Paraguay, longe sa rive orientale, se termine à 7 lieues au-dessous de l'embouchure du Jaura, par le *Morro-Excavado* (2). A l'est de ce point, tout est marécage jusqu'au *Rio-Novo,* torrent profond, mais embarrassé de plantes aquatiques, qui se jette dans le Paraguay à 9 lieues plus bas. Par 17° 25′ de latitude, les rives occidentales du fleuve deviennent montueuses à la tête de *Serra da Insua.* Au-dessus de l'embouchure du *Porrudo,* ces montagnes prennent le nom de *Serra das Pedras de Amolar,* d'après le schiste novaculaire qui en constitue la masse. Cette petite chaîne est terminée par celle des *Dourados*, au-dessous de laquelle un canal conduit au lac de *Mendiuri,* long de six lieues, et le plus grand de ceux qui bordent le Paraguay. Plus bas, ce fleuve baigne les *Serras d'Albuquerque,* qui forment un carré de dix lieues et contiennent beaucoup de pierres calcaires. Après l'espace de six lieues commence la *Serra do Rabicho,* et le fleuve reprend sa direction méridionale jusqu'à l'embouchure du Taquari, belle rivière fréquentée tous les ans par des flottilles qui viennent de Saint-Paul pour aller à Cuyaba. A l'endroit où le *Mbotetey,* maintenant appelé *Mondego*, s'écoule dans le Paraguay, deux hautes collines isolées se font face sur les deux rives de ce dernier fleuve. Le poste de *Nouvelle-Coïmbre* occupe l'extrémité méridionale d'une hauteur qui borde le fleuve à l'ouest. A 11 lieues dans le sud de Coïmbre est, du côté de l'ouest, l'embouchure de *Bahia-Negro,* grande nappe d'eau ayant 5 lieues du nord au sud, et 6 lieues d'étendue; elle reçoit toutes les eaux des vastes terrains submergés au sud et à l'ouest des montagnes d'Albuquerque. A cette baie se terminent les possessions portugaises actuelles sur les deux bords du fleuve. Depuis l'embouchure du Jaura jusque par 21° 22′, où de hautes montagnes s'étendent à l'ouest, et plus encore à l'est, tout le pays est régulièrement inondé tous les ans, de manière que dans un espace de 100 lieues en long sur 40 de large, les flots débordés du fleuve ne présentent plus qu'un immense lac, que les géographes désignent sous le nom de *Lac de Xarayes*. Pendant cette inondation, les montagnes et les terrains élevés paraissent à l'œil ravi comme autant d'îles enchantées que divise un labyrinthe de canaux, de baies, d'anses et de bassins, dont plusieurs subsistent même lorsque les eaux ont baissé; c'est à cette époque sans doute que les vents d'ouest deviennent malsains au Brésil.

» Les côtes septentrionales du Brésil, depuis Maranhao jusqu'à Olinda, sont bordées d'un récif sur lequel les vagues de l'Océan se brisent, et qui, en plusieurs endroits, ressemble à une chaussée ou à une digue. Il consiste sans doute en roc de corail. Les habitants d'Olinda et de Paraïba s'en servent pour construire leurs maisons (1).

» Toutes les côtes voisines de l'embouchure de l'Amazone et du Tocantin sont des terrains bas, marécageux ou vaseux, formés par les alluvions réunies de la mer et des fleuves. Aucun récif n'arrête ici la violence des flots et des marées; des bancs de sable, des îles basses et même à moitié noyées, resserrent cependant les embouchures. Le concours de tant de grands fleuves qui s'écoulent en sens contraire de la marche générale des courants et des marées (de l'est à l'ouest), produit ici une espèce de marée extraordinaire et qui a peu de pareilles au monde; c'est le *pororoca,* dont nous avons déjà essayé de tracer l'image.

» Il est remarquable que la côte, depuis Para jusqu'à Fernambouc, n'offre aucune rivière de long cours; et cependant le *Maranhao,* le *Rio-Grande* et le *Paraïba* ont de

(1) *Mawe*, Travels, p. 296, 298. — (2) *Idem*, p. 301

(1) *Piso*: Medicina Bras., l. I, p. 3, édit. Laet.

larges embouchures dans un terrain meuble. Dans la saison pluvieuse, ce sont des torrents qui inondent toute la contrée ; dans la saison sèche, ils ont à peine un filet d'eau, comme si le sol des montagnes intérieures les absorbait [1] ; souvent même leurs lits, absolument desséchés, servent de chemins aux Indiens [2].

» Depuis le cap Frio jusqu'au 30e parallèle de latitude sud, la côte très élevée ne verse dans l'Océan aucune rivière tant soit peu considérable. Toutes les eaux se dirigent vers l'intérieur et s'écoulent vers la Parana ou vers l'Uruguay, qui tous les deux ont leurs sources dans ces montagnes. Le *Rio-Grande de San-Pedro,* c'est-à-dire la grande rivière de Saint-Pierre, n'est pas d'un long cours, mais elle a une très large embouchure sur une côte basse et bordée de dunes.

» La vaste étendue du Brésil indique assez que le climat et l'ordre des saisons n'y peuvent pas être partout les mêmes. L'humidité continuelle qui règne sur les bords marécageux de l'Amazone y rend les chaleurs moins intenses. Les tempêtes sont aussi dangereuses sur ce fleuve qu'en pleine mer. En remontant la Madeira, le Xingu, le Tocantin, le San-Francisco, on trouve des plaines élevées ou des montagnes ; le climat y offre plus de fraîcheur. La température des environs de Saint-Paul permet aux fruits de l'Europe d'y venir ; les cerises surtout y abondent. Ce point paraît offrir le meilleur climat de tout le pays [3]. *Pison* dit que le vent d'ouest est malsain dans les parties intérieures du Brésil, parce qu'il passe par-dessus de vastes forêts marécageuses [4]. La côte maritime, depuis Para jusqu'à Olinda, paraît jouir d'un climat analogue à celui de la Guyane, mais un peu moins humide. La saison pluvieuse, à Olinda de Fernambouc, commence en mars, quelquefois en février, et se termine en août. Les observations de Marcgrav prouvent que les vents de sud-est dominent non seulement pendant toute la saison pluvieuse, mais même un peu avant et un peu après [5]. Le vent du nord règne avec quelques interruptions pendant la saison sèche ; alors les collines n'offrent qu'un sol brûlé, où toute la végétation est mourante, ou du moins languissante. Les nuits, dans cette saison, sont très froides. Tout le reste de l'année, la chaleur extrême du climat y est tempérée par des vents de mer rafraîchissants, et la nature y est dans une activité continuelle. La brise d'est s'élève tous les matins avec le soleil, et continue une partie de la nuit ; mais un peu avant le matin les effets de la rosée sont aussi incommodes que dans les Antilles et la Guyane.

» Les observations de *Dorta*, académicien de Lisbonne [1], à Rio-Janeiro, depuis le commencement de 1781 jusqu'à la fin de la même année, et pendant tout 1782, donnent, pour chaleur moyenne des huit mois de 1781, 71.65, de Fahrenheit, et pour la moyenne de 1782, 73.89. La quantité de la pluie fut, dans cette dernière année, de 43 pouces 1 ligne $\frac{11}{100}$. Le mois d'octobre fut le plus pluvieux, celui de juillet le plus sec. L'évaporation fut de 35 pouces 5 lignes $\frac{1}{4}$. Le mois de la plus grande évaporation fut celui de février, celui de la moindre le mois d'octobre. Il y eut dans cette année-là 112 jours sereins, 133 avec des nuages, 120 pluvieux ; le tonnerre se fit entendre durant 77 jours, et il y eut des brouillards durant 48. Ces observations coïncident avec celles de dom Pernetti sur l'île Sainte-Catherine, où il eut beaucoup à se plaindre des brumes. « De ces bois, dit-» il, où le soleil ne pénètre jamais, s'élèvent » des vapeurs grossières qui forment des » brumes éternelles sur le haut des monta-» gnes dont l'île est environnée. Cet air mal-» sain n'est qu'à peine corrigé par la quantité de » plantes aromatiques dont l'odeur suave se fait » sentir à 3 ou 4 lieues en mer lorsque le vent » y porte. » Nos voyageurs modernes, et entre autres M. Krusenstern, se louent de la température agréable et salubre de cette même île. Il faut donc admettre que les défrichements de l'intérieur ont amélioré le climat.

» Les maladies dominantes au Brésil, du temps de Pison, paraissent avoir été les mêmes que celle de la Guyane d'aujourd'hui ; mais la lèpre et l'éléphantiasis y étaient alors inconnues.

» Le tableau des productions du Brésil commence nécessairement par le diamant. L'enveloppe ou le *cascalhão* de ces pierres

(1) *Piso:* Medicina Bras., l. I, p. 4. — (2) *Marcgrav:* Hist. nat., Brasil., l. I, ch. 1, p. 262. — (3) Notes communiquées par M. *Correa de Serra.* — (4) *Piso:* Med. Bras., l. I, p. 1. — (5) *Marcgrav:* Hist. nat. Bras., l. VII, cap. II.

(1) *Memorias*, t. I, p. 345.

précieuses est une terre ferrugineuse, mêlée de cailloux agglutinés. On les trouve généralement à jour dans le lit des rivières et le long de leur bord. Les roches qui accompagnent les diamants et qui en indiquent la présence, sont le plus souvent des minerais de fer éclatants et en forme de pois, des schistes d'une texture fine approchant de la pierre lydienne, des diorites granitoïdes compactes ou schisteuses, du fer oxidulé noir en grande quantité, des fragments roulés de quartz bleu, du cristal jaune et d'autres matières entièrement différentes de tout ce que l'on connaît des parties constitutives des montagnes adjacentes. Les diamants ne sont pas même exclusivement propres aux lits des rivières ou aux ravins profonds; on en a trouvé dans des excavations et dans des courants d'eau sur les sommités des plus hautes montagnes (¹).

» On a prétendu que les diamants du Brésil avaient moins de dureté que ceux des Indes orientales; on a cru encore que le diamant d'Orient affectait plus particulièrement la forme de l'octaèdre, et celui du Brésil la forme du dodécaèdre. Le célèbre Haüy ne regarde pas ces différences comme prouvées (²). C'est cependant l'opinion générale des lapidaires que les diamants du Brésil ont l'eau moins belle.

» Le *Cerro do Frio* est un assemblage de montagnes âpres, courant au nord et au sud, qui passent pour les plus hautes du Brésil. Le territoire des diamants proprement dit s'étend environ 16 lieues du sud au nord, et 8 de l'est à l'ouest. Il fut premièrement exploré par quelques mineurs entreprenants de Villa-do-Principe, qui, uniquement occupés de l'or, dédaignèrent long-temps les diamants comme des cristaux sans valeur. Enfin on en présenta un choix au gouverneur de Villa-do-Principe, qui, ne les connaissant pas davantage, s'en servit comme jetons au jeu. Apportés par hasard à Lisbonne, on en remit à l'ambassadeur de Hollande afin qu'il les fît examiner dans son pays, qui était alors le principal marché de pierres précieuses. Les lapidaires d'Amsterdam les reconnurent pour de beaux diamants. L'ambassadeur, en informant le gouvernement portugais de la découverte, conclut en même temps un traité pour le commerce de ces pierres, et Cerro-do-Frio devint un district à part. L'énorme quantité de diamants exportés dans les vingt premières années, et qu'on dit avoir excédé 1,000 onces, en diminua promptement le prix en Europe, et on les envoya par la suite dans l'Inde, où ils avaient plus de valeur, et qui auparavant les avait fournis exclusivement. Du reste, le Cerro-do-Frio se présente sous un aspect particulier. Déjà, autour de Villa-do-Principe, la contrée est découverte et débarrassée de ces forêts impénétrables qui occupent généralement les autres parties de la province. En avançant vers Tejuco, l'herbe même disparaît quelquefois, et l'on ne voit presque plus que du gros sable et des cailloux de quartz arrondi. Partout la monotone aridité d'un plateau granitique semble dire au voyageur attristé : « Vous êtes dans le district des diamants! »

» Les mines de Cerro-do-Frio produisent au gouvernement, année commune, de 20 à 25,000 carats. De 1801 à 1806, les frais d'exploitation se montaient à 204,000 livres sterling, non compris 17,300 livres sterling provenant de l'or trouvé dans la même période. Les diamants envoyés au trésor de Rio-Janeiro pèsent 115,675 carats, en sorte qu'ils coûtent au gouvernement 33 shellings 8 deniers (environ 42 fr.) par carat. C'étaient des années extraordinairement productives; mais on peut compter qu'il y en a toujours autant de détournés par fraude, malgré toutes les rigueurs de la surveillance et la sévère punition qui attend les contrebandiers. Aussi la difficulté de l'exportation les retient dans le district, où ils circulent comme du numéraire (¹).

» Il y a d'ailleurs des mines de diamants, ou pour mieux dire des lavages, dans la rivière Tibigi, qui arrose la plaine de Corritiva, dans les plaines de Cuyaba, et même dans beaucoup d'autres endroits dont le gouvernement n'a pas connaissance (²).

» Le volume des diamants varie infiniment; il y en a de si petits, qu'il en faut 4 ou 5 pour faire le poids d'un grain, par conséquent 16 ou 20 pour un carat. Rarement on en

(¹) *Mawe*, Travels, p. 227. — (²) *Haüy* : Minéralogie, III, p. 296.

(¹) *Mawe*, p. 249, p. 255, p. 258. — (²) Actes de la Société d'histoire naturelle de Paris, t. I, p. 78 et suiv. *Mawe*, p. 57.

trouve dans le courant d'une année plus de 2 ou 3 de 17 à 20 carats, et il peut se passer 2 ans sans qu'on en rencontre un de 30 carats. Lorsqu'un des journaliers nègres employés au lavage trouve un diamant d'un *octavo* ou de 17 carats et demi, il est couronné de fleurs et conduit en procession chez l'administrateur, qui l'habille à neuf et lui achète sa liberté.

» Les topazes du Brésil paraissent être de plusieurs variétés ; peut-être a-t-on confondu sous ce nom des pierres de diverses espèces, entre autres la cymophane. La couleur ordinaire est le jaune. Dans les ruisseaux de *Minas-Novas*, au nord-est de Tejuco, on trouve des topazes blanches, bleues, et des aigues-marines. Parmi les topazes bleues on rencontre quelquefois une variété particulière, ayant l'un de ses côtés bleu, l'autre clair et limpide. Les topazes de Capor n'ont jamais qu'une seule pyramide, même lorsqu'on les trouve implantées dans des cristaux de quartz, qui paraissent également fracturés et changés de place.

» La plupart des pierres que l'on débite sous le nom de *rubis du Brésil* ne sont autre chose que des topazes du même pays, que l'on a exposées au feu pour remplacer, par une teinte plus agréable, le jaune roussâtre, qui était leur couleur naturelle. »

Le *chrysobéril*, ou la *cymophane*, qui prend sous la main des lapidaires l'éclat le plus brillant, et qui se vend tantôt sous le nom de *chrysolithe* et souvent sous celui de *topaze orientale*, n'a quelque prix en Europe que lorsque ses reflets sont vifs et chatoyants.

« Tout le plateau central, depuis les environs de Saint-Paul et de Villa-Rica, jusqu'aux bords de la rivière d'Ytènes, paraît renfermer des mines d'or ; mais la plupart de ces mines sont encore intactes, et tout l'or que le Brésil a envoyé en Europe est provenu des lavages qu'on a établis le long des rivières qui sortent de ces montagnes.

» Environ à 5 lieues au sud-ouest de Saint-Paul, sont les anciens lavages de Jaragua, fameux il y a deux siècles, et qu'on vantait alors comme le Pérou du Brésil. Le sol est rouge, ferrugineux, profond ; il repose sur du granit, inclinant vers le gneiss, mêlé d'amphibole et de mica. L'or se trouve, la plupart du temps, immédiatement au-dessus du roc, dans un lit de cailloux et de gravier, appelé *cascalhdo*. Les trous dont on l'a tiré pour le lavage ont 50 à 100 pieds de large, et 18 à 20 de profondeur ; souvent le métal touche déjà aux racines de l'herbe. L'or varie beaucoup par le volume de ses grains : quelquefois ses parcelles sont si minces, qu'elles nagent dans l'eau agitée. Le produit des mines d'or s'élève, d'après un rapport digne de foi, à la valeur de 5 millions et demi de piastres [1]. M. de Humboldt l'évalue à un cinquième de moins. »

La principale exploitation de l'or en filons est celle de *Gongo-Soco*, à 10 journées de route en poste de Rio-Janeiro. Elle a été concédée à une compagnie anglaise. Au commencement de 1829 on y découvrit une veine tellement riche qu'en 10 jours elle produisit 344 marcs. Elle fournit régulièrement dans le même temps 200 à 480 marcs. La valeur des lingots expédiés de Rio-Janeiro en Angleterre depuis le 1er janvier jusqu'au 1er juillet 1829, s'est élevée à 4,166,000 francs.

« L'or n'est pas le seul métal que possède le Brésil ; le fer y abonde, mais l'exploitation en est défendue. M. Link vit à Lisbonne, dans le cabinet d'Ajuda, un morceau de mine de cuivre vierge qu'on y conserve, et qu'on a trouvé dans un vallon, à 2 lieues portugaises de *Cachoeira* et à 14 de *Bahia*. Il est d'une grandeur et d'un poids extraordinaires. Il pèse 2,616 livres ; il a, dans sa plus grande largeur, 2 pieds 1 pouce 6 lignes, et dans sa plus grande épaisseur, 10 pouces ; sa surface est raboteuse, couverte çà et là de malachite et de fer oxidé.

» A l'instar de l'Afrique centrale, ce royaume de l'or et des diamants manque de sel, et la cherté de cette substance nécessaire empêche les habitants de saler les viandes d'une quantité innombrable de bœufs et d'autres animaux que l'on tue pour en avoir la peau, et qui deviennent la proie des bêtes féroces. Le sel nécessaire à la salaison coûterait trois fois autant que la viande. Ce n'est pas que la nature ne produise au Brésil beaucoup de sel marin ; à *Bahia*, près *Cabofrio* et près *Cabo de Saint-Roch*, il y en a tant, qu'on pourrait en charger des vaisseaux [2] ; mais le com-

[1] *De la Réorganisation*, etc., etc. MS. précité. —
[2] *Vasconcellos* : Noticias do Brasil, L. I ; nos 42 et 57, cité par *Da Acunha de Azevedo Coutinho*, évê-

merce du sel est défendu aux particuliers, et affermé pour 48 millions de *reys*. On sent cruellement la cherté du sel dans le pays des mines, où l'on est obligé d'en donner aux animaux, qui sans cela refuseraient souvent de manger. Les champs produisent à la vérité de l'herbe en abondance; mais elle ne contient pas assez de parties salines pour les troupeaux [1]. S'il se trouve, dans l'intérieur de ce pays, quelques endroits dont le terrain soit imprégné de sel, l'instinct y conduit des troupeaux immenses d'animaux et d'oiseaux qui viennent s'y repaître.

» Le sel n'est pas la seule substance commune ailleurs et rare au Brésil. Un auteur indigène [2] assure qu'au Brésil on n'a point de pierres calcaires, et que toute la chaux faite avec des coquillages est ordinairement d'une mauvaise qualité. Cette assertion paraît trop générale. M. Mawe a trouvé de belles pierres calcaires, dans le territoire boisé de Gorosuara, auprès de Sorricaba, gouvernement de Saint-Paul; il en a découvert de fort grosses au nord de Rio-Janeiro, dans l'ancien lit de la mine d'or de Santa-Rita; et aux alentours, des collines entières de la même roche, dont les parties détachées avaient formé des bancs de tuf dans toutes les vallées environnantes. On lui assura qu'il s'en trouvait auprès de Sabara, dans Minas-Geraes [3]. Près de la rivière Abaité, dans le district de *Minas-Novas*, une matière calcaire enveloppe du plomb sulfuré; et les vastes lits calcaires de Monte-Rodrigo, entre Rio-dos-Velhos et Parana, servent à la production d'une grande quantité de nitrate de potasse.

» Le règne végétal du Brésil n'est, comme le règne minéral, connu qu'en partie. On savait, par les ouvrages de Pison et de Marcgrav, que la flore du Brésil septentrional ressemble beaucoup à celle de la Guyane; mais cette ressemblance paraît même, d'après les observations de quelques savants voyageurs, s'étendre jusqu'à la partie méridionale. On y retrouve la plupart des plantes décrites par Aublet; les *composées*, les *euphorbiacées*, les *légumineuses*, les *rubiacées*, paraissent les familles les plus nombreuses: il y a plus de *cypéracées* que de *graminées;* le nombre des *aroïdes* et des *fougères* paraît considérable. Les plantes de Rio-Janeiro sont presque toutes dépourvues d'odeur et d'arôme, mais les plantes amères y abondent [1]. On y a découvert des salicornes très riches en soude. Le même observateur nous apprend que sur trente plantes recueillies dans le Benguela et l'Angola en Afrique, une seule s'est trouvée ne pas croître aux environs de Rio-Janeiro; fait curieux, qui, s'il est reconnu général au Brésil, peut concourir à rendre vraisemblable la transmigration de quelques peuplades africaines.

» Les côtes maritimes sont couvertes de palétuviers rouges: à peu de distance commencent les nombreuses espèces de palmiers, parmi lesquelles on distingue le cocotier brésilien, plus gros et plus élevé que celui des Indes [2]. On tire de ses fruits un excellent beurre; mais cette opération ne peut se faire avec succès qu'autant que la chaleur de l'air est moindre de 20 degrés de Réaumur: si elle monte à 23 degrés, le beurre devient une huile très liquide. Les *crotons* forment presque tous les taillis qui couvrent les pittoresques montagnes dont la rade de Rio-Janeiro est environnée. Le myrte brésilien brille par son écorce argentée. Le *bignonia leucoxylon*, nommé dans le pays *guiraparibu*, fleurit plusieurs fois dans l'année, et sa floraison annonce ordinairement les pluies: cet arbre, tout couvert de belles fleurs jaunes, ne formant alors qu'un seul bouquet, éclate aux yeux à une très grande distance. L'*icica-heptaphylla*, la *copayfera officinalis*, et plusieurs autres, donnent des résines précieuses. Mais les fruits des arbres indigènes, tels que les *jacas* [3], les *jaboticaba*, les *gormichama*, quoique mangés par les habitants de Rio-Janeiro, ont un goût désagréable, un peu amer et résineux. Tous ces arbres appartiennent à la famille des myrtées [4]. Le couroupite, ou l'arbre à boulets de canon, de la Guyane, est connu au Brésil sous le nom de *pékia:* son fruit, gros et dur, renfermant une énorme noix, ressemble réellement, pour la forme et la grandeur, à un boulet

que de Fernambouc. — Essai sur le commerce du Portugal, part. 1, chap. 1, § 4.

(1) D'*Azara:* Quadrupèdes du Paraguay, t. II, p. 257 de l'original. — (2) *Du Acunha de Coutinho*, X, 7. — (3) *Mawe*, Travels, p. 92, 126, 224.

(1) Lettre de M. *Auguste de Saint-Hilaire*, MS — (2) *Cocos butiracea*, Linn. *Pindova* est le nom brésilien, selon *Piso*, t. II, ch. x. *Marcgrav*, liv. III, ch. XVIII. — (3) *Artocarpus integrifolia*. — (4) Lettre de M. *Auguste de Saint-Hilaire*.

de 86, et il est dangereux de s'exposer à en recevoir une contusion au moment où il tombe à terre. Lorsque ce même arbre en fleurs est revêtu de ses énormes calices et pétales embellies des couleurs les plus vives et les plus variées, il présente une grande pyramide fleurie de l'aspect le plus magnifique.

» Les forêts du Brésil sont embarrassées par des broussailles et des arbrisseaux, entre autres une espèce d'aloès épineux : elles sont en quelque sorte étouffées par des arbustes sarmenteux, et des lianes qui montent jusqu'au sommet des arbres les plus élevés. Quelques unes de ces lianes, comme la *passiflora-laurifolia*, étalent de superbes fleurs. »

La taille imposante des arbres, l'abondance de leur feuillage, la quantité innombrable de fleurs dont ils sont chargés, les couleurs brillantes et variées de celles-ci, les plantes grimpantes parmi lesquelles on cite les bignonies, les banistéries et les aristoloches, qui s'attachent aux trônes et aux branches des grands végétaux ligneux; les formes singulières des plantes parasites, donnent à la végétation du Brésil un caractère particulier. C'est dans cette contrée que l'on trouve ces forêts vierges et presque impénétrables qui prospèrent sous l'influence d'une chaleur intense, de pluies journalières et de grandes inondations [1].

« Un auteur portugais [2] prétend qu'aucun pays ne renferme des bois aussi précieux pour la construction que le Brésil. « Tous nos ingénieurs-constructeurs, dit-il, connaissent » la qualité supérieure du tapinhoam, de la » peroba, du pin du Brésil, du cerisier, du » cèdre, du cannellier sauvage, de la guer» rama, de la jequetiba, etc. : quelques unes » de ces espèces de bois résistent mieux à l'in» fluence de l'eau, d'autres à celle de l'air. » L'olivier et le pin du Brésil sont particuliè» rement propres à la mâture. » Quelques uns de ces beaux arbres parviennent à la hauteur extraordinaire de 150 palmes; mais ils sont exposés à mille dangers : leurs racines, peu profondes, s'étendent au loin sur la surface de la terre; chaque coup de vent qui ébranle leurs fortes branches les abat, et pour comble de malheur, ceux qui tombent en entraînent bien d'autres dans leur chute.

» La Condamine [1] parle des canots dont se servaient les carmes envoyés par les Portugais, comme missionnaires, sur la rivière des Amazones. Il monta un de ces canots fait d'un seul arbre, et qui avait 90 palmes de longueur, 10 et demie de largeur et autant de hauteur. Rocca Pitta, dans son Histoire de l'Amérique portugaise, parle de ces sortes de canots construits d'un seul tronc, dont le diamètre était de 16 à 20 palmes, qui avaient de chaque côté 20 ou 24 rameurs, et qui étaient chargés de 5 à 600 tonneaux de sucre, dont chacun était de 40 arobes [2].

« Les racines de plusieurs de ces arbres, » dit l'évêque de Fernambouc [3], entourent » les troncs à la hauteur de 8 à 10 palmes au-» dessus de la surface de la terre, où elles » diminuent de manière à former, pour ainsi » dire, autant de rectangles avec le tronc » qu'elles sont en nombre. Il n'existe pas de » bois plus propre à faire des courbes que » celui de ces racines, surtout celles de la » succupira, de l'ipe, de la peroba ou de la » sapocaja. »

» Les bois de mâture et de menuiserie sont déjà en quantité exportés pour l'Europe. La marine royale de Portugal est construite en bois brésilien. Bahia et quelques autres ports du Brésil font de la construction des bâtiments une branche de leur commerce. Non seulement le Portugal en tire presque tous ses vaisseaux marchands, mais on en vend même aux Anglais, qui en font grand cas. Les constructions navales coûtent ici moitié moins qu'en Angleterre [4].

» Les bois de teinture du Brésil sont très connus, celui surtout qui porte le nom du pays même, chez quelques nations européennes, et chez d'autres celui de bois de Fernambouc [5]. Cet arbre est de la hauteur de nos chênes : il est chargé de branches, mais, en général, d'une vilaine apparence; les fleurs, très semblables pour la forme à celles du muguet, sont d'un très beau rouge : la feuille ressemble à celle du buis; l'écorce de l'arbre

[1] *Martins :* Sur la physionomie des végétaux dans le Brésil. Edinb. New. philos. Journ. 1830. — [2] *Da Acunha de Coutinho*, Essai sur le comm. ou Portugal, p. I., c. VIII.

[1] *La Condamine :* Voyage à la rivière des Amazones, p. 91. — [2] *America portugueza*, liv. 1, nos 58 et 59. — [3] *Da Acunha de Coutinho*, part. I, ch. VIII, art. 7. — [4] Notes de M. *Correa de Serra*. — [5] *Cæsalpinia echinata*.

est d'une épaisseur considérable. Il croît dans les rochers et les terrains arides.

» Le manioc est ici, comme dans toute l'Amérique, la principale ressource pour la nourriture de l'homme. Les ignames, le riz, le maïs, et depuis 1770 le froment, sont cultivés avec soin. La pistache de terre ou la *glycine souterraine* (1) paraît indigène : on en tire surtout une huile excellente. Les melons, les citrouilles, les bananes, abondent dans toutes les parties basses. Les citronniers, les pampelmouses, les orangers, les goyaviers, sont communs sur la côte. Les figuiers de Surinam (2) viennent surtout parmi les ronces dans les champs abandonnés. L'arbre mangaba, appelé aussi *mamai*, ne croît que dans les environs de Bahia : on tire de ses fruits une espèce de vin. Les pommes de pin abondent surtout sur les côtes de la province de Saint-Vincent et dans l'intérieur, vers les frontières du Paraguay. L'ibipitanga (3) donne un fruit qui ressemble aux cerises. La province de Rio-Grande produit tous les fruits européens d'une bonne qualité, et en abondance. On nous assure que les légumes de l'Europe ont dégénéré aux environs de Rio-Janeiro, à l'exception des haricots, qui y ont produit un grand nombre de variétés.

» La culture du sucre, du café, du coton et de l'indigo a pris des accroissements considérables. Le fameux tabac du Brésil n'est cultivé que dans le district de Cachoeira, à 15 lieues de Bahia; mais ce district est très vaste : cette culture est très lucrative, bien qu'elle ne soit pas comparable à celle du coton (4). Le cacaoyer forme des forêts immenses dans la province de Para, le long de la Madeira, du Xingu et du Tocantin. Dans ces mêmes forêts, le vanillier, au moyen de ses vrilles, s'attache, comme le lierre, au tronc des arbres.

» Le Brésil nourrit plusieurs espèces de poivre, entre autres le *capsicum frutescens*, L., le cannellier sauvage et la cassie brésilienne. Le *caopia* des Brésiliens est l'*hypericum guyanense*, qui donne, par incision, une résine semblable à la gomme-gutte. Parmi les plantes médicinales, on distingue le caaccica ou herbe à serpent (1); l'arapabaca (2), le salutaire *ipécacuanha*, le jalap, le gaïac, et l'espèce d'*amyris* qui produit la gomme élémi. Le conami sert aux pêcheurs à engourdir les poissons.

» La plupart des animaux du Pérou, de la Guyane et du Paraguay se retrouvent aussi au Brésil; tels sont les jaguars, les couguars, les tapirs, les pecaris et les coatis. Mais ce pays offre aussi des particularités. Les bœufs et les chevaux ne prospèrent pas dans la plus grande partie du Brésil, ils restent généralement faibles. La peau des bœufs sauvages est employée à faire des bateaux (3). Les animaux particuliers au Brésil appartiennent pour la plupart au genre des singes et à des genres qui en sont rapprochés. Tel est le marikina, qui est un *tamarin*, que M. d'Azara, d'après l'observation de M. Walckenaer, semble avoir confondu avec son miriquoina ou *simia pithecia*, qui est une espèce très différente. Le titi ou ouistiti (*simia jacchus* de Linné), est particulier au Brésil. On en a distingué huit espèces, et M. d'Azara ne l'a jamais rencontré au Paraguay (4). Les autres singes sont le sajou (*cebus apella*), et le pinche (*midas œdipus*), espèce de tamarin plus petit encore que le ouistiti. L'Européen est dégoûté à la vue des chauves-souris qui sont très grandes et très nombreuses; on distingue le vampire et la chauve-souris musaraigne (*vespertilio soricinus*). Deux espèces de paresseux se traînent sur les arbres du Brésil, l'*aï* et l'*unau* (5).

» On trouve aussi au Brésil des fourmiliers et des tatous, comme dans les autres parties de l'Amérique. Le *tatou peba* ou le *bâton noir*, et le *tatouay*, sont très communs au Brésil. La marmose, *didelphis murina*, les *cavia paca* et *aperea* ou *cabiai*, appelés vulgairement cochons d'Inde, sont particuliers au Brésil et à la Guyane, ainsi que le *sciurus œstuans*, qui porte le nom distinctif de *guerlinguet* ou d'écureuil du Brésil. Le *tapeti*, ou le lièvre brésilien, n'a point de queue.

» Les oiseaux du Brésil sont peut-être ceux qui se distinguent le plus par l'éclat des cou-

(1) Son nom brésilien est *mundubi*. *Marc-grav* : Hist. nat., t. I, c. XVII. — (2) *Cecropia peltata*. — (3) C'est une *plinia*, selon Jussieu et Correa de Serra; dans l'Encyclopédie méthodique, on la regarde comme une *eugenia*. — (4) Notes de M. *Correa*. Voyage de M. *Henri Koster*. Londres, 1816.

(1) *Euphorbia capitata*, L. — (2) *Spigelia anthelmiæ*. — (3) *Langstedt* : Voyage au Brésil et aux Indes orientales, p. 64, en all. — (4) D'*Azara* : Quadrupèdes du Paraguay, t. II, p. 200 de l'original. — (5) *Acheus al Bradipus didactilus*.

leurs dont la nature a revêtu leur plumage. *Pernetti* assure cependant que la couleur rouge de quelques perroquets est due à des opérations artificielles. Le toucan (*anser americanus*) est poursuivi à cause de ses belles plumes, qui sont en partie couleur de citron, en partie rouge incarnat, et en partie noires par bandes transversales d'une aile à l'autre. Un des plus jolis oiseaux du Brésil est celui qu'on nomme dans le pays *guranthé engerà*. C'est, comme le nom brésilien l'indique, une fleur ailée. Toutes les variétés de colibris fourmillent ici; les bois sont peuplées de plus de dix espèces d'abeilles, les unes logées dans la terre, les autres dans les arbres, la plupart ennemies de la vie sociale, mais dont plusieurs composent du miel aromatique [1]. »

Le Brésil est divisé en 18 provinces et en 24 *comarcas*. Dans chacune de ces subdivisions il y a un *ouvidor* ou juge en seconde instance, dont on appelle aux cours souveraines.

« Il y a un archevêque primat du Brésil à Bahia, et six évêques, dont les résidences sont: Belem dans le Para; Maranhao, Olinda dans le Pernambuco; Rio-Janeiro dans la province de San-Paulo, et Mariana dans Minas-Geraes. Il y a, outre cela, deux diocèses sans chapitres, que l'on nomme *Prelacias*, administrés par les évêques *in partibus*, qui sont Goyazes et Cuyaba. Les curés ne sont pas en nombre suffisant, mais une foule de succursales sont entretenues par les particuliers.

» Pour ce qui regarde la justice, il y a deux cours souveraines (*Relaçoès*), l'une à Bahia, l'autre à Rio-Janeiro. Para, Maranhao, Pernambuco, Goyazes, Bahia, sont du ressort de la première: Rio-Janeiro, Minas-Geraes, Mato-Grosso, San-Paulo, du ressort de la seconde. Les gouverneurs de Bahia et de Rio-Janeiro en sont présidents nés. »

Nous commençons notre topographie par la province de *Rio-Janeiro*, qui tire son nom du magnifique port de sa capitale. Elle a 60 lieues de longueur de l'est à l'ouest, et 23 lieues dans sa moyenne largeur. Les montagnes appelées *Serra-dos-Orgaos* la divisent en deux parties, l'une septentrionale et l'autre méridionale: la première est appelée *Serra-Accina* (au-delà de la montagne); la seconde *Beira-Mar* (côte la mer). Elle renferme 2 cités et 12 villes; mais, à l'exception de la métropole, elles sont peu importantes.

« La forteresse, bâtie sur une langue de terre, s'appelle *Saint-Sébastien*, nom que plusieurs auteurs rendent commun à toute la ville de *Rio-Janeiro*. Les collines et les rochers sont, à une grande distance, couverts de maisons, de couvents et d'églises [1]. Le port, vaste et excellent, est défendu par le château de Santa-Cruz, bâti sur un rocher de granit. L'entrée du golfe qui forme le port est resserrée par plusieurs îles et rochers granitiques d'un aspect très pittoresque. Quelques magasins et chantiers sont aussi établis sur des îles. Peu de sites dans le monde égalent la beauté de ce vaste bassin, dont les eaux tranquilles reflètent de toutes parts un mélange de rochers élancés, de forêts épaisses, de maisons et de temples [2]. Parmi les édifices on distingue le ci-devant collége des jésuites. Il y a des manufactures de sucre, de rhum et de cochenille. Les habitants sont aujourd'hui au nombre d'environ 140,000. Les vivres, quoique abondants, sont chers. La position basse de la ville et la malpropreté des rues, où souvent on laissait s'arrêter les eaux stagnantes, y rendaient le séjour malsain dans quelques saisons, et les vaisseaux négriers y introduisaient souvent des maladies contagieuses; une meilleure police a remédié à tous ces inconvénients. »

Cette capitale est quelquefois simplement appelée Rio. Elle se divise en deux quartiers, l'ancienne et la nouvelle ville. Celle-ci, qui a été construite depuis 1808, est bâtie à l'ouest de la première, dont elle est séparée par une place immense appelée le *Campo-de-Santa-Anna*, que décore une belle fontaine. Une autre, moins grande, mais plus belle, parce qu'elle est terminée, est celle que décore le palais impérial, le plus vaste édifice de Rio. L'eau est conduite dans la ville par un aqueduc appelé la *Carioca*, le plus magnifique du Nouveau-Monde, et qui est construit sur le modèle de celui de Lisbonne. Les plus beaux édifices sont, sans contredit, les églises. On cite celles de *Nostra-Señora-da-Candelaria*,

(1) *Coelho de Seabra*: Mémoires de l'acad. de Lisbonne, t. II, p. 59.

(1) *Staunton*: Voyage de lord Macartney, t. I, p. 175, trad. franç. *Barrow*: Voyage à la Cochinchine, t. I, p. 97, traduct. franç. — (2) *Langstedt*, Voyage, p. 80 et suiv. *Mawe*, Travels, p. 97 et suiv.

de *San-Francisco* et de *Santa-Paula*, et la cathédrale. Cette dernière, sous l'invocation de saint Sébastien, est située sur une hauteur au sud de la ville. Elle est peu élevée, construite en granit, d'une architecture simple et solide, d'une forme oblongue, avec deux petites tours et sans fenêtres. Son intérieur est blanchi à la chaux, et sans aucun ornement. Rio possède tous les établissements de bienfaisance et d'instruction que l'on voit dans les principales capitales de l'Europe; sa bibliothèque publique, que le roi Jean VI apporta de Portugal, se compose de 70,000 volumes. Son jardin botanique, entretenu avec le plus grand soin, est un des plus importants que l'on puisse citer; on y a naturalisé un grand nombre de plantes exotiques dont la culture, répandue dans le Brésil, deviendra un jour une source de richesse pour le pays.

« La douceur des mœurs, la galanterie des femmes, la magnificence des processions, tout fait de Rio-Janeiro une ville de l'Europe méridionale; c'est le principal marché de l'empire, et très commodément placé pour les relations commerciales avec l'Europe, l'Afrique, les Indes orientales, la Chine et les îles du grand Océan. Sous une bonne administration, il pourra facilement devenir l'entrepôt général des productions de toutes les parties du globe. L'exportation consiste en coton, sucre, rhum, bois de construction et de marqueterie; peaux, suif, indigo et grosses cotonnades; or, diamants, topazes, améthystes et autres pierres précieuses. »

Dans les environs de Rio-de-Janeiro se trouvent plusieurs lieux qui méritent d'être cités : tels sont *Boavista* et *Santa-Cruz*, maisons de plaisance de l'empereur; *Macom*, importante par ses plantations; *Cabo-Frio*, par ses pêcheries, et *Marica*, par sa belle église.

Sur la rive méridionale du Paraïba, qui arrose une plaine fertile, s'élève, à 8 lieues de la mer, *Villa de San-Salvador dos Campos dos Goaytacases*, qui mérite le titre de *ciudad*. On y compte 5 à 6,000 habitants. On la nomme ordinairement *Campos* par abréviation. Elle est assez bien bâtie; ses rues sont régulières, et la plupart pavées; les maisons sont propres et jolies, et quelques unes ont plusieurs étages, avec des balcons fermés par des jalousies en bois, suivant l'ancienne mode portugaise. Sur une place publique, près du fleuve, se trouve un edifice qui sert de tribunal et de prison. On compte dans cette petite ville 7 églises et 1 hôpital.

A peu de distance du confluent du Macucu et de l'Ihuapezu, on voit la petite ville de *Macucu*, bâtie sur une petite éminence au milieu d'une belle plaine. Il y a une église dédiée à saint Antoine, et un couvent de franciscains.

« La province de *Rio-Grande do Sul* ou de *San-Pedro*, la plus méridionale de toutes, est arrosée par plusieurs rivières dont les bords se trouvent bien garnis de bois, et sur lesquelles on a récemment entrepris d'établir des lavages d'or. Près du chef-lieu, on exploite du charbon de terre; on y a trouvé aussi du manganèse, qui paraît indiquer de l'étain. De nombreux troupeaux d'autruches, ou plutôt de *nandus* (1), d'une variété foncée, errent dans les plaines. Les oiseaux et les quadrupèdes abondent dans les épaisses forêts. Sous un ciel tempéré, le sol est si productif, qu'on pourrait appeler le Rio-Grande le grenier du Brésil : on en exporte pour toutes les parties de la côte du froment emballé dans des peaux, où souvent il fermente avant d'arriver à sa destination. La culture du chanvre, essayée avec succès par ordre du gouvernement, a été abandonnée comme trop pénible. Les raisins, très bons, y fourniront du vin, maintenant que les lois favorisent cette culture. Le gros bétail, dont la race est ici extrêmement belle, forme le principal objet des soins de l'agriculteur. Il y a d'excellents chevaux. La vente du suif, de la viande séchée et des peaux, dont on exporte environ 400,000 par an, sont une grande source de richesses pour le pays. »

Cette province a, suivant M. A. de Saint-Hilaire, une superficie de 8,230 lieues carrées. Une chaîne de montagnes peu élevées la divise en deux parties fort inégales; mais ces montagnes sont remarquables, puisqu'à l'ouest elles donnent naissance aux principaux affluents de l'Uruguay, et du côté de l'est aux rivières dont la réunion forme le lac immense dos Pathos. Une sorte de canal naturel, appelé *Rio de San-Gonçalo*, unit ce lac à celui de Merino, et tous les deux ensemble n'ont guère moins de 80 lieues de longueur.

(1) *Rhea americana*. Lath.

L'habitant des campagnes de Rio-Grande rappelle nos bons fermiers de la Beauce; mais il se rapproche encore plus du Bédouin et du Tatar. Bien fait et robuste, il n'est heureux qu'à cheval, lorsqu'il lance les boules ou le lacet contre une génisse sauvage. Sur son cheval, il n'a plus besoin de rien; il emporte de quoi se faire un lit au milieu des déserts, une nacelle pour passer les fleuves, et tout ce qu'il faut pour sa nourriture. En effet, s'il veut dormir, il se couche sur le cuir écru qui, étant plié, formait la couverture de son cheval, et il appuie sa tête sur la selle étroite et légère qu'il nomme *lombilho;* ce même cuir, attaché aux quatre coins, devient une pirogue; son lacet et ses boules suspendus à sa selle lui servent à réduire les bestiaux dont il fait sa nourriture, et un bâton pointu, plus facile encore à transporter que ses boules et son lacet, lui tient lieu de broche [1].

Près du Rio-Cuarey, ou de la frontière septentrionale de la République de l'Uruguay, se trouve *Alegrete*, petite ville nouvellement bâtie sur la rive droite du Garapuytao, affluent de l'Ybicui; on y élève beaucoup de bestiaux et de mulets renommés.

La *Cacheira* est une autre petite ville récemment fondée, sur une colline de la rive gauche du Jacuy, non loin du confluent du Butucaraby. Les maisons, blanchies extérieurement, sont bâties en pierre et en brique, et couvertes en tuiles rouges. L'église, d'une extrême simplicité, n'a l'air que d'une grande maison. Sa situation est riante et très favorable au commerce d'échange.

Rio-Pardo se trouve plus bas sur la même rive, précisément au confluent de la rivière dont cette ville porte le nom. Des maisons d'un étage et d'une architecture gracieuse, des églises sur les points les plus élevés; des jardins plantés d'orangers, de bananiers et de cocotiers, tel est le coup d'œil que présente cette petite cité vue des hauteurs voisines. Elle renferme 6,000 habitants [2].

Portalegre (Porto-alegre), ville grande, bien bâtie, au haut d'une colline, sur la rive gauche du Jacuy, au-dessus de l'embouchure de cette rivière, dans le grand lac *dos Pathos*, est peuplée de 15,000 âmes et la capitale de la province. Elle renferme cinq églises, un hôpital, une maison de bienfaisance, un arsenal, deux casernes et une prison. Parmi ses plus belles rues, on cite celle du *Praïa* et celle d'*Igrésia*, qui sont remarquables par le nombre de jolies maisons qui les garnissent. Au bord du fleuve est bâtie la douane, édifice carré, solidement construit et disposé commodément pour le commerce. Le lac Pathos, dont la longueur est de 60 lieues et la largeur de 20, communique avec la mer par un canal; ses eaux sont salées, et assez profondes pour que les navires de moyenne grandeur y puissent naviguer.

« *Rio-Grande*, ou *San-Pedro*, à l'entrée du lac Pathos, est défendue par plusieurs forts en partie construits sur des îlots. Des écueils et des bancs de sable, sujets à être déplacés par la violence des courants, rendent l'entrée du port dangereuse pour des navires qui tirent plus de 10 pieds. Cette ville a cessé d'être la capitale de la province depuis 1768. »

San-Francisco de Paula est une charmante petite ville qui n'existe que depuis une quinzaine d'années, et qui cependant rivalise avec Porto-alegre par l'activité de ses habitants, l'importance de ses transactions commerciales et le grand nombre d'édifices qu'on y élève journellement [1].

La *province de Sainte-Catherine* (*Santa-Catharina*) doit cette dénomination à une île du même nom qui en dépend, et qu'entourent d'autres petites îles baignées comme elle par l'Océan. Le sol de la province est couvert de petits lacs, et ses côtes, généralement basses, sont dominées par le mont Bahul, qui sert de signal aux navigateurs.

» Les rochers coniques de l'île *Sainte-Catherine*, qui s'élèvent rapidement du fond de la mer, forment un ensemble pittoresque avec les hautes montagnes du continent voisin, dont les cimes, couronnées de bois, se confondent dans le lointain avec l'azur des cieux. L'île même, séparée du continent par un canal étroit, offre une variété de montagnes et de plaines; quelques endroits sont marécageux. Les chaleurs du solstice y sont constamment tempérées par d'agréables bri-

(1) Rapport de M. A. de Saint-Hilaire sur l'ouvrage intitulé : *Annaes da provincia de San-Pedro*, par M. J.-F.-F. Pinheiro, baron de S.-Leopoldo, ancien ministre d'État de l'empire du Brésil. — (2) *Arsène Isabelle :* Voyage à Buenos-Ayres, etc.

(1) Même ouvrage.

ses de sud-ouest et de nord-est; les dernières règnent depuis le mois de septembre jusqu'en mars, et les autres depuis avril jusqu'en août. Les forêts, qui autrefois occupaient une grande partie de sa surface, ont été considérablement éclaircies dans les dernières années (¹). Toutes les roches de la côte et de l'intérieur sont granitiques. Près du port paraît une veine de dolérite dans divers états de décomposition, et qui passe finalement en une espèce d'argile employée à la fabrication d'une bonne poterie. L'humidité naturelle du sol entretient dans l'intérieur de l'île une brillante végétation de palmiers, d'orangers, de myrtes, de rosiers, d'œillets, de jasmins, de romarins et d'une grande quantité de plantes aromatiques dont l'odeur suave se fait sentir à trois ou quatre lieues en mer lorsque le vent de terre y porte. Ce trait, contraire aux observations de M. de Saint-Hilaire sur la flore de *Rio-Janeiro*, nous fait persister à croire que la végétation du Brésil méridional offre un caractère particulier.

» L'entrée du port de *Sainte-Catherine*, ville que l'on nomme aussi *Cidade-de-Nossa-Senhora-do-Destero*, est commandée par deux forts, et deux autres défendent le reste de l'île. La ville, peuplée de 6,000 âmes, se présente très bien sur un fond de verdure riante et variée par des bouquets d'orangers et de citronniers chargés de fleurs et de fruits. C'est un séjour affectionné par les négociants et les officiers de vaisseaux marchands qui ont acquis assez de fortune pour vivre dans une honorable retraite. Vis-à-vis de la ville, sur le continent, de hautes montagnes couvertes d'arbres et de taillis forment une barrière presque impénétrable. L'œil y distingue avec plaisir le petit port de *Peripi*, avec d'abondantes pêcheries, et la charmante vallée de *Picada*, toute remplie de maisonnettes blanches à moitié cachées dans des bosquets d'orangers et de plantations de café. Plus à l'ouest, demeurent des sauvages appelés *Bougueres*, qui troublent quelquefois la paix des habitations les plus reculées.

» En continuant de prolonger la côte vers le nord-est, partout semée de maisons parmi des bosquets et des plantations, on arrive au *port Saint-François* (*San-Francisco*), situé sur une île et dans une baie du même nom, défendue par des forts (¹). »

Cette île a environ 6 lieues de long du nord au sud et 2 dans sa plus grande largeur; elle est boisée et montueuse. Le *Pão d'Assucar* et le *Morro da Larangeira* (morne de l'oranger) sont ses hauteurs les plus remarquables. San-Francisco est dans une position charmante, sur une des criques les plus septentrionales d'une anse assez vaste. La ville se compose de maisons en pierre, blanchies à la chaux et bien entretenues, qui pour la plupart n'ont qu'un rez-de-chaussée; les rues sont larges et assez bien alignées. Vers le centre s'étend une grande place irrégulière, couverte de gazon, sur laquelle s'élève l'église paroissiale, qui est vaste et bien éclairée. L'hôtel-de-ville, dont le rez-de-chaussée sert de prison, est un petit bâtiment placé près de l'église (²). La construction navale forme la principale industrie des habitants. Les vaisseaux qu'on y lance sont préférés par les Espagnols et les Portugais à ceux des chantiers de l'Europe; le bois y a surtout l'avantage de bien tenir les clous et de ne point ronger la ferrure, comme fait notre chêne. Il en est de même du bois de Bahia. La baie de San-Francisco est riche et peuplée tout autour; mais les habitants ne peuvent pas s'étendre dans l'intérieur des terres dans la crainte des Indiens, qui pillent les propriétés situées même aux portes de la ville.

« Un pays à peu près plat s'étend autour de Saint-François, à quelque distance de la côte, et les rivières qui l'entrecoupent sont navigables pour des canots jusqu'au pied de la grande chaîne de montagnes élevée de plus de 4,000 pieds au-dessus du niveau de la mer, et traversée par une route frayée par suite d'un travail prodigieux. Une montée régulière de 20 lieues conduit à la superbe plaine de *Corritiva*, où paissent d'immenses troupeaux de bétail destinés à l'approvisionnement de Rio-Janeiro, de Saint-Paul et d'autres places; on y élève aussi une quantité de mulets. Les chevaux de Corritiva sont généralement plus beaux que ceux de l'Amérique espagnole. »

La *province de Saint-Paul* (*San-Paulo*, ou *Sao-Paulo*) se présente à nous bornée au nord

(¹) *Mawe*, Travels, p. 47 et suiv.

(¹) *Mawe*, Travels, p. 58, p. 281. — (²) Voyages de M. Auguste Saint-Hilaire, membre de l'Institut.

et à l'ouest par le Rio-Parana, au sud par le Rio-Negro, et à l'est par l'Océan. L'agriculture atteste que la civilisation y a fait de grands progrès; mais c'est un pays dans lequel il n'est pas agréable de voyager. Quoique l'or et les diamants y soient moins abondants qu'autrefois, les issues en sont gardées avec le plus grand soin; des soldats sont postés de distance en distance pour arrêter et fouiller les voyageurs.

« L'entrée du port de *Santos*, fermée par l'île de Saint-Vincent, est quelquefois rendue difficile par les courants et les vents variables qui descendent des montagnes. Les environs, souvent submergés par de fortes pluies, et par conséquent malsains, sont très propres à la culture du riz, qui passe pour le meilleur du Brésil. La ville, peuplée de 7,000 âmes, est une place très commerçante et l'entrepôt de toutes les productions de la province. La route pavée qui monte en zigzag sur la montagne conduit à la ville de *Saint-Paul;* en quelques endroits creusée à travers le roc vif, en d'autres taillée dans les flancs de montagnes perpendiculaires, souvent cette route conduit par-dessus des pics coniques, le long d'effroyables précipices dont les bords sont munis de parapets. Quelques courants d'eau, tombant en cascades pittoresques, se fraient un passage autour des roches; c'est là qu'on peut connaître la structure de la montagne, qui paraît être composée de granit et en partie aussi de grès ferrugineux. Partout ailleurs le sol est couvert de bois si fourrés, que souvent les branches des arbres, en se joignant, forment des arcades au-dessus de la tête du voyageur. A moitié chemin, se trouve une halte au-dessus de la région des nuages. Après trois heures de marche, on parvient au sommet, élevé de 6,000 pieds pour le moins. C'est un plateau assez étendu, et principalement composé de quartz recouvert de sable. De cette position, la mer, quoique éloignée de 7 lieues, semble baigner le pied même des montagnes; le port de Santos et la côte sont dérobés à la vue. Après y avoir avancé une demi-lieue, on voit déjà serpenter les rivières qui, prenant leur cours vers l'ouest, forment par leur réunion la grande rivière de Corrientes, qui va joindre la Plata. Cette circonstance rend raison de la pente plus adoucie et moins élevée du revers intérieur de la chaîne de montagnes qui borde toute la côte du Brésil [1]. »

Santos est bien bâtie, et tous les édifices sont en pierre. On y remarque plusieurs églises et chapelles, deux couvents, un hôpital militaire et un hospice dit de la Miséricorde, qui est le plus ancien du Brésil. La ville date de 1545; elle est dans une situation basse, humide et malsaine.

« La ville de *Saint-Paul* est située sur une éminence agréable, environnée de trois côtés par des prairies basses, et baignée de petits ruisseaux très clairs qui en forment presque une île dans la saison pluvieuse, et vont se réunir dans la jolie rivière de *Tietis* ou *Tieté*. Le climat est l'un des plus sains de toute l'Amérique méridionale. On n'y connaît pas de maladies endémiques. La température moyenne varie entre 50 et 80 degrés de Fahrenheit. Les maisons, bâties en pisé, sont hautes de deux étages et joliment peintes à fresque; les rues, extrêmement propres, sont pavées de schiste lamellaire lié avec un ciment d'oxide de fer, et renfermant de gros cailloux de quartz arrondi : ce sont des pierres d'alluvion contenant de l'or, dont on trouve de petites parcelles dans les trous et crevasses, où les habitants pauvres les cherchent avec soin après les fortes pluies. La population s'élève au-delà de 18,000 âmes. Ce n'est qu'après l'épuisement de leurs lavages d'or, autrefois fameux, que les habitants ont dérogé jusqu'à s'occuper de travaux utiles et champêtres : ils y sont encore très arriérés; cependant les jardins de Saint-Paul sont arrangés avec beaucoup de goût, et souvent avec une élégance toute particulière. Il y a beaucoup de luxe et de mollesse à Saint-Paul; la civilisation y est plus avancée, plus répandue et plus générale que dans les autres villes : ainsi il y a une université, un séminaire, une bibliothèque publique et un petit théâtre. Les dames de Saint-Paul sont renommées dans tout le Brésil à cause de leur beauté, de leur amabilité et de la noblesse de leurs manières. Il y a beaucoup de boutiquiers, beaucoup d'artisans, mais peu de fabricants ou manufacturiers; la plupart des habitants sont fermiers, cultivateurs, jardiniers, nourrisseurs ou engraisseurs de bestiaux, mais particulièrement de cochons et de volaille. On y trouve une espèce parti-

(1) *Mawe*, p. 64.

culière de coqs qui se distinguent par un cri très fort, en prolongeant la dernière note une ou deux minutes ; ils sont recherchés, comme une curiosité, dans toutes les parties du Brésil.

» La position écartée de Saint-Paul, et les difficultés que le gouvernement a long-temps opposées aux voyages dans l'intérieur, sont cause que cette ville est rarement visitée par des étrangers, dont l'apparition y est même regardée comme un événement. De là viennent sans doute aussi les récits fabuleux sur l'ignoble origine des *Paulistes* et sur leur caractère farouche. Ces récits, répandus par les jésuites du Paraguay, ont été complétement réfutés de nos jours par un membre éclairé de l'académie royale des sciences de Lisbonne, *Fr. Gaspar da Madre de Deos*. Après avoir fait voir le peu de foi que méritent Vaissette et Charlevoix lorsqu'ils attribuent l'origine de la ville de Saint-Paul à une bande d'aventuriers espagnols, portugais, métis et mulâtres fuyant de diverses parties du Brésil pour former ici une république de brigands, il établit, de la manière la plus satisfaisante, que des Indiens de *Piratininga* et des jésuites s'y fixèrent les premiers, et que cependant, dès sa fondation, la ville ne reconnut aucune autre souveraineté que celle du Brésil. Il nie que les Paulistes aient jamais vécu de brigandage. L'élévation de leur caractère, dit-il, la délicatesse de leurs sentiments, leur susceptibilité sur le point d'honneur, leur probité, leur industrie, leur esprit public, ne sauraient être un héritage transmis par des gens de rien et des vagabonds. Citons un fait. Il y a un siècle environ, l'un de leurs gouverneurs, noble de naissance, avait eu une intrigue avec la fille d'un artisan. La ville entière embrassa la cause de la jeune personne, et le gouverneur fut obligé de réparer son honneur en l'épousant (1).

» Sans doute, parmi tous les colons du Brésil, les Paulistes se sont signalés autrefois par leur esprit entreprenant, audacieux, infatigable, et par cette ardeur pour les découvertes qui distingua jadis les Portugais parmi les nations de l'Europe. Au lieu de cultiver paisiblement leur beau territoire, ils parcoururent le Brésil dans toutes les directions; ils se frayèrent de nouvelles routes à travers des forêts impénétrables, en portant leurs provisions avec eux ; ils ne se laissèrent arrêter ni par les montagnes, ni par les rivières, ni par les déserts, ni par les naturels anthropophages qui partout leur disputaient le terrain. C'est à eux surtout qu'est due la découverte de toutes les mines les plus riches, qu'ils ne se laissèrent enlever qu'à regret, et pas toujours sans opposition, par le gouvernement. Aujourd'hui encore c'est sur leur énergie que repose la sûreté du Brésil occidental, et l'on sait que les troupes portugaises auraient joué un rôle assez triste dans la guerre coloniale de 1770, si elles n'avaient été secondées par les cavaliers paulistes, qui répandirent la terreur de leur nom depuis le Paraguay jusqu'au Pérou (1). »

Dans la province de Saint-Paul nous avons encore à citer *Ytu* ou *Hytu*, remarquable par les champs de cannes à sucre que possèdent ses environs, et par la grande cascade du Tieté qui l'arrose ; *Sorocaba*, qu'enrichissent ses mines de fer qui ont fait fonder les belles forges impériales d'Ypanema; enfin *Cannanea*, importante par ses pêcheries.

Au nord de la province de Rio-Janeiro s'étend, le long de l'Océan, et partagée dans toute sa longueur par une chaîne de montagnes qui y forme deux versants, celle du *Saint-Esprit* (*Espiritu-Santo*). Nous la traverserons sans rien y remarquer d'intéressant. Le chef-lieu, *Victoria* ou *Cidade-da-Victoria*, est une petite ville assez bien bâtie; l'hôtel du gouverneur est un ancien couvent de jésuites. Celle d'*Espiritu-Santo* ou de *Villa-Velha*, son ancienne capitale, est située au fond d'une large baie. Ses pêcheries sont importantes. Elle n'est défendue que par un petit château en ruine. Cette ville, petite, laide et ouverte, forme à peu près un carré ; l'église est à une des extrémités, et l'hôtel du gouverneur est à l'autre extrémité près du fleuve. Le fameux couvent de Nossa-Senhora-de-Penha, l'un des plus riches du Brésil, est sur une haute montagne contiguë à la ville.

A l'ouest des provinces de Rio-Janeiro et d'Espiritu-Santo s'étend celle de *Minas-Geraes*, la plus importante par ses mines et la plus peuplée. Nous avons déjà fait connaître

(1) *Mawe*, p. 87.

(1) *Mawe*, p. 275 et 295.

ses richesses métalliques; elle renferme plus de 900,000 habitants, dont 200,000 de couleur.

« La culture et l'industrie y sont en arrière. A une lieue de l'endroit où se trouve la plus fine terre à porcelaine, il n'y a qu'une mauvaise fabrique de poterie. Tous les fruits et les grains d'Europe, le chanvre et le lin y réussissent certainement, mais on en néglige la culture; le raisin y donne de très bon vin, mais on aime mieux boire de l'eau auprès des plus riches mines d'or et de diamants que de cultiver la vigne avec le soin convenable. Les bêtes à cornes, obligées de chercher ellesmêmes leur nourriture dans les champs, y périssent souvent de faim ou de chaleur; à peine sait-on traire les vaches. Quelques écorces d'arbres servent à teindre en jaune, rouge, noir, ou à tanner et à préparer des cuirs et des peaux; mais les habitants n'aiment pas à s'en occuper. Un lichen, espèce d'orseille, qui croît sur les vieux troncs d'arbres, donne une superbe couleur cramoisie. La gomme adragant s'y trouve en grande abondance et de très bonne qualité. La canne à sucre s'y élève souvent à plus de trente pieds, en formant des arcades au-dessus des chemins. »

Le district de ***San-Joao-del-Rey*** est le mieux cultivé; on l'appelle le grenier du pays. Le chef-lieu compte 6,000 habitants. Cette ville de ***San-Joao-del-Rey***, située sur la rive gauche du Rio-das-Mortes, est une des plus agréables de la province. Elle est remarquable par sa belle chapelle des franciscains et par les riches lavages d'or de ses environs. Elle fait avec Rio-Janeiro un commerce considérable en fromages, en chair de porc, en volailles et en fruits.

» L'état actuel de ***Villa-Rica***, aujourd'hui ***Cidade-de-Ouro-Preto***, la capitale de la province, dément le faste de son premier nom. Les environs sont incultes. Bâtie sur le flanc d'une haute montagne, elle a des rues irrégulières, escarpées et mal pavées, mais variées par de charmants jardins en terrasses, et remplies de jolies fontaines qui conduisent l'eau dans presque toutes les maisons. Le climat est fort doux, grâce à sa situation élevée. Le thermomètre ne s'y élève jamais à l'ombre au-dessus de 82° et descend rarement au-dessous de 48°; dans l'été il se tient la plupart du temps entre 64° et 80°, et l'hiver entre 54° et 70°. Elle contient environ 2,000 maisons et 9 à 10,000 habitants, parmi lesquels il y a plus de blancs que de noirs; c'est à peu près le tiers de ce qu'elle possédait à l'époque où ses mines d'or étaient dans toute leur richesse. L'orfévrerie y est défendue pour prévenir la fraude et pour forcer les mineurs d'apporter et de faire fondre leur or à la monnaie, afin que le gouvernement puisse prélever son cinquième. A 3 lieues de Villa-Rica, sur les bords du ***Rio-del-Carmen***, est ***Marianna***, jolie petite ville épiscopale, de 6 à 7,000 habitants, en grande partie mineurs. La ***Villa do Principe***, sur les confins du ***Cerro do Frio***, ou district des diamants, possède aussi une monnaie, ou fonderie royale d'or, et une population de 5,000 âmes. Tout ce district est un pays délicieux, coupé de vallées pittoresques tapissées de magnifiques prairies, et bordé de forêts vierges du côté de l'Océan. Les montagnes de ce district sont en général formées de roches de quartz appelées ***hyalomictes***; on y trouve ce grès grisâtre et micacé remarquable par son élasticité; mais cette contrée, si intéressante et curieuse, est une des moins connues. Personne n'y passe sans subir un examen rigoureux. Du temps de M. Mawe, un conducteur de mules, allant avec des marchandises à Rio-Janeiro, est arrêté par deux cavaliers qui lui demandent son fusil de chasse: il le leur remet. Les cavaliers enfoncent une vrille dans la crosse, la trouvent creuse, arrachent la ferrure et en retirent 300 carats de diamants. Le pauvre muletier a beau protester de son innocence, il est arrêté et traîné en prison pour y être enfermé le reste de ses jours, ou déporté dans un fort de la côte d'Afrique. Un ami l'avait trahi. Les extrêmes se touchent à ***Tijuco***, résidence de l'intendant général des mines de diamants. Les habitants de cette ville, située dans un terrain aride, sont obligés de tirer de loin les vivres nécessaires. Ils croupissent en grande partie dans une honteuse misère, et vivent de charité publique. Les magasins, au contraire, étalent les plus belles productions de fabrique anglaise; tout l'or et tous les diamants trouvés dans les différentes exploitations du district, et principalement dans le lit de la rivière de ***Jigitonhonhu*** ou ***Jiquitonhonhu***, sont accumulés chaque mois dans le trésor de l'intendance, et les employés du gouvernement, richement salariés, forment la plus brillante société du Brésil.

» A l'ouest de Minas-Geraes s'étend la province de *Goyaz*, la plus centrale de tout le Brésil; elle touche au nord à celle de Para, et à l'ouest à celle de Mato-Grosso. C'est un beau pays, arrosé par un grand nombre de rivières poissonneuses, qui traversent des forêts remplies de superbes oiseaux; du reste, mal connu et mal peuplé. Il y a plusieurs mines d'or, des diamants gros et très brillants, mais d'une eau qui n'est pas toujours pure; et, près des frontières, quelques plantations de coton, dont le produit s'exporte à Rio-Janeiro avec d'autres articles moins importants. Elle communique aussi avec Saint-Paul, Mato-Grosso et Para, au moyen de rivières navigables, quoique fréquemment interrompues par des chutes. *Goyaz*, appelée autrefois *Villa-Boa*, le chef-lieu, ville de 8,000 âmes, a un hôtel d'avérage pour tout l'or de la province. » *Natividad* est au milieu d'un territoire dont les citrons et les oranges sont fort estimés, et qui possède des lavages d'or. *Meia-Ponte*, peuplée de 5 à 6,000 âmes, est la plus commerçante ville de la province.

« Nous reprenons la côte maritime. Le gouvernement de *Bahia* est situé à l'endroit où la côte, long-temps dirigée du sud au nord, commence à former une vaste saillie vers le nord-est et à s'approcher de l'Afrique. Cette province reçoit son nom de *Bahia de todos os Santos*, baie de tous les Saints. Le sol, formé d'un terreau végétal et arrosé de plusieurs courants d'eau, est singulièrement propre à la culture de la canne à sucre: aussi le port de Bahia seul exporte-t-il plus de sucre que tout le reste du Brésil; il est, en général, de fort bonne qualité. Une seconde production particulière à cette province est le tabac, recherché non seulement dans le Portugal, mais encore en Espagne et dans toute la Barbarie; il forme une partie essentielle de la cargaison des vaisseaux qui veulent traiter de l'or, de l'ivoire, de la gomme et de l'huile avec plusieurs places de la Guinée et de l'Afrique en général. Le coton de Bahia, dont la culture augmente chaque année, entre déjà en concurrence avec celui de Fernambouc. Ses autres productions sont le café, moins estimé que celui de Rio-Janeiro; le riz, qui est de qualité supérieure, mais difficile à peler; et le bois de teinture, connu dans le commerce sous le nom de *Brésil*, égal à celui qui vient de Fernambouc. L'indigo de cette province ne soutient pas la comparaison avec celui qui vient de l'Inde; il paraît même que la plante d'où on le tire possède des qualités vénéneuses, puisque les nègres qui en préparent les feuilles tombent facilement malades.

» La ville de *San-Salvador de Bahia*, généralement connue sous le nom de *Bahia*, consiste en deux parties, l'une bâtie sur un terrain bas le long du rivage, et habitée par des hommes de peine; l'autre située sur une éminence élevée de 600 pieds au-dessus du niveau de la mer [1]. La cité haute est la demeure des gens aisés; le ton de la société y passe pour meilleur et plus gai qu'à Rio-Janeiro. Les maisons sont belles, garnies de balcons et de jalousies en place de croisées. Les églises et les édifices publics se font remarquer par un grand style d'architecture. Elle est la résidence du gouverneur de la province, et le siége de tous les tribunaux supérieurs civils et criminels. Le port est assez bien défendu. Les vaisseaux qu'on y lance des chantiers sont bien construits et d'un bois plus solide que notre chêne. Le climat, naturellement chaud, y est tempéré par des brises de mer régulières, et par la longueur presque toujours égale des récifs. Cette ville, livrée aux Hollandais par la faiblesse d'un commandant militaire, mais récupérée par une espèce de croisade chevaleresque, et surtout par le courage de l'évêque Texeira [2], devint le terme fatal où s'arrêtèrent les brillants succès des armes bataves, qui, dans la première moitié du dix-septième siècle, avaient subjugué tout le Brésil septentrional depuis Maranhao jusqu'au fleuve de San-Francisco. Un corps de 6,000 hommes gardait cette conquête. Les exportations s'élevèrent, dans une année, à 218,000 caisses de sucre et 2,593,630 livres pesant de bois de Brésil. Mais les vues étroites des marchands hollandais firent négliger les grands moyens d'administration et de défense proposés par l'illustre Maurice de Nassau [3]. »

Ajoutons que la baie de Tous-les-Saints

(1) Viagero universal, XXI, 354. — (2) *P. Bartholomé, Jornada dos Vassallos de la coroa de Portugal*, etc., p. 36 (Lisbonne, 1625). — (3) *Barlœus*, de reb. Brasil., p. 235, 557 et suiv.

fait de Bahia l'un des plus beaux ports de l'Amérique. La ville haute (*Cidade alta*), comprend les faubourgs de *Victoria* et de *Bom-Fim*, et renferme les bâtiments les plus remarquables et quelques belles rues, tandis que, dans la ville basse, qui comprend le quartier appelé *Praya*, celles-ci sont étroites et tortueuses. La plupart des maisons sont bâties en pierre; et, contre l'ordinaire des villes de l'Amérique du sud, plusieurs ont trois et même jusqu'à cinq étages. Sous le rapport de la beauté des édifices publics, Bahia peut passer pour la principale ville du Brésil; il faut placer au premier rang l'hôtel-de-ville, le palais du gouverneur, qui est assez grand, l'ancienne église des jésuites, qui, depuis plusieurs années, sert de cathédrale, et l'école de chirurgie, ou l'ancien collége de ces pères. Dans la ville haute il y a un collége supérieur qui possède une bibliothèque de 8 à 10,000 volumes. Dans la ville basse, l'arsenal de la marine est regardé comme le plus considérable de tout le Brésil. On y remarque l'église de la Conception, dont les pierres ont été apportées, toutes taillées et numérotées, du Portugal. Cette ville eut, jusqu'en 1763, le titre et le rang de capitale, qu'elle céda à Rio-de-Janeiro, en restant toutefois sa rivale par sa population, qui est de 120,000 âmes, par son commerce et comme résidence d'un archevêque. Elle est la principale place forte du Brésil.

Bahia possède, pour les plaisirs des riches, un théâtre et l'une des plus belles promenades de l'Amérique, appelée le *Passeio publico*, qui est située sur un plateau qui domine la ville, près du fort San-Pedro. Elle est ornée d'un obélisque qui porte une inscription relative à l'arrivée du roi Jean VI en Amérique. Mais ce qui donne surtout à cette promenade un aspect unique dans son genre, c'est la magnifique vue dont elle jouit sur la ville et sur la baie, et surtout un lac pittoresque appelé *Dique*, qui entoure la ville du côté opposé à l'Océan.

Cuxoeira ou *Cachoeira* est la plus importante ville après Bahia; elle renferme 16,000 habitants. Elle est située dans cette partie de la province appelée *Reconcavo*, dont la population est la plus concentrée. C'est là que l'on trouve un grand nombre de bourgs et de villages qui s'enrichissent du produit de l'agriculture. Au nombre de ceux-ci, *Tapagipe* ou *Nossa-Senhora-da-Penha* est remarquable par la maison de plaisance de l'archevêque et par les chantiers d'où sortent les meilleurs navires du Brésil. Nous citerons encore dans la même province *Porto-Seguro*, importante par ses pêcheries, et *Leopoldina*, nouvelle colonie composée d'Allemands et de Français.

Au nord de celle de Bahia s'étend la petite *province de Sergipe*, où l'on élève des bestiaux, où l'on récolte des grains qui forment sa principale richesse.

La ville de *Sergipe*, chef-lieu de la province, et peuplée de 9,000 habitants, portait originairement le nom de *Seriji*. Cette ville est appelée aussi *Cidade de San-Christovao*.

La *province d'Alagoas* est plus petite encore que la précédente. *Alagoas*, son chef-lieu, ville de 18,000 âmes, possède un petit port, confectionne une grande quantité de canots destinés à naviguer sur le Rio-Francisco, et fabrique un tabac excellent.

« La *province de Pernambuco* (Fernambouc) produit d'excellents bois de teinture, de la vanille, du cacao, du riz et une quantité considérable de sucre; mais le coton forme l'article le plus important de son commerce, quoiqu'il ait récemment perdu une partie de sa réputation; autrefois il passait pour le meilleur du monde. »

Aucune province du Brésil ne possède un plus grand nombre de ports excellents que celle de Fernambouc. Celui de *Recife* est le plus remarquable. Cette ville, appelée communément *Pernambuco*, est la capitale de la province. Elle se compose de trois parties distinctes, nommées *Cidade do Recife*, *Santo-Antonio* et *Boa-Vista*. La première, située sur une péninsule, est la plus commerçante; on y trouve la douane, les chantiers et l'intendance de la marine. La seconde est sur une île formée par les bras du *Capibaribe;* elle est jointe à la précédente par un grand pont; c'est celle qui est la mieux bâtie; elle comprend le grand marché, le palais du gouverneur, le théâtre et l'hôtel de la trésorerie. La troisième est sur le continent; on y arrive en traversant un bras du Capibaribe sur un pont de bois, le plus grand du Brésil. La triple ville de Pernambuco est défendue du côté de la mer par d'assez bonnes fortifications. Son commerce a pris un tel essor depuis vingt ans, que sa population s'élève à environ 60,000 âmes.

Quelques géographes comprennent sous le nom de *Pernambouc* et la ville que nous venons de décrire et celle d'*Olinda*, qui en est cependant à une lieue. Celle-ci, assez mal bâtie, mais dont les rues sont entrecoupées de jardins délicieux, est le siége d'un évêché. La cathédrale est belle, mais le palais épiscopal est en mauvais état. La population d'Olinda est de 6,000 habitants. Cette ville doit son doux nom d'Olinda, qui, en portugais, signifie *ô belle!* plutôt à sa position sur des collines riantes et à ses jardins pittoresques, qu'à la beauté de ses édifices.

« *Paraïba*, chef-lieu d'une province du second ordre, a été nommée par les Hollandais *Frédéricstadt*. Elle a 5 à 6.000 habitants. L'entrée de la baie, qui lui sert de rade, est difficile. La contrée est riche en bois de teinture, et l'on dit qu'il y a des mines d'argent dans un endroit nommé *Tayciba*. »

Le *Rio-Grande-do-Norte* donne son nom à une province située au nord de la précédente. Son chef-lieu est *Natal*, petite ville assez bien bâtie à l'embouchure du Potengy où s'ouvre son port, qui ne peut contenir que 6 à 7 navires: elle renferme au plus 3,000 habitants. Son nom lui vient de ce qu'elle fut fondée le jour de Noël en 1599.

La *province de Ceara*, deux fois plus grande que la précédente, est bornée au nord par la mer, et à l'ouest par le Piauhy.

On trouve du cristal de roche dans les environs de *Ceara*, nommée proprement *Cidade de Fortaleza;* c'est une ville peu importante, bien qu'elle donne son nom à une province. Nous citerons dans celle-ci une ville plus considérable appelée *Aracaty*, et qui est la plus commerçante du pays : on lui accorde environ 9,000 habitants.

« Derrière cette province s'étendent les contrées montagneuses de *Piauhi*, contrées visitées par une expédition hollandaise sous les ordres d'Elias Herkmann, dont le rapport n'est connu que par extrait [1]. Il parle de montagnes et même de plaines, entièrement composées d'un talc brillant; il indique aussi des pyramides en quelque sorte arrondies, et construites les unes près des autres. »

Dans la province de Piauhi nous citerons *Parnahiba*, qui en est la ville la plus peuplée, bien qu'elle n'ait que 4 à 5,000 âmes, et la capitale appelée *Oeyras*, dont la population est encore inférieure, mais qui est bâtie avec une sorte d'élégance, bien que ses maisons soient en terre et en bois.

« Malgré la petite étendue de son territoire, le *Maranham*, ou mieux *Maranhao*, s'est rendu remarquable dans les derniers temps par l'importance de ses productions, qui sont les mêmes qu'au Fernambouc, et dont on exporte plusieurs cargaisons tous les ans. L'arbre qui produit l'*annatto* y est très commun. Le capsicum, le piment, le gingembre et toutes sortes de fruits s'y trouvent en quantité [1]. *San-Luiz de Maranhao*, la capitale, bâtie sur une île, et contenant 25,000 âmes, n'est pas malsaine, malgré sa position voisine de l'équateur: l'ombre des forêts et les brises de mer modèrent la chaleur [2]. Plusieurs rivières, dont les bords sont bien peuplés, débouchent dans la baie, et offrent des facilités au commerce. Cette ville a été fondée par des Français en 1612.

» La *province de Gram-Para* est de tout le Brésil la seconde en étendue: elle a plus de quatre fois la superficie de toute la France. Elle comprend la partie inférieure du bassin de l'Amazone, sur la droite; c'est un pays marécageux, couvert de bois impénétrables, où les habitations éparses de l'homme forment comme des îlots dans un océan. Parmi les postes établis par les Portugais le long du fleuve, plusieurs s'élèvent déjà au rang de villes; mais on ne connaît bien que la capitale, nommée « *Gram-Para*, sous l'invocation de *Notre-Dame-de-Belem* [3] » (*Santa-Maria-de-Belem*). Ce double nom, l'un civil, l'autre ecclésiastique, a fait naître une erreur singulière chez le savant voyageur Mawe, qui distingue la ville de *Para* de celle de *Belem*. Cette ville est située dans un terrain bas et malsain, à 25 lieues de l'Atlantique, et vis-à-vis la grande île marécageuse de *Marajo*. L'embouchure de la rivière Tocantin ou Para, qui en forme le port, est embarrassée d'écueils, de bas-fonds et de courants contraires; la côte est dangereuse, et la mer continuellement agitée. La marée s'élève à 11 pieds dans son port. La ville peut contenir 20,000 habi-

(1) *Mawe*, p. 288.

(1) Histoire des Missions des PP. capucins, 196-200. — (2) *Barlæus*, p. 377. — (3) Viagero universal, XX, p. 381.

tants, assez pauvres faute de commerce. On n'en exporte qu'un peu de riz et de cacao, avec quelques drogues médicinales, pour Maranhao, où ces denrées sont ensuite embarquées pour l'Europe. »

Cette ville, assez bien bâtie, et qui renferme quelques beaux édifices, a été récemment ravagée par les Indiens Tapuyas. Le 14 avril 1835, ils vinrent attaquer la ville et s'en rendirent maîtres. Le palais des gouverneurs, l'arsenal et les différents postes militaires résistèrent aux Indiens jusqu'au 23, que les troupes brésiliennes furent forcées de l'abandonner. Elle devint alors le théâtre d'un carnage horrible dans lequel les blancs, qui ne purent se réfugier sur les vaisseaux étrangers et nationaux qui se trouvaient dans le port, furent massacrés. Un grand nombre de maisons furent aussi brûlées et pillées. »

Le climat de la province de Para est brûlant; mais, dans l'après-midi, s'élèvent ordinairement des orages accompagnés de pluie, qui rafraîchissent beaucoup l'air, et rendent la chaleur plus supportable.

Para-do-Rio-Negro, *Barcellos* et *Macapa*, villes de 2 à 3,000 âmes, sont les plus considérables de la partie septentrionale du Para, que l'on peut regarder comme la solitude la plus sauvage de la province. C'est une plaine immense comprise entre l'Amazone et la chaîne de montagnes appelée *Tumacumaque :* on l'a nommée la *Guyane brésilienne;* elle est entrecoupée de marécages couverts d'épaisses forêts et fréquemment inondée par les nombreux affluents du fleuve. Sa superficie égale à peu près trois fois celle de la France.

Les *Macus* ou *Macousis*, qui habitent les bords du Haut-Maou et une partie des montagnes de Pacaraina, dans la province de Para, ont conservé une tradition qui rappelle Deucalion et Pyrrha. Ils croient que le seul homme qui ait survécu à une inondation générale a repeuplé la terre en transformant les pierres en hommes.

En remontant le Rupunuri entre les montagnes de Macarana, dans les environs du lac Amucu, le voyageur Hortsmann signala, en 1749, des rochers couverts de figures; M. de Humboldt a aussi remarqué près du rocher de Cassimacari, sur les bords du Cassiquiare, des figures informes représentant des corps célestes, des crocodiles, des serpents, etc.; enfin, M. Schomburgk a signalé des sculptures analogues à la cascade de Waraponta, sur les bords de l'Essequibo. Cette cascade, dit-il, n'est pas seulement célèbre par sa hauteur, elle l'est aussi par les figures qui y sont taillées dans la pierre. Les naturels les croient l'ouvrage du *Grand-Esprit*. Toute cette zone de rochers sculptés qui traversent une vaste portion de l'Amérique méridionale de l'ouest à l'est appartient à une antique civilisation, remontant peut-être, comme l'a dit M. de Humboldt, à une époque où les races que nous distinguons aujourd'hui étaient inconnues de nom et de filiation. Le respect que partout ils portent à ces sculptures grossières prouve que les Indiens d'aujourd'hui n'ont aucune idée de l'exécution de semblables ouvrages. Il y a plus encore : entre l'Encaramada et Caycara, sur les rives de l'Orénoque, ces figures hiéroglyphiques sont souvent placées à de grandes hauteurs sur des murs de rochers qui ne seraient aujourd'hui accessibles qu'en construisant des échafaudages extrêmement élevés. Lorsqu'on demande aux indigènes comment ces figures ont pu être sculptées, ils répondent en souriant, comme rapportant un fait qu'un homme blanc seul peut ignorer, « que ce fut jadis, aux jours des grandes eaux, que leurs pères naviguaient en canot à cette hauteur [1]. »

« Au-delà de l'Uruguay, la *province de Mato-Grosso* embrasse les sources des principaux affluents qui versent leurs eaux d'un côté dans le Parana, de l'autre dans l'Amazone. Nous en avons tracé la description physique en parlant ci-dessus de la constitution générale du Brésil. Les bords des rivières se couvrent spontanément de forêts de cacaoyers, et d'autres arbres communs dans la région basse du Brésil; les hauteurs, composées de sable, n'offrent qu'une herbe dure et grossière. Les rivières roulent des paillettes d'or; le même métal abonde dans plusieurs vallées, redoutées à cause de leur insalubrité extrême [2]. Il y a aussi des terrains d'alluvion renfermant des diamants. La ville de *Cuyaba*, située près du bord oriental de la rivière du même nom, à 96 lieues de son confluent avec le Paraguay, contient avec ses dépendances environ 30,000 âmes. Les viandes, le pois-

[1] Tableaux de la Nature, t. I, p. 240, 2e édition. — [2] *Leblond* : Traité de la fièvre jaune, p. 182.

son, les fruits, et toutes sortes de végétaux y abondent. Le territoire adjacent est très propre à la culture, et renferme de riches mines d'or découvertes en 1718, dont le produit annuel est estimé plus de 20 *arobes*, chacune de 32 livres pesant. L'établissement de *San-Pedro-del-Rey*, à 20 lieues au sud-ouest de Cuyaba, se compose déjà de 2,000 habitants, dont une partie s'occupe de l'exploitation du sel et de l'or. *Mato-Grosso*, chef-lieu de la province, n'a que 5 à 6,000 âmes. Jadis elle portait le nom de *Villa-Bella*. On y voit un hôtel des monnaies pour la fonte de l'or qu'on exploite sur son territoire.

« Dans toutes ces esquisses topographiques, nous n'avons fait attention qu'aux établissements portugais; mais il reste encore de nombreuses tribus indigènes sur lesquelles il faut jeter un coup d'œil. Les Portugais ne parlent qu'avec effroi des naturels du Brésil, qu'ils désignent généralement sous le nom d'anthropophages : cependant les jésuites, à force d'application et de patience, étaient parvenus à en faire des êtres sociables, bons, doux et dociles comme des enfants. Ils ont le teint cuivré, le visage court et rond, le nez large, la chevelure noire et lisse, le corps trapu et bien conformé. C'est ainsi du moins que nous les peint Mawe, à qui l'un de leurs chefs en amena une cinquantaine de demi-civilisés, au nord de Rio-Janeiro, dans le district de Canta-Gallo [1]. Les hommes portaient une veste et des caleçons; les femmes, revêtues d'une chemise et d'un jupon court, avaient autour de la tête un mouchoir noué à la manière portugaise. Leur chef était un fournisseur d'ipécacuanha. Ils habitent dans les forêts, et paraissent y mener une vie fort misérable, n'ayant pour subsister que des racines, des fruits sauvages et le produit de leur chasse. Ayant entendu beaucoup vanter leur adresse à manier l'arc, Mawe plaça une orange à trente verges de distance : toutes leurs flèches la percèrent. Il leur désigna ensuite, à quarante verges de distance, un bananier d'environ huit pouces de circonférence : aucun tireur ne manqua le but, quoiqu'ils fussent dans une mauvaise position. A la chasse, où il les suivit, ils découvrirent habituellement les oiseaux avant lui; et, se glissant à travers les halliers et les broussailles avec une agilité surprenante pour se mettre à portée, ils ne manquèrent jamais d'abattre le gibier. Ils avalent les viandes à peu près crues, sans se donner seulement la peine de plumer ou de vider la volaille. Ils aiment avec passion les liqueurs spiritueuses; il est dangereux de leur en offrir. Du reste, ils ne montrent aucune humeur farouche, mais ils ont une grande aversion pour la culture des champs. Rarement on en voit un d'eux servir en qualité de domestique, ou se livrer à un travail salarié. L'or et les pierres précieuses dont le pays abonde n'ont aucun attrait pour eux, et ils n'en ont jamais fait la recherche. Cette tribu, observée par Mawe, paraît avoir appartenu aux *Boutocoudys*, établis dans les montagnes orientales de Minas-Geraes. Quoique souvent défaits et cruellement punis par les Paulistes, qui, les premiers, pénétrèrent chez eux il y a plus d'un siècle, ils défendent jusqu'à ce jour avec opiniâtreté leur indépendance et leur sol natal. Ne pouvant lutter à force ouverte contre les postes portugais, ils ont recours à la ruse. Enveloppés tantôt de branches et de jeunes arbres qu'ils assujettissent autour de leurs corps, tantôt enduits de boue ou de cendres, et couchés par terre, ils guettent les colons et les nègres pour les tuer de loin au passage. D'autres fois ils forment des piéges dangereux en fixant des pieux pointus dans des trous qu'ils recouvrent de feuilles et de branchages. Lorsqu'ils ont signalé à leur vengeance une maison isolée et reconnu la force de ses habitants, ils l'incendient avec des traits allumés, et massacrent impitoyablement ceux qui cherchent à se sauver. Ils ont surtout une haine implacable contre les nègres, qu'ils regardaient, dans le commencement, comme une espèce de grands singes, et qu'ils mangeaient avec un appétit particulier. Les armes à feu seules leur imposent, et ils se mettent à courir aussitôt qu'ils en entendent la détonation. Les prisonniers ne se laissent jamais fléchir ni par de bons ni par de mauvais traitements; et quand ils perdent enfin l'espoir de s'évader, ils refusent ordinairement toute nourriture, et se laissent mourir de faim. Une proclamation qui fut faite par don Pedro les invite à se réunir dans des villages, et à se faire chrétiens, en leur offrant la protection du gouvernement,

[1] *Mawe*, p. 303.

( ) *Mawe*, p. 123.

avec la jouissance complète des droits et priviléges accordés à ses autres sujets : en cas de refus, ils sont menacés d'une guerre d'extermination.

» Les *Pourys*, qui demeurent à côté des Boutocoudys, se battent encore contre les Portugais, et, selon un témoin oculaire, ils dévorent leurs prisonniers après les avoir fait rôtir (1).

» Les *Tupis*, qui occupaient toute la province de Saint-Paul et de Santos, se trouvent réduits à quelques bandes errantes sur les confins des provinces espagnoles de l'Uruguay. Ces sauvages, très féroces, parlent un dialecte de la langue guarani, répandue dans toutes les contrées intérieures et méridionales du Brésil. Les *Carigais*, les plus paisibles indigènes, demeurent au sud des Tupis. Les *Tupinaques* s'étendaient depuis le fleuve Guirican jusqu'à la rivière Camama. Les *Topinambous* habitaient la côte depuis le fleuve Camama jusqu'à celui de San-Francisco du Nord ; mais ces deux tribus et quelques autres, leurs voisines ou leurs alliées, paraissent éteintes ou confondues parmi les cultivateurs portugais. Quelques voyageurs donnent le nom de Topinambous à des tribus errantes et très féroces, qui s'étendent le long de la rivière de Tocantin. Les *Petivares*, au nord-est du Brésil, sont hospitaliers et cultivateurs. Les *Mologagos*, sur le fleuve Paraïba du Nord, ressemblent, dit-on, aux Allemands par la blancheur de leur peau et par leur haute stature (2). Les *Tapuyes* demeurent dans l'intérieur du gouvernement de Maranhao, et jusque vers Goyaz. Sur l'Amazone, on trouve les *Pauxis*, les *Urubaquis*, les *Aycuaris*, les *Yomanais*, et une foule d'autres tribus dont il serait fastidieux d'énumérer les noms. Les *Cuyabas* et les *Buyazas* occupent les parties centrales de la chaîne de Mato-Grosso.

» Les *Parexis*, dans la province de Mato-Grosso, donnent leur nom au plateau central de l'Amérique méridionale. Les *Barbados*, établis sur les rives du Sypotuba, premier affluent occidental du Paraguay, se distinguent des autres naturels du nouveau continent par leur grande barbe. Près d'eux se tiennent les *Pararionès*, et plus bas les *Boriras-Araviras*, formés d'une réunion de deux peuplades amies des Portugais (1). Quelques unes des nombreuses tribus concentrées jadis sur les bords fertiles du Paraguay ont été dispersées ou anéanties par les Espagnols et les Paulistes portugais ; d'autres, à l'approche des usurpateurs étrangers, se sont retirées dans des contrées moins favorisées par la nature. Plusieurs milliers de naturels ont été rassemblés ou transférés par les jésuites dans leurs établissements sur l'Uruguay et le Parana : d'autres enfin se sont alliés aux Portugais et aux Espagnols, en sorte qu'on ne trouve guère de ceux-ci sur les frontières dont la figure ne présente des indices d'un mélange de sang indien. Parmi les indigènes primitifs qui se sont maintenus sur le Paraguay, les vaillants *Gudycouros*, ou Indiens-cavaliers, tiennent le premier rang. Ils occupent les deux rives du fleuve depuis le Taquari et les montagnes d'Albuquerque pendant l'espace de 100 lieues. Armés de lances extrêmement longues, d'arcs et de flèches, ils ont souvent fait la guerre aux Espagnols et aux Portugais, sans avoir jamais été vaincus. Ils font de longues excursions dans les pays limitrophes, et s'y procurent des chevaux en échange de fortes toiles de coton qu'ils fabriquent eux-mêmes (2).

» Le fameux système sur l'influence des climats se trouve fortement compromis par les faits que l'Amérique méridionale offre à notre attention : un peuple doux et faible habitait parmi les froides montagnes du Pérou ; un peuple féroce et intraitable errait sous le soleil brûlant du Brésil. Malgré la grande inégalité des armes, les Brésiliens ne reculèrent jamais. Jamais ils ne se sont laissé vaincre par un ennemi faible et sans courage ; il n'était aisé de remporter sur eux des victoires que parce qu'ils n'avaient aucune connaissance des armes à feu, et parce qu'on savait semer parmi eux la discorde (3).

« La conquête de la province de Saint-
» Vincent dans le Brésil, disent les auteurs
» portugais, nous la devons au seul fameux
» Tebireza ; celle de Baja, au vaillant Tœ-
» bira (4) ; celle de Fernambouc, au courageux

(1) Lettre du prince *Maximilien de Neuwied* (1816). — (2) Viagero universal, XXI, 324.

(1) *Mawe*, p. 196, 301. — (2) Notice sur les Guaycouros dans les *Nouvelles Annales des Voyages*, t. III, part. II. — (3) *J. Stadius*, Hist. Brasil., part. I, ch. XIX et XLII. *Léry*, Hist. navig. in Brasil., ch. XIII. — (4) *Vasconcellos* : Histoire du Brésil, l. III, p. 101 à 357

» Stagiba, dont le nom en langue indienne, » signifie *bras de fer*. La conquête de Para et » de Maranhao est due au fameux Tomagia [1], » et à d'autres qui servaient dans l'armée des » Portugais contre les Hollandais, et aussi à » l'invincible Camarao, qui s'est immortalisé » à la reprise de Fernambouc, dans la guerre » contre les Hollandais [2]. »

» Les Indiens du Brésil estiment principalement la force du corps et la férocité : au moment même d'être égorgés et dévorés par leurs ennemis, ils les insultent et leur expriment leur mépris; ils cherchent à prouver par ces bravades qu'on peut bien leur ôter la vie, mais non pas le courage [3]. *Léry* et ses compagnons, tous nés sous la zone tempérée, n'étaient pas même capables de tendre un arc des Indiens de Tomoy, habitants de la zone torride, dans les environs de *Rio-Janeiro.* Léry convient même qu'il était obligé d'employer toutes ses forces pour tendre un arc destiné à un enfant de 10 ans [4]. Les habitants des contrées d'Ouctacazes, une des provinces les plus riches et les plus fertiles du gouvernement de Rio-Janeiro, sont si vaillants, dit un auteur portugais moderne, qu'ils préfèrent la mort à la honte d'être vaincus. Il leur est impossible de vivre un seul moment dans l'esclavage : aucune nation brésilienne, ni même européenne, ne peut se vanter de les avoir vaincus [5].

» Cette nation, autrefois l'ennemie implacable des Portugais et de tous les autres peuples de l'Europe et du Brésil, conserve encore à présent son indépendance entière, quoique dans un état d'amitié parfaite avec ses voisins, les habitants du district de *Campos dos Ouctacazes* dans la province de Minas-Geraes. La douceur et la générosité ont soumis ces cœurs qui bravaient la mort.

» La langue la plus généralement répandue dans le Brésil est celle des Guaranis; parlée dans divers dialectes par les Tupis, les Tapuyes, les Omaguas et les Topinambous, elle est même habituellement désignée sous le nom de langue brésilienne. Les racines de cette langue ne nous ont offert aucune analogie avec les langues de l'Asie : elle paraît présenter deux ou trois rapports isolés avec des idiomes de l'Afrique et de la mer du Sud; mais on peut assurer qu'elle est, dans son ensemble, la langue américaine la plus éloignée d'une affinité radicale avec aucune autre, même avec celles de l'Amérique [1]. Elle forme, moyennant un grand nombre d'*affixes*, des prépositions, des modes et des temps très compliqués et très différents de ceux de notre syntaxe. Il y a deux conjugaisons *affirmatives*, et deux *négatives*; le verbe neutre a sa conjugaison distincte de celle du verbe actif. Un nombre étonnant d'adverbes, ou plutôt de *syllabes intercalatives*, sert encore à modifier et à allonger les verbes [2]. L'onomatopée ou la formation des mots est très bizarre; par exemple, *Tupa*, Dieu, est un composé de deux mots qui signifient littéralement *qu'est-ce?* Le mot *couna*, femme, nous avait fait illusion par son rapport de son et de sens avec le *kona* des Skandinaves; mais cette similitude disparaît dès qu'on sait que *couna* est un composé peu galant de deux mots qui signifient *langue courante*.

» Quelle que soit l'extension de cette langue-mère, elle n'embrasse pourtant pas la totalité du Brésil. Le savant Hervas assure, d'après les manuscrits des jésuites portugais, que, dans le nord et le centre du Brésil, il existe *cinquante et une tribus* qui parlent des idiomes entièrement différents du guarani et du tupi; quelques uns lui paraissent avoir de l'affinité avec des dialectes caraïbes [3].

(1) *Berrid* : Annaès hist. do Estado do Maranhao, liv. VI, n° 534. — (2) *Rafael de Jesus*, dans son *Castriot. Luzitan.*, part. I, liv. III, n°s 12, 53, 54, 122, 123, 127. *Rocha Pitta* : Americ. portug., n°s 94, 95. — (3) *Stadius*, part. II, ch. XXIX. *Léry*, ch. XIV. — (4) *Id.*, ch. XXIII. — (5) *Vasconcellos*, *Noticias do Brasil*, liv. I, n° 49.

(1) Voici les mots brésiliens qui nous ont présenté des analogies avec les idiomes africains :

Ara, jour. — *Araiani*, ciel, en sousou. *Bou*, terre. — *Boke*, idem, en sousou. *Aba*, homme. — *Auvo*, idem, en mokho. *Ii*, eau. — *Ji*, idem, en mandingo; *Je*, idem, en sousou. *Acang*, tête. — *Oukoung*, idem, en sokko; *Koung*, en mandingo.

Les analogies avec les langues océaniques sont plus faibles encore. Le Brésilien dit *tuba*, père; *tayra*, fils; *tagira*, fille; *tiquyira*, frère ami, mots qui ressemblent de loin à *taina*, enfant mâle; *taoguède*, fils aîné; *touaghané*, frère aîné, aux îles des Amis.

Voici les nombres en brésilien : *oyepe*, un; *mocoï*, deux; *mosampir*, trois; *monhèrudic*, quatre; *opocambo*, dix.

(2) *Arte da grammatica da lingua do Brasil*, *composta pelo P. Figueroa*, 4e édition, Lisbonne, 1795. — (3) *Hervas* : Catalogo delle lingue, p. 26 et suiv. — 29.

Nous aurions voulu terminer cette description rapide et imparfaite d'un pays encore mal connu, par quelques notions certaines sur les forces politiques du nouvel empire dont il est le siége. Mais les matériaux complets et authentiques manquent encore, et ceux que nous pouvons donner seront suffisamment détaillés dans les tableaux. »

Tout nous porte à admettre que le Brésil renferme 5,340,000 habitants, sur lesquels il y a plus d'un million de Portugais.

Le gouvernement brésilien est une monarchie constitutionnelle; le chef de l'Etat prend le titre d'empereur; il sanctionne ou rejette les lois; proroge ou dissout les chambres et commande l'armée. Par suite de modifications récentes dans la constitution, les membres du sénat sont élus pour un temps fixé, et ceux de la chambre des députés pour deux ans par les provinces. La chambre élective a l'initiative sur les impôts, sur le recrutement, sur le choix de la dynastie en cas d'extinction de la famille régnante, et sur la mise en accusation des ministres.

Tous les Brésiliens, à l'exception des mendiants, des domestiques et des esclaves, jouissent du même droit civil et politique. La constitution consacre la liberté individuelle et religieuse, le libre exercice de l'industrie, et la liberté limitée de la presse.

Lorsqu'en 1822 le Brésil fut érigé par le vœu général en empire indépendant; lorsque don Pedro, chef constitutionnel de cet empire, eut soumis à l'acceptation des citoyens de toutes les classes une constitution que, le 25 mars 1824, il jura de maintenir, on ne prévoyait pas que sept années plus tard des ministres impopulaires compromettraient le trône de ce prince, et que celui-ci, après avoir abdiqué volontairement la couronne du Portugal, se verrait forcé d'abdiquer celle du Brésil, où il avait eu du moins la gloire de calmer les partis avant d'accepter le pouvoir suprême. Mais ne doit-on pas pressentir que les destinées du Brésil seront tôt ou tard remises en question? L'exemple des républiques de l'Uruguay, du Rio-de-la-Plata, de Bolivia, du Pérou et de la Colombie, qui, au sud, à l'ouest et au nord, bornent cet empire, doit agir sur l'esprit des Brésiliens; ils voudront peut-être éviter d'être exposés à ce que leur jeune empereur n'ait un jour, comme son père, la témérité de repousser le vœu public pour chercher un appui incertain sur la force des baïonnettes: alors on verrait le peuple de ce nouvel empire ériger ses provinces en Etats confédérés. Les monarchies constitutionnelles s'établiront un jour dans toute l'Europe; le Nouveau-Monde semble être le domaine des gouvernements républicains.

TABLEAUX STATISTIQUES DU BRÉSIL.

SUPERFICIE en lieues,	POPULATION absolue en 1830,	POPULATION par lieue carrée,
401,600.	5,340,000.	13.

PROVINCES et COMARCAS.	POPULATION des PROVINCES.	VILLES.
Rio-de-Janeiro.	591,000	Rio-de-Janeiro, † Boa-Vista, Santa-Cruz, Marica, Macacu, San-Salvador-dos-Campos.
San-Paulo	610,000	
Comarca de San-Paulo.		*San-Paulo*, † Villa-da-Princeza.
Comarca d'Ytu.		*Ytu* ou *Hitu*, Porto-Feliz, Sorocaba.
Comarca de Paranagua et Corytyba.		*Corytyba*, Paranagua.
Santa-Catarina	50,000	*Cidade de Nossa-Senhora do Desterro*, San-Francisco, Laguna, Santa-Anna.

PROVINCES et COMARCAS.	POPULATION des PROVINCES.	VILLES.
San-Pedro ou Rio-grande-do-Sul . .	170,000	*Portalegre* ou *Porto-Alegre*, Rio-Grande ou San-Pedro, Estreito.
Mato-Grosso	82,000	*Mato-Grosso*, † ci-devant *Villa-Bella*, Cuyaba, Diamantino, San-Pedro-del-Rey, Nova-Coimbra.
Goyaz.	150,000	
Comarca de Goyaz.		*Goyaz*, ci-devant *Villa-Boa*, Meia-Ponte, Pilar, Ouro-fino, Santa-Cruz.
Comarca de San-Joao das duas Barros.		*Natividade*, Aguaquente, Porto-Real.
Minas-Geraes	930,000	
Comarca de Ouro-Preto (or noir).		*Cidade de Ouro-Preto* ou Villa-Rica, Marianna †.
Comarca du Rio das Martes.		*San-Joao del Rey*, San-José.
Comarca du Rio dos Velhas.		*Sabara* ou Villa-Real do Sabara, Cahite ou Villa-Nova da Raynha.
Comarca de Paracatu.		*Paracatu* ou *Paracatu do Principe*, San-Romao.
Comarca du Rio-San-Francisco.		*Rio-San-Francisco das Chagas*, ou Rio-Grande.
Comarca du Seno-Frio.		*Villa do Principe.*
Espirito-Santo.	74,000	*Victoria*, Villa-Velha do Espirito-Santo.
Bahia.	560,000	
Comarca de Bahia.		*San-Salvador* ou *Bahia* ††, Caxoeira, Itapicurù.
Comarca de Jacobina.		*Jacobina*, Villa de Contas.
Comarca de Ilheos.		*San-Jorge* ou *Ilheos*, Olivença.
Comarca de Porto-Seguro.		*Porto Seguro*, Belmonte.
Sergipe.	267,000	*Cidade de San-Christovão* ou Sergipe.
Alagoas.	257,000	*Alagoas* ou *Cidade das Alagoas*, Penedo.
Pernambuco.	692,000	
Comarca do Recife.		*Cidade do Recife* ou *Pernambuco.*
Comarca de Olinda.		*Olinda* †, Goyanna, Pasmado.
Comarca de Sertao (du Désert).		*Symbres*, ci-devant *Orazaba.*
Parahyba.	246,000	*Parahyba*, Pombal.
Rio-Grande.	69,000	*Natal*, Portalègre.
Ceara.	273,000	
Comarca do Ceara.		*Cidade da Fortalezza* ou *Ceara*, Aracaty.
Comarca de Crato.		*Crato*, Icco ou Yco.
Piauhy.	46,000	*Oeyras*, Parnahyba ou Pranahyba.
Maranhao.	183,000	*Cidade de San-Luiz* ou *Maranhão* †, Hycatu.
Para ou Grand-Para.	190,000	
Comarca do Para.		*Belem* ou *Pàrà* †, Macapa.
Comarca de Macajo.		*Villa de Monforte* ou *Villa-Joannes*, Chaves.
Comarca do Rio-Negro.		*Barra do Rio-Negro*, Barcellos.

Population par races.

Portugais	1,347,000
Noirs.	2,017,000
Métis.	1,748,000
Indiens.	228,000
Total. . .	5,340,000

ARMÉE DE TERRE.

25,000 hommes.

MARINE.

3 vaisseaux de ligne,	8 frégates,
4 corvettes,	10 bricks,
11 bâtiments inférieurs,	9 chaloupes canonnières.

FINANCES.

Revenus en francs.	Dette publique en francs.
80,000,000.	240,000,000.

LIVRE CENT QUATRE-VINGT-QUINZIÈME.

Suite de la Description de l'Amérique. — Description des Guyanes française, hollandaise et anglaise.

« Le nom de *Guyane* ou *Guayane*, qui paraît appartenir en propre à une petite rivière tributaire de l'Orénoque, a été donné, par extension, à cette espèce d'île environnée, au sud, à l'ouest et au nord, des eaux de l'Amazone, du Rio-Negro, du Cassiquiare et de l'Orénoque, et baignée au nord et au nord-est par l'océan Atlantique. »

Christophe-Colomb découvrit la Guyane en 1498; Americ Vespuce y aborda l'année suivante; Vincent Pinçon explora ses côtes en 1500; quelques auteurs prétendent que Vasco-Nuñez les reconnut en 1504; le navigateur Philippe de Hutten, qui y aborda vers 1545, prétendit y avoir vu une ville dont les toits brillaient avec tout l'éclat de l'or; en 1595, l'Anglais Walter Raleigh remonta l'Orénoque jusqu'à 200 lieues de son embouchure; enfin, un aventurier français, nommé Laravardière, s'y établit en 1604. Ces différentes expéditions avaient principalement pour but de découvrir dans cette contrée un pays tellement abondant en or, qu'on l'avait surnommé *El-Dorado*. On ne sait qui avait répandu le bruit de l'existence de ce pays fabuleux; mais lorsque Laravardière s'y établit, il fut facile de reconnaître qu'aucune partie de l'Amérique n'est plus pauvre en or que la Guyane, et que ses montagnes même sont, en général, très peu métallifères.

Après plusieurs tentatives infructueuses, la première colonie française fut établie à la Guyane en 1635; vers la même époque quelques colons anglais avaient formé à l'embouchure du Surinam un établissement dont les Français s'emparèrent, et qui passa ensuite au pouvoir des Hollandais, auxquels les Anglais l'enlevèrent; ceux-ci, pendant la guerre de la révolution, se rendirent maîtres de tous les établissements hollandais, qu'ils restituèrent à la paix d'Amiens; mais en 1808 ils reprirent la partie qui leur appartenait primitivement, et dont la possession leur a été assurée par le traité de 1814. Depuis cette époque les gouvernements français, anglais ou hollandais ont porté tous leurs soins vers la prospérité des colonies qu'ils possèdent dans cette contrée.

L'intérieur de la Guyane est encore imparfaitement connu. Les dernières relations nous apprennent que les monts Mairari s'élèvent à 3,400 pieds au-dessus du niveau de la mer; que les monts Roraima, qui sont de 4,100 pieds plus élevés, s'étendent depuis 5 deg. 10 min. de latitude septentrionale jusqu'à 60 deg. 48 min. de longitude orientale; ils sont habités par les Indiens *Arecunas*; on y voit un des précipices les plus effrayants que l'on puisse citer; il est taillé à pic sur une hauteur de 1,500 pieds: l'Essequibo, l'Orénoque et le fleuve des Amazones prennent leurs sources dans ces montagnes. Sur les bords du Maruoua on remarque des figures hiéroglyphiques gravées dans le granit. La rivière de Parmia forme un grand nombre de rapides. Près de Purumani, la grande cataracte de la Panina a 70 pieds de hauteur. Sur les bords du Mereouari, qui a sa source dans les monts Sarisharinima, habitent les *Guinaas*, q parlent un langage différent de celui des autres indigènes [1].

« Les côtes sont partout peu élevées, et même, dans la plus grande partie, si basses, que la haute mer les couvre pendant l'espace de plusieurs lieues. Les caps ou promontoires ne se font apercevoir qu'à une petite distance: cependant les vaisseaux s'en approchent sans danger, parce que des sondes régulières indiquent d'une manière presque uniforme la proximité de la côte. Les eaux de la mer, jusqu'à une distance de dix à douze lieues, sont troubles à cause de la quantité de limon et de vase que les rivières y portent.

» Parmi les *terres basses*, celles où les eaux de la mer restent stagnantes se couvrent de palétuviers; les autres, inondées seulement

(1) Relation du Voyage de M. Schomburgck en 1838 et 1839. (Geogr. Soc. Atheneum, 8 février 1840.)

par les eaux douces, portent des joncs, et servent d'asile aux caïmans, aux poissons, et à toutes sortes de gibier aquatique. Ces dernières s'appellent savanes noyées; les savanes sèches produisent d'excellentes herbes de pâturages [1]. Composé de sable, de limon et de coquillages, ce terrain paraît en partie être le produit de la mer, qui, dans chaque inondation, y laisse un dépôt, et qui, en formant des dunes en plusieurs endroits, élève d'elle-même lentement la barrière qui un jour doit arrêter sa fureur [2]. La mer rejette tantôt de la vase et tantôt du sable; les palétuviers rouges croissent aussitôt dans la vase, et lorsque les dunes de sable postérieurement formées interceptent l'eau de la mer dont ils ont besoin, on les voit successivement mourir.

» Quelques tertres isolés qui s'élèvent au milieu des terres basses, paraissent avoir été anciennement des îles; les alluvions successives les ont enveloppés et réunis au continent. Mais à quatre et surtout à dix lieues de la mer, on rencontre des montagnes, presque toutes granitiques, quartzeuses ou schisteuses. Les roches calcaires sont inconnues dans la Guyane. Les petites montagnes qui bordent la côte, ordinairement à la distance d'une ou de deux lieues, ont généralement leur direction parallèle à celle de la côte, tandis que dans l'intérieur on ne trouve que des montagnes isolées, qui se présentent ordinairement comme des pyramides ou des tertres élevés [3]. Les premières coupent les cours des rivières, et donnent naissance à un nombre infini de chutes d'eau, dont l'élévation varie de 20 à 50 pieds. Les montagnes dans l'intérieur n'ont pas, dans leurs plus hautes cimes, plus de 300 toises d'élévation au-dessus du niveau de la mer [4]. La chaîne ou le groupe le plus élevé n'est pas situé précisément au partage des eaux qui se versent dans l'Océan, et qui s'écoulent dans l'Amazone; les cimes les plus hautes sont plus au nord que les sources des rivières dirigées vers la mer.

» Les principales rivières, telles que l'*Oyapok*, le *Maroni*, le *Surinam* et l'*Essequibo*, ont l'embouchure très large et peu profonde, comme c'est l'ordinaire dans un terrain bas et meuble. Leurs cataractes offrent rarement un aspect majestueux. L'Oyapok en compte 8 dans l'espace de 20 lieues: le Maroni les a moins nombreuses, mais plus grandes; l'Essequibo n'en a pas moins de 39 dans un assez petit espace. Les mêmes traits peuvent s'appliquer aux autres rivières, qui sont le Démérary, la Berbice, le large Corentin, le Sinnamary, si tristement célèbre, l'Aprouague et l'Arouari, pendant quelques années limite des Français et des Portugais.

» La saison sèche, qu'on appelle le grand été, dure, à Cayenne, depuis la fin de juillet jusqu'en novembre. La saison pluvieuse règne surtout dans les mois qui correspondent à l'hiver d'Europe; cependant les pluies sont plus fortes en janvier et février. Dans la règle, le mois de mars et le commencement de celui de mai présentent un temps sec et agréable; on appelle cette époque le petit été. En avril et mai, les pluies reviennent aussi fortes que jamais. Le climat tant décrié de la Guyane est moins chaud que celui des Indes orientales, de la Sénégambie et des Antilles. Le thermomètre de Réaumur, à Cayenne, s'élève à 28 degrés dans la saison sèche, et à 24 dans la saison pluvieuse [1]. M. Cotte indique pour Surinam des termes qui paraissent encore plus bas, savoir: 25 degrés 8 minutes pour le maximum moyen de chaleur, et 20 degrés pour la chaleur moyenne de l'année [2]. Ce qui surtout diminue la chaleur à la Guyane, c'est l'action des vents dominants, qui viennent du nord pendant la saison pluvieuse, et de l'est, quelquefois du sud-est, pendant la saison sèche. Ces vents passant tous sur de vastes étendues de mer, apportent une température plus fraîche, de sorte que dans l'intérieur, le froid des matinées oblige l'Européen à se chauffer [3]. Il y a des différences sensibles entre le climat de diverses parties de la Guyane. Sur l'Oyapok les pluies sont plus fréquentes qu'à Cayenne. L'époque des saisons n'est pas partout la même. À Surinam, les pluies et les sécheresses commencent un ou deux mois plus tard qu'à Cayenne; mais Stedmann ajoute

(1) *Bajon*: Mém. sur Cayenne, II, p. 7. *Pinckard*: Notes on West-India, t. III, p. 388, 389. *Leblond*: Descr. abrégée de la Guyane franç., p. 18. — (2) *Laborde*: Journal de physique, 1773, t. I, p. 464 et suiv. — (3) *Bajon*: Mémoires, t. I, p. 11. *Leblond*: Traité de la fièvre jaune, p. 215. — (4) *Leblond*: Description abrégée, p. 55, p. 59.

(1) *Bajon*, t. I, p. 6. — (2) *Cotte*: Mémoire de météorologie, t. II. — (3) *Bajon*, t. I, p. 2.

que ces époques ne sont pas entièrement fixes [1].

» Considéré sous le rapport de la salubrité, le climat a été trop calomnié. Il a les doubles inconvénients attachés à tout pays en friche, couvert de bois ou de marais, et à toute contrée chaude et humide [2]. Les maladies qui attaquent les Européens nouvellement arrivés, sont des fièvres continues. Ce sont les abatis nouvellement faits qui exposent le plus la santé des nouveaux colons; le soleil développe les miasmes qu'exhale un terrain formé de débris des végétaux accumulés depuis des siècles; mais ce danger n'existe que dans les premières années. Les fièvres tierce et double-tierce, qui règnent habituellement dans le pays, sont incommodes, mais peu dangereuses. Les épidémies sont très rares, et la petite-vérole y a été extirpée.

» Les inondations de la Guyane présentent au voyageur un tableau curieux dont nous allons essayer de retracer l'image. Grossies par des pluies continuelles, toutes les rivières se débordent; toutes les forêts avec leurs immenses troncs, leurs labyrinthes d'arbustes, leurs guirlandes de lianes, flottent dans l'eau. La mer joint ses flots amers aux eaux courantes; elle y apporte un limon jaunâtre; les poissons de mer, les oiseaux aquatiques et les caïmans se répandent partout; les quadrupèdes sont obligés de se réfugier sur le haut des arbres, et à côté des singes qui, en gambadant, se suspendent aux branches, on voit courir les énormes lézards, les *agoutis*, les *pecaris*, qui ont quitté leurs tanières inondées; à côté d'eux, les oiseaux palmipèdes, qui, par leur conformation, semblent condamnés à rester sur terre ou dans l'eau, s'élancent ici sur les arbres pour éviter les caïmans et les serpents, qui partout se jouent dans l'eau ou se vautrent dans la fange. Les poissons abandonnent leur nourriture ordinaire offerte par l'humide élément, et mangent les fruits et les baies des arbustes parmi lesquels ils nagent. Le crabe s'attache aux arbres, l'huître croît dans les forêts. L'Indien qui, dans son bateau, parcourt ce nouveau chaos, ce mélange de terre et de mer, ne trouve pas un coin de terre pour se reposer; il suspend son hamac aux branches les plus élevées de deux arbres, et dort tranquillement dans ce lit aérien, que les vents balancent au-dessus des flots.

» Toute l'année a ses récoltes de fruits; cependant les arbres mêmes qui sont toujours chargés de fruits, n'en portent en abondance qu'en certains temps fixes, qui semblent être les époques de leurs récoltes: tels sont les orangers, les limoniers, les poiriers-avocats, dont le fruit est surnommé *moelle végétale* [1], les sapotilliers, les corossols et plusieurs autres qui ne viennent que dans les endroits cultivés. Ceux qui croissent naturellement dans les forêts ne produisent qu'une fois par an, et la plupart dans les mois qui correspondent au printemps d'Europe. Tels sont les fruits de palmiers, ceux du *mari-tembour*, du *prunier-mombain*, et autres. Parmi les arbres fruitiers transportés de l'Europe, il n'y en a que trois qui aient réussi généralement, savoir: la *vigne*, dont cependant les raisins pourrissent dans le temps des pluies, et sont dévorés, en été, par les insectes [2]; le *grenadier*, et surtout le *figuier*. Les arbres fruitiers des Indes orientales, tels que les manguiers et les jambosiers, viennent infiniment mieux.

» Avant l'arrivée des Européens, la Guyane possédait trois espèces de cafiers, le *coffea guyanensis*, le *paniculata* et l'*occidentalis;* mais on y introduit le cafier arabique. Les girofliers, les cannelliers, les muscadiers y ont été transportés avec beaucoup de succès. Il y a plusieurs espèces de poiviers [3] Le cacaoyer vient spontanément à l'est de l'Oyapok. L'indigo et la vanille y sont indigènes. Parmi les plantes alimentaires du pays, le manioc amer et le ca-manioc [4] tiennent le premier rang; les ignames, les patates, les tayoves, deux espèces de mil offrent encore une nourriture abondante.

» La Guyane a donné à la médecine le précieux quassia ou bois de Surinam [5]. Beaucoup d'autres végétaux produisent des sucs amers et astringents d'une grande utilité mé-

(1) *Stedmann:* Voyage, t. I, p. 48, trad. franç. — (2) *Leblond:* Traité de la fièvre jaune, p. 221. *Idem*, Description abrégée, p. 35. *Bajon*. tom. I, Mém. 2-10. Tom. II, Mém. 2-4.

(1) *Laurus persea*. *Stedmann*, t. I, p. 390. — (2) *Bajon*, t. II, p. 18, et *Stedmann*, t. II, p. 237. — (3) *Aublet:* Plantes de la Guyane, t. I, p. 21. — (4) *Bajon*, v I, Mémoire XV; mais *Aublet*, t. II, Mémoire III, distingue cinq sous-espèces de manioc propre ou vénéneux. — (5) *Patrin*, Journal de Physique, 1777, p. 140.

dicale, tels que le *dolichos pruriens*, la violette ytombou, espèce d'ipécacuanha, la noix d'huile de castor, le *costus* arabique, la potalée amère. Il faut en chercher les noms dans les mémoires de MM. Bajon et Aublet. Parmi les gommes et résines, on doit remarquer la *gomme copahu* ou *capivi*. Le laborieux médecin M. Leblond a cherché en vain le quinquina, même sur les montagnes de l'intérieur. Ce végétal n'a pu franchir les plaines basses qui environnent et isolent le plateau de la Guyane.

» Mais à côté de ces arbustes salutaires, les forêts de la Guyane cachent les poisons les plus terribles. La *duncane* est un petit arbrisseau qui donne à l'instant la mort aux bestiaux qui en mangent; on assure que l'instinct des animaux ne leur apprend pas à connaître cette plante redoutable ([1]). Les ravages du poison végétal nommé *wourara* sont tels, selon Stedmann, qu'un enfant mourut sur-le-champ pour avoir sucé la mamelle de sa mère un instant après qu'elle eut été frappée d'une flèche qui en avait été enduite ([2]).

» Parmi les arbres forestiers de la Guyane, les uns, mous et spongieux, comme les bananiers, les palétuviers, ne servent qu'à allumer le feu; les autres, extrêmement durs, incorruptibles et susceptibles du plus beau poli, ont l'inconvénient de résister à la scie et aux autres outils; tels sont le ouatapa, le balata, l'angelin. Quelques autres espèces, en se rapprochant de ceux-ci, donnent plus de prise aux outils: on distingue le férole, qui s'appelle aussi bois satiné; le *licaria*, qui, dans sa jeunesse, porte le nom vulgaire de bois de rose, et dans sa vieillesse est faussement désigné par les colons comme un arbre différent, sous le nom de sassafras ([3]); deux espèces d'*icica*, qu'on décore du titre de cèdre noir et blanc, le bagassier, le couri-mari et l'acajou. L'aspect des forêts de la Guyane est imposant et varié. Les majestueux *panax morototoni*, le *bignonia copaia*, le norante, élèvent leurs têtes jusqu'à 80 et 100 pieds. Le faramier, l'ourate, le mayèpe, répandent au loin une odeur balsamique. Les lianes et les arbrisseaux grimpants, en décorant ces forêts, les rendent souvent impénétrables; là c'est le mouroucou ou le malani, dont les

([1]) *Stedmann*, t. II, p. 16, 17. — ([2]) *Stedmann*, t. II, p. 109-119. — ([3]) *Aublet*, t. II, article *licaria*.

branches sarmenteuses s'enlacent autour des troncs et des rameaux; ici c'est l'ouroupari et le rouhamon, qui, l'un par ses épines en forme de crochets, l'autre par ses vrilles, s'élèvent jusqu'aux cimes des arbres les plus hauts. On voit des grappes de fleurs de diverses espèces pendre de tous les côtés sur l'arbre, dont le feuillage véritable disparaît presque sous des ornements étrangers ([1]).

» Nous pourrions encore remarquer une foule d'arbres utiles ou curieux, tels que la simira, qui donne une belle teinture rouge; le cotonnier sauvage, qui a souvent 12 pieds de circonférence, et dont on construit des canots très grands; le patavoua, qui forme un grand parasol, dont un seul sert de toit à une cabane pour vingt-cinq personnes; le vouay, dont les grandes feuilles sont employées à couvrir les maisons, et résistent pendant plusieurs années aux injures de l'air.

» Les mammifères de la Guyane sont des mêmes espèces que ceux du Brésil et du Paraguay. Les jaguars passent pour être petits, mais ils n'ont pas encore été très soigneusement observés. M. Bajon dit cependant que le jaguar peut terrasser un bœuf, mais qu'il est timide et lâche devant l'homme ([2]); Stedmann lui donne 6 pieds de long du museau à la naissance de la queue. Le couguar l'approche en grandeur. Le couguar noir (*felis discolor*) est ici de la grosseur d'un grand chat; mais sa peau est aussi belle que celle du jaguar, et sa férocité, sa soif de sang n'est pas moindre. Selon Stedmann ([3]), le jaguarète serait encore une quatrième espèce de chat, qui a la peau tachetée de noir et de blanc, ce qui est contraire à l'opinion aujourd'hui reçue, et d'après laquelle les naturalistes regardent le jaguar et le jaguarète comme synonymes, mais formant deux variétés différentes. Les autres espèces du genre *felis* sont le *felis unicolor*, et le *margay* ou *felis tigrina*. Après le tapir, les fourmiliers comptent parmi les grands quadrupèdes. Les espèces les mieux connues sont le fourmilier didactyle, le *tamandua* et le *tamanoir*; celui-ci a quelquefois 8 pieds de la tête à la queue; il se défend avec ses griffes même contre le jaguar; s'il réussit à serrer cet ennemi entre ses pattes,

([1]) *Aublet*, t. I, p. 172. — ([2]) *Bajon*: Mémoire sur Cayenne, t. II, p. 178. — ([3]) *Stedmann*, t. II, p. 204.

il ne le lâche qu'après l'avoir tué. Le *chien crabier* vit sur les bords de la mer; il se sert de ses pattes, presque comme un homme de ses mains, pour tirer les crabes de leur trou. Parmi les familles des singes, extrêmement nombreuses, on distingue l'atile coïata, qui se suspend aux branches par sa longue queue tournée en spirale; le timide atile belzébuth, le joli petit *saki-winski*, appelé tamarin par quelques Français; le doux et aimable *kisi-kisi*, le farouche alouate (*mycetes seniculus*), le *sapajou-sajou* (*cebus apella*), et cinq ou six autres espèces de ce genre; le *sagoin saimiri*, l'*ouistiti vulgaire*, et beaucoup d'autres qu'il serait trop long d'énumérer. Parmi trois espèces de biches, le cariacou se rapproche, pour la grandeur et pour la forme, du chevreuil d'Europe. L'agouti est le gibier le plus commun et le meilleur; cependant la chair du paca est encore préférée: le cabiai habite les bords des rivières et des lacs; ses soies et ses défenses lui donnent l'air d'un cochon. Le pécari, appelé aussi tassajou ou cochon des bois, animal très différent de nos cochons, s'attroupe en grand nombre. Il passe, sans se déranger, à travers les jardins et les cours, même à travers les rangs d'une armée (¹).

» Les écureuils, mentionnés par Bancroft, ne paraissent pas différer sensiblement des espèces connues en Europe. Le coati, qui a quelquefois 2 pieds de long, emporte sans façon les oies et les coqs d'Inde; le grison (*gulo vittatus*), nommé *crabbodago* à Surinam, est d'un caractère si féroce, que, sans être pressé par la faim, il immole tout animal vivant qu'il rencontre et dont il peut se rendre maître (²).

» La Guyane possède plusieurs espèces de tatous et de didelphes ou sarigues. Stedmann nie à tort l'existence du fameux *didelphis æneas* ou *virginiana*, qui, en cas de danger, porte, disait-on, ses petits sur le dos. Parmi les chauves-souris, le vampire de la Guyane est redouté; il y en a qui ont 2 à 3 pieds d'envergure; le *vespertilio lepturus*, décrit et figuré par *Schreber*, ne s'est encore trouvé que dans les environs de Surinam.

» Le serpent *boa* est appelé à Surinam aboma: il devient quelquefois long de 40 pieds et d'une circonférence de 4; il engloutit des sangliers, des cerfs, des tigres entiers. Quelques coups de fusil bien dirigés donnent la mort à ce nouveau Python; les nègres lui enlacent une corde autour du cou, le suspendent à un fort arbre, et l'entourant de leurs bras grimpent après le reptile comme à un mât, atteignent son cou, lui ouvrent la gorge avec un couteau, et se laissant couler à terre le pourfendent dans toute sa longueur; puis l'écorchent tout palpitant pour avoir sa graisse qui est excellente. Les deux serpents venimeux les plus connus sont celui *à sonnettes* et celui nommé *grage*: ce dernier, habitant des forêts de l'intérieur, est le plus méchant; son venin n'est pas aussi actif, mais la courbure et la disposition particulière de ses incisives rendent ses morsures terribles (¹) »

La Guyane abonde en crapauds, en lézards et en caïmans. Les gastronomes y recherchent l'*iguana delicatissima*, espèce de lézard qui vit sur les arbres, et dont la chair est un mets friand. Les alligators infestent les fleuves et les grandes rivières.

La Guyane nourrit la plupart des oiseaux indigènes et particuliers au *nouveau continent*. Trois oiseaux de la Guyane ressemblent extérieurement au faisan; l'un d'eux, le *parraqua*, a le cri extrêmement fort. Le toucan, l'agami, le tangora, le colibri et une petite perruche appelée calli, et qui n'est pas plus grosse qu'un moineau, animent les forêts et y étalent leurs couleurs variées. Le *prionus giganteus*, que l'on rencontre sur les bords de la Mana, et qui est le plus grand insecte connu, et le *fulgore porte-lanterne*, remarquable par sa propriété phosphorescente, sont les principaux insectes de la Guyane. Parmi les poissons d'eau douce, le *pacou* et l'*aymara* offrent au voyageur une nourriture délicieuse (²). Le *warapper* est pris parmi les arbres où il vient s'engraisser pendant l'inondation, et où il reste embarrassé dans les branches lors de la baisse des eaux (³). Le lamantin habite les rivières et les lacs; le poisson volant est poursuivi dans les eaux par le requin, et dans les airs par le cormoran; enfin le *sucet rémore* (*echineis remora*) s'attache fortement par la tête aux corps solides.

(¹) *Stedmann*, t. II, p. 316. — (²) *Idem, ibid*, p. 190, et t. III, p. 215.

(¹) *Bajon*: Mémoires, t. I, p. 345. — (²) *Leblond*: Description abrégée, p. 56. — (³) *Albert de Sack* (chambellan prussien), *Narrative of a voyage to Surinam*, Londres, 1808.

« Mais il est temps d'en venir à la description particulière des colonies européennes.

» Les colonies ci-devant hollandaises d'*Essequibo* ou *Essequebo*, de *Démérari* et de *Berbice*, forment aujourd'hui la *Guyane anglaise*, peuplée, en 1817, de 4,700 blancs, 15,000 indigènes et gens de couleur, et de 96,300 nègres, en tout 116,000 habitants. Les limites du côté de la Guyane espagnole ne sont pas bien fixées. Le bourg et le port d'*Essequebo* sont dans une excellente situation sur le confluent des deux grands cours d'eau de Courna et d'Essequebo. Les habitants demeurent la plupart dans leurs plantations le long du fleuve. Les bois étant abattus, l'air de mer y circule librement, et le climat est plus tempéré qu'à Surinam. On avait cru trouver des mines sur le haut du fleuve Essequebo, dont le cours est d'environ 200 lieues ; les cartes y marquent même une *mine de cristal;* mais les essais que les Hollandais ont faits pour découvrir ces trésors n'ont pas eu de succès.»

Le *gouvernement d'Essequebo-Démérari* est la plus florissante de ces colonies. *Stabroek*, que les Anglais appellent *George-Town*, en est la capitale et compte près de 10,000 habitants, qui joignent aujourd'hui le luxe anglais aux manières hollandaises [1]. Les grandes richesses des colons ont fait naître ici des prix excessifs et incroyables pour toutes les denrées étrangères ; une livre de thé coûtait naguère une guinée. *Fort-insel*, dans la colonie d'Essequebo, est un poste peu important.

« On ne trouve ni à Essequebo ni à Démérari ces bancs de coquillages si fréquents sur toute la côte de la Guyane; ces dépôts de la mer ne commencent qu'à Berbice. Le terrain d'Essequebo et de Démérary est une vase tantôt bleuâtre et tantôt grise, qui souvent n'a que la consistance de la boue.

» Dans la colonie, ou le gouvernement de *Berbice*, l'endroit principal est la *Nouvelle-Amsterdam*, sur la rivière Berbice, qui n'a point de chutes d'eau comme les autres rivières de la Guyane. Les terres basses s'étendent ici, sans interruption, à deux, trois et quatre lieues de la côte. On y trouve plus de plantations de cacao et de café que de sucre. »

La petite cité de Nouvelle-Amsterdam est bâtie dans le goût hollandais ; chacune de ses maisons, couverte de feuilles de bananiers, s'élève au milieu d'un jardin qu'entoure un fossé qui se remplit et se vide à chaque marée, et forme en quelque sorte une île particulière. Ainsi l'Océan se chargeant chaque jour d'enlever les immondices de cette ville, contribue à sa salubrité. Le fort de *Nassau* défend l'entrée de la colonie du côté de la mer. »

Huit peuplades sauvages, dont quelques unes passent pour être anthropophages, existent dans la Guyane anglaise; ce sont les Araouaaks, les Accaouais, les Caraïbises, les Ouaraous, les Macasi's, les Paramani's, les Attaraya's et les Attamacka's. M. Hillhouse, employé supérieur de la colonie, en visita quelques unes en 1830 et 1831.

« Les *Araouaaks*, dit-il, croient à un Etre » suprême, auteur de toutes choses, et dont » le frère gouverne l'univers; ils croient aussi » à un être malfaisant qu'ils cherchent à se » concilier par les conjurations de leurs *pe-* » *aye-men*, ou sorciers. Ces jongleurs se ser- » vent d'une calebasse dans laquelle ils met- » tent des cailloux, et qu'ils agitent pour » chasser ces ennemis du lit des malades. D'a- » près la tradition de ces Indiens sur la créa- » tion, le Grand-Esprit s'étant posé sur un » cotonnier de soie, détacha des morceaux de » l'écorce de cet arbre, qu'il jeta dans un » ruisseau au-dessous de lui, et qui, bientôt » animés, prirent la forme de tous les ani- » maux. L'homme fut le dernier des êtres » qu'il anima; après l'avoir créé, Dieu le plon- » gea dans un profond sommeil, et l'ayant » touché pendant ce sommeil, l'homme, à son » réveil, trouva la femme à ses côtés [1]. »

Les Araouaacks sont d'une taille moyenne; leurs mains et leurs pieds sont d'une petitesse extrême, surtout chez les femmes; leurs yeux se dressent obliquement vers les tempes, et leur front est plus déprimé que celui des Européens.

Les *Accaouais*, dont le nombre se monte à environ 700 sur les rives du Démérari, et à 1,500 sur celles du Massarouni, ne sont pas d'une taille plus élevée que les Araouaacks; mais leur peau est d'un rouge foncé. Ils sont turbulents, querelleurs, belliqueux, et peuvent supporter les plus grandes fatigues; mais toute espèce de subordination leur est insupportable, et leurs chefs ont moins d'as-

(1) *H. Bolingbroke*, A voyage to Demerary.

(1) Compte-rendu de la Société géographique de Londres.

cendant sur eux que dans les autres tribus.

Les *Caraïbiscs* occupent la partie supérieure de l'Essequebo et du Colouni. Renommés pour leur bravoure, ils sont les plus crédules, les plus bornés, les plus obstinés et les plus vindicatifs de tous les Indiens. Ils ont, d'après quelques traditions, habité jadis les îles Caraïbes. Toute espèce de nourriture animale paraît convenir aux Caraïbiscs; ils mangent les tigres, les chats, les rats, les grenouilles, les crapauds, les lézards, les insectes, comme le poisson et le gibier; cependant le poisson est l'aliment qu'ils préfèrent.

Les *Ouaraous* habitent la côte de Pommeroun, depuis Maroco Crick jusqu'à l'Orénoque. Leur nombre n'excède pas 700 individus des deux sexes. Ils sont presque tous constructeurs de bateaux, et ils tirent un grand profit de la vente de leurs pirogues.

Les *Macasi's* sont d'une petite stature, faibles de corps, et d'une teinte plus jaune que les Accaouais, avec lesquels ils ont d'ailleurs quelque ressemblance. Leur nombre est peu considérable.

Les *Paramani's*, les *Attaraïa's* et les *Attamacka's* font trois peuplades tellement enfoncées dans les terres, que la colonie n'a aucun rapport avec elles. Ils passent pour être à la fois belliqueux, sanguinaires et pillards, comme la plupart des montagnards, et déterminés à ne souffrir aucun blanc sur leur territoire.

Les *Bonis* sont des nègres qui se sont retirés dans les parties les plus inaccessibles des forêts de la Guyane anglaise. Leur nom est celui d'un soldat français qui, après avoir déserté Cayenne pour éviter une punition qu'il avait méritée, chercha un refuge au sein de cette tribu de nègres, les exerça au maniement des armes et en devint le roi. Ces Bonis sont au nombre de 7 à 8,000.

« La superbe colonie de *Surinam* reste aux Hollandais; c'est peut-être le chef-d'œuvre de ce genre d'industrie humaine. Aucune des Antilles ne présente une culture aussi étendue et aussi lucrative. »

La *Guyane hollandaise*, baignée au nord par l'Atlantique, bornée à l'ouest par la colonie anglaise, au sud par le Brésil, et à l'est par la Guyane française, dont elle est séparée par le cours du *Maroni*, est traversée par deux rivières considérables, le *Surinam* et la *Saramaca*, qui vont se jeter dans l'Océan. Sa capitale, *Paramaribo*, est une des plus belles et des plus riches villes de l'Amérique méridionale, toutes ses rues sont larges, parfaitement droites, plantées de chaque côté d'allées de citronniers, d'orangers et de tamariniers toujours chargés de fleurs ou de fruits, et, au lieu d'être pavées, elles sont sablées comme les allées d'un jardin. Les rues des faubourgs sont plantées comme celles de la ville; les places publiques, ombragées également par de beaux arbres, sont vastes et régulières. Toutes les maisons sont construites en bois plus ou moins précieux, et les fenêtres, au lieu de vitres, sont garnies de rideaux de gaze parfaitement disposés pour défendre de la chaleur. Les habitations en général sont élégamment ornées de peintures, de glaces, de dorures, de lustres de cristal et de vases de porcelaine; les murs des chambres ne sont jamais enduits de plâtre ni couverts de tapisseries de papier, mais sont lambrissés de bois précieux. Le palais du gouverneur est un magnifique édifice couvert en tuiles. Le port est garni de larges quais d'un abord facile en tout temps; il s'ouvre à l'embouchure du Surinam, que l'on voit toujours sillonné par des barques et des canots dont le nombre annonce la plus grande activité commerciale. La valeur des exportations s'élève à plus de 30,000,000 de francs. Cette ville fut en grande partie détruite en 1821 par un incendie qui consuma 1,500 bâtiments; mais ce désastre fut bientôt réparé. Sa population est d'environ 15 à 20,000 individus, parmi lesquels se trouvent plus de 9,000 blancs. Elle entretient des relations continuelles avec des peuplades indigènes; elles y portent des bois précieux et d'autres objets qu'elles échangent contre des armes à feu. Les environs de Paramaribo sont couverts de charmantes maisons de campagne. Le fort Zélandia défend l'approche de la ville.

Le *fort Amsterdam* est entretenu sur un pied respectable; il s'élève sur une langue de terre entre le Surinam et la Commewyne. *Savanna*, à environ 16 lieues de Paramaribo, sur la droite du Surinam, est un joli village entièrement habité par des juifs, qui y prouvent que ce peuple peut ne pas s'adonner exclusivement au commerce; ils s'y livrent aussi à l'agriculture. Ils y ont une synagogue et une école supérieure.

« L'aspect des colonies hollandaises et anglaises a quelque chose d'extraordinaire, d'unique même pour ceux qui ont vu la Hollande ou le Bas-Holstein. Une vaste plaine, absolument horizontale, couverte de plantations florissantes, émaillées d'un vert tendre, aboutit, d'un côté à un rideau noirâtre de forêts impénétrables, et est baignée, de l'autre côté, par les flots azurés de l'Océan. Ce jardin, conquis sur la mer et sur le désert, est divisé en un grand nombre de carrés environnés de digues, séparés par de larges routes et par des canaux navigables. Chaque habitation semble un petit village à part, et le tout ensemble réunit, dans un étroit espace, les charmes de la culture la plus soignée aux attraits de la nature la plus sauvage [1]. »

Les nègres révoltés ont établi dans l'intérieur trois petites républiques; ce sont celles des *Auka*, des *Cottica* et des *Sarameca*, dont l'indépendance, protégée par des forêts et des fleuves, a été reconnue par les Hollandais.

« Ces nègres vont tout nus, mais ils vivent dans l'abondance. Ils font de bon beurre avec la graisse clarifiée des vers-palmistes; ils tirent une très bonne huile des pistaches de terre. Au moyen de trappes artistement pratiquées et des hautes marées, ils prennent abondamment du gibier et du poisson, qu'ils font sécher à la fumée pour les conserver. Leurs champs sont couverts de riz, de manioc, d'ignames, de plataniers. Ils tirent du sel des cendres du palmier, comme font les Hindous, ou bien ils y suppléent fréquemment avec du poivre rouge. Ils ont toujours en abondance le vin de palmier, qu'ils se procurent par une incision d'un pied carré dans le tronc, dont ils reçoivent le jus dans un vase. Le latanier, ou le pineau, leur fournit tous les matériaux pour construire leurs maisons. Le calebassier leur donne des coupes ou des gourdes. Le *mauricia* renferme des filaments dont ils font leurs hamacs, et même il croît sur les palmiers des espèces de bonnets d'un tissu naturel, comme le *sustillo* du Pérou. Les lianes de toutes sortes leur servent de cordes. Pour avoir du bois, ils n'ont qu'à le couper. Ils allument du feu en frottant l'un contre l'autre deux morceaux de bois qu'ils nomment by-by. Ce bois étant élastique, leur procure aussi d'excellents bouchons. Avec la graisse et l'huile, qu'ils ont en abondance, ils peuvent faire des chandelles ou allumer des lampes; les abeilles sauvages leur donnent de la cire et de très bon miel. »

(1) *Pinkard* : Notes on West-India, III, 489, 392. *Stedmann*, Voyage, *passim*.

La *Guyane française*, entre la précédente et le territoire brésilien, n'a point encore de limites officielles bien déterminées. Le traité d'Amiens les fixa à l'Arouary, rivière qui débouche dans l'Amazone en dedans du cap Nord; mais la paix de 1815 a provisoirement indiqué l'Oyapock pour limites, et il est à craindre que le provisoire ne soit devenu définitif, grâce à l'insouciance de nos hommes d'Etat [1]. La Guyane française, d'après ces limites, comprend donc, depuis l'embouchure du Maroni jusqu'à celle de l'Oyapok, une étendue de 80 lieues de côtes. Ces deux rivières, qui lui servent de limites à l'est et à l'ouest, sont les plus considérables qui l'arrosent. Entre ces deux cours d'eau, l'*Approuague* et la *Mana* ont 30 à 40 lieues de longueur. Cette partie de la Guyane est plus saine que les deux autres, et présente les éléments de la plus grande prospérité. Il n'y règne aucune maladie endémique; la petite-vérole n'y a paru que deux fois en vingt-quatre ans, et la fièvre jaune qu'une seule fois depuis la fondation de la colonie. Le sol est très fertile; mais quels progrès l'agriculture ne peut-elle pas y faire, puisque sur une superficie égale au cinquième de toute la France, cette colonie n'a que 7,774 hectares en culture, dont les trois quarts sont cultivés en sucre, en cotonnier-roucouyer, en légumes, en riz et en maïs; et l'autre quart en café, en cacao et en diverses épices! Le territoire de cette colonie renferme de vastes savanes, dont les pâturages pourraient servir à fonder une branche d'industrie importante, en y élevant des chevaux et des bêtes à cornes dont il serait facile d'approvisionner les Antilles. Le nombre des bestiaux est loin d'être en rapport avec les moyens élémentaires que leur offre le sol si fécond de la colonie. L'intérieur des terres est habité par un peuple indépendant appelé les *Oyampis*; ne pourrait-on pas en utiliser le voisinage en les civilisant, en leur inspirant le goût

(1) Mémoire sur les nouvelles découvertes géographiques faites dans la Guyane française et sur le nouvel établissement formé dans l'île de Mapa, par le baron Walckenaer.

de la vie sédentaire, et en les engageant à cultiver en grand sous notre protection le coton et le café? Enfin la superficie de cette colonie est la plus considérable des trois, et cependant sa population est la plus faible.

« La nature n'a pas traité Cayenne avec moins de faveur que Surinam. Mais l'ignorance, si commune chez les hommes d'Etat français; la présomption, compagne de l'ignorance; enfin la puissance combinée de la routine et de l'intrigue ont toujours enchaîné les hommes éclairés et entreprenants qui ont proposé les vrais moyens pour faire sortir cette colonie de sa trop longue enfance. Un médecin habile, M. Leblond, qui a fait un long séjour à Cayenne, a proposé de civiliser les deux tribus indigènes des *Roucouyènes* et des *Poupourouis*, qui ne demandent que des maîtres pour se livrer à l'agriculture [1]. Outre l'indigo, le coton et le café que ces Indiens cultiveraient, ils pourraient fournir tous les vivres nécessaires à une grande population de nègres.

Cayenne est le chef-lieu de la colonie française. Cette ville, bien fortifiée du côté de la mer, est presque inaccessible du côté de la terre, où des marais et des bois remplissent l'île dans laquelle elle est située [2]. Cette île, large de 7 lieues et longue de 10, est baignée par l'Atlantique, la rivière d'Ouya et celle de la Cayenne. Son sol est très fertile, mais les mosquitos et d'autres insectes y sont plus incommodes que sur le continent. Cayenne est loin de pouvoir être comparée aux cités des Guyanes anglaise et hollandaise. Son port aurait besoin d'un quai commode; il est menacé d'être mis à sec par les atterrissements. La ville est formée de deux parties, l'ancienne et la nouvelle. La première est mal construite, entourée de vieilles murailles et dominée par des fortifications en ruines. La seconde est plus considérable et mieux bâtie; ses rues sont larges et bien aérées. Les deux quartiers réunis renferment un peu plus de 3,000 habitants; on y entretient deux jardins botaniques de naturalisation. Il y a une cour royale, un tribunal de première instance et une imprimerie. Les autres lieux habités sont: *Oyapok*, dont les environs fournissent différents bois de teinture; *Kourou*, bourg fortifié et bâti avec la plus grande régularité; *Remiré*, village dans l'île de Cayenne; sur les bords de la Mana, la *Nouvelle-Angoulême*, petite colonie fondée en 1824 par des habitants du Jura, et qui en 1827 se composait de 108 individus, parmi lesquels on comptait 52 noirs; enfin nous citerons encore *Sinnamary*, bourg tristement célèbre pour avoir été le tombeau de plusieurs Français qui y furent déportés pendant la révolution.

Nous ne devons point passer sous silence un nouvel établissement fondé dans la Guyane française. Vis-à-vis de la pointe septentrionale de l'île Maraca, appelée aussi île du cap Nord, on a reconnu depuis peu d'années une rivière grande et profonde qui n'était pas connue jusqu'à ce jour. Long-temps ce ne fut qu'un ruisseau, qui même dans les grandes marées ne pouvait être fréquenté que par des pirogues. Aujourd'hui, c'est un fleuve de 7 à 8 mètres de profondeur; on le nomme la *rivière de Mapa*. Après l'avoir remontée pendant quatre lieues, on arrive dans le superbe lac de Mapa, qui a au moins 50 milles de circonférence, et dans lequel se trouvent plusieurs îles élevées, dont la principale est l'île de *Choisy*, au nord de laquelle se trouvent les îles de *Mackau*. Ces îles ne sont jamais inondées, comme toutes les terres environnantes couvertes de palétuviers. C'est sur l'île de Choisy, qui a 5 lieues de circonférence et dont la fertilité est admirable, que le gouvernement français a fondé un nouvel établissement. Parmi les nombreuses rivières qui se jettent dans le lac, nous citerons la *rivière Saint-Hilaire* et la *rivière Bertrand*.

L'île de *Maraca*, ou du *Cap-Nord*, n'est séparée de l'embouchure de la Mapa que par un canal de 2 lieues; elle a 15 à 18 lieues de tour, et ses terres sont d'une grande fertilité. Sur toutes les cartes, cette île est représentée comme formée de terres noyées, mais c'est une erreur. Il est probable que jadis elle était sous l'eau à toutes les marées; mais aujourd'hui elle n'est inondée que pendant l'époque des grandes pluies et du débordement des fleuves; et encore son sol n'est-il couvert que de un à deux pouces d'eau. Il y aurait donc fort peu de travaux à faire pour la garantir de ces inondations, qui ne sont pas complètes, puisqu'elle nourrit une grande quantité de

(1) *Leblond* : Description abrégée de la Guyane française. — (2) Rapport officiel dans le *Moniteur*, 1809, n° 356.

cerfs et de léopards. Elle est ombragée d'arbres de haute futaie ; au centre on trouve un vaste lac d'eau douce où l'on pêche le lamantin.

Depuis plusieurs années, un millier de Français sont établis sur l'île de Mapa, et comme il y a eu très peu de mortalité parmi les colons et parmi les soldats, il est prouvé maintenant que le climat de ce nouvel établissement est beaucoup plus sain que celui de Cayenne [1].

« La population de toute la colonie est de 22,000 habitants, sans y comprendre les indigènes indépendants. Nous avons dit que ses limites actuelles sont l'Oyapok à l'est et le Maroni à l'ouest ; mais les habitations européennes, dans la partie ouest, ne s'étendent qu'aux bords du Courou. Parmi les cultures, celle du giroflier a donné jusqu'à 110 millions de livres pesant. Le rocou et l'indigo réussissent parfaitement. La valeur des exportations a au moins sextuplé depuis l'an 1789, où elles ne s'élevaient guère qu'à la somme d'un demi-million.

» Outre les deux tribus des Roucouyenes et des Poupourouis, l'intérieur de la Guyane nourrit un certain nombre de peuplades sauvages.

» Les ***Galibis*** sont la principale et la plus nombreuse de la Guyane française, celle dont le langage est le plus universellement entendu de toutes les autres. Ceux qui demeurent près de Cayenne sont entassés dans leurs cabanes à la manière des animaux. Il y en a où l'on compte quelquefois jusqu'à 20 et 30 ménages. La sécurité avec laquelle ces sauvages vivent entre eux fait que rien ne ferme dans leurs demeures ; les portes en sont toujours ouvertes, et l'on y peut entrer quand on veut. Cette tribu s'est créé une langue douce et régulière, riche en synonymes, et régie par une syntaxe très compliquée et très ingénieuse. Cet effort d'intelligence semble prouver que si ces sauvages repoussent avec obstination nos arts et nos lois, c'est d'après une sorte de raisonnement qui leur fait préférer la vie indépendante [2]. Leur nombre est d'environ 10,000 âmes ; ils occupent principalement le pays entre le Courou et le Maroni, pays dont la côte, bordée d'un récif presque inaccessible, prend le nom de ***Côte du Diable***.

» Les ***Kiricotsos*** et les ***Parabuyanes***, sur le Haut-Maroni, sont aussi des tribus puissantes. On distingue encore les ***Palicours***, et dix ou douze autres tribus qui habitaient les terres noyées et les riches pâturages entre l'Oyapok et l'Araouary ; mais on nous assure que les Portugais, à qui ce territoire a été cédé par le traité de Vienne, en ont emmené tous les habitants, afin de couvrir par un désert absolu la frontière septentrionale de leur empire brésilien.

» L'état de pauvreté et de barbarie où les Européens trouvèrent ces peuplades n'est pas une preuve tout-à-fait concluante contre les traditions, qui annonçaient aux aventuriers espagnols et anglais l'existence d'un pays, dans l'intérieur de la Guyane, abondant en or, et nommé ***El-Dorado***, dont la capitale, ***Manoa***, renfermait des temples et des palais couverts de ce métal précieux. Ce fameux but de tant d'expéditions a même été presque atteint, à ce qu'assurent des relations authentiques. Un chevalier allemand, ***Philippe de Hutten***, dont le nom a été défiguré en ***Urre***, a conduit, de 1541 à 1545, une petite troupe d'Espagnols depuis Coro, sur la côte de Caracas, jusqu'à la vue d'une ville habitée par les ***Omégas***, remplie de maisons dont les toits brillaient avec l'éclat de l'or, mais qui n'était environnée que d'une contrée faiblement cultivée. Repoussé par les Omégas, ce chef audacieux se proposait d'y retourner avec des forces plus considérables, lorsqu'un assassinat termina ses jours [1]. Les toits d'or peuvent être une fable ou une illusion d'optique produite par des rochers de mica. Le nom des Omégas semble identique avec celui des ***Omaguas***, nation assez civilisée, entreprenante, et répandue sur les deux bords de l'Amazone. Une petite ville du nom de ***Manoa*** a été visitée par les missionnaires péruviens, sur les bords de l'Ucayale. Mais Philippe de Hutten a-t-il réellement vu une ville des Omaguas ? Une autre explication se présente indépen-

(1) Mémoire sur les nouvelles découvertes géographiques faites dans la Guyane française et sur le nouvel établissement formé à l'île de Mapa, par le baron Walckenaer. — (2) *Malouet* : Voyage dans la Guyane, dans ses Mémoires sur les colonies, vol. III.

(1) *Oviedo* et les commentaires de M. *Ehrmann* et de M. *Meusel*, dans les Éphémérides géographiques de M. Bertuch, vol. XXV, p. 136 et 486.

damment de l'histoire de cette expédition. Les Indiens de la Guyane ont pu avoir eu une idée obscure de l'empire des Incas, des temples et palais de Cuzco, couverts en partie d'or, ainsi que du grand lac Titicaca. Leurs récits n'auront été qu'un peu exagérés, et les Espagnols auront cherché ce que déjà ils possédaient. Dans tous les cas, l'*El-Dorado* paraît étranger aux plateaux de granit très peu métallifères de la Guyane ([1]). »

TABLEAUX *des Colonies anglaise, hollandaise et française de la Guyane.*

GUYANE ANGLAISE.

SUPERFICIE EN LIEUES.	POPULATION EN 1817.	POPULATION PAR CLASSES D'HABITANTS.		
		COLONS.	NÈGRES ESCLAVES.	INDIENS ET NÈGRES LIBRES.
3,120.	116,000 h.	4,700.	96,300.	15,000.

GOUVERNEMENTS.	CHEFS-LIEUX.
ESSEQUEBO-DEMERARI.	*George-Town*, autrefois *Stabrock.*
BERBICE.	*Nouvelle-Amsterdam*, New-Amsterdam.

GUYANE HOLLANDAISE.

SUPERFICIE EN LIEUES.	POPULATION EN 1816.	POPULATION PAR CLASSES D'HABITANTS.			
		COLONS.	NÈGRES ESCLAVES.	HOMMES DE COULEUR LIBRES	INDIENS.
5,330.	50,250.	2,030.	31,940.	3,080.	13,200.

GUYANE FRANÇAISE.

	SUPERFICIE EN LIEUES.	POPULATION PAR CLASSES D'HABITANTS.			
		COLONS.	HOMMES DE COULEUR LIBRES.	NÈGRES ESCLAVES.	TOTAL.
En 1824. . . .	5,400.	1,035.	1,925.	13,660.	17,340.
En 1831. . . .	»	1,280.	2,506.	19,261.	23,047.
En 1836. . . .	»	1,800.	3,256.	16,592.	21,648 ([2]).

VALEUR EN 1836 DES	
IMPORTATIONS.	EXPORTATIONS.
3,262,500 francs.	3,346,900 francs.

Nombre de chevaux et de bestiaux en 1824 :
Chevaux, 120. — Mulets, 280. — Anes, 65. — Bêtes à cornes, 6,910.

([1]) M. le baron *A. de Humboldt* a indiqué une origine encore plus rapprochée de la tradition d'*El-Dorado*. Il a fait voir que le principal trait de cette tradition est *un roi tout couvert d'or*. Ce trait se retrouve à Bogota, dans la Nouvelle-Grenade, où le grand-prêtre de Bochica s'enduisait tout le corps d'un vernis d'or. L'espace nous manque pour examiner de nouveau cette question ; nous rappellerons seulement que les rois d'Afrique s'enduisent également le corps d'une couche de poudre d'or. *Voyez* notre tome V, p. 659. — ([2]) Ce nombre ne comprend ni la garnison, ni les fonctionnaires non propriétaires.

CULTURES EN 1836.

ESPÈCES DE CULTURES	NOMBRE D'HECTARES en culture.	NOMBRE D'HABITATIONS rurales.	NOMBRE D'ESCLAVES employés aux cultures.	PRODUITS DES CULTURES.
Canne à sucre.	1,571	51	4,932	Sucre brut. . . . . 2,422,796 kilog. Sirops en mélasses. . . 583,082 litres. Tafia. . . . . 289,536 *id.*
Café.	188	23	280	. . . . 42.000 kilog.
Coton.	2,746	128	2,960	. . . . 280,000 *id.*
Cacao.	197	7	174	. . . . 25,200 *id.*
Girofle.	829	40	1,508	. . . . 81,000 *id.* (1)
Rocou.	1,760	124	2,693	. . . . 313,000 *id.*
Poivre.	273	3	237	. . . . 25,300 *id.*
Cannelle.	9	»	»	. . . . 600 *id.*
Muscade.	2	»	»	. . . . 100 *id.*
Vivres.	4,251	244	943	Valeurs. . . . . 4,942,950 francs.
Totaux. . . .	11,826	620(1)	13,727(2)	

LIVRE CENT QUATRE-VINGT-SEIZIÈME.

Fin de la Description de l'Amérique. — Description particulière de l'Archipel Colombien ou des grandes et petites Antilles.

« Entre les deux continents de l'Amérique dont nous venons d'achever la description, s'étend en arc de cercle une chaîne d'îles à laquelle on a donné le nom insignifiant d'*Antilles* (3), et le nom inexact d'*Indes occidentales*, mais que la raison et la reconnaissance doivent nommer l'*Archipel Colombien.* L'extrémité méridionale de cet archipel se rattache au cap Paria, dans l'Amérique méridionale; tandis que son extrémité septentrionale se lie à la Floride par les îles Bahama, et que la pointe occidentale de Cuba correspond en quelque sorte à la partie la plus avancée de l'Yucatan. Ainsi les Antilles tiennent doublement au continent de l'Amérique septentrionale.

(1) Il a été récolté en outre 19,321 kilog. de griffes de girofle. — (2) Indépendamment des 620 habitations indiquées ci-dessus, on compte dans la colonie 104 huttes, 13 chantiers et 7 briqueteries, qui emploient 486 esclaves : ce qui porte le nombre total des établissements ruraux à 744, et celui des esclaves qui y sont employés à 14,213. — (3) C'est le nom de l'île imaginaire d'*Antilia*, appliqué aux découvertes de Colomb. *Voyez* notre *Histoire de la Géographie*, vol. I de ce *Précis*, p. 225-226.

» On divise ces îles en *grandes* et *petites Antilles*. Les grandes sont : *Cuba, la Jamaïque, Saint-Domingue* et *Porto-Rico*.

» Les Anglais, les Français, les Espagnols donnent des sens très différents aux termes d'îles du Vent et d'îles sous le Vent. L'acception de ce terme de marine dépend de la position du navire et de la route qu'on se propose de suivre.

» L'étendue de mer qui se trouve entre les Antilles, l'Amérique méridionale et les côtes de Mosquitos, de Costa-Rica et de Darien, s'appelle aujourd'hui *mer des Caraïbes*. Cette mer, une des plus fréquentées du globe, nous présente plusieurs phénomènes dignes d'attention. Le premier est ce mouvement des eaux connu sous le nom de *courant du golfe*. On doit le considérer comme l'effet du mouvement doux, mais universel, de toute la masse des eaux de l'Océan, portées par le grand courant équatorial de l'est à l'ouest, et poussées à travers les ouvertures de la chaîne des petites Antilles contre le continent américain. Ce mouvement uniforme n'empêche pas les eaux de l'Océan, depuis les îles Canaries jusqu'à l'embouchure de l'Orénoque, d'être d'une si parfaite tranquillité, qu'un canot pourrait sans danger traverser cet espace, auquel les Espagnols ont donné le surnom de *mer des Dames*. Pour être tranquille, ce mouvement n'en est pas moins fort; il accélère la marche des navires qui voguent des Canaries à l'Amérique méridionale; il rend presque impossible la traversée en ligne directe de Cartagena à Cumana, ou de Trinidad à Cayenne. Le nouveau continent, à partir de l'isthme de Panama jusqu'à la partie septentrionale du Mexique, forme une digue qui arrête le mouvement de la mer vers l'occident. Depuis Veragua, le courant est forcé de changer sa direction pour suivre celle du nord, et de se plier à toutes les sinuosités des côtes de Costa-Rica, de Mosquitos, de Campêche et de Tabasco. Les eaux qui entrent dans le golfe du Mexique par l'ouverture qui se trouve entre l'Yucatan et l'île de Cuba, après avoir éprouvé un grand remous partiel entre la Vera-Cruz et la Louisiane, retournent dans l'Océan par le canal de Bahama; elles y forment ce que les marins appellent proprement le *courant du golfe*, qui est comme un torrent d'eaux chaudes, sortant du golfe de la Floride avec une grande vitesse, et s'éloignant insensiblement de la côte de l'Amérique septentrionale, en suivant une direction diagonale. Lorsque les navires venant d'Europe et destinés pour cette côte ne sont pas sûrs de la longitude où ils se trouvent, ils peuvent s'orienter dès qu'ils ont atteint le courant du golfe, dont la position a été exactement déterminée par Franklin, Williams et Pownall. Depuis le 41e parallèle, ce long courant d'eaux chaudes se dirige vers l'est, en diminuant peu à peu de température et de vitesse, et en augmentant de largeur. Avant d'arriver aux plus occidentales des Açores, il se partage en deux bras, dont, au moins à certaines époques de l'année, l'un se porte sur l'Islande et la Norvége, et l'autre sur les îles Canaries et les côtes ouest de l'Afrique. Ce remous de l'océan Atlantique explique pourquoi, malgré les vents alizés, des troncs de *cedrella odorata* sont poussés des côtes d'Amérique sur celles de Ténériffe. Dans le voisinage du banc de Terre-Neuve, la température du courant du golfe qui charrie avec une grande rapidité les eaux chaudes des parallèles moins élevés, dans des latitudes plus septentrionales, est, selon les expériences de M. de Humboldt, de 2 à 3 degrés (de Réaumur) plus élevée que celle des eaux voisines qui en forment pour ainsi dire les rives, et dont le mouvement est comparativement nul.

» La tranquillité habituelle de la mer des Caraïbes est, de temps à autre, troublée par des ouragans et des coups de vent qui, se propageant à travers les étroites ouvertures de la chaîne des Antilles, prennent une extrême intensité. En temps ordinaire, les eaux sont si transparentes qu'on distingue les coraux et les poissons à 60 brasses de profondeur; le vaisseau semble planer dans l'air; une sorte de vertige saisit le voyageur, dont l'œil plonge à travers le fluide cristallin au milieu des jardins sous-marins où des coquillages et des poissons dorés brillent parmi des touffes de fucus et des bosquets d'algues marines (1).

» Le canal entre l'Yucatan et l'île de Cuba présente de deux côtés le phénomène des sources d'eau douce jaillissant au sein de l'onde amère. Nous avons déjà décrit celle de la côte d'Yucatan : les autres sont vis-à-vis, sur la côte occidentale de Cuba, au sud-ouest du port de Batabano, dans la baie de Xagua, environ à 2 ou 3 milles marins de la terre; elles jaillissent avec tant de force, que l'approche de ces lieux fameux est dangereux pour les petites embarcations, à cause des lames très élevées qui se croisent en clapotant. Les navires côtiers viennent quelquefois y prendre, au milieu de la mer, une provision d'eau douce. Plus on puise profondément, plus l'eau a de douceur. On y tue souvent des lamantins, animal qui ne se tient pas habituellement dans l'eau salée (2).

» Toutes les îles un peu considérables de cet archipel renferment de hautes montagnes; les plus élevées se trouvent dans la partie occidentale de Saint-Domingue, dans l'est de Cuba et dans le nord de la Jamaïque, précisément aux endroits où ces grandes îles se rapprochent le plus. La direction de ces montagnes, en la considérant en gros, paraît bien être du nord-ouest au sud-est; mais en examinant attentivement les meilleures cartes de chaque île, on découvre dans la plupart un

(1) Voyez entre autres *Schopf*, cité dans *Zimmermann*, West-Indien, p. 5. — (2) *A. de Humboldt*, Tableaux de la nature, II, 235.

point central d'où les rivières descendent, et où les diverses branches de montagnes paraissent se réunir comme dans un noyau. Dans quelques îles, comme à la Guadeloupe, ce noyau renferme des volcans; il paraît plus généralement formé de granit dans les petites îles, et de roches calcaires dans les grandes. Mais la géologie des Antilles n'a pas encore été observée dans la vue d'en saisir l'ensemble. On a remarqué avec raison que, dans les petites Antilles, les plaines les plus étendues se trouvent sur la côte orientale [1]. Mais ce fait cesse d'avoir lieu dans les îles Vierges et dans les grandes Antilles. Le seul trait d'uniformité se trouve dans les escarpements brusques qui, dans la plupart des îles, séparent les terres hautes des terres basses; ils sont surtout frappants à Saint-Domingue, où on les appelle *mornes*.

» Les rochers de corail ou de madrépores sont aussi communs que les pierres ponces, et des recherches plus attentives prouveront peut-être que cette substance a joué un rôle aussi important dans la formation de cet archipel, qu'elle en a joué dans celle des archipels du grand Océan. L'île de Cuba et les îles Bahama sont environnées d'immenses labyrinthes de rochers qui s'élèvent au niveau des flots, et qui se couvrent de palmiers: ce sont exactement les îles basses de l'océan Oriental.

» Toutes les Antilles sont à peu près soumises au même climat. Dans la sécheresse, qui dure ordinairement depuis le commencement de janvier jusqu'à la fin de mai, la chaleur du jour serait insupportable si des brises de mer ne s'élevaient à mesure que le soleil prend de la force. Les pluies, qui caractérisent la saison de l'été, tombent par torrents: ce sont de véritables déluges; les rivières s'enflent en un moment; tout le plat pays est submergé. L'air, fortement imprégné d'humidité, couvre de rouille tous les métaux susceptibles de s'oxider. L'humidité souvent continue sous un ciel enflammé, qui fait en quelque sorte vivre les habitants dans un bain de vapeurs, et ne contribue pas peu à rendre le séjour, dans la partie basse de ces îles, désagréable, malsain, et même dangereux pour un Européen [2]. Le relâchement successif des fibres trouble et interrompt l'activité des fonctions vitales, et produit à la longue une atonie générale.

» Le défaut habituel d'électricité paraît contribuer à faire disparaître ces teintes animées qui distinguent l'Européen. Les miasmes répandus par des eaux de mer stagnantes et des vases croupissantes deviennent, surtout pour les hommes des pays froids, les germes de la terrible fièvre jaune. La nature a indiqué un moyen de salut, c'est de chercher un air plus frais sur les flancs des montagnes. La zone chaude, où les fièvres putrides menacent notre existence, s'étend depuis le bord de la mer jusqu'au niveau de 400 mètres; là commence la zone tempérée, où le thermomètre de Réaumur ne marque plus que 15 à 18 degrés en plein midi, où nos plantes potagères réussissent le mieux, et où abonde le quinquina-pitou (*chinchona caribea*). Cette zone se termine à 800 mètres plus haut, où le thermomètre s'arrête à 14 degrés; les brouillards, élevés des parties basses, s'accumulent sur les montagnes, et la pluie devient habituelle. C'est la zone froide des Antilles [1].

» Il ne s'est pas trouvé d'autres mammifères sauvages que ceux de la plus petite taille, tels que la chauve-souris fer-de-lance, le rat volant ou my-optère [2], le kinkajou [3], le rat-piloris [4]; les lézards, les scorpions, les serpents sont très communs; mais parmi les petites Antilles, la Martinique et Sainte-Lucie sont les seules qui renferment de véritables vipères et des scorpions venimeux. Le scorpion existe à Porto-Rico [5], et probablement dans toutes les grandes Antilles. Le vorace caïman habite les eaux dormantes, et quelquefois les nègres mêmes ne peuvent se soustraire à sa dent meurtrière. Les tortues les plus délicates se prennent sur les plages voisines de la Jamaïque. Les perroquets et les colibris embellissent les forêts; les oiseaux aquatiques, en troupes innombrables, animent les rivages. On admire l'oiseau-mouche, qu'on appelle aussi *oiseau-murmure*, à cause du bourdonnement produit par le mouvement continuel de ses

(1) *Leblond:* Voyage aux Antilles, II, 141-320. — (2) Mémoire du Dr *Cassan*, inséré dans les Mémoires de la Société médicale d'émul., t. IV. Mémoires de M. *Moreau de Jonnès*, lus à l'Institut.

(1) *Leblond:* Traité de la fièvre jaune, p. 130. — (2) *Myosteris Daubentonii.* — (3) *Potos caudivolvulus.* — (4) *Mus pilorides.* — (5) *Ledru:* Voyage à Ténériffe, Porto-Rico, etc., II, p. 226.

ailes; on le voit lancer son bec effilé dans les fleurs parfumées des orangers et des limoniers, pour en exprimer un instant le suc et l'essence; ailleurs, à le voir suspendu dans les airs au-dessus des campêches en fleur, on le croirait enivré des parfums qui s'en exhalent; puis on le voit tout-à-coup disparaître avec la rapidité de l'éclair, pour revenir, peu de moments après, savourer de nouveau ces délicieuses odeurs, et déployer dans toutes ses courses un plumage magnifique où brillent les plus riches nuances de pourpre et d'or, d'azur et d'émeraude.

» Les magnifiques végétaux que nous avons admirés dans les autres parties du globe situées entre les tropiques égalent ici en taille, en beauté, leurs frères du continent. Le bananier, qui, d'abord faible, cherche l'appui d'un arbre voisin, forme à lui seul, dans le cours des années, un bocage; le tronc creusé du cotonnier sauvage (1) fournit un canot capable de contenir 100 hommes; une feuille du palmier à éventail suffit pour garantir huit personnes du soleil ou de la pluie; le chou-palmiste balance sa tête verdoyante sur une colonne quelquefois haute de 230 pieds. Des rangées d'arbres de Campêche (2) et du Brésil entourent les plantations. Le caroubier joint au bienfait de ses fruits celui de son épais ombrage. L'écorce fibreuse du grand *cecropia* fournit de solides cordages. L'élégant tamarinier, précieux par ses cosses acides, le bois de fer, le cèdre, et une espèce de *cordia*, désignée dans les îles anglaises sous le nom d'*ormeau d'Espagne*, sont très estimés pour les ouvrages de charpente solides et durables. Rien ne surpasse l'utilité de l'arbre à roue (3) dans la construction des moulins. Les orangers, les citronniers, les figuiers, les grenadiers, à l'entour des habitations, remplissent l'air d'un parfum exquis, ou offrent leurs fruits délicieux. La pomme, la pêche, le raisin, et généralement tous les meilleurs fruits de l'Europe, ne mûrissent que dans les parties montagneuses, tandis que les plaines, où rien ne modère le feu du soleil, se parent de productions indigènes, telles que le cachou (4), la sapote (5), la sapotille (6), la poire d'avocat (7), la mammée (1), avec plusieurs fruits des Indes orientales, comme la pomme de rose (2), la goyave (3), la mangue (4), et quelques espèces de spondias et d'ananas.

» Dans l'émail des vastes savanes on distingue le *serpidium* de Virginie, l'*ocymum americanum*, le *cleome* à cinq feuilles, le *turnera pumicea*. Le long des coteaux, la modeste sensitive se cache sous le gazon, entre les *sida*, les *dianthea*, les *ruelia*, ombragés par l'élégant troène d'Amérique, ou par des acacias de toute espèce, notamment l'acacia de Farnèze, intéressant par la délicatesse de ses feuilles et le parfum de ses petites fleurs jaunes, disposées en boucles. Sur le penchant des mornes déserts, divers cactiers présentent leurs troncs difformes, hérissés de faisceaux d'épines, tandis que les grands raisiniers (5) décorent les rochers voisins de la mer.

Dans les bois, les nombreuses familles des lianes (6), dont les branches sarmenteuses s'entrelacent au haut des arbres, forment des dômes de fleurs et des galeries de verdure.

» Parmi les autres végétaux, les plus curieux sont les fougères arborescentes : elles sont ici, comme dans toute la zone torride, des plantes vivaces, qui acquièrent un grand accroissement. Le *polypodium arboreum*, en particulier, pousse un tronc élevé de plus de 20 pieds, et couronné de larges feuilles dentelées qui lui donnent exactement l'air et le port d'un palmier. La médecine réclame encore le *gaïac ou lignum vitæ*, la *wintera-cannella* et la *chinchona caribea*.

» L'élévation du centre de ces îles, la diversité des expositions, la grande différence du climat des montagnes d'avec celui des côtes, et la nature du terrain, tout concourt à jeter dans la végétation une variété infinie aussi agréable qu'utile.

» La plupart des productions commerciales qui font aujourd'hui la richesse des Antilles proviennent de végétaux naturalisés et entretenus par la culture. Cependant on trouve la vanille sauvage dans les bois de la Jamaïque et de Saint-Domingue; l'aloès, cultivé à la Barbade, croît spontanément sur le sol pierreux de Cuba, des Lucayes et de plusieurs

(1) *Bombax ceiba*. — (2) *Hæmatoxylum campechianum*. — (3) *Laurus chloroxylon*. — (4) *Anacardium occidentale*. — (5) *Achras mammosa*. — (6) *Achras sapotilla*. — (7) *Laurus persea*.

(1) *Mammœa americana*. — (2) *Eugenia jambos*. — (3) *Psidium pyriferum*. — (4) *Volkameria aculeata*. — (5) *Cocoloba uvifera*. — (6) *Convolvulus dolichos, grenadilla, raiana, bignonia*, etc.

autres îles. Le *bixa orellana*, d'où l'on tire le rocou, est commun ici comme dans tous les pays chauds de l'Amérique. Le piment est non seulement indigène, mais il refuse de se multiplier sous la main de la culture. Le *myrtus-pimenta* affectionne particulièrement les flancs des montagnes qui regardent la mer; il y forme des bocages où l'on jouit d'une promenade d'autant plus commode qu'aucun arbuste ni arbrisseau ne croît sous son délicieux ombrage.

» L'igname et la patate, également indigènes, forment le principal aliment des nègres. L'Afrique a fait présent aux Indes occidentales du manioc et de l'arbrisseau à pois d'Angola. Mais les cultures qui subviennent au luxe et aux fabriques de l'Europe absorbent toute l'attention d'un planteur des Antilles; et sans les immenses fournitures en blé qui arrivent du Canada et des Etats-Unis d'Amérique, la disette affligerait très souvent ces magnifiques contrées.

» La grande marchandise d'étape des Indes occidentales est le *sucre*. Il paraît difficile de ne pas croire à l'existence d'une canne à sucre indigène en Amérique, mais on prétend que l'espèce cultivée y fut apportée soit de l'Inde, soit de la côte d'Afrique. On assure que la canne à sucre fut transplantée, en 1606, des Canaries à Saint-Domingue par un certain Aguillar, habitant de la Conception-de-la-Vega, et que le premier moulin à sucre fut construit par un chirurgien de Saint-Domingue, appelé Vellosa. Mais ce fait ne prouverait qu'une importation locale, sans décider le fond de la question. Depuis une vingtaine d'années, la canne d'Otaïti est généralement introduite dans les Antilles; elle fournit un suc plus abondant que la canne ordinaire ou créole. Un champ de cannes, au mois de novembre, époque de leur floraison, offre un des coups d'œil les plus ravissants que la plume puisse décrire ou le pinceau imiter. La hauteur des tiges, qui varie depuis 3 à 8 pieds et plus, caractérise fortement la différence de sol ou de culture. Au moment de la maturité, le champ déploie un vaste tapis d'or que les rayons du soleil viennent nuancer par de larges bandes du plus beau pourpre. Le sommet des tiges est d'un vert noirâtre; mais à mesure qu'elles se sèchent, soit de maturité ou par l'effet des grandes chaleurs, la couleur change et devient celle d'un jaune roux; des feuilles larges et étroites pendent du haut des tiges, et semblent s'écarter pour laisser jaillir une baguette argentée: la longueur de cette baguette varie de 2 à 6 pieds, et sur son sommet flotte mollement un panache blanc, dont les houppes sont terminées par une frange délicate du lilas le plus tendre. Une plantation de cannes en feu offre, au contraire, les horreurs les plus pittoresques qui puissent s'offrir à l'imagination d'un peintre ou d'un poëte. Il n'y a pas d'incendie aussi alarmant, il n'y a pas de flammes aussi rapides; on ne saurait se figurer la vélocité et la furie avec lesquelles ce feu dévore et se propage. Dès qu'on s'aperçoit que le feu est à une plantation, on frappe à coups redoublés sur les coquilles d'appel; les échos retentissent et renvoient le bruit au loin; l'alarme se répand dans les établissements limitrophes. Le tintamarre de ces coquilles, l'agitation des nègres au milieu des feux, leurs pantomimes expressives, leurs travaux, l'impatience bruyante et tumultueuse des blancs, les groupes de chevaux et de mulets qui passent dans le fond du tableau, le mouvement, le désordre et la confusion qui règnent partout, les tourbillons de fumée, la marche rapide des flammes, le pétillement, le craquement des cannes qui se consument, tout cela forme un ensemble de scènes horribles et sublimes à la fois.

» L'arbrisseau qui nous fournit le coton trouve souvent dans ces îles le terrain sec et pierreux qu'il aime; mais la récolte, qui demande un temps sec, n'est pas assez assurée. Le cafier, originaire de l'Arabie-Heureuse, en fut long-temps une propriété enviée. Les grains, trop vieux, n'ayant jamais voulu lever en d'autres pays, on transporta le plant même à Batavia; ensuite, par multiplication, à Amsterdam et à Surinam, à Paris et à la Martinique. Tantôt cet arbre récompense les soins du cultivateur dès la troisième année, et tantôt seulement à la cinquième ou sixième: quelquefois il ne produit pas une livre de café, et d'autres fois il en donne jusqu'à 3 ou 4. En quelques endroits, il ne dure que 12 ou 15 ans; et en d'autres, 25 à 30.

» Ce tableau général des Antilles devrait être suivi d'une discussion sur les indigènes exterminés par les Européens. Les Caribes ou Caraïbes s'étendaient-ils au-delà des Antilles?

Les tribus populeuses de Saint-Domingue et de Cuba, différentes des Caribes, étaient-elles de la race qui habitait la Floride ou de celle d'Yucatan ? L'espace nous défend d'examiner ces questions, sur lesquelles d'ailleurs nous ne pouvons proposer aucune opinion certaine.

» Commençons notre topographie par la plus grande et la plus occidentale de ces îles. *Cuba*, longue de 263 lieues, sur une largeur qui varie de 10 à 40, approche en étendue de la Grande-Bretagne. Sa population, en 1821, était de 630,980 individus, dont 290,021 blancs, 115,691 libres de couleur, et 225,268 esclaves. En 1823, elle était d'environ 700,000, savoir : 317,000 blancs, 127,000 libres de couleur, et 256,000 esclaves (¹).

» Une chaîne de montagnes traverse l'île de l'est à l'ouest; mais les terres près de la mer sont en général basses et inondées dans les saisons pluvieuses. Cette superbe île passe pour avoir le meilleur sol de toutes les Antilles; son climat est chaud et sec, mais plus tempéré que celui de Saint-Domingue, grâce aux pluies et aux vents du nord et de l'est qui le rafraîchissent. Il faut en excepter quelques vallées exposées au midi et brûlées par la réverbération des rochers. Les anciens historiens vantent l'or fin de cette île, et une tradition affirme que les canons du fort *El-Morro* ont été faits du cuivre indigène (²). Une mine, exploitée de nos jours aux environs de Sant-Iago de Cuba, a fourni de l'argent gris, de l'aimant, des malachites soyeuses, et des cristaux de roche couleur de topaze (³). Dans la juridiction de la Havane on a découvert une mine de fer de très bonne qualité. On y trouve beaucoup d'eaux chaudes minérales. Ses salines sont abondantes. Mais les richesses actuelles de l'île sont ses excellentes et nombreuses sucreries, qui exportent de 2 à 5 millions d'*arrobas* d'un sucre très fin. Elle abonde encore en manioc, maïs, anis, ou pastel, coton, cacao, café, et en tabac préférable à tout autre de l'Amérique. En 1836, il a été exporté de l'île de Cuba 311,000 barriques de sucre, et 912,000 arobes de café. On y voit tous les arbres et végétaux des Antilles, particulièrement le beau palmier royal. L'île fournit aux chantiers de l'Espagne de magnifiques bois de construction. Depuis un demi-siècle les abeilles y ont été introduites par des émigrés de la Floride; maintenant on en exporte une quantité considérable de la plus belle cire blanche. Parmi les fruits, l'ananas est singulièrement renommé (¹). On ne trouve dans toute cette île aucun animal venimeux ni féroce. Les premiers habitants étaient pacifiques, timides, et ne connaissaient pas l'abominable coutume de manger de la chair humaine; ils détestaient le vol, la luxure; aujourd'hui les colons sont les plus industrieux et les plus actifs des îles espagnoles. Les femmes y sont vives et affables; celles des classes inférieures se couvrent très peu, les dames mêmes, dans l'intérieur de leurs maisons, ne sont vêtues que de gazes légères. Dans les campagnes, l'hospitalité des habitants force le voyageur à s'asseoir à la table de la maison, où il y a toujours des places réservées pour les passants.

» La *Havane* est la résidence du gouverneur et le siége d'une université et d'un département de la marine; son port, le meilleur de l'Amérique, peut contenir 1,000 vaisseaux, et commande les approches de la Nouvelle-Espagne par mer, du côté de l'est, où il n'y a point d'établissement maritime. L'entrée en est étroite, difficile et garnie de fortins, dont le principal est celui de Morro. »

C'est une ville d'un aspect triste, dont les rues sont étroites, tortueuses et sans pavés, dont les seuls édifices remarquables sont la douane, l'hôtel des postes, le palais du gouverneur et la manufacture de tabacs, mais dont les habitants passent pour les plus civilisés de toutes les colonies espagnoles de l'Amérique. On y compte plusieurs sociétés littéraires et savantes, et environ 112,000 habitants. « L'université, dit M. de Humboldt, avec ses chaires de théologie, de jurisprudence, de médecine et de mathématiques, établies depuis 1728 dans le couvent des *Padres Predicatores;* la chaire d'économie politique, fondée en 1818, celle de botanique agricole; le musée et l'école d'anatomie descriptive, due au zèle éclairé de don Alexandro Ramirez; la bibliothèque publique, l'école gratuite de dessin et de peinture, l'école

(¹) *De Humboldt* : Essai politique sur le royaume de la Nouvelle-Espagne, t. I, p. 420. — (²) *D. Ferrer*, dans le Viagero universal, XX, p. 90. — (³) *Descourtils* : Voyage d'un naturaliste, I, p. 339.

(¹) Viagero universal, p. 98, 100.

nautique, les écoles lancastriennes et le jardin botanique, sont des institutions en partie naissantes, en partie vieillies. Elles attendent, les unes des améliorations progressives, les autres des réformes totales propres à les mettre en harmonie avec l'esprit du siècle et les besoins de la société. »

« *Puerto-del-Principe*, vers le milieu de la côte septentrionale, compte aujourd'hui près de 50,000 habitants et promet tous les jours de l'accroissement. *Santiago-de-Cuba*, la capitale ecclésiastique de l'île, est bâtie sur la côte méridionale, au fond d'une belle baie, sur un port sûr et commode. Peuplée d'environ 20,000 âmes, elle fournit au commerce du sucre et du tabac très renommés. La ville de *Bayamo*, la quatrième de l'île, compte 12,000 âmes. *Matanzas*, *la Vega*, *Trinidad*, *Holguin* et quatre ou cinq autres villes, possèdent chacune la moitié de cette population.

» L'île de *la Jamaïque*, par son étendue, est la troisième de l'archipel. L'industrie anglaise l'a élevée au rang des plus florissantes; toutefois elle n'égala jamais la fertile Saint-Domingue.

» De l'est à l'ouest, elle a environ 58 lieues de longueur, et, au milieu, près de 20 de largeur, en diminuant vers les extrémités à peu près dans la forme d'un œuf. Une chaîne de montagnes escarpées, composées de rochers renversés les uns sur les autres par de fréquents tremblements de terre, la traverse dans toute sa longueur. Entre les roches nues à leur surface, s'élève une grande variété d'arbres superbes qui offrent l'aspect d'un printemps perpétuel, et à leur pied jaillit une quantité de ruisseaux clairs et limpides, dont les nombreuses cascades, bordées de verdure, forment, avec les hauteurs qui les environnent, le paysage le plus enchanteur. La grande chaîne de montagnes est appuyée par d'autres qui diminuent graduellement; les coteaux inférieurs sont parés de superbes cafiers, et, plus bas, les plus riches plantations de sucre s'étendent à perte de vue dans les plaines. Les savanes, dont le fond consiste en craie marneuse, portent un gazon épais et brillant, qui, selon M. Beckfort, rappelle les prairies d'Angleterre. Ce qu'on appelle terre à briques est un mélange d'argile et de sable grisâtre; ce terrain est surtout propre à la culture de la canne à sucre [1]. Dans les montagnes près de Spanishtown, il y a des eaux thermales renommées; dans les prairies se trouvent plusieurs sources de sel. Le plomb est jusqu'à présent le seul métal qu'on y ait encore découvert.

» L'air de la partie basse de la Jamaïque est presque partout excessivement chaud et peu favorable à la constitution physique des Européens. Les brises de mer qui arrivent tous les matins le rendent plus supportable. Les montagnes offrent aux malades le salutaire bain d'un air frais et vif. Le sommet le plus élevé a 7,500 pieds au-dessus du niveau de l'Océan. Le sucre est la plus avantageuse production de cette île. Autrefois on cultivait beaucoup de cacao. Depuis une quinzaine d'années, les plantations de café ont été fort étendues dans la Jamaïque, de manière que cette île paraît actuellement produire plus des trois quarts du café et plus de la moitié du sucre que l'Angleterre tire de ses colonies. Les récoltes dans la Jamaïque sont plus certaines et plus égales que celles des îles du Vent et sous le Vent, puisque ces îles sont plus sujettes aux accidents des sécheresses et des ouragans. Antigoa, par exemple, a produit dans quelques années près de 20,000 *oxhofts* de sucre, et dans d'autres moins de 1,000 [2]. La Jamaïque produit aussi du gingembre et du piment. L'acajou, dont on fait un si grand usage pour les meubles, y est de la meilleure qualité; mais ce bois commence à s'épuiser. Parmi les autres bois dont elle abonde, nous signalerons le savonnier, dont la graine a toutes les qualités du savon; le mangrove et l'olivier, dont les écorces sont très utiles aux tanneurs; le fustic et le bois rouge employé dans la teinture; enfin le bois de campêche. L'indigo y était autrefois très cultivé, et le cotonnier l'est encore; l'arbre à pain y a été transplanté d'Otaïti par l'illustre botaniste Joseph Banks. On y récolte une grande quantité de fruits de toutes les espèces connues dans les Antilles [3].

» L'île est divisée en trois comtés, et soumise à un gouvernement représentatif. Le pouvoir législatif se compose d'un gouverneur ou capitaine général, d'un conseil de douze

[1] *Bryan Edwards*: History of the West-Indias, II, 205. — [2] *Edwards Young*: West-India commonplace-book. — [3] *Bryan Edwards*, I, 214.

personnes nommées par le roi, et d'une chambre de 45 représentants élus pour sept années par les propriétaires. Les trois principales villes, savoir : Kingston, Santiago, ou Spanishtown, et Port-Royal, y envoient trois membres, les autres paroisses chacune deux.

» *Port-Royal*, autrefois la capitale de la Jamaïque, était située sur la pointe d'une étroite langue de terre sablonneuse et aride, qui, vers la mer, formait partie de la jetée d'un superbe port capable de contenir mille gros vaisseaux, et si profond qu'il pouvait y charger et décharger avec la plus grande facilité. Les tremblements de terre et les ouragans l'ont en grande partie minée; cependant elle renferme encore environ 10,000 habitants. *Kingston*, la capitale actuelle, est composée de 2,000 maisons, dont plusieurs sont élégantes, et, d'après le goût de ces îles et du continent voisin, d'un seul étage, avec des portiques. On y compte près de 30,000 habitants. A quelque distance de Kingston, se trouve *Santiago-de-la-Vega*, aujourd'hui *Spanishtown*, l'ancienne capitale du temps des Espagnols, et encore le siége du gouvernement et des cours de justice; on y compte 6,000 habitants.

» En 1787, il y avait dans l'île de la Jamaïque 23,000 blancs, 4,093 gens de couleur libres, et 256,000 esclaves; en sorte qu'il se trouvait au-delà de 11 nègres sur un Européen, et à peu près 9 esclaves et demi sur une personne libre. En 1805, il y eut 28,000 blancs, 9,000 gens de couleur et 28,000 esclaves, de manière que l'on comptait 10 nègres sur un blanc et environ 7 esclaves et demi sur une personne libre. Dans cet intervalle de temps, les Européens se sont moins accrus que les gens de couleur, dont le nombre s'est plus que doublé. Mais, au total, la population des gens libres s'accroît plus rapidement que celle des esclaves. D'après les registres mis sous les yeux de l'assemblée coloniale, le nombre d'esclaves, qui, en 1811, s'élevait à 326,000, n'était plus en 1815, grâce à la non-importation, que de 315,000 [1]. La population blanche est de 30,000 individus, celle des mulâtres de 15,000, et celle des esclaves de 331,000; total, 376,000 habitants. L'exportation et la culture ont diminué depuis 1806; cependant l'île avait encore, en 1815, exporté 119,000 *hogsheads* de sucre, 53,000 *puncheons* de rhum et 27,360,000 livres de café. »

[1] Tableaux du revenu, de la population, du commerce, etc., du Royaume-Uni et de ses dépendances, présenté aux deux chambres, 1833.

Haïti, que Christophe Colomb, en 1492, appela *Hispaniola*, doit attirer notre attention, puisque la première elle a brisé ses chaînes et obligé l'orgueil européen à reconnaître que, malgré la teinte de leur tissu cutané, les nègres et les mulâtres sont, tout autant que les blancs qui les méprisent, dignes de jouir de tous les avantages de la civilisation. Hispaniola fut une conquête importante pour les Espagnols par l'abondance de l'or que l'on trouvait dans ses terrains d'alluvions; ils obligeaient les indigènes à leur fournir tout ce qu'ils pouvaient recueillir de ce métal. L'établissement que les vainqueurs fondèrent, sous le nom de *Santo-Domingo*, dans la partie méridionale de l'île, fut l'origine du nom de *Saint-Domingue* qu'elle reçut dans la suite. Nous ne rappellerons pas les barbares traitements infligés aux Caraïbes par leurs vainqueurs, ni comment les vaincus, forcés à se révolter contre les Espagnols, furent entièrement détruits par ceux-ci. Restés paisibles possesseurs d'une île déserte, les Espagnols, au commencement du seizième siècle, la repeuplèrent d'esclaves arrachés au sol africain. Il était réservé à ceux-ci de venger un jour ceux qui les avaient précédés sur cette terre, devenue un séjour de misère et de larmes depuis l'arrivée des Européens. La vengeance fut terrible; mais les Français, qui, dans le courant du dix-septième siècle, avaient fondé une colonie à Saint-Domingue, en furent les victimes aussi bien que les Espagnols. Les premières scènes de révolte commencèrent en 1791. Quelques années plus tard, un nègre, Toussaint-Louverture, établit un nouveau gouvernement dont il fut nommé président à vie; en 1801, les noirs affranchis rendirent à cette île son ancien nom d'Haïti. En vain Napoléon chercha-t-il à soumettre tout le pays qui avait formé une des plus importantes colonies de la France; la valeur française céda devant des citoyens combattant pour la liberté. Enfin, en 1825, l'indépendance d'Haïti fut reconnue par la France, moyennant une indemnité de 150,000,000 au profit de ses anciens colons. La population de cette île passa, par tous les degrés de l'anarchie, au gouvernement républicain. Ce gouvernement se compose d'un sénat, d'une chambre de représentants, et d'un président élu par le sénat, et dont les fonctions sont à vie. Les sénateurs doivent être âgés de 30 ans et les députés de 23. Un code calqué sur le code français, la liberté de la presse et l'institution du jury, sont les principales bases du système législatif de l'État d'Haïti.

» Au centre de l'île s'élève le *Cibao*, groupe de montagnes qui projette trois chaînes principales, dont la plus longue court vers l'est. Les montagnes, en grande partie susceptibles de culture jusqu'à leur sommet, produisent une variété d'expositions et de climats souvent diamétralement opposés à de très petites distances. Très sain sur les hauteurs, le climat des plaines énerve promptement les Européens, et les maladies meurtrières qu'il fait naître rendent une attaque de l'île extrêmement périlleuse [1]. A l'est et au sud de l'île, on ne connaît ni printemps ni automne. La saison des orages, qu'on appelle hiver, y dure depuis le mois d'avril jusqu'en novembre. Dans le nord, l'hiver commence en août et finit au mois d'avril. Le sol, généralement peu profond, et en partie seulement formé d'une mince couche de terre végétale qui s'étend sur un lit d'argile, de tuf et de sable, offre néanmoins de grandes modifications qui le rendent propre à toutes les cultures.

» On a voulu rejeter les récits des anciens auteurs qui indiquent, dans les montagnes de Saint-Domingue, des mines d'or, d'argent, de cuivre, d'étain, de fer et d'aimant, du cristal de roche, du soufre, du charbon de terre, du marbre, du jaspe, du porphyre de la plus grande beauté. Un minéralogiste espagnol a vérifié de nos jours l'existence de ces richesses métalliques, qui pourraient encore, en partie, être exploitées avec profit [2]. Herrera dit que les mines de la Vega et de Buenaventura produisaient annuellement 460,000 marcs d'or. Ce fut dans la dernière qu'on trouva un morceau de ce métal de 200 onces pesant. Dans ces derniers temps même les

(1) *Moreau de Saint-Méry* : Description de la partie française de Saint-Domingue, I, 529. *Cossigny* : Moyens d'améliorer les colonies, I, 160e observation. —(2) *D. Nieto* : Rapport au roi d'Espagne, inséré dans *Dorvo-Soulastre*, Voyage au Cap Français, p. 90.

nègres-marrons de *Giraba* exportaient une certaine quantité d'or en poudre [1]. »

Santo-Domingo, capitale de l'ancienne colonie espagnole, aujourd'hui chef-lieu du département du Sud-Est, a éprouvé une dépopulation considérable; elle renfermait 25,000 habitants: on ne lui en donne plus que 12,000. On la considère comme la plus ancienne ville européenne d'Amérique: Barthélemy Colomb la bâtit en 1496, sur la rive gauche de l'Ozama, et lui donna le nom de Nouvelle-Isabelle. Elle est entourée de remparts flanqués de bastions; ses rues sont larges et droites, et ses maisons bâties dans le goût espagnol. Son port est large et profond. Ses édifices les plus remarquables sont: la cathédrale, bâtie dans le style gothique, et dans laquelle les cendres de Christophe Colomb restèrent déposées jusqu'en 1795; l'arsenal, dans lequel on conserve encore une ancre du célèbre navigateur; enfin, l'ancien palais du gouvernement.

« Cette ville était magnifique, riche et populeuse sous Charles-Quint. Bien qu'elle ait prodigieusement perdu de sa splendeur, elle sera toujours célèbre, pour avoir été le lieu où les conquérants du Mexique, du Pérou et du Chili formèrent leurs vastes projets et trouvèrent les moyens de les exécuter.

» *Santiago-de-los-Cavalleros* ou *Saint-Yague* et *la Vega* sont les deux principales villes de l'intérieur, où souvent le voyageur peut errer pendant des journées au milieu de prairies superbes, sans rencontrer d'autres traces de population que les cabanes des gardiens de troupeaux. » Ces deux villes du département du Nord-Est sont aujourd'hui presque sans importance, bien que la première soit regardée comme une des plus salubres des Antilles. Près de la Vega se trouvent, au milieu des forêts, les ruines de la *Conception-de-la-Vega*, qui fut la ville la plus florissante de l'île jusqu'en 1564, qu'elle fut ruinée par un tremblement de terre et abandonnée par ses habitants. « Couronnées par de magnifiques forêts, les hauteurs dans ce département présentent souvent des laves noirâtres, ou peut-être des basaltes réduits en petits fragments [2]. La baie de *Samana*, défendue par plusieurs îlots et rochers, offre le plus beau

(1) *Walton* : State of the Spanish Colonies, I, p. 117. —(2) *Dorvo-Soulastre* : Voyage au Cap-Français, p. 50, 57, etc., etc.

port de l'île ; mais les bords de ce vaste bassin ont acquis une réputation d'insalubrité. Quelques nouveaux colons essayèrent en vain de mettre ce district en culture [1]. L'*Youna*, qui se jette dans cette baie, peut être rendue navigable pendant l'espace de 20 lieues. »

La petite ville de *Samana*, située sur cette baie, est en quelque sorte le bagne d'Haïti. *Saint-Chistophe*, à peu de distance de Santo-Domingo, est devenue depuis peu d'années la principale place forte de l'île. Ses environs sont couverts de belles plantations. *Higuey* est célèbre par sa chapelle de Notre-Dame et par les nombreux pèlerins qu'elle attire des diverses parties de l'île.

« L'ancienne partie française, comprenant l'ouest de l'île, est évaluée à 1,700 lieues carrées, de 25 au degré. Les sept dixièmes de cette partie sont couverts de montagnes et de forêts [2].

» Le *Cap-Français*, jadis la florissante capitale de cette belle colonie, s'appela d'abord *Guarico* et *Cabo-Santo*, puis *Cap-Henri*, du nom du nègre Christophe, qui s'était proclamé *roi d'Haïti*, sous le nom de Henri Ier. Chef d'une armée bien disciplinée et d'une population résolue à ne jamais se soumettre aux blancs, cet Africain imitait le cérémonial, le luxe et la splendeur des cours européennes. Il cherchait à attirer des officiers blancs par une solde libérale, et il commerçait avec les Américains, les Anglais et les Danois. Son royaume se terminait aux plaines, aujourd'hui désertes, qu'arrose l'*Artibonite*, rivière considérable. Mais la tyrannie la plus sanguinaire déshonorait les grandes qualités de ce chef ; une révolte de ses soldats ayant renversé son pouvoir, il se donna la mort de sa propre main. »

Cette ville porte aujourd'hui le nom de *Cap-Haïtien*. Avant l'émancipation d'Haïti, sa population était de 12,000 âmes ; ses habitants sont encore au nombre de 8 à 10,000 ; mais elle n'est plus aussi commerçante que lorsqu'elle était le chef-lieu de la colonie française, bien que son port soit un des plus sûrs et des plus commodes de l'île. Ses fortifications, jadis importantes, sa belle église de Notre-Dame, et la plupart de ses monuments, sont fort mal entretenus.

La ville des *Cayes*, chef-lieu du département du Sud, renfermait 15,000 habitants lorsqu'elle faisait partie de la colonie française ; c'est encore la seconde place de commerce de la république ; mais un terrible ouragan la détruisit entièrement le 12 août 1831. *Saint-Louis*, malgré la beauté de son port, ne fait plus qu'un faible commerce ; mais *Jérémie*, grâce à la fertilité de ses environs, a conservé sa population de 3 à 4,000 âmes.

La capitale de l'île d'Haïti est le *Port-Républicain*, autrefois le *Port-au-Prince*. Elle est sur un terrain bas et marécageux, vers l'extrémité sud-ouest d'une baie dans la partie occidentale de l'île. Le palais du président, sur la place d'Armes, est le seul édifice remarquable de cette ville. Ses rues ne sont point pavées, mais elles sont larges et bien alignées. Ce qui lui donne une grande importance, c'est l'activité de son commerce : on évalue à plus de 2 millions de francs les droits qu'on perçoit dans son port sur les 200 navires de toutes les nations qui y entrent annuellement, et à près du double les droits de sortie. Sa population a doublé depuis l'émancipation d'Haïti : elle s'élève aujourd'hui à 30,000 individus.

Située à l'est de la précédente, l'île de *Porto-Rico* ou *Puerto-Rico* offre la continuation de la grande chaîne des Antilles. Elle fut reconnue en 1493 par Christophe Colomb. C'est la plus belle des colonies espagnoles. Comme l'archipel dont elle fait partie, elle brille par le luxe de sa végétation, par la variété de ses campagnes, par l'éclat de ses fleurs, par l'abondance de ses produits. Elle est divisée de l'est à l'ouest, comme la Jamaïque, par une chaîne de montagnes de 900 à 1,300 mètres de hauteur couvertes de forêts. Le *Layvonito* domine la partie orientale, et le *Lopello* celle du sud. Il y a de vastes savanes dans l'intérieur et sur la côte septentrionale. Les montagnes de l'intérieur, ornées de cascades pittoresques, renferment des vallées très salubres ; mais dans les plaines basses de la partie septentrionale, l'air est malsain dans quelques localités et pendant la saison pluvieuse ; car le nord de l'île est humide et sujet à ces pluies périodiques, qui caractérisent le climat des Antilles, et

(1) *Guillermin* : Précis des événements de Saint-Domingue, p. 22, 407 et suiv. — (2) *Moreau de Saint-Méry* : Description de Saint-Domingue, I p. 3.

quelquefois aussi à leurs terribles ouragans. Le sol de cette partie est ondulé et couvert de pâturages ; toutes les cultures y prospèrent, et les nombreuses rivières qui l'arrosent ne voient jamais leur lit desséché. Dans le sud au contraire les pluies sont rares ; l'eau cependant s'y trouve à 50 ou 60 centimètres de la surface du sol. Aussi la canne à sucre, malgré la sécheresse de l'air, y croît-elle abondamment ; les plus grandes plantations se trouvent même dans la partie méridionale. L'or, dont l'abondance avait premièrement engagé les Espagnols à s'y établir, est devenu rare à Porto-Rico ; mais elle possède aujourd'hui des richesses plus réelles, car elle produit de bon bois de construction, du gingembre, du sucre, du café, du coton, de la casse, du tabac, du riz, du maïs, des citrons, des oranges, etc. Cette fraîcheur, cette humidité, sources de la fertilité de Porto-Rico, elle les doit aux forêts qui occupent encore la plus grande partie de sa superficie. Ces forêts attirent la pluie et en empêchent l'évaporation. Une des lois de la colonie exige que pour un arbre coupé, trois autres soient plantés à sa place.

Porto-Rico renferme un grand nombre d'animaux domestiques ; ses mules sont très estimées : on les recherche dans la plupart des autres Antilles.

On n'a point à redouter dans cette île la multitude d'insectes et de reptiles qui sont le fléau des terres tropicales. En un mot Porto-Rico est la plus saine de toutes les Antilles : ce qui le prouve, c'est que la mortalité n'y est pas plus grande que dans nos contrées européennes (1).

« *Saint-Jean de Porto-Rico*, la capitale, est bâtie sur une petite île de la côte septentrionale, jointe à la grande terre par une chaussée, et formant un excellent port. Une enceinte bastionnée et une forteresse la placent au rang des principales places fortes des Antilles. On a considérablement exagéré sa population en la portant à 25,000 et même à 30,000 âmes. Selon le colonel Flinters, elle ne serait que de 8 à 10,000 habitants. Le colonel Cordova lui accorde 13 à 14,000 âmes sans la garnison. Ses fortifications, dit-il, sont considérables et bien entretenues (1). L'*Aguadilla*, avec un port ouvert, dans la partie du nord-ouest, remarquable par sa salubrité ; *San-Germano*, bourg considérable, peuplé des plus anciennes familles de l'île ; les baies de *Guanica* et de *Guyanilla*, situées sur la côte sud, et très propres à de grands établissements ; *Faxardo*, bourg très agréable sur la côte orientale : voilà les objets topographiques que l'espace nous permet d'indiquer.

» La population de Porto-Rico s'élevait, en 1811, à 136,000 individus, parmi lesquels il n'y avait que 17,000 nègres. Comme cette île, grâce à quelques chefs adroits, a échappé à la contagion révolutionnaire, elle est devenue l'asile de plusieurs milliers de colons fidèles. » En 1832, sa population officielle était de 328,800 individus, parmi lesquels on comptait 34,000 esclaves. Cependant le colonel Flinters regarde ce chiffre comme au-dessous de la vérité : il porte la population à 400,000 individus. Le revenu de cette île est évalué à 400,000 francs et la dépense à 300,000 ; quelquefois même la dépense dépassait cette somme (2).

» A 5 lieues du *cap Pinero*, la pointe orientale de l'île de Porto-Rico, on aperçoit les hauteurs verdoyantes et bien boisées de l'île de *Biéquen* ou *Boriquem*, inhabitée, mais réclamée par l'Espagne, ainsi que les îles *Colubra* ou *Serpent*, *Kraben* ou *Crabe*, et celles du *Grand* et du *Petit-Passage*, qui toutes font partie du groupe des *Vierges*.

» Nous ferons précéder la description des petites Antilles de celle des *îles Bahama* ou de *Lucayes*. Elles s'étendent dans le sud-est de la Floride, dont elles sont séparées par un courant de mer large et rapide, qu'on appelle *golfe de Floride*, ou *nouveau canal de Bahama*. Le vieux canal de Bahama les sépare de l'île de Cuba. Il y en a 500, dont quelques unes ne sont que des rochers ; mais il y en a particulièrement 12 grandes et fertiles, dont le sol ne diffère en rien de celui de la Caroline. La population ne s'élève qu'à 10 ou

(1) *Ledru* : Voyage à Ténériffe, Porto-Rico, etc., etc., t. I, p. 82-113, p. 194-255. — *An account of the present state of the Island of Puerto-Rico, by colonel Flinters, of the general staff of the army of her most catholic majesty*. — In-8°, London.

(1) Memoria sobre todos los ramos de la administracion de la isla de Puerto-Rico, por el coronel de Infanteria Don Pedro-Tomas de Cordova, secretaria de S. M. — Madrid, 1838. — (2) Flinter : *An account of the present state of the Island of Puerto-Rico.*

12,000 individus. Les *loyalistes* des Etats-Unis s'y sont établis en grand nombre. Les nègres y sont bien traités par les maîtres qui les surveillent eux-mêmes ; il n'y a point d'inspecteurs, et, par une conséquence naturelle, on n'y entend pas si souvent claquer le fouet ensanglanté. On assigne aux nègres une tâche proportionnée à leurs forces, et leur bonne conduite les montre dignes de ces procédés humains (1).

» On exporte de ces îles un peu de coton, d'indigo et de tamarin, beaucoup de fruits, surtout des citrons, des oranges, des ananas, des bananes, de l'écaille de tortue, de l'ambre gris, du bois d'acajou, de campêche et de fernambouc. En temps de guerre, les habitants gagnent considérablement par le nombre des prises qu'on y amène, et, dans tous les temps, par les naufrages qui sont fréquents dans ce labyrinthe de bancs et de rochers. »

Ces îles, qui appartiennent aux Anglais, forment un gouvernement particulier organisé d'après les formes représentatives : ainsi le gouverneur est chargé au nom du roi d'Angleterre du pouvoir exécutif ; le pouvoir législatif est confié à une chambre haute composée de 12 membres, et à une chambre basse de 26 députés des districts. *Nassau*, dans l'île de la *Nouvelle-Providence*, est la résidence du gouverneur. C'est une jolie petite ville d'environ 7,000 âmes. Les îles Lucayes reçoivent chaque année de l'Angleterre pour 2 à 3 millions de marchandises, et en exportent pour 1 million et demi.

Les îles *Turques* et les îles *Caïques*, au débouquement de Saint-Domingue, sont occupées par les Anglais, et même fortifiées. Elles dépendent du gouvernement des Lucayes. Ces îles forment deux groupes, peuplés chacun de 1,200 à 1,500 habitants.

« *Anegada, Virgin-Gorda* et *Tortola*, sont les principales îles que les Anglais possèdent dans le petit archipel des Vierges, à l'est de Porto-Rico. Le sol y est peu fertile ; mais le commerce d'interlope est d'une grande importance. Ces îles, en 1788, n'avaient que 1,200 habitants blancs, avec 9,000 nègres. La population esclave a diminué. Elles n'ont de valeur que par le commerce de contrebande avec Porto-Rico.

» Les Danois ne sont entrés dans la carrière du commerce qu'après les Espagnols, les Français, les Anglais et les Hollandais. Ainsi ils ont trouvé le Nouveau-Monde déjà partagé entre les autres puissances : ils n'ont pu obtenir qu'avec beaucoup de difficultés quelques petites portions de ce riche butin ; mais ils n'ont rien négligé pour donner à ces faibles possessions toute la valeur dont elles pouvaient être susceptibles. Aussi les Indes occidentales ne renferment aucune portion de terre, à l'exception de la Barbade et d'Antigoa, qui soit mieux cultivée et proportionnellement plus productive que l'île danoise de *Sainte-Croix*. Elle offre également le modèle d'une excellente police, et l'état des nègres n'a nulle part subi une réforme plus sagement combinée. L'île de *Saint-Thomas* est plutôt un poste de commerce. La surface de ces îles et des îlots qui en dépendent n'est que de 36 à 40 lieues carrées. La population est d'environ 1,000 âmes par lieue carrée, et le revenu *net*, versé dans la caisse du roi, est de 100,000 rixdalers (400,000 fr.), selon la statistique de M. Thaarup. Le sucre de Sainte-Croix tient, pour la finesse et la blancheur, un des premiers rangs ; le rhum égale celui de la Jamaïque. *Christianstadt*, ville de 5,000 âmes, près de la pointe orientale de l'île, en est le chef-lieu. Elle est bien bâtie, mais son port est d'un accès difficile. L'île de Sainte-Croix a été achetée de la France pour 160,000 rixdalers (720,000 fr.) ; aujourd'hui il y a plusieurs plantations qui se vendent deux fois plus. Saint-Thomas a un excellent port, capable de contenir 100 vaisseaux de ligne. De vastes magasins reçoivent ici journellement les marchandises de l'Europe ou des Etats-Unis. La petite île de *Saint-Jean* a le sol et le climat très bons, mais la culture y est encore peu avancée. Il y a une bonne rade, que plusieurs auteurs ont qualifiée de port. D'après Oxholm, la totalité du terrain des îles danoises est 71,453 acres anglais, dont 32,014 plantés en cannes à sucre et 1,358 en coton. Les principales cultures sont le sucre et le coton (1).

(1) *Marc-Kinnen* : Voyage aux îles du Vent et aux îles Bahama. Londres, 1804. *Voyez* aussi le *Tableau des positions géographiques de l'Amérique*, à la suite de ce livre.

(1) *Oxholm* : Etat des Antilles danoises. Copenhague, 1798. *West'* : Mémoires sur les îles de Sainte-Croix, etc. Copenhague, 1801.

» L'île anglaise de l'*Anguille* (*Anguilla*) est toute plate. Ses habitants, peu nombreux, s'occupent de l'éducation du bétail et de la culture des champs, qui donnent du tabac excellent.

» *Saint-Martin* renferme moins de terrain que sa dimension ne paraît en indiquer, parce que les côtes sont coupées de baies et d'étangs. L'intérieur est montagneux, le sol léger, pierreux, et exposé à des sécheresses fréquentes. Un marais salant donne un profit annuel qu'on estime à 100,000 écus. Les habitants sont presque tous d'origine anglaise. La France possède une moitié de l'île, et la Hollande l'autre : la première a la partie septentrionale, et la seconde la partie méridionale.

» Gustave III ayant remarqué combien d'avantages commerciaux le Danemark tirerait de ces îles, voulut procurer à la Suède une possession dans les Indes occidentales. En conséquence, il obtint de la France, en 1784, l'île de *Saint-Barthélemy*, située entre les îles anglaises de Saint-Christophe et de l'Anguille, et l'île hollandaise de Saint-Eustache. Cette position facilite le commerce interlope. Le sol, quoique montagneux, manque absolument d'eau. Le coton y réussit très bien. On en exporte aussi de la casse, du tamarin et du bois de sassafras. La végétation est en général beaucoup plus riche et beaucoup plus variée que ne semblerait le permettre la grande sécheresse du sol. Cette île est battue par des coups de vent très violents. Elle a 16,000 habitants. *Gustavia*, chef-lieu et unique ville de l'île, est bâtie sur le port dit le *Carénage*, qui, à la vérité, n'admet pas de navires tirant plus de 9 pieds d'eau, mais qui en peut contenir une centaine à la fois (¹). On porte à 10,000 le nombre de ses habitants.

» Les Hollandais considèrent leurs îles comme des entrepôts de commerce, et surtout de commerce de contrebande avec les sujets des autres puissances; c'est dans la Guyane qu'ils avaient concentré tous leurs établissements de culture.

» L'île *Saint-Eustache*, qui n'a que 2 lieues de long et 1 de large, est formée de deux montagnes qui laissent entre elles un vallon très resserré. Le sommet oriental présente un ancien cratère de volcan environné de pierre ponce pesante et de roches de gneiss; mais il n'y a point de lave (¹). Quoique l'île manque de rivières et de sources, on y cultive du tabac et un peu de sucre. On assure que le nombre des habitants monte à 15,000. »

La valeur du produit de cette île s'élève annuellement à 600,000 fr. La petite ville de *Saint-Eustache*, son chef-lieu, est assez bien bâtie, et renferme de grands magasins pour son commerce. Elle renferme 5 à 6,000 âmes.

« *Saba*, rocher voisin de Saint-Eustache, a quatre lieues de circonférence, et est environné d'une mer basse qui ne permet qu'aux chaloupes d'en approcher. Après avoir débarqué sur la plage, il faut gravir le rocher par un chemin très roide et environné de précipices. Au sommet s'étend une agréable vallée où des pluies fréquentes font croître des plantes d'un goût exquis, des choux très gros et de bon indigo. Un air pur y entretient la santé, et les femmes conservent cette fraîcheur de teint qu'on désire et qu'on cherche en vain dans les autres Antilles. Des maisons simples et élégantes offrent autant de temples au bonheur domestique. Les habitants, au nombre de 2,000, fabriquent des souliers et des bas de coton, dont la vente, avec le produit de leur indigo, fournit à leurs modiques dépenses.

» Ici la chaîne des Antilles devient double; la *Barboude* et l'*Antigoa* en forment le chaînon oriental. *Antigue*, ou Antigoa, a une forme circulaire, et près de sept lieues d'étendue en tous sens. Cette île, que l'on regardait autrefois comme inutile, est maintenant l'une des plus importantes, et contient 32 à 33,000 habitants, dont les neuf dixièmes sont esclaves. Son port, appelé *English-Harbour*, est le chantier le plus sûr et le plus propre au radoub de la marine royale dans ces mers. On y voit un bel arsenal de marine. On estime que, depuis dix ans, le nombre des esclaves s'est considérablement réduit, tandis que la population libre s'est augmentée (²). *Saint-Jean*, ou *Saint-John*, la résidence ordinaire du gouverneur des îles anglaises, dites sous le Vent, est le port qui fait le plus de com-

(¹) *Euphrasen* : Voyage à Saint-Barthélemy, fait aux frais de l'académie de Stockholm, 1798.

(¹) *Isert* : Voyage à la Guinée, p. 320. — (²) *Edwards Young* : West-India commonplace-book.

merce. Sa population est de 16,000 âmes. Les productions consistent en anis, sucre, gingembre et tabac.

» La *Barboude* abonde en bestiaux, chevreuils, porcs et fruits; les noix de cocos sont très recherchées. Elle produit aussi du coton, du poivre, du tabac, de l'anis, du gingembre, des cannes à sucre.

» Passons au chaînon occidental ou intérieur. L'île de *Saint-Christophe*, outre le coton, le gingembre et les fruits des tropiques, produit beaucoup de sucre; son sol, formé d'une marne cendreuse, est singulièrement favorable à la canne. Elle porte chez les Anglais le nom populaire de *Saint-Kitts*, et compte 23,000 habitants. La petite ville de *Basse-Terre*, qui peut avoir 5 à 6,000 âmes, est la résidence du gouverneur. *Sandy-point* est un poste militaire important.

» Les deux petites îles de *Nevis* et de *Montserrat*, situées entre Saint-Christophe et la Guadeloupe, ont le sol léger, sablonneux, mais extrêmement fertile en coton, tabac et sucre. Elles appartiennent, comme les trois précédentes, à l'Angleterre, et possèdent ensemble plus de 17,000 habitants.

» La *Guadeloupe* se compose de deux îles séparées par un bras de mer très étroit; l'une, la plus orientale, appelée la *Grande-Terre*, est longue de 14 lieues et large de 6; l'autre, qu'on nomme *Basse-Terre*, a 15 lieues de long sur 7 de large. On distingue la Basse-Terre propre de sa partie plus élevée, nommée la *Cabesterre*. La petite île de *Désirade*, à l'est; celle de *Marie-Galande*, au sud-est, et le groupe dit des *Saintes*, au sud, dépendent de la Guadeloupe, et font partie du gouvernement de ce nom. La surface en est évaluée, au total, à 204,085 hectares, et la population, à 119,000 individus (1). Le recensement de 1788 ne la portait qu'à 13,466 blancs, 3,044 gens de couleur libres, 85,461 nègres esclaves; en tout, 101,971 âmes. L'accroissement de la population paraît provenir des émigrations de Saint-Domingue.

» La *Basse-Terre* renferme plusieurs indices de feu souterrain et quelques montagnes volcaniques, dont l'une jette encore de la fumée, mais ne fait plus que des explosions lointaines: on l'appelle *la Soufrière*. On trouve alentour tous les produits ordinaires des volcans, surtout de la pyrite sulfureuse et de la pierre ponce. Près de Goyave la mer bouillonne, et, selon le témoignage du P. Labat, on peut y cuire des œufs. Au reste, la Basse-Terre offre presque partout un sol agréablement diversifié par des collines, des bois, des enclos et des jardins. »

Le 3 décembre 1836, la Soufrière, après une dizaine d'années de tremblements de terre, eut une longue éruption pendant laquelle elle ne cessa de projeter des cendres ou des vapeurs sulfureuses dont l'odeur pénétrante se fit sentir jusqu'à la ville de la Basse-Terre. Les volcans du sud reprirent leur activité; des roches de 20 à 25 kilogrammes ont été lancées dans les airs.

« La Grande-Terre a le sol, en plusieurs endroits, marécageux et stérile. Toutes les montagnes voisines de la mer sont composées de calcaire madréporique. Il se forme à la Grande-Terre, sur la plage, un calcaire composé de débris de coquilles, et qui renferme quelquefois des ossements humains. L'île *Cochon* consiste entièrement en madrépores et en débris de coquillages (1). Dans les enclos des habitations on voit le citronnier sauvage, l'arbre qui produit le galbanum (2), et le campêchier, quelquefois la poincillade, l'erythrina-corallodendrum, et le volkameria épineux (3). La canne à sucre vient très haute et très forte, mais d'une substance quelquefois trop aqueuse. Le café de l'île est moins estimé que celui de la Martinique. Les abeilles y sont noires; elles font un miel très liquide et de couleur purpurine.

» La ville de *Basse-Terre*, peuplée de 6 à 7,000 âmes, a des rues régulières et ornées de divers jolis bâtiments. Des promenades, des haies, des jardins, des fontaines jaillissantes, contribuent à l'embellir. Le fort qui la défend pourrait même en Europe passer pour une bonne forteresse: il domine une rade ouverte, la ville n'ayant point d'autre port. *Pointe-à-Pitre* est le chef-lieu de la Grande-Terre, et le siége d'un tribunal de première instance. Quelques marais du voisinage nuisent à la salubrité de cette place, qui d'ailleurs est bien bâtie et régulière. Son port est spacieux, et l'un des meilleurs de l'Amérique. On estime sa populution à envi-

(1) *Voyez* les tableaux statistiques à la fin du livre.

(1) *Isert*: Voyage à la Guinée et aux Iles Caraïbes, p. 328. — (2) *Callophyllum palaba* — (3) *Isert*, p. 324.

ron 12,000 âmes. *Le Moule* est un lieu qui chaque jour devient plus important par son commerce. »

La *Désirade* produit d'excellent coton. Cette île, longue de 4 lieues et large de 2, est formée d'un groupe de mornes et de montagnes qui d'un côté sont taillées à pic et de l'autre s'abaissent insensiblement jusqu'à la mer. Elles portent partout l'empreinte des feux souterrains. Il y a des parties boisées et d'autres qui sont couvertes de belles et riches prairies. Le nombre de ses habitants est d'environ 1,300.

A *Marie-Galante* ou *Marie-Galande* on cultive, sur un sol montueux, une bonne quantité de sucre et de café. Cette île est, après la Martinique et la Guadeloupe, la plus importante des Antilles françaises ; sa longueur est de 4 lieues et sa largeur de 3 ½. Elle est en grande partie bordée de hautes falaises, au pied desquelles règnent des brisants et des gouffres. Vers le sud-ouest seulement la côte est plate, mais la mer est traversée par un banc de récifs : aussi Marie-Galante est-elle dépourvue de ports. Son sol montagneux, boisé, peu abondant en sources, mais généralement fertile, est cultivé avec soin. Elle reçut de Christophe Colomb, lorsqu'il y débarqua en 1493, le nom du navire qu'il montait. Le *Grand-Bourg* ou *Marigot*, sa principale paroisse, se compose d'une dizaine de rues bien percées, de trois places et d'une assez belle église. Cette résidence du commandant, et siége d'un tribunal de première instance, renferme environ 1,500 habitants. Cette petite ville a réparé les désastres de l'incendie qui en consuma la plus grande partie le 17 mai 1838.

A l'ouest de cette île et à 2 lieues ½ au sud de la Guadeloupe, on remarque le petit *groupe des Saintes* qui appartient aussi à la France, et qui, composé de plusieurs îles, n'occupe que 2 lieues de longueur sur 1 de largeur. Les cinq principales sont : au nord, l'*Ilet* et *Cabrit;* au sud, le *Grand Ilet* et *La Coche;* à l'ouest, la *Terre-d'en-bas* et à l'est la *Terre-d'en-haut*. Elles renferment peu de terres propres à la culture ; plus de la moitié de leur superficie est en friche, en bois et en savanes ; le reste est cultivé en café et en coton. La Terre-d'en-haut est la plus grande et la moins stérile, bien qu'il n'y ait qu'une petite source qui tarit dans les grandes sécheresses ; c'est là que sont aussi les principaux établissements civils et militaires. La population de tout ce groupe est d'environ 1,200 âmes, parmi laquelle on compte 400 blancs, 130 individus de couleur et 670 esclaves. Ces îles sont importantes par les mouillages qu'elles offrent. Elles furent découvertes le 4 novembre 1493 par Colomb, qui leur donna le nom de *Los Santos* à cause de la fête de la Toussaint qui venait d'avoir lieu.

« La *Dominique,* située entre la Guadeloupe et la Martinique, dont elle gêne beaucoup les communications en temps de guerre, a le sol maigre, et plus propre à la culture du café qu'à celle du sucre : il y a néanmoins plusieurs ruisseaux de fort bonne eau, où l'on pêche d'excellent poisson, et les coteaux d'où ils descendent produisent les plus beaux arbres des Indes occidentales. Il y a aussi une mine de soufre. Selon quelques auteurs, on y trouve des scorpions venimeux, des serpents et des couleuvres d'une grandeur énorme. Elle produit du maïs, un peu de coton, de l'anis, du cacao, du tabac, des perdrix, pigeons, poulets et porcs. *Roseau* ou *Charles-town,* ville de 6,000 âmes, est la résidence du gouverneur. La *baie du Prince-Rupert,* près de *Portsmouth,* est une des plus grandes des Antilles. La Dominique appartient aux Anglais, et forme un gouvernement à part. La population, en 1831, était de 4,600 blancs et mulâtres, et de 14,200 esclaves, en tout 18,800.

» Avant les guerres de 1750 et de 1756, la *Martinique* était la principale île française ; là s'accumulaient toutes les marchandises de l'Europe et des Indes : 150 vaisseaux allaient et venaient dans ses ports ; elle étendait son commerce direct à la Louisiane et au Canada. Mais la perte de ces colonies et la prospérité croissante de Saint-Domingue ont remis la Martinique à un rang moins brillant, quoique toujours très éminent. Sa superficie est de 127,285 hectares. Elle est remplie de montagnes escarpées, hérissées de rochers, et en partie très élevées. On estime la hauteur du Piton de Carbet à 1,000 toises au-dessus de sa base, qui est elle-meme à 200 ou 300 toises au-dessus du niveau de la mer [1]. Cette montagne calcaire a la forme conique et pointue ;

[1] *Iseri* Voyage, p. 331.

elle porte assez souvent une couronne de nuages, et la pluie qui ruisselle sur ses flancs en rend l'ascension difficile. Le palmier acéré, qui croît sur ses pentes, devient plus gros et plus fréquent à mesure qu'on monte.

» La Martinique est mieux arrosée et moins sujette aux ouragans que la Guadeloupe : ses productions sont les mêmes. On en avait évalué la population à 110,000 individus ; le recensement de 1815 n'en donna que 95,413 ; savoir, 9,206 blancs, 8,630 gens de couleur, et 77,577 esclaves (1). Aujourd'hui sa population est à 109,700 âmes. »

Cette île a plusieurs ports et baies commodes : on distingue surtout le cul-de-sac Royal. Sur cette baie est bâti le ***Fort-Royal***, avec la ville de même nom. Celle-ci renferme 7,000 habitants ; elle est bâtie en bois, mais les maisons sont très propres. C'est le chef-lieu de la colonie, et le siége d'une cour royale et d'un tribunal de première instance. Ses principaux édifices sont l'église paroissiale, l'hôtel du gouvernement, les magasins de la marine, l'arsenal et les hôpitaux. Des fontaines nouvellement construites répandent dans les rues une agréable fraîcheur. Son port, d'ailleurs bon et sûr, a moins d'étendue que celui de Pointe-à-Pitre dans la Guadeloupe, mais il est défendu par de bonnes fortifications. La ville de ***Saint-Pierre***, avec une rade, est la place la plus commerçante de toutes les petites Antilles. Ses 66 rues, toutes pavées, bien éclairées la nuit, et arrosées par des ruisseaux abondants qui tempèrent la chaleur du jour, sont garnies de belles maisons. On lui donne 18,000 habitants sans y comprendre la garnison. Ce qu'elle possède de plus remarquable est le jardin botanique fondé en 1803 pour y naturaliser les plantes des Indes.

« L'île, aujourd'hui anglaise, de ***Sainte-Lucie***, a été long-temps un sujet de querelle entre l'Angleterre et la France. Le sol y est excellent : les montagnes qui en occupent la partie orientale, ou la *Cabesterre*, paraissent avoir été volcanisées. La *Soufrière* est le cratère écroulé d'un volcan éteint, près duquel s'élancent deux pitons semblables à des obélisques verdoyants (2). L'air de l'île est extrêmement chaud et malsain ; les reptiles venimeux y abondent. Les cultures consistent en sucre et en coton. On y trouve du bois de construction. La population ne s'élève guère au-delà de 17,000 âmes.

» Le *Carénage*, dans la partie du nord-ouest de l'île, est un bon port où 32 vaisseaux de ligne peuvent se mettre à l'abri. On en sort avec tous les vents, mais on ne peut y entrer que vaisseau par vaisseau. C'est un des séjours les plus dangereux pour la santé des Européens. Cette ville, que les Anglais nomment ***Port-Castries***, renferme 4 à 5,000 habitants.

» L'île *Saint-Vincent*, au sud de Sainte-Lucie, est extrêmement fertile. Le sol consiste en un terreau noir, sur une forte glaise très convenable à la culture des cannes à sucre et de l'indigo qui y vient supérieurement bien. La côte orientale est peuplée d'une race mixte de Zambos, descendants de Caraïbes et de nègres fugitifs de la Barbade et des autres îles. On les appelle ***Caribes noirs*** (1). La population de la partie anglaise est de 26,000 individus, dont les onze douzièmes sont esclaves (2). Le chef-lieu se nomme ***Kingston***. C'est une ville de 6 à 8,000 âmes. »

Le gouvernement de Grenade comprend les petites îles de ***Béguia***, de ***Petite-Martinique*** et autres, dont quelques unes sont peuplées par un petit nombre de familles peu aisées.

« Les îlots nommés les ***Grenadilles*** sont placés sur la même ligne et font partie du même gouvernement. ***Cariacon*** en est le principal et le mieux cultivé. Ces îlots sont réunis par des récifs de roches calcaires formées par des polypiers, et qui, d'après la description d'un naturaliste instruit, paraissent exactement semblables aux rochers de corail de la mer du Sud (3).

» Cette chaîne d'îlots est terminée par la fertile île anglaise de la *Grenade*, longue de 10 lieues et large de 6, et peuplée de 28,000 habitants, dont 23,000 sont esclaves (4). Le sol est extrêmement favorable à la culture du sucre, du café, du tabac et de l'indigo. Un

(1) Recensement officiel publié par ordre du gouvernement. — (2) *Leblond* : Voyage aux Antilles, vol. I, p. 130, planche 1.

(1) *Goldsmith*, a Grammar of British geography, p. 158. Londres, 1816. (On avait dit les Caribes noirs déportés.) — (2) Tableau du revenu, de la population, etc., 1833. — (3) *Leblond* : Voyage aux Antilles, I, p. 273. — (4) Recensement officiel de 1815.

lac, sur le sommet d'une montagne au milieu de l'île, lui fournit une multitude de rivières qui servent à la fois à l'orner et à la féconder. Il y a autour de l'île plusieurs baies et ports, dont quelques uns peuvent être fortifiés avec beaucoup d'avantage. Elle jouit en outre du bonheur de ne pas être sujètte aux ouragans. »

Cette île exporte tous les ans pour 23,000,000 de ses produits. *George-town,* autrefois *Fort-Royal,* sa principale ville, peuplée de 7 à 8,000 âmes, possède un des meilleurs ports des Petites-Antilles.

« Ici finit la chaîne des Antilles proprement dites. La Barbade, Tabago et la Trinité, toutes les trois anglaises, forment une chaîne particulière.

» La *Barbade,* longue de 7 lieues et large de 3 $\frac{1}{2}$, est la plus orientale des Antilles. Quand les Anglais y débarquèrent pour la première fois en 1625, ils la jugèrent la plus sauvage, la plus triste et la plus misérable qu'ils eussent encore vue. Il n'y avait aucune espèce de bétail ni de bête de proie, aucun fruit, aucune herbe, aucune racine propre à la nourriture de l'homme. Cependant les arbres étaient si gros et d'un bois si dur, que les colons ne parvinrent qu'avec beaucoup de peine à défricher autant de terre qu'il en fallait pour leur subsistance. Par une persévérance invincible, ils firent en sorte d'y trouver de quoi vivre, et ils ne tardèrent pas à découvrir que le sol était favorable au coton et à l'indigo, et que le tabac, qui commençait alors à être en vogue en Angleterre, y venait assez bien. La population fit des progrès si rapides, que vingt-cinq ans apres le premier établissement elle montait à plus de 50,000 blancs et 100,000 nègres ou Indiens esclaves. Cet état brillant a duré un demi-siècle. La population actuelle, quoique très réduite, est encore assez considérable pour une île qui n'a que 20 à 21 lieues carrées en superficie. On l'estime à 91,900 habitants, dont les quatre cinquièmes sont esclaves. Ses produits sont évalués à 25 ou 30,000,000 de francs. La capitale de l'île est *Bridgetown,* où réside le gouverneur. C'est le port des Antilles le plus rapproché de l'ancien continent. Elle est regardée comme une des plus belles villes des Antilles; on y compte 1,200 maisons. La baie de Carlisle, au fond de laquelle elle est située, peut contenir 500 vaisseaux. *Speightstown,* surnommé le *Petit-Bristol,* renferme 5,000 habitants qui la plupart se livrent au commerce.

» L'île de *Tabago,* longue de 11 lieues et large de 4 $\frac{1}{2}$, a l'avantage de n'être point sur la ligne du cours ordinaire des ouragans. Elle est située au nord-est de celle de la Trinité; et, de même que celle-ci, elle a pour noyau des montagnes schisteuses dénuées de toute roche granitique, et qui semblent être une continuation de la chaîne de Cumana, sur le continent de l'Amérique méridionale [1]. Cette chaîne diffère entièrement de celle des Antilles. La position de Tabago devant le détroit qui sépare les Antilles de l'Amérique lui donne une grande importance en temps de guerre. Son sol riche et encore vierge est très propre à la culture du sucre, et plus encore à celle du coton; les figues et les goyaves y sont excellentes; tous les autres fruits des tropiques y réussissent. On assure que le cannellier et le vrai muscadier se trouvent dans cette île; il est plus certain que l'arbre à gomme-copal y croisse, ainsi que cinq sortes de poivre. Il y a plusieurs baies et havres, principalement sur les côtes nord et ouest. La population est, d'après les derniers rapports, de 13,000 individus, dont les neuf dixièmes sont esclaves. *Scarborough,* sa principale ville, défendue par un fort, est peuplée de 2 à 3,000 âmes.

» L'île de la *Trinidad,* ou de la *Trinité,* est située entre celle de Tabago et le continent de l'Amérique espagnole, dont elle est séparée par le golfe de Paria et les deux détroits de la *Bouche-du-Dragon* et de la *Bouche-du-Serpent.* Elle a environ 35 lieues de longueur du sud-ouest au nord-est, et 22 de largeur dans le sens opposé. Sa forme en losange lui donne à peu près 96 lieues de circonférence et une superficie de 320 lieues carrées. Elle avait été décriée comme malsaine; Raynal a, le premier, réfuté cette erreur. Montagneuse vers le nord, elle n'offre, dans le centre et au midi, que des plaines et des collines. Elle abonde en palmiers et en cocotiers, qui y croissent sans être cultivés; elle produit du sucre, du café, de bon tabac, de l'indigo, du gingembre, de l'anis; de beaux fruits, tels que citrons et oranges, du maïs,

(1) *Dauxion-Lavaysse :* Voyage à la Trinidad, I, p. 46 et suiv.

du coton et du bois de cèdre. Ses produits annuels consistent en 200,000 quintaux de sucre, 15,000 de coton, 5,000 de café, 3,000 de cacao et 3,000 hectolitres de rhum. Sa population est estimée à 41,000 individus. Parmi plusieurs curiosités naturelles, elle renferme un lac, ou plutôt un grand marais rempli de bitume-asphalte. La surface de ce lac change souvent; les bords, les îlots s'y engloutissent d'un jour à l'autre. »

Ce lac, élevé de 80 pieds au-dessus du niveau de la mer, a ordinairement plus d'une lieue de circonférence. On y remarque plusieurs trous de 7 à 8 pieds de profondeur, qui contiennent de l'eau qui n'a point du tout le goût du bitume et qui nourrit un grand nombre de petits poissons. A une lieue de la côte orientale de l'île, dans la baie de Mayaro, il existe dans la mer un gouffre d'où, au mois de mars, après une détonation semblable à celle du tonnerre, il sort une flamme et une fumée épaisse et noire qui se dissipe aussitôt; mais, quelques minutes après, on trouve sur le rivage des placards de bitume de 3 à 4 pouces d'épaisseur sur 6 à 8 de largeur. Près d'une des lagunes si communes à la Trinidad, on remarque un monticule de terre argileuse, entouré d'un grand nombre de petits cônes de un à deux pieds de hauteur. « Les sommets » de ces cônes sont tronqués et ouverts; ce » sont autant de petits soupiraux qui exhalent » un gaz d'odeur d'hydrogène sulfuré. Sur la » partie la plus élevée de ce monticule est un » cône d'environ 1 mètre et ½ de haut, percé » du sommet à sa base comme les autres. Celui-ci vomit continuellement une matière » blanchâtre qui a un goût d'alun. » Près d'un marais de palétuviers, contigu au précédent, on voit un autre mamelon d'environ 27 mètres de diamètre et de 5 de hauteur. Il n'a pas autant de soupiraux que le monticule voisin, mais sa cime présente une cavité circulaire remplie d'un liquide bouillant qui a un goût d'alun. On y entend un bruit sourd et souterrain et la terre tremble sous les pas [1].

« La cour de Madrid ayant ouvert la Trinidad à tous ceux qui voulaient s'y établir, beaucoup de Français de la Grenade s'y réfugièrent. Par la paix signée en 1801 avec la France, l'Angleterre obtint cette île importante par sa fertilité, son étendue, et plus encore par sa position, qui domine l'Orénoque et la fameuse Bouche-du-Dragon.

» *Saint-Joseph d'Oruna*, autrefois sa capitale, et peuplée encore de 3,000 âmes, est située au milieu d'une plaine bien cultivée, dans la partie du nord-ouest de l'île; près de là se trouve le *port d'Espagne*, le mouillage le plus fréquenté de l'île. Le meilleur port est celui de *Chagaramus;* on évalue la population à 28,000 individus [1]. La principale ville est *Spanishtown*, autrefois *Puerto-España*, en français *Port-d'Espagne*, dont nous venons de parler, et que les Anglais nomment aussi *Port of Spain;* elle est située sur le golfe de Paria. D'abord bâtie en bois, mais détruite par un incendie en 1809, elle a été depuis reconstruite en pierres dont l'île abonde, et entourée de fortifications importantes; on y a aussi élevé un beau môle. Sa population est de 8 à 10,000 âmes.

» La *Trinidad*, vu son étendue et la prodigieuse fertilité de son sol, pourrait produire autant de sucre que toutes les îles du Vent réunies. Tabago donne relativement encore de plus grandes espérances. Ces deux îles ont au surplus le précieux avantage d'être hors de la portée ordinaire des ouragans, et d'offrir par conséquent un mouillage où les flottes ne sont point exposées à ces terribles coups de vent qui souvent les brisent dans les ports des îles situées plus au nord [2].

» Nous avons déjà parlé de l'île *Marguerite*, dépendante de Caracas; il ne nous reste donc à décrire, parmi les îles situées sur la côte espagnole du continent, que les trois dont les Hollandais sont en possession. *Curaçao* en est la plus importante; elle a 20 lieues de longueur sur 4 à 5 de largeur; aride et dépendante des pluies pour avoir un peu d'eau, cette île semblait être condamnée à une stérilité perpétuelle. L'eau tirée d'un seul puits y est vendue au poids de l'or. L'industrie hollandaise y fait croître, dans un sol léger et rocailleux, du tabac et du sucre en quantité. Les salines donnent un produit considérable; mais c'est au commerce d'interlope que l'île doit son état florissant, car la valeur de ses

(1) *Dauxion-Lavaysse*: Voyage aux îles de Trinidad, de Tabago, de la Marguerite, etc., t. I, p. 23-32.

(1) *Mac-Cullock* donne 28,000 pour l'an 1804, *Dauxion* 31,000 pour 1807, *Goldsmith* 26,000 pour 1816. — (2) *Edwards Young*, West-India common-place-book.

produits n'est évaluée qu'à 500,000 francs.

» *Willemstadt*, la capitale, est l'une des plus jolies villes des Indes occidentales; les édifices publics ont ici plus d'élégance, les rues plus de propreté, les maisons particulières une distribution plus commode, et les magasins plus d'étendue que partout ailleurs. Le port, protégé par le fort d'Amsterdam, est spacieux et sûr; son entrée est étroite. La population de la ville est d'environ 7 à 8,000 âmes; celle de l'île se composait, en 1815, de 2,781 blancs, 2,161 gens de couleur libres, 1,872 nègres libres, 690 esclaves de couleur, 5,336 esclaves noirs. Total, 12,840. Aujourd'hui on la porte à 40,000 âmes.

» *Bonair* et *Aruba*, petites îles voisines, sont employées à élever du bétail; elles n'ont que 200 habitants.

» L'archipel que nous venons de parcourir est un des principaux théâtres de l'industrie et du commerce des Européens. Les richesses que la Hollande, la France et l'Angleterre en ont tirées ont plus contribué à la prospérité des métropoles que tout l'or, tout l'argent, tous les diamants du continent américain. L'Angleterre seule continue à en retirer d'immenses bénéfices. Si nous considérons en masse toutes les îles britanniques dans les Indes occidentales, il se trouve que, dans une période de 20 années, les blancs s'y sont augmentés de 49,762 à 58,955; les mulâtres ou gens de couleur, de 10,569 à 21,967, et les esclaves de 465,276 à 524,205. Ainsi la population mulâtre s'est en général doublée, soit par accroissement naturel, soit par des réfugiés de Saint-Domingue. En 1788, on introduisit au total 24,495 esclaves, et on en exporta 11,058. En 1803, on introduisit 19,960 esclaves, et on en exporta 5,232. Les établissements britanniques apportaient aux colonies étrangères environ 20,000 esclaves par an. »

Les droits imposés sur le sucre produisent net au gouvernement, année commune, 4,800,000 liv. sterl. ou 120,000,000 de francs.

La valeur du sucre importé en Angleterre s'élève annuellement à 8,600,000 liv. sterl. Dans les îles britanniques, on prépare environ 120,000 *puncheons* de rhum, qui entrent dans la consommation de la manière suivante :

Etats-Unis d'Amérique. . . .	37,000 punch.
Colonie anglaise de l'Amér. du nord	6,250
Vaisseaux naviguant aux Antilles.	10,000 punch.
Garnisons et habitants des îles. .	30,750
Royaume-uni de la Grande-Bretagne.	36,000

La Grande-Bretagne tire des Antilles 3 à 4,000,000 de livres de coton.

« Toutes ces richesses ont, jusque dans ces derniers temps, coûté cher à l'humanité, à la morale publique; elles ont été acquises au prix du sang et des larmes de plusieurs centaines de mille d'êtres humains, réduits dans un état contraire aux principes du droit naturel et à ceux de la religion chrétienne. Quoique les planteurs soient en grande partie des maîtres doux, humains et compatissants; quoique les assemblées coloniales aient pris plusieurs mesures législatives pour enchaîner les caprices et la cruauté, la condition des nègres esclaves a été jusqu'à ces derniers temps vraiment digne de pitié. Cette affligeante vérité est mise hors de doute par la trop grande mortalité de ces êtres, qui ne peut provenir du climat, puisque, dans leur pays natal, ils sont accoutumés à la même chaleur humide. Malgré tous les soins intéressés que les planteurs se donnaient pour avoir des nègres créoles, la propagation de cette espèce ne réussit que très médiocrement. Les chagrins, les souffrances, les tourments de toute espèce que les nègres esclaves éprouvent, raccourcissent tellement leur vie, qu'au lieu de multiplier selon les règles de la nature, il fallait, dans plusieurs colonies, en importer tous les ans pour remplacer ceux dont les mauvais traitements abrégeaient l'existence. A la Martinique, en 1810, il n'y eut, sur 77,500 esclaves, que 1,250 naissances, ou 1 sur 62 vivants. On les dit opiniâtres, entêtés, intraitables; on dit qu'ils demandent à être conduits avec une verge de fer : sans doute, il y a des nègres insensibles aux bienfaits, et qui ne méditent que trahison et désordre : ce sont ceux qui, en Afrique, ont été médecins, prêtres ou sorciers; mais en exceptant ces individus, dont le nombre est très circonscrit, les nègres sont des êtres grossiers, mais bons et dociles. Ils ne méritent pas d'être regardés comme une espèce de bête de somme sans âme, comme font quelques uns de leurs maîtres et de leurs inspecteurs, quoique très souvent ces tyrans soient eux-mêmes de la lie de l'Europe. Cependant, dira-t-on, le climat brûlant des régions basses sous l'équateur, des régions propres à la culture du sucre, n'admet d'autres cultivateurs que les nègres. Cette race est donc indispensable aux colonies.

» Pour conduire ces importants établissements à un état florissant et tranquille, il était indispensable d'accélérer avant tout la multiplication des nègres dans les îles mêmes, au moyen d'une police sévère appliquée à réprimer les excès auxquels l'habitude de la tyrannie ne porte que trop souvent les planteurs et les inspecteurs. Après avoir mis en sûreté la vie et la santé des malheureux esclaves, il fallait penser à leur procurer de petites propriétés dont la possession pût leur faire chérir une contrée qu'ils arrosent de leurs sueurs. Rendre le nœud du mariage plus sacré, plus stable, pourvoir à l'éducation des enfants noirs, réprimer la débauche et le libertinage, voilà un autre point essentiel pour l'amélioration du sort des nègres. En les faisant peu à peu participer aux lumières de la raison et aux consolations de la religion chrétienne, l'affranchissement successif des nègres, et leur passage de la servitude à l'état de paysans fermiers, peut s'opérer sans danger, sans secousse, et au plus grand avantage des planteurs. »

Tous les gouvernements qui possèdent des colonies ont enfin répondu à la voix de l'humanité. Dans ces dernières années, le sort de la population noire a été considérablement adouci dans les Antilles danoises. Le mariage est permis entre les noirs et les blancs; les hommes de couleur sont admis à remplir plusieurs charges publiques; à la mort d'un colon, les esclaves qui lui appartenaient peuvent acheter leur liberté, quelque minime que soit le prix qu'ils offrent pour l'obtenir : ce serait une honte que de surenchérir sur leur offre. Enfin on commence à se convaincre dans les colonies que le travail des hommes libres est plus productif que celui des esclaves.

Mais quelle gloire pour le dix-neuvième siècle d'avoir, non seulement tenté, mais consommé l'abolition de la traite des noirs, de ce honteux trafic de chair humaine exercé pendant tant de siècles par des peuples chrétiens, par des nations civilisées! Honneur à l'Angleterre d'avoir accompli cette grande réforme morale! honneur à la France d'avoir été la seule nation qui ait secondé son ancienne rivale, que des esprits étroits et jaloux accusaient de vouloir, sous un prétexte d'humanité, préparer la ruine des colonies étrangères, en favorisant secrètement le trafic des noirs pour les siennes! Aujourd'hui que ce trafic n'est plus qu'un crime honteux qui ne peut plus être commis que dans l'ombre et par quelques hommes que la société flétrit et repousse, l'émancipation complète des noirs n'est plus une vaine théorie philanthropique, c'est un fait qui s'accomplit chaque jour, et qui en peu d'années deviendra presque général.

Terminons le tableau de l'archipel Colombien par une esquisse des grands spectacles que la nature y développe.

« Contemplons une matinée des Antilles dans la saison des fortes rosées, et, pour en jouir complétement, saisissons le moment où le soleil, paraissant avec tout son éclat dans un ciel pur et tranquille, dore de ses premiers feux la cime des montagnes, les larges feuilles des bananiers et les touffes des orangers. Sous les réseaux de lumière qui les gazent avec délicatesse, tous les feuillages divers semblent tissus de la soie la plus fine et la plus transparente, les gouttes imperceptibles de rosées qu'ils ont retenues ne sont plus qu'autant de perles que le soleil se plaît à colorer de mille nuances, et du centre de chaque groupe de feuilles étincelle l'insecte qui nage dans ces gouttes d'eau. Les prairies n'offrent pas un aspect moins ravissant; toute la surface de la terre n'est qu'une plaine de cristal et de diamant. Souvent, lorsque les rayons du soleil ont dissipé les brouillards qui couvraient le vaste miroir de l'Océan, une illusion d'optique vient en doubler les flots et les rivages. Tantôt l'on croit voir un énorme lit de sable là où s'étendait la mer, tantôt les canots éloignés semblent se perdre dans une vapeur embrasée, ou, soulevés au-dessus de l'Océan, ils flottent dans une mer aérienne en même temps qu'on voit leur ombre s'y réfléchir fidèlement. Ces effets de mirage sont fréquents dans les climats équatoriaux. La douce température de la matinée permet à l'ami de la nature d'admirer les riches paysages de cet archipel. Quelques montagnes nues et renversées l'une sur l'autre dominent par leur élévation toute la scène inférieure. A leurs pieds se prolongent des montagnes plus basses, couvertes de forêts épaisses. Les collines forment le troisième gradin de cet amphithéâtre majestueux ; depuis leurs sommets jusqu'aux bords de la mer, elles sont couvertes d'arbres et d'arbrisseaux de la plus noble et de la plus belle structure. A chaque pas, ce sont des moulins, des plantations, des habitations qu'on voit percer à travers les branches, ou qu'on entrevoit ensevelis dans les ombres de la forêt. Les plaines offrent des tableaux également neufs et variés. Pour vous en former une idée, réunissez en pensée tous ces arbres et arbustes dont la magnifique végétation fait l'ornement de nos jardins botaniques ; rassemblez les palmiers, les cocotiers, les plantaniers ; faites-en à plaisir mille groupes différents en y joignant le tamarinier, l'oranger et tel autre arbre dont les nuances et la hauteur leur soient proportionnées ; voyez jouer au milieu les touffes élégantes du bambou ; peignez-vous entre toutes leurs tiges les variétés bizarres de l'épine de Jérusalem, les riches buissons de l'oléandre et des roses d'Afrique, l'écarlate vive et brillante des *cordia* ou *sébestiers*, les berceaux entrelacés du jasmin et de la vigne de Grenade, les bouquets délicats du lilas, les feuilles soyeuses et argentées de la portlandia ; ajoutez-y la magnificence variée des champs de cannes étalant la pourpre de leurs fleurs ou le vert émail de leurs feuilles ; les maisons des planteurs, les huttes des nègres, les magasins, les ateliers, la rade lointaine couverte d'une forêt de mâts. L'Océan même offre souvent ici, dans la matinée, un aspect rare partout ailleurs. Aucune brise n'en ride la surface ; elle est si étonnamment transparente, que vous oubliez presque que les rayons de vue y soient interceptés ; vous distinguez les rochers et le sable à une profondeur immense ; vous croyez pouvoir saisir les coraux et les mousses qui tapissent les premiers, et vous compteriez sans peine les mollusques et les testacés qui se reposent sur l'autre.

» Mais quel trouble soudain agite cette foule d'oiseaux et de quadrupèdes qui, avec l'air du désespoir, cherchent des asiles ? Ces sinistres pressentiments nous annoncent l'approche d'un ouragan. L'atmosphère devient d'une pesanteur insupportable, le thermomètre s'élève extrordinairement, l'obscurité augmente de plus en plus, le vent tombe tout-à-fait, la nature entière paraît plongée dans le silence. Bientôt ce silence est interrompu par les roulements sourds des tonnerres éloignés ; la scène s'ouvre par une foule d'éclairs qui se multiplient successivement, les vents déchaînés se font entendre, la mer leur répond par le mugissement de ses vagues ; les bois, les forêts, les cannes, les plantaniers, les palmiers y joignent leurs murmures et leurs sifflements plaintifs. La pluie descend à flots, les torrents se précipitent avec fracas des montagnes et des collines, les rivières s'enflent par degrés, et bientôt les ondes accumulées débordent de leur lit et submergent les plaines. Bientôt ce n'est plus un combat de vents furieux, ce n'est plus la mer mugissante qui ébranle la terre ; non, c'est le désordre de tous les éléments qui se confondent et s'entre-détruisent. La flamme se mêle à l'onde, et l'équilibre de l'atmosphère, ce lien général de la nature, n'existe plus. Tout retourne à l'antique chaos. Quelles scènes n'éclairera pas le soleil du matin ! Les arbres déracinés et les habitations renversées couvrent au loin toute la contrée. Le propriétaire s'égare en voulant chercher ce qui reste de ses champs. Partout gisent les cadavres des animaux domestiques pêle-mêle avec les oiseaux des forêts. Les poissons eux-mêmes ont été arrachés de leurs humides retraites, et l'on recule d'effroi quand on les rencontre, loin de leurs demeures, meurtris en se froissant contre les débris. »

TABLEAU *des principales positions géographiques de l'Amérique, déterminées avec quelque certitude.*

NOMS DES LIEUX.	LATITUDE N.			LONGITUDE O. DE PARIS.			SOURCES ET AUTORITÉS.
	deg.	min.	sec.	deg.	min.	sec.	
RÉGIONS DU NORD-OUEST.							
Cap Glacé.	70	29	»	164	2	30	Cook. *Connaissance des Temps.*
Cap du Prince de Galles. . . .	66	40	30	170	50	30	*Grande carte russe de la côte N.-O.*
Norton-Sound.	64	30	30	165	7	30	Cook. *Counaissance des Temps.*
Ile Clerke.	63	15	»	172	»	»	*Idem* (1).
Ile Gore.	60	17	»	174	51	»	*Idem* (2).
Ile Ounalachka.	53	54	45	168	47	»	*Idem.* Observ. astr.
Ile Kodiak, cap Barnabas. . .	57	10	»	154	35	15	*Idem.*
Cap Hinchinbrock.	60	16	»	148	24	45	Cook.
Mont Saint-Elie.	60	21	»	142	57	35	*Idem.*
Port des Français.	58	37	»	139	28	15	*Voy.* de La Pérouse.
Cross-Sound, entrée.	58	12	»	138	25	15	Cook.
Port de los Remedios.	57	21	»	137	50	15	Quadra.
Port Conclusion.	56	15	»	136	43	45	Vancouver.
Ile Langara, p. N.	54	20	»	135	20	15	*Idem.*
Cap Saint-James.	51	57	50	134	12	»	*Idem.*
Cap Scott.	50	48	»	130	41	15	*Idem.*
Nontka-Sound.	49	36	6	128	46	15	*Idem.* Cook. Quadra.
Nouvel-Arkangel.	57	3	»	224	42	»	Greenwich.
Cap Flattery.	48	24	»	126	42	15	*Idem.*
Mont Olympe.	47	50	»	125	46	15	*Idem.*
Havre de Gray.	47	»	»	126	13	15	Gray.
Columbia, entrée de la rivière. .	46	19	»	126	14	15	Vancouver, etc., etc.
Cap Foulweather.	44	49	»	126	16	15	Cook, Vancouver.
Cap Gregory.	43	23	30	126	30	15	*Idem.*
Cap Blanc, ou Oxford.	42	52	»	126	45	15	*Idem.*
Baie de la Trinité.	41	3	»	126	14	15	*Idem.*
Cap Mendocin (3).	40	28	40	126	49	30	*Idem*, corrigé. *Connaiss. des Temps.*
BAIE D'HUDSON.							
Fort du Prince de Galles. . . .	58	47	32	96	27	30	*Connaissance des Temps.*
Cap Résolution.	61	29	»	67	30	»	*Idem.*
Cap Walsingham.	62	39	»	80	8	»	*Idem.*
Cap Diggs.	62	41	»	81	10	»	*Idem.*
Ile Button.	60	35	»	67	40	»	*Idem.*
Ile Salisbury.	63	29	»	79	7	»	*Idem.*
Ile Mansfield, pointe N. . . .	62	38	30	82	53	»	*Idem.*
GROENLAND.							
Akkia (Ile).	60	38	»	48	20	»	Malham.
Upernavik, factor. dan.	72	30	»	»	»	»	*Almanach nautique danois.*
Barclay, cap.	69	13	»	26	45	15	Scoresby.
Moskito Cove.	64	55	13	55	16	45	*Connaissance des Temps.*
Gothaab, factor. dan.	64	10	5. 4'''	52	31	18	Le miss. M. Ginge. Observ. astron.
Byam-Martin, cap.	73	33	»	79	30	15	Ross.
Farewell, cap.	59	38	»	45	2	»	*Connaiss. des Temps*, chronomètre.
Allan, cap.	71	43	»	24	13	15	Scoresby.
ISLANDE.							
Cap Nord.	66	44	»	25	4	»	Verdun de la Crenne, Voyage. *Connaissance des Temps*
Cap Langaness.	66	22	»	18	26	»	*Idem.*
Cap Reykianess.	63	56	»	25	10	»	*Idem.*
Hola.	65	44	»	22	4	»	*Idem.*

(1) Cette île répond à l'île Saint-Laurent, la principale du groupe des îles Sindow. — (2) Cette île répond à l'île Saint-Mathias des Russes. — (3) Privés, dans le moment, de plusieurs relations russes, nous n'avons pu établir les comparaisons et les synonymes que nous aurions désiré indiquer dans cette partie du tableau.

NOMS DES LIEUX.	LATITUDE N.			LONGITUDE O. DE PARIS.			SOURCES ET AUTORITÉS.
	deg.	min.	sec.	deg.	min.	sec.	
Bargazar	66	20	»	18	57	»	Malham.
Lambhuns, observatoire	64	6	17	24	15	30	*Idem.*
Idem.	»	»	»	24	24	18	Worm, dans les *Archives géographiques de Lichtenstein.*
Ile Grim	66	44	»	21	43	»	*Connaissance des Temps.*
Ile Jean Mayen, pointe sud	71	»	»	12	24	»	Bode, *Annuaire astronomique.*
TERRE-NEUVE, CANADA, etc.							
Balard, cap	46	46	46	55	13	38	Purdy.
Québec	46	47	30	73	30	»	*Connaissance des Temps.*
Halifax	44	44	»	65	56	»	*Idem.*
Gaspé, la baie	48	47	30	66	47	30	*Idem.*
Louisbourg	45	53	40	62	15	»	*Idem.*
Saint-Jean, le fort	47	33	45	55	»	»	*Idem.*
Cap Raze	46	40	»	55	23	30	*Idem.*
ÉTATS-UNIS.							
Alexandrie	38	49	»	79	24	15	Bowditch.
Boston	42	22	11	73	19	»	*Connaissance des Temps.*
New-Haven	41	17	7	75	19	10	D. J. J. Ferrer (1).
New-London (fanal)	41	21	8	78	29	30	*Idem.*
Annapolis	39	»	»	79	11	15	Blunt.
Baltimore	39	23	»	79	10	15	*Idem.*
Bristol	40	5	»	77	16	»	Alcedo.
Cambden	34	15	»	83	30	»	Auteurs.
Darmouth	41	37	»	73	12	»	Alcedo.
Falmouth	41	33	»	72	55	»	*Idem.*
Long-Island	41	»	»	74	42	15	Blunt.
Pensacola	30	34	»	89	47	15	Bowditch.
Petersburg	37	12	»	80	4	15	*Idem.*
Rhode-Island	41	28	»	73	43	15	*Idem.*
Richmont	37	30	»	80	4	15	*Idem.*
Vermont	43	36	»	75	17	42	*Idem.*
New-York (la batterie)	40	42	6	76	19	»	D. J. J. Ferrer (2).
Albany	42	38	38	76	4	30	*Idem.*
Philadelphie	39	57	2	77	30	»	*Idem.*
Lancaster	40	2	26	78	39	15	*Idem.*
Washington	38	55	»	79	19	»	*Connaissance des Temps.*
Cap Mayo	38	56	46	77	13	6	D. Ferrer.
Cap Hinlopen (le fanal)	38	47	16	77	26	15	*Idem.*
Idem.	38	46	»	77	32	30	*Connaissance des Temps.*
Cap Hatteras	35	14	30	77	54	27	D. Ferrer.
Savannah (le fanal)	32	45	»	83	16	»	*Connaissance des Temps.*
Pittsbourg	40	26	15	82	18	30	D. Ferrer.
Galliopolis	38	49	12	84	27	»	*Idem.*
Cincinnati (fort Washington)	39	5	54	86	44	15	*Idem.*
Confluent de l'Ohio et du Missisipi	37	»	20	91	22	45	*Idem.*
Nouvelle-Madrid	36	34	30	91	47	30	*Idem.*
Natchez	31	33	48	93	45	15	*Idem.*
Nouvelle-Orléans	29	57	30	92	26	15	*Idem.*
Idem.	29	57	45	92	18	45	*Connaissance des Temps.*
MEXIQUE, etc.							
Mexico, au couvent de Saint-Augustin	19	25	45	101	25	30	A. de Humboldt (Distances lunaires et solaires chronomètres, et beaucoup d'autres obs.).
Queretaro	20	36	39	102	30	30	*Idem.*
Valladolid	19	42	»	103	12	15	*Idem.*

(1) Les Mémoires et Notes de don José-Joaquin Ferrer se trouvent dans la Connaissance des Temps de 1817, et dans les Transactions philosophiques de Philadelphie, tome VI. — (2) M. Oltmanns (Observations astronomiques du Voyage de M. Humboldt) trou e également 76 deg. 18 min, 52 sec., mais il ne regarde pas comme très sûrs les divers termes de comparaison qu'il a employés.

NOMS DES LIEUX.	LATITUDE N.			LONGITUDE O. DE PARIS.			SOURCES ET AUTORITÉS.
	deg.	min.	sec.	deg.	min.	sec.	
Volcan de Jorullo.	»	»	»	101	21	45	A. de Humboldt (Distances lunaires et solaires chronomètres, et beaucoup d'autres obs.).
Popoca-Tepetl.	18	59	47	100	53	15	*Idem*. Bases perpendiculaires et obs. azimuthales.
Puebla de los Angelos.	19	»	15	100	22	45	A. de Humboldt (Bases perpendiculaires et obs. azimuthales).
Pic d'Orizaba.	19	2	17	99	35	15	*Idem*.
Guanaxuato.	21	»	15	103	15	»	*Idem*.
Xalapa.	19	30	8	99	15	»	*Idem*.
Vera-Cruz.	19	11	52	98	29	»	*Idem*.
Nouveau-Saint-Ander, la barre. .	23	45	18	100	18	45	D. J. J. Ferrer.
Tampico, la barre.	22	15	30	100	12	15	*Idem*.
Campêche.	19	50	14	92	53	21	D. J. J. Ferrer.
Disconoscida.	20	29	45	92	44	30	D. Cevallos.
Alacran, pointe O.	22	7	50	92	7	30	D. Velasquez.
Rio Lagartos, l'embouchure. . .	21	34	»	90	30	15	D. J. J. Ferrer.
Comboy, pointe N.	21	33	30	89	»	»	*Connaissance des Temps*.
Tezcuco.	19	30	40	101	11	15	D. Velasquez.
Acapulco.	16	50	29	102	6	»	A. de Humboldt.
San-Blas.	21	32	48	107	35	48	*Connaissance des Temps*.
Cap San-Lucar (Californie). . .	22	52	28	112	10	38	*Idem*.
San-Diego.	32	39	30	119	37	3	*Idem*.
Guadalupe (île).	28	53	»	120	36	3	*Idem*.
Monterey.	36	35	45	124	11	21	*Idem*.
San-Francisco.	37	48	50	124	28	15	*Idem*.
Santa-Fé (Nouveau-Mexique). . .	36	12	»	107	13	»	*Idem*.
GRANDES ANTILLES.							
ÎLE DE CUBA.							
La Havane (*plaza dieja*). . . .	23	8	15	84	42	15	A. de Humboldt, Galiano, Robredo, Oltmanns, *Recherches*.
Batabano.	22	23	19	84	45	56	Lemaur et Oltmanns.
La Trinidad.	21	48	20	82	36	53	Humboldt, Oltmanns.
Matanzas, la ville.	23	2	28	83	57	36	D. Ferrer.
Cap Saint-Antoine.	21	54	»	87	17	30	Humboldt.
Cap de la Cruz.	19	47	16	80	4	30	Cevallos, Oltmanns.
Pico Tarquinio.	19	52	57	79	10	22	*Idem*.
Pointe Maizy.	20	16	40	76	28	8	*Idem*.
Pointe Guanos.	23	9	27	84	3	37	Oltmanns.
Idem.	»	»	»	84	1	30	Ferrer.
JAMAÏQUE.							
Port-Royal.	18	»	»	79	5	30	*Connaiss. des Temps*, et Oltmanns.
Kingston.	»	»	»	79	2	30	Oltmanns.
Cap Morant.	17	5	45	78	35	23	*Idem*.
Cap Portland.	»	»	»	79	18	25	*Idem*, et Humboldt.
SAINT-DOMINGUE.							
Cap-Français, la ville.	19	46	20	74	38	10	*Connaiss. des Temps*, et Oltmanns.
Port-au-Prince.	18	33	42	74	47	26	*Idem*.
Santo-Domingo.	18	28	40	72	19	52	*Idem*.
Môle Saint-Nicolas.	19	49	20	75	49	48	*Connaiss. des Temps*, et Oltmanns.
Cayes.	18	11	10	76	10	34	*Idem*.
Cap Samana.	19	16	26	71	33	48	*Idem*.
Idem.	19	16	30	71	29	15	D. Ferrer.
Cap Enganno.	18	34	42	70	45	52	Cevallos, Oltmanns, *Connaissance des Temps*.
Cap Raphaël.	»	»	»	71	18	47	*Idem*.
Cap Dame-Marie.	18	37	20	76	53	47	Oltmanns.
La Gonaïve, pointe Ouest. . . .	18	52	40	75	44	48	*Idem*.

NOMS DES LIEUX.	LATITUDE N.			LONGITUDE O. DE PARIS.			SOURCES ET AUTORITÉS.
	deg.	min.	sec.	deg.	min.	sec.	
PORTO-RICO.							
Porto-Rico, la ville.	18	29	10	68	33	30	Humboldt, Serra et Churruca. Par distances lunaires; occultations des satellites, etc.
Cap Saint-Jean, pointe N.-E.	18	26	»	68	3	30	Ferrer, calculé par Oltmanns.
Idem, pointe N.-O.	18	31	18	69	33	33	*Idem.*
Aguadilla, ou cité de San-Carlos.	18	27	20	69	32	45	*Idem.*
Casa de Muertos, rocher.	17	50	»	68	58	30	*Idem* (1).
ÎLES LUCAYES.							
Iles Turques (caye de sable).	21	11	10	73	35	7	*Recherches* d'Oltmanns, etc.
Iles Caïques (cayes de Providenciers).	21	50	46	74	45	15	*Idem.*
Grande-Inague, pointe N.-E.	21	20	13	75	32	22	*Idem.*
Ile Krooked, pointe E.	22	39	»	76	16	»	*Idem.*
San-Salvador, pointe N.	24	39	»	78	11	30	*Idem.*
Providence (Ile Nassau).	25	4	33	79	42	21	*Connaissance des Temps.*
Idem.	»	»	»	79	46	35	D. Ferrer.
Ile Abacu, pointe N.-E.	26	29	52	79	23	43	*Idem.*
LES BERMUDES.							
Saint-George.	32	20	»	67	13	8	Mendoza Rios.
Pointe N.-E.	32	17	4	67	12	8	*Idem.*
LES PETITES ANTILLES.							
Saint-Thomas, le port.	18	20	30	67	23	21	*Recherches* d'Oltmanns.
Sainte-Croix, le port.	17	44	8	67	8	44	*Idem.*
Saint-Martin, le sommet.	18	4	28	65	26	42	D. Ferrer.
Saba, le milieu.	17	39	30	65	41	4	Oltmanns.
Saint-Eustache, la rade.	17	29	»	65	25	»	*Idem*
Antigoa, fort Hamilton.	17	4	30	64	15	»	*Idem.*
Guadeloupe, Basse-Terre.	15	59	30	64	5	15	*Idem.*
Dominique, Roseau.	15	18	23	63	52	30	*Idem.*
Martinique, Fort-Royal.	14	35	49	63	26	»	*Idem.*
Idem, Saint-Pierre.	14	44	»	63	31	54	*Idem.*
Barbade, observatoire de Maskelyne.	13	5	15	61	56	33	*Idem.*
Idem, fort Willoughby.	13	5	»	61	56	48	*Idem.*
Grenade, Fort-Royal.	»	»	»	64	8	15	*Idem.*
ÎLES SOUS LE VENT.							
Tabago, pointe N.-E.	11	10	13	62	47	30	*Idem.*
Tabago, pointe S.-O.	11	6	»	63	9	»	*Idem* (2).
Trinité, port d'Espagne.	10	38	42	63	58	15	*Idem.*
Bouche-du-Dragon.	»	»	»	64	32	35	A. de Humboldt, douteux.
Idem.	»	»	»	64	13	»	Solano, carte manuscrite.
Marguerite, cap Macanao.	11	3	30	66	47	30	Oltmanns.
Orchilla, cap Ouest.	»	»	»	68	34	31	*Idem.*
TERRE-FERME, GUYANE, etc.							
Porto-Bello.	9	33	9	81	55	30	*Connaissance des Temps.*
Cartagène des Indes.	10	25	38	77	50	»	Humboldt, Noguera, Observations des satellites, etc.
Turbaco.	10	18	5	77	41	54	Humboldt, Oltmanns.
Mompox.	9	14	11	76	47	43	*Idem.*
Honda.	5	11	45	77	21	51	*Idem.*
Santa-Fé-de-Bogota.	4	35	48	76	34	8	*Idem.*

(1) Ces observations corrigent la carte de Lopez, sous le rapport de la position générale de l'Ile de Porto-Rico. — (2) On avait longtemps varié sur ces positions. Nous citerons, pour l'instruction du lecteur curieux d'apprécier l'inexactitude des *marchands de cartes anglais*, les variantes que voici : Tabago, pointe sud-ouest, latitude, selon Jefferys, 11 deg. 10 min., selon Arrowsmith, 10 deg. 56 min. Longitude, selon Jefferys, 62 deg. 53 min. 47 sec.; selon Arrowsmith, 93 deg. 13 min. 15 sec.

NOMS DES LIEUX.	LATITUDE N.			LONGITUDE O. DE PARIS.			SOURCES ET AUTORITÉS.
	deg.	min.	sec.	deg.	min.	sec.	
Cartago.	4	44	50	78	26	15	Humboldt, Oltmanns.
Popayan.	2	26	17	78	59	45	*Idem.*
Pasto.	1	13	5	79	1	»	*Idem.*
Santa-Marta.	11	19	39	76	28	45	*Recherches* d'Oltmanns.
Caracas.	10	30	50	69	25	»	Humboldt ; nombreuses observat. astronomiques.
Idem.	10	30	24	69	10	40	D. Ferrer.
Cumana.	10	27	49	66	30	»	Humboldt.
Cumanacoa.	10	16	11	66	18	50	*Idem.*
San-Thomas de N. Guyana. . .	8	8	11	66	15	21	*Idem.*
San-Fernando-de-Apures. . . .	7	53	12	70	20	10	*Idem.*
Maypures.	5	13	32	70	37	33	*Idem.*
Esmeralda.	3	11	»	68	23	19	*Idem.*
Fort San-Carlos.	1	53	42	69	58	39	*Idem.*
Cayenne.	4	56	15	54	35	»	*Connaissance des Temps.*
PÉROU, CHILI, etc.	LATITUDE. S.						
Quito.	»	13	17	81	5	30	Humboldt, observations astronomiques.
Riobamba.	1	41	46	81	20	30	*Idem*, Bouguer, etc.
Loxa.	»	»	»	81	44	43	*Idem.*
Guayaquil.	2	11	21	82	16	30	*Idem.*
Truxillo.	8	5	40	81	39	38	*Idem.*
Lima.	12	2	45	79	27	30	*Idem.*
Callao (château Saint-Philippe). .	12	3	19	79	34	15	Humboldt ; observ. du passage de Mercure sur le disque du soleil.
Arica.	18	26	40	72	36	20	*Connaissances des Temps.* Observations astronomiques.
Cap Moxillones.	23	5	»	72	45	30	*Idem.*
Copiapo.	27	10	»	73	25	30	*Idem.*
Coquimbo.	29	54	40	73	39	30	*Idem.* Observat. astronomiques.
Valparaiso.	33	»	30	73	58	30	*Idem*, *ibid.*
Conception.	36	49	10	75	25	»	*Idem*, *ibid.*
Talcaguana.	36	42	21	75	59	27	*Idem.*
Valdivia.	39	51	»	75	46	30	*Idem.*
San-Carlos (île de Chiloé). . . .	41	53	»	75	15	»	*Idem.*
Ile Madre de Dios, pointe Nord. .	49	45	»	78	7	30	*Idem.*
Ile Juan-Fernandez.	34	40	»	81	18	30	*Idem.*
Ile Masafuero.	33	45	30	82	57	30	*Idem.*
	LATITUDE. N.						
Ile Albemarle, pointe N.-O. . .	»	2	»	93	50	15	*Idem.*
CÔTES DU BRÉSIL ET DE LA PLATA.							
Para.	1	28	»	51	20	»	*Connaissance des Temps.*
Ile Saint-Jean l'Evangéliste. . .	1	15	»	48	13	5	*Ephémérides nautiques de Coïmbre*, 1807 (1).
San-Louis de Maranhao.	2	29	»	46	22	»	*Oriental Navigator.* Terme moyen de plusieurs observations chronométriques.
Idem.	»	»	»	46	»	»	D. Jose Patriceo, carte officielle.
Ceara.	3	30	»	41	8	»	*Oriental Navigator.*
Idem.	»	»	»	40	48	»	D. Jose Patriceo.
Cap Saint-Roch, pointe Petetinga.	5	2	30	38	3	»	*Oriental Navigator.* Terme moyen.
Récif, port de Pernambuco. . .	8	4	»	37	27	»	*Ephémérides de Coïmbre.*
Olinda de Pernambuco.	8	13	»	37	25	5	*Idem.*
San-Salvador de Babia, le fort. .	12	59	»	40	53	»	*Oriental Navigator.* Terme moyen de beaucoup d'observations.
Cap Frio.	22	54	»	44	28	15	Mendoza Rios. *Tables astronom.*
Idem.	»	»	»	44	13	12	Brought. Heywood.
Idem.	»	»	»	43	56	30	Krusenstern.

(1) Cet ouvrage nous a paru renfermer nombre de fautes typographiques manifestes, ce qui nous a engagé à ne pas citer toutes les différences qu'il offre avec d'autres sources, même de la latitude. Par exemple, il met le cap Frio à 22 deg. 2 min.

NOMS ET LIEUX.	LATITUDE N.			LONGITUDE O. DE PARIS.			SOURCES ET AUTORITÉS.
	deg.	min.	sec.	deg.	min.	sec.	
Cap Frio.	23	2	»	43	51	30	*Connaissance des Temps. Ephém. de Coïmbre.*
Rio-Janeiro, le château. . . .	22	54	2	45	37	59	*Connaissance des Temps*, 1817.
Idem.	»	»	»	45	7	50	Dorta. *Mém. de l'Acad. de Lisbonne.*
Saint-Paul.	23	33	14	48	29	»	*Idem, idem.*
Idem.	»	»	»	48	33	45	Oliveyra Barbosa. *Ibid.*
Idem.	23	33	10	48	59	25	*Connaissance des Temps.*
Barres *dos Santos*.	24	2	30	48	22	30	Amiral Campbell, 1807.
Iguape.	24	42	»	49	26	»	*Idem.*
Cananea	25	4	30	49	50	»	*Idem.*
Parananga.	25	31	30	50	11	»	*Idem.*
Guaratuba.	25	52	»	50	28	»	*Idem.*
Ile Sainte-Catherine, fort Santa Cruz.	27	22	20	54	11	40	La Pérouse. Krusenstern, etc. Terme moyen.
San-Pedro, le port.	32	9	»	56	21	20	*Oriental Navigator.* Observ. anglaises et espagnoles comparées.
Cap Santa-Maria.	34	37	30	56	21	20	*Idem.*
Maldonado, la baie, pointe orient.	34	57	30	57	7	»	*Idem.*
Monte-Video, le château. . . .	34	54	48	58	30	»	*Idem.*
Buenos-Ayres.	34	25	26	60	43	38	*Requisite Tables.*
Idem.	34	35	26	60	51	15	*Connaissance des Temps.*
Cap Saint-Antoine, partie nord. .	36	5	30	59	5	»	Carte espagnole de Rio-Plata.
Idem.	36	52	30	59	7	29	*Connaissance des Temps.*
ÎLES VOISINES DU BRÉSIL.	LATITUDE N.						
San-Paulo ou Penedo de San-Pedro.	»	55	»	31	35	»	R. Williams.
Idem.	»	»	»	31	35	»	*Oriental Navigator.* Terme moyen.
Idem.	»	»	»	30	35	»	*Ephémérides de Coïmbre.*
	LATITUDE S.						
Fernando Noronha, la pyramide.	3	55	15	34	55	20	*Oriental Navigator.*
Roccas, les rochers.	3	52	20	35	51	»	*Idem.*
A la vue des *Abrolhos*, pointe N.	17	40	»	42	16	»	*Ephémérides de Coïmbre* (¹).
Idem, pointe Sud	18	24	»	42	20	»	*Idem.*
Partie des *Abrolhos*, pointe Est. .	18	11	»	38	25	»	*Idem.*
Santa-Barbara, îlot.	18	4	»	41	55	»	*Idem.*
Monte-das-Pedras, îlot.	18	»	»	41	50	»	*Idem.*
Trinidad, pointe S.-E.	20	31	45	31	39	»	Flinders, dist. lun.
Idem.	»	»	»	31	43	»	*Idem*, chronomètre.
Idem, le centre.	20	32	30	31	29	»	Horsburgh, observations de dix vaisseaux anglais.
Idem.	20	31	»	30	56	59	La Pérouse, distances lun. (²).
Santa-Maria d'Agosta.	20	32	»	32	»	7	*Ephémérides de Coïmbre* (³).
Martin Vaz.	20	28	30	31	10	30	*Oriental Navigator.* Terme moyen.
Idem.	»	»	»	31	1	»	Horsburgh.
Idem.	20	30	»	30	29	59	*Connaissance des Temps.*
Saxembourg.	30	45	»	21	50	»	Lindemann de Monnikedam, 1670.
Idem (?).	»	»	»	19	»	»	Galloway, Américain, 1804 (⁴).
Columbus (peut-être Saxembourg).	30	18	»	30	40	»	Long, pilote de *Columbus* 1809 (⁵).

(¹) L'espace ne nous permet pas de donner le grand nombre de variantes que les voyages présentent au sujet de l'extension de ces dangereux récifs. — (²) Les Ephémérides de Coïmbre donnent le même résultat, sans indiquer d'après quelle autorité. — (³) On ne dit pas dans les Ephémérides si cette île Santa-Maria fait partie du groupe de Trinidad, comme la latitude le ferait croire, ou de celui de Martin Vaz, dont le nom n'est pas indiqué. — (⁴) L'existence de l'île de Saxembourg ou Saxemburg était révoquée en doute. La longitude indiquée par Lindemann étant très incertaine, une différence de 2 deg. ne saurait empêcher de reconnaître l'identité. Il ne s'agit que de constater en détail l'observation du capitaine Galloway. M. Flinders l'avait cherchée inutilement depuis 28 deg. jusqu'à 22, et même plus loin, mais en inclinant sa course à l'E. S. E. La même année le capitaine américain, M. Galloway, assurait l'avoir vue à l'ancienne latitude, mais beaucoup plus à l'est. — (⁵) Le pilote Long, envoyé du Cap à Rio-Plata, observa une île qu'il crut être Saxembourg, mais qui est à 11 deg. 40 min. plus à l'ouest que l'île vue par Galloway. L'île avait 4 lieues marines de long, 2 milles et demi de large; elle était plate, mais offrait à l'est un pic élevé de 70 pieds. — La route de Flinders n'atteint ni l'île Columbus, ni celle vue par Galloway; si l'observation de ce dernier ne se confirme pas, l'île Columbus serait la véritable Saxembourg, malgré l'énorme différence des longitudes. Mais nous pensons que les deux îles existent simultanément.

NOMS DES LIEUX.	LATITUDE S.			LONGITUDE O. DE PARIS.			SOURCES ET AUTORITÉS.
	deg.	min.	sec.	deg.	min.	sec.	
TERRES MAGELLANIQUES.							
Port Valdez.	42	30	»	66	»	30	Malespina et d'autres officiers espagnols.
— Santa-Elena.	44	32	»	67	49	45	*Idem.*
— Malespina.	45	11	15	69	»	»	*Idem.*
Cap Blanco.	47	16	»	68	19	30	*Idem.*
Port Désiré.	47	45	»	68	23	30	*Idem.*
— Saint-Julien.	49	8	»	70	3	30	*Idem.*
— Santa-Cruz.	50	17	30	70	51	30	*Idem.*
Rio-Gallegos.	51	40	»	71	25	»	*Idem.*
Cap Virgine (de la Vierge). . . .	52	21	»	70	27	40	*Idem.*
Cap San-Espiritu.	52	41	»	70	45	30	*Idem.*
Ile du Nouvel-An.	54	48	55	66	19	30	*Idem.*
Cap Succès.	55	1	»	67	37	30	*Idem.*
Cap Horn.	55	58	30	69	41	40	*Idem.*
Iles Diego Ramirez.	56	27	30	70	59	30	*Idem.*
ÎLES MALOUINES OU FALKLAND.							
Port Egmont.	51	24	»	62	12	30	*Oriental Navigator.*
Port Soledad.	51	32	30	60	27	30	*Idem.*
Ile Géorgie, cap N.	54	4	45	40	35	»	Cook.
Terres Sandwich, pointe S. ou Thulé australe.	59	34	»	30	5	»	*Idem.*

TABLEAU *supplémentaire des principales positions géographiques de l'Amérique.*

NOMS DES LIEUX.	LATITUDE N.			LONGITUDE O.			AUTORITÉS.
	deg.	min.	sec.	deg.	min.	sec.	
MEXIQUE.							
Cholula (pyramide de).	19	2	6	100	33	30	Humboldt.
Durango.	34	25	»	105	55	»	Oteiza.
Oaxaca.	18	2	»	102	30	»	Malham.
Papantla.	20	27	»	99	56	30	*Idem.*
Perotte (coffre de).	19	29	35	99	28	39	Oltmanns.
San-Luis-Potosi.	22	»	»	103	1	»	Alcedo.
Tasco.	18	35	»	101	49	»	Humboldt.
Tehuantepec.	16	13	»	97	27	»	Banza.
Toluca.	19	16	19	101	41	45	Humboldt.
AMÉRIQUE CENTRALE.							
Nicaragua.	11	»	»	85	3	7	Auteurs.
Nicoya.	9	46	»	87	15	30	Alcedo.
Truxillo.	15	54	»	88	17	15	Purdy.
ÎLES LUCAYES.							
Nassau.	25	5	»	79	39	»	Steels.
Mogane.	22	26	40	75	35	25	Ducomm.
Exuma.	23	36	»	78	11	15	Blunt.
Alabaster.	25	40	»	79	16	»	Riddle.
Andros.	25	24	»	80	23	15	Blunt.
Anguilla	18	14	30	65	30	»	Oltmanns.
Bahama.	26	21	»	80	55	15	Blunt.

NOMS DES LIEUX.	LATITUDE N.			LONGITUDE O.			AUTORITÉS.
PETITES-ANTILLES.	deg.	min.	sec.	deg.	min.	sec.	
Barboude.	17	50	50	64	30	15	Riddle.
Désirade.	16	20	»	63	26	30	Purdy.
Marie-Galante.	15	51	»	63	39	15	Riddle.
Mont-Serrat.	16	47	35	64	33	40	Oltmanns.
COLOMBIE.							
Santa-Fé-de-Antiochia	6	36	»	78	23	8	Restrepo.
Atapabo.	3	14	11	70	13	4	Humboldt.
Varinas.	7	35	»	72	35	»	Alcedo.
Buenavista.	5	42	45	77	6	37	Oltmanns.
Calaboso.	8	56	8	70	10	45	Humboldt.
Cariaco.	10	31	»	66	1	»	Alcedo.
Ibague.	4	27	45	77	40	15	*Idem.*
Maracaibo.	10	39	»	74	5	15	Purdy.
Mariquita.	5	13	»	77	21	51	Oltmanns.
Mosquitos (pointe).	10	53	»	68	19	»	Purdy.
Panama.	8	57	10	81	50	9	Oltmanns.
Porto-Cabello.	10	28	22	70	37	2	Humboldt.
Rio-Negro.	6	13	»	77	50	8	Restrepo.
Tolima.	4	26	25	77	40	30	Oltmanns.
Tolu.	9	40	45	77	59	50	Fidalgo.
	LATITUDE S.						
Cuenca.	2	55	3	81	34	30	Humboldt.
Guayaquil.	2	12	12	82	»	1	B. Hall.
Hambato.	1	13	55	81	10	38	Oltmanns.
GUYANE.	LATITUDE N.						
Cap Nassau.	5	37	»	61	7	15	Ducomm.
BRÉSIL.	LATITUDE S.						
Alcantara.	39	44	»	»	»	»	Antillon.
Tejuco.	18	11	»	44	50	»	Alcedo.
Victoria.	20	17	49	42	43	1	Roussin.
Villa-Rica.	20	26	»	28	10	»	Alcedo.
PÉROU.							
San-Felipe.	5	46	6	81	57	45	Humboldt.
Payta.	5	6	4	83	28	»	Duperrey.
Ambato.	1	54	»	80	45	»	Alcedo.
Arequipa.	15	45	»	76	51	15	Malespina.
Cañeta.	13	1	»	78	45	15	*Idem.*
Caxamarca.	7	8	38	80	56	30	Humboldt.
Cuzco.	13	42	»	73	26	»	Alcedo.
Huaca-Velica.	12	56	»	77	11	»	*Idem.*
Lambayeque.	6	41	51	»	»	»	Oltmanns.
Oaxaca.	16	54	»	»	»	»	Laguna.
Valladolid.	4	35	30	81	34	»	Alcedo.
Potosi.	19	47	»	69	42	»	*Idem.*
PARAGUAY.							
Assuncion.	25	16	50	60	1	»	*Corresp. astron.*
Atira.	25	16	45	59	34	»	Alcedo.
RÉPUBLIQUE ARGENTINE.							
Belen.	23	26	17	59	28	»	*Idem.*
Candelaria (ville ruinée). . . .	27	26	46	58	7	35	*Idem.*
CHILI.							
Chillan.	35	56	20	»	»	»	*Idem.*
Villa-Rica.	39	10	»	74	30	»	*Idem.*
TERRE-DE-FEU.							
Catherine (pointe).	51	41	»	70	45	75	Ducomm.
Christmas (Harbour)	55	21	54	72	7	30	Riddle.
Cap Negro.	54	31	»	75	37	»	Malespina.
Cap Pilares.	52	46	»	77	14	29	*Connaissance des Temps.*
Cap San-Diego.	32	89	30	119	13	30	Espinosa.

TABLEAUX STATISTIQUES *des Antilles.*

ILE DE SAINT-DOMINGUE ou RÉPUBLIQUE D'HAÏTI.

SUPERFICIE EN LIEUES.	POPULATION ABSOLUE.	POPULATION PAR LIEUE CARRÉE.
3,800.	1,000,000.	289.

DÉPARTEMENTS.	VILLES ET BOURGS.
DÉPARTEMENT DE L'OUEST.	PORT-RÉPUBLICAIN, La-Croix-des-Bouquets, l'Arcahaie, le Mirebalais, les Grands-Bois, le Petit-Goave, Jacmel.
DÉPARTEMENT DU SUD.	*Les Cayes*, Aquin, Miragoane, l'Hanse-d'Hairault, Cavaillons, Tiburon, Jérémie.
DÉPARTEMENT D'ARTIBONITE.	*Les Gonaïves*, Saint-Marc, Ennery, le Gros-Morne, Terre-Neuve.
DÉPARTEMENT DU NORD.	*Cap-Haïtien*, Liberté, autrefois *Fort-Dauphin*; Le Limbé, Le Borgne, Le Port-de-Paix, Jean-Rabel, Le Môle Saint-Nicolas, Plaisance, La Marmelade, La Ferrière, Dondon, Milot.
DÉPARTEMENT DU NORD-EST.	*Saint-Jacques* ou *Santiago*, Port-Plate, Monte-Christi, Banica, La Vega, Catuy, Altamira.
DÉPARTEMENT DU SUD-EST.	*Santo-Domingo* ou *Saint-Domingue*, Seybo, Higuey, Samana, Saint-Jean, Neyba, Azua, La-mate, Saint-Christophe.

DÉPENDANCES.

L'île de Gonave (département de l'Ouest).
L'île Tortue (département du Nord).
Les îles Alta-Vela, Beata et Saona (département du Sud-Est).

ARMÉE.

Troupes soldées. . . . . 40,000 hommes.
Gardes nationales. 113.000

MARINE.

Frégate, 1; bâtiments inférieurs, 5.

Revenus en francs.	Dépenses en francs.	Dette publique en francs.
17,000,000.	15,000,000.	150,000,000.

TABLEAU *des divisions administratives des Antilles anglaises.*

ILES ET GOUVERNEMENTS	VILLES ET BOURGS.
GOUVERNEMENT DES BAHAMA OU LUCAYES. . . . . Le groupe d'Acklin ou Crooked. Le groupe des Caïques. Le groupe des Turques.	*Nassau*, dans l'île *Providence*.
GOUVERNEMENT DE LA JAMAÏQUE. *Ile de la Jamaïque, divisée en 3 comtés* (Cornwall, Middlesex, Surry). . . . . Le groupe des îles Cayman.	*Spanishtown* (Sant-Iago-de-la-Vega), Kingston, Port-Royal, Montego-Bay, Port-Antonia, Falmouth, Savanna-la-Mar, Morants-Bay.

ÎLES ET GOUVERNEMENTS.	VILLES ET BOURGS.
GOUVERNEMENT DES LEEWARDS OU DES ÎLES SOUS LE VENT, formé par les îles suivantes:	
Antigoa.	*Johnstown*, English-Harbour.
Montserrat et *Nevis*	*Plymouth* et *Charlestown*, chefs-lieux respectifs.
Saint-Christophe ou *Saint-Kitts*.	*Basse-Terre*, Sandy-Point.
Barboude et *Anguilla*.	Aucun lieu remarquable.
Les Vierges anglaises. Les principales sont: *Tortola*, *Virgin-Gorda*, *Anegada* et *Jott-van-Dyke*.	
GOUVERNEMENT DE L'ÎLE DOMINIQUE, divisé en dix paroisses (Saint-André, Saint-David, Saint-George, Saint-Jean, Saint-Joseph, Saint-Luc, Saint-Marc, Saint-Patrice, Saint-Paul, Saint-Pierre.	*Roseau*, le Fort-Cashacrou.
GOUVERNEMENT DE L'ÎLE DE SAINTE-LUCIE. . . .	*Port-Castries* ou *Carenage*.
GOUVERNEMENT DE L'ÎLE SAINT-VINCENT.	*Kingston*, Caliacoua ou Tyrells-Bay.
GOUVERNEMENT DE L'ÎLE GRENADE.	*Georgetown*, autrefois nommée *Fort-Royal*.
Groupe des Grenadilles.	*Hillsborough*, dans l'île de *Cariacou*.
GOUVERNEMENT DE L'ÎLE BARBADE.	*Bridgetown*, Speighstown, dite aussi Petit-Bristol.
GOUVERNEMENT DE L'ÎLE TABAGO.	*Scarborough*.
GOUVERNEMENT DE L'ÎLE TRINITÉ..	*Spanishtown*, autrefois nommée *Puerto-España*, Saint-Joseph-d'Oruna, Charagaramus (*).

TABLEAU *de la population des Antilles anglaises en* 1831.

BLANCS et GENS DE COULEUR LIBRES.		ESCLAVES.		TOTAL PAR SEXE.		TOTAL GÉNÉRAL.	NAISSANCES.	MARIAGES.	DÉCÈS.
Hommes.	Femmes.	Hommes.	Femmes.	Hommes.	Femmes.				
ÎLES BAHAMA.									
3,368	3,863	4,727	4,830	8,095	8,693	16,788	604	79	228
JAMAÏQUE.									
45,000		162,726	168,391	?	?	376,119	?	?	?
ANTIGOA.									
1,500?	1,500?	14,953	14,886	?	?	32,849?	618	44	343
MONTSERRAT.									
467	677	2,859	3,350	3,326	4,027	7,353	233	7	33
NEVIS.									
800		4,574	4,685	?	?	10,059	?	?	?
SAINT-CHRISTOPHE.									
3,608		19,525		»	»	23,133	444	63	273
ÎLES VIERGES.									
787	986	2,498	2,894	3,285	3,880	7,165	129	18	60
						473,466			

(*) On trouvera la population des Antilles danoises, savoir: *Saint-Thomas*, *Saint-Jean* et *Sainte-Croix*, dans les Tableaux statistiques du Danemark, tom. II, p. 613. — *Saint-Barthélemy*, la seule Antille qui appartienne à la Suède, a été mentionnée t. II, p. 573. Sa population, évaluée à 16,000 individus, comprend 8 à 10,000 esclaves.

BLANCS et GENS DE COULEUR LIBRES. Hommes.	Femmes.	ESCLAVES. Hommes.	Femmes.	TOTAL PAR SEXE. Hommes.	Femmes.	TOTAL GÉNÉRAL.	NAISSANCES.	MARIAGES.	DÉCÈS.
			Report.			473,466			
				DOMINIQUE.					
2,120	2,538	6,859	7,373	8,979	9,911	18,890	547	106	179
				SAINTE-LUCIE.					
1,690	1,838	5,242	6,129	6,932	7,967	14,899	451	19	430
				SAINT-VINCENT.					
2,000?		11,583	12,006	?	?	2,589?	704	405	94
				GRENADE.					
2,210	2,758	11,386	12,085	13,593	14,843	28,436	667	?	910
				BARBADE.					
9,985		37,691	44,211	?	?	91,887	?	?	?
				TABAGO.					
728	752	5,545	6,414	6,273	7,166	13,439	308	3	611
				TRINITÉ.					
10,014	10,413	10,666	10,656	20,680	21,069	41,749	752	81	1,194
		Total général de la population en 1831. . .				685,355			

TABLEAU *du revenu, des dépenses et du commerce des Antilles anglaises.*

NOMS DES ÎLES.	REVENUS.	DÉPENSES.	IMPORTATIONS.	EXPORTATIONS.
	l. st.	l. st.	l. st.	l. st.
ILES BAHAMA.	22,399	46,333	91,561	74,068
— JAMAÏQUE.	?	?		?
— ANTIGOA.	16,007	15,708	?	294,645
— MONTSERRAT.	?	?	17,781	29,729
— NEVIS.	2,816	3,698	?	?
— SAINT-CHRISTOPHE.	8,746	6,897	59,518	149,559
— VIERGES	698	1,225	?	?
— DOMINIQUE.	20,014	28,765	81,835	118,761
— SAINTE-LUCIE.	9,452	10,143	64,878	83,003
— SAINT-VINCENT.	15,887	14,846	91,171	338,044
— GRENADE.	12,513	13,349	79,000	218,350
— BARBADE.	16,349	18,565	369,120	776,694
— TABAGO.	9,992	7,573	117,241	160,290
— TRINITÉ.	34,993	42,527	300,567	244,392

TABLEAU *du nombre d'esclaves émancipés dans les Antilles anglaises au 20 juillet 1838.*

NOMS DES ÎLES.	ÉPOQUES DE L'ÉMANCIPATION.	NOMBRE D'ESCLAVES émancipés.
ILES BAHAMA. . . .	1838 — 16 juillet.	9,000
— JAMAÏQUE. . . .	*Id.* — 1er août. .	320,000
— ANTIGOA. . . .	1834 — décembre	30,000
— MONTSERRAT. . .	1838 — 31 mai. .	6,000
— NEVIS.	*Id.* — *idem.* .	9,000
— SAINT-CHRISTOPHE	*Id.* — juin. . .	18,000
— VIERGES. . . .	? —	5,000
— DOMINIQUE. . .	? —	14,000
— SAINTE-LUCIE. .	1838 — *idem.* .	13,000
— SAINT-VINCENT. .	*Id.* — *idem.* .	22,000
— GRENADE. . . .	*Id.* — juillet. .	24,000
— BARBADE. . . .	*Id.* — juin. . .	82,000
— TABAGO. . . .	*Id.* — *idem.* .	13,000
— TRINITÉ. . . .	*Id.* — juillet. .	23,000
		588,000

TABLEAU STATISTIQUE *des Antilles espagnoles.*

CUBA (¹).

SUPERFICIE EN LIEUES.	POPULATION EN 1830.	POPULATION PAR LIEUE CARRÉE.
6,970.	704,487.	101.

Composition de la population.

Hommes. . .	403,905	Blancs.	311,394
Femmes. . .	300,582	Libres de couleur.	106,492
		Esclaves. . . .	286,601

VILLES.

DÉPARTEMENT OCCIDENTAL. . — HAVANA (la Havane), 112,000 hab. — Béjucal, 1,800 hab. — Cano, 1,000 h. — Guanajay, 2,000 hab. — Guanabacoa. 4,000 hab. — Guines, 2,600 h. — Jesus-del-Monte, 2,000 hab. — Madraga, 1,000 h. — Matanzas, 13,000 h. — Santa-Maria-del-Rosario, 1,000 h. — Villa de San-Antonio, 3,000 hab.

DÉPARTEMENT DU CENTRE. . — *Puerto Principe*, 50,000 hab. — Trinidad ou Ciudad-Maritima-de-Trinidad, 12,000 h. — Villa-de-Santa-Clara, 9,000 h. — Villa-de-San-Juan-de-los-Remedios, 5,000 h.

DÉPARTEMENT ORIENTAL. . — *Santiago-de-Cuba*, 20,000 hab. — Baracoa, 3,000 h. — Canto-del-Embarcadero, 4,000 hab. — Higuany, 2,000 hab. — Holguin, 7,000 h. — Manzanillo, 3,000 h. — San-Geronimo-de-los-Tunas, 2,000 hab. — Villa-de-Bayamo, 7,000 h.

(¹) Ces renseignements sont empruntés à la statistique de Cuba, par M. *Ramon de la Sagra*.

DÉPENDANCES DE CUBA.

L'île de Pinos, où est établie la colonie de la *Reina-Amalia*.

Nombre de navires qui ont fréquenté le port de Cuba.

VALEUR DES CHARGEMENTS.

NAVIRES.		TOTAL.	VALEUR EN PIASTRES DES MARCHANDISES.	
NATIONAUX.	ÉTRANGERS.		IMPORTATIONS.	EXPORTATIONS.
520.	2,778.	3,298.	17,336,190.	14,206,753.

Revenus. . . . . 8,553,895 p.
Dépenses. . . . . 9,140,559 p.

ARMÉE.

Troupes soldées. . . .	16 bataillons. 2 escadrons.
Milice.	11 bataillons. 14 escadrons.

MARINE.

1 vaisseau de ligne.
3 frégates.
2 corvettes.
7 brigantins et goëlettes.

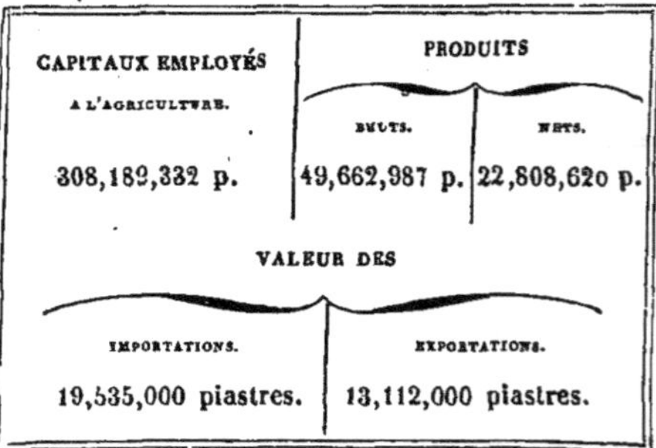

CAPITAUX EMPLOYÉS À L'AGRICULTURE.	PRODUITS BRUTS.	PRODUITS NETS.
308,189,332 p.	49,662,987 p.	22,808,620 p.

VALEUR DES IMPORTATIONS.	VALEUR DES EXPORTATIONS.
19,535,000 piastres.	13,112,000 piastres.

ILE DE PORTO-RICO.

SUPERFICIE EN LIEUES.	POPULATION EN 1840.	POPULATION PAR LIEUE CARRÉE.
530.	400,000.	754.

POPULATION PAR CLASSES D'HABITANTS.

Blancs.	Mulâtres.	Esclaves.
200,000.	155,000.	45,000.

ANIMAUX.

34,283 vaches.	212 ânes.
3,491 moutons.	134,505 poules.
17,184 juments.	8,131 jeunes taureaux.
16,116 porcs.	15,266 chevaux.
16,683 bœufs.	682 mulets.
14,019 chèvres.	6,046 paons.

HABITATIONS ET ÉTABLISSEMENTS INDUSTRIELS.

Maisons, 12,062. — Cabanes, 19,648. — Moulins à sucre, 1,339. — Moulins à épurer le café, 110. — Alambics, 293. — Fours à chaux, 31. — Fours a briques, 72.

VILLES.

San-Juan-de-Porto-Rico. — Arecive. — Coamo. — Cabo-Roxo. — Guyama. — Mayaguez. — Ponce. — San-German.

PRINCIPAUX PRODUITS DU SOL.

365,500 quintaux de sucre; 51,300 *id.* de riz; 13,300 *id.* de tabac; 12,500 *id.* de coton; 6,236,800 cuastelles de mélasse; 37,700 fourgas de maïs.

ILES VIERGES.

Grand-Passage. — Petit-Passage. — Colubra (Serpent). — Biéque (Boriquem). Crabe ou Krabben.

TABLEAU *des Antilles françaises en* 1836.

ILES.

MARTINIQUE.

POPULATION PAR CLASSE D'HABITANTS.

LIBRES.			ESCLAVES.			TOTAL GÉNÉRAL.
Hommes.	Femmes.	Total.	Hommes	Femmes.	Total.	
17,994.	22,049.	40,043.	36,529.	40,930.	77,459.	117,502.

ARRONDISSEMENTS.	CHEFS-LIEUX.	BOURGS ET VILLAGES.
Le Fort-Royal.	FORT-ROYAL.	Lamantin; Ances d'Arcet.
Le Marin.	*Le Marin.*	Le Vauclain.
Saint-Pierre.	*Saint-Pierre.*	Le Carbet; Le Prêcheur.
La Trinité.	*La Trinité.*	Le Français; le Robert.

VALEUR DES

Importations.	Exportations.
19,480,600 fr.	18,485,200 fr.

GUADELOUPE.

Marie-Galante.
La Désirade.
Le groupe des Saintes.
Saint-Martin.

POPULATION PAR CLASSE D'HABITANTS.

LIBRES.			ESCLAVES.			TOTAL GÉNÉRAL.
Hommes.	Femmes.	Total.	Hommes.	Femmes.	Total.	
15,007.	17,042.	32,059.	46,034.	49,575.	95,609.	127,668.

VILLES.

Basse-Terre. — La Pointe-à-Pitre. — Port-Louis (île Guadeloupe). — Le Grand-Bourg ou Marigot (île Marie-Galante). Marigot (île Saint-Martin).

VALEUR DES

Importations.	Exportations.
11,753,997 fr.	16,544,171 fr.

TABLEAU *de la population des Antilles hollandaises.*

ÎLES ET GOUVERNEMENTS.	POPULATION DES ÎLES.	POPULATION DES GOUVERNEMENTS.	CHEFS-LIEUX
GOUVERNEMENT DE CURAÇAO. . . .	40,000	. . . . . .	*Willemstadt* (île Curaçao).
Iles Aruba.	»	40,200	
Iles Aves.	»		
Ile Buen-Ayre ou Bon-Air. . .	200		
GOUVERNEMENT DE SAINT-EUSTACHE.	15,000	. . . . . .	*Saint-Eustache.*
Ile de Saba.	2,000	21,000	
Ile Saint-Martin (partie méridionale).	4,000		
Population des Antilles hollandaises. . .		61,200	

OCÉANIE.

LIVRE CENT QUATRE-VINGT-DIX-SEPTIÈME.

Description de l'Océanie. — Nouvelle partie du Monde comprenant les terres situées dans le grand Océan, entre l'Afrique, l'Asie et l'Amérique. — Considérations générales.

« Quittons les deux continents dont nous avons passé en revue les peuples, les cités et les empires. Un autre monde, ou plutôt les superbes débris d'un monde écroulé, nous attendent au milieu du grand Océan. Au sein des flots, sur une ligne de 3.000 lieues, s'étend un labyrinthe d'îles, un immense archipel, au milieu duquel nous distinguons une vingtaine de grandes terres, dont la principale semble presque égaler l'Europe en étendue.

» Ces terres présentent de toutes parts des scènes propres à émouvoir l'imagination la plus froide. Que de nations encore novices! que de grandes carrières ouvertes à l'activité commerciale! que de productions précieuses déjà conquises par notre luxe insatiable! que de trésors encore cachés aux regards de la science! que de golfes, de ports, de détroits, de hautes montagnes et d'agréables plaines! quelle magnificence, quelle solitude, quelle originalité et quelle variété! Ici le zoophyte, habitant immobile d'une mer pacifique, crée par l'accumulation de ses dépouilles une enceinte de rochers calcaires autour du banc qui le vit naître. Bientôt les oiseaux, les vents y apportent quelques graines de semence; bientôt le jeune palmier balance sa tête verdoyante au-dessus des flots. Chaque bas-fond devient une île, et chaque île devient un jardin. Plus loin c'est un sombre volcan que nous voyons dominer sur la fertile contrée produite par la lave qu'il a vomie; une rapide et superbe végétation brille à côté d'un amas de cendres et de scories. Des terres plus étendues nous présentent des scènes plus vastes: tantôt c'est le basalte qui s'élève majestueusement en colonnes prismatiques ou couvre au loin le rivage solitaire de ses débris pittoresques; tantôt les énormes pics granitiques s'élancent avec audace vers la nue, tandis que, suspendue sur leurs flancs, la sombre forêt de pins nuance tristement l'immense vide de ces déserts. Plus loin, une côte basse, couverte de palétuviers et de mangliers, s'abaissant peu à peu sous la surface des eaux, s'étend au loin en perfides bas-fonds, au milieu desquels les flots mugissants couvrent les noirs rochers de leur écume cristalline. A ces sublimes horreurs quelle scène ravissante succède tout-à-coup! Une nouvelle Cythère sort du sein de l'onde enchantée: un amphithéâtre de verdure s'élève devant nous; des bosquets touffus mêlent leur feuillage sombre au clair émail des prairies; un éternel printemps, un automne éternel, y font éclore les fleurs et mûrir les fruits les uns à côté des autres; un parfum doux et exquis embaume l'atmosphère, qui est constamment rafraîchie par les souffles salubres de la mer; mille ruisseaux bondissent de coteaux en coteaux; leur murmure plaintif se mêle aux joyeux concerts des oiseaux qui animent les bocages. Sous l'ombre des cocotiers se montrent des cabanes riantes et modestes; la feuille de bananier les couvre, la guirlande de jasmin les enlace. C'est là que les hommes, s'ils pouvaient se dépouiller de leurs vices, mèneraient une vie exempte de troubles et de besoins; le pain leur croît sur ces mêmes arbres qui ombragent leurs gazons, qui protègent leurs danses et qui prêtent un asile à leurs amours. Leurs barques légères se jouent tranquillement dans ces lagunes protégées par un récif de corail, et qui, semblables à un vaste port, entourent l'île entière ; jamais les vents courroucés n'osent agiter la surface azurée de cette mer prisonnière.

» Ce fut ici que l'on chercha long-temps ces *Terres Australes* qu'on crut devoir égaler en étendue l'ancien continent ; et lorsque des voyages multipliés eurent dissipé cette illusion, ce fut encore ici que les géographes reconnurent une *cinquième partie du monde*.

» En effet, ou il fallait se décider à ne voir même dans la Nouvelle-Hollande et la Nouvelle-Zélande qu'un appendice de l'Asie, ou il fallait créer une nouvelle division qui renfermât ces vastes terres. Une fois la nécessité de cette division admise, on a eu tort de ne pas en déterminer la circonscription d'après des principes purement scientifiques. Pourquoi voulut-on couper en deux ce grand archipel qui, vu sur le globe terrestre, présente un ensemble si frappant? Pourquoi voulut-on chercher entre les îles Moluques et les îles des Papous une ligne de démarcation que la nature n'y a point tracée! Le nom d'*Asie* n'a été donné par les anciens qu'au continent qui le porte; les îles de Soumâtra, de Java, de Bornéo, découvertes par les modernes, n'ont été attribuées à l'Asie que parce qu'on ignorait l'étendue de l'archipel dont elles font partie. Pourquoi ne restreindrions-nous pas cette acception dans les limites marquées par la nature?

» La *mer de Chine* sépare l'Asie des terres du grand Océan, comme la Méditerranée sépare l'Afrique de l'Europe. A l'ouest nous continuons cette limite par le détroit de Malacca, et tournant ensuite autour de la pointe septentrionale de Soumâtra, et même, comme l'a proposé depuis un voyageur français [1], tournant autour de la plus septentrionale des îles Andaman, nous cherchons le point où le 90e méridien à l'est de Paris coupe le 15e parallèle au nord de l'équateur. Dans tout l'hémisphère austral, ce méridien sépare convenablement les parages de la Nouvelle-Hollande de ceux de Madagascar et d'Afrique ; les îles d'Amsterdam et Saint-Paul restent à l'archipel de l'océan Indien.

» En sortant de la mer de Chine au nord, le canal entre Formose et les Philippines, comme étant le plus large, marque la limite naturelle. De là nous tirons une ligne qui, en suivant la partie de la mer la plus libre d'îlots, circonscrit les parages du Japon à 100 et à 150 lieues de distance, et arrive au point d'intersection du 40e parallèle avec le 145e méridien. A partir d'ici nous séparons les parages de l'Amérique septentrionale de ceux de l'archipel océanique par la plus courte ligne que l'on puisse tracer du point qu'on vient de nommer au point d'intersection du 110e méridien et de l'équateur. Ce même méridien servira de limite dans tout l'hémisphère central. Au sud de l'équateur, la limite générale sera le 55e degré de latitude.

» La cinquième partie du monde ainsi déterminée se trouve située tout entière dans le grand Océan, dans l'Océan par excellence. Ce caractère essentiel ne lui est commun avec aucune autre division du globe ; ce caractère donne une physionomie particulière à sa géographie, à son histoire naturelle, à son histoire civile. Il doit donc déterminer le nom de la nouvelle partie du monde. Elle s'appellera *Océanie* ; ses habitants seront nommés *Océaniens* [1].

» Ces noms doivent effacer les dénominations insignifiantes ou inexactes d'*Austral-Asie*, de *Notasie*, d'*Indes-Australes* et d'*Australie*. Qu'est-ce qu'il y a d'asiatique dans la Nouvelle-Hollande? Faudra-t-il bientôt appeler l'Afrique *Occidental-Asie*, nom aussi correctement composé que celui d'Austral-Asie? Et pourquoi perpétuer le souvenir des Terres-Australes dans le nom d'une partie du monde qui n'est pas exclusivement située dans l'hémisphère austral? L'heureuse dénomination de *Polynésie* sera conservée à la sous-division de l'Océanie à laquelle on l'a spécialement appliquée.

» Pour étudier les détails de ce vaste tableau, nous allons le décomposer en plusieurs groupes ou divisions. Dans cette classification nous chercherons à concilier les principes rigoureux de la géographie naturelle avec la routine des géographes vulgaires. »

Diverses divisions ont été proposées dans cette vaste partie du monde. L'auteur de cet ouvrage l'a divisée en trois parties qui, après quelques modifications faites par M. Walc-

[1] M. *G. Domeny de Rienzi*, auteur de la Description de l'Océanie, dans l'ouvrage intitulé : l'*Univers pittoresque*.

[1] *Malte-Brun* avait proposé le nom d'*Océanique* ; mais celui d'Océanie a été généralement adopté.

kenaer, ont obtenu l'assentiment de la plupart des géographes.

Ainsi la *Notasie* désigna les îles que l'on avait coutume d'appeler *grand archipel d'Asie, archipel Indien, archipel d'Orient*, et dans lequel on comprenait les îles Philippines, les Moluques, Célèbes, Bornéo, Sumâtra, ou plutôt Soumâtra, Java; en un mot, toute la chaîne que l'on appelle les îles de la Sonde. Mais le nom de Notasie, qui signifie *Asie méridionale*, ne convenait point à cette division : M. Lesson, qui a visité ces archipels, et qui a reconnu que toutes les côtes des grandes îles sont peuplées de Malais, a proposé avec raison un nom plus exact, en appelant cette division *Malaisie*. C'est l'*Océanie occidentale.*

On avait aussi appelé Notasie la *Nouvelle-Hollande*, que plusieurs navigateurs désignaient sous le nom de *continent austral;* mais on proposa celui d'*Australie*, que plusieurs géographes ont adopté. Cette division comprend l'*Océanie centrale.*

« C'est autour de cette immense île que nous voyons rangés la Nouvelle-Guinée, la Nouvelle-Bretagne, la Nouvelle-Irlande, les archipels de Salomon, de la Louisiane, du Saint-Esprit, la Nouvelle-Calédonie et la Nouvelle-Zélande, et la terre de Diemen. Cette partie centrale de l'Océanie (qu'il faudra peut-être encore sous-diviser en deux régions), suivant l'opinion de l'auteur de cet ouvrage, renferme les contrées les moins connues et les restes les plus considérables de la race des *nègres océaniens*, qui paraît être originaire de cette partie du monde.

» Enfin, une troisième section, proposée aussi par l'auteur de ce *Précis*, comprend la partie orientale de l'Océanie, ou ces innombrables petites îles qui couvrent l'océan Pacifique, depuis les Mariannes jusqu'à l'île de Pâques et jusqu'à Owaïhi. C'est à ces dernières terres que le savant président de Brosses a appliqué le nom de *Polynésie* (1), que, deux siècles auparavant, les Portugais Jean de Barros (2) et Diego Couto (3) avaient donné aux îles Moluques, Philippines et autres, situées à l'est de Java. » Cette division comprend l'*Océanie occidentale.*

(1) *De Brosses*, Hist. des Navig. aux Terres-Australes, I, p. 80. — (2) *Barros*, Asia, Dec. I, t. I, p. 147. — (3) *D. Couto*, Asia contin.. t. III, p. 139.

Si la division appelée Malaisie a été adoptée sans restrictions par les géographes, il n'en est pas de même des deux autres : MM. Dumont d'Urville et de Rienzi y ont apporté des modifications plus ou moins importantes. Ainsi l'Australie, par la raison qu'elle est peuplée d'une race d'hommes noirs, a reçu de ces voyageurs le nom de *Mélanésie;* mais M. de Rienzi en a distrait le groupe des îles de la Nouvelle-Zélande pour le porter dans la Polynésie, qu'il a partagée en deux divisions, de manière que la partie située au nord de la Mélanésie et à l'est de la Malaisie jusqu'au 168e méridien, n'étant composée que de petites îles, a reçu le nom de *Micronésie*. Tout le reste conserve celui de Polynésie. Il résulte de là que l'Océanie est composée de quatre parties : la *Malaisie* ou Océanie occidentale, la *Mélanésie* ou Océanie centrale, la *Micronésie* ou Océanie septentrionale, et la *Polynésie* ou Océanie orientale.

« La nature a tracé d'une main puissante la physionomie particulière de cette partie du monde. D'abord la surface du globe n'est nulle part plus hérissée d'inégalités; nulle part aussi, excepté en Amérique, les chaînes de montagnes n'ont une direction si marquée du nord au sud, une *polarité* aussi frappante. En même temps ces chaînes offrent généralement, vers le milieu, une grande courbure dirigée de l'ouest à l'est. La mieux marquée de ces chaînes est celle que forment les îles Mariannes, les îles Carolines, les îles Mulgraves, et qui, probablement par l'île de Saint-Augustin et quelques autres anneaux isolés, se joint à l'archipel des Navigateurs ou à celui des îles des Amis. La direction générale est du nord-ouest au sud-est. Même dans les îles Carolines, où cette chaîne polynésienne se tourne droit à l'est, les chaînons particuliers paraissent se diriger du nord au sud Une autre grande chaîne se montre dans l'île Luçon, qui est la plus grande des Philippines; elle passe par l'île Palaouan dans celle de Bornéo. La direction de cette branche bien connue est du nord-est au sud-ouest. Elle circonscrit d'un côté le bassin de la *mer de Chine*. Plus à l'est, la régularité de la chaîne semble disparaître, ou, pour parler plus exactement, un grand nombre de chaînes peu étendues s'y réunissent en groupes d'une structure variée. Les chaînes de Célèbes et de

Gilolo sont très marquées, mais une chaîne plus longue et plus haute traverse la Nouvelle-Guinée; elle renferme des sommets couverts de neiges éternelles. Dans la Nouvelle-Galles méridionale, la longue série des *montagnes Bleues* ne se termine que dans la Terre de Diemen, au cap du Sud et au cap Pillar, immenses masses de basaltes qui donnent une haute idée de cette *cordillère de l'Océanie centrale*. La quatrième grande chaîne commence aux îles Andaman et de Nicobar; elle forme ensuite les îles de Soumâtra, de Java, de Timor et autres; elle se dirige en forme d'arc du nord-ouest au sud-est, ensuite droit à l'est; mais elle passe probablement à la Nouvelle-Hollande par le cap Diemen, et là elle ne peut guère avoir une autre direction que celle du nord au sud.

» Presque tous les archipels de l'Océanie orientale sont dirigés du nord au sud; la Nouvelle-Zélande, la Nouvelle-Calédonie, les Nouvelles-Hebrides, forment des chaînes très marquées. Celle des îles Salomon, courbée du sud-est au nord-ouest, est continuée par la Nouvelle-Irlande et la Nouvelle-Hanovre. Souvent aussi chaque petite chaîne est terminée par une île plus grande que les autres. Ainsi les îles d'Otaïti, d'Owaïhi et la Terre du Saint-Esprit, se présentent à la tête d'une suite de moindres îles, comme dans les opérations chimiques on voit un grand cristal suivi d'une série de moindres. Ces deux principes auraient pu servir à hâter les progrès des découvertes, et surtout à compléter la reconnaissance de chaque archipel. En remarquant avec soin la direction d'une chaîne, on eût été à peu près sûr de découvrir des îles; et encore aujourd'hui, nous engageons les navigateurs à faire attention à un principe qui peut les mettre en garde contre les immenses récifs qui probablement suivent la direction des chaînes sous-marines.

» Parmi ces milliers d'îles, les unes s'élancent à une hauteur considérable en présentant la plupart du temps une forme régulièrement conique; il s'y trouve quantité de basalte, selon *Forster*, et les centres de ces montagnes présentent souvent de grands entonnoirs, et d'autres fois des lacs ronds, que l'on peut prendre pour d'anciens cratères. Quoique la présence des véritables substances volcaniques n'ait pas partout reçu des témoignages suffisants, on connaît déjà dans l'Océanie au moins 174 volcans brûlants (1). Les navigateurs en parlent tantôt avec effroi et tantôt avec admiration. Ici, comme dans les îles de Schouten, près la Nouvelle-Guinée, les flammes et la fumée s'élevaient tranquillement au-dessus d'une terre fertile et riante; là, comme dans la partie nord des îles Mariannes, d'affreux torrents de lave noire attristaient le rivage. Le volcan de Gilolo sauta en l'air, l'an 1673, avec une telle violence, que toutes les Moluques en tremblèrent; les cendres furent transportées jusqu'à Magindanao, et les vaisseaux naviguèrent plus lentement dans une mer couverte de scories et de pierres ponces. »

On peut dire que presque toutes les îles de l'Océanie sont d'une origine volcanique; les unes sont dominées par des cratères depuis long-temps refroidis, tandis que d'autres sont fréquemment ravagées par des torrents de laves. Les plus grandes montrent des basaltes placés sur des calcaires anciens ou sur des plateaux granitiques, tandis que plus loin un cratère menaçant vomit la flamme et la fumée. Ainsi, Bornéo offre une série de volcans éteints et des montagnes granitiques célèbres par la beauté des cristaux de roche que l'on y trouve; ainsi Célèbes renferme et des volcans actifs et d'autres éteints depuis long-temps, des montagnes où l'on trouve le granit, et d'autres roches anciennes au milieu desquelles l'or se montre en riches filons ou disséminé dans des terrains d'alluvions. Luçon, Mindanao, et la plupart des autres Philippines, présentent la même constitution physique et la même richesse.

Les îles de *la Sonde*, plus connues, offrent

(1) Notre savant ami *Alb. Montémont*, dans l'Introduction aux Voyages dans l'Océanie, prétend que cette partie du monde renferme plus de 550 volcans; mais ce nombre est évidemment exagéré, même en y comprenant les volcans éteints.

M. *Arago*, dans la liste qu'il a publiée en 1824, en portait le nombre à 52.

M. *J. Girardin*, professeur de chimie à Rouen, dans ses *Considérations générales sur les volcans*, en annonce 108.

M. *Domeny de Rienzi*, dans sa *Description de l'Océanie*, n'en compte que 63.

Mais nous qui avons publié dans l'*Encyclopédie méthodique* un travail spécial sur les volcans, et qui avons compulsé toutes les relations des voyageurs, nous ne croyons pas être loin de la vérité en en portant le nombre à 174. J. H.

une nature de terrains plus variée ; à Soumâtra on trouve les diverses séries de formations, depuis le granit jusqu'au calcaire oolithique, et depuis ce calcaire ancien jusqu'à la craie et jusqu'aux terrains de sédiment supérieurs. Les basaltes, les roches trappéennes, les ponces, les obsidiennes, annoncent des volcans qui ont précédé ceux qui y brûlent encore. A Java, les *montagnes Bleues* élèvent leurs sommets granitiques jusqu'à la hauteur de 12,000 pieds ; leurs flancs recèlent l'or et l'émeraude, et leurs terrains d'alluvion sont mêlés de rubis et de diamants. Le trachyte et le basalte y annoncent aussi d'anciens volcans, tandis que, parmi ses nombreux volcans modernes, il n'en est qu'un petit nombre qui rejette des laves. Banca, riche en métaux précieux, est surtout célèbre par la qualité de son étain. Sur la base des montagnes volcaniques de Bali s'étendent des terrains d'alluvion aurifères. A Timor et à Vaïgiou, tous les terrains reposent sur des schistes. La première de ces îles renferme des mines d'or et de cuivre. Le calcaire en couches horizontales forme la base de l'île de Boni.

La Nouvelle-Guinée paraît être composée de roches et de terrains analogues à ceux des îles précédentes. La Nouvelle-Hollande offre dans sa vaste étendue des terrains et des montagnes de toutes natures, ainsi que l'attestent et les granits que l'on y a observés et les houillères que l'on dit y exister. Des murailles de grès s'appuient sur ces granits ; le fer, le cuivre, y sont abondants, mais les roches calcaires y paraissent être d'une extrême rareté, quoiqu'on ait observé sur le granit de ses côtes un immense dépôt de terrains de sédiment supérieurs. De nombreux volcans éteints attestent l'influence que les feux souterrains ont dû avoir sur le relief de ce petit continent. C'est à leur présence qu'il faut attribuer l'abondance des bois fossiles à l'état de lignites ; mais ce que la Nouvelle-Hollande offre de plus remarquable, c'est que le seul volcan actif qu'on y ait observé ne présente ni lave ni cratère, quoiqu'il lance continuellement des flammes ; c'est en quelque sorte une salse gigantesque, un *pseudo-volcan*, comme si les volcans mêmes devaient offrir sur cette terre les anomalies que présentent le règne végétal et le règne animal.

Quant aux autres îles, principalement celles de la Polynésie, on peut les caractériser d'une manière générale en disant qu'elles paraissent être des montagnes soulevées du sein de l'Océan par l'action de la force volcanique. Elles sont hautes vers le milieu, très souvent stériles dans cette partie, tantôt régulièrement coniques, tantôt crevassées et déchirées. Cependant quelques unes de celles-ci offrent d'autres substances que des produits ignés ; le calcaire entoure les pitons volcaniques des îles Mariannes, et les Pelew ou Palaos ont pour base des grès et d'autres roches.

« Les îles basses paraissent toutes avoir pour base un récif de rochers de corail, ordinairement disposé en forme circulaire ; l'espace du milieu est souvent rempli par une lagune ; le sable est mêlé de corail brisé et d'autres substances marines. Il paraît donc hors de doute que ces îles ont été formées originairement par ces rochers de corail, dont les polypes sont les habitants, et, selon quelques uns, les créateurs ; ensuite agrandies et élevées par la lente accumulation des matières légères que la mer y a dû rejeter. Mais il est très remarquable que, parmi les îles ainsi constituées, il y en a qui sont presque au niveau de la mer, tandis que d'autres s'élèvent à une hauteur de quelques centaines de pieds, comme par exemple *Tongatabou*. On trouve à leur sommet des rochers de corail aussi troués que ceux qui sont sur le bord de la mer. Or, les madrépores, les millepores, les tubipores, qui élèvent ces édifices sous-marins (car le vrai polype à corail ne s'y trouve pas), naissent, à ce qu'on assure, au-dessus de la dépouille desséchée et durcie de leurs prédécesseurs morts. Ils ne peuvent vivre au-dessus du niveau de la mer. Cette circonstance semble évidemment prouver que la mer a autrefois baigné ces rochers, et les a peu à peu laissés à sec, » et que les îles qui présentent une telle disposition ont dû être soulevées au-dessus des flots, comme on vit l'île Julia s'élever, en 1831, au sein de la Méditerranée.

Deux de nos savants qui ont déjà fait plusieurs fois le tour du monde, et qui ont parcouru l'*Océanie* en différents sens [1], ont reconnu l'exagération de Forster, de Péron et

[1] MM. *Quoy* et *Gaimard*. Voyez leur Mémoire sur l'accroissement des polypes-lithophytes ; *Annales des Sciences naturelles*, t. VI.

d'autres voyageurs, lorsqu'ils supposent que, depuis les profondeurs immenses de l'Océan jusqu'au-dessus de son niveau, les zoophytes ont créé les îles de madrépores ou de coraux qui sont les moins élevées de l'Océanie, et même quelques unes de celles qui atteignent une grande élévation. Ces petits animaux constructeurs, dont les édifices calcaires s'élèvent en éventails, se ramifient en arbres ou s'arrondissent en boules, et dont le corps réfléchit les plus belles nuances de rouge, de jaune, de violet et de bleu, n'établissent jamais leur demeure à une grande profondeur, parce qu'ils ne sont pas susceptibles de supporter une grande pression; parce qu'ils recherchent la lumière bienfaisante du soleil, lumière qui n'a plus assez d'action à la profondeur de 1,000 ou 1,200 pieds, où il faudrait supposer qu'ils peuvent s'établir; tandis qu'il est évident, ainsi que l'ont observé les deux naturalistes que nous citons, qu'ils ne s'établissent jamais qu'à quelques brasses de profondeur. Ainsi, il est donc certain que les zoophytes fixent leur habitation, non pas sur le fond sableux de l'Océan, mais sur les hauts-fonds qui s'élèvent jusqu'à une petite distance de sa superficie. Les madrépores que l'on a trouvés à une grande hauteur dans quelques îles sont simplement des madrépores fossiles que l'on a confondus avec ceux que forment les zoophytes qui construisent autour des îles des récifs dangereux.

» Les récifs des polypiers rendent la navigation de cet Océan extrêmement dangereuse. Il y a des parages où quelques uns de ces édifices atteignent la surface de l'eau, tandis que d'autres restent cachés sous les flots, souvent seulement à la profondeur de quelques pieds. Malheureux le navigateur qui s'égare au milieu des flèches aiguës de cette cité sous-marine! Malheureux encore celui que le calme surprend, et dont les courants entraînent le navire au milieu de ces récifs, où les flots mugissants se brisent en écume! Le sage Cook lui-même ne put ni prévoir ni éviter ces sortes de dangers [1]. Par un hasard heureux et unique, la pointe de rocher qui avait pénétré dans son vaisseau se brisa, et étant restée comme soudée dans le navire, empêcha les flots d'y entrer.

» Les récifs souvent s'étendent d'île en île; les habitants de l'île Disappointment et ceux du groupe de Duff se rendent des visites en passant sur un très long récif; on dirait, en les voyant marcher, qu'un régiment défile sur la plaine de l'Océan. On trouve sur les récifs couverts d'eau d'immenses réunions de mollusques et de coquillages; les moules de toute espèce, les huîtres, ou plus exactement pintadines à perles, les pinnes-marines, les étoiles de mer, les méduses s'y rassemblent par millions [1].

» Une partie du monde ainsi constituée doit offrir une infinité de détroits. Qui pourrait les énumérer tous? Le *détroit de la Sonde*, proprement de *Sunda*, est l'entrée principale de la mer de Chine. L'Asie est séparée de l'Océanie, et spécialement de Soumâtra, par le long *détroit de Malacca*. Le *détroit de Banca* est entre cette île et Soumâtra; au nord, le large canal entre l'île de Formose et les Philippines reste encore sans un nom particulier. A l'est de Java on distingue, parmi une foule d'autres, le *détroit de Bali;* il ouvre aux vaisseaux destinés à la Chine une route qui a ses avantages sur celle de la Sonde. Le *détroit de Lombock* est entre cette île et Bali; celui de *Mangaray* est entre les îles Kombo et Florès. Le *détroit de Macassar* sépare Bornéo de Célèbes. A l'est de cette dernière île s'ouvre le grand *passage des Moluques*. La navigation a donné quelque célébrité aux détroits voisins de la Nouvelle-Guinée. Ceux de *Dampier* et de *Bougainville* ouvrent des passages très utiles aux navigateurs. Un détroit plus important sépare la Nouvelle-Guinée (Papouasie) de la Nouvelle-Hollande (Australie); il porte le nom de *Torres*, qui en a fait la découverte, long-temps méconnue; le canal le plus méridional trouvé par Cook s'appelle le *détroit de l'Endeavour*. Au sud de la Nouvelle-Hollande, et au nord de la Terre de Diemen, le large *détroit de Bass* présente un des passages les plus importants entre le grand Océan proprement dit et l'océan Indien, qui en est un immense golfe. Le *détroit de Cook* sépare les deux îles de la Nouvelle-Zélande.

» Plusieurs parties de l'Océan prennent des dénominations particulières d'après les pays qu'elles baignent; ainsi l'on distingue la *mer de Chine*, véritable Méditerranée, la *mer de*

(1) *Forster*. Opuscules, p. 52 et 253 (en allem.)

(1) *Martyn's*. Figures of shells collected in the southsea. Lond.. 1784.

Célèbes, le golfe de *Carpentarie*. Les anciennes cartes donnent aux eaux qui séparent les îles de Java et de Timor des terres de la Nouvelle-Hollande, le nom de *mer de Lanchidol*, probablement composé de deux mots malais, *laout*, mer, et *kidor*, sud. Flinders a proposé de donner aux eaux comprises entre la Nouvelle-Calédonie, les îles Salomon, la Nouvelle-Guinée et la Nouvelle-Hollande, le nom de *mer de Corail*. »

La *mer de Java*, qui communique à la mer de Chine, est comprise entre Bornéo, Soumâtra et Java. Celle *de la Sonde*, qui communique par le détroit de Macassar avec celle de Célèbes, est entre Java, les îles Bali, Lombock, Soumbava et Florès au sud, et les îles Célèbes et Bornéo au nord. Celle *de Soulou*, appelée aussi *mer de Mindoro* ou *des Philippines*, est entre ces dernières, Bornéo, Palaouan et les îles Soulou. La *mer des Moluques* est formée par ces îles, la Nouvelle-Guinée, Timor-laot, Timor et Célèbes. La *mer d'Albion* est circonscrite par la Nouvelle-Guinée, l'archipel de la Louisiane, celui de la Nouvelle-Irlande et les îles Salomon. Enfin on pourrait appeler *mer de Carpentarie* les eaux comprises entre l'île Timor-laot, la Nouvelle-Guinée et la Nouvelle-Hollande: elle comprendrait le golfe de Carpentarie, et l'on pourrait nommer *mer de Diemen* l'espace circonscrit par l'île de ce nom, la Nouvelle-Hollande et la Nouvelle-Zélande.

« Les vents et les courants qui règnent dans ce vaste Océan peuvent tous se réduire à un seul principe, celui du mouvement général de l'atmosphère et de la mer de l'est à l'ouest, en sens inverse de la rotation du globe. Le vent perpétuel d'est règne généralement ici entre les tropiques et les courants, en suivant la même direction que les eaux. De là ces erreurs de Quiros, de Mendana et d'autres navigateurs, qui crurent avoir fait infiniment moins de chemin qu'ils n'en avaient réellement parcouru. Ce mouvement général prend quelquefois plus de force entre les détroits divers qui presque tous sont dirigés de l'est à l'ouest. Aux environs des Philippines, et près la Nouvelle-Calédonie, la rapidité du courant qui porte à l'ouest devient extrême. Mais les grandes terres échauffées par le soleil attirent souvent vers leur centre l'atmosphère maritime environnante, ce qui fait naître des vents opposés au vent alizé. Tels sont les vents d'ouest qui règnent sur les côtes occidentales de la Nouvelle-Hollande. Ces espèces de moussons ne sont pas toutes connues. Chaque île a ses brises de mer et de terre qui soufflent, celles-ci le jour et celles-là la nuit. A 40 degrés au nord et au sud de l'équateur règnent les tempêtes et les vents variables; cependant il paraît que dans la partie nord de l'Océan on trouve le plus souvent des vents d'ouest, tandis que dans les mers polaires australes Cook trouva toujours des vents d'est. »

Les grandes terres de l'Océanie éprouvent l'influence d'un soleil vertical. La Nouvelle-Hollande présente surtout un aspect aride; néanmoins on a découvert depuis peu une mer intérieure, ou plutôt un grand lac situé dans la partie méridionale; des rivières considérables coulent vers les mêmes parties de l'île, mais l'eau en est communément salée et impropre aux usages domestiques [1].

« Les côtes marécageuses de quelques îles de l'Océanie du nord-ouest, exposées à l'action d'une grande chaleur, produisent un air pestilentiel qu'une culture bien entendue fera disparaître. Malgré ces incommodités locales, l'Océanie offre à l'homme industrieux, sain et tempérant, une plus grande variété de climats délicieux qu'aucune autre partie du monde. Les îles hautes et de peu d'étendue paraissent autant de paradis nouveaux. En changeant de niveau, l'Anglais y retrouverait ses frais gazons, ses arbres couverts de mousses; l'Italien ses bosquets d'orangers, et le colon des Indes occidentales ses plantations de cannes à sucre. Le peu d'étendue de chacune de ces îles leur procure un climat semblable à celui de l'Océan lui-même. Jamais la chaleur n'y devient insupportable, même pour des Européens septentrionaux. L'air est sans cesse renouvelé par les petites brises de mer et de terre, qui se partagent l'empire des jours et des nuits. Ce printemps perpétuel n'est que rarement troublé par les ouragans et les tremblements de terre.

Les Philippines et les Moluques éprouvent l'effet des vents alizés. Les parties de Bornéo et de Soumâtra, au nord de l'équateur, se ressentent encore des moussons des mers du Bengale et d'Oman; d'autres moussons contraires règnent sur les parties méridionales de

(1) Voyage du capitaine Sturt.

ces îles, ainsi que sur les autres îles de la Sonde.

Dans la Polynésie, l'air est sans cesse renouvelé, principalement dans les îles hautes, par les brises de mer et de terre. Les premières soufflent ordinairement depuis 10 heures du matin jusqu'à 6 heures du soir, et les secondes depuis 7 heures du soir jusqu'à 8 heures du matin.

Dans la Malaisie, dont les parties les plus éloignées de l'équateur n'en sont pas à plus de 20 degrés, on ne ressent pas les grandes chaleurs qui, sur les continents, sont l'attribut de cette latitude; l'air y est constamment rafraîchi par les montagnes de l'intérieur ou par les brises de mer; mais le sol bas et marécageux des côtes produit sur plusieurs points une température insalubre.

Dans l'Australie, il semblerait que l'on doit éprouver la brûlante chaleur de l'Afrique et de l'Amérique méridionale, mais elle y est beaucoup moins forte. A la vérité l'hiver n'y est pas rigoureux, quoique la température en soit plus basse que dans les latitudes correspondantes de l'hémisphère boréal; il est encore caractérisé par des vents orageux et fréquents; les froids n'y sont pas de longue durée. Il faut cependant observer que les époques des saisons y sont opposées à celles de l'Europe. La Nouvelle-Zélande jouit d'un climat assez tempéré, mais humide et exposé à de violents ouragans. Celui de l'île de Diemen est un des plus sains que l'on connaisse.

Le règne végétal de l'Océanie reproduit toutes les richesses de l'Inde et de l'Indo-Chine, mais avec un nouvel éclat, et à côté d'autres richesses inconnues à l'Asie. Dans les îles de la Sonde, les Philippines, les Moluques et la Nouvelle-Guinée, le riz remplace le blé. Il y en a de deux espèces : celui des basses terres et celui des hautes terres. Les deux espèces de jaquiers ou d'arbres à pain (*Artocarpus incisa, A. integrifolia*) croissent dans ces îles, ainsi que dans les Mariannes, les Nouvelles-Hébrides, les archipels des Amis et de la Société, et les îles Sandwich. Les fruits de cet arbre, parvenus à leur maturité, deviennent gros comme la tête d'un enfant, farineux, et d'une saveur agréable qui rappelle à la fois le pain de froment, la pomme de terre et le topinambour; ils sont alors un aliment aussi sain que nourrissant. Cet arbre atteint la grosseur du corps d'un homme et la hauteur de plus de 40 pieds. Pendant huit mois de suite cet arbre prodigue ses fruits avec une telle largesse, que trois suffisent pour nourrir un homme pendant un an. Ce n'est pas son seul mérite; son écorce intérieure sert à fabriquer une étoffe ; son bois est excellent pour la construction des cabanes et des pirogues ; on emploie ses feuilles en guise de nappes; la sève, glutineuse et laiteuse, fournit de bon ciment et de la glu.

« La nombreuse famille des palmiers est répandue jusque dans les îles les plus éloignées et les moins étendues. A peine y a-t-il entre les tropiques un rocher, un banc de sable, sur lesquels l'étonnante végétation de ces arbres ne soit répandue. Les palmiers, par la structure intérieure de leur tronc, n'ont aucun rapport avec les *arbres* proprement dits. Ils se rapprochent des fougères par leur port et leur structure, des graminées par l'inflorescence, et surtout des asperges et des dragoneaux par leur manière de fructifier. Mais quel arbre a le port aussi magnifique que le palmier ? Qu'on se figure une colonne droite, parfaitement cylindrique, couronnée à son sommet par un vaste faisceau de feuilles vivaces, disposées circulairement les unes au-dessus des autres, de la base desquelles sortent d'amples panicules renfermés en partie dans de larges spathes et couverts de fleurs et de fruits ! Cependant cet aspect majestueux n'est que la moindre prérogative du palmier ; son utilité surpasse encore sa beauté. Les couches les plus extérieures du tronc fournissent un bois dur et pesant; on en fait des planches et des pieux. Les spathes de ces sortes de cosses, qui renferment les régimes, acquièrent une épaisseur et une consistance telles, que l'on peut en faire des vases à divers usages. Les larges feuilles servent de toit. Le péricarpe fibreux du cocotier, les feuilles et les pétioles dans plusieurs autres espèces, dans toutes le tissu filamenteux qui recouvre le tronc, fournissent de la bourre et de la filasse. On en fait des cordages, des câbles, même des toiles à voiles; on s'en sert pour calfater les vaisseaux. Les feuilles du latanier servent d'éventail aux belles Indiennes; celles du palmier-éventail donnent des parasols qui couvrent une dizaine de personnes. On écrit sur les feuilles de quelques palmiers; la noix du cocotier offre une tasse naturelle. Enfin les palmiers fournissent à eux seuls un nombre d'excellents mets; on mange et l'on apprête de plusieurs façons la chair douce et pulpeuse des uns ([1]), le périsperme des semences des autres et le bourgeon terminal du chou-palmiste ([2]). L'espèce de lait ou liqueur contenue dans la vaste cavité de la noix de coco peut être convertie en vin, vinaigre et alcool; on en tire une bonne huile. »

Les arbres fruitiers de l'Inde abondent dans les îles de la Malaisie. La grenade et l'orange y étalent toutes leurs variétés; le tamarinier offre, sous une double écorce, une pulpe acide qui éteint les ardeurs de la fièvre.

Parmi les plantes qui se distinguent par les fleurs du plus brillant coloris, par la grâce ou la singularité des formes, nous citerons la famille des *euphorbiacées*, dont l'Océanie produit quatorze espèces distinctes; le ketmie comestible (*hibiscus esculentus*), dont les capsules pyramidales se terminent en pointe recourbée, et l'ixore écarlate (*ixora coccinea*). Parmi celles dont le goût piquant ou l'odeur aromatique aiguise et varie les jouissances du gastronome, nous nommerons le cannellier qui croît à Soumâtra, et dont l'écorce intérieure fournit une épice recherchée; le giroflier aromatique (*caryophillus aromaticus*), dont le calice est connu en Europe sous le nom de *clou de girofle*, plante commune jadis aux Moluques, mais que les Hollandais se sont plu à multiplier dans l'île d'Amboine; le muscadier, dont l'espèce appelée *aromatique* (*myristica aromatica*) produit le fruit connu sous le nom de noix-muscade, croît à Banda et à Bornéo, et dont d'autres espèces particulières se trouvent aux Philippines et aux Moluques; le poivre de Taïti (*piper methysticum*), qui sert, dans les îles de la Société, à faire la boisson enivrante appelée *ava*, et mieux *kawa*, dont l'usage faillit être pernicieux aux compagnons de Cooke. Enfin on peut citer plusieurs autres espèces de poivrier, telles que le *piper bétel*, qui, mêlé à la chaux, sert à faire le bétel; le poivrier cubèbe (*piber cubeba*), qui croît dans l'île de Java et qui passe pour être un aphrodisiaque fort actif; et le poivrier aromatique (*piper nigrum*, Linn.; *piper aromaticum*, Lam.), que l'on trouve à Java et à Soumâtra, et qui, devenu l'un des assaisonnements le plus en usage chez les Européens, forme aujourd'hui une branche de commerce de la plus haute importance.

Cependant, si les plus agréables aromates enrichissent l'Océanie, cette partie du monde compte aussi parmi ses végétaux les poisons les plus redoutables. L'arbre connu sous le nom vulgaire de *bohon upas*, c'est-à-dire arbre à poison, et des botanistes, qui en distinguent deux genres, sous ceux d'*antiaris* et de *strychnos*, attriste les lieux où il croît. Le premier genre se trouve à Java et sur les côtes septentrionales de la Nouvelle-Hollande; ces deux localités sont particulières à deux espèces distinctes. Le second genre forme trois espèces, dont l'une est à Java, la seconde à la Nouvelle-Hollande, et la troisième aux Philippines.

Les îles Fidji et celles des Navigateurs, des Amis et de la Société, sont couvertes d'épaisses forêts où domine un immense palmier, le *corypha umbraculifera*, dont les branches en éventail servent de toit aux cabanes des indigènes. A l'ombre de ces forêts croissent le *tacca pinnatifida*, plante dont la racine tubéreuse sert d'aliment aux habitants d'un grand nombre d'îles; une espèce de canamelle, ou canne à sucre appelée *saccharum spontaneum*, et l'*abrus precatorius*, dont les graines d'un rouge de corail, marquées d'une tache noire, servent d'ornement aux peuplades sauvages.

La nature semble avoir prodigué aux habitants de l'Océanie les moyens de subsistance; mais aussi c'est à l'abondance des végétaux nourriciers qui croissent sans culture qu'ils doivent peut-être les mœurs sauvages qu'ils ont conservées, malgré les fréquents rapports que la plupart ont depuis des siècles avec les Européens. C'est le besoin qui rend l'homme industrieux. Cependant les naturels d'un grand nombre d'îles accroissent par la culture la ri-

([1]) Comme dans le palmier appelé *arec*, et par Linné *areca catheca*, parce qu'il croyait, d'après les rapports erronés de quelques voyageurs, que cet arbre fournissait le cachou. C'est la même espèce que *Rumph* a nommée *pinanga*. L'enveloppe du fruit de ce palmier se mange lorsqu'elle est encore molle, et l'amande se mêle avec la chaux et le bétel, et cette préparation est en usage chez les personnes aisées, qui la mâchent continuellement, parce qu'elle donne une odeur agréable à l'haleine et qu'elle fortifie l'estomac. L'arec, très répandu dans les contrées méridionales de l'Asie, se trouve aussi dans les îles Moluques. J. H.

([2]) *Areca oleracea.*

chesse naturelle du sol ; l'igname (*dioscorea alata*), la patate (*convolvulus batatus*) et le chou-caraïbe (*arum esculentum*) sont les principaux végétaux objets de leurs soins. On doit toutefois y comprendre encore le moubin de Cythère (*spondias Cytherea*), indigène de Taïti que l'on appela Cythère, arbre dont le fruit rappelle un peu par le goût celui de la pomme de reinette ; et l'inocarpe comestible (*inocarpus edulis*), dont le fruit ressemble à la châtaigne par la forme et le goût.

Les peuples de l'Océanie sont loin de pouvoir apprécier les richesses végétales qu'ils possèdent ; ils ne tirent aucun parti d'une espèce de cotonnier (*gossypium tricuspidatum*, Lam., *G. religiosum*, Linn.), qui porte un coton jaune et qui croît spontanément dans plusieurs îles. Mais ils tressent de belles nattes avec les feuilles du vaquois, ou vacoua (*pandanus odoratissimus*), plante qui a la propriété d'enivrer le poisson ; ils tissent des étoffes avec les fibres du mûrier à papier (*broussonetia papyrifera*). La Nouvelle-Zélande produit le précieux végétal improprement appelé *lin de la Nouvelle-Zélande*, et dont le nom botanique est *phormium tenax*. Les fibres de cette plante, haute de 6 à 8 pieds, tiennent lieu de chanvre et de lin aux Nouveaux-Zélandais ; ils en fabriquent des cordes et des étoffes.

La flore de la Nouvelle-Hollande porte, ainsi que nous l'avons laissé entrevoir, un caractère spécial. M. Lesson, notre ami, qui l'a examinée avec la sagacité d'un habile naturaliste, va nous guider dans l'esquisse que nous allons en donner. D'immenses forêts sont formées d'*eucalyptus*, genre qui compte plus de cent espèces, qui presque toutes appartiennent à cette grande île. L'*eucalyptus obliqua* fournit aux indigènes du bois pour construire leurs radeaux, et son écorce s'enlève par bandes qu'ils emploient à couvrir leurs habitations. L'*eucalyptus robusta*, qui doit son nom à la solidité de son bois, est un arbre gigantesque dont la hauteur atteint souvent 180 pieds, sur une circonférence de 30 à 36. A côté de ces arbres s'élèvent ceux du genre *casuarina*, dont on compte environ huit espèces. Leur bois est dur, liant et compacte : les naturels l'emploient pour se faire des massues et des casse-têtes ; il est propre aussi à la construction des navires. Les *banksia* et d'autres arbustes singuliers et bizarres forment, dit M. Lesson, les paysages de la partie extra-tropicale de ce continent, tandis que celle qui est renfermée entre le tropique du Capricorne et la ligne équinoxiale se rapproche, par la nature des arbres et le luxe de la végétation, des forêts équatoriales des Moluques. Au nord, en effet, sur des plages vaseuses, croissent le *bruguiera* et les lianes des climats chauds ; plus au sud, du 10ᵉ au 25ᵉ degré, s'élèvent les gigantesques pins de Norfolk et les cèdres de l'Australie ; plus au sud encore, depuis le 30ᵉ degré jusqu'aux côtes les plus méridionales, la végétation offre un caractère particulier : les premiers naturalistes qui abordèrent à la Nouvelle-Galles du sud, par exemple, furent tellement émerveillés à la vue des végétaux qui se pressaient sur un seul point, sans rappeler aucune des formes des plantes des autres climats, qu'ils donnèrent le nom de *Botany-Bay* au havre où ils mouillèrent. Mais ce luxe de plantes cesse à mesure qu'on se dirige de l'est à l'ouest. Les prairies humides sont ornées par une charmante liliacée nommée *blandfortia nobilis*, et çà et là s'élèvent les tiges roides des singuliers *xanthorea* et les côtes du *zamia australis*. Au nord de Botany-Bay s'étendent des forêts épaisses d'une espèce de cèdre que Brown a nommée *calidris spiralis*, dont le bois rivalise par son beau poli avec le plus beau bois des Antilles ; plus loin, quinze autres espèces de bois rouges, blancs, veinés de toutes couleurs, offrent d'immenses avantages à l'ébénisterie : tel est entre autres le *cedrela australis*, qui fournit un bois d'une teinture rougeâtre agréable. Tous les végétaux de la Nouvelle-Hollande, dit encore M. Lesson, ont un caractère unique, c'est celui de posséder un feuillage sec, rude grêle, aromatique, à feuilles presque toujours simples. Ses forêts ont quelque chose de triste et de brumeux qui fatigue la vue ; la teinte du feuillage est d'un vert glauque, monotone ; les rameaux sont à demi dépouillés de leurs écorces fongueuses, ou celles-ci se détachent par lanières qui flottent au gré des vents. Toutefois, un grand nombre de plantes d'Europe se trouvent dans la Nouvelle-Hollande : ce sont celles qu'on peut appeler cosmopolites, et qui viennent dans les marais, telles que la samole, la salicaire, etc. Ainsi donc, ajoute M. Lesson, toute la moitié intertropicale de la Nouvelle-Hollande produit des plantes des climats chauds, notamment plusieurs espèces de muscadiers : aussi les Anglais y ont-ils établi des cultures d'indigo, de café et de cannes à sucre ; tandis que la partie méridionale, au contraire, ayant sa flore spéciale, est aussi la seule qui convienne aux arbres à fruits de l'Europe; c'est ainsi, par exemple, que le pêcher s'y est assez bien naturalisé pour croître même à l'état sauvage ; la vigne toutefois a été plus rebelle, et semble ne point s'accommoder des variations subites de la température.

L'énumération des principaux végétaux de l'Océanie nous conduirait beaucoup trop loin; nous n'ajouterons plus qu'un mot. M. Dumont d'Urville, dans son dernier voyage, y a découvert plusieurs plantes nouvelles, principalement dans la famille des *fougères*. Le *santalum album* ou bois de santal blanc et le *pterocarpus santalinus*, connu sous le nom de santal rouge, sont répandus dans plusieurs parties de l'Océanie ; le premier surtout est très commun dans les îles Sandwich, où il est un objet de commerce important avec la Chine. La Nouvelle-Guinée ou la Papouasie, ainsi que les îles de la Nouvelle-Calédonie, abondent en ébéniers, en muscadiers, en sagoutiers, et possèdent l'arbre à tek (*tectona grandis*), recherché pour la construction des navires. Les beaux végétaux connus sous le nom de *magnolia* appartiennent principalement à la Malaisie. Enfin les végétaux de l'Océanie sont tellement nombreux, que dans l'Australie seule M. R. Brown compte environ 4,200 espèces réparties en 120 familles naturelles [1].

Jetons maintenant un coup d'œil sur les animaux de l'Océanie. En parlant des récifs formés autour des îles par les zoophytes, nous avons pu faire apprécier le nombre immense et la multiplication rapide de ces petits animaux dans le grand Océan. Les savants voyageurs qui nous ont éclairés sur la véritable influence de ces animalcules marins, vont nous donner un aperçu de la distribution des crustacés dans les différentes parties de l'Océanie.

Partout où les côtes découpées en baies ont des eaux peu profondes, disent-*ils*, les espèces de crustacés sont nombreuses, comme aux Mariannes, aux îles des Papous, à la baie des Chiens-Marins, sur la côte occidentale de la Nouvelle-Hollande, etc. [1]. Mais quand les rochers sont abruptes, battus par la tempête, et que les plages manquent, les grandes espèces seules s'y rencontrent en petit nombre; c'est ce que MM. Quoy et Gaimard ont remarqué au Port-Jackson, sur les côtes orientales de la Nouvelle-Hollande et aux îles Sandwich. Un gros *ranine* de couleur rouge, pris à Owaïhi, leur prouva par la conformation de ses pieds, tout-à-fait disposés pour un séjour habituel dans l'eau, que c'est à tort que des voyageurs ont dit que cet animal quitte la mer pour aller jusqu'au sommet des arbres les plus élevés. Les *ermites* ou *pagures* sont très communs dans l'Océanie; mais les Mariannes, les îles des Papous et Timor sont les parages où ils sont en plus grand nombre. A l'instant de la plus forte chaleur, ils cherchent l'ombre sous des touffes d'arbrisseaux ; et lorsque la fraîcheur du soir se fait sentir, on les voit sortir par milliers, roulant la coquille d'emprunt dans laquelle ils se logent, se heurtant, trébuchant, et faisant entendre par leur choc un petit bruit qui les annonce avant qu'on les aperçoive. Il paraît qu'il existe deux espèces de ces animaux parasites ; celle qui habite les eaux, et celle qui n'y va presque jamais. A Guam, à Vaïgiou, on rencontre dans les forêts, à plus de mille pas du rivage, de très gros pagures logés dans des buccins. Les crustacés les plus extraordinaires de ceux que l'on trouve aux environs de la Nouvelle-Guinée et près des îles des Amis, sont les *phyllosomes*. Ces animaux à l'état vivant sont transparents dans toutes leurs parties comme du cristal, les yeux exceptés, qui sont de couleur bleu de ciel. Leurs mouvements sont excessivement lents; bien différents en cela des agiles *alimes*, qui, transparents aussi, nagent dans la vase avec la plus grande vitesse.

Aucune mer n'est aussi poissonneuse que le grand Océan équinoxial : le poisson forme la principale nourriture des habitants des différents archipels. La plupart des espèces sont

(1) *R. Brown* : General remarks.

(1) Observations sur quelques crustacés, considérés sous le rapport de leurs mœurs et de leur distribution géographique, par MM. Quoy et Gaimard. *Annales des Sciences naturelles*, t. XIV.

celles qu'on rencontre dans l'Océan indien. Les *bonites*, les *dorades*, les *thons*, les *surmulets*, les *muges*, les *raies*, paraissent abonder également sur toutes les côtes ; cependant plus de 150 espèces nouvelles y ont été observées jusqu'à ce jour. Parmi les *cétacés*, le *dugong* des Indes est un des plus répandus ; le *dauphin tacheté* vit dans les parages de la Nouvelle-Zélande et des îles de la Société ; le *dauphin malais*, entre Java et Bornéo ; le *dauphin albigène*, au sud de la Nouvelle-Hollande, et le *marsouin à tête blanche*, aux environs de l'archipel Dangereux ; enfin, un mammifère marin beaucoup plus grand ; la *baleinoptère mouchetée* parcourt les vastes régions du même océan.

« La Pérouse se vit suivi, depuis l'île de Pâques jusqu'aux îles Sandwich, par d'immenses troupes de poissons, parmi lesquels quelques uns portant le fer qu'on leur avait lancé étaient faciles à reconnaître. Depuis les rivages de Bornéo jusqu'aux côtes de la Nouvelle-Guinée, on voit une peuplade entière vivre constamment dans des bateaux et se nourrir de poissons, qu'ils nomment *Badschus*. Près de la Nouvelle-Zélande, M. Labillardière vit des bancs de poissons qui produisaient par leurs mouvements une sorte de flux et de reflux dans la mer [1]. Les espèces sont, pour la plupart, celles qu'on rencontre dans l'océan Indien. Il y a une centaine de nouvelles espèces, la plupart vaguement déterminées, ainsi que les nouveaux genres *harpurus* et *balistopodes*.

» Toutes les lagunes entre les récifs et la côte fourmillent d'écrevisses, d'huîtres communes et d'huîtres à perles, ou, pour les désigner d'une manière plus exacte, de pintadines margaritifères (*meleagrina margaritifera*), ainsi que de coquillages d'une grandeur et d'une beauté extraordinaires.

» Le nombre de poissons venimeux semble très considérable. Déjà Quiros faillit se donner la mort en mangeant un *sparus* pêché sur les côtes de la Terre du Saint-Esprit [2] ; les compagnons de Cook pensèrent s'empoisonner au même endroit et par le même mets. On croit que ce poisson ne devient dangereux que lorsqu'il s'est nourri de certaines espèces de *méduses*. Mais le *tétrodon* qui, sur la côte

(1) *Labillardière*, Voyage, II, p. 86. — (2) *Dalrymple* : Historic collect., I. p. 140.

de la Nouvelle-Galles, empoisonna Forster, renferme constamment un poison narcotique. A Taïti il y a une anguille de mer très venimeuse, et surtout une petite écrevisse rouge qui donne la mort à ceux qui la mangent [1]. L'équipage d'Anson trouva près des îles Mariannes tant de ces poissons, qu'il fut résolu de ne plus en manger du tout. Cet inconvénient paraît donc commun à tous les parages du grand Océan. »

Les îles de la Malaisie possèdent à peu près tous les principaux mammifères de l'Asie méridionale. Ceux de Java sont des buffles d'une taille petite ; des chevaux également petits, mais vigoureux ; des sangliers, un tapir, un rhinocéros d'une espèce particulière (*rhinoceros javanicus*) ; le tigre rayé et le tigre noir, plusieurs chats inconnus ailleurs ; l'écureuil bicolore, l'écureuil volant (*morchus javanicus*), et diverses espèces de singes. Ceux de Bornéo sont, outre quelques uns de ceux que nous venons de citer, le tigre, la panthère, l'éléphant, des bœufs sauvages, une espèce de cerf appelée *cerf d'eau*, parce qu'il se tient dans les lieux marécageux (*cervus axis*) ; l'orang-outang (*simia satyrus*), et la plus grande espèce de singe connue (*simia pongo*). Soumâtra possède un rhinocéros particulier (*rhinoceros sumatrensis*). Les forêts de Java nourrissent aussi, parmi divers reptiles, un *boa constrictor*, serpent qui, suivant M. Leschenault, avale des bœufs et des chevaux, mais dont la morsure n'est point venimeuse.

Les rivières de Soumâtra, comme celles de Bornéo, sont peuplées de caïmans et de crocodiles, et pendant les chaleurs du jour on voit voltiger autour des lieux habités le dragon volant (*draco viridis*), petit reptile que l'on touche sans danger, et qui se nourrit d'insectes. Dans les Moluques, ainsi qu'à Java, les forêts marécageuses servent de repaire au *babiroussa*, mammifère dont le nom malais signifie *cochon-cerf*, bien qu'il ressemble à un tapir haut sur jambes. A la Nouvelle-Guinée vit un sanglier d'une espèce particulière appelé sanglier des Papous (*sus papuensis*), qui semble être l'intermédiaire entre le pécari d'Amérique et le cochon. Ce dernier animal et la volaille domestique abondent maintenant dans toute la Polynésie. Dans cette partie de l'Océanie, les mammifères

(1) Voyage des Missionnaires, *Appendice*, ch. VIII-X.

sont rares : plusieurs espèces de phalangers et la roussette sont les principaux qu'on y trouve.

» L'ornithologie offre dans toute l'Océanie un peu plus de variété, et en même temps plusieurs traits de ressemblance. La volaille domestique y abonde ; les poules sont plus grandes que les nôtres. Labillardière vit aux îles des Amis plusieurs espèces de loris et autres oiseaux communs aux îles Philippines et aux Moluques. A Taïti, comme à Amboine, de petits oiseaux fourmillent dans les bocages d'arbres à pain. Leur chant est agréable, quoiqu'on dise communément en Europe que les oiseaux des climats chauds sont privés du talent de l'harmonie. De très petits perroquets, d'un joli bleu saphir, habitent la cime des cocotiers les plus élevés, tandis que d'autres, d'une couleur verdâtre et tachetée de rouge, se montrent plus ordinairement parmi les bananes, souvent dans les habitations des naturels, qui les apprivoisent, et qui estiment beaucoup leurs plumes rouges. Ces espèces paraissent généralement répandues entre le 10e parallèle boréal et le 20e parallèle austral. Mais les oiseaux de paradis n'abandonnent leur corps léger et leur plumage aérien qu'aux vents embaumés des côtes de la Nouvelle-Guinée. Les oiseaux aquatiques sont les mêmes partout. A Amboine, comme à Taïti, un martin-pêcheur d'un vert sombre, avec un collier de la même couleur sur son col blanc ; un gros coucou et plusieurs sortes de pigeons ou de tourterelles, se juchent d'une branche à l'autre, tandis que les hérons bleuâtres se promènent gravement sur les bords de la mer en mangeant des mollusques à coquilles et des vers. L'oiseau tropique ou le phaéton habite les cavernes qui se trouvent dans les flancs escarpés des rochers ; les Taïtiens l'y poursuivent pour avoir les plumes de sa queue. Ils attrapent aussi, dans la même intention, la *frégate*, oiseau de passage. Les manchots du grand Océan diffèrent essentiellement des pingouins de l'océan Atlantique. Ces oiseaux, presque sans ailes, qu'on rencontre à une distance de 500 lieues de toute côte connue, habitent principalement la zone froide, et même la zone glaciale. Mais une espèce, l'*aptenodytes papua*, se montre jusque dans la Nouvelle-Guinée et dans les îles des Papous (1). » Deux espèces de sternes (*sterna philippina*, *sterna inea*) habitent les Carolines et les îles de la Société : la dernière a été découverte pendant le voyage de *la Coquille* (1).

Les animaux de la Nouvelle-Hollande offrent généralement un caractère tellement distinct de celui des animaux des autres contrées du globe, que nous devons les grouper séparément. Si la botanique, dit M. Lesson, imprime à ce pays une physionomie spéciale, le règne animal lui en donne une plus étonnante et plus étrange peut-être. Le caractère que ce naturaliste fait remarquer dans les animaux de la Nouvelle-Hollande, c'est une double poche ou la *marsupialité*. Trois animaux seulement sont dénués de cet organe : le phoque, une roussette de la partie intertropicale, et le chien, qui a suivi, dit-il, de misérables peuplades lors de leur émigration sur ce continent appauvri. Depuis le doux et timide kanguroo, dont quelques espèces sont les plus grands quadrupèdes du continent austral, jusqu'au *pétauriste* à grande queue, animal de la taille du rat, dont la peau des flancs est étendue entre les membres antérieurs et postérieurs, tous les mammifères de ce continent mériteraient une description spéciale ; mais nous ne citerons qu'un petit nombre d'entre eux. Les *potorous*, qui ont, comme les kanguroos, les jambes de derrière beaucoup plus grandes que celles de devant, et l'*halmature*, qui se rapproche tellement des kanguroos, qu'il ne semble en différer que par son système dentaire, la petitesse de ses oreilles et sa queue presque nue ; le *phascogale*, qui vit sur les arbres ; et les *péramèles*, qui ressemblent aux sarigues, nous sont encore imparfaitement connus sous le rapport des mœurs. Les *dasiures*, dit M. Lesson, sont des carnassiers qui remplacent à la Nouvelle-Hollande les fouines de nos climats. Le *thylacine*, de la taille et de la forme du loup qu'il représente, est souvent mentionné dans les relations comme le loup de l'Australie. Il vit dans les cavernes, sur le bord de la mer, à la terre de Diemen. Tous ces animaux à

(1) *Forster* : Historia aptenodyt. Nov. Comm. Gott. 1780, vol. III, p. 121. *Sonnerat*, Voyage à la Nouvelle-Guinée, p. 181.

(1) Voyage autour du Monde, exécuté par ordre du roi, sur la corvette de S. M. *la Coquille*, pendant les années 1822, 1823, 1824 et 1825, par M. *L.-I. Duperrey*, capitaine de frégate.

poche, malgré la singularité de leur conformation, sont cependant moins extraordinaires que deux autres que l'on comprend sous la dénomination de *paradoxaux*, c'est-à-dire l'*ornithorynque* et l'*échidné*. Le premier, au corps couvert de poils, au bec de canard, aux pieds garnis d'ergots venimeux, pondant des œufs, semble, suivant M. Lesson, être une créature fantastique jetée sur le globe pour renverser par sa présence tous les systèmes admis sur l'histoire naturelle; car on peut soutenir avec tout autant de raison qu'il appartient aux quadrupèdes, aux oiseaux ou aux reptiles. Le second, dont on fait deux espèces, selon que les piquants qui couvrent son corps sont plus ou moins garnis de poils, paraît aussi pondre des œufs, au lieu de mettre au jour des petits vivants. Son museau, mince et très allongé, est terminé par une fort petite bouche; ses mâchoires, dépourvues de dents, sont garnies de lames cornées, comme chez plusieurs oiseaux palmipèdes; sa langue est extensible comme celle du fourmilier.

Les mêmes phénomènes de singularité qui caractérisent les mammifères de la Nouvelle-Hollande se reproduisent pour les oiseaux. La plupart d'entre eux, dit M. Lesson, ne pouvant tirer leur subsistance des fruits dont les forêts sont privées, n'ont que des genres restreints de nourriture. Ceux qui vivent d'insectes ont la langue organisée comme les oiseaux des autres climats; mais les perroquets, les merles et beaucoup d'autres passereaux, obligés de pomper le suc mielleux des fleurs, ont à l'extrémité de la langue des faisceaux de papilles qui ressemblent à un pinceau, et qui leur permettent de ne rien perdre de cette matière toujours peu abondante. La plupart des oiseaux du continent austral rivalisent avec ceux des autres continents pour la vivacité des couleurs; mais un grand nombre présentent avec ceux-ci des oppositions tranchées: ainsi le cygne d'Europe est considéré comme le type de la blancheur, celui de la Nouvelle-Hollande est au contraire d'une teinte noire: le *kakatoès* est blanc à la Chine et aux Moluques; la même espèce se trouve à la Nouvelle-Hollande, mais c'est seulement sur ce continent qu'on en trouve du plus beau noir. Partout les diverses espèces de volatiles sont couvertes de plumes: sur le continent austral, le *casoar* forme en quelque sorte le passage des animaux à plumes aux animaux à poils. Parmi les oiseaux les plus remarquables, il faut mettre, comme le dit M. Lesson, ce superbe *menure*, dont la queue est l'image fidèle, dans les solitudes australes, de la lyre harmonieuse des Grecs; ce *loriot prince-régent*, dont la livrée est mi-partie de jaune d'or et de noir de velours; ce *scytrops*, dont le bec imite celui du toucan; ces perruches de toute taille et de toute couleur; ces bruyants martin-pêcheurs, et ce *moucherolle crépitant*, dont le cri imite à s'y méprendre le claquement d'un fouet.

Divers reptiles plus ou moins dangereux pullulent dans la Nouvelle-Hollande: ici c'est l'agame hérissé (*agama muriata*), encore peu connu; là, les *scinques*, qui, par leurs courtes pattes, semblent être intermédiaires entre les lézards et les serpents: le plus remarquable de ce genre est le gigantesque scinque noir et jaune. Le plus singulier des sauriens du continent austral est le *phyllure*, dont la queue s'élargit en forme de feuille ou de spatule, et qui constitue deux espèces, l'une d'un brun marbré (*phyllurus Cuvieri*), l'autre d'une couleur orangée (*phyllurus Milii*). Quant aux serpents, dit M. Lesson, ils y sont nombreux; on y trouve des couleuvres et des *pythons* de grande taille. Le *serpent fil*, à peine long de 8 à 10 pouces, occasionne, dit-on, la mort en moins de quelques minutes; mais l'espèce la plus redoutable sans contredit, comme la plus commune, est le serpent noir, que son affreux venin a fait nommer *acantophis bourreau*.

Après avoir retracé le tableau physique général de l'Océanie, nous devons considérer les races d'hommes qui habitent cette partie du monde. On a cru pendant long-temps qu'elles se rapportaient toutes à deux souches principales, savoir: les *Malais* ou les *Océaniens jaunes*, et les *Papous* ou les *Océaniens noirs*. Mais, au rapport d'un voyageur moderne, les deux couleurs qui distinguent la population de l'Océanie comprennent quatre races distinctes: les *Malais* et les *Polynésiens* forment les deux races jaunes; les *Papous* ou *Papouas* et les *Endamènes* les deux races noires [1].

« Les Malais ne sont plus considérés par

[1] M. *L.-D. de Rienzi*: Description de l'Océanie.

les savants comme originaires de la petite péninsule de Malacca, où ils ne sont même entrés qu'à une époque assez récente. Leurs historiens nationaux tracent leur origine jusqu'à l'île de Soumâtra ; ils avouent aussi leurs rapports avec les Javanais. »

Quelques auteurs, tels que le savant Marsden, prétendent qu'ils sont indigènes du pays de Palembang, ou de l'empire de *Menangkabau* ou *Menangkarbou*, dans l'île de Soumâtra; d'autres, comme M. de Rienzi, les font sortir de la côte occidentale de Bornéo. Nous les trouvons maintenant répandus dans un grand nombre d'îles de l'Océanie: ainsi, non seulement l'île de Soumâtra, mais une partie des îles Nicobar, des Moluques, de Bornéo, de Célèbes, de Luçon, les îles Pâques et les îles Sandwich, sont habitées par cette race.

« Ces insulaires ont la couleur basanée, les cheveux noirs, mous, épais, abondants et frisés ; la tête légèrement rétrécie au sommet, le front un peu bombé, les os de la pommette nullement saillants, mais la mâchoire supérieure un peu portée en avant, et le nez gros et aplati par le bout, sans être ni épaté ni camus.

» Ces traits sont ceux des Malais (¹). On a observé, il est vrai, quelques différences de couleur et de cheveux entre les nobles et le peuple de Taïti (²); ce qui a fait croire à Forster qu'une colonie de Malais avait subjugué, dans ces îles, des peuplades de la race noire qui habite les grandes îles voisines de la Nouvelle-Hollande. Mais ces nuances peuvent aussi dériver des diverses manieres dont les castes se nourrissent, les grands se réservant la chair des quadrupèdes, et le peuple vivant principalement de poisson. »

L'angle facial des Malais est ouvert de 80 à 85 degrés. Peu d'entre eux ont, suivant M. de Rienzi, l'angle de 85 à 90 degrés, comme on le trouve chez quelques variétés européennes.

La race des Polynésiens ou des *Dayas*, improprement appelés *Dayaks*, paraît avoir eu aussi pour berceau l'île de Bornéo. « Leur » teint blanc-jaunâtre, plus ou moins foncé ; » l'angle facial aussi ouvert que celui des » Européens ; la haute stature, la physionomie régulière, le nez et le front élevés, les » cheveux longs et noirs, la beauté, la grâce, » les manières souples et lascives de leurs » femmes, et surtout des danseuses ; les rap» ports, quoique altérés, de leur langue ; » l'habitude de l'agriculture, de la chasse et » de la pêche ; l'habileté à construire leurs » pirogues et à fabriquer leurs ustensiles ; » leurs immenses cases, leurs croyances reli» gieuses, les sacrifices humains, leurs cou» tumes, et une sorte particulière de consé» cration ou *tapou;* tout indique la plus grande » ressemblance entre les Dayas et les Poly» nésiens (¹). »

Les *Alfouras* ne forment point une race particulière : ce nom, dans la langue des Dayas de Bornéo, signifie *hommes sauvages*. En général, les peuples de la Malaisie appellent Alfouras des hommes noirs, jaunes ou rouges qui vivent dans l'état de nature. Ainsi les Alfouras de Bouro sont cuivrés, ceux de Soumâtra sont d'un jaune foncé ; ceux de Mindanao et de Mindoro sont au contraire très noirs.

Les Malaisiens donnent le nom de *Poua-Poua*, qui signifie *brun-brun*, à une race que l'on a long-temps appelée les *Papous*, et que les voyageurs modernes nomment *Papouas*. A Bornéo, d'où ils paraissent être originaires, on les appelle *Igoloté* et *Dayer*. Les *Papouas* sont noirs, mais moins que les nègres de l'Afrique (²); leur angle facial est de 63 à 64 degrés au *minimum* et de 69 au *maximum*. Leurs cheveux noirs ne sont ni lisses ni crépus, mais laineux, fins et frisés. Ils sont rarement tatoués, sauf ceux qui ne portent aucun vêtement. Leur taille est assez élevée. On les trouve à la Nouvelle-Guinée, à la Louisiade, à la Nouvelle-Bretagne, aux îles Salomon et Sainte-Croix, à la Nouvelle-Irlande, à la Nouvelle-Calédonie, dans l'île de Van-Diemen, à la Nouvelle-Zélande, etc.

Le mélange des Malais et des Papouas a produit, dans plusieurs îles de la Malaisie, une variété que M. de Rienzi a proposé d'appeler *Papou-Malais*. Leur taille est généralement petite, et ils sont infectés d'une sorte de lèpre.

La race des Endamènes, devenue peu nombreuse par suite de la guerre continuelle que leur font les Papouas, est noire; plusieurs

(¹) *Blumenbach*, Dec. cran., III, tab. 29.—(²) *Bougainville*, Voyage autour du Monde, p. 211.

(¹) M. *L.-D. de Rienzi* : Description de l'Océanie. — (²) *Idem*, *ibid*.

tribus ont une teinte bistre. Ils ont le crâne parfaitement rond, le front toujours en arrière, les cheveux floconnés et crépus; leur bouche est d'une grandeur démesurée, leur nez large et épaté; leur angle facial n'a que 60 à 66 degrés d'ouverture; leurs bras sont très longs, leurs jambes proportionnellement plus longues; tout, en un mot, semble les rapprocher de l'orang-outang.

« L'analogie des langues nous frappe dans les vocabulaires si incomplets que Forster, le père Gobien, Marsden et autres nous ont procurés. Non seulement toute l'Océanie orientale parle le même langage en différents dialectes, mais cette langue offre une ressemblance singulière avec celle des Malais, surtout de Soumâtra [1], et, ce qui est encore plus étonnant, avec la langue de Madagascar, qui, selon Du Petit-Thouars, en présente le type le plus riche et le plus régulier. »

Cependant il paraît, d'après les voyageurs récents, que l'analogie que présentent ces idiomes a été exagérée. Ce qui a pu induire en erreur, c'est que le *malayou*, ou la langue des Malais, est la plus répandue, et que la plupart de celles que l'on parle dans la Malaisie et la Polynésie ont beaucoup de racines malayoues. M. de Rienzi pense que le taïtien, le tonga, le mani, ou nouveau-zélandais, en un mot le polynésien, dérive de la langue des Dayas; que le javan dérive du bonguis, formé aussi du dayas, mais qu'il est mêlé de malayou et de sanskrit.

« Au surplus, combien d'autres traits de ressemblance constatent la parenté des peuples polynésiens !

« La forme du gouvernement est généralement la même. Le capitaine Cook nous informe que dans Hamao, une des îles des Amis, *tamalao* signifie *un chef* [2]. Le père Cantova nous dit, en parlant des îles Carolines : « L'autorité du gouvernement se partage entre plusieurs familles nobles, dont les chefs » s'appellent *tamoles*. Il y a, outre cela, dans » chaque province un principal *tamole*, auquel tous les autres sont soumis. [3] » La même espèce d'aristocratie féodale règne dans la plupart des îles de l'Océan. Cook nous apprend que les chefs mêmes n'abordent le suprême monarque des îles des Amis qu'avec des marques d'un profond respect; ils touchent ses pieds de leur tête et de leurs mains [1]. Les lettres du père Cantova nous apprennent qu'on aborde les *tamoles* des îles *Carolines* avec la même vénération. Lorsqu'un d'eux donne audience, il paraît assis sur une table élevée, les peuples s'inclinent devant lui jusqu'à terre, et, du plus loin qu'ils arrivent, ils marchent le corps tout courbé et la tête presque entre les genoux, jusqu'à ce qu'ils soient auprès de sa personne; alors ils s'asseyent à plate terre et les yeux baissés, et reçoivent ses ordres avec le plus profond respect. Ses paroles sont autant d'oracles qu'on révère; on rend à ses ordres une obéissance aveugle. Enfin on lui baise les mains et les pieds quand on lui demande quelque grâce [2]. »

On trouve cependant des nuances assez remarquables dans les formes gouvernementales, à travers la couleur féodale qu'on y remarque partout. Ainsi dans la Malaisie et la Polynésie, ce sont en général des monarchies électives dont les chefs sont choisis par une aristocratie héréditaire qui en restreint l'autorité. Dans les Moluques cependant, chaque famille isolée forme une société dont le chef ne reconnaît aucun supérieur. A Soulou, le pouvoir suprême est héréditaire. Dans l'Australie, chaque petite peuplade a son chef, qui jouit d'une grande autorité.

« Dans les îles des Amis, on honore les chefs et les étrangers par des danses nocturnes, accompagnées de chants et de musique [3]. Dans les îles Carolines, on exécute le soir de pareils concerts autour de la maison des chefs; ils ne s'endorment qu'aux bruits d'une musique exécutée par une troupe de jeunes gens [4].

» Les danses, dans les îles Palaos, dans les Carolines, les Mariannes, et celles dans l'île de Watiou, ou *Ouateou*, au sud-ouest de Taïti, ont ensemble une ressemblance frappante [5]. Le cérémonial, dans plusieurs occasions solennelles, est le même dans les îles très éloignées les unes des autres. Les habi-

[1] *Marsden*, Archéologie, t. VI. — [2] Troisième voyage, t. II, p. 44, édition in-4°. — [3] Lettres édifiantes et curieuses, t. XV, pag. 312, édit. de 1781.

[1] Troisième voyage, t. I, p. 342. — [2] Lettres édifiantes et curieuses, t. XV, p. 312-313. — [3] *Cook*, *ibid.*, p. 358. — [4] Lettres édifiantes, *ibid.*, p. 314. — [5] *Cook*, troisième Voyage, t. I, p. 257, grand in-4°; et Lettres édifiantes, t. XV, p. 207-315.

tants des îles *Palaos*, ceux des *Nouvelles-Philippines* et des îles *Carolines*, et ceux de *Mangia*, éloignées d'environ 1,500 lieues, saluent de la même manière. Leurs civilités et la marque de leurs respects consistent à prendre la main ou le pied de celui à qui ils veulent faire honneur, et à s'en frotter doucement tout le visage (1). L'attouchement par le bout du nez est également en usage depuis les îles Sandwich jusque dans la Nouvelle-Zélande.

» Presque dans tout cet Océan, les Polynésiens reçoivent les étrangers avec des chants solennels, et leur présentent en signe de paix une branche de bananier. Au contraire, la race noire repousse le plus souvent toute communication avec des étrangers.

» Les mêmes termes servent à désigner le même genre d'amusement national. Les mots *tanger ifaifil*, aux îles Carolines, signifient *complainte des femmes*, et dénotent une espèce de spectacle public. Aux îles des Amis, la même chose est nommée *tangée véfaine* (2).

» En passant aux îles Mariannes, nous allons découvrir des ressemblances encore plus décisives (3). La société des Erreoy était ce qu'il y avait de plus singulier et de plus scandaleux dans les mœurs de Taïti, avant que les missionnaires évangéliques y eussent introduit le christianisme avec la civilisation, c'est-à-dire avant le commencement de ce siècle. Ces réunions d'hommes et de femmes qui ont érigé la débauche et l'infanticide en lois fondamentales, sont un phénomène horrible, mais presque unique dans l'histoire morale de l'homme. Le P. *Le Gobien* nous apprend qu'il existait une pareille société aux îles Mariannes. Il dit : les *Uritoy* sont parmi eux les jeunes gens qui vivent avec des maîtresses sans vouloir s'engager par les liens du mariage ; ils forment une association séparée. On sait que le dialecte de Taïti adoucit la prononciation de ses mots ; il faut observer qu'en retranchant une seule lettre (la consonne T), le mot *Uritoy* des îles Mariannes ressemble beaucoup aux *Arreoys*, ou *Erreoys*, selon l'orthographe de M. Anderson.

(1) *Cook*, troisième voyage, p. 272, etc. ; et Lettres édifiantes, *ibid.*, p. 208. — (2) *Cook*, *ibid.*, t. II, p. 79 ; et Lettres édifiantes, t. XV, p. 315. — (3) *Voyez* l'Histoire des îles Mariannes par le P. *Le Gobien*, liv. II, ou l'extrait de cet ouvrage dans l'Histoire des Navigations aux Terres-Australes, tom. II, 492-512.

» Le capitaine Cook a observé aux îles de la *Société* et à celle des *Amis* trois castes ; les chefs, les propriétaires libres et le bas peuple, ou les serfs. Le P. Le Gobien dit expressément qu'on remarque la même division aux îles Mariannes, où il y a trois états parmi les insulaires. Dans toute la Polynésie, la noblesse est d'une fierté incroyable, et tient le peuple dans un abaissement qu'on ne pourrait imaginer en Europe. Tout l'état politique de ces îles rappelle les lois, les institutions des Malais et des Madécasses. Il en est de même des idées qui tiennent à la religion.

» Parmi les Caroliniens, les uns conservent le corps de leurs parents morts, dans un petit édifice de pierre, qu'ils gardent en dedans de leurs maisons ; d'autres les enterrent loin de leurs habitations (1). Ceci rappelle évidemment les *Feiatouka* des îles des Amis, et en général la coutume universelle chez toutes ces nations de laisser dessécher les cadavres à l'air. Les cimetières sont aussi enclos de la même manière. Les naturels des îles de la *Société*, avant leur conversion au christianisme, déposaient autour des endroits où ils enterraient leurs morts des guirlandes du fruit du palmier et des feuilles de cocos, ainsi que d'autres objets consacrés particulièrement aux cérémonies funèbres, et qu'ils plaçaient à peu de distance des provisions et de l'eau. Les naturels des îles des Larrons font, selon le P. Le Gobien, quelques repas autour du tombeau ; car on en élève toujours un sur le lieu où le corps est enterré, ou dans le voisinage ; on le charge de fleurs, de branches de palmier, de coquillages et de tout ce qu'ils ont de plus précieux. Les Taïtiens n'enterraient pas les crânes des chefs avec le reste des os, mais ils les déposaient dans des boîtes destinées à cet usage. On retrouve encore aux îles Mariannes cette coutume bizarre ; car le P. Le Gobien dit expressément qu'ils gardent les crânes en leurs maisons, qu'ils mettent ces crânes dans de petites corbeilles, et que ces chefs morts sont les *Anitis* auxquels les prêtres adressent des prières.

» Les opinions de ces nations sur la vie future se ressemblent. Ils sont persuadés de l'immortalité de l'âme, ils reconnaissent même un paradis et un enfer ; mais ce n'est point, selon eux, la vertu ni le crime qui y condui-

(1) Lettres édifiantes, t. XV, p. 308 et suiv.

sent. Selon les habitants de la Nouvelle-Zélande, l'homme qui a été tué et mangé par l'ennemi est condamné à un feu éternel. Les naturels des îles Mariannes pensent aussi que ceux qui meurent de mort violente ont l'enfer pour partage.

» Des rapports si frappants ne peuvent être l'effet du hasard; lorsqu'on les ajoute à l'affinité dans l'idiome des diverses peuplades, on paraît autorisé à conclure que les habitants de toutes ces îles ont tiré leurs usages et leurs opinions d'une source commune, et qu'on peut les regarder comme des tribus dispersées d'une même nation, et qui se sont séparées à une époque où les idées politiques et religieuses de cette nation étaient fixées (1).

» Mais si nous cherchons la marche de cette dispersion, croirons-nous avec Cook, Forster et tant d'autres, qu'elle a été uniquement dirigée de l'ouest vers l'est? Ces voyageurs disent avec raison qu'il a dû souvent y avoir des partis de sauvages égarés dans leurs canots et poussés vers des rivages lointains où ils sont forcés de rester, n'ayant ni les moyens ni les connaissances nécessaires pour pouvoir retourner chez eux. Les exemples ne man-

(1) Cette opinion a été adoptée par M. Meerenhout d'Anvers, missionnaire, auteur d'un ouvrage sur les indigènes du grand Océan. Dans cet ouvrage, dont le monde savant attend la publication, M. Meerenhout tâche de prouver, par leur langue, leur état social, leurs mœurs, leur gouvernement et surtout leur religion, leur cosmogonie et leurs traditions, que les nations de l'Océanie descendent de quelque peuple civilisé. Il a découvert, dit-il, dans l'ensemble des traditions qui se transmettent des pères aux enfants, un système de religion des plus magnifiques, la croyance en un Dieu unique et tout-puissant, avec une description de la création qui, pour les pensées et pour l'expression, peut être comparée à tout ce que d'autres nations ont laissé d'écrits les plus sublimes sur le même sujet.

On retrouve dans la cosmogonie de ces peuples l'idée d'un Dieu, âme du monde, où tout ce qui existe fait partie de la Divinité, et celle de sept cieux. Ils ajoutent que Dieu, après avoir essayé d'unir les différentes matières pour en former notre globe, voyant qu'elles refusent de se joindre intimement, les lance de la main droite. Mais voici le passage :

Eté tuma (les pivots ou matières solides du centre de la terre).

Eté papa (les pierres).

Eté oné (les sables).

O, o (nous sommes).

Otoï na mai pohia teï fanua (venez, vous qui devez former cette nouvelle terre).

Pohia (il les presse).

Popohia (il les presse encore).

Acta ia e farire (mais les matières ne veulent pas s'unir).

Toro o hitu té raï (alors de la main droite il lance les sept cieux),

e pau mua (pour en former la première base).

Famaï ai té raï (et la lumière était créée).

Pau muri (l'obscurité n'existe plus).

Matarva e pau roto pau ahuï te pantia (tout était aperçu et l'intérieur de l'univers éclairé, le Dieu lui-même resta ravi en extase à la vue de l'immensité).

Eté pau noho (est finie la mobilité);

franaut té ori (le mouvement est créé);

e pau va arere (est fini l'office des messagers);

eté va oré rareo (est fini l'emploi des orateurs).

E faa ué tuma (sont placés les pivots);

e faa i té papa (sont posées les pierres);

e faa oné (sont posés les sables).

Fa opia raï (les cieux l'entourent).

A toto te raï (les cieux se sont élevés).

Ia hoho nu (la mer est dans ses profondeurs).

E pau fanua nohoau (est achevée la création de l'univers).

« Mais outre le passage ci-dessus, ajoute M. Meerenhout, qui n'a reconnu dans l'ensemble de leur cosmogonie et dans la description des génies et des messagers, l'ancien culte des astres ou sabéisme, qui fut si généralement répandu, et qui fut le principe des religions de presque tous les peuples de la terre? Les messagers de nuit, les messagers de jour, les uns pour surveiller la terre, les autres les mers; l'union de Dieu avec les différents éléments; l'idée assez exacte qu'ils avaient de ce que les éléments produisent; celui de la lune et de la terre; Vénus, appelée *Ori poï poï* (chien du matin); les constellations, nommées *moéi* (requins), qui mangeaient les étoiles, parce que celles-ci se cachaient sous l'horizon quand les autres paraissaient dans les cieux; et tant d'autres passages qui indiquent que ce système a existé, et que ces insulaires ont eu des connaissances dont ils conservent des notions imparfaites, sans les entendre. D'ailleurs, comme tant d'autres peuples, ils ont probablement pris depuis long-temps, avant même qu'ils fussent dispersés dans leurs îles, ces êtres figurés et symboliques pour des êtres réels et des divinités; enfin, leurs mouvements et leur influence pour leurs actions et leur pouvoir. »

M. Meerenhout a rassemblé une foule de faits qui lui servent à prouver non seulement que les insulaires de l'Océanie, depuis Tongatabou jusqu'à la Nouvelle-Hollande, depuis la Nouvelle-Zélande jusqu'à l'archipel de Sandwich, et depuis les îles des Amis jusqu'à l'île de Pâques, ne descendent pas des Malais, comme on l'avait d'abord prétendu, mais qu'ils appartiennent à une race dont le foyer principal devait se trouver sur une grande terre dont les insulaires actuels n'habitent plus que les débris, « race qui se répandit, probablement après la destruction du continent, plus ou moins dans toutes » les îles à l'ouest jusqu'à Madagascar même, et dont » les Malais ne sont que les descendants. » J. H.

Voyez la lettre adressée par M. Meerenhout à M. Dessalines d'Orbigny. — Nouv. Annal. des Voyages, août 1834, t. III, p. 140.

quent point. En 1696, deux pirogues qui avaient à bord trente hommes ou femmes, et qui partaient d'*Ancorso*, furent jetées par les vents contraires et les orages sur l'île de *Samal*, l'une des *Philippines*, éloignée de 300 lieues (1). En 1721, deux pirogues, dont l'une contenait vingt-quatre et l'autre six personnes, hommes, femmes ou enfants, furent chassées d'une île appelée *Baroilep* jusqu'à l'île de *Guam*, l'une des Mariannes (2). Enfin le capitaine Cook trouva sur l'île de Ouateva trois habitants de Taïti, qui avaient été poussés de la même manière. Ouateva est éloignée de Taïti de 200 lieues.

» Tous ces événements sont d'une vérité incontestable. Mais qui ne voit pas, en jetant les yeux sur une carte, que ces trois partis de voyageurs malheureux ont tous été portés par les *vents alizés* et par les courants vers des terres situées *à l'ouest* de celles d'où ils étaient partis? Ainsi ces exemples, tant de fois cités, prouveraient le contraire de ce qu'on prétend conclure. Ils prouveraient que l'Asie et l'Afrique ont pu recevoir des colonies sauvages du grand Océan, mais non pas que l'Océan en ait dû recevoir de l'ancien continent.

» Comment donc expliquer cette dissémination de tant de tribus ayant des mœurs et un idiome analogues? On les croirait sorties de l'Amérique méridionale, si l'absence de toute ressemblance, soit de langage, soit de constitution physique, n'en démontrait pas l'impossibilité (3). On pourrait être tenté de les supposer originaires d'un ancien continent submergé, dont leurs îles seraient les débris; mais cette hypothèse, hasardée par un savant estimable, n'expliquerait une difficulté qu'en en faisant naître mille autres (4). Pourquoi cet ancien peuple, en se dispersant de l'est à l'ouest, ne se serait-il pas répandu sur le continent de la Nouvelle-Hollande, où l'on n'a trouvé que des peuplades appartenant à une race noire?

» Voici la manière dont nous expliquons ce phénomène historique. Les grandes îles de Luçon, de Célèbes, de Bornéo, de Java et de Soumâtra, sont habitées par des nations qui parlent des langues plus ou moins rapprochées de celle des Malais, de sorte qu'on ne saurait leur refuser une origine commune; et cependant quelques unes de ces langues, telles que la *tagale* et la *bissaye* aux Philippines, la *balienne* à l'île de Bali, et celle des Battas dans l'île de Soumâtra, diffèrent assez essentiellement entre elles pour qu'on soit obligé de les supposer très anciennement séparées en corps de nations. En même temps, d'autres branches de la langue malaie se retrouvent à Madagascar, à 1,100 lieues à l'ouest de Soumâtra, aux îles de la Société et même au-delà, à 2,500 lieues à l'est des Moluques; elles s'y retrouvent enrichies de cette harmonie, de ces formes grammaticales qui supposent une civilisation avancée. Le même régime féodal, les mêmes mœurs et probablement la même mythologie (1), se retrouvent dans ces terres si éloignées les unes des autres. Il a donc fallu que cette langue, ces usages, ces institutions, naquissent au sein d'un ancien empire, d'un peuple puissant, d'un peuple navigateur, qui aura disparu du rang des nations.

» Quel fut le siége de cette Carthage malaie? Tout nous indique qu'il faut choisir entre Bornéo, Soumâtra et Java. La première de ces îles est mal connue; la seconde a paru au savant Marsden (2) être la véritable patrie des nations malaies. Mais sans adopter ni repousser cette opinion, nous croyons que la patrie de la *civilisation* malaie doit plutôt être cherchée dans l'île de Java.

» D'abord les traditions historiques de la colonie malaie établie à Malacca indiquent Java comme le siége d'un grand empire, dont même cette tribu émigrée avait reçu ses lois et sa religion. Même la plupart des livres malais sont traduits du javanais.

» En second lieu, la langue malaie est mêlée de beaucoup de termes hindous ou sanskrits, termes spécialement affectés à des idées religieuses et civiles. Ces termes se rapprochent en particulier du dialecte *calinga* ou *telinga*, parlé dans le Golconde et l'Oryçah (3). On s'attendrait par conséquent à retrouver ce mélange plus particulièrement dans les causes de la proximité. Au contraire, c'est le javanais, et surtout le javanais des habitants des

(1) Lettres édifiantes, t. XV, p. 196. — (2) *Ibid.*, p. 282 et suiv. — (3) *Forster*, Observations sur la Géogr. phys. — (4) *Meiners*, Recherches sur la différence des races humaines.

(1) *Voyez* ci-après les articles *Otahiti*, *Bali*, etc. — (2) Grammaire de la langue malaie, Londres, 1812. — (3) *Leyden*, Mémoire sur les langues indo-chinoises.

montagnes, qui montre le plus d'affinité avec le sanskrit. C'est aussi à Java, surtout dans l'intérieur, qu'on retrouve les fêtes et cérémonies de la religion brahmanique. L'histoire des Javanais les fait descendre de Vichnou (1).

« Mais à quelle époque Java fut-elle le siége d'une nation qui, civilisée d'abord elle-même par des Brahmanes-Telingas, a peuplé de ses colonies les rivages de l'immense Océan? — Ce fut certainement avant l'introduction du mahométisme, car cette religion ne s'est pas répandue au-delà des *Moluques*; et le cochon, cet animal si impur aux yeux des musulmans, a dû accompagner les colons malais jusqu'aux dernières îles de la Polynésie. Ce fut encore très probablement avant le voyage de Marco-Polo, car il semble parler de ce monde d'îles comme déjà connu et visité. D'un autre côté, les anciens, au siècle de Ptolémée, n'avaient eu connaissance d'aucune nation civilisée au sud des *Sinæ*, ou des Siamois modernes. La chronologie javanaise ne remonte qu'à un roi de Pajajaran, qui a dû régner en l'an 74 après J.-C. Ainsi, les probabilités placent la fondation des premières colonies malaises entre le quatrième et le dixième siècle de notre ère.

» Une deuxième migration des peuples malais fut provoquée par le fanatisme mahométan; et cette migration, mieux connue, eut lieu dans les douzième et treizième siècles. De là les différences si considérables entre les Malais des côtes et ceux de l'intérieur. »

Une découverte récente semble être de nature à jeter quelque lumière sur la question de l'origine des peuplades de la Nouvelle-Hollande, ou du moins sur la communication qu'elles eurent jadis avec les nations de l'Inde. Le docteur Henderson, dans un voyage scientifique qu'il entreprit en 1830 dans l'intérieur du continent australien, avec l'autorisation du gouvernement de la Nouvelle-Galles du sud, découvrit un temple qu'il regarde comme ayant appartenu au culte indou. Si ce fait est constant, comme il y a lieu de le croire, il peut offrir une nouvelle preuve à l'appui de ce qui a été dit plus haut, que les Hindous ont étendu jadis leur religion et probablement leur civilisation chez les peuples de l'Océanie (1).

« Tout concourt à faire considérer les nègres océaniens comme indigènes de la partie du monde qu'ils habitent. La forme plus carrée de leur tête, la proportion des bras et des jambes, la barbe et les cheveux non laineux, les distinguent de la race des nègres africains. Comme en Afrique et comme partout où l'homme est resté dans le dernier degré de l'état sauvage, chaque tribu, chaque canton a son idiome radicalement différent de celui des voisins, et le nombre de ces espèces de langues, ou plutôt d'*argots*, fatigue l'observation et le calcul.

» Outre ces grandes races, l'Océanie présente à l'observation des anthropologistes plusieurs horribles et dégoûtantes variétés de l'espèce humaine. Dans l'île de Mallicolo et aux environs de *Glashouse-Bay*, dans la Nouvelle-Galles, la structure osseuse de la tête se rapproche de celle de l'orang-outang d'une manière bien plus frappante que chez les nègres. L'intérieur de Soumâtra renferme une peuplade qui, ayant la tête très grosse et le corps très petit, peut donner une idée des pygmées; une autre a le corps couvert de longs poils, comme les habitants de la terre d'Yesso. Souvent ces difformités paraissent dues à quelque maladie héréditaire de la première famille qui aura peuplé un coin de terre isolé. C'est ainsi que les habitants de l'île Nyas ont communément la peau couverte d'écailles, maladie qui n'est pas inconnue en Europe. La *leucéthiopie*, ou cette espèce de lèpre générale qui rend la peau des nègres d'un blanc livide, règne parmi les Papouas dans la Nouvelle-Guinée, et s'étend aussi à la race malaie, dans l'île de Java, où l'on désigne les infortunés qui en sont atteints sous le nom de *kakerlaks*. A part ces aberrations de la nature, le mélange de la race malaie, ou, pour mieux dire, de celle des Océaniens olivâtres avec la race des Océaniens nègres, a dû suffire pour faire naître toutes les nuances qu'on remarque parmi les nations de cette partie du monde dont nous allons donner la description spéciale. »

(1) *Voyez* ci-après l'article *Java*.

(1) *Asiatic journal*; juin 1831.

LIVRE CENT QUATRE-VINGT-DIX-HUITIÈME.

Suite de la Description de l'Océanie. — Description spéciale de la Malaisie. — Première section. — Description spéciale des îles de la Sonde.

« La première grande terre que l'Océanie nous présente en venant de l'Asie, est l'île de *Sumâtra*, ou mieux *Soumâtra*, vaguement connue de Ptolémée, qui paraît indiquer la pointe d'Achem sous le nom de *Jaba-Diù*, c'est-à-dire *Java-Div*, ou l'île de l'Orge. Dans quelques éditions de Ptolémée, le nom de *Samarade* semble être une corruption de celui de Soumâtra. Les Arabes la connurent sous les dénominations de *Lamery* et de *Saborma* ([1]). Marco-Polo en nomme quelques royaumes et cantons; il l'appelle la *Petite Java*, en opposition avec Bornéo, qui est sa Grande Java ([2]). Encore aujourd'hui, en combinant avec les rapports des Anglais, copiés par les géographes, ceux des Hollandais qu'ils négligent, nous ne pouvons guère décrire authentiquement que les côtes.

» Cette île, nommée par les indigènes *Andelis*, et peut-être *Samâdra* ([3]), s'étend du nord-ouest au sud-est l'espace de 376 lieues; sa largeur varie de 20 à 85. Une chaîne de montagnes la traverse selon sa longueur: elle est plus voisine du rivage occidental; néanmoins l'une et l'autre côte sont basses et marécageuses. La chaîne principale est accompagnée de chaînes secondaires. Quatre grands lacs, suspendus sur les gradins de ces chaînes, émettent leurs eaux par des torrents rapides ou par des cascades imposantes; celle de *Mansélar* est célèbre. Le *Gounong-Passaman* ou le mont *Ophir*, mesuré par Robert Nairne, a 13,842 pieds anglais au-dessus du niveau de la mer. » La plus haute montagne de l'île est le *Gounong-Kossoumbra*: son élévation est de 2,350 toises; mais la plus célèbre chez les indigènes est le *Gounong-Bonko* ou la montagne du *Pain de sucre*, qui, de même que les autres cimes, est considérée comme *kramat* par les indigènes, c'est-à dire comme un lieu sacré. Malgré les dangers que présente une ascension jusqu'à son sommet, des Anglais l'effectuèrent en 1821, et reconnurent qu'elle a environ 3,000 pieds de hauteur, et qu'elle est formée de roches basaltiques et trappéennes, roches d'origine ignée qui dominent à Soumâtra, surtout dans les environs de Benkoulen. Elle est couverte de forêts jusqu'à une assez grande hauteur.

Parmi les montagnes de l'île les voyageurs citent six volcans : le *Gounong-ber-Api* ou montagne par excellence, qui a 12,200 pieds d'élévation; le *Gounong-Dembo*, qui en a 11,260; le *Gounong-Ayer-Raya*, qui en a 8,260; et le *Gounong-Tallang*, qui fume sans cesse, mais qui depuis long-temps n'a point d'éruption; enfin le *Gounong-Allas* dans l'intérieur des terres. Le nombre de volcans est peut-être plus considérable que celui que nous indiquons, puisqu'on ne connaît pas l'intérieur de l'île: aussi les tremblements de terre y sont-ils très fréquents.

« Le sol est généralement une terre grasse, rougeâtre, couverte d'une couche de terre noire souvent calcinée et stérile. On a trouvé dans les montagnes de la stéatite, du granit gris et du marbre. Les trois quarts de l'île, particulièrement vers le sud, présentent une forêt impraticable. Les mines d'or avaient attiré l'attention des Hollandais; mais les mineurs allemands envoyés à Sillida ont jugé que le minerai, peu abondant, était d'une exploitation trop difficile ([1]). Les Malais de Padang et de Menangkabou vendent par an 10 à 12,000 onces d'or, recueilli principalement par le lavage. Les mines de Sipini et de Caye donnent de l'or de 18 à 19 carats. L'intérieur renferme d'excellentes mines de fer et d'acier. L'acier de Menangkabou est préférable à tous ceux de l'Europe. L'étain, ce rare minéral, est un objet d'exportation; on le trouve principalement près de Palembang, sur le rivage oriental; c'est une continuation des riches

([1]) *Voyez* ci-dessus, vol. I, p. 193. — ([2]) Vol. I, p. 238. — ([3]) *Valentyn*, Description de Soumâtra, p. 2. (Ostindien, VII)

([1]) Voyage de *Benjamin Olitsch*, conseiller des mines, décrit par *Elias Hesse*, Dresde, 1690, en all.

couches de Banca. On y trouve aussi du cuivre, de la houille, du soufre et du salpêtre. La petite île de Poulo-Pisang, située au pied du mont Pougong, est presque entièrement formée d'un lit de cristal de roche. Le *nappal* paraît être une sorte de roche savonneuse; on rencontre aussi du pétrole. Les côtes sont en grande partie entourées de récifs de corail. »

D'après des renseignements parvenus récemment en Europe ([1]), on a découvert à Soumatra dans le district de Doladoulo, arrondissement du Kottas méridional, une mine de diamants qui paraît devoir être abondante. Elle sera exploitée pour le compte du gouvernement. Les mines d'or de Bonjol et de Kampon-Hardi, qu'on ne travaille que depuis 1837, deviennent de plus en plus productives, à mesure que l'on creuse dans une direction perpendiculaire le sol alluvial qui les constitue. On n'en tira d'abord que de l'or en paillettes, mais maintenant on y trouve des pépites qui pèsent jusqu'à *un*, *deux*, et *trois* kilogrammes.

Quoique située sous la ligne, Soumâtra ne voit que rarement le thermomètre monter au-dessus de 85° de Fahrenheit, tandis que dans le Bengale il atteint 101°. Les habitants des montagnes font du feu dans les fraîches matinées. Cependant la gelée, la neige, la grêle, y paraissent inconnues. Le tonnerre et les éclairs sont fréquents, principalement pendant la mousson du nord-ouest. La mousson du sud-est, qui est sèche, commence en mai et finit en septembre; celle du nord-ouest ou pluvieuse commence en décembre et finit en mars. On a trop décrié le climat de Soumâtra; la côte occidentale, couverte de marais très étendus, a pu mériter le surnom de *Côte de la Peste*, à cause des brouillards malsains dont elle est assiégée. Mais beaucoup d'autres parties de l'île, et surtout la côte orientale, offrent des situations salubres et de nombreux exemples de longévité ([2]).

» Les îles Malayes, quoique ornées de tant de plantes rares et de tant d'arbres précieux, sont généralement d'un sol ingrat pour toutes les cultures nécessaires; les faits que *Marsden* allègue semblent ne laisser aucun doute à cet égard ([1]). Les Soumâtriens cultivent le riz de deux espèces : la première, qui est la plus grosse et la meilleure, que l'on récolte dans les terres hautes et sèches, et la seconde qui croît dans les terres basses et humides. Ils tirent de l'huile de sésame; ils mâchent la canne à sucre. Un sucre noir appelé *djaggari* est extrait du palmier *anou*, qui fournit également du sagou et une liqueur spiritueuse. Le cocotier surtout assure leur subsistance. La pulpe du coco sert d'assaisonnement à presque tous leurs mets; ils en tirent une huile à brûler et à oindre les cheveux; ils en extraient une liqueur fermentée appelée *toddi*; la tête leur fournit un chou bon à manger nommé chou-palmiste. Soumâtra abonde en ces précieux fruits que nous envions aux climats tropiques, tels que le *mangoustan*, cette merveille des Indes, vantée même comme un remède universel ([2]); le *dourion*, dont la pulpe blanche a un peu le goût d'ail rôti et des qualités très échauffantes; les fruits de l'arbre à pain, mais d'une espèce médiocre; le fruit du *jambo mura*, qui ressemble à une poire pour la forme; les ananas, qui, à Bencoulen, ne coûtent que 2 à 3 sous; les pommes de goyave, les limons, citrons, oranges et grenades. »

Le *djarak* (*ricinus communis*), le chanvre, les ignames, les patates douces et le sagou y sont également cultivés. Parmi les plantes à teinture on compte le sapan, l'indigo, le cassoumbo, l'oubar, le carthame, etc.

« D'innombrables fleurs étalent sur les montagnes de cette île de magnifiques tapis de pourpre et d'or. L'*arbre triste* est appelé en malaïou *sounda maloune*, ou belle de nuit, parce que ses fleurs ne s'ouvrent que la nuit. »

On y voit aussi deux espèces de *rafflesia* (*R. arnoldi* et *R. patma*), l'*aristolochia cordiflora*, la *brugmansia zeppellii* qui croît sur les lieux élevés, et une autre plante appelée *krouboul* par les indigènes. La fleur que produit cette plante est d'une grandeur à étonner le botaniste; elle a 8 pieds de circonférence et pèse une quinzaine de livres; elle croît et s'épanouit sans tige ni feuilles.

« La denrée la plus abondante est le *poivre*, objet principal de l'établissement des Anglais; c'est la graine d'une plante rampante qui res-

([1]) Lettres adressées à Amsterdam au commencement de 1841. — ([2]) *Radermacher*, Description de Soumâtra, § 7. Dans les Mémoires de Batavia, en hollandais.

([1]) *Marsden*, t. I, p. 42-45 et p. 133-138. — ([2]) *Rumph*, Hortus amboinensis, vol. I, p. 132, tab. 13, etc.

semble à la vigne. Sa fécondité, qui commence à la troisième année, s'étend quelquefois jusqu'à la vingtième. Les habitants cultivent aussi le bétel (pinang) qui forme une des plantations les plus considérables de Soumâtra, le curcuma, le gingembre, le cardamome et la coriandre. Il y a deux récoltes de poivre, la grande au mois de septembre, la petite au mois de mars. La paresse des Soumâtriens ne se procure qu'en petite quantité le poivre blanc en dépouillant les graines mûres de leur enveloppe extérieure [1]. Le *camphre* est une autre production remarquable qu'on trouve dans l'arbre, sous la forme d'une cristallisation concrète. Le camphrier croît spontanément dans le nord de Soumâtra, qui est la partie la plus chaude; il égale en hauteur les plus grands bois de construction : il a souvent jusqu'à 15 pieds de circonférence [2]. Chaque arbre donne environ 3 livres d'un camphre léger, friable et très soluble, qui se dissipe à l'air, mais beaucoup plus lentement que celui du Japon. L'huile de camphre est produite par une autre espèce d'arbre. Le *benjoin* est la gomme ou résine d'une espèce de sapin. Le *cassia*, sorte de cannelle grossière, se trouve dans l'intérieur du pays.

» Les rotangs sont exportés en Europe pour servir de cannes. Le coton de soie abonde. Sa finesse, son lustre, sa douceur, le rendent à la vue et au toucher bien supérieur au produit de l'industrieux ver à soie; mais il est bien moins propre au rouet ou au métier, à raison de sa fragilité et de sa petitesse. Il ne sert qu'à rembourrer des oreillers et des matelas. L'arbre pousse des branches parfaitement droites et horizontales, toujours au nombre de trois, de sorte qu'elles forment des angles égaux à la même hauteur; les rejetons croissent également droits, et les diverses gradations des branches conservent la même régularité jusqu'au sommet. Quelques voyageurs l'ont appelé l'*arbre à parasol* [3]. Les cafeyers, qui sont en grand nombre, donnent un fruit de médiocre qualité. Les ébéniers, les *tek*, les arbres de fer abondent dans les bois, et on exporte de Palembang des mâts de 66 pieds de long sur 7 de large [4].

» Les chevaux sont petits, mais bien faits et courageux; les vaches et les brebis y sont aussi de médiocre grandeur; les dernières viennent probablement du Bengale. Le buffle est employé à quelques travaux domestiques. Les forêts nourrissent l'éléphant, le rhinocéros, l'hippopotame, le tigre royal, l'ours noir qui mange le cœur des cocotiers, la loutre, le porc-épic, des daims, des sangliers, des civettes et beaucoup d'espèces de singes, particulièrement un singe à menton barbu, le *simia nemestrina*, qui paraît particulier à cette île, le *maïba* ou tapir bicolore de Malacca (*tapirus indicus*), le gibbon aux longs bras ou *gibbon lar*, et des antilopes noires à crinière grise. On accuse l'orang-outang de prendre souvent des libertés avec les femmes qui se hasardent à traverser seules les forêts [1].

» Parmi les nombreux oiseaux, le faisan de Soumâtra est d'une rare beauté. Les poules d'Inde y fourmillent, et il y en a dans le midi une espèce d'une hauteur extraordinaire, également connue à Bantam. L'*ardea argala*, la plus grande espèce connue du genre du héron, se trouve également au Bengale et dans le midi de l'Afrique. L'*angang* ou l'oiseau rhinocéros porte sur son bec une espèce de corne, c'est le casoar. Les rivières sont infestées de crocodiles et remplies de toutes sortes de poissons. On y trouve le caméléon et le lézard volant. Le lézard des maisons court sur le plafond des chambres; les insectes y fourmillent, et sont très importuns, particulièrement les *termites* destructeurs. L'hirondelle, dont on mange les nids, est aussi répandue à Soumâtra.

» Les indigènes divisent Soumâtra en trois régions : celle de *Balla*, au nord, renferme le royaume d'*Achem* ou d'*Achim*, et plus exactement *Atché*, avec les principautés vassales de *Pëdir*, de *Pacem* et de *Delli*; l'intérieur de cette division est habité par les *Battas*; elle se termine à la rivière de Siak, sur la côte orientale, et à celle de Sinkol, sur la côte occidentale. La deuxième division est l'ancien empire de *Menangkabou*, comprenant, sur la côte orientale, les royaumes d'*Iamby* et d'*Andragiri*; dans l'intérieur, le *pays des Redjangs* et le reste de l'empire de *Menangkabou*; et sur la côte occidentale, les pays de *Baros*, *Tapanouli*, *Natal* et autres; les pos-

(1) *Marsden*, Histoire de Soumâtra, t. I, p. 223. *Elias Hesse*, p. 208. *Eschelskron*, p. 59.—(2) *Valentini*, Historia simplicium, p. 488, pl. 7.—(3) *Marsden*: Histoire de Soumâtra; t. I, p. 239. — (4) *Radermacher*, § 153.

(1) *Elias Hesse*, p. 185.

sessions hollandaises de ***Priaman***, de ***Padang***, de ***Sillida***, avec le royaume d'***Indrapoura***. La troisième division, nommée ***Balloum-Ary*** ou ***Kampang***, embrasse le sud-est de l'île, où se trouve le royaume de ***Bancahoulo*** ou ***Bencoulen***, avec un établissement que fondèrent les Anglais; le pays de ***Lampoungs*** et le grand royaume de ***Palembang*** (1). »

Les changements politiques qui sont introduits chez les naturels, et les conquêtes des Hollandais, ne nous permettent pas de suivre ces divisions qui n'existent plus qu'en partie : ainsi les Anglais ont cédé Bencoulen aux Hollandais; et ceux-ci dominent sur le ci-devant empire de Menangkabou, le pays des Lampoungs et le royaume de Palembang.

Dans la partie indépendante qui se divise en plusieurs Etats, nous citerons principalement le royaume d'Achem, celui de Siak et la confédération des Battas.

Le *royaume d'Achem* comprend l'extrémité septentrionale de l'île, et s'étend sur la côte orientale depuis le cap Achem jusqu'au cap ***Diamonda***, en français ***Diamant***; au sud-est, il confine au pays des Battas.

Vers la fin du seizième siècle, les Achemais étaient le peuple le plus puissant de la Malaisie; ils comptaient parmi leurs alliés plusieurs nations commerçantes depuis le Japon jusqu'à l'Arabie; leur marine se composait de plus de 500 voiles; enfin, leur empire comprenait presque la moitié de Soumâtra et une grande partie de la péninsule de Malacca. Ils ont perdu leur prépondérance vers le milieu du dix-septième siècle.

Ils sont gouvernés par un sultan dont le pouvoir est héréditaire; cependant l'ordre de primogéniture est souvent méconnu en faveur de l'enfant du prince qui paraît le plus capable de gouverner : aussi le choix du souverain est-il quelquefois le sujet de guerres sanglantes. L'Etat d'Achem comprend un grand nombre de principautés gouvernées par des radjahs; celles de ***Pédir*** et de ***Sinkel*** sont les plus considérables. Plusieurs petites îles dépendent également de ce royaume. Mais l'anarchie qui règne souvent dans cet Etat peut faire considérer comme indépendants la plupart des radjahs. La capitale est *Achem*, sur la rivière du même nom, à une lieue de la mer, qui y forme une rade vaste et sûre. Elle contient 8,000 maisons, construites en bambous et soutenues sur des pilotis de trois pieds de hauteur, destinés à les préserver des inondations subites. Ces habitations, n'étant pour ainsi dire que des cabanes, semblent ne devoir renfermer au plus qu'une population de 18 à 20,000 individus. Le palais du sultan, situé hors de la ville, est une espèce de forteresse grossièrement bâtie, environnée d'un fossé qui peut avoir environ une lieue de tour, et défendue par des canons d'un très gros calibre. Les habitations de cette ville sont dispersées au milieu d'une vaste forêt de cocotiers, de bambous et de bananiers, au milieu de laquelle coule une rivière couverte de bateaux qui sortent de la capitale au lever du soleil et y rentrent le soir. On y voit quelques rues; mais la plupart des quartiers sont séparés par des bouquets d'arbres, en sorte qu'on arrive dans la rade sans se douter qu'on entre dans une ville.

« Avant l'arrivée des Européens aux Indes, le port d'Achem était fréquenté par les Arabes. Les Portugais et les nations qui s'élevaient sur leurs ruines ont essayé de s'y établir; mais les révolutions, trop ordinaires chez un peuple belliqueux, les en ont chassés (1). Les habitants ont plusieurs manufactures en soie et en coton, et des fonderies de canons. Le roi d'Achem exploite aujourd'hui le commerce en monopole; il vend de l'or très fin, du benjoin, du poivre, des nids d'oiseaux, et des chevaux petits, mais vifs (2). »

Pédir, ville maritime, passe pour la seconde du royaume; elle rivalise avec Achem sous le rapport de l'importance commerciale. Les autres lieux les plus remarquables sont ***Telosancaouay***, petite ville sur la côte dans la partie du nord-est de l'île, et ***Moukki***, bourgade près de laquelle on exploite une mine de cuivre. Pédir et un autre endroit appelé ***Delli*** fournissent aux Achemais du riz, mais pas suffisamment pour leur consommation (3).

Le *royaume de Siak*, l'ancien ***Etat de Campar***, dans la partie moyenne de la côte orientale, est arrosé par le Siak et le Danèer. Il se divise en deux parties : le ***Campar-Kiri*** et le ***Campar-Kanan***, c'est-à-dire le ***Campar de***

(1) *Radermacher*, Description de Soumâtra, p. 9 et suiv.

(1) *Marsden*, t. II, p. 234 et suiv. — (2) *Blancard*, Comm. des Indes, p. 321. — (3) *Valentyn*, p. 9.

droite et le *Campar de gauche*. L'anarchie dont ce pays est depuis long-temps la proie a favorisé l'ambition des principaux chefs : tous sont indépendants. Ceux des districts maritimes se livrent à la piraterie. *Siak*, sur le fleuve de ce nom, est une petite ville qui ne peut pas avoir plus de 3,000 habitants, dans laquelle réside le sultan. *Campar* et *Langkat* sont les lieux les plus commerçants. Il n'y a pas de marchands chinois à Campar ; le commerce est entre les mains des Malais. La petite ville de *Batou-Bara* est la résidence d'un radjah qui possède une marine marchande nombreuse.

Le *Battak* ou le *pays des Battas*, qui confine avec le royaume d'Achem et le territoire hollandais, occupe une longueur d'environ 50 lieues, et une largeur de 40 : le *Sinkel* est sa principale rivière. Il renferme les montagnes de *Deira* et de *Papa ;* celle de *Bata-Silondony* est un volcan. Chez les Battas il existe de l'or de lavage, et l'on récolte du camphre et du benjoin. Ce pays, couvert de forêts impénétrables, est divisé en plusieurs districts qui forment une sorte de confédération. Le chef, qui réside à l'extrémité du grand lac de Toba, paraît être le principal des membres de cette association. *Varous* ou *Barous*, sur la côte occidentale, est le plus important marché du pays ; *Tapanouli*, avec un port superbe, en est la seconde place de commerce.

« Les Battas, qui parlent une langue remplie de mots inconnus aux Malais de la côte, admettent trois grands dieux, *Battara-Couron*, qui règne aux cieux, *Sorie-Pada*, le dominateur des airs, et *Mangalla-Boulang*, le roi de la terre. Un géant porte la terre sur sa tête ; un jour, fatigué de son fardeau, il secoua la tête : les continents s'écroulèrent ; l'Océan était sans rivage, le maître du ciel y jeta une montagne qui devint le noyau des nouvelles terres ; une fille céleste vint l'habiter, et de ses trois fils, mariés à leurs trois sœurs, naquit un nouveau genre humain [1]. Les Battas croient à une vie future et à une espèce de purgatoire. Les mariages sont accompagnés de quelques cérémonies singulières. La future se montre toute nue dans un bain à son futur, qui convient ensuite du prix auquel il doit l'acheter. Les nouveaux époux goûtent ensemble de deux sortes de riz, et le père de l'épouse étend sur le couple un morceau d'étoffe. Les Battas savent faire de la poudre et se servir des armes à feu ; ils emploient l'or, l'étain et le fer à fabriquer des ustensiles et de grossiers ornements ; ils font des étoffes de coton ; et leurs livres sacrés, dont le gouverneur Siberg a porté un exemplaire à Batavia, sont écrits de gauche à droite sur du papier fait avec de l'écorce d'arbre [1]. Ils mangent la chair des criminels et celle des prisonniers de guerre trop grièvement blessés pour pouvoir être vendus. »

Ce qu'il y a de remarquable, c'est que ce peuple n'est anthropophage que dans les cas déterminés par les lois : ainsi leur code condamne à être mangés vivants ceux qui commettent un vol au milieu de la nuit, ceux qui se rendent coupables d'adultère, d'assassinat ou de complot contre la sûreté publique, ceux qui contractent des unions que la consanguinité fait réprouver, enfin les prisonniers faits à la guerre. Mais ils paraissent manger la chair humaine, soit crue, soit grillée, avec tant de délices, qu'on est étonné qu'il n'y ait pas d'exemples, ainsi que l'assurent les voyageurs, qu'ils aient cherché à satisfaire leur goût révoltant hors des cas permis par la loi. La chair humaine est cependant interdite à leurs femmes. Jadis ils étaient dans l'usage de manger leurs parents devenus vieux ; aujourd'hui cette coutume barbare est abandonnée.

Les femmes des Battas sont chargées des travaux de l'agriculture. Un mari achète sa femme et peut la vendre avec ses enfants. Ce peuple est d'une taille plus petite que les Malais, son teint est moins brun.

Les Battas forment une population d'environ 2 millions d'individus. Ils offrent le mélange le plus singulier de mœurs civilisées et de coutumes féroces. Presque tous savent lire et écrire, et s'acquittent avec zèle des devoirs de l'hospitalité. Leur gouvernement est régulier : c'est une confédération formée d'un grand nombre de chefs de districts ; ils ont des assemblées délibérantes présidées par des hommes d'un talent reconnu.

Dans la *partie hollandaise*, le gouvernement de *Padang* se compose d'un vaste territoire autour de la ville de ce nom, résidence

(1) *Radermacher*, p. 26.

(1) *Radermacher*, p. 26 § 23.

du gouverneur hollandais. *Padang* est une place de commerce importante; on en exporte du poivre, du camphre, du benjoin, et l'on y rassemble tout l'or que l'on peut recueillir dans l'île et qu'on envoie ensuite à Batavia. La ville, située sur la rivière de son nom qui se jette à peu de distance de là dans l'océan Indien, est défendue par une forteresse. Les Hollandais formèrent cet établissement vers le milieu du dix-septième siècle. Depuis 1791 jusqu'en 1794, il leur fut enlevé par les Anglais, qui ne le restituèrent qu'à la paix générale, en 1814. On estime que sa population est de 10,000 individus. C'est de cet établissement que dépend celui de *Bencoulen*, ville de 8,000 habitants, parmi lesquels on compte un millier de Chinois. Il est défendu par le fort *Marlborough*, bâti par les Anglais. Nous citerons encore le port de *Natal*, d'où l'on tire de l'or, et celui de *Pontchang-Catchil*, que l'on appelle aussi *Tapanouli*, parce qu'il est situé dans la baie de ce nom.

Le *Menangkabou* ou *Menang-Kabau* est une grande plaine découverte, entourée de collines, où l'on compte, dit-on, 1,200 exploitations d'or. Ce pays, situé presqu'au centre de l'île, était le siége d'un grand empire auquel Soumâtra presque tout entière était soumise; mais les dissensions qui divisèrent les habitants à propos de religion ont favorisé les Hollandais dans leur projet de réduire ce pays à l'état de tributaire. *Pandjarnachoung* et *Menangkabou* sont ses plus grandes villes. Dans la première, les naturels fabriquent en filigrane d'or et d'argent des objets de luxe fort estimés, ainsi que des fusils et des poignards très recherchés. *Priangan* est un lieu renommé pour ses eaux thermales que les naturels ont l'habitude de fréquenter depuis un temps immémorial.

Le royaume de *Palembang*, dans la partie méridionale de l'île, après avoir été sous la dépendance de l'empereur de Java, était naguère un de ses principaux États indépendants; mais vaincu par les Hollandais à la suite des querelles qui s'élevèrent à l'occasion de la rétrocession à la Hollande des pays occupés par les Anglais, le sultan de Palembang fut déposé, et son successeur se reconnut le vassal des Hollandais. La ville de *Palembang*, qui occupe un espace d'environ une lieue sur les deux rives du *Mousi*, appelé aussi Palembang, qui a plus de 1,200 pieds de largeur en cet endroit, est peuplée de 20 à 25,000 individus : ce sont des Chinois, des Siamois, des Malais et des Javanais. Presque toutes ses maisons sont construites en bambous et en nattes, et couvertes en chaume. Les seuls édifices en pierre sont le palais du sultan et la grande mosquée. A sa sortie de la ville, le Mousi se divise en deux branches, dont l'une coule au milieu d'un groupe nombreux de petites îles que l'on a appelées les *Mille-Iles*, et dont la plupart sont comprises dans les jardins d'une maison de plaisance appartenant au sultan.

« Les terres d'alluvion augmentent ici dans une progression rapide. Mal cultivé et couvert de forêts, ce pays exporte, outre les autres produits de Soumâtra, du sassafras, du sang-dragon, de beaux bois de construction. On y exploite une mine d'étain. Le climat, quoique sujet à d'étonnantes alternatives de chaud et de froid, n'est pas nuisible à la santé (1). Le sultan, sans armée régulière, sans revenu fixe, étale son orgueil et sa mollesse dans un vaste sérail. Les habitants de *Blida* doivent à leur extrême stupidité le privilége d'être les seuls mâles admis dans cette enceinte, où ils servent de porteurs d'eau. Les lois sont sans force, les juges sans honneur, et les négociants sans probité. Les prêtres mahométans réussissent dans le commerce. Les filous ou *sumbarawes* vivent en communauté légalement reconnue, sous un chef qui modère leurs excès et maintient la police (2). Les Malais, ici comme dans toute l'île, portent une veste et une espèce de manteau avec une ceinture dans laquelle ils mettent leurs *crics* ou poignards. Ils portent des caleçons très courts; les jambes et les pieds restent nus; un beau mouchoir enveloppe leur tête; dans leurs voyages, ils mettent un grand chapeau par-dessus. Les deux sexes liment leurs dents et les peignent en noir. Les maisons sont de bois de bambou, couvertes de feuilles de palmier, élevées sur des piliers; une mauvaise échelle sert d'escalier. »

Dans l'intérieur vivent des nègres qui ont la tête extraordinairement grosse, une taille de pygmée, des bras et des jambes d'une dimension très petite. Radermacher en a vu des

(1) *Radermacher*, p. 131. — (2) *Id.* § 115.

individus à Palembang, et M. de Rienzi près de la baie des Lampoungs.

Le pays des *Lampoungs*, jadis vassal du sultan de Bantam, à Java, est borné au nord par l'Etat de Palembang. Il est arrosé par plusieurs rivières, dont la seule qui ait quelque importance est le *Toulangbavang*. Ces cours d'eau débordent tous les ans pendant la saison pluvieuse, c'est-à-dire en janvier et février, et les villages, placés tous sur des lieux élevés, paraissent être bâtis sur des îles. Les habitants sont, de tous les peuples de Soumâtra, ceux qui, sous le rapport physique, se rapprochent le plus des Chinois. Ils ont le visage large et les yeux très fendus. Leurs mœurs sont très licencieuses; mais ils sont hospitaliers, et traitent les étrangers avec cérémonie. La religion mahométane est fort répandue parmi eux; un petit nombre a conservé le culte des idoles. Les deux principales bourgades ou villes des Lampoungs sont *Toulangbavang*, sur la rivière de ce nom, et *Telok-Bitong*. Leur pays est gardé par des troupes hollandaises.

On pourrait considérer aussi comme dépendant de la Hollande le *pays de Passoummah*, gouverné par des chefs qui forment une sorte de confédération. Les habitants du Passoummah sont en général remarquables par leurs formes athlétiques, par leur adresse et leur humeur belliqueuse. Ils n'ont point de culte extérieur, et ne paraissent même avoir aucune idée de l'existence d'un Etre suprême. Ce qu'il y a de remarquable, s'il faut en croire les voyageurs, c'est qu'ils ont pour le tigre une attention, un respect sans bornes, qui va jusqu'à s'abstenir de le tuer, même lorsqu'il s'agit de se défendre de ses attaques.

Un autre pays qui reconnaît la suprématie politique des Hollandais, est celui des *Redjangs*, divisé, de même que le précédent, entre plusieurs chefs. Les Redjangs sont sobres, endurcis à la fatigue et hospitaliers. Chez eux la peine capitale est presque inconnue; le coupable peut racheter son crime à prix d'argent. La polygamie est tolérée, mais ceux qui ont plus d'une femme font presque exception. Ils témoignent la plus grande vénération pour les tombeaux de leurs ancêtres : ils croient que les âmes des morts passent dans le corps des tigres; aussi ces animaux peuvent-ils les dévorer impunément.

L'île de Soumâtra et celles qui l'entourent à l'est et à l'ouest peuvent être considérées comme formant un groupe particulier. Elles sont presque toutes gouvernées par un ou plusieurs chefs indépendants; quelques unes seulement sont soumises aux Hollandais. Nous citerons d'abord les principales. Le long de la côte sud-ouest, *Engano*, en grande partie couverte de bois, a environ 10 lieues de circonférence; elle est habitée par une peuplade qui paraît être de race malaie. Les hommes et les femmes ignorent l'usage des vêtements; ils se font aux oreilles de larges trous qu'ils remplissent de rouleaux de feuilles ou d'anneaux faits avec des cocos. Leurs habitations, élevées sur des piliers, ressemblent à des ruches.

« Cette île, que l'on a appelée *Trompeuse*, passait pour être habitée par une race d'anthropophages. Charles Miller y descendit, et n'y trouva qu'un peuple simple et grossier. Ils sont d'une stature élevée et d'un teint cuivré. Leur nourriture ne consiste qu'en noix de cocos, pommes de terre douces, cannes à sucre et poisson séché [1]. On avait déjà dit qu'ils vivaient des lichens croissant sur les rochers [2], ce qui n'est pas sans vraisemblance. »

En se dirigeant vers le nord-ouest, on voit les deux îles *Poggy* ou *Nassau*, peuplées d'environ 1,500 habitants dispersés le long des côtes dans plusieurs petits villages. La plus méridionale est Nassau proprement dite; l'autre porte spécialement le nom de Poggy. Elles sont séparées par un canal d'environ une lieue de largeur, et bordées de grands rochers qui paraissent avoir été détachés de la côte par quelque commotion violente. Ces îles sont montagneuses et boisées; les forêts y fournissent des bois propres à la mâture. « Le sagou y croît en abondance; les habitants ne cultivent pas le riz, mais les cocotiers et les bambous y sont très nombreux. On y voit des daims rouges, des porcs, des singes, un petit nombre de tigres, mais ni buffles ni chèvres. Les habitants, d'une taille très élevée et d'un teint cuivré, ressemblent aux anciens Otaïtiens, tant par leurs traits que par l'aimable simplicité de leurs mœurs. La polygamie leur est inconnue, mais les liaisons entre les personnes non mariées des deux sexes y sont re-

(1) Bibl. britann. n° 147, p. 203. — (2) *Radermacher*, p. 78.

gardées comme une chose innocente. Ils prétendent descendre du soleil [1]. »

On aperçoit ensuite *Si-Pora*, appelée aussi *Porah* ou *Bonne-Fortune*, et *Si-Birou* ou *Mantawaï*, *Battou* ou *Mentao*, et enfin *Nias* ou *Poulo-Nias*.

Cette dernière île a environ 24 lieues de longueur sur 10 de largeur. Ses montagnes, ses vallées, ses rivières et son sol fertile, lui donnent un aspect agréable. Nous ne répéterons pas, d'après Radermacher, que Nias est habitée par une race singulière, à la peau blanchâtre, couverte d'écailles et aux oreilles très longues [2]; nous dirons au contraire que les habitants, généralement bien faits et robustes, ont le teint aussi clair que les peuples de l'Asie orientale; qu'ils ont dans les traits du visage quelque chose du caractère grec; qu'enfin ils diffèrent complétement des Malais. Leurs femmes passent pour les plus belles de la Malaisie. On estime la population de l'île à 200,000 individus divisés en 50 petits districts, gouvernés chacun par un radjah, dont le plus puissant est celui de *Bokonaro*. La plupart de leurs villages s'élèvent sur le sommet des collines, dans des positions susceptibles de défense, car les peuplades y sont presque toujours en guerre. Ce qui excite leur haine, c'est le trafic des esclaves avec les Européens et les Malais. Chaque tribu compte sur la vente de ses prisonniers : aussi le nombre des individus qu'ils vendent annuellement s'élève-t-il à plus de 1,500, malgré la surveillance des croiseurs anglais. Dans la partie septentrionale de l'île, la population diffère de celle que nous venons de dépeindre, parce qu'elle est mêlée à des Malais et à des Achemais.

Au nord de Nias se trouvent les îles *Banjak*, dont la principale a 6 lieues de longueur; et au nord-ouest de celle-ci celle de *Babi* ou des *Cochons*, qui est trois fois plus grande.

Près de la côte orientale, les îles de *Roupat*, de *Pandjour*, de *Perpeseratte*, de *Bancalis*, et quelques autres, dépendent du royaume de Siak. *Lingen* ou *Lingga*, appelée aussi *Lengan*, où l'on compte 10,000 habitants, dont les deux tiers occupent la ville de *Kwala-Daï*, est remarquable comme la principale possession des Malais indépendants, qui occupent à 20 lieues au nord le groupe de *Bintang*, île de 7 lieues de longueur entourée de plusieurs autres plus petites. Le souverain de ces Malais a cédé aux Hollandais un petit îlot appelé *Riouw*, qui est devenu l'un des points les plus commerçants de cette partie de l'Océanie : sa population peut s'élever à 6.000 habitants.

Les Hollandais possèdent encore deux îles importantes, Banka et Billitoun. *Banka* est célèbre par ses mines d'étain, qui ne furent découvertes qu'en 1710 ou 1711. Cette île a environ 50 lieues de longueur sur 9 dans sa plus grande largeur. Elle renferme des montagnes de granit dont les contre-forts sont formés de roches ferrugineuses : c'est entre ces montagnes que l'on exploite par le lavage l'étain, qui gît dans des dépôts d'alluvion. Ce lavage occupe environ 2,000 Chinois : le produit s'en élève annuellement à environ 40,000 quintaux. Le chef-lieu de Banka est une petite ville nommée *Mountoh* ou *Mintao*, peuplée de 3,000 individus, et défendue par un fort qui la domine. C'est la résidence du gouverneur hollandais. *Billiton* ou *Billitoun*, ainsi que la précédente, faisait autrefois partie du royaume de Palembang. Depuis 1812, les Hollandais y ont une garnison destinée en grande partie à contenir les habitants, pirates hardis qui, par l'habile politique du gouverneur-général, M. Van-der-Capellen, se livrent aujourd'hui à la construction de petits bâtiments croiseurs qu'ils vendent aux Hollandais. On croit cette île riche en étain; mais ce qu'il y a de certain, c'est qu'elle renferme d'abondantes mines de fer. C'est par le détroit qui sépare les deux îles de Banka et Billitoun que passent les vaisseaux qui vont à la Chine ou qui en reviennent. Les navigateurs regardent le climat de ces parages comme un des plus dangereux.

« Le célèbre détroit de *la Sonde*, proprement de *Sunda*, sépare l'île de Soumâtra de celle de Java. Le navigateur qui, en venant de l'ocean Indien, a ces deux îles à gauche et à droite, voit bientôt devant lui la grande terre de Bornéo; de là cette dénomination commune d'*îles de la Sonde* donnée à ces trois contrées, dénomination insignifiante, mais sur laquelle il est inutile de chicaner. Le nom de *Sunda* paraît venir du sanscrit *sindu*, mer,

(1) Asiatic Researches, t. VI, p. 77, et *Annales des Voyages*, tom. I, page 117. — (2) *Radermacher*, pag. 71.

fleuve, grande eau, et rappelle le *Sund* des Danois et le *Sound* des Anglais.

» L'île de *Java*, jadis siége d'un grand et florissant empire indigène, centre de la puissance d'une compagnie de commerce qui dominait sur toutes les mers de l'Orient, mériterait une description bien plus détaillée que n'en admettent les bornes de cet ouvrage. Cette île domine, par sa position, les principales entrées des mers qui baignent l'Asie orientale. En grandeur elle n'égale ni Bornéo, ni même Soumâtra, car elle ne s'étend en longueur, de l'ouest à l'est, que l'espace de 245 lieues; sa largeur varie de 30 à 50, et sa superficie peut aller à 5,700 lieues géographiques carrées. Sa population est cependant plus considérable et ses habitants plus industrieux, surtout pour ce qui concerne le commerce, les arts et l'agriculture. Le nom de *Djava* est malais, et dénote, selon les uns, une grande île, selon les autres, une espèce de grain qui croît ici [1]. Les Arabes et les Persans l'appelèrent *Djezyret al Maha-Radje*, l'île du grand roi.

» D'après la grande carte de Valentyn, l'île est traversée de l'est à l'ouest par une chaîne de montagnes généralement plus rapprochée de la côte méridionale, et qui, se doublant en plusieurs endroits, embrasse des plateaux élevés, entre autres ceux où les provinces de Préangan et de Sourakarta sont situées. La partie la plus occidentale présente une terrasse inférieure. Les premières hautes montagnes commencent au sud de Batavia; elles portent le nom de *Pangerangon* ou les *Montagnes Bleues* [2]; c'est entre la province de Tcheribon et de Sourakarta, dans la partie la plus étroite de l'île, que s'accumulent les plus hautes montagnes: le *Gounoung-Kandang*, le *Tourenterga*, le *Tagal* et le *Keddo* [3]; plus à l'est, les *Deux Frères* ou *Soudara-Soudara*, les monts *Louvon*, *Domong*, *Djapan*, le *Merbabou*, le *Sindoro*, le *Gounoung-Dieng* ou *Gounoung-Prahou* et le *Soumbing*, continuent la chaîne jusqu'à la pointe orientale. »

Les plus hautes montagnes ne dépassent point 15,000 pieds *anglais* d'élévation; leurs flancs sont escarpés, et leur sommet, presque aussi grand que la base, est ordinairement terminé par un plan horizontal. Ces montagnes présentent au géologiste un grand nombre de roches, telles que des amphibolites, beaucoup de quartz, de feldspath et de mica; on y trouve des masses de porphyre, de l'agate, du cristal de roche et du jaspe commun. Comme presque tous les terrains quartzeux, elles sont peu riches en minéraux; elles renferment cependant du soufre, du plomb, de l'étain, du cuivre, et même de l'argent; mais la difficulté du terrain et le peu d'abondance du minerai en ont fait abandonner l'exploitation.

On compte parmi ces montagnes 46 volcans, dont nous ne nommerons que les plus importants. Le *Salak*, haut de 8,000 pieds et presque entièrement composé de basalte, eut une éruption en 1761. Le *Gounong-Gontour* ne cessa d'être en éruption depuis 1800 jusqu'en 1807. Il en eut encore une en 1840. Le *Kiamis* lance de l'eau chaude et de la boue. Le *Galong-goung* eut une terrible éruption en 1822. L'*Arjouna*, haut de 9,986 pieds, rejette continuellement de la fumée. L'*Idjen*, dans l'une de ses dernières éruptions, vomit un volume d'eau si prodigieux, que sur une étendue de 20 lieues, une grande partie du pays situé entre ce volcan et la mer fut complétement inondée.

L'île de Java est arrosée par un grand nombre de rivières; on en compte 50 médiocres et 5 à 6 qui sont navigables à quelque distance de leur embouchure. Les deux plus considérables sont le *Solo* et le *Keridi*. On y a compté plus de 588 espèces de poissons.

« Les plaines de la côte consistent en une argile rougeâtre, peu fertile, une argile noire très riche, et une marne jaune entièrement stérile. A une lieue de la mer commencent les terres d'alluvion, formées de sables, d'argile et de coquilles [1]. Les montagnes, couvertes de bois et de plantes, enrichies de diverses cultures, offrent le coup d'œil le plus agréable. »

Le thermomètre centigrade s'élève, dans les parties basses, telles que Batavia, Sourabaya et Samarang, jusqu'à 53 degrés; mais si on s'élève de 1,000 pieds, il peut descendre jusqu'à 25. Il varie de 7 à 8 degrés depuis le lever ou le coucher du soleil jusqu'à midi. Une telle température rend le séjour de Java

(1) *Valentyn*, Descript. de Java, p. 64-66 (Indes orientales, t. V). — (2) Carte de Valentyn, feuille 2. — (3) *Ibid*, feuille 4.

(1) Mém. de Batavia, I, p. 24-190, etc.

un peu contraire à la constitution des habitants de la zone tempérée. Les eaux stagnantes des innombrables canaux, les arbres trop multipliés et la malpropreté des habitants, avaient valu à Batavia l'épithète de *pestilentielle* que lui ont donnée les Européens ; mais aujourd'hui que ces dernières causes ont disparu, ce pays ne mérite point la même qualification.

« A 12 lieues dans l'intérieur il y a des collines d'une hauteur considérable, où l'air est sain et frais. Les végétaux d'Europe, et particulièrement les fraises, y croissent fort bien ; les habitants y sont vigoureux ; leur teint annonce la santé. Les médecins y envoient aussi les malades, qui s'y guérissent en peu de temps. Tout l'intérieur jouit des mêmes avantages. Près de Sourakarta, la résidence de l'ancien empereur de Java, le voyageur respire un air pur, frais et embaumé. De limpides ruisseaux roulent partout une onde salutaire (1). »

Les Javanais ne connaîtraient pas les vicissitudes des saisons, si des vents périodiques ne divisaient l'année en deux parties, appelées moussons. Chaque mousson dure 6 mois : l'une est sèche et ne donne à la terre que l'eau indispensable aux plantes ; l'autre est humide et fournit des pluies qui tombent par torrents, surtout dans les pays montagneux. « Du reste, c'est le meilleur pays de la terre pour la végétation. Le riz de deux espèces y croît en abondance, ainsi que le blé d'Inde ou le *maïs* (*zea mahis*) ; on y récolte beaucoup d'espèces de haricots, des lentilles, du millet, du sorgho jaune, des ignames fondantes et d'autres sans suc, des patates douces, des pommes de terre d'Europe, qui sont très bonnes : on trouve dans les jardins une abondance d'excellents légumes, tels que les raves blanches de la Chine, le fruit de la plante appelée *plante aux œufs* (*melongena ovata*) ; le pois d'Angole, et en outre toutes les plantes culinaires d'Europe. On y recueille encore, avec bien peu de culture, une quantité très considérable des plus belles et des plus grosses cannes à sucre : elles donnent beaucoup plus que celles de l'Amérique. Les moulins à sucre ont diminué de nombre ; en 1700 il y en avait plus de 100 ; en 1784, il n'en existait que 55, et on ne produisait que 2 millions de livres de sucre (1). On faisait beaucoup d'arak. La disette de bois gêne cette exploitation (2).

(1) *Wollzogen*, p. 378.

« On exporte une grande quantité de *poivre*. Parmi les plantes aromatiques qui servent à la consommation des habitants, Thunberg remarqua le gingembre sauvage et le *zerumbet*, ou la *globbée uniforme*, le *bétel*, l'*arek* le *curcuma* et le poivre d'Espagne. »

On y trouve aussi des plantes vénéneuses, telles que le *tchettik* et l'*antchar*, que Rumph paraît avoir décrit sous le nom d'*arbor toxicaria*. Les fougères, presque rampantes dans nos pays, parviennent à Java à une élévation étonnante ; les mousses y atteignent la hauteur d'un pied (3).

« Les arbres fruitiers sont le bananier de paradis, le bananier nain (4), qui produit un fruit très délicat et très sain, l'ananas, la goyave, l'iambos de Malacca, le catappa ou badamier de Malabar (5), le jacquier des Indes. Le fruit nommé *corossel* provient de l'*anona squammosa*. Les mangoustans, les melons d'eau, les pampelmousses et les oranges se trouvent aussi dans cette île. Les citrons y sont un peu rares, et les raisins ne sont pas très bons. La médecine emploie avec succès deux espèces de casse, *cassia javanica* et *cassia fistula* ; les fruits pendent à l'arbre comme de longs bâtons. L'île de Java produit aussi deux espèces de coton : l'un, le fromager pentandrique, arbre très élevé ; l'autre est un arbuste, c'est le *gossypium indicum* de Lamarck.

» La rose de la Chine, le marsan ou murraie des Indes, les nyctantes, les *corallodendrum*, étalent leurs fleurs parmi les buissons ; dans les jardins on cultive les plantes exotiques les plus recherchées ; l'*eugenia latifolia* y épanouit ses pétales rouges et blanches, et la plupart des fleurs qui embellissent nos parterres, telles que la reine marguerite, la balsamine, les œillets d'Inde et les bluets,

(1) *Hooymann*, des cultures, etc., dans les Mémoires de Batavia, I, p. 247. — (2) *Tesseire*, Mémoire sur les moulins de sucre, Mémoires de Batavia, V. — (3) Les fougères, qui ne sont en Europe que des plantes berbacées, s'élèvent à Java, suivant M. *de Rienzi*, à la hauteur de 80 pieds (Voyez sa Description de l'Océanie). Sans le témoignage de ce voyageur, cette assertion nous paraîtrait une erreur, à moins que les fougères en arbres ne soient à Java huit à dix fois plus hautes que dans les autres régions où croissent ces beaux végétaux. J. H.

(4) *Pisangradia*. — (5) *Terminalia catappa*.

n'y sont point inconnues. A Batavia l'on vend des fleurs dans les rues, tous les soirs, au coucher du soleil. Plusieurs arbres forment de belles allées et procurent des ombrages nécessaires ; tels sont le *mimusope elengi*, la nauclée d'Orient, le canari des Moluques, la guettarde de l'Inde (*guettarda spinosa*), et le grand filaos à feuille de prêle [1].

» Les Javanais, en faisant de nombreuses entailles au tronc de l'*hybiscus tiliaceus*, dans la saison des pluies, parviennent à lui faire produire, sur toute sa longueur, des branches qui couvrent la terre. L'arbre de tek ou téak forme de très grandes forêts, à l'ombre desquelles croît abondamment le pancrais d'Amboine et plusieurs belles espèces d'uvaires, d'hélictères, de bauhinies, ainsi que l'agave vivipare, avec lequel les habitants font des étoffes. Le muscadier uviforme porte un fruit qui n'est pas aromatique [2]. »

Les buffles sont énormes et de couleur grisâtre [3]. On les apprivoise et on leur fait traîner de très grands chariots. Les moutons sont rares ; ils ont des poils au lieu de laine, et les oreilles pendantes. Les chevaux sont petits, mais vifs et vigoureux. Il y a des éléphants, des chameaux, des ânes, des bœufs, des cerfs, des gazelles, des lièvres, des lapins ; on y voit le tigre royal (*felis tigris*), et plusieurs espèces particulières, telles que le *felis melas*, le *felis ondé*, le *felis servalin*, et le *felis de Java*, des caméléons, des iguanes et des lézards de toute espèce. Les sangliers pullulent dans les bois. Il y existe aussi des rhinocéros, dont une espèce, le *rhinoceros javanicus*, ne se trouve que dans cette île. Parmi les singes de Java, les naturalistes nomment le *semnopithèque nègre* et la *macaque brune*. On trouve aussi dans les bois l'écureuil bicolore et l'écureuil volant de Java (*nycterys javanicus*).

Tous les oiseaux de basse-cour qu'on y a transportés d'Europe s'y sont acclimatés. Les oies et les canards sauvages, les cailles, les bécassines, les faisans, les grèbes, les pies, l'aigle blanc et le paon sont communs dans les forêts. On y remarque aussi le gigantesque émou ou casoar des Moluques, et plusieurs espèces de perroquets qu'on ne trouve point

(1) *Labillardière*, t. II, p. 310. — (2) *Labillardière*, t. II, p. 316. — (3) M. *de Rienzi* : Description de l'Océanie.

ailleurs, tels que le louri rouge et le kakatoès blanc, remarquable par la huppe qu'il porte sur la tête. Les coqs sauvages ont le plumage très brillant et la crête blanche, mêlée d'une teinte légère de violet. Dans les marais habitent une vipère verdâtre très dangereuse et un redoutable serpent, l'*outar sawa*, qui avale des volailles et même des chevreaux entiers [1].

Il ne manque pas non plus de crocodiles énormes. Ces reptiles connaissent, à ce qu'on assure, les habitants des contrées où ils se trouvent ; ceux-ci les régalent quelquefois de poules ou d'autres viandes, et peuvent ainsi jouer avec eux en toute sûreté [2]. Les étrangers qui ont voulu tenter les mêmes expériences ont payé de leur vie une telle témérité. C'est surtout le lac *Ranou*, dans la résidence de Passaronang, que l'on cite comme peuplé de crocodiles familiers. « Les étrangers qui visitent cette partie de Java, dit le » comte de Hogendorp, ne manquent pas » d'aller voir ce lac, et les habitants du » Gratté s'empressent de leur présenter un » genre de spectacle assez extraordinaire, et » dont on peut jouir sans danger, en se rendant dans un petit pavillon placé au-dessus » de l'eau, à une cinquantaine de pieds du » rivage. Les acteurs se jettent en foule dans » le lac, en poussant devant eux un petit » radeau sur lequel ils ont attaché quelques » poules : ils appellent à grands cris les crocodiles, que l'on voit s'avancer vers le déjeuner qui leur est offert, sans paraître » tenter d'attaquer les nageurs, qui retournent paisiblement à terre. »

Les dragons volants voltigent aux environs des villes pendant la plus grande chaleur du jour, comme les chauves-souris en Europe ; et on les attrape facilement et impunément. La cigale musicale [3] se perche sur les arbres, et fait entendre un cri très perçant, semblable au son d'une trompette ; la blatte kakerlagor, et de petites fourmis rouges, s'insinuent partout, mangent et détruisent tout. La terre fourmille d'autres insectes peu dangereux.

» Java produit en abondance ces fameux nids de l'*hirundo esculenta* que recherche la gourmandise des Orientaux, espérant en vain

(1) *Labillardière*, t. II, p. 328. — (2) Voyez la Description de Java, par le comte *de Hogendorp*. — (3) *Cicada tibicen*.

y trouver de nouveaux aiguillons de volupté. Marsden, dans son *Histoire de Soumâtra,* assure que ces oiseaux avalent l'écume de la mer ; Poivre a observé que cette écume consiste en frai de poisson, délayé de manière à former une espèce de colle. Cette opinion nous paraît la plus vraisemblable, quoique des Hollandais aient affirmé qu'une espèce du moins de ces oiseaux se nourrit uniquement d'insectes et forme ses nids avec le résidu de ses aliments [1]. »

L'île de Java, presque entièrement soumise à la Hollande, a été, en 1825, divisée par les Hollandais en 20 régences. Nous allons parcourir les villes les plus remarquables.

Batavia, capitale des Indes hollandaises, située dans la régence de même nom, et bâtie sur la rivière de Tjiliwong, occupe l'emplacement de Djokatra, ville célèbre qui fut réduite en cendres par les Hollandais vers l'an 1620, et qui avait été construite sur les ruines de l'ancienne ville javanaise de *Sunda-Calappa.* Elle a depuis subi une quatrième métamorphose. Vers la fin du dix-huitième siècle elle avait très peu de rues qui n'eussent un canal d'une largeur très considérable ; ces eaux stagnantes embellissaient moins la ville qu'elles ne l'empoisonnaient. Les bâtiments publics étaient pour la plupart vieux, lourds et de mauvais goût : elle était fermée par un rempart médiocrement élevé et tombant en ruines. Vers l'an 1800 elle fut abandonnée et presque démolie entièrement ; depuis elle a été reconstruite sur un nouveau plan ; plusieurs canaux ont été desséchés, un grand nombre de rues ont été élargies ; les voiries, les cimetières, en un mot tout ce qui pouvait nuire à sa salubrité, a été éloigné, de sorte qu'elle est aujourd'hui aussi favorable à la santé que la plupart des autres villes de Java. Les anciens édifices ont été en partie réparés et en partie remplacés par des constructions modernes, dont l'architecture est légère et convenable au climat. Les plus remarquables sont l'hôtel-de-ville, celui du gouverneur général, l'église luthérienne, le théâtre, le grand hôpital militaire, le palais de Weltevreden, bâtiment immense où sont établis les bureaux civils et militaires, et la belle caserne qui, avec ce palais, orne la place d'armes.

En débarquant au port ou *Boom*, on a devant soi l'ancienne ville, que l'on traverse par trois ou quatre rues, assez fréquentées le matin ou pendant les heures des affaires, et presque désertes le reste de la journée. C'est à l'extrémité de l'ancien faubourg appelé *Buiten Neuw-poort-straat* que s'étendent les quartiers modernes ; ils consistent en une suite de jolies habitations entourées de jardins plus ou moins grands, qui se prolongent sur une largeur de trois quarts de lieue, au bord du canal de *Moolenvliet* et de *Rijswijk;* plus loin on aperçoit une grande plaine carrée entourée de maisons : c'est le *Weltevreden* ou le quartier militaire ; sur la droite une autre plaine appelée *Konings Plein* est environnée de charmantes habitations. Au-delà du Weltevreden on se trouve sur la route de Buitenzoorg, le long de laquelle se succèdent, pendant une lieue jusqu'au-delà du lac de Maester Cornelis, des habitations d'une élégante architecture. « Ajoutez à cela, dit le » comte de Hogendorp, quelques allées laté- » rales aboutissant au canal ou aux carrés dont » nous venons de parler, comme le *Prinsen-* » *Laan*, le chemin de *Gonnong Saharie*, le » chemin de *Tanaabon*, etc., et l'on pourra » se faire une idée de la capitale de nos pos- » sessions orientales, telle qu'elle est aujour- » d'hui. Entre et derrière ces différents quar- » tiers européens, se trouvent les quartiers » des habitants asiatiques et des Chinois. Le » quartier principal de ces derniers, ou camp » chinois, est hors de l'enceinte et à l'ouest de » l'ancienne ville, dont elle formait comme » un vaste faubourg ; mais à la longue ils se » sont glissés partout, et on les voit mainte- » nant établis de tous côtés, surtout dans les » bazars situés entre les quartiers que je viens » de citer [1]. » Tous les employés européens et les plus riches habitants demeurent aux environs de la ville, où ils vont tous les jours pour leurs affaires. Batavia ne renferme pas moins de 55,000 âmes. On y compte environ 24,000 Javanais ou Malais, 15,000 Chinois, 600 Arabes, 12,000 esclaves, et un peu plus de 3,000 Européens. Elle occupe le fond d'une large baie ; son port est assez vaste pour recevoir une grande flotte ; il est très sûr, mais peu profond. Cette ville possède une société des arts et des sciences qui jouit

(1) Mém. de Batavia, III, p. 146.

(1) Voyez la Description de Java, par le comte de Hogendorp.

d'une certaine célébrité dans le monde savant.

« Il serait impossible de faire le siége de Batavia par mer. L'eau est si basse qu'une chaloupe peut à peine s'approcher à la portée du canon des remparts, excepté dans un canal étroit appelé *la Rivière*, défendu des deux côtés par des môles qui s'étendent à environ un demi-mille dans le havre. Il aboutit à l'autre extrémité sous le feu de la partie la plus forte du château. »

Bantam, qui fut long-temps grande, populeuse, et le rendez-vous des marchands de l'Europe, n'est plus la résidence de ce sultan dont les domestiques, la cour, les gardes et les officiers ne se composaient que de femmes. Ce petit prince, dont l'administration tyrannique entravait dans son royaume la marche de l'industrie, est devenu simple pensionnaire du gouvernement hollandais, et sa résidence a été abandonnée par suite de l'insalubrité de son sol marécageux. Ses maisons en ruines sont la plupart désertes. Tout son commerce s'est porté à Batavia. *Céram*, assez jolie ville, est aujourd'hui la résidence du gouverneur de la province.

Sourabaya, la ville la plus considérable de l'île après Batavia, renferme au moins 50,000 habitants. Bâtie à l'embouchure du Kediri, qu'on nomme également *Sourabaya*, elle est fortifiée, très salubre, munie d'une rade où l'on peut entrer et d'où l'on peut sortir par tous les vents. On y distingue les trois quartiers hollandais, chinois et malais. Les deux derniers n'ont rien de remarquable; mais le quartier hollandais présente d'élégants édifices, un bel arsenal maritime et un hôtel des monnaies. Le nombre de voitures qu'on voit dans cette ville, les chantiers de construction et les magasins, la rendent semblable à l'une des plus florissantes places de l'Europe. On estime sa population à 50,000 âmes.

Samadang ou *Samarang* occupe le troisième rang dans la classification des villes de Java; elle possédait un très beau port; la mer l'a rendu impraticable par la quantité de bancs de sable qu'elle y a formés. Cette ville a été à trois époques différentes, au quatorzième siècle, en 1819 et 1821, désolée par le *mordechì*, que nous nommons *choléra-morbus*. On porte cependant encore sa population à 30 ou 40,000 âmes. Le village de *Banyou-Kouñing*, dans la résidence de Samarang, est remarquable par les *tchandis* ou temples antiques que l'on voit dans ses environs.

« *Tchéribon*, chef-lieu de province, est une petite ville assez commerçante; à une lieue et demie, les mahométans vénèrent le tombeau d'Ibn Cheyk Mollanah, le premier apôtre de l'islamisme dans cette île. Cinq terrasses, adossées à une montagne, présentent des parapets ornés de beaux pots de fleurs, offerts par les rois musulmans de toutes les îles voisines; le tombeau est ombragé de palmiers (1). »

C'est sur les limites de la province de Tchéribon que s'étend cette vaste forêt de *Dagon-Louhour*, dont les arbres, au rapport des voyageurs récents, forment des voûtes de verdure tellement épaisses qu'elles sont impénétrables à la lumière du soleil, et que pour la traverser en plein jour il faut s'éclairer par des torches.

Buitenzoorg, où l'on arrive après avoir traversé Batavia, est un beau château qui a été rebâti en 1816, et qui est intéressant par le jardin botanique que le baron Van-der-Capellen y a fondé.

« Dans la partie de la *Côte-Orientale*, on remarque, en allant de l'est à l'ouest, les villes suivantes: *Tagal*, avec 8,000 habitants; *Japara*, anciennement le chef-lieu de la côte, et dans laquelle les Chinois possèdent un temple; *Joana*, dont les environs fournissent du riz, de l'indigo et de beaux bois de construction; *Rembang*, le grand marché pour les bois de djati (2) ou de tek; *Pamanoucan* et *Baniouwangui* (3), dans la province aujourd'hui déserte de *Balambonoung*, dont la capitale du même nom a été détruite par les ravages de la guerre. En général, la population de toute cette côte a diminué pendant le dix-huitième siècle, et les sujets de la compagnie hollandaise, en 1774, ne s'élevaient qu'à 414,000 individus; mais la tranquillité maintenue depuis a amélioré la situation du pays.

» Les parties intérieures et méridionales de la moitié orientale de l'île formaient autrefois le royaume de *Mataram*, dont le souverain prenait le titre de *sousouhounam* et d'*empe-*

(1) *Valentyn*, p. 37. — (2) *Valentyn*: Descript. de Java, p. 15. — (3) *MS.* de M. *Deschamps*.

reur de Java. Des guerres civiles, fomentées par la compagnie, ont permis à celle-ci de partager cet empire, déjà très diminué, entre deux princes, dont l'un résidant à *Soura-Karta*, grande ville ou plutôt réunion de villages qui forment une population de 100,000 âmes, conserve un million de sujets et le titre d'empereur, tandis que l'autre, établi à *Djokjo-Karta*, ville tout-à-fait semblable et égale en population à la précédente, a reçu de la main des Hollandais un Etat de 660,000 habitants, et le titre de *sultan* (1). Un militaire allemand qui a visité la cour du sousouhounam, dépeint le pays sous des couleurs très favorables (2). L'air pur et frais est embaumé par mille fleurs odorantes. Tantôt on erre dans de vastes plaines couvertes de riz, de coton, de café, de végétaux de toutes espèces; tantôt, monté sur les collines, on voit les limpides ruisseaux former de petites cascades à l'ombre de forêts épaisses. Des grottes naturelles présentent la fraîcheur la plus délicieuse. La vue plane, dans le lointain, sur la mer, les rochers et les volcans, dont la fumée nuance l'azur d'un ciel tranquille.

» La population de l'île de Java, qui s'élève, dit-on, à 5,000,000 d'habitants, se compose d'indigènes ou *bhoumi* (3), et d'étrangers. Parmi ces derniers, les Hollandais, les Chinois, les Macassars, les Baliens, sont les plus remarquables. Parmi les indigènes, on distingue une peuplade de nègres qui erre, dit-on, dans les montagnes, et une tribu nommée *Isalam*, qui habite sur la côte; mais nous n'avons pu recueillir aucune notion certaine, ni sur leur caractère physique ni sur leur langue. Les Javanais indigènes paraissent être de race malaie, anciennement établie dans l'île, mais qui, ayant été civilisée par une colonie d'Hindous, et spécialement de Calingas, en a reçu un grand nombre de mots et plusieurs institutions. »

Les ruines que le voyageur rencontre à chaque pas entre le Brambanam et le mont Gounoung-Dieng, appelé aussi *Gounoung-Prahou*, dans les districts de Paranaguara, de Trengali, de Madion, de Bava, de Tchéribon, de Kalangbret, de Jayaraya, de Kirtasana, de Malang, de Strengat et de Magetam, prouvent que Java a éprouvé de grandes et terribles révolutions physiques et politiques. Les débris de temples, parmi lesquels se trouvent d'innombrables fragments de colonnes et de statues, et les magnifiques tombeaux que l'on remarque, attestent à Java une ancienne civilisation qui a passé comme celle des Egyptiens, des Grecs et des Romains. Le district de Kediri nous présente les ruines de l'antique *Madjapahit*, capitale de l'île; elles sont couvertes d'arbres, de buissons et de mousses, de sorte qu'on dispute aujourd'hui sur son étendue, comme on disputera peut-être plus tard sur sa situation et sur son existence. Les ruines de cette ville consistent en une muraille de 1,000 pieds de longueur et de 12 de hauteur, bâtie en briques cuites et qui entourait l'étang de Madjapahit. Dans un village voisin appelé *Trangwoulan*, on voit le magnifique mausolée d'un prince musulman, de sa femme et de sa nourrice, et tout près de là les tombes de neuf autres chefs. Ces monuments sont gardés par des prêtres. Le territoire sur lequel se trouvent toutes ces constructions est compris dans la résidence de Sourabaya.

D'autres parties de Java offrent diverses ruines, dont quelques unes méritent d'être mentionnées. Ainsi, dans la *résidence de Kadou*, près de la frontière des Etats du sultan de Djokjokarta, se trouvent les célèbres ruines de *Boro-bodo*, parmi lesquelles on voit sur une colline les restes d'un temple qui paraît être un monument du septième ou du onzième siècle. Il est entouré de 7 enceintes qui s'élèvent par étages sur les flancs de la colline; elles sont de forme carrée; la plus grande a 720 pieds sur chaque face, et est accompagnée d'un triple rang de tours, au nombre de 72; la plus petite de ces enceintes est surmontée d'un dôme de 50 pieds de diamètre. Les tours et les murailles, dit M. Walckenaer, sont ornées d'environ 400 statues placées dans des niches. On a trouvé au milieu de cet édifice en ruine une statue mutilée que M. Raffles a prise pour celle de Brahma; mais il est plus probable que c'est celle de Bouddha; et, en effet, Boro-bodo paraît dériver de Bara-bouddha, le *grand Bouddha*.

Dans la *résidence de Passarouang*, on voit un *tchandi*, ou temple, dont la principale en-

(1) Mém. de Batavia, III, p. 427. — (2) *Wollzogen*, Lettres, p. 378. — (3) *Deschamps*, dans les *Annales des Voyages*, t. I, p. 145 et suiv.

trée est ornée d'une énorme tête de Gorgone. On a trouvé à quelque distance de là une statue de taureau, celle d'une divinité à quatre têtes; une autre représentant *Mahadewa* armé de son trident; une statue colossale de *Ganesa*, avec sa trompe d'éléphant; une belle sculpture représentant le char du soleil attelé de ses sept chevaux; enfin différentes figures qui paraissent représenter des prêtres. Ces ruines sont connues sous le nom de *Singa-sary*.

Près de *Kédal*, sur la limite de la forêt, on voit les restes d'un magnifique temple en pierre : deux lions sculptés sont à l'entrée; quatre autres soutiennent la corniche. A *Djalon*, on remarque un vaste édifice à trois étages, dont les frises sont ornées de sculptures représentant des batailles, et dont les autres ornements sont des figures d'oiseaux et de différents animaux. Suivant M. Raffles et M. Walckenaer, ces ruines sont les restes de l'antique cité de *Dgegeland*.

Entre Sourakarta et Djokjokarta, près du village de *Brambanan*, dans la province de Matarem, s'élèvent encore les ruines de quelques anciens temples. Le tchandi de *Loro-Djongrang* se composait de vingt édifices différents, dont le plus grand avait 90 pieds anglais de hauteur. Au-dessus de la porte d'entrée, on voit la statue de Loro-Djongrang, qui, selon M. Raffles, est la même que le dieu *Dourga* chez les Hindous; elle est pourvue de dix bras et a sous ses pieds un buffle. A un peu moins d'un quart de lieue de ce temple, s'élève les mille tchandi (*Tchandi-Siwon*). C'est une réunion de temples, tous construits sur le même plan et dans le même style, longue de 540 pieds et large de 510. Leur forme extérieure est carrée, mais l'intérieur présente celle d'une croix. Il est impossible, disent les voyageurs, de contempler au milieu de la plus brillante végétation un plus grand nombre de colonnes, de bas-reliefs et de statues.

Le *Gounoung-Dieng*, ou *Gounoung-Prahou*, était l'Olympe des anciens Javanais. Au milieu de torrents de laves qui en ont recouvert plusieurs, on voit une immense quantité de temples en ruines, de statues et de bas-reliefs. Sur un plateau qui forme une grande plaine, on a reconnu les restes de plus de 400 temples, rangés de manière à former des rues alignées et coupées à angles droits; quatre de ces édifices antiques sont assez bien conservés.

Au pied de la colline de *Klotock*, près de Kediri, on remarque des salles taillées dans le roc et ornées de statues et de bas-reliefs; à *Sentoul*, à l'est de Kediri, un édifice couvert de belles sculptures, qui offre à son sommet un réservoir d'eau et à sa base une sorte de chapelle souterraine, paraît avoir été un tombeau; aux environs de *Gidah*, un temple en briques est orné d'élégantes sculptures en pierre. Un peu plus loin vers le nord-est, les antiquités de *Penataran* sont regardées comme les plus considérables et les plus curieuses de Java : ce sont encore des temples et des statues colossales; on y remarque surtout un petit tchandi, très élégamment orné de sculptures, et qui renferme une figure de *Retcha*, divinité à quatre visages et du plus beau fini.

A environ 8 lieues à l'est de Sourakarta, dans le voisinage du village de *Soukou*, les collines qui entourent le mont Lawon sont couvertes d'intéressantes ruines, parmi lesquelles on en remarque qui rappellent tout-à-fait le style égyptien : ici, sur une terrasse élevée au-dessus de deux autres, s'élève une pyramide tronquée; près de cette pyramide des obélisques et des colonnes gisent étendus sur le sol; là c'est un monstre dévorant un enfant et rappelant le terrible Typhon; plus loin un chien paraît se rapporter au dieu Anubis, et la grue à l'antique Ibis; enfin c'est le palmier, le pigeon, l'épervier et le serpent, multipliés dans les sculptures comme sur les monuments d'Egypte. Parmi ces ruines gigantesques, on remarque la figure d'un homme portant des ailes de chauve-souris, des statues de divinites armées du trident, et un *phallus* de six pieds de longueur. Ces antiquités, moins bien travaillées que les précédentes, paraissent appartenir à une autre époque.

En général, les antiques constructions que nous venons de passer rapidement en revue indiquent une civilisation assez avancée et une connaissance très remarquable de l'art. Les plus vastes édifices sont en pierre de taille, réunies sans mortier ni ciment. Il est probable que toutes les antiquités de Java ont été détruites à l'époque de l'introduction du mahométisme chez les Javanais.

« Les Javanais, en général, sont petits de taille; ils ont le teint pâle, les cheveux longs, le nez un peu épaté. Fidèles à leurs engagements, crédules comme tous les peuples ignorants, amateurs du merveilleux, indolents par caractère, patients dans l'adversité, extrêmement respectueux envers leurs parents, attachés à leurs enfants, ils préfèrent une vie pauvre et tranquille à des richesses qu'ils ne sauraient garder. » Ils sont hospitaliers; chez eux, le vol n'est commis que par quelques individus des classes inférieures; ils ignorent le tumulte et l'agitation d'une vie industrieuse. Ils savent cependant très bien préparer les peaux, fabriquer le sel, qui fait, avec le soufre, la base de leur commerce; ils font du papier avec les filaments de l'écorce du goulou (*morus papyrifera*); ils excellent aussi dans l'art de teindre les étoffes; le vin de l'aren (*borassus gomutus*) leur donne l'indigo, l'écorce du mangoustan (*garcinia mangostana*) le noir, et le tégrang la couleur jaune. Ils tirent l'écarlate de la racine du wong-koudou (*morinda ombellata*), et avec ces couleurs qu'ils savent bien combiner, ils teignent des étoffes dont la régularité étonne les Européens. Quelques uns travaillent aussi les métaux.

» A ces exceptions près, tous les Javanais se contentent de cultiver leurs champs; le reste du temps se passe à fumer l'opium et à mâcher le siri, ou bien à goûter les utiles plaisirs de la pêche. Les femmes, laborieuses et économes, filent du coton et fabriquent la toile qui sert à habiller la famille; mais dans ces climats brûlants on ne s'habille que par décence. Les hommes se contentent de s'attacher autour des reins une toile qui tombe jusqu'aux genoux. Les Bantamois se distinguent des autres Javanais en se couvrant la tête d'un bonnet en forme de casque [1]. Les femmes se couvrent pendant qu'elles sont fiancées, et le jour de leurs noces, de vêtements riches et gracieux, mais elles ne portent ordinairement de plus que leurs maris qu'une petite camisole de toile bleue qui leur cache les épaules et la poitrine. Les enfants restent nus jusqu'à l'âge de sept ans.

» Leur manière de vivre est aussi frugale que leur habillement est simple; le riz et les ignames, assaisonnés de piment, forment la base de leur nourriture. » Il est à remarquer que les Javanais mangent une argile rougeâtre qui donne à l'analyse chimique en produits solides 0,58 de terre ferrugineuse, 0,28 de terre alumineuse, 0,08 de fibres combustibles; et en produits gazeux 0,07 de vapeur aqueuse. Torréfiée sur une plaque de tôle, et roulée en cornets, cette terre est exposée au marché sous le nom d'*ampo*. Son goût est fade, et sa propriété principale est d'apaiser la faim sans nourrir celui qui la mange. On lui attribue aussi de rendre maigre et fluet [1].

» Ils construisent leurs maisons en bambou, et les couvrent avec des feuilles de palmier ou avec du chaume. Ces maisons sont ordinairement partagées en deux parties : la première où se fait le ménage, et la seconde où se retire la famille pour se coucher. La négligence avec laquelle ils traitent le feu les expose souvent à voir leurs habitations devenir la proie des flammes; mais dès qu'un Javanais a sauvé le coffre de bois qui renferme tout son avoir, il voit tranquillement brûler la maison qui lui coûte si peu à construire. Les chefs font quelquefois bâtir des habitations en pierre ou en briques, mais sur le même modèle que celles du pays; les fenêtres en sont petites, le toit est bas; on y étouffe : aussi demeurent-ils pendant le jour sous des espèces de galeries isolées, où l'air circule aisément et où le soleil de saurait pénétrer. »

La polygamie, quoique admise par la religion, n'est guère en usage que parmi les grands. Le divorce est permis par les lois, moyennant une somme d'argent qu'on évalue à 250 fr. pour la classe aisée et à 100 pour les classes inférieures. Il est même autorisé par la coutume. Ici, comme dans l'Inde, existe l'usage barbare qui condamne les femmes à se brûler vives sur le bûcher de leurs maris.

» Partout les femmes sont traitées avec égards. L'usage leur accorde une liberté dont, selon Deschamps, elles n'abusent pas. D'autres voyageurs, et surtout les Hollandais, en parlent plus désavantageusement; elles doivent souvent employer les philtres pour exciter les désirs languissants et le poison pour venger les infidélités.

» Les Javanais, convertis au mahométisme dans le commencement du quinzième siècle, professaient auparavant une religion idolâtrique dérivée du brahmanisme, ou du moins de la même source où les Hindous ont puisé. » Au mépris des lois du prophète, ils sont très

(1) *Tombe*, *Voyage* aux Indes orient., Atlas.

(1) *D. de Rienzi* : Description de l'Océanie.

tolérants en matière de religion, et se permettent d'enfreindre les préceptes du Coran en mangeant des viandes défendues et en buvant du vin et autres liqueurs.

« Les habitants des montagnes s'abstiennent encore de toute nourriture animale, et croient à la transmigration de l'âme [1]. Ils prétendent descendre, les uns du dieu Wichnou, les autres d'une espèce de singe nommé le *wouwou* [2]. Il paraît aussi que l'île a reçu anciennement une colonie venue de la Chine, ou peut-être de l'Indo-Chine. La couleur jaune réservée pour les habits de l'empereur [3], comme dans la Chine, plusieurs temples chinois dans la partie orientale de l'île [4], enfin une tradition que les voyageurs du seizième siècle avaient recueillie [5], semblent mettre hors de doute cet événement dont on ne saurait fixer l'époque. »

Ces peuples conservent une foule de traditions orales; quelques unes sont écrites; la plus remarquable est celle qui assure que les îles de Soumâtra, de Java, de Bali, furent séparées par un tremblement de terre vers l'année 1000 de l'ère vulgaire. Ils ne comptent pas comme nous par le système décimal, mais par le système quinaire; leurs jours sont partagés en cinq parties; pour évaluer la marche journalière du soleil, ils n'ont d'autre mesure que la longueur de leur ombre. Leur année est divisée comme la nôtre en 12 mois, mais ces mois sont inégaux. Ce qu'il y a de plus étonnant, c'est que leurs mois portent les noms des 12 signes du zodiaque, moins celui des gémeaux, qui est remplacé par le papillon. Ils ont trois cycles, celui de 12 ans, celui de 20, et celui de 30; leur ère correspond à l'an 76 avant J.-C.

« Les Javanais parlent divers dialectes qui tous se rapprochent du malaïou. Le dialecte de *Sunda* règne dans l'ancien royaume de Bantam et sur la côte opposée de Soumâtra. Le *bas-javanais* paraît dominer dans tout le reste de l'île; mais, à la cour des princes, on parle le *haut-javanais*, qui est rempli de mots sanskrits. Les caractères sont dérivés de ceux des Arabes.

» Les poésies des Javanais ne peignent que l'amour et les jouissances : leur langue est faite pour l'harmonie, mais leur musique n'y répond pas; elle est monotone et traînante; ils psalmodient plutôt qu'ils ne chantent; ils ne connaissent que deux sortes de poëmes. Le récit qu'ils appellent *tchérita* est un mélange de fable et d'histoire, où l'on voit les dieux et les rois se disputer tour à tour l'empire de Java; on y voit Brahma lancer des montagnes, et Wichnou creuser des rivières. L'autre genre de poesie comprend les chansons ou *panton;* ce sont de petits poëmes composés avec plus de goût : on y trouve quelquefois des comparaisons ingénieuses. En voici des exemples :

« L'amour passe des yeux au cœur comme
» l'eau des fontaines coule dans les rivières.
» L'amour qui naît le premier jour qu'on se
» voit est comme les torrents qui se pré-
» cipitent des montagnes sans qu'il y ait
» plu. »

» Ils connaissent aussi l'apologue, mais la comédie est encore chez eux dans sa première enfance; ce n'est, à proprement parler, qu'une pantomime dont on lit en même temps l'explication. Une espèce de hangar ouvert de tous côtés sert de théâtre; les spectateurs sont rangés autour; et le lecteur ou souffleur, armé d'un bâton comme un maître d'orchestre, fait mouvoir tous les acteurs à leur tour, et lit la pièce.

» Parmi les amusements, il n'en est aucun qui soit plus généralement suivi que la danse appelée *tandack*. Sitôt que la nuit commence, on entend retentir partout le son bruyant de la musique. Une tente dressée à la hâte, éclairée par plusieurs lampes, abrite les acteurs et une partie des spectateurs : trois ou quatre femmes, demi-nues, la tête ornée de fleurs, dansent au son des instruments en s'accompagnant de la voix. Cette danse s'exécute par le mouvement successif de toutes les parties du corps; les bras, les jambes, les mains, la tête, les yeux, tout est en action. Quelque charme qu'ait ce spectacle pour un Javanais, ce n'est aux yeux d'un Européen qu'une suite de contorsions. Les femmes qui se livrent à ce spectacle sont appelées *ronguin;* ce sont les courtisanes du pays. Les gens du peuple aiment avec fureur le combat des coqs; ils y passent des journées entières; ils excitent les combattants du geste et de la

[1] *De Wurmb*, p. 134. — [2] Ou *Gibbon-wouwou* (*Hylobates leuciscus*).—[3] *Valentyn*, V, p. 54.—[4] *De Wurmb*, p. 150. — [5] *J. de Barros*, Dec. II, lib. IX, cap. 4.

voix : l'espoir et la crainte se peignent tour à tour sur la figure des parieurs.

» Les Javanais, très patients et très phlegmatiques, ne se querellent guère ; mais ils se battent par plaisir. Ce jeu, qu'on appelle *ancelon*, consiste à s'appliquer des coups de baguette en cadence, jusqu'à ce qu'un des deux s'avoue vaincu et se retire : ils frappent indifféremment partout ; mais, pour ne pas se blesser à la tête, ils l'enveloppent d'une pièce de toile qui ne laisse que les yeux à découvert.

» Si le peuple a ses combats, les grands ont aussi les leurs ; mais les efforts des faibles animaux ne suffisent pas pour amuser leurs barbares loisirs. Le tigre, la terreur de ces contrées, est nourri dans leur résidence pour combattre contre leurs sujets ; ils en conservent toujours dans le voisinage de leur palais (1). Il y a différentes manières de faire battre cet animal ; on lui donne pour adversaires souvent des buffles et rarement des hommes. Quelquefois le buffle, attaquant le premier, écrase le tigre avec ses cornes contre les barreaux qui forment l'enceinte. Le combat du tigre contre des hommes est tantôt un spectacle et tantôt un supplice. Lorsqu'on ne veut qu'un amusement, on lâche un tigre au milieu d'un bataillon carré, formé d'un triple rang d'hommes armés de longues piques : aussitôt que l'animal se voit en liberté, son premier mouvement est de chercher à fuir ; mais comme il trouve tous les côtés hérissés de pointes, il s'agite en tous sens, revient sur ses pas, hésite, et s'élance enfin pour franchir les rangs ; mais il se précipite lui-même sur les piques et meurt percé de mille coups. Il arrive cependant quelquefois qu'il parvient à se faire jour à travers les rangs mal serrés, et qu'il s'échappe. Cet accident n'a rien de bien dangereux, parce que son instinct le porte à se cacher dans le premier endroit obscur qu'il rencontre, et qu'on l'y tue facilement.

» Lorsque, sur l'avis de son conseil, un sultan a condamné un homme à se battre contre un tigre, on dresse sur la place publique un enclos circulaire de 20 ou 30 pieds de diamètre, formé de poutres de bois assez serrées entre elles pour que le tigre ne puisse pas s'échapper, mais assez distantes pour qu'on puisse aisement voir tout ce qui se passe dans l'intérieur. On ménage dans cette enceinte deux ouvertures : l'une pour le tigre, l'autre en face pour son adversaire, qui entre le premier. Il est, suivant l'usage du pays, nu jusqu'à la ceinture ; il a la tête ornée de guirlandes de fleurs, comme une victime qu'on conduit à l'autel ; il tient de la main droite un poignard, et de l'autre un morceau de bois garni de pommeaux aux deux extrémités ; au moyen de cette arme défensive, il peut fourrer impunément le bras dans la gueule de l'animal qui ne peut la refermer. Mais, quelle que soit la force qu'il mette à repousser l'animal, il ne peut jamais l'empêcher de l'atteindre de ses griffes et de lui faire de profondes blessures. Si cependant il parvient à se dégager de l'animal expirant, il est ordinairement sauvé ; mais si, au lieu de porter au tigre un coup mortel, il n'a fait que le blesser, il est mis en pièces sur-le-champ.

» Ce supplice, comme tous les autres dans le pays, n'entraîne aucune idée d'infamie ; on a, au contraire, une espèce d'admiration pour un homme qui a su résister à un tigre ; et, loin de chercher à cacher ses cicatrices, il affecte de les montrer comme un trophée. » Mais nous devons ajouter que les jugements qui condamnent un criminel à combattre un tigre deviennent de jour en jour plus rares.

Il existe à Java deux manières de rendre la justice : celle des Européens et celle des indigènes. Les Européens s'y conduisent comme dans les autres colonies et obéissent aux mêmes lois. Le Coran est le code des Javanais. Ils ont deux tribunaux. Celui du panghoulou ou grand-prêtre, qui rend la justice à l'entrée d'une mosquée musulmane appelée Sirambi, suit rigidement les lois du prophète ; c'est à lui de juger les affaires importantes et de condamner les grands criminels. Dans ces opérations difficiles, il est assisté du prêtre de la mosquée et de quatre religieux musulmans. Le serment, sacré chez ce peuple, doit être quelquefois prêté par les accusés pour être graciés lorsqu'il n'y a pas de preuves suffisantes contre eux. Il a lieu dans l'intérieur du temple, et est ordinairement accompagné de grandes cérémonies. Le second tribunal est celui de Djaksa, qui est moins sévère, et s'occupe spécialement des affaires ordinaires. Quand la sentence est résolue, les juges la présentent au roi, qui la prononce par lui-même

(1) *Deschamps*, Annales des Voyages, I, 159.

ou par l'organe de son premier ministre; il peut appliquer la loi ou la modifier à son gré. Hors les peines afflictives, le condamné jouit de la faculté de racheter sa peine par une amende.

« Les princes de Java, quoique tous plus ou moins dépendants de la Compagnie hollandaise et du gouvernement de Batavia, continuent à étaler tout le faste du despotisme oriental. La cour du *sousouhounam* mérite une attention particulière comme ayant probablement conservé quelques usages vraiment nationaux. Les noms les plus magnifiques désignent tous les emplois; les officiers civils et militaires sont des *soleils de bravoure* ou des *soleils de prudence* [1]. *Sourakarta* paraît signifier *demeure du soleil*. Le titre de *sousouhounam* est synonyme d'*auguste*. On dit qu'à l'époque de sa puissance, comme chez l'ancien sultan de Bantam, son palais était habité et gardé par 10,000 femmes, parmi lesquelles 3,000 étaient destinées spécialement aux plaisirs du souverain. L'enceinte intérieure du palais s'appelle le *thalm*. Les statues des héros javanais ornent une cour circulaire de trois quarts de lieue de circonférence. C'est là qu'on donne les fêtes et les combats du tigre. Deux tamariniers offrent sous leur ombrage un asile inviolable à tout Javanais qui veut adresser des supplications à l'empereur [2]. Ce prince peut à peine mettre sur pied 20 à 30,000 hommes mal armés. »

Trois îles voisines de Java en dépendent sous le rapport physique et politique.

Celle de *Madoura* ou *Madouré*, fertile en riz, et peuplée de 60,000 âmes [3], forme une des vingt régences de Java. Sa végétation est très riche; on y trouve le *bombax*, l'*erythrina*, le *champoka*, le *taujoung* (*mimusops elengi*), le *malati* et le *nymphæa nelumbo;* l'étranger ne peut voir sans étonnement les belles fleurs de ces plantes. L'île est divisée en trois districts qui ont pour chefs-lieux *Bangkalan*, *Parmokassan* et *Soumanap;* ces trois villes sont aujourd'hui la résidence de trois princes indigènes qui gouvernent sous la suzeraineté des Hollandais.

L'île de *Lombok* est gouvernée par un radjah; ses habitants, dont la civilisation est assez avancée, passent pour être très habiles dans l'agriculture; on croit que le brahmanisme et le bouddhisme sont encore suivis par quelques uns, et qu'on y a conservé l'abominable usage d'immoler les veuves sur le bûcher de leurs maris.

L'île de *Bali*, séparée de celle de Java par un détroit du même nom, a reçu de quelques auteurs hollandais l'épithète déplacée de *Petite Java*. S'il faut en croire les naturels, elle renferme près d'un million d'habitants; elle est divisée en huit petites principautés indépendantes qui portent le nom de leurs chefs-lieux. Les principales sont *Karrang-Assem, Giangour, Tabanan, Bliling* et *Kloug-Kloug* qui jadis dominait sur toute l'île. Karrang-Assem est une grande ville située au pied d'un volcan du même nom. Son port est le seul de toute l'île qui puisse recevoir des navires d'un fort tonnage. Une chaîne de hautes montagnes couvertes de forêts impénétrables la traverse du nord-ouest au sud-est; elles renferment des minerais d'or, de fer et de cuivre. Dans la plaine extrêmement fertile en riz, on voit *Gilgil*, capitale et résidence d'un sultan, située sur une rivière du même nom qui se jette dans le détroit de Lombok, à l'est de l'île. *Balinli* est aussi regardée comme une des principales villes de Bali; son commerce est assez florissant; elle doit cet avantage à son port où les étrangers viennent à certaines époques de l'année; ils y apportent de grosses toiles, de la mousseline, des mouchoirs et de l'opium; ils prennent en retour du bœuf sec, des peaux, du suif, du massoï et de la muscade de Céram.

« Les habitants, plus blancs et mieux faits que les Javanais, réunissent beaucoup d'intelligence à beaucoup de courage. On recherche les esclaves de Bali. Les femmes se brûlent avec leurs époux, persuadées qu'elles renaîtront à une nouvelle vie. Vêtus d'un costume léger, un bouclier suspendu au bras gauche, les hommes exécutent des danses guerrières en brandissant leurs *criss* avec des accents sauvages [1]. »

Les Balinais ont reçu leur religion de l'Inde. De même que les Redjangs et les Battas, ils croient à la métempsycose. Ils reconnaissent plusieurs dieux, tels que *Brahma, Vichnou, Chiva*, dont le culte est le plus en honneur, *Ségara*, ou le dieu de la mer, et *Râma* qu'ils

(1) *Valentyn*, p. 56. — (2) *Wollzogen*, Lettres sur Java, p. 385. — (3) Mémoires de Batavia, II, 427.

(1) *De Wurmb*, p. 167.

croient être sorti d'une île au confluent de la Djemnah et du Gange. Dans un de leurs temples, on voit la statue de ce dieu assise sur un taureau ; c'est de là que vient le respect qu'ils ont pour la vache ; ils ne mangent pas de sa chair, ne se vêtent pas de sa peau, et sont très soigneux à ne lui faire aucun mal. Leur livre sacré est le *Niti Sastra*, qui ordonne aux personnes de distinction l'abstinence de certains animaux. Chez ce peuple, on ne voit aucun religieux mendiant. Celui qui veut faire pénitence se prive de certains aliments, s'enfonce dans une solitude, ou se condamne, mais très rarement, au célibat.

Ils célèbrent avec une grande pompe deux fêtes religieuses, dont l'une dure cinq jours et l'autre deux ; ils sont très attachés à leur religion. Leurs temples ont une étendue de 100 et 150 pieds de longueur, et renferment différentes pièces, séparées par des allées où l'on range des arbres odoriférants. Les uns sont construits en briques et couverts en chaume, les autres en bois et couverts en *gamouti* (*boras sus gomutus*). Ils sont ordinairement en mauvais état. Au-dehors on voit quelques statues d'une argile grossière et la plupart mutilées. Ceux qui exercent le sacerdoce, et qu'ils appellent *aïdas*, sont remarquables par leur longue chevelure ; ils ont un costume particulier pour les cérémonies. La rétribution qu'ils tirent des funérailles et du brûlement des corps fournit à leur subsistance.

La langue des Balinais est un mélange de celle de leurs voisins. Leurs livres, presque tous mythologiques, sont écrits sur des feuilles de palmier ; ils ont une écriture grossière, lente et peu distante. Les établissements destinés à l'instruction sont en très petit nombre : aussi y a-t-il très peu de personnes qui essaient d'écrire. Le mois se compose chez eux de 35 jours, et l'année, qui commence au mois d'avril, de 420 jours [1].

A l'est de Lombok s'étend l'île de *Sumbava* ou *Soumbava*, longue de 60 à 70 lieues sur 20 dans sa plus grande largeur. Sa population est d'environ 60,000 âmes. Elle est divisée en plusieurs petits Etats ; les principaux sont : le *Dompo* ou *Dompou*, le *Soumbava*, le *Pekat*, le *Sangaz*, le *Tomboro*, dont le fameux volcan détruisit en 1815 le cinquième de la population, et le *Bima*, avec une ville du même nom. Ce dernier district, couvert d'immenses forêts, renferme des mines d'or, de cuivre et de fer. Le sol de l'île de Soumbava, presque déserte depuis la cruelle famine qui suivit l'éruption du volcan de Tomboro, est presque stérile ; le riz, des arachides ou pistaches de terre, du tabac, des nids d'oiseaux, des paillettes d'or et des chevaux de petite taille sont la base de son commerce. Tous les princes de l'île, réunis dans une confédération, ont conclu avec la compagnie hollandaise un traité qui assure à celui-ci un commerce exclusif ; mais ce traité n'est pas exécuté rigoureusement. *Soumbava* est une assez grande ville, avec un bon port. Le royaume de ce nom comprenait autrefois l'île de Lombok ; aujourd'hui il dépend du sultan de Bima. La petite ville de *Bima* possède un port dont l'entrée est majestueuse. L'île de *Manggaray* ou *Comoro*, qui forme avec Soumbava le détroit de Sapi, fait aussi partie de l'Etat de Bima.

On connaît peu l'île de *Florès* ou plutôt *Endé*, appelée aussi *Mangderaï*, qui s'étend à l'est de Soumbava sur une longueur de plus de 60 lieues et une largeur de 20. Les Portugais y avaient établi une colonie qu'ils paraissent avoir abandonnée ; cependant ils ont encore une église à *Larantouka*, où chaque année des prêtres de Timor vont baptiser les enfants des nouveaux convertis. Les Bouguis occupent la côte méridionale de cette île, dont le reste est divisé en plusieurs petits Etats indépendants ; ils en exportent des esclaves, de l'huile de coco, de l'écaille, du bois et une cannelle commune.

Au sud d'Endé est située *Sandal-Bosch* ou *Sandana*, que les Malais nomment *Poulo-Tjinnuna* [1], île presque abandonnée, où l'on trouve du bois de santal, des buffles, des chevaux et des faisans. Elle est très escarpée dans sa partie méridionale, et paraît être indépendante.

L'île de *Solor* est peu étendue ; son sol, montagneux et stérile, n'offre que des nids d'oiseaux et quelques bambous aux habitants, qui font un grand commerce d'huile de baleine, d'ambre gris et de cire. Les Hollandais y possédaient le fort *Frederik-Henrich* ; mais les Portugais regardent comme leurs vassaux

[1] M. *de Rienzi* : Description de l'Océanie.

[1] *Valentyn* : Carte des îles Timor, etc.

les petits princes ou radjahs qui gouvernent cette île. Les Soloriens passent pour d'excellents navigateurs. *Sobrao*, longue d'environ 10 lieues, large de 5, et peuplée de Malais dont un grand nombre ont été convertis au christianisme par les missionnaires portugais, est gouvernée par un radjah dont la résidence est *Adinara*, petite ville qui donne aussi son nom à l'île. *Lomblem*, un peu plus grande que la précédente et habitée aussi par des Malais, est divisée entre plusieurs radjahs qui paraissent être indépendants.

Pantar ou *Panter*, à une douzaine de lieues au nord de Timor, est une île montueuse où l'on remarque deux pitons d'origine volcanique. Un îlot situé vers sa pointe méridionale a reçu des navigateurs anglais le nom d'*île South :* le sol en est peu élevé. *Ombay* ou *Mallua* est assez élevée. Sur beaucoup de points, les côtes sont très escarpées et n'offrent souvent aux canots qu'un abordage difficile, sans aucun mouillage pour les navires. Ces deux îles sont peuplées par une race guerrière et barbare qui passe même pour être anthropophage

On en sait assez sur Ombay pour pouvoir affirmer que l'île est peu peuplée ; que le chef, ou radjah, réside dans un petit village appelé *Bitouca;* que les naturels de cette île sont en général bien faits et fortement constitués ; que leur teint offre différentes nuances de noir et d'olivâtre ; que leurs traits caractéristiques sont le nez épaté, de grosses lèvres, des dents noircies par l'usage du bétel ; des cheveux noirs, longs, plats ou crépus. Quant à leur goût pour la chair humaine, il est attesté par un fait bien connu. En 1817, une frégate anglaise envoya un canot pour faire du bois à Ombay ; le canot ne revint pas ; le surlendemain, des matelots bien armés allèrent à la recherche de leurs camarades, dont ils retrouvèrent les restes sanglants qui annonçaient qu'ils avaient été dévorés.

Au sud des cinq îles que nous venons de nommer, se trouve la grande île de *Timor,* dont le nom, dit-on, signifie *orient*. Sa longueur est d'environ 105 lieues et sa largeur de 20 à 25. Ses montagnes calcaires, composées jusqu'à la hauteur de 800 pieds de coquillages marins, se couvrent de toutes sortes d'arbres et d'arbrisseaux ; chaque baie, chaque promontoire présente une nouvelle vue romantique et pittoresque [1]. Mais l'enthousiasme des voyageurs, fatigués de l'aspect des côtes occidentales de la Nouvelle-Hollande, a beaucoup exagéré le tableau de la fertilité de cette île. Le bois de santal, la cire des abeilles sauvages et les nids d'hirondelles salanganes, sont à peu près les seuls objets qu'elle exporte [2]. Cependant, on y a reconnu de beaux *eucalyptus* [3], et une espèce de sapin qui pourrait fournir des mâts [4]. Le cafeyer y a réussi, et les forêts de l'intérieur possèdent le cannellier, le latanier, le cassier, le manguier, peut-être même le giroflier. Le sol pierreux et le terrain coupé de montagnes et de ravins laissent peu d'endroits propres à la culture du riz ; et sans les bananiers, les cocotiers, les jacquiers, les *eugenia* et autres arbres fruitiers, Timor ne saurait nourrir sa médiocre population. Les rivières charrient souvent de l'or, mais ne roulent pas en général des eaux salutaires. La chaleur et la sécheresse qui règnent depuis mai jusqu'en novembre, cèdent la place à des torrents de pluie qu'amène l'impétueux vent du nord-ouest, depuis novembre jusqu'en mars. L'air, l'eau, les bains, les fruits même, pris en trop grande quantité, exposent le voyageur européen à des fièvres mortelles. Les habitants souffrent beaucoup des maladies de la peau et du scorbut. Enfin cette île tant vantée par Péron manque d'un port sûr et commode. Les Hollandais, suzerains de la partie sud-ouest, y possèdent le fort *Concordia*, sur une rade qui prend le nom de *Coupang,* ville de 3,000 âmes, fort agréablement située au milieu de vergers délicieux qui, presque sans culture, prodiguent toute l'année les fruits les plus exquis et les odeurs les plus suaves. Les métis des Européens, les colons chinois et les Malais y passent leurs jours dans un voluptueux loisir, se reposant sur leurs esclaves des soins de la vie [5].

Une petite rivière arrose Coupang et la divise en deux parties égales. C'est au sud, sur un rocher madréporique assez élevé, que se

(1) *Péron*, Voyage aux Terres australes, ch. 8. — (2) *Hogendorp*, Description de l'île de Timor, trad. du hollandais, *Annales des Voyages*, t. VI, p. 281. — (3) *Leschenault de Latour*, Annales des Voyages, t. XVI, p. 280. — (4) *M. de Rosily*, Mémoire lu à la Société d'Emulation de l'Ile-de-France. *MS*. — (5) *Leschenault de Latour*, Descript. de Coupang, *Annal. des Voyages*, t. XVI, p. 287.

trouve le fort Concordia. Des navires de 100 tonneaux pourraient entrer dans la rivière qui baigne la ville si l'embouchure n'était pas obstruée par un banc de galets et de gravier. Deux ponts de bois réunissent les deux parties de la ville ; le plus près de la mer est à bascule, afin de laisser un passage aux navires. A la marée basse, le port de Coupang n'offre qu'un filet d'eau qui occupe à peine le quart du lit de la rivière ; mais lorsque la mer est haute, on a constamment de 3 à 4 mètres d'eau en dedans de la barre, et 2m,50 près du pont intérieur.

Lors des grandes pluies qui inondent le pays pendant la mousson du nord-ouest, la rivière de Coupang sort de ses rives avec tant de violence, qu'elle entraîne d'énormes masses de pierre ; alors ses eaux, chargées de vase et de détritus de végétaux, ne sont plus potables, et les habitants sont réduits à boire celle des puits creusés dans différents endroits de la ville [1].

« La côte nord-est obéit aux Portugais, qui, après avoir abandonné le poste de Lifao, ont maintenant un fort à *Dillé*, ou *Diely*, endroit pourvu d'une rade et peuplé de 2,000 âmes. Une colonie de Portugais, mêlés d'indigènes, occupe le canton *Uikoessi*, sur la côte septentrionale [2]. Les chefs indigènes de toute la côte méridionale sont indépendants, et règnent sur des peuplades de nègres semblables à ceux qui vivent dans l'intérieur de Bornéo et des autres îles voisines. Le despotisme, la superstition et la volupté donnent aux Timoriens la même physionomie qui règne chez les autres insulaires de cette partie du monde. Quelques *radjahs*, ou princes, se disent descendants des caïmans ou crocodiles, et paraissent dignes de cette illustre origine. »

Entre le cap San-Jacintho et le cap Batou-Méra, s'élève la petite ville de *Sétérena*, qui appartient aux Portugais. Le mouillage qui est en face de cette ville se nomme *Rade-des-Portugais*. A l'est du cap Batou-Méra, on voit *Tobonikan*, petite cité agréablement située dans une vallée ombragée de cocotiers et de palmiers. Au nord-est de Sétérena, on voit au fond d'une anse la ville d'*Atapoupou*, qui s'étend au milieu de nombreux groupes d'arbres. Cette ville appartient aussi aux Portugais. Une petite rivière vient se jeter dans la mer a l'est et près du cap Atapoupou ; ses eaux portent la fraîcheur et la fertilité dans la petite vallée où la ville est bâtie, et dont l'aspect est enchanteur. A quelque distance vers le nord-est et à quelques milles du cap *Boutouguédé*, on voit la ville de même nom au fond d'une anse assez étendue. Les montagnes qui bordent la côte sont hautes, présentent un profil très découpé et un grand nombre de pitons, dont le plus remarquable a reçu du capitaine Freycinet le nom de *Piton Labiche*, en mémoire du savant et malheureux officier qui travaillait alors à bord de l'*Uranie* à la géographie de la côte, et qui mourut victime de son zèle et de l'influence délétère d'un climat dévorant. A environ 8 lieues à l'est de Dillé, s'étend la ville de *Manatoutou*, qui donne son nom à un cap voisin.

Suivant les renseignements les plus récents, Timor est partagée en 63 petits Etats, presque tous vassaux des Portugais et des Hollandais. Les tribus de *Bellos* sont vassales des premiers, et celles de *Vaïkenos* reconnaissent la suprématie des seconds. *Luka*, sur la côte méridionale, et *Samoro*, dans la partie centrale, sont les capitales de deux royaumes peuplés de Bellos. Suivant M. de Freycinet [1], l'Etat de *Vealé* est le plus important chez les Vaïkenos ; le prince a sa résidence dans l'île Simao, dont il est le souverain. Le chef de l'État d'*Amanoubang* prend le titre pompeux d'empereur. En 1820, à la tête de 2,000 cavaliers, il osa combattre les Hollandais. Dans l'intérieur se trouvent quelques chefs tout-à-fait indépendants.

Le paganisme domine à Timor, bien que la plupart des princes prétendent être chrétiens. Les naturels ont la plus grande vénération pour le crocodile, auquel ils continuent, dit-on, d'offrir quelquefois une jeune vierge en sacrifice.

« L'île *Simao*, au sud-ouest de Timor, peu fertile, quoique couverte d'arbres, offre un refuge aux vaisseaux que la mousson du nord-ouest chasse de la rade de Coupang. L'île *Kambing*, ou *Cambi*, située entre Simao et Timor, présente un phénomène de géographie

(1) Voyage autour du monde des corvettes *l'Uranie* et *la Physicienne* pendant les années 1817 à 1820, sous le commandement de M. Louis de Freycinet, capitaine de vaisseau. — (2) *Hogendorp*. l. c., p. 279.

(1) Voyage autour du Monde, fait par ordre du roi, sous le commandement de M. Louis de Freycinet.

physique ; ce sont des ébullitions d'eau sulfureuse, semblables aux *salses* de l'Italie[1]. L'île de *Rotti*, plus étendue, est aussi plus fertile ; elle fournit aux Hollandais beaucoup de riz et du *jaggari*, ou sucre de palmier. Selon Cook, on y faisait du sucre de canne. Les habitants, mieux faits et plus robustes que les Timoriens, repoussent le joug européen et la religion chrétienne ; cependant leurs quinze radjahs sont maintenant vassaux des Hollandais. On les accuse de mener une vie très licencieuse et d'avoir les goûts les plus honteux. Leurs femmes sont recherchées pour les harems de Soumâtra, de Java et de Timor. Les habitants de la petite île *Dao* sont tous orfévres.

» *Savou* est le nom de deux petites îles à l'ouest de la précédente ; quoique très peuplées, elles exportent beaucoup de riz. Leur fertilité étonnante brave même les sécheresses les plus prolongées. Les hommes s'arrachent la barbe, et ont conservé quelques traces du *tatouement*, ou de l'usage de se graver des figures dans la peau [2]. » Ces deux îles, situées entre Timor et Soumbava, sont gouvernées par quatre radjahs tributaires des Hollandais. »

A l'est d'Ombay et à 7 lieues au nord de Timor, l'île *Wetter* est montueuse, et présente dans le contour de ses côtes plusieurs baies assez étendues. Les montagnes, dit M. de Freycinet, sont en partie sillonnées par de grands ravins qui donnent à cette île un aspect sauvage. Bien qu'elle ait peu de cours d'eau, elle est presque entièrement couverte de bois. Les Hollandais ont un comptoir dans la partie orientale de cette île.

Au sud-est de Wetter, l'île de *Kisser* n'a que 2 lieues de longueur du nord au sud ; une

(1) *Hogendorp*, l. c., p. 312. — (2) *Cook*, Ier Voyage, liv. III, ch. 9.

montagne en occupe le centre. Les Hollandais ont, dit-on, un comptoir sur la côte occidentale, dans une petite baie où les navires peuvent mouiller et se procurer des rafraîchissements.

A partir de Wetter, les îles de la Sonde forment une chaîne de petites îles où l'on remarque *Roma*, dont le sol est peu élevé ; *Dammar*, qui renferme un volcan ; *Teuw* et *Nila*. A l'est de Timor, on trouve *Letti* et *Moa*, dont les habitants sont idolâtres, et élèvent de nombreux moutons recherchés à Banda ; *Lakar*, ou *Lakor*, dont les habitants n'ont pas d'autre eau que celle de pluie ; et plus loin, *Sermata*, *Welang* et *Baber*, où les Hollandais avaient autrefois un poste ; la belle île de *Timor-Laout*, qui, avec celle de *Laarat*, forme une grande baie ; enfin les îles *Key*.

« Ces îles, fertiles en cocotiers, limoniers, orangers et pisang, nourrissent une nation semblable aux Malais par le teint et les cheveux. Chaque village a son chef, son temple, son idole. Ils se font la guerre entre eux au sujet de la pêche. Les dépouilles mortelles de l'homme sont inondées d'huile, séchées devant le feu, et conservées plusieurs mois avant que d'être enterrées ; usage qui rappelle les insulaires de Taïti. Faibles et mal armés, ces peuples n'ont montré aux Européens que des manières douces et hospitalières. Ils vont commercer à Banda. Leurs seuls mammifères sont les chèvres et les cochons[1].

» Le *détroit de Bali* offre une route sûre aux vaisseaux qui retournent en Europe pendant la mousson d'ouest, et qui alors ne peuvent que difficilement passer par le détroit de Sunda. Ici les courants très forts les entraînent, même avec un vent contraire. »

(1) Rapport hollandais de 1624, cité par Valentyn. Description de Banda, p. 40.

LIVRE CENT QUATRE-VINGT-DIX-NEUVIÈME.

Suite de la Description de l'Océanie. — Malaisie. — Description de l'île Bornéo, avec les Petites îles voisines.

Au nord de Java et au sud-ouest des îles Philippines, s'étend la grande terre à laquelle les Hollandais donnèrent en 1530 le nom de *Bornéo*, et que les naturels appellent à juste titre *Kalemantan*, *Tana-Bessar-Kalemantan*, *Poulo-Kalemantan*, noms qui signifient *île de Kalemantan*, *grande terre de Kalemantan* [1]. C'est la plus considérable des îles connues après la Nouvelle-Hollande. Elle peut avoir 315 lieues de long sur une largeur qui varie depuis 45 jusqu'à 245 lieues; elle en a 200 de large sous l'équateur. Cette grande largeur a empêché les Européens de pénétrer dans les parties centrales; l'insalubrité de l'air les a éloignés des côtes: aussi la géographie de Bornéo est-elle restée bien incomplète [2].

« La principale chaîne de montagnes se dirige du nord au sud, et s'approche très près de la côte orientale. Les Hollandais lui donnent le nom de *Monts Cristallins*, à cause des nombreux cristaux qu'on y trouve. Un des principaux sommets s'appelle, chez les indigènes, *Kinibalou*, ou *mont Saint-Pierre;* il a 10,000 pieds d'élévation. Une seconde chaîne va de l'est à l'ouest, et donne naissance à la plus grande partie des rivières [3]. Un ou deux volcans et des tremblements de terre ont souvent bouleversé cette île.

» Les côtes, sur une largeur de 5 à 20 lieues, n'offrent que des terrains marécageux et en partie noyés et mouvants. On n'y peut avancer qu'en naviguant sur les fleuves, qui y forment un grand nombre de branches et de canaux. »

Le *Kappouas*, qui traverse presque les trois quarts de l'île de l'est à l'ouest, est le fleuve le plus considérable. Le *Bandjer-Massing* et le *Reyang* ou *Rayoung* prennent leur source dans les montagnes qui se trouvent au sud du lac Danao-Malayou, et coulent ensuite du nord au sud. Le *Varouni*, appelé aussi *Bornéo*, prend sa source dans la chaîne principale, se dirige du sud au nord-ouest, et se jette dans l'Océan après avoir reçu un grand nombre de rivières; à la distance de 20 milles de la mer il est navigable pour des navires de 300 tonneaux [1]. On remarque encore le *Kinabatangan*, qui est plus long-temps navigable que le Bandjer-Massing, et se jette dans la mer des Philippines. Le *Kouran*, le *Passir*, le *Kotti* et plusieurs autres, dans la partie orientale, peuvent porter de petits vaisseaux; ils prennent leur source dans la chaîne des montagnes situées au nord-ouest du territoire de Bandjer-Massing. Dans la partie occidentale se trouvent cinq grandes rivières navigables; ce sont: la *Ponthianak*, la *Sambas*, la *Lava*, le *Pogoro* et la *Soukadana;* leurs embouchures, obstruées par des bancs de sable, ne permettent l'entrée qu'aux petits navires.

Les baies principales sont, au nord, celle de *Malloudou;* au nord-est, celles de *Lohlok* et de *Sandakan;* à l'est, celles de *Darvel*, de *Santa-Lucia*, de *Salawang*, de *Balik-Papan* et la baie *Profonde;* au sud la grande baie de *Bandjer-Massing;* au sud-ouest celle de *Soukadana;* à l'ouest la baie de *Sedang* et celle de *Bornéo*.

Nous nommerons parmi les caps les plus remarquables le *Sampanmang* au nord, les caps *Kinabatangan*, *Kenneungan* et *Donderkom* à l'est; les caps *Salatan*, *Sambar* et la pointe *Pilatte* au sud; enfin les caps *Apy*, *Dalo*, *Sisar* et *Baram* à l'ouest.

Le lac *Kini-Ballou*, dans la partie septentrionale, est le plus considérable de l'Océanie; son diamètre est de 12 à 15 lieues; la profondeur de ses eaux blanchâtres varie de 4 à 7 brasses. Comme il renferme plusieurs petites îles, les Hollandais lui donnent quelquefois le nom de mer. Le *Danao-Malayou* couvre,

(1) M. *D. de Rienzi*: Description de l'Océanie. — (2) *Radermacher*, Description de Bornéo, dans les Mémoires de Batavia, III, 109. *Pilon*, ibid, II, 435. *Beekmann*, Voyage à Bornéo, Londres, 1718. — (3) *Meinungen*, Lettres écrites de Bornéo dans le *Freimuthige*, journal berlinois, 1811, n° 237.

(1) *Singapore Chronicle*: juillet 1826.

au centre de Bornéo, un espace de 8 lieues de longueur sur 4 de largeur; la profondeur de ses eaux varie de 16 à 18 pieds. Comme dans le Kini-Ballou, on y remarque plusieurs petites îles et un très grand nombre d'espèces de poissons.

« Quoique située sous la ligne équinoxiale, l'île de Bornéo n'éprouve point des chaleurs insupportables. Les brises de mer, celles des montagnes, et, depuis novembre jusqu'en mai, des pluies continuelles y rafraîchissent l'atmosphère. Le thermomètre varie peu à Soukadana; il ne descend guère au-dessous de 28 degrés centigrades, et s'élève rarement au-dessus de 35. »

Le fer, l'étain, le cuivre, se trouvent dans plusieurs montagnes; les districts de *Sadang* et de *Saravah* produisent l'antimoine; ce minéral ne s'y trouve pas comme dans les mines de l'Europe, mais il est par couches entassées les unes sur les autres, comme les pierres dans les carrières. L'or abonde dans l'île, mais il n'est pas caché au fond des entrailles de la terre : on le trouve à une petite profondeur; les mines les plus abondantes sont celles de *Trado*, de *Mandour*, de *Landak*, d'*Ambauwang*, de *Bornéo* et de *Bandjer-Massing*. Les diamants se trouvent dans des terrains meubles, à peu de distance de la surface; les plus fins sont ceux de Landak, exploités par les Dayaks [1]. Le radjah de Matan possède un des plus gros diamants connus; brut, il pèse 367 carats, et taillé il en pèserait 184. Les Malais attribuent à cette précieuse pierre la vertu de guérir toutes les maladies : heureux les malades qui peuvent boire de l'eau dans laquelle elle a été trempée!

La côte septentrionale de l'île est la plus riche, la plus fertile et la plus salubre. On y trouve des forêts de *styrax*, arbre qui ressemble au sapin et qui produit des graines odoriférantes, et la célèbre résine de *benjoin*; le canari (*canarium*), renommé pour ses noix; le bananier, dont le fruit est appelé *figue de paradis*; le kouming, dont la pulpe fournit une huile estimée; une espèce de durion qui produit des fruits plus gros que la tête d'un homme, et le dammara, dont la résine, appelée dammer, est recherchée.

« On cultive le riz, les ignames, le *bétel* et toutes sortes d'arbres fruitiers des Indes. Les

(1) M. *D. de Rienzi*: Description de l'Océanie.

choux-palmistes servent de nourriture. Les forêts contiennent des arbres d'une hauteur prodigieuse; il y en a qui fournissent d'excellents bois de construction, d'autres donnent les gommes appelées *sang-dragon* et *sandaraque*. Dans quelques montagnes au sud-ouest de l'île, on prétend avoir trouvé des bosquets de muscadiers et de girofliers [1]. Une production mieux connue et la plus précieuse de toutes, c'est le camphrier, qui croît dans toute sa perfection. Le camphre de Bornéo se vend 12,000 francs le quintal, tandis que celui de Soumâtra ne coûte que 8,000 francs; celui du Japon se donne à un prix incomparablement plus bas. Les *rotangs* y abondent; on exporte une grande quantité de ces joncs précieux. Le poivre, le gingembre, le coton, y croissent, et la culture des muscadiers et des girofliers y a réussi.

» C'est à Bornéo qu'on trouve les plus grandes espèces de singes, le pongo de Wurmb, qui a environ 4 pieds de hauteur, et l'orang-outang, qui ressemble encore plus à l'homme par son aspect, ses manières et son allure. » On a observé une espèce d'orang-outang inconnue aux autres pays; elle approche beaucoup plus de l'homme que l'espèce caractérisée par son nez saillant, la conformation de sa tête et de ses membres; mais ses mains, au nombre de quatre, établissent entre ces deux êtres une énorme différence. On y voit le gibbon, adoré à Java, et plusieurs autres espèces du même genre, appelées par quelques auteurs *siamang* et *wouwou*; enfin, l'orang-roux (*pithecus satyrus*), que l'on rencontre par troupes qui se rassemblent pour dévaster les plantations de cannes à sucre, les récoltes de riz et les fruits.

« Cette île possède encore deux espèces de bœufs sauvages de très grande taille, des sangliers, des tigres, des éléphants, deux espèces de rhinocéros, le bicorne et l'unicorne. Ces derniers animaux ne sont point répandus dans l'île entière; on les voit seulement dans les districts d'Oungsang et de Païtan, au nord, de même qu'on ne trouve les chevaux que dans ceux de Padassang et Tanpassak, également situés dans la partie septentrionale. Les animaux répandus dans toute l'île sont : l'ours, dont on distingue deux espèces au pe-

(1) *Valentyn*, Description de Bornéo, IV, 235, *voy.* la Carte annexee.

lage noir, l'ours de Bornéo (*ursus euryspilus*) et l'ours malais (*ursus malayanus*) ; la civette, qui produit le musc, la loutre, plusieurs variétés de chèvres, le babiroussa, les chiens, les chats, les rats, des tortues, le cochon, le porc-épic, des crocodiles et des serpents très nombreux en espèces. »

Les espèces d'oiseaux sont innombrables, et pour la plupart très différentes de celles de l'Europe. On y trouve en abondance l'hirondelle dont on mange les nids, des paons, des oies, des canards sauvages, des poules, des pigeons et diverses espèces de perroquets. Les abeilles sont en si grand nombre, que la cire est un article très considérable d'exportation. Les vers à soie y sont indigènes. Les côtes abondent en mollusques et en crustacés. Les rivières et les lacs nourrissent une foule de poissons différents.

La population de l'île paraît être de 3 à 4 millions d'individus.

Les Etats qui se trouvent le long des côtes sont en partie vassaux des Hollandais et en partie indépendants. Les premiers forment deux grandes provinces connues sous les dénominations de *résidence de la côte occidentale* (en hollandais *Wert Kust*), et *résidence des côtes orientale et méridionale* (*Zuid en oost Kust*).

Dans la première de ces résidences sont compris les Etats du radjah de Sambas, ceux de Moumpava, de Ponthianak, de Landak, de Simpang et de Matan.

Le *royaume de Sambas* possède les mines renommées de Semini et de Lara ; la partie septentrionale est habitée par des pirates dayaks. Sa capitale est *Sambas*, petite ville, avec un fort hollandais ; elle est située à 12 lieues et demie de l'embouchure de la rivière qui porte le même nom ; elle n'a de remarquable que le palais du sultan, orné de tableaux et autres richesses des Européens qui ont été victimes de la piraterie à laquelle se livraient les habitants avant que les Hollandais y eussent un résident. Les maisons de Sambas sont les plus misérables que l'on puisse imaginer : elles sont toutes construites en bois sur des radeaux flottants, amarrés à de gros pieux placés dans le fleuve. Celle du sultan ne diffère des autres que parce qu'elle est plus grande. Les environs de cette ville abondent en poudre d'or. Le sultan de Sambas est le plus puissant de la côte.

Le *royaume de Moumpava* est arrosé de l'est à l'ouest par la rivière de Soungui-Raïah, sur laquelle se trouve un port du même nom, principalement fréquenté par les Chinois. En quittant ce port et en s'avançant sur la rive gauche de la rivière, on entre dans les districts montagneux de Matrado ou Montrado, et de Mandour, riches en métaux. Ce pays est uniquement habité par des colons chinois, dont la plupart s'occupent de l'extraction des mines. La ville la plus importante est *Montrado*, qui s'élève au pied d'une montagne dont elle prend le nom ; elle renferme environ 3,000 habitants. Elle consiste pour ainsi dite en une seule rue longue de trois quarts de mille. On n'y remarque ni temple ni bâtiment destiné à un culte religieux ; les habitants ont chez eux leurs idoles. En allant vers l'intérieur de l'île, on trouve les cantons de Lourak, de Salakao, de Sinkana ou Sinkaouan et de Madar, où les Chinois ont des établissements. Les villes les plus importantes portent presque toutes le nom du canton où elles se trouvent. En général, elles ne consistent qu'en une ou deux rues dont les maisons en bois sont couvertes en chaume.

Le *royaume de Ponthianak*, au sud du précédent, est arrosé par la grande rivière qui lui a donné son nom. Il fournit beaucoup de poudre d'or ; *Ponthianak*, sa capitale, bâtie à l'embouchure de la rivière, dans un sol marécageux, est remarquable par son commerce et par la grande quantité d'esclaves qu'elle renferme. Les Chinois y apportent des marchandises et remportent des bois de teinture, des rotangs, de la cire, du camphre, des nids d'oiseaux et de l'or. Le climat est sain ; on n'y connaît presque en fait de maladies que la petite-vérole, qui y fait les plus affreux ravages. Sa population s'élève à 3,000 habitants.

Le *royaume de Landak*, à l'est du précédent, est arrosé par la rivière de même nom ; il s'étend dans l'intérieur de l'île ; on n'en connaît que la partie occidentale. Sa ville principale paraît être *Landak*, aux environs de laquelle on trouve les diamants dont nous avons déjà parlé.

Le *royaume de Matan* se trouve au sud-ouest de l'île. La capitale actuelle, située sur les bords de la rivière de Katappan, est la résidence du radjah. C'est dans ce royaume que se trouve l'antique *Soukadana*, ville aujourd'hui déchue, mais qui fut la capitale d'un empire puissant.

Le *pays de Simpang* et celui de *Kandawangan* sont gouvernés par des princes qui se reconnaissent vassaux du radjah de Matan.

Les côtes sont occupées par des *Malais*, des *Javanais*, des *Bougasses* ou natifs de *Célèbes*, et quelques descendants d'*Arabes*. Ces peuples, ainsi que ceux de l'intérieur qui en diffèrent et que l'on distingue en *Dayaks*, *Idaans*, *Tidouns*, *Biadjous*, *Kayans*, *Dousoums*, *Marouts*, etc. (1), obéissent à de nombreux despotes qui prennent le titre de sultans. Le mahométisme est la religion dominante. Les princes et les nobles étalent un luxe barbare.

La seconde résidence hollandaise renferme le royaume de Bandjer-Massing, baigné par le fleuve de ce nom. Elle se compose d'un grand nombre de cantons, tels que ceux de *Pambouan*, de *Komaay*, de *Mandava*, de *Bandjer*, du *Grand* et du *Petit-Dayak*, de *Tana-Laout*, de *Tatas*, de *Martapoura*, de *Karang-intan*, de *Doukou-Kanang*, de *Doukou-Kirié* et du *Dousssoun*, qui comprend les grandes plaines qui bordent le fleuve. *Martapoura* ou Boumi est la résidence du sultan de cette vaste contrée, et *Bandjer-Massing* est le chef-lieu de la résidence hollandaise. Cette ville, bâtie sur la rivière du même nom, dont l'embouchure est encombrée de bancs de sable, est assez commerçante; sa population est de 6,000 habitants. Près de cette ville est le fort de *Tatas*, que certains géographes nomment *Tatar*, et qui est occupé par les Hollandais.

Les Etats indépendants occupent plus de 22,500 lieues carrées. Le plus remarquable est celui de Varouni sur la côte septentrionale; c'est la partie la plus peuplée de Bornéo. La capitale est *Varouni* ou *Bornéo*, la ville la plus commerçante et la plus importante de l'île; son commerce principal est avec le détroit de Malacca; son havre est spacieux et à l'abri des vents. Bâtie à l'embouchure du Bornéo, au milieu des marécages et au niveau de la marée haute, elle présente un singulier coup d'œil : ses maisons, au nombre de 4,000, s'élèvent sur des poteaux et communiquent ensemble par des ponts de bois ; ses rues sont de petits canaux : c'est la Venise de la Malaisie. Le fort seul est bâti sur la terre ferme : le nombre des habitants est d'environ 12,500. Cette ville est la résidence d'un sultan qui régnait autrefois sur l'île entière. De là vient que les Européens ont appelé celle-ci Bornéo, du nom de ce royaume; mais ils auraient dû la nommer Varouni (1).

(1) M. *J.-D. de Rienzi*, Description de l'Océanie.

Nous citerons encore sur la côte orientale deux petits Etats indépendants : le *royaume de Passir* et celui de *Kotti*. Les princes qui les gouvernent sont malais; ils résident à *Passir* et à *Kotti*; leurs sujets sont des corsaires redoutés.

A l'orient de Varouni s'étend le pays des Tirouns ou Tidouns; la côte est généralement basse et marécageuse. C'est de toutes les parties à l'orient la plus riche en or. On y voit un grand nombre de rivières navigables. Les habitants paraissent être venus des Philippines; ils se nourrissent de sagou et se font redouter par leurs pirateries. Les villes les plus considérables de ce peuple sont *Tapian Dourian*, les ports de *Sibouka* et de *Kouran*, et quelques bourgs peu considérables. Dans leurs expéditions militaires, les Tidouns se nourrissent après le combat de la chair des ennemis; ils sont naturellement cruels, fourbes et emportés.

« Les Malais des côtes dont nous venons d'indiquer les principaux Etats sont des colonies venues de Java et de Soumâtra. L'intérieur est peuplé d'une race également malaie, mais plus anciennement établie dans l'île. On les appelle les *Biadjous* ou proprement les *Viadhjas* (2), nom évidemment sanskrit, et synonyme avec ceux de Battas, Wedas et Vyadhias ou *sauvages* de Soumâtra, de Ceylan et de l'Hindoustan. On en appelle quelques tribus *Malem*, nom qui en hindoustani signifie *montagnards* (3). Enfin, les échantillons qu'on a recueillis de leur langue renferment beaucoup de mots communs au malai et au sanskrit (4), circonstance qui met dans un nouveau jour l'ancienne parenté de toutes ces nations.

» Ces indigènes de Bornéo s'appellent eux-

(1) C'est à M. *de Rienzi*, qui a visité cette île, que l'on doit la connaissance du véritable nom de la ville de Bornéo. — (2) *J. Janse de Rooy*, dans les *Voyages de Vander Aa*, cité par *Radermacher*. — (3) *Stuart*, résident hollandais. *Voyez* les Mémoires de Batavia, II, 436. — (4) *Meinungen*, l. c., n° 238.

mêmes *Dayaks* au sud et à l'ouest, et Eidahans au nord. Ils sont d'un teint plus clair que les Malais, d'une haute stature, d'une constitution robuste et d'un caractère naturellement doux, simple et paisible; ils sont patients, équitables, mais leur justice ne s'exerce point envers les étrangers; ils sont très intelligents pour ce qui concerne les arts mécaniques; leur extérieur est agréable. Tant et de si belles dispositions sont effacées par leurs préjugés et leurs superstitions, qui en font des hommes extrêmement féroces et sanguinaires. Les principaux d'entre eux s'arrachent une ou plusieurs dents de devant, pour en substituer d'autres d'or. Ils se peignent le corps de diverses figures, et ne portent qu'une ceinture pour tout vêtement. Les habitations sont de vastes huttes en planches, sans aucune cloison, et qui contiennent quelquefois jusqu'à 100 personnes. Les Biadjous suspendent au-dessus de l'entrée de leurs huttes les crânes de leurs ennemis; les jeunes gens ne peuvent se marier avant d'avoir coupé soit une tête, soit les parties viriles d'un ennemi. Entre eux ils observent des lois sévères. Les femmes mêmes sont traitées avec douceur; elles se couvrent d'une écharpe et d'un énorme bonnet ou parasol de feuilles de palmier. Quelques unes d'elles se distinguent par leur talent pour la danse pantomimique [1].

» Les ***Alforèses*** ou ***Haraforas***, peuplade de l'intérieur, ne paraissent guère différer des Eidahans que par un teint plus bronzé et par l'extrême longueur des oreilles. Les danseuses de cette tribu, recherchées par les Européens, font admirer leur docile souplesse dans des pantomimes généralement licencieuses.

» Outre tous ces peuples mal connus, on nomme encore les ***Négrillos*** ou noirs, tribu qui doit habiter les forêts inaccessibles même aux Eidahans, et dont les Européens ne paraissent avoir vu aucun individu. Leur nom semble dire que ce sont de vrais nègres, comme les Papouas de la Nouvelle-Guinée. »

Il existe encore une foule de peuples que nous ne nommerons pas, attendu qu'ils n'ont rien qui les caractérise; leurs habitudes, leur religion et leurs lois, sont à peu près celles des Dayaks. Comme ces derniers ils cultivent peu la terre, et vivent de la chasse ou de la pêche. Ils estiment beaucoup la chair du chien, du buffle et les pieds du chameau; ils mangent les gazelles, les perroquets, les serpents, les crocodiles, les tortues, une espèce de chauve-souris, les singes et le jeune requin. Ils sont commerçants et portent dans les marchés voisins les productions naturelles du sol; ils font des cordages, de la poterie, des outils de fer; les femmes fabriquent des étoffes de soie et de coton. La plupart font grand cas de l'or et des diamants; d'autres ne les exploitent que pour les vendre aux étrangers et en obtenir des marchandises; ils diffèrent de langage et se font une guerre continuelle.

Leurs armes sont la sarbacane pour lancer les flèches, l'épée, la lance, les bâtons et de longs boucliers. Leurs vêtements consistent en une ceinture de toile de coton ou d'étoffe en écorce d'arbre roulée autour des reins; les guerriers sont couverts de peaux d'ours et de léopards. Leur gouvernement est despotique, et la dignité de sultan est héréditaire.

Il ne faut pas confondre les Viadhjas, qui, d'après un grand nombre de voyageurs, sont les mêmes que les Biadjous, avec les ***Biadjaks*** ou Tzengaris [1]. Ces derniers sont une branche des Zigueunes ou Tsiganes, dont nous avons parlé ailleurs [2]. Ils sont sveltes, assez bien faits, ont les traits fins et réguliers, et le teint basané. Les différences qui se trouvent entre eux et les Zigueunes des autres pays viennent toutes du climat; leurs mœurs et leurs caractères sont partout les mêmes. Ils sont adroits, rusés, fainéants, emportés, menteurs, livrés à la débauche, et remplis de superstitions, d'ignorance et d'avarice. Ne consultant que les besoins du moment, ils font tous les métiers et professent toutes les religions sans en adopter aucune. Ils vivent principalement sur la mer, à l'embouchure des rivières, et sur tous les points où passent des étrangers qui se rendent dans l'île. Si ces derniers sont plus faibles, le pillage est inévitable; s'ils sont plus nombreux, les Tzengaris font avec eux des échanges, en ayant soin de les tromper autant qu'ils le peuvent. Ils n'aiment point ceux qui appartiennent à des races étrangères à la leur: aussi sont-ils à leur tour détestés des peuples voisins du pays qu'ils habitent.

« Plusieurs nations européennes ont essayé

(1) *Meinungen*, l. c., n° 238.

(1) M. *D. de Rienzi*: Description de l'Océanie. — (2) *Voyez* t. IV, p. 363 et suivantes.

long-temps en vain de s'établir sur les côtes de Bornéo. Les indigènes ont constamment chassé ou massacré ces étrangers. Les *Hollandais*, qui d'abord formèrent en 1643 un établissement à Ponthianak, n'avaient pas été mieux traités ; mais ils reparurent sur les côtes en 1748. Leur escadre, quoique très faible, imposa tellement au prince de Tatas, qui possédait seul le poivre, qu'il se détermina à leur en accorder le commerce exclusif ; seulement il lui fut permis d'en livrer 500,000 livres aux Chinois. Depuis ce traité, la compagnie hollandaise envoya à *Banjer-Massing* du riz, de l'opium, du sel, de grosses toiles, objets sur lesquels elle gagna à peine les dépenses de son établissement. Ses avantages consistaient dans le bénéfice que l'on pouvait faire sur les diamants et sur 6,000,000 de livres pesant de poivre. »

En 1823, une expédition hollandaise remonta la Ponthianak et s'empara successivement des territoires des princes restés jusqu'alors indépendants. C'est réellement de cette époque que date la suprématie que les Hollandais exercent sur plus de la moitié de l'île. Les Chinois prennent une part active au commerce de Bornéo.

« Les Anglais avaient formé, en 1773 et 1803, dans l'île *Balambangang*, au nord de Bornéo, un établissement qui a été détruit par les indigènes. Il est vrai qu'en 1813 une nouvelle tentative leur réussit mieux ; mais aujourd'hui ils n'ont plus de possessions dans la Malaisie. »

Les îles voisines de Bornéo, et que l'on peut regarder comme dépendantes de cette grande terre, sont toutes très petites ; cependant nous ne devons pas les passer sous silence. Dans la mer de la Chine se trouvent, à l'ouest de Bornéo, les îles de *Natuna* ou *Natouna*, qui se divisent en méridionales et septentrionales. Ce ne sont que des îlots, à l'exception de la *Grande-Natuna*, nommée par les Malais *Poulo-boung-ouran*, et qui a environ 14 lieues de longueur du nord au sud sur 6 de largeur. Elle est couverte de montagnes assez hautes ; ses côtes sont en partie basses et sablonneuses et en partie escarpées. Plus à l'ouest, les îles *Anambas* sont peu connues et d'ailleurs peu importantes. La *Grande-Anambas* paraît être seule habitée.

Au sud, dans la mer de Java, les petites îles de *Solombo*, qui dépendaient jadis du Bandjer-Massing, sont devennes un repaire de pirates malais. *Poulo-Laut* ou *Poulo-Laout*, qui n'est séparée que par un étroit canal de la côte du sud-est de Bornéo, renferme une colonie de Bouguis.

A l'est, dans la mer de Célèbes, le groupe de *Maratuba* ou *Maratouba* comprend une île de 9 lieues de longueur. Les Soulous y vont pêcher des holothuries.

Au nord, dans la mer de Mindoro ou des Philippines, on trouve le groupe de *Cagayan*, habité par des Bissagos qui font le métier de pirates.

LIVRE DEUX CENTIÈME.

Suite de la Description de l'Océanie. — Malaisie. — Description des îles Philippines et des îles Soulou.

« Au nord de Bornéo, nous apercevons le grand archipel des *îles Philippines*, découvertes en 1521 par Magellan, qui leur donna le nom d'*Archipel de Saint-Lazare*. Cependant les Portugais paraissent, dès l'an 1511, avoir connu l'île de Luçon (1). Les Espagnols, qui s'y établirent définitivement en 1560, n'imposèrent proprement qu'à l'archipel septentrional le nom de leur monarque Philippe. La partie centrale est souvent désignée à part sous le nom d'*îles Bissayes*. »

Les chaînes de montagnes qui traversent ces îles dans tous les sens semblent se perdre dans les nues : aucune n'a été mesurée. Elles sont remplies de volcans qui répandent souvent l'épouvante et la mort. En 1641, l'éruption simultanée de trois cratères à Luçon et à Mindanao s'annonça par un bruit qui fut entendu des côtes de la Cochinchine ; en 1754,

(1) *Voyez* notre vol. I, p. 259.

dans l'île Luçon, celle du *Taal* fut précédée d'un tremblement de terre qui détruisit entièrement la ville du même nom. On remarque aussi celui d'*Arringuay* et celui de *Mayon*, dans l'île de Luçon, qui présente la figure d'un pain de sucre; il jette habituellement de la fumée, quelquefois des flammes et des sables volcaniques. En 1814 une de ses éruptions détruisit la ville d'Albay. Près des volcans de l'île Mindoro et de l'île Sangui, le soufre se montre en masses inépuisables.

On trouve dans les îles Philippines des mines d'or, d'argent, de mercure, de fer, de cuivre et de plomb. On pense même que Luçon renferme des terrains d'alluvion platinifères. Il y a de beaux gisements de marbre, de talc et de salpêtre. Toutes ces substances sont généralement peu exploitées, parce que les habitants se contentent de recueillir, par le lavage des terres, les métaux les plus précieux, principalement l'or.

Le terrain des îles Philippines est non seulement coupé par d'innombrables torrents, de grandes rivières et par beaucoup de détroits, comme tous les archipels montagneux, mais il offre encore le phénomène particulier d'un grand nombre de marais, de tourbières, de lacs et de sources d'eaux thermales. On y trouve peu de terres fermes. Dans les sécheresses, ce sol bourbeux et spongieux se gerce de toutes parts. Les tremblements de terre y causent les ravages les plus épouvantables. Les pluies les plus violentes inondent ces îles. Les ouragans y sont fréquents. Ceux que l'on ressent à Manille ne sont rien en comparaison de ceux que l'on éprouve près de la côte de Cagayan.

« On éprouve ici à peu près la même variété de saisons que celle que l'on remarque sur les côtes de Coromandel et de Malabar, variété qui vient de la même cause, car la principale chaîne de montagnes court du nord au sud comme les Ghattes (1).

» A la partie de l'ouest, les pluies règnent pendant les mois de juin, juillet, août et une partie de septembre; c'est le temps des vents d'ouest et d'aval. Ces vents soulèvent les mers en fureur; les terres sont submergées et les campagnes changées en grands lacs. Dans la partie de l'est et du nord on a alors le beau temps. Mais pendant le mois d'octobre et les mois suivants les vents du nord soufflent le long de ces côtes avec la même furie, accompagnés de la même abondance de pluie; les mêmes débordements s'ensuivent, de sorte que quand le temps est sec dans un canton, on a de la pluie dans l'autre.

» C'est pourtant cette humidité qui rend les Philippines si fertiles. Les prairies, les campagnes, les montagnes même jouissent presque toute l'année d'une verdure et d'une fraîcheur perpétuelles. Les arbres n'y sont jamais privés de feuilles; les campagnes sont presque toujours émaillées de fleurs, et souvent le même arbre porte dans le même temps des fleurs et des fruits (1). La principale nourriture de ces îles est le riz. Les Espagnols y ont introduit le froment. Le cacao, qui y réussit très bien, n'y a été porté que vers 1670; il est cultivé par les Indiens dans toutes les îles. » On y voit des patates, des asperges, des radis, des betteraves, et toutes les plantes qui sont en Europe d'un usage journalier, excepté cependant la pomme de terre (*solanum tuberosum*). Le tabac, le bétel, le safran, la noix d'arek, la noix muscade, le café, le coco et la canne à sucre y sont communs.

» Mindanao possède le cannellier. Quant aux *arbres fruitiers*, tous ceux d'Europe n'y donnent que très peu de fruits, et la plupart n'en donnent pas du tout; cependant la figue réussit et devient belle, mais il y en a bien peu. Les orangers et les citronniers y abondent, et les fruits en sont excellents. L'oranger en pleine terre s'élève jusqu'à la hauteur de 30 pieds environ (2). »

Parmi les végétaux indigènes on distingue le cotonnier, le bambou, l'ananas, le gingembre, le poivre, le cassier, plusieurs espèces de bananiers et le manguier (*mangifera indica*), qui produit les mangues les plus estimées et les plus grosses du monde; le grevier (*grewia echinulata*) et le tamarinier (*tamarindus indica*) y parviennent à la taille de nos arbres les plus grands et les plus robustes; on y trouve beaucoup de bois d'ornement, de teinture et de construction, tels que l'ykaranda, l'ébénier, l'acajou, le caobo (*cassuvium*), le panianguit, le mangatchapony, le bois de fer (*metrosideros*), l'aloès,

(1) Voyage dans les mers de l'Inde, par *Legentil*, t. II, p. 8-12 et p. 334-360.

(1) *Legentil*, Voyage dans les mers de l'Inde, p. 25 et suivantes. — (2) *Ibid.*, p. 45 et suiv.

le rotang, le palétuvier, et plusieurs autres arbres à gomme, à résine et à vernis ([1]). La terre est couverte des fougères et des mousses de Java, ainsi que de toutes les plantes des tropiques. Les habitants tirent du gongo, plante rampante, mais gigantesque, un savon végétal qu'ils emploient à leur usage journalier. Il y a de nombreux troupeaux de bœufs, de chevaux et de moutons. La graisse du cochon supplée au beurre, dont on ne fait aucun usage, parce que le soin d'une vache et la peine de la traire sont un travail au-dessus du paresseux Manillois.

On y remarque le tayouan, espèce de chat qui a des membranes semblables à celles des chauves-souris, mais qui vole avec moins d'agilité. Le tigre, l'éléphant et le rhinocéros paraissent inconnus dans les Philippines, quoique des voyageurs aient cru qu'il y avait beaucoup d'individus de la dernière espèce. Les forêts recèlent une grande quantité de sangliers, de cerfs, de daims, de singes et de chats. Il y a aussi beaucoup de serpents; les plus remarquables sont: le python (*coluber javanicus*), appelé par les indigènes *ular-sawa*, c'est-à-dire ours des rizières, parce qu'il vit habituellement dans les champs de riz; le boa, le fouet-de-cocher (*coluber flagelliformis*), et l'olopong. Les crocodiles et les caïmans infestent les rivières. Le poisson n'y est pas rare; l'espèce la plus commune est celle qu'on nomme *dalaq*; on en voit peu pendant la sécheresse, mais pendant la saison des pluies il est en si grande abondance, qu'il semble que la mer, les lacs, les rivières du globe entier se soient rendus tributaires de ces îles. Il n'y a pas d'eau où ils ne se trouvent; au dire de plusieurs voyageurs, ils se multiplient même dans les tombeaux, les puits et les souterrains des églises ([2]). Les forêts sont peuplées d'abeilles qui donnent beaucoup de miel et de cire. Les vers à soie y viennent naturellement, et les habitants font dix récoltes de soie chaque année. On y voit des moustiques fort incommodes; les fourmis blanches dévorent souvent dans une nuit un magasin entier.

Les oiseaux des Philippines sont les mêmes que ceux de Java; on les y trouve en très grande quantité. On y remarque de plus l'oiseau que son chant a fait nommer colo-colo; le calao, qui pond dans le sable des œufs très recherchés, et une espèce de rossignol que les habitants appellent *birahikoumbang*, et auquel ils attribuent un langage et un chant semblables à ceux de l'homme, mais beaucoup plus variés.

([1]) M. *D. de Rienzi*: Description de l'Océanie. — ([2]) Remarks on the Philippine Islands and their capital.

Outre les Espagnols et les autres étrangers, on peut ranger les habitants des Philippines en trois classes bien distinctes: les nègres, les Malais, que les Espagnols nomment Indiens acclimatés, et les métis ou créoles.

« La tradition dit que des peuples noirs étaient anciennement les possesseurs de toutes ces îles, et surtout de Luçon. Lorsque les nations voisines y passèrent pour s'en emparer, ces noirs s'enfuirent et se retirèrent dans les montagnes qu'ils habitent encore. La principale tribu, celle des *Ygolottes*, est improprement nommée *Ygorrottes*; d'autres sont appelées *Finguianes*, *Calingas* et *Italones* ([1]). »

Ces peuples étaient antérieurement divisés en deux classes distinctes qui ne sont point encore confondues; l'une comprend les habitants primitifs de l'île, et l'autre les Ygolottes ou Papouas, qui vinrent de Bornéo s'établir dans les Philippines. Les traits caractéristique de ces deux races consistent en ce que les premiers ont les cheveux crépus et laineux, comme ceux des Endamènes, tandis que ceux des seconds sont noirs et frisés; du reste, ces deux races ont les mêmes mœurs et les mêmes usages. On les voit généralement nus et portant seulement une ceinture en écorce d'arbre attachée autour des reins. Ils vivent de la chasse, de la pêche, de racines et de fruits sauvages; ils n'ont d'autres armes que l'arc et la flèche, qu'ils manient avec beaucoup d'adresse; leurs cabanes, placées à l'ombre des palmiers, les garantissent à peine de la pluie; quelques couteaux sont leurs seuls ustensiles ([2]); leur langage tient beaucoup de celui des Malais. Le pays qu'ils habitent est extrêmement fertile et produit tout presque sans culture.

Les nègres ensemencent un peu de blé, de riz et de tabac, pour lequel ils ont une passion prononcée. Ils ont pendant long-temps été en guerre contre les Malais qui, les ayant chas-

([1]) Voyage de *Legendre*, t. II, p. 51 et suiv. — ([2]) Manusc. de M. *Richery*, p. 291.

sés des plaines, les poursuivaient jusque dans leur retraite, et prétendaient avoir le droit de couper du bois dans les forêts qui leur servaient d'asile. Leur valeur les fit long-temps résister, et les Malais ne prirent le bois qu'en leur laissant en échange du tabac; mais aujourd'hui, devenus moins nombreux ou plus timides, ils vivent dans les forêts en fuyant toujours devant la civilisation qui les environne et les serre de toutes parts.

Ils sont généralement paresseux, esclaves de leur parole, tant qu'ils ne peuvent y manquer sans inconvénient; mais lorsqu'ils croient n'avoir rien à craindre ils oublient entièrement leurs promesses. Depuis quelque temps le gouvernement de Manille entretient chez eux des missionnaires catholiques, mais toutes ces tentatives de civilisation sont encore sans résultats. Ceux qui ont trouvé quelque avantage temporel dans la religion qu'on leur prêchait l'ont embrassée, et se sont fait baptiser; mais ces intérêts n'ont pas plus tôt cessé, que les nouveaux convertis se sont retirés dans leurs montagnes pour suivre leurs superstitions.

Leur religion paraît avoir été imaginée par la crainte et la servilité. Ils offrent des sacrifices à une foule de génies malfaisants qui causent, *disent-ils, tous les maux dont ils* sont accablés. On y retrouve des indices du dogme de l'immortalité de l'âme. Quand quelqu'un d'entre eux meurt, on s'empresse de l'ensevelir en faisant un grand nombre de cérémonies, auxquelles ils l'invitent à prendre part, en laissant pour cela une place vide. Ils croient que les morts éprouvent des besoins, aussi ont-ils soin de mettre dans le tombeau des armes et des vivres pour plusieurs jours. D'après leur croyance, les morts ne tardent pas à visiter les maisons qu'ils habitaient; les proches parents mettent tout en ordre afin de recevoir cette visite, et pour reconnaître quand elle a eu lieu, ils couvrent le foyer de cendres; s'ils y remarquent quelque léger dérangement, ils se plongent dans l'affliction, parce que, disent-ils, la mort ne tardera pas à frapper un autre membre de la famille. Pour apaiser les mânes du défunt, ils gardent quelque temps le deuil, et immolent *le premier voyageur qu'ils rencontrent.* Ce n'est pas leur caractère qui les porte à cette action, car ils sont naturellement doux et remplis de générosité.

Les Malais des Philippines, ou Indiens, sont extrêmement sensibles aux bons traitements, et sentent vivement l'injustice et le mépris; orgueilleux de leurs ancêtres, que quelques uns d'entre eux font remonter à des époques reculées; aimant la parure et la représentation, la chasse, l'équitation et les autres exercices du corps, mais excessivement portés vers la dissipation, ils sont braves, actifs, industrieux et d'une adresse remarquable; ils ont l'oreille fine, beaucoup de goût pour la musique et la peinture, mais peu d'inclination pour les études sérieuses [1]. Ils sont ordinairement petits, mais forts et robustes; *leurs traits ne diffèrent* pas de ceux des autres Malais, seulement leur peau est plus blanche et leur nez plus saillant.

Les métis ou créoles, issus des Européens et des indigènes ou des Indiens, participent des uns et des autres : ils ont l'esprit mercantile. Ce qui domine dans leur caractère, c'est l'orgueil et la frivolité. L'argent qu'ils gagnent, ils le dissipent en feux d'artifice et en autres réjouissances.

On n'a pendant long-temps rien su de positif sur la population de ces îles; le célèbre de La Pérouse l'a estimée à 3,000,000; M. *Gentil, seulement à 700,000.* Dans *tout* l'archipel, dit Raynal, on ne compte guère que 1,350,000 Indiens qui aient subi le joug espagnol. On y compte aujourd'hui 2,529,000 individus soumis à l'Espagne, et on évalue les États indépendants à 2,000,000 d'habitants : ce qui porte la population totale des Philippines à plus de 4,500,000 individus.

La colonie a pour chef un vice-roi qui gouverne en souverain et qui ne dépend que du gouvernement espagnol. Le soin des affaires est surtout confié à un gouverneur subalterne qui a pour se diriger deux conseils, composés, l'un de bourgeois connus par leur sagesse et leur probité, l'autre des marchands les plus honnêtes : le premier prononce sur les affaires civiles, et le second sur tout ce qui regarde le commerce. Depuis l'année 1785 les relations des Philippines avec le Mexique ont pris une nouvelle activité.

Le gouvernement ecclésiastique est composé d'un archevêque et de *trois suffragants.* Le peuple leur donne le nom de pères et a pour

[1] Remarks on the Philippine islands and their capital.

eux le respect le plus grand et la vénération la plus profonde. Leurs avis sont des oracles; leurs paroles, des lois auxquelles on ne cherche point à se soustraire. Ils s'attirent la considération par leur science, leur sagesse, leur humanité et leurs vertus. L'ordre inférieur est celui des clercs qui sont en partie Espagnols et en partie Indiens : les premiers sont ce qu'ils doivent être et font tout ce qu'ils peuvent pour tenir les peuples dans l'obéissance et le devoir ; mais les seconds sont moins instruits, moins pieux et moins dignes d'estime.

L'industrie manufacturière des Philippines embrasse peu d'objets. Avec les filaments de la plante de l'ananas on fabrique l'étoffe de Pina, tissu admirable par sa finesse et sa durée. Cette étoffe est brodée avec beaucoup d'art par les indigènes, qui en font des mouchoirs et d'autres objets de parure d'un prix très élevé, et qui sont recherchés en Europe. On y fabrique aussi des chapeaux de paille, renommés par leur finesse ; des étoffes de coton de différentes espèces ; des toiles à voiles, et des tapis de soie qui constituent une partie de l'habillement des femmes.

Les tissus de coton constituent le principal article de commerce d'importation de Manille : on en estime la valeur annuelle à environ 12,000,000 de francs. Les objets de quincaillerie, d'horlogerie, de parfumerie, de verreries, de chapellerie, de mode, etc., ne dépassent pas 5,000,000. C'est l'Angleterre qui fait avec les Philippines le commerce d'importation le plus considérable; mais leurs exportations ne dépassent pas la valeur annuelle de 2,000,000. Les Anglo-Américains importent des cotons écrus mais en petite quantité. Leurs exportations sont considérables : on peut les estimer à 2 ou 3,000,000. Trois ou quatre navires français importent des vins, de l'eau-de-vie, des soieries, et des articles de nouveauté de Paris ; mais les exportations que font les Français sont fort restreintes, puisqu'elles ne s'élèvent pas annuellement à plus de 700,000 francs. Les Espagnols envoient chaque année de Cadiz quatre ou cinq navires, qui importent pour 1,500,000 fr. de vins, d'eau-de-vie et de mercerie.

Les principales îles de cet archipel sont, en allant du nord au sud : Luçon ou Louçon, Mindoro, Palaouan qu'on écrit aussi Palawan, Masbate, Panay, Samar, Négros, Zébu ou Zébou, Bohol, Leyte et Mindanao ou Maïndanao.

Ces îles sont divisées par les Espagnols en 27 provinces ou alcadies. Chacune de ces provinces est administrée par un gouverneur qui a sous ses ordres des magistrats inférieurs qui font l'office de maires ; ces derniers sont pris parmi les naturels. Les Chinois ont leurs capitans, et ceux-ci ont sous leurs ordres des lieutenants. Les capitans répondent de leurs compatriotes devant le tribunal espagnol.

« Une race féroce occupe les côtes : elle se livre à l'agriculture, au commerce et à la piraterie. Ses principales tribus sont les *Tagales* dans l'île de Luçon, et les *Bisayas* dans les îles centrales. Les divers dialectes que parlent ces nations ont des rapports avec le malaiou et peut-être aussi avec le chinois. Les Tagales se croient eux-mêmes une colonie des Malais de Bornéo. »

Luçon, la plus grande des îles Philippines, est coupée par deux golfes ; celui de *Cavite* ou de Manille à l'ouest, et celui de *Lampon* à l'est. Une grande partie du terrain que ces deux golfes resserrent, est occupée par le grand lac nommé *Bay*, qui se décharge dans le golfe de Cavite. Les rivières les plus considérables sont : le *Tagayo* ou *Cagayan* qui coule droit au nord ; l'*Ana*, et le *Passig* qui va de l'ouest à l'est en traversant le lac *Bay*. L'île produit de l'or, du cuivre et du fer; l'exploitation du dernier est abandonné ; l'or est recueilli en paillettes. On exporte encore divers bois de construction et de mâture, des cordages faits avec les filaments d'un palmier ; du sucre, du coton, des rotins ou rotangs, de la cire, des gommes et des résines [1].

Luçon comprend 15 alcadies, dont nous donnerons les noms dans les tableaux statistiques. Nous allons seulement en examiner les villes principales.

Manille, dans la féconde province de Tondo, est sans contredit la ville la plus importante de l'Océanie. Située dans une plaine charmante que traverse la rivière du Passig, elle est ceinte d'un double rang de fossés pleins d'eau, seulement interrompus par 6 chemins qui aboutissent aux six portes de la ville ; elle est défendue par de sombres et vastes forti-

(1) MS. de M. *Richéry*, comp. *Blancard*, commerce des Indes.

fications. Les rues en sont régulières, larges, presque toutes pavées en granit, bordées de magnifiques trottoirs et éclairées par un grand nombre de fanaux. On y voit beaucoup de voitures; les gens aisés n'y vont jamais à pied. L'agitation continuelle qu'on y remarque, la magnificence des édifices publics, le nombre et les richesses des magasins lui donnent beaucoup de ressemblance avec les villes de l'Europe. La différence qui existe entre Manille et celles-ci se trouve surtout dans la hauteur et la forme des maisons qui n'ont ordinairement qu'un étage avec balcon; elles sont percées de fenêtres garnies le plus souvent de plaques de nacre au lieu de vitres; en somme, elles sont peu élégantes. Les édifices publics les plus remarquables sont la cathédrale, le palais épiscopal, le palais du gouvernement, le fort Saint-Jacques et un grand nombre de couvents. Cependant, l'architecture de ces édifices est en général lourde et de mauvais goût. Un monument moderne fait seul exception: c'est l'hôtel de la Douane. Il y a plusieurs établissements d'instruction publique; tous sont confiés à des prêtres catholiques. Le commerce se fait avec les îles Soulou, la Cochinchine, Java, Bornéo, l'Ile-de-France, l'Hindoustan, les Etats-Unis d'Amérique, l'Espagne, le Portugal, la France et l'Angleterre. L'industrie y est active. Les principales manufactures sont celles des cigares, de cordages et d'une toile composée des fibres de l'abaca. Cette toile surpasse en transparence et en finesse toutes celles qui sortent des manufactures de l'Europe. Les habitants, dont le nombre s'élève à plus de 140,000, sont généralement grossiers dans leurs manières et dans leurs conversations; toujours occupés des affaires, ils font peu de cas des gens instruits, et paraissent satisfaits de croupir dans une ignorance excessive.

Depuis 1571, époque de sa fondation, cette ville a beaucoup souffert des tremblements de terre si communs dans les Philippines; les plus terribles sont ceux de 1635, 1796, 1824. Le premier renversa un grand nombre d'édifices et fit périr 3,000 individus; les deux derniers ont aussi porté les coups les plus terribles à sa prospérité. Manille a encore été le théâtre d'un grand nombre de révolutions politiques. Quelque temps après sa fondation, elle excita l'envie des Chinois qui vinrent peu à peu s'y établir, et parvinrent à en occuper un quartier. En 1603, leur nombre se montait à 35,000; alors ils voulurent environner de murailles le quartier qu'ils habitaient. Cette prétention souleva les Espagnols qui tombèrent sur eux; 23,000 furent massacrés, et les autres se hâtèrent de regagner leur patrie. Ils ne tardèrent pas à revenir, et leur nombre s'augmenta tellement qu'en 1639 il était de 40,000, lorsqu'une nouvelle révolte le fit réduire à 7,000. Accusés en 1709 de conspiration contre l'Etat, de complot et de monopole, on voulut les bannir non seulement de la ville, mais des Philippines. Les édits les plus formels furent portés à cet égard, et s'ils ne purent empêcher les Chinois de reparaître, ils eurent du moins l'immense avantage de détruire l'esprit de parti qui les animait, et d'établir pour toujours entre eux et les indigènes la paix et la concorde.

En 1762, les Anglais assiégèrent Manille, s'en rendirent maîtres et la livrèrent au pillage. Les habitants n'eurent la vie sauve qu'en donnant une somme de 25 millions de francs. Encouragés par une si brillante conquête, les vainqueurs portèrent leurs armes dans toute la province; mais battus en plusieurs rencontres, ils furent obligés de reculer jusqu'à Manille. Les Espagnols, secondés par les indigènes, vinrent les y assiéger. Épuisés de fatigues, pressés au-dehors par les assiégeants et au dedans par la famine, ennemi plus terrible encore, ils étaient sur le point de se rendre à discrétion, lorsqu'ils apprirent que la paix était conclue entre l'Espagne et l'Angleterre et qu'une des conditions portait que les Anglais sortiraient des Philippines et les laisseraient aux Espagnols.

En 1820, cette ville fut attaquée par le mordechi (choléra-morbus). Ses malheureux habitants subissaient la peine de leur aversion pour les sciences, en ne recevant des soins que d'un petit nombre de médecins d'Europe, dévoués au soulagement de l'humanité souffrante. Remplis de préjugés contre tous ceux qui ne sont pas de leur pays, ils crurent trouver la source du mal dans les eaux de la rivière qu'ils supposèrent empoisonnées. Alors, poussés par le desespoir et le désir de se venger, ils se jetèrent sur leurs bienfaiteurs, sur les Américains, les Anglais et les Français, et en firent un horrible carnage.

Cavite, à quelques lieues de Manille sur le golfe du même nom, sert pendant six mois de l'année de port à la capitale; on y construit des vaisseaux de guerre. La ville n'a rien de remarquable; ses rues sont étroites et sales; ses maisons mal construites renferment environ 6,000 habitants. Ses fortifications, quoique bien entretenues, sont loin d'égaler celles de Manille.

Près d'un lac magnifique appelé la *Laguna*, s'étend la jolie ville de *Santa-Cruz*, chef-lieu d'une petite province.

Nous nommerons encore *Bocolor* ou *Bicolor* dans la province de Pampanga; *Soubi*, excellent port, dans celle de Zambalès; *Ylagan*, chef-lieu du Cagayan; *Licon*, dont les habitants passent pour les plus forts et les plus beaux des Philippines; *Boulacan*, au nord de Manille, dont les champs sont renommés par le cacao qu'on y récolte et qui est, dit-on, le meilleur de l'Océanie. *Nueva-Caceres*, la *Cabecera-de-Vigan* et *Nueva-Segovia* sont des villes épiscopales. *Lingayen*, *Valangas*, *Nagua*, *Passanhas*, *Valert* et *Alvay* n'offrent rien de remarquable.

Luçon est en grande partie soumise aux Espagnols.

« Les Tagales, que l'on appelle faussement *Indiens*, vivent dans une abondance, une tranquillité et une innocence qui rappellent l'âge d'or. Leur charité mutuelle permet aux paresseux de s'abstenir de toute espèce de travail. Il est assez ordinaire qu'un homme un peu aisé ait chez lui toute sa famille, même de branches différentes. Tous vivent en bonne intelligence et mangent au même plat. Des familles aussi nombreuses, y compris même les étrangers, dorment dans une même chambre, sur des nattes étendues à terre. Enfin le bon caractère des Indiens s'étend jusque chez les riches Espagnols. Il n'y a point de maisons opulentes où l'on n'élève deux ou trois *créansas*. On appelle ainsi de pauvres enfants qui sont nourris et vêtus, sans aucune distinction, comme les enfants de la maison.

» Les relations que nous possédons sur les autres îles Philippines offrent peu de traits caractéristiques. La nature et les hommes y sont les mêmes que dans l'île de Luçon. La dénomination d'*îles Bissayes* s'étend à toutes les îles situées entre Luçon et Mindanao. » Au sud de la première de ces îles se trouve *Mindoro*, dont on évalue la superficie à 297 lieues carrées. Elle forme une alcadie. Ses villes principales sont: *Calapan*, *Baco*, *Santa-Cruz* et quelques autres postes qui appartiennent aux Espagnols. On remarque sur ses côtes l'anse de Mangarini.

« La longue île de *Paragoa* ou *Palaouan* et le groupe des *îles Calamianes* ou îles aux Cannes, forment une chaîne qui se détache entre l'île Bornéo et celle de Mindoro; elle paraît être très élevée et assez étroite. Il n'y a pas beaucoup de terres labourables au pied de ces hautes montagnes. Les productions sont du riz, du bois d'ébène, des cannes [1] ou rotangs, de la cire, plusieurs gommes, des perles, une infinité de poissons de mer et de tortues. Une partie des habitants vit constamment sur la mer. Toutes les cartes modernes donnent à l'île de *Paragoa* le nom de *Palaouan*, nom déjà connu de Marco Polo, tandis que d'Anville place l'île de *Balaba* (Palaba, Palawaj au sud-est de Paragoa. »

Les îles Calamianes forment, avec la partie nord-est de Palaouan, une alcadie dont le chef-lieu est *Couliong*.

Masbate, entre Mindoro, Panay, Samar et Luçon, est une île de 180 lieues carrées de surface; elle est indépendante.

« *Samar*, au sud-est de Luçon, a 50 lieues de longueur sur 15 de largeur. Le sol y est très fertile, et d'une culture aisée, rendant au moins quarante grains pour un. On en exporte une grande quantité de riz. Les forêts abondent en oiseaux sauvages. Les tourterelles y sont de trois espèces. Les louris y sont fort multipliés, aussi bien que de jolies perruches de la grosseur du linot. Les mammifères n'y sont pas moins nombreux. Les bois sont remplis de singes très gros, de buffles et de chevreuils. Les abeilles sauvages suspendent leurs innombrables ruches aux branches des arbres. L'île de Samar forme une alcadie. »

Panay, que les Espagnols ont divisée en trois provinces, renferme les villes d'*Antique* Antigua) au sud-ouest, d'*Iloilo* à l'est, et de *Capis* au nord. Ces villes sont les chefs-lieux des trois provinces, dont une, celle d'Antique, renferme 46 villages. On remarque en-

(1) *Calami*, en espagnol. De là le nom d'un groupe de cet archipel.

core dans l'île de Panay les deux petites villes de *Molo* et de *Xaro*, dont les habitants passent, selon M. de Rienzi, pour les plus civilisés des Philippines.

C'est dans cette île, longue de 16 lieues et large de 12, que quelques voyageurs modernes placent un peuple particulier et jusqu'à présent inconnu, dont nous avons déjà dit un mot dans nos généralités. Voici la description qu'en fait M. de Rienzi : « J'ai vu une variété » de noirs d'une taille au-dessous de quatre » pieds, mais bien faits, auxquels j'ai imposé » le nom de *mélano-pygmées*, et qui n'avaient » pas encore été décrits ; ces mélano-pygmées » vivent dans les bois et les montagnes. Leurs » enfants portent le nom d'un arbre ou d'un » rocher; l'un se nomme *Papaya*, l'autre *Batou*, etc. Leurs cheveux ne sont pas crépus, » comme ceux des Africains ; leur peau n'est » pas si noire, leurs nez ne sont pas épatés, » ni leurs joues saillantes. Ils sont absolument » nus et si légers à la course qu'ils prennent » souvent des animaux sans le secours de » leurs flèches ni de leur couteau, et alors ils » demeurent comme les corbeaux autour du » cadavre jusqu'à ce qu'ils l'aient dévoré. Ils » échangent le miel et la cire de leurs forêts » pour des couteaux, de l'eau-de-vie et du tabac qu'ils aiment passionnément. Au reste, » ces hommes mènent une vie fort paisible » avec leurs femmes et leurs enfants, loin des » Bissayas et des Espagnols. »

« Panay est riche en gibier, surtout en cerfs, sangliers et cochons sauvages (1). Rien n'est si facile, dans cette île et dans celles du voisinage, que de s'habiller et de se nourrir, du moins quant aux Indiens. Il y a une espèce de figuier-bananier, dont l'écorce est composée de fibres : elles s'en séparent aisément lorsqu'on les fait pourrir. En les ajoutant les unes aux autres, on en fait une toile très fine, qui d'abord est peu souple, mais qui le devient lorsqu'elle est apprêtée avec de la chaux. Ce fil se nomme *abaca.* »

Les îles *Leyté*, *Zébu* ou *Zébou*, et *Negros* appelée aussi *Buglas*, forment trois provinces espagnoles. Ces provinces sont fertiles, mais peu peuplées. *Zébu*, la seconde ville des Philippines, est la résidence d'un évêque : elle n'a que 2 ou 3,000 habitants. Le faubourg de Pariran est habité par des Chinois en général fort riches, parce que tout le commerce est entre leurs mains. *Guigan* est la première de cette alcadie après Zébu. Entre Zébu et Luçon se trouve la petite île de *Maétan*, que la mort du navigateur Magellan a rendue célèbre.

« La seconde des îles Philippines, en grandeur et en importance, est celle de *Mindanao :* elle est la plus méridionale. Le nom de Mindanao ou de Magindanao signifie, en langue du pays, peuples unis de la lagune (1). C'est proprement le nom de l'état principal de sa capitale. Mindanao peut avoir environ 300 lieues de tour; mais il y a peu de terrain propre à la culture. Partout ce ne sont que golfes et presqu'îles. »

Ses caps les plus remarquables sont Cabicunya et Engano au nord ; Bajéador et Bolinao à l'ouest ; Santo-Ildefonso à l'est, et la pointe méridionale de l'île. Les golfes ou baies les plus importants sont, au nord, Sindangan, Panguil, Ilican, Macahalar et Butuan ; au sud, la grande baie d'Illana, et au sud-ouest, le petit golfe de Tagloé.

« A chaque pas on trouve un ruisseau ou une fontaine. On y connaît plus de vingt rivières navigables, parmi lesquelles on doit surtout remarquer le Pélandji, le Butuan et le Sibuguey. Ces rivières abondent en poissons. Les principales plantes nutritives sont le riz, les pàtates, le sagou. La cannelle est aussi fort commune; mais quoique dans sa première fraîcheur elle paraisse avoir autant de piquant que celle de Ceylan, en peu de temps elle perd de sa force, et au bout de deux à trois ans elle n'a plus de goût. La vigne n'y vient qu'en treille, et ne souffre aucune autre espèce de culture. Il y a des mines d'or (2). Le talc est très commun. Les Espagnols exportent des pierres meulières (3). On trouve surtout près de Mindanao quantité de grottes et de cavernes qui servent de retraites aux chauves-souris. L'espèce dont il est ici question est plus grosse qu'une poule. On les voit, vers le coucher du soleil, sortir par milliers de ces cavernes qui leur servent d'asile contre la chaleur et la lumière ; elles y déposent leurs

(1) *Sonnerat :* Voyage aux Indes, t. III, p. 46, édit. in-8°.

(1) *Forrest :* Voyage à la Nouvelle-Guinée, p. 197, édit. française. — (2) *Idem, ibid.*, p. 211, p. 300, p. 340. — (3) *MS.* de *Richeru.*

excréments d'où l'on extrait une quantité de salpêtre ([1]). »

Cette île est divisée en deux parties, la partie indépendante et la partie soumise aux Espagnols : la première se trouve au sud ; elle a ses propres rois et princes ou *sultans* et *radjahs*. Les barons s'appellent *dato* ou *datou*. Ces peuples possèdent, dans leurs marais et leurs forêts, une barrière insurmontable contre les entreprises des Espagnols. Elle contient environ 11,000 habitants ; sa capitale, située sur le Pelandji, se nomme *Sélangan*. Une autre ville, *Sagoursougour* ou *Pollok*, est un des meilleurs ports des Philippines.

« Les indigènes de l'île se distinguent, d'après les dialectes, en trois tribus : les *Luta*, les *Subani* et les *Nègres* proprement dits ([2]). Les habitants des bords de la mer ont beaucoup de ressemblance avec les Bornéens, les Macassars et les habitants des Moluques. Quoiqu'ayant une langue qui leur est naturelle, ils parlent également le malai. Leur idiome natif paraît être le bissayen. Ils sont tous mahométans, et dans leurs écoles un *imam* apprend à lire et à écrire aux enfants ; leurs prières renferment beaucoup de termes arabes.

» Le sultan de Mindanao est le prince le plus puissant de l'île ; mais il y a beaucoup de petits sultans indépendants. Lorsque les Mindanois ne sont pas en guerre entre eux, ils exercent volontiers la piraterie. Leurs bâtiments portent du petit canon et 70 à 80 hommes d'équipage. »

La partie soumise aux Espagnols est divisée en trois alcadies dont les villes principales sont *Missamis* ou *Misamis*, sur la baie de Panguil ; *Dapitan*, sur la côte septentrionale ; *Caraga* ou *Caragua*, sur la côte nord-est ; et *Sambouanguan* ou *Zamboanga*, ville au sud-ouest, défendue par un fort armé de canons, et résidence du gouverneur.

Au sud-ouest de Mindanao s'étend, sur une longueur de 100 lieues et une largeur de 20 à 25, l'archipel de *Soulou*. *Joulo* ou *Holo*. Il comprend 162 îles peuplées de 200,000 habitants. Il est divisé en quatre groupes qui portent le nom de l'île principale qu'ils renferment. Ces groupes sont celui de *Bassilan*, qui se compose de 34 îles ; celui de Soulou composé de 57 ; celui de *Tawi-Tawi* qu'on écrit aussi *Taouï-Taouï*, composé de 55, et celui de *Cagayan*, qui en renferme 6 ([1]).

Presque toutes ces îles sont montagneuses, couvertes de bois, et traversées par de nombreux ruisseaux. La chaleur est plus tempérée dans l'intérieur que sur les côtes ; des brises continuelles de terre et de mer y entretiennent une agréable fraîcheur. Le sol est fertile et l'agriculture mieux connue que dans les Philippines. Les Chinois y ont porté le secret d'améliorer les fruits par la greffe. On y trouve beaucoup d'oranges et des mangues très belles, ainsi que le *laurus-cinnamomum* qui est le seul arbre à épices. Les forêts sont peuplées de porcs, d'éléphants sauvages, de cerfs et de perroquets.

Les peuples qui habitent ces îles sont issus, en grande partie, des Tidouns et des Biadjous

([1]) *Forrest*, p. 213, la note où l'on cite *Combes*, jésuite espagnol. — ([2]) *Hervas*, Catal. des langues, p. 96.

([1]) Le groupe de Soulou comprend *Bankoungan*, *Bass-Bass*, *Bitinan*, *Balad*, *Boubouan*, *Boule-Koutin*, *Boulipong-Pong*, *Dammokun*, *Dong-Dong*, *Hegard*, *Holo* ou *Soulou*, *Kaangan*, les deux *Kabinguan*, *Kaoulangan*, *Kapoual*, *Karang-Tchina*, *Koulassian*, *Kounilan*, *Lahat-Lahat*, *Lamenoussa*, *Laoumbian*, *Lupak*, *Malepouthas*, *Manoubol*, *Maroungas*, *Minis*, *Nanka*, *Noso-Salé*, *Oubian*, *Oussaddu*, *Parang-Parangan*, *Palli-Angan*, *Pandamma*, *Pandonkan*, *Panganak*, *Pangatouran*, *Patatakounan*, *Patian*, *Peta*, *Saang*, *Sibiking*, *Sihassi*, *Sirloun*, *Soulou* ou *Holo*, *Souhokam-Bolad*, *Souladde*, *Talouk*, *Tani-Tani*, *Tapoul*, *Taru*, *Tekoul*, *Teomabal*, *Teoumabal*, *Tombouleun*, *Tong-Tong*, *Toubaloubouk*, *Toubigan* et *Toulian*.

Le groupe de Bassilan se compose des îles *Ariston*, *Ballouk-Ballouk*, *Bassilan*, *Belavan*, *Coco* ou *Manalipa*, *Dassaan*, les deux *Félices*, la grande *Gouhann*, la petite *Gouhann*, les deux *Kaloubloub*, *Lakit*, *Langassmati*, *Malouavi*, les trois *Mataha*, *Oudell*, *Pilas*, *Rienzi*, les deux *Sangbeis*, les deux *Sibago*, *Taing-Olan*, *Tamouk*, *Tapiantana*, *Taykela*, *Taynga*, *Teynga*, *Tipounou* et l'île du *Tribun*.

Le groupe de Tawi-Tawi comprend *Babagsouka*, *Babawan*, *Ballioungan*, *Banarran*, *Bassi-Bouli*, *Batolapak*, *Bilattan*, *Bintokolan*, *Bongao*, *Boukoutlapis*, *Bou-van*, *Dokan*, *Doulang-Doulang*, *Goulimuan*, *Kakataan*, *Kulaitan*, *Kalampapaan*, *Kangtipyan*, *Karangan*, *Kinapoussan*, *Kou-ad-Bassang*, *La*, *Latoan*, *Loupa-Bouan*, *Louran*, *Magloumba*, *Magpeos*, *Maniakolat*, *Manouk-Maouka*, *Moutabouan*, *Nankaan*, *Nousapapabag*, *Oubian*, *Panampangan*, *Parangaan*, *Poumahan*, *Samanpout*, *Sanguissiapo*, *Sekouboum*, *Siboutou*, *Sigboyé*, *Simalouk*, *Simonor*, *Sipyout*, *Tabouaan*, *Tagao*, *Tambagan*, *Tandou-Batto*, *Tankolalouon*, *Tapaan*, *Tato*, *Tattaan*, *Tawi-Tawi*, *Tihek-Tihek*, et *Toussan-Bongao*.

Nous empruntons ces noms à la *Description de l'Océanie*, par M. D. de Rienzi.

de Bornéo; on les dit belliqueux, perfides, sanguinaires et adonnés à la piraterie. Ils suivent la religion de Mahomet, mais avec la plus grande indifférence. Leur culte se borne à quelques vaines cérémonies qu'ils font dans des mosquées dénuées de toute sorte d'ornements.

Leur gouvernement est féodal, et la dignité de sultan est héréditaire de mâle en mâle ; le pouvoir législatif réside dans une assemblée qui se compose de quinze nobles, du sultan et de l'héritier présomptif. Il y a encore deux assemblées composées des membres élus par le peuple; elles portent le nom de *manteries ;* leur devoir est de soutenir la cause du peuple sur lequel les nobles exercent une grande tyrannie.

Le sultan de Soulou régnait autrefois sur une grande partie de l'île de Bornéo. Il a soutenu des guerres presque continuelles contre les Espagnols des Philippines, et cela avec avantage, jusqu'en 1746. A cette époque trente vaisseaux ennemis s'emparèrent de sa capitale, qui depuis lui a été rendue.

Les naturels du groupe de Bassilan sont des plus traitables de l'archipel ; ils ont des relations commerciales avec les Espagnols et ne se livrent point à la piraterie; les Biadjaks-Tzengaris qui se trouvent parmi eux en font profession. C'est dans ce groupe qu'est située l'île découverte par M. de Rienzi, qui lui a donné son nom.

Le groupe de Soulou n'a guère de remarquable que l'île principale, qui a 44 lieues carrées de superficie. Quoique petite, elle est une des plus importantes de la cinquième partie du monde ; ses fruits sont beaux et ses forêts peuplées d'éléphants et de petits cerfs.

« La mer qui l'environne rejette beaucoup d'ambre gris. On dit qu'avant l'arrivée des Espagnols, les naturels en faisaient des torches pour s'éclairer dans les pêches de nuit. Les flots apportent cette substance sur les côtes de Soulou vers la fin des moussons ou vents périodiques d'ouest; on en a quelquefois trouvé de liquide. Quelle que soit l'origine de l'ambre, il est étonnant qu'il ne se rencontre que sur les côtes de cet archipel, pendant que l'on n'en trouve point ou presque point à Mindanao.

» L'île de Soulou s'enrichit encore par la pêche des perles qui se fait à la fin des moussons d'ouest. Il règne alors pendant quelque temps un calme parfait; la mer est si tranquille que la vue y perce à une profondeur de 40 ou 50 pieds. Les naturels de Soulou sont d'excellents plongeurs, et rien ne leur échappe de ce qui peut être à la portée de leur vue. Mais ces perles de Soulou se ternissent en peu d'années.

» *Bowan* ou *Bewan,* la capitale de Soulou, située au nord-ouest de l'île, est le centre du commerce des îles voisines ; ses maisons sont, comme presque toutes celles de Soulou, élevées sur des poteaux à 4 pieds au-dessus du sol. Elle a 6,000 habitants; c'est la dixième partie de la population totale de l'île [1]. »

Nous ajouterons que Bewan est bien fortifié, et que le sultan de Soulou pourrait mettre en campagne 50,000 hommes.

Les groupes de Cagayan et de Tawi-Tawi n'ont rien qui les caractérise.

LIVRE DEUX CENT UNIÈME.

Suite de la Description de l'Océanie. — Malaisie. — Description des Célèbes et des Iles Moluques.

« Les îles situées à l'est de Bornéo et de Java, et au sud des Philippines jusqu'aux rivages de la Nouvelle-Guinée, portent, dans les géographies françaises, les noms d'*îles Moluques* et d'*îles aux Epices.* L'un de ces noms est, par cette extension, tout-à-fait détourné de son acception primitive et spéciale; l'autre est un peu vague. Des rapports physiques très intimes et des rapports politiques très anciens ont autorisé leur réunion en un archipel. Plus morcelées, plus déchirées que

(1) *Forrest :* Voyage à la Nouvelle-Guinée, p 364.

les îles de la Sonde, elles renferment encore un plus grand nombre de volcans. Des arbres à épices plus ou moins exquis paraissent répandus sur tout l'archipel. Le roi de Ternate possédait autrefois tout le nord de Célèbes, et les gouvernements de Macassar et de Banda se partageaient la chaîne timorienne. Les Hollandais de Batavia comprenaient aussi toutes ces terres sous le nom général du *Grand-Est*[1]. »

Aujourd'hui les mêmes rapports n'existant plus, nous suivrons les divisions que la nature paraît avoir tracées, et nous décrirons sous le nom de Moluques les îles situées à l'est de Célèbes et de Xulla.

« *Célèbes* est séparée à l'ouest de Bornéo par le détroit de Macassar, et à l'est des îles Moluques par un passage qui prend le nom de ces îles. L'étendue de mer qui, au nord, sépare l'île de Célèbes de celle de Mindanao, porte indistinctement le nom de l'une et de l'autre.

» La figure de Célèbes est extrêmement irrégulière. Les baies de *Bony*, de *Tolo*, et surtout celle de *Tomini* ou de *Gounoung-Tellou*, la découpent en plusieurs presqu'îles unies par des isthmes étroits. » Les caps les plus remarquables sont ceux de *River*, *Donda*, *Temoul*, *Vilhel*, *Kil*, *Onkona* et *Mandar* à l'ouest; *Coffin* et *Candy* au nord, et *Talabo* à l'est.

« Plus les cartes ont été perfectionnées, plus cette île y a pris une forme de squelette. Grâce à ses nombreux golfes, les chaleurs y sont tempérées par des pluies abondantes et par des vents frais. La mousson d'est dure de mai en novembre; la mousson opposée règne le reste de l'année. Les marées sont très irrégulières. Célèbes renferme plusieurs volcans en éruption. La vue des côtes élevées, coupées et verdoyantes, offre des tableaux enchanteurs. Des rivières nombreuses, se précipitant aux pieds d'immenses rocs, viennent tomber avec fracas au milieu des groupes majestueux des arbres les plus pittoresques. »

Les plus considérables de ces cours d'eau sont : la *Chincana* qui sort du lac *Tapara-Karaja*, dans le pays d'Ouadjou, traverse l'Etat de Bony et se jette dans la baie du même nom; la rivière de *Boli* qui verse ses eaux dans la mer de Célèbes. Le *Zino*, le *Tzico* et le *Tondano* méritent aussi d'être mentionnés.

« Cette belle île produit les plantes les plus vénéneuses que l'on connaisse. Le fameux *oupas*, dont l'existence à Java est environnée de fables, croît bien certainement dans cette île, puisque les Macassars trempent leurs poignards dans le terrible poison qui en découle. » A côté de ces arbres de mort, la nature a placé les girofliers et les muscadiers, que les Hollandais font arracher; l'ébénier, le santal, le calambac, dont on exporte les bois précieux; le sagoyer, dont la moelle nourrit tant de nations; l'arbre à pain, le cocotier, le bananier, le manguier, le gingembrier, le varinga sacré chez les Javanais, le cafier, et l'arekier, qui s'élève à 60 ou 80 pieds au-dessus du sol [1]. On y voit aussi le bambou, un palmier lisse, droit, élevé de 30 ou 40 pieds, touffu et épineux seulement aux aisselles des feuilles; le cèdre, l'érable, le chêne, la canne à sucre, le manioc, le benjoin, le nénufar, le romarin. On y récolte du tabac, des melons, des patates, des ignames et des raves. Les choux, les chicorées, et toutes les plantes culinaires d'Europe y réussissent. Le riz et le coton y abondent.

« On ne voit dans les forêts ni tigres ni éléphants, mais beaucoup de cerfs, de sangliers, même des *élans*, dit-on, et un nombre infini de singes qui sont ici très forts et très méchants; mais il y a une grande espèce de serpents qui en dévore une quantité. Les petits bœufs de Célèbes ont une bosse sur le dos. L'île nourrit encore des buffles, des chèvres et des moutons d'un tempérament vif, d'un pied sûr, accoutumés aux routes montueuses [2]. » On y trouve aussi le babiroussa ou cochon-cerf (*antilopa depressicornis*) dont le nom signifie *vache des bois*. Cet animal, de la grosseur d'une génisse, a deux cornes épaisses légèrement recourbées en arrière; son poids est de deux à trois cents livres : il est sauvage, et quoique peu agile, il devient dangereux par les blessures qu'il fait avec ses cornes. On rencontre dans les forêts des caméléons, des couleuvres, des pythons, des dragons volants, des scorpions, et sur le bord des rivières, des crocodiles et un mammifère amphibie appelé *douyoung*; les rivières et les lacs sont remplis

(1) *De Groote Oost*, voyez *Valentyn*.

(1) Voyage de la corvette l'*Astrolabe*, sous le commandement de M. *Dumont d'Urville*, t. V. — (2) *Valentyn* : Description de Macassar. *Radermacher*, id.

de poissons parmi lesquels on remarque l'espadon (*pristis antiquorum*), l'ican-laer (poisson-voile), parce qu'il se sert pour changer de lieu d'une énorme nageoire dont son corps est surmonté ([1]).

Les oiseaux sont très nombreux à Célèbes; on y voit des aigles, des corbeaux, des vautours, des kakatoès blancs, des couscous, des hérons blancs, noirs et gris; des faisans dorés, des oies, des canards, des poules ordinaires, des poules sultanes, des tourterelles et des pigeons. Les côtes fourmillent de tortues et de poissons.

« Les minéraux de cette île paraissent mériter attention. La partie méridionale en est dépourvue, mais la péninsule septentrionale, depuis l'isthme jusqu'au-delà du district de Boulan, est remplie de mines d'or; celles dans le district d'Ankahoulou, non loin de l'établissement hollandais de Gorontalo, donnent de l'or à 21 carats; celui des autres est à 18. Le minerai se trouve en nids à quelques brasses de profondeur; il est accompagné de cuivre ([2]). Quelques montagnes donnent du cristal, d'autres du fer. » Les mines de Totok fournissent par an 200 réaux ou onces d'or à la Hollande; les naturels en exploitent aussi près de Kema. Tous ces lieux sont excessivement malsains; et, comme cela doit être, le peuple y est misérable. On trouve encore dans cette île des diamants, des mines de cuivre, d'étain et de sel. Au nord-est, dans le territoire de Mongondo et de Manado, des terrains remplis d'une immense quantité de soufre sont bouleversés par de fréquents tremblements de terre ([3]).

Les principales montagnes de Célèbes sont le mont *Lampo-Batan*, qui a 1,200 toises d'élévation au-dessus du niveau de l'Océan. Près Manado sont le *mont Klobat* qui a la forme d'un cône fort régulier; deux pitons moins considérables que l'on appelle les *Deux-Sœurs*, et à quelques milles plus loin on remarque une montagne plus évasée au sommet, et sur laquelle on aperçoit du côté de l'est une immense cavité à bords aigus, déchirés et dénudés, qui annoncent le cratère d'un ancien volcan. Ce mont peut avoir environ 500 toises d'élévation. Les plantes ne dépassent point les deux tiers de sa hauteur, tandis qu'elles s'avancent bien plus haut sur le Klobat, qui a une hauteur presque double. Près de là est le *Gounoung-Empong* (mont des Esprits), élevé de 3,500 pieds; il n'est qu'un contre-fort du *Lokong*, qui renferme des cratères dont quelques uns fument encore.

La constitution géologique de cette île montagneuse offre généralement un trachyte ou basalte en décomposition recouvert d'une couche de terre végétale dont l'épaisseur s'élève quelquefois à 15 ou 20 pieds. On y trouve des fragments d'obsidienne noire un peu poreuse qui paraît fort ancienne ([1]).

La topographie de Célèbes a été embrouillée par les contradictions des voyageurs, qui ont donné des noms tout-à-fait différents aux nombreuses principautés dans lesquelles l'île est partagée. Mais des rapports plus récents nous apprennent qu'elle est divisée en deux grandes parties : celle qui est gouvernée immédiatement par la compagnie hollandaise, et celle qui est régie par des sultans indigènes soumis à la compagnie.

La première, qui prend le nom de *gouvernement de Mangkassar* ou *Macassar*, renferme les districts de Macassar, de Bonthain, de Maros, de Manado et de Gorontalo. Ses villes principales sont *Goa* ou *Goak* au midi, capitale de toutes ces résidences; elle était autrefois fortifiée, mais ses fortifications ont été détruites. Au nord de cette ville se trouvait Macassar, située sur une espèce de pointe de terre arrosée par deux rivières; elle est remplacée aujourd'hui par le fort *Rotterdam* et le village de *Vlaardingen*, habité par 1,200 Européens ou métis; autour se trouvent trois bourgs nommés *Compong-Barou*, *Bouguis* et *Malayou*.

« *Bonthain* est également au sud sur la baie de son nom. Tout près est une forteresse hollandaise. La baie de Bonthain est grande, les vaisseaux peuvent y mouiller en toute sûreté pendant les deux moussons. La ville de *Boni* n'est pas loin d'un lac qui porte le nom classique de *Tempé*, et d'où il sort une belle rivière.

» Les *provinces septentrionales* de la compagnie, dont *Maros* est le chef-lieu, fournissent toute l'île de riz. On y compte 370 gros vil-

([1]) Voyage de la corvette *l'Astrolabe*, sous le commandement de M. *Dumont d'Urville*, t. V, p. 422. — ([2]) *Duhr*, dans les Mém. de Batavia, III, p. 179-182. — ([3]) *Valentyn*, Moluques, p. 64, vol. I.

([1]) *Valentyn* : Moluques, p. 446 et 637.

lages. Elles occupent les plaines de la côte occidentale ([1]). »

Dans la résidence de ***Manado*** se trouve la ville du même nom, peuplée de 4,000 habitants, la plupart Malais. Ses rues larges et régulières sont bordées de palissades de sagoutiers ; ses maisons, vastes et solides, sont construites en bois sur des poteaux de 12 à 15 pieds d'élévation. Les fenêtres sont très souvent ornées de sculptures. Les habitations des chefs sont de véritables édifices, très vastes, dont l'entrée est décorée d'un péristyle ou appartement quadrilatère dans lequel on arrive par de grands escaliers. Les Hollandais se sont conformés à l'usage du pays en élevant ainsi leurs demeures ([2]). La rade de Manado est vaste, mais peu sûre lorsque les vents battent à la côte. La ville est assise au bord de la mer, entre deux montagnes très éloignées. « Celle de droite forme une chaîne » ondulée dont un rameau se termine à la » mer, à 1 ou 2 lieues du mouillage ; la mon» tagne de gauche, isolée de la précédente, » est un grand piton volcanique nommé ***Klo»bat***, semblable à celui dont nous venons de » parler. L'intervalle qui se trouve entre ces » deux montagnes forme une sorte de plaine » ondulée ([3]). »

Dans ses environs se trouvent des forêts immenses et de rapides torrents. Celui de Manado est remarquable par une cataracte de 80 pieds d'élévation. ***Kéma***, où l'on fabrique d'excellents cordages, est peuplée de 10,000 habitants ; ***Gorontalo***, dans le golfe de Tomini, est la résidence d'un sultan qui administre sous la suzeraineté des Hollandais. Cette ville est dans un pays riche en buffles, en bois de fer, en rotang, où l'air des montagnes rend les nuits d'été très froides ([4]).

Les États gouvernés par des sultans indigènes sont celui de ***Bony***, qui peut armer 40,000 hommes, et dont la capitale est ***Bagoa***, ville de 8,000 âmes ; celui d'***Ouadjou*** ou ***Vaju***, vers le centre de l'île ; celui de ***Louhou***, qui passe pour être l'un des plus anciens et des plus puissants ; celui de ***Sidinring*** ou ***Sidéréeng***, vers le centre aussi de Célèbes ; celui de ***Mandhar***, partagé en sept petits princes alliés de la même famille ; celui de ***Tello***, gouverné par une princesse qui reconnaît la suprématie du roi de Bony ; celui de ***Macassar***, qui ne possède qu'une petite portion de son ancien territoire ; enfin celui de ***Soping*** ou ***Sopeng***, qu'on dit être important.

« Au-delà du golfe de ***Cayeli*** commençait autrefois le territoire du roi de Tanette, qui embrassait toute la lisière des côtes septentrionales et orientales jusqu'au golfe Tomini, et même en dedans de ce golfe. Ce territoire peut fournir 17,000 hommes en état de porter les armes. ***Tanette***, sa capitale, est une petite ville qui possède un port. Le canton ***Palou*** des Hollandais, pays plat et fertile, est le ***Parlow*** du capitaine Woodard ([1]). ***Tolatola***, ville considérable, selon un voyageur anglais, est le ***Tontoly*** des Hollandais ([2]). ***Magondo*** et ***Boulan*** sont des Etats considérables. »

Les ***Tomitans*** ou ***Tomitains*** occupent le centre de l'île où les trois golfes resserrent les terres. On y trouve aussi les ***Touradjas*** ou ***Alfouras***, qui s'étendent jusqu'au nord. ***Tambouko*** et une partie de la côte orientale sont possédés par les ***Biadjous***, peuple sauvage qui vit plus dans ses bateaux de pêche que sur la terre.

« Les habitants des Célèbes, que l'on distingue en ***Bonys***, ou ***Boughièses*** et ***Macassars***, sont les plus braves de toute l'île. Leur premier choc est furieux ; mais une résistance de deux heures fait succéder un abattement total à une si étrange impétuosité. Sans doute qu'alors l'ivresse de l'opium se dissipe après avoir épuisé leurs forces par des transports frénétiques. Leur arme favorite est le ***cric***. Il a la forme d'un poignard, dont la lame s'allonge en serpentant, ayant à peu près 10 pouces de long.

» Une éducation austère rend les habitants de Célèbes agiles, industrieux et robustes. A toutes les heures du jour les mères frottent leurs enfants avec de l'huile ou de l'eau ; ces onctions répétées aident la nature dans ses développements. A l'âge de cinq ou six ans, les enfants mâles de condition sont mis comme en dépôt chez un ami, de peur que leur courage ne soit amolli par les caresses des parents et par l'habitude d'une tendresse réciproque.

([1]) *Radermacher* : Notice sur Célèbes, dans les Mémoires de Batavia, IV, 215. — ([2]) Voyage de *l'Astrolabe*, t. V, p. 629. — ([3]) *Ibidem*. — ([4]) *Valentyn*, Moluques, p. 79.

([1]) *Woodard*, trad. franç., p. 129. *Radermacher*, p. 204. — ([2]) *Idem*, p. 124. *Valentyn*, Moluques, p. 72.

Ils ne retournent dans leur famille qu'à l'âge où la loi leur permet de se marier. »

Les Bouguis sont grands, forts et robustes; ils ont le teint plus clair et le visage plus arrondi que les Malais. Ils sont doux, paisibles, amis du travail, et très fidèles aux Hollandais : le vol est inconnu parmi eux. La polygamie est autorisée par les lois ; mais il n'y a guère que les riches qui prennent plusieurs femmes. Sans égard à la faiblesse de leur sexe, celles-ci sont employées à la culture des terres et à tous les ouvrages pénibles. Ces peuples n'ont ni temples ni idoles ; leur religion est le manichéisme; leurs prêtres sont principalement occupés de la divination par le vol ou le chant des oiseaux et l'aspect des entrailles des victimes ; quelquefois ils plongent leur tête dans le ventre fumant de l'animal qu'ils ont égorgé, et rendent ensuite leurs prophéties le visage tout barbouillé de sang. Ils cultivent le riz et le café qu'ils fournissent à la compagnie hollandaise au prix qu'elle a fixé ([1]).

Les Alfourous ou Alfourèses, qui habitent l'intérieur de Célèbes, vivent dans les montagnes. Ils sont remarquables par la blancheur de leur peau et par la coupe arrondie de leur visage. Leurs yeux sont ovales et bien faits ; leurs cheveux noirs, lisses et très longs, surtout chez les femmes. Les hommes ont fort peu ou point du tout de barbe. Ceux qui vivent dans la plaine ou sur le bord de la mer ont le teint un peu plus foncé. Leur taille est petite, mais bien prise et bien proportionnée. Les femmes sont vêtues, mais les hommes ne se couvrent que la partie moyenne du corps, ou portent une chemise. Ceci ne doit s'entendre que du peuple, car les chefs ont adopté, les uns le costume européen, et les autres le costume musulman, qui leur sied bien mieux. Tout ce que l'on sait de leur religion, c'est qu'ils n'ont point de culte extérieur, et que leur croyance est toute spirituelle ([2]).

« Les autres peuples de Célèbes ne reconnaissaient autrefois de dieux que le soleil et la lune. On ne leur offrait de sacrifice que dans les places publiques, parce qu'on ne trouvait pas de matière assez précieuse pour leur élever des temples. Le mahométisme s'est répandu dans cette île il y a deux siècles. Les

([1]) Voyage de M. *Dumont d'Urville*, t. V. — ([2]) *Idem*, *ibid.*, p. 630.

prêtres y exercent une très grande influence. »

Nous ne devons point passer sous silence ce que les Européens nomment un mariage de Célèbes ; c'est la faculté qu'a tout étranger de prendre, en arrivant dans ce pays, une femme qu'il garde pendant tout le temps qu'il y réside, moyennant un accord fait avec le père ou la mère plutôt qu'avec la fille elle-même. C'est moins de l'argent qu'on exige que des étoffes ou autres effets qui sont plus utiles à ces peuples que l'argent. La fille reçoit naturellement aussi quelque chose : si elle ne se comporte pas bien, le mari peut la renvoyer à ses parents, et reprendre sinon tout, du moins une partie de ce qu'il a avancé. A son départ la femme devient libre, et les enfants sont abandonnés à l'humanité des deux parties ([1]).

« Les Portugais s'établirent à Macassar en 1525. Ils s'y maintinrent même après avoir été chassés des Moluques. La raison qui les y retenait et qui y attirait aussi les Anglais, était la facilité de se procurer des épiceries.

» Les Hollandais, que cette concurrence empêchait de s'approprier le commerce exclusif du girofle et de la muscade, entreprirent, en 1660, d'arrêter ce trafic. Ils employèrent contre leurs concurrents la force et la perfidie, et parvinrent à les chasser entièrement de l'île. Les princes qui en partageaint la souveraineté furent réunis en une espèce de confédération. Ils s'assemblent de temps en temps pour les affaires qui concernent l'intérêt général. Le gouverneur de la colonie hollandaise préside à cette diète.

» Les Chinois, les seuls étrangers qui soient reçus à Célèbes, y apportent du tabac, du fil d'or, des porcelaines et des soies écrues. Les Hollandais y vendent de l'opium, des liqueurs, de la gomme-laque, des toiles fines et grossières. On en tire un peu d'or, beaucoup de riz, de la cire, des esclaves et du *trepan*, espèce de mollusque.

» Au nord-est, une chaîne d'îles part de Célèbes et s'étend presque vers la pointe sud-est de Mindanao ; la principale s'appelle *Sanghir* ou *Sanguir ;* elle est fertile, peuplée et gardée par un poste hollandais. L'île *Siauw* ou *Siao,* et le groupe des îles *Talautse*, forment une chaîne avec Sanghir. Riches en sagou et en huile de coco, ces îles comptaient, il y a

([1]) Voyage de M. *Dumont d'Urville*, t. V, p. 638.

un siècle, 28,768 habitants. Elles renferment deux ou trois redoutables volcans ([1]).

» Au sud, se trouvent les îles *Salayer* et l'île de *Boutan*, ou *Bouton*. Cette dernière forme un royaume ou sultanie à part. La ville de *Kalla-sousong*, siége d'un sultan vassal des Hollandais, est fortifiée. Les habitants font des étoffes de coton et de fil d'*agave*. Les perroquets et les kakatoës abondent dans les vastes forêts, où se trouve entre autres le muscadier uviforme. Les rotangs s'y élèvent sur un arbre, descendent à terre, remontent sur un autre arbre, et forment ainsi des tiges de plusieurs centaines de mètres de longueur. Les fruits du fromager (*bombax ceyba*) fournissent une abondante nourriture au singe pithèque ([2]). » *Poulo-Babi*, les petites îles de *Babalagan*, *Stafinaff* et *Tonine* n'offrent rien de remarquable.

Les trois îles *Xulla*, ou *Xoula*, surnommées *Taliabo*, *Mangola*, et *Bessi*, forment un groupe intermédiaire entre les Moluques et Célèbes. Riches en sagou et en bois d'ébène, elles ont des habitants très perfides et très lâches. Près d'un des canaux qui les séparent, un rocher semblable à un homme est adoré par les navigateurs malais ([3]).

» Les *Moluques*, originairement et proprement appelées, sont seulement cinq petites îles à l'ouest de Gilolo, nommément *Ternate*, *Tidor*, *Motir*, *Makian* et *Bakian*, ou *Batchian*; mais les souverains des Moluques ont eu des possessions dans Gilolo, Céram et autres îles voisines, qu'on appelle les *Grandes Moluques*. Ce nom paraît venir de l'arabe, et signifie *îles royales*, parce que les souverains des îles voisines y avaient établi leur résidence. » Presque toutes ces îles sont soumises aux Hollandais, qui les gouvernent immédiatement ou par des gouverneurs indigènes qui leur sont soumis.

» L'archipel des Moluques porte les caractères les plus évidents d'une terre bouleversée par quelque révolution violente; partout on y voit des îles singulièrement coupées et rompues, des pics énormes qui s'élancent tout-à-coup d'une mer profonde, des rochers entassés à des hauteurs immenses, enfin un grand nombre de *volcans*, soit en activité, soit éteints. Les tremblements de terre, fréquents et terribles dans ces parages, en rendent la navigation périlleuse. Ils font disparaître tous les ans des bancs de sable dans ces mers, et tous les ans ils y en forment de nouveaux.

» La chaleur, l'humidité excessive, suivie de longues sécheresses, et la nature du terrain, qui est ou rocailleuse ou spongieuse, interdisent la culture de tous les grains. La moelle du sagou y sert de pain aux naturels du pays. L'arbre de fruit à pain, le cocotier et toutes sortes d'arbres fruitiers de l'Inde y réussissent. Cependant il est vrai de dire que les arbres à épices ont seuls pu attirer et fixer ici l'avidité des Européens.

» Le giroflier y croît à la hauteur de 40 à 50 pieds, et étend au loin ses branches garnies de longues feuilles pointues, qui ressemblent un peu à celles du laurier. Ce sont les boutons à fleurs qui constituent l'épice connue sous le nom de *clou de girofle*. La principale récolte se fait depuis novembre jusqu'en février. Le muscadier est de la grandeur du poivrier; ses feuilles ressemblent à celles du laurier; il donne des fruits depuis l'âge de dix ans jusqu'à cent. Quand la noix muscade est mûre, elle est aussi belle que curieuse à voir; elle est à peu près de la grosseur d'un abricot et d'une couleur peu différente; elle a de même une sorte de sillon creux alentour; elle ressemble un peu à une poire pour la forme; quand elle est parfaitement mûre, l'écorce s'ouvre d'elle-même, et laisse voir le macis, d'un rouge foncé, couvrant en partie la mince cosse de la noix, qui est noire. On trouve à Amboine un giroflier sauvage qui diffère de l'autre par son tronc plus élevé et ses feuilles beaucoup plus longues. Les îles Banda fournissent aussi cinq ou six espèces de muscadiers sauvages que les Hollandais ont négligé de détruire. »

Les animaux les plus remarquables sont le *babiroussa*, l'*opossum* ou didelphe, le phalanger, le tarsier, le petit chevrotain, *moschus pygmæus*; mais les animaux domestiques ne sont pas en grand nombre. On y admire une foule d'oiseaux magnifiques, tels que les oiseaux de paradis, les martins-pêcheurs, les perroquets, les kakatoès, l'émou ou casoar, le philedon-corbi-calao (*philedon corniculatus*), le choucari vert (*grâncalus viridis*), le langraïen dominicain (*ocypterus*

([1]) *Valentyn*, Moluques, p. 37-61. — ([2]) *La Billardière*: Voyage à la recherche de La Pérouse, t. III, p. 301. — ([3]) *Valentyn*, Moluques, t. I, p. 88.

leucorthynoncos), le petit drongos (*corvus balicassius*), le souï-manga souci (*cinnyris solaris*), le souï-manga rouge et gris (*cinnyris rubrocana*), le souï-manga de Clémence (*cinnyris Clementiæ*), le bengali (*fringilla amandava*), le galfat (*emberiza calfat*), le guêpier à longs brins (*merops tenuipennis*), et autres. On y trouve des mines d'or peu abondantes; il y tombe très fréquemment des aérolithes, et sur les côtes on voit beaucoup de rochers de corail et de madrépores.

« Les indigènes des Moluques ignoraient le prix de ces richesses végétales qui ont rendu leur pays si célèbre et si malheureux. Les Chinois ayant abordé par hasard aux Moluques, dans le moyen âge, y découvrirent le girofle et la muscade. Le goût en fut bientôt répandu aux Indes, d'où il passa en Perse et en Europe. Les Arabes, qui tenaient alors dans leurs mains tout le commerce de l'univers, n'en négligèrent pas une si riche portion. Ils se jetèrent en foule vers ces îles, et ils s'en étaient approprié les productions, lorsque les Portugais, qui les poursuivaient partout, vinrent leur arracher cette branche de leur industrie.

» Les Hollandais, après en avoir chassé les Portugais, prirent le parti de détruire, autant qu'il serait possible, les arbres d'épiceries dans toutes ces îles, en ne les laissant subsister que sur quelques unes, petites et faciles à garder.

» Par ce règlement, tandis que la cannelle ne se récoltait que sur Ceylan, le girofle à Amboine et dans les îlots voisins, les îles Banda étaient les seules consacrées à la culture de la muscade, sans qu'il fût permis d'avoir du girofle à Banda, ni de la muscade à Amboine. Mais un tremblement de terre, en 1778, ayant beaucoup endommagé les plantations de Banda, la compagnie a permis de planter le muscadier à Amboine [1].

» Les Anglais s'emparèrent, en 1796, des îles Moluques, au nom du *stathouder;* l'île de Ternate seule ne se rendit qu'en 1801. De 1796 à 1798 la compagnie anglaise des Indes orientales importa 817,312 livres pesant de clous de girofle, 93,742 livres de noix muscade, 46,730 livres de macis, outre le commerce particulier montant à un tiers du précédent. Les Anglais, avant de restituer ces îles, avouaient eux-mêmes que cette extension de leurs possessions les embarrassait par la difficulté de les garder. Les Hollandais s'entendent mieux à maintenir leur autorité par une politique adroite, résultat d'habitudes locales, et qui les dispense d'un grand établissement militaire.

» Nous allons parcourir cet archipel. L'île de *Gilolo*, la plus grande des Moluques, présente, par sa forme irrégulière, un Célèbes en petit; et de même qu'à Célèbes, les invasions de l'Océan, ou les grands golfes, prennent origine *à l'est*. L'intérieur renferme des pics très élevés. Cette île, que les indigènes nomment *Halamahera*, abonde en buffles, chèvres, daims, sangliers: mais les brebis y sont en petit nombre. Il y a quantité d'arbres à pain, ainsi que du sagou, et on y trouverait probablement des girofliers et des muscadiers, malgré les soins des Hollandais à les extirper. »

Les villes principales sont *Satanag*, située sur un petit promontoire de la partie orientale, et qui n'est accessible qu'avec des échelles; *Bitjolie* dans la partie septentrionale, et *Galela* dans la partie méridionale. Le sultan de *Ternate* règne sur le nord de l'île, tandis que le sud appartient à celui de *Tidor*.

Au sud-est de Gilolo s'élèvent plusieurs petites îles, que nous ne ferons qu'indiquer. La plus méridionale est *Gasse*, couverte d'une riche végétation; puis à l'ouest *Lyong*, qui est peu élevée. Au nord-est de Gasse, les îles *Kakek*, *Passage* et *Lawn* ont toutes un petit diamètre, mais leur hauteur est considérable. Plus loin, et dans la même direction, une autre petite île isolée, dit M. de Freycinet, se fait remarquer par sa hauteur; c'est celle de *Pisang*. En avançant à 7 lieues vers le nord-est, on trouve un groupe de petites îles basses connues dans ces mers sous le nom d'*îles Bon*. A l'ouest de celle-ci se trouve le groupe des petites îles *Gorongo*, dont l'*île Angélique* est la plus remarquable. Enfin *Ron*, *Lilobo* et *Wida* sont peu éloignées de l'île Gilolo.

« Un canal etroit sépare de la partie septentrionale de Gilolo la belle île de *Mortay*, qui est peu habitée, quoique couverte d'arbres de sagou, que les habitants de Gilolo viennent couper.

(1) Description des îles des Epices, *Asiatic Researches*, 1800, p. 200, et dans les *Annales des Voyages*.

» Les Moluques proprement dites forment une chaîne située à l'ouest de Gilolo et parallèle à cette île. La plus septentrionale et la plus importante est *Ternate*, quoiqu'elle ait à peine 10 lieues de tour. Son sultan règne sur Makian et Motir, sur la partie septentrionale de Gilolo, sur Mortay, et même sur quelques portions de Célèbes, et sur une partie de la terre des Papous, dont il reçoit un tribut en or, en ambre et en oiseaux de paradis. Il peut lever, dit-on, 80,000 hommes de milice. Le gouvernement est un mélange de trois formes: la noblesse et le peuple sont représentés par des magistrats investis d'un grand pouvoir; mais le clergé musulman s'étant glissé dans le sénat, les délibérations sont devenues tumultueuses et anarchiques (1).

» Ternate consiste principalement en terres élevées et abondantes en sources; les sommets des montagnes vont se perdre dans les nuages. Il y a un volcan qui éprouva une éruption violente en 1693. Les oiseaux sont d'une rare beauté, principalement le martin-pêcheur, coloré de rouge et de bleu d'azur, appelé par les naturels *déesse*. » Sa capitale, appelée aussi Ternate, est petite et ne contient guère que 5,000 habitants; elle est située au bord de la mer et bâtie en amphithéâtre. Il y a un résident hollandais et un conseil de justice civile et criminelle qui administrent au nom de la compagnie hollandaise. Entre cette ville et le fort d'Orange s'élève le superbe palais du sultan.

L'île de *Tidor* ressemble à la précédente, mais elle est un peu plus grande. Le pic du même nom offre un cône régulier de 600 pieds d'élévation, dont le sommet est presque toujours environné de nuages (2). La capitale, appelée *Tidor*, contient 8,000 habitants; son sultan, moins riche que celui de Ternate, ne possède que le sud de Gilolo, Mixoal et quelques autres îles.

« *Motir*, dit un ancien écrivain, était jadis l'asile de Vénus et de la volupté. On y fabrique des poteries rouges d'un assez bon usage. L'île de *Makian* renferme un volcan dont le cratère forme une longue crevasse qui s'étend jusqu'au pied de la montagne. *Batchian* est la plus grande des Moluques proprement dites. Elle est gouvernée par un sultan qui possède également Oby, Céram et *Goram*; mais il est plus dépendant des Hollandais que les deux autres princes. Sur les côtes, comme dans la plupart des îles de cet archipel, il y a des rocs de madrépores d'une beauté et d'une variété infinies.

» Entre Gilolo et Céram, nous distinguerons l'île d'*Oby* qui abondait originairement en girofliers; les Hollandais y ont un petit fort sur la côte occidentale. Les habitants sont en grande partie des esclaves échappés de Ternate.

» A *Misol*, île voisine de la terre des Papous, les villages sont bâtis dans l'eau sur des piliers; les bois recèlent de charmants oiseaux de paradis, qui semblent venir de la Nouvelle-Guinée. L'île est gouvernée par des chefs vassaux du sultan de Tidor.

» L'île de *Bourou* s'élève tout-à-coup d'une mer profonde et semble comme entourée d'une muraille. On l'aperçoit à une distance de 28 lieues. Dans l'intérieur, les Alforèses, sauvages doux et timides, habitent autour d'un lac de figure ronde, qui paraît croître et diminuer à la manière de celui de Zirknitz. Un îlot paraît et disparaît au milieu de ce lac (1). L'air de l'intérieur de Bourou est très humide. La mousse y étouffe les arbres et forme comme de petits autels de verdure autour des fontaines. L'île nourrit des buffles, des cerfs, des babiroussas; on compte parmi ses arbres un ébène vert, une espèce de bois de fer et le tek (2); il est probable que le girofler, et peut-être le muscadier, bravent, dans les lieux solitaires, l'avarice des hommes. » Cette île est montagneuse et présente les sites les plus pittoresques; le pic le plus élevé n'a guère que 2,120 mètres au-dessus du niveau de la mer. Elle est gouvernée par plusieurs chefs presque tous indépendants. *Cayeli*, qu'on nomme aussi *Bourou*, est un joli bourg avec une bonne rade, et un petit fort où le gouverneur hollandais fait sa résidence. »

A 2 lieues au sud-est de Bourou se trouve la petite île *Amblou*, qui n'a que 5 milles de largeur de l'est à l'ouest.

« L'île de *Céram*, la plus grande des Moluques après Gilolo, a 67 lieues de long sur

(1) *Valentyn*, Moluques, p. 98. — (2) *Astrolabe*, t. V, p. 474.

(1) *Leipzig* et *Keller*: Voyages au lac de Bouro, dans *Valentyn*: Amboina, 2e chap., p. 16-27 (vol. II). — (2) *Labillardière*, t. II, p. 295.

13 à 14 de large. Forrest dit en termes précis que Céram produit encore des clous de girofle; des voyageurs plus récents confirment son assertion. Il y a de grandes forêts de sagou, qui forment un objet considérable d'exportation. Valentyn nous fait connaître par une dizaine de vues le ravissant aspect de plusieurs endroits de la côte, parmi lesquels on distingue *Lissa-Bata*, sur la côte nord, au pied d'une montagne déchirée par d'affreux ravins; *Lochoc* et *Cambello*, dans la péninsule occidentale, nommée *Howamchel*, et, dans les relations portugaises, *Veranola*. La côte nord-est est couverte de forêts de *casuarina* (¹). Les arbres penchés par-dessus des ravins semblables à des abîmes où mugissent des torrents impétueux, forment des ponts sans lesquels souvent un canton entier serait inaccessible. D'autre part, les villages sont situés sur des terrasses où l'on grimpe par de longs escaliers. On trouve parmi les rochers une pierre grise propre à supporter le feu de la fournaise la plus ardente; on distingue aussi de vastes collines de craie d'où descendent des rivières dont les eaux sont chargées de cette substance (²).

» L'île de Céram est traversée de l'est à l'ouest par plusieurs chaînes de montagnes parallèles, dont une paraît s'élever au-dessus du niveau de la mer à plus de 8,000 pieds. Les oiseaux, entre autres le casoar, fourmillent dans les profondes forêts de l'île.

» Parmi les habitants de Céram, les indigènes ou les *Alforèses* méritent le plus d'attention. Les hommes ne se couvrent que d'une ceinture roulée autour des reins; mais sur la tête, les épaules et les genoux, ils attachent des bouquets de feuilles de palmier et de fleurs; leur bouclier carré est orné avec beaucoup de goût. La faveur des jeunes filles coûte ici cinq ou six têtes d'ennemis que l'amant doit apporter aux pieds de sa belle. Pour surprendre les victimes, les jeunes gens se placent en embuscade dans les bois, se couvrent de mousse et prennent dans les mains des branches d'arbres qu'ils agitent d'une manière si naturelle, qu'on croirait voir des arbres véritables; ils laissent passer l'ennemi, l'assassinent par derrière et s'enfuient rapidement, en emportant les têtes coupées (¹). Leur village les reçoit avec tout l'éclat d'un triomphe barbare. Ils ont la vue singulièrement perçante, et prennent le cochon sauvage à la course. Les rats et les serpents font partie de leur nourriture; ils ne prennent qu'une femme et ignorent les désordres du libertinage. Plusieurs princes gouvernent cette nation, qui occupe tout l'intérieur de l'île.

» Un roi de ces Alforèses donna une fête bien singulière à un prédicateur hollandais, nommé M. Montanus. Après l'avoir reçu avec de grandes démonstrations de joie, après lui avoir fait partager le festin le plus splendide que pouvaient fournir les ressources du pays, le prince fait avancer un certain nombre d'hommes armés d'épées; ils exécutent une danse guerrière, et, après quelques tours, commencent à se livrer un combat sérieux; les coups d'épée retentissent, le sang ruisselle, plusieurs cadavres gisent par terre. Le ministre du saint Evangile, tremblant à cette horrible vue, conjure le roi de faire cesser le combat. « Ce n'est rien, répond le prince, ce » sont mes esclaves; ce sont quelques chiens » qui meurent. Trop heureux si cette marque » d'une haute considération peut vous prou- » ver mon désir de vous plaire! » Ce trait de barbarie n'offre, au surplus, rien que ne présente également le spectacle des gladiateurs chez les Romains. »

Les côtes sont habitées par des Malais. Le sultan qui gouverne une grande partie de l'île est vassal des Hollandais, qui, pour faire cesser la piraterie des habitants de la côte, ont, en 1825, accordé une pension au sultan de Céram, et ont placé une redoute près de sa nouvelle résidence, située sur la côte septentrionale. Plusieurs autres princes indigènes dépendent de la résidence d'Amboine ou de celle de Banda. *Sawai* et *Warou* paraissent être les ports principaux de l'île. Près du premier de ces ports, à *Atiling*, les Hollandais ont établi un poste.

» Au sud de Céram, la petite mais importante île d'*Amboine*, appelée aussi *Amboun*, réclame toute notre attention. Elle a 20 lieues de long. Une très grande baie la divise en deux péninsules et lui donne presque la figure d'un fer à cheval. Quand les Anglais s'emparèrent d'Amboine en 1796, on trouva dans

(¹) *Valentyn* : Carte du gouvernement d'Amboine. — (²) *Idem*, Description d'Amboine, ch. II, p. 35-70.

(¹) *Valentyn* : Description d'Amboine, ch. III.

cette île et ses dépendances 45,252 habitants, dont 10,813 protestants, le reste mahométans, hors un petit nombre de Chinois et de sauvages. Des montagnes de moyenne élévation couvrent l'île, principalement dans sa partie orientale; différents ruisseaux arrosent ses campagnes, animées par de nombreux hameaux et embellies par de précieuses cultures. Dans les champs, le sol est d'une argile rougeâtre, quelquefois noirâtre et sablonneuse, surtout dans les vallées. Plusieurs roches de l'île sont composées de schistes fort tendres, et tout près on trouve de l'asbeste très dur. Un beau granit d'un grain très fin forme la base de plusieurs collines. A 300 mètres d'élévation on trouve des pierres calcaires de la plus grande blancheur [1].

» Le célèbre *Rumphius* a donné une flore de cette île; *Labillardière* y a ajouté de nouvelles remarques. Le giroflier est toujours la principale plante qu'on y cultive; on recueille du café en petite quantité, et il n'est pas excellent. La plupart des endroits marécageux sont employés à la culture du sagoutier, dont on fait du sagou, du vin, du sucre et des cordes. Parmi les meilleurs fruits on doit nommer plusieurs espèces de *litchi*, au nombre desquels on trouve le ramboutan des Malais (*nephelium lappaceum*), diverses espèces de bananier, des orangers, des goyaviers, des papayers, le beau laurier *culilaban*, ornement des rivages, et qui donne par la distillation une huile aromatique fort recherchée [2]. L'arbre le plus élevé des forêts est le *canarium* commun; malgré l'ombrage des arbres voisins, l'*eleocarpus monogynus* est couvert jusque dans ses branches inférieures de belles fleurs élégamment découpées. Dans ces forêts solitaires, dont le soleil perce difficilement l'épais feuillage, on remarque avec étonnement la vivacité des couleurs de plusieurs espèces de plantes parasites, de la famille des orchidées, fixées pour la plupart sur de gros troncs d'arbres. On voit s'élever des endroits les moins fourrés l'arbre désigné sous le nom de *cassonia thyrsiflora*, qui orne ces lieux enchanteurs de ses larges feuilles palmées. Parmi les arbres ou arbrisseaux les plus communs, on remarque le henné, dont l'usage est le même qu'en Egypte, en Turquie, en Arabie et dans tout l'Orient, c'est-à-dire de servir à embellir le teint des doigts des femmes; le *chalcas paniculata*, le *champac*, plusieurs espèces d'uvaires et les jasmins d'Arabie, qui, s'élevant parmi ces arbres charmants, mêlent leur odeur suave à leurs parfums délicieux [1]. Les bords des ruisseaux et les lieux marécageux produisent des *jussiæa tenella*, des mangliers, l'acanthe à feuilles entières. C'est du faux aloès que les naturels retirent le fil dont ils ont besoin. Plusieurs jardins sont ornés par le buis de la Chine, qui forme de très belles allées; la carmantine panachée et le tournesol bigarré y étalent la beauté de leurs fleurs et de leur feuillage. Sur la pente des rochers de grès escarpés qui s'élèvent au-dessus des eaux de l'Océan, croît le *pandanus odoratissima*; il penche vers la mer ses gros fruits sphériques, qui tombent et en couvrent la surface lorsqu'ils sont parvenus à leur maturité. Pour ajouter encore à la beauté de ces lieux enchanteurs, on y voit briller les fleurs d'un rouge éclatant des *erythrina corallodendrum* [2]. La mer est peuplée de coquillages brillants, de poissons bizarres; ses rivages sont couverts de crabes et d'écrevisses sans nombre.

« La ville d'*Amboine*, capitale de l'île et résidence du gouverneur général des Moluques, est située à l'extrémité sud-ouest. Les rues régulières, larges et propres, les canaux et les ponts donnent à cette ville le caractère national de la Hollande. La citadelle est forte. C'est, après Batavia, la plus importante place des Hollandais dans cette partie du monde. » On y compte un millier de maisons et 7,000 habitants. Les bazars, l'hôtel-de-ville, l'hôpital et deux églises sont ses principaux édifices. L'une de ces églises est réservée pour les Malais. L'office s'y fait dans leur langue.

Un mandarin, qui prend le titre de *capitaine*, préside à Amboine au commerce de la colonie chinoise.

« Les indigènes, qui descendent d'une même souche avec les Malais et les Javanais, ont adopté l'usage de porter des gilets et des culottes. Ils aiment le bain et se frottent le corps d'huiles odorantes. Les femmes se chargent d'un très grand nombre de bracelets d'or, ornés de cristaux, et taillés dans des formes singulièrement variées. A la couleur près, leurs

(1) *Labillardière*, t. II, 309-317, etc. — (2) *Labillardière*, t. II, p. 325.

(1) *Labillardière*, t. II, p. 292. — (2) *Idem, ibid.*, p. 332.

charmes personnels, l'élégance de leurs manières et l'éclat de leurs vêtements flottants, rappellent les anciennes Grecques. Leurs danses sont animées par des chants qui retracent quelquefois les événements historiques de leur pays. Souvent ces chants sont par demandes et réponses, comme l'*Ambœbéon* des anciens. Un Amboinois, nommé *Ridjali*, a écrit en malaïou l'histoire d'un canton de l'île. Mais beaucoup d'usages anciens ont été abolis par le rigorisme des calvinistes et la bigoterie des ministres hollandais (1). »

Trois îlots peu élevés, situés à l'extrémité occidentale d'Amboine, sont connus des navigateurs sous le nom des *Trois Frères*.

« Parmi les îles voisines de Céram et d'Amboine, nous devons encore distinguer les suivantes: *Noessa-Laout*, dont les habitants, encore en 1708, étaient anthropophages, et recherchaient surtout les joues et les paumes des mains comme les morceaux les plus délicats; *Honimoa*, appelée aussi *Honima*, *Ouléastre* et *Saparoa*, avec un fort hollandais, île très fertile, ainsi qu'*Oma* ou *Haurauca*, riche en sources chaudes; ces trois îles sont à l'est d'Amboine. On trouve à l'ouest de Céram celle de *Manipa*, montagneuse, fertile et populeuse; et celles de *Kélang* et de *Bonoa*, couvertes de cocotiers, d'ébéniers et de rizières. Bonoa est proprement un groupe de plusieurs îlots, autour d'un bon port. A Manipa, la fontaine des serments (*Ayer Sampou*) est censée donner la gale aux parjures qui oseraient boire de son eau. »

Au nord-est et près de Kélang, *Bubi* est un îlot peu élevé, où la végétation est néanmoins comme à Bonoa, Kélang et Manipa, extrêmement forte et abondante.

Dans les parages de ces îles on voit souvent le véritable animal du nautile flambé qui, lorsqu'il est déployé, recouvre en partie sa coquille.

« Au sud-est de l'île d'Amboine s'élève isolément un petit groupe volcanique qui porte le nom de *Banda*, d'après l'île principale, laquelle s'appelle aussi *Lantoir* ou *Lonthoir*. On cultive principalement le muscadier dans *Neira*, *Gounoung-Api*, *Ay* ou *Way*, et Lantoir. Le muscadier prospère non seulement dans un terreau noir, mais encore au milieu des laves de Gounoung-Api, qui est l'île la plus élevée, son sommet étant de 1,940 pieds au-dessus de la mer. C'est une montagne ignivome d'une grande activité: le nom de Gounoung-Api signifie en effet *montagne de feu*. Quand les Anglais s'emparèrent de ces îles en 1796, le produit annuel était d'environ 163,000 livres de muscade, et de 46,000 livres de macis. Aujourd'hui on y récolte 500,000 livres de noix muscade, et 150,000 livres de macis. Il est peut-être bon de faire remarquer que l'on nomme macis l'enveloppe interne qui se trouve entre la noix et l'écorce verte extérieure. Cette colonie est la seule où les Européens aient exclusivement la propriété des terres. La compagnie, trouvant les habitants de Banda trop impatients du joug qu'elle imposait, prit le parti de les exterminer. »

A Banda-Neira, la petite ville de *Nassau* est la résidence du gouverneur hollandais. Lonthoir est défendu par les trois forts *Belgica*, *Nassau* et *Hollandia*.

Sur l'île de *Poulo-Ay*, il tombe souvent des aérolithes.

« Après avoir ainsi décrit les îles remarquables de cet intéressant archipel des épices, jetons un regard sur la *mer des Moluques*. Comme toutes les parties de l'Océan voisines de l'équateur, elle est peuplée de zoophytes, semée de récifs de corail, soumise aux vents périodiques et constants; elle ressemble encore aux autres mers voisines par le grand nombre de volcans qui en hérissent et en bouleversent le bassin. Mais un phénomène particulier à cette mer, c'est l'arrivée périodique d'un courant d'eau blanche comme du lait, et qui vient régulièrement, au mois de juin et aux mois d'août et de septembre, couvrir la surface du bassin où les îles de Banda sont situées. Cette eau se montre d'abord du côté des îles Key et Timor-Laout, se répand ensuite jusqu'aux rivages d'Amboine et de Céram au nord, et jusqu'à ceux de Timor et d'Ombo à l'ouest; plus loin, elle se perd entre Florès et Célèbes. Cette eau répand la nuit une clarté qui la fait confondre avec l'horizon; elle est dangereuse pour les vaisseaux, car la mer semble bouillonner et éprouver une agitation intérieure partout où elle passe; les poissons disparaissent tant que dure ce phénomène (1). Cette eau blanche semble venir des rivages de la Nouvelle-Guinée et du golfe de Carpentarie. »

(1) *Valentyn*: Amboine, p. 152, p. 124, p. 164, etc.

(1) *Valentyn*, Banda.

Tableaux statistiques *de la Malaisie.*

SUPERFICIE en lieues carrées,	POPULATION absolue,	POPULATION par lieue carrée,
96,700.	21,376,000.	221.

ILE DE SOUMATRA.

Parties indépendantes.

États.	Population.
Royaume d'Achem.	1,000,000 habitants.
Royaume de Siak.	900,000
Pays des Battas	540,000

Partie hollandaise.

Gouvernement de Padang. . .	45,000

Pays tributaires des Hollandais.

Empire de Menang-Kabou . .	400,000?
Royaume de Palembang. . .	280,000
Pays des Lampoungs	35,000?
Total. . .	4,000,000?

ILE DE JAVA.

Superficie, 5,700 lieues. Popul. 5,000,000 habitants.

Divisée en 20 régences hollandaises.

Régences	Villes principales.
Batavia	*Batavia*, Noordwyck, Ryswik.
Bantam	*Orang*, Bantam.
Buytenzoorg. . . .	*Buytenzoorg*.
Preangan.	*Tjanjour*, Samadang.
Krawang.	*Wanaijossa*, Krawang.
Tcheribon.	*Tcheribon*, Indramayo, Limbangang.
Tagal.	*Tagal*, Pomalang.
Pakkalongang . . .	*Pakkalongang*, Batang.
Kadou.	*Maguelan*, Prapag.
Samarang.	*Samarang*, Damak.
Japara.	*Japara*, Joana.
Rembang	*Rembang*, Tubang.
Gressé.	*Gressé*, Sidayo.
Sourabaya	*Sourabaya*, Djapan.
Passarouang . . .	*Passarouang*, Malang.
Besukie	*Besukie*, Prabolingo, Panaroukan.
Banjouwangui . . .	*Banjouwangui*.
Sourakarta. . . .	*Sourakarta*, Banyumas.
Djocjokarta. . . .	*Djocjokarta*, *Panaraga*, Kadiri.
Madura et Sammanak.	*Samanak*, *Bangkalan*, *Pamakassan*.

Ile Madura. . . .	220,000 habitants.
Ile Bali.	300,000

ILE DE TIMOR.

Superficie, 1,390 lieues. Popul. 150,000 habitants.

ILE DE BORNÉO.

Superficie, 40,000 lieues. Popul. 4,000,000 habitants.

ARCHIPEL DES PHILIPPINES.

Population générale. . . .	4,5 0,000 individus.

Savoir :

Espagnols et autres Européens.	2,000
Métis et créoles	3,000
Chinois	7,000
Indiens ou Malais.	2,500,000
Naturels ou sauvages . . .	1,988,000?
Total. . .	4,500,000
Ile Luçon ou Manille . . .	2,380,000 individus.

La partie espagnole est divisée en 15 alcadies ou provinces.

Provinces.	Villes.
Tondo . . .	*Manille* ou *Manila*.
Cavite. . .	*Cavite*.
Valangas. .	*Valangas*.
Albay. . .	*Albay*.
Batangas. .	*Batangas*, Mahaye, Saint-Pablo
Bulacan. .	*Bulacan*.
Cacayan . .	*Ylagan*, Nueva-Segovia.
Camarines. .	*Naga*, Nueva-Caceres, Mambulao.
Laguna. . .	*Passanhas*.
Nueva Ecija.	*Valert*.
Pampanga. .	*Bocolor* ou *Cabessera de Bacolo*.
Pangasinan .	*Lingayen*.
Tayabas . .	*Tayabas*.
Vlocos. . .	*Vigan*.
Zambales. .	*Licon*.

Ile Mindanao ou Magindanao.	1,200,000 habit.
Groupes des Calamianes . .	20,000
Autres îles.	900,000

ILE DE CÉLÈBES.

Superficie, 7,000 lieues. Popul. 3,000,000 habit.

Royaumes qu'elle renferme.

Royaume de Ouadjou ou de Waju ou de Toadjo.
— de Lounou ou de Luuu.
— de Bony, capitale *Bagoa*.
— de Macassar, capitale *Goa*.
— de Tanette, capitale *Tanette*.

États de Soping et de Sidereeng.

Pays de Mandhor, de Touratte, d'Uacuila, de Campadan et de Boulan.

Possessions immédiates des Hollandais.

Gouvernement de Macassar, comprenant
1° Le district de Macassar.
2° Les districts méridionaux.
3° La résidence de Bonthain.
4° La résidence de Maros.

ARCHIPEL DES MOLUQUES.

Ile de Gilolo.	60,000 habit.?
Ile d'Amboine.	50,000
Ile de Bouro ou Bourou . . .	60,000
Groupe des Banda.	6,000

LIVRE DEUX CENT DEUXIÈME.

Suite de la Description de l'Océanie. — Description de la Mélanésie comprenant l'Australie ou la Nouvelle-Hollande et les Iles attenantes.

« De cet archipel où les Moluques élèvent leurs montagnes embaumées d'aromates, nous passons presque sans interruption dans la Grande Terre Océanique nommée *Nouvelle-Hollande* par les navigateurs hollandais, qui nous en procurèrent les premiers une connaissance positive, dès l'an 1605, quoique des Portugais ou des Espagnols y eussent abordé un siècle auparavant. »

Cette île immense à laquelle on s'accorde à donner aujourd'hui le nom d'*Australie*, a de l'est à l'ouest environ 1,000 lieues de longueur, et du nord au sud 625 depuis le cap *York* jusqu'au promontoire *Wilson*. Sa superficie est à peu près égale aux quatre cinquièmes de celle de l'Europe. Nous ne nous hasarderons point dans son intérieur, encore peu connu; mais depuis le golfe de Carpentarie, nous visiterons toutes ses côtes, et nous arriverons aux établissements si dignes d'intérêt que les Anglais ont fondés sur la côte orientale.

Le golfe de Carpentarie a 110 lieues de largeur et 130 de profondeur; son côté occidental est bordé d'un grand nombre d'îles; son sol est sablonneux et aride, tandis que le côté oriental offre une terre plus fertile que les autres parties du golfe. Celles qui bordent ce côté sont désignées sous le nom de *Terres de Carpentarie;* au côté opposé s'étend la *Terre d'Arnheim;* entre le golfe de Carpentarie et celui de King s'avance vers le nord la *Terre de Van-Diemen septentrionale*, près de laquelle s'élèvent les îles *Bathurst* et *Melville:* c'est sur le détroit d'Apsley, formé par ces deux îles, que l'on a fondé, en 1824, la colonie du *Port-Cokburn* ou *Port-Raffles*, établissement d'une grande importance pour le commerce du *trépan*, espèce d'*holothurie* ou de mollusque sans coquille, que l'on pêche en grande quantité dans ces parages, et que l'on vend aux Chinois, qui le recherchent comme aliment aphrodisiaque; enfin, à l'ouest s'étend la *Terre de Witt*, devant laquelle se développent les deux archipels de *Dampier* et de *Bonaparte*, composés d'îles sablonneuses et désertes.

La *côte occidentale* depuis la *baie Guillaume* jusqu'au sud du cap *Leeuwine*, nous offre une longue suite de terres peu fertiles. La première est la *Terre d'Endracht*, sur laquelle s'ouvre la vaste baie des *Chiens marins*, que Dampier visita en 1699, et qu'il nomma *Shark's-Bay* ou *baie du Requin*, et à laquelle, un siècle plus tard, les marins français qui y abordèrent donnèrent le nom de ce célèbre navigateur. La seconde est la *Terre d'Edels;* la troisième est la *Terre de Leeuwine*, sur laquelle les Anglais ont fondé, en 1830, une colonie au bord de la *rivière des Cygnes* (*Swan-River*), et au pied oriental des monts Darling.

La *côte méridionale* se subdivise en quatre parties: la *Terre de Nuyts*, sur laquelle est située la petite colonie du *Port-du-Roi-George;* la *Terre de Flinders*, qui s'ouvre pour former les golfes de *Saint-Vincent* et de *Spencer*, à l'entrée desquels se trouvent le *port Lincoln*, et l'île des *Kanguroos*, couverte de collines peu élevées; la *Terre de Baudin;* et enfin la *Terre de Grent*, une des parties les moins désertes de ce continent: on y trouve le petit établissement de *Port-Western*, fondé depuis peu d'années par les Anglais; car les colons de l'Australie appartiennent tous à cette nation. Le continent austral est, par le fait, une des possessions du gouvernement britannique.

C'est sur la *côte orientale* que s'étend la plus importante colonie anglaise de l'Australie. Les Anglais mêmes confondent presque toute la Nouvelle-Hollande sous le nom moderne qu'ils ont donné à cette côte, qui fut examinée en détail par le capitaine Cook, mais dont l'existence et la direction avaient été conclues par les navigateurs français, d'après la comparaison des routes tenues par Abel Tasman.

Une chaîne de montagnes court presque parallèlement à la côte orientale, mais dans un éloignement de 20 à 30 lieues dans l'intérieur. Les efforts pour franchir cette barrière naturelle ont été long-temps infructueux. Des voyageurs modernes ont pénétré dans ce pays peu connu, et ils n'ont été arrêtés que par des marais vastes et profonds. MM. Evans et Oxley s'avancèrent jusqu'à 160 lieues. Cette partie de l'Australie est composée de grandes terres propres à la culture, et arrosées par de belles rivières. Elle est élevée, mais non pas montagneuse, et est en partie ombragée par de grands arbres.

« Vers le sud-est, des taillis couvrent une grande étendue de côtes, où il y a aussi beaucoup de marécages. Aux environs de Botany-Bay le sol est noir, gras et très fertile en plantes; c'est de là que vient le nom qui a été donné à cette contrée. La partie nord-est paraît plus basse. La côte, couverte de mangliers et de palétuviers, est bordée par une immense chaîne de récifs, de rochers et d'îlots; mais partout une chaîne de montagnes dirigées du sud au nord termine l'horizon, et, quoiqu'elle ne s'élève pas à la ligne des neiges perpétuelles, ses terrasses multipliées, et semblables aux Alléghanys et à l'Atlas, ont arrêté la curiosité des Européens. Aux environs de Port-Jackson, les premières terrasses commencent à 10 et 20 milles anglais. Plusieurs expéditions, entreprises dans le but de traverser le chaîne, avaient été sans succès (1), lorsque Wilson, après avoir parcouru 140 milles anglais dans la direction du sud-ouest, remarqua un plateau assez étendu et de larges vallées (2). Depuis, l'on s'est assuré qu'il existe des plaines immenses à l'occident des montagnes Bleues.

» Ces montagnes, qu'on a nommées *Bleues* vers le nord et *Morumbidje* vers le sud, paraissent renfermer toutes sortes de roches granitiques et schisteuses. Wilson vit du calcaire et un énorme bloc de sel gemme. Dans les promontoires, on voit souvent des colonnes de basalte. Dans l'île Howe, elles s'élèvent à une telle hauteur, qu'on les aperçoit à la distance de 12 lieues. Les échantillons de granit, de mica, de cristaux de roche, que M. Bailly a rapportés de l'Australie, et qui sont déposés au conseil des mines, ressemblent à ceux de l'Europe.

» La base du sol est du granit à gros grain, avec de larges plaques de feldspath, ordinairement de couleur rose. En certains endroits, le grain de cette roche, beaucoup plus fin, contient une grande quantité de grenat brun, ce qui la rend semblable à celle qu'on voit en Amérique dans la province de Rio-Janeiro. Le granit se présente très souvent en masses énormes placées les unes sur les autres, et traversées par de grandes veines de schistes verdâtres ou tirant sur le noir. Il n'y a eu jusqu'ici aucun indice de métaux qu'on appelle précieux; mais on y trouve, surtout dans les collines de l'intérieur, des mines de cuivre assez abondantes, du plomb, et l'on y a découvert une couche de charbon de terre qui pourrait devenir beaucoup plus utile que des mines d'or. »

Le mont Ouingen, élevé d'environ 1,500 pieds, passe peut-être à tort pour un volcan en activité. On remarque à côté de la partie qui brûle un espace couvert d'arbres qui paraissent s'y être élevés depuis que l'incendie a quitté le terrain. M. Wilson, qui a visité ces lieux, a observé dans une cavité de la base de la montagne, la présence d'un calcaire noir, et sur ses flancs des blocs épars de grès rouge, ainsi que des fragments de pierre ferrugineuse, de calcédoine et d'agate. Il apprit de témoins dignes de foi qu'un fracas terrible, comme celui d'une mine qui sauterait, fut entendu dans le voisinage et la direction de la montagne brûlante avant sa découverte. Aux environs il remarqua des arbres qui paraissaient être pétrifiés sur le sol qui les avait vus naître (1).

« Les rivières que l'on connaît sur cette côte, et qui prennent presque toutes leur source dans les montagnes Bleues, ont offert peu d'indices d'un long cours. Près de la *Baie des Verreries* (2), Flinders a trouvé une large embouchure de fleuve. La rivière *Endeavour*, plus au nord, est insignifiante. Celle de *Hawkesbury* arrose et inonde quelquefois la colonie anglaise. » Celle de *Paterson* se rend directement à l'Océan; celles de *Lachlan* et de *Macquarie* se dirigent dans l'intérieur des

(1) *Péron*: Voyage aux Terres Australes, I, 390.— (2) *Collins*: Relation, etc., II, p. 89 (en angl.).

(1) Nouvelles Annales des Voyages, t. XIV, (2e série), p. 279. — (2) *Glasshouse-Bay*, voyez *Collins*, II, p. 247.

terres ; enfin celles de *Caribbée*, *Shoal-Haven*, *Cooksbundoon*, *Wolandilly*, *Bargo*, *Hunter*, *Clarence*, *Richmond*, *Brisbane* et *Hastings* sont considérables.

C'est en 1824 que M. Oxley, ingénieur anglais, a découvert la rivière qu'il a appelée Brisbane, en l'honneur du gouverneur de la Nouvelle-Galles. Elle a son embouchure au fond de la baie *Moreton*. Sa largeur égale celle de la Tamise ; ses eaux sont douces, et sa profondeur est assez grande pour que des navires de 2 à 300 tonneaux la remontent jusqu'à une distance considérable. La nature du pays de plaines que traverse la Brisbane a fait présumer à M. Oxley qu'elle ne doit pas prendre sa source dans une région montagneuse, mais plutôt dans un lac qui pourrait bien être le bassin dans lequel se jettent plusieurs torrents, tels que le *Kany* et le *Browen*, et les rivières de *Field* et de *Peel* (1).

« Selon une tradition des sauvages, il y aurait derrière les montagnes Bleues un lac immense, sur les bords duquel habiteraient des peuples blancs. »

Au nord-ouest de la rivière de Lachlan se trouve le *Cowel*, qui était autrefois un lac très étendu, et qui est aujourd'hui réduit en partie à l'état de marais. Le grand lac *Oualambinghie* a 72 milles de circonférence et une grande profondeur : il en sort une grande rivière qui semble couler parallèlement au Wellington. On y remarque beaucoup de poissons et des animaux semblables à de grands chiens, et redoutés des indigènes (2).

« Par une conséquence de sa position au midi de l'équateur, l'Australie a des saisons qui répondent à celles de la partie méridionale de l'Afrique et de l'Amérique; elles sont l'inverse de celles d'Europe. L'été correspond à notre hiver, et le printemps à notre automne. »

Les vents, qui constituent en grande partie les saisons de la Polynésie, exercent aussi une grande influence sur celles de l'Australie. Ils varient suivant la latitude où se trouvent les diverses contrées de ce vaste pays : la partie comprise entre le 30e et le 45e degré de latitude sud est presque toujours soumise à des vents d'ouest, tandis que la mousson de l'est règne principalement sur la côte septentrionale jusqu'au 25e parallèle. La température est beaucoup moins élevée dans l'intérieur que sur les côtes, et les hivers beaucoup plus rigoureux : le printemps est caractérisé par d'épais brouillards, des nuits froides, mais des jours tempérés; l'été se fait remarquer par de fortes brises qui durent plusieurs jours; les matinées et les soirées sont douces et agréables, mais la chaleur est accablante et presque insupportable vers le milieu du jour : l'automne est marqué par l'inconstance des pluies, qui sont toujours très abondantes ; l'hiver, moins rigoureux que dans les pays septentrionaux, se montre cependant plus rude que ne paraît le comporter la latitude de ce pays ; les nuits sont très froides ; les gelées blanches ordinaires et les ouragans les plus terribles ne cessent de bouleverser les mers. On trouve, même quelques heures après le lever du soleil, de la glace de l'épaisseur d'une ligne. On a vu les chemins couverts pendant plusieurs jours de neige sur une épaisseur de 2 pieds, et des étangs ou réservoirs pris par une glace si épaisse qu'on aurait pu les traverser avec un chariot chargé sans crainte d'accident.

Un colon anglais, M. Martin, prouve par un fait que dans la Nouvelle-Galles du sud les hivers sont très doux. Pendant la nuit il mit sous un arbre de son jardin un pot de lait, et le lendemain, en mangeant la crème glacée, il cueillait des oranges et des citrons ; il n'est pas rare de voir au milieu de l'hiver des arbres couverts de fleurs ou chargés de fruits (1).

« La température de l'air, très chaude au mois de décembre, fait monter le thermomètre de Fahrenheit à 112 degrés (46° cent.) ; on a vu les forêts et les herbes prendre feu (2); le vent de nord-ouest, semblable au *khamsym* de l'Egypte, brûle la terre et la réduit en poudre (3) ; souvent une pluie violente, qui tombe sur les montagnes Bleues, enfle subitement les rivières, dont les eaux, aussi prodigieusement accrues que rapidement écoulées, déposent un limon fertile (4). Quelquefois des grêlons d'une dimension énorme, de

(1) Voyez dans le *Bulletin des Sciences*, année 1824, la lettre de M. *L. de Freycinet*, datée de Port-Jackson. — (2) *Sydney-Gazette*, 1829.

(1) Edinburgh new philosoph. Journal; avril, juillet, 1829, p. 93. — (2) *Collins*, II, p. 72-199; I, 153. — (3) *Péron*, t. I, p. 418. — (4) *Collins*, II, p. 199, etc., etc.

8 pouces de long par exemple, dévastent toutes les cultures. »

Malgré ces inconvénients, le climat est très salubre et très favorable à la multiplication de l'espèce humaine [1], surtout vers la partie méridionale que les Anglais appellent Languedoc austral. Plusieurs de ceux qui arrivent dans la colonie anglaise avec une santé délabrée recouvrent bientôt leurs forces et parviennent à une extrême vieillesse. La coqueluche, la fièvre scarlatine et l'hydrophobie sont inconnues dans ce pays ; les éruptions cutanées sont rares ; toutefois le corps des indigènes se couvre souvent d'une croûte, ce qu'ils attribuent à leur habitude de manger constamment du poisson [2]. Les naturels qui vivent sur la côte, et surtout ceux dont le poisson est la principale nourriture, sont exposés aussi à une maladie très voisine de la gale, qu'ils nomment *djiball-djiball ;* quelquefois elle devient générale. En 1791 elle fit les plus grands ravages. La petite-vérole n'a pas encore paru parmi les colons ; cependant en 1789 elle éclata chez les indigènes et y fit beaucoup de victimes.

Comparée aux autres parties du monde, l'Australie est une terre de contrastes. Outre le casoar, dont nous avons déjà parlé, on y voit les méliphages, oiseaux qui ont une sorte de balai au lieu de langue, des cygnes noirs et des aigles blancs ; les ornithorhynques, quadrupèdes à bec d'oiseau ; des fleuves qui, au lieu de se jeter dans la mer, prennent une direction contraire, et vont se perdre dans les marais ; des plaines immenses, où l'on remarque le même sol, la même eau, les mêmes espèces d'arbres, d'oiseaux, de poissons, d'animaux, dans un rayon de 4 lieues comme dans un rayon de 60 ; une terre où les saisons sont inverses, où le baromètre descend avec le beau temps et s'élève à l'approche des orages ; un continent où le vent du nord est le vent chaud, et celui du sud le vent froid.

» La végétation de la Nouvelle-Galles du sud nous présente ces deux arbres à gomme, l'*eucalyptus resinifera* et la *xanthorrhea,* qui caractérisent toute l'Australie. On exporte de l'acajou, et on a découvert de gros arbres semblables aux pins et aux chênes ; mais on prétend que le bois de charpente que fournissent les forêts est cassant et ne peut être d'aucune utilité. Il est vraisemblable que l'intérieur du pays offrirait une végétation bien différente de celle des côtes.

» La nature a refusé à cette contrée les plantes alimentaires. Quelques joncs de mauvaise espèce, des racines d'arum ou de fougère, le palmier sagoyer, le chou-palmiste, une espèce de pisang sauvage, sont les seuls végétaux qui fournissent de la nourriture à l'homme. L'*eucalyptus piperita* donne une huile très efficace contre la colique [1]. Les pêchers, le maïs et l'orge ont réussi. Le maïs rend deux cents fois la semence [2]. Les vignes ont prospéré, mais le vent brûlant de l'intérieur est venu les détruire.

» Parmi les mammifères connus à la Nouvelle-Galles, le plus grand est le kanguroo, qui a quelquefois 5 pieds de long, et qui tue un chien de chasse d'un coup de sa queue ; mais ces animaux deviennent chaque jour plus rares. Le *wombat*, espèce d'opossum ou didelphe, a quelque chose de l'ours. Le phascatomys ou souris à bourse, et l'écureuil volant [3] sont des exemples de la tendance de toutes les races animales de ce pays à se rapprocher du genre des didelphes, par cette espèce de bourse que forme la peau de leur bas-ventre. Le *tachyglossus* a la figure du hérisson d'Afrique et la manière de vivre de l'ours fourmilier d'Amérique. On n'est pas sûr qu'il s'y trouve des loups. Les chiens naturels sont de l'espèce du chacal ; ils n'aboient jamais ; quelques uns sont très beaux.

» Les oiseaux sont ici très abondants en espèces et en individus. Parmi ceux qui ressemblent à des oiseaux asiatiques, on compte l'aigle brun, plusieurs faucons, un grand nombre de beaux perroquets, des corbeaux, des corneilles, et une grande espèce de martin-pêcheur : on voit aussi des outardes, des perdrix et des pigeons. Mais la Nouvelle-Galles méridionale possède des oiseaux qui lui sont propres. Le plus grand est une nouvelle espèce de casoar, que l'on assure avoir 7 pieds de long ; sa chair a le goût de celle du bœuf. Cet oiseau tient le milieu entre le casoar des Moluques et le toucan d'Amérique [4].

(1) *Hunter*, orig., etc., p. 375. — (2) Edinburgh new philosoph. Journal ; avril, juillet, 1829, p. 93.

(1) *White :* Relation, pag. 226 (en anglais). — (2) *Péron*, I, p. 429. — (3) *White*, p. 288. *Zimmermann :* Australien, I, 891. — (4) *Idem*, *ibid.*, p. 884.

Autant le casoar se distingue par sa grandeur, autant la *mœnura superba* éclate par sa beauté. Cet oiseau, assez rapproché du faisan et du paon, porte une queue en forme de lyre, toute brillante de teinte d'orange et d'argent (1). Parmi les oiseaux aquatiques on trouve le héron, une sorte d'ibis ou courlis, et des pélicans gigantesques. Il y a aussi des canards et des oies d'une espèce particulière. Le cygne noir est une production rare de ce continent : il est supérieur au blanc pour la grandeur; le bec est d'un riche écarlate, avec une petite tache jaune au bout : tout le plumage est d'un très beau noir, hors les plumes primaires et secondaires qui sont blanches ; les yeux sont noirs et les pieds d'un brun obscur : on le trouve dans la rivière de Hawkesbury et autres eaux fraîches, près Brokenbay; il a tous les mouvements gracieux de l'espèce blanche. C'est le navigateur hollanlandais *Vlaming* qui, le premier, découvrit cet oiseau sur les bords du fleuve des Cygnes, dans la Terre d'Endracht (2).

» Les tortues appelées *tortues vertes* abondent dans l'île de Norfolk et de Howe : elles se montrent aussi sur les côtes de l'Australie. Il y a plusieurs lézards et serpents. Le *crabe bleu* est d'une rare beauté. Les papillons brillent des plus belles couleurs.

» Parmi les cétacés on remarque des dauphins et des marsouins. On trouve aussi une espèce singulière de poissons qui, laissée par le reflux sur la grève, y saute comme les grenouilles, à l'aide de fortes nageoires (3). Ainsi, dans ces régions du monde, les caprices de la nature ont non seulement confondu les oiseaux avec les quadrupèdes, mais elle a en quelque sorte permis aux poissons d'envahir la terre. Probablement l'instinct des animaux n'aura nulle part sur le globe eu un théâtre plus libre pour se développer; l'homme, dégradé au dernier rang de l'état sauvage, n'a pu gêner l'industrie des animaux, fort supérieure ici à la sienne.

» La Nouvelle-Galles paraît offrir au moins trois variétés indigènes d'habitants, quoique toutes appartenantes à la race des *Nègres-Océaniens*. Aux environs de la baie des Verreries on a observé des sauvages dont la grosse tête se rapprochait par la forme, le peu d'ouverture de l'angle facial et les protubérances, de celle des orangs-outangs; l'intelligence bornée et presque nulle de ces êtres, d'ailleurs très velus et très agiles à grimper sur les arbres, les plaçait à peu de distance des singes (1). Au sud-ouest de la colonie anglaise, on a trouvé des tribus qui parlaient une langue particulière et qui avaient une constitution plus forte que les sauvages voisins de l'établissement. Ceux-ci sont les seuls que nous connaissions bien. Il n'y a peut-être pas de peuple sur la terre qui ait fait moins de progrès vers la civilisation. Ils sont simplement divisés par familles ou par tribus, dont chacune est distinguée en ajoutant *gal* au nom de la place où elle réside; ainsi la côte méridionale de Botany-Bay est appelée *Gwea*, et la tribu qui y réside « *Gwea-Gal*. »

Ces tribus n'ont point de communication entre elles ; d'où résulte, suivant M. Lesson, l'état de barbarie profond dans lequel elles croupissent, et dont rien ne semble devoir les tirer. Partout elles montrent une complète ignorance, une grande misère et une sorte d'abrutissement moral. Les deux sexes sont nus et ignorent la pudeur; ils ne paraissent avoir senti la nécessité des vêtements de laine que pour se garantir la poitrine. En vain a-t-on essayé de les amener à des idées de civilisation en leur bâtissant des maisons et en leur fournissant des vivres plus abondants et plus sains que ceux qu'ils se procurent avec tant de difficulté; ils se sont jusqu'à présent montrés rebelles à toute espèce d'amélioration : la vue des cités européennes qu'ils visitent souvent n'a excité chez eux aucun désir d'imitation; ils se livrent même au sein de ces cités aux actes qui révoltent le plus la morale publique; ils n'ont adopté des Européens que des vices honteux et un goût désordonné pour les liqueurs fortes. La liberté paraît être le besoin qui les domine, ils préfèrent leur indépendance misérable aux douceurs d'une vie paisible.

Les traits des jeunes filles sont rarement gracieux, et ceux des femmes qui sont devenues mères sont presque repoussants. La taille de ces tribus est au-dessous de la moyenne, leur face élargie transversalement, leurs sourcils saillants, leurs yeux, dont la

(1) *Collins*, II, p. 87. — (2) *Valentyn* : Descrip. de Banda (vol. IV). — (3) *G. Forster* : Opuscules, p. 255 (en allemand).

(1) *Collins*, p. 554.

sclérotique est jaunâtre, sont très enfoncés. Une barbe noire et épaisse qu'ils brûlent de temps en temps, et les os dont ils séparent le cartilage du nez, donnent aux hommes un aspect dégoûtant, auquel se joint la puanteur de leur peau frottée d'huile de poisson pour les défendre des injures de l'air et des moustiques. Ils sont dans l'usage de se frotter avec le poisson tout entier, et font cette opération avec tant de malpropreté qu'on voit quelquefois les entrailles du poisson rôtir sur leur tête à l'ardeur du soleil, et l'huile découler sur leur visage et sur leur corps. Ils apprennent aux enfants à se frotter ainsi dès l'âge de deux ans [1]. Ils se colorent la figure en blanc et en rouge : la première couleur est employée quand ils se préparent à la danse, et la seconde lorsqu'ils vont au combat. D'autres, tout barbouillés de noir, tracent un large cercle blanc autour de chaque œil, et des lignes de la même couleur sur les bras, les cuisses et les jambes ; quelquefois même ils se font des plaies profondes avec des coquilles ; et plus tard ces plaies, en se cicatrisant, figurent sur leur corps des échelons, des coutures, qui sont considérés comme des ornements très distingués [2]. Au moyen d'une gomme qu'ils trouvent sur les arbres, ils se garnissent les cheveux de morceaux de bois, d'arêtes de poisson, d'os et de plumes d'oiseau, de dents de kanguroo ou de queues de chien. Plusieurs se tressent les cheveux avec de la gomme, ce qui les rend semblables à des morceaux de corde [3].

Leur vue est extraordinairement perçante. Quelques uns sont presque aussi noirs que les nègres d'Afrique, tandis que d'autres sont couleur de cuivre. Leurs cheveux, ordinairement noirs et quelquefois rougeâtres, sont longs sans être laineux comme ceux des Africains ; ils ont le nez aplati, les narines larges, les lèvres médiocrement épaisses, avec une bouche d'une largeur démesurée, mais les dents fort blanches, égales, serrées et très saines. Leurs bras, leurs jambes, leurs cuisses, sont d'une maigreur extrême, sans doute à cause de leur mauvaise nourriture. Ce qui confirme cette opinion, c'est que plusieurs de ces sauvages qui ont vécu parmi les Européens, en participant à leur nourriture, sont devenus en peu de temps bien proportionnés. Leur torse paraît plus développé que celui des Européens ; mais si on les examine attentivement, on ne tarde pas à s'apercevoir que ce n'est que l'extrême maigreur des jambes qui fait paraître cette partie très développée. Leur ventre arrondi paraît avoir une grande propension à devenir gros, ce qui peut provenir de l'habitude qu'ils ont de manger avec excès toutes les fois qu'ils trouvent de la nourriture. Ceux qui habitent les côtes ne vivent que de poissons, tandis qu'un petit nombre subsistent, dans les bois, des animaux qu'ils peuvent attraper, ou grimpent sur les arbres pour manger le miel et prendre les écureuils volants et les opossums [1], qui deviennent de jour en jour plus rares par la chasse continuelle qu'ils leur font. Le règne végétal ne leur offre pour nourriture que la racine de diverses fougères et quelques bulbes d'orchidées : aussi éprouvent-ils souvent les effets de famines désastreuses. C'est alors, dit Collins, qu'on rencontre de ces malheureux indigènes, réduits à un tel excès de maigreur, qu'on les prendrait pour des squelettes, et qu'ils paraissent sur le point de succomber d'inanition. Ceux qui habitent les contrées centrales de l'Australie, n'ayant pas la ressource des productions maritimes, sont réduits à dévorer des grenouilles, des lézards, des serpents, diverses espèces de larves, et particulièrement les grosses chenilles qui se réunissent autour de l'*eucalyptus* résineux. Les araignées elles-mêmes font partie de leurs repas dégoûtants. Dans d'autres circonstances, ces hordes misérables sont réduites à vivre de certaines herbes et à ronger l'écorce de quelques arbres ; enfin, il n'est pas jusqu'aux fourmis nombreuses qui dévastent leur sol qu'elles n'aient été contraintes de faire servir à leur nourriture. Lorsque les vivres leur manquent totalement, ils tuent les nouveau-nés.

Leurs huttes ont la forme d'un four ; le feu est placé à l'ouverture, tandis que la fumée et les ordures restent dans l'intérieur. Là, ils dorment pêle-mêle, autant du moins que le leur permettent leurs inimitiés fréquentes et leurs nombreux assassinats.

Leurs armes seules prouvent qu'ils parti-

(1) Voyage de l'*Astrolabe*, t. I, p. 405. — (2) Spectator of Calcutta. — (3) Voyage de l'*Astrolabe*, t. I, p. 405.

(1) Relation de *Collins*, *passim*.

cipent au don de l'intelligence. Les javelots lancés avec beaucoup d'adresse, dessus un support en bois, peuvent être redoutables même aux Européens. Ils tuent les poissons avec une espèce de fourche, qui n'est autre chose qu'une canne de 15 à 20 pieds de long, terminée par quatre pointes barbelées ces pointes sont des morceaux d'os soudés au bois avec de la gomme. On les voit dans les pirogues, le visage près de la surface de l'eau, dans une attitude commode pour frapper leur proie, qu'ils manquent rarement. Les femmes emploient des lignes d'écorce d'arbre et des hameçons faits avec la coquille de la pintadine perlière, frottée sur une pierre jusqu'à ce qu'elle ait pris la forme convenable. C'est pour leur rendre plus facile cette occupation que lorsqu'elles sont jeunes on leur coupe les deux phalanges du petit doigt de la main gauche. Pour cela on lie fortement la deuxième articulation, et le doigt tombe bientôt de lui-même : celles qui n'ont pas subi cette opération sont regardées avec mépris.

A l'âge de 15 ans les garçons subissent l'opération qu'ils appellent *gna-noung*, et qui consiste à faire un trou à la cloison du nez pour y passer un morceau d'os ou de roseau, ce qui à leurs yeux est un ornement très distingué : cette opération ne se pratique guère que sur les garçons, quoiqu'on ait vu quelques femmes qui l'avaient subie [1]. C'est aussi au même âge qu'ils sont admis au rang d'hommes, en se soumettant à la perte d'une des dents de devant, ce qui se fait avec une cérémonie qui mérite d'être rapportée.

Tous les hommes d'une tribu se rassemblent armés de casse-têtes, de lances, de boucliers, et ornés de leurs plus beaux atours, dans un enclos ovale qu'ils nomment *you-lang*, dont le centre, resté en partie libre, a 25 pieds de diamètre. C'est au milieu de cette enceinte qu'on réunit les jeunes gens qui doivent subir l'opération. Les hommes armés s'avancent d'abord en chantant, en agitant leurs boucliers et leurs lances, tandis qu'avec leurs pieds ils font jaillir la poussière de manière à en couvrir ceux qui les environnent. Arrivés près des jeunes gens, un des hommes armés se détache de la troupe, et saisissant un de ceux-ci, l'amène comme de force vers ses collègues, qui font le simulacre de protéger leur compagnon. On fait la même cérémonie pour chacun des jeunes gens, que l'on porte ainsi l'un après l'autre à l'extrémité du you-lang, où ils restent assis les jambes croisées, la tête baissée et les mains jointes jusqu'à la fin de la cérémonie.

[1] Voyage de M. *Dumont-d'Urville*; I, p. 417.

Ceux qui doivent faire l'opération de l'arrachement de la dent se livrent à toutes sortes de jongleries, dont la principale consiste à se rouler à terre en faisant mille contorsions, comme s'ils étaient tourmentés par des douleurs aiguës, jusqu'à ce qu'ils montrent un os qu'ils feignent de tirer de leur estomac, mais qu'ils ont eu la précaution de cacher dans leur ceinture. Cette farce grossière, dit un témoin oculaire, a pour but de convaincre les jeunes gens que l'opération qu'ils doivent subir ne leur causera qu'une faible douleur en comparaison de celles que viennent d'éprouver les opérateurs.

L'os en question est aiguisé et destiné à couper la gencive du patient, car sans cette précaution il serait impossible, avec les moyens qu'ils emploient, de faire sauter la dent sans briser la mâchoire. Quand la gencive est préparée, l'opérateur pose le bout d'un bâton sur la dent, et avec une grosse pierre dont il frappe quelques coups sur le bâton, il parvient à la faire tomber. Tous les médecins qui ont vu de ces dents ont déclaré qu'elles n'auraient pas été mieux arrachées par un dentiste pourvu des instruments nécessaires [1]. Après cette opération, que le patient endure presque toujours sans exhaler un soupir, on lui met un costume particulier qu'il doit garder pendant quelques jours; on lui passe autour du corps une ceinture et une épée de bois, et sa tête est ornée de bandelettes de *xanthorrhœa*, qui, par leur blancheur, ont un aspect assez pittoresque. Dès que cette cérémonie est terminée, on applique sur la gencive des jeunes gens opérés un poisson grillé tout chaud, afin de calmer la douleur.

Enfin, à un signal donné, les patients se lèvent et chassent devant eux les hommes, les femmes et les enfants, qui se hâtent de s'écarter de leur chemin. A dater de ce moment ils sont admis au rang des hommes; ils ont le droit de se servir de la lance et du casse-tête, et d'enlever les filles qui leur plaisent pour en faire leurs femmes.

[1] Voyage de l'*Astrolabe*, t. I, p. 428.

« Rien n'égale la conduite brutale de ces tribus envers le sexe le plus faible. Pour obtenir la main d'une femme, ils épient sa retraite, et, la jetant à terre par des coups multipliés de bâton ou d'une épée de bois, ils la conduisent, baignée de sang, à leur maison, où la cérémonie nuptiale s'achève d'une manière trop dégoûtante pour être rapportée. »

Cependant ces sauvages ne sont pas toujours étrangers aux vrais sentiments de l'amour dans toute sa pureté, comme le prouve l'anecdote suivante : « Un naturel, âgé de 22 ans » et appartenant à une tribu voisine de Sydney, avait deux sœurs : l'une de 20 ans et » l'autre de 14. Un jour qu'il revenait de la » chasse, il trouve dans sa cabane la plus jeune » de ses sœurs étendue par terre et baignée » dans son sang. Après lui avoir prodigué tous » ses soins et lui avoir rendu la connaissance : » O mon frère, s'écria-t-elle, notre sœur » nous est ravie ! le méchant, après l'avoir » frappée de son casse-tête, s'est saisi d'un de » ses bras pour l'entraîner ; je me suis attachée à l'autre pour la retenir, alors il s'est » précipité sur moi, m'a frappée avec furie, » et d'un coup de casse-tête il m'a jetée par » terre dans l'état où vous m'avez trouvée. »

» En finissant ce récit, un torrent de larmes » inonda son visage. Son frère gardait un » morne silence ; il était en proie à une vive » agitation, et puis des mots entrecoupés sortirent de sa poitrine : il songeait à sa vengeance. Ils passèrent la nuit dans ce triste » entretien. Dès que le soleil parut, ils s'acheminèrent vers la tribu du ravisseur. Après » un voyage dont la soif de la vengeance abrégea la longueur, ils atteignirent les lieux » qu'occupait la tribu qu'ils cherchaient. Alors » le sauvage aperçut à une petite distance la » sœur de celui-là même qui lui avait enlevé » la sienne, et qui s'était un peu écartée pour » ramasser du bois. L'occasion de se venger » était belle : aussi, ordonnant à sa sœur de » se cacher, il courut sur la jeune fille, et leva » son casse-tête pour la terrasser.

» La victime trembla, et bien qu'elle connût toute la force de son ennemi, elle s'arma » de tout le courage qu'elle put conserver. » Elle leva les yeux sur lui, et leurs regards » s'étant rencontrés, le jeune homme fut tellement frappé de sa beauté, qu'il demeura » immobile pour la contempler. La pauvre » fille s'en étant aperçue, se jeta à ses genoux » pour implorer sa pitié ; mais un sentiment » plus tendre, l'amour, avait promptement » succédé au désir de la vengeance. Le sauvage, rejetant son casse-tête, la pressa sur » son cœur et la pria de le suivre dans sa tribu. » Puis, s'étant informé de sa sœur aînée, sa » nouvelle épouse lui apprit qu'elle était encore bien souffrante, mais qu'elle serait » bientôt mieux, et excusa son frère sur les » moyens employés pour en faire sa femme, » disant que c'était la coutume du pays : « Mais » vous, ajouta-t-elle, vous avez le cœur plus » blanc (faisant allusion aux mœurs des Anglais), vous ne me battez point ; moi, je » vous aime, vous m'aimez, j'aime vos sœurs, » vos sœurs m'aiment ; mais mon frère est un » homme méchant (1). ».

La polygamie est générale, mais les femmes se vengent en prenant plusieurs maris, et souvent en donnant la mort au leur (2). Elles sont maintenues dans le plus grand asservissement ; quand une tribu en voyage rencontre des étrangers, elles doivent s'arrêter à une grande distance, et ne peuvent s'approcher qu'avec la permission expresse des maris. Une contravention à cet usage serait aussitôt punie d'un coup de casse-tête qui ne manquerait pas de leur fracasser le crâne. Elles ne sont pas pour cela ennemies de leurs maris, et, si l'on peut parler ainsi, les coups qu'ils leur prodiguent ne font qu'augmenter leur attachement et leur tendresse. Plus elles ont de cicatrices, plus elles sont estimées : aussi sont-elles très soigneuses à les montrer comme des marques d'honneur. On n'a jamais observé qu'il existât dans une famille des enfants de plusieurs femmes. Comme on doit bien s'y attendre, celles-ci sont dans des querelles continuelles, fomentées par l'orgueil et la jalousie. La première réclame le droit exclusif aux faveurs conjugales, et celle du dernier choix est comme esclave de sa rivale. Ils ne gardent jamais les enfants mâles d'origine mélangée ; ce qui paraît devoir être attribué à la crainte qu'ils ont de la supériorité des êtres procréés par des individus de leur espèce et de la race blanche. Pour éviter l'ennui de porter leur enfant, les femmes ont recours à une opération nommée *mibra*, qui consiste à se faire avorter en se

(1) Traduit du *Spectator of Calcutta*. — (2) Voyez *Astrolabe*, t. I, p. 411.

faisant fouler le ventre, ce qui cause toujours la mort de l'enfant et souvent celle de la mère [1]. Elles ne regardent point la pudeur comme quelque chose de louable. Cependant, après s'être aperçues que les Européens attachaient à leur nudité une idée d'infamie, elles sont devenues extrêmement réservées envers les étrangers, et ne paraissent jamais devant eux sans faire apercevoir sur leur front les marques de leur honte : toutefois elles conservent auprès de leurs maris leurs anciens usages.

« Ils n'ont qu'une faible idée d'une existence future, et croient qu'à leur mort ils retournent aux nuages d'où ils sont originairement descendus : idée singulière, qui se retrouve chez les Haraforas ou Alforèses de l'Île de Céram. Ces pauvres sauvages sont aussi esclaves de la superstition : ils croient à la magie, aux sortiléges, aux spectres ; les derniers doivent leur origine aux insomnies et aux terreurs d'une vie misérable. »

L'opération nommée *biannai*, principalement pratiquée par les femmes, mérite d'être mentionnée : elle consiste à attacher une corde autour de la tête de celle qui se croit frappée de maléfice ; une autre femme en prend le bout et le frotte contre ses lèvres jusqu'à ce que le sang coule. La malade croit que c'est son sang qui suit la corde et tombe dans la bouche de l'autre. C'est avec ce sang que sort la malédiction. La même cérémonie a lieu durant tout le temps de l'accouchement, et de plus, une autre femme ne cesse de verser de l'eau froide sur le ventre de la mère. Ils croient aussi aux esprits, qui, disent-ils, apparaissent, s'avancent doucement, le corps courbé, les bras étendus devant la figure, et saisissent à la gorge ceux qu'ils viennent visiter. Il y a un bon esprit nommé *Koyan*, et un mauvais nommé *Potoyan*. Koyan est leur protecteur et leur défenseur contre les intrigues du mauvais esprit, qui rôde pendant la nuit pour dévorer les enfants. Le feu met ce dernier en fuite, c'est pourquoi ils ne marchent jamais sans en porter [2]. Ils ont encore le *War-wi*, qu'ils décrivent comme un crocodile et qui habite les rivières d'eau douce, d'où il ne sort que pour se saisir des enfants et les dévorer sous l'eau, et le *Coupir*, monstre à forme humaine qui habite les collines rocailleuses, saisit les noirs, sans faire aux blancs le moindre mal. Ils ont aussi des charmes contre le tonnerre et les éclairs, et prétendent prévoir les événements par les météores appelés *étoiles tombantes*.

Quand une personne qui a passé le terme moyen de la vie humaine meurt, on s'empresse de construire un bûcher. On présente successivement le corps aux portes des maisons que le défunt avait coutume de fréquenter, après quoi on le place sur le bûcher. Le lendemain, le plus proche parent va ramasser les cendres et les mettre en terre ; puis il en forme un tertre auquel il donne autant de régularité qu'il est possible, et qu'il abandonne après avoir placé dessus le morceau d'écorce d'arbre qui lui a servi à construire ce modeste monument. A la mort des jeunes gens, les femmes, les enfants et plusieurs naturels poussent des cris aigus et des lamentations multipliées, et deux hommes se battent à coups de casse-tête. Cette scène est suivie d'un morne silence, qui n'est interrompu que par de nouvelles lamentations au moment où le corps est mis dans une pirogue avec ses instruments de pêche et ses armes. Pendant que le corps est élevé sur la tête de deux hommes, d'autres agitent des touffes d'herbe, tantôt en avant, tantôt en arrière, comme pour chasser les mauvais génies. On dépose ensuite le corps dans la terre, les pieds tournés vers le nord et la face vers le soleil à midi. La tombe est recouverte et entourée du côté du sud d'une rangée d'arbustes en demi-cercle. Un horrible usage ordonne d'enterrer vivant dans la tombe de la mère l'enfant qui, étant à la mamelle, perd celle qui lui a donné le jour. Le père le place dans la tombe, jette sur lui une grosse pierre, et aussitôt les spectateurs le couvrent de terre. Ce malheur ne peut être évité que si quelqu'un offre une nourrice ou s'engage à tenir lieu de père à l'enfant, quoique le véritable père existe [1]. Cependant ces barbares ont été vus pleurant sur le tombeau d'un fils, d'un ami ; leurs regards, rendus humains par les larmes, se tournaient tantôt vers le ciel, tantôt vers la terre, et semblaient indiquer qu'il y a entre eux quelque rapport. Les cérémonies funèbres terminées, il est défendu aux spectateurs de prononcer sous aucun prétexte

(1) *Collins*, p. 451. — (2) *Cunningham*, 3e édition, t. II, p. 36.

(1) Voyage de M. *Dumont-d'Urville*, t. I, p. 480.

le nom du défunt, qui semble par là condamné à un éternel oubli.

« Les naturels de l'Australie témoignent beaucoup de respect aux vieillards, et n'éprouvent pas ce désir irrésistible de voler qui domine les insulaires de la Polynésie. Nous devons à M. Collins un petit vocabulaire de leur langage; il est agréable à l'oreille, expressif et sonore; il n'a d'analogie avec aucune autre langue connue, mais les dialectes des diverses parties du pays sont tout-à-fait différents. »

Les armes dont ils se servent dans leurs combats, toujours acharnés, sont le *baumerang*, fait avec un bois naturellement très dur et très pesant, que l'on expose au feu pour le durcir davantage ; sa forme est celle d'une lunette, ou plutôt de deux bras légèrement courbés, formant au milieu un angle très ouvert ; il est cependant fait d'une seule pièce de bois aiguisée des deux côtés. Il se lance de bas en haut dans une direction oblique : il frappe en retombant avec beaucoup de force et de vitesse. On s'en sert aussi pour la chasse (1). Ils ont jusqu'à huit sortes de lances, distinguées par le nombre de barbes et la forme des dards. Ils sont fort adroits et frappent souvent le but à 60 ou 70 pas (2). Le bâton pour les lancer porte le nom de *womerra;* il est long de 3 pieds environ, avec un croc à un bout et une coquille à l'autre. Ils ont des waddis ou cassetêtes de plusieurs genres, et un sabre de bois recourbé. Leurs haches en pierre furent au commencement funestes aux Anglais. Leurs armes défensives sont le bouclier, qui est de deux sortes, l'un en écorce, qui ne peut résister aux coups de la lance, l'autre en bois durci au feu, qui est très propre à cet effet, mais peu usité à cause de sa pesanteur.

Les indigènes des environs de la baie de Moreton, quoique éloignés de plus de 140 lieues de Port-Jackson, ont presque les mêmes mœurs et les mêmes coutumes. Le poisson fait la base de leur subsistance, ce qui les oblige de changer de lieu à mesure que le poisson devient rare. Pour le prendre, ils se servent d'une espèce de filets faits d'écorce de *hourragong* qui ressemblent beaucoup aux filets de chanvre. La manière dont ils s'en servent mérite d'être racontée : ils se divisent en deux bandes de quatre, six, huit hommes, chacun ayant deux filets à la main. Ils suivent le cours de l'eau jusqu'à ce qu'ils aperçoivent le poisson au bord de la rivière; la longue expérience qu'ils ont acquise fait qu'ils le voient à la profondeur de 4 ou 5 pieds. Alors un enfant qui accompagne chaque groupe va vers l'eau sur ses mains et ses genoux. Les hommes se divisent et forment deux lignes, à droite et à gauche de l'enfant qui jette du sable dans l'eau pour distraire le poisson. Les hommes forment dans l'eau un demi-cercle, en tenant à leurs mains leurs filets. Ils manquent rarement leur proie, qu'ils font aussitôt rôtir sans aucune préparation. Quand ils sont rassasiés, ils emportent le reste de la provision pour les femmes et les enfants, dont l'occupation ordinaire est de ramasser des racines de fougère, qui entre pour beaucoup dans leur nourriture. Leurs cabanes, bâties de branches entrelacées et couvertes d'écorce du *thea-free*, peuvent contenir dix ou douze personnes. On y remarque une grande propreté. Les deux sexes sont nus : de petites lanières de peau de kanguroo ou d'opossum enveloppent seulement leurs bras et leurs mains; les femmes paraissent en cet état sans la moindre honte devant les étrangers. Les diverses tribus se distinguent par la différence des couleurs dont elles se peignent le corps ; les unes se noircissent entièrement avec du charbon et de la cire; d'autres se peignent en rouge avec une espèce de terre qu'ils brûlent et réduisent en poudre ; d'autres enfin se noircissent et se barbouillent ensuite certaines parties du corps avec une préparation blanche.

M. Uniacke, à qui nous empruntons les renseignements que nous donnons sur ce peuple, dit que des Anglais naufragés, ayant voulu, en présence des indigènes, faire chauffer de l'eau, furent fort étonnés de les voir fuir aussitôt que l'ébullition commença : ils poussaient des cris affreux, et ne voulurent revenir auprès des Anglais que lorsque ceux-ci eurent jeté l'eau hors du vase. Ils n'ont jamais pu se familiariser avec cette opération. Leur chef semble jouir d'une autorité illimitée ; il a deux femmes, dont une vit avec lui en qualité d'épouse, et l'autre va de cabane en cabane demander du poisson, de la racine de fougère, etc. Ce tribut se paie toujours sans murmurer. Les cicatrices sont ici, comme à

(1) Picture of Australia, p. 246. — (2) Voyage de l'*Astrolabe*, t. I, p. 459.

Port-Jackson, regardées comme ornement; mais elles sont plus profondes et plus régulières; on ne connaît pas l'usage du you-lang; on n'a pas remarqué chez eux les brutales cérémonies qui précèdent les mariages des indigènes de Port-Jackson.

Les tribus de ***Paramatta,*** de ***Bathurst,*** de ***Mouc-Mouc*** ou ***King's-Valley,*** de ***Bille-Biarra,*** de ***Wellington-Valley,*** de ***Bingoum,*** de ***Moudjaï,*** de ***Nondouraï*** et de ***Pialang,*** quoique généralement semblables à celles dont nous venons de parler, offrent quelques traits qui leur sont particuliers. Ces indigènes sont grands, robustes et très bien proportionnés. A les voir, on dirait qu'ils ont une nourriture abondante; ils aiment beaucoup le pain, le lait, le sucre, le tabac, mais ils se soucient peu des liqueurs fortes. Ils n'ont point de lignes de pêche, quoique les rivières abondent en poissons; ils en prennent quelques uns avec leurs lances. Ils sont très jaloux d'être rasés, et plusieurs ont la chevelure proprement peignée. Leur caractère est gai et porté à la douceur. Leurs habits sont de grands manteaux de peaux d'opossums cousues ensemble avec des aiguilles en os et les poils de la queue de cet animal. L'hiver ils tournent le poil contre leur corps, et l'été en dehors. Ils ne peuvent comprendre les indigènes des côtes ni en être entendus, les mêmes objets portant chez ces deux peuples des noms très-différents ([1]).

« L'Angleterre avait depuis long-temps l'habitude de se défaire des mauvais citoyens d'une manière à la fois philanthropique et politique; on les envoyait cultiver et peupler quelques terres lointaines. C'est ainsi que se sont peuplés les bords du Potowmak et de la Delaware. Après la guerre d'Amérique, on ne savait dans quelle contrée envoyer les criminels condamnés à l'exil par les lois. On fit d'abord examiner par M. Home Popham la côte de Cafrerie, entre le cap Nègre et le cap de Bonne-Espérance; mais sur les instances du savant Banks, la Nouvelle-Galles méridionale obtint enfin la préférence. Le premier vaisseau chargé de colons y arriva le 20 janvier 1788. Botany-Bay n'ayant pas répondu aux espérances qu'on s'en était formées, le gouverneur Philips résolut de transférer la colonie dans un autre port excellent, 12 milles plus haut vers le nord, appelé le ***Port-Jackson***, et qui est un des plus beaux du monde; il est situé plus au nord, s'étend environ 12 milles en longueur, avec de nombreuses criques ou baies. ***Broken-Bay*** est une autre baie plus vaste, où la rivière ***Hawkesbury*** et autres ont leurs embouchures, tandis que le Port-Jackson ne reçoit que deux ou trois petites rivières. »

([1]) *The Autralian*, 14 octobre 1826, n° 135.

Le premier navire qui arriva à la Nouvelle-Galles y débarqua 760 condamnés: un recensement fait à la fin de 1821 a présenté les résultats suivants:

Émigrants volontaires et criminels libérés.

Hommes, 12,608; femmes, 3,422; enfants, 7,224.	Total.	23,254
Déportés, hommes et femmes.		13,814
	Total général.	37,068

Aujourd'hui, cette population s'élève à 65,000 individus. Sur ce nombre on compte 20,000 convicts ou condamnés à la déportation. Les 45,000 autres individus se divisent en trois classes: les émigrants libres, les habitants nés de parents européens, et les émancipés. La première classe est aussi nombreuse que chacune des deux autres, et forme la partie la plus paisible et la plus éclairée de la population; la seconde est peu inférieure à la première sous le rapport de l'intelligence et de l'amour du bon ordre; la troisième, c'est-à-dire celle des déportés qui ont fini leur temps ou qui en considération de leur bonne conduite ont obtenu leur grâce, présente en général une tendance marquée au bon ordre. Ainsi l'on peut dire que, bien qu'un levain de passions dangereuses subsiste encore chez les libérés, toutefois on a reconnu que ceux qui exercent une industrie, ou qui acquièrent une propriété, parviennent à s'identifier complétement avec les autres habitants libres, et se réhabilitent dans l'estime publique.

En 1821, on comptait dans la colonie 5,000 chevaux, 120,000 bêtes à cornes et 350,000 moutons. Elle consommait, à cette époque, pour environ 8,500,000 fr. en marchandises anglaises, et exportait en Europe pour une valeur de plus de 2,400,000 fr.

On a émis depuis peu d'années en France différentes opinions sur la nécessité et la possibilité de modifier le Code pénal, et d'abolir la peine de mort ainsi que celle des travaux forcés, peines entachées de barbarie, pour les remplacer par celle de la déportation ; mais parmi les difficultés qu'on a présentées dans l'exécution de ce projet, des hommes supérieurs ont allégué les frais immenses qu'entraînerait l'établissement d'une colonie fondée dans le même but que celle de Botany-Bay. Cependant il est bon de faire remarquer ici que, depuis 1788 jusqu'à la fin de 1821, l'Angleterre a dépensé pour l'entretien, la surveillance, etc., de 33,155 criminels déportés à la Nouvelle-Galles, 5,301,023 livres sterling (environ 127,225,000 fr.), tandis qu'elle aurait dépensé plus de trois fois cette somme pour tenir ces malheureux dans les prisons des îles Britanniques, sans avoir la satisfaction d'avoir changé en citoyens utiles des hommes qui faisaient la honte de la société.

Nous devons toutefois convenir que depuis quelques années les dépenses relatives aux établissements des déportés augmentent considérablement : ainsi les déportés à la Nouvelle-Galles et à l'île de Van-Diemen coûtent annuellement à l'Angleterre plus de 12,200,000 francs.

Parmi les criminels que l'on envoie à la Nouvelle-Galles, les hommes doivent avoir moins de cinquante ans et les femmes moins de quarante-cinq. Ceux qui savent un métier travaillent pour le compte du gouvernement. Dès qu'un vaisseau aborde avec un convoi de déportés, les hommes qui ne sont pas mariés peuvent choisir une femme parmi les condamnées. A l'expiration de la peine, tout condamné mâle peut retourner à ses frais dans sa patrie; celui qui reste reçoit une concession en terres et des vivres pour 18 mois ; s'il est marié, l'indemnité est plus forte, et l'on y joint un supplément pour chaque enfant. Ceux qui se présentent volontairement pour aller habiter la colonie sont transportés aux frais du gouvernement; on leur accorde 150 acres de terre, des semences et des instruments aratoires. Il est à remarquer que, grâce aux soins de l'autorité, les déportés perdent dans cette colonie leurs habitudes coupables; que les femmes y deviennent plus retenues et plus fécondes, et que les enfants n'y héritent pas des vices de leurs pères. Ces résultats moraux suffisent pour placer la colonie de la Nouvelle-Galles au rang des plus belles institutions philanthropiques. Pourrait-on après cela demander combien coûte un si utile établissement ?

Le territoire de la colonie (1) est divisé en 10 comtés. Nous allons les parcourir en commençant par ceux du midi.

Le sol du *comté d'Argyle*, situé dans l'intérieur de la Nouvelle-Galles, est composé d'une marne rouge, profonde et très fertile, surtout en indigo. Il est arrosé par les rivières de Wolandilly, de Cooksbundoon, de Caribbee et de Shoal-Haven. En franchissant ce dernier cours d'eau, on entre par la partie sud-ouest dans le *comté de Camden*, dont le sol nourrit un grand nombre de bestiaux et produit d'assez riches moissons. Sa longueur, du nord au sud, est de 24 lieues, et sa plus grande largeur de 13. Sa partie orientale est baignée par l'Océan, et l'intérieur est coupé par la Warragamba.

Le Népéan sépare le comté précédent du *comté de Cumberland*, qui est le plus intéressant, puisqu'il renferme la plus importante ville de l'Australie. Baigné par la mer à l'est borné par des montagnes au sud, il comprend le vaste havre de Port-Jackson, qui a 5 lieues de longueur et 1 dans sa plus grande largeur. On y a élevé un magnifique phare que les navigateurs aperçoivent de fort loin, et dont la tour a pour base un édifice qui sert de caserne pour les soldats. Son élévation au-dessus du sol est de 22 mètres, et de 114 au-dessus du niveau de la mer. C'est sur le bord méridional de ce port, et sur le revers de deux coteaux qu'est située *Sydney*. Cette capitale, fondée en 1788, est déjà la plus peuplée de toute l'Océanie centrale. Elle renferme un observatoire, un théâtre, plusieurs manufactures, des banques, une école de commerce, des écoles gratuites, quelques autres établissements d'instruction, une société philosophique, une d'agriculture et d'horticulture ; on y publie six journaux (2), et une revue scientifique sur le plan de celle d'Edimbourg. Parmi ses 1,500 maisons on en compte une centaine en pierre, 2 à 300 en briques, le reste est en bois. On y voit une grande place entourée de magasins, deux temples de méthodistes, deux églises anglicanes, une cha-

(1) Compris entre 31° et 35° de latitude méridionale, et entre 145° 50′ et 150° 43′ de longitude orientale. — (2) Ces journaux sont : le *Sydney-Monitor* (quotidien) ; l'*Australian-Chronicle*, l'*Australian-Colonist*, le *Sydney-Herald*, la *Sydney-Gazette* (paraissant trois fois par semaine), et le *Commercial-Journal* (deux fois par semaine).

pelle catholique, et des hôpitaux. Le palais du gouverneur, la bourse, les casernes, les prisons et le grand hôpital de la colonie, sont les édifices les plus remarquables. Son port magnifique, ses magasins, ses quais, son phare, lui donnent l'apparence d'une cité maritime de l'Angleterre; la beauté de son climat et la fécondité de son sol l'ont fait surnommer le Montpellier de l'Océanie; ses rues, au nombre de 50, sont larges, droites et éclairées par des réverbères; partout on y remarque une active industrie. On y a établi une tannerie, une manufacture de draps, deux fabriques de chapeaux et une de poterie grossière en terre ou en étain. Trois voitures publiques partent chaque matin de Sydney pour les autres villes de la colonie. Les habitants sont, comme on le sait, presque tous des déportés pour de graves délits; mais leur moralité s'améliore tellement pendant la traversée et durant le séjour, que les vols y sont extrêmement rares. En 1834, on y comptait 17,000 habitants. Ses environs sont généralement fertiles, ils réunissent les productions des tropiques et celles de l'Europe. La vigne donne de bon vin. Il y avait des terrains stériles; mais on y a planté l'*asclepias syriacus* qui y prospère et donne un duvet soyeux dont on fabrique une étoffe qui tient de la soie et de la batiste.

« Par un temps clair et serein, dit un voyageur, on découvre les montagnes Bleues du haut de la ville de Sydney, c'est-à-dire à la distance de 50 milles. Elles se présentent alors comme un rideau bleuâtre peu élevé au-dessus de l'horizon, et dont l'uniformité laisse à peine soupçonner quelques plans inférieurs. Observées à 25 milles d'éloignement, elles offrent moins de régularité dans leurs crêtes: on distingue çà et là quelques cimes plus hardies; les plans se dessinent sur plusieurs lignes, qui paraissent s'élever davantage à mesure qu'elles s'enfoncent dans l'intérieur du pays, et leur couleur, devenue plus sombre, semble indiquer une constitution aride et sauvage. »

A une lieue et demie de Sydney, dans un vallon qu'arrose la rivière de Paramatta, qui va joindre la mer à l'extrémité du Port-Jackson, et que traverse une belle route semblable à celle de l'Europe, on voit *Paramatta,* ou mieux *Rose-Hill*, petite ville de 2,800 âmes, remarquable par sa grande manufacture de draps où travaillent les femmes déportées, ainsi que par sa foire de bestiaux, par l'école instituée pour répandre l'éducation et la civilisation chez les indigènes, et par son bel observatoire fondé en 1821. On y construit plusieurs hôpitaux. Chaque maison de cette ville est séparée comme une maison de campagne et entourée de jardins. Elle est située dans le *comté de Cumberland*, où d'autres villes attirent notre attention. Fondée avant les autres cités de la colonie, *Windsor,* qui, d'après le recensement de 1823, compte 2,077 habitants, est agréablement située à 35 milles de Sydney, sur le sommet d'une colline d'où l'on découvre les plaines riches et fertiles qu'arrose le Hawkesbury. Ces plaines, dit M. Duperrey [1], peuvent à juste titre être appelées le grenier de Sydney. La rivière est navigable jusque là pour les bâtiments de 50 tonneaux. Cette ville, d'abord nommée *Green-Hill*, est destinée par sa situation et la fertilité de ses environs à devenir le point le plus intéressant de la colonie pour le commerce du froment, du maïs et du tabac. Le gouvernement y a fait construire des greniers de réserve: tout près se trouvent les villages de *Wilberforce* et de *Richmond*, dont la population s'accroît de jour en jour. Ce dernier avait, en 1824, 1,104 habitants. A 6 lieues à l'ouest de Sydney, sur la rive gauche de *George's-River*, se trouve *Liverpool*, dans une vaste plaine entourée d'une immense forêt dont on brûle les arbres gigantesques pour y cultiver le froment et le maïs [2]. On y voit quelques jolies maisons; l'édifice pour les *convicts* est spacieux; le cimetière, qui est hors de la ville, se fait remarquer par l'élégance de quelques tombeaux. Cette ville renferme plus de 2,700 habitants. Les campagnes entre ces différentes cités sont couvertes de petits villages et de jolies fermes: on y cultive le blé, le riz, le maïs, le lin et la vigne, à côté du sucre et du café; les prairies sont remplies de nombreux troupeaux dont on exporte une partie des cuirs en Europe. *Richmond* est la troisième ville du Cumberland.

Dans le comté de *Northumberland*, nous

(1) Voyage autour du Monde. Zoologie, p. 558. — (2) *Idem, ibid.*, p. 562.

devons signaler *Newcastle*, peuplée d'environ 1,500 habitants ; elle est située sur le *Hunter*, appelé *Coal-River*, parce que l'on exploite non loin de ses rives de la houille, dont il se tient un grand marché dans cette ville, ainsi qu'un marché de bois de cèdre et de rose. *Maitland*, bâti aussi sur le Hunter, est le chef-lieu du comté ; sa population est de 2,000 âmes.

Dans celui de Bathurst se trouve la ville de *Bathurst*, bâtie par les Anglais dans une plaine agréable et fertile, à 600 mètres au-dessus du niveau de l'Océan, sur la rive gauche de la Macquarie, à l'ouest des montagnes Bleues. C'est la première ville qui ait été fondée dans l'intérieur ; elle est à près de 40 lieues de la mer ; sa population est de 3,000 âmes. Les médecins du pays en recommandent le séjour aux personnes atteintes de la phthisie. Elle possède déjà une société littéraire et un collége où l'on enseigne, outre la littérature, plusieurs sciences, et surtout celles qui sont nécessaires pour le commerce.

Le port de *Macquarie*, à l'embouchure du Hastings, au nord de Sydney, est le plus important établissement du *comté d'Ayr*. La colonie nouvelle que l'on y a établie a fait depuis quelques années les progrès les plus rapides ; près de 2,000 acres de terre y étaient en 1840 en pleine culture, et l'on y comptait 14,500 têtes de gros bétail, 26,000 moutons et 400 chevaux. Les rues de la ville de Macquarie y sont macadamisées, et le nombre des habitants dépasse déjà 2,000.

A l'ouest du comté de Northumberland se trouve celui de *Westmoreland*, traversé dans sa partie occidentale par une chaîne de montagnes arides dirigée du nord au sud. Ces montagnes servent de point de partage aux eaux ; d'un côté celles-ci se rendent à l'Océan, et de l'autre elles prennent la direction occidentale pour se perdre dans le continent.

Cette chaîne est sur plusieurs points élevée de près de 600 toises au-dessus du niveau de la mer ; le mont York, dans la partie septentrionale, a une élévation de 548 toises. Le sol de ce comté est généralement montagneux et entrecoupé de vallées très fertiles et riches en pâturages.

En avançant vers l'orient nous entrons dans le *comté de Durham*, dont la limite du côté au nord est déterminée par le 32e parallèle austral. Sa partie orientale est baignée par le grand Océan ; l'intérieur est arrosé par le Paterson's-River. Sa longueur de l'est à l'ouest est de 45 lieues, et sa plus grande largeur de 23.

Sur les côtes du *comté de Gloucester*, on voit des enfoncements remarquables, tels que *Port-Stephens*, où l'on a fondé un fort, et la *lagune de Wallis*. La côte est généralement basse et unie, en partie marécageuse et en partie sablonneuse. Dans l'intérieur, on voit de belles forêts, et au nord s'élèvent quelques montagnes, dont la principale est appelée *mont Dungar*.

Les *comtés de Cambridge* et *de Londonderry* n'ont rien de remarquable. Les colonies isolées dont nous avons parlé plus haut sont au sud et au nord de Sydney ; au sud nous apercevons, à plus de 30 lieues de cette ville, les deux petites colonies établies dans les baies de *Jervis* et de *Batman*, qui font partie du *comté de Saint-Vincent*, et à 25 lieues plus loin la baie de Batman.

Au nord de Sydney, dans la *baie Moreton*, ou *Glass-House*, on trouve la colonie de *Redcliffpoint*, à l'embouchure de la Brisbane ; on y a établi une station pénale. Vis-à-vis les îles Albion, on voit le poste appelé *Port-Curtis*.

Le gouvernement de la Nouvelle-Galles a récemment ordonné que les limites de la colonie comprendront aussi les *comtés* de *Hunter*, de *Cook*, de *Murray*, de *King*, de *Georgiana*, de *Philips*, de *Brisbane*, de *Bligh* et de *Wellington*.

La colonie de l'*Australie méridionale* (*South Australia*) ne date que de 1836 (1) ; mais elle a déjà acquis une assez grande importance. Les animaux domestiques s'y sont tellement multipliés, qu'on y comptait en 1840 110,000 moutons, 8,000 bêtes à cornes, 800 chevaux, 1,500 porcs et 300 chèvres. Depuis sa fondation jusqu'en 1830, on a vendu des terres dans cette colonie pour la valeurr de 2,800,000 fr.

Près du golfe Spencer et à l'est de celui de Saint-Vincent, bornés tous deux au sud par l'île des Kanguroos, s'élève la ville d'*Adélaïde*, qui, d'abord de 200 habitants, en avait près de 3,000 en 1839 ; on y compte déjà huit églises. Depuis l'époque de la fondation jusqu'en

(1) Elle est située entre 26° et 36° de latitude S. et entre 130° et 139° de longitude à l'est du méridien de Paris.

1839, il est entré dans son port une centaine de navires. On y publie deux journaux [1]. *Glenelg*, sur la côte du golfe de Saint-Vincent, est dans une position mal choisie; elle est bâtie dans un marécage que l'on ne pourra dessécher qu'avec des dépenses énormes; aussi cette prétendue ville ne compte-t-elle qu'un petit nombre de maisons, dont les habitants sont parfois surpris par la crue des eaux de la rivière du Torréas, sur les bords de laquelle elle s'élève.

Cette colonie comprend en outre plusieurs villages et un grand nombre d'habitations; sa population totale est de 16,000 individus.

L'île des Kanguroos, qui, suivant la plupart des navigateurs qui l'ont visitée, abondait en kanguroos, en nourrit aujourd'hui fort peu. L'aspect de cette île est si peu attrayant, le sol paraît y être si peu fertile, qu'on ne comprend pas comment on a eu l'idée d'y établir une colonie. *Kingscote*, lieu destiné à devenir la capitale de l'île, est situé sur la côte orientale de celle-ci, au milieu d'une langue de terre baignée par la baie Népéan. L'eau potable y est fort rare.

« La topographie du reste de l'Australie méridionale n'offre qu'une stérile nomenclature. Le *cap York*, qui en est l'extrémité septentrionale, se projette sur le détroit de l'*Endeavour*, qui n'est qu'une partie des détroits des *Terres*. Ce passage, large, mais obstrué de récifs et d'îlots connus sous les noms généraux de *Labyrinthe* et de récifs de la Grande-Rivière, sépare la Nouvelle-Galles de la Nouvelle-Guinée, et fait communiquer le grand Océan avec la mer des Moluques. La côte, environnée d'un amas de récifs, court d'abord sud-est jusqu'au *cap Flattery*; ensuite, tournant au sud, elle nous présente la petite rivière d'*Endeavour*, où le capitaine Cook vit des caïmans et des huîtres d'une grandeur énorme. Les sauvages cuisaient leur pain dans des fourneaux creusés dans la terre, comme à Taïti. Leurs canots ressemblent à ceux des Phéniciens [2]. Le *cap Tribulation* faillit être funeste à ce navigateur infatigable. L'*île Magnétique*, près de la *baie Halifax*, semble exercer une grande influence sur l'aiguille qui dirige la course des vaisseaux. Ici, la côte tourne de nouveau au sud-est, jusqu'à la grande *baie des Passages* [1], où de nombreuses coupures semblent indiquer, soit des détroits, soit des rivières. La direction orientale de la côte finit à la *baie d'Hervey*, que termine le long *cap de Sable*. Autour de cette baie, les cabanes des sauvages sont bâties avec quelque solidité et couvertes de l'écorce de l'arbre à thé. En allant presque droit au sud, on trouve la *rivière des Pierres-Ponces*, où le capitaine Flinders a cru trouver quelques indices de la proximité d'un volcan. Plusieurs larges rivières se déchargent dans la *baie des Verreries*, où l'on trouve aussi des pierres ponces. Aux environs du *Port-Stephens*, il y a de grandes veines de charbon de terre. Les habitants n'entendent pas l'idiome de ceux de Botany-Bay.

» Au midi de la chaîne anglaise, la côte se dirige au sud jusqu'au *cap Howe*; là elle prend la direction du sud-ouest, et, en présentant des plaines étendues, va se terminer au *promontoire de Wilson*, point méridional de tout le continent.

» La côte méridionale, depuis le promontoire de Wilson jusqu'au cap des Adieux [2], est comprise par M. Péron sous le nom de *Terre Napoléon*; mais les capitaines Grant et Flinders, qui l'ont vue les premiers, ont imposé à plusieurs parties des noms différents de ceux des voyageurs français.

» Bass, après avoir tourné le promontoire méridional de l'Australie, découvrit le *port Western*, ou *port Occidental*, superbe bassin qui, plus soigneusement examiné par l'expédition de Baudin, a été reconnu renfermer deux îles au lieu d'une. La *baie du gouverneur King*, qui renferme le *port Philipp*, paraît être la *baie Talleyrand* des navigateurs français, qui, à l'époque où ils la visitèrent, ignoraient qu'elle avait été découverte en 1800 par M. Grant. Ce même navigateur anglais avait suivi la côte depuis 139° 40′ jusqu'à 144° 25′, selon son estimation [3]; mais comme son grand cap *Albany-Ottway*, le plus saillant vers le sud, et qu'il place à 142° 40′, répond au *cap Marengo*, dont les navigateurs français ont déterminé la position à 141° 30′, il est démontré que M. Grant s'est trompé de

(1) Le *Southern-Australian* et le *South-Australian-Register*. — (2) *Cook*, dans la Collect. d'*Hawkesbury*, III, p. 570-572, etc.

(1) *Bay of Inlets*. — (2) A 129° 35′ long. E. de Paris. — (3) *James Grant*, Narrative of a voyage of discovery, p. 68 *et suiv.* (Londres, 1803.)

plus d'un degré de longitude; ses découvertes commencent donc un degré plus à l'ouest qu'il n'a cru lui-même, et son *cap Northumberland*, le plus occidental qu'il ait vu, répond au *cap Boufflers* des Français; son *cap Bridgewater* est notre *cap Montaigne*. Mais son *île de lady Julie Percy* paraît mal dessinée, et ne saurait, d'après les reconnaissances plus exactes de Baudin et Freycinet, avoir l'étendue qu'il lui donne. »

Une colonie a été fondée dans ces derniers temps près du Port-Philipp. *Melbourne*, ville nouvellement bâtie, compte déjà 2,000 habitants et renferme 400 maisons construites à la manière anglaise, 5 chapelles de sectes différentes et 18 auberges. On y a fondé une banque, une compagnie d'assurance et trois journaux qui paraissent deux fois par semaine [1]. Le revenu total de cette colonie méridionale s'élevait à 500,000 francs en 1841.

« Cette côte paraît renfermer plusieurs parties très fertiles. Les caps Albany-Ottway et Northumberland se couronnent de belles forêts. Les grands arbres gommifères dominent aux environs de Port-Philipp et de Port-Western. On y trouve des bois extrêmement durs et pesants, entre autres une espèce d'acajou [2]. Il y vient diverses sortes de pommes et de prunes sauvages, et plusieurs plantes légumineuses qui paraissent propres à la nourriture de l'homme. Il y croît une sorte d'indigo et une graminée qu'on a nommée l'*herbe aux kanguroos*. Outre les animaux communs à tout le continent, on y a vu des loups [3] et des chats sauvages [4]. On a cru voir les traces d'un très grand quadrupède. Parmi les innombrables volatiles, on distingue de beaux perroquets [5], l'*oiseau-rieur* et l'*oiseau à cloche* [6]. Les cris d'une troupe de ces derniers ressemblent au bruit d'une quantité de ces grelots, qui, dans le Nord, annoncent de loin l'arrivée des traîneaux. La mer est très poissonneuse, et les petites rivières abondent en excellent saumon.

» Les habitants de ces côtes diffèrent entre eux, tant au moral qu'au physique. Grant y vit des hommes de cette race rapprochée de l'orang-outang, dont nous avons déjà tracé le hideux portrait. Ils dévorent les oiseaux crus avec toutes les entrailles; les autres sauvages les accusent d'anthropophagie [1]. Aux environs du Port-Western, les habitants, plus nombreux, paraissent bien mieux faits et vivre dans des hameaux, sous les ordres de chefs qui s'ornent la tête de plumes de cygne noir, se peignent en rouge, blanc et jaune, et se font porter sur les épaules de leurs sujets [2]. Mais cette tribu, fière de sa puissance, montre un caractère féroce et inhospitalier. Sa malpropreté surpasse l'idée la plus dégoûtante qu'on pourrait s'en faire.

» Les environs du Port-Western, pourvus d'eau et de bois, riches en plantes et en animaux, semblent appeler un établissement européen. Les bords du *Port-Philipp*, où les Anglais auraient voulu placer une colonie, offrent à la vérité une belle végétation, mais il y manque d'eau douce.

» La *Terre Napoléon* nous présente maintenant ses vastes golfes et ses grands promontoires. Quoique le savant et infatigable Flinders assure avoir suivi toute cette côte depuis la Terre de Nuyts jusqu'au 137e méridien, où il a rencontré le capitaine Baudin; quoique ce navigateur anglais annonce que, ayant le premier découvert ces terres, c'est à lui ou à ses supérieurs à en fixer la nomenclature, nous devons ici suivre uniquement la relation des navigateurs français, parce que c'est la seule qui ait été publiée. Les précieux détails de l'atlas encore inédit de M. de Freycinet prouveront d'ailleurs à M. Flinders lui-même que, de quelque manière que la postérité et l'Europe décident la question de l'antériorité des deux découvertes, il a eu des rivaux dignes de lui par leur savoir et leur courage.

» Les côtes de la Terre Napoléon se dirigent du sud-est au nord-ouest. Depuis le cap Boufflers jusqu'à la *baie Mollien*, elles parurent à M. Péron d'une stérilité effrayante: c'est partout une bande uniforme de falaises arides; on eût cru voir la grande muraille. Cependant de nombreuses colonnes de fumée indiquaient une population considérable; une reconnaissance faite à terre eût peut-être modifié le jugement de nos navigateurs, qui se

(1) Le *Port-Philipp-Patriot*, le *Port Philipp-Gazette* et le *Port-Philipp-Herald*. — (2) *Tuckey*, voyage to establish a colony at Port-Philipp, p. 167, p. 230, p. 326. — (3) *Idem*, p. 201. — (4) *Grant*, p. 159. — (5) Entre autres le *psittacus fimbriatus*, voyez *Grant*, p. 134, et le *perroquet tabuan* de *Latham* (*Leschenault*, Journ. MS.). — (6) *Grant*, p. 112.

(1) *Grant*, p. 112, p. 114-115. — (2) *Tuckey*, p. 170, 178.

bornèrent à admirer les immenses troupes d'oiseaux de mer répandues sur la côte, et la quantité non moins étonnante de phoques et de dauphins dont les eaux étaient peuplées (1). Avec la *presqu'île Fleurieu*, qui se projette à l'ouest, le pays commence à changer de face; plus élevé dans l'intérieur, plus dentelé sur les bords (2), il s'ouvre pour former le *golfe Joséphine*, long de 30 lieues sur 8 à 10 de large. Ce golfe, que Flinders désigne sous le nom de *Little Inlet*, est bordé à l'ouest par la grande *péninsule de Cambacérès*, qui a la figure précise d'une botte, et qui se termine à l'ouest par le *cap Berthier*. Devant le golfe Joséphine s'étend l'*île de Decrès*, montagneuse, boisée, mais dépourvue d'eau douce; elle a près de 70 lieues de tour (3). M. Flinders paraît la désigner sous le nom d'*île aux Kanguroos*. A l'ouest de la presqu'île Cambacérès, le *golfe Bonaparte* s'ouvre entre les caps Berthier et Turenne. Les *îles Berthier* occupent le milieu de l'entrée. Ce golfe pénètre dans les terres pendant l'espace de 70 lieues, sur une largeur de 10 à 25. Il se termine au nord par deux canaux dans lesquels les bateaux de la goëlette *la Casuarina* ne trouvèrent pas assez d'eau pour en continuer l'examen; aucun changement dans la salure des eaux n'indique l'existence d'un grand fleuve, qui pourtant paraît probable. Il est encore possible qu'un détroit borné par des bancs passe de cette extrémité du golfe Bonaparte aux environs de la pointe Liancourt ou du cap Corréa. Parmi les îles de ce golfe que M. Flinders paraît avoir nommé *Great Inlet*, celles de *Dalberg* et de *Volney* sont les plus grandes. Sur la côte occidentale, on découvre le *port Champagny*, un des plus beaux et des plus sûrs que possède l'Australie. Dans les trois superbes bassins qui le forment, partout le fond est excellent, et le brassiage, presque jusqu'à terre, y est de 10 à 12 brasses. L'île de *Lagrange*, de 4 à 5 lieues de circonférence, couvre l'entrée de ces trois bassins, où les flottes les plus nombreuses seraient à l'abri. « Enfin, dit M. Péron, comme » si la nature, en faveur de ce port, avait » voulu s'écarter de ce caractère de stérilité, » de monotonie qu'elle a imprimé sur toutes » les terres voisines, elle en forme les rivages » de côtes très élevées, et les revêt de forêts » épaisses. A la vérité, nous n'y avons pas » découvert d'eau douce; mais la force et la » fraîcheur de la végétation, l'élévation des » terres, nous paraissent des indices certains » de l'existence de quelques ruisseaux, ou du » moins de quelque source considérable (1). »

» A l'ouest du golfe Bonaparte, le *cap Brune* se présente environné au sud de récifs et d'un petit archipel nommé *îles Laplace*. M. Flinders, qui perdit parmi ces îlots un de ses canots avec plusieurs hommes, nomme le promontoire *cap Catastrophe*. Depuis la pointe Liancourt jusqu'au *cap Coréa*, la côte qui forme un enfoncement n'a pas été examinée d'assez près. Devant ce dernier cap se projette droit au sud-ouest la chaîne des *îles Jérôme*, circonstance qui indique une chaîne de montagnes dans l'intérieur. La *baie Louis* présente un développement de côtes de plus de 15 lieues; nos navigateurs y aperçurent un grand nombre de feux des naturels. Ici les îles se multiplient; l'archipel de *Saint-Pierre*, découvert par Pierre Nuyts, en 1628, occupe sur les cartes hollandaises (2) un assez grand espace dans tous les sens, et renferme d'assez grandes îles pour que l'on doive y comprendre les *îles Joséphine*, et notamment l'*île Eugène*, représentées par M. Péron comme en étant distinctes.

» Quant aux neuf petites îles *Saint-François* que, depuis la carte d'Abel Tasman, publiée par Valentyn, on pourrait prendre pour l'*archipel de la Recherche*, elles font évidemment partie de l'*archipel de Nuyts*, situé à 12 degrés de longitude plus à l'est que le précédent. »

L'archipel de la Recherche, situé au sud de la Terre de Nuyts, sous le 121e méridien, se compose de trois groupes principaux : celui de l'ouest, celui du milieu, et celui du sud-est; il ne se compose que de petites îles, de rochers et de bancs de sable, dont les abords sont fort dangereux.

« Les baies *Murat* et *Denon*, les dernières de la Terre Napoléon, n'ont présenté aucun passage, aucune embouchure de rivière.

» La *Terre de Nuyts*, découverte en 1627 par le navigateur hollandais Pierre Nuyts, comprend tout ce qui reste des côtes méridionales de l'Australie; car c'est bien

(1) *Péron*, I, 317-324. Comp. l'Atlas, *pl.* V, no 2, 3. — (2) Même planche, no 4. — (3) *Péron*, I, p. 328.

(1) *Péron*, I, p. 327. — (2) *Voyez* celle d'*Abel Tasman*, dans Valentyn, IV.

de ce navigateur que la pointe de Nuyts a reçu son nom [1]. Malheureusement il n'a point laissé de relation circonstanciée. Deux voyageurs modernes, Vancouver et d'Entrecasteaux, ont examiné en détail la partie occidentale; mais celle d'est, qui, en s'élevant au nord, forme une espèce de golfe, a été depuis mieux reconnue.

» D'Entrecasteaux n'a mouillé qu'une seule fois sur cette côte dangereuse. La baie de *Legrand*, le lieu de son repos, est un vaste bassin auquel plus de vingt îlots, des roches et des brisants répandus dans l'espace d'environ 60 milles carrés, servent d'abris [2]. Quelques uns de ces îlots sont composés d'un beau granit, où le quartz, le feldspath et le mica dominent; ce dernier s'y trouve en lames de couleur noirâtre; on y remarque aussi quelques aiguilles de tourmaline. D'autres îlots, sur leurs sommités les plus élevées, offrent la pierre calcaire disposée par couches presque horizontales, d'un grain très fin, montrant quelques légères cavités, et sans aucun vestige de coquillages. La côte du continent est sablonneuse, et présente un sable calcaire souvent amoncelé; à quelque distance du rivage, on trouve de l'eau douce. Au bout de quatre heures de marche assez rapide on aperçoit un grand lac, dont les bords du côté de la mer, avec laquelle il communique, sont marécageux. Parmi les plantes que Labillardière a observées dans cette contrée sauvage, si rarement visitée par les Européens, sont plusieurs espèces nouvelles du nouveau genre de la famille des thymélées, auquel Forster a donné le nom de *banksia;* l'*eucaliptus cornuta*, nouvelle espèce; une espèce nouvelle de papilionacée, *chorizema ilicifolia*; une autre plante nouvelle qui se rapproche des iris, désignée sous le nom d'*anigozanthos rufa*, et sur les bords sablonneux de la mer, une graminée connue sous le nom de *spinifex squarrosus*; une belle espèce de *leptospermum* étale ici ses feuilles argentées [3]. Parmi les animaux se trouve le petit phoque de Buffon; mais sa tête est plus petite que le cou, et ses oreilles sont coniques et non ouvertes, ainsi que l'a représenté ce naturaliste. Le goëland-bourgmestre de Buffon, le pingoin nommé *aptenodyta minor*, le perroquet des Moluques, des cygnes, des casoars; tels sont les oiseaux qui s'offrirent aux regards des navigateurs français. En décembre, qui est un des mois d'été dans ces contrées, le froid était assez vif pour que l'on fût obligé d'allumer du feu; le temps était pluvieux. On aperçut plusieurs sauvages, mais ils se sauvèrent; ils étaient entièrement nus.

« Vancouver s'arrêta principalement au *port du Roi-George*, un des meilleurs de cette côte. Un de ses compagnons de voyage, le naturaliste Menzies, a fait des observations assez curieuses sur ce pays. Les rivages présentent des collines d'une élévation médiocre, et quelques falaises dont les pieds, dépouillés de verdure, sont battus par une mer agitée. Dans l'intérieur s'élèvent des montagnes de pierre calcaire ou de grès, peut-être même de dolomie, dont les sommets blanchâtres et crénelés offrent l'aspect de grands édifices tombant en ruine. Le pays près le cap *Baldhead* est principalement composé de corail; et cette substance ne s'y trouve pas seulement sur les bords de la mer, mais même sur le sommet des plus hautes collines, à une élévation qu'on peut estimer à 1,000 pieds. Le corail est ici dans son état de nature; il est friable à différents degrés [1]. Au reste, on y trouve des terrains crayeux, des rochers de granit et de quartz, et des marais couverts d'une tourbe ocreuse. Le climat parut à nos voyageurs agréable et sain. Un nombre considérable de plantes étalaient une grande variété de fleurs. Dans les forêts, qui sont d'un accès facile et peu embarrassées, on remarqua des arbres semblables aux houx; d'autres qui paraissent des gommiers de la Nouvelle-Galles méridionale, et deux espèces de bois odoriférants. Les vautours, les perroquets, les perruches, et une variété de petits oiseaux chantants peuplaient les bois. Les pélicans, les canards, les *cygnes noirs* s'y montrent en abondance. Les naturels paraissent former une peuplade errante; leurs villages, récemment abandonnés, étaient composés de misérables huttes semblables à une moitié de ruche.

» Le *mont Gardner*, voisin du port George, présente l'aspect d'un cône volcanique [2].

(1) *Desbrosses*, Hist. des navig. aux Terres Australes, I, p. 342. — (2) *Rossel*: Voyage de d'Entrecasteaux, I, p. 213 — (3) *Labillardière*, t. I, p. 402-404-412.

(1) *Vancouver*: Voyage, t. I, p. 62 et 77. — (2) Atlas du Voyage aux Terres Australes, *pl.* VI, *fig.* 1.

» La partie de l'Australie la plus avancée vers le sud-ouest porte, ainsi que nous l'avons déjà dit, le nom de ***Terre de Leeuwine*** ou de ***la Lionne***, d'après celui du vaisseau hollandais qui y toucha le premier. Les limites sont arbitraires. Nous y remarquerons d'abord le grand promontoire qui forme les trois caps ***Hamelin***, ***Mentelle*** et ***Naturaliste***; non loin du dernier, le naturaliste Depuch trouva un beau granit en couches régulières très multipliées, mode de disposition long-temps contesté. La *baie du Géographe*, qui a été reconnue par l'expédition de Baudin, offre des côtes marécageuses où quelques étangs salés présentent la trompeuse image d'un fleuve, et où errent des sauvages faibles de corps, très farouches et très stupides. Cependant ils avaient formé des plantations d'arbres qui paraissaient destinées à des assemblées religieuses; ils avaient tracé quelques figures régulières qui avaient l'apparence de caractères mystérieux. Le sol, quoique couvert de beaux arbres, surtout de *melaleuca*, de *xanthorrhea* et d'un gazon fin et serré, ne semblait imprégné que d'eau saumâtre [1]. Le phénomène du mirage, occasionné par des alternatives de chaud et de froid, produit ici des illusions fréquentes. »

Outre les colonies que nous avons citées sur la côte méridionale, il existe plusieurs établissements moins importants qui ne doivent pas être passés sous silence. Tel est le ***Port-Western***, fondé depuis plusieurs années dans le détroit de Bay; tel est encore le *Port de Lincoln*, petite ville où l'on publie un journal intitulé : *Port-Lincoln-Herald*. Dans la région appelée *Terre de Nuyts* est située la colonie du *Port du Roi-George* ou de *Frederick-Town*, qui fut fondée en 1826. Le magnifique port du Roi-George est important comme point de relâche pour les navires qui vont de la Nouvelle-Galles à la Diéménie et à la colonie de *Swan-River*.

« La *Terre d'Edels* comprend le milieu de la côte occidentale. La *rivière des Cygnes* (*Swan-River*) arrose un pays bas, traversé par des couches calcaires et couvert de beaux *eucalyptus* sur les rameaux desquels on voit voltiger d'innombrables perruches du plus joli plumage [2]. Des bas-fonds arrêtèrent le canot du voyageur Bailly. Il aperçut dans le lointain une haute chaîne de montagnes. Un mugissement bien plus fort que celui d'un bœuf, et qui partit des roseaux du fleuve, lui fit craindre le voisinage d'un grand quadrupède; circonstance d'autant plus remarquable, que le savant et véridique Dampier assure avoir trouvé, non loin de la baie des Chiens Marins, la tête et le squelette d'un hippopotame, dont il recueillit même quelques dents un peu recourbées et provenant de la mâchoire inférieure [1].

» Les environs de la rivière des Cygnes portent dans quelques cartes hollandaises le nom de *Terre Dinning*.

» Au nord de cette rivière, la côte est bordée d'îles sablonneuses, de brisants et de récifs de madrépores. L'île de *Rottnest* et les bancs ou *abrolhos* de *Houtman*, où *Pelsart* fit naufrage, sont des points bien connus. *Pelsart* trouva la côte de la terre ferme dépourvue d'herbes et d'arbres, couverte de grosses fourmilières qui ressemblaient à des cabanes; les mouches y remplissaient l'air; l'eau douce y est extrêmement rare [2]. »

La colonie de *Swan-River*, que l'on a proposé de nommer *Nouvelle-Hespérie*, est divisée en comtés, en cantons, en juridictions et en sections. Chaque comté comprend six cantons, chaque canton quatre juridictions, et chaque juridiction vingt-cinq sections, contenant chacune un mille carré de 640 acres. Le territoire de la colonie paraît être entièrement composé d'un sol gras et fertile; la rivière des Cygnes coule pendant une douzaine de lieues au milieu des vallées formées par les monts Darling. Tout paraît devoir concourir à la prospérité de ce nouvel établissement. En 1834 il comptait environ 1,900 habitants, non compris les troupes. Depuis cette époque, cette colonie a acquis une grande importance; quatre cités s'y sont élevées: celle de *Freemantle* commence à s'agrandir; *Perth* est déjà assez considérable, puisqu'on y publie un journal, le *Perth-Guardian*; *Guilford* et *Augusta* ont une bibliothèque, un musée et un jardin botanique.

« La *Terre d'Endracht* ou de Concorde a les côtes très basses; les montagnes de l'intérieur se voient de 8 à 9 lieues. Le terroir sablonneux autour de la grande baie des Chiens Marins

(1) *Péron*, I, p. 77. *Leschenault*, Journal MS. — (2) *Bailly*, cité par *Péron*, I, 178 et suiv.

(1) *Dampier* : Voyage, IV, p. 113. — (2) *Desbrosses*, t. I, p. 454.

produit du fenouil de mer, des broussailles et une herbe longue qui croît par touffes çà et là. Il y croît aussi des arbres à sang-dragon, des mangliers et autres arbres; mais, quoique gros en circonférence, ils ne s'élèvent guère au-dessus de 10 pieds en hauteur. Les lézards quanos y sont très grands, et d'un aspect qui fit frémir l'intelligent navigateur que nous venons de nommer ([1]). La plupart des arbres et des arbrisseaux portaient des fleurs bleues. Selon M. *Péron*, toute cette côte est couverte de coquillages pétrifiés, et les végétaux mêmes sont très souvent enveloppés de matière calcaire. Le malheureux naturaliste *Riche* disait « qu'un nouveau Persée semblait avoir » promené une seconde tête de Méduse sur » ces étonnants rivages. » Les incrustations se font avec une rapidité extraordinaire; on trouva des arbrisseaux, des débris et des excréments d'animaux qui étaient enveloppés d'une croûte calcarifère ([2]).

» La *presqu'île Péron* partage l'intérieur de la baie des Chiens Marins en deux golfes, nommés le *havre Freycinet* et le *havre Hamelin*. L'un et l'autre présentent plusieurs bons mouillages. L'eau douce paraît manquer partout; la végétation languit; mais les phoques, les baleines, les poissons de toute espèce, les grands serpents de mer rendent les flots aussi animés que la terre est déserte. Les îles *Dorre* et *Dirk-Hartog*, quoique très sablonneuses, nourrissent des buissons de mimosa et un grand nombre de kanguroos ([3]).

» La *Terre de Witt* comprend toutes les côtes nord-ouest de l'Australie. C'est la partie la plus inconnue de ce continent; l'expédition de Baudin n'a pas résolu un seul des doutes que les recherches et les conjectures de Dampier avaient fait naître. Ce navigateur anglais avait examiné quatre ou cinq points de la côte, et il était resté persuadé que c'était une longue chaîne d'îles derrière laquelle, comme derrière celle des îles de la Sonde, on découvrirait de vastes golfes, peut-être une mer intérieure. Toute cette côte, dit Dampier, est composée de dunes continuelles, formées d'un sable blanc rejeté par la mer. Les vents du nord-ouest, pendant la moitié de l'année, poussent les flots avec violence contre ces côtes, et y rendent les marées extrêmement irrégulières. La mer, aux approches de ces côtes, est couverte d'herbes marines, d'araignées de mer ou ptérocères, et d'une petite mousse semblable à des œufs de poisson. On trouve sur la côte très peu d'eau, très peu d'herbe; même les oiseaux et les animaux paraissent avoir déserté cette plage stérile. Les seules productions remarquables sont un arbre dont le bois est plus rouge que le sassafras, et un autre arbre à sang-dragon; ce dernier est de la grosseur d'un pommier; les feuilles sont noires, l'écorce est blanchâtre; la gomme distille des nœuds et des crevasses du tronc.

» Quelques malheureuses tribus de sauvages errent dans les îles et sur les côtes de cette terre. Ils sont, selon Dampier, grands, droits, menus; ils ont les membres longs et déliés, la tête grosse, le front rond et les sourcils forts, le nez carré, les lèvres épaisses, point de barbe, les cheveux noirs et *crépus*, enfin le teint des nègres. « Il leur manque à tous deux » dents de la mâchoire supérieure, soit que » la nature les leur ait refusées, soit qu'ils » aient, comme quelques peuples d'Afrique, » la coutume de se les arracher ([1]). » Leur nourriture consiste en poissons et coquillages, leurs lances et épées sont de bois; ils couchent en plein air, et paraissent vivre à la manière des brutes.

» Les voyageurs de l'expédition de Baudin ont déterminé beaucoup de points isolés. Mais la grande question, celle de savoir si la côte continentale offre des passages, n'a guère reçu de nouveau jour, malgré tout le savoir et toute la patience que MM. de Freycinet et Boullanger ont mis à calculer et à combiner les observations anciennes et nouvelles.

» Le *cap Murat* de l'atlas de M. de Freycinet ne paraît pas différer du *cap Willem* de toutes les anciennes cartes hollandaises, et de l'atlas de d'Entrecasteaux. La rivière Willem, au sud du promontoire, ne peut pas permettre des facilités pour pénétrer dans l'intérieur; mais au nord-est, un golfe d'un degré d'ouverture et renfermant les îles *Rosily*, *Thévenard* et autres, présente une circonférence indéterminée, et peut-être un passage dans quelque grand lac intérieur. Les caps *Poivre*, *Malouet* et *Dupuy*, qui forment ensemble un

([1]) *Dampier*, t. IV, p. 101-104, éd. in-12, Amsterdam. — ([2]) *Péron* : Mémoire sur quelques faits, etc. — ([3]) *Leschenault*, Journal MS.

([1]) *Dampier*, t. II, p. 141.

vaste promontoire, peuvent aussi bien appartenir à une île à part qu'au grand continent de l'Australie. Les îles *Lowendal* et *l'Ermite* se projettent au nord du cap Dupuis. De là jusqu'à l'*île Rosmarin*, qui fait partie d'un petit groupe nommé *archipel de Dampier*, on ne connaît pas la côte de la terre ferme. Mais depuis le 114e jusqu'au 118e degré, cette côte paraît présenter une ligne non interrompue de terres peu élevées et peu découpées. Devant cette partie de la côte on voit d'abord l'*archipel Forestier*, dans lequel nous devons remarquer l'île *Depuch*, composée de grands prismes pentagones de basalte qui, là s'élevaient en murailles, ici s'étendaient à l'instar de la chaussée du Géant; en beaucoup d'endroits on voyait des piliers s'élancer isolément du milieu de la mer (1). Les *Basses du Géographe* et celles *des Planaires* occupaient une grande étendue. L'île *Bédout* se présente à 20 lieues du continent.

» Arrivés vers le 119e degré de longitude, la côte nous offre une lagune de 12 à 15 lieues, et peut-être un passage. Elle tourne ensuite rapidement au nord-ouest et au nord; changement de direction marqué vaguement dans les anciennes cartes, qui seulement portent la côte trop à l'ouest. Le *cap Missiessy*, le *cap Bossut*, précédé du *récif de la Casuarina*, et le *cap Villaret*, appartiennent au continent, ou du moins à une grande île; mais entre le dernier de ces promontoires et celui qu'on a nommé *cap Huygens*, nous voyons sur l'atlas de M. de Freycinet la même grande et profonde ouverture que Dampier avait déjà indiquée dans cette position. Une île considérable, voisine du cap Huygens, a reçu le nom de *Gantheaume*; mais le désir d'immortaliser quelques noms eût trouvé un plus vaste champ, si on avait pénétré dans ce passage. Depuis le cap Huygens, la côte court au nord avec une légère inclinaison à l'ouest jusqu'au *cap Berthollet*. Ici se présente de nouveau une lagune, et très probablement un passage qui communique peut-être avec celui qui est au sud du cap Huygens. Les îles *Lacépède* et *Carnot*, avec la *Basse des Baleines*, couvrent l'entrée de ce canal ou de ce golfe. Depuis le cap Borda jusqu'au *cap Rulhière*, pendant 5 degrés de longitude, la côte se dirige au nord-est, et quoiqu'elle ne soit pas complétement reconnue, elle ne présente guère aucun indice d'un passage. Les anciennes cartes marquent ici plusieurs baies profondes et un golfe en forme d'entonnoir, sur lequel les expéditions françaises les plus récentes ne nous offrent rien d'intéressant à rapporter.

» Devant cette côte se présente d'abord isolément l'importante *île Adèle* avec le remarquable *cap Mollien*, qui, dans les premières esquisses, avait été figuré comme un point du continent. Ensuite on voit s'étendre le grand *archipel Bonaparte*, déjà indiqué sur les anciennes cartes sous la dénomination d'*Iles vues par Saint-Allouarn*. Ces terres présentent partout l'aspect le plus stérile et le plus bizarre. Des rochers blanchâtres s'élancent en formes carrées, pointues ou singulièrement bombées; il y en a qui sembleraient des montagnes tombées du ciel sur d'autres montagnes. L'homme a fui ces rivages d'où la végétation est bannie, et sur lesquels le ciel, toujours sec, toujours ardent, ne répand point une rosée bienfaisante (1).

» Les principales îles ont reçu le nom de *Kéraudren*, *Fontanes*, *Cassini* et *Bougainville*. Au nord de celle-ci, la plus grande de toutes, des millions de mollusques peuplent le grand *banc des Holothuries*.

» Depuis le cap Rulhière jusqu'au *cap Fourcroy*, la côte forme un grand enfoncement au sud-est. Entre le *banc des Méduses* et les *îles Barthélemy*, la reconnaissance de M. de Freycinet offre une grande lagune; mais les anciennes cartes ne marquent aucun indice d'un passage. La *Terre de Witt* se termine par le cap *Van-Diemen*, qui nous paraît devoir conserver son premier nom, quoique l'atlas du *Voyage aux Terres Australes* le gratifie de celui de *Léoben*. A quoi bon donner de nouveaux noms à d'anciennes découvertes, uniquement parce qu'on en corrige la position de quelques minutes en longitude?

» Ce coup d'œil sur la côte nord-ouest nous apprend qu'on peut encore y faire plusieurs découvertes. La côte septentrionale semble, au premier coup d'œil, mieux explorée. Depuis le cap Van-Diemen jusqu'au golfe de Carpentarie, une carte hollandaise donne, il est vrai, la côte d'une manière très positive (2).

(1) *Péron*, I, p. 130.

(1) *Péron*, I, p. 137. — (2) Voyez *Valentyn*, Description de Banda.

Elle marque la *baie de Van-Diemen*, dont les eaux furent trouvées blanches et lumineuses, comme le sont quelquefois celles de la mer des Moluques, et qui paraît bordée d'une chaîne de montagnes ; elle indique plus à l'est la *baie Difficile* (1), environnée de terres basses, et la rivière *Speult*, devant l'embouchure de laquelle sont les *îles des Crocodiles*. La partie orientale de cette côte avait reçu le nom de *Terre d'Arnheim*, nom qu'il conviendrait d'étendre jusqu'au cap Van-Diemen, en abolissant le nom de *Terre de Van-Diemen*, qui peut faire confondre cette région avec l'île Van-Diemen.

» Le *golfe de Carpentarie*, environné de la terre du même nom, nous présente sur les cartes hollandaises un si grand nombre d'embouchures de rivières, que l'on est tenté de le considérer comme un des principaux débouchés des eaux de l'intérieur de l'Australie. Le fleuve de *Tasman* à l'ouest, et celui de *Caron* au sud, paraissent les principaux. Mais on assure que Flinders ayant examiné ces côtes avec beaucoup de soin, a trouvé toutes ces rivières ou desséchées ou remplies seulement d'eau salée. Il serait cependant prématuré d'adopter l'opinion de ce navigateur, qui ne croit pas à l'existence d'aucun fleuve considérable dans cette partie de l'Australie.

« Une île importante, située dans l'ouest de ce golfe, et que les navigateurs hollandais avaient laissée sans nom, a reçu des géographes allemands celui d'île *Busching*. »

Ces détails complètent ce que nous avons dit sommairement des côtes de l'Australie au commencement de ce livre.

« Nous avons achevé le tour de ce continent, et nous n'en avons pas même pu suivre les côtes sans interruption. L'intérieur se dérobe entièrement à nos regards ; aucun golfe, aucun fleuve n'a permis d'en franchir la mystérieuse enceinte. Un immense désert de sable y engloutit-il les eaux pluviales ? Les vents brûlants qui de tous côtés s'exhalent de ce continent, semblent favoriser cette opinion. D'un autre côté, les inégalités d'un sol aussi étendu, l'élévation des montagnes, l'abondance des pluies dans la zone torride, rendent probable l'existence de quelques grandes rivières. Les fleuves sans nom apportent-ils obscurément le tribut de leurs eaux dans le sein de quelque mer intérieure ? Ce continent apparent n'est-il que la bordure d'une immense lagune semblable à celles des petites îles Polynésiennes, mais dessinée sur une échelle colossale ? ou les embouchures de ces rivières ont-elles échappé aux recherches rapides des navigateurs ? Se trouvent-elles au fond de ces golfes et canaux qui probablement partagent en plusieurs grandes îles et péninsules la terre de Witt ? Sont-elles cachées, comme celles des rivières de Madagascar, derrière l'enceinte de marais qui bordent la terre d'Edels ?

« Ces questions seraient promptement décidées par une expédition mieux combinée et mieux conduite que celles qu'on a jusqu'ici envoyées dans l'Australie. Cinq bâtiments transporteraient dans le golfe Bonaparte une centaine d'hommes doués de quelque instruction et de beaucoup de courage. Munis de toutes sortes d'armes, ils amèneraient avec eux un certain nombre de bœufs achetés à Buenos-Ayres, de mulets pris au Sénégal, et de chameaux-dromadaires d'Afrique ou d'Arabie. Les bœufs traversent les taillis et les bois ; les mulets marchent d'un pied ferme sur les escarpements, les montagnes ; les dromadaires parcourent les déserts ; ainsi, quelle que soit la nature du sol dans l'intérieur, on ne serait jamais pris au dépourvu. Le chien, fidèle ami de l'homme, ne serait pas oublié ; son instinct heureux indiquerait ici du gibier, là une source d'eau cachée ; même un animal immonde, mais qui découvre souvent en remuant la terre des racines alimentaires, ne serait pas exclu de notre troupeau. La compagnie, semblable à une tribu nomade, se nourrirait de la chair de ses bestiaux dans le cas où elle ne trouverait pas de kanguroos ni d'autre gibier. Elle serait munie d'un ballon aérostatique pour servir à reconnaître de loin les obstacles qui pourraient se présenter. Au moment où elle entrerait dans l'intérieur, les bâtiments partiraient, l'un pour la côte orientale et la baie des Passages, l'autre pour le golfe de Carpentarie, le troisième pour l'entrée de Dampier sur la côte nord-ouest, le quatrième pour la rivière des Cygnes : tous les quatre, montés par le moindre nombre possible de matelots, iraient toucher à Timor, ou même à l'Ile-de-France.

(1) *Moeyelike Bocht.*

pour se charger d'autant de rafraîchissements qu'ils pourraient en porter. Arrivés à leurs stations, et en attendant l'expédition de terre, ils tenteraient, au moyen de petites embarcations, de pénétrer derrière les archipels de la côte, et de remonter les canaux ou fleuves qui pourraient y exister. On fixerait un terme au bout duquel ces bâtiments, cessant leurs recherches et leur attente, retourneraient au golfe Bonaparte. L'expédition de terre se dirigerait d'abord, s'il est possible, sur le golfe de Carpentarie; elle trouverait probablement dans cette traversée des chaînes de montagnes dirigées du nord au sud, comme le sont les péninsules, et par conséquent elle passerait par les vallées. Si, contre toute attente, des chaînes placées dans une direction transversale l'arrêtaient dans sa marche, elle se replierait à l'est sur la baie des Passages, ou au nord-ouest sur l'entrée de Dampier, ou au sud-ouest sur le rivière des Cygnes. Il paraît impossible que tous ces chemins soient en même temps fermés par des déserts ou des montagnes inaccessibles. On consacrerait d'ailleurs une année ou dix-huit mois à cette marche; ce qui, pour la plus longue des quatre routes, ne ferait qu'une à deux lieues par jour; enfin, dans le cas le moins favorable, on reviendrait au golfe Bonaparte; on expédierait le cinquième bâtiment pour rappeler les quatre autres, et on irait avec toutes les forces restantes tenter une invasion moins difficile, une traversée moins longue. Telles sont les bases de ce projet que nous avons discuté avec M. Péron, et auquel ce voyageur éclairé, infatigable et intrépide, ne voyait d'autre obstacle insurmontable que l'existence, selon lui très probable, d'une immense mer de sable répandue sur tout l'intérieur de ce continent. Cependant, comme le désert central de l'Asie, et même celui de l'Afrique australe, nourrissent dans leurs *oasis* des troupeaux et des pasteurs, notre tribu nomade trouverait probablement aussi quelques lisières de verdure, quelques sources et lacs d'eau douce, surtout immédiatement après la saison des pluies. La santé des voyageurs sur ce sol inconnu, et peut-être empreint de vapeurs malfaisantes, serait garantie par l'usage constant de coucher dans des hamacs suspendus aux branches des arbres. Mais il serait aussi déplacé qu'inutile de discuter toutes les modifications qu'un semblable plan peut admettre: bornons-nous à souhaiter qu'une fin prochaine des contestations qui divisent les nations éclairées de l'Europe leur permette de diriger leurs efforts vers des découvertes d'un intérêt général. »

Traversons le détroit large de 30 lieues que le chirurgien Bass découvrit en 1779, et qui porte son nom. Il est parsemé d'îles la plupart stériles qui en rendent la navigation dangereuse, et sépare l'Australie du *groupe de Diemen* ou de *la Tasmanie*. Ce dernier nom a été donné à l'*île de Diemen* et à celles qui l'environnent, en commémoration de celui d'un célèbre voyageur qui, en 1642, découvrit cette contrée australe; ce nom est devenu aussi celui d'une des plus hautes montagnes de la principale île: on l'appelle le *pic de Tasman*. Tasman donna à cette île le nom de *Van-Diemen*, qui est celui d'un gouverneur général de Batavia dont le souvenir sera long-temps cher aux colons de Java.

L'île de Diemen ou de Van-Diemen a environ 120 lieues de longueur et 90 dans sa plus grande largeur. Sa forme est celle d'un triangle dont les côtés presque égaux sont joints entre eux par un arc de cercle. Découpée par un grand nombre de golfes, elle présente au navigateur des abris précieux dans ces mers orageuses; les plus remarquables sont ceux de Derwent, du Grand-Cygne, de Macquarie, et de Dalrymple, découvert par Flinders en 1799, lorsqu'il visita le détroit de Bass, et fit le tour de l'île. Ce port est devenu le siége d'un établissement anglais. Les recherches de ce voyageur, de d'Entrecasteaux et de M. de Freycinet, nous ont fait connaître en détail la *baie des Tempêtes*, comprenant celle de l'*Aventure* et plusieurs autres; le *canal d'Entrecasteaux*, garni d'excellents ports [1]; la *rivière du Nord* ou de *Derwent*, baie très allongée [2]; l'île Bruny, presque coupée en deux, et la péninsule de Tasman, d'abord prise pour une île. Sur la côte orientale on remarque l'île *Maria*, découverte par Tasman, et la *baie Fleurieu*, reconnue par M. de Freycinet. Les principaux caps sont le *cap Sud*, le *cap Sud-Ouest* et le *cap Grim*. La surface de cette île est coupée par plusieurs chaînes de montagnes séparées par de grandes et riches vallées. Quelques unes de ces mon-

(1) D'*Entrecasteaux*: Voyage, I, p. 77. — (2) Carte de Flinders.

tagnes offrent des pics assez élevés. Le point culminant des monts Barren s'élève à environ 780 toises au-dessus du niveau de la mer ; le *pic de Tasman* à 702, et l'on pense que le mont Wellington en a 660. Quelques unes de ces élévations conservent la neige pendant près de huit mois. Dans la partie nord-ouest on remarque une montagne élevée qui domine une chaîne de collines appelées *collines d'Asbeste*, à cause de la grande quantité de cette substance minérale que l'on y remarque. Enfin, dans la partie sud-ouest règne une chaîne dont l'élévation est de 500 toises. Les productions minérales sont le fer, qui se trouve en grande quantité, le cuivre, l'alun, l'ardoise, le marbre, le jaspe, la houille, une grande variété de belles pétrifications et le sel qu'on tire des lacs salés. Les principales rivières qui arrosent cette terre sont le *Derwent* qui se jette au sud-ouest dans la baie des Tempêtes, et le *Tamar* qui a son embouchure dans le détroit de Bass où il forme le port Dalrymple. A peu près au centre de l'île, se trouve un lac qui peut avoir cinq lieues de longueur.

» Les terres sont élevées, diversifiées par des montagnes, des bois, des vallées; les eaux et l'ombrage y entretiennent une verdure agréable. Il y a beaucoup de ruisseaux et plusieurs lacs sur le flanc des montagnes. *Labillardière* vit une couche horizontale de charbon de terre, dont la plus grande épaisseur ne surpassait pas trois pieds et demi, mais qui s'étendait sur une longueur de plus de 200 toises; elle reposait sur du grès, et était couverte d'un schiste brun foncé. Le granit domine; on y trouve aussi du schiste ardoisier, du schiste alunifère, ainsi que des mines de fer et de cuivre. Les principaux caps sont presque entièrement basaltiques, les colonnes étant quelquefois simples, quelquefois groupées [1]. M. *Péron* a trouvé les montagnes de la terre de Van-Diemen composées en partie de calcaire coquillier.

» Au nord, la terre de Van-Diemen présente une côte aride et inhospitalière. Cependant les environs du port Dalrymple sont couverts de beaux arbres et de gazons délicieux [2]. Au sud et à l'est, la végétation très forte des arbres indique un sol très fertile. »

(1) *Flinders* : Observations sur les côtes de la terre de Van-Diemen, Londres, 1801, p. 3. — (2) *Bass*, cité par *Collins*, II, p. 166.

Ses principales productions sont le froment, l'orge, l'avoine, presque tous les légumes et beaucoup de fruits d'Europe. Le climat ne permet pas à la vigne d'y prospérer, quoiqu'il approche beaucoup de celui de Bordeaux; mais les pâturages y sont excellents. Parmi les fruits indigènes, il n'en est pas un qu'on puisse citer. Aucun, dit M. Dumont d'Urville [1], ne mérite d'être préféré aux mûres ou framboises sauvages qui croissent sur les ronces en Europe; mais on cultive dans les jardins avec le plus grand succès les pommes, les poires, les prunes, les mûres, les framboises, les groseilles, les fraises, les gadèles. Les oranges, les grenades, les citrons, les goyaves et diverses autres espèces y viennent plus difficilement qu'à Port-Jackson, ce qui tient à la différence de température.

Les animaux de cette terre sont trois ou quatre espèces de kanguroo, deux d'opossum, l'écureuil, le phalanger, le kanguroo-rat, le wombat, deux dasyures, le phascolome et l'échidné. Le chien sauvage ne s'y trouve pas, comme dans l'Australie; le grand dasyure (*thylacinus cynocephalus*) parvient quelquefois à six pieds et demi de longueur du bout du nez à l'extrémité de la queue. Cet animal fait de grands ravages parmi les troupeaux; mais il est timide et fuit constamment à l'approche de l'homme, à moins qu'il ne soit surpris.

Les oiseaux sont les mêmes que ceux de l'Australie. Les serpents se montrent fréquemment depuis le mois de septembre jusqu'au mois de mars. On les voit surtout dans les pays marécageux, et ils sont moins dangereux que dans l'Australie. On y remarque cependant le redoutable serpent noir (*blaksnake*); quelques lézards très doux habitent aussi les forêts.

Les insectes ne sont ni nombreux ni variés, à l'exception des fourmis, des moustiques et d'une mouche verdâtre. On trouve, mais rarement, des mille-pieds et des scorpions.

Les forêts, très épaisses, sont d'un accès difficile. On n'y voit pas, comme dans l'Australie, le cèdre (*cedrela toona*), ni le mahogani (*eucalyptus robusta*), ni le rose-wood (*trichilia glandulosa*); mais on y trouve

(1) Volume V, p. 89.

le *dacrydium*, dont le bois est d'une durée remarquable; il croît principalement sur le bord des rivières.

« Un grand nombre d'arbres très élevés, et d'autres de grandeur médiocre, croissent avec vigueur, malgré l'ombrage que leur portent des pieds énormes d'*eucalyptus globosus*. La famille des myrtes et celle des composées y dominent. On distingue des *leptospermum*, qui, ordinairement arbrisseaux, sont ici de grands arbres; l'*eucalyptus resinifera*, qui donne une gomme fine et rougeâtre; l'*exocarpos cupressiformis*, nouveau genre de la famille des térébinthacées; des *thesium* à feuilles étroites, qui forment de très jolis bosquets. Cette île a fourni beaucoup d'autres nouveautés à la botanique. Telles sont plusieurs espèces singulières de *limodorum*; une belle espece de *glycine*, remarquable par ses fleurs d'un rouge éclatant; la *Richea glauca*, plante composée qui forme un nouveau genre, et rappelle la mémoire d'une des nombreuses victimes des sciences; diverses sensitives nouvelles; plusieurs espèces d'*ancistrum*, qui croissent au sud de l'Amérique, sur les bords de la mer; deux arbústes qui forment le nouveau genre des *correa*; au milieu des dunes, le *plantago tricuspidata*, bon à manger en salade, et une des plus utiles que cette terre fournisse; une nouvelle espèce de ficoïde, dans la profondeur des bois, dont les habitants mangent le fruit [1]. Parmi les animaux on voit le kanguroo, qui se retire dans des terriers comme les lapins; le veau marin de l'espèce appelée *phocamonachus*; une nouvelle espèce de perruche du cap Diemen; une autre de *mérops*, décrite par White. Le climat, sensiblement plus froid que celui du continent voisin, admet la neige et la gelée [2]. Cependant les vents du nord-ouest apportent l'air brûlant de l'intérieur de l'Australie.

» Les habitants de Van-Diemen ne s'enfuirent point à l'approche des Français, et se montrèrent doux et affables. Les femmes gardent toujours un vêtement de peau, tandis que les hommes sont nus ou couverts d'une peau de kanguroo. Ils ont les cheveux laineux et se laissent croître la barbe; la mâchoire supérieure s'avance, dans les enfants, beaucoup au-delà de l'inférieure; mais, s'affaiblissant avec l'âge, elle se trouve dans l'adulte à peu près sur la même ligne; leur crâne est d'une dureté tout-à-fait extraordinaire; leur peau n'est pas d'un noir très foncé, mais, pour la faire paraître plus qu'elle ne l'est en effet, ils se couvrent de poussière de charbon, principalement les parties supérieures du corps; l'usage de s'arracher deux des incisives supérieures ne s'est pas introduit chez toutes leurs tribus. Ils mangent surtout des moules, des huîtres, des lépas, des homards et des crabes. Ils ne paraissent pas avoir de chefs; chaque famille semble vivre dans une parfaite indépendance; mais les enfants témoignent une grande subordination pour ceux qui leur ont donné le jour, et les femmes en agissent de même envers leurs maris. Ils paraissent tous ignorer l'usage de l'arc. Ceux de la baie de l'Aventure ont le corps tatoué, et leurs cheveux sont saupoudrés d'ocre; ils ont deux dents de moins.

Péron crut observer que les habitants de l'île Van-Diemen étaient absolument différents, pour le physique, de tous ceux qu'on a vus sur les côtes de l'Australie. Labillardière avait déjà observé cette différence; mais il ajoute qu'il a trouvé la plus grande conformité entre les habitants de la Nouvelle-Calédonie et ceux de l'île de Van-Diemen. Donc ces derniers sont de la grande race des *nègres océaniens*, dont le nombre diminue chaque jour. « Ces deux peuples, dit-il, n'ont » presque rien de commun ni dans leurs » mœurs, leurs usages, leurs arts grossiers; » ni dans leurs instruments de chasse ou de » pêche, leurs habitations, leurs pirogues, » leurs armes; ni dans leur langue; ni dans » l'ensemble de leur constitution physique, » la forme du crâne, les proportions de la » face, etc. Cette dissemblance absolue se » trouve dans la couleur; les indigènes de » la terre de Diemen sont beaucoup plus » bruns que ceux de l'Australie, les premiers » ont des cheveux courts, laineux et crépus; les derniers les ont droits, longs et » lisses. »

La Tasmanie se divise, comme la Nouvelle-Galles du sud, en deux parties : le territoire colonial et le territoire indépendant. La première est partagée en deux comtés : celui de

[1] *Labillardière*, t. II, p. 11, 13, etc. *Leschenault de la Tour*, Journal MS. — [2] *D'Entrecasteaux*, I, 19, 228.

Cornwall, ou Cornouailles, au nord, et celui de Buckingham au sud. En 1828, le nombre des bêtes à cornes était de 40,000, et celui des bêtes à laine de 450,000. La colonie consommait annuellement pour 120,000 livres sterling de marchandises anglaises, et elle exportait pour 60,000 livres de grains d'une qualité supérieure, et du cuivre estimé.

Le comté de Cornouailles comprend de vastes plaines arrosées par le Tamar, les deux Esk et la Macquarie. La totalité des terres cultivées dans cette colonie s'élevait, en 1820, à 2,982 acres, ou à environ 1,155 hectares. Son chef-lieu est depuis quelques années *Brighton*, petite ville encore peu peuplée; auparavant c'était *George-Town*, ou *Port-Dalrymple*, qui occupait ce rang. C'est une cité florissante, renfermant environ 4,000 habitants, et qui publie un journal. Elle est située sur le Tamar, qui y forme un bon port. *Launceston*, avec un collége assez florissant, à 10 lieues au sud de la précédente, réunit plus de 300 maisons et compte plus de 3,000 habitants; on y publie un journal. Sa situation au confluent du North-Esk et du South-Esk, qui forment le Tamar, serait très favorable à son commerce, si cette dernière rivière pouvait recevoir des navires de plus de 150 tonneaux. *Emu-Bay*, port situé sur la côte nord-ouest de l'île, peut être regardé comme le principal établissement de la compagnie de Van-Diemen, qui a reçu du gouvernement 350,000 acres de terre pour être cultivées; on y voit de beaux chemins et des ponts en pierre, construits pour favoriser le commerce.

Le *comté de Buckingham* renferme *Hobarts-Town*, la résidence du gouverneur et de toutes les autorités de l'île. Elle est au fond d'une petite baie nommée *Sullivan Cove*, près de l'embouchure de la belle rivière du Derwent, et à peu de distance du mont Wellington, ou de la Table, qui s'élève à 1,310 mètres au-dessus du niveau de l'Océan, et qui est couvert de neige pendant six mois de l'année. Elle est bâtie avec élégance et régularité; toutes ses rues, coupées à angle droit, ont 60 pieds de largeur; une source abondante d'eau douce la traverse en mettant en mouvement trois moulins à grains. L'hôtel du gouverneur, la maison de justice, les casernes et les magasins du gouvernement sont beaux; l'église de Saint-David contient environ 1,000 personnes; l'hôpital est vaste et commode. Quoique la fondation de cette ville ne date que de 1804, sa population s'est accrue si rapidement, que déjà elle compte plus de 8,000 habitants. On y trouve même un nombre de familles bien élevées, assez grand pour pouvoir y jouir des charmes qu'offre la société. Une belle salle y a été construite pour les concerts et les bals. Il s'y est formé une société d'agriculture; on y imprime deux journaux; des maisons d'éducation et plusieurs écoles d'enseignement mutuel y sont établies; le commerce et l'industrie y prennent chaque jour de l'accroissement. Depuis 1824, on y a ouvert une banque d'escompte, des caisses d'épargne et de secours; plusieurs manufactures de draps y ont été fondées; on y voit prospérer 16 brasseries ou distilleries; enfin son port est l'un des plus beaux de l'Océanie. Un service régulier de postes est établi entre Hobarts-Town et les principales villes de l'île. Au sud de la ville, jusqu'à l'embouchure de la rivière, s'étend le *district de Queenborough*, qui contient quelques habitations éparses çà et là dans la campagne. Sur le mont Nelson, on a placé un poste de signaux et un télégraphe qui communique avec le fort Mulgrave et donne au gouverneur connaissance des navires qui se présentent devant le cap sud-ouest [1].

New-Town se trouve aussi dans le même comté. C'est le chef-lieu d'un canton voisin d'Hobarts-Town, remarquable par ses fermes et ses maisons de campagne situées le long de la rivière du Derwent. M. Sainson fait de ce canton le tableau suivant: « Les moissons qui mûrissent dans ces immenses vallons avaient la plus riche apparence. Jamais la vue de ces ondes dorées que soulève le vent dans les champs ne m'avait paru si agréable; il me semblait que ce spectacle, familier à ma jeunesse, me rapprochait de mon pays, et mes yeux se reposaient avec délices sur ces scènes de bonheur et de paix [2]. »

Sorrel-Town, chef-lieu du district de Sussex, offre seulement une trentaine de maisons, une belle église en pierre de taille, une prison, une école et une caserne.

[1] M. *Dumont d'Urville*, vol. V, p. 54. — [2] Extrait du Journal de M. *Sainson*.

Il nous reste à citer les principales îles qui dépendent du groupe de Diemen. Celle de *Bruny*, non loin de l'embouchure du Derwent, n'a pas 11 lieues de longueur; elle est couverte de bois et peuplée d'hommes qui ressemblent à ceux de la terre de Diemen, mais qui ne paraissent pas avoir de demeures fixes. Les îles *Furneaux* sont presque entièrement composées d'une roche de quartz opaque, comme le promontoire de Wilson dans la Nouvelle-Galles méridionale; les roches, dans cette dernière, sont d'une nature molle et tendre; ainsi, la mer a pu élargir un peu les canaux qui séparent la terre de Diemen de l'Australie. Le groupe des îles Furneaux se compose de trois grandes îles et de plusieurs petites habitées momentanément tous les ans par des pêcheurs que la grande quantité de phoques y attire. Les petites îles de *Maria* et *Sarah* sont devenues depuis quelque temps des stations pénales; *King*, longue de 14 lieues et large de 9, située dans la partie occidentale du détroit de Bass, est embellie par une végétation active et couverte de forêts impénétrables. Elle serait favorable à l'établissement d'une colonie, si elle possédait un port. Les îles *Schouten*, *Maatzuyker*, *Mewstone*, *Pedra-Branca*, *Friars*, *Maurouard* et *Saint-George*, n'offrent rien de remarquable.

LIVRE DEUX CENT TROISIÈME.

Suite de la Description de l'Océanie. — Mélanésie. — Description de la Nouvelle-Calédonie et des îles adjacentes, jusques et y compris la Nouvelle-Guinée.

« Si nous osions désigner la Nouvelle-Hollande sous le nom classique et agréable de *Grande-Océanide*, les terres de moyenne grandeur qui se trouvent entre ce continent et la Polynésie seraient commodément désignées sous le nom de *Moyennes Océanides du centre*. Le barbare mélange de noms antiques et modernes, introduit par les navigateurs, n'admet aucune classification bien régulière. Les terres que nous allons décrire offrent peut-être, par leur accès facile et par la beauté de leur climat, les emplacements les plus favorables pour des colonies européennes. Mais les plus centrales, et surtout la Nouvelle-Guinée, sont habitées par une race belliqueuse et inhospitalière. Nous naviguerons du sud au nord, en suivant la chaîne maritime que ces terres forment. »

A l'est de l'Australie s'élève une petite île inhabitée que l'on nomme l'*île du lord Howe*. Elle produit peu d'arbres, à l'exception du palmiste à chou qui y est très multiplié. On y trouve en grande quantité des tortues, des pigeons et des oies sauvages. Cette île, qui fut découverte en 1788 par le capitaine anglais Ball, a 2 lieues de longueur et la forme d'un croissant. Près de ses côtes méridionales s'élève un rocher fort escarpé appelé *pyramide de Ball*. En se dirigeant vers le nord, le navigateur évite de toucher un grand banc de sable appelé *banc de Middleton*, puis il arrive à une île du même nom, couverte de montagnes et de forêts.

L'île de *Norfolk* est située à environ 135 lieues à l'est de la précédente. Les Anglais y fondèrent une colonie qui devint d'abord florissante, mais que le défaut de port fit abandonner en 1805. Depuis cette époque, le seul point qui offre une plage sablonneuse a été choisi par le gouvernement anglais pour l'établissement d'une colonie pénale. Cette colonie se compose d'un vaste bâtiment carr qui sert à renfermer les condamnés, des casernes et de la maison du commandant. Il n'est permis aujourd'hui à personne de s'établir dans l'île; elle ne renferme que les officiers du gouvernement, la garnison et les détenus. Il est défendu à tous les bâtiments d'en approcher : ceux de l'État même ne doivent le faire qu'en cas d'absolue nécessité et après avoir fait certains signaux secrets (¹).

(¹) *South Australian-Records.*

Cette île peut avoir 5 à 6 lieues de circuit; elle forme un petit groupe avec deux îlots nommés *Népéan* et *Philip*. Les récifs de corail s'étendent au sud jusqu'à 7 lieues. Norfolk passe pour un des points les plus pittoresques du globe. Elle est en partie d'origine volcanique, et toute sa circonférence est bornée, à l'exception d'un seul côté, par d'immenses colonnes de basalte qui s'élèvent à une grande hauteur comme une muraille. Un calcaire jaunâtre, commun à la Nouvelle-Zélande, forme une partie du sol de l'île; un terreau noir le recouvre à une grande profondeur; la végétation est forte et abondante; le *formium tenax* y vient beaucoup plus beau que dans la Nouvelle-Zélande; les pins, qui y atteignent une hauteur de 150 à 180 pieds sur 18 à 20 de circonférence, ont le bois moins léger qu'à la Nouvelle-Calédonie, et moins dur qu'à la Nouvelle-Zélande. Le chou-palmiste, l'oseille sauvage, le fenouil marin, y abondent. Les Anglais y ont porté les blés et les animaux domestiques de l'Europe. Les récifs de corail qui entourent l'île n'en permettent l'abord qu'à de petites embarcations.

« En naviguant au nord de l'île de Norfolk, nous trouverons la *Nouvelle-Calédonie*, île assez considérable, puisque sa longueur est de 80 à 90 lieues, sur 18 à 20 de large. Mais le navigateur doit éviter la côte du sud et de l'ouest, qui présente une chaîne effrayante de récifs prolongée au-delà de cette île pendant un espace de 100 lieues, du sud-est au nord-ouest [1].

» La Nouvelle-Calédonie paraît traversée entièrement par une chaîne de montagnes qui s'étendent dans toute sa longueur : elles s'élèvent graduellement, vers l'est-sud-est, à environ 5,400 pieds au-dessus du niveau de la mer. Une cime atteint 7,200 pieds. Les principales roches sont le quartz, le mica, une stéatite plus ou moins dure, de l'amphibole vert, des grenats, de la mine de fer spéculaire. On a trouvé des colonnes de basalte et un volcan en activité. Il est probable que les montagnes de la Nouvelle-Calédonie contiennent de riches veines métalliques.

» L'arbre à pain diffère peu ici de celui des îles Polynésiennes. Le bananier cultivé forme de belles allées [1]. L'on cultive encore la canne à sucre et l'*arum*. Le cocotier couvre les flancs de quelques vallées. Parmi les autres végétaux, on remarque l'arbre nommé *commersonia echinata*, qui croît abondamment aux Moluques; l'*hibiscus tiliaceus*, dont les habitants mâchent les jeunes pousses; le *dolichos tuberosus*, dont ils mangent les racines après les avoir fait griller sur des charbons; le *diacophyllum verticillatum*, nouveau genre qui a beaucoup de rapport avec le *dragonnier*, et qui croît sur le sommet des montagnes [2]. L'*hipoxis*, dont les Calédoniens mangent aussi les racines, vient spontanément dans les forêts. L'*antholoma* est un des plus beaux arbustes; il croît sur les hauteurs; il a environ 20 pieds de haut; il forme un genre nouveau de la famille des plaqueminiers [3].

» Les chiens et les cochons même étaient inconnus ici avant l'arrivée des Européens. Les oiseaux les plus communs sont une espèce nouvelle de pie, de très gros pigeons, des corbeaux calédoniens. L'araignée *nouqui* forme des filets assez forts pour qu'en les déchirant on éprouve une sorte de résistance. Elle sert à la nourriture des indigènes.

» Parmi les mouillages de l'île, nous remarquerons le *havre de Balade*, où Cook a séjourné; le port *Saint-Vincent*, voisin du volcan dont nous avons parlé, et le *Havre Trompeur*, où d'Entrecasteaux dit n'avoir pu entrer, mais que le navigateur anglais Kent a fait connaître comme un vaste et excellent port, situé derrière l'affreuse chaîne de récifs qui bordent la côte occidentale.

» Un voyageur naturaliste a trouvé une singulière conformité entre la figure des habitants des îles de Van-Diemen et de Calédonie. Ils ont les cheveux presque laineux et la peau fort grasse. Quelques uns ont les lèvres épaisses des nègres d'Afrique [4]. Lestes et agiles, ils montent sur les arbres comme s'ils marchaient sur un plan horizontal. Cook vante la douceur de leur caractère et la chasteté des femmes [5]. D'Entrecasteaux et Labillardière les peignent comme aussi cruels, aussi per-

(1) *Labillardière* : Voyage à la recherche de La Pérouse, I, 199 *et suiv.*

(1) *Labillardière* : Voyage, t. II, p. 36, et Atlas, pl. 41. — (2) *Forster* : Voyage, II, p. 327. — (3) *Idem, ibid.*, p. 240, et Atlas, pl. 12. — (4) *Labillardière* : Voyage, II, p. 186. *Forster* : Voyage, II, p. 802. — (5) *Cook*, second Voyage, p. 304.

fides, aussi enclins au vol que les autres insulaires du grand Océan [1]. Les femmes se vendaient pour un clou, et la grandeur du clou variait selon la beauté de la personne. Ignorant l'usage de l'arc, ils s'arment de zagaies et de massues, qu'ils fabriquent avec beaucoup de soin; ils se servent aussi de la fronde. Des observations exactes et récentes ont prouvé qu'ils étaient anthropophages par goût; ils tâtaient, avec un air de gourmandise, les parties les plus musculeuses du corps humain, et mangèrent un lambeau de chair d'enfant [2]. Ils se nourrissent ordinairement de coquillages, de poissons, de racines, et mangent, outre une espèce d'araignée, de la stéatite verdâtre et friable. Les femmes n'ont d'autre vêtement qu'une ceinture de filament d'écorce; plusieurs, parmi les hommes, ont la tête entourée d'un filet à mailles ou d'une coiffure faite avec des feuilles et le poil de la chauve-souris *vampire*. Ils élèvent sur les montagnes de petits murs les uns au-dessus des autres, pour arrêter l'éboulement des terrains, qui sont en général stériles. Les maisons ont la forme d'une ruche, et des portes à battants sculptés. Leur idiome, rauque et dur, semble différer entièrement de ceux de la Polynésie. »

Forster évalua la population de cette terre à 50,000 habitants; mais d'Entrecasteaux, dans son Voyage, crut remarquer que ce chiffre était trop élevé. Les petites îles qui entourent la Nouvelle-Calédonie sont celles de l'*Observatoire*, de *Beaupré*, de *Loyalty*, *Botanique*, *Hohoua*, et celle des *Pins*, que nous allons décrire.

« L'*île des Pins*, au sud de la Nouvelle-Calédonie, nourrit des cyprès colonnaires de plus de 100 pieds de hauteur. A l'orient, les îles de *Loyalty* et de *Beaupré* forment un petit archipel. Le grand récif qui borde la Nouvelle-Calédonie à l'ouest, et qui s'étend 90 à 100 lieues au nord, présente au navigateur l'image d'une mort inévitable, au cas que les vents et les courants y poussent son vaisseau. De cette île jusqu'à l'Australie, la mer est semée de bancs de corail, les uns plus étendus et plus dangereux que les autres [3]. Flinders, qui a fait naufrage sur un de ces récifs, pense que c'est sur un banc semblable que les deux frégates de La Pérouse ont dû périr. »

A l'est de cette île se trouve le petit rocher volcanique auquel M. Dumont d'Urville a laissé le nom de *volcan Mathew*. Voici la description qu'il en donne. « Nous approchions » rapidement et nous examinions d'un œil in» décis et curieux un nuage fort épais, sta» tionnaire sur la cime de ce rocher isolé. » Bientôt nous ne pûmes douter qu'il ne fût le » produit d'une fumée sans cesse renouvelée. » Le centre offrait l'aspect d'un cratère à demi » éboulé, et des tourbillons de fumée s'en » exhalaient sans cesse, ainsi que des flancs » de la partie occidentale qui se dessine sous » la forme d'un morne arrondi et peu élevé. » Les tourbillons, transparents et bleuâtres à » leur base, formaient une longue colonne » d'une teinte obscure. De grands espaces » étaient entièrement couverts de soufre; leur » teinte dorée contrastait avec la couleur triste » et sombre des pierres du reste de l'île, qui » ne paraît être qu'un amas de scories et de » laves refroidies. Ce roc enflammé n'a pas » plus de 2 milles de circuit, sa hauteur doit » être de 60 à 80 toises. C'est peut-être le plus » petit des volcans isolés que l'on connaisse » sur la surface du globe [1]. »

« Au nord et à l'est de la Nouvelle-Calédonie se présente un archipel important par l'étendue et la fertilité des îles qui le composent. Fernandès de Quiros, qui en découvrit en 1606 la terre principale, lui donna le nom d'*Australia del Espiritu Santo*. Cent soixante-deux ans plus tard, Bougainville y ajouta quelques îles qu'il nomma les *Grandes Cyclades*, nom choisi avec goût. Le capitaine Cook vint six ans après, et acheva la découverte des principales îles; il n'eut qu'à faire l'application du principe sur les chaînes sous-marines. Il paraît avoir atteint l'extrémité méridionale de la chaîne; mais au nord, le capitaine Blighen a encore trouvé une continuation composée d'îles que probablement Quiros avait vues. Le capitaine Cook a voulu donner à l'ensemble de cet archipel le nom de *Nouvelles-Hébrides*, prétention que Fleurieu repousse avec force, en proposant de conserver le sou-

(1) *Rossel*: Voyage de d'Entrecasteaux, II, p. 351 et *suiv.* — (2) *Labillardière*, II, p. 193-201, etc. — (3) *Flinders*: Mémoire sur le banc du naufrage, dans les *Annales des Voyages*, t. X, p. 88.

(1) Voyage de la corvette l'*Astrolabe*, tome V, p. 104.

venir de la première découverte par la dénomination d'*archipel du Saint-Esprit* (1).

» Le groupe le plus méridional de cet archipel est détaché du reste de la chaîne ; il comprend cinq îles qui, à l'exception de celle d'*Immer*, sont élevées et sans récifs de corail. Celle de *Tanna* présente le phénomène intéressant d'un volcan très actif. Forster et Sparmann essayèrent en vain de pénétrer jusqu'à cette montagne ignivome, qui pourtant n'est pas une des plus élevées. Le volcan était agité de convulsions, et les cendres qu'il vomissait avec le feu obscurcissaient l'air. La pluie qui tomba dans ce moment était un composé d'eau, de sable et de terre, de telle sorte qu'on pouvait l'appeler une ondée de vase (2). Mais ces feux souterrains semblent contribuer beaucoup à la richesse de végétation qui distingue cette île. Plusieurs plantes y prennent deux fois la hauteur qu'elles ont dans les autres contrées : leurs feuilles sont plus larges, et leurs parfums plus forts. Plusieurs terrains exhalent des vapeurs sulfureuses ; des sources chaudes s'en élancent. Tanna présente aussi des couches d'argile mêlées de terre alumineuse, de blocs de craie et de tripoli. Le soufre y abonde, et l'on trouve quelques indices de cuivre.

» Les sites de Tanna ont quelque chose de plus doux et de plus élégant que ceux de Taïti, parce que les montagnes ne s'élancent pas brusquement du milieu d'une plaine étroite, mais sont précédées de plusieurs rangées de collines entrecoupées de larges vallées. On y trouve des bananiers, des cannes à sucre, des patates et plusieurs sortes d'arbres fruitiers. Les voyageurs anglais y virent le pigeon qui, aux Moluques, dissémine les muscades véritables ; dans le jabot d'un de ces oiseaux ils trouvèrent une noix de muscade oblongue ; les naturels leur en firent voir plusieurs encore entourées de leur macis. Ainsi point de doute qu'il ne croisse une variété de muscadier dans ces îles ; on ne put cependant en trouver aucun dans le petit espace que les Anglais eurent la permission de parcourir (3).

» Les naturels ressemblent plus à ceux de l'Australie qu'aux insulaires des îles des Amis.

(1) Voyage de *Marchand*, t. V. — (2) *Forster* : Voyage II, p. 212. — (3) *Cook*, second Voyage, liv. III, ch. IV-VI. *Forster*, II, 262.

» Les hommes ont le teint d'un noir qui tire sur le brun ; ils sont d'une taille moyenne, mais musculeux et vigoureux ; leur barbe forte, noire et bouclée ; leur chevelure noire, épaisse et arrangée à la *porc-épic ;* les traits du visage prononcés et ouverts ; tout enfin leur donne un air mâle et guerrier. La singularité de leurs ornements, le petit bâton qui traverse le bout du nez, le *pagne* qui couvre à la vérité les parties honteuses, mais de manière à les faire remarquer davantage, enfin l'usage d'un fard grossier, tiré des terres ocreuses et calcaires, indiquent clairement la parenté de ces insulaires avec ceux de la Nouvelle-Calédonie, de la Nouvelle-Guinée et de l'archipel Salomon. D'un autre côté, les arts de ces insulaires paraissent avoir eu une origine commune avec ceux répandus chez les Polynésiens. Leurs arcs faits du plus beau bois élastique, leurs frondes, leurs massues, leurs dards, avec lesquels ils percent une planche de bois de quatre pouces d'épaisseur, rappellent souvent les armes usitées aux îles des Amis. La langue de Tanna et celle d'Erromango diffèrent entre elles ; l'une et l'autre n'ont guère de ressemblance avec la langue générale de la Polynésie (1).

» Les femmes des Nouvelles-Hébrides, réduites à l'état d'esclavage, perdent bientôt le peu d'attraits que la nature daigne leur accorder. Elles sont faibles et petites. Plusieurs jeunes filles, dit Forster, avaient des traits fort agréables, et un sourire qui devint plus touchant à mesure que leur frayeur se dissipa. Elles avaient les formes sveltes, les bras d'une délicatesse particulière, le sein rond et plein, et elles n'étaient couvertes que jusqu'aux genoux. Leurs cheveux bouclés flottaient sur leur tête ou étaient retenus par une tresse, et la feuille de banane verte qu'elles y portaient ordinairement, montrait avec un certain avantage leur couleur noire. Elles repoussaient avec pudeur les instances des matelots. »

Les îles *Annatom*, *Saint-Barthélemy*, *Erronan*, *Hinchinbrook*, *Immer*, *Montaguë*, *Pain-de-Sucre*, *Pic-d'Etoile*, *Shepherd* et *Three-Hills* n'offrent rien de remarquable. *Erromango* est importante par son étendue : elle a environ 32 lieues de circonférence. Les

(1) *Forster*, Voyage, II, p. 225.

habitants, noirs et bien faits, sont actifs et intelligents; ils se livrent, dit-on, avec succès, à l'agriculture; les plantations sont entourées de haies, et les maisons couvertes en chaume. Cependant les voyageurs les plus récents les représentent comme de féroces anthropophages, vivant dans un état de guerre continuel, non seulement entre eux, mais avec les habitants des îles voisines. Erromango abonde en forêts de bois de santal : aussi les Anglais et les Anglo-Américains y ont-ils formé dans ces derniers temps des établissements temporaires pour la coupe de ce bois précieux.

« Cook a encore découvert l'île *Sandwich*, qui a environ 10 lieues de tour, et qui lui présentait le même aspect de fertilité que les précédentes. De fraîches teintes de verdure paraient ses bosquets entremêlés de beaucoup de cocotiers : les montagnes s'élevaient fort avant dans l'intérieur des terres, et il y avait à leurs pieds plusieurs cantons plus bas, couverts de bois et entremêlés de champs cultivés qui offrent précisément la couleur de nos guérets. L'île fut jugée très propre à un établissement. »

L'île *Api* ou *Apée*, et l'île ***Paoum*** ou ***Paoom***, ne furent pas examinées en détail; mais on sait aujourd'hui que la première a une vingtaine de lieues de tour, qu'elle est couverte de montagnes et de forêts, que la seconde n'est qu'un rocher volcanique stérile d'une grande élévation, et que, vue dans une certaine direction, elle présente l'aspect de deux îles. *Ambrim* se fait remarquer par un volcan qui lance impétueusement des colonnes d'une fumée blanchâtre. Elle paraît fertile et cultivée (¹). L'île *Banks* est importante par son étendue.

« Dans l'île *Pentecôte* on vit beaucoup de plantations, beaucoup de feux. L'île *Aurore*, plus majestueuse, est ornée de forêts pittoresques où jaillissent des cascades. L'odieux nom d'*île des Lépreux*, donné par Bougainville à une petite île voisine, n'est fondé sur aucune circonstance particulière : une sorte de lèpre blanche est répandue dans toute l'Océanie.

» Les deux grandes îles de *Mallicolo* et du *Saint-Esprit* constituent une chaîne particulière et plus occidentale que celle que nous venons de suivre.

» *Mallicolo* fut indiquée à Quiros par les indigènes, qui la désignèrent comme une grande terre, quoiqu'elle n'ait que 18 lieues de long. Les Espagnols crurent entendre prononcer le nom ***Manicola***. Bien arrosée et bien boisée, cette île paraît posséder un sol fertile. Les cochons et les volailles étaient les seuls animaux domestiques : Cook y avait ajouté des chiens.

» On pourrait presque regarder les habitants de *Mallicolo* comme une espèce de singes; ils sont très hideux, et diffèrent beaucoup des autres nations de cette partie du monde. Ces hommes sont d'une couleur bronzée; en général, leur hauteur n'excède pas cinq pieds quatre pouces; leurs membres manquaient souvent de proportion; ils avaient les jambes et les bras longs et grêles, la tête longue, le visage aplati et la mine des singes; ajoutez à ces traits un large nez plat, les os des joues proéminents, et l'os frontal très étroit et comprimé en arrière, comme chez les animaux. Leurs cheveux sont crépus, sans être aussi laineux que ceux d'un nègre de l'Afrique (¹).

» Cette peuplade ressemble singulièrement aux sauvages demi-singes que Flinders observa dans la Nouvelle-Galles, aux environs de la baie des Verreries. Leur dialecte offre ces sifflements, ces battements de langue, ces combinaisons bizarres de consonnes qui, dans les idiomes d'Afrique, bravent les organes européens (²). Ils prononcent facilement les mots russes et allemands. Dans leur costume on remarque la ceinture qui, très serrée, leur donne l'air de grosses fourmis. Ce *pagne*, indécemment pudique, les fait ressembler au dieu des jardins. Ils ont des flèches empoisonnées, dont la blessure donne une mort prompte. La faiblesse a toujours recours à la perfidie.

» La *Terre du Saint-Esprit*, la plus grande et la plus occidentale de tout l'archipel, a 22 lieues de long sur une largeur de 12 lieues, et plus de 60 de circuit. Les côtes, surtout celles à l'occident, sont d'une hauteur extraordinaire, et forment une chaîne suivie de montagnes qui, en quelques endroits, s'élè-

(¹) *Cook*, deuxième Voyage, III, p. 241. *Forster*, Voyage, II, p. 180.

(¹) *Forster* : Observations, p. 240. — Voyage, II, p. 182. — (²) *Idem*, Voyage, II, p. 166-170.

vent directement des bords de la mer. Mais, en général, l'île est bordée de belles collines bien boisées, de vallées ouvertes et de diverses plantations. Les îles qui gisent le long des côtes méridionales et orientales doivent vraisemblablement former des baies et des ports aussi bien abrités que la grande baie de *Saint-Jacques et Saint-Philippe*, qui se trouve à l'est; c'est là qu'ont mouillé Quiros et Cook, dans le port de *Vera-Cruz*, non loin de la rivière *Jourdain*. Le pieux navigateur espagnol voulut y fonder la ville de la *Nouvelle-Jérusalem*; mais avant qu'il eût pu en élever la première cabane, une discussion sanglante avec les indigènes et le manque de vivres l'obligèrent à s'en retourner en Amérique [1].

» Les habitants, plus forts et mieux faits que ceux de Mallicolo, étaient de couleur noire, et leurs cheveux paraissaient lainés, ou du moins très bouclés. Ils prononçaient quelques mots de la langue des îles des Amis et de la Société. Quiros y vit des hommes de diverses couleurs; les uns avaient le teint de mulâtre, les autres étaient noirs; il y en avait de blancs avec des cheveux roux. Ces derniers étaient probablement des habitants de l'île d'Erromango [2]. *Forster* déplore avec raison la précipitation avec laquelle on fit la reconnaissance de cette contrée. Un événement malheureux y contribua. On avait pris, en partant de Mallicolo, un poisson qui parut être un *sparus erythrinus*; tous ceux qui en mangèrent furent attaqués de tranchées, de douleurs aiguës, de vertiges; leurs corps se couvraient de boutons; ils éprouvaient une langueur mortelle. Cependant il n'y eut qu'un chien et un cochon qui en moururent. Il est à remarquer que l'Espagnol *Quiros* essuya le même accident.

» Observons toutefois que ce navigateur, dans sa relation, écrite avec beaucoup de candeur, ne vante que la végétation riche et variée, les belles forêts, débarrassées de plantes sarmenteuses, les eaux fraîches et salubres [3]. Si, dans cinquante mémoires présentés à la cour d'Espagne, il faisait figurer des *mines d'argent*, n'était-ce pas un innocent artifice pour intéresser à ses nobles profits les esprits grossiers des hommes puissants?

» Il resterait encore à retrouver plusieurs îles que Quiros découvrit avant d'arriver à la Terre du Saint Esprit : telles sont entre autres *Tikopia*, *San-Marcos*, *Vergel* et autres qui répondraient assez bien aux îles *Barwel*, *Pandore* et *Cherry*, et au groupe des *îles de Banks*, trouvées par le capitaine Edwards au nord-est de la Terre du Saint-Esprit [1]. »

Tikopia ou *Tucopia*, la même que *Barwel*, est une île élevée, montueuse, bien boisée, qui n'a guère que 3 lieues de circonférence et 4 ou 500 habitants. Sur la côte sud-est se trouve *Deroto*, étang d'eau saumâtre peuplé de canards sauvages. Les habitants obéissent à quatre chefs, et leur paient un tribut pour leur pêche. Chacun de ces chefs habite un des villages *Mapsanga*, *Arniera*, *Lan ha-Teatou* et *Rarou-Niou*. L'un de ces chefs supérieurs aux autres remplit les fonctions de magistrat suprême ou de roi. Les Tikopiens sont gais, doux et pleins de bonne foi. Ils n'ont jamais de guerre entre eux [2]. Leur tatouage consiste en plusieurs lignes tracées sur la poitrine et quelquefois sur le dos. Ils portent des anneaux d'écaille de tortue aux oreilles et dans la cloison du nez. Le nombre des femmes dépasse celui des hommes : aussi la polygamie y est-elle permise. Quand on demande à ces peuples s'ils croient à une autre vie pendant laquelle les méchants seront tourmentés, ils répondent qu'ils vont tous au ciel après leur mort, parce que parmi eux il n'y a point de méchants. Leur nourriture consiste en fruits, racines, poissons et coquillages. Ils ont le respect le plus profond pour la murène, qui est regardée comme un des principaux dieux de l'île. Quiros découvrit Tikopia en 1606. Le capitaine anglais Dillon la visita en 1813, et y abandonna un matelot prussien; lorsqu'il y retourna en 1827, il vit une épée française au côté du Prussien, qui lui dit que plusieurs insulaires étaient en possession de sabres, de chaudières en fonte et de cuillers en argent, de fabrication française. L'existence de ces objets fut pour le capitaine Dillon un indice

(1) Relation de *Quiros*, écrite par lui-même, dans le *Viagero universal*, t. XVII, p. 197. — (2) Comp. *Forster*, Voyage, II, p. 201. — (3) *Quiros*, dans le *Viagero universal*, XXVII, p. 203.

(1) *Burney* : Histoire des Découvertes, t. II, p. 326 (en anglais). — (2) Voyage aux îles de la mer du Sud en 1827 et 1828, et Relation de la découverte du sort de La Pérouse, par le capitaine Peter Dillon. Paris, 1830. — Tome II, p. 45.

certain que le naufrage de l'infortuné La Pérouse avait eu lieu dans quelque archipel voisin.

« L'île *Mitre* n'est qu'un rocher d'un mille d'étendue de 4 à 500 pieds d'élévation, escarpé et médiocrement boisé. Il est composé de deux mondrains égaux, qui de loin paraissent séparés. On voit dans la partie septentrionale un rocher cylindrique, percé par le milieu, et élevé de 200 pieds. On n'y a point observé d'habitants. L'île *Cherry* n'a rien qui la caractérise.

» La description de l'*île de Pitt*, très haute et boisée, que le capitaine Edward découvrit en 1791, convient à celle du *Portail de Belen*. En descendant au sud jusqu'au 14e degré et demi de latitude, Quiros découvrit une île élevée, qu'il nomma *Nuestra-Señora da Luz*; et immédiatement après il vit au sud, au sud-est et à l'ouest, plusieurs terres hautes et étendues; dans une d'elles, il découvrit la baie de Saint-Philippe et de Saint-Jacques [1]. Il est impossible ne ne pas reconnaître ici la position où se trouvera tout navigateur qui, après avoir passé le *Pic de l'Étoile*, entrera dans le canal qu'environnent d'un côté la Terre du Saint-Esprit et Mallicolo, de l'autre les îles Aurore et Pentecôte. Une autre relation qui ne dit rien de l'île *Nuestra-Señora* ou *Pic de l'Etoile*, donne en revanche la preuve expresse que les Grandes-Cyclades de Bougainville avaient été vues et nommées par ce navigateur; car il trouva, à 17 degrés de latitude et seulement à 7 lieues de la Terre du Saint-Esprit, deux îles, savoir *Cordoba* et *Clementina*, qui paraissent identiques avec celles d'Aurore et de Pentecôte. [2] Enfin l'île *Belen* et celle dite le *Pilier de Saragosse*, vers lesquelles le vent du nord-est poussa la flotte sortie de la baie de Saint-Philippe, doivent appartenir à une chaîne qui lierait l'archipel du Saint-Esprit aux îles Salomon. »

Nous voilà parvenus à une région dont la découverte a beaucoup exercé la patience des marins et la sagacité des critiques; nous voulons parler de l'*archipel de Santa-Cruz* et des *îles de Salomon*.

« Le navigateur espagnol *Mendana*, envoyé à la découverte de la Terre australe, découvrit en 1568 une suite d'îles qu'il nomma *Islas da Salomon;* il les plaça entre 5 et 9 degrés de latitude sud; mais ses observations de longitude furent si vagues et si inexactes, que lui-même ni aucun autre navigateur ne purent de long-temps retrouver ces terres. Il paraît avoir cru, selon son estimation, se trouver à 1450 lieues marines de Lima; mais les Espagnols voulurent cacher cette découverte, crainte d'exciter les autres nations à s'établir dans ces terres, et les auteurs, par ordre ou par ignorance, placèrent ces îles tantôt à 800, tantôt à 1500 lieues à l'ouest du Pérou [1].

» Dans un second voyage, Mendana, ayant en vain cherché les îles Salomon, découvrit l'île de *Santa-Cruz* et quelques autres. C'est l'île *Egmont* et les autres îles de la Reine-Charlotte, retrouvées par le capitaine Carteret.

« D'Entrecasteaux, Labillardière et plusieurs autres voyageurs récents nous ont donné une très bonne description de l'île *Andany* ou *Nitendy*, que les Espagnols appellent *Santa-Cruz*, et les Anglais *Egmont's Island*. La *baie Trévanion* est le port le plus remarquable de cette île. Les montagnes, peu élevées, paraissent calcaires. Les habitants sont d'une couleur olivâtre, et leur physionomie a beaucoup de rapport avec celle des Moluquois: seulement on en remarque quelques uns qui ont la peau noire, et qui paraissent être d'une race bien différente: ceux-là ont aussi les lèvres grosses, le nez large et aplati, mais tous ont les cheveux crépus et le front très large [2]. Ils s'épilent par tout le corps, et ils aiment à porter des cheveux blonds qu'ils parviennent, à ce qu'il paraît, à rendre tels par le moyen de la chaux, comme aux îles des Amis. Cette couleur contraste singulièrement avec le noir de leur peau, rendu plus foncé par le tatouage. Les Espagnols tentèrent en 1595 de former une colonie dans ces terres.

» L'établissement espagnol n'eut pas de succès; la veuve de Mendana ramena aux Philippines les débris de la colonie échappés aux maladies et aux attaques des indigènes.

» Carteret descendit sur l'île de la *Santa-*

[1] Relation de *Quiros*, selon *Figuerra*, dans *Dalrymple*, I, p. 131. — [2] *Quiros*, dans le *Viagero universal*, XXVII, 190.

[1] *Dalrymple*: Historical collection, t. I, p. 43 sqq. *Fleurieu*: Découvertes au sud-est de la Nouvelle-Guinée. — [2] *Labillardière*, t. II, p. 255.

Cruz, où il eut à soutenir un combat sanglant contre les habitants. Les Anglais avaient été reçus et régalés dans une maison d'assemblée semblable, pour la forme et l'ameublement, à celles de Taïti [1]. Les naturels étaient d'un teint noir peu foncé; l'un d'eux, qui fut fait prisonnier, avait les cheveux laineux, mais les traits réguliers. Vigoureux et brave, ce peuple défendit avec opiniâtreté son île, qui est fertile, bien boisée, et bordée de gros villages. Carteret reconnait la priorité de la découverte des Espagnols, et cependant il prétend donner à ce groupe le nom d'*Ile de la Reine-Charlotte;* même l'île *Swalow*, qui n'a pas été retrouvée dans la position indiquée par le navigateur anglais, pourrait bien être celle de *San-Francisco*, vue par Mendana; du moins la latitude et les traits physiques correspondent [2]. »

Nous devons citer ici quelques îles peu connues. *Tinnacoraw* ou *Volcan*, dépourvue d'arbres, mais agréablement tapissée de verdure, est remarquable par une montagne ignivome semblable à un cône régulier, échancré au sommet, haut de 400 toises, sur une base de 600 toises de diamètre. [3] *Toboua* ou *Toupoua*, qu'on avait crue divisée par la mer, et qu'on désignait sous les noms d'*Ourry* ou *Oury*, et d'*Edgecombe* ou *Edgècumbe,* est peu étendue, mais couverte de montagnes; *Taumako* ou *Taumago* a environ 9 lieues de circonférence; Quiros, qui la découvrit en 1606, y obtint des habitants toutes sortes de rafraîchissements. Elle abonde en bananiers, en cocotiers et en palmiers. Sa population passe pour être considérable. On a cru qu'elle devait être la même que *Kennedy* ou *Mattoucty*, découverte par les Anglais en 1801, mais nous pensons que c'est à tort: d'après leur latitude, elles doivent être à 40 ou 50 lieues l'une de l'autre. On dit que les habitants de cette dernière sont cruels et féroces. *Warouka*, *Natiou*, *Mantji* et *Tchikaina*, sont peu considérables. Le groupe de *Filoli* est composé de huit îlots, dont les habitants appartiennent à la race malaisienne; celui de *Duff* en comprend douze, peuplés d'habitants cruels et féroces.

(1) Voyage de Carteret, chap. IV et V.— (2) *Viagero univ.*, p. 62. Comp. Découvertes des Français au sud-est de la Nouvelle-Guinée, en 1768 et 1769, *Fleurieu*, p. 233. — (3) M. *Dumont d'Urville :* Voyage de la corvette *l'Astrolabe*, IV, p. 538.

Ce qui répand un grand intérêt sur l'archipel de Santa-Cruz, c'est qu'il comprend le groupe d'îlots sur les récifs duquel périrent en 1788 les deux vaisseaux de La Pérouse. La certitude en a été acquise par le capitaine anglais Dillon et par M. Dumont d'Urville. En mémoire du célèbre navigateur français, le savant marin M. Jules de Blosseville a proposé de désigner à l'avenir des îles de Santa-Cruz sous le nom d'archipel de La Pérouse [1]. Quelle nation civilisée refuserait cet hommage à l'infortuné navigateur que ses voyages et ses malheurs ont illustré! M. Dillon ne s'est-il pas empressé de donner à ce groupe le nom de La Pérouse?

Le groupe dont il s'agit est celui de *Vanikoro* ou *Vanikolo,* nom indigène de quatre îlots devenus à jamais célèbres. Le capitaine Dumont d'Urville, qui jeta l'ancre le 21 février 1828 entre les récifs qui les entourent, prit tous les renseignements possibles près des vieillards de la principale de ces îles. Les divers renseignements s'accordèrent sur ce point que pendant une nuit fort obscure les deux bâtiments de la Pérouse furent jetés par un coup de vent au milieu des récifs de la côte méridionale de Vanikoro; que le premier navire ne tarda pas à être abîmé dans les flots, mais que le second resta long-temps sur la plage; que tous ceux qui montaient ces deux navires mirent pied à terre, et qu'ils construisirent avec les débris de celui qui n'avait pas coulé un petit bâtiment qu'ils terminèrent après un travail dont la durée fut de six ou sept lunes, et que montés sur ce bâtiment ils abandonnèrent l'île. Le vieillard qui fournit ces renseignements indiqua la place où le premier navire s'était abîmé: on aperçut en effet au fond de l'eau, à quelques brasses de profondeur, des ancres, des canons, des boulets, des saumons et une immense quantité de plaques de plomb. L'équipage de l'*Astrolabe* parvint même à retirer une ancre, un canon en fonte, deux pierriers en cuivre et divers autres objets. Dès que M. Dumont d'Urville eut acquis la certitude que c'était bien là le lieu du naufrage de La Pérouse, il s'empressa d'élever au milieu d'un récif, à la mémoire de son illustre compatriote, un modeste monument auquel tous les hommes de

(1) M. *Ad. Balbi* a adopté ce nom dans son Abrégé de Géographie.

son équipage se firent un devoir de travailler [1]. D'après la position que lui assigne M. d'Urville, Vanikoro, la plus grande du groupe, n'est autre chose que l'île de *la Recherche* de d'Entrecasteaux. Ainsi, lorsque ce capitaine, envoyé à la recherche de nos vaisseaux, découvrit cette île en 1793, c'était environ quatre ans après le naufrage de La Pérouse, il était loin de se douter qu'en mettant pied à terre sur ce rivage insalubre, il devait atteindre le but de sa mission.

Cette île hérissée de pitons, dont les plus élevés peuvent avoir 2,850 pieds, ne paraît avoir que de très petites plaines. Il n'y a point de rivière considérable. Les cours d'eau qui l'arrosent paraissent dus aux pluies qui tombent fréquemment. Les productions les plus importantes sont le tarro (*arum esculentum*), encore est-il de mauvaise qualité, le cocotier, l'*inocarpus*, dont le fruit a le goût du marron, l'arbre à pain et diverses variétés de bananiers. La population de Vanikoro peut s'elever à 1,500 idividus [2] répandus dans quelques villages qu'on remarque sur les bords de la mer. Les cases sont carrées ou ovales, et faites de feuilles de *vacoua*. Le foyer se trouve au milieu, et la fumée sort par la porte, qui est l'unique ouverture de ces modestes habitations.

Lorsque les habitants de Vanikoro sont en toilette, ils retroussent leurs cheveux et les enveloppent d'un morceau de toile qui tombe par derrière en forme de sac arrondi et pointu. A cette espèce de bonnet ils attachent des fleurs et des feuilles vertes. Les fragments de coquilles ou les morceaux de bois qu'ils passent dans la cloison du nez et les anneaux dont ils chargent leurs oreilles et quelquefois leurs narines, leur donnent un aspect extraordinaire. Ils font un grand usage du bétel ainsi que de l'arek. Le kava paraît leur être inconnu [1]. Leur nourriture ordinaire consiste en poissons, coquillages, tortues, cocos, tarros, bananes, et en une espèce de patate douce. Tout annonce qu'ils ont des dieux et une religion [2]; leurs paroles ne laissent aucun doute à cet égard. Leur langage paraît différer essentiellement de celui des Polynésiens; il offre des sons plus composés qui ne sont cependant pas très durs à l'oreille et ne présentent point de difficultés remarquables aux Européens pour la prononciation. De leur côté ces habitants répètent avec assez de facilité les mots de la langue française. Ils vont ordinairement nus et n'ont d'autre vêtement qu'une ceinture à laquelle est attaché un morceau de toile qui leur tombe sur les cuisses. Les femmes portent un semblable costume, mais le morceau de toile descend jusqu'aux genoux.

M. Dumont d'Urville a donné le nom de *Tevaï*, d'un des villages qu'elle renferme, à à la seconde île Vanikoro; les deux autres, plus petites, sont *Manevaï* et *Nanounha*.

L'archipel de Salomon, que Mendana ne put retrouver après l'avoir découvert, correspond en partie aux *Terres Arsacides* du navigateur français Surville, et à la *Nouvelle-Géorgie* de l'Anglais Shortland. Ces îles sont en général assez bien peuplées. Les habitants, au nombre de 100,000, paraissent être de deux races; les uns ont les cheveux laineux, mais le nez moins épaté, et les lèvres moins épaisses que les nègres; les autres, de couleur cuivrée, ont les cheveux longs, qu'ils coupent en rond autour de la tête.

« Lors de la découverte de leurs îles, les habitants montrèrent un caractère perfide et sanguinaire, ce qui les fit comparer aux fameux assassins, faussement appelés Arsacides, de la Perse ou de la Syrie. Ils se poudraient avec de la chaux; ils portaient des bracelets de coquillages et des ceintures de dents d'hommes; de leur nez percé pendaient des bouquets de fleurs; leurs pirogues légères étaient enduites de mastic. Surville observa plusieurs tribus qui ne parlaient pas la même langue. Le gouvernement paraît despotique à l'extrême; les pêcheurs et les cultivateurs sont obligés d'offrir au roi tous les produits de leur travail; il retient ce que bon lui semble.

(1) Il consiste en une sorte d'obélisque en bois, au milieu duquel fut placée une plaque de plomb portant l'inscription suivante :

A LA MÉMOIRE
DE LA PÉROUSE
ET DE SES COMPAGNONS,
L'ASTROLABE
14 MARS 1828.

(2) M. *Dumont d'Urville* : Voyage de la corvette l'*Astrolabe*, p. 213.

(1) M. *Dumont d'Urville*, V, p. 215. — (2) *Idem*, *ibid*.

Si un sujet marche dans l'ombre du roi, il est puni de mort. Les sculptures qui ornent leurs bateaux de guerre sont des chefs-d'œuvre d'élégance. Ils en ont de 50 à 60 pieds de long. On ne doit pas mépriser leurs armes, surtout leurs arcs très élastiques [1].

» *Bougainville*, poursuivi par la famine, observa parmi les habitants de la baie de Choiseul des traces manifestes d'anthropophagie [2].

» Mendana nomma *Isabella* la plus grande île, qui s'étendait du sud-est au nord-ouest. *Guadalcanar* est une île longue, située au sud de la première, et derrière quelques petites îles, parmi lesquelles *Sesarga* renferme un volcan. La terre la plus méridionale qu'on trouva fut nommée *île Christoval*. Tout cet archipel était peuplé par des nègres armés de flèches et de lances; ils se teignaient les cheveux en roux, et mangeaient avec délices la chair humaine [3]. Rien ne prouve que Mendana ait trouvé des indices de métaux précieux. Le nom de *Salomon* ne fut mis en avant que pour tenter l'avarice du gouvernement espagnol. »

En résumant les notions isolées recueillies par ces navigateurs, l'archipel de Salomon se compose des îles suivantes, en allant du sud au nord : *San-Christoval*, qui a près d'elle *Santa-Anna* et *Santa-Catalina*, de Mendana, et *Sesarga*, remarquable par son volcan ; c'est l'*île des Contrariétés*, de Surville; *Guadalcanar*, remarquable par son pic, dont l'élévation a été comparée à celle du pic de Ténériffe ; elle est séparée par un détroit de *Santa-Isabella*, la plus grande de tout l'archipel. Un capitaine Bouguis a assuré à M. de Rienzi que ses montagnes sont très élevées, surtout le pic de *Sawirk;* qu'il y a des fossiles de grands quadrupèdes, et que quelques peuplades sont anthropophages. C'est là que se trouve le *Port-Praslin* [4]. Devant ces deux îles, celles de *Carteret* et de *Simpson* doivent correspondre à celles de *Buenavista* et de *Florida*, de Mendana; au sud d'elles se trouvent, selon le navigateur espagnol, *San-Dimas*, *San-German*, *Guadelupe* et *Sesarga*. La grande île d'Isabella est séparée par un long détroit, sans nom, des îles vues par Shortland, et qui forment une chaîne plus occidentale. Celle du *cap Marsh* a peu d'étendue; mais celle que Shortland crut entendre appeler *Simbou* par les indigènes, paraît considérable : c'est probablement la *Malayta* de Mendana. Elle a au nord l'île *Choiseul*, dont les habitants paraissent en partie anthropophages. C'est là qu'est la baie du même nom. Après le détroit de Bougainville viennent les *îles de la Trésorerie*, celle de *Bougainville* et celle de *Bouka*.

D'après *Labillardière*, naturaliste de l'expédition de d'Entrecasteaux, les îles Salomon sont entourées de récifs et de bancs de corail formés par des polypes, comme ceux de la Calédonie, ce qui en rend la navigation très dangereuse : elles présentent un aspect fertile et un coup d'œil enchanteur. Tout le sol y est ombragé par des arbres jusqu'aux sommités les plus élevées.

» L'île de *Bouka* est très peuplée. Les habitants sont d'une taille moyenne et d'un noir peu foncé ; ils vont entièrement nus ; leurs muscles très prononcés annoncent une grande force ; leur figure est laide, mais expressive ; ils ont la tête fort grosse, le front large, de même que toute la face, qui est très aplatie, particulièrement au-dessous du nez, le menton épais, les joues un peu saillantes, le nez épaté, la bouche fort large et les lèvres assez minces. Ils épilent toutes les parties de leur corps. Ils mettent beaucoup d'industrie dans la fabrication de leurs arcs ; la flèche est armée d'un dard de la raie pastenague. Ils se servent de ces armes avec beaucoup d'adresse. Leurs pirogues sont sculptées et d'une forme élégante. Dans l'île des Contrariétés on prononça quelques mots de la langue malaie ou polynésienne.

» Les îles de Salomon paraissent très fertiles. Parmi leurs productions végétales, les anciens voyageurs nomment le *giroflier* et le *cafier*, le *gingembre*, une espèce de *citronnier* et beaucoup d'arbres résineux ou qui donnaient une gomme odorante et aromatique; l'arbre à pain et le palmier-éventail y abondent. On a vu beaucoup de volailles ; le chien et le cochon y paraissent connus ; les forêts, peuplées de magnifiques perroquets, nourrissent des serpents, des crapauds munis d'une

(1) *Fleurieu :* Découvertes des Français, p. 136, 145, etc.—(2) *Bougainville :* Voyage autour du monde, p. 269. — (3) *Figuerra*, dans le Viagero univ., vol. XXVII, n° 273. —(4) M. *de Rienzi :* Description de l'Océanie.

crête sur le dos, des araignées très longues et de grosses fourmis (¹). Un peu d'or et quelques perles que trouva Mendana paraissent avoir donné lieu aux idées extravagantes que plusieurs écrivains espagnols se sont formées des trésors de ce nouvel Ophir (²).

» Les îles **Hunter**, ou mieux le **groupe de Mortlock**, les îles **Pitt** et **Bellona**, situées au sud-ouest de San-Christoval, composent un petit archipel particulier.

» Au nord-est, les îles Salomon paraissent précédées d'une chaîne d'îlots bas et entourés de récifs, chaîne qui probablement n'est pas reconnue en totalité. Le capitaine Hunter a déterminé les îles *Stewart*, les *bas-fonds de Bradley* et le *groupe de lord Howe*. Le *groupe des neuf îles de Carteret*, le *groupe de Langlan* et l'île *Rennel*, sont bien peuplés. On pense que les bas-fonds de Bradley sont les mêmes que ceux auxquels Mendana imposa le nom de *Baxos de la Candelaria*; peut-être n'en sont-ils qu'une continuation. Cette chaîne d'îles basses se lie probablement au groupe qu'Abel Tasman nomma *Ontong-Java*, et que le navigateur espagnol Maurelle croit avoir retrouvé. Ces terres se montrent comme autant de bosquets de palmiers réunis par des bas-fonds. Le grand Océan est parsemé de semblables groupes dont il sera long-temps difficile de déterminer la position et le nombre exact. Occupons-nous d'objets plus importants.

» Entre les îles Salomon et la Nouvelle-Guinée on rencontre deux archipels importants. Celui de la *Louisiade*, au sud-ouest de la Nouvelle-Guinée, a été découvert par Bougainville, qui visita particulièrement la baie appelée *Cul-de-Sac de l'Orangerie*. Pourquoi cette baie, environnée d'un amphithéâtre de collines charmantes, doit-elle porter un nom burlesque et grossier, justement proscrit de la langue française par Voltaire? D'Entrecasteaux, qui visita ces terres du côté du nord, nomma les îles *Rossel*, *Saint-Aignan*, *d'Entrecasteaux* et *Trobriand*. Toute la Louisiade est une chaîne d'îles entourée d'écueils et de récifs, sur une longueur d'environ 150 lieues et sur une largeur de 50. M. Dumont d'Urville vient d'enrichir la géographie de cette partie de la Mélanésie par des découvertes importantes. « Dans la journée du 28 mai 1840, nous constatâmes, dit-il, qu'il n'existait pas de détroit entre la Nouvelle-Guinée et la Louisiade. C'est un fait important que nous serons les premiers à signaler. Nous traçâmes environ 30 lieues d'étendue de la Nouvelle-Guinée au-delà du cap Rodney, et près de ce cap les terres nous offrirent l'aspect d'un des plus beaux pays du monde. »

Il résulte de cette observation que la Nouvelle-Guinée s'étend de 30 lieues de plus à l'est qu'elle n'a été figurée jusqu'à présent sur les cartes, et que le détroit de 25 lieues de de largeur que l'on plaçait entre la Nouvelle-Guinée et la première île de l'archipel de la Louisiade, est occupé par la prolongation de la Nouvelle-Guinée. Elle paraît très peuplée; les habitants vont nus, et sont d'une couleur noire peu foncée; leurs cheveux laineux sont entourés de touffes de plumes : il y en a cependant d'aussi noirs que les nègres de Mozambique; ils ont, comme eux, la lèvre supérieure qui surpasse de beaucoup l'inférieure; ce sont deux races distinctes.

« Les habitants de la Louisiade n'entendent point le malai; leurs cabanes sont construites comme celles des Papous. Ils portent un bouclier au bras gauche, arme défensive qui n'est pas commune parmi les sauvages de cette partie du monde. Leurs haches sont de *serpentine*. On admira leur habileté à serrer le vent (¹). Ils construisent des filets pour pêcher; ils aiment beaucoup les odeurs, et parfument la plupart des objets dont ils se servent.

» L'odeur parfumée qu'exhalait la côte (²) y fait soupçonner l'existence d'arbres aromatiques, entre autres du laurier-culilaban. On y voit le cocotier, le bananier et le bétel.

» Nous devons faire mention de l'hypothèse de Fleurieu, d'après laquelle les côtes septentrionales de la Louisiade seraient celles que le vaisseau hollandais *le Geelvink* découvrit en 1705, mais dont on n'a jamais appris ni la longitude ni la latitude (³). Ce système est devenu inutile depuis qu'on a connu dans le nord de la Nouvelle-Guinée une grande

(¹) *Labillardière*, I, p. 229. *Surville*, chez *Fleurieu*. — (²) *Burney* : Histoire des Découvertes, p. 283-287.

(¹) *Labillardière*, t. I, p. 275. *Rossel*, *d'Entrecasteaux*. — (²) *Bougainville* : Voyage autour du monde, p. 258. *Labillardière*, t. II, p. 281. — (³) *Desbrosses* : Histoire des Navig. aux Terres Australes, I, p. 411.

baie qui répond à la description de celle que le *Geelvink* parcourut.

» *L'archipel de la Nouvelle-Bretagne*, longtemps confondue avec la Nouvelle-Guinée, en est séparé par le *détroit de Dampier*. Avant que cette séparation ne fût connue, Lemaire et Abel Tasman avaient côtoyé une partie de l'archipel, et notamment la Nouvelle-Irlande : même avant ces navigateurs, les Espagnols, dans leurs premiers voyages à la Nouvelle-Guinée, avaient reconnu une grande île nommée *Dagoa*, et dont la figure, dans la carte de Debry publiée à Francfort en 1596, rappelle celle qu'avant Carteret on donnait à la Nouvelle-Bretagne [1] ; mais ces anciennes découvertes restent enveloppées d'une obscurité profonde. Dampier nous apprit le premier que cette masse de terre était séparée de la Nouvelle-Guinée ; bientôt Carteret, en découvrant le canal de *Saint-George*, détacha de la Nouvelle-Bretagne l'île qu'il nomma *Nouvelle-Irlande*, il reconnut aussi l'île de la *Nouvelle-Hanovre* et les *îles de l'Amirauté*. D'Entrecasteaux rétrécit les contours trop arrondis de ces terres, en examinant surtout les côtes septentrionales de la Nouvelle-Bretagne, où il découvrit les *îles Françaises* et les *îles Willaumez*. L'extrémité orientale de la Nouvelle-Bretagne fut reconnue former une île à part, et l'on eut de fortes raisons pour douter même de la contiguïté de la partie restante [2].

» La nature du sol et le caractère des habitants rappellent les contrées voisines que nous venons de décrire. Dampier, qui séjourna principalement dans une baie de la Nouvelle-Bretagne, appelée *Port-Montaigu*, trouva le pays montagneux et couvert de bois, mais entrecoupé de vallées fertiles et de superbes rivières ; il lui parut très peuplé ; les naturels ressemblaient aux Papous, et conduisaient leurs canots avec une adresse infinie. La principale production paraissait être le cocotier, mais on y trouvait aussi beaucoup de racines, particulièrement du gingembre, plusieurs espèces d'aloès, de rotangs, de bambous [3]. Il y avait une foule d'oiseaux et d'insectes. On crut voir des chiens ou quelque animal qui y ressemblait. La mer et les fleuves fourmillaient de poissons. Dans la principale terre et dans les îles voisines il y a plusieurs volcans. La Nouvelle-Bretagne offrit à d'Entrecasteaux des indices d'une très grande population ; les cabanes des habitants y sont élevées sur des pieux comme celles des Papous [1].

(1) *Dalrymple* : Hist. Coll., I, p. 16. — (2) *Zimmermann* : Australien, I, 328. — (3) *Labillardière*, t. II, p. 285.

» Le capitaine Carteret trouva les naturels de la *Nouvelle-Irlande* très guerriers ; ils portent des lances armées de cailloux pointus ; leur taille ne s'élève guère au-dessus de 5 pieds 2 pouces ; leur visage est barbouillé de blanc, et leurs cheveux couverts d'une poudre de la même couleur : c'est un trait caractéristique de toutes ces nations. Ils sont noirs, leurs cheveux sont longs, laineux et crépus ; mais ils n'ont ni les lèvres épaisses, ni le nez plat des nègres. »

Ils sont nus, et paraissent généreux, hospitaliers et tempérants. Leurs armes consistent en une lance, une fronde et un casse-tête. Ils portent des bracelets de coquillages, des plumets et des colliers ; ils confectionnent avec beaucoup d'adresse des hameçons pour la pêche, et quelques instruments de musique. Quelques uns de leurs canaux ont 90 pieds de long, et sont faits d'un seul arbre.

« *Bougainville* y observa le poivrier ; mais c'est à *Labillardière* que nous devons des notions plus étendues.

» Près du *havre de Carteret*, la Nouvelle-Irlande offre des montagnes escarpées qui présentent sur leurs flancs des débris de corps marins dont elles sont en partie composées. Il y en a dans l'intérieur qui paraissent s'élever à plus de 8,000 pieds au-dessus du niveau de la mer, et elles sont couvertes de grands arbres jusqu'à leur sommet. Le cocotier s'y trouve, et le muscadier sauvage y est très commun. Il y a beaucoup de scorpions, de scolopendres, et une multitude d'oiseaux de diverses espèces, parmi lesquels on distingue un corbeau dont le cri ressemble à l'aboiement d'un chien. On y a vu des serpents. Les cavités des rochers recèlent cette énorme chauve-souris connue sous le nom de *vespertilio vampyrus*. On y trouve l'arbre à pain : le *poivrier-cubèbe* croît à l'ombre des forêts [2]. »

La population de cet archipel s'élève à 65,000 habitants. Ils se font remarquer par

(1) *Dampier* : Voyages, t. V, p. 120. — (2) *Labillardière*, t. I, p. 241.

leur civilisation, leur religion, et la propreté de leurs villages. A l'est du *Port-Praslin* on voit la magnifique *cascade de Bougainville*, formée de cinq gradins élevés les uns au-dessus des autres d'environ 40 pieds. On remarque encore dans la Nouvelle-Irlande les ports *Liki-Liki* et la *baie des Frondeurs*.

« La petite *île des Cocos*, qui se trouve auprès, est entièrement calcaire. Il y croît beaucoup plus de figuiers que de cocos. La *barringtonia speciosa*, le *pandanus*, l'*heritiera*, attirés par l'humidité, étendent leurs superbes branches sur la mer [1]. On y trouve aussi une nouvelle espèce de *palmier-aréca*, qui s'élève à plus de 140 pieds : la tige est extrêmement mince, mais le bois très dur. Il y croît un très grand arbre du genre des *solanum* : les arbres de *teck* et les gommiers sont communs. On voit dans les bas-fonds l'utile sagoyer, ressource précieuse pour une colonie future. Dans la partie occidentale croît l'espèce de muscadier décrite par Rumphius sous le nom de *myristica mas*. »

M. Dumont d'Urville y a observé un grand nombre d'arbres appartenant aux genres *pterocarpus*, *ficus barringtonia*, *terminalis*, *mimosa*, *tectona*, *calophyllum*, *areca*, *caryota*, *corypha*, *cycas*, *piper*, etc., et des fougères très variées.

La cime de cette île offre un plateau considérable où il est facile de circuler à l'abri de très grands végétaux qui s'élèvent dans les airs, et forment un vaste dôme soutenu par des milliers de colonnes déliées [2]. Les indigènes sont pauvres, paraissent stupides et remplis d'indolence ; ils se nourrissent de racines grossières, de coquillages et de fruits de cycas. Ils sont défiants à l'excès et très portés au vol. Les caïmans infestent les côtes de l'île.

« La petite *île du duc d'York*, dans le canal de Saint-George, parut au capitaine Hunter un grand jardin, tant les plantations étaient soignées et rapprochées. Les habitants la nomment *Acamata*. Ils apportaient des fruits qu'ils entassaient en pyramide ; au sommet ils plaçaient de jeunes chiens qui avaient les pattes liées ; ils chantaient des hymnes de paix au son d'une grande conque ; mais la défiance et la férocité de leur caractère percèrent à travers ces démonstrations que leur arrachait la crainte [1].

» Au nord-ouest de l'île de la Nouvelle-Irlande est une autre île assez grande, mais peu connue, nommée la *Nouvelle-Hanovre*. On dit que ses habitants sont remarquables par leur civilisation. Elle est montagneuse et séparée de la première par un canal fermé par des récifs dont l'entrée est encore obstruée par des îlots.

» Parmi les petites îles qui forment une chaîne à l'est de la Nouvelle-Irlande, nous remarquerons celle de *Gerrit-Denis*, ou plutôt de *Gérard de Nys*, qui est très peuplée, et entourée d'un grand nombre de baies. Les habitants ressemblent à ceux de la Grande-Terre ; ils portent un petit bâton fixé à travers le nez [2]. L'île de *Saint-Matthieu* avait été choisie pour un établissement portugais qui est aujourd'hui abandonné.

» En se dirigeant à l'ouest vers la Nouvelle-Guinée, on rencontre une suite de petits groupes, entre autres les îles *Portland*, les îles de l'*Amirauté*, les îles *Françaises*, les îles des *Ermites* et de l'*Échiquier*. Ils présentent tous une île principale qui occupe le centre d'un groupe dont les contours sont formés par un grand nombre d'îlots aplatis, liés par des récifs. Dans le groupe des *îles de l'Amirauté*, les insulaires ont la peau d'un noir peu foncé ; leur physionomie est agréable, et par son ovale régulier elle diffère peu de celle des Européens ; ils ont les formes du corps très belles, si l'on peut se fier aux dessins publiés par les voyageurs. Ils connaissent l'usage du fer. Les chefs paraissent avoir une grande autorité : quelques individus étaient armés de sagaies faites d'un verre volcanique. Ils attachent à l'extrémité de leurs parties naturelles la coquille appelée par Lamarck *ovula oviformis* : le reste du corps est entièrement nu. Les femmes seules ont un vêtement à l'entour de la ceinture. Leurs cheveux sont crépus et de couleur noire ; ils les rougissent quelquefois avec de l'ocre mêlée d'huile. Dans quelques unes de ces îles, le bout des lances était armé d'un morceau de verre volcanique [3]. Le sol est couvert d'arbres, principalement de cocotiers.

(1) *Labillardière*, t. I, p. 233 et *suiv.* — (2) M. *Dumont d'Urville*, IV, p. 502.

(1) *Hunter* : Journal, p. 141. — (2) *Dampier*, V p. 101. — (3) *Labillardière*, t. II, p. 251.

» Le groupe des *Ermites* produit des pommes de cythère et plusieurs fruits de différentes espèces d'*eugenia*, tous bons à manger. Les naturels paraissent plus doux et plus pacifiques que ceux de l'Amirauté, quoiqu'ils semblent plus robustes.

» Une terre plus importante réclame notre attention. La *Nouvelle-Guinée*, et mieux *Papouasie* ou *terre des Papouas*, appelés communément *Papous*, se présente comme l'anneau qui lie les îles Moluques à l'Australie d'un côté, et aux archipels polynésiens de l'autre. Ce pays a pu servir de communication aux habitants, et même aux animaux et végétaux de diverses parties de l'Océanie : il doit participer à la nature de l'Australie et à celle des îles malaisiennes. Malheureusement nous ne connaissons que peu de chose au-delà de l'enceinte de ces rivages.

» La partie occidentale est la mieux examinée, et l'on pense qu'il n'y a plus lieu à y supposer un détroit qui couperait cette terre en deux. Mais toute la côte méridionale, surtout depuis le *cap Walsh* jusqu'au *cap Rodney*, n'est connue que partiellement ou d'après des cartes anciennes et peu sûres.

» Le golfe *Mac-Cluer*, pénétrant à l'ouest, forme une péninsule circulaire où sont situés le *cap de Bonne-Espérance* et le *havre Dory*. La grande baie *Geelwink*, en pénétrant du nord au sud sur une profondeur de 70 lieues, produit un nouvel isthme et une nouvelle péninsule. Devant ce golfe sont situées les îles *Schouten*, *Djobie* ou *Jobie*, et autres ; on les avait long-temps prises pour des côtes de la Grande-Terre. Le reste de la partie septentrionale, découvert par les Espagnols Menezes et Saavedra, visité par Lemaire, Schouten et Tasman, par Dampier, Cartefet et Bougainville, semble offrir une côte non interrompue, précédée par une longue chaîne d'îles. Cependant il y a dans la reconnaissance des lacunes considérables (¹). Depuis le *cap du roi Guillaume* jusqu'au *cap Sud-Est*, la côte orientale a été vue par d'Entrecasteaux, mais vue de loin. Le *cap Rodney*, découvert par Edwards, est dans la partie méridionale de l'île.

» Enfin le grand golfe entre le *cap Walsh* et les îles Arrow ou Arrou est tracé de plusieurs manières contradictoires. C'est au fond de ce golfe que les cartes hollandaises placent la rivière des *Assassins* et celle qu'elles nomment *Keerveer*, c'est-à-dire *Retourne*.

» La Nouvelle-Guinée s'étend sans interruption depuis le *cap Blanc*, autrement nommé *cap de Bonne-Espérance* ou *cap Rodney*; sa longueur paraît être entre 400 et 500 lieues, sa largeur varie de 5 à 130 l., et sa superficie doit être d'environ 40,000 lieues géographiques carrées.

» Le détroit de Torres, au sud, sépare la Nouvelle-Guinée de l'Australie ; le détroit de Dampier en détache la Nouvelle-Bretagne.

Vers le détroit de Torres règne une bande d'innombrables récifs de polypiers.

» Les côtes de la Nouvelle-Guinée sont généralement élevées : dans l'intérieur, des montagnes semblent entassées sur des montagnes. Il y a des cataractes dont on aperçoit à plusieurs lieues de distance les flots écumeux. Déjà, dans la péninsule occidentale, le mont *Arfak* paraissait dépasser les nuages. Le *mont Benoist*, les *monts Cyclopes*, s'élèvent à une grande hauteur ; la cime imposante du *mont Bougainville* dépasse de beaucoup les montagnes environnantes. Les cartes hollandaises placent au nord-est des îles Arrou une montagne couverte de neige, par conséquent élevée de près de 20,000 pieds. Les montagnes de la côte sont richement garnies de bois. Les rivages sont couverts de cocotiers ; tous les navigateurs ont été frappés d'étonnement à la vue d'un si beau pays, digne de posséder des peuples plus industrieux et plus civilisés. Il n'y a cependant pas de rivières, mais seulement des ruisseaux.

» Le capitaine *Forrest*, qui ne visita que le *havre Dory*, trouva beaucoup de muscadiers dans quelques petites îles, et nous avons lieu de croire que la Grande-Terre n'est pas dépourvue des mêmes productions. On exporte en grande quantité une écorce aromatique nommée *massoy* (¹) ; l'arbre qui la donne paraît être un laurier. Les Hollandais y ont trouvé le bois de fer, l'ébène, le canari, le *lingoa* et le muscadier uviforme (²); la mer

(¹) Carte comparée des Découvertes espagnoles et autres, dans *Dalrymple*.

(¹) *Valentyn* : Description d'Amboine, p. 208-289. — (²) *Valentyn* : Description de Banda, 64 et 67. (Relation de l'expédition de M. *Keyts*.)

rejette de gros morceaux d'ambre gris. On trouve de belles perles non loin des côtes. »

Voici la description que donne M. Dumont d'Urville du *havre de Doreï* ou *Dory* et de ses environs : « Le havre de Doreï se trouve im- » médiatement situé au sud du cap *Mamori*, » qui forme la pointe occidentale la plus ex- » térieure de l'entrée de la grande baie du » Geelwink.

» On pénètre dans le havre par un canal » étroit de 3 milles de longueur, formé d'un » bord par la côte de la presqu'île Mamori, de » l'autre par les îles *Manasouari*, *Masmapi*, » et par deux bancs à fleur d'eau. Le havre » lui-même n'a pas plus d'un demi-mille de » profondeur sur 200 toises de largeur, avec » un fond régulier de 12 brasses, sable et » coquilles. Malgré l'exiguïté de ce bassin, » les bâtiments de tout rang peuvent y comp- » ter un mouillage sûr et abrité contre les » vents et la houle du large. Mais comme il se » trouve environné de forêts profondes, et » que le fond offre beaucoup de vase souvent » à sec, à la longue ce séjour serait sans » doute peu salubre pour des Européens, sur- » tout dans les saisons des pluies.

» Tous les environs du havre proprement » dit sont occupés par des forêts à l'état de » nature, situées sur un sol entièrement ma- » dréporique qui s'élève en pente très douce. » Mais les lits des torrents sont semés de nom- » breux cailloux de nature granitique, en- » traînés probablement des stations plus éle- » vées. » Déjà à 100 toises au plus du niveau de la mer, les roches voisines des cabanes des Arfakis sont des masses compactes de granit, à angles émoussés, à faces souvent verticales et aplanies. Tout annonce que la charpente entière des monts Arfak appartient à ce genre de formation considérée comme primordiale par plusieurs géologistes.

« Comme à la Nouvelle-Irlande, les forêts » de la Nouvelle-Guinée sont principalement » composées de *pterocarpus*, *inocarpus*, *mi-* » *mosa*, *croton*, *scævola*, *bruguera*, *sonnera-* » *tia*, *hibiscus*, *pandanus*, *sagus*, *cycas*, etc., » et d'une foule de fougères. Le *tectona* est » aussi fort commun, mais il est à remarquer » que ce bel arbre ne forme ordinairement » dans ces forêts que les voûtes du second » ordre. Celles-ci sont dominées par les tiges des *pterocarpu* et des *mimosa*, qui sem- » blent de loin former une seconde forêt au- » dessus de la première.

» Les terres cultivées ne commencent qu'aux » villages et s'étendent tout le long de la rive » septentrionale du canal. La terre est d'une » nature si riche, qu'il suffirait de la remuer » et d'arracher les mauvaises herbes pour ob- » tenir les plus abondantes récoltes. Mais les » Papous sont aussi paresseux que peu intel- » ligents en fait de culture, et les plantes » alimentaires sont le plus souvent étouffées » par le mélange des plantes parasites. Les » plantations d'*arum* seules m'ont paru un » peu plus soignées [1]. »

Il n'est pas rare de trouver dans les forêts de la Nouvelle-Guinée des arbres de 250 pieds d'élévation. M. Quoy vit un arbre déraciné dont la tige avait 47 bons pas depuis les racines jusqu'aux premières branches ; sa grosseur était en proportion. Du sommet de ces arbres énormes pendent quelquefois des rameaux déliés qui ont la forme de cordes.

« Le cochon fourmille sur les côtes, et le sanglier dans les forêts ; peut-être entend-on par le sanglier le babiroussa des Moluques. On y trouve le kanguroo, et des mammifères carnassiers du genre péramèle.

» L'ornithologie paraît curieuse, et même romantique. La Nouvelle-Guinée est la résidence favorite des superbes et singuliers oiseaux de paradis, dont on compte dix ou douze espèces. Celui qu'on appelle le *roi* ou *grand émeraude*, a deux plumes détachées de la queue, et qui se terminent dans une volute élégante, avec un bouquet. Le *magnifique* porte aussi deux plumes détachées, d'une longueur égale à celle de son corps, très minces, et qui se terminent en aigrette. Trois plumes longues et droites sortent de chaque côté de la tête de *la gorge dorée* ou du *sifilet*. Tous les oiseaux de paradis sont revêtus de couleurs brillantes. On les prend surtout dans les îles voisines d'Arrou. On les tire avec des flèches émoussées, ou bien on les prend avec de la glu ou des lacets. Après les avoir fait sécher au moyen de la fumée et du soufre, ils sont échangés contre des clous ou des morceaux de fer, et portés à Banda. Ce pays nourrit aussi de beaux perroquets et des loris. Le *goura* porte une espèce de couronne, ou plutôt une crête de longues plumes rangées au-dessus de

[1] Voyage de *l'Astrolabe*, t. IV, p. 60.

sa tête. Les pigeons blancs et les ramiers cuivrés vivent de noix muscades.

» La Nouvelle-Guinée est peuplée de plusieurs races d'hommes. Les Biadjous de Bornéo et les Malais des Moluques étendent leurs courses sur toute la côte occidentale; il est naturel que plusieurs d'entre eux s'y fixent. Il y a dans l'intérieur une race d'hommes appelés *Haraforas*, et, selon quelques voyageurs, *Harfours*, qui vivent dans les creux des arbres sur lesquels ils montent au moyen d'un morceau de bois entaillé, qu'ils tirent après eux de crainte de surprise. »

« Les habitants de Doreï, dit M. Dumont » d'Urville, semblent provenir d'origines très » mélangées, et le caractère de leur physio» nomie varie à l'infini. Toutefois j'ai cru dé» couvrir que toutes ces variétés devaient se » rapporter à trois nuances principales, l'une » que je nommerai *Papou*, du nom qu'elle » porte habituellement dans le pays; la se» conde variété se compose de métis tenant » plus ou moins à la race malaie ou polyné» sienne; enfin je désignerai la troisième par » le nom de *Harfour*, qu'elle a reçu depuis » long-temps dans les diverses îles Moluques.

» Les Papous proprement dits, du moins » d'après l'opinion de la plupart des voya» geurs, sont des hommes au corps grêle, à la » taille moyenne, svelte et dégagée, et aux » membres peu fournis. Leur physionomie est » agréable, le tour du visage ovale; les pom» mettes sont légèrement saillantes, les lèvres » assez minces; la bouche est petite, le nez » arrondi et bien dessiné; leur peau douce, » lisse, et d'un brun très foncé sans être » noire. Elle offre peu de barbe et de poil sur » les diverses parties du corps; les cheveux » sont naturellement crépus, mais c'est l'ha» bitude de les friser continuellement qui leur » donne cet air ébouriffé, et charge leur tête » de ces énormes crinières qui frappèrent » vivement les premiers Européens. Cette race » paraît être d'un caractère timide et peu en» treprenant. Elle a fixé sa résidence sur les » bords de la mer, où elle habite de longues » cabanes en bois élevées sur des pieux enfon» cés dans les eaux mêmes de l'Océan.

» Mélangés avec les Papous en nombre un » peu inférieur, vivent des hommes plus pe» tits, trapus et d'une constitution beaucoup » plus vigoureuse. Leur physionomie est toute » différente; leur figure est presque carrée, » aplatie et anguleuse; leurs traits heurtés, » leurs pommettes très saillantes, la bouche » grande et les lèvres épaisses, le nez plus » épaté et souvent pointu. Leur peau, plus » rude, offre toutes les nuances depuis le » brun foncé et luisant des Papous, et la » teinte sale et enfumée des Harfours, jus» qu'au simple basané des Malais. Ces hom» mes ne portent presque jamais leurs che» veux en boucle arrondie et frisée comme » les Papous, mais ils se contentent de les » relever et de les soutenir en chignon au » moyen d'un peigne, ou de les couvrir avec » un mouchoir ou un morceau d'étoffe roulé » en forme de turban.

» Enfin, quoique beaucoup moins nom» breuse, se distingue une troisième variété » d'hommes petits, agiles et vigoureux comme » les précédents. Mais leurs traits sauvages, » leurs yeux hagards, leur teint fuligineux » et leur maigreur habituelle, rappellent à » l'instant le type ordinaire des Australiens, » des Nouveaux-Calédoniens, et, en général, » des Océaniens de la race noire. Ces hom» mes, fidèles aux usages de leur race, » pratiquent le tatouage par cicatrices, » marchent habituellement nus ou couverts » seulement d'une ceinture, et laissent flotter » leurs cheveux à l'aventure, ou se conten» tent de les tortiller en mèches comme dans » les autres îles de l'océan Pacifique (¹). »

« La grande masse d'habitants paraît composée de vrais nègres océaniens. Robustes, d'une grande taille, d'un noir luisant, ils ont la peau âpre au toucher, les yeux grands, la bouche extrêmement fendue, le nez écrasé et les cheveux crépus, mais rudes, d'un noir brillant (²). Les femmes ont les mamelles énormes et pendantes. Les habitations sont construites dans l'eau, sur un échafaudage; elles ressemblent, sous ce rapport, à celles des Bornéens et autres nations îles îles voisines de l'Asie. Les femmes paraissent industrieuses; elles font des nattes et des pots de terre, qu'elles cuisent avec de l'herbe sèche ou des broussailles; elles manient meme la hache, tandis que leurs indolents époux les regardent ou se préparent à la chasse du sanglier (³).

(¹) Tome IV, p. 605. — (²) *Sonnerat*: Voyage, III, p. 399. — (³) *Forrest*: Voyage à la Nouvelle-Guinée, t. I, p. 110-112.

» L'aspect de ces peuples est effrayant et hideux; leur peau est souvent défigurée par des marques semblables à celles de la lèpre. Ils ramassent les cheveux sur leur tête en touffes énormes, qui quelquefois ont trois pieds de tour; les moindres en ont deux et demi; quelquefois ils l'ornent de plumes d'oiseaux de paradis, tandis qu'un grand nombre de défenses de sanglier pendent à leur cou comme un objet de luxe. »

Leur nourriture ordinaire est le sagou; ils ne le préparent point en brique, mais ils l'entassent en masses de douze ou quinze livres. Il faut ajouter à cela quelque peu de poisson, des racines tubéreuses et des cocos. Ils portent quelquefois jusqu'à trois ou quatre bracelets à chacun de leurs bras. Ces bracelets sont faits des diverses monnaies qu'ils obtiennent des navigateurs. Ne connaissant point l'art de fondre et de couler l'argent, ils le ramollissent au feu de forge et le battent ensuite.

Les dogmes religieux des Papous sont très peu connus; cependant les idoles que l'on trouve sur leurs tombeaux, et les effigies qu'ils portent au cou, prouvent évidemment qu'ils ont un culte. Divers morceaux de leurs grossières sculptures rappellent le style égyptien dans son enfance. Les coussinets en bois ornés de têtes de sphinx présentent une analogie parfaite avec ceux que l'on trouve dans les nécropoles de l'Egypte.

« Ils font des tombeaux de roche dure de corail, qu'ils ornent quelquefois de sculptures. Leur principale commerce se fait avec les Chinois, à qui ils achètent leurs instruments et leurs ustensiles, et de grossières toiles de l'Inde qui servent de vêtement aux femmes. Ils donnent en retour du *massoy*, de l'ambre gris, des limaces de mer, des écailles de tortues, de petites perles, des oiseaux de paradis, des loris et autres oiseaux, qu'ils dessèchent avec la plus grande adresse. On exporte aussi quelques esclaves, sans doute des prisonniers de guerre. Armés de hassagaies, d'arcs et de flèches, et même d'épées de cuivre, les habitants des côtes occidentales ont repoussé les détachements hollandais envoyés dans leur pays.. Le capitaine Cook vit près le cap Walsh des sauvages armés d'un tube d'où il sortait de la fumée ou du feu; mais cette explosion ne causait aucun bruit ([1]). On ignore quelle peut être cette espèce d'arme. Le savant navigateur Dampier admire la légèreté des pirogues, ou *proas*, dont ces peuples se servent avec beaucoup d'habileté, et qu'ils savent orner de sculptures élégantes ([2]). »

Les points les plus remarquables de la Nouvelle-Guinée sont les *ports Dory* et de l'*Aiguade*, le golfe de *Mac-Cluer*, le *golfe* ou la *rivière Dourga*, la *baie de Geelwink*, celle de *Humboldt* et celle du *Triton*. C'est dans cette dernière, située sous le 3e parallèle sud, que se trouve le *fort du Bus*, bâti en 1828 par les Hollandais pour défendre la colonie qu'ils viennent d'y établir. On doit remarquer sur le territoire de leur possession la montagne de *Lancentsijsie*, au pied de laquelle est situé le terrain nommé *Merkus*, appartenant aussi à la colonie.

« Quelques petites îles voisines sont mieux connues que la Nouvelle-Guinée. Parmi les *îles Schouten*, quatre avaient des volcans enflammés lorsque les Hollandais y passèrent; elles ne laissent pas d'être fertiles. Leur élévation contraste singulièrement avec les terres basses de la Nouvelle-Guinée qui leur correspondent. Les îles d'*Urville*, *Roissy* et *Vulcain* sont les plus importantes de ce groupe. Les îles *Moa*, *Arimoa* et autres, ont l'aspect d'un jardin de palmiers et de cocotiers. Toutes celles de la côte septentrionale paraissent très peuplées.

» Au nord-ouest, on voit *Waigiou*, ou *Wadjou*, île d'une grandeur considérable, que l'on dit contenir 100,000 habitants. Les terres sont élevées, et il s'y trouve des montagnes très hautes. Au nord sont les ports excellents de *Piapis*, d'*Offak* et de *Chabrol* ([3]). Cette île, nommée par les naturels *Ouarido*, est couverte de très grands arbres. Les habitants ont tout le corps nu, à l'exception des parties honteuses, qu'ils couvrent d'une étoffe grossière. Leurs chefs sont habillés avec des étoffes qu'ils achètent des Chinois; ils portent aussi, comme ces derniers, un chapeau conique de feuilles de palmier, et la plupart d'eux parlent chinois. Ils ont les cheveux crépus, très épais et assez longs; leur peau n'est pas très noire; quelques uns

([1]) *Hawkesbury*, III, 658. — ([2]) *Abel Tasman* en a donné la figure (*Valentyn*, IV). — ([3]) *Forrest:* Voyage, t. I, p. 90. *Dumont d'Urville:* Voyage, t. V.

laissent croître leurs moustaches. Ils se servent de l'arc avec adresse. Ils se nourrissent de cochons, de tortues, de poules, d'oranges pampelmouses, de cocos, de papayes, de courges, de pourpier quadrifide, de canne à sucre, d'ignames, de patates, de citrons, de piment, d'épis de maïs encore verts, qu'ils font griller. Labillardière a trouvé dans cette île le beau *promerops*, oiseau de la Nouvelle-Guinée, le gros kakatoès noir, et une nouvelle espèce de cacao qu'il a décrite sous le nom de cacao de Waigiou (1). Les coqs sauvages et le faisan couronné des Indes sont très communs dans les bois qui environnent l'excellente rade de *Boni-Saini*. »

Au nord-ouest de l'île de Waigiou, s'élève celle de *Rouib*, dont la partie septentrionale est coupée par l'équateur; sa forme est irrégulièrement arrondie, et son plus grand diamètre est de 5 milles du sud au nord. Ses montagnes, dit M. de Freycinet, forment un massif immense, dont les flancs, tantôt couverts de végétation jusqu'aux sommets, tantôts nus et stériles, dominent toutes les petites îles qui l'entourent. Parmi celles-ci nous citerons, à l'ouest, *Balabalak*, au nord les îles *Gaimard* et *Gabert*, et, à l'ouest, l'île *Gaudichaud*.

Au nord de Rouib, on voit l'*archipel Vayag*, composé d'îles et d'îlots. Ces derniers, très petits et au nombre d'une cinquantaine, sont arrondis et terminés en pointe conique; ils entourent des îles contenant des pitons de forme semblable. Quelques unes des îles ont reçu de M. de Freycinet les noms de ses compagnons de voyage, MM. *Laborde*, *Labiche*, *Quoy* et *Pellion*. Un caractère particulier à ces îles, c'est que presque toutes sont minées inférieurement, de manière que chacune d'elles est moins large à sa base qu'à 6 ou 7 pieds au dessus du niveau de l'Océan, de telle sorte qu'elles sont presque inabordables (2).

« *Salwatty*, ou Salvatty, est aussi une île populeuse, gouvernée par un radjah. Les peuples de ces îles ressemblent à ceux de la Nouvelle-Guinée; leur aspect est affreux, et ils sont d'une grande férocité. Ils vivent de poissons, de tortues, de sagou. »

(1) *Labillardière*, t. II, p. 291. — (2) Voyage autour du monde par M. L. de Freycinet, commandant l'expédition de *l'Uranie* et de *la Physicienne*.

L'île *Couronne* est très élevée; elle n'a guère que 4 ou 5 milles de circuit. L'île *Rich*, plus considérable que la précédente, est moins haute; l'île *Longue* paraît plus stérile que les autres terres voisines; sa dénomination est impropre, car elle a une forme arrondie. Son circuit est de 40 milles. L'île *Dampier*, qui selon M. Dumont d'Urville a 800 toises de hauteur, présente un cône aigu au sommet; sa circonférence est de 40 milles. L'île *Vulcain* est un cône immense entouré d'une riante végétation; elle a 12 milles de circuit. Auprès se trouvent les petites îles de *Legoarant* et l'île *Laing*. Les montagnes de l'île *Jobie* ou *Djobie* s'abaissent vers la pointe occidentale près de laquelle se trouvent deux îles nommées les *Deux Frères*; vers la pointe orientale on voit les trois petites îles appelées les *Trois Sœurs*. *Bultis* a 12 milles de long sur 4 de large; l'île *Roissy* est montueuse et couverte d'une belle végétation. Elle est ombragée de cocotiers et de palmiers. L'île *Tastu* a un piton très aigu appelé *mont Amable*. L'île *Guibert*, longue de 4 milles, n'est séparée de l'île *Bertrand* que par un canal d'un demi-mille. L'île *Jacquinot* est plus considérable que l'île *Garnot*, mais moins élevée. Cette dernière est un cône de 7 ou 8 milles de circuit. L'île *Deblois* est petite et beaucoup plus basse que les autres. L'île *d'Urville* présente une anse entourée d'une belle plage; au premier coup-d'œil, l'île *Gressien* paraît en faire partie. Plus à l'ouest se trouvent les petites îles *Paris*, peu importantes. Les îles *Lesson* et *Blosseville* sont couvertes d'une riche verdure. Les îles *Sainson, Faraguet, Dudemaine* et les îles des *Traîtres*, méritent aussi d'être mentionnées. Enfin le groupe d'*Arrou*, dont nous avons parlé, est formé de plusieurs îles dont les plus importantes sont *Waham*, *Traman, Maykor* et *Kabosoat* ou *Kobesoat*. Les Hollandais y possédèrent quelques établissements.

« Nous ne pouvons pas faire une transition plus convenable de la Nouvelle-Guinée à la Polynésie ou à l'Océanie orientale, qu'en décrivant les *îles Saint-David* que M. Duperrey a prouvé être les mêmes que les *îles Fréewill*, situées au nord de l'île Schouten et peuplées d'une race exactement semblable aux habitants des îles Mariannes, à ceux de Sandwich, d'Otaïti et de la Nouvelle-Zélande. « Ici, dit

» Carteret, nous vîmes pour la première fois » des Indiens cuivrés et ayant les cheveux » longs [1]. » Ils bâtissent leurs villages dans des bosquets de cocotiers, de bananiers et d'arbres à pain. Leurs cottes d'armes, faites de nattes, résistent à une balle de pistolet. Ils parlent un idiome semblable à celui qui règne aux îles Sandwich [2]. Voilà une circonstance très remarquable dans l'histoire des nations océaniennes !

« Il avait déjà paru à d'Entrecasteaux que le groupe de Saint-David, découvert en 1761, et celui de Fréewill, trouvé en 1768, n'étaient qu'un seul et même archipel. Il est bien certain que les îles visitées par Meares sont les mêmes que celles dont le navigateur français a fixé la position. Mais comme Meares et Carteret ne s'accordent ni sur le nombre d'îles ni sur la longitude, et que des terres basses échappent facilement à la vue des navigateurs, une chaîne d'îlots peu élevés aurait pu s'étendre dans la direction indiquée par les *Iles Basses* de Bougainville et de l'île Aiou. Un navigateur anglais publia vers l'année 1813 une note dans laquelle il donnait le nom d'*îles Saint-David* à un groupe situé par 0° 55′ latitude sud et 134° 20′ longitude est de Greenwich. Il donnait sur les habitants des détails conformes aux relations précédentes. Ainsi ces îles, aujourd'hui bien déterminées par M. Duperrey, ne sont à proprement parler qu'une continuation de l'archipel des îles Schouten. »

TABLEAU ***de la superficie et de la population de l'Océanie centrale, c'est-à-dire de la Mélanésie.***

SUPERFICIE EN LIEUES,	POPULATION ABSOLUE,
435,000.	1,150,000.

Australie (1840).

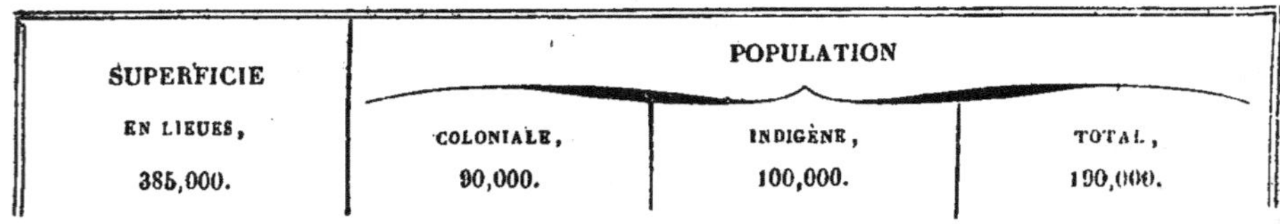

SUPERFICIE EN LIEUES,	POPULATION		
	COLONIALE,	INDIGÈNE,	TOTAL,
385,000.	90,000.	100,000.	190,000.

Tasmanie ou *Terre de Diemen* (en 1836).

SUPERFICIE EN LIEUES,	POPULATION			REVENUS,
	COLONIALE,	INDIGÈNE,	TOTAL,	
3,600.	40,000.	5,000?	45,000.	2,500,000 francs.

Nouvelle-Calédonie.

Superficie en lieues,	Population absolue,
800.	40,000.

Nouvelles-Hébrides.

Superficie en lieues,	Population absolue,
300.	150,000.

Archipel de la Reine Charlotte.

Superficie en lieues,	Population absolue,
200.	50,000.

[1] *Carteret*, dans *Hawkesbury*, account, I, p. 608. — [2] *Meares* : Voyage traduit par *Forster*, p. 84.

Archipel de Salomon.

Superficie en lieues,	Population absolue,
2,200.	100,000.

Archipel de la Louisiade.

Superficie en lieues,	Population absolue,
100.	10,000.

Archipel de la Nouvelle-Bretagne.

Superficie en lieues,	Population absolue,
3,200.	65,000.

Nouvelle-Guinée ou *Terre des Papous.*

Superficie en lieues,	Population absolue,
40,000.	500,000.

LIVRE DEUX CENT QUATRIÈME.

Suite et fin de la Description de l'Océanie. — Description de l'Océanie orientale ou de la Polynésie. — Description de la Polynésie occidentale ou de la Micronésie.

« Nous avons déjà parlé généralement de ces nombreux groupes de petites îles semés sur la surface du grand Océan, et qui, sous le nom de *Polynésie*, constituent la division la plus orientale de l'Océanie. Nous avons fait observer l'identité d'origine de celles parmi ces îles qui ont été exhaussées par des dépôts volcaniques, ou qui sont nées de l'accumulation des sables sur un récif de corail. Nous avons aussi discuté les questions relatives à l'identité encore plus étonnante qui se montre entre les caractères physiques, les idiomes et les mœurs des tribus disséminées dans ces terres. Il ne nous reste donc qu'à décrire les principales d'entre elles; car qui pourrait se résoudre à les énumérer toutes, et à répéter pour chacune des détails qui nécessairement se ressemblent? Tenons-nous à la considération des groupes.

» En partant du groupe de la Nouvelle-Guinée, nous aborderons en premier lieu aux *îles Pelew*, que l'on prononce *Peliou*.

» Ces îles avaient été visitées par les Espagnols, qui les appellent *Palaos*, mais elles portent aussi les noms de *Peli*, *Panlog* ou *Pannong*. Elles étaient peu connues avant la relation agréable et intéressante composée par M. Keate sur les mémoires du capitaine Wilson, qui y fit naufrage en 1783. Cet écrivain ingénieux a peut-être embelli la vérité. D'après lui, les habitants des îles Pelew sont un peuple aimable, gai et innocent. Ils ont un teint plus foncé que celui qu'on appelle cuivré, mais ils ne sont pas noirs, et leurs cheveux sont longs et flottants. Les hommes vont nus; les femmes portent deux petits tabliers, ou plutôt des franges faites avec la fibre de l'enveloppe de la noix de coco. Les deux sexes sont tatoués et se teignent les dents en noir. Il ne paraît pas qu'ils aient aucune idée de religion, quoiqu'ils pensent que l'âme survit au corps. Leur langage paraît être dérivé du malai, répandu dans les nombreuses îles de ces mers. »

Voici ce que dit M. de Rienzi en parlant de cet archipel et de ses habitants: « Cette chaîne » d'îles est réunie par des récifs, et on n'y » trouve qu'un seul port assez difficile. Ces » insulaires habitent un pays pauvre et passablement cultivé; ils sont d'un jaune bronzé, » robustes, d'une assez belle taille et assez bien » faits, moins méchants que la plupart des » autres Polynésiens, mais inférieurs aux Carolins de Yap et probablement des autres » îles de l'immense archipel des Carolines. Ils » sont avides, soupçonneux, cruels dans les » guerres que les chefs entreprennent pour le » plus léger motif. Ils vont généralement nus » avec un cynisme éhonté...; s'ils ont eu de la » candeur et de la générosité à l'époque de » Wilson, certes ils sont bien déchus. Il est » vrai qu'ils ont eu à se plaindre quelquefois » des baleiniers, ce qui a pu les rendre plus » entreprenants et plus méchants [1]. »

« Le gouvernement est entre les mains d'un roi, lequel a sous lui des *rupacks* ou chefs qui forment une sorte de noblesse. Tout le territoire appartient en propre au souverain. Ses sujets n'ont que des propriétés mobilières, comme un canot, des armes, des meubles grossiers.

» Ces îles ont en général une élévation moyenne; des bois épais les couvrent; un long récif de corail, qui s'étend à 2 lieues du rivage, en quelques endroits jusqu'à 6, les environne à l'ouest. L'ébénier croît dans les forêts; l'arbre à pain et le cocotier paraissent y abonder.

» Nos volailles existent chez ces peuples dans les bois et à l'état sauvage. Les naturels les négligeaient avant que les Anglais leur eussent appris le parti qu'on pouvait en tirer pour la subsistance. Le poisson est leur principale nourriture. Ils font une sorte de confiture avec la canne à sucre, qui paraît indigène dans ces îles. Ils se lèvent avec le jour et prennent aussitôt un bain à l'eau froide. Leurs maisons

[1] M. *D. de Rienzi*: Description de l'Océanie.

sont établies sur de larges pierres élevées d'environ 3 pieds de haut. Elles sont construites de planches et de bambous. Ils ont de vastes salles pour leurs assemblées publiques. Leurs meilleurs couteaux sont faits de nacre de perle : ils en ont aussi d'écailles de moule et de bambou fendu. Ils fabriquent des vases ovales en poterie grossière. Leurs meubles et leurs instruments ressemblent à ceux d'Otaïti. Leurs armes sont des piques, des dards et la fronde. Leurs canots sont faits de troncs d'arbres ornés de sculptures assez jolies. »

Les principales îles de cet archipel sont *Babelthouap* ou *Baubelthouap*, qui a 9 lieues du nord au sud. On y remarque une montagne élevée d'où l'œil aperçoit toutes les îles environnantes. *Corror*, composée d'îlots très rapprochés, n'a que 6 milles dans sa plus grande dimension. *Eriklithou* est le siége d'un des principaux chefs. *Ouroukthapel*, *Errokong* ou *Erakong*, *Angour* et *Pillilou*, ne sont que des îlots ; *Ouroulong* est célèbre par le naufrage de *l'Antilope*. *Kiangle* est peu considérable.

« Au nord-ouest des îles Palaos se trouvent les îles appelées *Matelotas*, l'île des *Martyrs*, *Sagavedra*, et quelques autres. Des navigateurs espagnols ont, en 1813, retrouvé ces îles, qui paraissaient douteuses.

» Le groupe de *Saint-André* ou *Sonsorol*, *Pedro*, *Warwick*, *Evening*, et quelques autres au sud, ne sont qu'imparfaitement connues. »

Les îles *Lord-North* et *Mortz* sont couvertes d'arbres jusque sur le bord de la mer. Les habitants sont très robustes et assez bien faits. Ils vont nus ; leur seul vêtement consiste en un morceau de natte qui leur tombe sur les cuisses. Pour se garantir de la pluie ils portent un tissu de fil de patates sur les épaules, et quelques nattes sur la tête. Ils font grand cas du fer ; leurs bateaux sont assez bien exécutés. Nous devons encore citer les îles *Mariera* ou *Marières*, et *Poulo-anna*, découvertes en 1761 par le vaisseau *le Carnavon*.

« En voguant au nord-est des îles Pelew nous rencontrons les îles *Mariannes*, chaîne de 17 ou 18 îles, dont 7 seulement sont considérables ; savoir : *Guam*, *Zarpana* ou *Santa-Anna*, *Tinian*, *Seypan* ou *Saint-Joseph*, *Anatajan*, *Pagon* ou *Pagan*, et *Agrigan*.

» Ces îles furent découvertes en 1521 par le célèbre navigateur Magellan, qui les appela *îles des Larrons*, à cause du penchant des habitants pour le vol, et de leur adresse à l'exécuter. Mais sous Philippe IV on leur donna le nom des *Mariannes*, en l'honneur de Marie-Anne d'Autriche [1], mère de Charles II, qui y envoya des missionnaires.

» Les indigènes ont été presque exterminés par les Espagnols. Il paraît que par la couleur, le langage, les mœurs et le gouvernement, ils ressemblaient beaucoup aux Tagales des îles Philippines. Quoique soumis à une noblesse héréditaire, ils vivaient heureux et tranquilles [2]. »

Quand on leur faisait quelque injure, ils se montraient vindicatifs et pleins de ressentiment. Ils dissimulaient leur colère, et lorsque après deux ou trois ans ils trouvaient une occasion favorable de se venger, ils ne manquaient point de la saisir. Ils se faisaient remarquer par leur humanité après la victoire et par leur ponctualité à tenir leur parole : on n'exigeait des prisonniers de guerre qu'un simple engagement verbal de ne point s'enfuir ; celui qui aurait manqué à sa parole aurait été immédiatement mis à mort par sa propre famille. Ils avaient beaucoup de dispositions pour les arts, et un grand amour du travail. L'homicide était en horreur parmi ces peuplades.

Se croyant les seuls peuples de la terre, et ignorant leur origine, ils prétendirent que le premier homme avait été formé d'une partie d'un rocher de la petite île *Fauna*. Ils n'avaient ni dieu ni prêtres ; seulement ils disaient que *Pountan*, homme extraordinaire qui vivait dans l'espace, chargea ses sœurs de faire, avec ses épaules, le ciel et la terre ; de ses yeux le soleil et la lune, de ses sourcils l'arc-en-ciel [3].

On trouvait chez ces peuples des charlatans qui gardaient dans des corbeilles les crânes des morts, et qui prétendaient avoir le pouvoir de guérir les malades, de commander aux éléments, et de procurer une récolte ou une pêche abondantes. A la mort d'un individu on avait grand soin de mettre une corbeille près de sa tête, afin de recueillir son âme. Quelquefois on frottait le mort d'huiles

[1] *Bratring* : Mém. sur les îles Mariannes, trad. dans les *Annales des Voyages*. — [2] Le *P. Le Gobien*, chez *Desbrosses*, II, p. 495. — [3] Istoria de la provincia de las islas Filipinas, t. II.

odoriférantes, et on le promenait après cela dans les maisons de ses parents, afin de lui donner la faculté de choisir celle qu'il voudrait plus tard honorer de sa visite. Ils croyaient à l'immortalité de l'âme, à un paradis et à un enfer. Celui-ci était oppelé *zazarragouan*, c'est-à-dire maison du diable. Ils croyaient que le démon y entretenait une fournaise ardente où il tourmentait ceux qui avaient terminé leur vie par une mort violente; les autres allaient au paradis, qui était un lieu sous terre rempli de beaux cocotiers, de cannes à sucre et de fruits d'un goût exquis.

La plus grande licence régnait entre les personnes des deux sexes qui n'étaient pas mariées. Les parents engageaient leurs enfants à aller dans des maisons infâmes connues sous le nom de *gouma oulitaos*.

Tout cela a changé depuis l'introdution du catholicisme dans ces îles; on aurait bien de la peine à reconnaître aujourd'hui les fils des anciens Mariannais, caractérisés par la légèreté, dans un peuple qui s'adonne avec la plus grande constance aux travaux de l'agriculture.

« Leurs petits vaisseaux, appelés *pros* ou *proas*, ont été regardés comme des modèles d'architecture navale; Pigafetta et Anson en remarquèrent l'excellente construction à des époques très distantes. Ce sont des canots qui ont un flanc convexe et l'autre plane : un balancier les tient en équilibre; ils font 20 milles par heure en ayant vent de côté. En réunissant par un plancher deux bateaux semblables, plusieurs insulaires du grand Océan ont formé des navires que l'habile marin Sidney Smith jugea dignes d'être imités et introduits dans la marine européenne (¹). L'industrie des habitants de ces îles rend improbable l'assertion d'un bon missionnaire, selon lequel ils auraient ignoré l'usage du feu, et auraient, à l'arrivée des Espagnols, pris cet élément pour un être animé. Cet absurde conte pourra faire croire qu'ils adoraient le feu des volcans dont leurs îles sont remplies. On connaît peu la géographie naturelle de ces îles : il paraît, d'après *La Pérouse*, que quelques unes sont volcaniques. L'île de l'*Assomption* offrait de toutes parts d'horribles torrents de lave (²).

(¹) *Boswel* : Notice sur les expériences de *Sidney Smith*, Annual Register, 1805, miscellan. Tracts, p. 855. — (²) *La Pérouse*, Voyage, II, p. 340.

» Il n'y avait aucun mammifère; les Espagnols y ont porté des chevaux, des bœufs et des cochons, et même, selon quelques rapports, des *guanacos* ou *lamas* (¹). Les seuls végétaux connus étaient le jaquier ou l'arbre à pain, le cocotier, l'oranger et les melons d'eau; les Espagnols y ont planté du riz. »

A l'exception de Guam, toutes ces îles ont un aspect triste et stérile. Elles sont couvertes de montagnes nues pour la plupart. La nouvelle et la pleine lune sont, entre les mois de juin et d'octobre, accompagnées d'ouragans épouvantables, et la chaleur, accablante pendant une grande partie de l'année, n'est tempérée par les brises de mer que durant les mois de juillet et d'août. On trouve maintenant dans ces îles tous les animaux domestiques d'Europe, dont plusieurs vivent dans les bois.

« L'île *Guam*, presque dépeuplée par suite de la tyrannie des gouverneurs, commença à respirer en 1772 sous la sage administration de don *Tobias*. Il accoutuma les Indiens à divers genres de culture; depuis cette époque l'île produit du maïs, du coton, de l'indigo, du cacao, des cannes à sucre (²). »

Cette île, appelée aussi *Guajam*, *Guahan*, *Gouahan*, *Gouaham* et *San-Juan*, a environ 30 lieues de tour, et renferme les monts *Langayao*, *Ilikio* et *Tinkio*, dont la hauteur est de près de 330 toises. Elle possède les ports *Oumata*, *San-Luis*, celui d'*Agagna*, capitale de l'archipel, et la vaste *baie d'Apra*, où viennent mouiller les grands vaisseaux.

Oumata, qui donne son nom à une baie de 600 mètres de profondeur dont l'entrée est défendue d'un côté par le fort Sant-Angel, et de l'autre par celui de Nuestra-Señora-de-la-Soledad, se compose d'un petit nombre de maisons, du palais du gouverneur et d'une église bâtie au pied des montagnes.

Agagna contient, d'après M. Dumont d'Urville et M. de Rienzi, 1,000 habitants (³). Oumata et *Merizo* en comptent 300. La population de l'île entière est de 4,000 à 4,500 individus. Ce nombre n'est pas la dixième partie de ce qu'il pourrait être si le sol était convenablement cultivé.

« L'île *Tinian* ou *Buenevista* est devenue célèbre par la description brillante qui en a

(¹) *Byron* : Voyage, p. 121. — (²) *La Pérouse*, t. II, p. 350. — (³) M. *Balbi* lui donne 3,000 âmes.

été faite dans la relation du voyage d'Anson. Des navigateurs qui ont long-temps erré sur les mers, au gré des tempêtes, au milieu des privations et des maladies, voient avec enchantement une terre revêtue d'un peu de gazon; ils rêvent des beautés supérieures là où il n'y a rien que d'ordinaire. Aussi tous les navigateurs qui, sur la foi de cette relation, se sont rendus à Tinian, ont été bien déçus de leur espérance, et quelques uns, entre autres Byron, ont cherché à décrier l'île de Tinian autant qu'elle avait été exaltée. Anson y trouva une quantité prodigieuse de bétail sauvage de couleur blanche, excepté les oreilles, généralement brunes ou noires; il est probable que les Espagnols l'y avaient jeté pour alimenter la garnison de Guam. Il y trouva encore des orangers, des cocotiers et des arbres à pain. Il paraît qu'en effet toutes ces provisions s'y trouvent. Des voyageurs plus récents y ajoutèrent le limon, le mango, l'ananas, la goyave [1]; mais il ne faut que de très simples causes politiques ou physiques pour en dégarnir tout-à-coup une si petite île. Un ouragan, un tremblement de terre, une épizootie, un mauvais gouverneur, le passage d'un certain nombre de vaisseaux : voilà assez de causes pour expliquer comment Tinian peut être tantôt un paradis, tantôt un désert. »

L'aspect général de Tinian, dit M. de Freycinet, n'a rien d'agréable : dès qu'on approche la côte, on distingue çà et là et sur les montagnes un peu de verdure; mais le reste du sol, couvert de broussailles et d'arbres desséchés, donne à cette île l'apparence de la plus hideuse stérilité. La population ne se compose que d'une vingtaine d'individus.

En divers endroits de cette île on trouve des ruines qui démontrent que cette terre doit avoir été fort peuplée. Ces ruines présentent des colonnes nombreuses et des restes d'édifices antiques qui ont été renversés par la nature ou par les hommes.

Seypan n'est éloignée de Tinian que d'une lieue au nord-est. Elle en a quatre de longueur. On voit s'élever dans sa partie centrale un piton d'environ 300 mètres de hauteur, qui paraît être volcanique. Sa côte orientale n'est qu'un rocher calcaire taillé à pic et formé de couches horizontales.

(1) *Shortland* et *Marshall*, trad. dans *Forster*, Magasin des Voyages, I, 191-199.

Aguigan est une petite île d'une lieue de longueur; *Rota* est quatre fois plus longue. Ses points les plus élevés n'ont pas plus de 200 mètres de hauteur. Elle est presque entièrement entourée de récifs. La première ne paraît pas être habitée, mais la seconde l'est, et ses habitants semblent avoir avec plus de pureté qu'ailleurs, les mœurs et surtout le langage des anciens habitants des Mariannes. Aguigan et Rota offrent la végétation la plus vigoureuse. On voit partout des forêts épaisses dominées par l'arbre tamarinde, le cocotier, l'arequier et une espèce de palmier qui donne une excellente fécule semblable à celle du sagou.

Les autres îles du même archipel sont *Farallon de Médinilla*, dont les côtes offrent des cavernes d'une grande profondeur; *Farallon de Torrès*, dont le rivage à pic est inabordable de tous les côtés; *Anataxan*, dominée par deux pitons d'origine volcanique; *Sariguan*, presque entièrement privée de végétation; *Guguan*, dont l'un des deux pitons a 500 mètres de hauteur; *Alamaguan* couverte de montagnes aux cimes anguleuses; *Grigan*, dont les deux pitons paraissent être d'anciens foyers volcaniques; les îlots de *Mangs* que les cartes espagnoles placent au milieu de nombreux récifs; *Uracas* et *Farallon de Pajoros*, qui paraissent être aussi d'origine volcanique.

« Au nord des Mariannes s'élèvent divers groupes de petites îles presque toutes volcaniques. » Elles sont au nombre de 89, dont 79 ne sont que des écueils. Les *îles Bonin*, mieux déterminées par les noms d'*île du Nord* et d'*île du Sud*, sont les deux plus considérables de tout l'*archipel de Magellan* ou de *Mounin-sima*. Le *groupe des Volcans*, ainsi nommé à cause des feux souterrains qui y règnent, embrasse les îles de *Soufre*, *Saint-Augustin*, *Saint-Alexandre*, et plusieurs autres. Le *groupe Oriental* est composé de petites îles éloignées les unes des autres, et dont *Guadalupa*, *Malagrida*, et *Grampus* sont les principales. Nous remarquerons, dans le *groupe Occidental*, *Kendrick*, *Dolores* et *Borodino*. « Les beaux noms de *Jardins* désignent deux assemblages dangereux de récifs autour de deux petites îles. Les îles *d'Or* et les îles *d'Argent* doivent apparemment leurs noms aux fables japonaises.

« C'est dans ces mers, à une distance d'environ 287 lieues vers l'est de Guadalupa que s'élève en forme de pyramide l'énorme rocher appelé *la femme de Loth*. Les vagues courent se briser contre son front sauvage avec une fureur proportionnée à l'espace immense qu'elles ont parcouru avant de l'atteindre. Cette masse s'élève presque perpendiculairement à la hauteur de 350 pieds. Les eaux se précipitent avec un bruit épouvantable dans une caverne creusée à travers le côté qui regarde le sud-est.

» Il paraît que la première notion des *îles Carolines* fut apportée aux îles Philippines, en 1686, par une famille de sauvages qui, voulant se rendre d'une île dans l'autre, avait vu son bateau entraîné par les vents et les courants. Les Espagnols les nommèrent d'abord *Nouvelles-Philippines*, et ensuite *Carolines*, du nom de leur roi Charles II. »

Long-temps négligées par les géographes, ces îles ont été le sujet des travaux de MM. de Kotzebue, de Chamisso, de Freycinet, Duperrey, et surtout des recherches importantes du capitaine Lütké. Elles sont, d'après M. de Rienzi, au nombre de plus de 500. Le sol en est généralement fertile. Les principales productions sont le cocotier, l'arbre à pain, plusieurs espèces de palmier, le figuier et le bananier. On y voit le *calophyllum* aux belles feuilles, le *sonneratia*, souvent baigné par les eaux de l'Océan, plusieurs espèces de *pandanus*, et le *barringtonia* qui étale ses fleurs magnifiques. Les serpents venimeux et les bêtes féroces sont inconnus dans ces îles, sur le bord desquelles se trouvent de beaux coquillages.

Ces îles, généralement petites, sont disséminées sur une vaste étendue de mer formant une longue chaîne qui se divise en plusieurs groupes. Le climat dont elles jouissent est agréable, quoiqu'elles soient exposées à de terribles ouragans. Les ressources qu'elles offrent aux indigènes sont principalement les noix de cocos et quelques autres qui donnent une nourriture peu abondante. Ces insulaires ne vivent que du produit incertain de leur pêche; ils diffèrent beaucoup des autres Polynésiens par leurs mœurs et leurs habitudes. Ils les surpassent dans l'art de naviguer, dans la construction des pirogues et dans les connaissances astronomiques. Ils divisent la rose des vents précisément comme le faisaient, d'après Thimosthènes, les Grecs et les Romains depuis le règne d'Alexandre jusqu'à celui de Claude.

Le Carolin n'a en général qu'une femme; cependant quelques uns en ont plusieurs. Les mariages se font sans aucune cérémonie. Celui qui désire épouser une fille lui en fait la déclaration en lui offrant des présents, qui sont acceptes sur-le-champ si sa proposition plaît à la jeune fille. Celle-ci les porte à ses parents pour revenir immédiatement après se livrer à son époux. Ceux qui se marient pour la seconde fois doivent payer en nattes ou en fruits un tribut aux insulaires. Le mari est toujours plein de soins pour son épouse; c'est surtout pendant qu'elle est enceinte qu'elle est l'objet de ses attentions. Elle ne doit faire aucun ouvrage, et c'est au mari à la servir à table. Elle reste toujours dans la maison, enveloppée de nattes; elle ne peut en sortir pour reprendre ses travaux que six mois après l'enfantement. Les mères ont la coutume de nourrir de leur lait leurs enfants jusqu'à l'âge de dix ans.

Lorsqu'un mari insulte sa femme, les amis de celle-ci l'emmènent à l'instant même, et le mariage est dissous avec la même facilité qu'il avait été conclu. Le mari reste maître des enfants, et la mère n'a plus de droit sur eux. Les femmes doivent pendant leur grossesse se baigner dans de l'eau douce, ce qui leur est défendu dans les autres temps. Les hommes se baignent toujours dans la mer. Les femmes ne peuvent choisir pour cela l'endroit où les hommes ont coutume d'y aller, ni l'heure qui leur est ordinaire; elles ne doivent jamais se trouver sur le rivage lorsque les hommes viennent de la pêche, parce qu'alors ils ont quitté leurs vêtements ordinaires.

Les traditions religieuses des Carolins attestent qu'une divinité descendue du ciel, ayant trouvé la terre infertile et déserte, ordonna qu'elle se couvrît d'arbres et de verdure, et qu'elle fût peuplée d'êtres raisonnables. Dans le principe les hommes ne mouraient point: mais un esprit malfaisant, chassé du ciel, leur procura un genre de mort contre lequel on n'a point découvert de remède. Ils admettent aussi des esprits bienveillants et amis de l'humanité. Selon eux, le soleil, la lune et les étoiles ont une âme semblable à la nôtre, et sont habités par les nations célestes. Leur religion est toute de théorie;

pour la pratique ils n'ont ni temples, ni sacrifices, ni culte extérieur. Ils prétendent que l'âme survit au corps, que celle des gens de bien se rend au ciel, d'où elle revient le quatrième jour sur la terre vivre au milieu de ses parents. Le ciel est le lieu des récompenses. Quant aux âmes des méchants, elles se rendent dans un lieu particulier, pour y subir la peine de leurs désordres et de leurs mauvaises œuvres. Il y a des prêtresses qui disent si l'âme de tel ou de tel est dans le ciel ou dans le lieu des méchants; et alors celles qui sont dans le ciel deviennent des génies protecteurs. Chaque famille en a plusieurs qu'ils invoquent pour obtenir une grâce, telle qu'une récolte ou une pêche abondante; ils leur font des présents pour les remercier des faveurs qu'ils ont reçues. La religion de quelques îles présente certains caractères que nous indiquerons en parlant de ces îles en particulier.

» Les habitants, très nombreux, ressemblent à ceux des Philippines; ils sont couleur de cuivre foncé. Chaque île a son chef particulier; mais toutes reconnaissent un roi, qui fait sa résidence à *Lamurec*. La noblesse règne avec orgueil sur un peuple esclave. Ces insulaires croient à des esprits célestes, et pensent qu'ils viennent se baigner dans un lac sacré de l'île *Fallalou*. Les criminels y sont bannis d'une île à l'autre.

» Ils aiment la danse; mais, n'ayant point d'instruments de musique, ils l'accompagnent de chants; ils n'ont d'armes qu'une fronde, une hache en coquilles, et un bâton dont la pointe est en os. Leurs *proas* ressemblent à ceux des îles Mariannes; selon les missionnaires, ils connaissent la boussole, ce qui supposerait d'anciennes communications avec les Chinois ou avec les Arabes. La langue varie d'un groupe d'îles à l'autre; les missionnaires y ont trouvé beaucoup de ressemblance avec la langue tagale, et par conséquent avec le malai; mais ils citent quelques mots qui nous paraissent arabes, tels que *eli*, esprit. »

Le langage le plus doux de cet archipel est celui d'*Oualan* ou de *Strong*. La réunion de deux consonnes s'y trouve très rarement, et ce n'est qu'avec peine qu'ils prononcent les mots des langues où elle se fait remarquer. Cet idiome paraît assez riche, du moins on peut assurer que chaque objet a son nom particulier.

« Jusque dans ce coin reculé de la terre, on connaît les esclaves nègres. On dit que vingt-neuf nègres espagnols, laissés dans une de ces îles, y ont produit une race métisse qui s'est ensuite répandue dans une autre. »

Eap ou *Yap*, la plus grande et la plus occidentale de l'archipel, a un petit port au milieu des récifs qui l'environnent. Les naturels, d'après M. Dumont d'Urville, sont assez bien faits et à peine tatoués; leur teint est clair, et plusieurs d'entre eux portent des chapeaux semblables à ceux des Chinois. Leur île offre l'aspect le plus riant, surtout dans sa partie méridionale, qui est basse et presque entièrement couverte de superbes cocotiers. La partie septentrionale est plus élevée; cependant les plus hautes montagnes ne paraissent pas avoir plus de 60 à 80 toises d'élévation au-dessus du niveau de la mer. On remarque sur le rivage méridional de très grandes maisons avec d'immenses toits. Dans cette île, on rend un espèce de culte à un crocodile.

L'île *Oualang* ou *Strong*, découverte en 1804 par l'Américain Crozer, est quelquefois nommée *Hope* et *Teyva*. C'est une des plus intéressantes de l'archipel des Carolines. Elle a été, en 1824, visitée par le capitaine français Duperrey; elle est entourée par un récif de corail qui s'ouvre sur quelques points pour donner accès à de très bons mouillages compris entre le rivage et celui-ci. Les montagnes d'Oualan, quoique revêtues jusqu'à leur sommet d'une végétation active et variée qui les rend inaccessibles, dit M. Duperrey [1], décèlent par leur forme conique et déchirée une origine volcanique que l'examen des roches a en effet confirmée. La hauteur du piton *Crozer*, qui domine au centre, est de 657 mètres. Les insulaires n'avaient point encore vu d'hommes de la race européenne lorsque les Français abordèrent à Oualan. Tous se précipitèrent en foule sur leurs pas; leur étonnement se portait particulièrement sur la couleur de leur peau, qu'ils touchaient soit avec les mains, soit avec le visage, en laissant échapper à chaque instant de nouveaux cris d'admiration. C'est ainsi qu'ils les escortèrent jusque chez le chef principal, qu'ils appellent *Urosse-Tone*, devant lequel ils s'accroupirent en conservant un silence bien capable de

[1] Journal de la Marine.

fixer nos idées sur le respect qu'ils ont pour sa personne. Cette charmante peuplade porte sur sa physionomie la douceur de mœurs qui la distingue. Les hommes sont d'une taille moyenne, d'une couleur peu foncée, et d'un abord aisé et agréable. Les femmes sont gracieuses et bien faites; elles brillent d'ailleurs par la blancheur de leurs dents, la vivacité de leurs yeux, et plus encore par leur pudeur non affectée. Ce peuple n'est point guerrier; il a des lances de 10 à 12 pieds, mais il ne s'en sert que pour prendre le poisson qui doit lui servir de nourriture. Les murs qui entourent les propriétés sont plus propres à soutenir la terre et à encaisser les torrents qu'à repousser une agression. Les Oualanais ne doivent pas être rangés parmi les peuples navigateurs; les pirogues qu'ils construisent sont belles, il est vrai, mais elles n'ont point de voiles et ne passent presque jamais en dehors des récifs. Il est facile de se convaincre quelle peut un jour être l'importance de cette terre qui occupe le centre des îles Carolines, et sur la route directe des vaisseaux qui vont de la Chine à la Nouvelle-Hollande; elle leur présente des ports sûrs et des rafraîchissements de toute espèce. M. Duperrey y a laissé deux truies pleines dont les habitants paraissaient prendre le plus grand soin.

Cette île est couverte d'une belle végétation, et arrosée par beaucoup de rivières. On y trouve en abondance des ignames, des patates, des fruits à pain, des cannes à sucre et des bananes de différentes espèces; mais les oiseaux, les poissons et les coquillages y sont rares; on n'y connaît en fait de quadrupèdes que des rats et des lézards. L'instrument le plus remarquable que l'on voit chez ces peuples est un petit métier construit pour la fabrication de leurs vêtements.

Le *groupe d'Hogoleu* est, par son élévation, sa grandeur, sa position et sa population, un des plus importants de l'archipel des Carolines. Une ceinture d'une quarantaine de petites îles en environne plusieurs grandes, dont 3 ou 4 peuvent avoir 30 milles de circonférence (1). Les îles de l'intérieur sont les seules qui soient habitées; elles contiennent environ 35,000 individus, divisés en deux races distinctes. Les deux îles orientales avec leurs dépendances contiennent une race plus voisine de celle des nègres que les deux îles de l'ouest, qui, avec quelques unes des petites, sont peuplées par la race indienne de couleur cuivrée; ces peuplades se font très souvent une guerre acharnée; les noirs sont au nombre de 20,000 environ, tandis que la population des Indiens n'excède pas 15,000.

Les hommes qui appartiennent à la race noire sont d'une taille qui va ordinairement à 5 pieds 10 pouces; ils sont gros en proportion, musculeux et actifs. Leur poitrine est large et saillante, leurs membres sont bien faits et pleins de vigueur; leurs mains et leurs pieds sont petits et leurs cheveux frisés, sans cependant ressembler à ceux des Africains. Ils ont les pommettes saillantes, les lèvres minces, le front haut et droit, le nez bien dessiné, les dents belles et blanches, les cils longs et relevés, les yeux noirs et perçants, les oreilles petites, mais plus ouvertes que celles des Européens. Ils portent sur leur visage l'empreinte du courage et de la fierté. Les femmes sont petites, mais douées de traits réguliers; elles ont les yeux noirs, la gorge arrondie, la taille élancée et les jambes droites. Elles aiment à se parer de plumes et de coquilles, et portent des colliers faits d'écailles de poissons. Leur bouche est légèrement tatouée et leurs bras chargés d'ornements; elles portent un petit tablier très ingénieusement orné sur les bords et enrichi au milieu des plus belles coquilles. Elles se revêtent d'une grande tunique de 8 pieds environ de longueur sur 6 de large, avec un trou dans le milieu pour laisser passer la tête. Cet habillement, fabriqué avec une belle herbe soyeuse tressée avec art, ressemble beaucoup au *poncho* des Américaines du sud. Les hommes portent à la ceinture et sur les reins une natte faite d'écorce d'arbre embellie de diverses couleurs et tissée avec beaucoup de goût et d'habileté. Ils ornent leur tête de plumes d'oiseaux rares. Ils portent au cou des colliers de nacre et des touffes de divers plumages. Les chefs ont le lobe inférieur des oreilles percé d'un trou propre à recevoir des morceaux d'un bois léger, souvent aussi gros que le poignet. Leur corps est tatoué de dessins bizarres. Pour se donner un air belliqueux ils se teignent, en allant à la guerre, la figure en jaune, en blanc et en rouge. Ils trai-

(1) Westminster Review.

tent avec beaucoup d'égards leurs femmes, au soin desquelles ils laissent les enfants, la fabrication des étoffes des lignes et des filets de pêche.

Les Indiens de couleur cuivrée sont pour la taille un peu inférieurs à ceux que nous venons de décrire; mais en revanche ils sont plus forts, plus vigoureux et mieux constitués pour supporter les travaux et les fatigues de la guerre. On en a vu plusieurs qui ne pesaient guère plus de 150 livres chacun, et qui taulevaient avec la plus grande facilité une ancre de plus de 600 livres. Ils ont le corps droit et arrondi, la poitrine saillante, les membres nerveux, le front élevé et proéminent, le visage arrondi, la bouche bien proportionnée, une double rangée de dents aussi blanches que le plus pur ivoire, des joues à fossettes, le menton double, le nez médiocrement relevé et les pommettes moins saillantes que chez les nations sauvages. Leur teint est, comme nous l'avons déjà dit, d'une couleur de cuivre très pâle; leurs cheveux sont longs, noirs et proprement réunis au sommet de la tête. Les hommes portent une barbe noire qu'ils laissent croître sur le devant du cou seulement, à partir du menton. Quelques chefs se font aussi remarquer par d'énormes moustaches, qui relèvent fort bien leur air guerrier. Ils ont de très grandes oreilles percées dans leur partie inférieure d'un trou capable de recevoir un ornement de la grosseur d'un œuf d'oie. A cet ornement sont attachés des dents de poissons, des becs d'oiseaux, des plumes, des coquilles et des fleurs. Ils ne se tatouent guère que depuis le bas du cou jusqu'au creux de l'estomac. Ils se nourrissent de fruits et de poissons, portent des habits tels que nous les avons remarqués chez leurs voisins de l'est, et sont excessivement propres. Ils ont aux bras des bracelets d'écaille de tortue; ils en ont aussi en nacre aux jambes et à la cheville du pied. Le fond de leur caractère est la gaieté, la douceur, la déférence et le respect pour la vieillesse. Les femmes sont très belles et très modestes; la chasteté et la fidélité semblent être chez elles des idées innées. Ce peuple est industrieux, actif et persévérant; les hommes, les femmes et les enfants travaillent depuis le lever du soleil à la fabrication des armes, des filets et des pirogues, et, malgré l'imperfection de leurs outils, leurs ouvrages sont exécutés avec beaucoup de goût. Ils regardent le mariage comme une obligation sacrée; il doit être célébré en présence du roi et d'un officier.

La religion de ces peuples, quoique imparfaitement connue, est digne d'attention. Ils croient à un être tout-puissant qui réside au-dessus des étoiles et tient dans ses mains les rênes de l'univers; il veille en père sur tous ses enfants; il pourvoit à leur subsistance, ainsi qu'à celle des poissons, des oiseaux et des insectes. Ils pensent que cet être arrose les îles quand il lui plaît, en laissant tomber la pluie de ses mains; qu'il fait croître les arbres et les plantes; que les bonnes actions lui sont agréables et que les mauvaises l'offensent; que, selon leur conduite en cette vie, ils seront heureux ou malheureux après leur mort; que les justes seront dans un groupe d'îles plus belles et plus riches que les leurs, tandis que les méchants habiteront des rochers arides où il n'y aura ni eau, ni arbres, ni aucune trace de végétation. Ils disent enfin qu'ils aiment l'Être suprême à cause des bienfaits qu'il leur prodigue.

Mais une coutume barbare vient ternir les qualités de ces populations. La mort d'un chef ou d'un roi est toujours accompagnée de sacrifices humains. On voit des victimes de la superstition se disputer l'honneur d'escorter dans l'autre monde celui auquel ils ont été soumis en cette vie. Plusieurs hommes, femmes et enfants sont enterrés à ses côtés. Les cérémonies ordinaires des funérailles ont toutefois quelque chose de touchant. A la mort d'un proche parent, on se prive durant 48 heures de toute espèce de nourriture; et pendant un mois on ne mange que des fruits. Pour la perte d'un père ou d'un époux, on ajoute à ces privations celle de pleurer avec ses amis, et l'on reste trois mois dans une solitude complète. Pendant les deux mois qui suivent l mort d'un chef, toutes les barques demeuren attachées au rivage : personne ne peut aller à la pêche.

La manière de faire la guerre mérite aussi d'être mentionnée. Les insulaires qui croient avoir reçu quelque offense de leurs voisins leur indiquent un jour où un certain nombre de pirogues débarqueront chez eux pour traiter de la paix; si la paix est conclue, cette négociation se termine par un grand festin; dans le cas contraire, le combat s'engage avec fureur, et il dure une heure, après laquelle ils se reposent d'un commun accord et s'occupent à panser leurs blessés et à enterrer leurs morts. Le jour suivant, lorsque les deux partis ont déclaré qu'ils sont prêts, le combat recommence et dure deux fois plus long-temps que la veille, à moins qu'un des partis ne renonce au combat. Dans le cas contraire, ils s'aident à soigner les malades, à enterrer les morts et se retirent. Le troisième jour le combat se prolonge jusqu'à ce que l'un des partis cède la victoire; alors si les assaillants sont défaits, ils abandonnent leurs armes et leurs pirogues au vainqueur, qui est obligé de leur donner un festin et de les ramener chez eux en sûreté; la paix est conclue par un nouveau festin. Les hommes pris pendant l'action sont prisonniers de celui qui s'en est rendu maître, si le parti de ce dernier a remporté la victoire; dans le cas contraire, on les ramène chez eux. Ceux qui rendent les armes ne sont point traités en prisonniers, on les reconduit dans leur île.

Les armes dont ces insulaires se servent dans leurs combats sont des lances d'un bois très léger, armées de pointes en os de poissons ou en silex. Ils ont aussi des lances d'un bois très lourd, longues d'environ 15 pieds, terminées en pointes aiguës et durcies au feu. Ils les envoient à la distance de plus de 90 pieds, et manquent rarement leur but. Ils ont aussi des casse-têtes de 6 ou 8 pieds de long, de la grosseur du poignet à chaque extrémité, mais minces au milieu. Ils commencent d'ordinaire leurs combats par la fronde, avec laquelle ils peuvent lancer avec précision des pierres de la grosseur d'un œuf à une distance de 400 pieds.

Ces îles paraissent d'une grande fertilité. L'abondance et l'épaisseur des forêts en fournissent une preuve incontestable. Les terrains élevés produisent du santal; les cocotiers et les arbres à pain y atteignent une taille énorme, et produisent des fruits très gros et très savoureux. Ces îles sont en général d'une faible élévation; le terrain s'abaisse par degrés et se termine en vallées et en plaines tapissées de la plus riante verdure. On peut observer sur tous les arbres des fruits mûrs et d'autres avec toutes les phases de leur développement. Le printemps, l'été et l'automne se disputent l'empire de cette terre de bonheur, où la feuille qui tombe est immédiatement remplacée par une nouvelle feuille.

Le *groupe de Siniavine*, découvert par les Russes en 1828, se compose d'une quinzaine d'îles dont *Pounipet* ou *Pouynipet* est la plus considérable: elle a près de 50 milles de tour; on y remarqua une montagne d'environ 460 toises de hauteur, à laquelle les Russes donnèrent le nom de *Montagne-Sainte*. Vers la pointe nord-ouest on remarque un rocher taillé à pic, qui paraît avoir environ 1,000 pieds de hauteur. Cette île est couverte de verdure et entourée de mangliers et d'autres arbustes qui croissent sur le bord de la mer.

Elle paraît avoir un grand nombre d'habitants: les Russes y virent environ 500 hommes faits. Voici le portrait qu'en fait le capitaine Liitké. Les Pouynipètes ont le visage plat et large, le nez écrasé, les lèvres épaisses et les cheveux crépus. Leur caractère paraît extravagant et féroce, défiant et emporté. La couleur de leur peau est d'une nuance entre la couleur de la châtaigne et celle de l'olive, leur taille est moyenne, et leurs membres sont bien faits et vigoureux. Leur vêtement consiste en un court tablier bigarré, fait d'herbes ou d'écorce de bananier: il s'attache à la ceinture et descend jusqu'à la moitié de la cuisse; ils jettent sur leurs épaules un tissu d'écorce de *morus papyrifera* ou de l'arbre à pain. On trouve dans cet archipel des chiens sauvages; les autres animaux, ainsi que les plantes, nous sont encore inconnus.

Le *groupe Duperrey*, découvert en 1824 par le savant navigateur dont il porte le nom, est composé de trois îles basses, petites et couvertes de bois. Ce sont *Mongol* ou *Mongoul*, *Ougai* et *Aoura* ou *Aouera*.

Les îles *Farrouelap* ou *Forroilep*, et *Feis*, sont gouvernées chacune par un chef. Dans la dernière M. Martens, naturaliste allemand qui fit partie de l'expédition russe confiée au capitaine Liitké, remarqua que les jeunes filles portaient une espèce de frange qui tombait depuis la ceinture jusqu'aux genoux, et qui était faite des fibres de l'*hibiscus*.

Le groupe de *Lougounor* ou *Mortlok*, ou bien les *Lougoullos* de *don Luis de Torres*, est composé de près de 90 îlots. Il a été découvert en 1795 par le capitaine anglais Mortlok. L'île de *Lougounor* a la forme d'un fer à cheval, et est remarquable par un très bon port appelé *Chamisso*. La partie méridionale est sablonneuse ; mais vers le nord on remarque de belles plantations d'*arum*. C'est dans cette partie que se trouvent les habitations des insulaires. Cette île n'a d'autre eau douce que celle des pluies.

Les habitants sont doux, hospitaliers ; ils ont l'esprit mercantile, mais jamais ils n'emploient le mensonge, et en cela quelle leçon ne donnent-ils pas aux peuples les plus civilisés ! Ils ne sont ni voleurs ni avides de possessions : chacun se contente de ses propriétés ; ils sont très attachés à leurs femmes et à leurs parents. Leur taille parut à M. Liitké généralement au-dessus de la moyenne ; leur structure est forte, et la couleur de leur peau est celle de la châtaigne. Leur visage est plat, leurs lèvres sont épaisses, et leurs dents saines et unies. Ils ont le nez aplati par le haut et relevé par le bout, les yeux noirs, grands, saillants, quelquefois animés, mais le plus souvent sans expression (¹). Leurs cheveux sont noirs et épais. Ils portent un peigne à trois dents sur le haut duquel ils attachent deux ou trois plumes de la queue du phaéton ; leur barbe est rare et passablement longue chez quelques uns. Leur ceinture, appelée *tol*, est un tissu d'un demi-pied de large passant entre les cuisses. Ils ont un manteau semblable à celui que nous avons remarqué dans le groupe d'Hogoleu. Ils se coiffent, comme à Ouleaï, de chapeaux coniques qui les mettent à l'abri du soleil et de la pluie. Ils se tatouent en traçant sur leur corps des figures qui portent le nom de diverses îles de cet archipel. Ils ont au cou des colliers, des anneaux, des coquillages ou des morceaux d'écaille ; ils mettent des fleurs dans les trous qu'ils font aux lobes de leurs oreilles. Ils se frottent le visage d'une poudre couleur d'orange qu'ils tirent d'un plante indigène ; aussi leur tête est-elle remplie de vermine. Dans cette île croît l'arbre à pain, dont les fruits servent à la nourriture des habitants. On n'a trouvé chez ces insulaires d'autre arme que la fronde. Leur langue, plus difficile à prononcer que celle d'Oualan, est moins douce et moins mélodieuse.

A l'ouest de l'île Lougounor on remarque *Poulousouk*, petite île qui n'a que 2 milles de longueur. Elle est basse et bien boisée. Dans les anses sablonneuses de la partie occidentale, on découvre au milieu de bouquets de cocotiers un grand nombre de maisons.

L'attole de Monteverde ou de *Nougonor* est un groupe de petites îles basses et habitées, découvertes en 1806 par le capitaine Monteverde, qui leur donna son nom. Les indigènes sont actifs, grands et bien faits ; leur taille est généralement de 5 pieds 9 pouces. La couleur de leur peau est olivâtre ; ils ont le nez plat, les cheveux longs, noirs et frisés, les yeux petits, noirs et perçants, les dents blanches et régulières, le front élevé et les pommettes saillantes. Avant le mariage, les deux sexes vont entièrement nus ; mais après le mariage ils se revêtent d'un tablier qui descend jusqu'à la moitié des cuisses.

Les îles *Lamoursek* ou *Namourrek*, que Wilson vit en 1797, ont été reconnues en 1828 par M. Liitké. On y voit aussi les îles *Normoliaour*, *Elat* ou *Elato*, *Ifelouk*, *Oulimirek* et *Satahoual*, qui forment un royaume dont le chef réside à Oulimirek. Les habitants sont les plus policés de l'archipel des Carolines. Ils excellent dans la construction des pirogues et dans l'art de naviguer. Les pirogues qu'on nomme *volantes* sont les plus parfaites que l'on connaisse. Ils divisent la rose des vents de la même manière que le faisaient, d'après Timosthènes, les Grecs et les Romains depuis Alexandre jusqu'à Claude.

« Le capitaine Wilson, en revenant de la mer du Sud, où il avait porté les missionnaires anglais, retourna par le sud de l'archipel des Carolines, par 7 degrés de latitude nord. Il y visita quelques îles, et entre autres le groupe considérable qu'il nomma *Treize îles*, dont la plus méridionale est par 7° 16′ latitude nord, et 144° 30′ longitude est. Les habitants ont le teint cuivré ; les femmes sont d'une couleur pâle olivâtre ; leurs lèvres sont un peu grosses, leur visage assez large et leurs cheveux noirs et longs. Leur idiome diffère de celui des îles Palaos, qui en sont voisines (¹). Ils vendent des cordages de joncs

(¹) Océanie, par M. *de Rienzi*, p. 130.

(¹) Missionary Voyage in the Duff, p. 304.

d'une extrême force ; ils portent une espèce de ceinture qui ressemble à une *écharpe espagnole*, et des chapeaux coniques comme ceux des Chinois, qui sont également connus dans les Philippines. On vit 150 canots, chacun monté par 7 hommes l'un portant l'autre. » Ce groupe, connu sous le nom d'*Ouleaï*, est composé de 22 îles dont les plus considérables sont *Angaligarail*, *Faraalle*, *Motogozeu*, *Raoul* et *Fetalis*. C'est sur la côte méridionale de Raoul, la plus méridionale du groupe, que l'on trouve 4 ou 5 ports artificiels ; ce qui est remarquable dans ces mers éloignées.

« Nous passerons rapidement devant la longue chaîne des îles *Mulgrave*, découverte par Marshall et Gilbert en 1788, et que M. A. Balbi a proposé d'appeler *Archipel Central*. On n'en connaît que les positions et les noms anglais. La plupart sont basses ; elles produisent des cocos, des oranges, des choux palmistes. La race cuivrée qui les habite parut hospitalière et habile dans la navigation (¹). Cette chaîne se joint aux *îles Carolines* par les *îles Pescadores* (des Pêcheurs), qui paraissent identiques avec le groupe *Bigini*. »

On connaît exactement la position des îles *Saint-Augustin*, *Gran-Cocal*, *Néderlandisch*, *Ellice*, *Peyster*, de *l'Indépendance*, de *Kwaldeleu*, de *Lileb*, de *Tébot*, d'*Odia* ou *Elmore*, de *Namou*, d'*Ebou* ou *Bonham*, de *Nantuket*, de *Kili*; on a visité le groupe de *Répith-Urur*, celui de *Miadi*, ceux du *Scarborough*, de *Bishop*, de *Simpson*, et la *Chaîne de Radak* qui comprend les groupes de *Tagai* et d'*Oudirik*, d'*Odia* ou *Romanzof*, de *Ligiep*, d'*Ailou*, d'*Eregouf*, d'*Araktsfchejef* ou de *Kawen*, qui est un des plus peuplés, d'*Aour*, le plus important de la chaîne et la résidence du roi ou *tumon*; ceux de *Médiuro*, de *Mille*, d'*Arno*, gouvernés par un chef indépendant, et celui de *Bigar*, qui n'est point habité. « On retrouvera un jour l'île de la *Belle-Nation* (¹), placée par Quiros à 1,600 lieues espagnoles de Lima, et à 10° 20' de latitude. Les habitants, remarquables par leur blancheur, naviguaient dans des canots doubles, et construisaient leurs cabanes élégantes de troncs de palmier (²). »

(¹) *Gilbert* dans le *Magasin* de *Forster*, I, 200-206.

(¹) *De la Gente Hermosa*. — (²) *Quiros* : Viagero universal, XVII, p. 170.

LIVRE DEUX CENT CINQUIÈME.

Suite de la Description de l'Océanie. — Description de la Polynésie proprement dite.

Nous allons entrer dans cette partie de l'Océanie que, d'après les divisions nouvelles adoptées par quelques géographes, on doit appeler *Polynésie*. Nous y comprendrons tous les archipels qui doivent compléter l'Océanie, ainsi que cette grande terre de la Nouvelle-Zélande que l'on a jusqu'à présent comprise dans l'Australie, mais qu'on doit en détacher avec d'autant plus de raison que ses habitants diffèrent des races australiennes, et présentent les plus grands rapports avec les peuples polynésiens.

« Tous les parages à l'ouest de l'archipel des Navigateurs, jusque vers les îles Salomon, renferment plusieurs îles détachées. La plus remarquable aujourd'hui est celle de *Rotouma*, que l'on a regardée à tort comme l'île *Taumago* ou *Taumako* de Quiros, et que des navigateurs anglais ont appelée *Grenville*. Le capitaine Wilson, de retour du voyage des missionnaires, y aborda. « La fertilité et la » population de cette île isolée paraissent ex- » trêmes. Dans un espace de moins d'un mille » anglais de long, nous comptâmes 200 mai- » sons, sans celles qui devaient être cachées » derrière les arbres. Les cochons, les vo- » lailles et les fruits abondent ici, et c'est » une des meilleures places de rafraîchisse- » ment. » Elle est, selon Quiros, à 50 lieues de la terre du Saint-Esprit ; mais cette distance ne se rapporte qu'à l'île de Taumago ([1]). »

Selon M. Lesson, Rotouma est montagneuse et d'une médiocre hauteur. L'extrémité méridionale se termine en pointe basse, et semble former une petite île conique; mais il n'y a point d'interruption entre l'île et cet îlot apparent. La même chose se fait remarquer à la partie septentrionale; deux îlots, dont l'un est très plat, sont à 2 ou 3 milles de cette extrémité. L'aspect de cette terre est très agréable; on ne voit çà et là que des tapis de verdure; les montagnes paraissent volcaniques. Il n'y a point de cours d'eau dans l'île; les naturels ne se servent que d'eau de puits.

Les habitants sont bien faits et d'une taille presque toujours au-dessus de 5 pieds. Ils ont des traits réguliers et une physionomie douce et pleine de gaieté. Leurs cheveux longs sont relevés en touffe derrière la tête; leur nez un peu épaté, leurs yeux de feu, leurs dents d'ivoire et leur barbe rasée leur donnent une apparence de bonté qu'on trouve rarement dans la Polynésie. Les lobes des oreilles sont percés de trous propres à recevoir des fleurs ou des herbes odorantes. Leur corps a un embonpoint raisonnable; leur peau est douce, lisse, couleur de cuivre clair, plus foncée chez quelques uns. Ils vont presque nus; leur vêtement consiste en un étroit *maro* et une natte qui leur ceint le corps et tombe jusqu'aux genoux. Ils s'enduisent le corps avec une poussière rouge, jaune ou couleur d'orange mêlée à de l'huile de coco, et paraissent pratiquer la circoncision.

Ils ont pour le vol un penchant prononcé, comme presque tous les peuples sauvages. Ils ne paraissent avoir d'autre arme que le casse-tête, dont ils se servent avec la plus grande habileté, et une lance de 12 à 15 pieds de longueur. Leur ornement le plus ordinaire est le tatouage, dont ils se couvrent le corps d'une manière très régulière depuis le bas de la poitrine jusqu'au genou : on n'en voit sur le reste du corps que des traces légères, qui imitent des fleurs, des oiseaux ou des poissons volants. Le nombre des habitants, que Wilson porta à 6 ou 7,000, n'a paru à M. Lesson que de 3 à 4,000. Le marin John l'a estimé de 18,000; mais son chiffre paraît être beaucoup trop fort.

Quelques cérémonies peu importantes ne peuvent donner qu'une idée imparfaite de leur croyance religieuse : ils paraissent croire à l'existence des esprits. Leur langue diffère peu de la langue océanienne générale; elle offre dans ses mots la plus grande analogie avec celle de Taïti, des îles Sandwich, des îles Viti, des îles des Amis et de la Nouvelle-Zélande.

L'île est partagée entre 24 chefs appelés *hinhangatcha*, dont chacun, selon son âge, parvient à l'autorité suprême, et l'exerce pendant vingt lunes sous le nom de *chaou*. Les chefs marient leurs jeunes filles à qui il leur plaît, et celles-ci ne peuvent refuser leurs époux sous quelque prétexte que ce soit; souvent même elles sont mariées avant de voir leurs maris. Les deux fiancés doivent coucher une ou deux nuits sur la même natte en présence de quelques gardes; le lendemain se passe en danses et en festins jusqu'au soir, où l'on se rend au bord de la mer. D'abord la femme se couche sur le dos, et l'homme lui lave le corps; ensuite celui-ci s'étend sur le ventre, et la femme pratique la même cérémonie.

Quand un enfant naît, on avertit le chef, qui se rend immédiatement dans la maison et s'assied au milieu, où l'on apporte l'enfant avec de l'eau salée et de l'huile de coco. Il en frotte la figure, les gencives et les lèvres du nouveau-né, en demandant quel est le nom qu'on veut lui imposer. Il le publie, et les assistants le répètent pendant long-temps.

La douceur que ces insulaires font paraître en ne permettant pas de tuer les mouches, les rats et les serpents, cède cependant à la superstition. Quand un chef meurt, toutes les familles se rassemblent, et le sort décide quels sont les deux garçons de 10 à 12 ans qui doivent être immolés et enterrés aux deux côtés du défunt. On immole deux jeunes filles à la mort de la femme du chef. Devons-nous, après cela, ajouter foi aux relations de ceux qui assurent que ces peuples croient que tout périt avec le corps, et que la mort est un anéantissement total? Quand quelqu'un de la classe

([1]) Sur sa carte de l'Océanie, M. *Dumont d'Urville* comprend l'île de Rotouma ainsi que les Fidji dans l'Australie ou la Mélanésie; mais il nous semble que la ligne de séparation entre cette division de l'Océanie et la Polynésie devrait passer sous le 170e méridien. Nous nous sommes donc déterminé à mettre notre texte en rapport avec cette ligne de démarcation. J. H.

du peuple meurt, son épouse se fait avec un fer rouge plusieurs brûlures sur la poitrine; si c'est une femme qui quitte la vie, son époux se fait avec une pierre tranchante plusieurs incisions sur le front et les épaules.

» La langue des Nouvelles-Hébrides et celle des îles des Amis y paraissent connues; car le chef prit, selon Quiros, le nom de *taurique,* qui est évidemment le titre de *térique* donné aux chefs des îles des Amis, et encore celui de *toumaï,* qui probablement n'était que le mot *tomar,* signifiant *ami* dans l'idiome de l'île de Tanna [1]. Les îles voisines à l'ouest portaient les noms de *Temelfica,* d'*Indeni,* de *Manci;* la dernière avait un volcan. Quiros en vit plusieurs, mais les détermina vaguement. Les habitants de Rotoumá avaient connaissance de Vanicoro, et traçaient avec des cailloux une carte des archipels voisins. »

Ils donnèrent à M. Lesson quelques renseignements sur une île nommée *Noué,* située vers le nord-est, à une distance de 200 milles. Elle est aussi grande que Rotouma, et ses habitants sont anthropophages.

» Plus au sud s'étend le groupe considérable qui porte le nom de *Fidji* chez tous les géographes, ou celui d'*îles du Prince-Guillaume,* que lui donna Abel Tasman. On l'a aussi appelé *archipel de Viti.*

» Les Vitiens sont plus industrieux que les Tongatabouais, d'après les propres aveux de ceux-ci, qui cependant les ont subjugués. Celles de ces îles que le capitaine Wilson vit en 1796 étaient d'une élévation moyenne, couvertes de cocotiers jusqu'au sommet, et entourées de récifs très étendus et très dangereux; le vaisseau des missionnaires y faillit périr en plein jour par un temps calme, en donnant contre un récif dont aucun indice ne faisait soupçonner l'existence. »

Les indigènes appartiennent à la race papoue. Ils ont le haut du front et le nez élargi, les lèvres grosses, les cheveux frisés; leur peau est d'une couleur tirant sur le chocolat. Leur taille est de 5 pieds 5 pouces, et leur constitution robuste. Ils vont presque nus; tout leur vêtement consiste en une ceinture qui passe entre les cuisses. Ils portent aux bras et aux jambes des bracelets, et suspendent à leur cou des colliers de dents humaines. Plusieurs entourent leur tête d'étoffes blanches en forme de turban, et ont les cheveux teints en noir ou en rouge. Cette couleur prend une nouvelle intensité du charbon dont ils se frottent. Quelques uns ont la chevelure divisée en deux touffes par un sillon qui va d'une oreille à l'autre. Leur tatouage est en relief; pour cela ils se font sur les bras et à la poitrine des trous qu'ils renouvellent jusqu'à ce que les chairs fassent une cicatrice égale à une petite cerise. Ils pratiquent la circoncision comme dans plusieurs autres îles de l'Océanie.

Les femmes vont à la pêche à l'exclusion des maris, dont l'office est de faire la guerre, de construire les maisons, les pirogues, et de travailler à la terre. On les marie de très bonne heure, mais elles n'habitent avec leur époux que lorsqu'il a atteint l'âge de 20 ans. La polygamie est autorisée par la coutume; cependant elle n'est permise qu'aux chefs, qui peuvent, selon leurs richesses, avoir de dix à soixante femmes. Les femmes ont de deux à six enfants, dont elles prennent le plus grand soin.

Ces peuples suivent, pour leur lever et leur coucher, les lois que la nature paraît avoir tracées; ils se couchent au commencement de la nuit et se lèvent au point du jour. Ils allument le feu par le frottement de deux morceaux de bois l'un contre l'autre. Ils ont des esclaves des deux sexes; le roi a près de cent esclaves mâles, et il peut réduire à l'esclavage toutes les femmes qui dépendent de ses possessions. Quand un chef meurt, on tue plusieurs de ses femmes; et si c'est le roi ou la reine, les victimes se coupent un doigt de la main ou du pied.

Les prêtres que l'on voit parmi ces insulaires portent le nom d'*ambetti.* Ils ont un dieu du premier ordre qui, disent-ils, a créé la terre, la mer, le soleil, les étoiles et tout ce qui existe. Leurs dieux du second ordre, ainsi que les déesses, sont en grand nombre. Ils leur offrent des bananes, des étoffes, des cochons, etc., mais non des sacrifices humains. Ils croient à l'immortalité de l'âme, et prétendent que tous vont après leur mort rejoindre leur principale divinité. Les ennemis tués dans les combats sont mangés par les vainqueurs.

Dans ces îles, le roi reçoit des tributs de dents de baleine, qui sont la monnaie du pays;

[1] *Forster:* Voyage, II, 231. *Quiros,* l. c. 174.

les impôts se paient aussi en nattes, en étoffes, en pirogues, en coquilles, en bananes, en ignames, en cocos, en poules, en cochons et en autres productions utiles. A la mort du roi, son frère lui succède, et à défaut de frère, c'est son fils qui est maître du pouvoir. Il peut régner en souverain sur tous ses Etats; mais il doit se soumettre aux lois établies par les prêtres. Quand une île refuse de payer le tribut, on lui déclare la guerre; si c'est un seul individu, il est puni de mort.

Les voyageurs naufragés sont tués par ces insulaires ou chargés des armes à feu dans les combats, comme étant plus habiles à s'en servir. Le suicide est connu dans ces îles, mais il n'y a que ceux qui ont reçu quelque mauvais traitement des chefs qui se livrent à une mort volontaire; alors ils se pendent. On étrangle ceux qui tombent dans un état d'aliénation mentale. Le vol, fréquent parmi ces peuples, est ordinairement impuni; si les chefs se trouvent lésés, on met à mort celui qui s'est rendu coupable. Un chef qui tue un homme doit prendre son nom et l'ajouter au sien.

Les armes des Vitiens sont faites dans le genre de celles de Tonga-Tabou, mais elles sont moins artistement travaillées [1]. Il faut cependant excepter le casse-tête, formé d'un bouton sphérique de quatre pouces de diamètre et d'un manche d'un pied de longueur: cette arme est enrichie de ciselures et incrustée de dents humaines.

Nous ne pouvons indiquer le chiffre de la population de cet archipel; il paraît être compris entre 70,000 et 100,000 individus. Cette population est moindre en temps de guerre, et plus considérable pendant la paix.

Paou ou *Viti-Levou*, et *Navihei-Levou*, sont les deux plus grandes îles de cet archipel. La première a 50 lieues de circonférence; elle est célèbre par le bois de santal qu'elle produit en abondance, et que les Européens et les Américains viennent y chercher: sa population est très nombreuse. La seconde porte aussi les noms de *Bawo* et *Ambow*. Les autres sont *Middleton*, *Myvoulla*, *Farewell*, dont le vrai nom paraît être *Zigombia*, *Akatembo*, l'île *Table*, celle de la *Tortue*, et plusieurs autres dont le nombre semble devoir être porté à plus de 200. On pourrait regarder comme une dépendance de l'archipel de Viti le groupe d'*Ono*, dont les habitants, doux et pacifiques et vivant de poissons, passent pour assez bons navigateurs.

[1] Voyage de M. *Dumont d'Urville*, IV, p. 452.

En naviguant à l'est, nous verrons s'élever du sein des flots les collines et les plaines qui composent l'archipel des *îles des Amis*. On ne peut étendre cette division aux îles Viti, à l'ouest, à celles des *Cocos* et des *Traîtres*, au nord, à celle dite de *Savage*, à l'est, qui doivent être réunies aux îles *Horn* et *Wallis*, pour former une chaîne qui sépare l'archipel des Navigateurs de ceux de Fidji et de Tonga-Tabou. L'île de Wallis, que les habitants nomment *Ouvea*, est depuis quelque temps le théâtre des prédications de missionnaires catholiques français, qui paraissent y faire de sensibles progrès. Circonscrit dans ces limites, l'archipel des Amis sera encore assez grand, puisqu'il contient au-delà de cent îles et îlots. Cet archipel tient à peu près le premier rang parmi ceux de la Polynésie par l'industrie de ses habitants et l'espèce d'ordre politique qui y règne.

« La principale de ces îles est celle nommée *Tonga-Tabou*, c'est-à-dire île consacrée. Elle est une des plus méridionales. Les voyageurs l'ont décrite avec le détail le plus minutieux. Néanmoins, sans les relations de Labillardière, des missionnaires anglais et de M. Dumont d'Urville, nous la connaîtrions mal. Le pays en général n'offre pas ce magnifique paysage qui résulte d'une multitude de montagnes, de vallées, de plaines, de ruisseaux et de cascades, mais il étale aux yeux des spectateurs la fertilité la plus abondante.

» Les vents y soufflent le plus souvent entre le sud et l'est, et lorsqu'ils sont modérés, on a ordinairement un ciel pur. Quand ils deviennent plus frais, l'atmosphère est chargée de nuages, mais elle n'est point brumeuse, et il pleut fréquemment. D'après la relation des missionnaires, les tremblements de terre y sont très fréquents. Le feuillage n'éprouve point d'altération sensible aux diverses époques de l'année; chaque feuille qui tombe est remplacée par une autre, et on jouit d'un printemps universel et continu. Les missionnaires ont trouvé l'air très sain, mais plus froid qu'ils ne s'y attendaient.

» Un rocher de corail, le seul qui se présente sur la côte, sert de base à l'île. On n'y voit guère d'autre pierre, excepté une roche feldspathique, dont les naturels font leurs haches. Quoique le corail s'élance en beaucoup d'endroits au-dessus de la surface du terreau, le sol est en général d'une profondeur considérable. L'humus végétal recouvre une couche d'argile. Labillardière a jeté un coup d'œil sur la botanique de cette île. A l'ombre des bois croît le *tacca pinnatifida*, le *mussænda frondosa*, l'*abrus precatorius* et le poivrier, qui sert aux habitants à faire le kava; ils font des nattes avec le *pandanus odoratissimus*; l'*hibiscus tiliaceus* croît spontanément sur les bords des diverses cultures et tout près de la mer; son écorce fournit aux insulaires de quoi faire des étoffes beaucoup moins belles que celles du mûrier à papier; des cotonniers de l'espèce appelée *gossypium religiosum* croissent dans les lieux humides, mais ne sont pas employés par les habitants. On y trouve aussi du bois de *santal* et une forte noix muscade qui n'est point aromatique [1]. »

M. Dumont d'Urville a vu un *mea*, arbre du genre des *ficus*, dont le tronc avait 200 pieds de circonférence. Cet arbre est dédié au touï-tonga ou souverain, qui vient après son couronnement se placer sous son ombrage. Nous citerons encore le *corypha umbraculifera*, le *hernandia ovigera*, le *cerbera manghas*, le *casuarina equisetifolia*, l'*inocarpus edulis*, le *melodinus scandens*, le *tacca pinnatifida*, diverses espèces de *convolvulus* et le *saccharum spontaneum*.

Les seuls mammifères que l'on trouve dans cette île sont le cochon, le chien et le rat. Les oiseaux sont en petit nombre; les principales espèces sont une très jolie tourterelle, une colombe, une petite perruche fort élégante, un philémon, un râle, un martin-pêcheur, et quelques oiseaux de mer. Il y a deux ou trois espèces de serpents, un *hydrophis*, un petit lézard et beaucoup de poissons [2]. Les récifs offrent les coquilles les plus rares.

L'île de Tonga-Tabou a la forme d'un croissant irrégulier [3] dont la concavité, dirigée vers le nord, serait coupée par une échancrure de 5 milles de largeur sur 3 de profondeur. Sa base, entièrement composée de madrépores, est recouverte d'une épaisse couche d'humus dans laquelle tous les végétaux se développent avec vigueur. L'eau douce est rare sur toute la surface de l'île, et le célèbre voyageur à qui nous empruntons ces détails pense qu'il ne s'y trouve pas un seul ruisseau proprement dit. Ce n'est qu'en creusant à une profondeur peu considérable qu'on peut obtenir de l'eau potable.

Les missionnaires ont donné à une partie de cette terre une population qui serait pour toute l'île de 20,000 individus. On ne peut sans exagération la porter à plus de 15,000, dont 4 ou 5,000 sont en état de combattre.

Parmi les villages de Tonga-Tabou, les deux plus importants sont *Béa* qui, entouré de fossés, passe pour une place forte, et *Mafanga*, lieu sacré qui contient les maisons des esprits et les tombeaux de quelques familles de chefs. Dans les plus grandes guerres, dit M. Quoy, ce lieu est toujours respecté, et jamais on n'y combat [1].

L'île de Tonga-Tabou était divisée en trois souverainetés, *Hifo* au nord, *Moua* au centre, *Ahodschi* au sud-est [2]. Ces districts avaient chacun leur souverain; la famille régnante de Moua portait le nom de *Fattafaï*, qui est également celui d'un des dieux nationaux; les *Fattafaï*, souverains absolus de l'île, n'ont guère aujourd'hui que les honneurs de la royauté et la faculté de présider aux sacrifices. Le *Touï-Kana-Kabolo* ou le prince du canton septentrional, s'est emparé de la supériorité politique, et sa charge répond à celle d'administrateur général de l'Etat. Le *Lavaka* est chargé de tout ce qui a rapport au culte. Sans sa participation, les actes qui se passent ne sauraient être légaux. Tous les chefs des îles voisines règnent chez eux en despotes. Les insulaires de Viti même, si redoutables du temps de Cook, ont subi le joug de Tonga-Tabou; la puissance de cet Etat s'étend de l'autre côté jusque vers les confins de l'archipel des Navigateurs. Leur flotte, de 100 à 150 pirogues, est plus respectable que celle des Taïtiens, et leur navigation s'étend jusqu'à l'archipel du Saint-Esprit. Ils donnèrent à Cook une longue liste des îles qui leur sont connues.

« On sacrifie à Tonga-Tabou un grand nom-

(1) *Labillardière*: Voyage, t. II, p. 101, 105, etc.
(2) M. *Dumont d'Urville*, IV, p. 336. — (3) *Idem*, *ibid*.

(1) Voyage de l'*Astrolabe*, tome IV, page 367. —
(2) Voyage des Missionnaires, chap. XVI.

bre de victimes humaines; et, malgré leurs idées sur la propriété, les habitants ne se font aucun scrupule de voler les étrangers. En général, Labillardière donne à ces insulaires un caractère infiniment plus méchant et plus barbare qu'on ne devrait le supposer d'après les relations de Cook et de Forster; il y vit même des assassinats commis avec beaucoup de perfidie [1]. La relation plus moderne des missionnaires anglais ne présente pas un tableau entièrement conforme aux idées de Labillardière. « Les habitants des îles des Amis, » disent les missionnaires, méritent le nom » que Cook leur a donné; dès qu'on leur en » eut expliqué le sens, ils parurent s'en enor- » gueillir. Ils exercent entre eux une libéra- » lité et une générosité étonnantes. Pendant » quatre mois nous n'avons ni vu ni entendu » parler de la moindre querelle entre eux. » L'infanticide et plusieurs autres institutions » sociales des Taïtiens sont inconnus ici. L'in- » fidélité conjugale, parmi les classes élevées, » est sévèrement punie, du moins quant au » séducteur; les femmes sont à peu près es- » claves. La polygamie est une prérogative » des chefs. » Un missionnaire se fit païen et sauvage; mais quatre ans suffirent pour le dégoûter de la félicité dont l'image l'avait charmé [2].

Les habitants de Tonga-Tabou sont généralement grands, bien faits et bien proportionnés. Leur physionomie est agréable et présente une variété de traits semblables à ceux des Européens [3]. Leur expression, moins sévère que chez les Nouveaux-Zélandais, est cependant plus sérieuse et plus grave que chez les indigènes de Taïti. Ils ont le nez aquilin, les lèvres assez minces, les cheveux lisses et la couleur peu foncée. Ils diffèrent essentiellement des Nouveaux-Zélandais, qui paraissent barbares au dernier point, et qui font cependant preuve de qualités solides quand on les étudie de près; tandis que ceux de Tonga, hospitaliers, caressants, aimables et polis dans leurs premières entrevues, savent cacher sous le manteau de l'hospitalité leur audace et leur dissimulation profonde. Au reste, ils sont braves jusqu'à la témérité la plus audacieuse et portés au dévouement le plus extraordinaire. Ils vivent entre eux en bonne intelligence, et savent sans s'émouvoir souffrir les affronts et les refus, mais ils ne laissent jamais passer l'occasion favorable à la vengeance.

Ils sont très attachés à leurs parents, à leurs chefs et à leurs amis. Ils traitent leurs femmes avec la plus grande affabilité, et prennent le plus grand soin d'élever et de nourrir leur famille. Les vieillards sont toujours respectés.

Tous les hommes en état de porter les armes sont guerriers au besoin, et doivent suivre leur chef partout où il veut les conduire. Depuis que le pouvoir à Tonga-Tabou a été divisé, on ne voit point de guerre en bataille rangée. Ce sont toujours des embuscades après lesquelles le vaincu se rend sur quelques îles amies pour y vivre dans un exil volontaire. Ces peuples étant convaincus que c'est agir contre les dieux que de se révolter contre les chefs, se trouvent rarement dans le cas d'être punis : alors c'est le chef qui les châtie à coups de bâton lui-même, ou par un de ses ministres; lorsque deux chefs croient avoir de justes motifs de reproches l'un contre l'autre, ils terminent leur querelle par un combat singulier. Ils se battent avec le plus grand acharnement; mais une réconciliation sincère termine presque toujours leurs débats.

Parmi les jeunes filles, les unes sont libres, les autres sont promises long-temps à l'avance par leurs parents. Les femmes mariées sont soumises à leurs époux, qui peuvent les garder autant de temps qu'ils le désirent; si le mari consent à ce que la femme se retire, elle devient indépendante et peut se marier à qui il lui plaît, ou rester libre en vivant avec celui qui lui convient. Les chefs prennent autant de femmes qu'ils veulent. La cérémonie du mariage consiste, de la part de l'époux, à aller demander l'épouse chez ses parents, et à donner un repas à ses amis et à ceux de la famille à qui il s'allie. Les enfants jouissent dans la société du rang de leur mère et non de celui de leur père; ainsi le fils d'une femme du peuple et d'un noble sera homme du peuple, tandis que le fils d'une noble et d'un homme du peuple est regardé comme noble. A un certain âge, les enfants sont circoncis. Le tatouage est très usité parmi ces insulaires; ils l'exécutent sur le ventre et les cuisses.

(1) *Labillardière*, t. II, p. 109. — (2) Narrative of four years residence at Tongatabou. Londres, 1811. — (3) M. *Dumont d'Urville*, IV, 228.

Ces ornements ne se font jamais par des incisions profondes, et n'entraînent même pas des idées de valeur guerrière, comme parmi les Nouveaux-Zélandais. Les femmes ne se tatouent que la paume des mains.

La coutume de se couper une phalange de l'une des deux mains pour l'offrir en sacrifice, lorsqu'un père ou un proche parent est malade, se fait remarquer chez ces insulaires. Cette coutume est principalement pratiquée par les femmes : aussi est-il rare d'en trouver qui n'aient perdu le petit doigt de chaque main.

« Ces peuples ont deux grands *natchi* ou fêtes religieuses : l'un pour implorer la protection de *Fattafaï* en faveur des fruits nouveau-plantés ; l'autre, après la moisson, pour témoigner à ce dieu leur gratitude. Chacun tue et apporte lui-même l'animal qu'il offre en sacrifice. *Kala-Fontonga* ou *Kala-Fila-Tonga* est la souveraine des flots et des vents : le dieu *Mauwi* porte l'île sur son dos ; les tremblements de terre ont lieu lorsque ce dieu, ennuyé de ce fardeau, veut s'en débarrasser. Le dieu du plaisir, *Higouleo*, rassemble toutes les âmes dans un paradis très semblable à celui de Mahomet. »

Tali-Ai-Toubo est le dieu de la guerre, et celui du roi en particulier. *Toubo-Totaï* est celui des voyageurs ; il préside aux embarcations. *Alo-Alo* préside aux éléments. *Hala-Api-Api, Alaï-Valou, Touï-Bolotou, Toubo-Bougou, Togui-Oukou-Mea, Kartou* et *Tangaloa*, sont les autres dieux du premier ordre.

Viennent ensuite les esprits des morts, qui ont aussi le pouvoir d'inspirer des prêtres et de punir ou de récompenser les hommes. Leur situation dans l'autre monde ne dépend point de leurs actions, parce que, disent ces insulaires, les dieux punissent en cette vie les crimes des coupables. Il y a encore un grand nombre d'*Hotoua-pou* ou dieux méchants, qui causent toutes les insomnies et les tribulations qui ne peuvent pas être l'effet de la colère des dieux du premier ordre. Les dieux manifestent souvent leur présence par des sifflements; c'est pourquoi il est défendu aux hommes de siffler.

Ces dieux visitent quelquefois les femmes ; alors elles sont pensives et mélancoliques ; elles versent quelquefois des larmes et perdent toute connaissance. Les indigènes pensent alors que la divinité est venue reprocher à la personne ainsi affectée quelque négligence secrète. Les inspirations sont beaucoup plus fréquentes chez les prêtres : on ne manque jamais de les consulter à l'égard des personnes malades. Le prêtre reste inspiré pendant tout le temps qu'il est auprès du malade ; mais si celui-ci n'est point soulagé, on a recours à un autre.

Le *tabou* est ici en usage comme à la Nouvelle-Zélande. Il s'applique aux personnes, aux choses et aux lieux. Quand on veut conserver quelque chose, empêcher certaines productions de devenir rares, on les impose au tabou : personne n'ose alors y toucher jusqu'à une nouvelle cérémonie qui porte le nom de *faka-lahi*. Celui qui a volé est supposé avoir manqué au tabou. Pour s'assurer de la vérité, on le fait baigner dans des lieux fréquentés par les requins ; s'il est mordu, il passe pour coupable; dans le cas contraire, son innocence est établie.

Voici comment Mariner décrit une cérémonie qui eut lieu pour lever un *tabou* qui pesait depuis long-temps sur des provisions. On dressa la veille quatre énormes cages en bois de 4 pieds de largeur sur chaque face, et de 60 de hauteur. Chacune de ces cages fut remplie d'ignames jusqu'au faîte, qui était occupé par un cochon à demi rôti. On tua en outre 400 cochons, on les fit cuire à demi ; après que tout cela eut été porté en divers endroits, une partie fut donnée au roi, une autre aux principaux chefs, une troisième aux prêtres, et une quatrième enfin fut distribuée aux gens du peuple.

Nous devons encore parler d'une cérémonie d'un autre genre qui blesse l'humanité : elle prend le nom de *naudgia*, et consiste à étrangler un enfant pour le sacrifier aux dieux, afin d'obtenir la guérison d'un parent malade. La même cérémonie a lieu quand un chef a commis un sacrilége. On choisit alors l'enfant d'un autre chef, comme devant être plus agréable à la divinité. Il n'est pas rare de voir des juges qui offrent d'eux-mêmes leurs enfants pour être immolés.

Les cérémonies usitées dans les funérailles des chefs ont aussi quelque chose de cruel, mais qui marque quels sont l'obéissance et l'attachement que ces peuples portent à ceux qui les dirigent. Les femmes poussent des cris et des hurlements, et les hommes se frappent très rudement à coups de casse-tête, se plongent des épées dans le corps, et cela pendant plusieurs jours de suite. Il y en a qui se percent les joues de trois flèches, dont les dards sortent par la bouche; ces flèches restent ainsi pendant quelques instants suspendues à la figure déchirée de ces malheureux. Dans d'autres cérémonies, ils se brûlent la peau des joues ou se font de grandes plaies circulaires sur le visage. Nous ne parlerons point de la coutume qu'ils ont de déposer pendant quinze ou vingt jours de suite, vers le soir, des ordures sur la tombe, afin de les ôter le lendemain avec leurs femmes. Ces peuples ont une grande foi dans les charmes et les présages. Les éclairs et le tonnerre sont toujours des indices de quelque grande catastrophe, et l'action d'éternuer porte aussi avec elle quelque chose de sinistre.

La langue de Tonga-Tabou est la même que celle de la Nouvelle-Zélande, à de très petites différences près. Elle est mélodieuse, douce et plus variée que celle de Taïti. Les habitants de Tonga ont un grand nombre de jeux, parmi lesquels les plus remarquables sont ceux de la chasse du *fanakalaï*, c'est-à-dire de la poule d'eau, et du *fana-gouma* ou chasse au rat. Ils se rassemblent par troupes, en lançant des flèches dans un certain ordre; celui des deux partis qui a le premier dix rats remporte la victoire. Ces rats leur servent aussi de nourriture.

Les maisons, ordinaires et publiques, sont bien inférieures à celles de Taïti, soit pour la commodité, soit pour l'élégance. Elles sont cependant bien solides : leur forme est en général celle d'un ovale de 30 pieds de long sur 20 de large, et 12 ou 15 de haut pour les personnes d'un certain rang (1). Les habitations des gens du peuple sont bien moins considérables. Ce n'est qu'un toit soutenu sur des poteaux; ce toit est quelquefois de feuilles de canne à sucre, mais le plus souvent il est fait avec des nattes de feuilles de cocotier. La maison n'a qu'un étage que l'on divise en plusieurs au moyen de nattes verticalement placées. Les insulaires dorment sur une natte et se couvrent des habits qu'ils ont portés pendant le jour. Ces maisons sont généralement assemblées en petits villages fermés de palissades artistement travaillées, et traversés par des sentiers bien battus.

Tous les meubles que l'on remarque dans ces habitations se réduisent à un ou deux bols en bois, quelques gourdes pour contenir de l'eau, des côtes de cocos pour renfermer l'huile dont ils se servent pour frotter les coussinets en bois et les escabeaux qui doivent servir de siéges aux maîtres de la maison.

La principale nourriture des habitants de Tonga-Tabou consiste en bananes, noix de coco, ignames, taro, fruit à pain, poissons et coquillages : les tortues, les cochons et les volailles sont réservés aux chefs. L'habillement des deux sexes est une natte ou une pièce d'étoffe de 6 pieds de large sur une longueur égale ou de 2 pieds plus grande. Ils s'en enveloppent le corps de manière à faire un tour et demi sur les reins, où elle est arrêtée par une ceinture. Souvent leur costume se réduit à une pagne en simple feuillage ou bien au *maro* des habitants de Taïti. Les enfants vont à peu près nus pendant long-temps; du moins ils ne portent qu'un *maro* jusqu'à l'âge de sept ans.

Leurs ornements ordinaires sont des colliers en fruits de *pandanus* ou en fleurs. Ils suspendent à leur cou des coquilles, des ossements d'oiseaux, des os de baleine, des dents de requin et des morceaux de nacre; ils ont des bagues des mêmes matières, et d'autres en écailles de tortue. Les lobes de leurs oreilles sont percés de grands trous pour recevoir de petits cylindres en bois et de petits roseaux.

Leurs instruments de musique se réduisent à la flûte et au *tam-tam*; leur flûte n'est autre chose qu'un cylindre de bois fermé aux deux bouts et percé de plusieurs trous. Ils en tirent des sons en y soufflant de la narine droite. Les insulaires de Tonga ont un grand nombre de danses qu'ils exécutent tantôt le jour, tantôt la nuit.

Leurs pirogues sont beaucoup mieux construites que celles des Taïtiens; leurs nattes sont tellement supérieures à celles de Taïti, que les navigateurs en peuvent apporter comme objets de commerce dans cette dernière île; ils fabriquent aussi des étoffes lustrées, rayées, à carreaux et ornées de divers autres dessins. Les paniers, les piegues et la

(1) M. *Dumont d'Urville*, IV, 278.

plupart des petits ouvrages qui sortent de la main des femmes, sont faits avec goût et élégance. Les cordages des lignes de pêche, les hameçons de ces insulaires, sont d'une aussi bonne qualité que les mêmes objets en Europe. Tonga-Tabou a un excellent et vaste havre susceptible d'être fortifié.

« L'île d'*Eoua* est nommée *Middelbourg* par Tasman ; c'est une terre élevée, d'un aspect charmant, boisée, fertile et pourvue d'eau douce. Quoique le sol en général soit argileux, on voit percer le rocher de corail jusqu'à la hauteur de 300 pieds au-dessus du niveau de la mer.

« *Anamouka*, l'île *Rotterdam* de Tasman, est la plus considérable d'un groupe situé au nord de Tonga-Tabou. Elle est composée, comme celle-ci, d'un rocher de corail couvert d'un bon terreau ; on y trouve un seul roc calcaire. Il y a plus de fruit à pain et de pampelmouses, et tous les végétaux y viennent mieux qu'à Tonga-Tabou. Les terrains ne sont pas enfermés de haies aussi nombreuses, aussi régulières et aussi soigneusement faites, mais les berceaux touffus couvrent les chemins et étalent de belles fleurs qui embaument l'air de parfums. Les sites multipliés que forment les petites élévations et les différents groupes d'arbres contribuent encore à orner et à varier l'aspect de cette terre.

» *Tafoua*, peu peuplée, renferme un volcan que des indigènes regardent comme le séjour d'une divinité. » Il a, dit-on, 3,000 pieds de hauteur.

Vavao ou *Ouavao* est la *Mayorga* de Maurelle, navigateur espagnol ; c'est, pour la grandeur, la seconde île de l'archipel ; c'est elle aussi qui offre les meilleurs mouillages. Les missionnaires de Taïti ont vainement tenté d'y introduire la religion chrétienne. Quant à *Latté*, Maurelle lui a laissé son nom indigène ; enfin celle qu'il nomme l'*Amargura* est, d'après toutes les probabilités, *Hamoa*. *Latté* est remarquable par son pic élevé ; *Kotou* est petite, mais bien peuplée. C'est à *Lefouga* qu'en 1806 le capitaine Maurelle fut fait prisonnier par les naturels, après le massacre de la plus grande partie de son équipage. Lefouga est environnée de récifs de madrépores, et peuplée d'une race perfide. Ces îles sont très fertiles, peuplées, et au moins aussi avancées en civilisation que Tonga-Tabou même.

Pylstaert, appelée aussi *Pylstaart* ou *Sola*, n'a pour habitants qu'une foule d'oiseaux marins.

« Au sud de l'archipel des Amis, l'île *Vasquez* et le groupe des *Kermadec*, composé des trois îles *Raoul*, *Macaulay* et *Curtis*, marquent la continuation de la chaîne sous-marine vers la partie orientale de la Nouvelle-Zélande.

» Au nord des îles des Amis on distingue, parmi plusieurs petites terres isolées, la pittoresque île de *Horn*, dont Lemaire et Schouten vantent la fertilité. Le chef portait une couronne de plumes. Probablement c'est l'*Enfant perdu* de Bougainville (1).

« En continuant notre voyage à l'est, le premier archipel un peu considérable qui appelle notre attention est celui des *Navigateurs*, découvert par Bougainville, et examiné par La Pérouse. Les naturels lui donnent le nom d'*Hamoa*. Les îles qu'on a visitées sont au nombre de sept, savoir : *Pola*, *Oyolava*, *Maouna*, *Fanfoué*, *Leone*, *Opoun* et *Rose*, situées de l'ouest à l'est. Les habitants connaissent encore trois îles situées au sud-ouest. Dans la carte du Grand-Océan par Arrowsmith, Pola est nommée *Otawhi* ; Oyolava, *Outonah*; Maouna, *Toutouilla*; Fanfoué, *Omanouan*, et Opoun, *Toumahlouah*. De ces noms on doit conserver les premiers, comme plus conformes à la prononciation des habitants. Celui de *Toutouilla* se retrouve dans la liste des îles que les habitants de Tonga-Tabou fournirent au capitaine Cook (2) ; circonstance qui donne du poids à la nomenclature anglaise.

» Les îles des Navigateurs ont le sol élevé. Leurs montagnes centrales, les belles plaines qui bordent les rivages, et les récifs de corail qui environnent les îles, les rapprochent des îles de la Société. *Maouna* est très fertile (3). Les frégates de La Pérouse furent environnées de 200 pirogues remplies de différentes espèces de provisions consistant en oiseaux, en cochons, en pigeons ou en fruits. L'abondence des provisions y est telle, qu'en vingt heures Maouna lui fournit 500 cochons et une quan-

(1) Voyage autour du Monde, p. 24. — (2) *Cook*, troisième Voyage, t. I, p. 368. — (3) Voyage de *La Pérouse*, t. III, p. 264.

tité immense de fruits. L'île est couverte de cocotiers, d'arbres à pain, d'orangers. Les bosquets, où murmurent de nombreuses cascades, sont peuplés de ramiers et de tourterelles. Parmi les rocs de corail qui bordent le rivage, on trouve des cailloux de basalte.

» Les femmes étaient très jolies et non moins libres ; elles avaient les formes les plus régulières et les plus voluptueuses ; une écharpe de feuilles leur servait de ceinture ; un ruban vert s'enlaçait dans leur chevelure ornée de fleurs ; à la couleur près, on croyait voir des nymphes ou des dryades. Les hommes avaient une stature et une force peu communes, et beaucoup de férocité ; ils méprisaient la petite taille des Français ; ils traitaient les femmes en esclaves. Les vieillards, retenant par force les jeunes filles, servaient de prêtres et d'autel au culte de Vénus, pendant que des matrones célébraient par des chants ces noces brutales [1]. Rien n'est délicieux comme la situation de leurs villages ; on les entrevoit comme perdus au sein de riches vergers qui croissent sans culture ; ces huttes, soutenues par de grossières colonnades, sont couvertes de feuilles de cocotier. Ils se nourrissent de la chair des cochons, des chiens et des oiseaux, ainsi que des fruits de l'arbre à pain, du cocotier, du bananier, du guava et de l'oranger. Les insulaires faisaient peu de cas du fer et des étoffes, et n'estimaient que les grains de verre [2].

» C'est à Maouna que le capitaine de Langle, le naturaliste Lamanon et neuf marins furent massacrés par les habitants, probablement parce que le capitaine, ayant donné des verroteries à quelques chefs, avait oublié de faire aux autres la même politesse. La Pérouse, cruellement détrompé des idées favorables qu'on lui avait données sur le compte des sauvages, dit en cette occasion : « Je suis » mille fois plus en colère contre les philoso- » phes qui préconisent les sauvages, que » contre les sauvages mêmes. Le malheureux » Lamanon, qu'ils ont massacré, me disait en- » core, la veille de sa mort, que les Indiens » valaient mieux que nous [3]. »

» La Pérouse vit à *Oyolava* le plus grand village de toute la Polynésie ; à la fumée qui s'en élevait, on l'eût pris pour une ville ; la mer était couverte de pirogues montées par des hommes d'une aussi haute stature que ceux de Maouna.

» Quoique les insulaires de ce groupe se distinguent par une férocité de caractère qu'on ne remarque guère dans aucune autre partie de la Polynésie, ils ont cependant beaucoup d'industrie, d'adresse et d'invention ; avec de simples outils de basalte, ils réussissent à polir parfaitement leurs ouvrages de bois. Non seulement ils font des étoffes d'écorces, mais ils en fabriquent une de vrai fil, qu'ils tirent sans doute d'une plante semblable au *phormium tenax* de la Nouvelle-Zélande. Un naturel des Philippines, à bord du vaisseau français, entendait leur dialecte, qui, par conséquent, doit être dérivé du malai.

» Selon le même voyageur, Oyolava est au moins égale à Taïti en beauté, en étendue, en fertilité et en population ; il suppose même que l'archipel entier renferme 400,000 habitants ; estimation que nous réduirons à un dixième.

» Si l'on voulait un jour diviser la Polynésie, c'est-à-dire toute cette partie de l'Océanie dont M. Dumont d'Urville a retranché la Micronésie, en régions naturelles, on comprendrait les îles Pelew, les Mariannes, les Carolines et les Mulgraves dans la Polynésie occidentale, dont l'île Hogoleu serait le centre. On appellerait Polynésie centrale les archipels des Navigateurs, des Amis, de Fidji, avec toutes les îles situées depuis celle de Saint-Augustin jusqu'au groupe de Kermadec. Une mer ouverte sépare cette région de la Polynésie orientale, dont Taïti est le centre. Nous allons nous placer en pensée dans cette île centrale, dont la description peut s'appliquer à la plupart des autres.

» L'archipel de *la Société* a fourni matière à plus d'écrits que maints royaumes de l'Europe. Qui n'a pas admiré les charmes de la reine *Oberéa ?* Qui n'a pas assisté aux fêtes de *Pomaré ?* Les Taïtiens nous sont mieux connus que les habitants de la Sardaigne ou de la Corse.

» Quoique le nom d'*îles de la Société* n'ait été donné originairement par le capitaine Cook qu'au groupe d'*Uliétéa* et de *Huaheine* ou *Huahine*, il a reçu depuis, et sur l'autorité de Cook lui-même, une acception plus étendue. On y comprend encore Taïti avec ses dépendances, et l'on y attribue, quoique im-

(1) Voyage de *La Pérouse*, t. III, p. 275.—(2) *Idem*, *ibid.*, p. 282. — (3) *Idem*, t. IV, p. 439.

proprement, plusieurs îles dispersées au loin, jusqu'à *Toubouai-Manou* dans le sud, et *Palmerston* dans l'ouest.

» *Otaïti* ou *Taïti*, la *Sagittaria* de Quiros et la *Nouvelle-Cythère* de Bougainville, a mérité le titre de reine de l'océan Pacifique. Cette île se compose de deux montagnes coniques réunies par un isthme marécageux.

» La grande presqu'île est de forme circulaire; le diamètre en est de 8 lieues $\frac{1}{4}$; la petite presqu'île, située au sud-ouest, est un ovale de 6 lieues de long sur 3 à 4 lieues de large. L'isthme a 1 lieue de largeur. La circonférence totale de l'île est de 30 à 39 lieues, le tout mesuré sur la carte des missionnaires anglais.

» Entre les montagnes et la mer est une bordure basse dont la largeur varie; en quelques endroits, et surtout au nord-est, les rochers sont suspendus sur la mer. Dans la plaine et dans les vallons qui entrecoupent la montagne, le sol, couvert d'un gros limon noirâtre, est extrêmement fertile.

» En montant les collines, la terre grasse des vallons se change en veines d'argile et de marne de différentes couleurs qui courent sur des lits d'un grès tendre et grisâtre. Le basalte paraît dominer dans les montagnes supérieures. Un lac d'eau douce et très profond occupe le flanc de la grande montagne. Le havre de *Matavaï*, au nord de l'île, est regardé comme le principal; cependant au sud-est il en est un autre appelé port *Langara*, également bon et sûr. De tous les flancs de l'île on voit descendre des rivières qui forment de jolies cascades.

Entre des montagnes, au-dessus de la vallée *Vycorède*, se trouve, à 1,450 pieds au-dessus du niveau de l'Océan, un lac d'eau douce de 17 brasses de profondeur.

« La situation de cette île au milieu d'un immense océan, loin de toutes les grandes terres, y rend la chaleur très supportable. La température ne s'abaisse pas au-dessous de 15 degrés du thermomètre de Réaumur, et elle s'élève rarement au-dessus de 27 degrés. Les missionnaires nous apprennent que les saisons sèches et pluvieuses varient dans les différents cantons de cette terre de si peu d'étendue. Du côté du nord, la récolte du fruit de l'arbre à pain commence en novembre, et finit avec le mois de janvier, tandis que, dans la partie méridionale, elle commence souvent en janvier et se continue jusqu'en novembre.

» Tous les végétaux propres à l'Océanie viennent à Taïti en abondance et dans la meilleure qualité. On compte jusqu'à huit variétés de l'arbre à pain [1], et quinze du bananier [2]. L'extrême perfection du fruit prouve que ces arbres sont ici cultivés depuis bien des siècles. Le *spondias dulcis*, nommé *évi* en taïtien, ne porte nulle part des pommes plus dorées et plus savoureuses. La canne à sucre, appelée *to* [3], est d'une espèce supérieure à celle des Indes orientales, et aujourd'hui préférée dans toutes les colonies. L'écorce du *morus papyrifera* fournit la matière première d'une étoffe fine et douce. Les habitants ont d'abord dédaigné toutes les cultures d'Europe qu'on a voulu leur enseigner; le tabac seul a trouvé grâce à cause de ses fleurs [4]; mais aujourd'hui l'agriculture a fait avec la civilisation de rapides progrès. Il y a plusieurs espèces d'excellent bois de charpente et de menuiserie; les missionnaires donnent les noms taïtiens de plusieurs, qui égalent l'acajou en beauté et l'ébène en dureté. Nous remarquerons le précieux bois de *santal*, qui ne se trouve que sur les montagnes, tant le blanc que le noir; mais il est peu abondant. Des oiseaux et des poissons sans nombre animent les airs et les eaux. Le cochon de l'espèce connue au Siam [5], et le chien délicatement nourri, fournissent de bonnes viandes.

» Les Taïtiens sont de couleur olivâtre tirant sur celle du cuivre. Les hommes, sans cesse exposés au soleil, ont le visage très basané; mais les femmes n'offrent qu'une teinte de plus que les brunes andalouses ou siciliennes; elles ont de beaux yeux noirs, des dents unies et blanches, la peau douce, les membres proportionnés avec grâce. Elles parfument et ornent de fleurs leurs cheveux d'un noir de jais. Mais l'habitude qu'elles contractent dès l'enfance de s'élargir le visage, de s'agrandir la bouche et de s'aplatir le nez, leur donne un air masculin qui gâte leurs charmes naturels. Les chefs sont d'une taille

(1) *Bligh*: Voyage to the Southsea, p. 109.—(2) *Wilson*: Missionary Voyage, p. 378. — (3) *Forster*, de Plantis esculentis, p. 77. —(4) Voyage des Missionnaires anglais, p. 502, trad. allem. — (5) *Forster's* Observations, etc., p. 167 (en allem.).

plus haute que le peuple; il en est peu qui aient moins de 6 pieds.

» A l'arrivée des Européens, l'habit des deux sexes était presque le même, excepté que les hommes portaient le *maro*, pièce d'étoffe qui enveloppe la taille et se passe entre les cuisses. Une autre pièce oblongue, percée pour le passage de la tête, pendait par devant et par derrière; une troisième se drapait sur le milieu du corps, et une sorte de manteau carré se jetait par-dessus tous ces vêtements. Ces vêtements ont été remplacés par des habits européens.

» Les Taïtiens pratiquaient la circoncision avant que les missionnaires pénétrassent dans leurs îles. Les marques du *tatouement* n'y étaient pas de simples ornements destinés à flatter la vanité; cet usage était lié aux institutions politiques et religieuses de la nation. Les individus des deux sexes n'étaient réputés indépendants de l'autorité paternelle et capables de contracter des liaisons civiles, qu'après avoir reçu la dernière marque du tatouement. Les divers actes de cette opération étaient regardés comme des sacrifices agréables aux divinités, et l'instrument avec lequel un prince avait été tatoué était déposé dans le *moraï* de ses ancêtres. La société des *Arreoy* avait, comme la maçonnerie, plusieurs degrés qui étaient désignés par le genre du tatouement [1].

» Leurs maisons ne servaient que pour y reposer pendant la nuit et durant les grandes chaleurs : ce sont des cabanes d'une forme très élégante; de petites colonnes de bois, placées en ovale, soutiennent un toit de feuilles de palmier. On ferme les côtés, selon les circonstances, avec des nattes. Le plancher consiste en une couche de foin, sur laquelle on étend des nattes souvent très jolies. Ces maisons rustiques sont disséminées sur toute la plaine et dans les vallées de la manière la plus agréable et la plus pittoresque, au milieu de plantations riantes. Les grands palmiers s'élèvent au-dessus du reste des arbres; le bananier déploie ses larges feuilles, et on aperçoit çà et là quelques bananes bonnes à manger. D'autres arbres, couverts de branches d'un vert sombre, portent des pommes dorées, qui, par le jus et la saveur, ressemblent à l'ananas. Les espaces intermédiaires sont remplis de mûriers, d'ignames, de cannes à sucre. Les cabanes sont en outre entourées d'arbrisseaux odorants, tels que le *gardenia*, le *guettarda*, le *calophyllum*.

» On doit distinguer à Taïti la *noblesse*, dont les droits sont héréditaires, du *peuple*, qui en est dépendant à la vérité, mais sans aucune espèce de servitude.

» L'*éri-rahei*, c'est-à-dire le *chef sacré*, est monarque héréditaire. Dès qu'il devient père d'un enfant mâle, la couronne passe à l'enfant, et le père n'est plus que *régent*. »

D'après les voyageurs les plus récents, l'île d'Otaïti est gouvernée par une reine de vingt ans, nièce du feu roi Pomaré III. Lorsqu'elle se montre avec sa belle chevelure noire, qui retombe en longues boucles sur ses épaules, et couronnée de fleurs naturelles, elle rappelle, dit-on, la Meaha de lord Byron.

« Un tablier ou *maro* fait de plumes rouges était la marque de la dignité royale; on en revêtait le nouveau souverain au milieu d'une cérémonie solennelle, dans laquelle on remarquait surtout une harangue formelle au peuple, délivrée par l'orateur d'Etat, office ordinairement rempli par un des principaux prêtres.

» Les *éris* sont les possesseurs héréditaires des grands domaines; ils gouvernent les districts, et il paraît qu'ils sont presque souverains chez eux, quoique dépendants de l'éri-rahei. Les *towhas* sont ordinairement des parents des *éris*; ils gouvernent quelques subdivisions des grands districts, ou demeurent à la cour des éris. Les *rattiras* sont les possesseurs des domaines; leur autorité paraît bornée aux droits que la simple propriété franche donne. Les *manahounis* sont des fermiers sans propriété foncière, mais libres quant à leurs personnes et à leurs biens acquis; ils peuvent aller d'un maître à l'autre. Enfin, les domestiques sont appelés *towtows*, et ceux qui servent les femmes se nomment *toutis*. Aucun homme du peuple ne peut s'élever à une station plus haute que celle d'un towha tout au plus. Les nobles ou *éris*, au contraire, conservent toute la dignité de leur rang héréditaire, dût le monarque même leur ôter l'administration de leurs districts.

» Les missionnaires assurent que la propriété est sacrée; que la dernière volonté du possesseur est exécutée scrupuleusement, et

[1] Voyage des Missionnaires, p. 446, en allem.

que ses biens sont remis soit à ses enfants, soit à son *tayo* ou parent adoptif; que les terrains sont marqués par des bornes de pierre; que les injures verbales, et, à plus forte raison, le vol et les violences sont punis sévèrement (¹).

» Le Taïtien croyait en une espèce de trinité, dont voici les noms : *Tani, te médoua*, le père; *Oro-mattaw, toua ti te meidi*, dieu dans le fils; *Taroa-mannau, te houa*, l'oiseau, l'esprit (²).

» Cette grande divinité résidait dans le palais des cieux, dans le *Torova*, avec beaucoup d'autres divinités ou *Eitouas* (Eatuas, selon l'orthographe anglaise), qui toutes ensemble étaient désignées sous le nom de *Fhanau po*, c'est-à-dire enfants de la nuit. Leur généalogie est, comme toutes les théogonies du monde, un système de cosmographie caché sous des allégories. Les îles de l'Océan sont les débris d'une grande terre ou île, *Vénoua noï*, que les dieux courroucés ont brisée en morceaux. Ces divinités avaient un temple commun dans le district d'Oparre, mais elles ne devaient être invoquées que dans les calamités publiques. Les prières journalières étaient adressées aux *eitouas* inférieurs. Chaque famille avait son *thi* (³) ou génie protecteur; c'est de lui qu'on attendait les biens et les maux de cette vie. Les âmes des défunts, dévorées par les oiseaux sacrés, subissaient une purification et devenaient des divinités qui influent puissamment sur le sort des vivants. Les Taïtiens croyaient fortement à l'immortalité de l'âme, et pensaient que, selon sa vertu et sa piété, l'âme jouissait de différents degrés de grandeur et de félicité. Très religieux, ils ne s'approchaient qu'avec un profond respect des lieux sacrés. Toute la nature était animée aux yeux de ce peuple sensible; les airs, les montagnes, les fleuves, la mer, étaient peuplés d'esprits. Les *tahouras* ou prêtres étaient nombreux et très puissants : tous les chefs officiaient en certaines occasions. Le choix des victimes humaines qu'ils offraient à leurs dieux tombait toujours sur des hommes du peuple ou sur des criminels, et on ne les immolait que dans les bras du sommeil; exemple frappant de l'humanité de ces peuples, qu'une superstition barbare n'avait pu entièrement étouffer. »

Le culte d'Oro (*Oro-mattaw*), dit M. Lesson, exigeait toujours des sacrifices humains dans un temple construit au milieu d'une forêt. Le dieu Taroa (*Tarou-mannau*) ou Faroa était regardé comme le créateur du monde; il eut une fille qui mit au monde sept enfants, lesquels présidèrent à chacun des mois de l'année lunaire. Parmi les divinités du second ordre, Tii était le démon qui portait l'homme au mal et qui l'accablait d'infirmités et de maladies (¹).

Les missionnaires ont remplacé ce culte par les pratiques du christianisme.

« Toute l'ambition d'un Taïtien était et est encore d'avoir un magnifique *moraï* ou tombeau de famille. Les funérailles, surtout celles d'un chef, avaient, avant l'introduction de la religion chrétienne, un caractère de solennité et de tendresse. Des cantiques retentissaient; les coups de dent de requin faisaient couler le sang parmi les pleurs; des offrandes déposées sur la bière, des combats simulés, des interdits religieux ou des jours de jeûne et de repos, tout était mis en usage pour donner une image sensible de la douleur publique. Les *topapew* ou hangars sous lesquels les cadavres restaient exposés jusqu'à la dessiccation, et les *moraïs* (²) ou cimetières murés et pavés, où l'on dépose les ossements, étaient placés dans des situations romantiques, où l'ombre des arbres funèbres, l'aspect des rochers et le murmure des ruisseaux inspiraient le recueillement et la mélancolie.

« Ceux qui ont représenté les femmes de Taïti et des îles de la Sociétés comme prêtes à accorder les dernières faveurs à tous ceux qui veulent les payer, ont été très injustes envers elles. « Il est difficile, nous dit-on, » dans ce pays, autant que dans un autre, » d'avoir des privautés avec les femmes mariées et avec celles qui ne le sont pas, si » on en excepte toutefois les filles du peuple; » et même parmi ces dernières il y en a beau-

(¹) Voyage des Missionnaires, l'appendice, ch. II. — (²) *Oromataw* et *aroa-mannan* rappellent l'Oromasde et l'Ariman de la mythologie persane. — (³) *Thi* ressemble au *Div* des Persans et au *Theos* des Grecs.

(¹) M. *Lesson* : Annales marit. et colon., 1825. — (²) *Tapapow* rappelle le nom grec d'un sépulcre, *taphos*. Le nom de *moraï*, qu'on prononce plutôt *mahraï*, rappelle le verbe grec *marainein*, se consumer.

» coup qui sont chastes. Il est vrai qu'il existe » une classe de prostituées, ainsi que partout » ailleurs ; le nombre en est peut-être ici en- » core plus grand ; telles étaient les femmes » qui venaient à bord des vaisseaux euro- » péens, ou dans le camp que ces étrangers » avaient sur la côte (1). »

» Les missionnaires anglais, membres de la très austère secte des méthodistes, assurent qu'ils n'ont vu aucune apparence d'indécence publique ; ils prétendent qu'à leur arrivée les danses lascives n'étaient exécutées que par de jeunes étourdis, et que même ceux-ci, hors de l'enceinte du théâtre, ne se permettaient pas le moindre geste choquant.

» La conduite générale des Taïtiennes, comme mères et épouses, ne déshonorait point la nature humaine. Les femmes montraient beaucoup d'attachement aux intérêts de leurs maris, et exerçaient de bonne grâce l'hospitalité et la charité envers les pauvres. Elles accouchent avec une extrême facilité; si les enfants sont faibles ou qu'ils aient quelques défauts corporels, les mères emploient tous leurs soins pour y remédier : aussi voit-on rarement des personnes boiteuses ou contrefaites. Le plus précieux ornement des femmes est une perruque faite des cheveux de leurs parents défunts. »

Tout ce qui vient d'être rapporté diffère complétement de l'état actuel que présente *Otaïti*. Les mœurs et les usages sont totalement changés avec la religion. L'intérieur des habitations est meublé à l'européenne : les tables, les chaises, les sofas, sont fabriqués dans l'île; ils font leur linge avec le fil qu'ils tirent de l'écorce d'un arbre. Les Taïtiens sont vêtus de drap que leur vendent les Anglais ; la cuisine même est faite à la manière anglaise; et ce qu'il y a de remarquable, c'est que, comparant leur condition passée avec leur situation présente, ils rendent grâces à Dieu de cet heureux changement.

« Après ce qu'on vient de lire, on sera peut-être étonné d'apprendre que la population totale de Taïti ne monte qu'à 8,000 âmes : c'est environ 107 par lieue carrée, en considérant l'étendue totale de l'île; mais il faut observer que seulement la plaine et les vallées inférieures sont habitées. D'ailleurs il est probable que le bonheur dont jouissent maintenant les habitants en augmentera promptement le nombre.

» Les Taïtiens fabriquent des étoffes et des nattes très jolies. Ils paraissent avoir parcouru une grande partie de l'Océan; mais leur navigation est déchue, et des guerres civiles ont récemment bouleversé cette île. »

Leur langue est douce et mélodieuse ; leur alphabet n'a que 16 lettres, et les mots sont presque entièrement composés de voyelles. On voit maintenant dans cette île une imprimerie qui multiplie les livres de religion et ceux des sciences élémentaires ; presque toute la population assiste religieusement à des cours publics, qui dans peu produiront les plus heureux résultats. Les mariages ont lieu comme en Europe ; la polygamie est défendue, et les rois eux-mêmes se contentent d'une seule épouse. Des églises, construites sur tous les points de l'île, sont deux fois par semaine remplies de gens avides d'instruction. Les femmes, même celles dont les mœurs étaient le plus relâchées, sont maintenant très réservées. Les missionnaires assemblent une fois par an, dans l'église de *Papahva* ou *Papaoa*, la population entière de Taïti. Les autres lieux remarquables sont *Pari* ou *Paré*, *Matavai* ou *Matavae*, *Pape-Iti*, *Aiti-Peha* et *Papara*. Ils firent tous leur importance de leurs mouillages.

Pour résumer en peu de mots les progrès que les Taïtiens ont faits vers la civilisation depuis l'introduction du christianisme dans leur île, il ne suffit pas de dire qu'elle ne rappelle plus celle que Bougainville nomma, en 1768, la *Nouvelle-Cythère*, à cause des jeux et des plaisirs qui charmèrent les loisirs de son équipage. Les Taïtiens sont aujourd'hui des hommes graves et de fervents méthodistes. En 1815, ils ont obtenu de leur roi Pomaré II un code de lois dont la rédaction est due en partie aux missionnaires ; des tribunaux réguliers jugent les contestations, les délits et les crimes ; les institutions les plus sages et les plus utiles s'établissent ; enfin, qui le croirait, si ce n'était attesté par les voyageurs les plus récents? depuis 1825, le gouvernement représentatif a été proclamé à Taïti ; les destinées du peuple n'y dépendent plus du caprice d'un roi, dont le pouvoir n'avait d'autre règle que sa volonté : les députés

(1) *Wilson* : Missionary Voyage.

au parlement sont élus par tous les habitants [1].

Parmi les autres îles de la Société, on nomme *Huaheine* ou *Huahine*, où les fruits mûrissent quelques semaines plus tôt qu'à Taïti; cette île a deux excellents ports [2], et se fait remarquer par ses montagnes volcaniques, beaucoup moins hautes cependant que le pic de Taïti. *Uliétéa* ou *Raiatéa* est plus considérable; mais les habitants, d'un teint plus noir, sont très civilisés. Forster et les Espagnols l'appellent *Orayétéa*, et accusent Cook d'estropier les noms. Un seul et même récif entoure cette île, qui est bien peuplée et possède de très bons ports, et celle d'*Otaha* ou *Tahaa*. Les habitants de *Borabora* étaient jadis redoutés dans toutes les îles voisines; ils avaient conquis Uliétéa et Huahine. Quoique petite, cette île est une des plus belles de l'archipel. On y remarque le port *Vaitapé* et un pic de 2,190 pieds de hauteur. *Maïtea*, la plus orientale, la même que Bougainville appela le *Boudoir*, et Wallis *Osnabruck*, sert d'entrepôt au tribut de perles que les Taïtiens lèvent dans l'archipel des Iles-Basses [3]. *Eiméo* ou *Mooréa* possède deux des meilleurs havres de tout l'Océan; elle est extrêmement fertile, et présente aux voyageurs les sites les plus variés et les plus enchanteurs; elle possède des fabriques de cotonnades, des ateliers, et un collége qui porte le nom d'*Académie de la mer du Sud*. *Tubaï* ou *Motou-Iti* est composée d'îlots bas et couverts de bois. *Maupiti* ou *Maurua* n'a de remarquable que son pic. L'inaccessible *Tethuroa* sert de citadelle au roi de Taïti pour y conserver son trésor. Elle est composée de cinq îlots bas, nommés *Rimatou*, *Motouroua*, *Hoatère*, *Onéhoa* et *Réiona*. Elle est très salubre et renommée pour ses bains. *Mapija* ou l'île de lord Howe, et *Genuavra* ou l'île Scilly, ne sont habitées que par des pingouins [4]. Toutes les îles de la Société forment au moins deux, ou trois petits royaumes.

(1) Narrative of a Voyage to the Pacific and Beerings strait to cooperate with the polar expedition; performed in H. M. ship Blossom, under the command of cap. F. W. Beechey, etc., in the years 1825-26-27-28. London, 1831. — (2) Voyages des Espagnols à Taïti, dans le *Viagero universal*, XVII, p. 324. — (3) *Idem*, *ibid*, p. 323; comp. *Wilson*, Missionary Voyage, introduction, p. 27. — (4) *Viagero universal*, p. 327.

» Au sud-ouest et au sud-est de l'archipel de la Société s'étend une longue chaîne d'îles qui commence par celle de *Palmerston*, et se termine par celle de *Pâques*. Nous proposerons de les appeler *Sporades australes*. Le groupe le plus occidental comprend l'île de Palmerston, qui est inhabitée; celle de *Watiou*, *Watéo* ou *Atiou*, dont les habitants, après avoir embrassé le christianisme, sont, dit-on, revenus à l'idolâtrie; celle de *Mangea* ou *Manaia*, île assez considérable, qui compte un grand nombre d'habitants; celle d'*Aitoutaté*, dont les habitants étaient autrefois anthropophages, et celle de *Rarotoa* ou *Rarotonga*, dont les habitants sont aussi civilisés que les Taïtiens. » Ce groupe comprend encore l'*attollon de Manouay*, dont les habitants ne se tatouent point; les petites îles *Maouti* et *Miltiero*, et quelques îlots. On a désigné toutes ces îles sous le nom d'*archipel de Cook*.

« Dans le second groupe on voit *Toubouai*, avec un port et des habitants robustes et sauvages; *Rimatara*, *Routoui* et *Raivavae*, qui n'offrent rien de remarquable; *Rouroutou* ou *Ohiteroa*, riche en arbres *casuarina*, et où règne une grande industrie; enfin l'île *High* ou *Haute* du capitaine Broughton.

» Au nord-est, à l'est sont les îles *Gloucester*, *Conversion-de-Saint-Paul*, *Michael* et plusieurs autres peu connues. On distingue au sud *Oparo* ou *Rapa*, dont les habitants parlent la langue polynésienne, mais ne sont point tatoués. *Pitcairn* était peuplée d'une colonie formée par ceux d'entre les marins révoltés contre Bligh qui avaient échappé aux recherches des Anglais. Ils vivaient dans une simplicité patriarcale. D'après leur demande, ils ont été transportés à Taïti. » Au commencement de l'année 1833, lorsque le capitaine anglais Fréemantle aborda à Pitcairn, la petite colonie était revenue de Taïti. Elle se composait d'environ 80 individus. Suivant le capitaine Sandiland, l'île Pitcairn est trop petite pour nourrir plus d'une centaine d'habitants; d'ailleurs elle est mal pourvue d'eau; elle manque de port et même d'un bon mouillage [1].

« Les dernières des Sporades sont l'île *Ducie* et la célèbre *île de Pâques*, appelée aussi

(1) Proceedings of the geographical Society.—1833.

Ouaihou ou *terre de Davis*. Dans cette île aride et volcanique on voyait encore naguère des espèces de plates-formes où s'élèvent des colonnes informes, ayant quelquefois 15 pieds de haut, surmontées d'un buste grossièrement sculpté, dont la face n'a pas moins de 5 pieds; la matière est une lave rouge très poreuse et légère. Ces statues semblent, au reste, avoir une certaine ressemblance avec les sculptures de l'île Uliétéa.

» Ces monuments précieux, d'une antique civilisation, ont été dans ces dernières années renversés par les missionnaires, qui, dans cette circonstance, ont oublié l'esprit de leur siècle.

» Les têtes ont le caractère des peuples de la Polynésie. Le langage, les mœurs, l'habillement des habitants de cette île, ressemblent également à ceux des autres îles. Ainsi il n'y a rien ici qui rappelle les Péruviens: les îles plus voisines encore du continent de l'Amérique ayant été trouvées absolument inhabitées, il est bien évident que les nations de l'Amérique n'ont jamais contribué à peupler la Polynésie.

» L'île de Pâques a la forme d'un triangle isocèle, dont le plus grand côté a 4 lieues de longueur, et les deux autres 3 lieues. A l'extrémité sud-ouest on remarque le cratère d'un volcan dont la profondeur est de 133 toises, et la circonférence de 1,660. Les habitants boivent de l'eau de mer, faute d'eau douce. Le sol est fertile et bien cultivé en quelques endroits seulement. Il produit abondamment des patates, des yams, des cannes à sucre et d'excellentes bananes. Les arbres s'y trouvent en petit nombre; ceux qu'on y remarque sont des bananiers, des mûriers et des mimoses. Il n'y existe point d'autres mammifères que le rat. La population de cette île est évaluée à 2,000 individus.

» Si, de l'île de Pâques, nous voulons nous transporter aux îles Marquesas ou *Marquises*, il faut passer devant une région singulière, semée de petites îles basses, sablonneuses, et entourées de récifs de corail. Les îles de cet *archipel* vraiment *dangereux* présentent des formes bizarres, et les noms d'île de la *Harpe*, de l'*Arc*, de la *Chaîne*, expriment avec exactitude la figure des terres auxquelles ils ont été donnés. *Tioukéa* est une île basse assez considérable. Dans toutes ces îles, les cocotiers abondent; on y voit du cochléaria, du pourpier et diverses autres plantes; les chiens, qui sont ichthyophages, et les cochons, se trouvent ici comme sur les îles hautes. La race d'hommes est la même; seulement leur teint est plus foncé. L'île de *Perle* offre un fait très remarquable pour la géographie naturelle: on y voit plusieurs jetées de rochers de corail, placés l'un derrière l'autre, entre la lagune et la mer; ces jetées courent régulièrement du sud au nord; elles sont quelquefois élevées de 8 à 10 toises au-dessus du niveau de la mer; cependant il paraît que des tempêtes violentes ont poussé des blocs de corail par-dessus les premières jetées, jusque sur les flancs des jetées intérieures. Les sillons qui séparent ces jetées sont ordinairement de 10 toises de largeur et de 10 à 12 pieds de profondeur (1). »

Tous ces attollons ou groupes d'îlots réunis par des récifs de corail offrent peu d'intérêt. Celui de *Lazareff*, dépourvu d'habitants, est le plus occidental; celui du *Désappointement*, le plus septentrional; celui des *Mouches*, un des plus grands avec celui de *Palliser*. L'attollon de *Mattio*, ainsi nommé en 1803 par le capitaine *Turnbull*, paraît être identique avec l'île que Roggewein appella *Aurora* en 1722; enfin celui de la *Minerva* correspond aux îles *Clermont-Tonnerre*, de M. Duperrey. Voilà ce que nous nous bornerons à dire de cet *Archipel Dangereux*, auquel on a encore donné les noms d'*Archipel de la Mer-Mauvaise*, d'*Archipel Paumatou*, et d'archipel des *Iles-Basses*.

« Au nord de cet archipel s'élève la chaîne sourcilleuse des îles *Marquises*, dont les principales sont *Tatouiva* ou Sainte-Madeleine, *Onateyo* ou San-Pedro, *Tahouhata* ou Sainte-Christine, très fréquentée par les navigateurs, et l'*île de Baux* ou *Noukahiva*, la plus grande et la plus peuplée de ce groupe. Elle a de bons ports et de hautes montagnes; on y remarque une cascade de 2,000 pieds d'élévation. *Ouapoa*, *Oua-Ouga* et *Hivaoa* ou Saint-Dominique, méritent aussi d'être mentionnées.

» Les principales îles de cet archipel furent découvertes par Mendana, qui leur donna le nom de Garcias de Mendoça, marquis de Canete, vice-roi du Pérou; de là vient qu'on les nomme quelquefois les *îles Mendoces*. S'il faut ajouter foi à la relation de la découverte

(1) Voyage des Missionnaires, p. 285.

de Mendana, ce petit archipel était habité par une très belle race; les femmes se faisaient remarquer par la beauté de leurs traits, et leur teint, quoiqu'un peu brun, était assez agréable; enfin, par tous les agréments de leur personne, elles pouvaient rivaliser avec les plus belles femmes de Lima (1). Ces insulaires se couvraient d'une superbe pièce d'étoffe faite d'écorce d'arbre, qui prenait depuis la poitrine jusqu'au milieu de la jambe. Ils avaient des idoles de bois et des pirogues qui portaient jusqu'à 40 hommes. La température de l'air était si sèche, qu'un linge laissé sur la terre pendant toute une nuit ne se trouvait pas seulement moite le matin. Le blanc-manger de Mendana est apparemment le fruit de l'arbre à pain.

» Les îles Marquises ne diffèrent des îles de la Société qu'en ce qu'elles n'ont pas les jolies et fertiles plaines qui forment une bordure autour de ces dernières; ici les collines s'étendent jusqu'au rivage de la mer. Les récifs de corail sont moins étendus, et ne forment pas des ports aussi sûrs. Le sol, autour de la baie de *la Madre de Dios* ou de *Résolution*, offre une argile ferrugineuse, du trass et de la pouzzolane. Le centre de ces îles est occupé par des rochers entassés qui ressemblent à des tours écroulées. Le climat paraît être un peu plus chaud qu'à Taïti. Les fruits et les plantes sont à peu près les mêmes. *Forster* le fils dit : « Je n'ai trouvé nulle part les fruits » à pain aussi gros et aussi délicieux; ils » étaient tendres comme des flans, mais un » peu trop sucrés; les noix de coco paraissent » rares (2). » Les missionnaires anglais, au contraire, ne trouvèrent à manger que des noix de coco; la volaille et les cochons étaient rares; le *mahei* ou fruit de pain préparé était de mauvaise qualité; mais ils font observer judicieusement que cette disette paraissait n'être que temporaire (3). Ils pensent avec raison que l'insouciance des habitants rend ces disettes très communes, même dans les îles les plus fertiles. « Quand ils ont du porc, dit M. *Crook*, » missionnaire, ils font cinq ou six repas par » jour, ensuite ils se contentent de végétaux » et de poissons. »

(1) *Desbrosses*, Hist. des nav., t. I, p 251. *Mendana*, dans le *Viagero universal*, XVII, p. 65. — (2) Second Voyage de Cook, trad. fr., in-4°, t. II, p. 270, etc. — (3) Voyage des Missionnaires, p. 244, p. 260.

» Les forêts sont remplies d'oiseaux du plumage le plus brillant et semblables à ceux de Taïti.

» Les *Marquesans* l'emportent sur tous les autres peuples par les belles proportions de leurs formes et la régularité de leurs traits; et s'ils n'avaient la manie de se tatouer, c'est-à-dire de se noircir la peau par de nombreuses piqûres, leur teint ne serait que basané. Le tatouement des Marquesans présente un dessin d'une régularité étonnante et d'un très bon goût (1). Ils ont les cheveux de plusieurs couleurs, mais aucun ne les a roux. On y voit des femmes presque aussi blanches et aussi belles que nos brunes européennes, et elles se tatouent moins généralement que les hommes (2). Leur taille était serrée dans une longue pièce d'étoffe étroite dont les bouts passant entre les cuisses, se repliaient jusqu'au milieu de la jambe; mais comme leurs étoffes ne supportent pas d'être mouillées, elle vinrent à la rencontre du vaisseau qui portait les missionnaires dans un état qui rappelait à ces saints personnages le souvenir de notre mère Eve. L'appétit des chèvres qui étaient à bord fut excité par les feuilles vertes qu'elles portaient; en se retournant pour sauver les feuilles de devant, elles furent assaillies d'un autre côté, et réduites à la plus parfaite nudité (3).

» Les cérémonies religieuses sont les mêmes qu'à Taïti; chaque district a son moraï, où les morts sont enterrés sous de grandes pierres. Ils ont un grand nombre de divinités; quelques uns de leurs noms ont de la ressemblance avec ceux des divinités taïtiennes. Les femmes y sont dans une plus grande dépendance des hommes qu'à Taïti. Les chefs surtout se permettent la polygamie; du reste, ils ont peu d'autorité, et ces insulaires ne paraissent avoir que des coutumes et point de lois. Ils ont la réputation d'être mauvais navigateurs et cruels anthropophages, ne faisant la guerre que pour avoir des prisonniers à dévorer. Des méthodistes anglais ont entrepris de convertir ces enfants de la nature, en leur prêchant le protestantisme le plus austère. Pour donner à nos lecteurs une idée de la singulière tournure d'esprit de ces bons mission-

(1) *Langsdorf*: Voyage autour du Monde; *voyez* les *Annales des Voyages*, XIV, 257. — (2) Voyage des Missionnaires, p. 260, en allem. — (3) Voyage des Missionnaires, p. 239, comp. p. 247.

naires, nous extrairons de leur propre relation l'anecdote suivante [1].

« *Harris*, après une longue hésitation, s'était décidé à rester quelques nuits à terre pour essayer s'il pourrait se faire à cette manière de vivre. Le prince *Tinaï* l'avait adopté comme son *tayo* ou ami. Ce chef part pour un district éloigné, accompagné de M. *Crook*, autre missionnaire bien habile et bien intelligent. Harris n'ose pas suivre son nouvel ami. Le chef, voulant lui donner la plus grande preuve de sa bienveillance, d'après la coutume générale de ces îles, ordonne à son épouse de regarder Harris comme son mari *ad interim*. La jeune et belle princesse est étonnée des froideurs de celui qu'elle était chargée de traiter en époux; elle conçoit des doutes sur son sexe, elle les communique à plusieurs de ses amies. Une nuit, Harris dormait tranquillement; il sent des mains qui tâtent son corps, il s'éveille, et se voit entouré d'une troupe de femmes qui venaient faire un examen dont on devine l'objet. Rempli d'une sainte colère, il s'arrache de ces lieux pleins d'horreur; il s'enfuit vers le rivage; mais comment pouvait-il espérer de faire entendre ses cris à l'équipage du vaisseau, éloigné de plusieurs milles? Il voit des Indiens s'approcher de lui, il craint pour sa vie, il s'enfonce dans les bois; hors de lui-même, il erre de hauteur en hauteur; enfin cette nouvelle arrive au vaisseau, on lui envoie une chaloupe et il s'y précipite, bien résolu de ne plus aller prêcher les princesses de la mer du Sud. »

» Le capitaine Cook nous entraîne sur une autre route. En se dirigeant au nord, il nous mène aux *îles Sandwich*. C'est le groupe le plus isolé et le plus septentrional de la Polynésie. L'île *Owaïhi* ou *Owhyhi*, qu'on appelle aussi *Haouaï* et *Oahi*, est la plus considérable: elle a 35 lieues de longueur, 30 de largeur, et environ 500 de superficie. La mort de l'illustre navigateur Cook, qui y fut tué par les naturels le 14 février 1779, lui a valu une funeste célébrité. Mais un autre genre de renommée l'attend: elle paraît destinée, ainsi que l'archipel dont elle fait partie, à devenir le foyer de la civilisation en Polynésie. Les habitants, aidés par des Anglais et des Américains, ont construit une vingtaine de bâtiments marchands avec lesquels ils font déjà des voyages lointains. »

Ces peuples sont, d'après la relation de M. Botta qui les a visités, généralement grands et bien faits; leur couleur varie beaucoup; quelquefois elle est d'un brun clair et presque jaune, d'autres fois elle est presque noire. Leur front est haut et carré, leurs yeux sont grands, noirs et très vifs; leur bouche est plus que moyenne. Leur nez est ordinairement plat et large. Ils ont les cheveux noirs, assez longs, très rarement frisés et jamais plats: quelques uns leur donnent avec de la chaux une couleur rougeâtre. On voit quelques vieillards avec des barbes longues et bien fournies. Sans être jolies, les femmes ne sont point désagréables; elles se font surtout remarquer par la perfection de leurs formes; mais elles ont l'habitude de se livrer dès l'enfance à la prostitution.

Ces hommes qu'on a dépeints sous les couleurs les plus défavorables, sont pleins de bonté et d'affabilité. Un Européen peut parcourir seul et sans armes toutes les parties de cet archipel avec plus de sécurité qu'il ne parcourrait les villes de plusieurs parties de l'Europe. Le tatouage, qu'ils pratiquaient autrefois jusqu'au bout de la langue, devient de plus en plus rare, et ce n'est que parmi les vieillards qu'on remarque quelques individus bien tatoués. Le plus grand nombre se contente aujourd'hui de tracer quelques dessins sur les bras: les femmes dessinent sur leurs jambes la figure d'une chaîne dont les anneaux sont plus ou moins compliqués.

Les chefs sont maintenant vêtus à l'européenne, ainsi que leurs femmes, dont quelques unes ont une mise fort recherchée. Les hommes du peuple ont pour vêtement une grande ceinture appelée *maro*, dont une partie leur passe entre les cuisses et se rattache autour des reins. Les femmes portent pour l'ordinaire une chemise de toile et une pièce d'étoffe qui leur entoure le corps. Les deux sexes se parent de colliers et d'ornements faits de fleurs ou de plumes d'oiseaux.

Leur nourriture est en grande partie végétale; elle consiste principalement en *tarro*, espèce de racine qui crue est très âcre et même vénéneuse, et qui lorsqu'elle est cuite a un goût excellent et supérieur à celui de la pomme de terre. Cette dernière, ajoutée aux carottes

(1) Voyage des Missionnaires, p. 256, en allemand.

et au poisson, est, après le tarro, leur mets le plus ordinaire. L'eau est leur boisson habituelle : aussi ne les voit-on presque jamais dans un état d'ivresse. Ils tirent par la fermentation une eau-de-vie très forte d'une plante très commune dans l'archipel; ils la nomment *lasse*. L'arbre à pain est très répandu dans presque toutes ces îles; les bananes y abondent, on y remarque aussi les cannes à sucre. Les grands se régalent avec de la chair de sanglier, de cochon, de chien, de poule ou de bœuf.

Les habitations aux Sandwich sont petites et formées d'un échafaudage recouvert d'herbes sèches. Elles ont la forme de tentes, parce que les côtés s'élèvent obliquement en partant de terre. Elles sont percées de deux portes qui répondent aux vents les plus ordinaires et qui servent à y entretenir une délicieuse fraicheur; le plancher, formé d'une couche de joncs, sert généralement de table. Ces habitations, entourées de treillages et de jardins, sont quelquefois en assez grand nombre pour prendre le nom de ville. Pour éviter les incendies, on les bâtit toujours à une distance considérable des demeures les plus voisines.

Les occupations les plus ordinaires des Sandwichiens sont la culture du tarro et la pêche. Le tarro ne vient que dans les endroits marécageux très nombreux dans l'île: aussi voit-on les vallées et le pied des montagnes couverts d'eau. Les habitants l'y amènent par des milliers de canaux qui donnent une très haute idée de ce peuple, sous le rapport de l'industrie et de la constance au travail. Pour la pêche, les Sandwichiens se servent d'hameçons européens. Ils ont des filets très grands et très bien travaillés qui sont la propriété commune de plusieurs villages. Ils prennent aussi le poisson en l'endormant avec une plante qu'ils nomment *aonohon* : ils en font une pâte qu'ils vont placer au fond de la mer dans les fentes des rochers. Ils ont aussi l'habitude de prendre dans des calebasses des poissons de mer, afin de les accoutumer peu à peu à l'eau douce et de les jeter ensuite dans leurs marais, couverts de tarro, où ils grossissent et deviennent meilleurs que s'ils étaient restés dans la mer.

Leurs pirogues ont le fond formé d'un arbre creusé et pointu vers les deux bouts. Elles sont remarquables par la perfection du travail et en ce qu'on peut à volonté y adapter un mât et des voiles.

Les lois du tabou et de la superstition ont disparu pour faire place à une religion plus digne de l'homme, à la religion chrétienne; elle domine dans l'archipel, et bientôt elle sera pratiquée par tous les Sandwichiens. Ce peuple a fait des progrès si rapides en fait de civilisation, que nous lui devons la première place parmi les plus civilisés de l'Océanie. Les Européens leur ont enseigné les arts et les sciences; les missionnaires ont établi chez eux des écoles, répandu des livres et l'instruction. Vers la fin de l'année 1826, une imprimerie multipliait dans ces îles les livres de morale et les livres élémentaires; plus de 1,000 enfants assistaient aux cours publics, et ce nombre s'est encore prodigieusement accru. En 1833, on comptait dans les îles Sandwich 174 écoles fréquentées par environ 6,030 garçons et 5,860 filles. Parmi ces 11,890 écoliers, 10,800 savaient épeler et réciter des leçons de lecture; 350 lisaient couramment. La même année, une école de charité a été fondée à Owhyhi pour les jeunes gens étrangers demeurant dans l'île. Cet établissement a été construit et organisé au moyen d'une souscription volontaire qui a produit plus de 100,000 fr. Partout où l'enseignement des missionnaires s'est répandu on a vu cesser le vol, l'ivrognerie, l'impudicité et les crimes auxquels s'adonnait cette population livrée sans frein à tous ses penchants.

Ce qui peut donner une idée de l'importance commerciale que ces îles atteindront sans doute un jour, c'est celle dont elles jouissent depuis peu d'années. Elles reçoivent annuellement de la France pour plus de 300,000 fr. de marchandises et pour plus de 800,000 fr. des autres puissances en relation avec elles. Leurs exportations mêmes s'élèvent à plus de 900,000 francs. Enfin, en 1828, environ 120 grands navires de commerce étaient entrés dans le port d'*Hono-Rourou*, et l'on estimait à plus d'un million de francs la valeur du numéraire en circulation dans ces îles. Elles possèdent une douzaine de bâtiments bien armés, et une marine marchande parfaitement équipée. Leurs expéditions commerciales s'étendent jusqu'à la côte nord-ouest de l'Amérique, dont elles sont éloignées de plus de 1,000 lieues, au Kamtchatka et à la Chine.

« L'art de nager est très familier aux Sandwichiens ; ils fendent l'onde avec une vigueur, une légèreté et une habileté extraordinaires : la cause la plus légère les détermine à abandonner leurs pirogues ; ils plongent par-dessous, et ils se rendent sur d'autres embarcations très éloignées. On voit souvent des femmes qui portent des enfants à la mamelle, se jeter au milieu des flots, lorsque le ressac trop fort les empêche d'atteindre le rivage sur leurs pirogues ; elles traversent un grand espace de mer sans faire de mal à leurs nourrissons. »

Rien n'est si intéressant que de voir ces insulaires se livrer à un exercice qu'ils nomment *henalou*, c'est-à-dire monter les vagues. Ils se mettent à plat ventre sur une planche de forme ovale, et vont dans les espaces où les rochers de corail ne laissent à la mer qu'une profondeur de 7 à 8 pieds, et où les eaux, roulant en vagues effrayantes, vont se briser sur la plage. Ils passent tantôt dessus, tantôt dessous ces vagues, en s'éloignant de la terre ; et parvenus à une grande distance, ils attendent une vague qu'ils jugent devoir aller jusqu'à terre : c'est alors qu'ils se placent devant elle, et se laissent entraîner avec la plus grande rapidité en conservant l'équilibre et le sang-froid.

La langue de ces peuples est douce et pleine d'harmonie : il n'y a point de mot qui ne soit terminé par une voyelle. Les consonnes sont au nombre de dix : f, h, k, l, m, n, p, r, t, v, et encore f et p, k et t, l et r, s'emploient l'une pour l'autre presque indifféremment.

Le gouvernement des îles Sandwich est monarchique et héréditaire en ligne directe. En 1828, le prince actuel Kaouilkeaouly-Tamehameha III, n'étant âgé que de treize ans, n'avait point encore les rênes du gouvernement ; celles-ci étaient confiées au prince Bocki, revêtu du titre de régent, mais habitué à consulter la reine-mère Kinnaaou, qui a conservé une grande influence jusqu'à la majorité de son fils, qui a pris le timon des affaires en février 1833.

Dans les questions importantes, le roi consulte le conseil d'Etat, composé de tous les gouverneurs et présidé par lui-même. En 1829, ce corps s'assembla pour une question qui mérite d'être rapportée, parce qu'elle concerne la liberté religieuse. Le régent, la reine-mère et le jeune roi siégeaient. Il s'agissait d'examiner si le gouvernement autoriserait des ecclésiastiques français à prêcher dans les îles Sandwich. On sait que Tamehameha, qui régnait en 1780, conçut le projet de détruire l'idolâtrie dans ses États, et que son successeur *Rihoriho* eut la gloire d'accomplir ce projet en favorisant de tout son pouvoir les missionnaires américains qui étaient arrivés dans ces îles en 1820. Dans la réunion dont nous parlons, le conseil d'État n'était donc composé que de protestants. Plusieurs chefs exposèrent les inconvénients qui pourraient résulter de l'introduction d'une nouvelle religion, et proposèrent le renvoi de tous les Français. Un membre osa combattre cette proposition qui paraissait être appuyée par la majorité ; il vanta les exploits des Français qui avaient secondé Tamehameha dans ses conquêtes, et fit l'éloge de la conduite des Français résidant dans l'île ; il adressa quelques reproches aux ministres américains, qui tout récemment encore avaient occasionné quelques troubles en prenant une part active au gouvernement, et conclut à leur expulsion. Alors la reine-mère représenta qu'il serait injuste de traiter les Américains avec tant de rigueur, et proposa d'accueillir tous les étrangers avec la même hospitalité. Cet amendement fut adopté.

A l'avénement de Kaouilkeaouly au trône, ce prince convoqua le conseil d'État, déclara qu'il prenait le nom de Tamehameha III, et annonça sa résolution d'user de son droit légitime de souverain, et de ne se laisser diriger ni par les missionnaires ni par qui que ce soit. Il a depuis aboli plusieurs impôts et promulgué quelques lois utiles.

Ses sujets sont divisés en trois classes : la première est celle des *ériès* ou chefs de districts, dont un, supérieur à tous les autres, a le titre d'*érié-moï ;* la seconde est formée des propriétaires, sans autorité ; enfin la troisième est celle des *taoutaous*, qui n'ont ni rang ni propriété. Cette division est au surplus fort ancienne.

Le roi ne sort jamais sans une suite nombreuse et sans une escorte de 10 à 12 hommes armés de fusils. Les plaisirs de la cour sont des courses de chevaux, et les jeux de cartes, de dés et de boules introduits par les Européens. Le costume anglais est généralement adopté, principalement à la cour; mais la reine-mère porte rarement des souliers et jamais de bas.

« Le climat de ces îles paraît plus tempéré que celui des îles d'Amérique situées sous la même latitude. Les montagnes d'Owhyhi arrêtent les nuages, et la pluie arrose l'intérieur de l'île, tandis que le soleil luit sur les rivages. En général les vents y soufflent d'orient, et l'on y est rafraîchi par une brise régulière de terre et de mer.

» Ces îles produisent des cannes à sucre d'une grosseur extraordinaire, des patates, des arbres à fruit de pain, des bananiers, des cocotiers, du bois de santal, des orangers, des citronniers, des tamariniers et des grenadiers. Toutes ces productions y sont moins abondantes que dans les îles méridionales de la Polynésie. Les plantations sont tenues avec un soin admirable; des rigoles et des aqueducs ménagent les eaux qui servent à l'irrigation des champs (1). »

Le sol de *Wahou*, d'*Atouï* et de toutes les Sandwich est volcanique. L'île d'Owhyhi est, pour la plus grande partie, couverte de laves plus ou moins anciennes. On peut même dire que toute l'île est un massif fendillé de laves renfermant de nombreux cratères. Dans cette île, le mont *Mowna-Kaa* s'élève à une hauteur prodigieuse; Anderson l'évalue à 18,000 pieds, mais son calcul paraît vague et exagéré (2). Quand on approche cette île du côté de l'est, dit M. de Freycinet, on est d'abord frappé de l'extrême élévation de Mowna-Kaa, montagne dont la cime va se perdre dans les nues. Les terres descendent de là en pente douce jusqu'au bord de la mer, où elles se terminent en pointes basses passablement prolongées au large. « Sans pouvoir précisément » fixer la hauteur de cette montagne, nous » estimons qu'elle surpasse celle du pic de » Ténériffe. Son sommet au mois d'août n'é» tait pas entièrement couvert de neige; mais » on en voyait sur un ou deux points voisins, » dans de petites vallées (3). » L'île entière paraît être une masse de lave dont les coulées ont formé les pointes qui saillent en mer. Le *Mowna-Roa* est presque aussi élevé que le Mowna-Kaa. Ces deux montagnes forment avec le *Mowna-Houa-Raraï* un grand triangle désert et inculte.

(1) *Vancouver*, t. I, p. 205, p. 222, trad. franç., in-8°. *Manuel Quimper*, dans le *Mercurio Peruano*, VI, p. 2 *et suiv.* — (2) Troisième Voyage de Cook, t. III. — (3) Voyage autour du Monde exécuté sur les corvettes *l'Uranie* et *la Physicienne*.

Dans la partie septentrionale de l'île Owhyhi se trouve une cascade de 300 pieds de hauteur. C'est dans la même île que se fait remarquer le volcan de *Kiro-Ea* ou *Kaï-Roua*. Ce n'est point une montagne en ignition, mais une plaine de 7 à 8 milles de circonférence dans laquelle on peut compter une soixantaine de cratères dont quelques uns sont toujours en activité. Le *Pouna-Hohoa* présente aussi plusieurs cratères; mais le *Kiro-Ea-Iti* est depuis long-temps en repos, quoique le terrain soit si chaud qu'on y fait cuire des viandes en les enveloppant de feuilles.

Nous devons citer les lieux les plus importants : *Karakakoua*, où l'on voit une maison royale, compte 3,000 habitants. *Tiah-Tatoua* est un gros village où l'on voit une habitation royale et un fort. *Whytea* possède un bon port. Dans cette île il existe encore plusieurs édifices en pierre relatifs à l'ancien culte : le plus important a 224 pieds de longueur, 100 de largeur, avec des murailles de 20 pieds de hauteur et de 6 d'épaisseur. On y trouve aussi deux *pohouna's* ou lieux de refuge, dont les dimensions sont encore plus grandes que celles des temples.

« Le premier aspect de l'île *Mowi* ou *Maoui*, la plus grande après la précédente, parut ravissant à La Pérouse. Il reconnut que son sol est composé de détritus de laves et d'autres matières volcaniques. L'eau se précipitait en cascades de la cime des montagnes, et mille ruisseaux arrosaient une côte tellement couverte d'habitations, qu'un espace de 3 à 4 lieues semblait n'être qu'un seul village. Mais le terrain habitable n'a qu'une demi-lieue de profondeur, et le sud ainsi que l'ouest offre des rochers escarpés et stériles (1). »

Bien que Mowi soit beaucoup moins élevée qu'Owhyhi, dit M. de Freycinet, ses montagnes ont cependant encore des dimensions remarquables. Comme elles sont plus rapprochées du rivage, elles sont plus escarpées, et tellement même qu'il serait impossible d'y

(1) Comparez *Cook*, troisième Voyage, t. IV, p. 45. *La Pérouse*, t. II, p. 111. *Vancouver*, t. II, p. 171.

gravir. « Leurs pics aigus, les profondes dé» chirures de leurs flancs, tantôt couverts » d'une végétation active, tantôt entièrement » nus, donnent à l'ensemble de la contrée un » aspect pittoresque bien digne d'exercer le » pinceau d'un peintre habile. »

La ville de *Rakeina* est bâtie à une lieue de ces hautes montagues. Elle se compose d'un grand nombre de maisons disséminées sur toute la plage.

« Ainsi que dans toute cette partie du monde, les mammifères sont en très petit nombre à Mowi ; on n'y trouvait que des cochons, des chiens et des rats, avant l'arrivée des Européens, qui y ont ajouté les brebis, les chèvres, les bœufs, les lapins et les chats. Les chiens sont de la même espèce que ceux de *Taïti;* ils ont les jambes courtes et tortues, le dos long et les oreilles droites. Les oiseaux y paraissent très multipliés, mais les espèces n'en sont pas variées : on y voit de gros pigeons blancs, des chouettes, la poule d'eau commune, une espèce de pluvier sifflant, des pinsons, la grive, des bécasses, des canards, des oies, des corbeaux et des *nectarinia*, dont les plumes éclatantes servaient autrefois à la fabrication du manteau des grands.

» *Molokai* ou *Morotaï*, à l'ouest-nord-ouest de Mowi, est dénuée de bois, et produit surtout des ignames. On n'y trouve ni eau douce ni mouillage [1]. *Lanaï* renferme quelques cantons fertiles. »

Oahou ou *Woahou*, que M. de Freycinet nomme *Wahou*, est une des plus fertiles et des plus belles îles de cet archipel. Elle est devenue en 1819 le siége du gouvernement, qui jusqu'alors avait résidé dans l'île d'Owhyhi, de laquelle elle est éloignée de 37 lieues. C'est dans cette île que se trouve la ville *Hono-Rourou* ou *Honolula*, que l'on écrit aussi *Onorourou*, dont le port est le plus fréquenté par les Européens. Le palais du roi, l'église des chrétiens et la demeure des missionnaires, sont les principaux édifices que l'on y remarque. Le palais du roi est la seule maison en pierre qui existe à Hono-Rourou ; c'est l'ouvrage de deux matelots français. Le rez-de-chaussée se compose d'une seule salle où se tiennent les gardes, et le premier étage de la chambre à coucher du prince, de celle de ses gens et de la salle du conseil d'État [1]. Deux forts protègent cette capitale des îles Sandwich. Le nombre des habitants est évalué à 5,000 par M. de Morineau, et à plus de 6,000 par les dernières relations. A une lieue de la ville, le village de *Waïtiti* est remarquable par la prodigieuse quantité de cocotiers qui croissent dans ses environs.

Les habitants de l'île *Atoai* ou *Atouï* soignent leurs plantations avec beaucoup plus d'adresse que les habitants des terres voisines. Dans les cantons bas, des fossés profonds et réguliers coupent ces plantations. Les haies sont d'une propreté voisine de l'élégance, et les chemins qui les traversent ont une perfection qui ferait honneur à des ingénieurs européens [2]. L'Océan apporte ici de beaux pins, dont les habitants font des canots [3].

Les autres îles de cet archipel sont *Tahoülua*, ou *Tahouroua*, appelée aussi *Tahourows*, qui ne renferme qu'un très petit nombre d'habitants ; *Renaï*, petite île basaltique qui n'offre qu'une végétation rabougrie ; *Molokini*, ou *Morokine*, petit îlot qui a la forme d'un soulier ; *Morotaï*, couronnée par de hautes montagnes ; *Tahula*, ou *Tahoura*, et *Onekula*, qui n'ont rien de remarquable. Nous pourrions encore considérer comme des dépendances géographiques des Sandwich l'île *Necker*, découverte par La Pérouse, qui n'y trouva point d'arbres ; l'île *aux Oiseaux*, l'île *Gardner*, le *Banc-des-frégates-françaises*, et quelques autres qui se trouvent au nord-ouest.

La civilisation a fait de tels progrès aux îles Sandwich, que nous devons en donner une idée. A Onorourou, on publie une gazette approuvée par le roi. On trouve dans ce journal, écrit en deux langues, celle des insulaires et celle des Anglais, les nouvelles du pays, des descriptions des îles voisines, et des extraits des journaux que l'on publie à Siam, à Canton, à Calcutta, en Europe et en Amérique ; on y insère même des articles scientifiques. L'éducation occupe fortement l'attention de toutes les classes de la société à Onorourou. En 1837, on construisait dans la capitale une grande école pour y loger et instruire les enfants pauvres. On y a fondé une société de secours pour les matelots malades, infir-

(1) *Vancouver*, t. II, p. 201 et 251, etc.

(1) Précis historique de l'Expédition des îles Sandwich, par M. *de Morineau*. — (2) *Cook*, t. IV, p. 47. — (3) *Vancouver*, t. II, p. 218.

mes et pauvres. On vend dans l'île d'Oahou, de même que dans la capitale, tous les vins, toutes les confitures, tous les fromages de l'Europe, ainsi que les produits manufacturés des différentes parties du monde, tels que les soieries de Lyon, les rubans de Saint-Etienne, les glaces de Saint-Gobain, les pianos et les souliers de dames de Paris, les cotonnades et les faïences anglaises, les soieries de la Chine et les châles de Kachemyr. Il y a même des restaurateurs à Onorourou, où l'on trouve toutes les friandises de l'Europe et de l'Asie. Ce qu'il y a de plus remarquable, c'est qu'au milieu de ce mouvement vers des mœurs nouvelles et une haute civilisation, la population même la plus infime reste vertueuse et exempte de corruption et de crimes. Dans le dernier semestre de 1836, la capitale n'a eu qu'un vol à constater; encore était-il de peu de valeur, puisqu'il ne consistait qu'en un baquet à faire de la lessive (1).

Nous allons maintenant décrire la *Nouvelle-Zélande,* qui, suivant l'opinion de quelques savants navigateurs, appartient à la Polynésie, puisque ses habitants offrent tous les caractères physiques des Polynésiens, et parlent presque le même langage. Sa côte occidentale fut découverte en 1642 par Tasman, qui représente les habitants comme étant d'une couleur tirant entre le brun et le jaune, avec de longs cheveux noirs, et ressemblant aux Japonais (2). »

Quelques géographes ont donné à la Nouvelle-Zélande et aux îles voisines le nom de *Groupe de la Tasmanie.*

« La découverte de Tasman resta longtemps sans suite. Un navigateur français, Surville, doubla en 1769 le cap Nord, et découvrit sur la côte orientale la baie de Lauriston; il eût pu enlever à Cook la gloire d'en achever la découverte. En 1779, l'infortuné Marion détermina le pic Mascarin plus exactement que le grand navigateur anglais. Le célèbre Cook visita ces régions dans la même année, et découvrit un détroit qui divise le pays en deux grandes îles. La méridionale était appelée par les naturels *Tavi-Poënammou,* ou *Tavaï-Pounammou*, et la septentrionale *Eahéianomawe,* ou *Ika-Na-Mawi*, noms dont l'authenticité a été révoquée en doute par Cook lui-même. Il paraît que Tavi est le nom d'un lac, et que Poënammou désigne le jade vert. Cependant cette île semble être appelée Poënammou dans la carte tracée par un naturel, et publiée par Collins.

» D'Entrecasteaux fixa la position du cap Marie de Diemen; Cook, n'ayant pu atteindre le fond d'un des bras de la *baie Dusky,* l'avait nommé *Personne-ne-le-connaît* (*Nobody knows what*); son élève y pénétra et lui donna le nom : *Quelqu'un-le-connaît* (*Somebody knows what*). Ces plaisanteries de marins fournissent une assez mauvaise nomenclature géographique. »

Les voyageurs modernes, tels que les Anglais *Liddiard-Nicholas, Richard-Cruise* et *Dillon,* ainsi que les Français Duperrey, Freycinet et Dumont d'Urville, nous ont heureusement fait parfaitement connaître ces îles par la description détaillée qu'ils nous en ont donnée.

« Ces deux îles égalent à peu près les deux tiers de l'Angleterre et l'Ecosse en superficie. La septentrionale a 180 lieues de long, et l'autre en a 200; leur largeur varie de 10 à 60 lieues.

« L'île septentrionale, plus éloignée du pôle, paraît plus favorisée de la nature que l'autre; mais toutes deux elles jouissent d'un climat tempéré, semblable dans le milieu à celui de Paris, mais plus humide. L'extrémité méridionale est probablement plus froide que l'Ecosse. Les ouragans y sont aussi fréquents que violents, et changent continuellement de direction à cause de la hauteur des montagnes, qui, la plupart de l'année, restent chargées de vapeurs (1). » La température moyenne est de 14°,7 cent. En avril et en décembre, elle s'élève à 19°, et descend pendant les mois de juin et de juillet jusqu'à 12°, ce qui prouve que cette terre, quoique moins éloignée de l'équateur que la France, jouit d'une température plus basse et moins sujette aux grandes variations. Cette température, il est vrai, a été observée sur les côtes; ainsi elle peut être différente de celle qui règne dans l'intérieur. Aucun des voyageurs qui l'ont visitée en hiver,

(1) *Sandwich Island-Gazette.* — (2) *Dalrymple,* Historical Collection, II, 20 *et suiv. Valentyn,* Description de Banda.

(1) *Cook*, troisième Voyage, liv. I, chap. VIII.

même dans ces parties australes, n'a cependant vu la neige séjourner dans les plaines, ni la glace prendre la moindre consistance.

Les vents ne règnent nulle part aussi complétement que sur les côtes de ces îles. Quoique leur violence se fasse principalement sentir en hiver, ils ne laissent pas de se faire redouter dans les autres saisons. Les jours dont le matin est caractérisé par le calme le plus profond ne sauraient promettre une soirée tranquille. Les vents du nord-ouest sont les plus communs dans le détroit de Cook. En général, pendant neuf mois, chaque année, les vents d'ouest soufflent dans ces latitudes.

Le sol de ces deux îles est entièrement montagneux; on y trouve peu de vallées d'une grande étendue. Dans Ika-Na-Mawi, on voit cependant des districts où le terrain est moins irrégulier, les ondulations du sol moins brusques, et dont les pentes plus douces sont favorables à la culture. Dans un très grand nombre de localités, les hautes montagnes s'abaissent graduellement et présentent des sites pittoresques. Tavaï-Pounammou, d'après tous les voyageurs, possède une grande chaîne de montagnes entassées les unes sur les autres; leurs cimes, parfois couvertes de neiges éternelles et bleuâtres, et leurs flancs escarpés, stériles et solitaires, contrastent vivement avec leurs bases, couvertes d'une riante végétation. Nous ne connaissons que les côtes de ces îles; peut-être un jour découvrira-t-on, au milieu des montagnes qui couvrent leur intérieur, des plaines agréables et couvertes de toutes les richesses de la nature.

» Suivant Forster, la plus haute montagne observée dans ce voyage était le *pic Egmons*, dans l'île septentrionale de la Nouvelle-Zélande; elle est couverte d'une neige perpétuelle, de sorte qu'il estime sa hauteur à 14,000 pieds anglais. On peut réduire cette évaluation à 7,650 pieds français.

» Près du détroit de Cook, d'après les observations du chirurgien Anderson, le pied des montagnes est composé de pierres sablonneuses ou d'un grès jaunâtre, disposé par couches horizontales, et traversé par des veines de quartz dans la même situation. Le sol ressemble à une marne jaunâtre. Forster dit que l'île méridionale présente une couche peu profonde de terreau noir, sous lequel il paraît y avoir un roc de jade néphrétique jaune pâle, coupé par des veines de quartz [1].

» Crozet y remarqua de la lave mêlée de scories, des ponces, des blocs de ces verres volcaniques appelés obsidiens; des terres cuites à texture friable, comme le tripoli; des silex, des agates, des calcédoines, des cailloux transparents et d'autres cristallisés dans l'intérieur. Rutherford a observé sur les flancs des montagnes de l'île septentrionale plusieurs veines de charbon de terre. Il a aussi fait mention de plusieurs bancs d'écailles d'huîtres à la profondeur de trois pieds sous terre et à plus de 18 milles de distance de la côte.

On y trouve aussi le schiste argileux, le marbre, le jaspe, le granit à mica noir et quartz blanc [2]. Les seuls minéraux observés sont le fer à l'état d'ocre et le jade vert, qui sert aux naturels pour faire des haches et d'autres outils. »

On a reconnu six volcans dans la partie septentrionale de la Nouvelle-Zélande; savoir : dans le canton de ***Tae-Ame***, sur les bords du lac ***Mokoia***, sur les îles ***Bangui-Toto*** et ***Korea***, et sur les bords du canal de la reine Charlotte. La petite île de ***Pouhia-I-Wakadi*** n'est qu'un volcan souvent couvert d'une fumée blanchâtre.

Les caps les plus remarquables sont les *caps* ***Jackson*** et ***Koamaro***, formant l'entrée du *canal de la reine Charlotte*, qui s'enfonce à 25 milles dans les terres; le *cap* ***Campbell***, qui forme l'extrémité nord-est de Tavaï-Pounammou; le *cap* ***Saunders***, près duquel la côte forme de bons mouillages contre les vents du sud-ouest et du nord-ouest; le *cap* ***Farewell***, le *cap* ***Borrel***, le *cap* ***Poli-Wero***, le *cap* ***Kawa-Kawa***, la *pointe des Sables*; le *cap* ***Toura-Kira***, qui forme la pointe nord-est de la *baie* ***Inutile***; le *cap* ***Reinga***, appelé *cap* ***Maria Van-Diemen*** par Tasman; le *cap* ***Otou*** et le *cap* ***Rakau-Manga-Manga***, près duquel s'élèvent trois petits îlots en forme de coing, dont le principal porte le nom de ***Kokako***. Le *cap* ***Tewara***, remarquable par sa hauteur et ses pitons déchirés en forme de stalactites cylindriques, forme avec la pointe nord de l'île Otea l'entrée de la baie Shouraki, qui a plus de 70 milles de profondeur sur 20 à 25 de lar-

(1) *Forster* : Observation, p. 10, en allem. —
(2) Voyage de *Marion* et *Crozet*.

geur. Les indigènes appellent *Waï-Apou* le cap que Cook nomma *cap Est*. Le *cap Gable*, vu de loin, présente l'aspect d'une maison, et le *cap Mata-Mawi* est une pointe très élevée, dépouillée et taillée à pic en forme de coing posé sur le côté. Nous pourrions encore nommer le *cap Topolo-Polo* et la *pointe Teouka-Kore*.

« Les montagnes nourrissent des sources abondantes; chaque rocher a pour ainsi dire sa provision d'eau douce. Les rivières, quoique d'un cours peu étendu, roulent de forts volumes d'eau, et se précipitent souvent en magnifiques cascades [1]. Celle qui a fait donner à une partie de la baie Dusky le nom de *cascade Core* a 30 pieds de diamètre et tombe de 900 pieds de hauteur. »

Waï-Kava offre un superbe bassin de plus d'un mille de largeur, sur 3 ou 4 de longueur. Le fleuve *S'houki-Anga*, qui se jette sur la côte occidentale, est considérable; son cours se dirige du nord-est au sud-ouest. Le *Pounake-Tere* est une rivière belle et navigable pour de petits navires; le *Waï-Tangui* mérite d'être mentionné.

« Cette abondance d'eau, si opposée à l'aridité de la Nouvelle-Hollande, favorise la végétation. Les montagnes d'où descend la *rivière de la Tamise*, dans l'île septentrionale, produisent des bois de construction pour les flottes qui un jour domineront dans le grand Océan. Les collines mêmes sont couvertes de grands arbres touffus qui conservent leur feuillage jusqu'à ce que les boutons du printemps le fassent tomber en s'ouvrant; car, en juin, qui répond à notre décembre, la verdure est encore très belle. Le myrte à thé [2], qui croit sur les collines voisines de la mer, peut remplacer complétement le thé de la Chine. Les feuilles d'un arbre semblable au pin d'Écosse [3] servent contre le scorbut.

» Les Européens ont introduit la culture des céréales, des racines et des légumes d'Europe, qui réussissent très bien. Les naturels de l'île septentrionale cultivent les patates, les ignames, la citrouille, et surtout une espèce de fougère dont les racines très fibreuses donnent un suc nourrissant [4]. Des espèces de céleri sauvage, le cresson et autres plantes antiscorbutiques y croissent en abondance. Mais la température bannit l'arbre à pain et les palmiers. »

Nous avons déjà parlé du *phormium tenax*, plante particulière à la Nouvelle-Zélande. On y trouve beaucoup de fougère comestible, *pteris esculenta*; on y voit le *typha angustifolia*, le *scirpus acicularis*, le *scirpus lacustris*, le *triticum repens*, le *juncus maritimus*, le *juncus communis*, le *chenopodium maritimum*, le *rumex crispus*, la *salsosa fruticosa*, le *plantago major*, deux espèces de *convolvulus*, celle appelée *soldanella*, et celle qu'on nomme *sepium*; le *sonchus oleraceus*, le *ranunculus acris*, l'*arenaria media* et l'*alsine media*.

Les Européens y ont transporté beaucoup d'animaux domestiques; aujourd'hui les cochons sont répandus sur presque toute l'île septentrionale, et ils vivent en plusieurs endroits à l'état sauvage. Les missionnaires y ont introduit les chats, les chèvres, les brebis et les vaches; mais les scrupules des insulaires s'opposent à la propagation de ces espèces.

On n'a pas remarqué d'autres mammifères particuliers à cette contrée que les rats, et une espèce de chien-renard, qui est un animal domestique parmi les naturels; mais d'énormes sauriens, décrits par ceux-ci, ont *huit* pieds de long, et dévorent ou du moins attaquent les hommes.

« Les poissons abondent sur les côtes et dans les baies. Les maquereaux et les homards y sont excellents. Il y a des chiens de mer dont la chair, selon Cook, a le goût de la raie. On y pêche encore une foule d'autres espèces très différentes de celles d'Europe, mais qui presque toutes fournissent une nourriture saine et abondante. Les essaims de poissons se meuvent comme des îles flottantes, et produisent, selon Labillardière, une sorte de courant dans la mer [1].

» La topographie d'un pays sauvage ne présente que peu d'intérêt. Le *cap Nord* ou *Otou*, dans l'île septentrionale, est suivi de la *baie des Iles*, bordée de rivages très pittoresques, et de la *baie de l'Abondance*, environnée de terres fertiles. Après le *cap Est* ou *Waï-Apou*, vient la *baie de la Pauvreté* et

(1) *Forster* : Observations, p. 42; Voyage, I, p. 153. — (2) Une espèce de *philadelphus* ou *melaleuca scoparia*. — (3) *Dacrydium cupressinum*. — (4) *Acrostichum furcatum*, L.

(1) *Parkinson*, Journal, p. 189

celle de *Hawkes*. Dans la baie *Tejadon* l'on admire un rocher de grès haut de 75 pieds et percé comme un portail [1]. La baie de *Zeehaan*, découverte par Tasman, n'est autre chose que le *détroit de Cook*, dont le navigateur hollandais n'avait pas aperçu l'ouverture. Là, dans l'*Entrée de Charlotte*, on voit encore un rocher percé. Le *Port Molineaux* offre un asile aux vaisseaux venant de l'est. Le *cap Sud* est situé dans une presqu'île.

» A *Dusky-bay*, au sud-ouest, à 45 degrés de latitude, les Anglais de la Nouvelle-Galles ont formé un établissement, principalement pour la coupe des bois, la culture du lin et la pêche aux veaux marins et aux baleines. »

Le 21 mai 1840, une proclamation, publiée par le capitaine W. Hobson, de la marine royale, lieutenant-gouverneur de la Nouvelle-Zélande, porte qu'en vertu d'un traité, en date du 5 février précédent, passé entre lui et les chefs des tribus néo-zélandaises, et suivant les ordres qu'il a reçus du premier secrétaire d'Etat des colonies, tous droits et pouvoirs sur l'île dite du Nord, ainsi que sur les petites îles qui l'avoisinent; et sur l'île dite du Sud, ainsi que sur l'île Stewart, ont été cédés à la reine de la Grande-Bretagne, à ses héritiers et successeurs à perpétuité, d'une manière absolue et sans réserve. Cette proclamation a été affichée à *Durham*, nom qui a été donné par le lieutenant-gouverneur à la principale ville de la Nouvelle-Zélande. On publie déjà dans cette cité deux journaux : *the New Zealand Gazette* et *the New-Zealand Advertiser*. Il paraît que la capitale de la Nouvelle-Zélande porte le nom de *Wellington* : on vient d'y fonder une bourse, un cabinet de lecture et une bibliothèque publique.

Donnons quelques détails sur les Néo-Zélandais. Le voyageur anglais Liddiard fut étonné de la ressemblance de l'idiome de la Nouvelle-Zélande et de celui d'Otaïti, malgré la grande distance qui sépare ces deux îles. Les naturels sont de la même race que les Taïtiens, les habitants des îles des Amis et les autres Polynésiens. Les navigateurs qui les ont visités ont remarqué parmi eux deux variétés assez distinctes : les individus qui appartiennent à la première sont d'une couleur basanée, un peu plus foncée que celle des Espagnols ; quelques uns même sont blonds.

[1] *Parkinson*, Journal, p. 189.

Ils égalent les plus grands Européens pour la taille ; leurs traits sont d'ordinaire réguliers et agréables. L'influence d'un climat plus froid rapproche leur physionomie de celle des Européens ; le nez aquilin, le regard pensif, l front ridé, annoncent un caractère plus mâle, des passions plus durables, une activité plus persévérante. Leurs cheveux sont longs, plats, lisses et quelquefois châtains ; leurs yeux sont grands et bien fendus ; enfin, ils ont peu de poils sur le corps [1].

Les hommes de l'autre variété sont moins grands, plus trapus, et généralement plus larges ; leur couleur est plus foncée que celle des mulâtres : ils ont des cheveux crépus, une barbe frisée, des yeux plus petits et plus perçants, et toutes les parties de leur corps beaucoup plus velues [2]. Tous ont des membres vigoureux et bien proportionnés, des dents superbes, la voix haute, et le ventre peu proéminent [3]. M. Cruise a vu deux hommes avec des cheveux rouges.

Les femmes sont généralement petites, ont les jambes et les cuisses fort grasses, et les traits du visage fort expressifs.

Le *mokò* ou tatouage est encore très usité chez ces peuples, bien qu'il paraisse devenir chaque jour moins fréquent. Ils sont de tous les Océaniens ceux qui se distinguent le plus par les dessins bizarres qu'ils impriment sur leur visage et les diverses parties de leur corps. C'est à l'âge de vingt ans que les jeunes gens subissent ces douloureuses opérations. Il est rare de trouver quelqu'un qui s'y refuse ; dans ce cas, il passerait pour un lâche et ne pourrait prétendre aux honneurs militaires. Cet ornement est interdit à ceux qui n'osent se présenter au combat : leur seule noblesse peut alors les y faire participer. Les gens du peuple acquièrent ce droit par des faits militaires. Ce moko tient chez eux lieu de signature [4], et de plus il offre l'avantage d'annoncer sur-le-champ le rang de chaque individu et la condition à laquelle il appartient.

Ces peuples sont actifs, industrieux, et susceptibles d'application. On ne remarque point chez eux la légèreté qui semble caractériser les habitants des îles australes. Occupés pendant des années entières de leurs pro-

[1] M. *Dumont d'Urville*, II, p. 387. — [2] *Idem*, *ibid*. — [3] *Crozet* : Voyage à la Nouvelle-Zélande. — [4] M. *Dumont d'Urville*, II, p. 227

jets, ils prennent tous les moyens de réussir, et les exécutent le plus tôt possible. Ils sont intelligents, surtout pour ce qui regarde le commerce. Comme ils ont été souvent trompés par les Européens, ils sont devenus très défiants. Les missionnaires ont observé que les enfants, pour apprendre à lire et à écrire, déploient une facilité au moins égale à celle des Anglais [1]. Ils sont très courageux dans les combats, très sensibles aux injures, et s'emportent violemment contre ceux qui blessent leur vanité. Un instant après ils montrent une douceur étonnante. Ces transitions sont si subites qu'on les croirait exécutées à dessein.

On peut juger de leur degré de férocité par le trait suivant. Dans le courant de 1820, le chef Chounghi ayant appris que, durant une absence qu'il avait faite, un de ses parents avait été tué dans la baie de Mercure, déclara aussitôt la guerre aux habitants. Leur chef demanda inutilement à se réconcilier. Chounghi, après avoir rassemblé 3,000 combattants, attaqua ses ennemis. La lutte fut sanglante, mais la victoire se déclara pour lui : mille soldats de ses adversaires furent tués. Les siens en rôtirent et en mangèrent trois cents avant de quitter le champ de bataille. Chounghi tua le chef de sa propre main, lui coupa la tête et but le sang qu'il en laissa découler dans sa main.

Les Néo-Zélandais, quoique exposés à l'intempérie des saisons et sujets à des privations de tout genre, parviennent ordinairement à une extrême vieillesse. Leurs cheveux ne tombent point et blanchissent très peu; leurs dents s'usent plutôt qu'elles ne se gâtent, et leurs facultés intellectuelles et physiques se conservent d'une manière étonnante. La salubrité du climat contribue sans doute à ces grands avantages. Le sol demande ici du travail pour être fécond ; la nature, plus grande et plus sévère, remplit l'esprit d'images plus graves et plus sombres.

Le Néo-Zélandais montre beaucoup d'intelligence dans l'agriculture, la pêche et la fabrication des étoffes. Il s'acquitte aussi fort bien de la construction des maisons, des canots, et des divers instruments de guerre et de pêche ; la plupart de ces travaux sont exécutés par les femmes. Les hommes, et surtout les guerriers, tiennent à déshonneur de vaquer aux fonctions domestiques. Quand ils ont intention de planter un champ de patates, ils commencent par mettre le feu aux broussailles et aux arbres qui s'y trouvent, ensuite ils remuent la terre avec des bêches. Ils obtiennent dans l'année deux récoltes de patates. Ces époques sont pour eux des réjouissances qu'ils célèbrent par des festins et des danses multipliées. Toutes les plantes culinaires d'Europe croissent abondamment dans la Nouvelle-Zélande.

[1] Kindal Missionary Register, p. 464.

Leurs instruments de musique se bornent à deux ou trois espèces de flûtes, dont ils tirent des sons avec le souffle des narines. Les uns sont des tubes de six ou sept pouces de long, pourvus de trois trous d'un côté et d'un seul de l'autre ; d'autres consistent en deux pièces de bois adaptées l'une contre l'autre par des liures très serrées, de manière à former un tube renflé vers le milieu, où se trouve un seul trou assez large. On souffle par un des bouts, tandis qu'en fermant plus ou moins l'autre on obtient diverses modulations. D'autres enfin ont des trous des deux côtés, outre ceux des deux bouts. Ces instruments sont presque toujours en bois ; on en voit cependant qui sont en os humains, ornés de gravures bizarres et d'incrustations de nacre [1]. Leurs chants sont très variés et presque toujours accompagnés de danses.

Leur langue n'est point désagréable : elle n'a ni déclinaisons ni conjugaisons, et, sous ce point de vue, elle ressemble beaucoup à l'anglais et au malai ; les mots n'ont guère que deux syllabes, et se terminent presque toujours par une voyelle, ce qui la rend douce et mélodieuse.

Les Néo-Zélandais sont divisés en tribus, c'est-à-dire en grandes familles, dont chacune reconnait un chef qu'elle respecte. Ces tribus sont composées d'hommes libres, d'esclaves, d'enfants d'esclaves, et de ceux qui, sans être esclaves, sont obligés pour subsister de se mettre au service des autres. La société se partage en quatre classes : les *ragantira-nouï* ou principaux chefs; les *ragantira* ou nobles ; les *na-tagata* ou hommes libres ; les *na-taaré-kareka* ou esclaves [2]. Les chefs principaux (*ragantira-nouï* ou

[1] M. *Dumont d'Urville*, II, p. 501. — [2] *Manners and customs of the New-Zealanders* : by J.-S. Polack, 2 vol. in-8°. — London, 1840.

raganlira - rahi) paraissent être indépendants dans leur tribu qu'ils gouvernent à leur gré, sans reconnaître de puissance supérieure à la leur. Le pouvoir qu'ils ont sur leurs sujets n'est pas déterminé : il dépend de l'affection, de l'estime et de la confiance qu'ils leur inspirent, et de l'influence qu'ils peuvent obtenir. Ce dernier résultat provient ordinairement ou de leurs grandes possessions en terres et en esclaves, ou de leurs exploits militaires, ou bien de leur prudence et de leur sagesse comme prophètes. Pendant la guerre ils ont une autorité presque absolue, et les guerriers leur accordent une obéissance parfaite ([1]).

Le pouvoir passe ordinairement du frère aîné aux cadets, pour revenir ensuite aux enfants de l'aîné. Les femmes ne peuvent en être investies, et ceux mêmes qui sont inhabiles à la guerre, soit par crainte ou pour cause de blessures, le cèdent à un de leurs proches parents qui peut s'y distinguer ([2]). Kendall cite cependant une femme qui occupait la place de gouverneur dans les régions méridionales. Les différents chefs sont très jaloux; ils vivent dans une haine continuelle, et ne cessent de se calomnier.

Les gens du peuple coupables de quelque délit sont cités devant un conseil de chefs, et jugés ou punis dans la même séance. La peine du talion est la plus usitée. Lorsque c'est un chef qui a agi contre les coutumes du pays, ses voisins l'attaquent, le maltraitent ou le dépouillent de ses biens. Souvent aussi leurs querelles se terminent par un simple appel aux armes.

L'île Tavaï-Pounammou n'est guère connue; on a vu sur la côte orientale des villages et des habitants. La côte occidentale paraît déserte : cela tient sans doute aux vents d'ouest qui la désolent en tout temps.

« Suivant le rapport des naturels, l'île septentrionale est divisée en huit districts gouvernés par leurs chefs respectifs, et d'autres qui leur sont subordonnés. Ces provinces sont très souvent en guerre les unes avec les autres. Elles font aussi quelquefois entre elles un trafic de lin et de jade vert. »

Les noms des principaux villages sont généralement inconnus; on en voit beaucoup dans la partie septentrionale, mais nous ne pouvons nommer que *Pakohou*. Sur la côte nord-est on voit successivement *Wai-Tangui*, *Shiomi*, *Kawa-Kawa*, *Wai-Kadi*, *Rangui-Hou*, *Dona-Tara*, premier établissement des missionnaires; *Tepouna*, *Kidi-Kidi*, chef-lieu d'une mission et situé au fond du canal de même nom; *Tekoke*, *Mata-Ouvi*, *Kororа-Reka*, *Kahou-Wera*, presque abandonné. *Koro-Kava*, où périt l'infortuné navigateur Marion, ne présente que des ruines. Entre le cap Rakau et le cap Vangani, on remarque *Vanga-Maumau*, *Vanga Oudou* et *Ika-Nake*. En remontant le Shouki-Anga, on voit d'abord *Widia*, village situé dans une vallée riche et fertile, et à neuf milles plus loin, *Widi-Nake* et *Witi-Waï-Iti*, qui paraissent bien peuplés. A ce dernier village la rivière Pounake-Tere, venant du sud, se jette dans le fleuve après avoir baigné plusieurs villages, tels que ceux d'*Otaïti* et de *Rangui-Waka-Taka*. Plus loin le fleuve se divise en deux, et au point de division l'on remarque une île dont la surface ne paraît être que d'un acre : elle est occupée par un village très peuplé. La branche du nord conduit au village de *Tepapa* et celle du nord-est à ceux de *Karaka* et de *Houta-Koura*. Le premier est situé au pied des montagnes boisées qui séparent les districts de Shouki-Anga et de Waï-Mate, et le second se trouve dans une vallée riche et agréable. Il y a beaucoup d'habitants ([1]).

Dans le territoire de Waï-Mate on voit les villages d'*Okoura*, de *Waï-Tangui* situé sur la rivière de même nom, et à quelques milles de la côte *Shouraki-Poua-Rahi*, village d'un aspect romantique. C'est dans ce territoire que plusieurs voyageurs placent le lac *Rato-Doua* qui, d'après M. de Blosseville, a 70 milles de circonférence et 20 à 26 brasses de profondeur; ses eaux sont douces, alimentées par une dizaine de rivières et une source d'eau chaude. Au milieu de ce bassin s'élève la petite *île Mokoïa*, qui n'a guère que trois milles dans sa plus grande dimension.

Les missionnaires anglais ont fondé en 1827, dans un lieu nommé *Mangungu*, sur le bord d'une belle rivière, un établissement protégé par un des chefs les plus puissants de

([1]) *Marsden* : Premier Voyage à la Nouvelle-Zélande.—([2]) Voyage de M. *Duperrey*, et *Cook*, deuxième Voyage, I, p. 266.

([1]) *Marsden* : Deuxième visite à la Nouvelle-Zélande.

l'île, et destiné à remplacer celui qui, formé a *Wangaroa,* fut pillé et détruit par une horde de Zélandais. Leur intention, dit la Gazette de Sydney [1], est de visiter toutes les tribus voisines pour leur enseigner les vérités du christianisme, et de se charger immédiatement de l'éducation de tous les enfants qu'ils pourront entretenir, et dont quelques uns, par la suite, aideront à instruire leurs propres compatriotes.

Suivant un journal anglais les résultats qu'ont obtenus ces missionnaires sont loin d'être en rapport avec les dépenses qui ont été faites pour assurer la réussite de leurs missions. Depuis vingt ans celles-ci ont coûté 16,000 livres sterling ou 400,000 francs par an, ce qui forme la somme de 8 millions de francs; et le nombre des communiants s'élevait, en 1839, à cent cinquante, ce qui remet chaque conversion à 50,000 francs [2].

La mission française, avec de faibles secours, paraît avoir plus de succès que la mission anglaise. Le territoire qu'elle occupe est en voie de prospérité. Le village de *Korarika* augmente rapidement, et devient le centre d'un commerce assez actif. L'évêque catholique français venait en juillet 1839 d'y acheter des propriétés, et d'y faire bâtir une chapelle et une école. Un Français, le baron Thierry, a été choisi par les chefs zélandais pour donner à cet Etat naissant la civilisation européenne.

Il existe dans la partie septentrionale de l'île un lac de 3 lieues de longueur, appelé *Morberri*, très poissonneux, et dont les environs présentent le plus beau paysage. Suivant un voyageur anglais [3], aucune localité ne conviendrait mieux que les environs de ce lac pour établir une ville qui serait le siége du gouvernement, si l'on voulait fonder dans la Nouvelle-Zélande une colonie dont la *baie des Iles* serait le port principal. Une cité au bord de ce lac, à portée de deux rivières navigables, ne pourrait manquer de devenir florissante, et répandrait les bienfaits de la civilisation parmi les grossiers habitants de l'île. « Mais pour parvenir à un but si salutaire, il » faudrait que la nouvelle colonie fût composée d'éléments différents de ceux qui forment celle de la Nouvelle-Galles du sud. Les » condamnés à la déportation ont les habitudes du vice trop profondément enracinées » dans l'âme pour devenir des hommes utiles » à un peuple que l'on veut tirer de la barbarie; leur funeste exemple le rendrait encore » plus méchant qu'il ne l'est : il faut des artisans et des laboureurs honnêtes et actifs. » A une époque où tant d'individus ont de la » peine à subsister dans leur patrie, il doit s'en » trouver qui consentiraient à la quitter volontairement pour un pays où ils seraient » assurés de pouvoir vivre à leur aise et élever » facilement leur famille. »

La population actuelle de la Nouvelle-Zélande ne peut être exactement appréciée. Forster pensait que le nombre des habitants devait être de 100,000 [1]; mais il paraît certain que ce nombre est de beaucoup inférieur à la réalité. M. Williams le portait à 500,000; M. Dumont d'Urville pense que le nombre des habitants d'Ika-Na-Mawi est à peu de chose près de 200,000, et celui de l'île méridionale de 50,000, ce qui donne pour la population totale 250,000 individus. Toutefois M. Polack ne l'évalue qu'à 130,000. Au surplus, elle a toujours été en diminuant depuis le premier voyage de Cook : ce qui s'explique par l'anthropophagie et l'infanticide en usage chez les Néo-Zélandais.

Disons maintenant un mot de leurs *pâs* ou villages fortifiés. Ils sont presque toujours situés sur des pointes élevées et avancées dans la mer. Quand le terrain est plat, ils le rendent escarpé, et cela de telle sorte qu'on a de la peine à le gravir. Une palissade formée de pieux solidement enfoncés dans la terre, et hauts de 7 à 8 pieds, entoure le sommet de l'élévation. Au-delà de cette palissade se trouvent des fossés de 6 pieds de largeur sur autant de profondeur. Après avoir franchi les fossés, on trouve une seconde palissade semblable à la première qui entoure immédiatement les habitations. Les portes ne sont pas vis-à-vis les unes des autres, de sorte que pour franchir le triple rempart, il faut en faire une ou deux fois le tour. Ces portes sont gardées par des sentinelles.

L'intérieur du village se compose de deux rangées de maisons placées le long des palissades : chaque maison est accompagnée d'une

(1) Sydney-Gazette, 21 mai 1828. — (2) *New-Zealand Journal*, 1840. — (3) M. *John Liddiard Nicholas*, qui visita la Nouvelle-Zélande en 1814 et 1815.

(1) *Cook* : Deuxième Voyage, V, p. 204.

appentis qui sert de cuisine ; c'est là que les indigènes prennent leur nourriture. L'espace plus ou moins considérable qui sépare les deux rangées d'habitations est une espèce de place d'armes, plus élevée que le terrain où sont les maisons. Il est très propre, et coupé seulement de trois édifices publics : ce sont le magasin d'armes, celui des vivres et celui des cordes ou des lignes.

« Dans le premier de ces magasins, dit l'abbé Rochon, nous trouvâmes une quantité surprenante de javelots de bois, les uns affilés en pointe, les autres taillés en langues de serpent, d'autres garnis de pointes très aiguës faites avec des os de baleine ; des instruments très lourds propres à percer d'un côté et à assommer de l'autre, des lances d'un bois très dur et bien sculptées, des casse-têtes de pierre ou d'os de baleine très polis, affilés et bien travaillés, des fouets propres à lancer de petits javelots comme on lance une pierre avec une fronde ; des haches en bois dur et d'une forme propre à tuer des hommes. On y trouva aussi des amas d'outils communs, tels que haches, herminettes, ciseaux, tous de différentes pierres très dures, de jade, de granit et de basalte. »

Dans le second magasin étaient des sacs de patates, des fagots de racine de fougère suspendus, différents poissons cuits enfilés par des tresses de jonc et suspendus à l'air ; une grande quantité de tronçons de gros poissons cuits enveloppés dans des feuilles de fougère, liés par paquets et suspendus ; une grande abondance de calebasses très grosses toujours remplies d'eau pour la provision de tout le village.

Le troisième magasin contenait des provisions de cordes, de lignes pour la pêche, de filasse pour fabriquer les cordes, de fils et de joncs pour faire des filets ; une quantité immense d'hameçons de toutes les grandeurs, des pierres taillées pour tenir lieu de plomb aux lignes à pêcher, et des morceaux de bois travaillés pour remplacer le liége.

Ces magasins ont ordinairement 20 à 24 pieds de long sur 12 de large. Ils sont construits de pièces de bois bien équarries et bien assemblées. Leurs toits, ainsi que ceux des maisons, sont faits d'une espèce d'herbe qui croît dans les marais. Les maisons n'ont qu'une porte large de deux pieds et haute de trois (¹). Ces maisons sont très basses ; la quantité des sculptures marque toujours le rang de la personne. Les habitants passent rarement la nuit dans la maison, et seulement lorsqu'ils y sont forcés par le mauvais temps. Pour l'ordinaire ils dorment en plein air, enveloppés d'un tissu grossier de nattes, dans la posture d'une personne assise, ayant les pieds ramassés sous elle : ce qui a fait dire à quelques voyageurs qu'ils ressemblaient à des ruches rangées par groupes dans un village.

Les seuls meubles que l'on remarque dans ces huttes sont des hameçons, des lignes, des filets, des outils de pierre, des calebasses pleines d'eau et des vêtements grossiers. Un petit carré creux, environné quelquefois de pierres, indique la place du foyer ; la fumée n'a d'autre issue que la porte ou la fenêtre Un simple monceau de feuilles de fougère ou de *typha* leur sert de lit (²)

Les Néo-Zélandais, dans leurs villages, bravaient autrefois les assauts multipliés de leurs ennemis ; leur courage était à toute épreuve, et la prise des villages fortifiés presque inouïe ; aujourd'hui l'adoption des armes à feu, loin d'augmenter leurs ressources, les a presque détruites, comme cela est arrivé dans les pays les plus civilisés.

La base de leur nourriture est la racine de fougère ; elle est pour eux ce que le pain est pour les Européens. Ils paraissent n'avoir que ce trait de commun avec les indigènes de la Nouvelle-Hollande ; ils font griller légèrement cette racine, après quoi ils la battent avec un petit maillet, et s'en nourrissent. Ordinairement ils se contentent de la mâcher pour en extraire le suc ; mais dans les temps de disette, ils avalent même la partie fibreuse (³). Des Européens en ont mangé avec plaisir, et les Anglais s'y accoutument promptement. Les indigènes en font de grandes récoltes et l'unique nourriture de leurs esclaves. Cette fougère est nommée *pteris esculenta*. Il y en a d'une autre espèce qui s'élève en arbre et qui fournit une nourriture plus substantielle que la précédente. C'est la partie de la tige voisine de la racine qu'on fait cuire et qu'on réduit en poudre. Les botanistes nomment cette seconde espèce *cyathea medullaris*.

(¹) *Cook* : Deuxième Voyage, V, p. 204. — (²) *Crozet*, III, p. 59. — (³) *Cook* : Deuxième Voyage, II, p. 120. *Sainson* : Voyage de M. Dumont d'Urville, II, p. 258.

La patate douce, *convolvulus batatas*, qu'ils appellent *koumara*, est le mets le plus délicat qu'ils connaissent. Elle figure dans les festins, et les hommes du peuple n'en mangent que très rarement. Dans cette île elle est d'une excellente qualité. Les Néo-Zélandais se nourrissent aussi de poissons, de coquillages, de crustacés, de cailles, de canards, et d'autres oiseaux dont leur pays abonde, de chiens, de rats, etc. Ils font deux repas par jour, l'un le matin et l'autre au coucher du soleil [1]. Ils ne mangent jamais dans leurs maisons, de crainte d'offenser l'*atoua*, qui ne manquerait pas de les punir sévèrement [2].

L'anthropophagie semblait être chez eux plutôt l'effet d'un désir effréné de vengeance que d'un goût pour la chair humaine. Ils se livrent à cet affreux excès principalement après la victoire; mais les dernières relations des missionnaires ne permettent plus de l'attribuer à leurs idées superstitieuses sur la guerre, puisque quelquefois ils égorgent de sang-froid des esclaves pour les dévorer. Ils se contentent ordinairement de manger la cervelle, et rejettent le reste de la tête. La chair d'une femme ou d'un enfant est pour eux le mets le plus délicieux qu'ils connaissent, et celle d'un Néo-Zélandais est préférable, disent-ils, à celle d'un Européen.

Dans leurs aliments ils ne se servent jamais de sel ni d'autres assaisonnements. Ils n'aiment ni les viandes ni les poissons salés; ils ne connaissent aucune boisson spiritueuse, et détestent les liqueurs fortes. Il leur faut beaucoup de temps pour s'accoutumer à l'usage du rhum et du vin, et encore il est très rare de trouver des individus qui le préfèrent à leur sobriété habituelle. Ils aiment beaucoup les boissons sucrées, telles que le café, le chocolat, le thé, etc. La plante appelée *piper excelsum*, qui donne une boisson chérie de toutes les autres tribus polynésiennes, se trouve aussi à la Nouvelle-Zélande; les indigènes la connaissent, mais n'en font aucun usage.

Leur religion est purement métaphysique; ils ne reconnaissent qu'un seul Dieu tout-puissant [3], immatériel, éternel et conservateur du monde. Suivant Nicholas, il porte le nom de *Mawi-Ranga-Rangui*, qui signifie Mawi, habitant du ciel. Viennent ensuite *Tipoko*, le dieu de la mort, et *Towaki*, le maître des éléments. Des génies sont chargés de présider aux diverses localités. Une statue grossière est ordinairement placée au milieu de leurs villages comme une divinité protectrice [1]. Leurs dieux, qu'ils désignent sous le nom générique d'*atoua*, sont tous malfaisants et cruels; lorsqu'on leur en prêche un qui ne cherche qu'à faire du bien, ils disent qu'ils n'en ont point de semblable; ils s'efforcent de prévenir ou d'apaiser la colère de leur dieu par toute sorte de privations et de sacrifices. Il ne paraît point qu'ils adorent le bois ou la pierre; les effigies qu'ils portent au cou ou qu'ils placent aux portes de leurs cabanes ne sont que des emblèmes qui représentent l'objet de leur culte. Le capitaine Marion remarqua qu'ils se levaient au milieu de la nuit pour se recueillir et répéter quelques mots en forme de prière. Ils ont des idées arrêtées touchant l'immortalité et la spiritualité de l'âme; ils en parlent comme d'un souffle intérieur, parfaitement distinct du corps. Au moment de la mort, ces deux substances se séparent par un déchirement violent; le *waidoua* (âme) reste trois jours autour du corps, puis il se rend par une route fictive qui traverse l'île au cap Nord, d'où il s'embarque pour l'autre monde. On a remarqué qu'ils croient que le premier homme fut créé par le concours de trois divinités, mais que l'Être tout-puissant y avait eu la plus grande part; que la femme avait été formée d'une des côtes de l'homme [2]. Le nom d'*iwi*, qu'ils donnent aux os, offre un singulier rapprochement entre ce fait et le nom que les écrits de Moïse donnent à la mère du genre humain [3].

Ils ont l'habitude d'enterrer leurs morts; mais les funérailles de leurs chefs sont accompagnées de nombreuses cérémonies. « On » immole une partie des femmes et des es- » claves du défunt, dont l'âme doit aller le » rejoindre dans l'autre monde, et dont la » chair sert à célébrer le festin funèbre. Tou- » tes les personnes qui ont touché le cadavre » sont *tabouées*; pendant un certain temps il » leur est interdit de toucher des aliments, et » l'on est obligé de les faire manger comme

(1) Nouveau Voyage à la mer du Sud, par le capitaine *Marion*, p. 159. — (2) *Cook*: Premier Voyage à la Nouvelle-Zélande. — (3) *Nicholas*, 1, p. 56.

(1) Voyage de *Crozet* et *Marion*. — (2) *Nicholas*, p. 55 et suiv. — (3) *Idem*, *ibidem*.

» des enfants. On prononce sur la tombe du » chef plusieurs discours, dans lesquels on » raconte ses exploits et ceux de ses aïeux, » exploits qui font aussi le sujet de chants » que l'on compose à cette occasion. Au bout » d'un an, on déterre les ossements du chef, » on les gratte soigneusement avec un coquil- » lage, on les enveloppe dans une natte, et » on les transporte dans la sépulture de ses » ancêtres, après avoir renouvelé les sacri- » fices et toutes les cérémonies qui avaient eu » lieu lors de son enterrement; cette nouvelle » cérémonie se nomme *Haihunga*.

» Les cimetières de la Nouvelle-Zélande » sont regardés comme des lieux saints; vio- » ler une tombe est le plus grand crime qu'un » homme puisse commettre (1). »

Les roulements du tonnerre inspirent aux Néo-Zélandais une frayeur religieuse, parce qu'ils présagent les batailles (2). Les prêtres, qu'ils nomment *arikis*, ou *tohungas*, sont consultés dans toutes les affaires importantes; ils prédisent l'avenir, calment les orages, apaisent les vents (3), arrêtent les maladies et font mille autres prodiges du même genre. Ils joignent souvent à ces fonctions, qui sont héréditaires, celles de l'autorité civile. Le peuple a un profond respect pour tous ceux qui se disent ministres d'un dieu. Quelque irrité qu'il soit, il ne leur fait jamais de mal; c'est pour cela qu'il n'a jamais exercé de violence contre les missionnaires qui lui prêchent une doctrine nouvelle.

Ce sont encore les prêtres qui remplissent les fonctions de médecins. Leurs moyens curatifs se bornent ordinairement à des prières et à des cérémonies. D'autres fois ils prescrivent une diète absolue, et en cela leur doctrine est conforme à celle de nos docteurs. Ils sont responsables de ce qui peut arriver au malade, surtout lorsqu'il appartient aux premières familles. Après la mort, un conseil est chargé d'examiner la conduite de celui qui l'a assisté, et si l'on y découvrait quelque faute, il serait sacrifié aux mânes du défunt, ce qui n'est pas sans exemples; mais on remarque que là, comme ailleurs, le charlatanisme se tire presque toujours d'affaire. Leur chirurgie paraît se borner à faire des incisions avec des coquilles pour retirer les pointes qui ont pénétré dans les chairs.

Le *tabou*, ou *tapou*, est ici, comme nous l'avons vu ailleurs, une superstition bizarre, qui consiste à s'imposer une privation volontaire pour calmer la divinité offensée. La personne ainsi tabouée se trouve en la puissance de la divinité, et elle ne peut se servir de ses mains pour manger. Ceux qui sont riches se font servir, les autres se baissent jusqu'à terre pour satisfaire à ce besoin de la nature. Les objets frappés d'un tabou ne sauraient servir à l'usage ordinaire; il est même défendu d'y toucher; la divinité se mettrait en colère et exterminerait le coupable, et c'est pour éviter ces maux qu'ils le punissent de mort. Toute personne peut imposer le tapou, mais les pauvres ne peuvent se l'imposer que pour eux-mêmes. Les gouverneurs l'imposent généralement aux objets, et alors aucun individu ne peut les toucher. Les malades atteints d'une maladie jugée mortelle (1), les femmes près d'accoucher (2), sont mis sous l'empire du tapou. Ces personnes sont alors déposées sous des hangars en plein air, et privées de toute communication. M. Nicholas s'exprime ainsi en parlant de cette institution :

« Pour suivre la valeur du mot *tapou*, il » faudrait détailler minutieusement toutes les » circonstances de l'économie politique. Ce » peuple règle ainsi ses travaux journaliers » et tous les actes de la vie. Bien qu'il assu- » jettisse à une foule de restrictions absurdes » et pénibles, il est fort utile dans une na- » tion si irrégulièrement constituée. En l'ab- » sence des lois, il offre la garantie de con- » server les personnes et les propriétés, en » leur donnant un caractère authentique que » personne n'ose violer; sa puissante in- » fluence peut arrêter les hommes les plus » cruels et les plus avides (3). »

Ces insulaires croient aussi aux enchantements, qu'ils nomment *makoutou;* c'est, disent-ils, de là que viennent les maladies et la mort. Les songes, surtout ceux des prêtres, sont d'une très haute importance pour les décisions de ces peuples; résister à l'inspiration

(1) M. Ternaux-Compans : Extrait de l'ouvrage anglais de M. Polack, sur les *Mœurs et usages des Néo-Zélandais*. — (2) *William*: Journal du 22 mars 1829. — (3) *Nicholas*, II, p. 117.

(1) Relation du premier voyage de *Marsden* à la Nouvelle-Zélande. — (2) Voyage de *Liddiard Nicholas* à la Nouvelle-Zélande, p. 272. — (3) *Idem*, t. II, p. 309

d'un songe est une injure directe à l'atoua qui l'a envoyé (1).

Les jeunes gens se marient ordinairement entre vingt et vingt-quatre ans. Banks a fait l'éloge le plus sincère de la modestie et de la décence des femmes. Dès qu'elles sont mariées, toute relation avec d'autres hommes est sévèrement interdite, et elles s'assujettissent si scrupuleusement à cette règle, qu'elles n'y manquent jamais, lors même qu'elles sauraient échapper à tous les regards. Cependant, depuis Banks, les idées des Néo-Zélandais ont subi à cet égard de grandes modifications. Ainsi M. Polack nous apprend que bien que les maris soient très jaloux entre eux, ils ne font aucune difficulté de prêter ou de louer leurs femmes aux Européens qui visitent leurs côtes. La plupart des voyageurs assurent que l'homme peut choisir pour épouse toute fille libre, avec le seul consentement des plus proches parents de sa future compagne, au goût de laquelle il ne fait aucune attention. Les filles se marient de fort bonne heure, souvent même avant l'âge de onze ans. Le mariage a lieu sans cérémonie et par le fait même de l'introduction de la jeune fille dans la maison de son futur. Dès que le mariage est consommé, les parents des deux conjoints se précipitent dans la maison et la pillent entièrement. Les époux vivent ordinairement ensemble en bonne amitié, et les querelles sont rares entre eux (2).

Le mari a le droit d'épouser plusieurs femmes; mais comme elles peuvent habiter rarement ensemble, il est obligé de fournir à chacune un logement; quelques chefs en ont eu jusqu'à sept et même dix. Parmi ces femmes, il y en a une qui occupe le premier rang, qui participe seule aux honneurs et aux dignités de son mari, et dont les enfants sont destinés à succéder au père dans ses possessions et dans son pouvoir (3). L'adultère entraîne presque toujours la peine de mort pour la femme qui s'en rend coupable; cependant quelquefois le mari se contente de la répudier et de la renvoyer à ses parents; cela arrive quand il craint leur ressentiment (4).

(1) Journal de M. *Marsden*, dans son troisième voyage à la Nouvelle-Zélande, 19 juillet 1820. — (2) *Rutherford*: Voyage à la Nouvelle-Zélande. — (3) *Nicholas*: Voyage à la Nouvelle-Zélande. — (4) *Marsden*: Voyage à la Nouvelle Zélande.

Les enfants reçoivent, cinq ou six jours après leur naissance, leur nom avec une espèce de baptême. La mère ainsi que les amies arrosent le front de l'enfant avec une branche trempée dans de l'eau (1). On plante alors un arbre qui devient l'emblème de l'existence du nouveau baptisé; la croissance et la taille de cet arbre ont un rapport prophétique avec le développement des facultés de l'enfant, qui croît paisiblement sans être assujetti à aucune espèce de contrainte de leçons ou d'exercices particuliers (2). Passé le premier âge, les filles se forment sous la direction des mères, et les garçons accompagnent leur père dans les assemblées et même dans les combats. On les voit quelquefois jouer à la toupie, au cerf-volant, etc., comme les Européens. Les adoptions sont fréquentes, et confèrent tous les droits d'un enfant naturel à celui qui en est l'objet.

« Le suicide paraît commun parmi les habitants de la Nouvelle-Zélande; ils se pendent pour la plus frivole circonstance; ainsi une femme qui aura été battue par son époux ira se pendre immédiatement après (3). Cependant les habitants de la *baie des Iles* semblent étrangers à cette manie (4). »

Ces peuples mesurent le temps par nuits, *pô*; par lunes, *marama*, et par années composées de cent lunes, *tau*; c'est ainsi qu'ils comptent leur âge et calculent tous les autres événements.

« Enfermés dans leurs *pâs* ou parcourant les déserts, ces malheureux sauvages vivent dans un état de guerre presque continuel; chaque tribu suppliait ardemment le capitaine Cook d'exterminer ses antagonistes. Un Néo-Zélandais, conduit à Londres, y achète une hallebarde; aussitôt il la brandit dans l'air, et s'écrie : « Voilà de quoi hacher en pièces le chef de nos ennemis (5). » Cette habitude de guerre explique leur férocité. Leur vengeance ne s'éteint que dans le sang de leurs adversaires; ils ne pardonnent jamais, et ce qu'il y a de plus extravagant, c'est qu'ils croient que l'âme d'un homme dévoré par son ennemi est condamnée à un feu éternel.

(1) *Cruise*: Voyage à la Nouvelle-Zélande. — (2) *Savage*, p. 45. — (3) *Collins*: Relation, I, p. 524 (en anglais). — (4) *Salvage*, account, etc. *Annales des Voyages*, XIX, p. 137. — (5) *Annales des Voyages*, ibid., p. 142.

« Après les combats, ils mangent les chefs des vaincus ; même en temps de paix, quand une personne de distinction meurt, on dévore des esclaves [1]. Ces peuples sont-ils au fond plus féroces que les Européens ? On peut en douter. Mais, faibles et dépourvus d'armes, ils ont exercé contre nos navigateurs des actes de cruauté qu'accompagnait une horrible perfidie. L'infortuné Marion avait vécu plus d'un mois dans l'intimité du chef *Tacoury*, lorsque celui-ci, sous prétexte de lui donner une fête, l'attira dans une embuscade et le fit massacrer avec tous les siens ; les Français, accourus pour venger leurs camarades, virent les preuves les plus dégoûtantes de la fureur avec laquelle ces barbares avaint dévoré ou rongé les membres palpitants de ceux que, peu d'heures auparavant, ils embrassaient en amis [2]. Cette perfidie, dont les Anglais ont aussi éprouvé les funestes effets, n'exclut pourtant pas les discours nobles, les sentiments élevés. Un chef, qui adopta comme ses fils deux sauvages ramenés par le gouverneur King, dit à celui-ci, qui parut douter de sa sincérité : « Un prince ne trompe jamais ! » Belles paroles qu'il ne démentit point [3]. *Kahoura*, autre chef qui avait massacré et dévoré plusieurs Anglais, vint sans crainte avouer ses actions et se livrer entre les mains d'une nation qu'il avait si cruellement offensée. Comment expliquer une semblable conduite ? Est-ce qu'une loi d'honneur prescrit à ces hommes extraordinaires quelques principes inconnus, quelques règles comparables à ces maximes généreusement barbares qui président à nos duels ? Peut-être aussi des circonstances mal racontées causèrent-elles ces accès de rage ; quelque arbre sacré, mal à propos touché d'un coup de hache, quelque expression mal comprise a pu exciter le courroux de ces âmes bouillantes.

» Ces redoutables anthropophages chérissent tendrement leurs familles ; la mère risque sa vie pour son enfant. Leur musique a plus de mélodie et de douceur que celle des Taïtiens [4]. »

L'habillement général est fait de nattes grossières, mais assez serrées pour les mettre à l'abri des injures de l'air. Il est composé de deux pièces, dont l'une couvre les épaules et s'attache sur le devant de la poitrine ; l'autre leur couvre les reins et descend jusqu'à mi-jambes. Dans les occasions solennelles, ils portent des nattes d'un tissu fin et soyeux, tantôt d'une blancheur éclatante avec des bordures élégantes et variées, tantôt couvertes de dessins sur toute la surface, tantôt enfin garnies de poils de chien ou des belles plumes de l'oiseau *kiwi* [1]. Ils ne portent ni coiffure ni chaussure, et les enfants restent nus jusqu'à l'âge de huit ans.

« Ces insulaires sont aujourd'hui passionnés pour les vêtements européens ; hommes et femmes portent aux oreilles des petits morceaux de jade ou des chapelets. Leur visage est barbouillé de rouge, apparemment de l'ocre de fer mêlée de graisse. Leurs habitations, ainsi qu'on a pu le voir par ce que nous en avons dit, sont bien supérieures à celles de la Nouvelle-Hollande. Les barques sont construites de planches bien jointes et attachées avec de forts osiers ; quelques unes ont 50 pieds de long. Les grands canots portent trente hommes et plus ; ils sont très fréquemment ornés d'une tête habilement ciselée, dont la physionomie exprime la rage. Ils manient très adroitement leurs grossiers outils, qui sont pour la plupart faits de jade. Leurs armes sont des lances, des javelines, et le *patou*, espèce de hache informe. Ils conservent le souvenir des hauts faits de leurs ancêtres par des chansons qu'ils accompagnent de leur flûte grossière. Ainsi la race polynésienne, jusque dans son état le plus sauvage, porte un germe de civilisation qu'il serait facile de développer. »

Les Néo-Zélandais ont un procédé très expéditif et en même temps fort remarquable par sa perfection, pour conserver les restes de l'homme après sa mort. Ces précieuses reliques, dit M. Dumont d'Urville, sont religieusement renfermées et gardées par les tribus et les familles auxquelles elles appartiennent ; la moindre offense faite à ces dépouilles sacrées attirerait infailliblement la vengeance de la tribu tout entière. Mais l'espèce d'embaumement dont il est question s'applique bien plus fréquemment aux têtes

(1) M. *Dumont d'Urville* : Voyage de *l'Astrolabe*, t. II, p. 548. — (2) *Crozet* et *Marion* : Voyage à la mer du Sud. — (3) *Collins* : Relation, p. 528. — (4) *Forster* : Voyage, II, p. 375.

(1) M. *Dumont d'Urville*, II, p. 480.

de chefs qui succombent dans les combats, et dont le corps tombe entre les mains de leurs ennemis. Jadis le possesseur d'un de ces trophées le conservait avec d'autant plus de soin, qu'il savait que, lorsqu'il serait en guerre avec la tribu à laquelle appartenait le guerrier dont il possédait la tête, cette tribu serait prête à tous les sacrifices ou à tous les accommodements possibles pour recouvrer cet objet sacré, et que s'il lui arrivait de tomber entre les mains de cette tribu, il sauverait sa propre tête en restituant celle du guerrier qu'il avait vaincu. On conçoit donc quel intérêt avaient les Néo-Zélandais à les préparer et à les conserver. Mais la belle conservation de ces têtes a excité un tel étonnement en Europe, que leur valeur s'y est élevée à 3 ou 400 francs. Il est résulté de là que les Néo-Zélandais ont fait de la vente de ces têtes aux Européens un commerce très lucratif qui a excité leur cupidité au point qu'ils ne font nulle difficulté de tuer leurs esclaves afin de préparer et d'embaumer leurs têtes, et de multiplier par là les moyens d'entretenir un trafic dont les Européens devraient être honteux par les crimes qu'il provoque.

Nous devons cependant dire, à la louange de M. Dumont d'Urville, que pour ne point encourager par l'autorité de son exemple un commerce révoltant, il a toujours repoussé les propositions que lui firent souvent les chefs de la Nouvelle-Zélande avec lesquels il eut des rapports; mais, ainsi qu'il le dit lui-même, malgré ce qu'il a fait et malgré les pieuses représentations des missionnaires anglais, les marchands de têtes continueront leur trafic tant qu'il se trouvera des acheteurs.

Près des côtes de la Nouvelle-Zélande se trouvent plusieurs petites îles. Nous allons les nommer, en commençant par la partie méridionale. Ces îles sont l'île *Longue*, *Kackahow*, *Ernest*, *Fenoua-Ho*, *Chase*, *Bench*, et *Stewart*, qui est la plus grande: on y trouve les ports *Facile*, *Mason*, *Williams* et *Pegasus*. Près de la côte occidentale on remarque l'île élevée et stérile que Cook nomma *Solander*; on a reconnu qu'elle se composait de deux îlots distincts. Les îles *Pepin* et *Lookers-On* sont encore dignes d'être mentionnées.

Autour de l'île septentrionale de la Nouvelle-Zélande nous remarquerons *Entry*, les *îles du Pain de Sucre*, *Gannet*, *Manawa-Tawi*, *Moudi-Motou*, *Didi-Houa*, *Motou-Kawa*, *Panake*, *Tiki-Tiki*, *Motou-Roa*, *Motou-Arohia*, *Motou-Doua*, *Motou-Kiakia*, *Moko-Inou*, le *Fanal*, le *Navire*, *Moro-Tiri*, *Tarangua*, *Toutourou* et *Shoutourou*, couverte de bois et remarquable par une cime très élevée. Entre les presqu'îles Malte-Brun et Buache se trouvent plusieurs îlots, et plus loin on voit successivement *Ranguitoto*, *Motou-Tabou*, *Koura-Kia*, *Otata*, *Waï-Heka*, île maintenant déserte, où existait, en 1820, un pâ très peuplé, *Pouhia-I-Wakadi*, couverte de fumée, et *Houana-Hokeno*, stérile et inaccessible.

A 225 lieues au sud-est de la Nouvelle-Zélande se trouve l'île *Campbell*, que découvrit le capitaine danois Hardinbourg, qui lui donna le nom de la femme de M. Macquarie, gouverneur de la Nouvelle-Hollande. Ses côtes occidentales et méridionales ne présentent qu'un rocher gris presque à pic, d'une grande hauteur et dépourvu de végétation; les autres parties de l'île sont couvertes de verdure, mais sans un seul arbre. Partout le sol paraît déchiré; plusieurs pitons aigus et très escarpés dominent l'intérieur de l'île. Ses habitants, au nombre de 2,500, paraissent par leur extérieur et leurs coutumes de même origine que les Néo-Zélandais. La polygamie est autorisée par leurs lois: les chefs ont d'ordinaire quatre ou cinq femmes, et les gens du peuple une ou deux. Ces chefs obéissent à un roi qui dépend de l'établissement de la Nouvelle-Galles méridionale.

Au sud-ouest de cette île se trouve celle de *Macquarie*, qui a 10 lieues de long du nord au sud, sur une lieue et demie de large. Les côtes n'offrent aucune baie où l'on puisse aborder. Le sol en est montueux et stérile. Le sommet le plus élevé qui ait été mesuré atteint une hauteur de 262 toises. On ne voit sur cette terre aucun mammifère, mais seulement quelques oiseaux qui, faute d'arbres, sont réduits à faire leurs nids dans la terre. On y remarque un grand nombre de lacs qui nourrissent beaucoup de truites.

Autour de Macquarie, découverte en 1811 par quelques pêcheurs, se trouvent les groupes de *The Judge and his Clerk* et de *The Bishop and his Clerk* (le Juge et son Clerc, et l'Évêque et son Clerc).

« Les îles *Snares* et le *Groupe de lord Au-*

kland, au sud de la Nouvelle-Zélande, indiquent une continuation sous-marine de la chaîne de montagnes qui parcourt cette terre.

» Une autre chaîne est marquée à l'est et presque parallèlement à la Nouvelle-Zélande par les îles *Bristol, Antipodes* et *Bounty*. Plus au nord se trouvent *Cornwallis, Pitt* et *Chatham* : celle-ci, la plus considérable, a été découverte par *Broughton* : sa longueur peut aller à 12 lieues. Le terrain s'élève graduellement, et forme dans l'intérieur des collines d'un aspect agréable. Il paraît que l'île renferme une de ces lagunes si fréquentes dans les îles basses de cet Océan. On donne à ces îles, entourées d'îlots, le nom de *Groupe de Broughton*.

» La végétation, dit ce navigateur, a beaucoup de force; les arbres cependant ne sont que d'une élévation moyenne. Ils sont dégagés de branches jusqu'à une certaine hauteur, et l'on ne voit point de broussailles; un arbre ressemble au laurier, et un autre a des joints comme la vigne. On voit dans les mains des habitants plusieurs filets et lignes d'un beau chanvre, qui sans doute est du crû de l'île.

» Les habitants sont des hommes de moyenne taille, vigoureux, bien proportionnés; ils ont le teint d'un brun obscur, et les traits bien prononcés. Leurs cheveux et leur barbe sont noirs; leur corps n'offre aucun indice de *tatouage*. Une peau de phoque et une natte tressée avec art forment leur vêtement. Les oiseaux, qui tous jouissent d'une paix profonde, semblent des mêmes espèces que ceux des environs de la baie Dusky

» Telles sont les principales terres et les îles de la cinquième partie du monde ou de l'Océanie. »

TABLEAU *de la superficie et de la population de l'Océanie septentrionale, ou de la* MICRONÉSIE *de* M. DUMONT D'URVILLE, *partie occidentale de la* Polynésie *de la plupart des géographes*

SUPERFICIE en lieues carrées, 1,300.	POPULATION absolue, 70,000.	POPULATION par lieue carrée, 53 habitants.

Archipel des Carolines ou *des Nouvelles-Philippines*.
Population, 50,000 habitants.
Iles Pelew ou *Palaos*.
Population, 10,000 habitants.
Archipel des Mariannes.
Population, 6,000 habitants.

Archipel de Magellan ou *Mounin-Sima*.
Population, 1,000 habitants.
Archipel de Mulgrave ou *Central*.
Population, 2,000 habitants.
Autres îles, 1,000 habitants.

TABLEAU *de la superficie et de la population de l'Océanie orientale, ou de la* POLYNÉSIE *de* M. DUMONT D'URVILLE.

SUPERFICIE en lieues carrées, 12,000.	POPULATION absolue, 1,031,000.	POPULATION par lieue carrée, 85 habitants.

Ile Rotouma.
Population, 4,000 habitants.
Archipel de Viti.
Population, 85,000 habitants.
Archipel des Amis ou *Tonga*.
Population, 200,000 habitants.
Groupe de Horn.
Population, 500 habitants.
Archipel des Navigateurs.
Population, 160,000 habitants.
Archipel de la Société.
Population, 15,000 habitants.

Archipel de Cook.
Population, 110,000 habitants.
Archipel Dangereux ou *Paumatou*.
Population, 3,500 habitants.
Archipel de Mendana ou *des îles Marquises*.
Population, 40,000 habitants.
Iles Sandwich ou *archipel d'Owhyhi*.
Population, 150,000 habitants.
Nouvelle-Zélande.
Population, 150,000 habitants.
Autres îles, 3,000 habitants.

RECAPITULATION.

Superficie et population de toute l'Océanie.

	SUPERFICIE EN LIEUES CARRÉES.	POPULATION ABSOLUE.	POPULATION PRA LIEUE CARRÉE.
Malaisie.	96,700	21,376,000	291
Mélanésie.	385,000	1,150,000	3
Micronésie	1,300	70,000	53
Polynésie.	12,000	1,031,000	85
Total de l'Océanie. . .	495,000	23,627,000	47

Tableau *des positions géographiques de l'Océanie occidentale.*

MALAISIE.

NOMS DES LIEUX.	LATITUDE N.			LONGITUDE E. DE PARIS.			SOURCES ET AUTORITÉS.
ÎLES ANDAMEN.	deg.	min.	sec.	deg.	min.	sec.	
La grande Andamen	13	34	»	90	48	45	Riddle.
Idem, pointe S.	11	30	»	90	35	45	Ducom.
(La petite, pointe S. E.)	10	26	»	90	19	45	Riddle.
Barren	12	17	»	91	37	45	*Idem.*
Narcondam	13	24	»	91	51	45	*Idem.*
Préparis	14	50	30	91	19	45	*Idem.*
Idem	14	50	30	90	39	45	Purdy.
ÎLES NIKOBAR.							
La grande Nikobar	6	44	30	91	40	15	*Idem.*
(La petite, pointe N.)	17	27	»	91	32	45	Ducom.
Kamorta	8	8	»	91	43	»	Malham.
Katchoul, pointe N.-E.	7	53	30	91	14	»	Mannevillette.
Noncavery	7	58	10	91	24	45	Purdy.
Kar Nikobar	9	10	»	90	35	45	*Idem.*
GROUPE DE SOUMATRA.							
Cap Diamanda (Soumâtra)	5	18	»	95	27	45	Ducom.
Idem	5	18	»	94	57	»	Purdy.
Pointe Pedir, *id.*	5	26	»	93	42	»	Heywood.
Pedir (rade), *id.*	5	26	»	93	42	»	*Idem.*
Sinkel (rivière), *id.*	2	13	»	95	2	45	Purdy.
Achem (ville)	5	22	»	92	21	»	Mannevillette.
Varous ou Barous, *id.*	2	»	»	97	57	45	Ducom.
Tappanouly, *id.*	1	43	47	96	21	2	Crisp.
Bancalis (baie)	»	55	»	99	3	»	Mannevillette.
Bencoulen, *id.*	3	49	16	99	50	30	*Connaissance des Temps*
Palembang (le fort), *id.*	2	40	»	101	3	»	*Mém. de Batavia.*
Idem	2	58	»	102	39	45	*Annales maritimes.*
Ile Poulo-Nias	»	34	»	94	44	45	Purdy.
Ile Banjak	2	50	»	94	27	45	Ducom.
Ile aux Cochons	2	53	»	93	9	45	Purdy.
Idem	2	40	»	93	48	»	Mannevillette.
Ile Lingen	»	21	»	102	41	45	Purdy.
	LATITUT. S.						
Ile Nassau, pointe méridionale	3	17	»	98	3	45	Purdy.
Pointe septentrionale	2	18	»	»	»	»	Crisp.
Ile Lucipara	3	10	45	103	57	30	Mannevillette.
Mont Monopin (île de Banca)	2	3	»	103	2	30	*Idem.*
Ile Gaspar (*Détroit entre Banca et Bilitom.*)	2	21	»	104	45	»	Marchand, Fleurieu.
GROUPE DE JAVA.							
Ile du Prince (*Détroit de la Sonde*)	3	36	15	102	55	»	Mannevillette.
Ile Cracatoa, *ibid.*	6	6	»	103	16	»	*Idem.*
Samarang (Java)	6	53	»	108	13	45	Riddle.
Batavia, *id.*	6	10	33	104	47	30	*Mém. de Batavia.*
Idem	6	12	»	104	33	46	*Connaissance des Temps.*
Bantam, *id.*	6	7	»	103	53	15	Ducom.
Idem	6	4	»	103	51	45	Riddle.
Sourabaya, *id.*	7	14	23	110	21	13	Rossel.
Idem	7	12	31	110	23	»	Duperrey.
Cheribon (pointe), *id.*	6	47	»	106	16	45	Thorn.
Tagal (baie), *id.*	6	53	»	106	51	45	Purdy.
Japara, *id.*	6	34	»	108	22	45	*Idem.*
Joana, *id.*	6	39	»	108	51	45	*Idem.*
Pamanoukan, *id.*	6	11	»	105	28	45	*Annales maritimes.*

NOMS DES LIEUX.	LATITUDE S.			LONGITUDE E. DE PARIS.			SOURCES ET AUTORITÉS.
	deg.	min.	sec.	deg.	min.	sec.	
Sandana (baie).	7	39	»	112	1	45	Purdy.
Idem.	7	39	»	112	16	»	Ducom.
Ile Madouré, pointe N.-O.	6	53	»	110	23	15	*Annales maritimes.*
Idem.	6	52	55	110	29	15	Duperrey.
Ile Lombok	8	21	30	114	5	45	Purdy.
Ile Bali.	8	51	»	112	48	45	*Idem.*
Idem.	8	57	»	»	»	»	Riddle.
Ile Sumbava (la ville).	8	27	»	115	3	45	*Annales maritimes.*
Idem, pointe S.-O.	9	2	»	114	21	45	Horsburg.
Idem, pointe S.-E.	8	42	»	116	52	45	*Idem.*
Ile Flores ou Endé.	8	50	»	117	29	45	Purdy.
Ile Lomblem.	8	12	»	121	20	45	*Idem.*
Ile Panter.	8	22	5	121	55	12	Duperrey.
Ile Ombay ou Mallua.	8	27	55	121	59	»	Freycinet.
Idem.	8	28	8	121	56	36	Duperrey.
Ile Timor.	10	9	55	121	15	20	Baudin.
Fort Concordia.	10	9	55	121	15	21	Freycinet.
Simao, pointe N.-E.	10	6	8	121	5	43	*Idem.*
Idem, pointe E.	10	10	30	121	11	8	*Idem.*
AUTRES ÎLES DE L'ARCHIPEL DE LA SONDE.							
Rotti.	11	2	»	120	27	»	Fabre.
Savou.	10	32	10	119	14	34	D'Entrecasteaux.
Roma.	7	29	20	124	54	»	Freycinet.
Dammar.	7	8	»	126	5	45	Purdy.
Letti.	8	16	»	125	25	45	*Annales maritimes.*
Baber.	7	25	»	128	19	45	*Idem.*
Timor-Laout, pointe S.-E.	8	15	»	129	29	45	*Idem.*
BORNÉO.							
Soukadana (ville)	1	1	»	107	14	»	Mannevillette.
Pointe Salatan	4	10	»	112	21	45	Purdy.
Pointe Sambar	2	52	»	107	37	45	*Idem.*
Bandjer-Massing (ville)	2	40	»	112	34	45	Riddle.
Bornéo, *id.*	4	55	»	106	54	45	Purdy.
Sambas (embouchure).	1	12	30	106	59	45	*Idem.*
Ponthianak (embouchure).	»	»	30	149	»	45	*Idem.*
Iles voisines de Bornéo.	LATIT. N.						
Ile Balambangang.	7	30	»	111	20	»	*Mém. de Batavia.*
Natunas (septentrionales).	4	56	»	114	45	»	Dalrymple.
Idem (méridionales)	3	3	»	105	41	45	Ducom.
Natuna (la grande, pointe S.).	3	45	»	106	49	45	*Idem.*
Anambas, N.	3	27	»	105	54	45	*Idem.*
Idem S.	2	18	»	103	54	45	Riddle.
(La grande pointe, O.).	3	2	»	103	52	45	Ducom.
Iles Cagayan.	9	34	»	103	25	45	*Idem.*
CÉLÈBES.							
Talabo (cap).	»	48	»	121	36	45	Ducom.
Lessen (cap).	4	54	»	119	7	45	*Idem.*
Coffin (cap)	1	42	»	112	39	45	*Idem.*
Idem.	1	40	»	122	32	45	Heywood.
Cap Temoal.	»	1	»	123	11	45	Purdy.
Cap Rivers	1	15	»	123	8	45	Horsburg.
Donda.	»	48	»	122	32	35	Ducom.
PHILIPPINES.							
Cavite.	14	29	»	118	26	45	Purdy.
Idem.	14	23	57	118	33	43	Daussy.
Manille	14	36	8	118	31	15	*Connaissance des Temps.*
Mindoro	13	27	»	17	59	45	Purdy.

NOMS ET LIEUX.	LATITUDE N.			LONGITUDE E. DE PARIS.			SOURCES ET AUTORITÉS.
	deg.	min.	sec.	deg.	min.	sec.	
Mindoro.	12	46	»	121	54	45	Ducom.
Cap Saint-Augustin.	6	12	»	123	50	»	*Idem.*
Mindanao.	8	1	»	120	13	45	Purdy.
Samboanga	6	53	»	119	40	»	*Annales maritimes.*
Palaouan.	1	31	»	117	4	45	Ducom.
Idem.	11	29	»	116	49	45	Purdy.
Panay.	10	25	»	119	44	45	*Idem.*
Negros.	10	58	50	120	50	2	D'Entrecasteaux.
Samar.	12	40	»	123	9	45	*Connaissance des Temps.*
Idem.	12	35	»	122	56	45	Ducom.
Bohol	10	»	»	119	45	»	Malham.
Calamianes	11	47	»	117	44	»	Mannevillette.
Basilan.	6	30	»	120	9	45	Purdy.
Soulou.	5	57	»	118	55	30	*Connaissance des Temps.*
Idem.	5	56	»	118	42	»	Dalrymple.
Pangeutaran.	6	13	50	118	18	45	Purdy.
MOLUQUES.							
Sanguir.	3	46	»	125	1	45	*Idem.*
Siao.	2	45	»	117	11	45	*Idem.*
Kema	1	22	»	118	19	45	*Idem.*
Tidor	»	34	»	117	36	45	*Annales maritimes.*
	LATIT. S.						
Fort Lefas (île Tidor).	9	12	15	121	55	»	Rossel.
Iles Balabalagan.	7	15	»	114	39	45	*Annales maritimes.*
Saleyer, pointe N.	5	46	45	118	8	»	Duperrey.
Idem, pointe E.	6	2	30	118	12	15	*Idem.*
Idem, île du milieu.	5	39	20	118	7	20	*Idem.*
Idem.	3	45	»	118	5	»	Rossel.
Macassar, aujourd'hui le fort Rotterdam.	5	9	»	117	13	45	Purdy.
Idem.	5	9	»	117	18	45	Ducom.
Bonthyan.	5	40	»	118	11	45	*Idem.*
Boutan ou Bouton, pointe S.-E.	5	48	»	120	52	45	*Idem.*
Idem, pointe N.	4	25	»	120	43	45	D'Entrecasteaux.
Tonine.	5	31	»	116	15	45	*Annales maritimes.*
Gounoung-Apy.	6	36	»	124	19	45	*Idem.*
Ile Banda.	4	31	»	127	39	45	Ducom.
Fort Victoria.	3	41	41	125	47	5	Rossel.
Cayeli (île Bourou).	3	22	33	124	42	34	*Connaissance des Temps.*
Mandar.	3	35	»	116	42	45	Purdy.
Bonoa.	3	3	50	125	28	30	Freycinet.
Kelang, pointe O.	3	13	45	125	18	30	*Idem.*
Idem, pointe S.	3	16	»	125	23	»	Fabre.
Noes-a-Laout.	3	40	»	126	32	15	*Annales maritimes.*
Amboine, pointe S. E.	3	47	30	125	33	10	Fabre.
Bourou ou Booroo.	3	22	33	124	32	44	*Idem.*
Ceram.	3	33	30	125	32	»	*Idem.*
Xulla-Bessi	2	30	»	123	34	»	Berthault.
Xulla-Mangola	1	43	»	123	»	45	Ducom.
Xulla-Talcabo	1	5	6	122	7	10	Chemisard.
Ternate.	»	18	»	124	59	45	Purdy.
Gilolo	»	39	20	125	53	23	Freycinet.
Havre de Bony	»	2	30	128	41	44	D'Entrecasteaux.

TABLEAU *des positions géographiques de l'Océanie centrale.*

MÉLANÉSIE.

NOMS DES LIEUX.	LATITUDE S.			LONGITUDE E. DE PARIS.			SOURCES ET AUTORITÉS.
	deg.	min.	sec.	deg.	min.	sec.	
AUSTRALIE OU NOUVELLE-HOLLANDE.							
TERRE DE DIEMEN.							
Cap Pillar.	43	14	»	145	»	49	Boullanger et Freycinet.
Cap Péron (Ile Maria). . . .	42	46	30	145	54	30	*Idem.*
Cap Sainte-Hélène.	41	20	30	146	17	30	*Idem.*
Cap Portland.	40	42	25	145	45	»	Carte de Flinders.
Entrée du Port Dalrymple . . .	41	3	30	144	50	45	Flinders et Freycinet.
Cap Lenoir (îles Hunter). . . .	40	29	30	142	32	10	Freycinet.
Cap Sud-Ouest.	43	33	40	143	44	»	D'Entrecasteaux.
Cap Sud	43	39	»	144	34	10	*Idem.*
Cap Bathurst.	33	24	30	147	17	30	*Annales maritimes.*
Pointe Saint-Vincent.	43	16	»	143	34	35	Flinders.
Cap Guillaume.	35	6	18	133	36	30	Baudin.
NOUVELLE-GALLES DU SUD.							
Promontoire de Wilson	39	10	30	144	20	10	Freycinet.
Cap Howe.	37	27	»	147	45	»	Flinders.
Pointe Danger	28	8	»	151	32	»	*Idem.*
Cap Sandy.	24	40	»	150	55	»	*Idem.*
Cap Capricorne.	23	28	»	148	50	»	Cook.
Broad Sound (dans la baie des Entrées).	22	25	»	146	40	»	*Idem.*
Baie Edgecumbe.	20	»	»	145	40	»	*Idem.*
Jervis-Bay.	35	10	»	148	35	45	Flinders.
Port-du-Roi-George	35	10	»	115	42	40	D'Entrecasteaux.
Idem.	35	3	30	115	38	6	Baudin.
Golfe Saint-Vincent.	34	8	52	135	45	45	Flinders.
Spencer.	35	15	30	134	32	»	Baudin.
Baie des Kanguroos.	35	43	30	135	47	»	*Idem.*
Port Western.	38	30	»	142	47	45	Flinders.
Endeavour (riv.).	15	27	4	142	50	34	King.
Paterson	38	38	»	143	15	45	Krusenst. m.
Macquarie.	31	35	45	150	35	40	Oxley.
Cap Melville.	14	9	30	142	4	35	King.
Baie du Carénage.	15	6	18	122	40	31	*Idem.*
Brisbane (entrée)	27	25	»	»	»	»	*Idem.*
Paramatta.	33	48	46	148	41	»	Rumker.
Bathurst	33	24	30	147	17	30	*Annales maritimes.*
Cap Marsden.	35	32	48	135	15	36	Baudin.
Broken-Bay	33	34	»	148	57	45	Flinders.
Cumberland (pic	20	15	10	146	34	45	*Idem.*
Sydney-Cove (pointe Jakson) . .	33	51	30	149	2	»	Baudin.
Green-hill.	34	20	»	133	»	45	Flinders.
Nepean (pointe).	38	18	»	142	16	45	Krusenst. m.
Cap York.	10	39	30	140	12	45	Flinders.
Cap Flattery.	14	57	»	143	14	45	*Idem.*
Cap Tribulation.	16	5	»	143	24	45	*Idem.*
Ile Magnétique.	19	10	»	144	36	»	Krusenst. m.
Sandy-Cape, ou cap de Sable. .	24	41	»	150	54	»	*Idem.*
Port Stephens.	32	42	»	149	54	»	*Idem.*
TERRE DE WITT.							
Cap Léoben (cap Diemen) . . .	11	9	»	127	54	»	Freycinet, Boullanger, etc.
Cap Fourcroy.	11	58	»	127	40	»	*Idem.*
Iles Barthélemy.	13	48	»	127	15	»	*Idem.*
Iles Lacrosse.	14	44	»	126	»	»	*Idem.*
Cap Rulhière.	13	52	»	124	57	»	*Idem.*
Ile Bougainville	14	»	»	123	41	»	*Idem.*

NOMS DES LIEUX	LATITUDE S.			LONGITUDE E. DE PARIS.			SOURCES ET AUTORITÉS.
	deg.	min.	sec.	deg.	min.	sec.	
Ile Laplace	14	9	18	123	13	26	Baudin.
Cap Voltaire	14	15	»	123	13	»	dem.
Ile Degérando	15	22	»	121	48	»	*Idem.*
Cap Mollien (île Adèle)	15	27	»	120	44	»	*Idem.*
Ile Caffarelli	16	5	»	120	52	»	*Idem.*
Cap Bertholet	17	10	»	119	45	»	*Idem.*
Cap Huygens	17	58	»	119	51	»	*Idem.*
Cap Villaret	18	19	»	119	36	»	*Idem.*
Cap Missiessy	19	12	»	118	55	»	*Idem.*
Cap Larrey	19	47	»	116	49	»	*Idem.*
Ile Depuch	20	36	»	115	13	»	*Idem.*
Ile Romarin	20	28	»	114	10	»	*Idem.*
Cap Malouet	20	45	»	113	5	»	*Idem.*
Cap Murat	21	37	»	111	58	»	*Idem.*
Cap Poivre	20	51	30	113	»	36	*Idem.*
Cap Dupuy	20	41	»	113	8	42	*Idem.*
Ile Bedout	19	29	»	116	32	»	*Idem.*
Cap Bossut	18	43	43	119	16	»	*Idem.*
Ile Gantheaume	17	53	»	119	47	»	King.
Ile Lacépède (la plus au nord-ouest)	16	49	40	119	47	5	*Idem.*
Ile Carnot	17	5	»	119	50	»	Baudin.
Banc des Baleines	16	46	»	119	30	15	King.
Cap Keraudren	19	57	»	116	49	»	Baudin.
Ile Cassini	13	55	5	123	21	45	King.
Banc des Holothuries	13	32	»	123	26	30	*Idem.*
Banc des Méduses	14	30	30	»	»	»	*Idem.*
Roches des Crocodiles	39	22	»	144	8	45	Flinders.
TERRE D'ENDRACHT ET LEEUWINE.							
Cap Cuvier	24	14	»	111	4	»	Freycinet, Boullanger.
Rade de Dirk-Hartigs	25	30	»	110	42	»	*Idem.*
Pointe Rouge	27	42	»	111	40	»	*Idem.*
Ile Rottnest	31	58	47	113	9	4	Baudin.
Pointe Péron	32	18	10	113	22	28	*Idem.*
Houtman's-Abrolhos (pointe méridionale)	29	13	»	112	»	»	Van-Kenlen.
Rivière des Cygnes, entrée	32	4	30	113	26	20	*Idem.*
Cap du Naturaliste	33	27	30	112	39	30	Freycinet, Boullanger.
Cap Hamelin	34	14	»	112	40	»	*Idem.*
Baie des Chiens-Marins, ou baie du Requin	25	29	45	111	7	35	Baudin.
Baie du Géographe	33	27	42	112	39	42	*Connaissance des Temps.*
TERRE NAPOLÉON.							
Cap des Adieux	31	55	»	129	35	»	Freycinet, Boullanger.
Cap Malouet	32	10	20	130	45	»	*Idem.*
Ile Talleyrand	32	35	»	130	49	»	*Idem.*
Baie Murat	32	6	»	131	17	»	*Idem.*
Cap Lavoisier	32	31	»	131	30	»	*Idem.*
Cap Ambroise Paré	32	43	»	131	44	»	*Idem.*
Cap Corréa	33	36	»	132	28	»	*Idem.*
Cap Brune	34	45	»	132	51	»	*Idem.*
Cap Turenne	35	8	»	133	45	30	*Idem.*
Ile Marengo (le milieu)	35	9	20	134	6	30	*Idem.*
Cap Northumberland	38	»	26	138	21	27	Baudin.
Cap Boufflers	37	57	57	138	23	27	*Idem.*
Cap Fleurieu	35	38	»	135	49	»	Flinders.
Ile Dalberg	34	32	»	134	56	43	Baudin.
Ile Volney	33	45	»	134	42	»	*Idem.*
Cap Catastrophe	35	»	»	133	35	45	Flinders.
Ile Saint-Pierre	32	22	20	131	6	45	*Idem.*
Ile Eugène	32	12	»	131	20	»	Baudin.
Ile Saint-François	32	35	»	130	55	15	*Connaissance des Temps.*
Baie de Legrand	34	1	»	119	43	45	Baudin.
Mont Gardner	35	»	30	115	49	45	Flinders.
Cap Baldhead	35	4	48	115	42	26	*Idem.*
Port Champagny (île Lagrange)	34	44	»	133	45	»	Freycinet, Boullanger.

NOMS DES LIEUX.	LATITUDE S.			LONGITUDE E. DE PARIS.			SOURCES ET AUTORITÉS.
	deg.	min.	sec.	deg.	min.	sec.	
Cap Condillac.	33	42	»	134	57	»	Freycinet, Boullanger.
Cap Lafontaine.	32	58	»	135	28	»	*Idem.*
Cap Berthier.	35	15	30	134	32	»	*Idem.*
Cap Elisa.	35	13	»	135	21	»	*Idem.*
Sommet du golfe Joséphine.	34	12	»	135	45	»	*Idem.*
Cap d'Alembert.	35	31	30	135	39	30	*Idem.*
Cap Bedout (île Decrès)	35	56	»	134	14	40	*Idem.*
Cap Gantheaume (*idem*).	36	4	15	135	10	»	*Idem.*
Cap Sané (*idem*).	35	53	»	135	50	30	*Idem.*
Cap Fermat	36	4	»	137	8	30	*Idem.*
Cap Bernouilli	37	»	»	137	22	10	Freycinet et Bernier.
Cap Lannes	37	38	30	137	53	»	*Idem.*
Cap Belidor.	38	1	»	138	32	»	*Idem.*
Cap Montaigne	38	27	30	139	22	»	*Idem.*
Cap Volney	38	49	»	141	»	»	Boullanger, etc.
Cap Marengo.	38	54	»	141	30	»	*Idem.*
Entrée du port Philips.	38	24	30	142	28	»	*Idem.*
Port occidental. (Pointe sud de l'île des Anglais.)	38	39	34	143	7	17	Faure.
ÎLE DE VAN-DIEMEN.							
Port Macquarie.	42	11	»	142	53	»	Krusenst. m.
Dalrymple.	41	3	30	144	50	45	Baudin.
Baie des Tempêtes.	43	3	»	145	11	45	Krusenst. m.
Baie de l'Aventure.	43	21	29	143	3	40	D'Entrecasteaux.
Rivière Derwent.	43	3	»	145	11	45	Flinders.
Ile Bruny.	43	29	45	144	55	15	*Idem.*
Ile Maria	42	46	»	145	51	45	*Idem.*
Baie Fleurieu.	42	10	»	145	57	45	Krusenst. m.
Cap Grim.	40	44	»	142	22	45	Flinders.
Georges-Town	41	6	»	144	33	45	Krusenst. m.
Launceston	41	26	»	144	47	45	*Idem.*
Hobart-Town.	42	54	»	145	6	45	King.
Sullivan-Cove	42	54	»	»	»	»	Krusenst. m.
Sorrel-Town.	41	8	»	144	15	45	*Idem.*
Ile Schouten.	42	29	»	146	2	45	Flinders.
Ile Mewstone.	43	44	7	144	5	»	Baudin.
Ile Pedra-Branca.	43	50	30	144	46	45	Flinders.
Ile Maurouard	41	23	8	146	16	48	Baudin.
GROUPE DE LA NOUVELLE-GUINÉE.							
Cap Rodney (Nouvelle-Guinée).	10	3	30	146	10	»	Krusenst. m.
Idem.	10	3	30	145	25	45	Purdy.
Idem.	10	3	22	145	25	45	Edwards.
Cap Mamori, *id.*	»	42	20	131	48	40	Duperrey.
Pointe Rose, *id.*	»	»	3	128	27	17	*Idem.*
Cap Dory, *id.*	»	35	»	131	21	»	D'Entrecasteaux.
Idem, *ibid.*	»	21	»	128	40	»	Forrest (inexact).
Cap de Bonne-Espérance, *id.*	»	19	5	130	6	»	D'Entrecasteaux.
Cap du roi Guillaume, *id.*	6	12	»	145	32	45	Purdy.
Ile Masmapi.	»	53	13	131	46	56	Duperrey.
Ile Manasouari.	»	54	30	131	46	43	*Idem.*
Ile d'Arimoa.	1	17	»	136	39	45	Krusenst. m.
Ile Waigiou.	»	2	30	128	41	44	*Connaissance des Temps.*
Idem.	»	»	5	128	27	30	Freycinet.
Piapis (I. Waigiou).	»	5	3	127	51	59	*Idem.*
Offak, *id.*	»	1	14	128	23	»	*Idem.*
Pagode, *id.*	»	2	18	128	25	21	Duperrey.
Anse Lottin, *id.*	»	3	4	128	20	43	*Idem.*
Ile Roissy.	3	11	»	141	39	30	*Idem.*
Ile Garnot.	3	22	»	142	10	30	*Idem.*
Ile Jacquinot.	3	23	30	142	»	»	*Idem.*
Ile Blois.	3	20	»	141	48	50	*Idem.*
Ile Durville	3	15	15	141	7	45	*Idem.*
Ile Aroo.	5	6	»	182	23	45	Krusenst. m.
Ile Lesson.	3	36	45	142	26	»	Duperrey.

NOMS DES LIEUX.	LATITUDE S.			LONGITUDE E. DE PARIS.			SOURCES ET AUTORITÉS.
	deg.	min.	sec.	deg.	min.	sec.	
Ile Blosseville.	3	46	40	142	10	15	Duperrey.
Ile Delphine.	»	2	31	128	24	30	*Idem.*
Ile Eugénie.	»	2	23	128	24	49	*Idem.*
Ile du Repos.	»	2	27	128	22	10	*Idem.*
Ile de Moa.	2	7	»	136	27	»	D'Entrecasteaux.
Ile Mispalu	»	19	15	129	47	»	*Idem.*
ARCHIPEL SANTA-CRUZ.							
Cap Byron (île Santa-Cruz).	10	41	»	163	44	32	Rossel et Beaupré.
Cap Boscaven (*id.*).	10	51	5	163	23	15	*Idem.*
Ile Swalow	10	26	»	164	»	»	*Carte* de Wilson.
Baxos de Candelaria	6	45	»	157	45	»	Mendana et Fleur.
Bas-fonds de Bradley.	6	52	»	158	46	»	Hunter.
Port Praslin (*ib.*).	7	25	»	155	32	»	Surville.
Idem.	»	»	»	156	10	»	*Carte* de Rossel et Beaupré.
Iles Vanikoro.	12	»	»	163	30	»	*Idem.*
NOUVELLE-CALÉDONIE.							
Cap de la Reine Charlotte.	22	15	»	164	52	45	Wales.
Cap du Prince de Galles.	22	26	30	»	»	»	Cook.
Havre Balade.	20	17	11	162	4	31	D'Entrecasteaux.
Pointe Nord du Récif.	18	3	»	160	22	»	*Idem.*
Ile Botanique.	22	26	40	164	56	30	*Req. Tables.*
Ile des Pins	22	38	»	165	17	45	Cook.
Volcan Mathew.	22	23	»	168	52	»	Dumont d'Urville.
ARCHIPEL DU SAINT-ESPRIT.							
Baie Saint-Jacques (Terre du Saint-Esprit).	15	20	»	»	»	»	Quiros.
Cap Quiros (*id.*).	14	44	»	146	55	»	Cook.
Port Sandwich (Mallicolo)	16	25	»	165	35	22	*Idem.*
Ile Sandwich.	17	45		[illegible]	10	»	*Idem.*
Port Résolution (Tanna).	19	32	»	167	24	45	Wales.
Ile Annalom.	20	10	»	167	43	45	*Req. Tables.*
Ile Erronan	19	34	»	167	54	45	Ducom.
Ile Erromango	18	43	30	167	»	15	*Idem.*
Ile Hinchinbrook.	17	25	»	165	49	45	Purdy.
Ile Shepherd.	16	58	»	165	57	45	*Idem.*
Idem.	16	58	»	166	21	45	*Req. Tables.*
Pic d'Etoile	14	29	»	165	49	»	*Connaissance des Temps.*
Ile Ambrin	16	9	30	165	52	15	Ducom.
Ile Aurore.	15	8	»	165	27	36	*Idem.*
Tikopia.	12	10	»	167	»	»	Purdy.
Ile Pandore	12	11	»	169	32	»	Krusenst. m.
Ile Cherry.	11	37	»	167	54	»	*Idem.*
Iles de Banks.	13	44	»	165	11	45	Purdy.
Ile Pitt.	11	37	»	164	51	»	*Idem.*
ÎLES SALOMON, etc.							
Ile Volcan.	10	25	15	163	28	6	*Connaissance des Temps.*
Groupe de Daff.	9	57	»	164	39	45	Wilson.
Ile Mitre	11	49	51	168	22	»	Krusenst. m.
Ile Cherry.	11	37	»	167	54	»	*Idem.*
Ile de Bougainville.	5	31	15	152	29	30	Fleurieu.
Rocher Eddystone (baie des Indiens).	8	12	»	157	8	»	Shortland.
Cap Nord (île Bouka).	5	»	30	152	15	»	Rossel et Beaupré.
Ile Hunter.	5	43	»	166	39	45	Krusenst. m.
Iles Howe.	5	35	»	156	54	45	Purdy.
Ile Rennel.	11	13	»	157	37	45	*Idem.*
Ile Ontong-Java.	4	48	»	154	39	45	*Idem.*
Idem.	4	54	»	153	18	»	Krusenst. m.

NOMS DES LIEUX.	LATITUDE S.			LONGITUDE E. DE PARIS.			SOURCES ET AUTORITÉS.
	deg.	min.	sec.	deg.	min.	sec.	
ARCHIPEL DE LA LOUISIADE.							
Cap Délivrance (dans l'île Rossel).	11	21	»	152	6	»	Rossel.
Cul-de-Sac de l'Orangerie. . . .	9	54	»	147	32	45	Purdy.
Ile Saint-Aignan.	10	41	15	150	36	30	D'Entrecasteaux.
ARCHIPEL DE LA NOUVELLE-BRETAGNE.							
Cap Glocester (Nouvelle-Bretagne).	5	29	»	146	»	»	Dampier.
Ile des Cocos, partie nord-ouest.	4	41	51	150	22	5	Duperrey.
Ile du Duc d'York.	4	7	25	150	3	35	*Idem.*
Ile Portland	2	36	»	147	18	45	D'Entrecasteaux.
Idem.	2	29	»	146	11	45	Ducom.
Port Hunter.	4	7	25	150	3	35	Duperrey.
Cap Anne	6	54	»	146	4	»	Dampier.
Port Montague	6	10	»	148	20	»	*Idem.*
Cap Saint-George (Nouvelle-Irlande).	5	»	»	149	56	»	Dampier et Rossel.
Port Liki-Liki	4	48	25	150	30	55	Duperrey.
Havre Carteret.	4	29	»	150	20	30	Dampier et Rossel.
Cap Salomaswier (¹) (Nouvelle-Hanovre)	2	10	»	147	58	»	Maurelle.
La Vendola (îles de l'Amirauté). .	2	14	»	145	49	»	D'Entrecasteaux.
Ile de l'Amirauté (pointe nord-ouest)	1	57	»	144	15		Bougainville, Rossel.
Les Hermites (la septentrionale).	1	28	»	146	»	»	Dampier et Rossel.

TABLEAU *des positions géographiques de l'Océanie septentrionale.*

MICRONÉSIE.

NOMS DES LIEUX.	LATITUDE N.			LONGITUDE E. DE PARIS.			SOURCES ET AUTORITÉS.
	deg.	min.	sec.	deg.	min.	sec.	
ARCHIPEL DES MARIANNES.							
Assomption (île de l').	19	45	»	143	15	15	La Pérouse.
Tinian (île de)	14	55	»	143	40	»	Wallis.
Guam (le port).	13	26	»	»	»	»	Crozet.
Idem.	13	21	30	141	59	45	Malespina.
Saypan.	15	19	45	143	39	55	Freycinet.
Pagon (île).	18	15	52	143	40	27	*Idem.*
Agrigam	13	14	6	142	35	50	*Idem.*
Pagon (pointe)	13	38	34	142	44	39	*Idem.*
Aquijam	14	53	44	143	23	58	*Idem.*
Rotta	14	11	15	143	6	30	*Idem.*
Farallon de Medinilla.	16	»	45	143	53	20	*Idem.*
— de Torres.	17	17	53	143	43	47	*Idem.*
Sariguan.	16	39	55	143	36	25	*Idem.*
Guguan, pointe S.	17	34	14	143	43	15	*Idem.*
Idem, pointe N.-O.	17	36	33	143	43	»	*Idem.*
Alamaguan	18	5	30	143	44	48	*Idem.*
Uracas.	20	6	2	143	12	30	*Idem.*
Merizo (ville).	13	15	24	142	32	10	*Idem.*
Oumata.	13	17	15	142	32	»	*Idem.*
San-Luis	13	25	50	142	31	10	*Idem.*
Agagna.	13	28	19	142	37	30	*Idem.*
Apra	13	24	21	142	32	1	*Idem.*

(¹) Le vrai nom est *Pointe de Salomon-Sweer*. Voyez les planches du Voyage d'*Abel Tasman*, n° 22, sect. X, dans *Valentyn*.

NOMS DES LIEUX.	LATITUDE N.			LONGITUDE E. DE PARIS.			SOURCES ET AUTORITÉS.
ARCHIPEL DES CAROLINES.	drg.	min.	sec.	drg.	min.	sec.	
Iles Palaos ou Pelew.	6	»	»	131	40	»	*Carte* de Wilson.
Idem.	8	20	»	133	16	»	*Idem.*
Ouroulong.	7	18	»	132	30	»	*Connaissance des Temps.*
Babelthouap.	7	41	»	132	35	»	Fabre.
Keangle	8	8	30	132	30	»	Purdy.
Malclotas.	2	21	»	135	24	15	*Idem.*
Iles des Martyrs.	7	37	»	146	47	54	Krusenst. rn.
Groupe Saint-André	5	20	»	129	55	45	Fabre.
Ile Lord North	3	2	45	128	47	45	*Idem.*
Idem.	3	2	45	128	44	»	*Annales maritimes.*
Iles Mariera	4	19	30	130	10	15	Fabre.
Ile Lamurek.	7	30	»	144	28	36	Duperrey.
Les 13 îles (la plus méridionale).	7	16	15	142	10	»	Wilson.
Les 22 îles découvertes par la frégate *Sala*	3	30	»	154	»	»	Les Journ. espagn.
Oualan.	5	21	25	160	40	42	Duperrey.
Ear ou Yar	9	30	30	135	48	»	Purdy.
Idem.	9	35	30	135	47	45	Riddle.
Idem.	10	»	»	136	10	»	*Carte* d'Arrowsmith.
Lamurka.	8	25	»	146	40	»	*Idem.*
Hogoleu.	9	»	»	155	45	»	*Idem.*
Groupe Duperrey	6	39	40	157	29	»	Duperrey.
Idem.	6	39	»	157	29	25	*Idem.*
Chamisso.	7	16	48	149	37	20	*Idem.*
Lamorsek.	7	30	»	144	28	36	*Idem.*
Elat.	7	30	»	144	4	36	*Idem.*
Ifelouk.	7	14	»	142	48	36	*Idem.*
Satahoual.	7	21	52	144	46	36	*Idem.*
ARCHIPEL MULGRAVE.	LATITUDE S.						
Hoopers-Island.	»	3	»	171	23	»	Gilbert et Marshall.
	LATITUDE N.						
Ile de Maslar.	14	42	»	172	41	»	*Idem.*
	LATITUDE S.						
Ile de Mulgrave, la pointe S.	5	58	»	169	43	»	*Idem.*
Iles de Calvert	8	58	»	169	21	»	*Idem.*
Ile Saint-Augustin.	5	30	»	175	30	»	Maurelle.
Gran-Cocal	6	5	33	173	53	»	Duperrey.
Nederlandisch	7	10	»	175	13	»	Egg.
Ellice	8	29	»	176	46	»	Peysler.
Peysler.	8	5	»	175	56	45	Duperrey.
Indépendance (île de l').	9	9	»	175	10	45	*Corr. astron.*
Idem.	10	25	»	179	40	»	*Annales maritimes.*

TABLEAU *des positions géographiques de l'Océanie orientale.*

POLYNÉSIE.

NOMS DES LIEUX.	LATITUDES.			LONGITUDE E. DE PARIS.			SOURCES ET AUTORITÉS.
	deg.	min.	sec.	deg.	min.	sec.	
Ile Rotouma	12	30	»	175	29	45	*Connaissance des Temps.*
ARCHIPEL DE VITI.							
Récif de Duff	16	30	»	178	21	»	Wilson.
Bas-fond de Hemskerk	17	19	»	182	35	»	Tasman (*long. trop. ori.*)
Ile aux Tortues	19	48	»	»	»	»	Cook.
Idem.	19	48	45	176	42	45	Riddle.
ARCHIPEL DES AMIS.							
Tonga-Tabou (observatoire des Français)	21	7	35	182	20	34	Rossel.
Eooa ou Middelbourg, pointe septentrionale	21	16	30	182	50	»	Cook.
Pylstaert	22	26	»	181	41	»	*Idem.*
Anamoaka ou Rotterdam	20	15	»	182	51	58	*Idem*, Tasman.
Tofoa	19	45	»	182	34	»	La Pérouse.
Latté	18	14	»	182	45	»	*Idem.*
Vavao ou Mayorque	18	34	»	183	45	»	*Idem*, Maurelle.
Amargoura	18	»	»	182	30	»	*Idem*, *idem.*
Savage	18	58	35	172	11	4	Duperrey.
Kermadek	30	36	15	178	56	30	D'Entrecasteaux.
Horn (île de)	14	18	»	179	21	»	Wilson et Burney.
L'Enfant-Perdu	14	22	»	180	57	»	Bougainville.
Wallis (île de)	13	22	»	181	24	15	Edwards.
Ile aux Cocos	15	50	»	181	18	»	Burney et Schouten.
ARCHIPEL DES NAVIGATEURS.							
Opoun, pointe orientale	14	9	10	171	21	50	La Pérouse, *Atlas.*
Léone, pointe méridionale	14	7	53	171	36	22	*Idem.*
Fanfoué, pointe orientale	14	5	23	171	38	27	*Idem.*
Maouna, *idem.*	14	16	40	172	22	32	*Idem.*
Oyolava, pointe N. N.-E.	13	51	5	174	2	3	*Idem.*
Calinasse, pointe N.	13	45	»	174	11	33	*Idem.*
Pola, pointe O.	13	32	»	174	54	30	*Idem.*
Palmerston	18	4	»	165	30	»	Cook.
Mangiea	21	57	»	160	37	»	*Idem.*
SPORADES AUSTRALES.							
Tobouai	23	25	»	151	43	»	*Idem.*
Oparo	27	36	»	146	21	32	*Idem.*
Pitcairn	25	2	»	135	46	»	Carteret.
Ducie	24	40	30	127	»	30	Edwards.
Ile de Pâques	27	8	13	112	4	31	Cook, La Pérouse, Fleurieu.
ARCHIPEL DE LA SOCIÉTÉ.							
Taïti, pointe Vénus	17	29	17	151	53	30	Whales.
Ibid., port Oaitepiha	17	46	28	151	35	24	*Idem.*
Maitea	17	55	»	150	30	»	*Idem.*
Eimo	17	30	»	150	20	»	Cook.
Idem.	»	»	»	151	50	»	Wilson.
Huabeine	16	43	»	153	27	»	*Carte* de Cook.
Orayéetéa *ou* Ulitea	16	46	»	153	59	»	*Idem.*
Borabora	16	27	»	154	12	»	*Idem.*
Ile de Lord Howe	16	46	»	156	33	»	Wallis.
Ile de Scilly	16	28	»	157	45	»	*Idem.*
Palmerston	18	»	30	165	32	15	*Connaissance des Temps.*
Idem.	18	»	30	165	22	15	Ducom.
Langara	17	51	30	151	25	30	Duperrey.

NOMS DES LIEUX.	LATITUDE S.			LONGITUDE E. DE PARIS.			SOURCES ET AUTORITÉS.
	deg.	min.	sec.	deg.	min.	sec.	
Borabora.	16	32	30	154	11	50	*Connaissance des Temps.*
Maupiti.	16	26	30	154	32	»	Duperrey.
Tethuroa	17	1	»	151	56	15	Ducom.
Mangea.	21	56	45	160	23	»	*Connaissance des Temps.*
Rimatara.	22	37	»	154	21	15	Dibbs.
Gloucester.	19	11	»	142	40	15	*Connaissance des Temps.*
ÎLES BASSES ou ARCHIPEL DANGEREUX, et ARCHIPEL DE LA MER MAUVAISE.							
Pentecôte.	19	26	»	140	21	»	Wallis.
Quatre Facardins	18	47	»	140	30	»	Bougainville.
Idem.	»	»	»	141	»	»	Fleurieu.
La Harpe *ou* l'Arc.	18	23	»	143	32	»	Cook.
Chaine.	17	23	»	148	14	»	*Idem.*
Ile des Chiens	15	12	»	139	10	»	Burney.
Idem.	»	»	»	»	»	»	Fleurieu.
Sondergrond *ou* Bottemlers. . .	40	50	»	146	22	»	Burney.
	14	46	»	147	53	»	*Idem.*
Waterland.	15	20	»	149	52	»	*Idem.*
Ile aux Mouches.	17	25	»	137	42	»	Bœnechéa ([1]).
Saint-Simon (île de).	17	30	»	139	»	»	*Idem.*
Saint-Quentin (île de).	18	18	»	139	36	»	Wilson ([2]).
Iles du Roi George.	14	27	30	147	16	»	Byron et Cook.
Carlshof	15	45	»	137	35	»	Fleurieu.
Pernicieuses *ou* Palliser	15	26	»	148	50	15	Cook et Fleurieu.
	15	47	»				
Le Labyrinthe *ou* îles Oanna. . .	15	38	15	150	47	»	Fleurieu, Tumbult.
				151	15	»	
Iles du Prince de Galles. . . .	»	»	»	154	8	»	Byron ([3]).
Idem.	»	»	»	150	32	20	Fleurieu.
ARCHIPEL DES MARQUISES.							
Ile Chanal.	7	51	»	142	36	30	*Idem.*
Ile Masse.	8	»	»	142	49	15	Marchand.
Les Deux Frères (rochers d'Hergest).	8	51	»	142	54	30	*Idem.*
Ile de Baux (île Henri Martin ou *Noukahiwa*).	8	54	»	142	46	»	*Idem.*
Ile Riou (*Rouhouga*).	9	5	»	141	30	30	*Idem.*
Idem.	8	50	»	»	»	»	Vancouver.
Ile Marchand (Trevanhion Island ou *Roapoa*).	9	21	»	142	27	»	Fleurieu.
Ile de Hood ou *Teboun*.	9	26	»	141	9	»	Cook.
Dominique ou *Ohivaroa*. . . .	9	40	37	141	22	30	Bayley et Wales, astron. de Cook.
Santa-Christina ou *Ohitahou* . .	9	55	30	141	29	20	*Idem.*
San Pedro ou *Onatéa*.	9	58	»	141	11	»	*Idem.*
La Magdalena ou *Ohitoa*. . . .	10	25	30	141	9	»	*Idem.*
SPORADES SEPTENTRIONALES, COMPRENANT LE PRÉTENDU ARCHIPEL DE ROGGE-WEEN, ETC.							
Ile Bauman (conject.).	12	»	»	157	30	»	Fleurieu.
Tienhoven et Groningue (*idem*). .	10	10	»	159	20	»	*Idem.*
Penrhyn (île de)	9	10	»	160	5	»	Severn et Wats.
Ile Saint-Bernard	10	20	»	163	30	»	Mendana, Quiros, Fleurieu.
Idem.	10	10	»	160	2	»	Burney.
Iles du Danger	10	15	»	168	30	»	Byron ([4]).

(1) Les observations de ce navigateur espagnol n'inspirent pas assez de confiance pour qu'on place sur la carte les îles qu'il a découvertes.— (2) Le savant M. de Zimmermann, dans son *Australie*, pense que l'île de Serle pourrait être la même que l'île de Saint-Quentin. — (3) Byron ayant placé les îles du Roi George trop à l'ouest, cette erreur, reconnue par Cook, dut influer sur la position des îles du Prince de Galles, découvertes le lendemain. — (4) Cette île serait identique avec celle de Saint-Bernard, selon Burney; d'autres voudraient y voir celle de *la Gente Hermosa*, de Quiros; mais celle-ci doit être plus rapprochée de Taumaro ou Rotumahon.

NOMS DES LIEUX.	LATITUDE S.			LONGITUDE E. DE PARIS.			SOURCES ET AUTORITÉS.
	deg.	min.	sec.	deg	min	sec.	
Christmas *ou* Noël.	1	58	»	159	52	»	Cook.
Palmyras.	5	56	»	164	45	»	
Barbados.	8	40	»	179	20	»	
ÎLES MARQUISES.							
Onateyo.	9	58	»	141	11	15	Req. tables.
Ouapoa.	9	21	30	141	59	15	Krusenstern.
ARCHIPEL DES ÎLES SANDWICH.	LATITUDE N.						
Owhyhi, baie Karakakoa.	19	18	»	158	20	»	Cook.
— baie Tyatatoa.	19	37	30	158	25	30	Vancouver.
Molokaï, pointe orientale.	21	4	»	159	10	»	*Idem.*
Voahou, baie Whytelee.	20	16	47	160	10	20	*Idem.*
Atoui, baie Whymoa.	21	57	30	162	1	45	*Idem.*
Onjihaü, baie Yam.	21	50	»	162	35	»	Cook.
Ile Necker.	23	34	»	166	52	»	La Pérouse.
Baie des frégates françaises.	23	45	»	168	10	»	*Idem.*
Tahourooau.	»	»	»	158	54	24	Byron.
Raheina (rade de l'île Maoui).	20	52	7	159	2	3	Freycinet.
Idem.	20	50	»	159	1	15	Vancouver.
Tahoura	21	38	»	162	52	45	*Connaissance des Temps.*
Gardner	25	»	»	170	29	15	*Corr. Astronomiques.*
Ile aux Oiseaux.	23	6	»	164	12	15	Vancouver.
Idem.	23	8	»	164	5	15	Riddle.
NOUVELLE-ZÉLANDE.	LATITUDE S.						
Cap Nord.	34	22	»	171	»	»	Cook.
Idem.	»	»	»	»	»	»	D'Entrecasteaux.
Cap Marie de Diemen.	34	30	»	170	41	15	*Idem.*
Idem.	34	39	15	169	49	45	Purdy.
Egmont.	39	23	20	171	52	15	Ducom.
Cap Campbell	41	34	»	172	35	45	*Idem.*
Cap Saunders.	45	57	45	168	3	45	Purdy.
Cap Farewell.	40	40	»	170	57	45	Ducom.
Rangui-Hou.	35	10	29	171	45	28	Duperrey.
Kidi-Kidi.	35	14	2	171	35	25	*Idem.*
Mata-Ouvi.	35	15	50	171	47	20	*Idem.*
Korara-Keka.	35	14	40	171	46	50	*Idem.*
Kakou-Wera.	35	15	49	171	50	2	*Idem.*
Koro-Kawa.	35	15	25	171	51	8	*Idem.*
Wangaroa.	34	58	35	171	35	»	*Idem.*
Moudi-Motou.	34	26	»	170	37	32	*Idem.*
Motou-Kawa.	34	58	30	171	39	»	*Idem.*
Tiki-Tiki.	35	9	15	171	48	30	*Idem.*
Motou-Aroia.	35	13	50	171	48	47	*Idem.*
Motou-Roa.	35	12	40	171	46	»	*Idem.*
Motou-Doua.	35	13	34	171	50	21	*Idem.*
Ranguitoto.	34	56	15	171	7	»	*Idem.*
Ile Stewart	47	16	50	165	»	9	*Req. Tables.*
Ile Bench.	46	57	»	165	44	45	Purdy.
Ile Facile.	45	40	»	163	57	45	*Connaissance des Temps.*
Ile Pegasus.	46	47	»	164	47	45	Purdy.
Ile Solander.	46	32	»	164	18	45	*Idem.*
ÎLES AUSTRALES.							
Ile Macquarie.	54	38	»	157	24	»	Purdy.
Ile Campbell.	52	36	»	167	53	20	Freycinet.
Iles Snares.	48	3	»	163	59	45	Vancouver.
Ile de Norfolk.	29	1	45	165	49	45	Purdy.
Cap Est	37	42	30	178	40	»	Cook.
Cap Sud	»	»	»	»	»	»	
Dusky Bay.	45	47	25	166	58	10	Cook et Wales.
Cop Ouest.	45	54	»	164	21	»	*Idem.*
Ile Chatham.	45	53	»	189	45	»	Broughton, corrigé par Beaupré.

POPULATION *de la Russie, d'après les documents officiels de* 1838.

GOUVERNEMENTS, PROVINCES, ETC.	POPULATION.	NOMBRE de villes.
Russie d'Europe.		
Arkhangel.	230,000	8
Astrakhan.	258,500	4
Bessarabie.	720,000	13
Bialystok	251,000	19
Courlande.	503,000	11
Cis-Caucasiens (pays)	365,700	7
Cosaques du Don (pays des).	640,300	1
Esthonie.	282,200	5
Grodno.	791,700	8
Iaroslavl.	716,500	11
Iekaterinoslaf.	790,900	14
Kharkof.	1,334,000	16
Kkerson.	765,800	17
Kalouga.	914,900	13
Kazan.	1,220,800	13
Kief.	1,459.800	14
Kostroma	958,700	17
Koursk.	1,527,300	18
Livonie.	740,100	12
Minsk.	1,034,800	14
Moghilet.	846,600	12
Moscou	1,400,000	15
Nijegorod	1,071,100	13
Novgorod.	825,400	11
Olonetz.	239,200	7
Orel.	1,366,300	13
Orenbourg.	1,771,400	18
Pennza.	988,400	13
Perm.	1,488,800	13
Podolie	1,548,200	14
Poltava.	1,621,600	17
Pskof.	705,300	11
Riaisan.	1,241,700	12
A reporter.	30,620,000	404
Report.	30,620,000	404
Saint-Pétersbourg.	900,000	13
Smolensk	1,064,200	12
Saratof.	1,562,400	14
Simbirsk.	1,199,200	13
Tambof.	1,591,700	12
Tauride.	520,200	17
Tchernigof.	1,300 000	19
Toula.	1,115,500	12
Tver.	1,297,900	13
Vilna.	1,315,800	14
Vitebsk.	717,700	12
Viatka	1,511,600	13
Vladimir.	1,133,200	15
Vologda.	747,500	13
Volhynie.	1,314,100	13
Voroneje	1,507,200	14
	49,618,000	623
Russie d'Asie.		
Sibérie occidentale (Tobolsk et Tomsk)	1,762,600	20
Sibérie orientale. Ieniseï.	205,800	6
Sibérie orientale. Irkoutsk.	507,300	12
Sibérie orientale. Iakoutsk.	162,400	7
Sibérie orientale. Okhotsk.	?	?
Pays transcaucasiens	2,000,000	22
Total général (sans la Finlande et la Pologne)	54,256,100	690
Grande principauté de Finlande.	1,384,900	
Royaume de Pologne	4,059,000	
TOTAL de toutes les possessions russes en Europe et en Asie.	59,700 000	

TABLEAU *approximatif de la population générale du globe par religions.*

Christianisme. Eglise catholique.	150,000,000?
Christianisme. Eglise protestante	65,000,000?
Christianisme. Eglise grecque.	60,000,000?
	275,000,000?
Judaïsme	4,000,000?
Islamisme.	100,000,000?
Brahmanisme	90,000,000?
	469,000,000?
Report.	469,000,000?
Boudhisme	205,000,000?
Religions de Confucius et de Sinto; culte des Esprits.	40,000,000?
Nanekisme ou religion des Sikhs	8,000,000?
Magisme ou religion de Zoroastre.	2,000,000?
Idolâtrie et fétichisme.	76,000,000?
Total.	800,000,000

FIN DU SIXIÈME ET DERNIER VOLUME.

TABLE DES MATIÈRES

CONTENUES DANS CE SIXIÈME VOLUME.

Pages.

LIVRE CENT SOIXANTE-QUINZIÈME. — Description de l'Amérique. — Considérations générales. — Orographie et géologie de l'Amérique. — Origine des Américains. 1

Différence que l'on remarque dans la configuration de l'ancien et du nouveau continent. 2
Systèmes de montagnes. — Constitution géognostique des montagnes. 3
Longueur des bassins de l'Amérique. — Lacs. — Climats. 5
Richesse métallique. — Animaux. — Vegétaux. 6
Homme. 8
Langues. 9
Usages. 14
Migrations. — Probabilités de l'origine asiatique de quelques peuples américains. 15
Tableau de l'enchaînement géographique des langues américaines et asiatiques. 18

LIVRE CENT SOIXANTE-SEIZIÈME. — Suite de la Description de l'Amérique. — Recherches sur la navigation de la mer Glaciale du Nord. — Région nord-ouest de l'Amérique. — Possessions des Russes. 21

Baies et détroits. 22
Région du nord-ouest. — Détroit et mer de Bering. — Iles aléoutiennes. 25
Archipels de George III, du Duc d'York et du Prince de Galles. 27
Péninsule d'Alaska. — Peuplades. 28
Montagnes Rocheuses. 30
Nouvelle-Hanovre. — *Nouveau-Cornouailles.* — *Nouveau-Norfolk.* — Nouvelle-Géorgie. 31
Peuplades. 34

LIVRE CENT SOIXANTE-DIX-SEPTIÈME. — Suite de la Description de l'Amérique. — Régions du nord et du nord-est, ou pays sur le fleuve Mackenzie. — Terres arctiques. — Pays de la baie d'Hudson. — Labrador, Groenland, Islande et Spitzberg. 36

L'Atapeskow, l'Ounjigah. 36
L'Esclave, le Mackenzie. — Rivière du Givre, lacs Womsley, Clinton-Golden et Macdougal, Tliou-i-tchô, Terre-du-Roi-Guillaume, cap Franklin. 37
Mont-George, terre Victoria, cap Alexandre, rivière de la Mine-de-Cuivre, Mississipi, etc. 38
Pays adjacents à la baie d'Hudson. 40
Esquimaux. 41
Chipeouays. — Indiens-Serpents. 42
Assiniboins. — Knistenaux. — Labrador. 43
Terres arctiques. 45
Établissements danois. 47
Groënland. 48

Pages.

Islande. 52
Villes. 57
Ile de Jean-Mayen. — Spitzberg. 60
Tableau des divisions administratives du Groënland et de l'Islande. 63

LIVRE CENT SOIXANTE-DIX-HUITIÈME. — Suite de la Description de l'Amérique. — Le Canada avec la Nouvelle-Écosse et Terre-Neuve. 63

Lac Supérieur, Huron, Michigan. — Lac Erié. — Saut du Niagara. 63
Lac Ontario. — Fleuve Saint-Laurent. 64
Ottawa. — Description physique du Canada. 66
Description politique du Haut et du Bas-Canada. 67
Québec. — Montréal. 68
Autres villes. 69
Population du Canada. 70
Mœurs. 71
Administration. — Commerce. 73
Indigènes. 74
Gaspé ou Gaspésie. — Nouveau-Brunswick. 75
Acadie. — Nouvelle-Ecosse. 76
Ile du Cap-Breton ou Ile-Royale. — Ile Saint-Jean ou du Prince-Edouard. 77
Ile d'Anticosti. — Terre-Neuve. 78
Iles Bermudes. 80
Tableau de la population approximative et de la superficie des possessions anglaises dans l'Amérique septentrionale. 81
Tableau des divisions administratives des possessions anglaises dans l'Amérique septentrionale. 83

LIVRE CENT SOIXANTE-DIX-NEUVIÈME. — Suite de la Description de l'Amérique. — États-Unis anglo-américains. — Partie située à l'est du Mississipi. — Description physique générale. 84

Précis historique. — Limites. 84
Monts Alléghanys. 85
Mississipi. 88
Autres cours d'eau. 89
Climat. 90
Régions. — Végétation 91
Animaux. — Minéraux. 94

LIVRE CENT QUATRE-VINGTIÈME. — Suite de la Description de l'Amérique. — États-Unis, partie orientale. — Description topographique et politique. 95

Nouvelle-Angleterre. 95
Maine. — Villes. — New-Hampshire. 96
Vermont. — Massachusets. 97
Rhode-Island. 99

Pages.
Connecticut. 100
État de New-York. 101
Le New-Jersey. 104
Pennsylvanie. 105
État de Delaware. 107
Maryland. — District de Columbia. 108
Virginie. 110
Caroline du Nord. — Caroline du Sud 111
Géorgie. 112
Floride. 113
État de Michigan. 116
État de l'Ohio. 117
État d'Indiana. 119
État d'Illinois. 120
Kentucky. 121
Tennessée. — Alabama. 122
État de Mississipi. 123

LIVRE CENT QUATRE-VINGT-UNIÈME. — Suite de la Description de l'Amérique. — Possessions des États-Unis à l'ouest du Mississipi, ou Louisiane et Missouri. — Territoire du Nord-Ouest. 124

Louisiane. 124
Cours du Mississipi. 125
Territoire d'Arkansas. — État du Missouri. 127
Territoire du Nord-Ouest. — Nation des Sioux. 129
Chipeouays. — Ménomènes. 130
Ouinebagos. — Otogamis. — Saques. — Ayonas. — Territoire du Missouri. 131
Mandanes. 133
Shoschonies. 138
Mahaws, Missouris, Ottos, Kansas, Osages. 140
Panis, Tetants. 141
Kiaways, Yutas, Tancards. 142

LIVRE CENT QUATRE-VINGT-DEUXIÈME. — Coup d'œil sur les monuments d'une antique civilisation, observés sur le territoire des États-Unis. 143

Tumuli. 143
Fortifications. 145
Autres monuments. 147

LIVRE CENT QUATRE-VINGT-TROISIÈME. — Considérations générales sur les États-Unis de l'Amérique septentrionale. 150

Différentes nations européennes. — Origine et accroissement de la république. 151
Constitution. 152
Presse périodique. — Instruction primaire. — Travaux de défense et de communication. 153
Industrie. 154
Main-d'œuvre. — Situation des femmes. — Armée de terre et de mer. — Esclavage. — Préjugé contre les hommes de couleur libres. — *Tableaux* relatifs à la géographie politique ou statistique des États-Unis. 155

LIVRE CENT QUATRE-VINGT-QUATRIÈME. — Suite de la Description de l'Amérique. — Le Mexique, y compris le Nouveau-Mexique et la capitainerie générale de Guatemala, c'est-à-dire la Confédération mexicaine et celle de l'Amérique centrale. — Description générale physique. 169

Ancienne division. 169
Précis historique. 172
Superficie. — Plateaux du Mexique. 173
Cordillère des Andes. 174
Lacs. 177
Régions physiques. 178
Végétation. 181
Zoologie. 182

LIVRE CENT QUATRE-VINGT-CINQUIÈME. — Suite de la Description de l'Amérique. — Le Mexique, y compris le Nouveau-Mexique et la capitainerie générale de Guatemala, c'est-à-dire la Confédération mexicaine et celle de l'Amérique centrale. — Description générale physique. — Tableau des habitants. 183

Mouvements de la population. 183
Maladies. 184
Habitants classés par castes. 185
Langues. 191

LIVRE CENT QUATRE-VINGT-SIXIÈME. — Suite de la Description de l'Amérique. — Suite et fin de la confédération du Mexique. — Topographie des provinces et villes. 192

Nouvelle-Californie. 192
Vieille-Californie. 194
Nouveau-Mexique. — Villes. 195
État de Sonora et Cinaloa. 197
État de Durango. 198
Chohahuila. — Nouveau-Léon. — État de Tamaulipas. 199
État de San-Luis-Potosi. — État de Zacatecas. — État de Xalisco. 200
Territoire de Colima. — Mechoacan. — État de Guanaxuato. 201
États de Valladolid et de Chihuahua. 202
Ancienne intendance de Mexico. — État de Queretaro. — District fédéral. — Mexico. 203
État de Puebla. 207
État de Vera-Cruz. 208
État d'Oaxaca — État de Chiapa. — Antiquité de Palenque. 211
États de Tabasco et de Yucatan. 213
Tableaux statistiques de la confédération mexicaine. 215

LIVRE CENT QUATRE-VINGT-SEPTIÈME. — Suite de la Description de l'Amérique. — Description de la République du Texas. 218

Précis historique. 218
Limites. — Zones. — Richesses minérales. 221
Cours d'eau. — Baies. 222
Climat. — Végétaux. 223
Règne animal. — Comtés. — Villes. 224
Indigènes. 225
Population. — Douanes. — Organisation politique. — Tableau statistique. 226

LIVRE CENT QUATRE-VINGT-HUITIÈME — Suite de la Description de l'Amérique. — Description du Guatemala ou des États de la confédération de l'Amérique centrale. 227

Fondation de la république. — Étendue de son territoire. — Cours d'eau. — Climat. — Végétation. 227
Villes de l'État de Guatemala. — État de Honduras. 229
État de San-Salvador. — État de Nicaragua. 230
État de Costa-Rica. 232
Tableaux des divisions administratives de la république fédérale de l'Amérique centrale. 233

Pages.

LIVRE CENT QUATRE-VINGT-NEUVIÈME. — Suite de la Description de l'Amérique. — Description physique générale de l'Amérique méridionale espagnole. 234

Llanos. 234
Cours d'eau. 235
Montagnes. 238
Zones de température. 242
Végétation. 243
Animaux. 244

LIVRE CENT QUATRE-VINGT-DIXIÈME. — Suite de la Description de l'Amérique. — Description particulière du Caracas, de la Nouvelle-Grenade et du pays de Quito, qui forment aujourd'hui les trois républiques de la Colombie. 246

Précis historique de ces républiques. 246
République de Venezuela. 247
Villes. 248
Guyane colombienne. 249
République de la Nouvelle-Grenade. Richesses minérales. 252
Santa-Fé de Bogota. 253
Vallée d'Icononzo. 255
Porto-Bello. 256
République de l'Equateur. — Quito. 259
Pichincha. — Cotopaxi. 260
Naturels de la Colombie. 261
Anciennes traditions religieuses. 262
Colombiens en général. 263
Tableaux statistiques de la Colombie. 265

LIVRE CENT QUATRE-VINGT-ONZIÈME. — Suite de la Description de l'Amérique. — Description particulière du Pérou dans ses anciennes limites, ou des nouvelles républiques du Pérou et de Bolivia. 268

Nature du sol. — Climat. 268
Difficulté des communications. — Productions. 269
Richesse minérale. 270
Lima. 271
Arequipa. 273
Autres villes. 274
Cuzco. 275
République de Bolivia. — Villes. 276
Nations indigènes. 278
Population du Pérou. 280
Langue *quichua*. — Indiens d'Ucayale, de Huallaga et de la Pampa-del-Sacramento. 281
Tableau statistique de la république du Pérou. 287

LIVRE CENT QUATRE-VINGT-DOUZIÈME. Suite de la Description de l'Amérique. — Description particulière du Chili, de la république Argentine, de l'Uruguay, du Paraguay et des Terres Magellaniques. 288

Chili. 288
Règnes animal et végétal. — Archipel Chiloé. — Fondation de la république du Chili. 289
Villes. 290
Ile de Chiloé. — République Argentine. 292
Villes. 293
Territoire des missions. 295
Provinces et villes de Buenos-Ayres. 297
Bergers. 290
Etat de l'Uruguay. 300
Villes. 301
République du Paraguay. 302
Indigènes. — Villes. 303
Animaux domestiques. 304
Tableaux statistiques de la république du Chili. — De la république Argentine. — De celle de l'Uruguay et du Paraguay. 305

LIVRE CENT QUATRE-VINGT-TREIZIÈME. — Suite de la Description de l'Amérique. — Description de l'Araucanie et de la Patagonie. — Terres Magellaniques. 307

Peuples indigènes. — Langue moluche et araucane. 307
Patagons. 309
Végétaux et animaux de la Patagonie. 311
Terres Magellaniques. — Iles. 313

LIVRE CENT QUATRE-VINGT-QUATORZIÈME. — Suite de la Description de l'Amérique. — Description du Brésil ou de l'Amérique portugaise. 316

Découverte du Brésil. — Envahissements des Portugais. 316
Description physique du Brésil. 317
Climat. — Substances minérales. 319
Végétation. 322
Animaux. 324
Divisions administratives. — Rio-Janeiro. 325
Autres villes et provinces. 326
Guyane brésilienne. — Province de Mato-Grosso. 335
Indigènes du Brésil. 336
Langue. 338
Gouvernement du Brésil. — *Tableaux statistiques* du Brésil. 339

LIVRE CENT QUATRE-VINGT-QUINZIÈME. — Suite de la Description de l'Amérique. — Description des Guyanes française, hollandaise et anglaise. 341

Découverte de la contrée de la Guyane. — Montagnes et rivières. 341
Climat. 342
Végétation. 343
Animaux. 344
Guyane anglaise. 346
Guyane hollandaise. 347
Guyane française. 348
Indigènes. 350
Tableaux des colonies anglaise, hollandaise et française de la Guyane. 351

LIVRE CENT QUATRE-VINGT-SEIZIÈME. — Fin de la Description de l'Amérique. — Description particulière de l'Archipel Colombien ou des grandes et petites Antilles. 352

Considérations générales sur les Antilles. 352
Animaux. 354
Végétation. 355
Ile de Cuba. 357
Jamaïque. 358
Haïti ou Saint-Domingue. 359
Porto-Rico. 361
Iles Bahama ou Lucayes. 362
Iles Turques ou Caïques. — Iles Vierges. — Sainte-Croix. — Saint-Thomas. — Saint-Jean. 363
Iles Anguille. — Saint-Martin. — Saint-Barthélemy. — Saint-Eustache. — Saba. — Antigoa. 364

Pages.
La Barboude. — Saint-Christophe. — Nevis. — Montserra. — Guadeloupe. 365
La Désirade. — Marie-Galante. — Les Saintes. — La Dominique. — La Martinique. 366
Sainte-Lucie. — Saint-Vincent. — Ile Beguia, Petite-Martinique, Grenadilles, Grenade. 367
Barbade. — Tabago. — Trinidad. 368
Curaçao. 369
Bon-Air et Aruba. 370
Grands spectacles de la nature aux Antilles. 371
Tableaux des principales positions géographiques de l'Amérique déterminées avec quelque certitude. 373
Tableaux statistiques des Antilles. 381

LIVRE CENT QUATRE-VINGT-DIX-SEPTIÈME. — Description de l'Océanie, nouvelle partie du Monde comprenant les terres situées dans le grand Océan, entre l'Afrique, l'Asie et l'Amérique. — Considérations générales. 387

Coup d'œil général sur l'Océanie. 387
Ces terres forment une 5e partie du monde. — Limites. — Dénominations de l'Océanie. — Sous-divisions de cette partie du monde. 388
Chaînes que forment les îles. 389
Nombre des volcans actifs qu'elles renferment. — Caractère des îles de la Sonde. 390
Idem de la Nouvelle-Guinée et autres. — Iles basses et récifs de corail. 391
Exagérations des voyageurs sur les travaux des zoophytes. — Détroits. — Mers particulières. 392
Vents et courants. — Climat. 393
Règne végétal. 394
Règne animal. — Crustacés et poissons. 397
Cétacés. — Mammifères. 398
Oiseaux. — Animaux de la Nouvelle-Hollande. 399
Reptiles. — Races d'hommes. 400
Langues océaniennes. — Gouvernements. — Danses et chant. 402
Société des Erreoy ou Uritoy. — Castes. — Cérémonies funèbres. — Idées sur l'autre vie. 403
Les Océaniens sont-ils les tribus dispersées d'une même nation? 404

LIVRE CENT QUATRE-VINGT-DIX-HUITIÈME. — Suite de la Description de l'Océanie. — Description spéciale de la Malaisie. — Première section. — Description spéciale des iles de la Sonde. 407

Ile Soumatra. — Montagnes. 407
Richesses minérales. — Climat. — Richesses végétales. 408
Animaux. — Indigènes. 409
Divers Etats. — Villes d'Achem et de Pédir, dans le royaume d'Achem. — Royaume de Siak. 410
Pays des Battas. — Partie hollandaise. — Gouvernement de Padang. 411
Bencoulen. — Menangkabou. — Royaume et ville de Palembang. 412
Pays des Lampoungs. — Pays de Passoummah. — Pays des Redjangs. — Iles Poggy ou Nassau. 413
Iles Nias. — Banjak, Lingen et Banka. — Détroit de la Sonde. 414
Ile de Java. — Montagnes. — Volcans. — Rivières. — Climat. 415
Végétaux. 416
Animaux. — Nids d'oiseaux. 417
Batavia. — Population de cette ville. 418
Bantam et Céram. — Sourabaya, Samadang, Tchéribon. — Partie de la côte orientale : Tagal, Joana, Balambouang. 419
Sourakarta. — Population de l'île de Java. — Ruines. 420
Portrait et mœurs des Javanais. 421
Littérature. — Jeux. 423
Combats contre le tigre. — Supplices, justice, tribunaux. 424
Princes de Java. — Iles Madoura et Lombok. — Ile Bali, villes, habitants. 425
Ile Soumbava, villes, Etats. — Iles Florès, Solor. 426
Iles Sobrao, Lomblem, Pantar, Ombay. — Ile Timor, dimensions, productions. 427
Villes. — Princes, Etats, tribus de Timor. — Ile Simao. 428
Iles Rotti, Dao, Savou, et autres. 429

LIVRE CENT QUATRE-VINGT-DIX-NEUVIÈME. — Suite de la Description de l'Océanie. — Malaisie. — Description de l'ile Bornéo, avec les petites îles voisines. 430

Ile Bornéo. — Dimensions, montagnes. — Rivières et baies, cap, lacs. 430
Climat, mines. — Végétation. — Animaux. 431
Population. — Etats. — Royaumes de Sambas et de Mounpava. — Ville de Matrado. — Royaume de Penthianak, de Landak et de Matan. 432
Pays de Simpang et de Kandawangan. — Royaume de Bandjer-Massing. — Etat de Varouni. — Royaumes de Passir et de Cotti. — Pays des Tirouns ou Tidouns. — Biadjous. 433
Alforèses ou Haraforas. — Négrillos. — Biadjaks. 434
Origine de la puissance des Hollandais. — Iles voisines de Bornéo. 435

LIVRE DEUX CENTIÈME. — Suite de la Description de l'Océanie. — Malaisie. — Description des îles Philippines et des îles Soulou. 435

Iles Philippines. — Volcans. 435
Climat. — Végétation. 436
Animaux. — Peuples. 437
Population. — Gouvernements. 438
Principales îles. — Division par provinces. — Luçon. Ville de Manille. 439
Gavite, Bocolor, Ylagan, Soubi, Licon, Tagales, Mindoro, Paragoa. — Iles Calamianes, Masbate, Samar, Panay. 441
Ile Mindanao. 442
Princes, Indigènes. — Archipel Soulou. — Peuples. 443
Gouvernements. — Bowan, capitale. 444

LIVRE DEUX CENT UNIÈME. — Suite de la Description de l'Océanie. — Malaisie. — Description de Célèbes et des iles Moluques. 444

Ile Célèbes. — Baies, caps, côtes, cours d'eau, végétation. — Animaux. 445
Minéraux. — Montagnes. — Constitution géologique. — Topographie. — Gouvernement de Macassar. — Bouthain, Boni, Maros. 446
Manado, Kéma, Gorontalo, Bayoa et autres résidences de sultans indigènes. — Tomitants, Bonys et autres peuples de Macassar. 447
Epoque de l'établissement des Portugais et des Hollandais à Célèbes. — Iles Sanghir, Siao, Talautse. 448
Salayer, Boutan, Xulla et autres. — Moluques, volcans, végétation. — Animaux. 449
Ile Gilolo. 450
Ternate. — Tidor, Motir. — Misol, Bourou et Céram 451
Divers lieux de la côte. — Habitants. — Ile d'Amboine. 452
Végétation. — Ville d'Amboine. 453
Iles voisines d'Amboine et de Céram. — Banda, Lantoir. 454
Tableaux statistiques de la Malaisie. 455

Pages.

LIVRE DEUX CENT DEUXIÈME. — Suite de la Description de l'Océanie. — Description de la Mélanésie comprenant l'Australie ou la Nouvelle-Hollande et les îles attenantes. 456

Côtes de l'Australie. 456
Montagnes. — Roches. — Rivières. 457
Climat. 458
Contrastes que présentent les animaux. 459
Indigènes. — Leurs caractères physiques. 460
Leurs huttes et leurs armes. 461
Mœurs. — Certaines cérémonies. 462
Polygamie. 463
Idées religieuses et superstitieuses. — Cérémonies funèbres. 464
Armes. — Indigènes des environs de la baie de Moreton. 465
Colonie de la Nouvelle-Galles. 466
Division du territoire en dix comtés. — Comté d'Argyle. — Ville de Sydney. 467
Villes de Paramatta et de Windsor. — Autres lieux. — Comté de Northumberland. 468
Comtés d'Ayr, de Westmoreland, de Durham, de Cambridge, de Londonderry, etc. — Topographie de la Nouvelle-Galles. — Côte méridionale. 469
Terre Napoléon. 470
Archipels de la Recherche et de Nuyts. — Terre de Nuyts. 472
Végétation. — Port du Roi George. — Mont Gardner. 473
Terre de Leeuwine. — Terre d'Edels. — Terre d'Endracht. 474
Presqu'île Peron. — Terre de Witt. 475
Iles Lowendal. — L'Hermite, etc. — Archipels Dampier et Forestier. — Diverses autres îles. — Terre de Witt. 476
Terre d'Arnheim, etc. — Intérieur de l'Australie. 477
Groupe de Diemen ou Tasmanie. 478
Principales productions. — Animaux. — Végétaux. 479
Habitants. 480
Comtés de Cornouailles et de Buckingham. — Villes de Brighton et de Hobart-Town. — Ville de Sorrel-Town. 481
Iles du groupe de Diemen. 482

LIVRE DEUX CENT TROISIÈME. — Suite de la Description de l'Océanie. — Mélanésie. — Description de la Nouvelle-Calédonie et des îles adjacentes, jusques et y compris la Nouvelle-Guinée. 482

Iles du Lord Howe et de Norfolk. 482
Nouvelle-Calédonie. — Végétaux, animaux, mouillages, Habitants. 483
Population. — Iles de l'Observatoire, Beaupré, Loyalty, etc. — Volcan de l'île Mathew. — Nouvelles-Hébrides. 484
Ile de Tama. — Végétation, habitants. — Iles Annatom. Saint-Barthélemy, Erronan, etc. 485
Ile Sandwich; îles Api, Paoum, Ambrim, etc. — Iles Mallicolo et du Saint-Esprit. — Détails sur la terre du Saint-Esprit. 486
Iles Tikopia et Deroto. 487
Iles Mitre et Pitt, etc. — Archipel Santa-Cruz. 488
Iles Vanikoro. 489
Monument élevé à la mémoire de La Pérouse. — Productions de la principale île. — Habitants de Vanikoro. — Archipel Salomon. 490
Iles dont il se compose. — Ile Bouka. — Végétaux des îles Salomon. 491
Groupe de Mortlock. — Diverses autres îles. — Archipel de la Louisiade — Habitants. — Végétation. 492
Archipel de la Nouvelle-Bretagne. — Nouvelle-Irlande. — Nature du sol. — Caractère des habitants. — Habitants de la Nouvelle-Bretagne. — Montagnes. 493
Ile des Cocos. — Végétation. — Ile du Duc d'York. — Nouvel-Hanovre. — Iles Portland, de l'Amirauté, de l'Echiquier. — Iles des Ermites; îles Françaises. 494
Nouvelle Guinée. — Caps et golfes. — Détroit, côtes. 495
Havre de Doreï. — Végétation. — Animaux. 496
Habitants. 497
Nourriture, parures, tombeaux. — Lieux remarquables et îles voisines de la Nouvelle-Guinée. 498
Iles Salwatty, Couronne, Rich, Longue, Saint-David. 499
Tableau de la superficie et de la population de l'Océanie centrale, c'est-à-dire de la Mélanésie. 500

LIVRE DEUX CENT QUATRIÈME. — Suite et fin de la Description de l'Océanie. — Description de l'Océanie orientale ou de la Polynésie. — Description de la Polynésie occidentale ou de la Micronésie. 501

Iles Pelew ou Palaos. — Habitants. — Gouvernement. — Productions. 501
Nourriture. — Industrie. — Principales îles. — Iles Mariannes. — Mœurs des habitants. 502
Introduction du christianisme. — Qualités qu'offrent leurs petits navires. — Ile de Guam. — Ile Tinian. Aguitan et Rotta. 503
Autres îles. — Archipel de Magellan. 504
Iles Carolines. — Mœurs et religion des Carolins. 505
Ile Oualang ou Stromg. 506
Habitants. — Végétation. — Groupe d'Hogoleu. — Caractère physiques et mœurs des habitants. 507
Fertilité. — Groupe Siniavine. — Groupe Duperrey. — Iles Farrouelap. — Groupe de Lougounor. 509
Habitants. — Attolles de Monteverde. — Iles Lamoursek. — Normoliaour, et autres. 510

LIVRE DEUX CENT CINQUIÈME. — Suite de la Description de l'Océanie. — Description de la Polynésie proprement dite. 511

Ile Rotouma. 511
Habitants. — Religion, langue, gouvernement. 512
Iles Fidji ou Viti. — Habitants. — Leurs mœurs. 513
Population des îles Viti, — Iles des Amis. — Tonga-Tabou. — Climat. 514
Végétaux. — Animaux. — Population. — Chefs. 515
Caractère des habitants. — Mœurs. 516
Religion. — Usage du Tabou. — Funérailles. 517
Langue. — Meubles, nourriture. — Ornements, ustensiles, pirogues. 518
Iles Eoua, Anamouka, Tafoua, Vavao, Pystaar, etc. — Archipel des Navigateurs. 519
Habitants. — Oyolava. — Archipel de la Société. 520
Otaïti ou Taïti. — Montagnes. — Climat. — Végétation. 521
Mœurs des anciens Taïtiens. 522
Ancienne religion. 523
Etat actuel de Taïti. 524
Autres îles. — Sporades australes. — Ile de Pâques. 525
Monuments de l'île de Pâques. — Archipel Dangereux. Ile de Perle. — Groupe de Lazareff, du Désappointement, des Mouches, etc. — Iles Marquises. 526
Habitants, sol. — Végétation. — Caractères physiques des Marquesans. — Cérémonies religieuses. 527
Iles Sandwich. — Habitants. — Nourriture. 528
Habitations, occupations ordinaires. 528
Etat de la civilisation des îles Sandwich. 529
Langue, gouvernement. 531
Sol; volcans et montagnes. — Productions, lieux habités. 532

Pages.

Différentes îles. 532
Nouvelle-Zélande. — Position, dimensions, climat. 533
Sol, montagnes, caps. 534
Rivières. — Culture. — Animaux. — Baies. 535
Habitants. — Tatouage, intelligence. 536
Industrie des Nouveaux-Zélandais. — Instruments. — Langue. — Tribus. 537
Gouvernement. — Législation. — Principaux villages. — Mission anglaise. 538
Population. — Villages fortifiés. 539
Magasins. — Maisons, meubles, nourriture. 540
Anthropophagie, religion, funérailles. 541
Prêtres, médecins, *tabou*, enchantements. 542
Mariage et autres cérémonies. — Suicides. — Manière de compter le temps. — Etat de guerre continuel. 543
Habillement. — Conservation et commerce de têtes embaumées. 544
Iles qui bordent les côtes de la Nouvelle-Zélande. — Iles Campbell et Macquarie. — Différents groupes d'îles. 545

Pages.

Tableaux de la superficie et de la population de l'Océanie septentrionale, ou de la Micronésie de M. Dumont d'Urville, partie occidentale de la Polynésie de la plupart des geographes. — Tableaux de la superficie et de la population de l'Océanie orientale, ou de la Polynésie de M. Dumont d'Urville. 547
Tableau des positions géographiques de l'Océanie occidentale (Malaisie). 548
Tableau des positions géographiques de l'Océanie occidentale (Mélanésie). 551
Tableau des positions géographiques de l'Océanie septentrionale (Micronésie). 555
Tableau des positions géographiques de l'Océanie orientale (Polynésie). 557
Tableau approximatif de la population générale du globe par religion. — *Population de la Russie*, d'après les documents officiels de 1838. 560

FIN DE LA TABLE DU TOME SIXIÈME ET DERNIER

TABLE ALPHABÉTIQUE

DES PAYS, VILLES, MERS, GOLFES, FLEUVES, ETC.,

MENTIONNÉS DANS CET OUVRAGE.

ABRÉVIATIONS.

arch. .	signifie	archipel.	détr. . .	signifie	détroit.	mt. . . .	signifie	mont.	princ. .	signifie	principauté.
baie. .	—	baie.	E.-U. . .	—	États-Unis.	mts. . .	—	montagnes.	prom. .	—	promontoire.
bg. . . .	—	bourg.	fl. . . .	—	fleuve.	N.-H. .	—	Nouvelle-Hollande.	prov. .	—	province.
c. . . .	—	cap.	g. . . .	—	golfe.	nouv. .	—	nouvelle.	r. . . .	—	rivière.
can. .	—	canal.	gouv. .	—	gouvernement.	p. . . .	—	pays.	rép. . .	—	république.
comté. .	—	comté.	gr. d'is.	—	groupe d'iles.	pte. . .	—	pointe.	roy. . .	—	royaume.
comit. .	—	comitat.	i.	—	ile.	pén. . .	—	péninsule.	v. . . .	—	ville.
duc. . .	—	duché.	is. . . .	—	iles.	pp. . .	—	peuple.	vill. . .	—	village.
dép. . .	—	département.	l.	—	lac.	presq. .	—	presqu'ile.	volc. . .	—	volcan.

Nota. Les chiffres romains indiquent les tomes ; les chiffres arabes les pages, et les mots précédés d'un astérisque, *les noms de la géographie ancienne.*

A

B

C

D

E

F

G

H

I

J

K

L

Liverpool (Océanie), v. VI 168.
Livertad (dép. de), VI 273.
Lives, pp. II 48. III 471, 521, 522, 630.
Livingston, l. I 281, 287.
Livng, v. III 617.
Livno, v. IV 343.
Livonie, prov. III 521, 525, 611. VI 560.
Livourne, v. IV 159.
Livron, v. II 365.
Lixouri, v. IV 386.
*Lixovium, v. II 246.
*Lixus, fl. I 44.
*Lixus, v. I 84, 94. V 523.
Lizard, c. II 397.
Lizieux, v. II 323, 352, 363.
Llan-Andrew, v. II 455.
Llandaff, v. II 454.
Llanelly, v. II 504.
Llerena, v. IV 279, 292.
Llipi, trib. VI 286.
Llobrega, fl. IV 218.
Lo, trib. V 133
Loachan, p. V 350.
Loanda-san-Paulo, v. V 675, 762.
Loango, baie, V 762.
Loango, roy. V 671.
Lobau, v. III 128.
Lobeda, v. III 191.
Lobenstein, v. III 152, 171.
Löbnitz, v. III 118.
Lob-noor, l. V 78.
Lobos, î. I 103. V 765. VI 312.
Lobzow, v. III 677.
Locarno, v. IV 82.
Loches, v. II 355, 367.
Lochmaben, bg. II 462, 505.
Lochoc, v. VI 452.
Lockipour, v. V 318.
Locle (Le), v. IV 72.
*Locres, v. IV 196.
*Locri, v. I 61.
Locride, p. I 64. IV 389.
Lodève, v. II 146, 355, 366.
Lodhyanah, v. V 256, 320.
Lodi, IV 114, 125, 290.
Lodiana, v. V 256, 320.
Lodomérie, p. III 332, 348, 419.
Lœdingsaxel, mt. II 17.
Lœfsta, bg. II 551, 572.
Lœssoe, î. II 596, 612.
Lœvenberg, mt. II 22.
Lœwenstein-Freudenberg, princ. III 327.
Lœwenstein-Rosenberg, princ. III 327.
Loffih, fl. V 391.
Loffoden, gr. d'îs. II 537.
Logan, v. V 365, 386.
Logar, v. IV 600, 607.
Loggoun, p. V 646, 651.
Loghmon, prov. IV 600.
*Logiones, pp. III 58.
Logrono, v. VI 305.
Logstör, v. II 596, 611.
Lohbourg, v. III 129.
Loheia, v. IV 527, 534. V 389.
Lohidjan, v. IV 555.
Loblok, baie. VI 430.
Lohr, v. III 247.
Loing (can. de), II 284.
Loir, r. II 85.
Loire, fl. II 9, 13, 14, 86, 231.
Loire, dép. II 231, 356, 367, 368.
Loire-Haute, dép. II 139, 356, 368.
Loire-Inférieure, dép. II 186, 358, 468.
Loires, v. IV 242.
Loiret, dép. II 207, 356, 368.
Loir-et-Cher, dép. II 203, 356, 367.
Loitz, v. III 128.
Loja, v. IV 286, 293.
Loja (Amér.), v. et pr. VI 260, 267.
Lokabadjâs, pp. V 355.
Lokeren, v. IV 26.
Lokhvitza, v. III 464, 619
Lokong, m. VI 446.
Lokport, v. VI 159.
Lolland, î. II 595.
Lo-los, pp. V 176.
Loma, mt. V 401.
Lombards, pp. I 171. III 60, 302.
Lombard-Vénitien, roy. IV 105, 124, 128, 390, 391.
Lombes, v. II 168, 354, 366.
Lomblem, î. VI 427, 549.
Lombok (détr. de), VI 392, 425.
Lombok, î. VI 425, 549
Lommijaur, m. II 17.
Lomnitz, mt. II 22.
Lomond, l. II 398, 473.
Lomseg, m. II 17.
Lomza, v. III 664, 672.
Londeneaster, v. II 420.
*Londinium, v. I 134. II 420.
London, v. II 420.
London (Amér.) v. VI 70, 82.
Londonderry, v. et comté. II 482, 507, 520.
Londonderry (détr. de), (Océanie). VI 469.
Londres, v. II 34, 420, 502, 520.
Londres (Amér.), v. VI 70, 83.
Long, pic. II 24. VI 165.
Longet, mt. II 18.
Longemer, l. II 267.
*Congevicum, v. II 442.
Longeville, vill. II 262, 370.
Longford, v. et comté. II 487, 507.
Longho, prov. V 386.
*Longi, pp. I 121.
Long-Island, î. VI 103, 374.
Long-Island-Sound, VI 164.
Longjumeau, bg. II 298, 374.
*Longobardi, pp. III 8, 60, 254. IV 50, 105.
Longpré, v. II 374.
Longue, î. VI 499, 545.
Longué, v. II 368.
*Longus-Vicus, v. II 261.
Longwy, v. II 261, 370.
Loningen, bg. III 7.
Lons-le-Saulnier, v. II 26, 250, 356, 367.
Lonthoir, î. VI 454.
Lony, v. V 489.
Lonya, r. III 384.
Lookerson, î. VI 545.
Loos, vill. II 336.
Loosagol, r. V 120.
Looz, bg. IV 35.
Looz et Corswaren, princ. III 327.
Lop, l. IV 406.
Lop, v. I 236.
*Lopadusa, î. IV 100.
Lopatine, port. IV 427.
Lopatka, c. V 10.
Lopello, mts. VI 361.
Lopez, c. V 762
Loppis, l. III 506.
Lora, r. IV 603.
Lorca, v. IV 287, 292.
Lorch, vill. III 276, 292.
Lordhowe, î. VI 557.
Lord-North, î. VI 502, 556.
Lords-Seat, m. II 17.
Lorenço-Marquez, fl. V 698.
Loreto, bg. VI 194, 216.
Lorette, v. IV 177.
Lorette, vill. VI 69.
Lorgues, v. II 375.
Lorient, v. II 189, 357, 369.
Loriol, v. II 365.
Lormes, v. II 370.
Loroux (Le), v. II 368.
Lorrach, v. III 212.
Lorraine, prov. II 79, 349.
Los, vill. II 336.
Losini, î. III 314.
Losoncz, bg. III 416.
Loos, îs. V 621, 762.
Lostange, î. I 283.
Losyce, v. III 672.
Lot, dép. II 172, 356, 368.
Lot, r. II 13, 85, 141, 170.
Lotbinière (comté de), VI 83.
Lot-et-Garonne, dép. II 166, 356, 368.
Loth, vill. II 476.
Lotharingie, roy. I 249.
Lothian, comté. II 463.
*Lotophages, pp. I 30, 39.
*Lotophages (îs. des), V 541.
Lotsa, prov. IV 590.
Lottin, anse. VI 553.
Louachan, prov. V 385.
Lou-an, dép. V 194.
Louargat, v. II 364.
Loubaresse, volc. II 137. 138.
Loubassou, l. II 25.
Loubie (col de), II 24.
Loubny, v. III 564, 619.
Louca, p. V 492.
Louccos, r. V 584.
Loudéac, v. II 193, 353, 364.
Loudun, v. II 183, 361, 376.
Louèche, bg. IV 47, 81.
Louga, v. III 610.
Lougana, v. III 453.
Louganskaïa, v. III 453.
Louganskoe, v. III 453.
Lougen, fl. II 528.
Loughmon, prov. IV 600.
Loug-houang-chan, î. V 116.
Lougni, v. II 371.
Lougoullos, îs. VI 509.
Lougounor, gr. d'îs. VI 509.
Louhans, v. II 239, 359, 373.
Louhk, l. IV 597.
Louhon, roy. VI 447, 455.
Louié, v. IV 251.
Louis, baie. VI 472.
Louis, c. V 765.
Louisbourg, comté. VI 83.
Louisbourg, port. VI 77, 374.
Louisbourg, v. III 198.
Louisenbad, bains. III 83.
Louisiade (arch. de la), I 271. VI 401, 492, 500, 555.
Louisiane, Etat VI 124, 157, 160, 161, 168.
Louisium, résid. III 141.
Louis-Philippe (terre de), VI 315.
Louisville, v. VI 121, 160, 163.
Loui-tcheou, presq. V 170, 197.
Loukoïanof, v. III 553, 615.
Loulay (l'abbaye), v. II 371.
Loung-an-fou, v. V 175, 195.
Loung-chan, mts. V 148.
Loung-ngan, v. V 94.
Loung-tchhouan-kiang, r. V 341.
Lounzay, v. V 349.
Loupa-Bouan, î. VI 443.
Louqsor, v. V 446, 471, 475.
Louquéx, port. V 726, 764.
Lourak, v. VI 432.
Louran, î. VI 443
Lourdes, v. II 159, 372.
Loures, trib. IV 557, 578.
Louristan, prov. IV 557.
Lous, prov. IV 590.
Loutelet, vill II 252.
Louth, comté. II 486, 507.
Louth, v II 435. 502.
Loutsine, v. III 540.
Loutsk, v. III 622, 681.
Louvain, v. IV 34, 42.
Louveciennes, vill. II 293.
Louviers, v. II 316, 354, 365.
Louvigné du Désert, v. II 367.
Louvo, v. V 364, 386
Louvon, mt. VI 415.
Louvres, vill. II 290.
Lovat, r. III 539.
Lovisa, v. III 506, 610.
Lowell, VI 98, 99, 158, 163.
Lowemberg, v. III 59, 129.
Lowendal, î. VI 476.
Lowenhof, résid. III 231.
Lowdore, catar. II 440.
Lowicz, v. III 663, 672.
Lowlands, contr. II 457, 471.
Loxa, v. et prov. VI 260, 267, 277.
Loyalty, î. VI 484.
Loyes, pp. V 383, 387.
Lo-yi, p. I 196.
Lozère, mt. II 18, 84.
Lozère, dép. II 141, 356, 368
Lozva, r. V 3
Luabo, fl. V 709.
Luaboel, fl. V 709.
Lubaczow, bg. III 345, 348.
Luban, v. III 59.
Lubartowa, v. III 672.
Lubben, v III 67, 129.
Lubeck, v. et territ. II 634. III 1, 2 6, 328.
Lubersac, v. II 219, 364.
Lubio, v. III, 67.
Lublau, bg III 417.
Lublin, v. et prov. III 664, 670, 671. 672.
Lublinitz, v. III 129.
Lubolo, prov. V 675.
Lübz, v. III 81.
Luc, bg. II 191, 375.
Luçay-le-Mâle, vill. II 216.
Lucanas, v. VI 287.
*Lucani, pp. IV 146, 183.
*Lucanie, p. I 61. IV 183.
Lucayes, îs. VI 362, 381.
*Lucca, v. IV 150.
Lucena, v. IV 280, 292.
*Lucences, pp. IV 229.
*Lucentum, v. IV 271.
Lucerne (lac de), II 8, 25. IV 47.
Lucerne, v. et canton, IV 65, 84, 85, 86, 87, 390.
Lucheux, bg. II 330.
Luchow, v. III 24.
Lucie (forêt de), III 18.
Lucipara, î. VI 548.
Luckau, v. III 67, 129.
Luckenwalde, v. III 67, 128.
Luckipoor, v V 318.
Lucomorie, p. III 487.
Luçon, î. VI 390, 401, 439, 455.
Luçon, v. II 376.
Lucques, v. et duché, IV 150, 151, 391.
Lucrino, l. IV 95, 96.
Lucyn, v. III 540.
Ludamar, roy. V 638.
Ludamar, trib. V 599.
Ludayas, trib. V 599.
Ludbregh, bg III 420.
Lude, v. III 96.
Lude (France), v. II 200, 373.
Ludenscheide, v. III 130.
Ludinghausen, v. III 129.
Ludlow, v. II 450, 503.
Ludwigsbourg, résid. III 30.
Ludwigsbourg, v. III 198, 201.
Ludwigslust, v. III 30, 31.
Lueg, gouffre, II 620.
Lugano, l. II 8, 25 IV 90.
Lugano, v IV 82.
Lügde, v. III 96.
*Lugdunensis, prov. II 70.
*Lugdunum, v. I 137. II 231.
Lugdunum Batavorum, v. IV 11.
*Lugii, pp. III 58.
Lugo, v. IV 229, 262, 291.
Lugos, v. III 382.
*Lug-Swi, v. II 246.
Lügumkloster, v. II 611.
*Luguvallum, v. II 439.
Lubatschewitz, bg. III 271.
Luhu, roy. VI 455.
*Luii, pp I 62, 121.
Luka, v. VI 428.
Luknow, v. V 276.
Lukow, v. III 664, 672.
Lule, trib. VI 21, 294.
Luléa, fl. II 541.
Lulea, v. II 545, 571.
Lummelund, r. II 542.
Lumparland, r. III 508.
Luna, v. I 61.
Lund, v. II 558, 572, 577.
Lundayn, v. II 420.
Lunden-Byrig, v. II 420.
Lunden-Wyc, v. II 420.
Lune (monts de la), V 392, 393, 401. 699.
Lunebourg, gouv. et princ. III 15.
Lunebourg, v. III 21, 24, 328.
Lunebourg (comté de), VI 83.
Lunebourg (Amér.), v. VI 77.
Lunel, v. II 366.
Luneville, v. II 268, 357, 369.
Lungau, vallée, III 292.
Lungeren, l. II 25. IV 69.
Lung-Hoang-Chan, î. V 114.
*Lungobardi, pp. I 62, 123, 171, 172.
Luni, v. IV 138.
Lupata, mts. V 392, 393, 401, 699.
*Luppia, v. III 147.
Lurcy-Lévy, bg. II 211.
Lure, mt. II 18.
Lure, v. II 246, 359, 373.
Lurr, bg. II 120.
*Luriodunum, v. II 281.
Lusace, prov. III 191.
*Lusitani, pp. I 56. IV 228, 229.
*Lusitanie, p. I 145.
*Lusitanique, prov. IV 228.
Lussin-Grande, vill. III 314.
Lussin-Piccolo, vill. III 314.
Luta, tribu, VI 443.
*Lutetia, v. I 138. II 298.
*Luteva, v. II 146.
Lütgenburg, v. II 599, 612.
Luthtouezy, v. II 298.
*Luti, pp. I 121.
Lutitsches, trib III 435
*Lutitzi, pp. III 60.
Luttemberg, bg. III 307.
Lutter-am-Barenberg, bg. III 138.
Lutzen, v. III 87, 129.
Lutzizos, pp. I 177.
Luxembourg, prov. IV 37.
Luxembourg, v. II 27. III 122, 326. IV 15, 17, 390.
Luxeuil, v. II 118, 246, 373.
Luy, r. II 89.
Luynes, bg II 203.
Luz, v. II 372.
Luzarches, v. II 290.
Lwow, v. III 339.
Lycaonie, p. I 71.
*Lycée, mt. II 10.
Lychnidus, lacus, IV 333.
*Lycie, p. I 72.
*Lyciens, pp. I 29.
Lycksele (lac de), II 26.
*Lycopolis, v. I 90. V 444.
*Lycus, r. IV 433.
*Lydie, p. I 71.
*Lydiens, pp I 19, 71.
*Lygii, pp. I 62, 121, 175, 177. III 48, 58, 678. IV 352.
*Lygos, bg. IV 318.
Lyk, v III 128.
Lyme-Regis, v. II 412, 502.
Lym-Fiord, baie, II 578
Lymington, v. II 417, 503.
Lynchburg, v VI 159.
Lynn, v. VI 99 158.
Lynn-Regis, v. II 433, 503.
Lyo, prov. V 218.
Lyon, v. II 233, 350, 359, 373.
Lyong, î. VI 450.
Lyonnais, prov. II 78, 350.
Lys, r. IV 28.

M

Maaden, bg. IV 460, 465.
Maan, v IV 511.
Maanselka, mts. III 428, 502.
Maatzuyker, î. VI 482.
Mabah, v. V 648.
*Macæ, pp. I 82, 104.
Macacu, v. VI 339.
Macabalar, v. VI 442.
Macajo, prov. VI 340.
Macaluba, salse. IV 99, 206.
Macanao, c. VI 276.
Macao, v. V 169.
Macapa, v. VI 335, 340.
Macarana, mts. VI 335.
Macarsca, v III 390.
Macas, trib. VI 261.
Macas, prov. VI 260.
Macasi's, trib. VI 347.
Macassar, Etat. VI 447, 455.
Macassar, v. VI 446, 450.
Macassar (détroit de), VI 392.
Macassars pp. VI 447.
Macauley, î. VI 510.

Monte-Caviglisno, mt. II 22.
Monte-Cavo, mt II 23.
Monte-Christi, v. VI 267, 381.
Monte-Christo, i. IV 102.
Monte-Cimone, mt. II 22.
Monte-Cormula, mt II 20.
Monte-Corno, mt. II 20, 23.
Monte-Cuenzzo, mt. II 23.
Monte-das-Pedras, ilot. VI 378.
Monte-de-Chimera, mt. IV 297.
Monte-di-Carpegna, m. II 23.
Monte-di-Palombara, mt. II 23.
Monte-di-Procida, IV 96.
Monte-di-san-Pelegrino, mt. II 22.
Monte-di-Vico, mt. IV 102.
Monte-Ferrato, mt. II 22.
Montefik, trib. IV 519.
Monte-Fionchi, mt. II 23.
Monte-Genargentu, m. II 25.
Monte-Gennaro, mt. II 23.
Montego-Bay, VI 381.
Monte-Grino, mt. II 22.
Monte-Leone, mt. II 19.
Montélimart, v. II 130, 354, 365.
Monte-Lovez, v. VI 199.
Monte-Luserto, mt. II 22.
Montenegro, canton. IV 342.
Monténégrins, pp. IV 333, 372
Monte-Nero, mt. IV 98
Monte-Nuovo, coll. IV 96.
Monte-Occa, mt. II 22.
Monte-Paglia-Orba, mt. II 25.
Monte-'elvo, mt. II 18.
Monte-Pennino, mt. II 23
Montequès, pp V 671.
Montereau-Fault-Yonne v. II 281, 374.
Monterey, v. VI 199, 375.
Monte-Romano, mt. II 22.
Monte-Santo, lieu. III 312.
Montes-Claros, v. VI 197.
Monte-Soriano, mt II 22.
Monte-Sorracte, mt. II 22.
Montesquieu, v II 366
Monte-Tesio, mt. II 22
Monteux, v III 375.
Monte-Velino, mt. II 23.
Monteverde (attole de). VI 510.
Monte-Vetora, mt. II 23.
Monte-Video, VI 301, 306, 378.
Montezinho, m. II 24.
Montezuma, v. VI 163, 224.
Mont-Ferrand, v. II 226.
Montflanquin, v. II 368.
Montfort-l'Amaury, v. II 297, 355, 374.
Montfort-sur-Meu, v. II 195, 367.
Montfrin, v II 366.
Montgomery, v et comté II 455, 504.
Mongomery (Amér.), v. VI 225.
Monticello, v. VI 160.
Montierender, v. II 109.
Montignac. v. II 365.
Montilla, v. IV 280, 292
Montivilliers, v. II 324, 374.
Mont-Jean, vill. II 185.
Mont-Jeu, mt. II 239.
Mont-Joie, v. III 130.
Mont-Joliet, VI 143.
Mont-Landon, mt. II 21.
Mont-Louis, v. II 26, 156.
Mont-Luçon, v. II 212, 351, 362
Mont-Luel, v. II 237, 362.
Montmartre, vill. II 373.
Montmédy, v. II 357, 369.
Montmirail, v. II 274, 369, 375.
Montmorency, vill. II 290, 374.
Montmorency (comté de), VI 83.
Montmorency, r. VI 65.
Mont-Morisson, v. II 182, 361, 376.
Montoillé, mt. II 21.
Montoire, v. II 367, 368.
Montouléou (pic de), II 23.
Montpellier, v. II 34, 146, 355, 366.
Montpellier (Amér.), VI 97, 158.
Montpensier, m II 229.
Montpeyroux, v. II 366.
Montrado, v. VI 432.
Montrachet, vill. II 240.
Montréal, v. IV 207.
Montréal (Amér.), v. VI 68, 83.
Montrédon, v. II 375.
Montrejean, v. II 366.
Montrelais, v. II 186.
Montreuil-sous-Bois, vill. III 373.
Montreuil-sur-Mer, v. II 330, 358, 371.
Mont-Rosa, mt. II 19.
Montrose, v. II 471, 505, 520.
Montrouge, vill. II 373.
Montroules, v. II 192.
Mont-Saint-Jean, lieu. IV 32.
Mont-Saint-Michel, vill II 319.
Mont-Saint-Pierre, mt. VI 430.
Monts-Boisés, V 687.
Monts-Cristallins, VI 430.
Monts-du-Ciel, VI 49.
Montserrat, i. et v. VI 365, 380, 382, 383, 384.
Monts-Faucilles, II 21.
*Monts-Jumeaux, c. I 113.
Mont-Tonnerre, mt. III 239.
Montvallier (pic de), II 23.
Mont-Vernon, v. VI 160.
Monville, v. II 374.
Monza, v. IV 112.
Mooley, v. V 318.
Moolenvliet, can. VI 418.
Moor, bg. III 415.
Mooréa, i. VI 525.
Moors, pp. V 326.
Moosbourg, v. III, 216
Moose, i VI 96
Moose, fort, VI 40, 83.
Moose-Head, l. VI 96.
Moplas, pp V 316.
Moquegua, VI 287
Moquer, v. IV 282.
Moqui, trib. VI 196.
Mora, v. V 618.
Moraca, r II 13.
Morab-Abad, v. V 277, 319.
Moraï, chaîne mts. V 533.
Morang, p. V 287 322
Morant, c. VI 375.
Morants-Bay, VI 381.
Morat, v IV 73.
Moratscha, r. IV 333.
Moratcha, trib IV 342.
Morawa, r. II 13, 14, 620. III 266. IV 299, 348.
Moraves (mts.), III 249, 250.
Moravie, p. I 177. III 266, 318, 321, 322, 330. IV 126.
Morbea, r. V 584.
Morbecque, v. II 370.
Morberri, l. VI 539.
Morbihan (baie du), II 90.
Morbihan, dép. II 188, 357, 369, 370.
Morchansk, v. III 554, 615.
Mordensimmis, pp. I 166.
Mordouins, pp. 49. III 472, 479, 630.
Moréac, v. II 369
Morebat, port, IV 524.
Morée, prov. IV 376, 379.
Moresol, mt. II 21, 85.
Moret, v. II 284, 374.
Moret, prov. V 504, 518.
Moreton, baie, VI 458, 465, 469.
Moreuil, v. II 374.
Morez, bg. II 251.
Morfil (î à), V 609.
Morg-ab, r. IV 542.
Morg-al, r. IV 604.
Morges, v. IV 74.
*Morini, pp. I 140. II 71, 330, 337. IV 24.
Moritzbourg, vill. III 191.
Morlaix, v. II 192, 351, 365.
Morlaques, pp. III 394
Morlingen, v IV 17.
Mormoiron, v. II 375.
Morne (Gros-), v. VI 381.
Mornington, port, V 764.
Moro, c. V 588.
Morokine, î. VI 532.
Moron, mt. II 20.
Moros, v. II 365.
Morotaï, l. VI 532.
Moro-Tiri, l. VI 545.
Morpeth, v. II 439, 503.
Morreale, v. IV 207.
Morris (can.) VI 164.
Morro (î del). VI 290.
Morro da Laraugeira, mt VI 328.
Morro-Excavado, mt. VI 318.
Mors, l. II 580, 612.
Mors, v. III 102.
Mortagne, v. II 317, 335, 358, 371.
Mortain, v. II 318, 357, 371.
Mortay, l VI 450.
Morte (mer), I 21. IV 405, 477, 495.
Mortefontaine, bg. II 286.
Mortero, l. III 394, 425.
Mortlok, gr. d'îs. VI 492, 509.
Mortondo, prov. V 674.
Morumbidje, mt. VI 457.
*Morunda, v. IV 553.
Mos, v. II 570.
*Mosa, r II 87.
Mosacas, trib. VI 261.
Mosacha, v. I 111.
Moschelhorn, mt. II
Moschiques, mts. IV 431.
Moscou, v et gouv. II 33, 34. III 542, 602, 612, 626, 681. VI 560
*Mosella, r. II 87.
Moselle, dép. II 100, 260, 357, 370
Moselle, r. II 13, 15, 87, 611. III 110.
Mosen, vill. III 99.
Mosi, p. V 640
Mo-Sin, i V 209.
Moskeræsoë, i II 537.
Moskalé, pp. III 345.
Moskito Cove, lieu. VI 373
Moskwa, r. III 543
Moslemyn, trib. V 599.
Mosombi, pp V 573
Mosony, distr. III 415.
Mosquitos, pte. VI 380.
Mosquitos-Sombos, trib. VI 232.
Moss, v II 534.
Mossalsk, v. III 616.
Mossegueyos, trib. V 716.
Mossel, baie. V 694.
Mossoril, bg. V 712.
Mossoul, v. IV 466, 500.
Mostaganem, v. V 557, 572, 573
Mostar, v. IV 343, 369, 372
Mostaza, v. V 589.
*Mosylon, prom. I 108.
*Mosynæci, pp. I 48, 69.
Mosyr, v. III 622.
Motagua, r VI 229.
Motch, v. IV 590.
Motcherfiné, fl V 391.
Mothe-Sainte-Héraye (La), v. II 374
Motilones, trib. VI 261.
Motir, i. VI 449, 451.
Motogozeu, i. VI 511.
Motorès, trib. V 47.
Motoualis, pp IV 478, 488
Motou-Arobia, i. VI 545, 559.
Motou-Doua, l. VI 545, 559.
Motou-Iti, i. VI 525.
Motou-Kawa, l. VI 545, 559
Motou-Kiakia, l. VI 545.
Motou-Roa, l. VI 545, 559.
Motouroua, ilot. VI 525.
Motou-Tabou, l. VI 545.
Motril, v. IV 285, 293.
Motte (La), v. II 364.
Möttling, v. III 312.
*Motyca, v. IV 205.
Moua, princ. VI 515.
Mouangs, trib. V 387.
Moucangama, roy. V 683.
Mouch, v. IV 461.
Mouches (Is. aux). VI 526, 558.
Mouches (l. aux). VI 53.
Mouchingi, roy. V 683.
Mouchir, p. V 642.
Mouchoks, trib. III 456
Mouc-Mouc, trib. VI 466.
Moudania, v. IV 439.
Moudi-Moton, i. VI 515, 559
Moudjaï, i. VI 466.
Moudjer, trib. V 536.
Mou-Gallas, trib. V 718.
Moughab, v. IV 414.
Moughodjar, mts. IV 399, 621.
Mougoul, i I 283.
Mouhilly, l. V 724.
Mouichekine, v. III 552, 614.
Moujons, trib V 711.
Moukden, prov. V 101.
Moukden, v. V 106
Moukhouroûzis, trib. V 705.
Moukki, bg VI 410.
Mouklou, r. IV 587.
Moukons, caste. V 330.
Moukwas, pp. V 315.
Moule (Le), v. VI 366.
Moulins, v. II 211, 349, 351, 362
Moulins (Les), v. II 370.
Moulins-Engilbert, v. II 370.
Moulitjouanas, pp V 704.
Moulmein, v. V 357, 385
Mouloua, p. et v V 711.
Mouloüia, r. V 584.
Moultan, p. V 258
Moultan, v. V 258.
Moumpava, roy VI 432.
Mounin-Sima (arch de). VI 501, 547.
Mounipour, v. V 357.
Mounnapourab, v. V 357.
Mouns Caou, volc. II 139
Mountoh, v. VI 414.
Mounzouk, v. V 537.
Moura, v. IV 251.
Mourad-Dagh, mt. IV 432.
Mourad-Tchaï, r. IV 458.
Mourangaye, rade. V 734, 764.
Mourchid-Abad, v. V 285, 318.
Mourchourti-Bet, mt IV 417.
Mourghab, vill. IV 558, 584
Mouritchom, v. V 138.
Mourley, v. V 318.
Mourmis, trib. V 288.
Mourom, v. III 550, 615
Mourou. v. V 218.
Mouroûlongs, trib. V 705.
Mouroundava (baie-de). V 734, 764.
Mourza-Boulak, r. IV 627.
Mourzouk, v. V 533, 534, 766.
Mou-Sé, l. V 111.
Mousi, r. VI 412.
Mousiah, v V 623.
Mousrir, trib. V 491.
Mouslimis, mt. V 597.
Moussa, r V 636.
Mousset, mt. II 24
Moussi, r. V 238.
Moustakkin, p. I 1 86.
Moutabouan, i VI 443.
Mouterhausen, v. II 260
Mouth, vill. V 456
Moutiers, v. IV 131.
Moutoualis, pp. IV 478, 488.
Mouy, v II 371.
Mouzangaye, v. V 734, 764.
Mouzay, v II 369.
Mouzaya, V 546.
Mou-Zimbes, trib. V 718.
Mouzon, v. II 362.
Mouzoriens, pp. III 459
Mouztagh, mts. IV 397, 620. V 78, 231.
Moviza's, pp V 710.
Mowi. l. VI 531.
Mowna-Houa-Raraï, mt. VI 531.
Mowna-Kaa, mt. VI 531.
Mowna-Roa, mt. VI 531.
Moxels, trib. I 230.
Moxillones, c. VI 377.
Moxos, trib. VI 278, 282, 287.
Moyas, trib. VI 295.
Moyenvic, v. II 268.
Moys, pp. V 344, 379, 387.
Mozambique (can. de), V 723.
Mozambique (côte de), V 712.
Mozambique, fort. V 763.
Mozambique, l. V 700, 712
Mozambique, v. V 712.
Mozcas, trib. VI 262.
Mozdok, v. III 455.
Mquinvari, mt. IV 417.
Mranma-phaloug, v. V 347 385.
Mranmo-pyi, v V 347.
Mrelap-chan, prov. V 351, 385
Msourata, bg V 560.
Mstislavl, v. III 586, 622.
Mtsensk, v. III 550, 617.
Mtzkhetha, v IV 422.
Muang-Meï-Khlong, v. V 364.
Muchawiec, r. III 587.
*muchtusii, pp. I 105.
Muchuchies, v. VI 265.
Mugat, roy. I 103.
Mugeln, v, III 191.
Muggel, l. III 63.
Mugissant, l. V 28.
Muglitz, r. III 176.
Mugnafield, mt. II 17
Mugua, r. VI 235.
Mühlberg, bg. III 117.
Muhlberg, mt III 90.
Mulildorf, v. III 246.
Mühlenbach, v. III 396, 423
Muhlein, v. III 130.
Mühlheim-sur-le-Rhin, v. III 106
Mühlhausen, v. III 90, 129
Mühlingen, baill. III 169.
Muhr, r. II 13. III 303, 304.
Mulahacen, pic. IV 220.
Mulde, r. II 622 III 176.
Mulgrave, is. VI 511, 517, 556.
Mulhausen, v. II 255, 373
Mulhouse, v. II 255, 273
Mull, i II 401, 414.
Mull, mt II 18.
Mull de Cantyre, c II 398.
Mull de Galloway, c. II 398, 461.
Mullingar, v. II 487, 507.
Multa, l. I 247.
Multnomah, r. VI 32, 137, 139.
Münchberg, v. III 247.
Munde, fort. III 43.
Munden, v. III 20, 24.
Munder, v. II 24
Munich, v. II 27. III 227, 246, 330.
Munkatsch, fort. III 322, 374, 418.
Munnerstadt, v. III 247.
Munster, prov II 482, 488, 508.
Münster, v. III 96, 127, 129, 329.
Münsterberg, v. III 129.
Munsthal, ham II 260.
Muonio, fl. II 511. III 491.
Mur, r. III 356.
Muramar, v. I 203.
Murano, v IV 123.
Murat, baie. VI 472, 552
Murat, c. VI 475, 552.
Murat, v. II 220, 352, 363.
*Murbogii pp IV 229.
Murcie, v. IV 287, 292, 291.
Mure (La), v. II 367.
*Mureola, v. III 307.
Muret, v. II 354 366.
Murfreesborough, v. VI 162, 160
Murg, r. III 210.

N

Neuilly, vill. II 373.
Neukalden, v. III 31
Neukirch, mt. II 22.
Neu-Kollin, v. III 317.
Neumarkt, v. III 129, 246. 321.
Neumarkt (Transylv.) v. III 399, 423
Neumunster, v. II 612.
Neu-OEtting, v. III 219.
·Neuri, pp I 35.
Neurode, v. III 129.
Neu-Ruppin, v. III 75, 128
Neu-Sandec, v. III 341, 348
Neusatz, v. III 378, 416
Neuschloss, v. III 57.
Neuse, r. VI 111.
Neusohl, v. III 370, 416.
Neusiedel, l. II 8. III 353.
Neusiedel-Am-See, v. III 380.
Neuss, v. III 103, 130.
Neustadt, bg III 138, 169.
Neustadt, v. III 31, 128, 129, 277.
Neustadt (Autriche), v. III 290, 418.
Neustadt (Danemark), v. II 612.
Neustadt (Hongrie). v. III 374.
Neustadt (Illyrie), v. III 312.
Neustadt (Pologne), v. III 664.
Neustadt-Am-Kulmen, v. III 247.
Neustadt-Amrubenberge, v. III 24.
Neustadt-an-der-Aisch, v. III 247.
Neustadt-an-der-Harth, v. III 247
Neustadt-an-der-Hayde, v. III 190, 192.
Neustadt-an-der-Orla, v. III 185, 191.
Neustadtl-an-der-Saale, v. III 247.
Neustadtl, v. III 321.
Neustadt-Underwaag bg. III 417.
Neustadt-Pyrmons, v III 149.
Neu-Stargard, v. III 82.
Neu-Stettin, v. III 83, 128.
Neu-Stift, vill. III 299.
Neu-Strelitz, v. III 29, 31, 328.
Neustrie, p. I 172, 173, II 77.
Neuteich, v. III 128.
Neutra, v. III 371, 407.
Neutres, pp. VI 76.
Neu-Treptow, v. III 82, 128.
Neuvic, v II 364.
Neuvilly, v II 370.
Neuwarp, l. III 80.
Neuwied, v. III. 112, 130.
Neuwiller, v. II 372.
Neva, fl. II 13. III 432.
Nevado de Captana, mt. VI 312.
Nevado de Sorata, pic. VI 241.
Nevado de Toluca, mt. VI 174.
Nevhendjan, v. IV 562.
Nével, v. III 620.
Nevers, v II 210, 349, 358, 370
Neves (cap das), V 684.
*Nevirnum, v. II 210.
Nevis, i. VI 365, 382, 383, 384.
New-Aberdeen, v. II 472.
New-Albany, v. VI 120.
New-Amsterdam, v. VI 351.
Newark, v. II 445, 503
Newark (Amér.), v. VI 70, 104, 145, 159.
New-Bedford, v. VI 99, 158
Newbern, v. VI 111, 159.
Newborough, v. II 487, 508
New-Brunswick, v. VI 105, 159, 163.
Newburgh, v. VI 104, 159.
Newburyport, v. VI 99, 158.
New-Carlisle, v. VI 75.
Newcastle, v. II 439, 503, 520.
New-Castle (Amér.), v. VI 76, 163.
Newcastle (Océanie), v. VI 469.
Newcastle, distr. VI 83.
Newcastle-under-Line, v II 449.
Newfoundland, i. VI 78.
New-Galloway, v. II 461, 505.
New-Galloway (Amer.), v. VI 47.
New-Hampshire, Etat, VI 95. 96, 152, 156, 157. 158, 161, 162.
New-Haven, can. VI 164
New-Haven, v. VI 100. 159, 374
New-Hornbach, v. III 247
New-Jersey, Etat. VI 104, 161, 162, 168.
New-Lanark, vill. II 467.
New-London, v. VI 100, 159, 374.
New-Market, v. II 432, 503.
New-Market, vill. II 489.
New-Mexico, v. VI 113.
Newport, v. II 417.
Newport (Amér), v. VI 100, 159
Newport-Pagnell, v. II 448.
Newport-Pratt, v. II 481, 507.
New-Radnor, v II 455, 505.
New-Romney bg. I 418.
New-Ross, v. II 488, 508.
Newry, v. II 483, 506.
Newton, v. II 455, 504.
Newtown, v. II 408
Newtown (Asie), v. V 299.
New-Town (Océanie), v. VI 481. 553.
New-York, Etat, VI 101, 152, 156, 157, 159, 161, 162, 168.
New-York, v. VI 102, 159, 163, 374.
Nexoe, v. II 594.
Neyba, v. VI 258, 381.
Neypal, roy. V 266, 322.
Neyva (prov. de). VI 266.
Ngan-Hoeï, prov. V 164.
Ngan-king-fou, v. V 164.
Ngan-si-tou, v. V 84.
Ngari, prov V 123.
N'guer, l. V 610.
N'Gola, roy. V 674.
Nha-ru, prov. V 379, 386
Nha-trang, v. et prov. V 379, 386, 387.
*Niacestus, r. IV 440.
Niagara, distr. VI 82, 83.
Niagara, fort. VI 104.
Niagara, r. VI 63.
Niagara, v. VI 70.
Nialam-Dzoung, v. V 125.
Ninndro, l. IV 447.
Niang-tchou, r. V 119
Niauto, v. IV 370.
Niantsin-tangla-gang-ri, m. V 118.
Niaregyhaza, bg. III 418.
Niaron, prov. V 379.
Nias, l. VI 414.
Niausta, v. IV 327.
Nibe, v. II 596, 611.
Nicaragua, Etat. VI 230, 233.
Nicaragua, l. VI 177, 227, 230.
Nicaragua, v. VI 231, 379
Nicaria, l. IV 418.
Nice, v. IV 158, 162, 391.
Nice, r. V 675.
*Nicea, v. I 70, 143. V 257.
*Nicée, v. IV 439.
*Nicephorium, v. IV 466.
Nichabour, v. IV 566, 583, 584.
Nicolet (comté de). VI 83.
Nicolia, v. IV 206.
*Nicomédie, v. I 70. IV 439.
Nicopoli, v. IV 324, 369. 372, 391.
*Nicopolis, v. IV 438.
*Nicosia, v. IV 450.
Nicosie, IV 500.
Nicoya, v. VI 232, 379.
Nidaros, v II 536.
Niuda, r. III 160.
Nid-de-la-Poule, cratère. II 227.
Nieborow, chât. III 663.
Nieder-Barnim, v. III 128.
Niederbronn, v II 259, 372.
Niederbrun, v. II 118, 259.
Niederlauterbach, v. II 372.
Nieder-Selters, vill. III 145, 170.
Nieder-Wildungen, v. III 149, 171.
Nied-Wald, p IV 70.
Niegin, v. III 564.
Niemen, fl. II 73. III 37, 432, 582, 647.
Nieubourg, v. III 143, 170, 379.
Nieou-tché, pp. V 107.
Nieou-thang-chan, mts. V 175.
Nieppes, v. II 370.
Niesen, m IV 64.
Nieswitz, v. III 587.
Nieuweveld, mt V 401, 685, 686.
Nieuw-Yssel, fl. IV 2.
Nièvre, dép II 209, 358, 370.
*Nigama, v. V 300.
Nigdéh, v. IV 441.
Niger, fl. I 40. 106, 155. V 391, 633
Nightingale (i. de). V 740.
*Nigira, v. I 107, 155.
*Nigritæ, pp. I 94, 105, 107.
*Nigroë, v. I 107.
Nijegorod, v. III 615. 681. VI 560.
Nijnédévitch, v. III 617.
Nijneë-Kamschatsk, v. V 67.
Nijnei-Lamof, v. III 554, 624.
Nijneï-Oudinsk, v. V 61, 73.
Nijné-Kolimsk, v. V 64.
Nijni-Novgorod, v. et gt. III 552, 615, 626.
Nikita, c. III 457.
Nikita, vill. III 443, 447.
Nikobar, is. V 360. VI 401, 518.
Nicolaïef, v. III 439, 1110.
Nikolsbourg, v. III 271, 318.
Nikolsk, v. III 486, 614.
Nikopol, v. III 438.
Nikurrscht, v IV 360.
Niksar. v IV 438.
Nil, fl. I 17, 18, 30, 40, 99, 187. V 391, 401.
Nila, i. VI 429.
Nil-Bleu, fl V 495.
Nilembynour, v V 315.
Nilgherry, mts. IV 401.
Nillandous, gr. d'is. V 317.
Niman, trib. IV 661.
Nimbo, compt V 625.
Nimbourg v. III 260.
Nimegue, v. IV 6, 17.
Nimes, v. II 143, 354. 366.
Nimkar. v V 377.
Nimptsch, v. III 129
Nineanaï, roy. V 683, 719
Ninder, forêt III 13.
Ninembourg, vill. III 7.
*Ninesium, v. III 103.
Ninetz, pp. III 488.
Ning-gouta, v. V 106
Ning-hia, v. V 174, 194
Ning-koue-fou, v. V 164, 195.
Ningo, p. V 626.
Ning-pho-fou, v. V 165, 175.
*Ninguaria, i. I 103.
Ning-wou, dép V 194.
Ning-youan, dép. V 195.
*Ninive, v. I 20, 79. IV 466.
Nio, i IV 370, 383. 391.
Niort, v. II 360, 374.
Nio-tchou, r V 125.
Niouars, trib. V 288.
Niouk, l. II 8
Niouty, fort. V 303.
*Niphates, mts I 68 IV 457, 540.
Nipho-lo, p I 198.
Nipnon, i V 212.
Nipol, p. I 198.
Nipongi, p. I 259.
Nisampatum, v. V 319.
Nisari, i. IV 449.
Nischa, mts V 232
Nischa, v. IV 369, 372.
Nisibin, v IV 466.
*Nisibis, v. I 79. IV 466
Nisider, bg. III 380.
Nisi-sima, i. V 218.
Nissa, v. IV 348, 349, 369.
Nissan, v II 366
Nisservand, l. II 528.
Nissum-Fiord, baie. II 580.
Nitendy, i VI 488.
*Niteris, trib. I 104.
*Nitibrun, bg. I 104.
Nitigures, trib. III 459.
*Nitiobriges, pp. I 137. II 167.
*Nitriæ, v. I 115.
*Nivaria, i. I 102.
Nivellers, vill. II 289.
Nivelles, v. IV 32, 42.
Nivernais, prov. II 349.
*Nivisium Castellum, v. III 103.
Nizonne. r. II 176.
Noa-Dissing, mt. V 354.
Noanagor, v. V 265, 321.
Nochébera, v. V 262.
Nochistlan, v. VI 200, 216
Noel, l. I 287. VI 559.
Næss, l. II 26.
Noessa-Laout, i. VI 454, 550.
Nogaïs, pp. III 441, 630.
Nogat, r. III 38.
Nogent-le-Roi, v. II 271, 369.
Nogent-le-Rotrou, v. II 205, 354, 365.
Nogent-les-Vierges, bg. II 286.
Nogent-sur-Marne, v. II 313.
Nogent-sur-Seine, v. II 274, 383.
Nogeon-sur-Andelle, v. II 316.
*Noiodunum, v. I 141.
Noireau, r. II 88.
Noire (mer), IV 298.
Noires (montagnes). II 84, 85. V 393, 521.
Noirmoutiers, i. II 90, 180, 376
Noisy, v. II 373.
Nokian, v. I 237.
Nolay, bg. II 240, 364.
Nolinnsk, v III 623.
Nombre-de-Dios, v. VI 199.
Non, fl V 634.
Nona, v III 390.
Noncovery, i. I 239
Nondourai, VI 466.
Nonkavery, i. V 361. VI 518
Nonthie-Saund. VI 373.
Nontron, v. II 175, 353, 365.
Noordwych, v VI 455.
Nopa-Kiang, v V 115.
Nora, v. II 5, 555.
Novalèse, vill IV 131.
*Norba Cæsarea, v. IV 278.
Nord (can. du), III 433.
Nord, c. II 3. VI 373, 533, 535, 554, 559.
Nord, dép II 100, 332, 358, 370, 371.
Nord (i. du), VI 504, 536.
Nord-Albingia, p. I 174.
Nord-Beveland, i. IV 3.
Nordbye, bg II 594, 596.
Nord du Récif, pointe. VI 554.
Nörden, v. III 23.
Nordenbourg, v. III 42, 128.
Nordenfields, roy. II 528, 533. 570.
Norder-Dithmarschen, i II 612.
Norderney, i. III 22, 23
Norderoog, i. II 598.
Nord-Est (i. du), VI 60.
Nordhausen, v. III 90, 129.
Nordland, dioc. II 537, 571.
Nordland, rég. II 545, 571.
Nordlandens, rég. II 533.
Nordlingen, v. III 236, 247.
Nordre-Bergenhuus, baill. II 570.
Nordre-Skagestoltend, mt. II 17.
Nord-Soë, l. II 528.
Nordstrand, i. II 597, 612.
Nordstrandisch-Moor, i. II 598.
Nore, g. II 4.
*Noreia, v I 63.
Norfolk (baie de), VI 36.
Norfolk, comté. II 433, 503.
Norfolk, i. VI 264, 482, 559.
Norfolk, v. VI 110, 159, 163.
*Norici, pp. III 275, 302.
*Noricum, p. I 63. III 275, 302.
Normada, r. V 237.
Normandie, prov. I 250. II 77, 349.
Normands, pp I 200, 203.
Normoliaour, i VI 510.
Norristown, v. VI 159.
Norrkœping. v. II 556, 572.
Norrtelge, v. II 554, 572
Norsundoë, i. II 554.
North-Allerton, bg. II 437, 504.
Northampton, v. et comté II 447. 503.
North-Forrland, c. I 281. II 397
North-Galloway, VI 47.
North-Kingston, v. VI 159.
Northmannaland, p. I 201.
North-riding, distr. II 436.
North-River, fl. VI 90.
North-Ronaldsay, i. II 476.
North-Shields, v. II 439.
North-Sommerset, VI 45.
North-Uist, i. II 401, 475.
Northumberland, c. VI 471, 552.
Northumberland, roy. II 407.
Northumberland, comté. II 438. 503.
Northumberland (Am.) (comté de), VI 82.
Northumberland (Océanie) comté de). VI 468.
Northumberland, v. VI 163.
Norton (entrée de), VI 28.
Norton-Sound, lieu VI 373
Norvége, roy. I 2, 221, 250. II 58, 525, 570, 577.
Norvégiens, pp. II 49.
Norwalk, v. VI 159.
Norwich, v. II 434, 503.
Norwick (Amér.), v. VI 100, 159.
Nose, pic. VI 313.
Nosn, distr. III 397.
Noso-Salé, i VI 443.
Noss, l. II 477.
Nossa-Senora-da-Peoha, v. VI 333.
Nossé, V 764.
Nossen, v. III 191.
Nossi-Bé, l. V 726.
Nostra-Senora-de-Guadalupe, v. VI 206
Nostra-Senora-de-las-Nieves, mt. II 24.
Notasie, p. VI 388, 389.
*Noti-Cornu, prom. 108.
Noto, v. IV 205.
Notre-Dame (baie de) VI 79.
Notre-Dame-de-la-Balme, vill., II 135.
Notre-Dame-de-l'Epine, vill. II 275.
Notre-Dame-de-Liens, bg. II 281.
Notre-Dame-de-Liesse, bg. II 281.
Notsjiab, lieu, V 211.
Nottingham, v. et comté, II 445, 503, 520.
Nottington, vill. II 412.
Noubahs, tribu, V 491, 492, 493
Nouchar (Pas de), défilé, IV 458.
Noué, i VI 513.
Nouée (la), v. II 369.
Noufé, p. V 642.
Nougonor, gr. d'is. VI 510
Nouhim-Abad, v. IV 565.
Noukahiva, i. VI 526, 558.
Noukhi, v. IV 427.
Nouna, v. V 320.
Nounia, ruines, IV 466.
Nouniân, r. IV 621.
Nouradjapoura, v. V 315.
Nouratagh, mt. IV 642.
Nouratan, cant. IV 661.
Nouri, vill. V 483.
Nourpour, v V 257.
Nousapapabag, l. VI 443.
Nontka (baie de), VI 31.
Noutka, i. VI 31, 32.

Noutka, vill. VI 33.
Noutrelentaipolski (canal de), III 505.
Nouveau - Brunswick, VI 75, 81, 83.
Nouveau-Connecticut, prov VI 119
Nouveau-Cornouailles, VI 31, 34, 83
Nouveau-Galloway, i. VI 46, 83.
Nouveau - Herrnhutte, v. VI 47.
Nouveau-Madrid, v. VI 128, 374.
Nouveau-Norfolk, VI 31.
Nouveau-Saint-Ander, VI 375.
Nouveau-Shetland-Austral, I 281.
Nouveau-Troki, v. III 584.
Nouvel-An, i. I 279. VI 379.
Nouvel-Arkangel, v. VI 28, 373.
Nouvel-Ayr, VI 47.
Nouvelle-Albion, VI 192.
Nouvelle - Amsterdam, v. VI 351.
Nouvelle - Angleterre, VI 95.
Nouvelle - Arabie, V 512.
Nouvelle-Bretagne, p. VI 40, 43.
Nouvelle-Bretagne (Archip.), VI 401, 493.
Nouvelle-Calédonie, i. VI 401, 483, 500.
Nouvelle-Cythère, i. VI 521.
Nouvelle-Écosse, p. VI 76, 81, 83.
Nouvelle-Edystone, rocher, VI 34.
Nouvelle-Frislande, VI 60.
Nouvelle-Galles, p. VI 40, 83.
Nouvelle - Galles - du - Sud, p. VI 406, 459
Nouvelle-Georgie, VI 31, 83.
Nouvelle-Georgie(Océanie), VI 490
Nouvelle-Guinée, VI 391, 394, 395, 397, 398, 399, 401.
Nouvelle-Hanovre, p. VI 31, 33, 35, 83.
Nouvelle-Hanovre, i. VI 493, 494.
Nouvelle-Hollande, p. VI 389, 391, 393, 395, 396, 397, 399, 400, 456.
Nouvelle-Irlande, i. VI 401, 493.
Nouvelle-Orléans, v. VI 126, 160, 163, 374.
Nouvelles-Hébrides, VI 394, 484, 500.
Nouvelles-Philippines, VI 403.
Nouvelle-Suède, VI 104.
Nouvelle-Suisse, VI 120
Nouvelle-Zélande, i. VI 394, 396, 398, 401, 403, 404, 533.
Nouvelle-Zemlie, p. III 489. V 3.
Nouvion (le), v. II 362.
Nouvion-en-Thiérache, bg. II 280.
Nouzon, v. II 362.
Nova-Berda, v. IV 349, 369.
*Nova-Castra, Camp. III 103.
Nova-Coimbra, v. VI 340.
Nova-Dania, VI 40.
Novagli, pp. V 536.
Novaia-Zemlia, p. III 489. V 3.
*Novantæ, pp. I 133.
Novare, v IV 134, 142. 391.
*Novem-Populanie, p. I 137. II 70, 167.
*Novesium, v. III 103.
Novgorod (canal de), III 433.
Novgorod, v. et gouv. III 538, 613, 626, 681. VI 560.
Novgorod-Severskoï, v. III 564, 618.
Novgorod-Véliki, v. III 613.
Novgrad-Volennski, v. III 622.
Novi, v. II 26, 135, 142, 346.
Novi, bg. III 421.
Novi-Bazar, v. IV 347, 349, 369.
*Novidunum, v. III 302, 307.
*Novientum, v. II 313.
*Noviodunum, v. II 210. III 312. IV 50, 74.
**Noviomagum*, v. IV 7.
*Noviomagus, v I 139. II 288, 323. III 241.
*Novirum, v. II 210.
Novita, vill. VI 259, 266.
Novogrodek, v. III 621.
Novoi-Oskol, v. III 617.
Novokhopesk, v. III 618.
Novomesto, v. III 618.
Novo-Moskovsk, v. III 437, 619.
Novorjef, v. III 541, 612.
Novossil, v. III 556, 616.
Novo-Tcherkask, v III 452, 453, 620.
Novum-Belgium p VI 104.
*Novum-Castrum, v IV 71.
Novumostu, v. III 312.
Nowemiesto, v. III 664.
Nowy-Sandec, v. III 341.
Noyal-Pontivy, v. II 369.
Noyal-sur-Vilain, v. II 367.
Noyer-Creek, r. VI 147.
Noyon, v. II 288, 371.
N'Sella, prov V 674.
N'Susso, prov. V 674.
N'Teka, p. V 682.
**Nubæ*, pp. I 91, 107.
Nubie, p V 476, 766.
Nudea, v. V 318.
Nudillales, cant. VI 253.
Nuestra-Senora da Luz, i. VI 488.
Nuestra - Senora de la Vittoria, v. VI 213.
Neuva-Caceres, v. VI 441, 455.
Nueva-Ecija, prov. VI 455.
Nueva-Segovia, v. *VI* 441, 455
Nuevo-Leon, Etat. VI 199, 216.
Nuevo-Santander, v. VI 199, 216.
Nuevo-Segovia, r. VI 227.
Nuits, v. II 240, 364.
Nuivi, vill. IV 144.
*Numance, v. IV 261.
*Numides, pp. I 94.
*Numius, fl. V 619.
Nuoro, vill IV 143.
*Nupsia, v. I 107.
*Nupsis, v. I 107.
Nuremberg, v. II 27. III 235, 247.
Nürnberg, v. III 235, 247.
Nutrias, v. VI 265.
Nuyts (terre de). VI 456, 472.
Nyamtz, v. IV 361.
Nychlot, v. III 505.
Nyeborg, v II 595.
Nyekidbing, v II 593, 595, 610, 611.
Nyested, v. II 595, 610.
Nyffé, p V 642.
Nyitra, distr III 417.
Ny-Karleby, v. III 509.
Nykiœbing, v. II 595, 596, 610.
Nykœping, v. et préf. II 554, 572, 577.
Nyland, p. III 506, 610.
*Nymphæum. IV 332.
Nymphenbourg, vill. III 230.
Nyon, v. IV 50, 74.
Nyons, v II 354.
Nyreborg, v. II 610.
Nysi, v. IV 381.
*Nysirus, i. IV 449.
Nyslott, v. III 505, 610.
Nystad, v. III 508, 610.
N'Zanga, prov. V 674.
N'Zolo, prov. V 674.

O

Oacco, p. V 676.
Oahi, i. VI 528.
Oahou, i VI 532.
Oaitepiha, port. VI 557.
Oakham, v. II 446, 503.
Oakhampton, v. II 411, 501.
Oakmulgées, trib. VI 123.
Oanna, i. VI 558.
*Oaracta, i. I 77. IV 563.
O-Arad, bg. III 419
Oaxaca, v. et Etat, VI 211, 379, 380.
Obdorie, p. III 487.
Obdorsk, v. V 53.
Obéid, v V 493.
Ober-Alpe, mt. II 19.
Ober-Alpe (lac de). II 25.
Oberbronn, v. II 372.
Oberdorf, bg. III 247
Ober-Enheim, v. II 257.
Ober-Glogau, v. III 57.
Obergunzbourg, bg III 247
Ober-Harz, contrée. III 11.
Oberhergheim, v. II 373.
Ober-Hofen, vill. IV 64.
Oberkiée, vill. III 162
Oberland, p. IV 64, 83.
Ober-Laybach, bg. III 321.
Obermoschel, v. III 267.
Obernay, v. II 257, 372.
Ober-Nauenstein, mt. IV 61.
Obernbourg, v. III 247.
Ober-Rhein, fl. II 620.
Oberseebach, v. II 372.
Obersitzko, v. III 47.
Oberstein, bg. III 3, 6, 8.
Ober-Steinach, vill. III 288.
Oberwald, mt II 21.
Oberwald, p. IV 69.
Oberwesel, v. III 102.
Ober-Winterthur, vill. IV 58.
Oberzyko, v. III 47.
O'beydah, prov. V 288.
Obi, r. II 14. V 24, 37.
Obispos, v. VI 265.
Oboïanne, v. III 558, 617.
Obornik, v. III 47.
Obotriti, pp. I 177. III 25, 30.
Obra, r. III 46.
Obrach, prov. IV 347.
*Obroatis, v, IV 560.
Observatoire (i. de l'). VI 484.
Obtchei-Syrt, mts. IV 399.
Oby, i. VI 451.
Oça, v. III 624.
Ocana, v. IV 292.
Ocana (Amér.), v. VI 258.
Occidental (district) VI 83.
Occidental (groupe). VI 504.
*Ocen, v. V 535.
*Océan, fl. I 22, 33.
Océan (mer). I 12, 17.
Océan atlantique (mer). II 4.
Oceanie, contrée. I 6. IV 253. VI 388, 500, 547, 548.
**Oceanis*, v. I 95
*Ocelis, v. I 110, 112.
*Ocerra, v. I 215.
Ochmiany, v. III 621.
Ochrida, l. IV 329, 333.
Ochrida, v. IV 333, 372.
Ochsenfurt, v. III 247.
Ochsenkopf, mt. II 21. III 217.
*Ochus, fl. I 111. IV 542, 604, 614.
Ockor, r. III 10, 85.
Ocklokonne, r. VI 116.
Oconée, r. VI 112.
Oconées, trib. VI 123.
Ocopa, v. VI 287.
Ocosingo, vill. VI 213.
Octapitarum, prom. II 398. 454.
*Octodurum, v. IV 50, 78.
Octylos, v. IV 389.
Ocyras, v. VI 334
Oczacof, v. III 438.
Odawara, v. V 216.
Oddi, fl. V 634.
Odensée (can. de). II 580.
Odensée, v. II 595, 610, 615. III 328.
Odensée-Fiord, baie. II 580.
Odenwald, m. II 21, III 203.
Oder, r. II 13, 14, 15, 622. III 65.
Oder (can. de l'), III 64.
Odereau, v. III 318.
Oderen, v. II 373.
Odeslohe, v. II 613.
Odessa, v. III 438, 620, 632.
Odeypour, v. et Etat. V 267, 268, 320, 321.
Odia, i VI 511.
Odoïef, v. III 616,
Odokescht, v. IV 360.
Odon, r. II 88.
Odou-Tchelon, mt. V 9.
Odouze, mt. II 85.
*Odrysæ, pp. I 63.
*Odyssea, v. I 119.
*Oea, v I 105.
*OEchardes, fl. I 162.
OEdelfors, v. II 556, 572.
OEdenbourg, v. III 380.
*OEgara, v. IV 447.
Oeb, v IV 661.
Oeiras, résid. IV 242.
OEland, i. II 17, 542, 556.
Oelets, pp. V 86.
Oels, v. III 57, 129.
*OEmilianum, v. II 172.
*OEmodes, is. I 132.
OEningen, vill. IV 56.
*OEnoe, v. IV 436.
**OEnona*, v. III 390.
*Oëenses, pp I 105.
*OEnus, r. IV 50.
OErebro, v. et préf II 555, 572, 577.
Oerlinghausen, v. III 170.
OEræfe-Iœkul, mt. VI 53.
OEsel, i. III 428, 528
*OEsernia, v. IV 194.
OEster-Aros, v. II 549.
Oestergoetland, prov. II 572.
Oester-Iœkull, mt. VI 53.
OEstersund, v. et préf II 547, 571.
*OEstrymnides, is. I 57.
OEta, mt. II 10.
OEtscher, mt. III 274.
OEttingen - OEttingen, princ. III 327.
OEttingen-Wallerstein, III 327,
Oeyras, v. VI 340.
Of, bg. IV 435.
Ofanto, r. II 13. IV 194.
Ofen, v. III 322, 361, 365, 416.
Offak, port. *VI* 498, 553.
Offenbach, v. III 162, 173.
Offenbourg, v. III 210, 212.
Ogerlochin, v. III 250.
Oggy, roy. V 511.
Oghii, pp. V 115.
Oginski (can. d'), III 433.
Ogliastra, i. IV 140.
Oglio, r. II 13. IV 90.
*Oglosa, i. IV 102.
Ogourtchinsk, i. IV 634.
Ogulin, v. III 388, 421
*Ogygia, i. I 100, 119
Ogyres, i. IV 564.
Ohio, Etat. VI 117, 152, 157, 160, 161, 168
Ohio, fl. VI 51, 89, 166.
Ohio - Pyles, cascade, VI 105.
Ohitabou, i. VI 558
Ohitera, i. VI 525.
Ohitoa, i. VI 558.
Ohivaroa, i. VI 558.
Ohlau, v. III 58, 129.
Ohod, mt. IV 512.
Ohra, vill. III 43.
Ohrdruff, v. III 190, 192.
Oïbo, i. V 713.
*Oidanes, fl. I 74.
Oignon, r. II 15.
Oïrad, pp. V 86.
Oisans, bg II 134.
Oise, dép II 285, 289, 358, 371.
Oise, r II 86.
Oiseaux (i. aux), VI 532, 559
Oisseau, v. II 369.
Oissel, v. II 374.
Oisy v II 371.
Oï - tchou - dzaugbo - tchou, *r.* V 119.
Oitz, l V 213.
Ojama, mts. V 209.
Ojeren, l. II 26
Ojinguva, r. V 213.
Oka, r. II 14.
Oka, v. III 550.
Okhansk, v III 624.
Okhotsk (mer d'), V 65.
Okhotsk, mts V 8.
Okhotsk, v. V 65, 73.
Okkak, colonie. VI 44.
Okladuikoro, l. II 8.
Okmeh, ham. V 481.
Okna-Teleaga, lieu. IV 356.
Okno, caverne. III 371.
Okoressa, presq. IV 428.
Okosaki, v. V 216.
Okosiri, i. V 211.
Okoura, vill. VI 538.
Okou-Yeso, pp. V 210.
Olah-Lugos, v. III 382.
*Olbia, v. I 62. IV 443.
*Olbie, v. V 531.
*Olcades, pp. IV 219.
Olchowice, r. III 334.
Old-Aberdeen, bg. II 472.
Oldenbourg, gr. duch. III 1, 3.
Oldenbourg, v. III 5, 7.
Oldenburg, v. II 599, 612
Oldenhorn, m. II 19.
Oldeslohe, v. II 599.
Old-Leighlin, v. II 487.
Old-Radnor, v. II 455.
Oleggio, v. IV 91, 134.
Olekma, r. V 25.
Olekminsk, v. V 64, 73
Olenaï, r. V 3.
Olenek, r V 25.
Oleniens, trib. V 44.
Olensk, v. II 64.
*Olensis, vill. I 207.
Oléron, i. II 90, 179.
Oléron, v. II 160.
Oletzko, v. III 128.
*Olgassis, mts. I 60. IV 432.
Olgopol, v. III 565, 623.
Olgun, v. IV 333, 369
Oliena, vill. IV 143
Oliergues, v. II 230.
Olimbos, mt IV 325.
*Olina, r. II 88.
Olinda, v. VI 334. 340, 377.
Olipes, trib. VI 286.
Olioutorskoï, c V 73.
Olschef, v III 486.
Oliva, bg III 23.
Oliva, v. IV 292.
Olivença, v. VI 340.
Olivenza, v. IV 279, 292.
Olivet, v. II 208.
Olkhon, i. V 26.
Olkusz, v. III 666, 672.
Ollioules, v. II 375.
Ollolaï, distr. IV 140.
Olmedo (can. d'). IV 260.
Olmèques, pp. *VI* 206
Olmeto, v. II 364.
Olmütz, v. III 268, 272, 318, 322, 330.
Olodicos, pp. I 190.
Olona, r. IV 108
Olonetz, mts. III 428, 500.
Olonetz, v. III 501, 613. VI 560.
Oloron, v. II 160, 358, 371.
Oloways, trib. VI 130.
Olpe, v. III 99, 130.
Olsbourg bg. III 139.
Olten, v. IV 62.
Oltenbuern, v. III 247.
*Oltis, v. II 172.
Oltrare, v. I 242, 243.
Olviopol, v III 620.
*Olympe, mt I 17, 23. II 10 IV 297, 325, 377, 432.
Olympe (Amér), mt. VI 31, 38.
*Olympie, v. I 64. IV 389.
*Olysipo, v. I 119, 145.
Om, r. V 23, 24.
Omn, i. VI 454.
Omagh, v. II 483, 507.
Omaguas, trib. VI 260, 281.
Omahas, trib. VI 158.
Oman, mts IV 401
Oman, p IV 508, 523, V 389
Oman, v. IV 523.
Omana, v. IV 523.

P

*Phagroriopolis, v. I 89.
*Phalangis, prom. I 108.
Phalsbourg, v. II 268, 369
*Phanbalou, i I 49, 187.
Phar, v V 138.
Phar-ouni, pp. IV 364.
*Pharcala, rég. I 100.
Pharidzoung, v. V 125.
*Pharos, i. I 30.
Pharsala, v. IV 328.
*Pharusii, pp. 94 100.
*Phaselis, v. IV 444.
*Phasis, fl. I 23, 111. III 424
Phasos, i. III 394.
*Phatmétique, bras. I 87.
*Phatnitique, branche. V 403.
*Phazanie, contr. I 104. V 533.
Phanri, vill. V 383, 387.
*Phéaciens, pp. I 24.
Pheasant, l. I 278.
Phebol, l. I 49, 187.
Pheng-hou, is. V 167.
Phénicie, p I 80.
Phéniciens, pp. I 17, 18, 30.
*Philace Thebaïca, v. 87
*Philadelphia, v. IV 445.
Philadelphie, v. VI 105, 159. 163. 374.
*Philæ, i V 452, 475.
Philates, pp. IV 331.
*Phileria, v. III 268.
Philip, îlot, VI 482.
Philipechti, v. IV 358.
Philippeville, v. IV 31.
Philippeville(Afrique), v. V 553, 575.
Philippines (is), VI 393, 394, 395, 399, 435, 455, 549.
Philippines (mer des). VI 393.
Philippines(Nouvelles). arch. VI 547.
Philippons, pp. III 346
Philippopolis, v. IV 321, 369.
Philippsbourg, v. III 207, 212.
Philippsruhe, résid. III 159.
Philips (comté de), VI 469.
Philips(entréedu port). VI 553.
Philipsbourg, v. VI 95.
Philipstad, v. II 555, 572.
*Philistins, pp. I 21.
Philipstown, v. III 487, 507.
Philisburgh, v. VI 164.
*Philomelium, v. IV 441.
Phing-jang, v. V 210.
Phing-Liang, dép. V 194.
Phing-lo, dép. V 197.
Phing-ngan, prov. V 110.
Phing-yang, dép. V 194.
Phing-youeï-fou, v. V 176, 196.
*Phinni, pp. III 510.
Phi-pha-hou, l. V 213.
*Phlegra, vallée. I 96, 192.
*Phocée, v. II 137. IV 447
*Phocéens, pp. IV 228.
*Phocide, p. I 64. IV 389.
*Phœnicusa, i. IV 101.
Phokia, v. IV 447.
*Pholegandros, i. I 64.
Phoros, vill. III 447.
Phou-la, v. V 176.
Phou-yang, l. V 150, 151.
Phou-Tcheou, dép. V 194.
*Phrat, fl. I 18.
*Phrygie, p. I 70.
*Phrygiens, pp I 29.
Phtiotis, l. IV 389.
*Phthirophages, pp. I 66.
*Phurgisatis, v. III 268.
Phuyen, prov. V 386.
Pialang, i. VI 465.
Pialoux. grotte, II 130.
Piana, i. IV 140.
Piana, r. III 552.
Piano de Voce, bg. IV 174.
Pianosa, i. IV 102.
Piankeshaws, pp. VI 157.
Piapis, port. VI 498, 553
Piasina, r. V 25.
Piasino, l. V 25.
Piatra, v. IV 361, 374.
Piauhy, prov. VI 331, 340.
Piave, r. IV 90.
Piavozero, l. II 8.
Picade (port de), II 23.
Picada, vallée VI 328.
Picardie, prov. II 77, 349.
Pic de Belladone, II 18.
Pic-de-Glace, mt. VI 49.
Pic-d'Etoile, l. VI 485, 488.
Pic-de-Montant, mt. II 18.
Pic-de-Sancy, mt. II 18
Pic-de-Servière, mt. II 18.
Pic-du-Midi (l. du), II 25
*Picentes, pp IV 145.
Picenum, p. IV 145.
Pichincha, pic. VI 240, 260.
Pichincha, prov. VI 267.
Pico, i. IV 248.
Pico, volc. IV 248.
Pico-Tarquinio, lieu. VI 375.
Picos-Fragosos, mts. V 712.
Picquigny, v. II 375.
*Pictavi, pp. 70, 182.
*Picti, pp. I 133. II 458.
Pictland, p. II 459.
*Pictones, pp. I 136. II 70.
Pidchan, v. V 83.
Pidjan, v. V 83.
Pielis-Jœrvi, l. II 7. III 506.
Piémont, roy. IV 142, 391.
*Pierie, p. I 24.
*Pierius. mts. IV 475.
Pierre Ier., i. VI 315.
Pierre-Buffière, bg. II 218.
Pierrefonds, chât. II 288.
Pierre-Latte, v. II 130, 365
Pierre-Scise, mt. II 234
Pierres-Ponces (r. des), I 277. VI 470.
Pierres-Précieuses (mt. des), V 366.
Pierry, vill. II 275.
*Pietas-Julia, v. III 314
Pietro-Mala (col di), II 22.
Pietrosa, mt III 351.
Pieve, vill. III 302.
Pigeons (i. des), I 282.
Pignan, v. II 366, 375.
*Pigrum, mare I 118.
Pijeh, v. V 345.
Pikouagamis, trib. VI 75.
Pilar, v. VI 340.
Pilares, c. VI 380.
Pilas, i. VI 443.
Pilat, mt. II 18, 85.
Pilate, l. II 26.
Pilate, mt. II 19. IV 65.
Pilatte, c. VI 430.
Pilcomayo, r. VI 5, 236.
Pilica, v. III 672.
Piliez, mts III 352.
Pilier-de-Saragosse, i. VI 488.
Pillars, c. VI 551.
Pillau, v. III 41, 122, 128.
Pillilou, i. VI 502.
Pillkallen, v. III 128.
Pillnitz, vill. III 180.
Pilon, v. VI 199, 216.
Pilsen, v. III 250, 256, 260, 265, 317, 330.
Pilsno, v. III 348.
Pilten, v. III 528, 611.
Pimas, trib VI 197, 198.
Pimené (col de), II 24.
Pimeria, p. VI 174, 197.
*Pimolis, v. IV 438.
Pin (Le), v. II 109.
Pina, v. III 587.
Pinarelli, is. IV 101.
*Pinceraris, v II 292.
Pinczow, v III 672.
*Pinde, mt. II 10. IV 297, 377.
Pineue (port de), II 23.
Pinéga, v. III 613.
Pinero, c. VI 362.
Piney, bg. II 273.
Piney-Luxembourg, bg II 273.
Ping-chan-po, presq. V 110.
Pinneberg, vill. II 400, 613.
Pinneberg, comté, II 599.
Pino, v. VI 200, 216.
Pins, i. des VI 484, 554.
Pinsk, v. III 588, 622.
Pin-tao, i. V 116.
*Pintia, v. IV 264.
Piombino, v. IV 159.
Piotrkow, v. III 666.
Piperi, trib. IV 342.
Pipri, v. V 361.
Pipriac, v. II 367.
Pirano, v. III 313, 321.
Pirara, r. VI 236.
Pirara, vill. VI 236.
Pirates (Côte des), I 115. V 303.
Pirates, Is. des. V 375, 386.
Piré, v. II 367.
Piriatine, v. III 564.
Piriskar, c. V 10.
Pirmasens, v. III 242, 247.
Pirna, v. III 180, 191.
Pisang, i. VI 450.
Pisania, vill. V 610, 616.
*Piscenœ, v. II 148.
Pisciarelli, sources, IV 91.
Pisco, v. VI 287.
Piscopi, i IV 449.
Pise, v. I 250. IV 154, 161, 391.
Pisek, III 260, 265, 317.
*Pisidie, p. I 72.
Pisilouk, v. V 386.
Pisino, v. III 321.
Pisse-Vache (casc. de), II 27. IV 78.
Pistoja, v. IV 157.
Pisuerga, r. IV 222.
Pitahaneh, v. IV 650.
Pitcairn, i. VI 525, 557.
Pitea, prov. II 545, 571.
Pitea, v. II 546, 571, 577.
*Pithangelus, port, I 93.
Pithiviers, v. II 209, 356, 368.
*Pithom, v. V 419.
Pitic, v. VI 197
Pitilagas, trib. VI 295.
Piton-Labiche, VI 428.
Pitres, bg. II 316.
Pitsanelouk, v. V 365.
Pitschen, v. III 129.
Pitsiounta, v. IV 426.
Pitt, i. VI 31, 488, 492, 546, 554.
Pitta, i. IV 447.
Pittsbourg, v. VI 107, 159, 163, 374.
Pittsfield, v. VI 158.
Pittstown, v. VI 159.
*Pityus, v IV 426.
*Pityuses, is. I 56. IV 226.
Piura, v. VI 273, 287.
Piz-Valrhein, mt. II 19.
Pizzighetione, v. IV 115.
Pizzo, v. IV 196.
Pizzo di Orsera, mt II 20.
Plabennec, v. II 365.
*Placentia, v. IV 148.
Placentia, baie. VI 78.
Placentia, v. VI 80.
Plage, v. III 30.
Plainfaing, v II 316.
Plaintel, v. II 364.
Plaisance, v. IV 147, 152, 391.
Plaisance (Amér.), v. VI 80, 381.
Plan (port de). II 23.
Plan, v. III 250.
Planaires (basses des). VI 476.
*Planaria, i. I 102.
*Planasia, i. IV 102.
Plancher-les-Mines, vill. II 246.
Planèze, plaine. II 220.
Planitza. mt. IV 329.
Plagueminiers (bras des). VI 89.
Plasencia, v. IV 277, 292.
Plata (bassin de la). II 14.
Plata (La), v. VI 276.
Platani, r. IV 97, 206.
Plate, r. VI 2, 131, 139, 166.
Plate, l. V 764.
Plates, i. IV 447.
Platey Kogelz, mt. II 20.
Plato, v. VI 266.
Platternberg, mt. II 21.
Plattsbourg, v. VI 104, 159.
Plau, l. III 26.
Plau, v. III 30, 31.
Plauen, l. III 63.
Plauen, v. III 182, 191.
Pleaux, v. II 363.
Plédran, v. II 364.
Pleiber-Christ, v. II 365.
Pleine-Fougère, v. II 367.
Pleinfeld, bg. III 247.
Pleisse, r. III 176.
Plélan, v. II 367.
Plélo, v. II 364.
Plémet, v. II 364.
Plémy, v. II 364.
Plénée-Jugon, v. II 364
Plérin, v. II 364.
Pleskof, gouv. III 539.
Pless, v. III 57.
Pless (Bohême), v. III 264, 317.
Plessa, v. III 552.
Plessala, v. II 364.
Pleschen, v. III 128.
Plesse, v. III 129.
Plessé, v. II 368.
Plessur, r. IV 83.
Plessberg, mt. III 300.
Plestchieïvo, l. 550.
Plestin, v. II 364.
Plettenberg, comté. III 327.
Plettenberg (baie des). V 694.
Pleubian, v. II 364.
Pleudihen, v. II 364.
*Pleumosii, pp. IV 24.
Pleurtuit, v. II 367.
Pleyben, v II 365.
Pliniana, lieu, IV 114.
Plinlimmon, mts. II 453.
Plessivitza, mt. II 20. III 386.
Plaughe, vill. IV 143.
Plock, v. III 663, 670, 671, 672.
Ploen, v. II 612.
Ploërdut, v. II 370.
Ploermel, v. II 189, 357, 370.
Ploemeur, v. II 370.
Ploeuc, v. II 364.
Ploézal, v. II 364.
Plohinec, vill. II 191.
Plokenstein, l. III 253.
Plomb (m. de). II 220
Plombières, v. II 26, 118, 267.
Plon, l. III 3.
Plotzkau, baill. III 169.
Plouaret, v. II 364.
Plouasne, v. II 364.
Plouay v. II 370
Ploubazlanec, v II 364.
Ploubezre, v. II 365.
Ploudalmézeau, v. II 365.
Ploudaniel, v. II 365.
Plouénan, v. II 365.
Plouer, v. II 364.
Plouescat, v. II 365.
Plouézec, v. II 364.
Plougasnou, v II 365.
Plougastel, v. II 365
Plouguenast, v. II 364
Plouguerneau, v II 365.
Plouguernevel, v. II 364.
Plougouven, v. II 365.
Plougouver, v. II 364.
Plouha, v. II 364.
Plouider, v. II 365.
Plouigneau, v. II 365.
Ploumilliace, v. II 364.
Plounéour-Menez, v. II 365.
Plounéour-Trez, v. II 365.
Plounevez-du-Faou, v. II 365
Plonevez-Lochrist, v. II 365.
Plounevez-Moëdic, v. II 364,
Plounevez-Quintien, v. II 364.
Plourin, v. II 365.
Plouvorn, v II 365.
Ployesti, bg. IV 358, 370
Pluie (l. de la), VI 85, 166.
Plumeliau, v. II 370.
Plumieux, v II 364.
*Plutana, v. I 115.
*Pluvialia, i. I 102.
Pluvignier, v. II 370.
Plymouth, v. II 410, 501, 520.
Plymouth, (Amér), v. VI 99, 158, 382.
Plympton, bg II 411.
Pô, fl. II 9, 13, 14. IV 90, 93, 128.
Po, distr. V 116.
Pochekhone, v. III 614.
Podgorze, v. III 341, 348.
Podhering, v III 374.
Podhorce, r. III 334.
Podiebrad, v. III 260.
Pod-Kamenaïa, r. V 25.
Podkamien, v. III 348.
Podlakhie, p. III 588.
Podlaquie, p. III 664, 670, 671, 672.
Podol, v. III 562.
Podolie, p. III 564, 623, 636, VI 560.
Podolsk, v. III 550, 612.
Podrinna, prov. IV 347.
Podzulaques, pp. III 268.
*Pœdiculi, pp. IV 182.
Pœjjæne, l. III 502, 507.
Poel, i. III 26, 32.
*Pœmani, pp. IV 37.
Poen, mt. III 148.
*Pœna, i. I 102.
*Pœni, pp IV 228.
*Pœstum, v. IV 193.
Puganovo, l. III 551.
*Pogesani, pp. III 32.
Poggy, is. VI 413.
Pogorélaïa-Plita, l. IV 429.
Pogoro, r. VI 430.
Puglitza, cant. III 395.
Pogost, vill. III 553.
Pograd, v. III 250.
Pohenghée, v. V 349.
Pohns-Hallig, i. II 598.
Poictou (comté de), VI 83.
Point, l. VI 38.
Point-de-Galle, v. V 314.
Pointe-à-Pitre, v. VI 365, 385.
Pointe-Divy, v. V 323,
Pointe-Gondavery v V 323.
Poiré-sous-Bourbon (Le), v. II 376.
Poisson, r V 684, 685.
Poisson (Grand-), r. V 685.
Poissy, bg. II 292, 374.
Poitiers, v. II 182, 349, 361, 376.
Poitou, prov. II 78, 349.
Poivre, c. VI 475, 552.
Pokhar. étang, V 267.
Pokolna, r. III 38.
Pokrof, v. III 551, 615.
Pokutie, mts III 313.
Pola, l. VI 519. 557.
*Pola, v I 63.
Pola, v. III 314.
Polabres, pp. III 8.
Polanaberg, mt. III 350.
Polen, v. II 599.
Poleni, pp. I 212.
Poleschowitz, bg III 271.
Polésie, prov. III 587.
Poliaines, pp. I 177.
Policastro, v. IV 193.
Policlzka, v. III 317.
Polignac, mt. II 139
Poligny, v. II 249, 355, 367.
Polin, p. I 198.
*Polis Solis, v. II 248.
Poli-Wero, c. VI 534.
Polle, mt. III 203.
*Pollensa, v. IV 227.
Pollino, mt. IV 198
Pollnitz, vill. III 180
Polluk, v. VI 443.
Poln, v. II 599.
Polock, v. III 540, 621.
Pologne, p. I 5, 7 250. III 332, 340 644, 670, 681.
Po-lo-Naï, v. I 196.
Polonais, pp. II 48. III 630, 652.
Polotsk, v. III 540, 621.
Polouzes, pp. I 215.
Poltava, v. et gouv III 563, 619, 626, 681. VI 560.
Poltemberg, lieu. III 271.
Polumbrum, v. I 245.
Polycandro, i. IV 302, 383, 392.
Polynésie, contrée. VI 388, 389. 394, 402, 501, 511, 547, 557.
Polynésiens, pp VI 400, 401.
*Polytimetus, r. IV 622.
Polzen, v. III 83, 128.
Polzin, v. III 83, 128.
Pomalang, v VI 455.
Pomard, vignoble. II 240.
Pomayrols, v. II 363.
Pombal, v. VI 340.
Poméranie, prov. III 76, 128, 131, 132, 133, 135, 329
Poméraniens, pp. III 654.
Pomérols, v. II 366.
*Pomesani, pp III 32.

Q

R

Rochefoucauld (La), v. II 176, 363.
Rochelle (La), v. II 178, 349, 353, 364.
Roche-Maure, château, II 137.
*Roche-Posay (La), v. II 117.
Rocher de Hohenstein, mt. II 22.
Roche-Rouge (La), rocher. II 139.
Rochers (château des). I 196
Rocher-Tremblant, mt. II 149.
Roche-Sanadoire, mt. II 18
Roche-Savine, bg. II 230.
Rochester, v. II 419, 502.
Rochester (Amér.), v VI 103, 158, 159, 163.
Roche-sur-Loire, bg. II 203.
Roche-Vendeix, mt. II 18.
Rochlitz, v. III 191.
Rock-Creek, r. VI 110.
Rockenhausen, v. III 247.
Rocken-Kill, vill. III 109.
Rockingham (forêt de). 417.
Rockingham, v. VI 158.
Rocky-Mountains, VI 30.
Rocroy, v. II 279, 351, 362.
Roda, v. III 188, 192.
Rodach, v. III 190, 192
*Rodanim, i. I 19.
Rodbar, v. IV 604.
Rödbye, v. II 595, 610.
Rodda, v. V 389.
Rodez, v. II 26, 109, 170, 171, 352, 363.
Roding, bg. III 246.
Rodney, c. VI 495, 553.
Rodosto, v. IV 322, 370.
Rodriguez, I. V 741, 764.
Rodumna, v. II 232.
Roër, r. III 94, 110. IV 20.
Rœrnas, v. II 27, 570.
Rœskilde-Fiord, baie. II 580.
Rofner, glac. III 295.
*Rogando, v. III 302.
Rogasen, v. III 47, 128.
Rogatchef, v. III 622.
Rogebanham, V 536.
Rogerwick, v. III 525.
Roggenbourg, v. III 247.
Roggeveld, mt. V 401, 685, 687.
Rogge-Ween (arch. de). VI 558.
Rogla, mt. II 17.
Rogozno, v. III 47.
Rogue, i. V 713.
Rohatyn, v. III 348.
Rohilkend, p. V 277.
Rohillas, pp. IV 595. V 277. 326.
Rohitsch, v. III 302, 306, 320.
Roi (comté du). II 487, 507.
Roi (comté du) (Amér.). VI 83.
Roi (i. du). V 631.
Roi-George (port du). VI 473. 474.
Roisel, v. II 375.
Roissy (is). VI 498, 499, 553.
Rokelle, r. V 605.
Rokhadje, v. IV 584.
Roland (Brèche-de-), mt. II 23.
Rolas, I. V 749.
Rolle, v. IV 74.
Rolong, prov. V 387.
Rolsen, v III 170.
Rom, i. II 598, 612.
Roma, v. IV 180.
Roma, f. VI 429, 549.
Römafeld, vill. III 96.
Roman, v. IV 361, 370, 371.
Romanèche, vill. II 238.
Romannia, c. V 342, 387.
Romanof - Borisso - glebsk, v. III 551, 614.
Romanzof, is. I 279. VI 511.
Romans, v. II 365.
*Romarimont, v. II 267.
Romarin, i. VI 476, 552.
Romberg, c. V 208.
Rome, v. I 21, 47, 61. II 34. (7 163, 391.
Rome (Amér.), v. VI 159
Romen, v. III 564.
Romhild, v. III 191.
Romi, pp. IV 364.
Romilly, bg II 274.
Romilly, vill. II 316, 363.
Rommaport, mt. VI 166.
Romney, bg. II 418, 502.
Romöe, I II 598, 612
Romorantin, v. II 204, 356, 367.
Romsdal, baill. II 570.
Romyn, v. III 619.
Ron, I. VI 450.
Ronayns, is. II 489.
Roncevaux, m. II 23 IV 260.
Ronco, bg. IV 135.
Roncq, v. II 370
Ronda, v. II 26, IV 284, 293.
Ronda la Vieja, v. IV 284.
Rongy, vill. IV 30.
Rönne, v. II 594.
Ronnebourg, v. III 189, 192.
Ropczyce, v. III 348.
Roquefort, vill. II 171, 367.
Roquemaure, v. II 143, 366.
Roquette, roch. II 149.
Roquevaire, v. II 363.
Röraas, v. II 27, 570.
Roraima, mts. VI 341.
Rori, v. V 267.
Rosalgate, c. IV 523.
Rosaly, m III 352.
Roscoff, v. II 365.
Roscommon, v. et comté. II 484, 507.
Rose, i. I 283.
Rose, mt. IV 45, 89, 93.
Rose, pointe VI 553
Roseau, v. VI 366, 376, 382.
Rose-Hill, v. VI 468.
*Rosella, v. IV 153.
Rosenau, v. III 373, 407.
Rosenberg, v. III 128. 129. 417.
Rosendal, résid II 554.
Rosenheim, v. III 246.
Rosersberg, chât. II 554.
Roses, v. IV 267.
Rosette, v. V 433, 471, 475.
Roseway (havre de). VI 77.
Rosheim, v. II 257, 372.
Rosière-aux-Salines, v. II 269, 369, 375.
Rosily, i. VI 475.
Rosinar, v. III 396.
Röskilde, v. II 593.
Roskolniki, sectaires. III 501 V 56.
Roskopf, m. III 203.
Roslau, v. III 143, 170.
Roslavl, v. III 542, 612.
Rosmarin, I. VI 476, 552.
Rosny, chât. II 291.
Ross, I. II 489.
Rossano, v. IV 196
Rossbach, vill. III 87.
Rosse, r. III 561.
Rossel, I. VI 492, 555.
Rössel, v. III 128.
Rossieny, v. III 579, 621.
Rossignol (I. du). V 746.
Rossitz, v. III 266.
Ross-Stoch, m. II 19.
Ross-Shire, comté. II 475 506.
Rossirappe, m. III 91.
Roszberg, m. II 19. IV 68.
Rostak, v. IV 523.
Rostock, v. III 29, 329.
Rostof, I. III 551.
Rostof, v. III 440, 551, 614, 619.
Rosyanie, pp. III 344.
Rota, I. VI 504.
Rota, v. IV 282, 292.
Roth, pp. II 171.
Roth, r. III 193.
Rothaar, mts. III 94.
Rothenbourg, v. III 88, 129, 157, 171, 200, 201, 236.
Rothenbourg an der Tauber, v. III 247.
Rothenbüch, vill. III 247.
Rothesée, I. II 26.
Rothiflub, m. II 20.
*Rothomagus, v I 138. II 326.
Rothsay, v. II 474, 505, 520.
Rothschild, v. II 593, 610.
*Rotobecum, v. II 326.
Rotundo, m II 25.
Rotos, v. V 257
Rotouma, i. VI 511, 557.
Rotschensalm, v. III 505.
Rotsinsalm, v. III 505.
Rotta, I. VI 555.
Rotterdam, fort. VI 446, 550.
Rotterdam, i. VI 519. 557.
Rotterdam, v. IV 12, 17.
Rotti, i. VI 429, 549.
Röttingen, v. III 247.
Rottnest, i. VI 474, 552.
Rottum, I. IV 5.
Rottweil, v. III 201.
Rötz. III 277.
Rouad, I. IV 482.
Rouas, lieu. VI 378.
Roubaix, v. II 337, 370.
Roucouyènes, trib. VI 349.
Roudah, I. V 441.
Roudbar, v. IV 583.
Roud-Sioud, r. IV 542.
Rouen, v. II 325, 349, 360, 374.
Roufayda, distr. V 388.
Rouffach, v. II 256, 373.
Rouge (mer). IV 502.
Rouge, pointe. VI 552.
Rouib, I. VI 499.
Roujean, v II 366.
Roulers, v. IV 29.
Roum, pachal. I 215. IV 436.
Roumani, pp. IV 353.
Roumania, p. IV 353.
Roumbo, roy. V 372, 387.
Roumby (hautes terres de), mts. V 630.
Roummel, r. V 543, 553, 555.
Rouno, I. III 528.
Roupat, I. VI 414.
Roupl..a, r. IV 377
Rouroutou, I. VI 525.
Rousniaques, pp. II 48. III 344, 376, 540.
Rousselaer, v. IV 29.
Roussillon, prov. II 78, 350.
Routoul, I. VI 525.
Routschouk, v. IV 324, 369, 372
Rouville (comté de). VI 83.
Rouza, v. III 550, 612.
Roveredo, v. III 301, 320, 330.
Rovereith, v. III 301.
Rovigno, v. III 314, 321.
Rovigo, v. IV 125, 391.
Rovno, v. III 622.
Rovtsa, trib. IV 342.
Roxaburi, v. V 365.
*Roxani, pp. I 62.
Roxbourg, I I 283.
Roxburgh, vill. et comté. II 462, 506.
Roxbury, v VI 158.
*Roxolani, pp. I 62, 120. III 589.
Royan, v. II 364.
Roye, v. II 117, 375.
Rozab, v. V 292.
Rozay, v. II 285.
Rozir, Étnt. I 241.
Rozerieulles, vill. II 261.
Rozières, v. II 109.
Rubieszow, v. III 665, 672.
*Rubon, fl. I 151, 152.
Rüden, i. III 78, 80.
Rudesheim, m. III 162, 170.
Rudhiöbing, v. II 595, 610.
Rudolphswerth, v. III 312.
Rudolstadt, v. III 53, 149, 171, 329.
Rué, v. II 328.
Rueil, bg. II 293, 374.
Ruengas, trib. V 710.
Ruffec, v. II 177, 363.
Ruffi, m. II 19.
Rugard, m. III 79.
Rugen, i. III 78.
Rugenwalde, v. III 83, 128.
*Rugiani, pp. I 123, 171. III 76, 78.
Rugiens, pp. I 123, 171. III 76, 78.
*Rugii, pp. I 123, 171. III 76, 78.
Rugles, v. II 365.
Ruhla, v. III 186.
Rühn, v. III 32.
Ruhnenberg, m. III 26.
Ruhr, r. II 621. III 94.
Rui-Pirez, c. V 684.
Ruivo, pic. V 756.
Rulhière, c. VI 476, 551.
Rum, I. II 401, 475.
Rumbourg, v. III 317.
Rummelsburg, v. III 83, 128.
Rums, I. II 548.
Rumseu's, trib. VI 12 194.
Runkel, v. III 144, 170.
Runo, roch. III 528.
Runsala, i. III 508.
Runsiènes, pp. VI 12.
Runstadt, v. III 247.
Rupel, r. IV 23.
*Rupes Cavardi, v. II 218.
Ruppert, r. VI 39.
Ruppert (baie du Prince). VI 306.
Ruppin (can. de). III 63.
Ruppin, I. III 63.
Rupt, v. II 376.
Rupunuri, r. VI 335.
Ruremonde, v. IV 14, 17.
Rurick (chaîne du). I 279.
Ruschy de Wede, v. IV 370.
Rushen, v. II 440.
*Rusicada, v. V 553.
Rusiri, I. V 211.
Ruska-Poyana, m. II 22.
Russ, r. III 37, 41.
Russes, pp. I 178. II 48. III 566, 630.
Russie, emp. I 7 II 55, 58. III 426, 681. V 333. VI 560.
Russiens, pp III 654.
Russini, pp. III 344.
Russniaky, pp. III 332.
Rusth, v. III 381, 415.
*Rustonium, v. V 551.
Rustringen, p. III 5.
*Rutena, v. II 171.
Ruteni, p. II 171.
Ruthènes, pp III 376.
Rutheni, pp. II 171.
Rutland, comté. II 446, 503.
Rutland, v. VI 158
Ruwitsch, v. III 128.
Ryad, prov. V 388.
Rybinsk, v. III 551, 614.
Rybnik, v. III 129.
Rye, v. II 418, 503.
Rygate, vill. II 427.
Rynpeski, coll. III 472.
Ryswik, v. VI 455.
Rywoudzé, bg. V 126.
Rzerzow, v. III 340, 348
Rzeszow, v. III 340, 348.
Rzezica, v. III 540.

S

*Sa, v I 88.
Saabs, pp. V 692.
Saad, v. V 388.
Saadeh, v. IV 526.
Saalbourg, v. III 171.
Saale, r. II 13, 622. III 217.
Saalek, lieu. III 237.
Saalfalden, bg. III 292.
Saalfeld, v. III 188, 191, 329.
Saali, i. I 186.
Saang, i. VI 443.
Saar, r. II 16.
Saarburg, v. III 116.
Saarbrück, v. III 116.
Saardam, v. IV 8
Saar-Union, v. II 372.
Saatz, v. III 256, 260, 264, 317.
Saba, i. VI 376, 386.
Saba, rocher VI 364.
*Saba, roy IV 524.
*Saba, v. I 21, 82. IV 526. V 486.
Saba, v. IV 334.
Sabab, r V 365.
*Sabæ, v. I 93.
Sabalag, v. IV 583.
Saballette, r. V 517.
*Sabalingii, pp. I 126.
Sabalous, pp. V 657.
*Sabana, v I 159.
Sabara, v. VI 340.
*Sabaracus, g. I 156.
*Sabaria, v. III 381.
Sabart, v. V 535.
*Sabbatha, v. I 21, 112.
*Sabée, contrée, I 31, 93.
*Sabéens, pp. I 51, 82.
Sabermatty, r. V 265.
Sabia, p. V 709.
Sabine (baie de la) VI 223.
Sabine (comté de). VI 225.
Sabine, i. I 280. VI 46, 83.
Sabine, r. VI 85, 124, 222.
*Sabini, pp. I 61. IV 145, 182.
Sabino (lac de). IV 90
Sabioncello, presqu'i III 391, 392
Sabiri, pp. I 165, 178. III 412.
*Sabis, r. IV 23.
Sabis, trib. IV 557.
Sable (cap de). VI 470, 551.
Sablé, v. II 373.
Sables (les), v. II 361, 371.
Sables (pointe des). VI 534.
Sables d'Olonne, v. II 180.
Sablonville, vill. II 312.
*Saboci, pp. I 151. III 332.
Saborma, I. I 238. VI 407.
*Sabotha, v. IV 527.
Saboulistan, prov. IV 584.
Sabousira, v. V 614.
*Sabrata, v. V 535.
Sabrina, I. IV 247.
*Sabrina, r. I 134.
Sabyn-Tabou, mt. V 8.
*Sacæ, pp. I 35, 67, 160. IV 567, 617.
*Sacalites, golfe. I 112.
*Sacalites, pp. I 112.
*Sacastène, p. IV 603.
*Saces, pp. I 35, 67, 160. IV 567. 617.
Sachachawin, fl. VI 30.
Sachion, prov. I 237.
Sachsenberg, v. III 148, 171.
Sachsenhausen, v. III 171.
Sachslen, vill. IV 69.
Sactakou, v. V 644.
Saco, r. VI 96.
Saco, v. VI 158.
Sacramento, v. VI 301.
Sacré, prom. I 31, 58. IV 450.
Sacrificios, I. VI 210.
Sadabad, contrée. IV 600.
Sadang, distr. VI 431.
Saddle, I. VI 314.
Sadrass-Patnam, v. V 298.
*Sadus, fl. I 156.
Safad, v. IV 490.
Safaëd-Koh, pic. IV 597.
Safaëd-Kouh, v. IV 600.
Safal, i. V 609.
Safet, v. IV 490.
Saffi, v. V 592, 596, 762.
Saffron-Walden, v. II 431, 502.
Safrou, v. V 587.
Saga, trib. V 133.
Sagabria, v. III 387.
Sagadahoc, p. VI 90.
Sagaïtzi, trib. V 41.
*Sagalessus, v. I 72. IV 444.
Sagan, v. III 59, 129.
Sagar, v. I 192.
Sagard, bg. III 80.
Sagavedra, i. VI 502.
Saggat, I. II 26.
Sag-Harbour. VI 103.
Saghalien, i. I 272.
Saghalien, fl. II 14.
Saghistan, prov. IV 603.
Sagittaria, I. I 269. VI 521.
Sagormoty, r. V 269.
Sagourmé, contrée. V 492.
Sagoursougour, v. VI 443.
Sagres, v. IV 244.
Saguenay, comté. VI 83.
Saguenay, r. VI 65, 74.
*Sagunte, v. I 56,
Sahan, distr. IV 526. V 388.
Sahara, désert. V 394, 525, 597.
Saharanpour, v. V 276, 310.

Sahara's, trib. V 565.
Sahel, mt. V 551, 556.
Sahhel (El), plaine. IV 485, 486.
Sahoudi, bg. V 444.
Saï, pp. IV 194.
Saiinskoi-Ostrog, lieu. V 73.
Saïd, p. V 425, 471.
Saïda, v. V 561.
Saïde, v. IV 483, 498, 499, 501.
Saïgaïng, v. V 347, 285.
Saï-gong, v. 383, 386, 387.
*Saii, pp. II 71.
Saillans, v. II 365.
Saïma, l. II 7. III 502.
*Sain, v. I 87
Sainghin-en-Wep, v. II 370.
Sains, v. II 362.
Sainson, i II 499.
Saint-Affrique, v. II 171, 352, 363.
Saint-Aignan, i. VI 492, 555.
Saint-Aignan, v. II 204, 367.
Saint-Alban, v. II 118, 142.
Saint-Alban's, v. II 430.
Saint-Albans (Amér.), v. VI 158.
Saint-Alexandre, l. VI 504.
Saint-Allouarn (Is. vues par), VI 476.
Saint-Amand, v. II 334.
Saint-Amand-Mont-Rond, v. II 117, 214, 353, 361, 370
Saint-Amans-Roche-Savine, v. II 229.
Saint-Ambroix, v. II 365
Saint-Amour, v. II 250, 367.
Saint-Audéol, bg. II 138.
Saint-André, bg. III 416.
Saint-André, c. IV 500.
Saint-André, côte. II 136
Saint-André, gr. d'Is. VI 502, 556.
Saint-André, paroisse. VI 382.
Saint-André, port. IV 370.
Saint-André, v. II 366.
Saint-André-de-Cubzac, v. II 366.
Saint-Andréasbery, v. III 20.
Saint-Andrew's, v. II 470, 505.
Saint-Andrews (Am.), v. VI 76, 78.
Saint-Anthème, v. II 371.
Saint-Antoine, c. VI 375. 378
Saint-Antoine, fort. VI 129.
Saint-Antonin, v. II 170, 375.
Saint-Asaph, v. II 456, 504.
Saint-Aubert, v. II 370.
Saint-Aubin, v. II 408, 508.
Saint-Augustin, baie. V 726, 734, 764.
Saint-Augustin, c. VI 550.
Saint-Augustin, l. VI 504, 511, 556.
Saint-Augustin, v. VI 116, 161, 291.
Saint-Austell, v. II 409, 501.
Saint-Avold, v. II 370.
Saint-Balmont, mt. II 21.
Saint-Barthélemy, i. V 634
Saint-Barthélemy, i VI 361
Saint-Barthélemy (Océanie), l. VI 485.
Saint-Barthélemy (pic de), II 24
Saint-Bauzille-de-Putois, v II 366.
Saint-Benoit-du-Sault, v. II 216.
Saint-Bernard, i. VI 558.
Saint-Bernard (Petit-), mt. II 18.
Saint-Bernard-de-Comminges, v. II 152.
Saint-Blaise, cap. V 763.
Saint-Bonnet-le-Château, v. II 367.
Saint-Brandon, v. II 364.
Saint-Bresson, v. II 246.
Saint-Brieuc (baie de), II 90.
Saint-Brieuc, v. II 193, 353, 364.
Saint-Bris, v. II 376.
Saint-Calais, v. II 359, 373.
Saint-Cassien, sources. IV 90.
Saint-Céré, v. II 368.
Saint-Cernin, v. II 363.
Saint-Chef, v. II 367.
Saint-Chély, v. II 363.
Saint-Chely-Ville, v. II 368.
Saint-Chamas, v. II 126, 363.
Saint-Chamond, v. II 367.
Saint-Charles, v. V 609.
Saint-Charles (Amér.), v. VI 128, 160
Saint-Chaumont, vill. II 231.
Saint-Chinian, v. II 366.
Saint-Clair, l. VI 116.
Saint-Clair, r. VI 63.
Saint-Claude, v. II 251, 355, 367.
Saint-Clément, i. IV 123
Saint Cloud, bg. II 293, 374.
Saint-Coul, Etat. V 713.
Saint-Christophe, i. V 723
Saint-Christophe (Am.) i VI 365, 381, 382, 383, 384.
Saint-Christophe, v. VI 361.
Saint-Cyprien, r. V 597, 598.
Saint-Cyr, vill. II 297.
Saint-David, c. II 398.
Saint-David, is. VI 499.
Saint-David, paroisse, VI 382.
Saint-David's, v. II 454, 504
Saint-Denis, v. II 311, 359, 373.
Saint-Denis (Afr.), v. V 739.
Saint-Denis, vill. IV 29.
Saint-Denis-de-Gastines v. II 369.
Saint-Didier-la-Seauve, v. II 368.
Saint-Dié, v. II 26, 265, 267, 361, 376.
Saint-Dizier, v. II 264, 272, 369.
Saint-Dominique, l. VI 359. 381.
Saint-Domingue, i. VI 526.
Sainte (mer), V 26.
Sainte-Agnès, i. II 397.
Sainte-Anne, mt. III 138.
Sainte-Anne, v VI 76.
Sainte-Baume, grotte. II 124.
Sainte-Catherine, baie. V 620.
Sainte-Catherine, l. VI 327. 378.
Sainte-Catherine, mt. IV 534.
Sainte-Catherine, v. VI 70, 328.
Sainte-Christine, l. VI 526
Sainte-Croix, l II 613.
Sainte-Croix (Amér.), i VI 363, 376.
Sainte-Croix (Océanie), is. VI 401.
Sainte-Croix, mt. IV 450.
Sainte-Croix, r. VI 90, 96
Sainte-Croix (terre de), I 255.
Sainte-Croix, v. V 593, 765.
Sainte-Croix-aux-Mines, v. II 373.
Sainte-Croix-en-Plaine, v. II 372.
Saint-Eleazar, présid. VI 195.
Saint-Elie, mt. VI 2, 28, 373.
Sainte-Foy, v. II 366.
Sainte-Geneviève, v. VI 128.
Sainte-Hélène, î. II 510. V 746, 761, 765.
Sainte-Hélene, c. VI 551.
Sainte-Honorine-la-Guillaume, vill. II 317.
Sainte-Isabelle, c. VI 312.
Sainte-Luce, baie. V 726, 764.
Sainte-Lucie, i. VI 367, 382, 383, 384.
Sainte-Livrade, v. II 368.
Sainte-Madeleine, l. VI 526.
Sainte-Madeleine-de-Flourens, v. II 117.
Sainte-Marguerite, i. II 91.
Sainte-Marguerite (Amér), i. VI 246, 251.
Sainte-Marie, baie. VI 78.
Sainte-Marie, c. V 762, 763, 764.
Sainte-Marie (Sorlingues), i II 397, 408.
Sainte-Marie (Açores), i. IV 247.
Sainte-Marie (Afr.), l. V 610.
Sainte-Marie (rapide). VI 69.
Sainte-Marie (France), v. II 117, 364, 371.
Sainte-Marie (Sicile), v. IV 210.
Sainte-Marie (Amér.), v. VI 128.
Sainte-Marie (fort du Saut-de-) VI 129.
Sainte-Marie-aux-Mines, v. II 256, 372.
Sainte-Marie-du-Mont, bg. II 320.
Sainte-Maure, v. IV 386.
Sainte-Meuch, v. II 357.
Sainte-Menehould, v. II 276, 369.
Saint-Emilion, vill. II 165, 306.
Sainter, v. III 128.
Saint-Erme, v. II 362.
Saintes, is VI 365, 366, 385.
Saintes, v. II 177, 349, 353, 364.
Saint-Esprit, v II 367.
Saint-Esprit (arch du). V 485, 554.
Saint-Esprit (baie du). VI 113.
Saint-Esprit (i. du). VI 486
Saint-Esprit (terre du). I 271 VI 398, 554
Saint-Etienne, i. IV 140.
Saint-Etienne, l. V 497.
Saint-Etienne, v. II 231, 356, 367.
Saint-Etienne-de-Baigorry. v. II 371.
Saint-Etienne-de-Lug-Darès, v. II 137.
Saint-Etienne-de-Mont-Luc, v II 368.
Sainte-Trinité (arch. de la). VI 312.
Saint-Eustache, l. VI 364, 376, 386.
Saint-Eustache, v. VI 364, 376, 386.
Sainte-Victoire, mt. II 18.
Saint-Fargeau, v. II 376
Saint-Félix-de-Bagnères, v. II 118.
Saint-Florent, v. II 120
Saint-Florentin, v. II 376.
Saint-Flour, v. II 221, 352, 363
Saint-Fraimbaric-sur-Pise, v. II 371.
Saint-François, distr. VI 83.
Saint-François, l. VI 329
Saint-François (is.). VI 472, 552.
Saint-François, r. VI 146.
Saint-Francisville, v. VI 127.
Saint-Front (lac de). II 25.
Saint-Gall, v. et cant. IV 57, 84, 86, 87, 88.
Saint-Galmier, v. II 117, 232, 367.
Saint-Gaudens, v. II 152, 354, 366.
Saint-Genèt-Malifaux, v. II 367.
Saint—Gengoux—le—Royal, v. II 373.
Saint-Geniez, v. II 172, 363.
Saint-Genis-Laval, bg. II 236.
Saint-Geoire, v. II 367.
Saint-George, baie. VI 79, 308.
Saint-George, bg. III 233, 421.
Saint-George (can. de). VI 493.
Saint-George, l. IV 247, 253.
Saint-George (Océanie), l. VI 81, 482.
Saint-George, l. VI 114.
Saint-George, v II 363, 367.
Saint-George (Amér.). v. VI 81, 83, 376, 382.
Saint-George-de-la-Mine, ft. V 323, 625, 762.
Saint-Georgen, v. III 417.
Saint-Georges, c. VI 555.
Saint-Georges-de-Reintembault, v. II 366
Saint-Germain-en-Laye, v. II 292, 374.
Saint-Germain-Lambron, v. II 371.
Saint-German's, bg. II 410, 501.
Saint-Gervais (baie de), IV 130
Saint-Gervais, v. II 366.
Saint-Gildas-de-Ruis, v. II 188.
Saint-Gilles (anse de), V 738
Saint-Gilles-sur-Vic, bg. II 180, 366.
Saint-Girons, v. II 157, 352, 362.
Saint-Goar, v III 130.
Saint-Goarshausen, v. III 170.
Saint-Gobain, bg. II 281, 362.
Saint-Gothard, bg. III 381.
Saint-Gothard, étang. III 87.
Saint-Gothard, mt. 19, 34. IV 45.
Saint-Héand, v. II 367.
Saint-Hellier, v. II 407, 508.
Saint-Hilaire, r. VI 319
Saint-Hilaire-du-Harcouet, v. II 369.
Saint-Hippolyte, v. II 144, 254, 366, 372.
Saint-Honorat, i. II 91, 122.
Saint-Honoré, v. II 117
Saint-Hubert, v. IV 47.
Saint-Hyacinthe (comté de), VI 83.
Saint-Ildephonse, v. II 26 IV 265, 291.
Saint-Iv's, v. II 410, 501.
Saint-Jacques, v. IV 381.
Saint-Jacques-de-Compostel, v. IV 262.
Saint-Jacques et Saint-Philippe (baie de), VI 487, 554.
Saint-James (c. de), VI 31, 373.
Saint-James, v. II 319, 369.
Saint-Jean, c. V 630. VI 376.
Saint-Jean (Afr.), î. V 750.
Saint-Jean (Amér.), l. VI 77, 363.
Saint-Jean, l. VI 65.
Saint-Jean, port. VI 364, 374.
Saint-Jean, r. V 597. VI 75, 96, 114.
Saint-Jean (Prusse), v III 116.
Saint-Jean (Turquie), v. IV 449.
Saint-Jean (Amér.), v. VI 76, 80.
Saint-Jean-aux-Bois, vill. II 288
Saint-Jean-Bonnefond, v II 367.
Saint-Jean-d'Acre, v. IV 483.
Saint-Jean-d'Angely, v. II 178. 353. 363.
Saint-Jean-de-Bruel, v. II 363.
Saint-Jean-de-Fos, v. II 366
Saint-Jean-du-Gard, v. II 366.
Saint-Jean-de-Losne, v. II 240, 364.
Saint-Jean-de-Luz, v. 371.
Saint-Jean-de-Maurienne. v. 26. IV 131
Saint-Jean-de-Mont, v. II 376.
Saint-Jean-de-Porto-Rico, v VI 362, 381, 382.
Saint-Jean-l'Évangéliste l. VI 377.
Saint-Joachim, v. II II 368.
Saint-John, comté. VI 83.
Saint-John, distr. VI 83.
Saint-John, port. VI 364.
Saint-John, v. VI 76, 80.
Saint-Joseph, i. VI 502.
Saint-Joseph-d'Oruna, v. 369. 382
Saint-Julien, port. VI 311, 379.
Saint-Julien, vill. IV 90, 290.
Saint-Julien-de-Coucelles, v. II 368
Saint-Julien-en-Jarret II 367.
Saint-Junien, v. II 210 376.
Saint-Just-sur-Loir, v. II 367
Saint-Kitts, i. VI 365, 382.
Saint Laurent, fl. VI 5, 63, 64.
Saint Laurent, l. I 255. V 723, 725.
Saint Laurent, v. II 14, 366.
Saint Laurent de la Salanque, v. II 372
Saint Laurent du Pont. v. II 367.
Saint Laurent les Bains vill. II 118, 137.
Saint Lazare, l. I 264 IV 123.
Saint Léonard, v. 218, 376.
Saint Leu Desserent, bg II 287.
Saint Lizier, v. II 157.
Saint Lô, v. II 109, 321, 357, 369
Saint Louis, fort. V 762.
Saint Louis, l. V 609.
Saint Louis, v. V 609, 631.
Saint Louis (Amér.), v. VI 127, 160, 361.
Saint Loup, bg. II 246 373.
Saint Luc, paroisse, v. VI 382.
Saint Lucar, c. VI 194.
Saint-Maixent, v. II 109, 181, 374.
Saint-Malo (g. de). II 90.
Saint-Malo, v. II 33, 34, 194, 355, 367.
Saint-Mandé, vill II 373.
Saint-Marc, paroisse. VI 381, 382.
Saint-Marc-d'Apalache, port. VI 115.
Saint-Marc, r. VI 115.
Saint-Marcellin, v. II 136, 355, 367.
Saint-Marin, v. et rép. IV 179.
Saint-Mart, v. II 118.
Saint-Martin, bg. III 380, 417.
Saint-Martin, l. II 397, 408.
Saint-Martin (Amér.), l. VI 312, 364, 376, 385, 386.
Saint-Martin, v. III 371.
Saint-Martin, vill. IV 130.
Saint-Martin-de-la-Coucha, v. VI 290, 305.
Saint-Martin-de-Ré, v. II 79
Saint-Martory, v. II 152.
Saint-Matthieu, i. V 358. 749. 765.
Saint-Matthieu (Océanie), i VI 491.
Saint-Maur, vill II 313, 367.
Saint-Maurice, comté. VI 83.
Saint-Maurice, v. IV 47, 77.
Saint-Maurice (Amér.), v. VI 67.
Saint-Mawe, fort. II 409.
Saint-Maximin, vill. II 287, 375.
Saint-Méloir, v II 367.
Saint-Michel, i IV 253.
Saint-Michel, roch. II 139.
Saint-Michel (France), v. II 362.
Saint-Michel (Russie), v III 610.
Saint-Mihiel, v. II 264, 369
Saint-Miklos, bg III 417.
Saint-Myon, v. II 117.

Saint Nabord, v. II 376.
Saint-Nazaire, v. II 368, 375.
Saint-Nectaire, v. II 118, 224.
Saint-Nicolas, fl. V 634.
Saint-Nicolas, i. V 750.
Saint-Nicolas, môle. VI 375.
Saint-Nicolas, v. IV 26.
Saint-Nicolas (France), v II 369.
Saint-Nicolas-d'Aliermont, v II 374
Saint-Nicolas-du-Port, v II 269.
Saint-Nicolo, v IV 370.
Saint-Niklas, v. III 371.
Saint-Omer, v. II 331, 358, 371.
Saintonge, prov. II 78, 349.
Saint-Ouen, vill. II 312.
Saint-Ours, m. II 18.
Saint-Oyant, v. II 251.
Saint-Pablo, v. VI 455.
Saint-*Palais*, v. II 188.
Saint-Papoul, v. II 154.
Saint-Pargoire, v. II 366.
Saint-Paterne, bg. II 199
Saint-Patrice, paroisse. VI 382.
Saint-Paul, c. V 624.
Saint-Paul, i. V 742, 765.
Saint-Paul, ilôt. VI 313.
Saint-Paul, v. II 372.
Saint-Paul, v. et prov. VI 329, 378, 382.
Saint-Paul-en-Jarret, v II 368.
Saint-Paulien, v. II 368.
Saint-Pé, v. II 159, 372.
Saint-Péray, bg. II 138, 362.
Saint-Peter, bg. III 418.
Saint-Peter-le-Port, v. II 408.
Saint-Petersbourg, v. II 34. III 515, 610, 626, 681. V 29. VI 560.
Saint-Philibert, bg. II 187, 368.
Saint-Philippe, i. V 750.
Saint-Philippe-de-Benguela, v. V 676, 763.
Saint-Pierre (archipel de). VI 472.
Saint-Pierre, il. 271. VI 314, 552.
Saint-Pierre (Afriq.), i. V 744.
Saint-Pierre (Europe), i. II 408.
Saint-Pierre, m. III 88.
Saint-Pierre, r. VI 88, 166.
Saint-Pierre, cant. IV 388.
Saint-Pierre (France), v. 371.
Saint-Pierre (Anglet.), v. II 508.
Saint-Pierre (Amériq.), v. VI 367, 376, 382, 385.
Saint-Pierre (Dalmat.), v. III 394.
Saint-Pierre, *vill.* IV 80.
Saint-Pierre-de-Brazza, *bg.* III 425.
Saint-Pierre-de-Lombres, vill. II 149.
Saint-Pierre-d'Oléron, bg. II 179, 364.
Saint-Pierre-le-Montier v. II 370.
Saint-Pierre-Quilbignon, v. II 365.
Saint-Pierre-sur-Dives, v. *II* 363.
Saint-Pierre-et-Saint-Paul, v V 67.
Saint-Pilon, m. II 18.
Saint-Pol, v. II 331, 358, 371.
Saint-Pol-de-Léon, v. II 192, 365.
Saint-Pölten, v III 291, 319, 330.
Saint-Pons, v. II 355, 366.
Saint Pourçain, v. II 212, 362
Saint-Quentin, i. VI 558
Saint-Quentin, v. II 280, 351, 362, 366.
Saint-Quirin, vill. II 268, 369
Saint-Rambert-de-Joux v. II 238, 368
Saint-Remy, v. II 125, 364, 371.
Saint-Remy, vill. II 229.
Saint-Roch, c. VI 377.
Saint-Romain, v. II 374.
Saint-Rome-de-Tarn, v. II 363.
Saints (groupe des). VI 7, 385
Saint-Saba (duché de). IV 342
Saint-Saëns, v. II 374.
Saint-Sauveur, vill. II 159
Saint-Savin, v. II 183.
Saint-Savinien, v. 364
Saint-Sébastien, v. IV 261, 291, 293, 391.
Saint-Sébastien (Afriq.), v. V 753.
Saint-Sébastien (Amér.) v. VI 325.
Saint-Servan, v. II 194, 367.
Saint-Sever, v II 162, 355, 367.
Saint-Simon, i VI 558.
Saint-Symphorien-de-Lay, v II 232, 368.
Saint-Symphorien-le-Château, bg. II 236.
Saint-Thaddé, c. V 73
Saint-Thegonnec, v II 365.
Saint-Thibéry, v. II 366.
Saint-Thomas, i. II 613
Saint-Thomas (Afriq.), i. V 631, 762
Saint-Thomas (Amér.), i. VI 363, 376.
Saint-Thomas, port, VI 229.
Saint-Thome, v. V 298.
Saint-Trond, v. *IV* 35.
Saint-Tropez, v. II 122, 375.
Saint-Vaast, v. II 369.
Saint-Valéry, v. II 328, 374, 375.
Saint-Vandrille, bg. II 325
Saint-Veit, v. III 311, 321.
Saint-Veit-Am-Pflaum, v III 389.
Saint-Vincent, comté, VI 469.
Saint-Vincent, c. II 4. IV 274.
Saint-Vincent, g. I 277. VI 456, 551.
Saint-Vincent, i. VI 367, 382, 383, 384.
Saint-Vincent, pte. VI 551.
Saint-Vincent, port, VI 483
Saint-Vith, v. III 130.
Saint-Wendel, v. III 117.
Saint-Wolfang, l. II 8.
Saint-Yago, v. V 765.
Saint-Yrieix, v. II 218, 361, 376.
Saïram, v. V 84.
Saïr-Dzanar-Garou, trib. V 133.
*Saïs, v. I 88, 90. V 434.
Sa-Issa-Dinnis, pp. VI 42.
*Saïtique, bras I 87.
*Saïtique, branche. V 403.
Sakarie, fl. IV 432.
Sakhal-en-Oula, dép. V 106.
Sakhalian-Oula, fl. V 103.
Sakhalien, i. V 106, 211.
Sakhalien-oula-Kho-*tou*, v. V 106.
Sakis, pp. VI 131.
Sakkar, v. V 261, 321.
Sakkarah, vill. V 442.
Sâkyet-Koltah, cant. V 472.
Sâkyet-Moussé, dép. V 472.
Sala (Angleterre), v. II 548, 571
Sala, v. *IV* 613.
Sala, roy. V 683.
Saladillo, r. VI 308.
Salado, r. VI 5, 236.
Salagora, v. IV 331.
Salair, mts. IV 396. V 8.
Salak, volc. VI 415.
Salakao, v. VI 432.
Salamanca, v. VI 202.
Salamanca de Bacalar, v. VI 215.
Salamanque, v. IV 264, *292, 293*.
*Salamantica, v. IV 264.
*Salamine, i. IV 384.
*Salamis, v. I 73. V 450.
Salanga, i. V 358.
Salaoua, prov. V 519.
*Salassi, pp. IV 127.
Salatan, c. VI 430, 549
Salato, l. IV 405, 433
Salawang (baie de). VI 430.
Salayer, is. VI 449, 550.
Salcey, forêt. II 447.
Salcot, v. V 256.
*Saldæ, v. V 552, 556.
*Salduba, v. IV 266.
Sale, bg. III 425.
Sale (La), mt. II 20.
Salé, v. V 591.
Salehiéh, v. V 435.
Salem, v. VI 98, 158.
Salem, vill. VI 164.
Salembria, fl. r. II 13.
Salemi, v. IV 206
Salengore, v. et roy. V 372, 387.
Salerne, v. IV 193, 214, 391.
Salernes, v II 375.
Salers, v II 221.
Saletani, pp. *IV* 229.
Saleyer, pointe. VI 550.
Salgha, v. V 627.
Salghir, r. III 442.
*Sali, pp. I 151.
Salian, v. IV 429.
*Salice, i. I 117.
*Saliens, pp. I 129.
Salies, v. II 160, 372.
*Saliké, f. V 308.
Salina, i IV 101, 210.
Salina, v VI 164.
Salinæ, fort. III 399.
*Salinæ, sources. II 124.
Salinas (golfe de las) VI 232.
Saline, r. VI 120.
Salines, v. IV 450.
Salins, v. II 26, 249, 367.
*Salioclita, v. II 278.
Salisbury, v. *II* 415, 504.
Salisbury, i. VI 373.
Salish, trib. VI 33.
Salivas, trib. VI 251.
Sallagha, v. V 627.
Sallah, v. I 187
Salle (La), v. II 366.
Sallenches, v IV 130.
Salles, v II 366.
Sallier, v. V 310.
Sallinder, v. V 256.
Sallua, i IV 216.
*Salluvii, pp. II 70.
Salm, r. III 110.
*Salmantica, v. I 145.
Salmbach, v. II 372.
Salm-Horstmar, princ. III 327.
Salm-Kirbourg, princ. III 327.
Salm — Krauthiem, princ. III 327.
Salmon, château. *II* 142.
Salm-Salm, princ III 327.
Salmünster, v. III 159, 172.
*Salmydessus, v. IV 322
*Salodurum, v. I 141. IV 62.
Salomaswier, c. VI 555.
Salomon, is. I 268. VI 401, 488, 490, 500, 554
Salon, v. II 363.
*Salona, v. I 63. III 390.
Salone, v. IV 389.
Salonique, gouv. IV 324.
Salonique, v IV 326, 369, 372, 391.
Salop, comté. II 450, 503.
Salor, r IV 222.
Salouen, r V 341, 385.
Saloum, roy. V 676.
Salsens, trib. VI 193.
Salsette, i V 303.
Sals-Haff, gouv. III 26.
Salsos, r. IV 97, 565.
Salt, i I 207.
Salta, v. et prov. VI 306.
Salta-de-Tucuman, v. III 294.
Salteu, *r.* II 528.
Saltholm, i. II 592, 610.
Saluda, r. VI 112.
Salvages, i. V 756, 766.
Salvatty, i. VI 499
Salvetat (La), v. II 363, 366.
Salvy, mt. II 18.
Salwatty, i. VI 499.
*Salyes, pp I 143. II 70.
Salym, r. V 24.
Salyr, trib. IV 657.
Salza, vallée III 292.
Salzbach, vill III 210.
Salzbourg, v. II 27. III 276, 277, 293, 319, 322, 330.
Salzbourg (Hongrie), vill. III 373.
Salzburgerkopf, mt. II 22.
Salzgrub, bg. III 423.
Salzo-Maggiore, v. IV 148
Salzsée, l. III 89.
Salz-Uffeln, v. III 146.
Salzwedel, v. III 93, 129.
Sama-Chiali, v. V 631.
Samadang, v. VI 419, 455.
Samâdra, i. VI 407.
Samahe, i. IV 523.
Samakouda, v. V 616.
Samal, i. VI 405.
Samana, baie. VI 360.
Samana, c. VI 375.
Samana, v. VI 361, 381.
Samanak, v. VI 455
Samander, roy I 238.
Samang, pp. V 372.
Samannoud, bg. V 435.
Samanpout, i VI 443.
Samar, i. VI 441, 550.
Samara, p I 238.
Samara, r. II 14, 88, 280
Samara, bg. IV 470.
Samara, v. III 477, 624.
*Samarade, i VI 407.
Samarang, v et régence, v. VI 419, 455, 548.
Samarcande, v. I 248. IV 644, 658, 660, 661.
*Samarie, prov. I 80. IV 491.
*Samarie, v. I 80. IV 491.
Samaritains, pp. IV 491.
Samarkand, v. I 248. *IV 644, 658, 660, 661*.
*Samaro-Briva, v. I 140. II 328.
Samarofskoé, v. V 52.
Samarova, v. V 52.
Samatarra, roy. I 238.
*Sambacula, v. V 279.
Samband, p. III 32.
Sambar, c. VI 430, 549.
Sambas, r. VI 430, 549.
Sambas, roy. VI 432.
Sambas, v. VI 432.
Sambelong, is. VI 360, 361.
Sambel, v. V 277.
Samboanga, lieu. VI 550.
Sambola, v. V 614.
Sambor, v. III 343, 348.
Sambouangan, v. VI 443
Sambre, r. IV 23.
Samdan-gandja-ri, mt. *V 118*.
Same, pp. III 495.
*Samé, i. I 24.
Samen, mts. V 393, 495.
Samer, v. II 371.
Samhar, p. V 500, 515, 516, 518.
Samhoud, vill. V 445, 472.
Sami, pp. *III* 469.
*Samiens, pp IV 228.
Samina, r III 215.
Saminagor, v. V *260*.
Sammanak, vill et régence VI 455.
*Samnites, pp. IV 146, 182.
*Samnium, p. I 61. IV 182.
Samodraki, i IV 368.
Samogitie, p. III 579.
Samogitiens, pp. III 579.
Samoro, v. VI 428.
Samos, i. I 24, 72. IV 372, 448
*Samosate, v. I 80. IV 413.
*Samothrace, i. I 24. IV 391
Samour, r. III 463.
Samoyèdes, pp II 49. III 488, 630. V 48. VI 8.
San, v. V 262.
*Sana, v. I 20. IV 525, 534. V 389.
Sanabou, bg. V 471.
San-Agostino-de-las-Cuevas, v. VI 206.
San-Antioco, i. IV 104, 140.
San-Antonio, fl. VI 223.
San-Antonio, i V 751.
San-Antonio, *mission*. VI 193.
San-Antonio, pointe. V 765.
San-Antonio, v. V 748.
San-Antonio-de-Bexar, v. et comté. VI 224.
San-Augustino, v. et comté. VI 225.
San-Bartolomeo-des-los-*Remedios*, v. VI 211, 215.
San-Benito, r. V 630
San-Bernardo (baie de), VI 222.
Sans-Blas, v. VI 201, 375.
San-Bonaventura, mission. VI 193.
San-Carlo (can. de), IV 260.
San-Carlos (détroit de), VI 313.
San-Carlos, mission. VI 193.
San-Carlos, v. VI 216, 265, 292.
San-Carlos (Chili), v. VI 305.
San-Carlos-de-Monterey, v. VI 193.
San-Carlos (i. de Chiloé), VI 377.
Sancassé, *i*, *V* 764.
Sancerre, v. II 353, 364.
San-Christoval, i. VI 491.
San-Christobal, i. VI 204, 206.
San-Christoval, v. VI 265.
Sancii, roy. I 258.
Sancoins, v. II 364.
San-Clemente, i. VI 193
San-Clemente, v. IV 471.
San-Cristoval, pic. IV 220.
*Sandabala, fl. I 74.
Sandakan (baie de), VI 430
Sandal-Bosch, i. VI 426.
Sandana, f. VI 426, 549.
Sandaouey, v. V 357, 385.
Sandapoura, v. V 373, 387.
Sanday, i II 476.
Sandersleben, v. III 142, 169.
Sandhamn, i. II 554.
San-Diego, bg. VI 265, 375, 380.
San-Diego, port. VI 192, 193.
San-Dimas, *i.* VI 491.
San-Dimas, v VI 216.
Sandoè i. II 601
San-Domingo-Comitlan, v VI 211.
San-Domingo-de-Palenque, v. VI 211.
San-Dominico, i. IV 104.
Sandomir, v et prov. III 665, 670, 671, 672, 681.
Sandusky, v. VI 163.
Sandwich, *v. d'Aglet.* II 419.
Sandwick (arch. de), I 282. VI 314, 394 397, 398, 401, 403, 528, 559.
Sandwich, i. VI 486, 547, 554.
Sandwich, port. IV 554.
Sandy, c. VI 551.
Sandy-Point, poste. VI 365, 381.
Sandys, vill. II 447.
Sané, c. VI 553.
San-Espiritu, c. VI 379.
Sanf, i. I 187.
San-Felipe, fl. VI 5.
San-Félipe, v. IV 271, 292.
San-Felipe (Rép. argentine), v VI 265, 294, 305, 380.
San-Felipe, v. (Chili). VI 305.
San-Felipe (Uruguay), v. VI 301.
San-Felipe-de-Austin, v. VI 224.
San-Felipe-el-Réal, v. VI 290.
San-Fernandez, v. VI 199.
San-Fernando, i. IV 292.
San-Fernando (mission), VI 193.
San-Fernando, v. VI 305.
San-Fernando-de-Apures, VI 377.
San-Fernando-de-Catamarca, v. VI 293, 305
San-Francisco (baie de), VI 193.
San-Francisco, fl. VI 5.
San-Francisco, i. VI 489.
San-Francisco, v. VI 192, 193, 339, 375.
San-Francisco-de-Atocama, v. VI 277.
San-Francisco-de-Paula, v. VI 329.

Spœnakhiotes, pp. IV 368
Spielberg, mt. III 270.
Spies, château. IV 64.
Spikerooge, i. III 22, 23.
Spin-Kaffirs, trib. IV 655.
Spire, r. III 240.
Spire, v. III 241, 247, 330.
Spiridof, l. I 279.
Spirkine, i. VI 25.
Spithead, rade. II 417.
Spitzberg, l. I 265. VI 60.
Spitzkop, mt. V 687.
Spizliberg, mt. II 19.
Splugen, mt. II 19.
Spolette, v. IV 174, 180, 391.
Spolysagh, v. III 416.
Spongaar (détr. de). I 272.
Sporades, ls. I 64.
Sporades-Australes, VI 525, 557, 558.
Sprée, v. II 13, 622 III 65.
Spremberg, v. III 67, 129.
Spriuge, v. III 24
Springfield, v. VI 99, 158.
Sprottau, v. III 129.
Squinosa, port, IV 386.
Sråvånå-Belgalå, v. V 302.
Srebernitza, v. IV 369.
Srednekolimsk, v. V 64.
Srednekovouimsk, v. V 64.
Ssâlebhiyéh, V 473.
Ssana, i. V 496.
Sse-eu, dép. V 197.
Sse-nan, dép. V 196.
Sse-tcheou, dép. V 196.
Sse-tchhing, dép. V 197.
Sset-chhouan, p. I 195. V 175, 195.
Sse-tou, r. V 150.
Ssigeth, bg. III 374.
Ssoleïb, trib. IV 528.
Ssopour, v. V 267.
Ssurat, distr V 265.
*Stabiœ, v. IV 187.
Stabrock, v. VI 346, 351.
Stade, gouv. III 15.
Stade, v. III 22, 24, 328.
Stadion, comté, III 328
Stadt-am-Hof, v. III 232, 246.
Stadthagen, v. III 147, 170, 329.
Stadt-Ilm, v. III 150, 171.
Stadsteinach, v. III 247.
Staffa, I II 474.
Staffel, l III 218.
Stafford, v. et comté, II 449, 503.
Staffnaff, i. VI 449.
Stagno, v. III 392, 424,
Staleck, vill. III 113.
Stalhberg, mt. III 99.
Stallupohnen, v. III 128.
Stampalia, i. IV 383.
Stan-co, i. et v. IV 449.
Stang-Alpe, mt II 20.
Stanislawow, v. III 343, 348, 663, 672
Stanstead, comté, VI 83.
Sanz, v. IV 70, 86.
Sappen, VI 63.
Saraïa-Roussa, v. III 539, 613.
Stare-Miasto, v. III 243.
Stargard, v. III 29, 31, 82, 128.
Staritsa, v. III 613.
Starkenbourg, princ. III 123.
Starnberg, vill. III 246.
Starobielsk, III 618, 619.
Starodoub, v. III 564, 618.
Staroï-Bykhof, v. III 622.
Staroï-Oskol, v. III 553, 617.
Staroï-Tcherkask, v. III 620.
Starokonstantinof, v. III 622.
Stary-Sandee, v. III 341.
Staszow, v. III 672.
Stat, c. I 207
*Statielli, pp. IV 127.
Staubbach (chute de), II 27.
Stavanger, v. II 533, 570, 577.
Stavelot, v. IV 37.
Stavenhagen, v. III 31.
Stavonoï, mts. V 8.
Stavropol, v. III 455, 476, 624.
Steckenitz, can II 580.
Steckenitz, r. II 634. III 26.
Steege, v. II 594, 610.
Steenvoorde, v II 370.
Steenwerck, v. II 370.
Steffelen, vill. III 108
Steiger-Wald, mts. II 216, 618.
Stein, bg. III 237.
Stein, v. III 290.
Stein, v. IV 56.
Steinach, vill. III 288.
Stein-an-Anger, v. III 381, 416.
Steinau, v. III 129.
Steinberg, mt. II 19. 22.
Steinbourg, l. II 612.
Steinfeld, vill. III 8.
Steinfurt, v. III 98, 129.
Steinhorst, baill. II 613.
Steinhunder-Meer, l. III 13.
Stella, mt II 19.
Stellé-Bogas, mt. III 447.
Stellenbosch, v. et distr. V 694.
Sten, v III 319.
Stenay, v. II 264, 369.
Stendal, v. III 93, 129.
Stephanos, l. V 497.
Stephens, port, VI 551.
Sterlitamak, v. III 625.
Sternberg, v. III 31, 129, 318, 328.
Sternlberg, vill. III 170.
Sterzeng, v. III 300, 320.
Stettin, v. III 81, 122, 127, 128, 329.
Steubenville, v. VI 119, 160.
Siewart, i. VI 492, 536, 545, 559.
Stewart (i. de). VI 79.
Stewartown, v. II 469, 505.
Steyer, v. III 277, 291, 319, 330.
Sthum, v III 128.
Stif, v. V 556.
*Stigis, v. IV 281.
Stirling, v. II 469, 506.
*Stobi, v. IV 327.
Stobnica, v. III 667, 672
Stockberg, mt. II 21.
Stockholm, v. I 3. II 34, 551, 572, 577.
Stockton, v II 437.
Stoegerberg, mt. II 22
Stoerdalen, v II 570.
Stokafixa, i. I 225.
Stollberg, v. III 89, 129, 191.
Stollberg-Rosla, comté. III 328.
Stolberg-Stolberg, comté. III 328.
Stollberg-Wernigerode, comté. III 326.
Stolpe, r. III 83.
Stolpe, v. III 83, 128. 191.
Stonington, v. VI 159, 163
Stony-Mountains, VI 30.
Stor, r. II 580.
Stora, v. V 553.
Stor-aae, r. II 580.
Stora-OEster-Svatöe, r. III 507.
Stoienberg, mt. III 203.
Stoikow (can. de), III 63.
Storkow, v. III 128.
Stormarie, p. II 599.
Stornoway, v. II 476.
Stour, r. II 418, 431.
Strabane, bg II 483, 507.
Straburek, baronie. III 57.
Stralan, vill. III 73.
Stralsund, v. III 81, 122, 127, 128, 329.
Strœmsoe, v. II 535.
Straniaques, pp. III 268.
Stranrawer, v. II 461, 506.
Strany, vill. III 231.
Strasberg, bg. III 215.
Stasbourg, v. II 109, 257, 350, 359, 372.
Strasbourg (Prusse), v. III 128.
Strasol, v. III 348.
Strassbourg, bg. III 399, 423.
*Satrata-Burgus, v. II 258
*Strateburgum, v. I 141.
Strath, paroisse. II 475
Strabgryfe, comté. II 469.
Struubing, v. III 231.
*Strava, v. I 217, 249.
Strehlen, v. III 57, 129.
Streizig, l. III 83.
Strelitz, princ. III 29.
Strelitz (Nouveau-), v. III 29.
Strelitz (Vieux-), v. III 29.
Strelna, résid. III 520
Strelochnoï, pic. V 10.
Strengat, distr. VI 420.
Strengnœs, v. II 555, 572.
Streu, r. II 16.
Strido, v. III 381.
Streigau, v. III 129, 381.
Strobeck, v. III 92.
Strobnitz, v. III 251.
Strockur, source. VI 53.
Strœmsholm, châtt. II 554.
Strœnstad, v. II 560, 573.
Strogonof, g. V 211.
Strom, l. II 26.
Stromberg, v. III 113, 129, 130.
Stromboli, i. IV 101, 210, 216.
Stromöe, l. II 601.
Stromsöe, l. VI 53.
Strong, i. VI 506.
*Strongyle, i. IV 101.
Stronsay, i II 476.
Stroud, v. II 415, 502.
Stroumnitza, v. II 326.
Strücklingen, paroisse. III 5.
Strudel, r. II 620.
*Strutophagi, pp. I 107.
Stry, v. III 343, 348.
*Strymon, fl. I 24, 64. II 43. IV 299, 325.
Stubel, vall. III 299.
Stubenberg, mt. III 91.
Stubbenkammer, m. III 79.
Studianka, vill. III 58.
Stuhl-Weissembourg 381, 415.
Stura, r. IV 128, 134.
Sturmberg, mt. II 21
Sturmhaub, mt. III 50.
Sttutamt, distr. III 40.
Stuttgard, v. II 27. III 198, 201, 330.
Stutzerbach, v. III 186.
Stygge, l. II 26.
Stymphale, l. IV 381.
Styrie, p. III 302, 320, 322, 330, IV 126.
Styrso, i. II 560.
Suakem, v. V 514.
Suanètes, pp. III 459.
*Suastus, fl. I 74.
*Suavia, prov. I 168.
Subani, trib VI 443.
Succès (baie du), VI 313.
Succès, c. VI 379.
*Succi, défilé. IV 321.
Succia, p. I 207.
Suceuir, prov. I 237.
Suchitepeque, distr. VI 229.
*Sucidava, lieu. III 346.
Sucre, v. VI 276.
Sucuuda, comptoir. V 624.
Suczawa, v. III 345, 348.
Sud, cap. VI 478, 536, 551, 559.
Sud (i. du). VI 504, 536.
Suda, v. IV 370.
*Sudavi, pp. III 32, 582.
Sud-Beveland, i. IV 3, 13.
Sudbury, v. II 432, 503.
Sude, r. III 26.
*Sdeni, pp. I 151. III 32.
Suder-Dithmarschen, I II 612.
Suder-Eyar, ls. I 204, 208.
Sudermanie, prov. II 572.
Sudero-Golfo. I 208.
Suderöe, l. II 601.
Suderoug, i. II 598.
Sud-Est (i. du) VI 60.
Sud-Est, cap VI 495.
*Sudètes, mts. I 130 III 11, 22, 618.
Sud-Ouest, cap. VI 478, 551.
Suède, p. I 2, 3, 250. II 58, 541, 571, 577.
Suédois, pp. II 49. III 630.
*Sueltri, pp. I 143.
Suéonie, p I 201.
*Suessetani, pp. IV 229.
Suessia, p. I 221.
*Suessiones, pp. I 140. II 71.
*Sueves, pp. I 122, 129, 168, 175. III 60, 135, 136, 267, 302.
Suez (isthme de). V 390, 417.
Suez, v. V 454, 475.
Suffolk, comté. II 431, 503.
Suhl, v. III 117, 129.
*Suindinum, v. II 199.
*Suiones, pp. I 152.
Suippes, v. II 369.
Suisse, p. II 38. IV 44, 390.
Sukkertoppen. VI 47.
Suletind, m. II 17
Sulitelma, m. II 17.
Sullivan-Cove, baie. VI 481, 553.
Sully, v II 368.
Sultania, v. I 248.
Sultanièh, v. IV 550, 584.
Sultz, l. II 25.
Sulzbach, v III 246.
Sülze, v III 32.
Sulzheim, vill. III 247.
Sulzmalt, v. II 117.
Sumbava, I. VI 549.
Sumbercouit, c. I 207.
Sumène, v. II 366.
Sumenat, v. I 191.
Sumerkent; vill. I 232
Sumongal, trib. I 229.
Sunbury, comté. VI 83.
Sunbury, v. VI 163.
Sund, détr. II 57, 593.
*Suuda, distr. I 116.
Sunda (détr. de). VI 392.
Sunda-Calappa, v. VI 418.
Sunderland, v. II 437, 502.
Sundswall, v. II 571.
Sunnan-Field, mts. II 528.
Suomes, pp. III 469, 510, 630.
Superga, m IV 93.
Supérieur, l. VI 5, 63.
Suput, r. IV 440.
Suquam, roy. I 258.
Sur, l. II 25.
Sura, r IV 15, 20.
Sural, m II 22.
Surate, v. V 302, 320. 323.
Sure, r. IV 15, 20.
Surgeres, v. II 364.
Surinam, colonie. VI 347.
Surinam, r. VI 342. 347.
Surpes, pp I 212.
Surrey, comté. II 427, 503.
Surry, comté. VI 281.
Sursdal, v. I 203.
Sursée, v. IV 65, 86.
Surselva, vallée. IV 83.
Surville, c. I 269
Susannah, i. V 358.
Susat, v. III 413.
Suse, v. IV 131.
*Suse, v. I 246 IV 556.
Suse (portes de), défilé. IV 540.
*Susiane, pr. I 78. IV 557.
Susiane (portes de la), défilé. V 557.
*Susii, pp. I 78.
Susith, salines, I 188.
Susquehannah, fl. VI 85, 90.
Sussex, Etat. I 174. II 407.
Sussex, comté. II 417, 503.
Sussex, distr. VI 481.
Sussex, r. VI 37.
Sustenborn, m. II 19.
Sutagos, trib. VI 261.
Sutherland, p. II 476, 506.
Sutton-Prior, vill. II 411.
Sutton-Vautort, vill. II 411.
Sutzaba, v. VI 233.
Suwalki, v. III 664, 672.
Suze, v. II 200.
Suze (Afriq.), v. V 541.
Svartsjœ, chât. II 554.
Svéaborg, fort. III 507.
Svealand, rég. II 545, 571.
Svendborg, v. II 595, 610, 615. III 328.
Svenigorod, v. III 612.
Sviajsk, v. III 478, 623.
Sviar, pp. I 201.
Sviatoï, c. III 427. V 64, 74
Sviatoï, i. IV 634.
Sviato-Troïtskoia, monast. III 549.
Svinntsany, v III 621
Svintsovaia, mts. IV 625.
*Sviones, pp. I 126, 201.
Svir, can. III 433.
Sviznica, l. III 587.
Svoungir, v. III 550.
Swallow, i. I 269. VI 489, 554.
Swan-River, VI 456, 474.
Swansea, v. II 453.
Swickau, v. III 183.
Swienemunde, v. III 80, 128.
Swine, r. II 623.
Swucku, mt II 17, 528.
*Syagros, mt. I 112.
*Sybaris, v. et r. IV 183.
Sydney, v III 467
Sydy-Heschum, Etat, V 596.
Sydy-Okbah, vill. V 561.
*Syene, v. I 91. V 450, 475.
Sylt, i. II 598, 612.
Sylt-Field, mt II 17.
Syltfjalled, mt. II 17, 528.
*Sylvanectes, pp. II 71, 286.
Sylvu-Plans, l. II 25.
Sym, p. I 191.
*Symé, i. IV 449.
Symbres, v. VI 340.
Symia, i. IV 449.
Symoltra, prov. I 245
Sympheropol, v. III 443, 620, 681.
Syn, roy. V 612.
*Synnada, v. I 70.
Syouah, v. V 459.
Syouth, v. V 444, 471, 472, 475.
Sypotuba, r. VI 318.
Syra, i. IV 384, 391.
*Syracuse, v. I 61. IV 204.
Syra-Orola, lieu, I 228.
*Syrastrène, p I 115.
Syriam, v. V 340, 385.
Syrie, p. I 19, 78, 79. IV 475, 498, 501.
*Syrieni, pp. I 115.
Syros (Nouvelle), v. IV 389.
Syrrhio, v. V 77.
Syrtes, g. II 6. V 390, 530, 535, 538, 541.
Sytchevska, v. III 542, 612.
Sytchvsk, v. III 542, 612.
Sy-youan, distr. V 115
Syzran, v. III 476 624.
Szabatka, v. III 378.
Szabolcz, distr. III 418.
Szajzok-Resze, p. III 423
Szala-Egerszeb, bg. III 416.
Szalankement, vill. III 386
*Szalavoni, pp. III 32.
Szamaïtes, pp. I 178
Szamobor, mine, III 387.
Szamos, r. III 355.
Szamos-Ujvar, bg. III 400, 422
Szaivas, v. III 377, 419.
Szasz-Sebes, v. III 423.
Szaszvaros, v III 396, 423.
Szathmar, v. III 374, 418, 681.
Szawaken, v V 514.
Szczara, r. II 587.
Szeben, v. III 395, 396. 423.
Szegedin, v. III 232, 378, 419.
Szek, bg. III 423.
Szekely-Udvarhely, bg. III 398, 423
Szekely-Vasarhely, v. III 399.
Szekelyek-Resza, III 423.
Székes-Feyer-Var, v. III 381, 417.
Széklers, pp. III 390, 399, 423.
Szekszards, bg. III 416.
Szek-Vaika, distr. III 369.
Szeleb, trib IV 519.
Szent-Miklos, bg. III 398.
Szerom-Vaimegye, district. III 420.
Szerdahely, bg. III 422.

T

U

V

W

X

Y

Z

FIN DE LA TABLE

www.ingramcontent.com/pod-product-compliance
Lightning Source LLC
Chambersburg PA
CBHW071200230426
43668CB00009B/1019

* 9 7 8 2 0 1 2 7 6 3 7 0 8 *